码上学会

中文版 Creo 3.0 机械设计全能一本通

双色版

老虎工作室 谭雪松 刘长江 李鑫 编著

人民邮电出版社
北京

图书在版编目（CIP）数据

中文版Creo 3.0机械设计全能一本通 : 双色版 / 谭雪松，刘长江，李鑫编著. -- 北京 : 人民邮电出版社，2018.6
（码上学会）
ISBN 978-7-115-46149-0

Ⅰ. ①中… Ⅱ. ①谭… ②刘… ③李… Ⅲ. ①机械设计—计算机辅助设计—应用软件 Ⅳ. ①TH122

中国版本图书馆CIP数据核字(2017)第148884号

内 容 提 要

Creo 是美国参数技术公司（Parametric Technology Corporation，PTC）公司开发的大型 CAD/CAM/CAE 集成软件，该软件广泛应用于工业产品造型设计、机械设计、模具设计、加工制造、有限元分析、功能仿真以及关系数据库管理等，是当今最优秀的三维设计软件之一。Creo 3.0 具有完善、友好和直观的用户界面，新增的设计功能也进一步拓展了软件的应用范围，强化了设计能力。

本书将理论讲述和实例相结合，全面介绍了使用 Creo 3.0 进行三维产品开发的基本方法和技巧，主要内容包括 Creo 3.0 设计概述、绘制二维图形、创建基础实体特征、创建工程特征、模型的变更和参数化设计、曲面及其应用、组件装配设计、工程图以及运动仿真分析与动画制作等，以帮助读者全面掌握参数化设计的基本原理和一般过程，可以作为从事产品开发设计工作的工程设计人员的自学参考用书，也可以作为各院校机械类、模具类专业相关课程的教材。

◆ 编　　著　老虎工作室　谭雪松　刘长江　李　鑫
　责任编辑　税梦玲
　责任印制　沈　蓉　彭志环

◆ 人民邮电出版社出版发行　　北京市丰台区成寿寺路 11 号
　邮编　100164　　电子邮件　315@ptpress.com.cn
　网址　http://www.ptpress.com.cn

◆ 开本：880×1230　1/16
　印张：25.5　　　2018 年 6 月第 1 版
　字数：699 千字　　2018 年 6 月北京第 1 次印刷

定价：79.80 元

读者服务热线：(010)81055256　印装质量热线：(010)81055316
反盗版热线：(010)81055315
广告经营许可证：京东工商广登字 20170147 号

前 言

PREFACE

Creo 是美国 PTC 公司于 2010 年 10 月推出的 CAD/CAM/CAE 设计软件包，共整合了 PTC 公司的三个软件：Pro/Engineer的参数化技术、CoCreate的直接建模技术和ProductView的三维可视化技术，是 PTC 公司闪电计划推出的第一个产品。Creo 针对不同的任务应用采用了更为简化的子应用方式，且所有子应用采用统一的文件格式，便于解决 CAD 系统难用及多 CAD 系统数据共用等问题。

给初学者的建议

初学者在理论学习上用了很多时间，一段时间之后还是无法独立设计产品，原因在于缺少必要的实践经验。在这种情况下，需要大胆丢开书本，认真完成几个典型的设计案例，即使遇到困难也要迎难而上，只要突破这个瓶颈，就会豁然开朗。

学习 Creo 并不难，难的是长期坚持实践。鉴于此，我们对 Creo 的学习谈几点建议。

（1）重视基础，切勿好高骛远

初学者最好不要囫囵吞枣地读一大堆参考书。可以先找一本比较基础和系统的教程，深入细致地进行学习，先将基础打牢，然后再深入实践。如果在第一遍学习中有很多没有记住和掌握的知识，初学者可以继续学习第二遍甚至第三遍。暂时不要被那些花哨的设计技巧所迷惑，假以时日，掌握牢固基础后再逐步深入学习多种多样的设计技巧。

（2）切记生搬硬套，学习要灵活

初学者在学习过程中要注重方法和原理，切记生搬硬套。很多初学者离开了书本就不知从何下手，学了很久也不能独立开发产品。初学者在学习 Creo 时要多提出问题，同样的产品，在设计时是否还有其他更为简便的方法，要多加斟酌。

（3）以专业的标准要求自己

初学者在学 Creo 的过程中，要不断地学习和完善其他相关联的知识。例如：在学习工程图时要认真学习机械制图的知识，并深入了解国家的制图标准。只有将软件与专业结合运用，才能成为真正的设计高手。

（4）敢于动手，在实践中成长

初学者对于书上的实例，不要看看就完事，一定要亲自在计算机上进行实践操作，即使配套光盘中有提供源文件，也要先自己动手实践操作后再去查看结果。很多初学者最大的困扰就是找不到训练题目，不知道画什么。其实生活中随处可见用于训练的产品，可以看见什么就画什么，这是最好的训练题目，因为这样的产品贴近生活，不会脱离实际，运用这种方法能够很容易激发设计灵感。

（5）直面困难，虚心向他人请教

初学者在学到一个难点时，可以尝试向同行讲解这个难点并试图使其理解。你若能给别人讲明白，就说明你掌握了这个难点。碰到解决不了的问题，不要轻易放弃，可以向身边的人请教，还可以去相关的学习论坛向同行求助。多向身边的人学习设计方法，做到博采众长、取长补短，你一定会有意外的收获。

（6）持之以恒，解决好每一个小问题

初学者不要放过任何一个设计中看似简单的小问题。每个小问题往往并没那么简单，或许从这个小问题中可以引伸出很多知识点，学习时不能举一反三将很难得到提升。

（7）不断创新，大步向前

我们学习软件的目的是将其运用到生产实际中进行产品开发，因此，必须逐渐培养自己的创新设计能力。可以先尝试将书中的例子进行扩充，再将其运用到自己的工作中去。

（8）善于记录，温故而知新

初学者可以记录下和别人交流时自己忽视或理解错误的知识点，并保存好你做过的所有模型文件，这些都是在学习中最好的积累。

本书特点

本书详细、全面地讲解了 Creo 的各项主要功能以及 Creo 应用和设计中的关键性问题，并提供了大量的综合案例及练习题，可帮助读者在学习理论知识的同时，通过实战练习掌握必要的实践技能及应用技巧。

（1）面向初学者，讲解透彻，注重实用

本书重视基础知识和基本概念的讲解，特别适合打算从事 Creo 开发的初学者。书中结合大量实例，讲解了学习的重点和难点，并立足于设计中的实际应用，融入了作者多年 Creo 的实战经验和设计成果，不但讲清楚了“要做什么”，而且讲清楚了“怎么做”和“为什么这样做”。

（2）实例丰富，一步一图，讲解细致

本书采用“案例驱动”模式，精选了大量的典型实例，并且对每个实例的设计思路和设计过程进行详细的分析和讲解，力求使初学者更快地掌握相关知识和技巧。在介绍操作过程时，每一步骤后均有对应的图形和文字说明，可以直观、清晰地展示设计过程和设计效果，便于读者加深理解。

（3）录制详细的微视频，扫描书中二维码即可学习

在编排本书内容时，我们为书中内容配套了丰富的微视频，让大家采取一种新方式——扫码看视频来高效地学习 Creo：先看微视频再动手，先模仿再实战，轻松有效地进行学习。

（4）提供移动学习平台——人邮云课

上一点中提到了能够有效提升学习效率的微视频，这些微视频可通过扫描书中的二维码进行查看，也

目 录

CONTENTS

目录

CONTENTS

目录
CONTENTS

目 录

CONTENTS

第1章

【学习目标】

-
-
-
-

1.1 知识解析

使用参数化理念建模使设计变得简单而高效。美国 PTC（Parametric Technology Corporation，参数技术公司）率先使用参数化设计理论开发 CAD 软件，下面介绍参数化设计的典型设计理念。

1.1.1 Creo 设计基础知识

基础知识

1. 模型的基本形式

在 CAD 软件中，模型的描述方式先后经历了从二维图形到三维模型，从直线、圆弧等简单的几何元素到曲线、曲面和实体等复杂几何元素的发展历程。CAD 技术中“打点—连线—铺面—填实”的重要建模原则如图 1-1 所示。

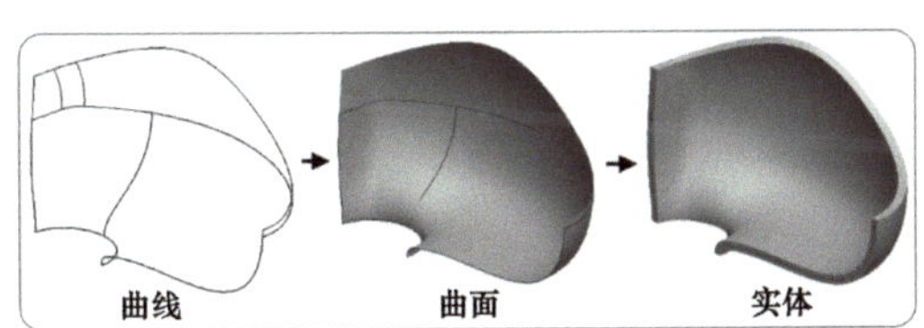

图 1-1 Creo 的建模原理

CAD 软件在发展过程中，先后使用过多种模型描述方法，下面分别介绍。

1 二维模型

二维模型是使用平面图形来表达模型，模型信息简单、单一，对模型的描述不全面。图 1-2 是工业生产中的零件图（局部），这种图形不但制作不方便，而且识读很困难。

❷ 三维线框模型

三维线框模型是使用空间曲线组成的线框描述模型，主要描述物体的外形，它只能表达基本的几何信息，无法实现 CAM（计算机辅助制造）及 CAE（计算机辅助工程）技术，如图 1-3 所示。

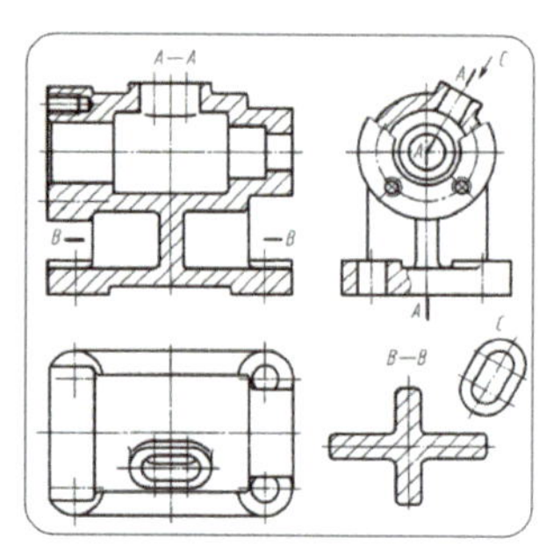

图 1-2 零件图

图 1-3 三维线框模型

❸ 曲面模型

曲面模型使用由 Bezier、NURBS（非均匀有理 B 样条）等参数曲线组成的自由曲面来描述模型，它对物体表面的描述更完整、精确，为 CAM 技术的开发奠定了基础。但是，它难以准确表达零件的质量、重心及惯性矩等物理特性，不便于 CAE 技术的实现。

不过，在现代设计中可以方便地对曲面模型进行实体化操作，以获得实体模型，如图 1-4 所示。

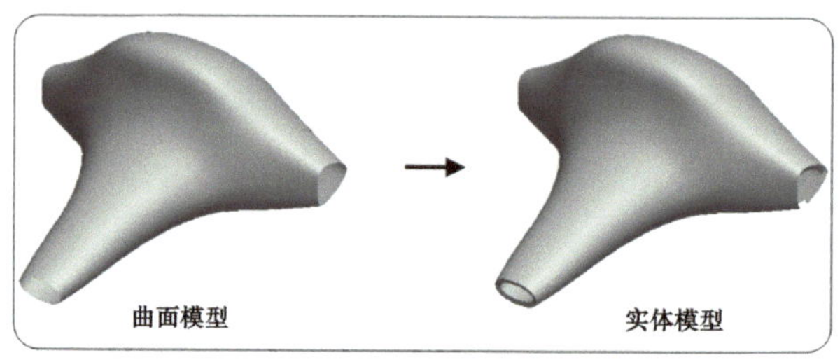

图 1-4 曲面的实体化操作

❹ 实体模型

实体模型采用与真实事物一致的模型结构来表达物体，“所见即所得”，直观简洁。它不仅能表达出模型的外观，还能表达出物体的各种几何和物理属性，是实现 CAD/CAM/CAE 技术一体化不可缺少的模型形式。

图 1-5 实体模型

图 1-5 所示的汽车实体模型由一系列独立设计的零件组装而成。

2. Creo的主要设计理念

Creo 突破了传统的 CAD 设计理念，提出了实体造型、特征建模、参数化设计以及全相关单一数据库的新理论。使用 Creo 进行三维建模操作简便，易于变更设计意图。

❶ 实体造型

三维实体模型除了描述模型的外部形状外，还描述模型的质量、密度、质心以及惯性矩等物理信息，能够精确表达零件的全部几何属性和物理属性。Creo 可以用来方便地创建实体模型，同时，软件的各个功能模块可以用来对模型进行更加深入、全面的操作和分析计算。

❷ 参数化设计

根据参数化设计原理，用户在设计时，不必准确地定形和定位组成模型的图元，只需勾画出大致轮廓，然后修改各图元的定形和定位尺寸值，系统根据尺寸再生模型后，即可获得理想的模型形状。这种通过图元的尺寸参数来确定模型形状的设计过程称为“尺寸驱动”。它只需修改模型某一尺寸参数的数值，即可改变模型的形状和大小。

要点提示

❸ 特征建模

特征是设计者在一个设计阶段创建的全部图元的总和。特征可以是模型上的重要结构（如圆角），也可以是模型上切除的一段材料，还可以是用来辅助设计的一些点、线和面。

a. 特征的分类

Creo 中的特征分为实体特征、曲面特征和基准特征 3 类，如表 1-1 所示。

表 1-1　特征的主要类型

实体特征	（1）具有厚度和质量等物理属性 （2）分为增材料和减材料两种类型。前者在已有模型上长出新材料，后者在已有模型上切去材料 （3）按照在模型中的地位不同，分为基础特征和工程特征。前者用于创建基体模型，如拉伸特征和扫描特征等；后者用于在已有模型上创建各种具有一定形状的典型结构，如圆角特征和孔特征等	孔特征 倒圆角特征 旋转特征
曲面特征	（1）没有质量和厚度，但是具有较为复杂的形状 （2）主要用于围成模型的外形。将符合设计要求的曲面实体化后可以得到实体特征 （3）曲面可以被裁剪，去掉多余的部分；也可以合并，将两个曲面合并为一个曲面 （4）曲面可以根据需要隐藏，这时它在模型上不可见	

续表

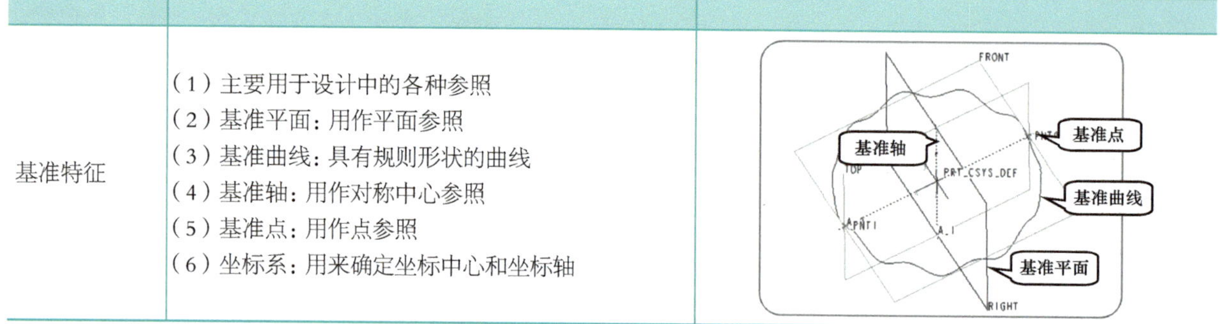

基准特征	（1）主要用于设计中的各种参照 （2）基准平面：用作平面参照 （3）基准曲线：具有规则形状的曲线 （4）基准轴：用作对称中心参照 （5）基准点：用作点参照 （6）坐标系：用来确定坐标中心和坐标轴	

b. 特征建模原理

特征是 Creo 中模型组成和操作的基本单位。创建模型时，设计者总是采用"搭积木"的方式在模型上依次添加新的特征。修改模型时，首先找到不满意细节所在的特征，然后对其大刀阔斧地"动手术"，由于组成模型的各个特征相对独立，在不违背特定特征之间基本关系的前提下，再生模型即可获得理想的设计结果。

一个模型的特征建模过程如图 1-6 所示。

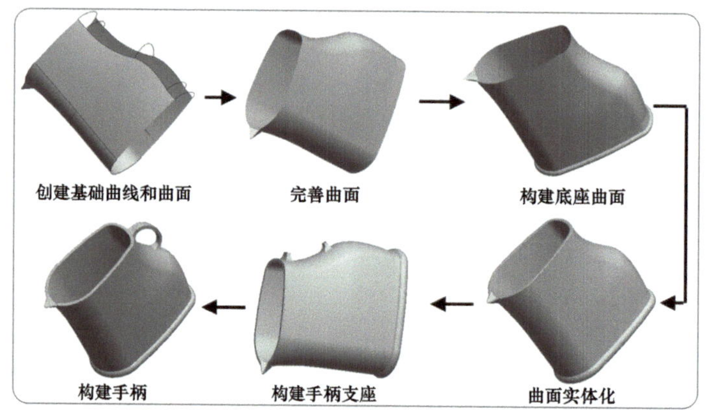

图 1-6　特征建模原理

④ 全相关的单一数据库

Creo 采用单一数据库来管理设计中的基本数据。所谓单一数据库，是指软件中的所有功能模块共享同一公共数据库。根据单一数据库的设计原理，软件中的所有模块都是全相关的，这就意味着在产品开发过程中，对模型任意一处所做的修改，都将写入公共数据库，系统将自动更新所有工程文档中的相应数据，包括装配体、设计图纸和制造数据等。

3. Creo的典型应用

Creo 是由众多功能完善、相对独立的功能模块组成的，每一个模块都有独特的设计功能，用户可以根据需要调用其中的模块进行设计，各个模块创建的文件有不同的文件扩展名。

选择菜单命令【文件】/【新建】，系统将打开图 1-7 所示的【新建】对话框。表 1-2 列出了设计中可以创建的工程项目类型。

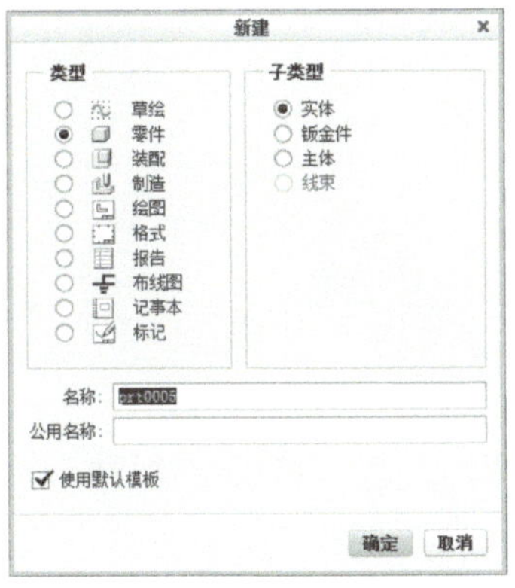

图 1-7 【新建】对话框

表 1-2 新建工程项目类型

草绘	使用草绘模块创建二维草图	.sec
零件	使用零件模块创建三维实体零件和曲面	.prt
装配	使用装配模块对零件进行装配	.asm
制造	使用制造模块对零件进行数控加工、开模等生产过程	.mfg
绘图	由零件或装配组件的三维模型生成工程图	.drw
格式	创建工程图以及装配布局图等的格式模板	.frm
报告	在工程图文件中创建由行和列组成的表格	.rep
布线图	创建电路图，管路图，电力、供热及通风组件的二维图表	.dgm
记事本	也称布局，是一种非参数化的 2D 草绘，不用精确绘制，其几何图形只代表产品设计的大概形状	.lay
标记	为零件、装配组件及工程图等建立注解文件	.mrk

❶ 绘制二维图形

二维图形是创建三维建模的基础，在创建基准特征和三维特征时，通常都需要绘制二维图形，这时系统会自动切换至草绘环境。在三维设计环境下，也可以直接读取在草绘环境下绘制并存储的二维图形文件继续设计。

三维建模的基础工作就是绘制符合设计要求的截面图，然后使用软件提供的基本建模方法来创建模型。将图 1-8 左图所示的截面沿着与截面垂直的方向拉伸即可获得三维模型，如图 1-8 右图所示。

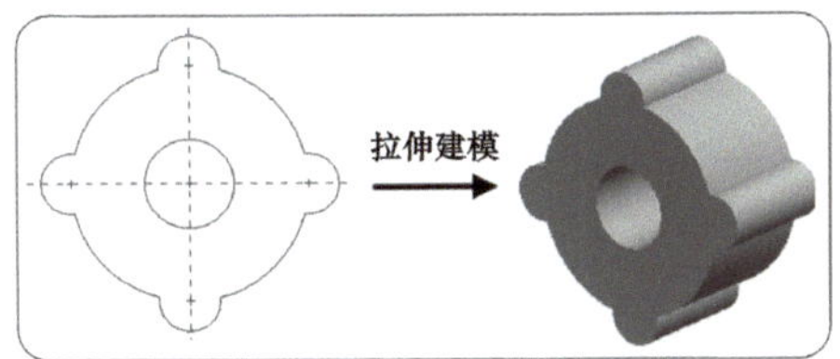

图 1-8 使用二维图形创建三维模型

❷ 创建三维模型

创建三维模型是使用 Creo 进行产品设计和开发的主要目标。在创建三维模型时，主要综合利用实体建模和曲面建模两种方法。实体建模的原理清晰，操作简便，而曲面建模复杂多变，使用更加灵活，两者交互使用，可以发挥各自的优势，找到最佳的设计方案。

图 1-9 所示的叶片模型的基体部分结构简单，采用实体建模方式创建；而叶片的形状比较复杂，首先由曲面围成其外形轮廓，然后将其实体化。

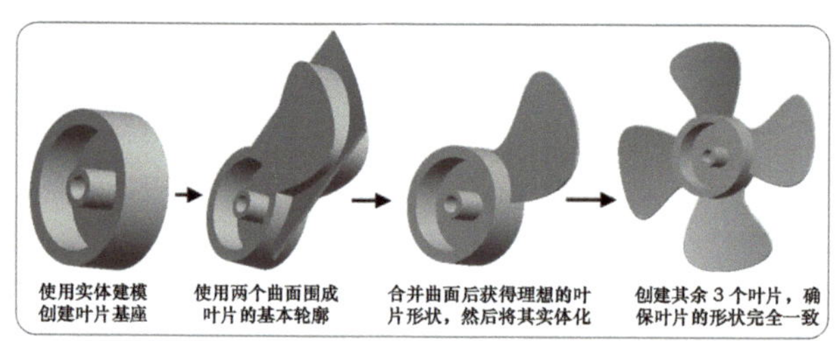

图 1-9　三维建模示例

❸ 零件装配

装配就是将多个零件按实际的生产流程组装成部件或完整的产品。按照装配要求，用户还可以临时修改零件的尺寸参数，并且系统使用分解图的方式来显示所有零件相互之间的位置关系，非常直观。图 1-10 所示为一个齿轮部件的装配示例。

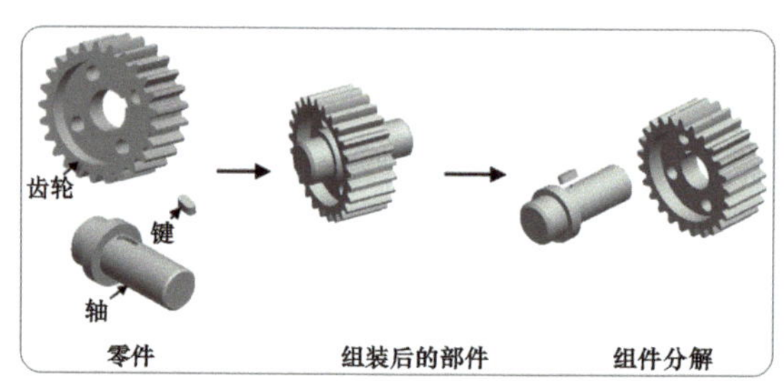

图 1-10　齿轮部件的装配示例

❹ 创建工程图

在生产第一线中常常需要将三维模型变为二维平面图形，也就是工程图。使用工程图模块可以直接由三维实体模型生成二维工程图。系统提供的二维工程图包括一般视图（即通常所说的三视图）、局部视图、剖视图及投影视图等 8 种视图类型。设计者可以根据零件的表达需要灵活选取需要的视图类型。图 1-11 所示为零件的工程图样。

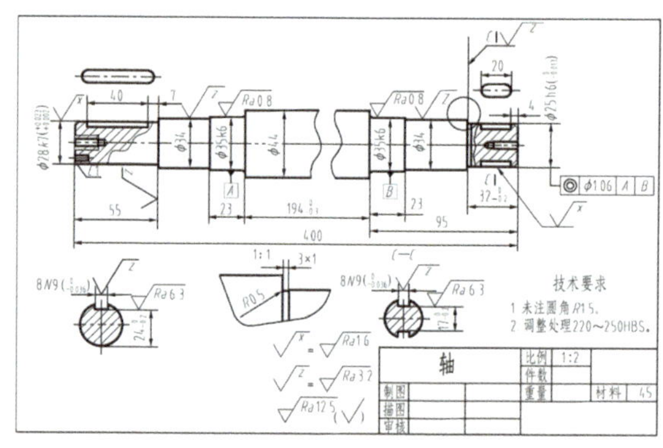

图 1-11　零件的工程样图

❺ 机械仿真

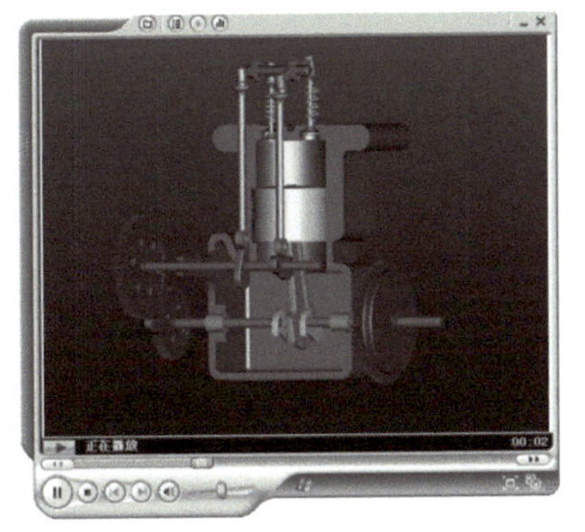
图 1-12　机械仿真

机械仿真主要根据零件的物理特性模拟其运动过程并进行动力学分析等，从而获得运动动画以及分析结果，如图 1-12 所示。Creo 提供了专门的仿真设计模块，其内容丰富，功能强大。通过机械仿真，可以观察机构在运行时是否具有干涉现象，各个部件是否达到预期的运动效果。同时机械仿真为零件的设计和修改提供了直接的参考依据。

❻ 数控加工

近年来，大型 CAD/CAM/CAE 软件的不断推出和更新，大大降低了数控加工的复杂程度，简化了数控程序的编写过程。使用 Creo 提供的数控加工模块，可以方便地完成典型零件的数控加工。使用三维实体模型作为技术文件，可以便捷地创建刀具路径，并对加工过程进行动态模拟，如图 1-13 所示，最后创建可供数控设备直接使用的 NC 程序。

❼ 模具设计

在现代生产中，模具的应用相当广泛。例如，在模型锻造、注塑加工中，都必须首先创建具有与零件外形相适应的模膛结构的模具。模具生产是一项比较复杂的工作，不过由于大型 CAD 软件的广泛应用，模具生产过程也逐渐规范有序。Creo 具有强大的模具设计功能，使用模具设计模块设计模具简单、方便。图 1-14 所示是为一个典型零件创建的模具元件。

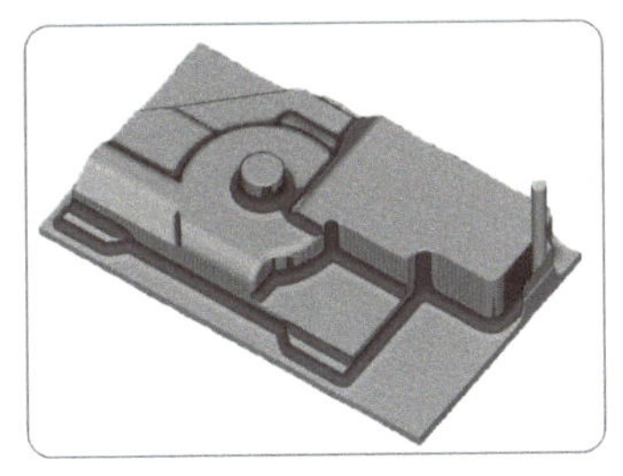
图 1-13　数控加工模拟

图 1-14　模具设计

当然，以上仅仅列出了 Creo 典型应用的基本情况。Creo 是一个大型设计软件，其功能模块相当丰富，有许多模块的应用相当专业，用户在设计中可以根据需要选择。

基础训练——认识 Creo 的设计理念

下面通过一组实例来帮助读者理解 Creo 的主要设计理念。

【操作步骤】

1. 认识实例模型

STEP01 启动 Creo 3.0。

STEP02 选择菜单命令【文件】/【打开】，打开素材文件“\ 素材 \ 第 1 章 \pen_box.prt”，这是一个笔筒模型，如图 1-15 所示。

STEP03 在【分析】功能区的【模型报告】工具组中单击 质量属性 按钮，打开【质量属性】对话框，设定模型的密度为 2.3g/cm3，然后单击底部的 预览(P) 按钮，分析模型的物理属性，结果如图 1-16 所示。通过该对话框可以获得模型的体积、质量和表面积等物理属性参数。

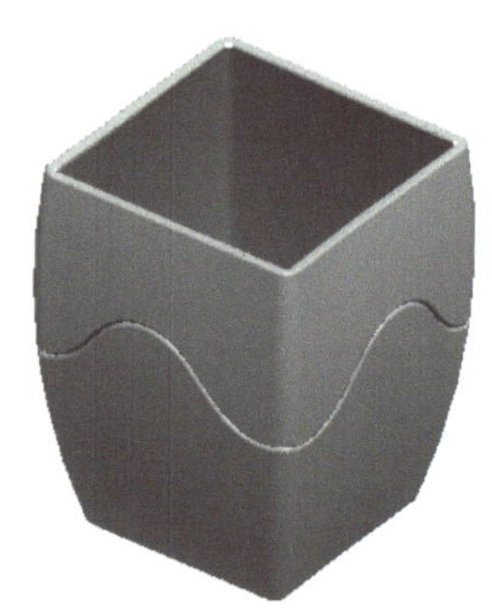

图 1-15　笔筒模型

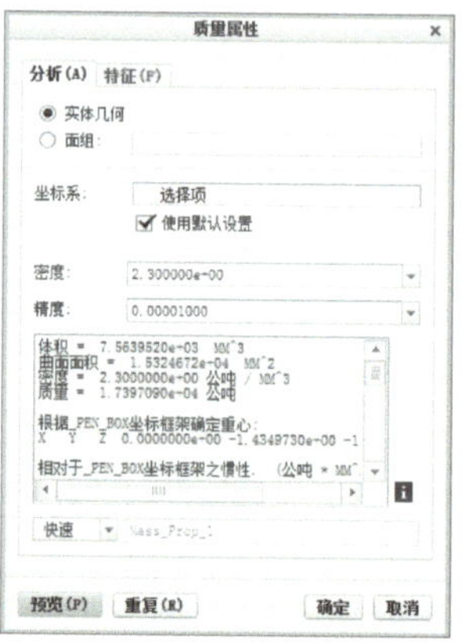

图 1-16 【质量属性】对话框

要点提示

通过这个实例可知，利用 Creo 创建的三维模型不仅仅是一幅图像，其中还包含模型更多的重要几何、物理信息。深刻理解实体模型的这个特性，能够更好地利用三维实体模型指导工业分析和生产过程。

2. 理解尺寸驱动

理解尺寸驱动

STEP01 选择菜单命令【文件】/【打开】，打开素材文件“\素材\第 1 章\triangle.sec”，这是一个三角形，其上的所有尺寸已经在图上标出，如图 1-17 所示。

STEP02 双击角度尺寸 77.80，将其修改为 60.00，然后回车，图形将依据新的尺寸自动改变图线的长度并调整图形的形状，如图 1-18 所示。

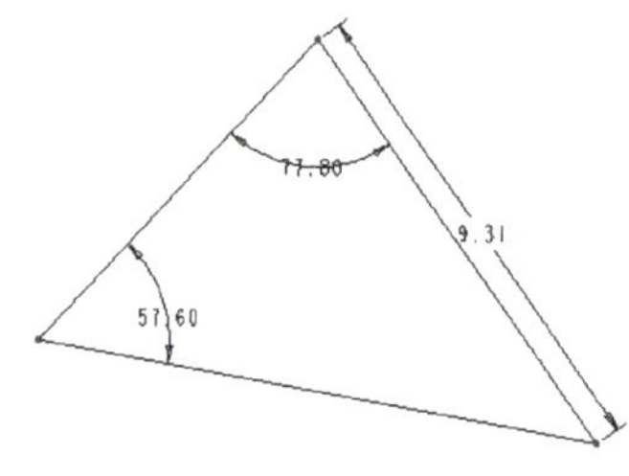

图 1-17　打开的图形

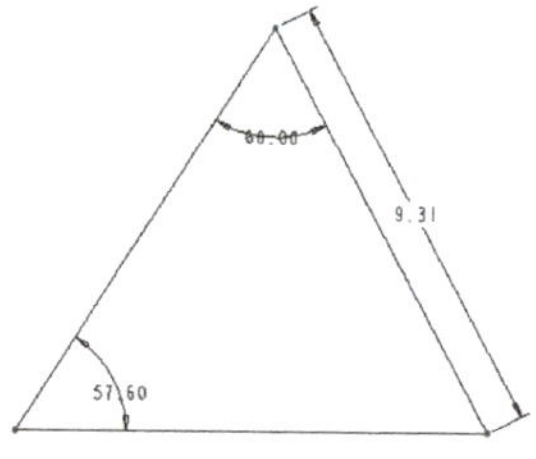

图 1-18　再生结果（1）

STEP03 使用同样的方法将尺寸由 57.60 修改为 60.00，获得一个正三角形，如图 1-19 所示。

STEP04 将尺寸由 9.31 修改为 100.00，回车后得到边长为 100 的正三角形，如图 1-20 所示。

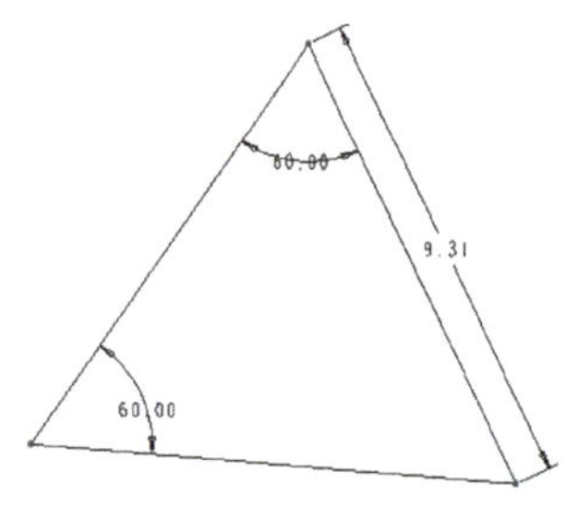

图 1-19　再生结果（2）

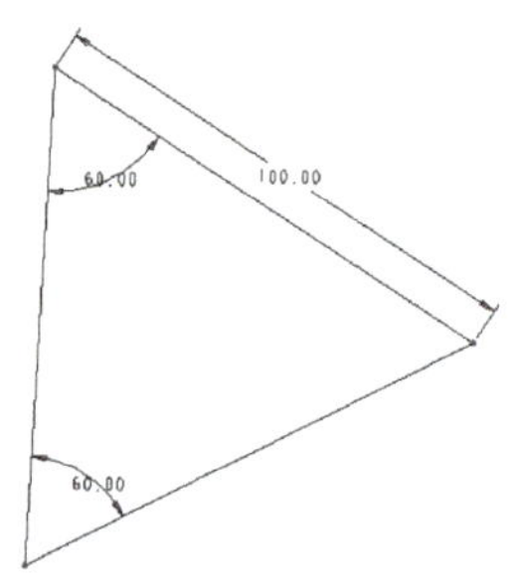

图 1-20　再生结果（3）

要点提示

有了“尺寸驱动”的设计理念后，设计者不必再拘泥于线条的长短以及角度大小等繁琐工作。把粗放、宏观的工作交给设计者完成，把细致、精确的工作交给计算机完成，这样就增强了设计的人性化。

3. 认识特征建模原理

特征建模原理

STEP01 选择菜单命令【文件】/【打开】，打开素材文件“\素材\第1章\Cover.prt”。

STEP02 从左侧的模型树窗口中查看模型的特征构成，可见该模型上依次创建了一组拉伸特征、壳特征和拔模特征，如图1-21所示。

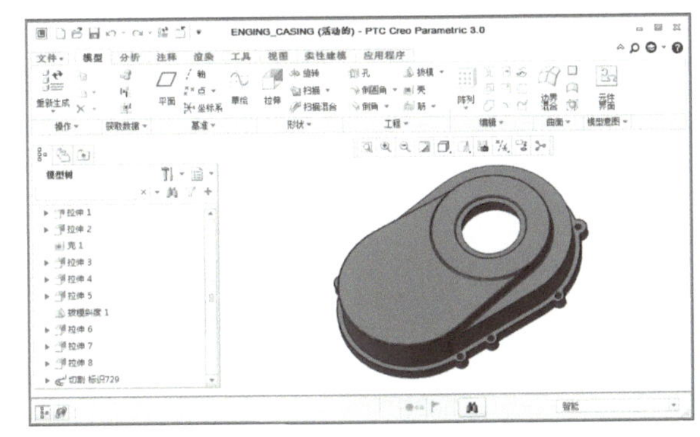

图1-21 模型的结构

STEP03 按住Ctrl键选中模型树窗口尾部的一组倒圆角特征，在其上单击鼠标右键，在弹出的快捷菜单中选取【删除】命令，系统弹出确认对话框，单击 确定 按钮，将该特征从模型中删除，在模型树中也将不再有该倒圆角结构，如图1-22所示。

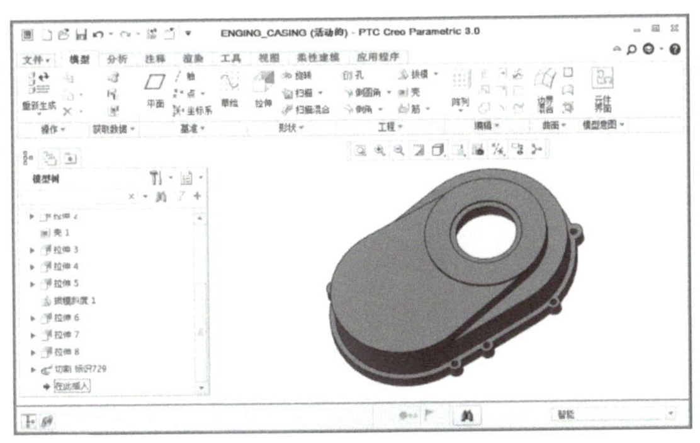

图1-22 删除倒圆角特征

STEP04 使用同样的方法从下至上依次删除特征，观察这个模型是怎样通过“搭积木”的方式由各种特征组合而成的，如图1-23所示。

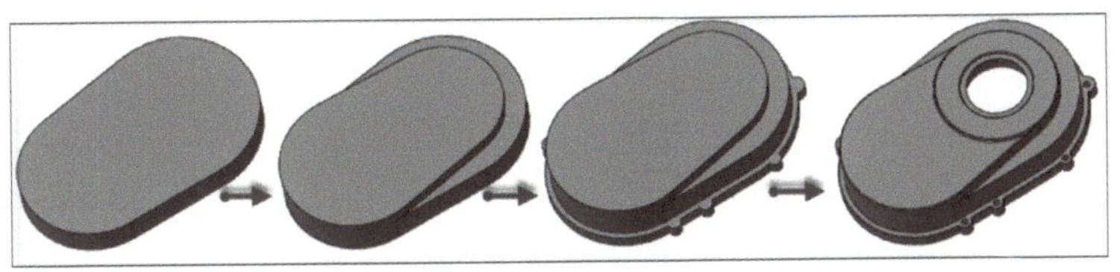

图1-23 特征建模过程

要点提示

特征建模是当前 CAD 技术中最引人注目的理念，采用特征建模构建的模型不但具有清晰的结构，更为重要的是，设计者可以随时返回先前已经完成的特征对其重新完善，完成后再转移到其他特征创建工作中。

1.1.2 Creo 3.0 的设计环境和基本操作

熟练掌握 Creo 3.0 的设计环境和基本操作是使用 Creo 进行设计的基础。本节主要介绍 Creo 3.0 设计环境的组成和功能，重点说明程序界面上各主要设计工具的使用方法。

基础知识

1. Creo 3.0的基本界面

Creo 3.0 的用户界面内容丰富，友好而且极具个性。从其用户界面可以方便地访问各种资源，包括访问本地计算机上的数据资料以及通过浏览器以远程方式访问网络上的资源。

初次打开的 Creo 3.0 用户界面如图 1-24 所示。

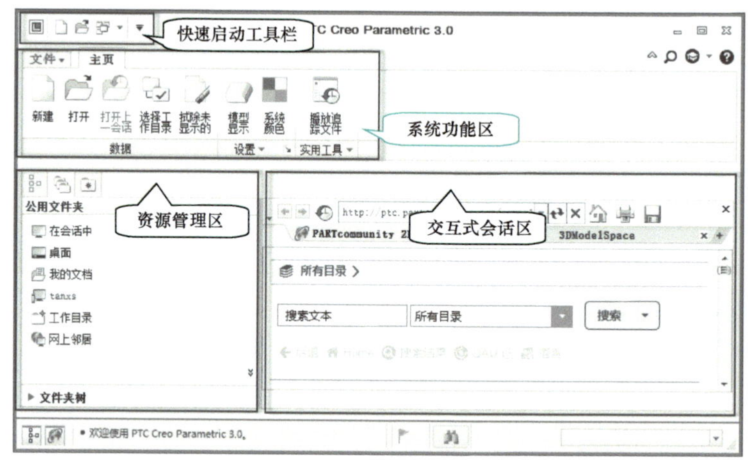

图 1-24 Creo 3.0 初识的用户界面

此时的设计界面主要分为 4 个区域。

- 快速启动工具栏：用于实现新建文件、打开文件等快捷操作。
- 系统功能区：用于实现文件管理、显示设置以及颜色设置等操作。
- 资源管理区：用于访问本地文件资源。
- 交互式会话区：可以访问网络或搜索指定目录下的文件。

要点提示

单击导航器左下角的切换开关，可以关闭导航器窗口，使用类似的方法可以关闭浏览器窗口。这时，整个用户界面的中央区域为设计工作区，这样可以方便设计操作。

2. 三维设计环境

Creo 是一个集成的设计软件，在不同设计模块下，软件界面并不相同，但是其基本布局格式是相似的，下面以三维设计环境为例对其设计环境构成进行介绍。

在快速启动工具栏中单击□按钮，然后单击鼠标中键进入三维建模环境，可以看到这时的设计界面已经改变。打开一个已经设计完成的三维模型，此时的界面如图1-25所示。

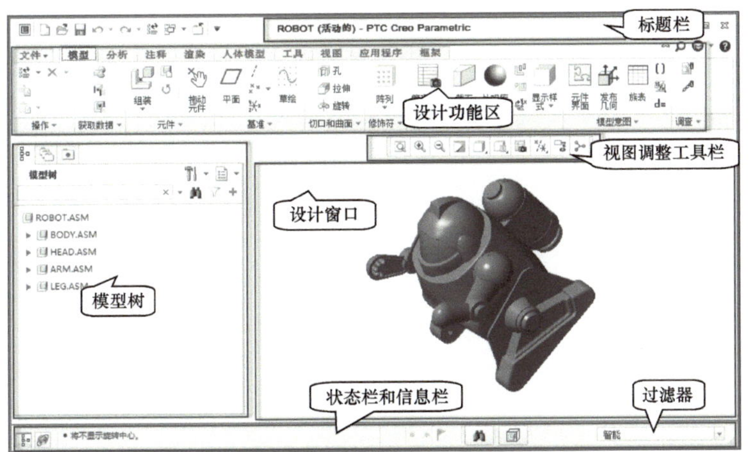

图1-25 三维设计环境

1 标题栏

界面顶部的标题栏中显示当前打开文件的名称。

Creo允许同时打开多个文件，这多个文件分别显示在独立的视窗中，文件名后面有“活动的”字样为活动视图，可以对其进行编辑操作，如图1-26所示。Creo只允许有一个活动窗口，单击任一窗口标题栏即可将其设置为活动窗口。

ROBOT (活动的) - PTC Creo Parametric

图1-26 标题栏

2 设计功能区

Creo将每一个设计模块划分为若干功能区，分别以选项卡的形式组织，如【模型】、【分析】、【注释】和【工具】等。每个功能区下又包含若干工具组，例如，在【模型】功能区下包含【基准】、【形状】和【工程】等工具组。每个工具组中又放置了若干工具按钮，例如，在【形状】工具组中包含了【拉伸】、【扫描】等工具，如图1-27所示。

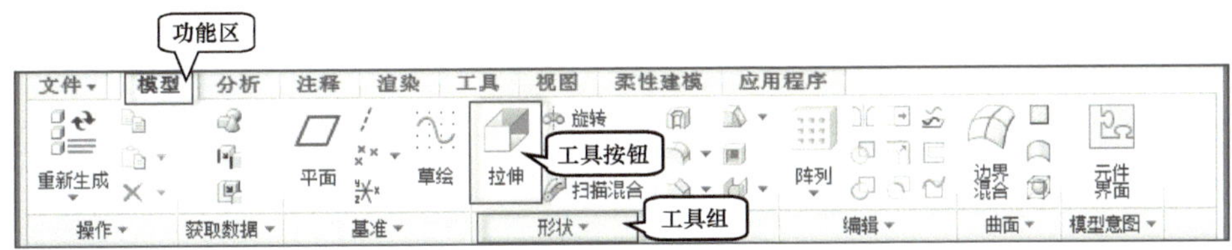

图1-27 设计功能区

3 模型树窗口

Creo提供了一个非常优秀的特征管家——模型树窗口，这里展示模型的特征构成，是分析和编辑模型的重要辅助工具。模型树按照模型中特征创建的先后顺序展示了模型的特征构成，这不但有助于用户充分理解模型的结构，也为修改模型时选取特征提供了最直接的手段，如图1-28所示。

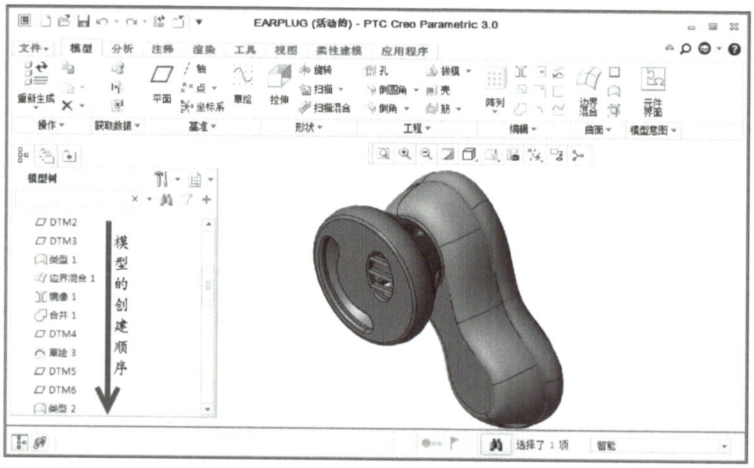

图 1-28　模型树窗口的应用

4　设计窗口

在这里绘制和编辑模型以及进行其他设计工作，它是完成设计工作的重要舞台。

5　系统信息栏与状态栏

这是用户和计算机进行信息交流的主要场所。在设计过程中，系统通过信息栏提示当前正在进行的操作以及需要用户继续执行的操作。这些信息通常结合不同的图标给出，代表不同的含义，如表 1-3 所示。设计者在设计过程中要养成随时浏览系统信息的习惯。

表 1-3　系统信息栏给出的基本信息

提示图标	信息类型	示例
⇨	系统提示	⇨选取一个平面或曲面以定义草绘平面。
•	系统信息	• 显示约束时：右键单击禁用约束。
	错误信息	不能放置要创建的特征。
⚠	警告信息	⚠警告：拉伸_2完全在模型外部；模型未改变。

3. 文件操作

【文件】主菜单主要用于执行常用的文件操作。Creo 中的文件操作与其他软件有所差异，下面重点介绍其中常用的操作。

1　新建文件

选取菜单命令【文件】/【新建】，打开【新建】对话框，通过该对话框来选用不同的功能模块进行设计。各个设计模块的用途见表 1-2，其详细用法将分散到以后各章中讲述。

要点提示

2　打开文件

选取菜单命令【文件】/【打开】或在快速启动工具栏中单击 按钮，打开【文件打开】对话框，并导航到工作目录。工作目录是指系统在默认情况下存放和读取文件的目录，在软件安装时设定。用户可以选择菜单命令【文件】/【管理会话】/【选择工作目录命令】来更改工作目录。

在打开文件时，可以从【文件打开】对话框底部的【类型】列表中指定文件类型，以方便查找。

❸ 保存文件

选择菜单命令【文件】/【保存】或在快速启动工具栏中单击按钮，打开【保存对象】对话框，通过该对话框设置路径保存文件。

保存文件时，要注意以下要点。

- 第一次保存文件时，在默认情况下都保存在工作目录中。
- 每个文件仅在第一次执行保存操作时打开【保存对象】对话框，再次保存时只能存储在原来位置。如果需要更换文件保存路径，可以选择菜单命令【文件】/【另存为】/【保存副本】。
- Creo只能使用新建文件时的文件名保存文件，不允许在保存时更改文件名，如果需要更换文件名，可以选择菜单命令【文件】/【管理文件】/【重命名】。
- Creo每执行一次存储操作并不是简单地用新文件覆盖原文件，而是在保留文件前期版本的基础上新增一个文件。在同一项设计任务中多次存储的文件将在文件名尾添加序号加以区别，序号数字越大，文件版本越新。例如，同一作品经过3次保存后的文件分别为prt0004.prt.1、prt0004.prt.2和prt0004.prt.3。

❹ 保存文件副本

选择菜单命令【文件】/【另存为】/【保存副本】，可以将当前文件以指定的格式保存到另一个存储位置，此时，系统弹出【保存副本】对话框。首先设定文件的存储位置，还可以重命名文件，然后在【类型】下拉列表中选取保存文件的类型，即可输出文件副本。

要点提示

❺ 备份文件

选择菜单命令【文件】/【另存为】/【保存备份】，可以将当前文件保存到另外一个存储目录。建议读者养成随时备份的好习惯，以确保设计成果安全可靠。

❻ 重命名文件

选择菜单命令【文件】/【管理文件】/【重命名】，打开【重命名】对话框，输入新的文件名称即可。该对话框中两个单选按钮的用途介绍如下。

- 在磁盘上和会话中重命名：同时重命名进程和磁盘上的文件，这种更改文件名称的方法将彻底修改文件的名称。
- 在会话中重命名：只对进程中的文件进行重命名。一旦退出系统，结束进程后，命名就失效，而在磁盘上的文件依然保留原来的名字。

❼ 关闭文件

选择菜单命令【文件】/【关闭】，或在快速启动工具栏中单击按钮，可以关闭该文件的设计界面。注意，关闭后的文件仍然停留在设计进程中，不能创建与之同名的新文件。

❽ 拭除文件

选择菜单命令【文件】/【管理会话】/【拭除当前】，可以从进程中清除当前打开的文件，同时关闭当前设计界面；选择菜单命令【文件】/【管理会话】/【拭除未显示的】，可以清除系统曾经打开，现在已经关闭，但仍然驻留在进程中的文件。

要点提示

9 删除文件

可以将文件从磁盘上彻底删除。选择菜单命令【文件】/【管理文件】/【删除旧版本】，系统将保留该文件的最新版本，删除其余所有早期的版本。例如，有prt0004.prt.1、prt0004.prt.2和prt0004.prt.3等3个版本，则删除prt0004.prt.1和prt0004.prt.2，选择菜单【文件】/【管理文件】/【删除所有版本】命令，系统将删除与之相关的全部文件。

4. 视图操作

【视图】菜单主要用于设置模型的显示效果，包括模型的显示状态、显示方式以及模型的视角等。

1 重新生成视图

在快速启动工具栏中单击 按钮，可以对视图区进行刷新操作，清除修改视图后遗留在模型上的残影并用新参数重建模型。

2 调整模型视角

设置观察模型的视角。在三维建模时，可以从不同角度观察模型，以获得更多模型上的细节信息。在【视图】功能区的【方向】工具组中单击 （已保存方向）按钮，从下拉列表中选取系统预先设定的视角来观察模型；单击 （标准方向）按钮，可以以标准视角（正等轴测图）显示模型。

从不同视角观察模型的效果如表1-4所示。

表1-4 模型的视角

从侧向观察模型获得的轴测投影效果图	从模型背面向前看观察得到的结果	从模型底部向上观察得到的结果	从模型前面向后面观察得到的结果	从模型左侧向右观察得到的结果	从模型右侧向左观察得到的结果	从模型顶部向下观察得到的结果

3 视图操作

在三维设计环境中，常常需要对模型进行移动、缩放和旋转等操作。在【视图】功能区的【方向】工具组中有以下4个按钮来缩放视图。

- ：放大图形，框选需要放大的区域后将其放大。
- 缩小：缩小图形，单击该按钮一次，将模型缩小一定比例。
- 平移：平移图形，单击该按钮后，可以拖动图形在界面内移动。

- 平移缩放：单击后弹出【方向】对话框，利用该对话框可以全面调整模型的移动、旋转和缩放参数。

鼠标的 3 个功能键与Ctrl和Shift键配合使用，可以在 Creo 系统中定义不同的快捷操作，使用这些快捷键进行操作将更加简单、方便。

三键鼠标各功能键的基本用途如表 1-5 所示。

表 1-5　三键鼠标各功能键的基本用途

二维草绘模式（鼠标按键单独使用）		（1）画连续直线（样条曲线） （2）画圆（圆弧）	（1）终止画圆（圆弧）工具 （2）完成一条直线（样条曲线），开始画下一直线（样条曲线） （3）取消画相切弧	弹出快捷菜单
三维模式	（鼠标按键单独使用）	选取模型	旋转模型（无滚轮时按下中键或有滚轮时按下滚轮） 缩放模型（有滚轮时转动滚轮）	在模型树窗口或工具箱中单击，将弹出快捷菜单
	（与Ctrl键或Shift配合使用）	无	与Ctrl键配合并且上下移动鼠标：缩放模型与Ctrl键配合并且左右移动鼠标：旋转模型与Shift键配合并且移动鼠标：平移模型	无

要点提示

4 模型的显示样式

系统提供了 6 种模型显示样式，这些模型显示样式可以分别用于不同的设计环境。在【视图】功能区的【模型显示】工具组中单击（显示样式）按钮，可以设置模型的显示样式，具体如表 1-6 所示。

表 1-6　三维模型的 6 种显示样式

工具按钮	带反射着色	带边着色	着色
模型特点	带反射着色模型，增加倒影效果	带边着色模型，突出显示边线	着色模型，立体感好
示意图			
工具按钮	消隐	隐藏线	线框
模型特点	消隐模型，不显示被遮挡边线	隐藏线模型，被遮挡边线弱化	线框模型，立体感差
示意图			

5 设置图元颜色

绘图时，系统为每一类图元设置了默认颜色，要修改为其他颜色，可以在快速启动工具栏中单击鼠标右键，在弹出的快捷菜单中选取【自定义快速访问工具栏】命令，打开【PTC Creo Parametric 选项】面板。在面板左侧列表中选取【系统颜色】，再在右侧列表中选取要定义的要素，为其设置理想的颜色，如图 1–29 所示。

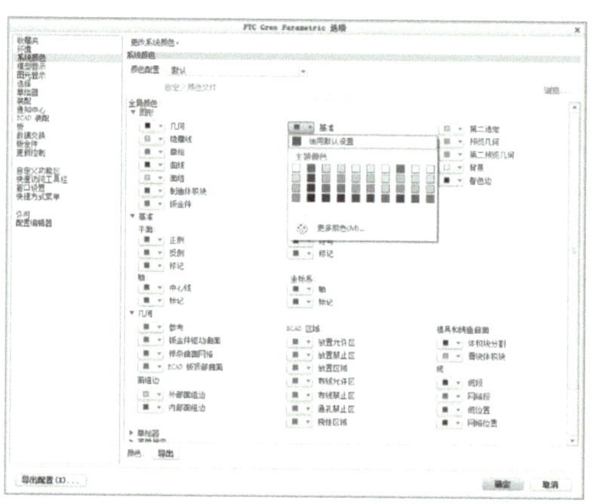

图 1–29 【PTC Creo Parametric 选项】面板

基础训练——常用文件操作练习

常用文件操作练习

下面结合实例介绍 Creo 的文件管理方法。

【操作步骤】

1. 设置工作目录

STEP01 在计算机任意硬盘分区上建立文件夹【Creo 工作目录】。

STEP02 选择菜单命令【文件】/【管理会话】/【选择工作目录】，打开【选择工作目录】对话框，浏览到刚创建的文件夹将其设置为工作目录，以后系统将在这里存取文件。

STEP03 将素材文件“\ 素材 \ 第 1 章 \electromotor.prt”复制到新设置的工作目录中。

2. 打开文件

选择菜单命令【文件】/【打开】，系统自动定位到工作目录，打开文件“electromotor.prt”，这是一个电机模型，如图 1–30 所示。

图 1–30 电机模型

3. 保存文件

STEP01 选择菜单命令【文件】/【保存】，在打开的【保存对象】对话框中单击 确定 按钮，保存文件。

STEP02 打开【Creo 工作目录】，可以看到其中有 electromotor.prt 和 electromotor.prt.2 两个文件。说明保存文件时，其旧版本依旧存在。

STEP03 选择菜单命令【文件】/【保存】，保存文件 electromotor.prt.3。

要点提示

在桌面上双击【计算机】图标，打开【计算机】界面，在左上角选择【组织】/【文件和搜索选项】，打开【文件夹选项】对话框，进入【查看】选项卡，在【高级设置】列表框中确保【隐藏已知文件类型的扩展名】复选项未被选中，这样才能看到文件名最后的“.1”“.2”等后缀。

4. 保存副本

STEP01 选择菜单命令【文件】/【另存为】/【保存副本】，打开【保存副本】对话框，为文件指定新的文件保存位置。

STEP02 在【文件名】文本框中输入副本名称 e_motor。注意这里必须输入新名称。

STEP03 在【类型】下拉列表中选取文件类型【IGES (*.igs)】，如图 1-31 所示，随后单击 确定 按钮，关闭对话框。

STEP04 在【导出 IGES】菜单中，按照图 1-32 所示设置参数导出曲面模型，然后单击 导出 按钮，导出“.igs”文件。

STEP05 选择菜单命令【文件】/【打开】，在【文件打开】对话框底部选择文件类型为【IGES (.igs、.iges)】，打开刚才保存的曲面模型，模型树中显示为一个“导入特征”，如图 1-33 所示。

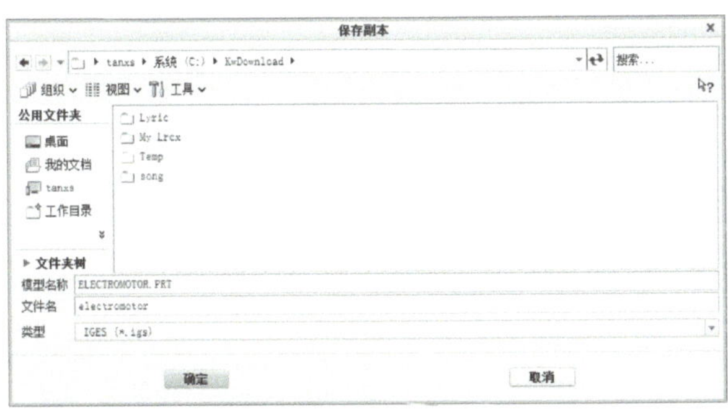

图 1-31 【保存副本】对话框

图 1-32 【导出 IGES】对话框

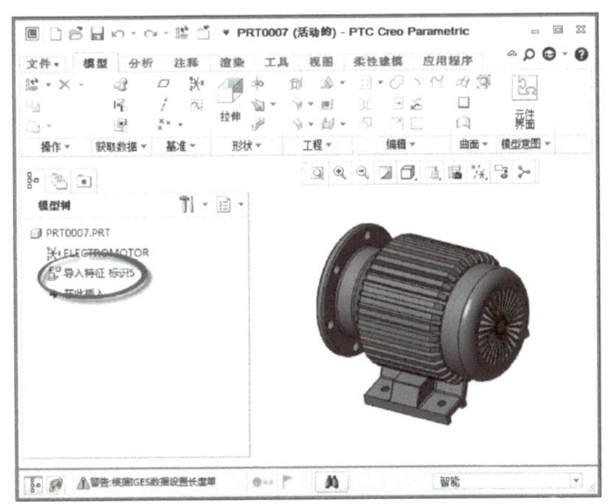

图 1-33 导入特征

5. 备份文件

选择菜单命令【文件】/【另存为】/【保存备份】，打开【备份】对话框，将文件存放到另一目录下，建议备份时不要更改模型名称，以免引起混乱。

6. 重命名文件

STEP01 选择菜单命令【文件】/【管理文件】/【重命名】，打开【重命名】对话框，设置新文件名为“e_motor”，并选择【在磁盘上和会话中重命名】单选项。

STEP02 浏览到工作目录，可以看到全部文件已经重命名为“e_motor”。

7. 删除文件

STEP01 选择菜单命令【文件】/【管理文件】/【删除旧版本】，将模型的所有旧版本删除。

STEP02 系统询问删除文件的名称，单击鼠标中键确认。

STEP03 浏览到工作目录，可以看到仅剩下最新文件“e_motor”。

8. 拭除文件

STEP01 选择菜单命令【文件】/【管理会话】/【拭除当前】，确认系统的询问，将当前模型从进程中拭除，但是模型仍然保留在磁盘上，这是拭除与删除的区别。

STEP02 选择菜单命令【文件】/【管理会话】/【拭除未显示的】，拭除启动系统以来打开过的所有模型，将进程清空，此时系统会给出拟拭除模型的名称列表。

从进程中拭除文件不同于删除文件。拭除文件的操作很重要，一方面操作完成后，可以减少内存中的数据量，缓解内存负担；另一方面，可以避免模型之间干扰，特别是组件装配时。建议一个设计阶段完成后，定期拭除文件。

1.1.3 图层及其应用

使用 Creo 设计大型产品时，用户常常会感觉到用户界面上的设计工作区太小。如果模型上的特征数量较多，在有限的设计界面上太多几何图元交错重叠，不仅影响图面的美观和整洁，也给设计工作带来诸多不便，这时，可以使用图层来管理这些设计要素。

基础知识

1. 层树窗口

在 Creo 中使用层树来管理图层。在三维设计环境中，在模型树窗口顶部右侧的下拉菜单中选取【层树】选项，可以展开层树窗口，如图 1-34 所示。在层树模式下，在该下拉菜单中选取【模型树】选项，可以返回模型树窗口，如图 1-35 所示。

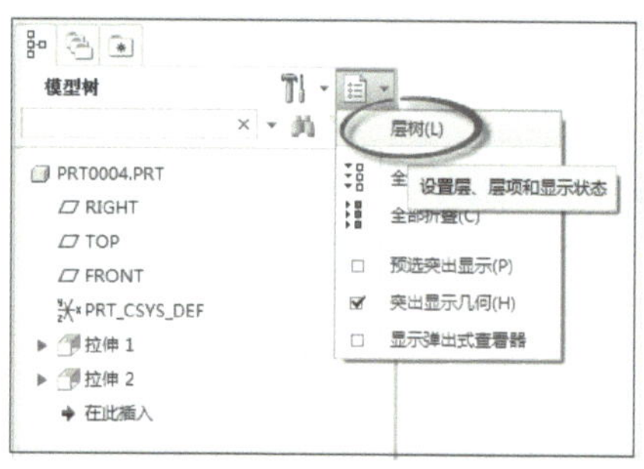

图 1-34 图层窗口与模型树窗口切换（1）

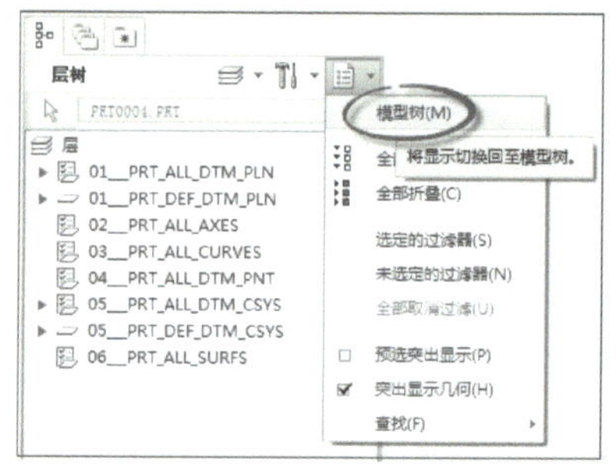

图 1-35 图层窗口与模型树窗口切换（2）

层树窗口中列出了系统提供的 8 个默认图层，介绍如下。

- 01_PAT_ALL_DTM_PLN：该图层放置零件上的所有基准平面。
- 01_PAT_DEF_DTM_PLN：该图层放置零件上系统定义的默认基准平面。
- 02_PAT_ALL_AXES：该图层放置零件上的所有基准轴线。
- 03_PAT_ALL_CURVES：该图层放置零件上的所有基准曲线。
- 04_PAT_ALL_DTM_PNT：该图层放置零件上的所有基准点。
- 05_PAT_ALL_DTM_CSYS：该图层放置零件上的所有坐标系。

- 05_PAT_DEF_DTM_CSYS：该图层放置零件上的系统定义的默认坐标系。
- 06_PAT_ALL_SURFS：该图层放置零件上的所有曲面特征。

单击图层前面的 ▸ 按钮，可以展开图层中放置的内容。

2. 图层的操作

使用图层可以方便地管理其上放置的项目。用户可以向图层中添加不同的项目，也可以从选定的图层中删除项目，此外，还可以隐藏图层中的项目。

在【层树】窗口中的任一图层上单击鼠标右键，弹出图 1-36 所示的快捷菜单，该菜单提供了图层中的常用操作，其中常用选项的含义如下。

取消隐藏
隐藏
激活
取消激活
新建层...
复制层
粘贴层
删除层
重命名(M)
层属性...
剪切项
复制项
粘贴项
移除项
选择项
选择层
层信息
搜索...
保存...
保存状况
重置状况

图 1-36 快捷菜单

- 隐藏：隐藏选定图层，重画视图后其上放置的对象将不可见。
- 新建层：新建图层。
- 删除层：删除指定的图层。
- 重命名：重命名选定的图层。
- 层属性：系统弹出【层属性】对话框，该对话框用于向图层中添加或删除项目。
- 复制项：复制图层中的所有项目。
- 粘贴项：在指定图层上粘贴复制的项目。
- 选择层：选取该图层。
- 层信息：系统使用信息窗口显示选定图层的信息。
- 搜索：打开【搜索】对话框搜索符合要求的图层。
- 保存状况：保存图层设置状态。
- 重置状况：重新设置图层状态。

下面介绍图层的几种常用操作。

❶ 新建图层

在图 1-36 所示的快捷菜单中选取【新建层】命令，弹出图 1-37 所示的【层属性】对话框，在【名称】文本框中可以为图层设置一个便于记忆的名称，在【层标识】文本框中可以为图层设置一个图层标识 ID。

❷ 向图层中添加或删除项目

在【内容】选项卡中单击 包括... 按钮后，可以在模型树或实体模型上选取对象并将其加入该图层。也可以单击选取层树中已有的图层，将其作为新建图层的嵌套子图层加入其中。

单击 排除... 按钮后，从列表框中选取项目可将其从层中排除，但是，该项目仍将显示在项目列表中，还可以随时被重新加入。但是，如果单击 移除 按钮，则将其从项目列表中删除，如图 1-38 所示。

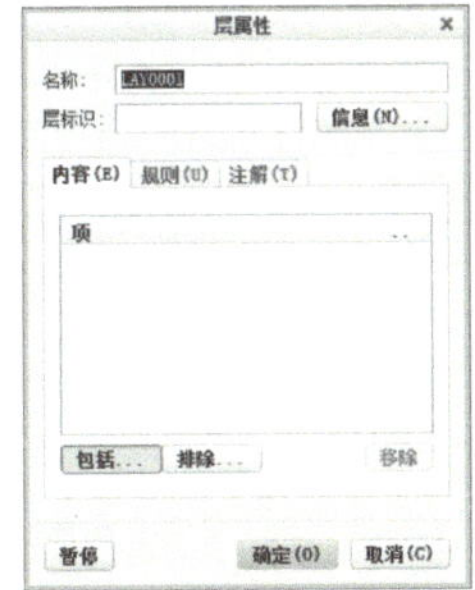

图 1-37 【层属性】对话框

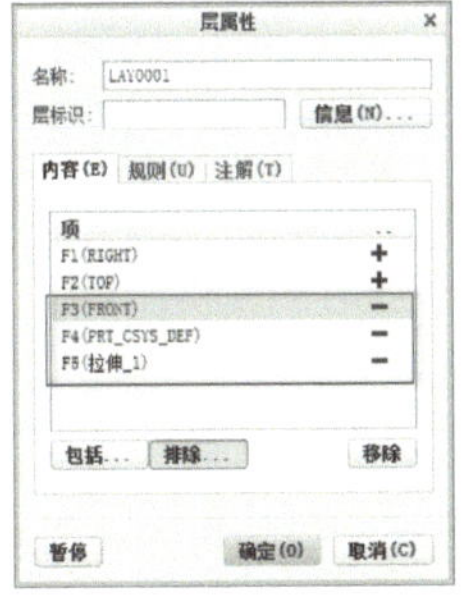

图 1-38 【层属性】对话框

③ 显示或隐藏图层中的项目

图层的一个重要用途就是管理其上项目的显示状态，用户可以根据需要隐藏和重新显示其上放置的对象。隐藏图层的操作比较简单，在指定图层上单击鼠标右键，在快捷菜单中选取【隐藏】命令即可，隐藏的图层其标识前面的图标为灰色。

在隐藏的图层上单击鼠标右键，在弹出的快捷菜单中，将增加【取消隐藏】命令，选取该命令可以取消对图层的隐藏，重新显示图层上放置的项目。

要点提示

④ 保存图层设置文件

将选定对象放置到特定图层，并设置图层的显示状态后，如果希望下次打开模型时仍然保留这些图层状态，就必须保存图层的设置信息。在任意图层上单击鼠标右键，在弹出的快捷菜单中选取【保存状况】命令即可。选取【重置状况】命令可以恢复保存操作前的状态。如果保存图层状态后，图层设置并未发生改变，这两个命令将不可用。

基础训练——过滤器和图层的应用

下面结合实例介绍过滤器和图层的用法。

【操作步骤】

STEP01 选择菜单命令【文件】/【打开】，打开素材文件“\素材\第 1 章\lucky.prt.3”，这是一个六角幸运星模型，如图 1-39 所示。

要点提示

STEP02 在模型树窗口顶部右侧的下拉菜单中选取【层树】选项，可以展开层树窗口。

STEP03 在图层管理器窗口中的任意位置单击鼠标右键，在弹出的快捷菜单中选取【新建层】命令，如图 1-40 所示，同时打开【层属性】对话框。

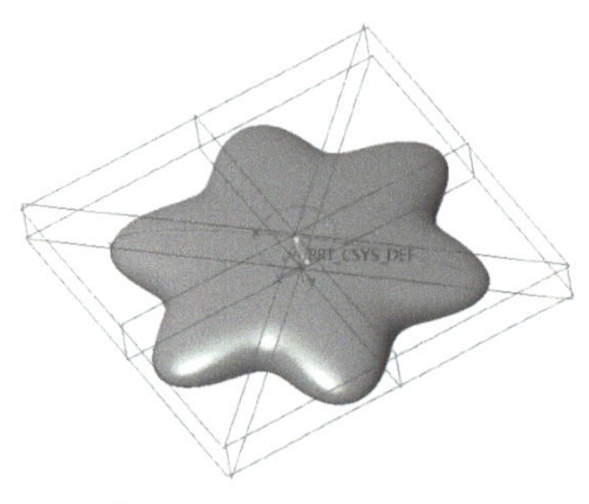

图 1-39 六角幸运星模型

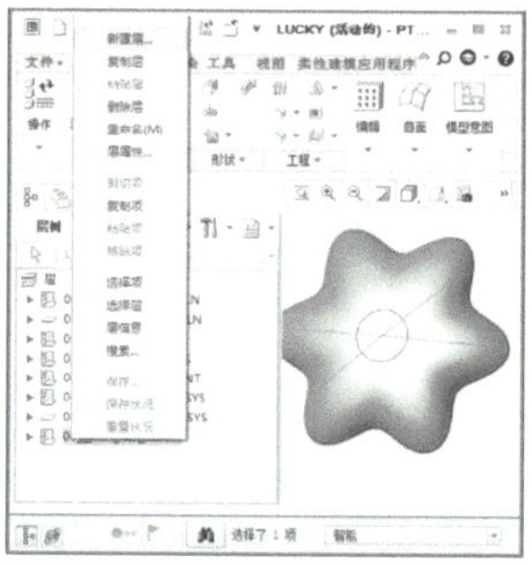

图 1-40 新建图层

STEP04 在界面底部的过滤器菜单中选择【曲线】选项，如图 1-41 所示，这样在模型上只能选中曲线特征，其他对象都被滤去。

STEP05 按住鼠标左键框选整个模型，则所有曲线被选中，如图 1-42 所示。同时这些被选中的对象被加入【层属性】对话框中，如图 1-43 所示。

图 1-41 使用过滤器

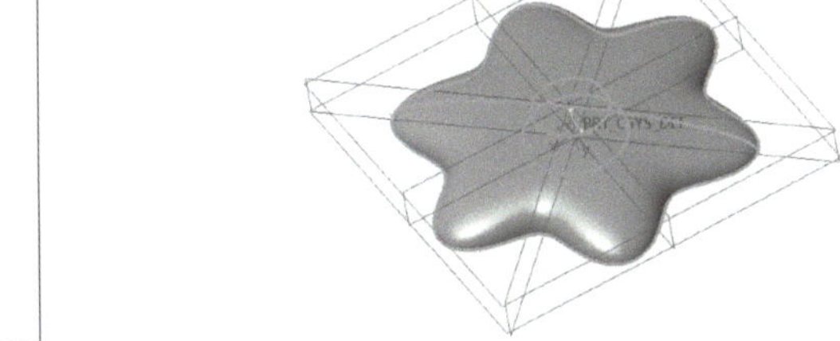

图 1-42 选中全部曲线

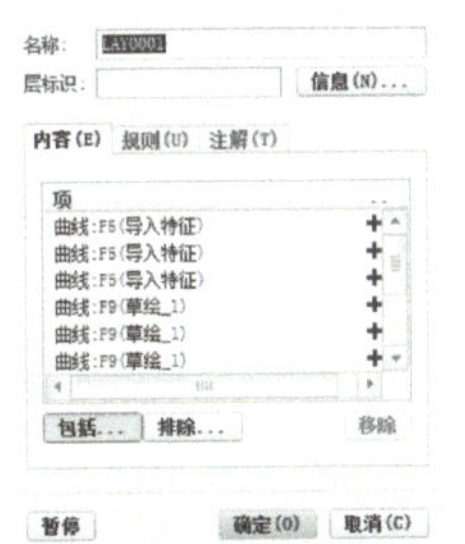

图 1-43 【层属性】对话框

STEP06 在界面底部的过滤器菜单中选择【基准平面】选项，按住鼠标左键框选整个模型，则所有基准平面被选中，如图 1-44 所示，并且被加入【层属性】对话框中。

STEP07 使用同样的方法，把坐标系加入【层属性】对话框中，最后单击 确定(O) 按钮。

STEP08 在模型树中的新建图层上单击鼠标右键，在弹出的快捷菜单中选取【隐藏】命令，隐藏图层上的全部要素。

STEP09 滚动鼠标中键适当刷新视图，可以看到模型上的所有曲线都已经隐藏起来了，如图 1-45 所示。

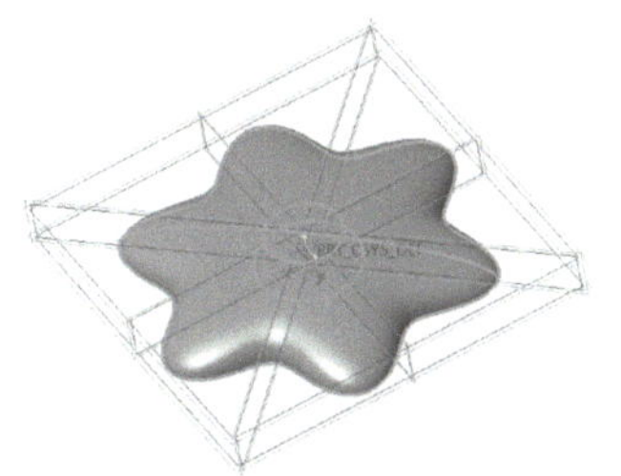

图 1-44 选中基准平面

图 1-45 隐藏图层后的结果

要点提示

使用过滤器可以滤去模型上的大部分对象，通常在需要选定对象时启用，以缩小选择范围。在选定一类对象后，还可以把不需要的部分对象排除在外。过滤器列表中的项目种类和数量在不同设计环境下也会有所差异。

1.2 典型实例——使用 Creo 3.0 创建简单三维模型

下面介绍一个简单三维模型的设计过程，读者可以根据给出的步骤提示对照操作，初步了解三维建模的一般原理，为后续深入学习奠定基础。

【操作步骤】

1. 新建零件文件

在设计界面顶部左上角单击 新建按钮，打开【新建】对话框，在【名称】文本框中输入模型名称 box，如图 1-46 所示；完成其他设置后，单击 按钮进入设计环境。

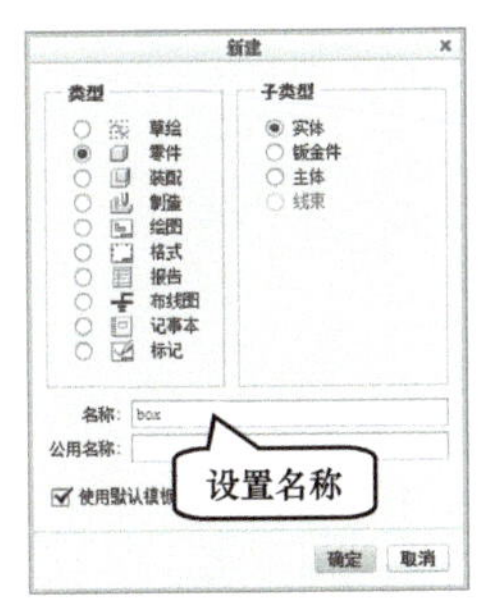

图 1-46 新建零件文件

创建简单三维模型

2. 创建第一个特征——拉伸特征

STEP01 在【形状】工具组中单击拉伸按钮，打开【拉伸】操控面板，如图 1-47 所示。

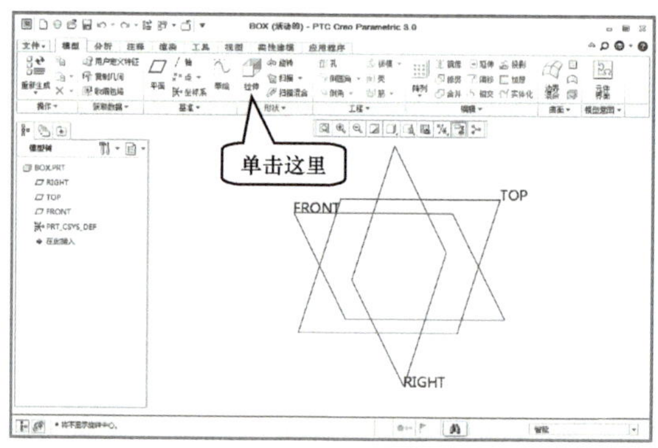

图 1-47 打开【拉伸】操控面板

STEP02 在设计界面中单击选中标识为 TOP 的平面，将其作为草绘平面，如图 1-48 所示，进入草绘环境。

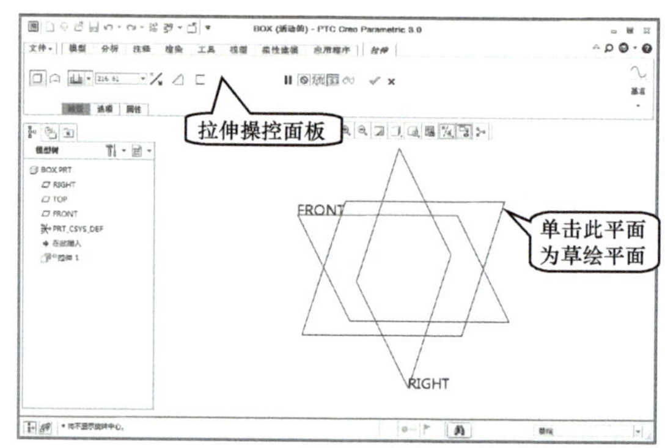

图 1-48 选取草绘平面

STEP03 在设计界面顶部单击工具条上的按钮，在下拉菜单中取消勾选 (全选) 选项，关闭所有基准特征的显示，使设计环境更为简洁。单击按钮，使草绘平面与屏幕平行。

STEP04 在【草绘】工具组中单击矩形按钮，启动矩形工具，在设计界面中按住鼠标左键拖出一个矩形，单击鼠标中键完成绘制。具体操作如图 1-49 所示。

STEP05 双击图形上的尺寸，依次将其修改为如图 1-50 所示的数值，然后单击按钮退出二维绘图环境。

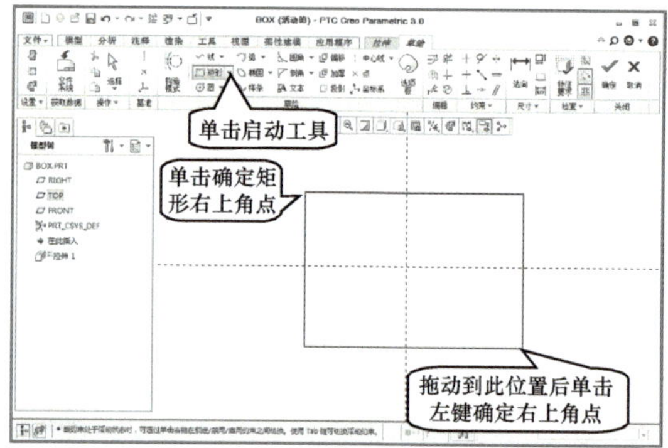

图 1-49 启动绘图工具

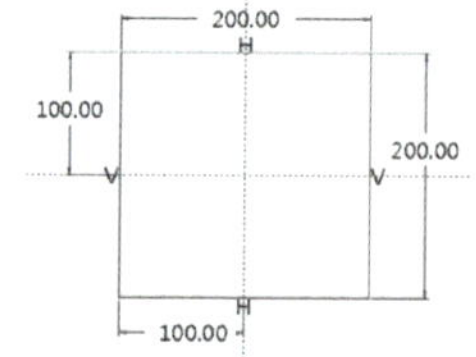

图 1-50 修改尺寸

STEP06 在【拉伸】操控面板板上设置模型高度，如图 1-51 所示。

图 1-51 设置拉伸参数

STEP07 按住鼠标中键旋转模型，观察模型结果，单击✓按钮完成拉伸，如图 1-52 所示。

3. 创建第二个特征——倒圆角特征

STEP01 在【工程】工具组中单击 倒圆角 按钮，启动倒圆角工具。

STEP02 按住Ctrl键选中如图 1-53 所示的 8 条边线。

图 1-52 创建的拉伸特征

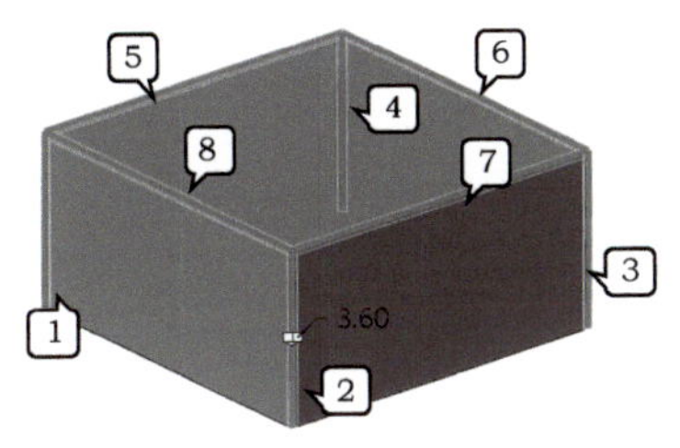

图 1-53 选择倒圆角边

STEP03 按照如图 1-54 设置圆角半径。

图 1-54 设置倒圆角参数

STEP04 单击✓按钮，最后创建的圆角特征如图 1-55 所示。

图 1-55 创建的圆角特征

4. 创建第三个特征——壳特征

STEP01 在【工程】工具组中单击 壳 按钮，打开壳体设计工具。

STEP02 按住鼠标中键翻转模型，单击选取模型顶面为创建壳体时去除的表面，如图 1-56 所示。

图 1-56 选择创建壳体去除表面

STEP03 设置壳体厚度为 5.00mm，如图 1-57 所示。

STEP04 单击✓按钮，最后创建的壳体如图 1-58 所示。

图 1-57 设置壳体参数

图 1-58 最后完成的模型

1.3 小结

随着 CAD 技术的进步和成熟，CAD 软件的发展日新月异，从早期的二维模型到当今的三维实体模型乃至产品模型，CAD 技术历经了多次技术革命，其中以特征造型、参数化设计思想最引人注目。Creo 作为参数化设计软件的典型代表，其功能强大，应用广泛。Creo 3.0 与早期版本相比，在强化设计功能的同时，进一步改善了用户界面，使之更加友好、更加人性化和智能化。通过本章的学习，读者应该重点领会 Creo 的典型设计思想，特别要理解实体建模、特征造型以及参数化设计等先进设计理念的基本原理，为以后的深入学习打下必备的理论基础。

Creo 3.0 用户界面包含设计功能区、模型树窗口、绘图窗口、资源导航区以及系统信息栏等组成部分。其中，设计功能区提供了大量的设计工具和命令，用于完成各种设计操作。模型树窗口用于展示模型的特征构成，并为模型的编辑提供入口；资源导航区用于管理设计中的基本资源，包括本地资源和远程网络资源。

Creo 是一个功能强大的集成软件系统，由于用户的使用情况千差万别，在学习和使用的过程中难免会遇到困难，这时，应该多向有经验的用户请教。Creo 是实用性很强的软件，只有在设计实践中才能熟练掌握软件的使用。一些重要操作以及高级功能，还需要读者在实践中逐渐体会和探索。只有反复实践，才能真正得心应手地使用软件。

1.4 习题

1. 简述 Creo 系统的特点。
2. 什么是特征？为什么说特征是模型的基本单位？
3. 简述参数化建模的基本原理。
4. 使用 Creo 设计时，怎样能方便地变更模型的形状和大小？
5. 动手练习并熟悉软件的操作界面。

第2章 绘制二维图形

Creo 的二维设计中蕴涵的尺寸驱动、关系以及约束等设计思想，在现代设计中具有重要的地位。二维设计和三维设计密不可分，用户只有熟练掌握二维草绘设计工具的用法，才能在三维造型设计中游刃有余。本章将详细介绍创建二维图形的方法与技巧。

【学习目标】

- 了解二维绘图环境及其设置方法。
- 掌握常用二维绘图工具的用法。
- 掌握二维图形常用编辑工具的用法。
- 理解约束的概念及其应用。
- 掌握绘制复杂二维图形的一般流程和技巧。

2.1 知识解析

二维平面设计与三维空间设计相辅相成，在实体造型中占有很重要的地位。三维造型的第一步，一般就是绘制二维草图，然后根据具体情况对二维草图进行各种处理。只有掌握二维草图的绘制，在三维实体造型中才会得心应手，甚至可以达到事半功倍的效果。

2.1.1 创建二维图形

Creo 提供了良好的二维环境，可以帮助设计者高效率地绘制出高质量的二维图形。开始设计工作之前，首先需要熟悉相关的设计知识。

基础知识

1. 二维设计环境

在快速启动工具栏中单击 按钮，打开【新建】对话框，选取【草绘】单选项，如图 2-1 所示。单击 确定 按钮，即可进入二维草绘环境，如图 2-2 所示。

Creo 的二维绘图环境主要包括以下内容。

- 二维绘图功能区：是绘图时使用的主要工具集，包括【文件】功能区、【草绘】功能区、【分析】功能区、【工具】功能区和【视图】功能区。
- 文件浏览器：展开其中的文件树结构可以随时和外界进行文件交互。
- 系统信息栏：显示设计过程中系统输出的信息及其历史记录。
- 二维绘图窗口：用来显示当前绘制的图形，是设计的舞台。
- 过滤器：过滤图形上不同种类的图素，如几何、尺寸和约束等。

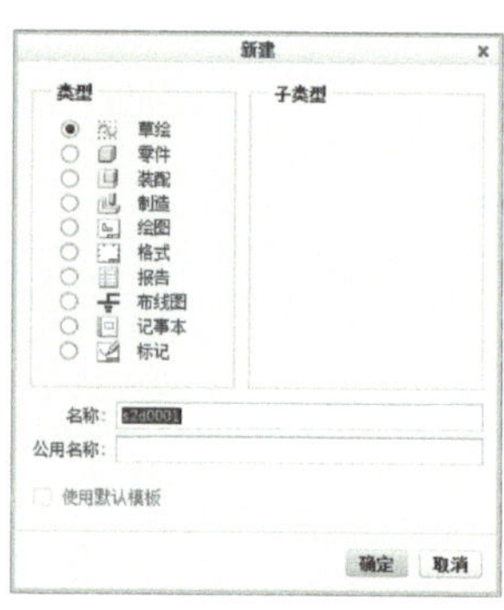

图 2-1 【新建】对话框

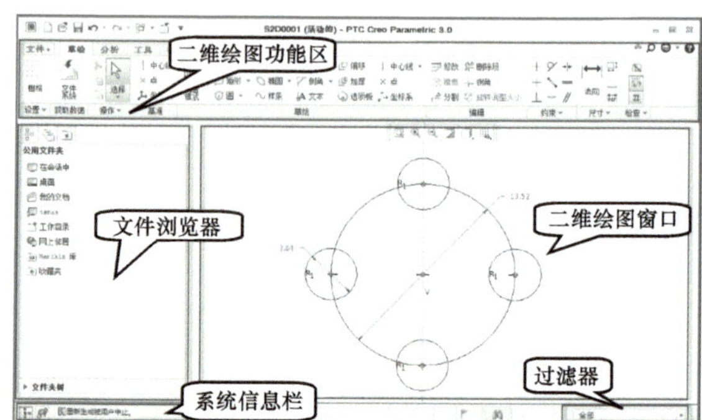

图 2-2 二维设计环境

【草绘】功能区汇集了草绘使用的主要工具，主要包括选择工具、绘图工具和编辑工具等。其中，带有▾按钮的为组合工具，单击该按钮可以展开工具包。

- 【设置】工具组：用来设置绘图环境，如是否显示栅格等。
- 【获取数据】工具组：用来导入外部数据绘图。
- 【操作】工具组：用来实现剪切、复制及选择等基本操作。
- 【草绘】工具组：汇集了二维草绘的主要工具，可以用来绘制直线、圆、样条、中心线以及文本等各类二维图形。
- 【编辑】工具组：汇集了【修改】、【分割】和【镜像】等编辑工具。
- 【约束】工具组：汇集了各类约束工具，用户可以在选定图元间添加约束条件。
- 【尺寸】工具组：用于在图形上标注和修改尺寸。
- 【检查】工具组：用于实现图形上的各项检查功能。

2. 二维图形的组成

一幅完整的二维图形包括几何、约束和尺寸等 3 种图形元素，如图 2-3 所示。

❶ 几何图素

几何图素是组成图形的基本单元，由【草绘】工具组中的绘图工具绘制而成，主要类型包括直线、圆、圆弧、矩形和样条线等。几何图素还包括可以单独编辑的下层对象，如线段的端点、圆弧的圆心和端点，以及样条曲线的控制点等，如图 2-4 所示。

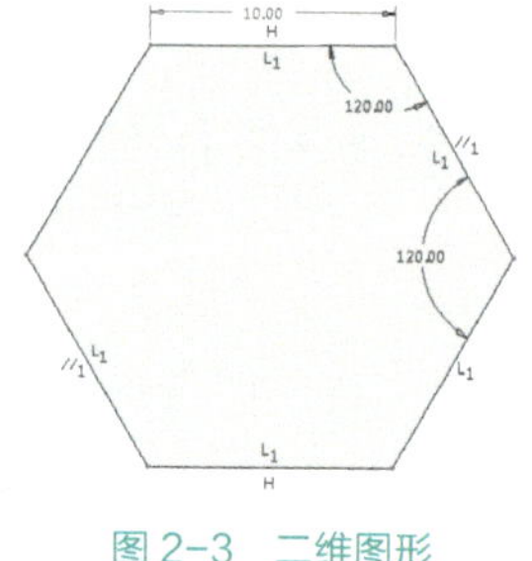

图 2-3 二维图形

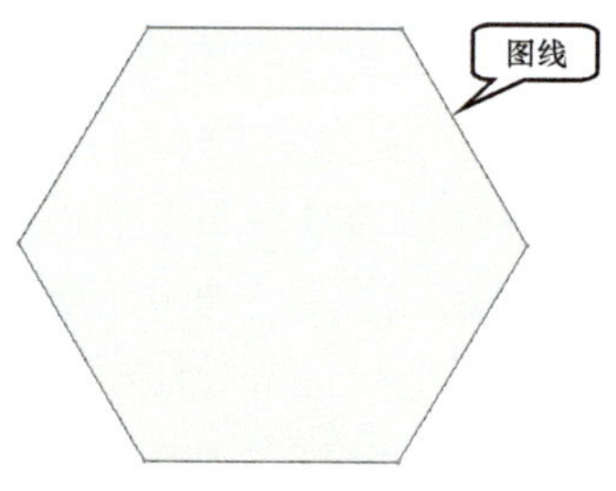

图 2-4 几何图素

几何图素是二维图形最核心的组成部分。当由二维图形创建三维模型时，二维图形的几何图素直接决定了三维模型的形状和轮廓。

❷ 约束

约束是施加在一个或一组图元之间的一种制约关系，从而在这些图元之间建立关联。例如，图 2-5 中的 H 表示线段水平，L1 表示两线段等长，// 表示两线段平行。合理使用约束会大大简化设计方法，提高设计效率。

❸ 尺寸

尺寸是对图形的定量标注，通过尺寸可以明确图形的形状、大小以及图元之间的相互位置关系。由于 Creo 采用“尺寸驱动”作为核心设计思想，因此，尺寸的作用远不止于此，通过尺寸和约束的联合作用，可以更加便捷地规范图形形状，如图 2-6 所示。

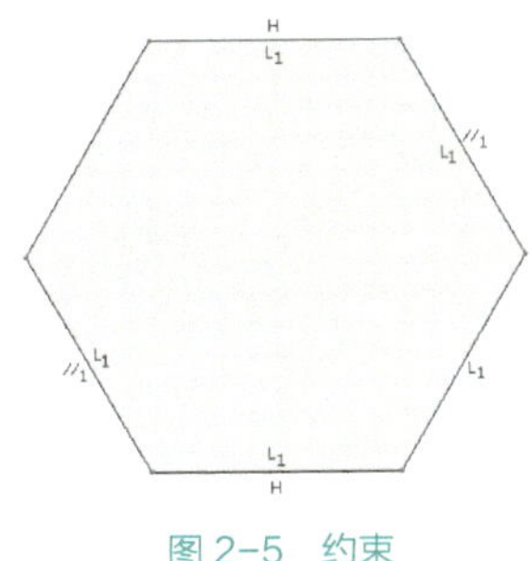

图 2-5　约束

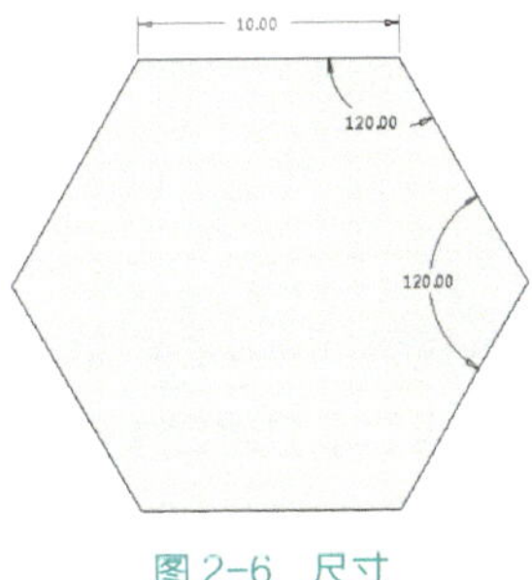

图 2-6　尺寸

扩展知识

1. 二维草图与三维模型的关系

二维图形具有基础的地位，相当于建筑高楼的“基石”。在三维建模中，二维绘图通常称为二维草图，通常用作“截面图”或“轨迹线”，用于控制三维模型的形状。

❶ 截面图

截面也称剖面，是指模型被与轴线正交的平面剖切后的横截面。根据三维实体建模原理，三维模型一般都是由具有确定形状的二维图形沿着轨迹运动生成，或者将一组截面依次相连生成的。

❷ 三维建模原理

三维建模的基础工作就是绘制符合设计要求的截面图，然后使用软件提供的基本建模方法来创建模型。将图 2-7 所示的截面沿着与截面垂直的方向拉伸，即可创建如图 2-8 所示的三维模型。

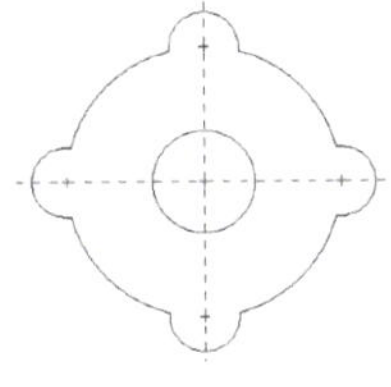
图 2-7　二维图形

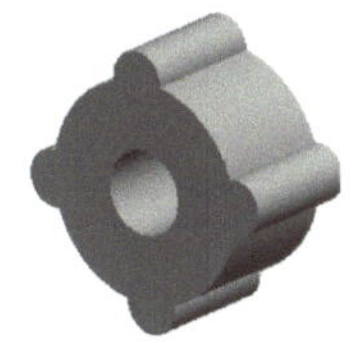
图 2-8　三维模型

2. 尺寸驱动原理

在绘制由线条组成的二维图形时，用户通常会遇到不少麻烦。例如，在绘图过程中出现了错误怎样修正，是不是需要使用“橡皮擦”擦掉重画？在绘制一条长度为 10mm 或角度为 35° 的线段时，是否需要精确保证这些尺寸？怎样简便地绘制出两条平行且等长的线段？

所谓尺寸驱动，是指绘图时并不需要按照实际尺寸准确绘制图形的大小和形状，而只要绘出模型的大致轮廓即可。标注尺寸后，系统能够根据实际尺寸数值再生模型。采用尺寸驱动原理可以大大简化绘图过程，并确保绘图的准确度。

学习完 2.1.2 小节的工程实例后，再回过头来思考这些问题。

基础训练——绘制正五边形

下面通过 Creo 的尺寸驱动思想和约束来绘制一个正五边形。

【操作步骤】

绘制正五边形

1. 新建文件

STEP01 在快速访问工具栏中单击 按钮，打开【新建】对话框。

STEP02 在【类型】分组框中选择【草绘】单选项。

STEP03 输入图形名称 pentagon 后单击 确定 按钮，进入草绘设计环境。

2. 设置绘图环境

STEP01 选择菜单命令【文件】/【选项】，打开【PTC Creo Parametric 选项】面板，在左侧列表中选择【草绘器】选项，在右侧的【对象显示设置】列表中取消选中【显示弱尺寸】复选项，单击【确定】按钮弹出【保存】对话框，选取适当路径保存配置文件。这样在绘图时将不会显示系统自己创建的尺寸，确保图面整洁。

STEP02 在【视图】功能区的【显示】工具组中按下 按钮，以便在图形上显示标注的尺寸；按下 按钮，以便显示标注的约束符号。

3. 绘制草绘曲线

在【草绘】工具组中单击 线 按钮，随意绘制一个五边形图案，单击鼠标中键完成绘制，结果如图 2-9 所示。

4. 添加等长约束

STEP01 在【约束】工具组中单击 相等 按钮，依次单击如图 2-10 所示的线段 1 和线段 2，在两者之间添加等长约束条件，使其等长。

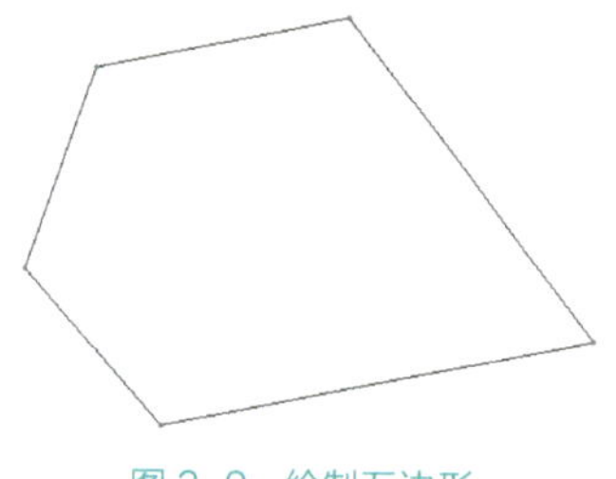
图 2-9 绘制五边形

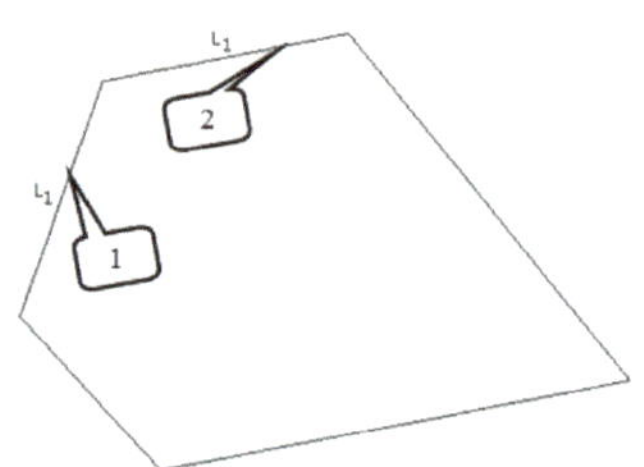

图 2-10 添加约束（1）

STEP02 依次单击线段 2 和线段 3，在两者之间添加等长约束条件，结果如图 2-11 所示。

STEP03 使用相同的方法在线段 3 和线段 4 之间添加等长约束条件，结果如图 2-12 所示。

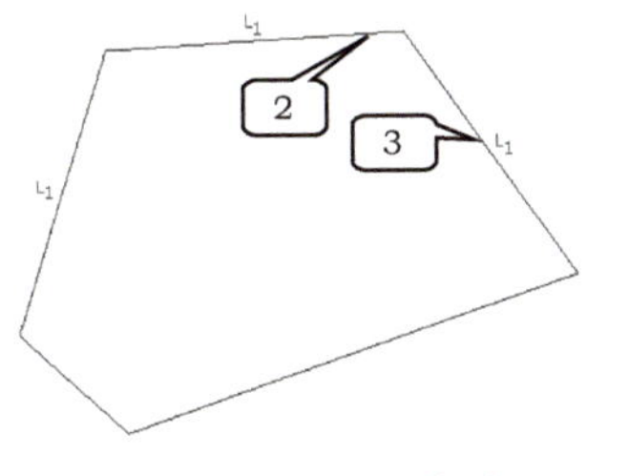

图 2-11 添加约束（2）

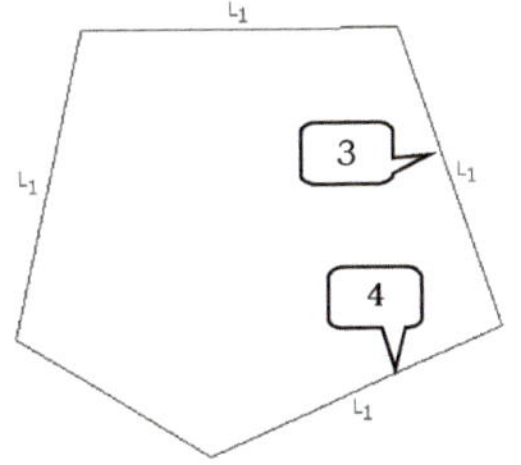

图 2-12 添加约束（3）

STEP04 在线段 4 和线段 5 之间添加等长约束条件，结果如图 2-13 所示。

图中显示的标记“L1”表示这两条线段的长度相等。

5. 标注并修改尺寸

STEP01 在【尺寸】工具组中单击（法向）按钮，按照如图 2-14 所示步骤标注角度尺寸，结果如图 2-15 所示。

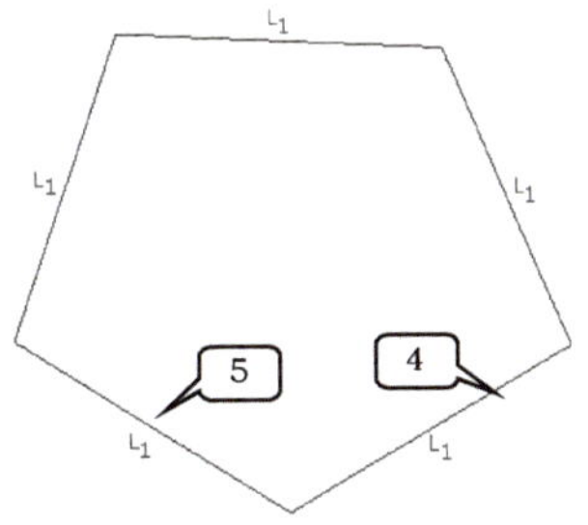

图 2-13 添加约束（4）

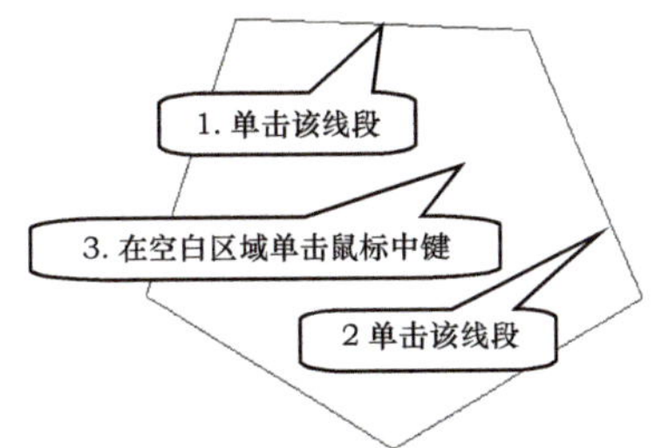

图 2-14 标注尺寸（1）

STEP02 按照同样的方法，标注如图 2-16 所示的角度尺寸。

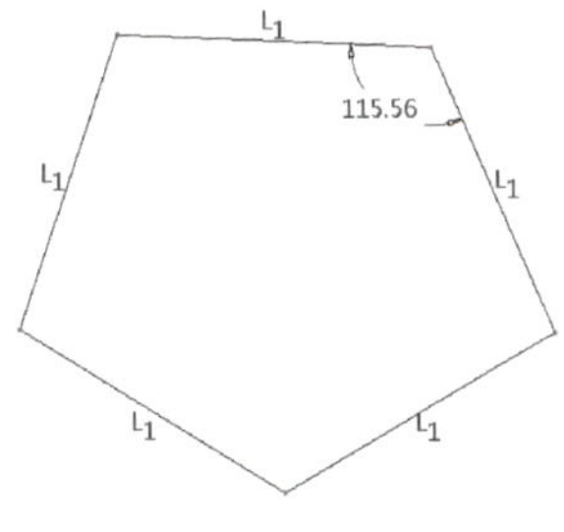

图 2-15 标注尺寸（2）

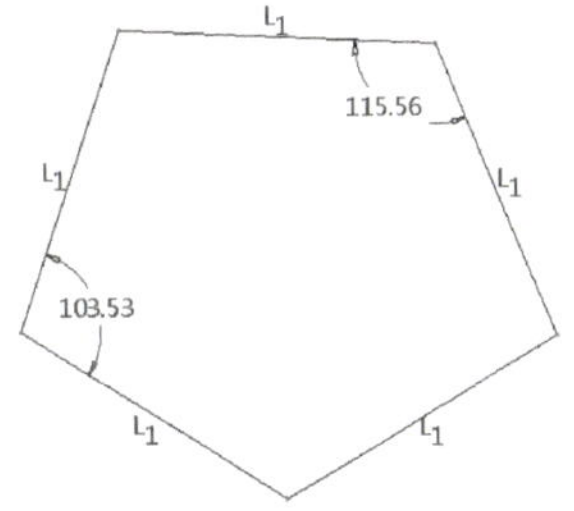

图 2-16 标注尺寸（3）

STEP03 在第一处角度尺寸数字上双击鼠标左键，然后将尺寸数值改为 108，回车确认后，结果如图 2-17 所示。

STEP04 同样，修改另一个角度尺寸为 108，结果如图 2-18 所示。

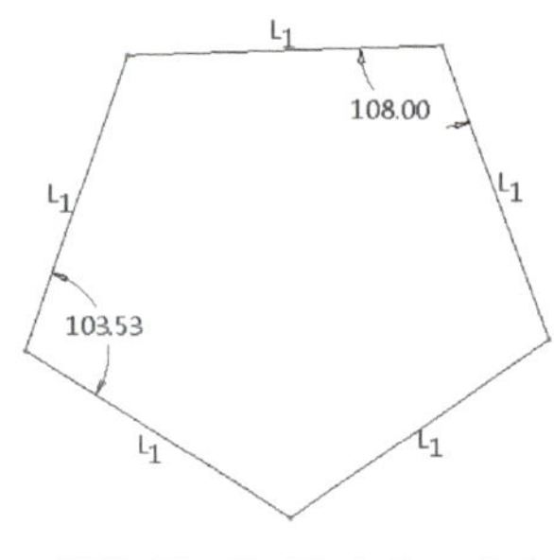

图 2-17 修改角度数值（1）

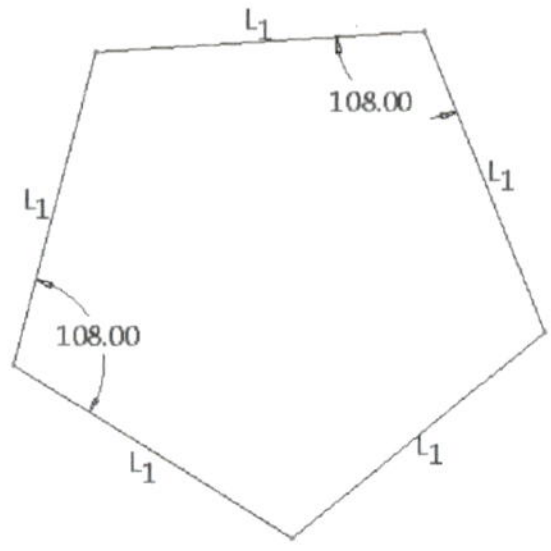

图 2-18 修改角度数值（2）

6. 完善图形

STEP01 在【约束】工具组中单击 水平 按钮，然后选择如图 2-19 所示的线段，使该线段处于水平状态，结果如图 2-20 所示。

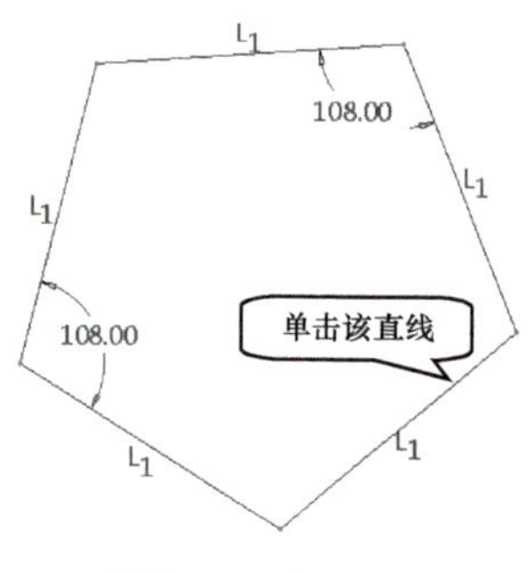

图 2-19 选取边线

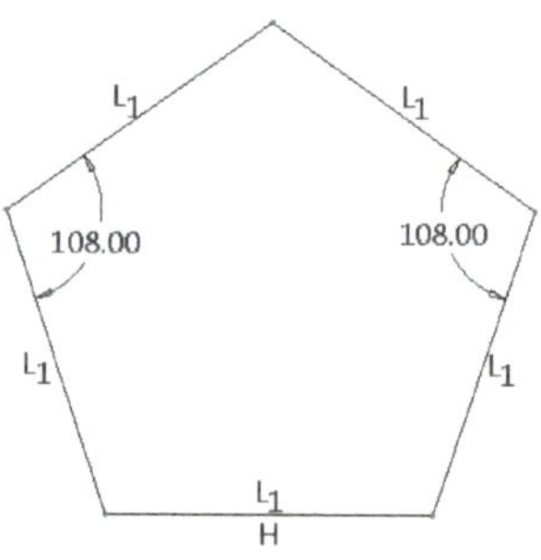

图 2-20 添加水平约束

STEP02 在【尺寸】工具组中单击（法向）按钮，选中水平线段，在其下方单击鼠标中键，标注一个边长尺寸，如图 2-21 所示。

STEP03 双击边长尺寸，将其数值修改为 100。

至此，一个边长为 100 且正向放置的多边形就创建完成了，结果如图 2-22 所示。

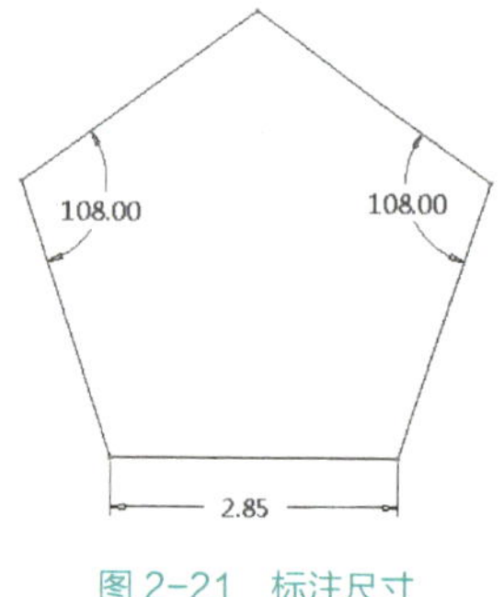

图 2-21 标注尺寸

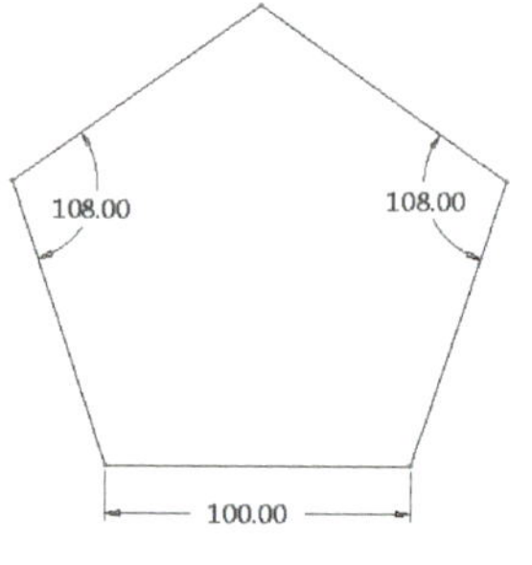

图 2-22 修改尺寸

要点提示

通过上例可以看出，尺寸驱动和约束增强了设计的智能化。用户只需要将设计目的以“尺寸”或者“约束”等指令格式交给系统，系统就能够严格按照这些条件来创建出准确的图形。这不但减轻了设计者的负担，还提高了设计效率，保证了设计的准确性。

2.1.2 创建和编辑二维图形

学习二维绘图的核心是掌握各种绘图工具和编辑工具的用法，并能在设计过程中灵活选择正确的工具来绘制图形。

基础知识

一幅完整的二维图形都是由一组直线、圆弧、圆、矩形以及样条线等基本图元组成的。这些图元可以分别使用不同的工具来创建。

1. 创建直线

直线的绘制方法最为简单，通过两点即可绘制一条线段。首先确定线段的起点，然后确定线段的终点，最后单击鼠标中键结束图形绘制。

在【草绘】工具组中单击 线 按钮右侧的下拉按钮，查看所有直线工具。

- 线链：最基本的设计工具，经过两点绘制线段。依次单击两点确定一条直线，可以连续单击点绘制折线，最后单击鼠标中键结束绘制。
- 直线相切：绘制与两个对象相切的直线。依次选中两段圆（圆弧）或曲线，即可绘制与这两个对象均相切的直线。

要点提示

绘图时，在【草绘】工具组左侧按下 （构造模式）按钮，则所绘线条为构造线，显示为虚线状态，构造线通常用来作辅助线使用。

图 2-23 所示是 3 种直线的示例。

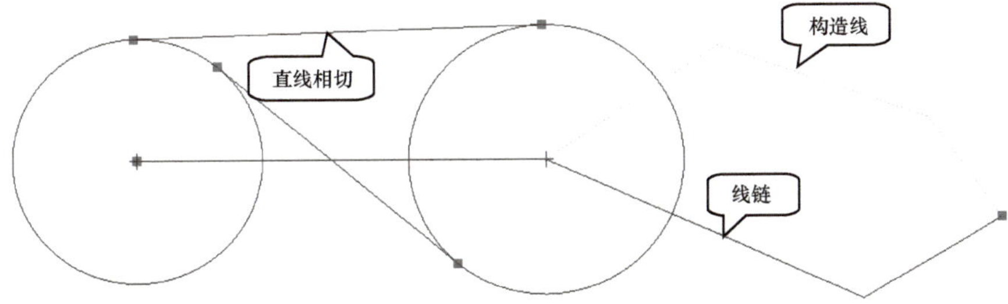

图 2-23 创建直线示例

2. 创建圆

完全确定一个圆只要圆心和半径参数就足够了，但在实际设计中，往往通过图形之间的相互关系来绘图。在【草绘】工具组中单击 圆 按钮右侧的下拉按钮，查看所有的圆工具。

- 圆心和点：根据圆心和圆外一点（半径）画圆。首先选取一点作为圆心，再选取一点确定圆的半径。
- 同心：绘制与已知圆同心的圆。首先选取一个已有圆，确定圆心，再选取一点确定圆的半径。
- 3点：经过圆上的 3 点来绘制圆。依次选取 3 点确定圆。
- 3 相切：绘制与 3 个对象相切的圆。依次选取 3 个对象（圆弧或曲线），绘制与之均相切的圆。

图 2-24 所示是 4 种圆的示例。

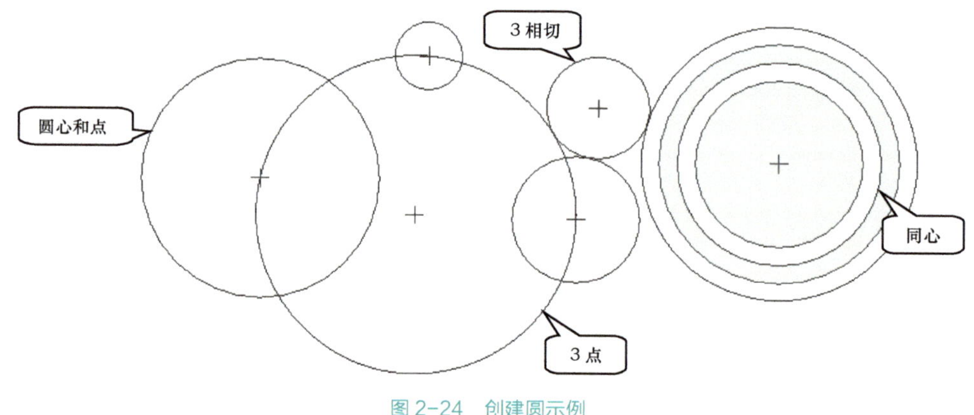

图 2-24　创建圆示例

3. 创建矩形

在【草绘】工具组中单击 矩形 按钮右侧的下拉按钮，查看所有矩形工具。

- 拐角矩形：依次选取两点作为矩形的两个对角点创建矩形。
- 斜矩形：依次选取两点确定边长，创建倾斜的矩形。
- 中心矩形：首选选取一点作为矩形中心，再选取一点作为矩形的一个角点。
- 平行四边形：依次选取两点确定边长，创建平行四边形。

图 2-25 所示是各种矩形示例。

图 2-25　创建矩形示例

4. 创建圆弧

绘制圆弧时也需要指定圆心和半径这两个参数，由于圆弧实际上是圆的一部分，因此，还需要确定其起点和终点。

在【草绘】工具组中单击 弧 按钮右侧的下拉按钮，查看所有圆弧工具。

- 3点/相切端：指定 3 点（依次为起点、终点和弧上一点）创建圆弧。也可以选取已有圆弧的端点继续创建圆弧，这时，只要再指定圆弧的另一端点即可，两圆弧在连接端点处相切。
- 圆心和端点：指定圆心和半径绘制一个圆，然后在其上指定两个端点确定一段圆弧。
- 3 相切：创建与 3 个图元均相切的圆弧。
- 同心：创建与已有圆弧同心的圆弧。
- 圆锥：指定两点和弧上一点创建锥圆弧。

采用以上工具创建的圆弧示例如图 2-26 所示。

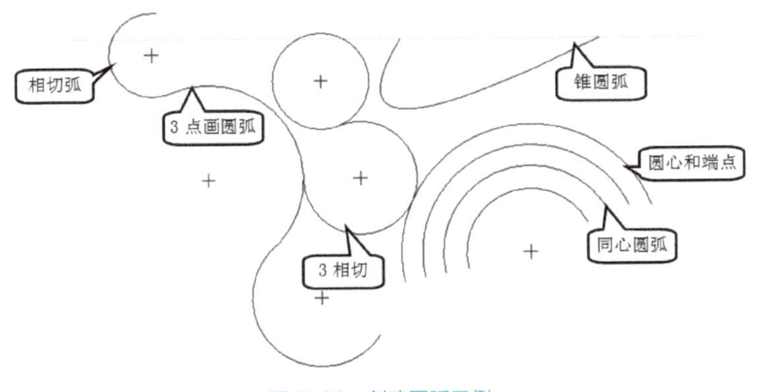

图 2-26　创建圆弧示例

5. 创建圆角

连接两个图元时，在交点处除了采用尖角连接外，还可以使用圆弧连接，这样的图形更为美观，同时，通过这样的二维图形创建的三维模型，可以省去创建倒圆角特征的步骤。

在【草绘】工具组中单击 圆角 按钮右侧的下拉按钮，查看所有的圆角工具。

- 圆形：在两个相交图元上各选取一点，在相交处创建圆角。创建完成后，顶角处转换为构造线。圆角大小由单击点距离顶点的长度决定。
- 圆形修剪：在两个相交图元上各选取一点，在相交处创建圆角。创建完成后，顶角处多余线段将被删除。
- 椭圆形：在两个相交图元上各选取一点，在相交处创建椭圆角。创建完成后，顶角处转换为构造线。
- 椭圆形修剪：在两个相交图元上各选取一点，在相交处创建椭圆角。创建完成后，顶角处多余线段将被删除。

图 2-27 所示为各种圆角示例。

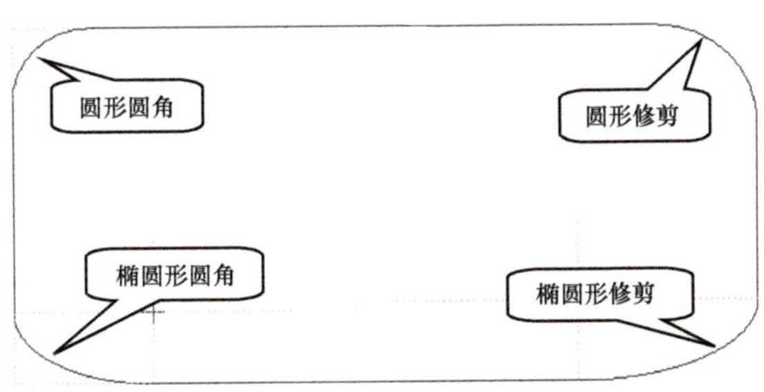

图 2-27　创建圆角示例

6. 创建倒角

与圆角不同，倒角是在两条相交直线之间建立切角。在【草绘】工具组中单击 倒角 按钮右侧的下拉按钮，有以下两个倒角工具。

- 倒角：在两个相交图元上各选取一点，在相交处创建切角。创建完成后，顶角处转换为构造线。切角大小由单击点距离顶点的长度决定。

- 倒角修剪：在两个相交图元上各选取一点，在相交处创建切角，创建完成后，顶角处的多余线段将被删除。

图 2-28 所示为两种倒角效果示例。

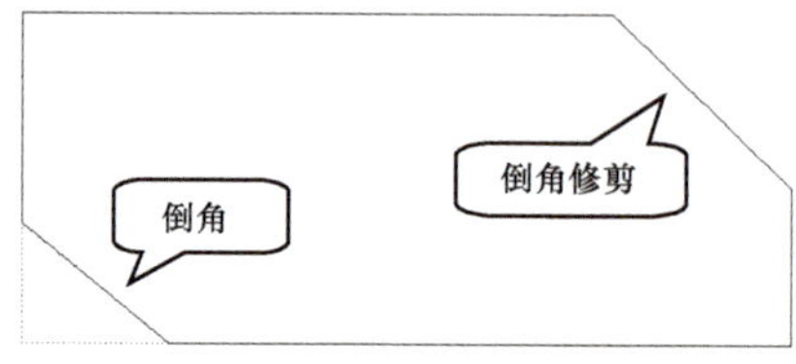

图 2-28 创建倒角示例

7. 修改工具

使用基本工具创建的图元并不一定正好符合设计要求，有时需要对它们进行截断和修剪等操作。【编辑】工具组中的修改工具可以用来修改图形、文本以及标注尺寸。选取需要修改的对象后，将打开相应的设计参数修改对话框或文本输入框。

8. 删除段工具

在绘制二维图形时，所有图线在相交处被截断，要删除某一线段，在【编辑】工具组中单击删除段按钮，再依次选取要删除的线段即可，如图 2-29 所示。可以拖动鼠标光标画出轨迹线，凡与轨迹线相交的线条都会被删除，如图 2-30 所示。

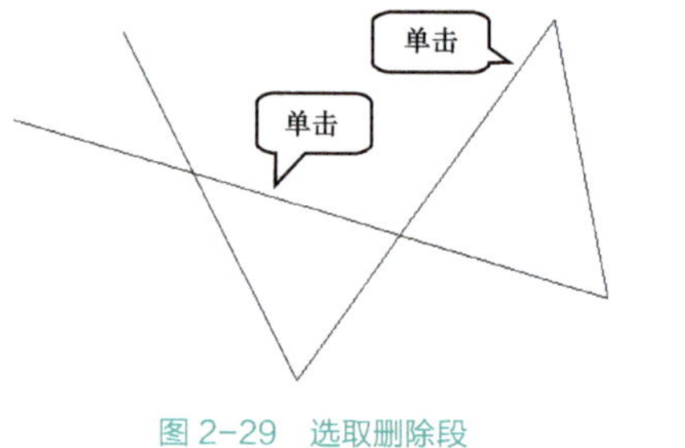

图 2-29 选取删除段

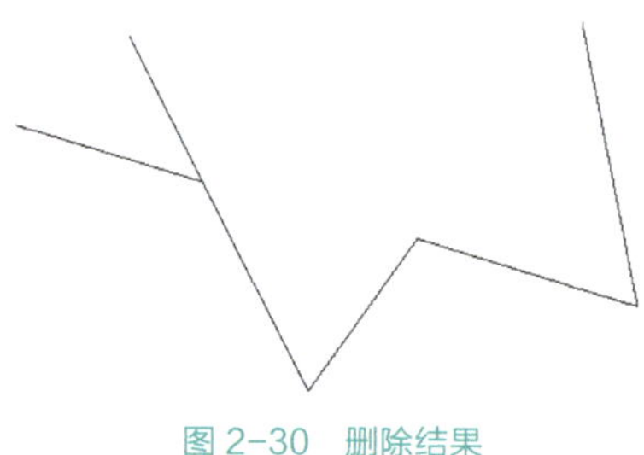

图 2-30 删除结果

9. 拐角工具

使用拐角工具可以将两图元在相交处裁剪。在【编辑】工具组中单击拐角按钮，选取两相交图元上的任意线段，如图 2-31 所示，可以裁剪掉交点处另一侧的图元，如图 2-32 所示。

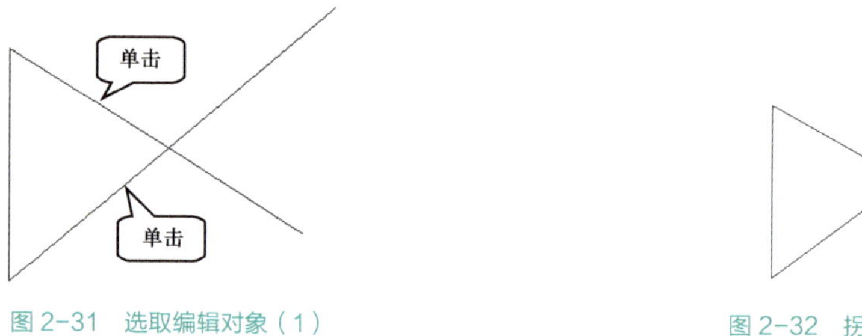

图 2-31 选取编辑对象（1）

图 2-32 拐角结果（1）

如果两图元没有交点，单击拐角按钮，再依次选取量参照边后，如图 2-33 所示，可以将其分别延伸到交点处，如图 2-34 所示。

图 2-33　选取编辑对象（2）　　图 2-34　拐角结果（2）

10. 镜像工具

在创建具有对称结构的二维图形时，可以先绘制图形的一半，然后通过镜像的方法创建另一半。首先选取镜像对象，然后在【编辑】工具组中单击 镜像 按钮，最后选取一条中心线作为参照，如图 2-35 所示，即可得到镜像结果，如图 2-36 所示。

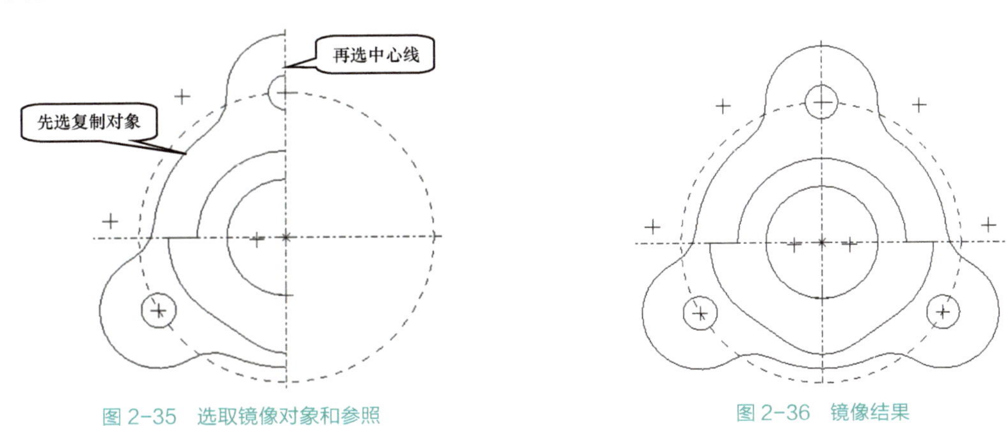

图 2-35　选取镜像对象和参照　　图 2-36　镜像结果

11. 旋转调整大小

选定图元后，在【编辑】工具组中单击 旋转调整大小 按钮，可以调整对象的大小和旋转角度，此时，图上出现 3 个控制句柄，如图 2-37 所示。拖动这些句柄可以分别执行移动、旋转和缩放图形的操作，结果如图 2-38 所示。

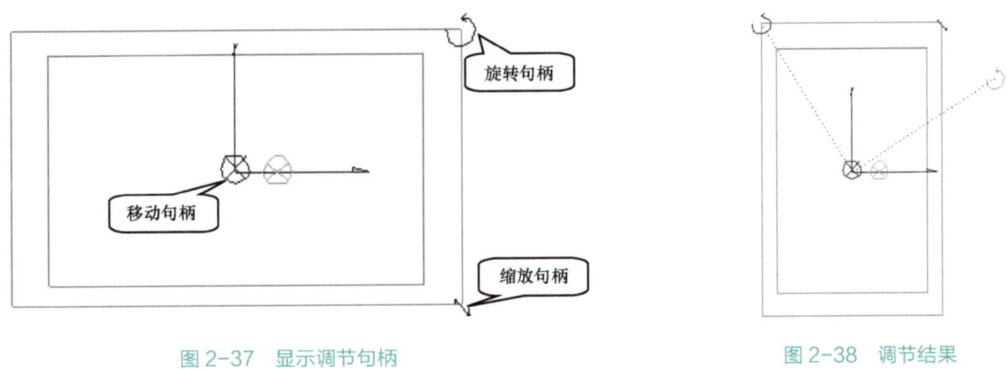

图 2-37　显示调节句柄　　图 2-38　调节结果

如果要精确缩放和旋转图形，可以在图 2-39 所示的对话框中输入参数进行操作。

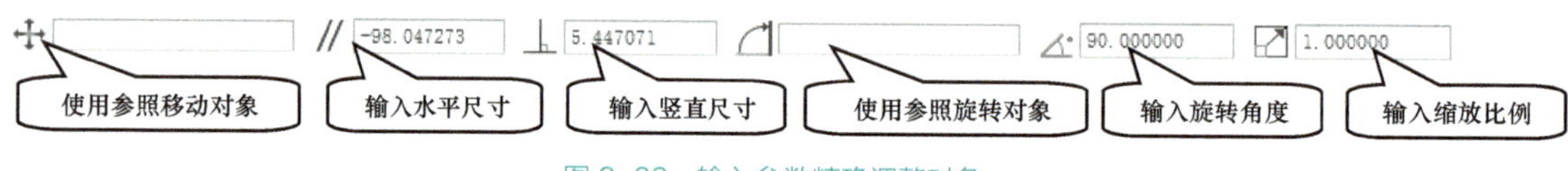

图 2-39　输入参数精确调整对象

扩展知识

1. 创建样条线

样条线是一条具有多个控制点的平滑曲线，其最大的特点是可以随意设计形状，在曲线绘制完成后，还可以通过编辑方法修改曲线形状。

❶ 绘制样条线

在【草绘】工具组中单击 样条 按钮，然后依次单击样条曲线经过的控制点，最后单击鼠标中键，完成图形的绘制，结果如图 2-40 所示。

图 2-40　绘制样条线

❷ 编辑样条线

线条曲线绘制完成后，最简单的修改方式是按住鼠标左键拖动曲线上的控制点来调整曲线的外形，如图 2-41 所示。

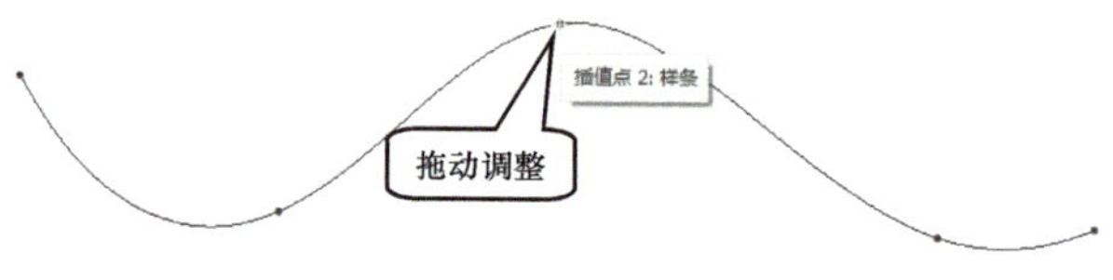

图 2-41　编辑样条线

2. 创建中心线、点和坐标系

中心线通常用作对称基准线，用【草绘】工具组中的 中心线 工具创建；点可以作为曲线设计的参照，用【草绘】工具组中的 点 工具创建；坐标系可以作为定位参照，用【草绘】工具组中的 坐标系 工具创建，相关示例如图 2-42 所示。

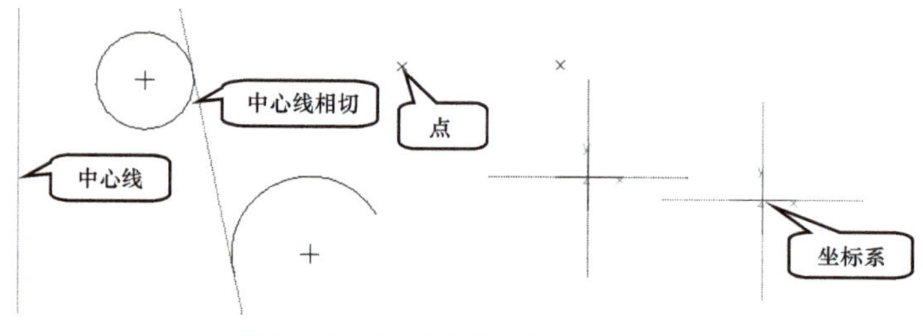

图 2-42　创建中心线、点和坐标系

3. 创建文字

单击【草绘】工具组中的 文本 按钮，首先选取文本行的起点，再选取一点以确定文本的高度和方向。

❶ 创建文字

在如图 2-43 所示的【文本】对话框中确定文字的属性：字体、间距以及比例等，接着输入文本内容创建文字，最后修改文本高度线的尺寸，调节文本大小。

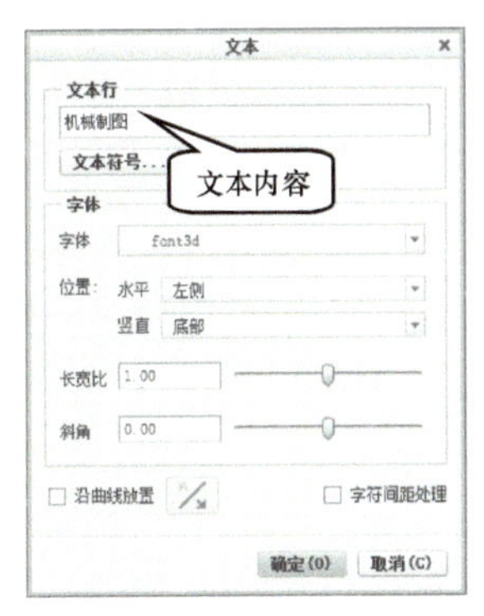

图 2-43 【文本】对话框

注意对文字方向的理解，从起始点开始向上确定第二点时，创建文字的效果如图 2-44 所示；从起始点开始向下确定第二点时，创建文字的效果如图 2-45 所示。

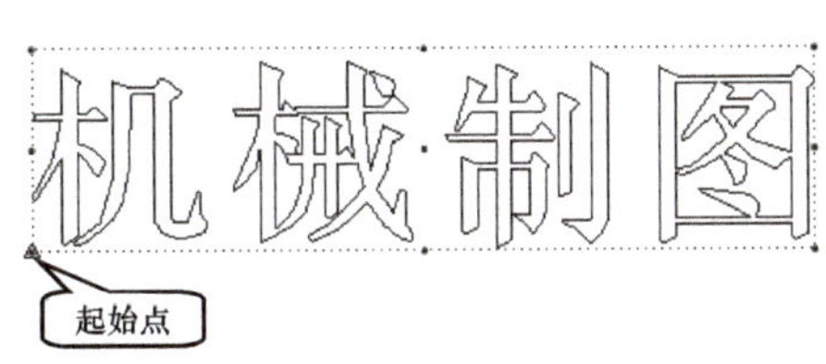

图 2-44 文本效果（1）

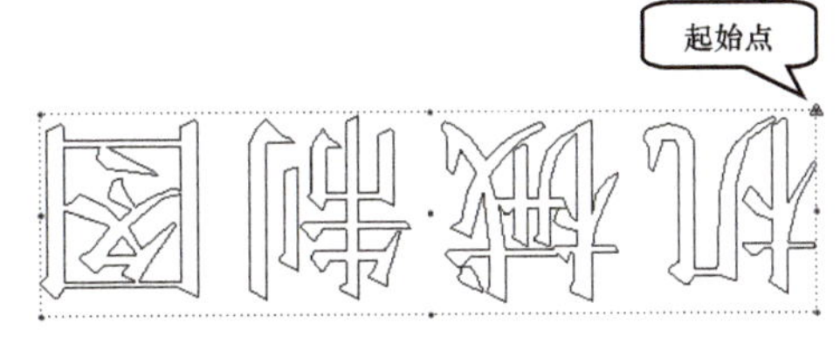

图 2-45 文本效果（2）

❷ 沿着曲线放置文字

在【文本】对话框中选取【沿曲线放置】复选项，然后选取参照曲线，可以将文字沿着该曲线放置。通常选取事先创建好的样条曲线或基准曲线作为参照曲线，如图 2-46 所示。单击 按钮可以调整文本放置方向，如图 2-47 所示。

图 2-46 沿曲线放置文本（1）

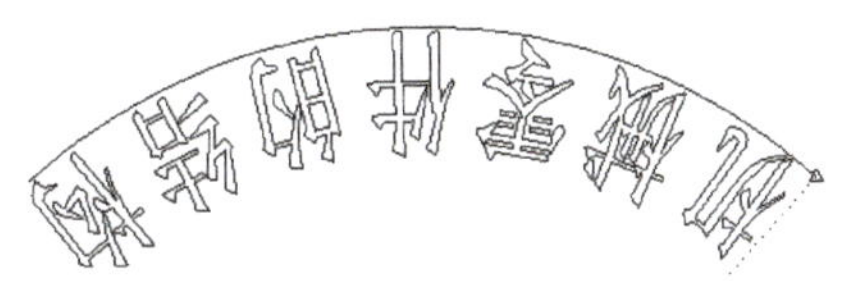

图 2-47 沿曲线放置文本（2）

❸ 修改文字

修改已经创建的文字，可以使用以下两种方法。

- 双击已创建的文字，打开【文本】对话框，重新设置文本参数。
- 在【编辑】工具组中单击 修改 按钮，然后选取要编辑的文字，打开【文本】对话框，重新设置文本参数。

4. 创建图案

在【草绘】工具组中单击 选项板 按钮，打开【草绘器调色板】对话框，如图 2-48 所示。该对话框提供了【多边形】、【轮廓】、【形状】和【星形】4 种类型的图案，利用它们可以简单快捷地绘制形状规则且对称的图形。

选中图案类别后，在下方的形状列表中双击需要绘制的图案，待鼠标光标变为 形状后，在设计界面中拖动即可绘制图形，拖动图形上的调节句柄可以缩放和旋转图形，如图 2-49 所示，用户也可以在顶部工具栏中输入参数精确调整图形。

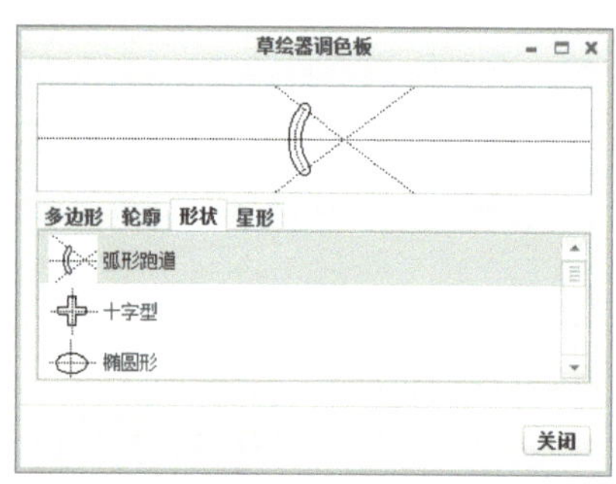

图 2-48 【草绘器调色板】对话框

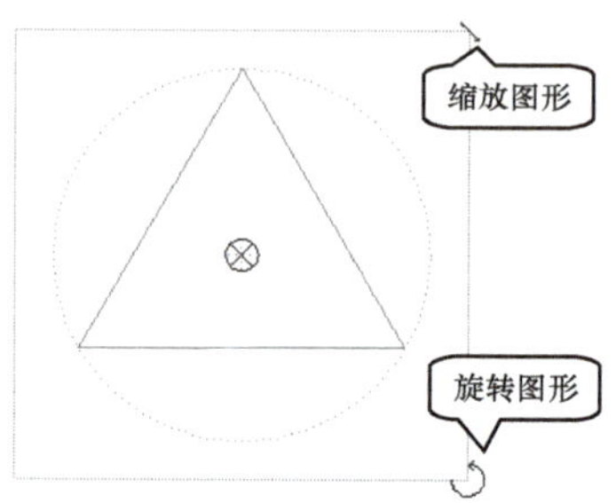

图 2-49 调整图形

各种图案的示例如图 2-50 所示。

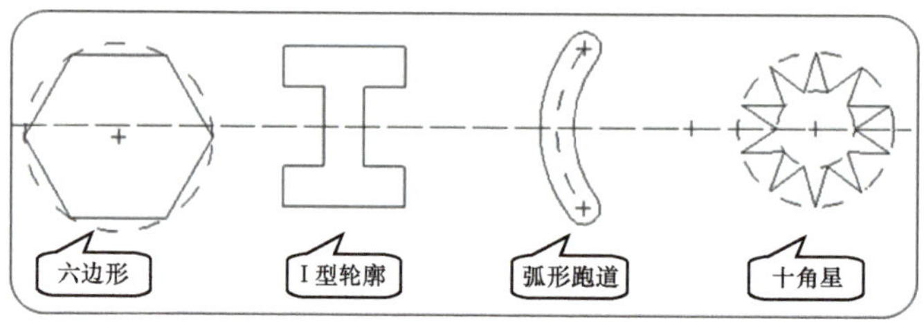

图 2-50 创建图案示例

基础训练——绘制手柄图案

本例综合使用多种绘图和编辑工具，绘制如图 2-51 所示的手柄图案。

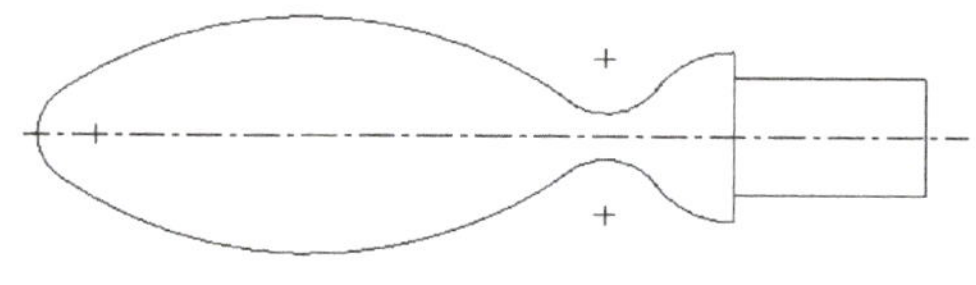
图 2-51 手柄图案

【操作步骤】

1. 新建草绘文件

新建名为 handle 的草绘文件。

2. 绘制基本图元

STEP01 使用中心线工具绘制一条水平中心线，如图 2-52 所示。

STEP02 使用直线工具绘制一条线段，如图 2-53 所示。

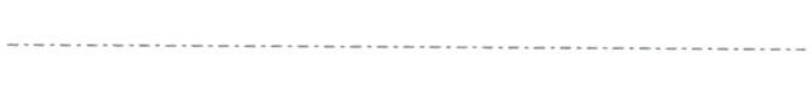

图 2-52 绘制中心线

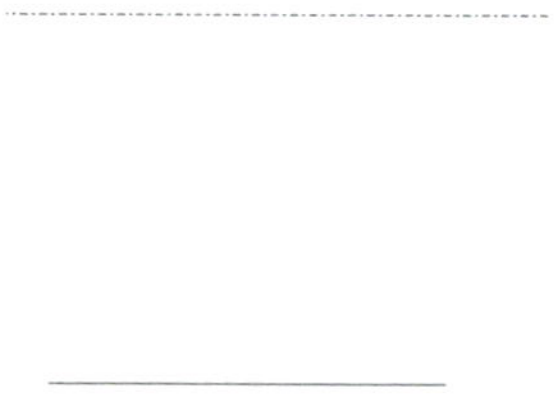

图 2-53 绘制线段

STEP03 使用圆工具绘制一个圆，如图 2-54 所示。该圆的圆心位于中心线上，半径自行设定。

STEP04 绘制另一个圆，如图 2-55 所示。该圆的圆心也位于中心线上，半径比前一圆略小。

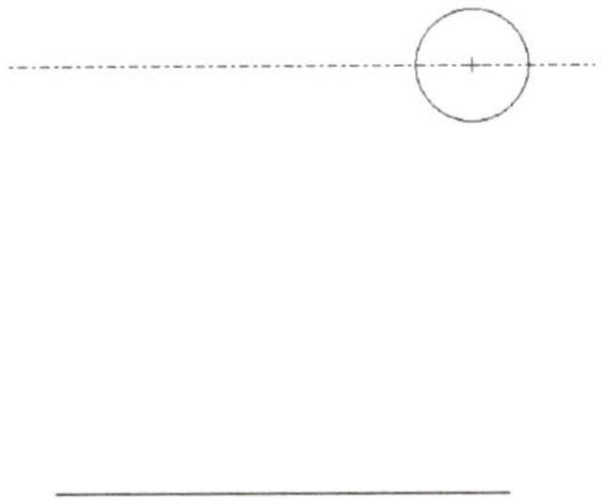

图 2-54 绘制圆（1）

图 2-55 绘制圆（2）

STEP05 使用 3 相切绘制一个圆，该圆与已经创建的两个圆以及线段相切，如图 2-56 所示。

要点提示

绘制相切圆时，鼠标在图元上单击选取的位置与绘图结果有一定的关系，单击位置最好靠近绘图完成后的相切点位置。在本例中应该依次选取如图 2-57 所示的点来创建图形。

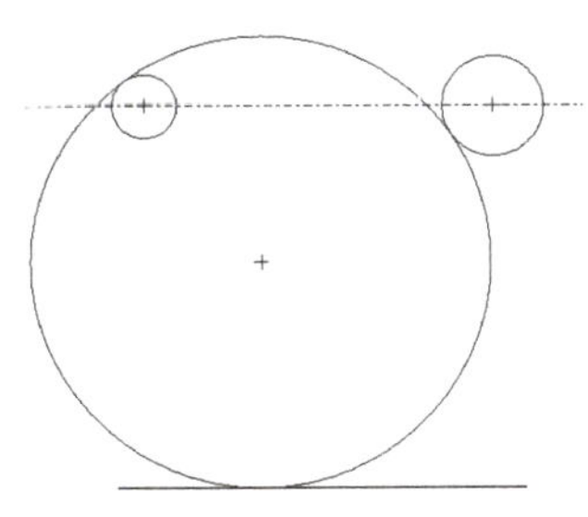

图 2-56 绘制相切圆

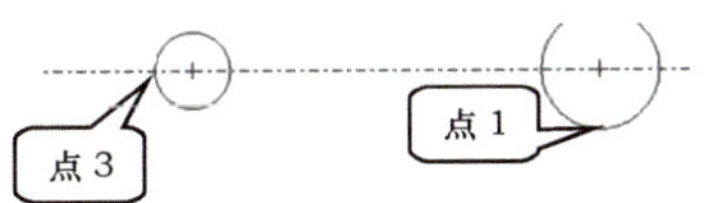

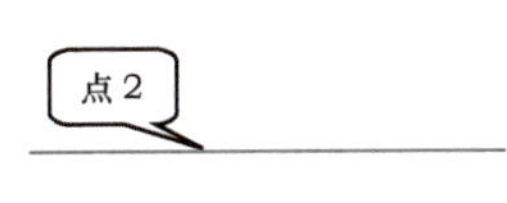

图 2-57 选择切点

STEP06 使用直线工具绘制两条竖直线段和一条水平线段，如图 2-58 所示。

STEP07 使用 3 点画圆工具绘制一个圆，首先在已知圆上选取两点，拖动圆使之与这两个圆相切，然后在圆外选取一点，结果如图 2-59 所示。

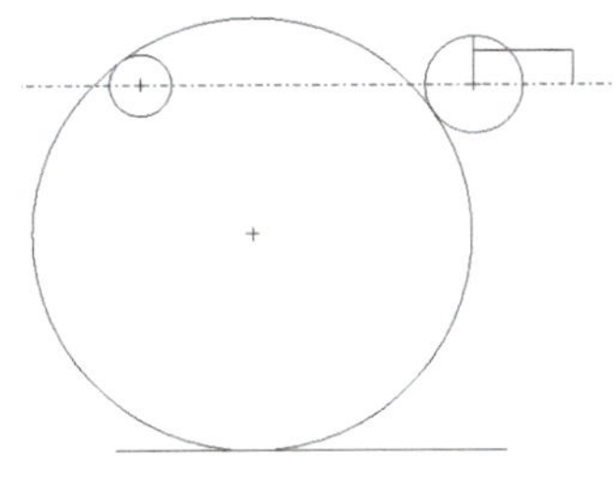

图 2-58 绘制线段

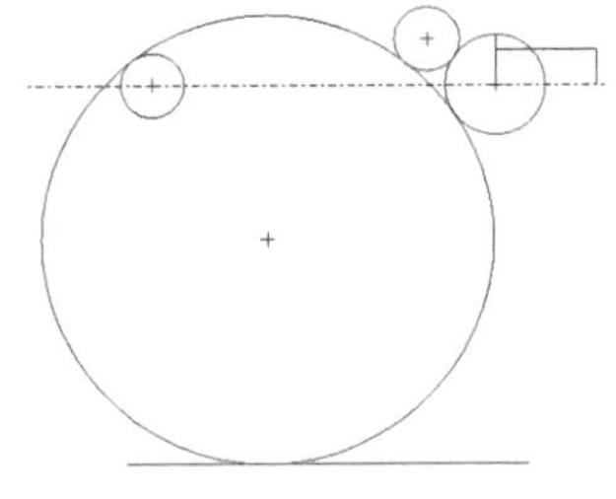

图 2-59 绘制圆

3. 修剪和复制图形

STEP01 使用【删除段】工具删除多余的线条，结果如图 2-60 所示。

STEP02 框选图 2-60 所示的图形作为复制对象，选取中心线作为镜像参照，镜像图形，结果如图 2-51 所示。

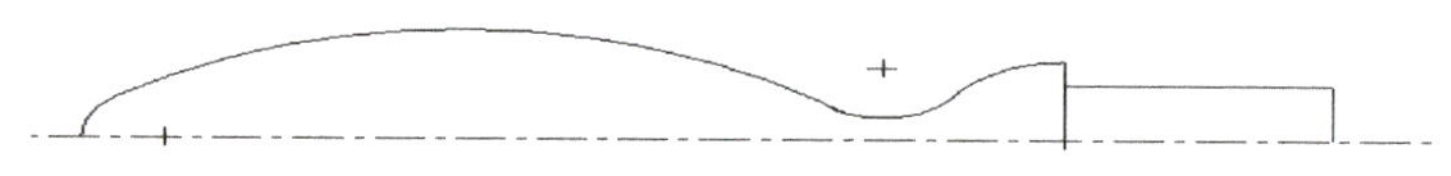

图 2-60 修剪图形

删除多余线条时，可以按住鼠标左键拖动鼠标光标画出轨迹线，凡与该轨迹线相交的线条都将被删除，这样可以提高设计效率。

【案例小结】

（1）在绘制二维图形时，首先选用适当的绘图工具绘制基本图元，然后使用编辑工具编辑基本图元。在编辑工具中，复制工具、截断和裁剪工具最为常用，必须熟练掌握其使用方法和技巧。

（2）约束是二维绘图过程中必须重点掌握的设计技巧。通过约束可以准确限定图元之间的关系。这里提醒读者注意养成使用约束的好习惯，在绘制二维图形时，切忌根据目测或感觉绘图，因为这样的二维图形往往存在较大的设计缺陷。

（3）镜像复制作为一种重要的复制方法，具有较高的设计效率，请读者重点掌握。

2.1.3 使用约束绘图

约束工具用于按照特定的要求，规范一个或多个图元的形状和相互关系，从而建立图元之间的内在联系。

基础知识

在【约束】工具组中放置了 9 种约束工具。

1. 约束的种类

激活一种约束工具后，选取约束施加的对象，即可在该对象或选定对象之间建立指定的约束关系。

- 竖直：竖直约束。让选中的图元处于竖直状态，如图 2-61 所示。
- 水平：水平约束。让选中的图元处于水平状态，如图 2-62 所示。

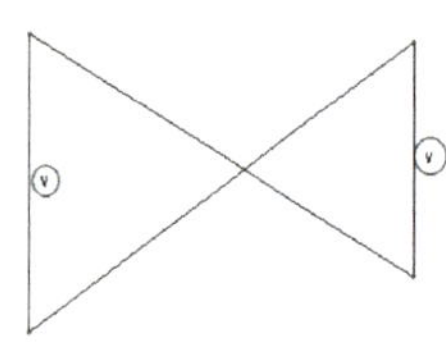

图 2-61 竖直约束示例

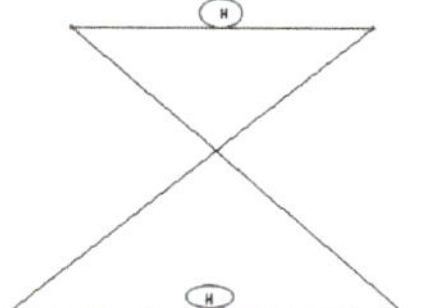

图 2-62 水平约束示例

- 垂直：垂直约束。让选中的两个图元处于垂直状态，如图 2-63 所示。
- 相切：相切约束。让选中的两个图元处于相切状态，如图 2-64 所示。

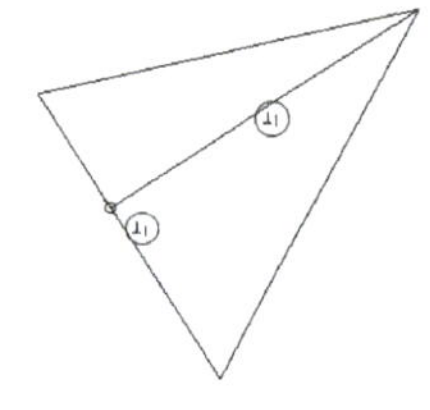

图 2-63 垂直约束示例

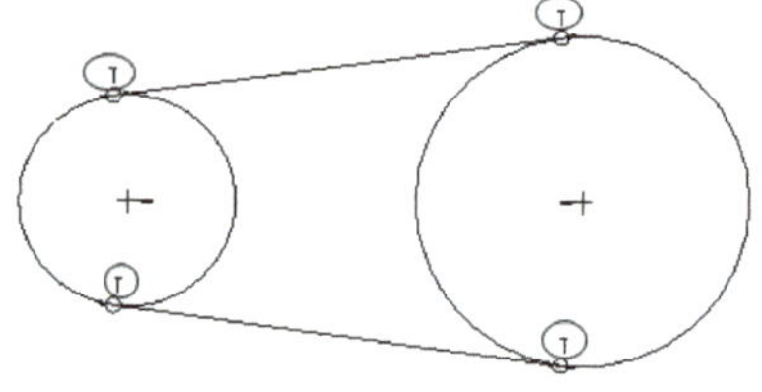

图 2-64 相切约束示例

- 中点：中点约束。将点置于线段中央，如图 2-65 所示。
- 重合：重合约束。将选定的两点对齐在一起或将点放置到直线上，或者将两条直线对齐，如图 2-66 所示。

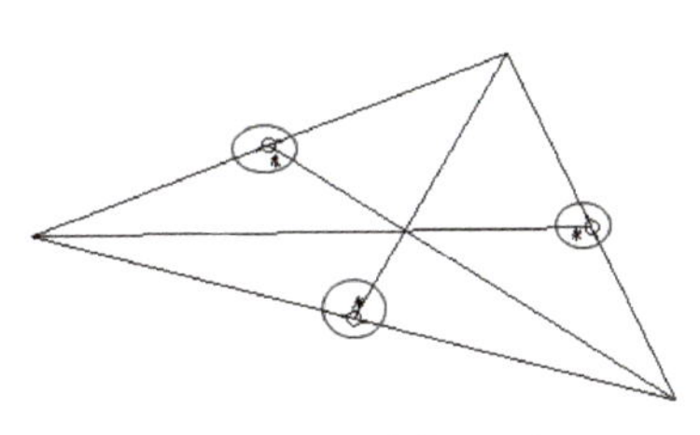
图 2-65　中点约束示例

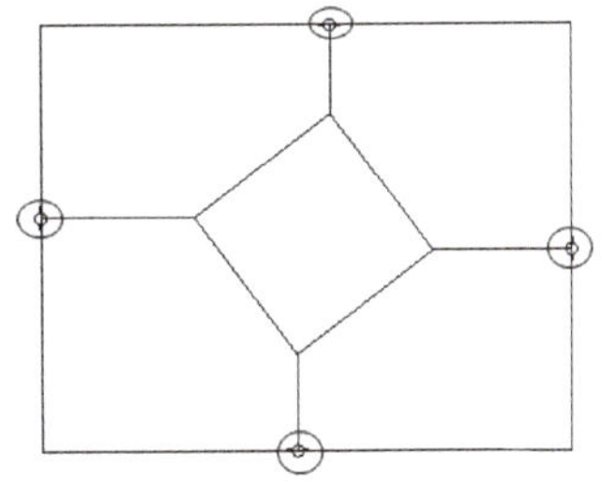
图 2-66　重合约束示例

- 对称：对称约束。将选定的图元关于参照（如中心线等）对称布置，如图 2-67 所示。
- 相等：相等约束。使两条直线或者圆（弧）图元之间具有相同长度或相等半径，如图 2-68 和图 2-69 所示。

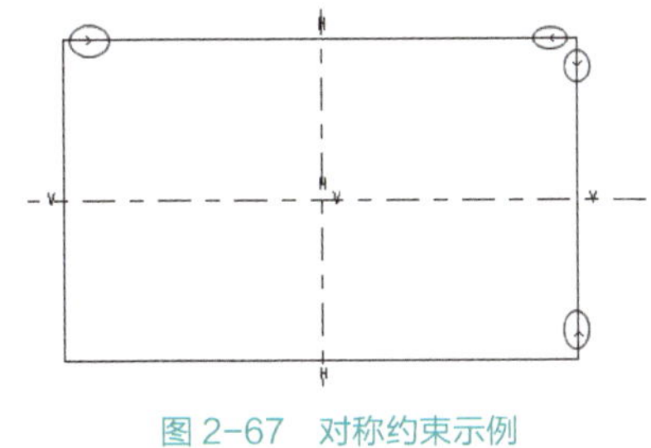
图 2-67　对称约束示例

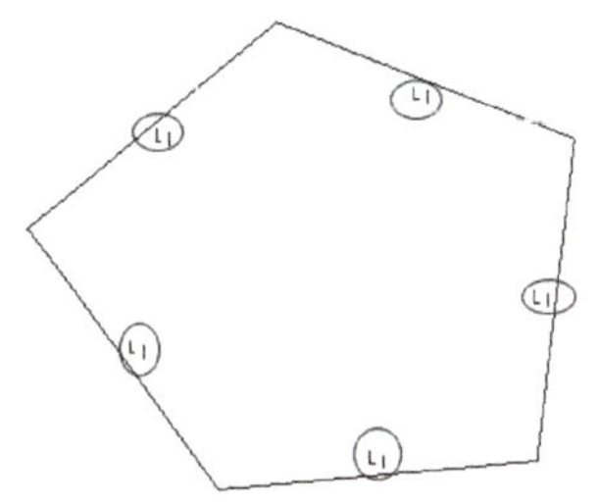

图 2-68　相等约束（1）

- 平行：平行约束。使两个图元相互平行，如图 2-70 所示。

图 2-69　相等约束（2）

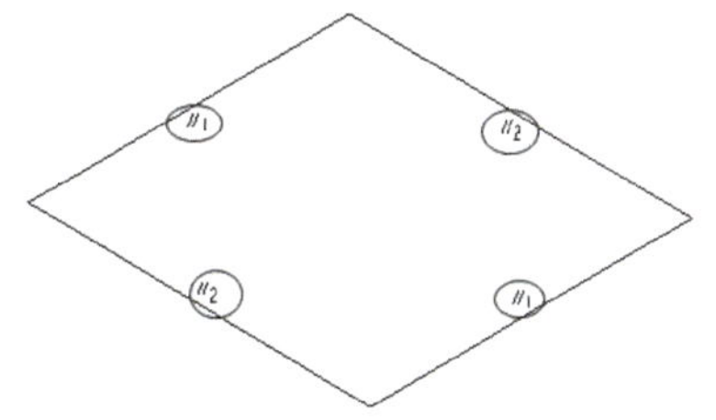

图 2-70　平行约束

2. 约束冲突及解决

在以下 3 种情况下会产生约束之间以及约束和标注尺寸之间的冲突。

- 标注尺寸时出现了封闭尺寸链。
- 标注约束时，在同一个图元上同时施加了相互矛盾的多个约束。
- 尺寸标注和约束对图元具有相同的约束效果。

一旦出现了约束冲突，系统会打开图 2-71 所示的【解决草绘】对话框让设计者解决。

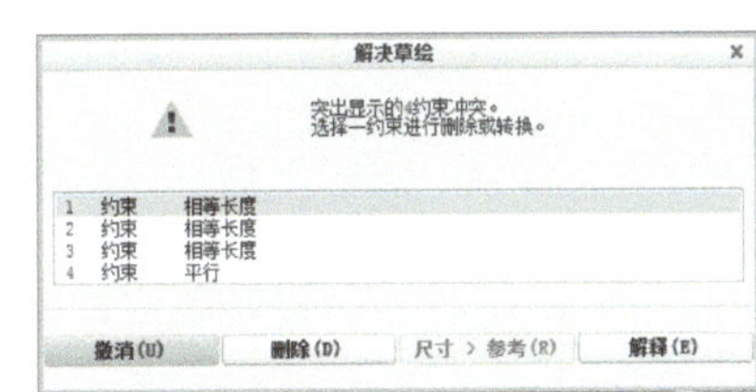

图 2-71 【解决草绘】对话框

通常的做法是，直接单击 删除(D) 按钮，删除当前添加的约束，或者从约束或尺寸列表中选取一个对象将其删除。

当标注尺寸发生冲突时，可以单击 尺寸 > 参照(R) 按钮，将选取的尺寸转换为参考尺寸，这样该尺寸仅仅作为设计参考使用，不具有尺寸驱动的效力。

基础训练——添加约束

添加约束

【操作步骤】

STEP01 打开素材文件“\素材\第2章\exa01.sec”，关闭图形上的所有尺寸显示，确保打开所有约束显示，最后得到的图形如图2-72所示。

STEP02 在【草绘】功能区的【约束】工具组中单击 重合 按钮，打开【重合】约束工具，首先单击如图2-73所示的端点1，然后单击线段2，将端点放置在线段上，如图2-74所示。

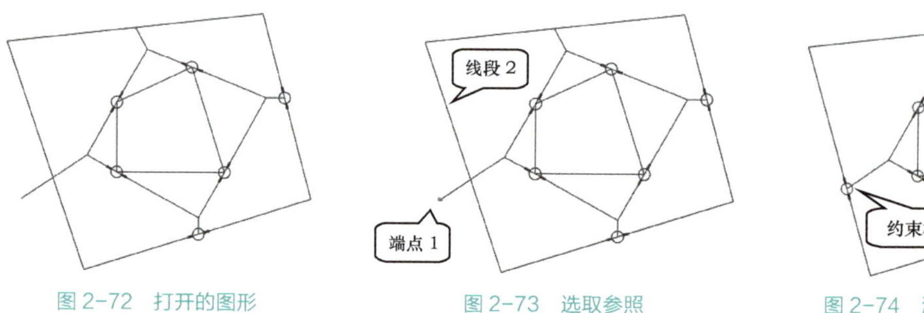

图2-72 打开的图形　　图2-73 选取参照 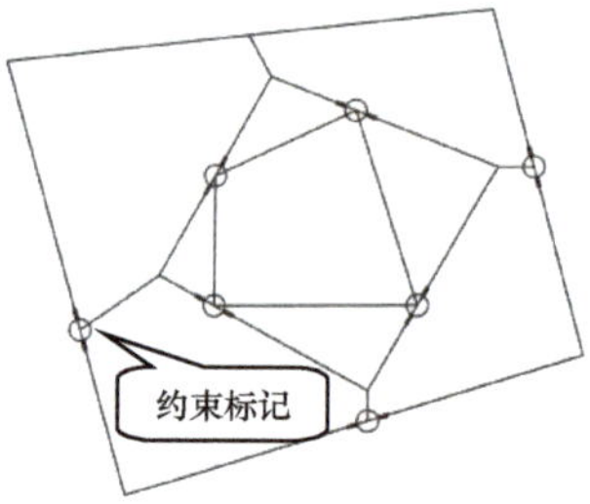　　图2-74 添加约束后的结果

STEP03 单击 平行 按钮，在如图2-75所示的两个图元之间添加平行约束条件。首先选取线段1，然后选取线段2，结果如图2-76所示（注意图上的约束标记）。

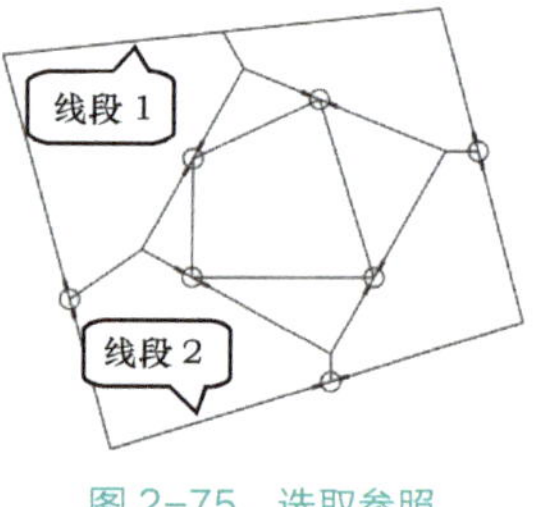

图2-75 选取参照

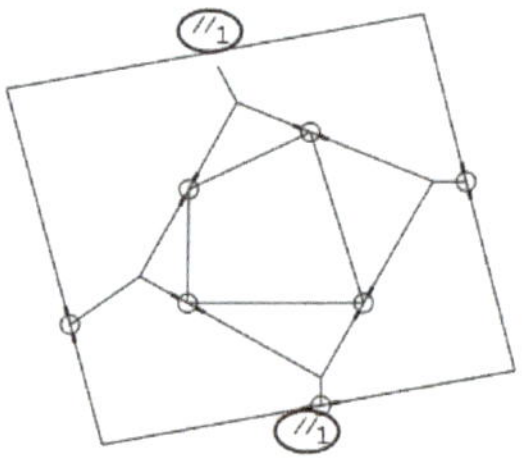

图2-76 添加约束后的结果

STEP04 由于图形重新调整，用户可以看到上端有段线段和图形分离，如图2-77所示。使用 重合 工具将其约束到线段上，如图2-78所示。

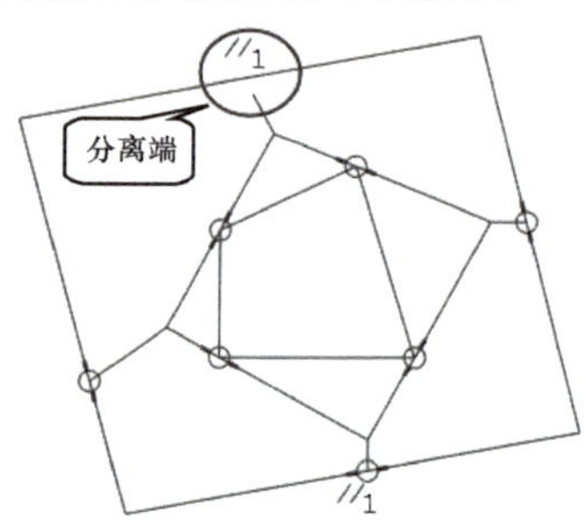

图2-77 再生后的图形

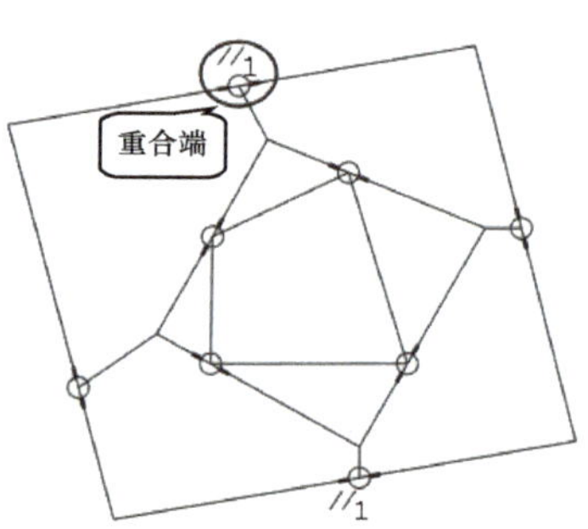

图2-78 添加约束后的结果

STEP05 单击 平行 按钮，在如图 2-79 所示的两个图元之间添加平行约束条件。首先选取线段 1，然后选取线段 2，结果如图 2-80 所示（注意，施加在不同对象组之间的同类约束使用的是不同的标记下标，以方便区分）。

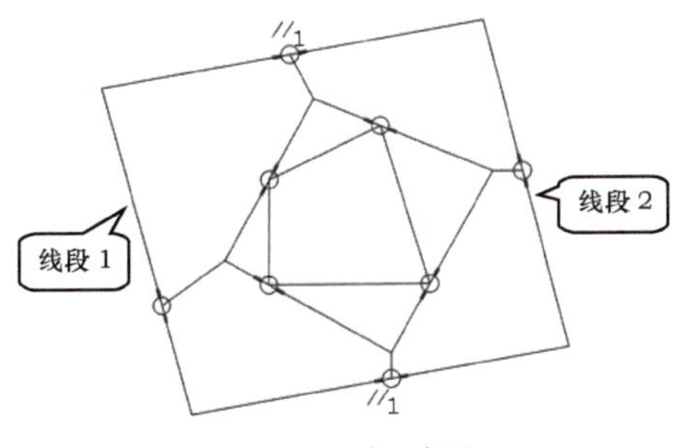

图 2-79 选取参照

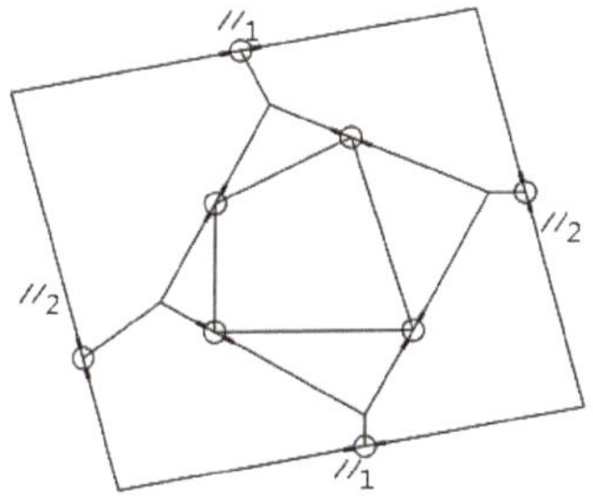

图 2-80 添加约束后的结果

STEP06 使用 相等 工具，在如图 2-81 所示的 4 条线段之间添加相等约束条件。在添加这些条件时必须注意顺序，需要两两依次添加，即先在线段 1 和线段 2 之间添加（先选线段 1 后选线段 2），再在线段 2 和线段 3 之间添加（先选线段 2 后选线段 3），最后在线段 3 和线段 4 之间添加，结果如图 2-82 所示。

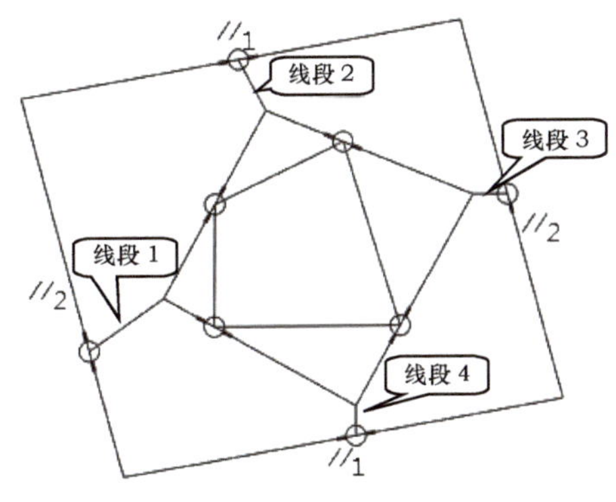

图 2-81 选取参照

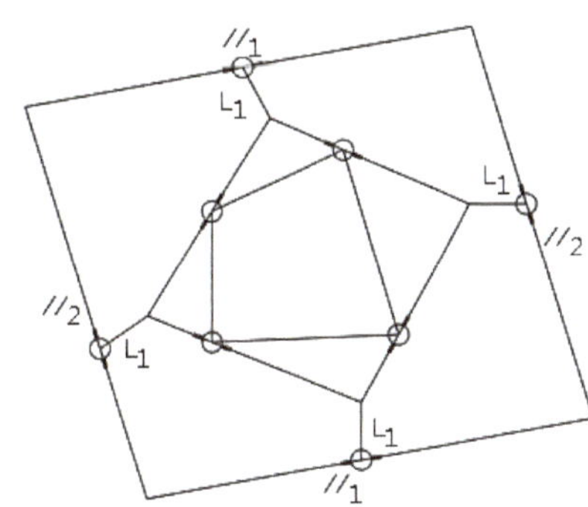

图 2-82 添加约束后的结果

STEP07 使用 中点 工具将如图 2-83 所示线段的端点约束到另一线段的中点上。先选取线段的端点 1，再选取线段 2，结果如图 2-84 所示（注意，此时出现的约束标记，M 表示中点）。

STEP08 使用同样的方法将另外三处线段的端点约束到另一线段的中点处，结果如图 2-85 所示。

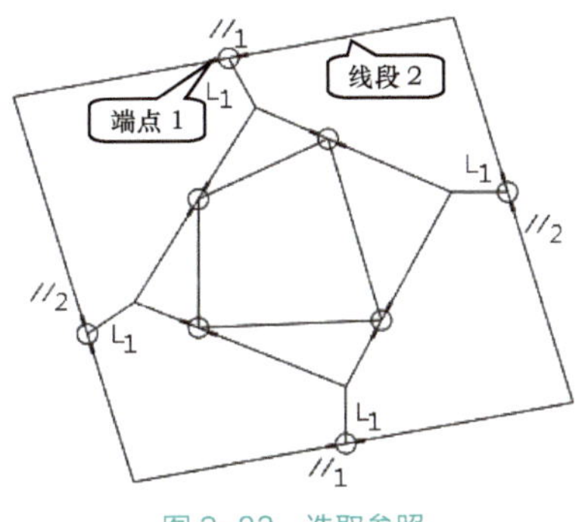

图 2-83 选取参照

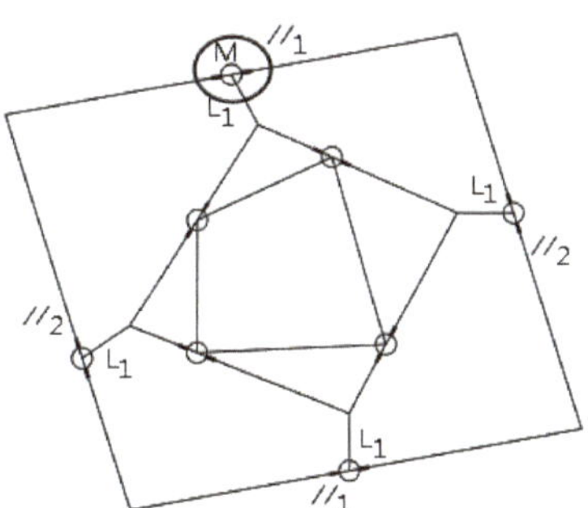

图 2-84 添加约束后的结果（1）

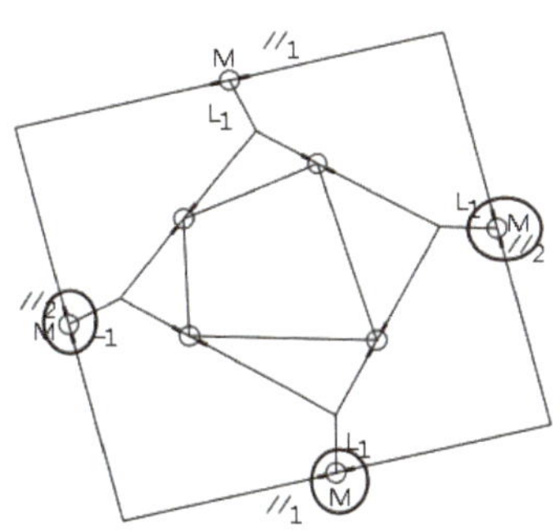

图 2-85 添加约束后的结果（2）

STEP09 使用 相等 工具在如图 2-86 所示的 4 条线段之间添加相等约束条件，结果如图 2-87 所示。

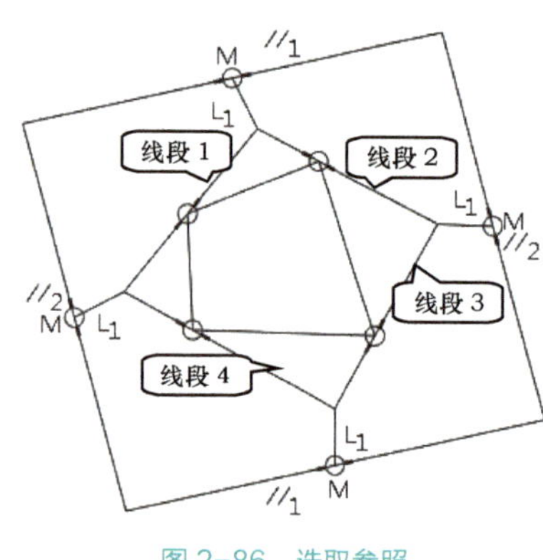

图 2-86　选取参照

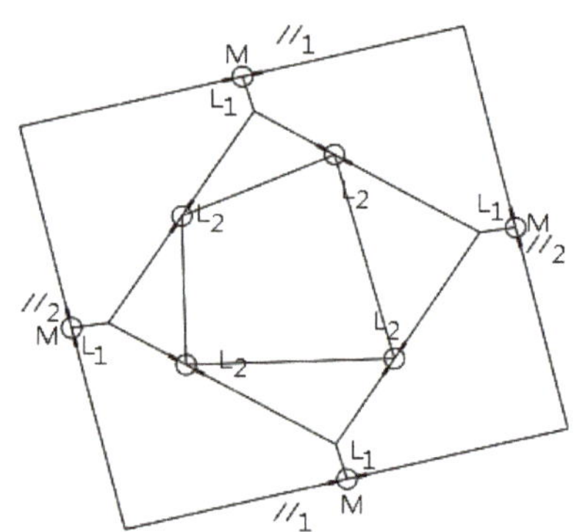

图 2-87　添加约束后的结果

STEP10 使用 中点 工具将如图 2-88 所示的 4 处线段的端点约束到另一线段的中点处，如图 2-89 所示。

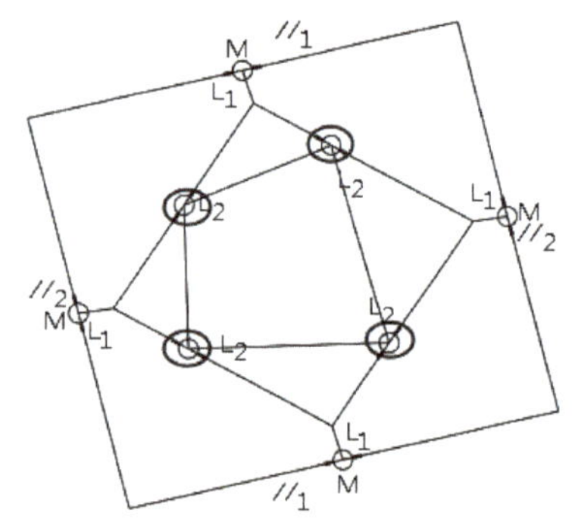

图 2-88　选取参照

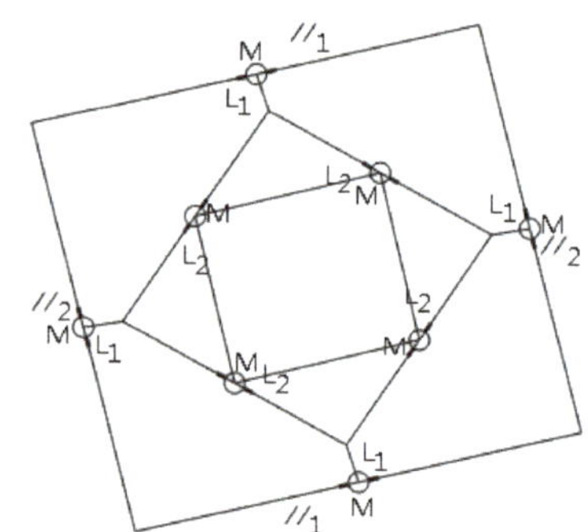

图 2-89　添加约束后的结果

如果在添加约束时出现操作不成功的情况，可以适当更改一下操作顺序。另外，经过约束之后，图形最里面的四边形已经成等边四边形了，如果还要在其上添加等长约束条件，则会发生约束冲突。

该图形的最终设计结果与哪些因素有关？

STEP11 在如图 2-90 所示的边线上添加水平约束条件。

STEP12 在如图 2-91 所示的边线上添加垂直约束条件。

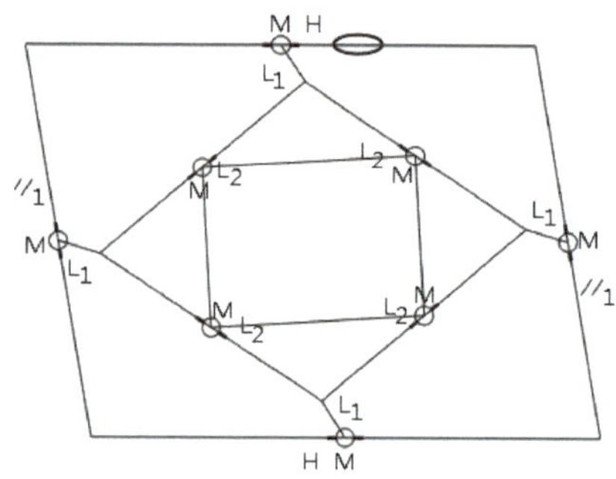

图 2-90　添加约束后的结果（1）

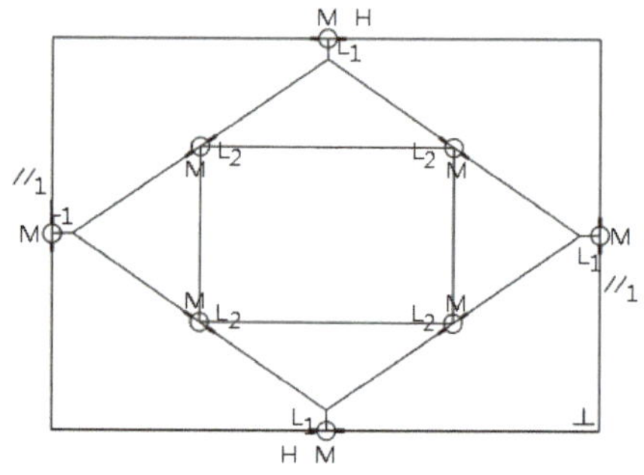

图 2-91　添加约束后的结果（2）

2.1.4 尺寸标注

尺寸标注是绘制二维图形过程中不可缺少的步骤之一，通过尺寸标注可以定量获得图形的具体参数，还可以修改图形尺寸，然后使用“尺寸驱动”方式再生图形。

基础知识

1. 弱尺寸和强尺寸

弱尺寸是指在绘制图形后，系统自动标注的尺寸。创建弱尺寸时，系统不会给出相关的提示信息。同时，当用户创建的尺寸与弱尺寸发生冲突时，系统将自动删除冲突的弱尺寸，在实施删除操作时，同样也不会给出警告信息。弱尺寸通常显示为较浅的颜色。

与之对应的强尺寸是指用户使用尺寸标注工具标注的尺寸。系统对强尺寸具有保护措施，不会擅自删除，当遇到尺寸冲突时，总是提醒设计者自行解决。强尺寸通常显示为较深的颜色。

要点提示

图形上显示过多的弱尺寸会让图形显得非常杂乱，如果要关闭弱尺寸显示，可以选择菜单命令【文件】/【选项】，打开【选项】面板，然后在左侧列表中选择【草绘器】，再在右侧的【对象显示设置】列表中取消选中【显示弱尺寸】选项即可。

2. 标注线性尺寸

在绘图过程中，使用【尺寸】工具组中的工具可以完成各种类型的尺寸标注。在这些尺寸中，线性尺寸最为常见。首先在【尺寸】工具组中单击 ↦（法向）按钮。

线性尺寸的主要类型和标注方法如下。

- 线段长度：单击该线段，在放置尺寸的位置处单击鼠标中键，如图 2-92 所示。
- 两点间距：选中两点，在放置尺寸的位置处单击鼠标中键，如图 2-93 所示。
- 平行线间距：选中两条直线，在放置尺寸位置处单击鼠标中键，如图 2-94 所示。
- 点到直线的距离：先选取点，再选中直线，然后在放置尺寸的位置处单击鼠标中键，如图 2-95 所示。

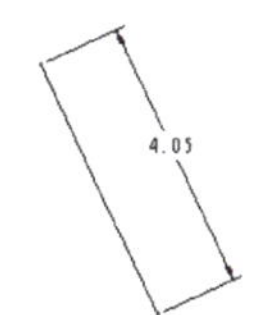

图 2-92 标注线段长度

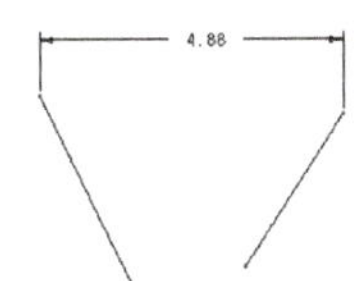

图 2-93 标注两点间距

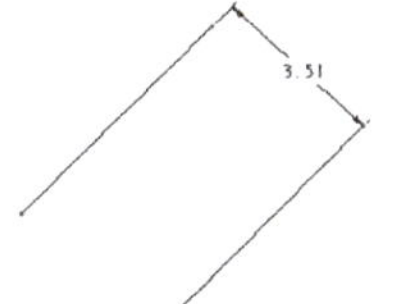

图 2-94 标注两平行线间距

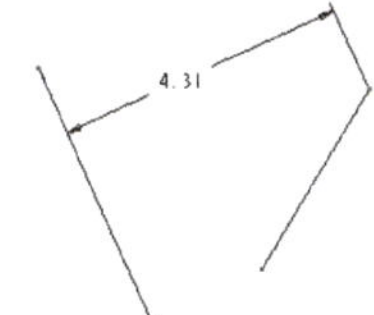

图 2-95 标注点到直线的距离

- 两个圆或圆弧的距离：既可以标注两条水平切线之间的距离，也可以标注两条竖直切线之间的距离，如图 2-96 和图 2-97 所示。

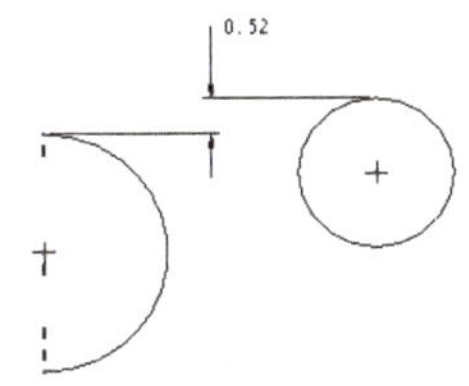

图 2-96 两个圆或圆弧的距离（1）

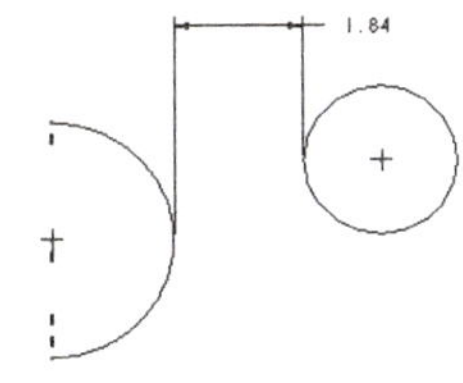

图 2-97 两个圆或圆弧的距离（2）

3. 标注直径和半径尺寸

对于圆（圆弧）来说，既可以标注其直径尺寸，也可以标注其半径尺寸，主要依据设计需要而定。首先在【尺寸】工具组中单击 ↦（法向）按钮。

- 标注直径尺寸：在需要标注直径尺寸的圆（圆弧）上双击鼠标左键，然后在放置尺寸的位置处单击鼠标中键，如图 2-98 所示。
- 标注半径尺寸：在需要标注半径尺寸的圆（圆弧）上单击鼠标左键，然后在放置尺寸的位置处单击鼠标中键，如图 2-99 所示。

图 2-98　标注直径尺寸　　图 2-99　标注半径尺寸

4. 标注角度尺寸或弧长

如果要标注由两个图元围成的角度尺寸，首先在【尺寸】工具组中单击 ↦（法向）按钮，然后使用以下两种方法标注。

- 标注两条相交直线的夹角：单击鼠标左键依次选取需要标注角度尺寸的两条直线，然后在放置尺寸的位置处单击鼠标中键，如图 2-100 所示。
- 标注弧长：首先选取圆弧起点，然后选取圆弧终点，再选取圆弧本身，最后在放置尺寸的位置处单击鼠标中键，如图 2-101 所示。

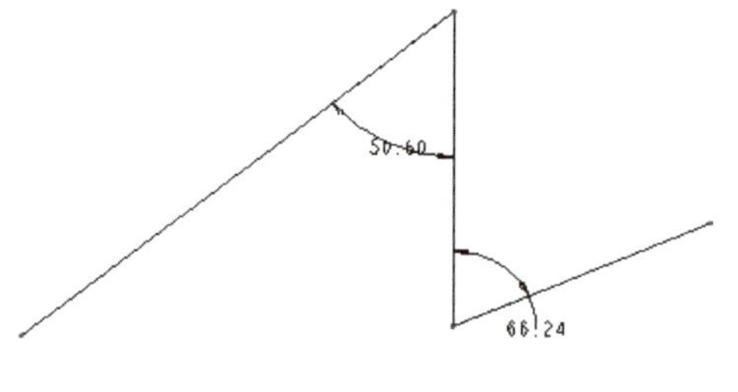

图 2-100　标注两条相交直线的夹角

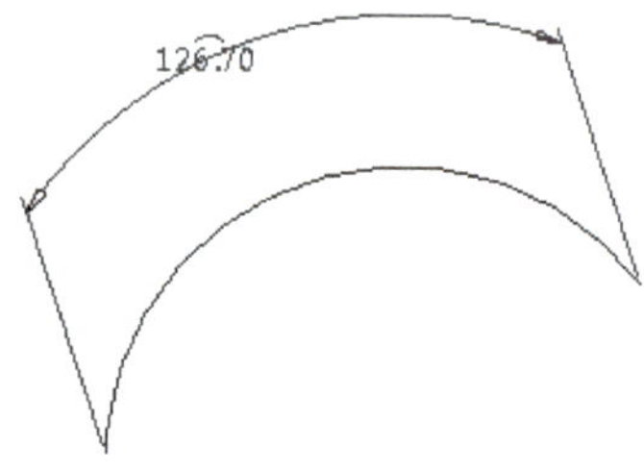

图 2-101　标注弧长

扩展知识

1. 标注样条曲线尺寸

样条曲线在设计中的应用相当广泛，可用于构建复杂且形状可变的线条。样条曲线不像直线和圆弧那样通过少数几个尺寸就能准确确定曲线形状。在设计过程中，通常使用尽量少的尺寸数量来表达曲线更多的信息。样条曲线上常标注的尺寸主要有以下几种。

- 线性尺寸：用于标注曲线两个端点之间的直线距离以及端点到其他图元之间的直线尺寸，如图 2-102 所示。

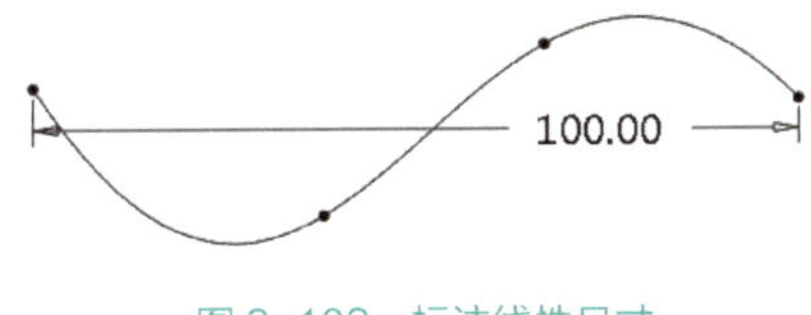

图 2-102　标注线性尺寸

- 相切尺寸：样条曲线两端点与相切曲线的角度尺寸。在标注前，必须绘制或选择一条基准线。首先选取样条曲线，然后选取基准线，接着在样条曲线上选取一个参考点，最后在需要放置的位置处单击鼠标中键，如图 2-103 所示。

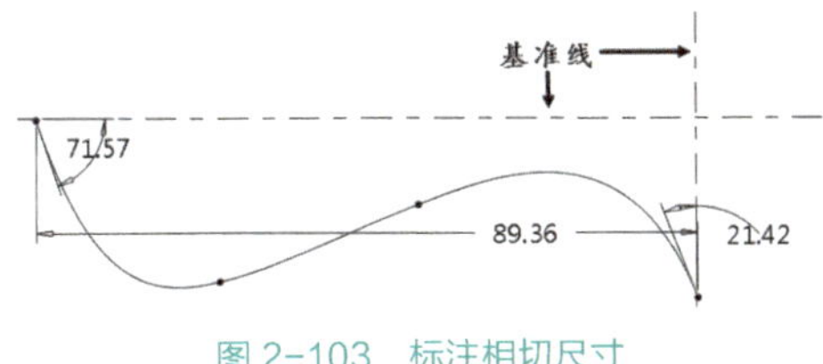

图 2-103　标注相切尺寸

- 中间点的尺寸：标注样条曲线中间点的尺寸，如图 2-104 所示。

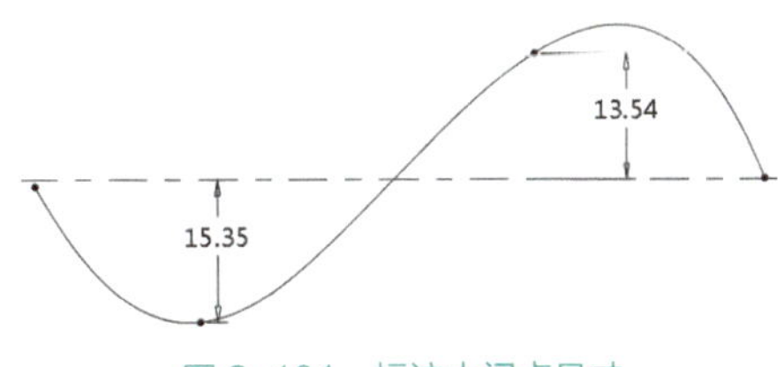

图 2-104　标注中间点尺寸

2. 修改尺寸

根据尺寸驱动理论，当对图形完成尺寸标注后，可以修改尺寸数值来修正设计意图，系统将根据新的尺寸再生设计结果。

❶ 修改单个尺寸

如果修改单个尺寸，直接双击该尺寸（强尺寸或弱尺寸），打开输入文本框，在其中输入新的尺寸数值后，系统立即使用该数值再生图形，重新获得新的设计结果。

❷ 修改一组尺寸

使用上一种方法修改单个尺寸后，系统会立即再生尺寸。如果对该尺寸的修改比例太大，再生后的图形会严重变形，不便于对其进行进一步操作。这时可以使用【编辑】工具组中的 修改 工具来修改尺寸。

选中需要修改的单个尺寸或一组尺寸（选中多个尺寸时按住 Ctrl 键），然后在【编辑】工具组中单击 修改 按钮，打开【修改尺寸】对话框，如图 2-105 所示，在顶部列表框中依次修改选定的尺寸即可，当前选定的尺寸会在图形对应尺寸上加边框以突出显示。也可以拖动文本框右侧的滑块来修改尺寸。

如果希望修改完所有尺寸后再重生图形，可以在【修改尺寸】对话框中取消选中【重新生成】复选项，等全部尺寸修改完成后，再单击 确定 按钮再生图形。

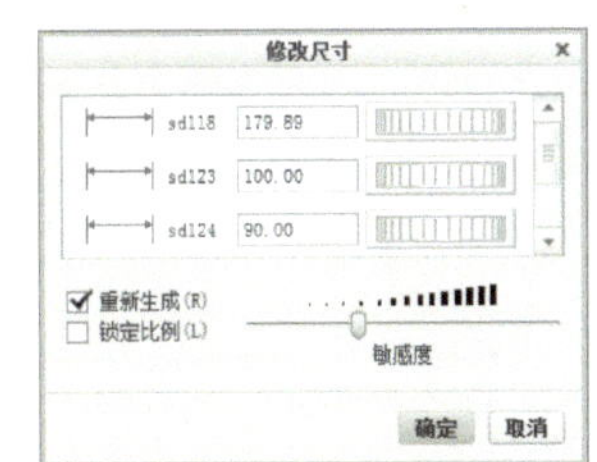

图 2-105 【修改尺寸】对话框

要点提示

3. 关系的使用

关系是施加在图形各个尺寸之间的一种特定的几何联系，这样可以确保图形各个特定图元之间具有确定的内在尺寸联系，在更改某一个图形尺寸时，与之关联的尺寸通过关系驱动做出相应的改动。

❶ 符号尺寸

在使用关系之前，首先必须明白符号尺寸的含义。符号尺寸与数值尺寸相对应，符号尺寸使用编号来表示，常用于创建关系，如图 2-106 所示。数值尺寸使用数值来表示，通常用于图形的定形定位或修改，如图 2-107 所示。

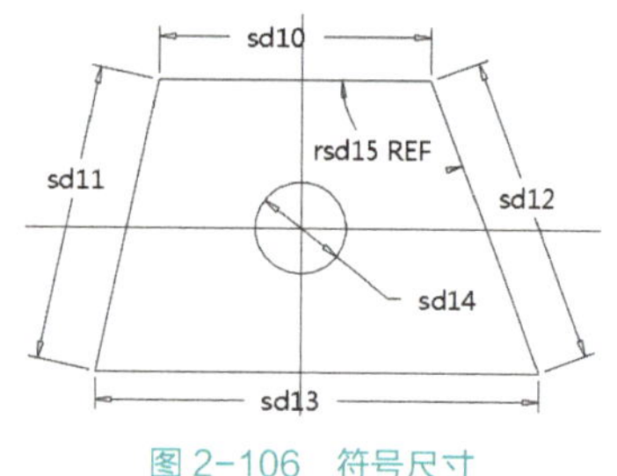

图 2-106　符号尺寸

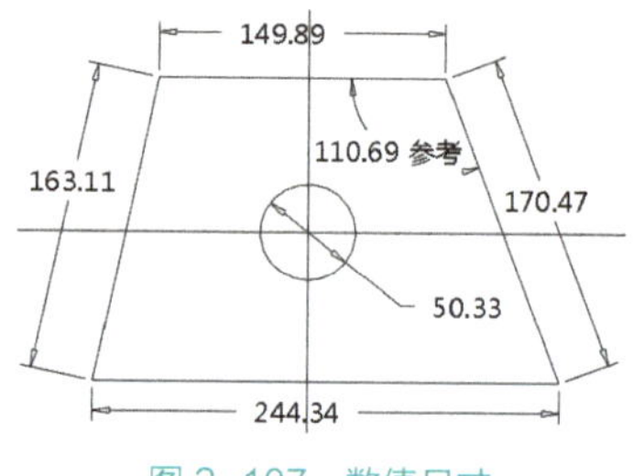

图 2-107　数值尺寸

❷【关系】对话框

如果需要在图形中加入关系式，可以选取菜单命令【工具】/【关系】，打开【关系】对话框，向其中输入关系式。此时，图形上的所有数值尺寸都将转换为符号尺寸。

编辑关系式时，必须使用符号尺寸。此外，还可以使用“+”“−”“*”“/”等数学运算符号，以及使用“if……endif”语句加入条件判断。

基础训练——二维图形的尺寸标注

【操作步骤】

1. 标注尺寸

STEP01 打开素材文件“\素材\第 2 章\exa02.sec”，得到如图 2-108 所示的图形，然后关闭弱尺寸选项，关闭约束和顶点显示。

STEP02 标注直径尺寸。在【尺寸】工具组中单击⟷按钮，用鼠标左键双击圆，然后单击鼠标中键放置尺寸，结果如图 2-109 所示。由于 3 个小圆之间添加了等半径约束条件，故只需标注其中一个圆的直径尺寸即可。

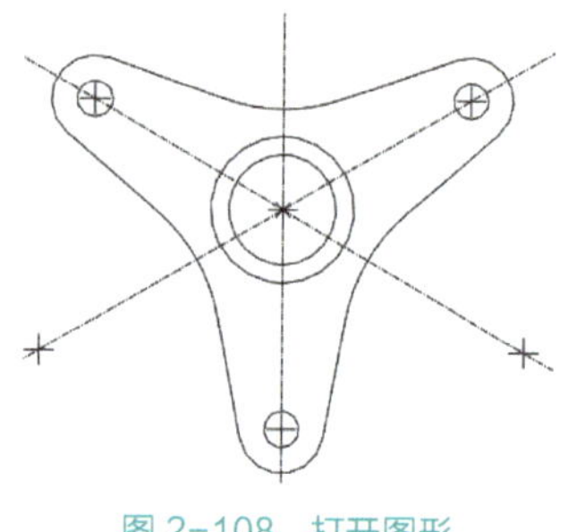
图 2-108　打开图形

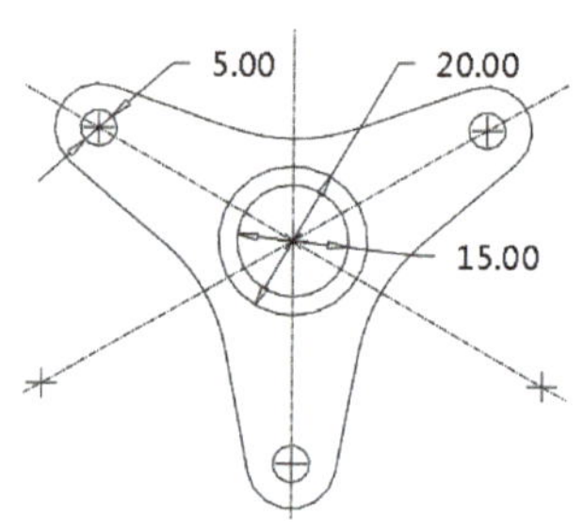

图 2-109　标注直径尺寸

STEP03 标注半径尺寸。单击⟷按钮，用鼠标左键单击圆弧，然后单击鼠标中键放置尺寸，结果如图 2-110 所示。同样三处相同的圆弧只需标注其中一处即可。

STEP04 标注两点的距离尺寸。单击⟷按钮，选中图形中心和小圆圆心，然后单击鼠标中键放置尺寸，结果如图 2-111 所示。

STEP05 标注角度尺寸。单击⟷按钮，然后单击相邻的两条中心线，单击鼠标中键放置尺寸，结果如图 2-112 所示。

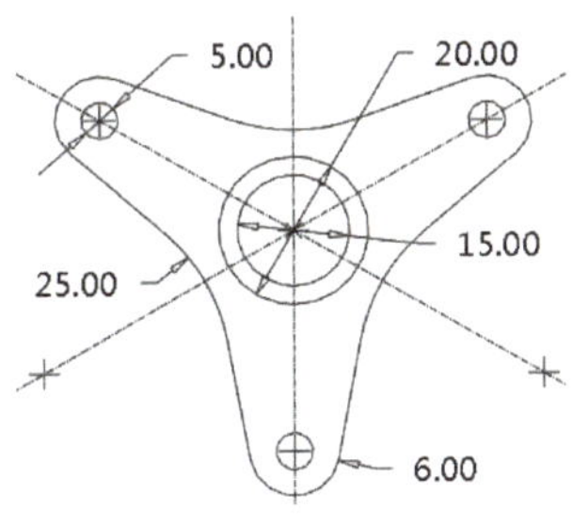

图 2-110 标注半径尺寸

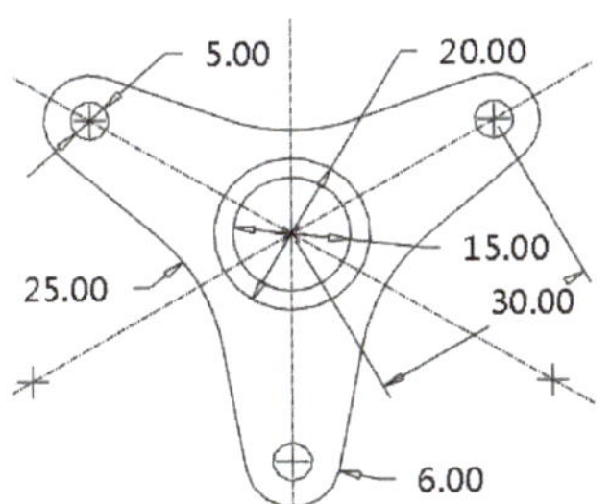

图 2-111 标注两点之间的距离

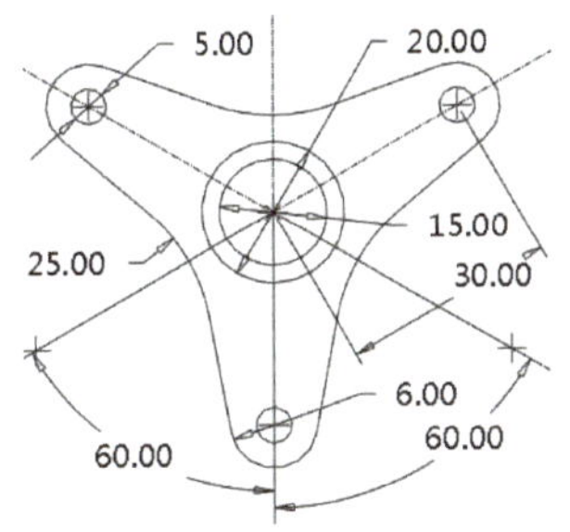

图 2-112 标注角度尺寸

2. 编辑尺寸

编辑尺寸

STEP01 打开素材文件“\素材\第 2 章\exa03.sec”，得到的图形如图 2-113 所示。然后关闭弱尺寸选项，关闭约束和顶点显示。

STEP02 在图形中部的大圆直径尺寸数值上双击鼠标左键，将其数值修改为“4”，系统立即再生图形，结果如图 2-114 所示。

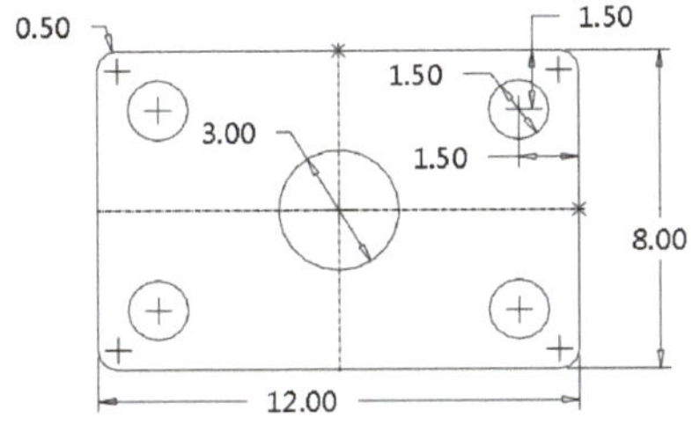

图 2-113 打开后的图形

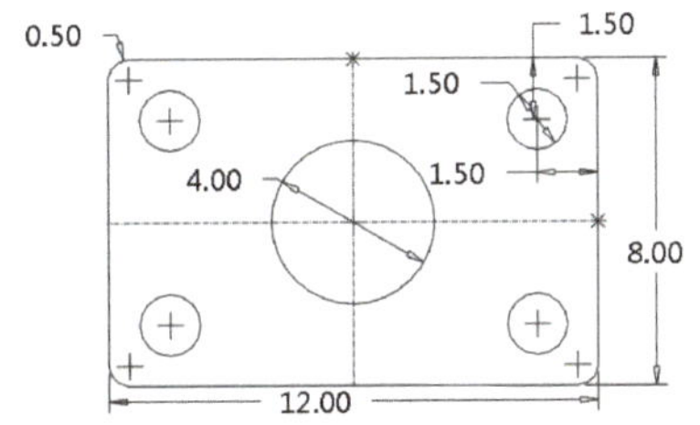

图 2-114 修改尺寸

STEP03 选中图形的长度尺寸 12.00，然后在【编辑】工具组中单击 修改 按钮，打开如图 2-115 所示的【修改尺寸】对话框。

STEP04 继续选取图上的尺寸 8.00、0.50、1.50、1.50 和 1.50 为修改对象，如图 2-116 所示。注意，在【修改尺寸】对话框中选中某一个尺寸后，图形上对应的尺寸上会显示一个边框，如图 2-116 所示。

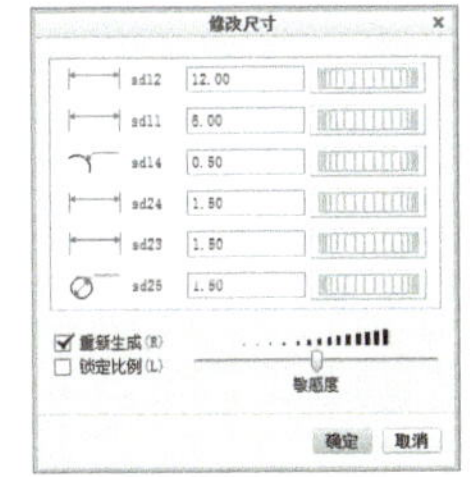

图 2-115 【修改尺寸】对话框

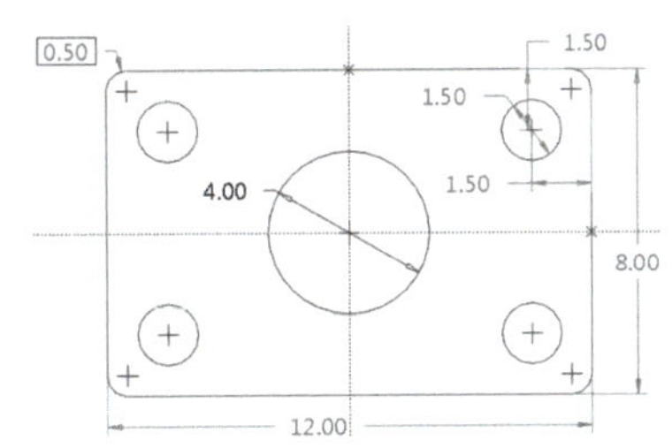

图 2-116 选取修改的尺寸

STEP05 将圆角半径尺寸修改为 0.70，如图 2-117 所示，回车后可以看到图形立即以新尺寸再生，如图 2-118 所示。

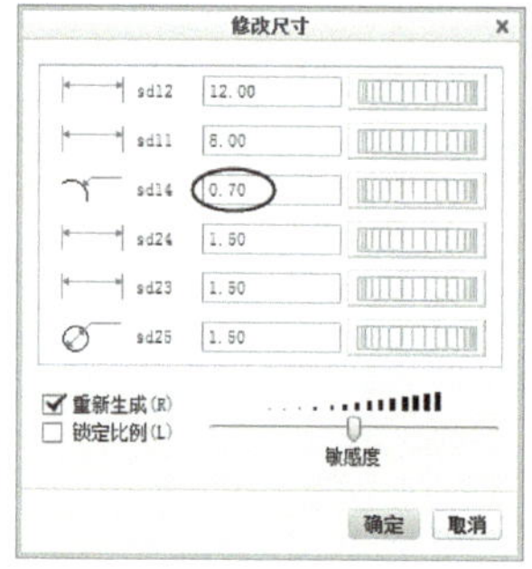

图 2-117 【修改尺寸】对话框

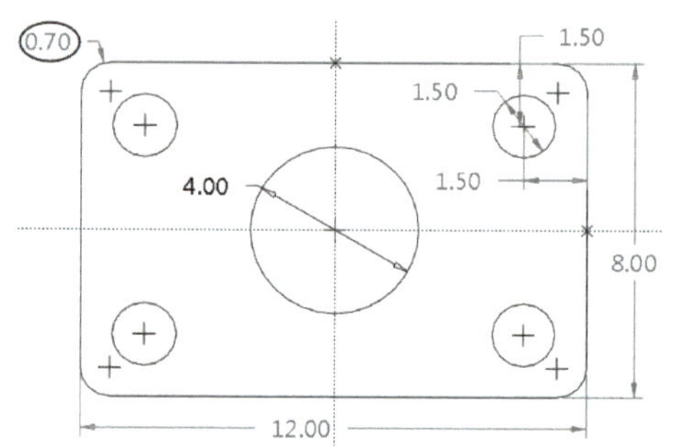

图 2-118 修改尺寸

STEP06 在【修改尺寸】对话框中勾选【锁定比例】复选项，然后将尺寸 8.00 修改为 12（放大 1.5 倍），如图 2-119 所示，可以看到图形上的所有线性尺寸（包括圆角半径）都以相同比例被放大（1.5 倍），如图 2-120 所示。

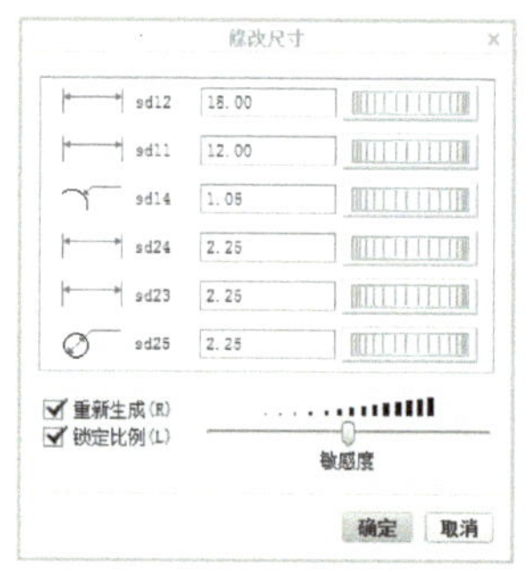

图 2-119 【修改尺寸】对话框

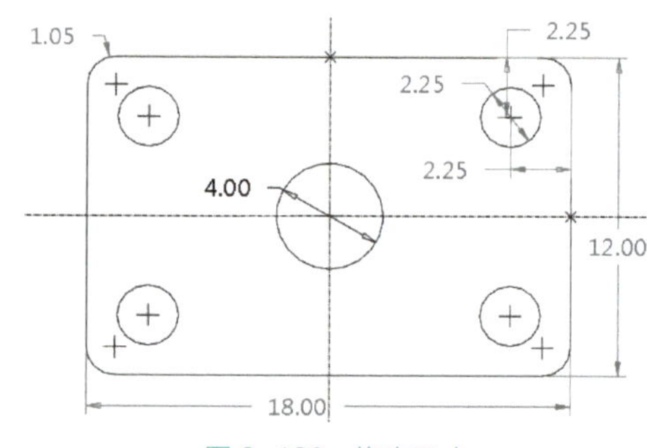

图 2-120 修改尺寸

STEP07 在【修改尺寸】对话框中取消选中【重新生成】和【锁定比例】复选项，修改各尺寸如图 2-121 所示，单击 确定 按钮，再生图形，结果如图 2-122 所示。

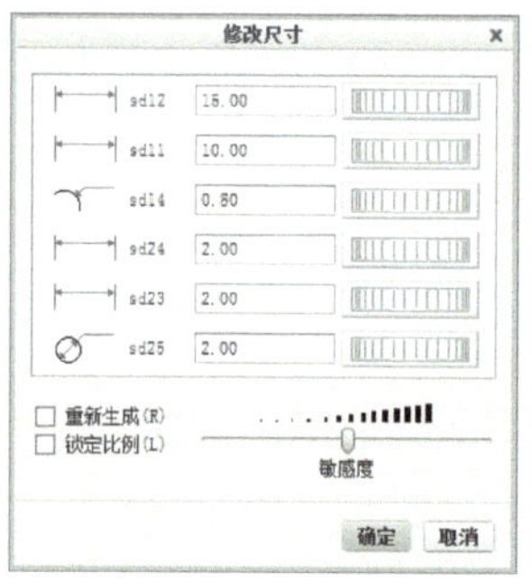

图 2-121 【修改尺寸】对话框

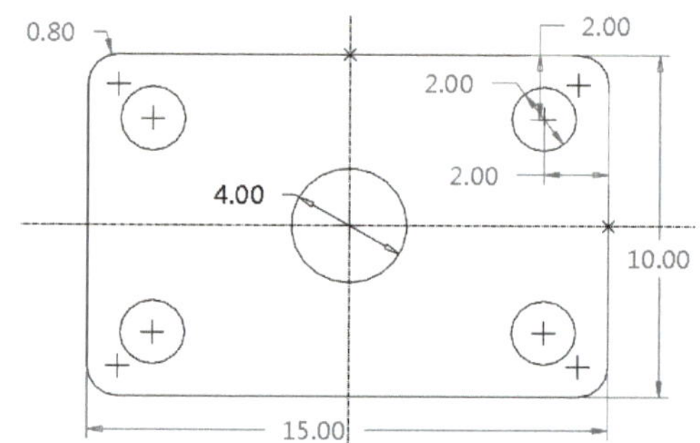

图 2-122 修改尺寸

3. 使用关系

STEP01 打开素材文件“\素材\第 2 章\exa04.sec”，得到如图 2-123 所示的图形，然后关闭弱尺寸选项，关闭约束和顶点显示。

STEP02 在【工具】功能区的【关系】工具组中单击 d= 按钮，打开【关系】对话框，此时，图形上的尺寸以符号尺寸的形式显示，如图 2-124 所示。在【关系】对话框中编辑如图 2-125 所示的关系式，完成后关闭对话框。

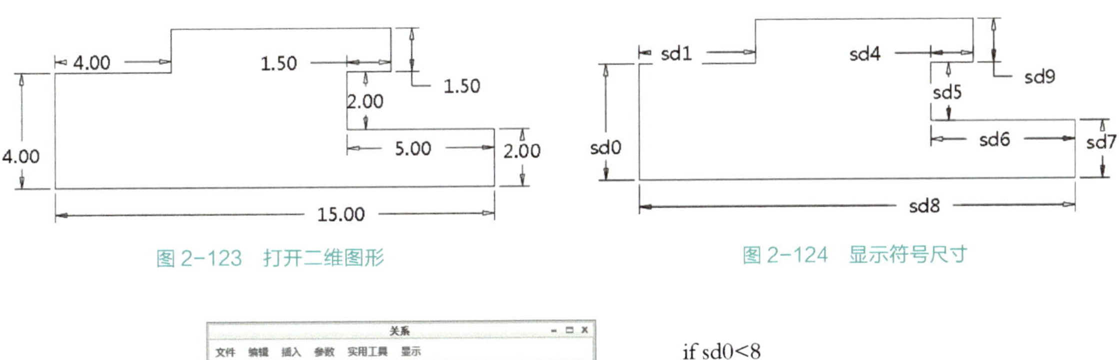

图 2-123　打开二维图形　　　　图 2-124　显示符号尺寸

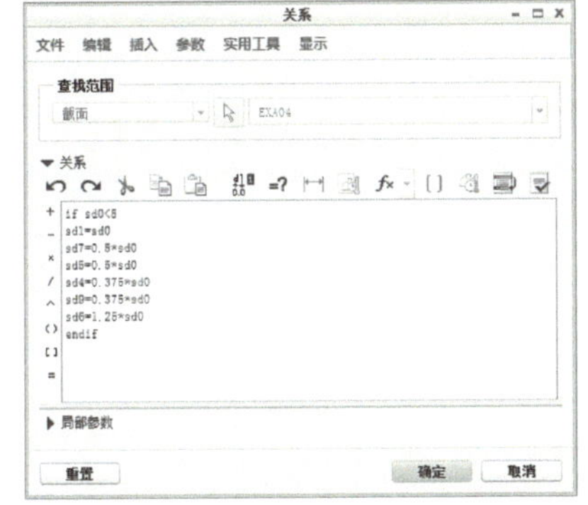

图 2-125 【关系】对话框

```
if sd0<8
sd1=sd0
sd7=0.5*sd0
sd5=0.5*sd0
sd4=0.375*sd0
sd9=0.375*sd0
sd6=1.25*sd0
endif
```

STEP03 此时，在图形上双击尺寸，发现只有如图 2-126 所示的两个尺寸为可编辑尺寸，其中尺寸 4.00 是关系中的控制尺寸，由它来控制其余尺寸，尺寸 15.00 未被引入约束中，因此可以自由修改。双击其他尺寸时，系统将提示：此尺寸由一个关系来控制，不能修改。

STEP04 由于本例中关系有效的条件是 sd0<8，首先将尺寸 sd0 由 4.00 修改为 6.00，可以看到其余尺寸中除 15.00 外，都通过关系驱动再生了，结果如图 2-127 所示。

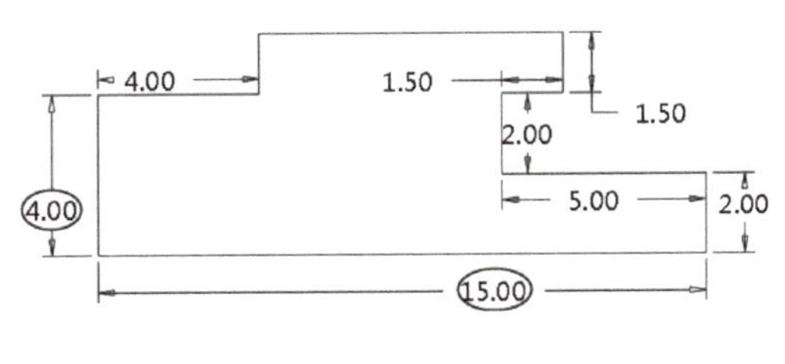

图 2-126　可以编辑的尺寸

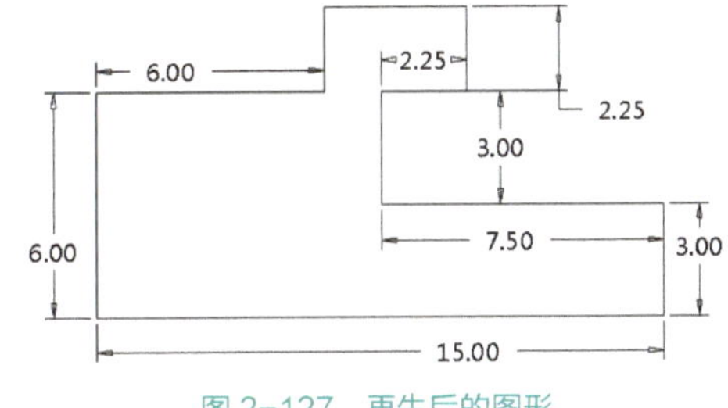

图 2-127　再生后的图形

STEP05 将尺寸 sd0 由 4.00 修改为 8，可以看到除了被修改的尺寸发生改变之外，其他尺寸都没有改变，这是因为关系有效的条件“sd0<8”不再满足，关系失效，如图 2-128 所示。

STEP06 将尺寸 15.00 修改为 20，同样其他尺寸并未发生改变，如图 2-129 所示。这是因为该尺寸为自由尺寸，未受到关系约束。

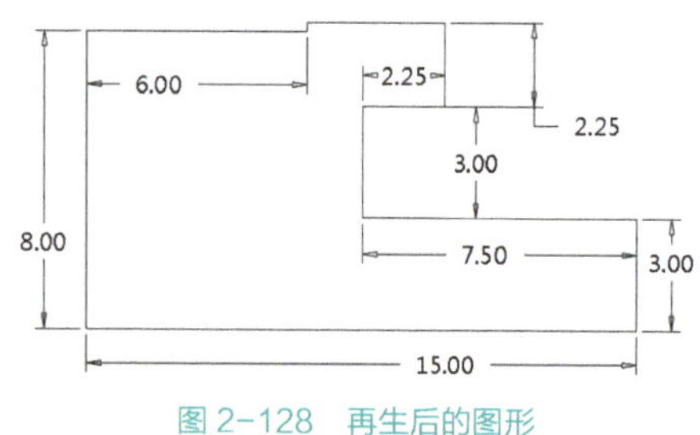

图 2-128　再生后的图形

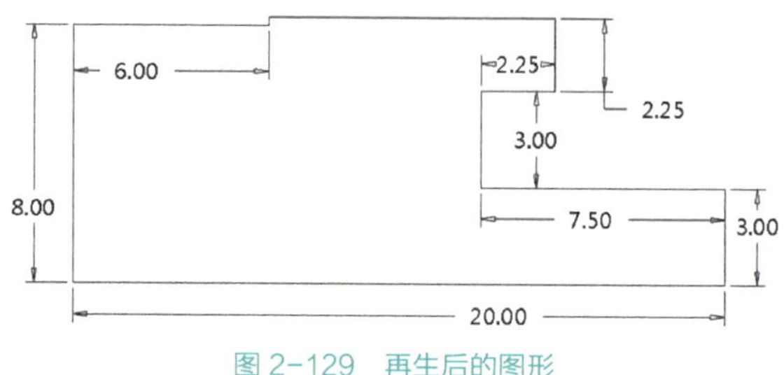

图 2-129　再生后的图形

2.2　典型实例

本节将介绍一组典型二维图形的创建过程，以帮助读者进一步熟悉各种二维图形的绘制方法，巩固基本设计工具和约束工具的使用。

2.2.1　范例解析 1——绘制对称图形

本例将绘制图 2-130 所示的图形，该图形左右对称，绘图时综合应用了直线、矩形、圆和圆弧等工具以及相等、相切等约束条件。通过对本例的学习，读者可以初步总结出使用 Creo 3.0 绘制二维图形的基本要领。

【操作步骤】

1. 新建文件

新建名为“graph_01”的草绘文件。

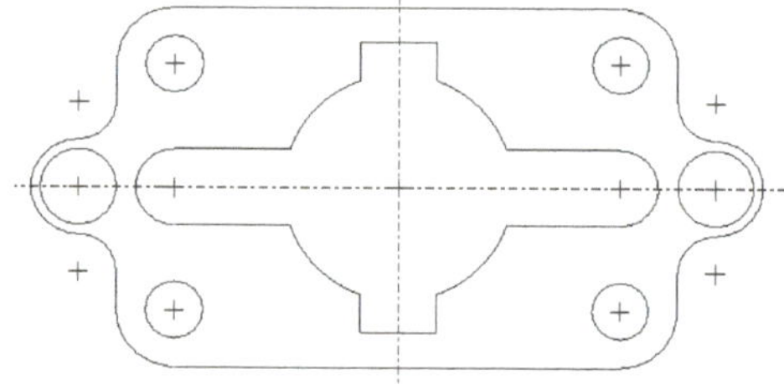

图 2-130　绘制对称图形

2. 绘制中心线

在【草绘】工具组中单击 中心线 按钮，绘制一条水平中心线和一条竖直中心线，如图 2-131 所示。

3. 绘制带圆角的矩形

STEP01 在【草绘】工具组中单击 矩形 按钮，绘制一个矩形，然后标注并修改尺寸，结果如图 2-132 所示。

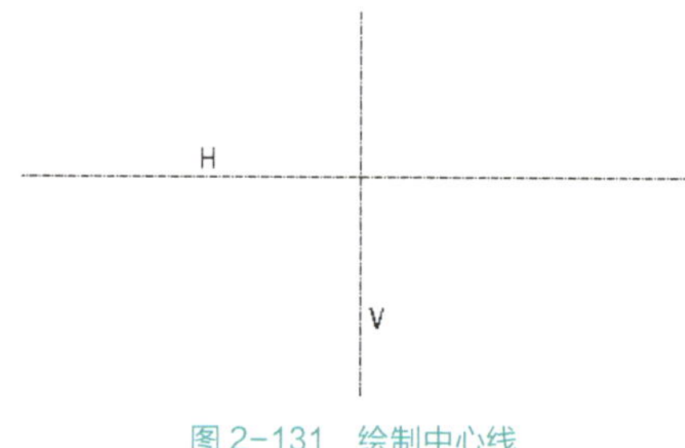

图 2-131　绘制中心线

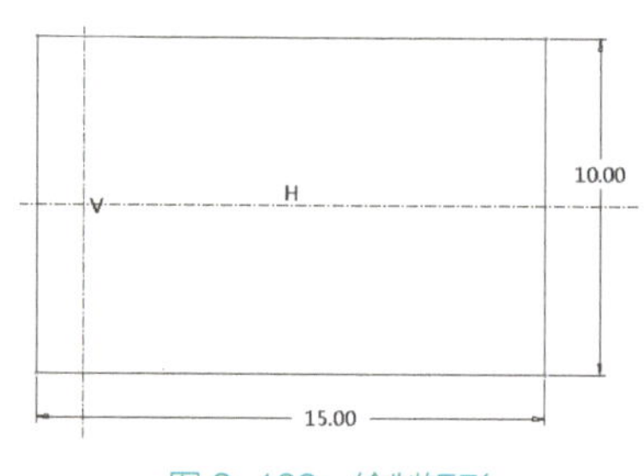

图 2-132　绘制矩形

STEP02 在【草绘】工具组中单击 圆角 按钮右侧的下拉按钮，然后选中 圆形修剪 工具，依次单击矩形的两条边线，在 4 个角点处创建圆角。

STEP03 修改其中一个圆角尺寸，再在这 4 个圆角之间加入“相等”（等半径）约束条件，结果如图 2-133 所示。

STEP04 选取水平中心线，按照图 2-134 所示选取参照，在图形和该中心线之间加入对称约束条件，使用类似的方法在图形与竖直中心线之间添加对称约束。

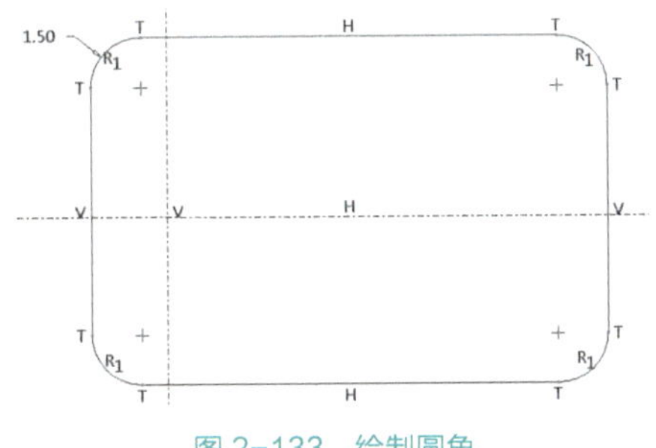

图 2-133　绘制圆角

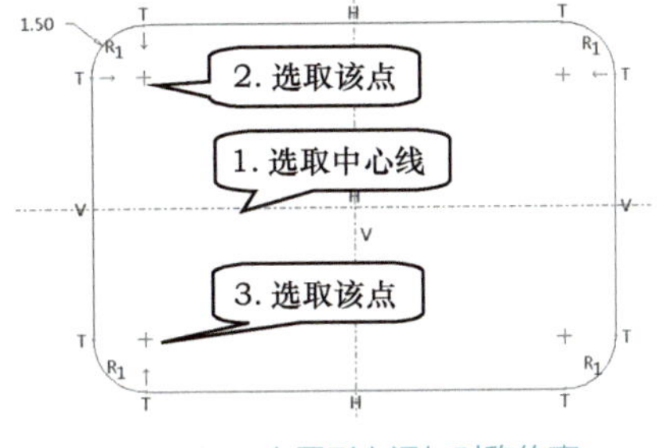

图 2-134　在图形上添加对称约束

4. 绘制圆并镜像复制图形

STEP01 按照图 2-135 所示绘制第 1 个圆并标注尺寸。

STEP02 绘制第 2 个圆，标注并修改尺寸后，添加相切约束条件使该圆同时相切于矩形右边线以及第 1 个圆，如图 2-136 所示。

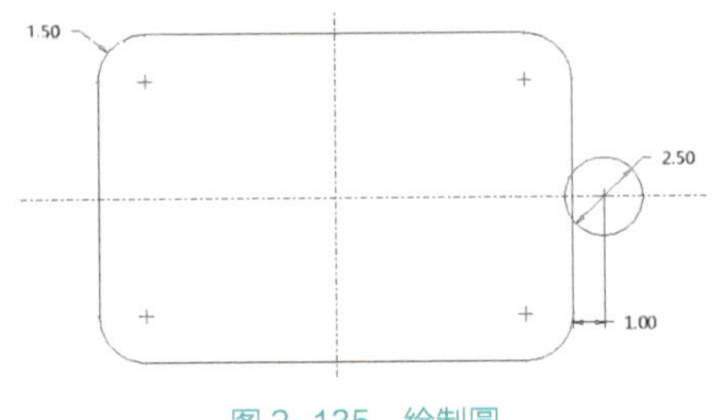

图 2-135　绘制圆

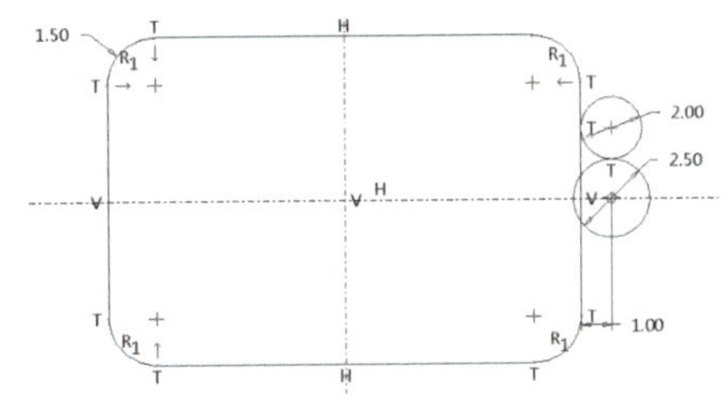

图 2-136　绘制相切圆

要点提示

绘图时，可以先在任意位置绘制圆，然后使用“相切”约束工具来准确放置该圆。创建相切约束时，只要依次选取相切的两个对象即可。

STEP03 在【编辑】工具组中单击 删除段 按钮，使用修剪工具修改右侧的图元，保留如图 2-137 所示的部分。

STEP04 按住 Ctrl 键选取图 2-137 中的两段图元，然后在【编辑】工具组中单击 镜像 按钮，再选取水平中心线镜像图形，最后修剪掉多余图元，结果如图 2-138 所示。

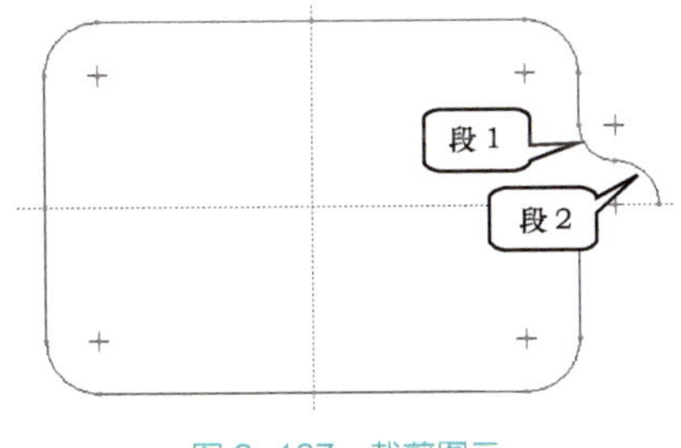

图 2-137　裁剪图元

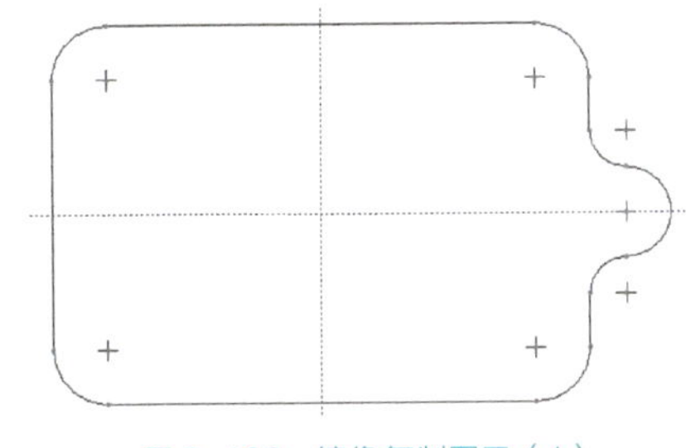

图 2-138　镜像复制图元（1）

STEP05 使用类似方法继续镜像复制图元，修剪掉多余图元后，结果如图 2-139 所示。

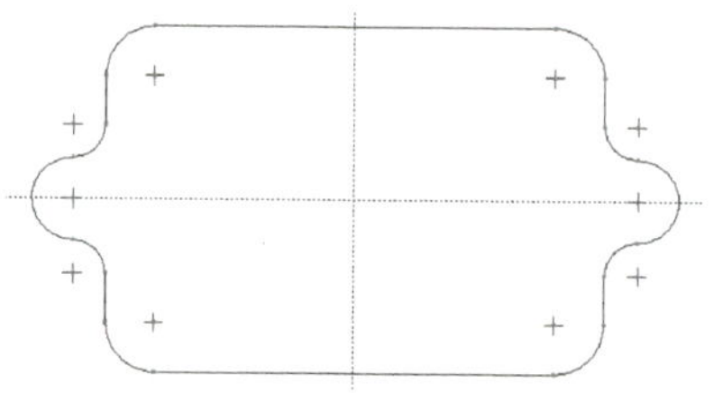

图 2-139　镜像复制图元（2）

5. 绘制一组线段

STEP01 以中心线的交线为圆心绘制圆，并修改圆尺寸，结果如图 2-140 所示。

STEP02 在【草绘】工具组中单击线按钮，绘制直线并标注尺寸，结果如图 2-141 所示。

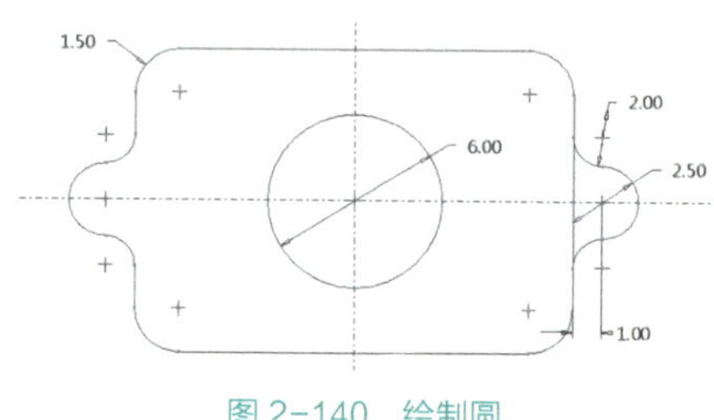

图 2-140　绘制圆

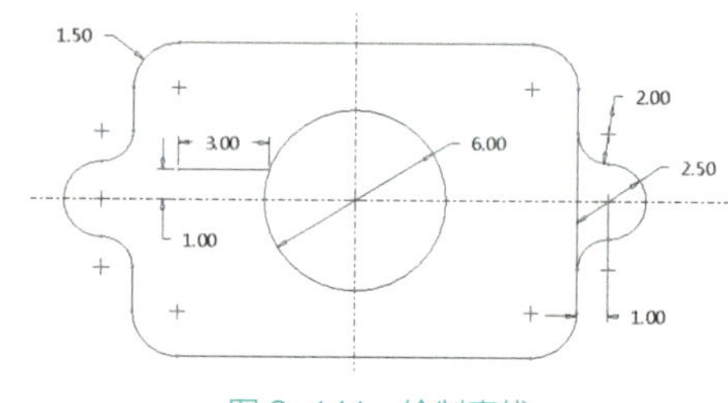

图 2-141　绘制直线

STEP03 以水平中心线为参照镜像复制直线，结果如图 2-142 所示。

STEP04 在【草绘】工具组中单击弧按钮，绘制半圆弧，结果如图 2-143 所示。

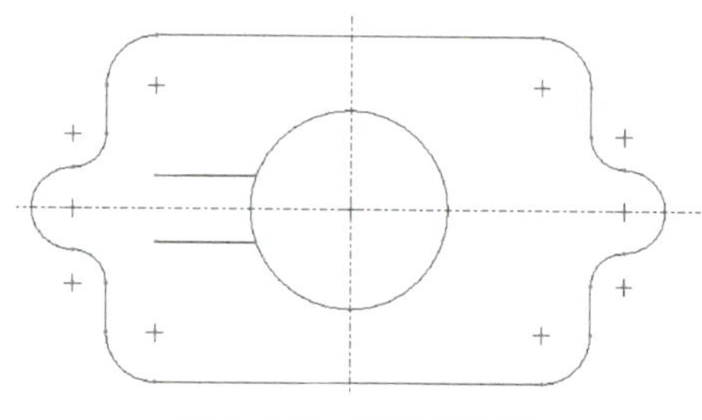

图 2-142　镜像复制直线

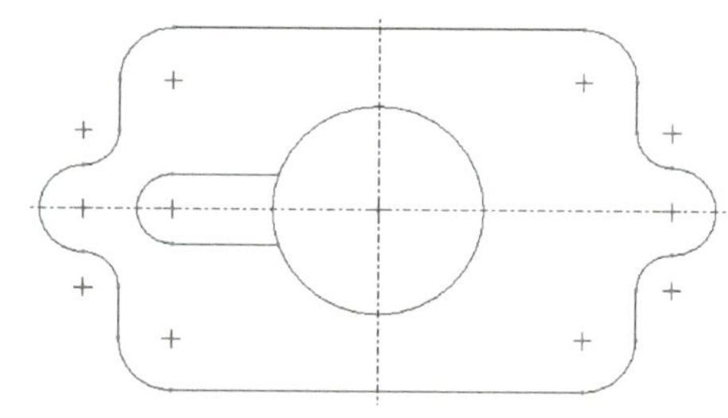

图 2-143　绘制半圆弧

STEP05 以竖直中心线为参照，镜像复制前面创建的直线和圆弧，结果如图 2-144 所示。

STEP06 绘制如图 2-145 所示的 3 条线段并标注尺寸，然后在新绘制图形与竖直中心线之间添加对称约束条件。

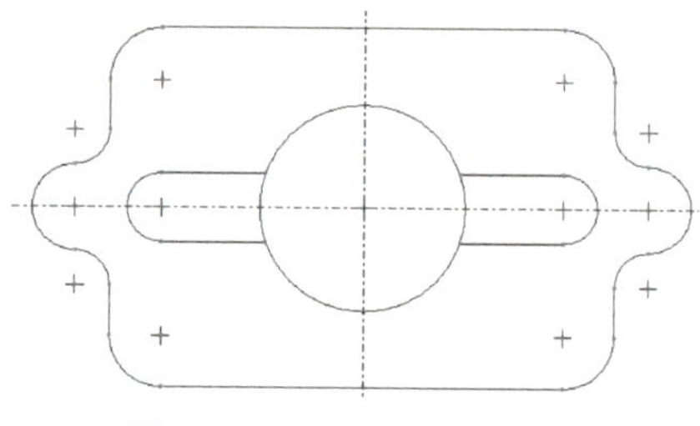

图 2-144　镜像复制图形（1）

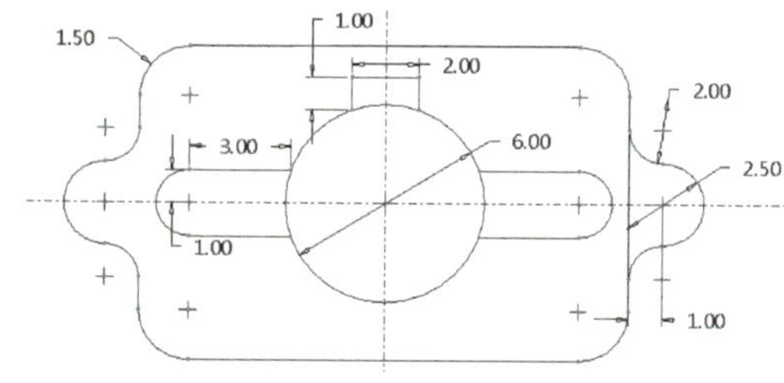

图 2-145　绘制线段

STEP07 以水平中心线为参照，镜像复制前一步创建的图形，结果如图 2-146 所示。

STEP08 裁去图形上多余的线条，结果如图 2-147 所示。

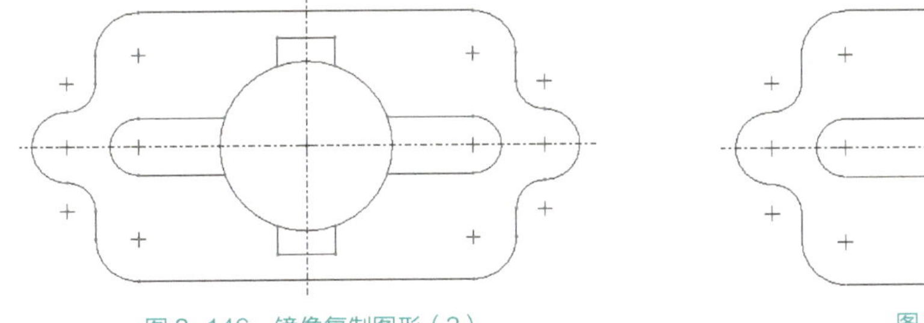

图 2-146　镜像复制图形（2）

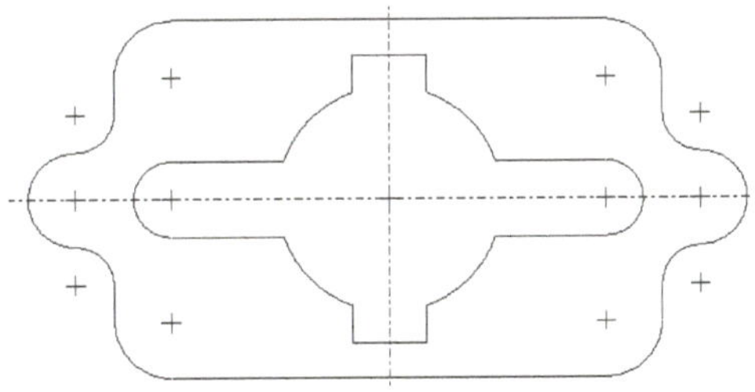

图 2-147　修剪图形

6. 绘制一组圆

STEP01 在【草绘】工具组中单击 圆 按钮旁的下拉按钮，选中 同心 工具，创建第 1 组同心圆，修改左侧圆直径后，在两圆间添加等半径约束条件，结果如图 2-148 所示。

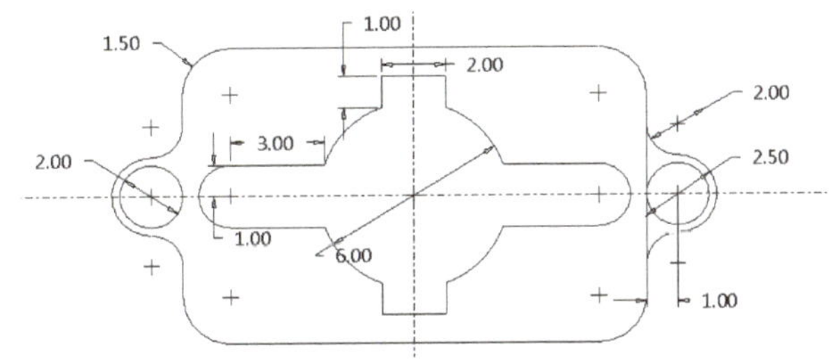

图 2-148　绘制第 1 组同心圆

STEP02 使用该工具创建第 2 组同心圆，其中包含 4 个等直径圆，结果如图 2-149 所示。

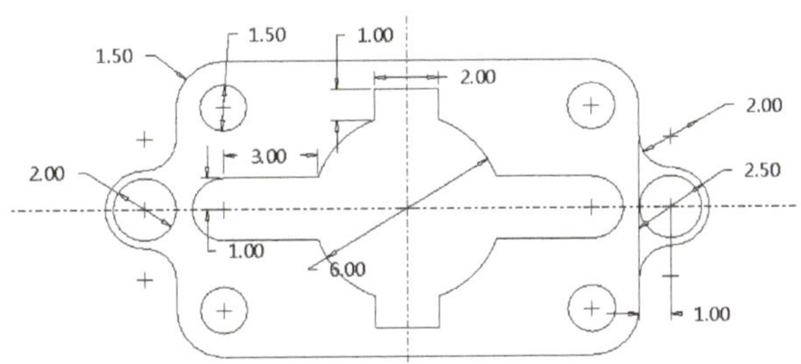

图 2-149　绘制第 2 组同心圆

STEP03 适当调整图形尺寸的大小和位置，最终设计结果如图 2-150 所示。

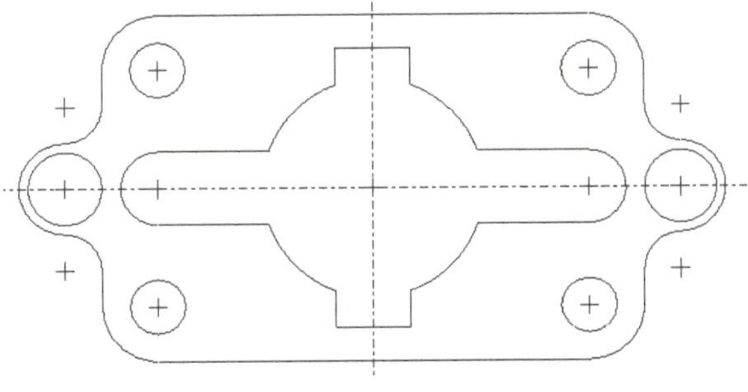

图 2-150　最终结果

【案例小结】

在绘图时，系统会自动捕捉可能存在的约束条件，并将其加入设计中。由于一个二维图形中的各个图元之间总是存在错综复杂的位置关系，这样在绘制新图元或标注新尺寸时，难免会出现尺寸或约束冲突。解决尺寸或约束冲突没有一个万能的方法，比较好的做法是当冲突出现后，删除对设计影响最小的一个尺寸或约束。在本章实例中，读者将会遇到更多的类似问题，请注意总结设计经验。

2.2.2 范例解析 2——绘制心形图案

本例将综合应用多种设计工具和方法，创建如图 2-151 所示的心形图案。

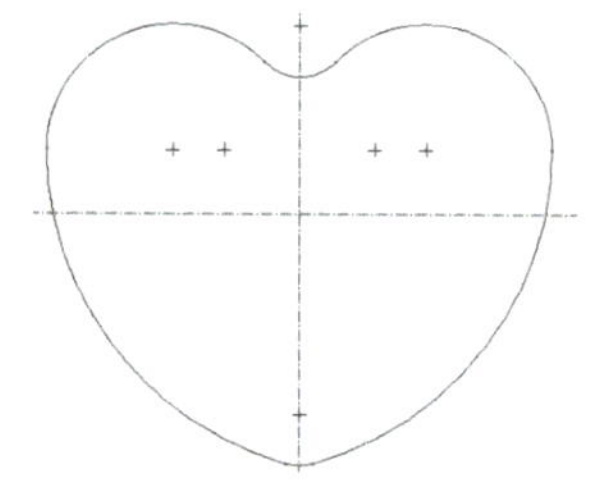

图 2-151 绘制心形图案

【操作步骤】

1. 新建文件

新建名为“graph_02”的草绘文件。

2. 绘制直线和圆

STEP01 使用 中心线 工具绘制一条水平中心线和一条竖直中心线，如图 2-152 所示。

STEP02 使用 圆 工具绘制第 1 个圆，标注并修改相应的尺寸，结果如图 2-153 所示。

在绘制第 1 个图元后，立即对其标注尺寸，将该尺寸作为设计的基础尺寸，可以避免设计中尺寸修改前后因数值差异太大而导致的图形变形。

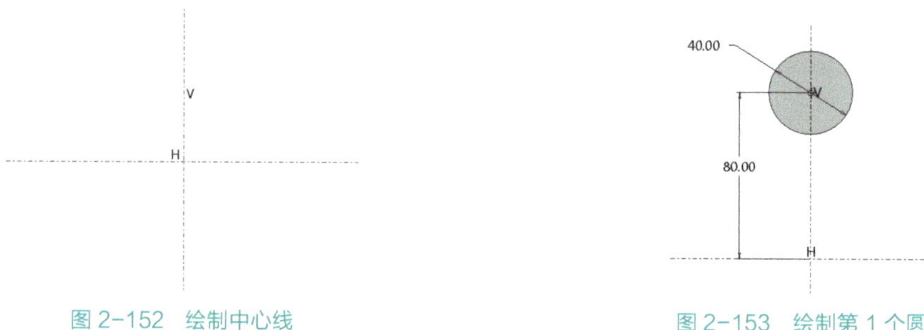

图 2-152 绘制中心线

图 2-153 绘制第 1 个圆

STEP03 绘制第 2 个圆，标注并修改尺寸，并在两圆之间添加“相切”约束条件，结果如图 2-154 所示。

STEP04 绘制第 3 个圆，该圆与第一个圆的半径相等，结果如图 2-155 所示。

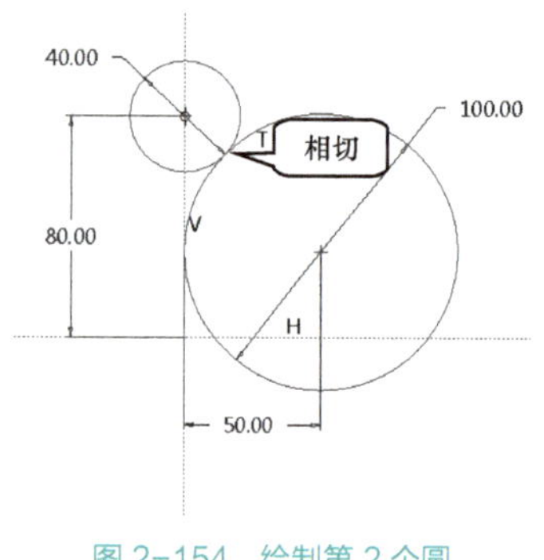

图 2-154 绘制第 2 个圆

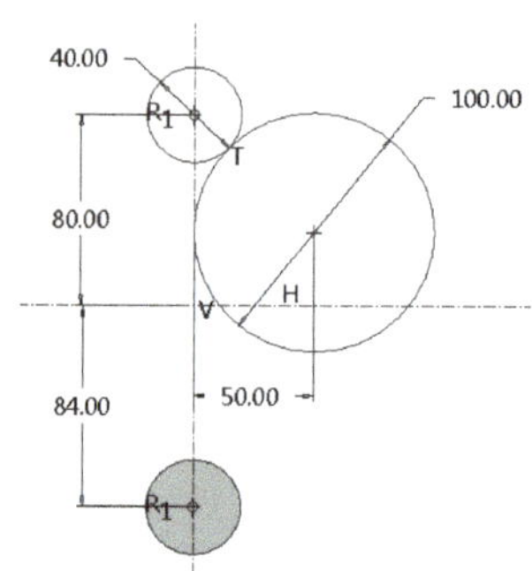

图 2-155 绘制第 3 个圆

3. 绘制圆弧

STEP01 使用 弧 工具绘制一段圆弧，该圆弧的两个端点分别落在前面绘制的第 2 个圆和第 3 个圆上，如图 2-156 所示。

STEP02 单击【约束】工具组中的 相切 按钮，在新绘制圆弧和两个圆之间加入相切约束条件，结果如图 2-157 所示。

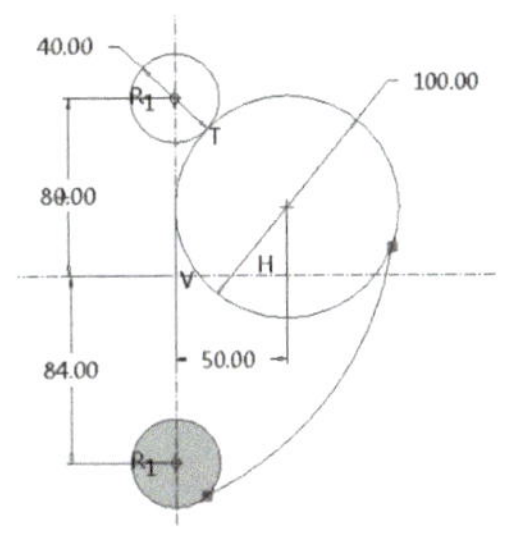

图 2-156 绘制圆弧

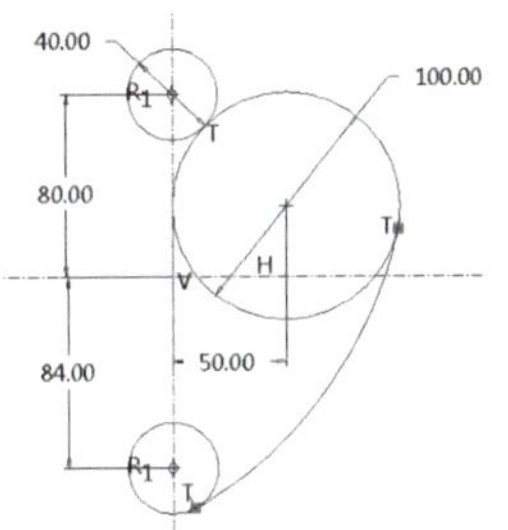

图 2-157 在图元之间添加相切约束条件

4. 修剪图元

STEP01 单击【编辑】工具组中的 分割 按钮，在如图 2-158 所示的 5 处位置插入分割点。

STEP02 单击该工具组中的 删除段 按钮，删除多余图线，结果如图 2-159 所示。

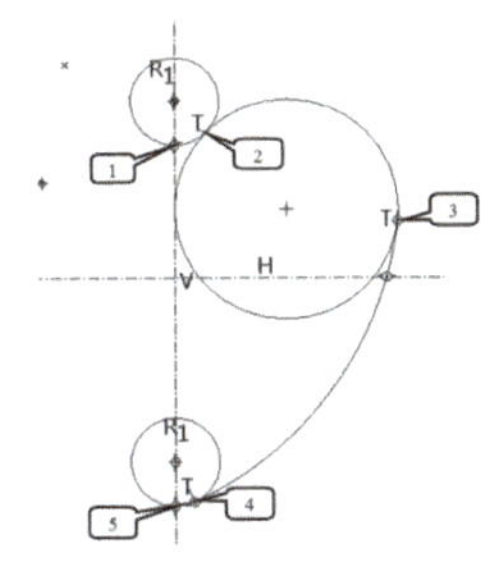

图 2-158 插入分割点

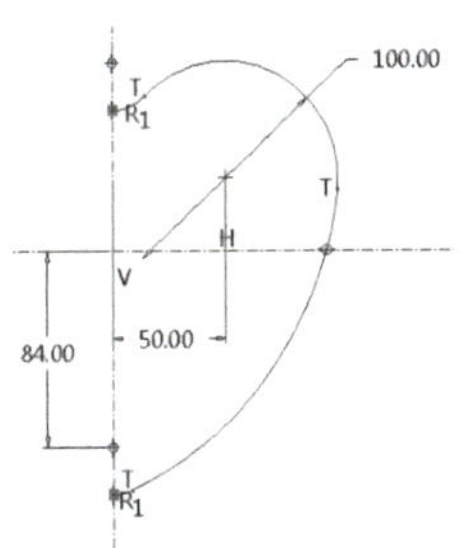

图 2-159 修剪后的图形

5. 镜像复制图形

STEP01 框选图 2-159 所示的图形作为复制对象。

STEP02 在【编辑】工具组中单击 镜像 按钮。

STEP03 选取竖直中心线作为镜像参照，结果如图 2-160 所示。

6. 修整图形

适当调整图形上尺寸参数的大小和位置，最终设计结果如图 2-161 所示。

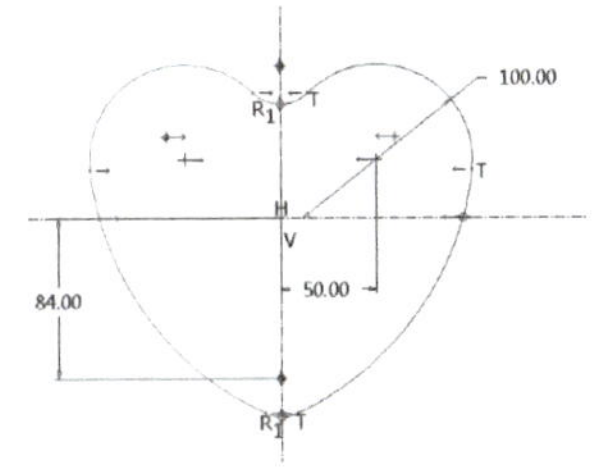

图 2-160 镜像后的图形

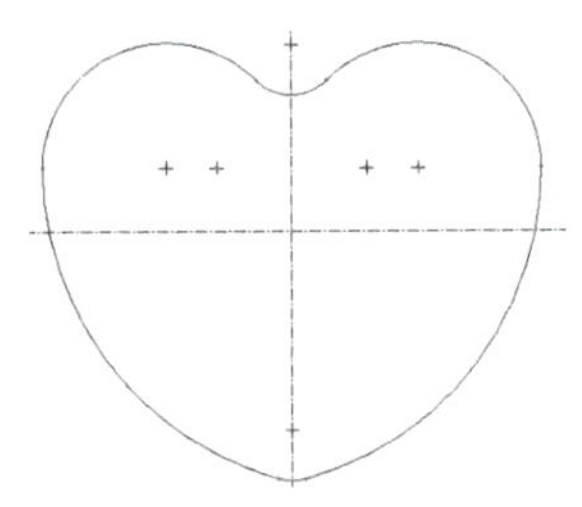

图 2-161 最终结果

2.2.3 范例解析 3——绘制支架图案

本例将继续介绍复杂二维图形的绘制方法，图形中包括一组倾斜放置的直线，设计完成后的结果如图 2-162 所示。

绘制支架图案

【操作步骤】

1. 新建文件

新建名为“graph_03”的草绘文件。

2. 绘制一组基准线

STEP01 使用 中心线 工具绘制中心线，并标注尺寸，如图 2-163 所示。

STEP02 在【草绘】工具组中单击 按钮，进入构造模式。

STEP03 单击 弧 按钮，绘制一段圆弧，结果如图 2-164 所示。

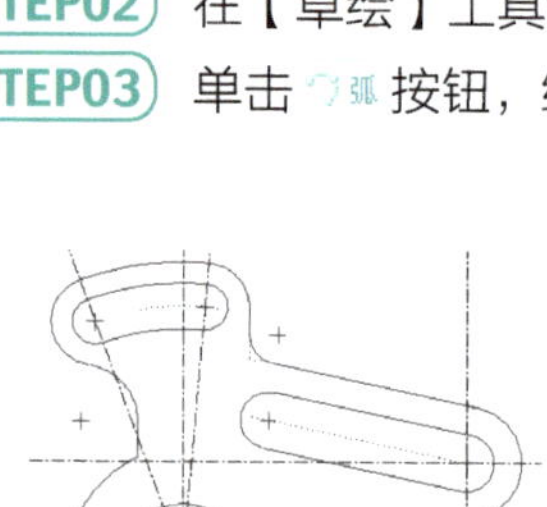

图 2-162 支架图案

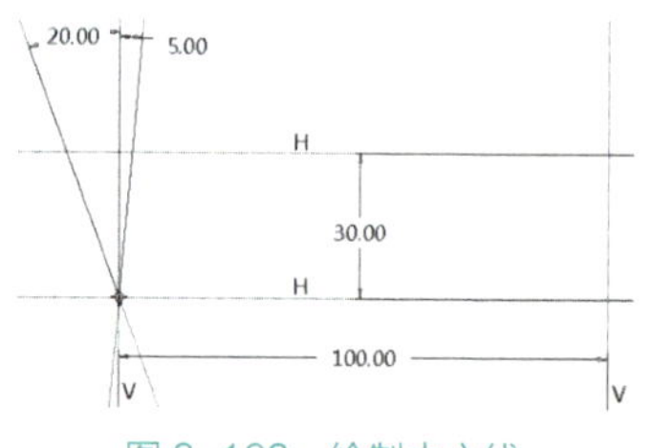

图 2-163 绘制中心线

图 2-164 绘制构建圆弧

3. 绘制基本图元1

STEP01 按照图 2-165 所示绘制第 1 组圆。

STEP02 按照图 2-166 所示绘制第 2 组圆。

STEP03 按照图 2-167 所示绘制第 3 组圆。

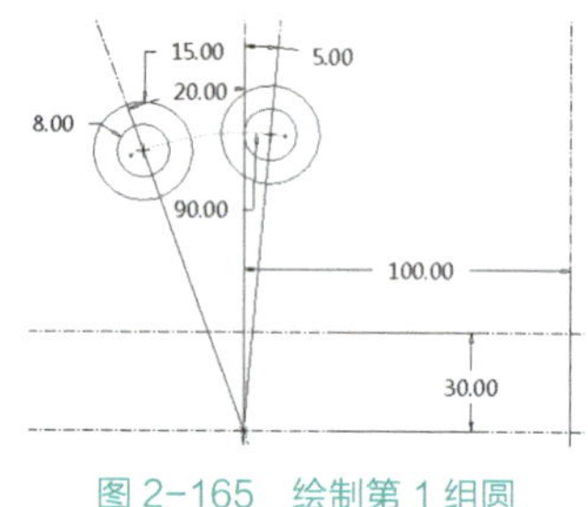

图 2-165 绘制第 1 组圆

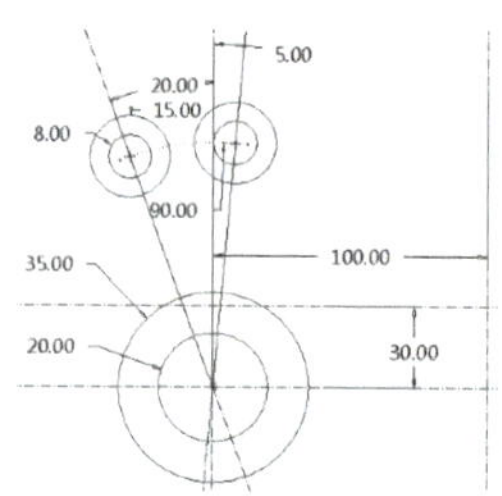

图 2-166 绘制第 2 组圆

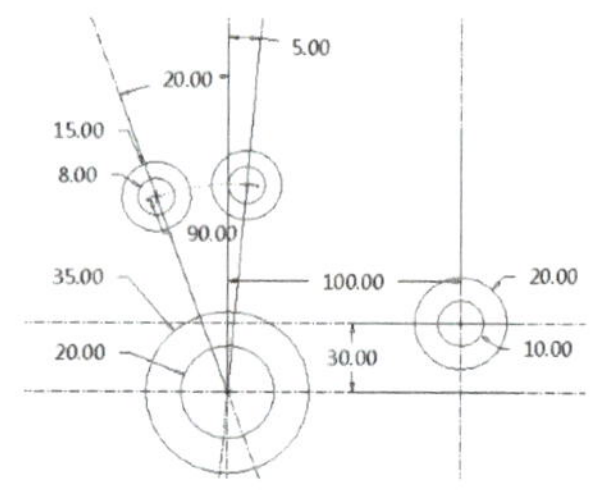

图 2-167 绘制第 3 组圆

STEP04 使用 圆 工具绘制 3 条与构建圆弧同心并且与圆相切的圆弧，如图 2-168 所示。

STEP05 按照图 2-169 所示绘制第 1 条直线。

STEP06 绘制第 2 条直线，如图 2-170 所示。此处绘制的直线与圆相切。

STEP07 绘制水平线，如图 2-171 所示。

STEP08 绘制一段构造直线，具体绘制方法与绘制构造圆弧类似，如图 2-172 所示。

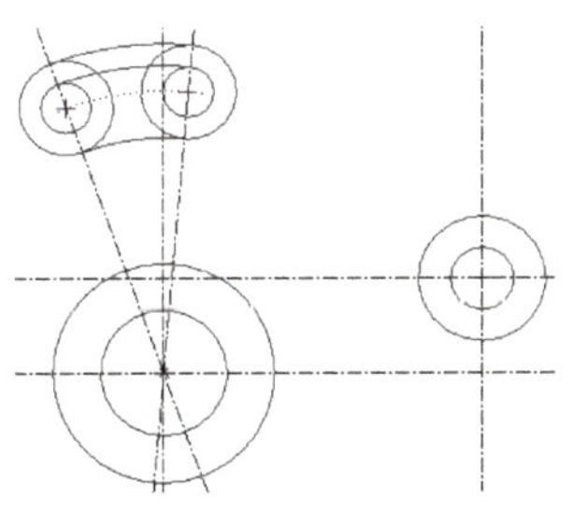
图 2-168　绘制圆弧

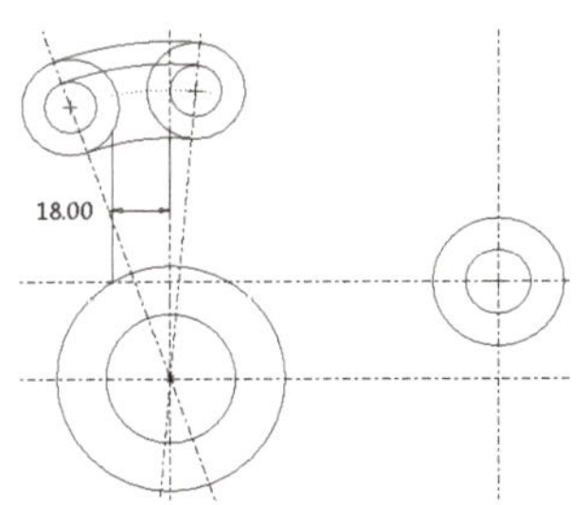

图 2-169　绘制第 1 条直线

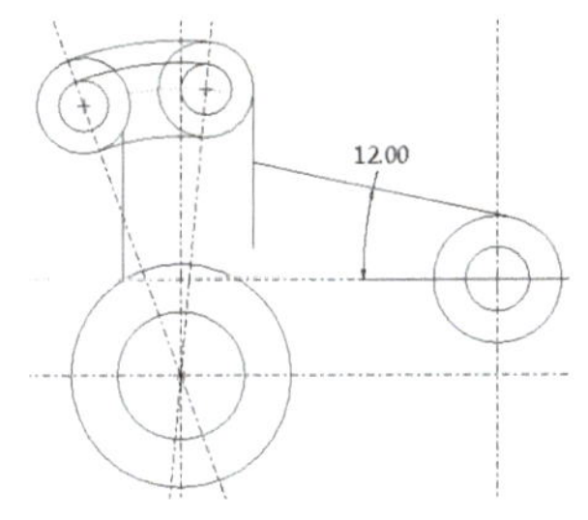

图 2-170　绘制第 2 条直线

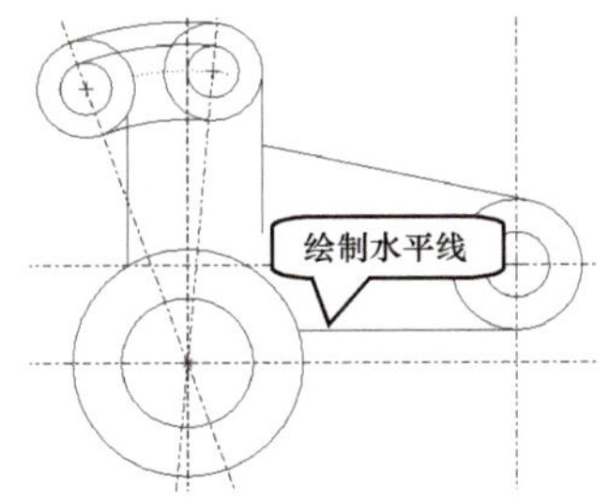

图 2-171　绘制水平线

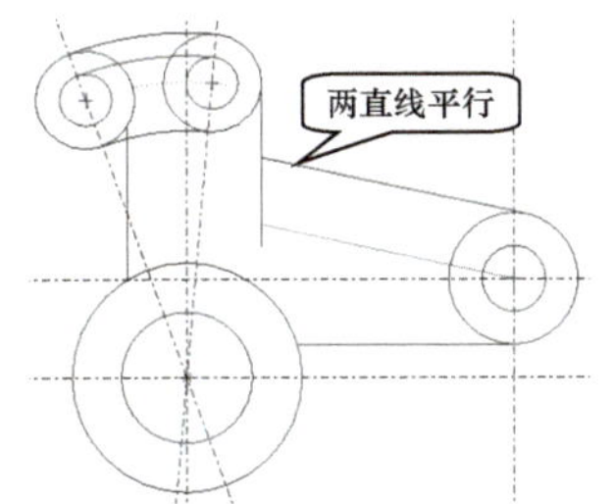

图 2-172　绘制构造线

4. 绘制基本图元2

STEP01 绘制圆，该圆半径与右侧小圆半径相等，如图 2-173 所示。

STEP02 绘制两条平行线，如图 2-174 所示。

STEP03 绘制一段圆弧，该圆弧与直线和圆均相切，如图 2-175 所示。

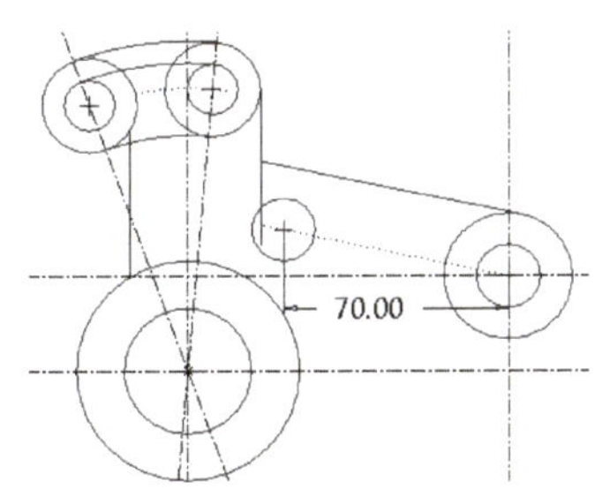

图 2-173　绘制圆

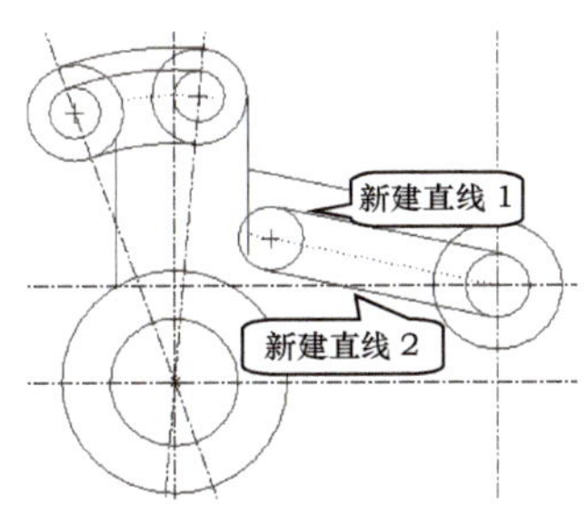

图 2-174　绘制平行线

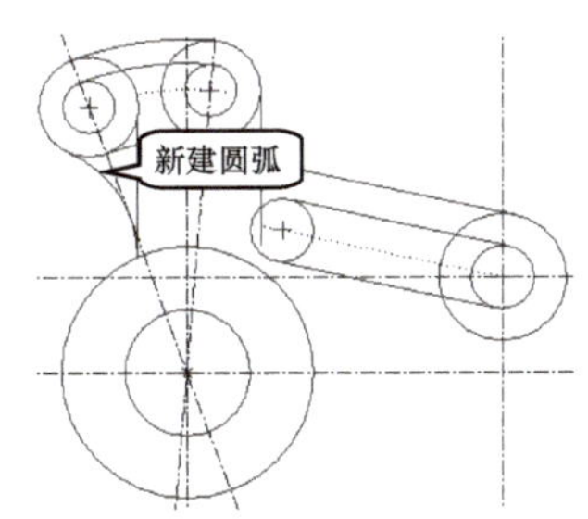

图 2-175　绘制圆弧

STEP04 按照图 2-176 所示修改圆弧半径。

STEP05 在图中创建两处圆角，如图 2-177 所示。

STEP06 裁剪图元。裁去图形上多余的线条，结果如图 2-178 所示。

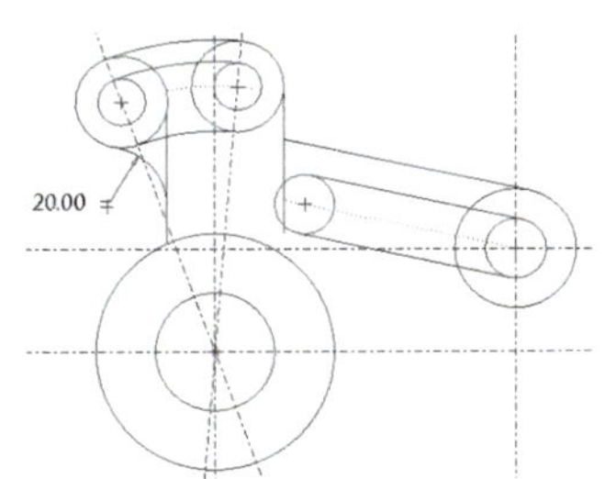

图 2-176　修改圆弧半径

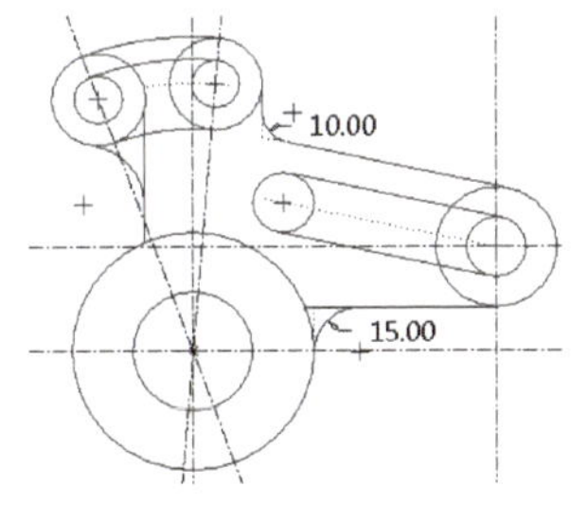

图 2-177　绘制圆角

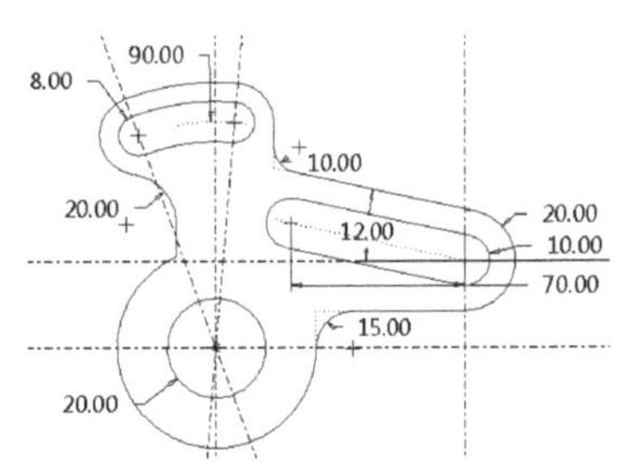

图 2-178　修剪图形

5. 修整图形

适当调整图形上的尺寸大小和标注位置，最终设计结果如图 2-179 所示。

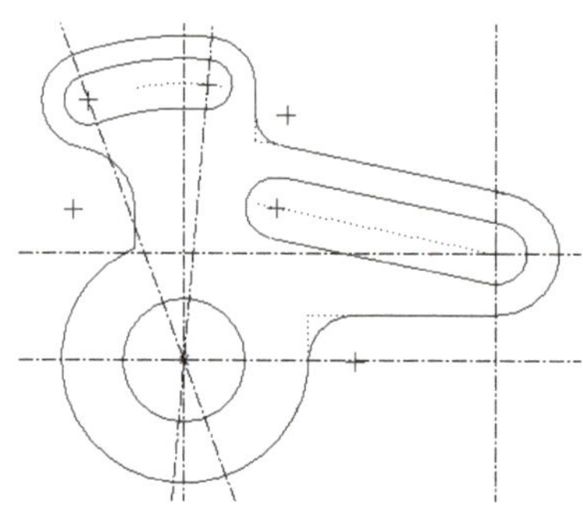

图 2-179　最终结果

2.2.4　范例解析 4——绘制棘轮图案

外棘轮机构是一种典型的机械零件，下例在绘制棘轮机构时，综合使用了各种绘图工具和多种编辑工具，最后设计结果如图 2-180 所示。

绘制棘轮图案

【操作步骤】

1. 新建文件

新建名为“graph_04”的草绘文件。

2. 创建基本图元

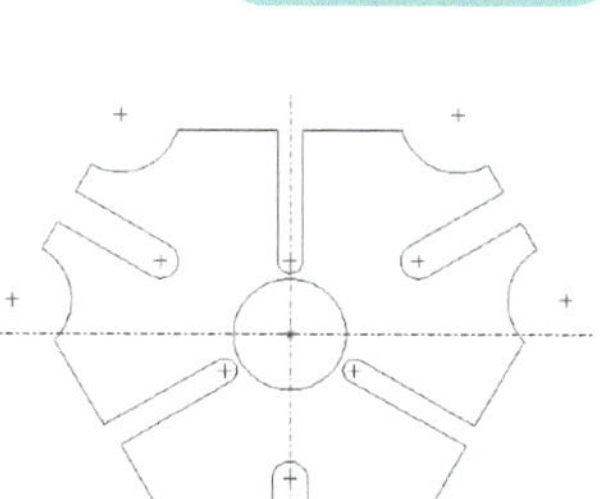

图 2-180　绘制外棘轮机构

STEP01　在【基准】工具组中单击 中心线 按钮，分别绘制一条水平中心线和一条竖直中心线。

STEP02　单击 中心线 按钮，绘制一条与竖直中心线成 60° 的中心线，并用 线 工具绘制一条水平直线，结果如图 2-181 所示。

STEP03　在【草绘】工具组中单击 圆 按钮，绘制两个圆，小圆直径为“0.5”，大圆直径为“0.7”，然后利用 弧 工具绘制一段圆弧（半径为 2.5），如图 2-182 所示。

要点提示

绘制的大小两个圆的圆心在同一水平线上。

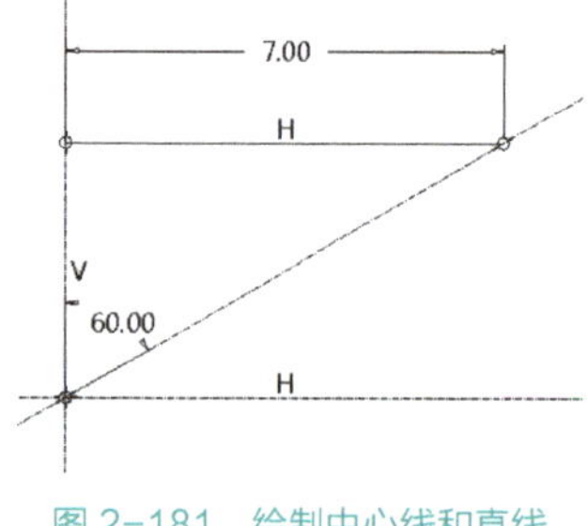

图 2-181　绘制中心线和直线

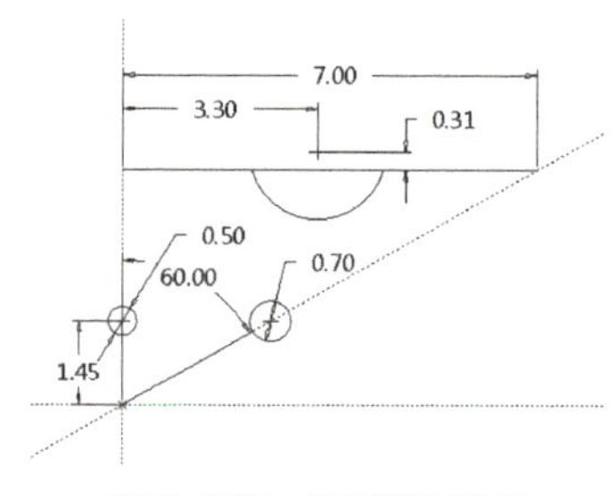

图 2-182　绘制圆和圆弧

STEP04 单击【草绘】工具栏中的线按钮，绘制两条直线，使用相切约束工具保证直线与圆相切，结果如图 2-183 所示。

STEP05 单击线按钮，过圆弧的圆心绘制直线与右侧圆切线相交，再使用垂直约束工具使两者相互垂直，结果如图 2-184 所示。

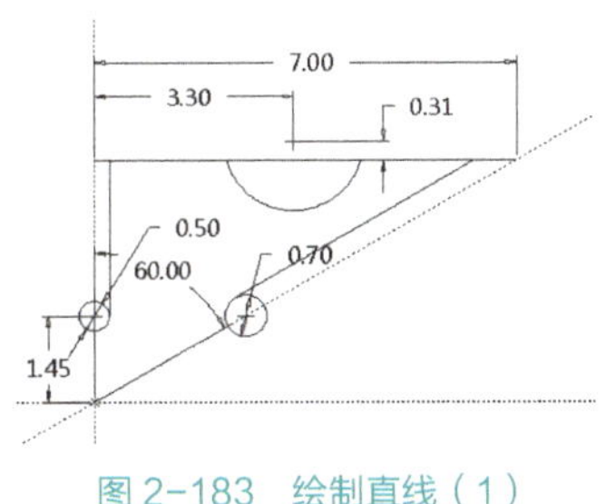

图 2-183 绘制直线（1）

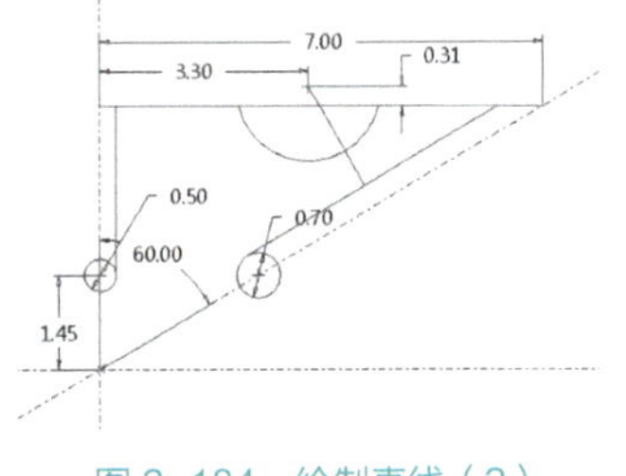

图 2-184 绘制直线（2）

STEP06 在【编辑】工具组单击删除段按钮，剪去多余线段，结果如图 2-185 所示。

3. 编辑图元

STEP01 在【操作】工具组中单击按钮下方的下拉按钮，选择【所有几何】选项，选中所有几何图形作为复制对象。

STEP02 单击镜像按钮，选取图 2-185 所示的中心线 L 作为参照，镜像图形，结果如图 2-186 所示。

STEP03 再次选取工作区中的所有图元作为复制对象，单击镜像按钮，选取竖直中心线作为复制参照，完成第 2 次镜像复制，结果如图 2-187 所示。

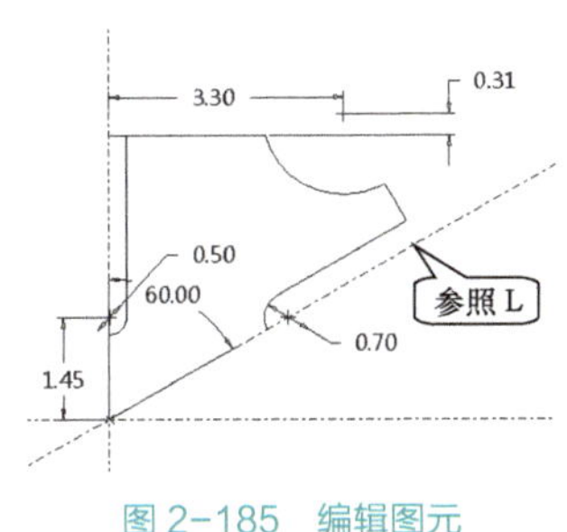

图 2-185 编辑图元

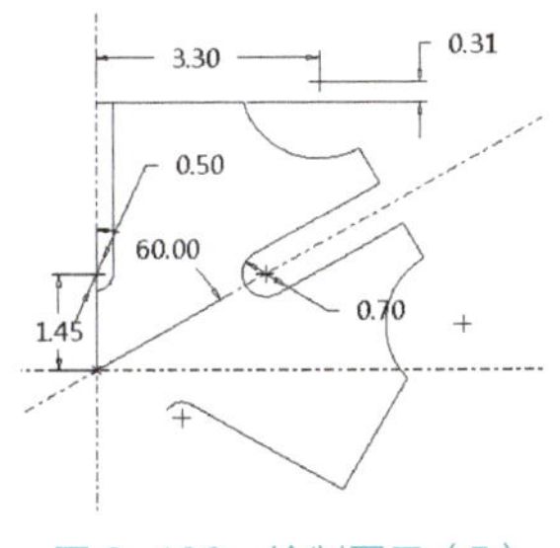

图 2-186 绘制图元（5）

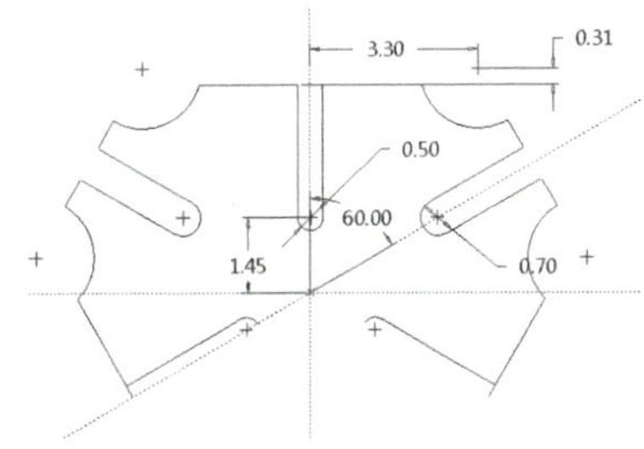

图 2-187 第 2 次镜像复制后的图形

STEP04 选中镜像复制后左侧的图形，按 Ctrl+C 键复制对象，再按 Ctrl+V 键粘贴对象。

STEP05 鼠标左键单击确定复制的位置。

STEP06 在顶部参数框中输入旋转角度“120”，如图 2-188 所示，然后单击 ✓ 按钮，旋转复制图形后的结果如图 2-189 所示。

120.000000

图 2-188 输入旋转角度

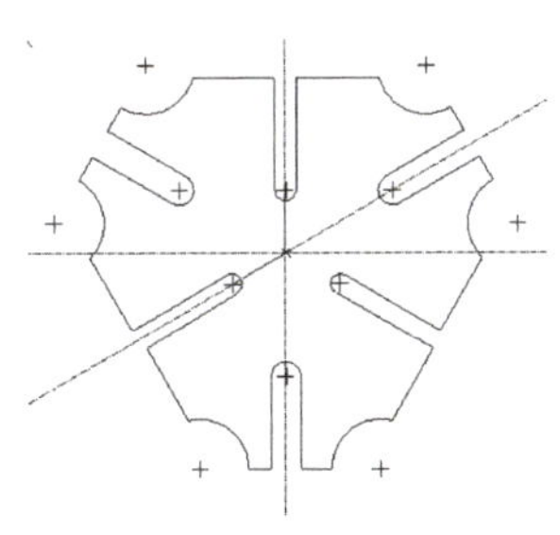
图 2-189 旋转复制图形

4. 修饰和完善图形

STEP01 单击【编辑】工具组中的删除段按钮，剪去如图 2-190 所示的多余线段 L1、L2，结果如图 2-191 所示。

STEP02 以中心线交点为圆心，用圆工具绘制直径为“2.2”的圆，最终设计结果如图 2-192 所示。

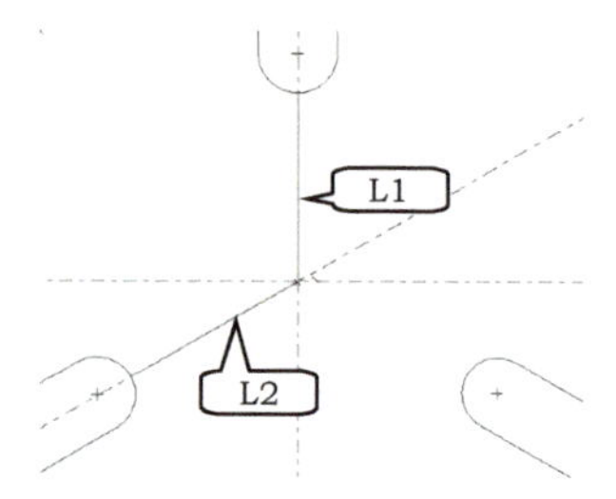

图 2-190 剪去指定的线段

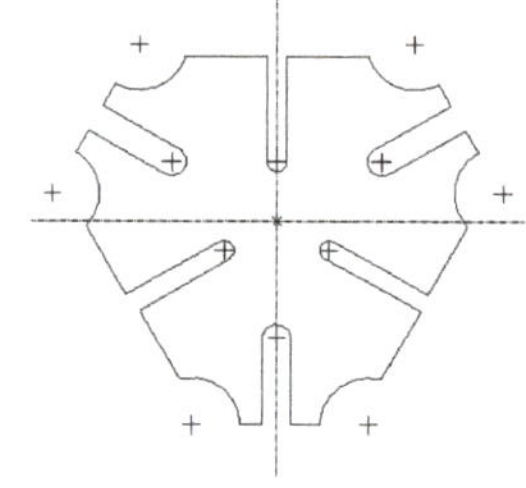

图 2-191 编辑后的图形

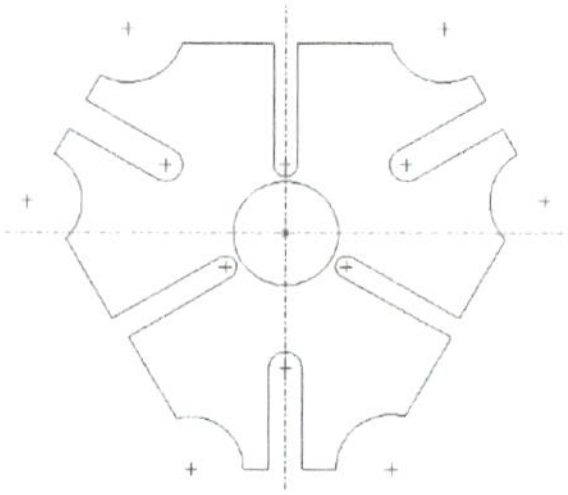

图 2-192 最终结果

要点提示

使用裁剪工具剪去线段后，发现被剪去的线段仍然在原处，而以为是其中某个步骤有误，其实不然，因为前面的步骤中对基本图元进行了几次复制，所以对 L1、L2 也进行了复制——在 L1、L2 的位置分别有两条互相叠加的线段，只需继续剪去多余线段直到 L1、L2 的位置不再有线段即可。

2.2.5 范例解析 5——绘制滑块图案

下面继续介绍基本设计工具的用法，本例绘制的滑块效果如图 2-193 所示。

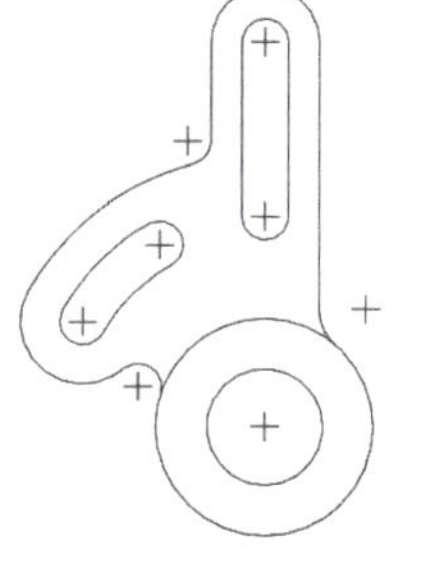

图 2-193 绘制滑块

绘制滑块图案

【操作步骤】

1. 新建文件

新建名为“graph_05”的草绘文件。

2. 绘制基本图元1

STEP01 使用【草绘】工具组中的中心线工具绘制一竖三横 4 条中心线，结果如图 2-194 所示。

STEP02 使用【草绘】工具组中的圆工具在中心线的各交点处任意绘制圆，并使用约束工具确保两圆直径相等，如图 2-195 所示。

STEP03 绘制圆 3 的两个同心圆，其中一个过圆 2 的圆心，如图 2-196 所示。

STEP04 使用中心线工具绘制两条穿过圆 3 圆心的中心线，如图 2-197 所示。

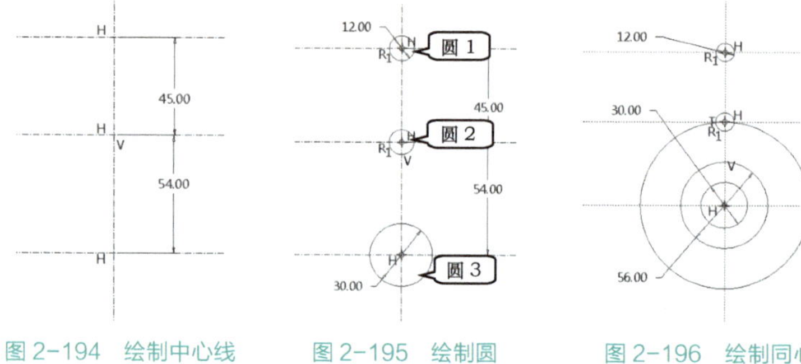

图 2-194 绘制中心线

图 2-195 绘制圆

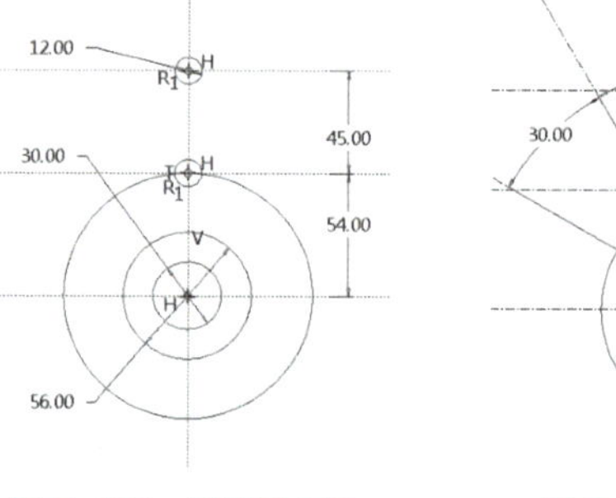

图 2-196 绘制同心圆

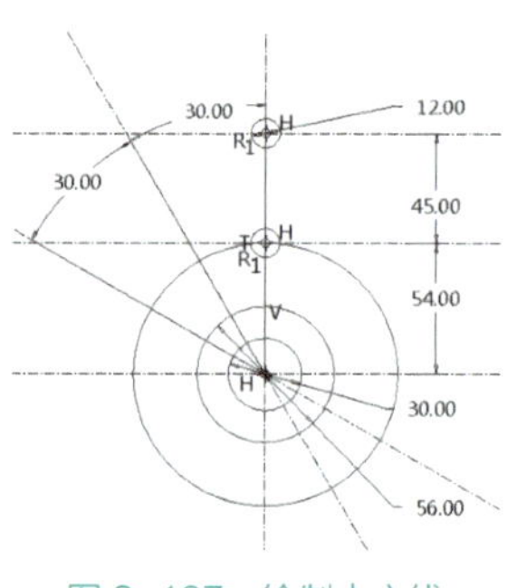

图 2-197 绘制中心线

STEP05 选中与圆 3 同心且过圆 2 的圆，长按鼠标右键，在弹出的快捷菜单中选择【构造】命令，将其转换为构造圆，结果如图 2-198 所示。

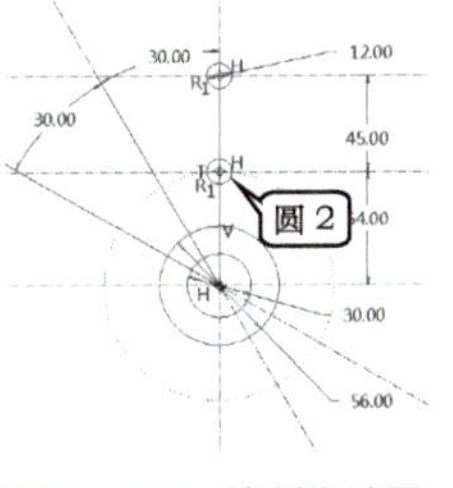

图 2-198　绘制构造圆

3. 绘制基本图元2

STEP01 以步骤 2（4）绘制的两条中心线与构造圆的交点为圆心，绘制两个与圆 2（见图 2-198）相等的圆，结果如图 2-199 所示。

绘制圆时，当所画的圆与画图区中某个圆等大时，系统能自动给以提示。用户可以利用这一点，而不必人为地添加约束。图 2-200 所示，出现标记 R_1，提示所绘图元与绘图区中的圆 2 等大。

STEP02 在【草绘】工具组中单击 弧 按钮，绘制同心圆弧，结果如图 2-201 所示。

STEP03 绘制如图 2-202 所示的 4 条直线。

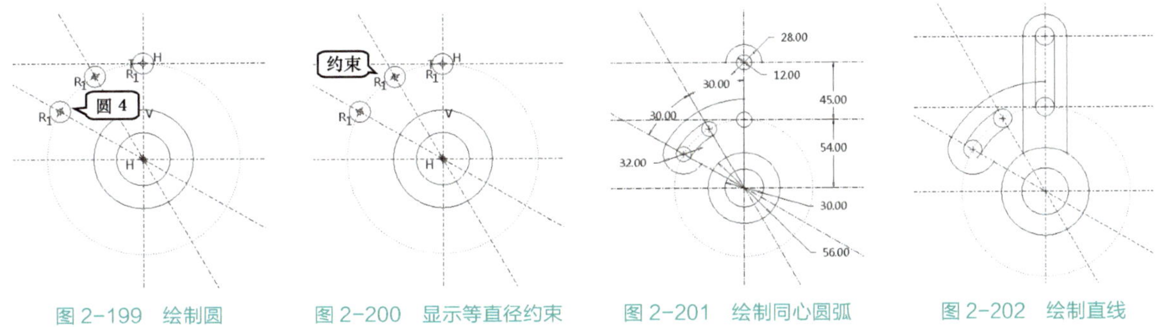

图 2-199　绘制圆　图 2-200　显示等直径约束　图 2-201　绘制同心圆弧　图 2-202　绘制直线

为了方便观察最后的设计结果，这里关闭了尺寸显示。

STEP04 使用圆弧工具绘制 3 段圆弧，如图 2-203 所示。

STEP05 修改圆弧的尺寸值，并使用【编辑】工具组中的 删除段 工具剪去多余图线，结果如图 2-204 所示。

STEP06 修整图形。

适当调整图形上的尺寸参数大小和位置，关闭尺寸显示和基准线，完成设计。

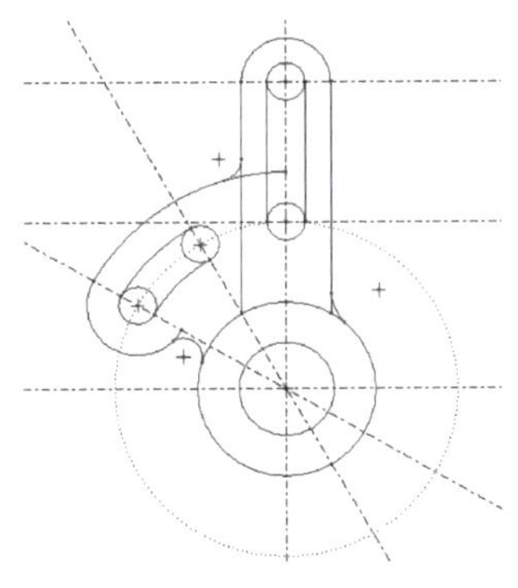
图 2-203　绘制圆弧

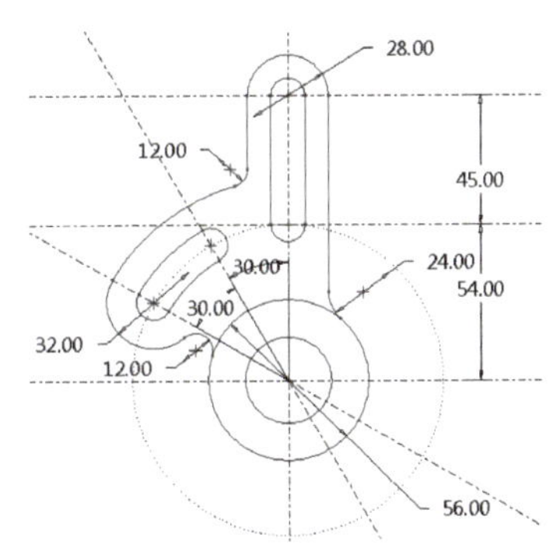

图 2-204　调整圆弧尺寸并删除多余线段

2.3 小结

二维草绘是三维设计的基础，设计过程中充分体现了Creo 3.0的参数化建模思想。用户在学习基本设计工具用法的同时，要充分理解“尺寸驱动”和“约束”的含义及设计意义，与此同时，掌握提高绘图效率的基本技巧。

无论多么复杂的二维图形，都是由直线、圆、圆弧、样条曲线和文本等基本图元组成的。系统为每一种图元提供了多种创建方法，在设计时可以根据具体情况选择。创建二维图元后，一般都还要使用系统提供的修改、裁剪以及复制等工具进一步编辑图元，最后才能获得理想的图形。

约束是二维草绘中极其有效的一种设计工具。首先应该明确约束的类型及适用条件，然后在设计中合理使用约束来简化设计过程。尺寸是二维图形的主要组成部分之一，首先应该掌握各种类型尺寸的标注方法以及尺寸的编辑方法，最后还应掌握尺寸与约束冲突的解决技巧。

绘制二维图形是创建三维模型的基础环节。希望读者熟练掌握这些设计工具的用法，为以后学习三维建模打下良好的基础。

2.4 习题

图2-205 绘制二维图形

第 3 章
创建基础实体特征

三维实体模型是现代设计生产中最常见的模型形式，其建模原理具有典型代表性，是后续学习曲面建模的基础。基础实体特征相当于机械加工中的零件坯料，是后续加工的基础和载体。本章将讲述三维实体建模的一般原理以及相关的设计技巧。

【学习目标】

- 掌握拉伸建模的基本原理。
- 掌握旋转建模的基本原理。
- 掌握扫描建模的基本原理。
- 掌握混合建模的基本原理。

3.1 知识解析

从零开始创建实体模型时，首先创建基础实体特征。为了准确定位特征的位置，通常还需要创建各种基准特征来辅助设计。

3.1.1 创建基准特征

基准特征是一种重要的辅助设计工具，主要用作创建模型时的设计参照。基准特征主要包括基准平面、基准点、基准轴以及坐标系等。【模型】功能区的【基准】工具组中提供了各类基准特征的创建工具。

基础知识

1. 三维建模环境

在快速启动工具栏中单击 按钮，打开【新建】对话框，在【类型】分组框中选取【零件】单选项，在【子类型】分组框中选取【实体】单选项，如图 3-1 所示。单击 确定 按钮后即可进入三维草绘环境。

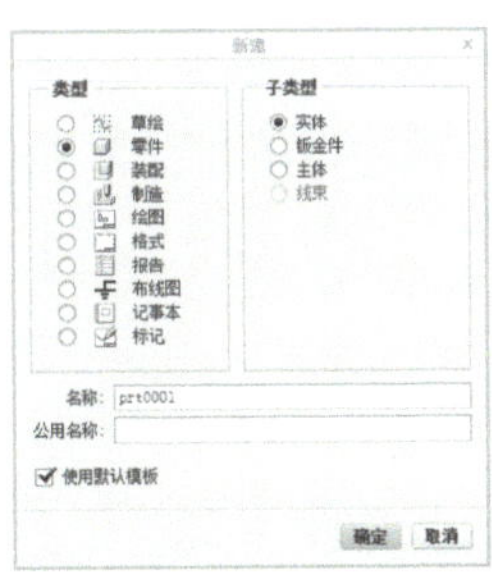

图 3-1 【新建】对话框

Creo 3.0 的三维建模环境如图 3-2 所示，与二维建模环境类似，主要包括以下要素。

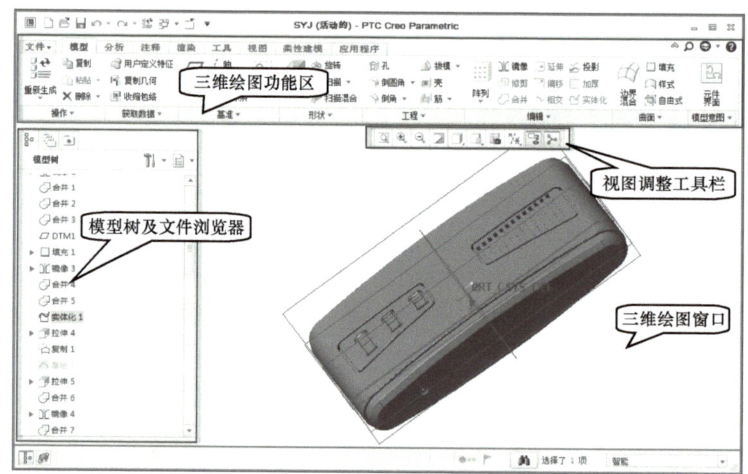

图 3-2　Creo 3.0 的三维建模环境

- 三维绘图功能区：绘图时使用的主要工具集，包括【文件】菜单、【模型】功能区、【分析】功能区、【注释】功能区及【渲染】功能区等主要工具集。
- 模型树及文件浏览器：用作模型树窗口时，展示模型的特征构成；用作文件浏览器时，可以展开其中的文件树结构并和外界进行文件交互。
- 视图调整工具栏：使用其中的设计工具可以调整三维空间中的视图布局。
- 三维绘图窗口：用来显示当前绘制的三维模型，是设计的舞台。与二维绘图窗口不同，三维模型不但可以移动和缩放，还能在空间中旋转。

【模型】功能区中汇集了三维建模时使用的主要工具。

- 【操作】工具组：可以重新生成模型以及对模型的各种编辑操作。
- 【获取数据】工具组：用来导入外部数据，创建三维模型。
- 【基准】工具组：用来创建基准点、基准轴等基准特征。
- 【形状】工具组：使用拉伸、扫描、混合等建模工具创建基础特征。
- 【工程】工具组：用来创建孔、壳等具有工程结构的特征。
- 【编辑】工具组：集成了对各种曲面和实体的编辑工具。
- 【曲面】工具组：集成各种曲面工具来创建曲面特征。
- 【模型意图】工具组：使用参数化设计工具创建参数模型。

2. 基准特征的显示控制

基准特征是一种几何特征，在设计时，可以根据需要，为不同类型的基准特征分别设置不同的显示状态，从而保持设计界面清晰、整洁。使用【视图】功能区中【显示】工具组里的工具，可以设置各种基准特征的显示状态。

按下按钮将显示该类基准，弹起按钮将关闭显示。

- （平面显示）：显示或隐藏设计工作区内的所有基准平面。
- （轴显示）：显示或隐藏设计工作区内的所有基准轴。
- （点显示）：显示或隐藏设计工作区内的所有基准点。
- （坐标系显示）：显示或隐藏设计工作区内的所有坐标系。
- （注释显示）：显示或隐藏设计工作区内的所有 3D 注释。
- （平面标记显示）：显示或隐藏设计工作区内的所有基准平面标记（名称）。
- （轴标记显示）：显示或隐藏设计工作区内的所有基准轴标记（名称）。
- （点标记显示）：显示或隐藏设计工作区内的所有基准点标记（名称）。
- （坐标系标记显示）：显示或隐藏设计工作区内的坐标系标记（名称）。
- （旋转中心）：显示或隐藏设计工作区内的旋转中心标记（名称）。

3. 创建基准平面

在进行三维建模时，常常需要新建基准平面作为设计参照，例如，作为草绘平面等。在【基准】工具组中单击 （平面）按钮，即可启动基准平面创建工具。

要准确确定一个基准平面的位置，必须指定必要的设计参照和约束条件，表 3-1 列出了创建基准平面时通常使用的约束及参照。

表 3-1　基准平面的参照和约束

穿过	基准平面通过选定参照	轴、边、曲线、点 / 顶点、平面及圆柱
垂直	基准平面与选定参照垂直	轴、边、曲线及平面
平行	基准平面与选定参照平行	平面
偏移	基准平面由选定参照偏移生成	平面、坐标系
相切	基准平面与选定参照相切	圆柱

4. 创建基准轴

基准轴一般用于表示圆、柱体等的对称中心，还可以使用轴线作为模型装配时的参照。在【基准】工具组中单击 轴 按钮，即可启动【基准轴】对话框。

① 使用一个参照建立基准轴

选取基准轴工具后，打开【基准轴】对话框，如图 3-3 所示。选取实体上的一条边线后，接受系统默认的【穿过】约束方式后，可创建通过该边线的基准轴 A-1，如图 3-4 所示。

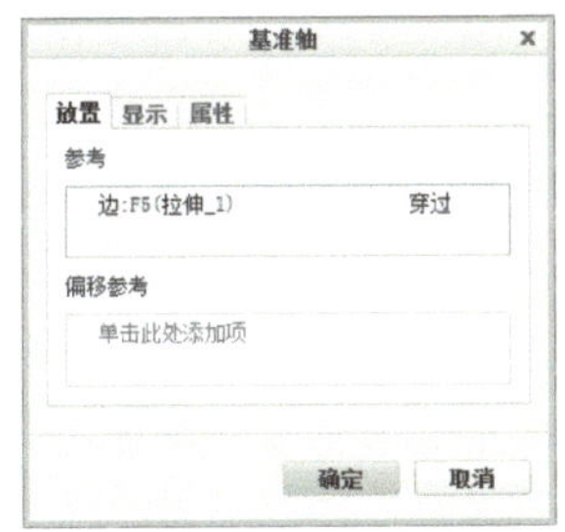

图 3-3 【基准轴】对话框（1）

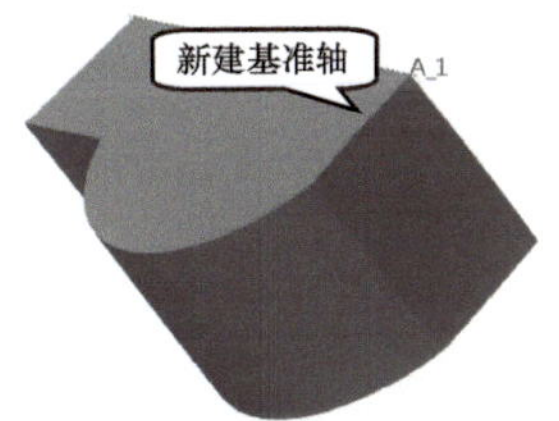

图 3-4　创建基准轴（1）

选中圆柱面后，使用【穿过】约束方式，如图 3-5 所示，也可以仅使用一个参照创建经过柱面中心的基准轴线，如图 3-6 所示。

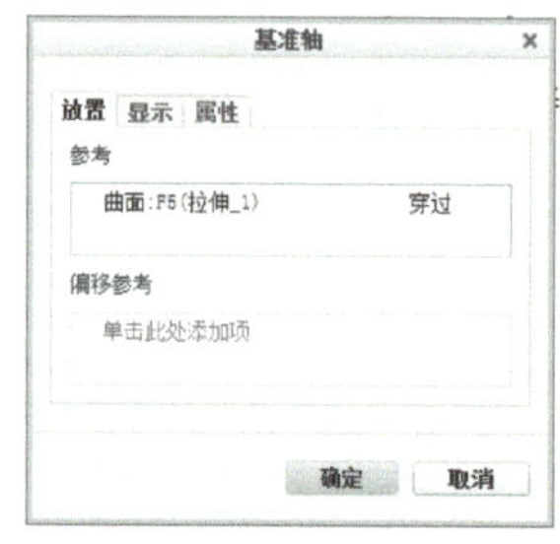

图 3-5 【基准轴】对话框（2）

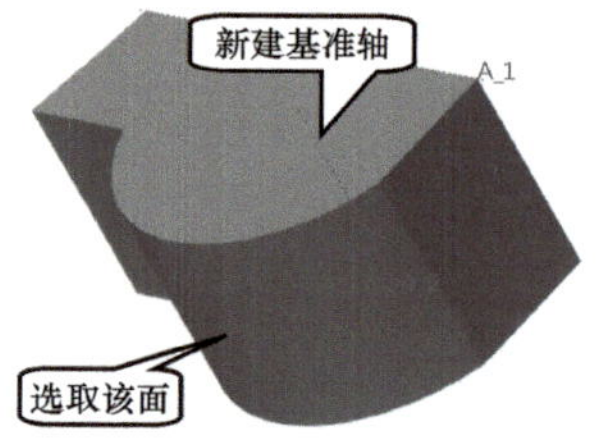

图 3-6 创建基准轴（2）

❷ 使用两个参照创建基准轴

选取基准平面 RIGHT 后，接受系统默认的【穿过】约束方式，如图 3-7 所示，然后按住 Ctrl 键的同时选取基准平面 FRONT，接受系统默认的【穿过】约束方式，这样就创建了过两平面交线的基准轴 A-1，如图 3-8 所示。

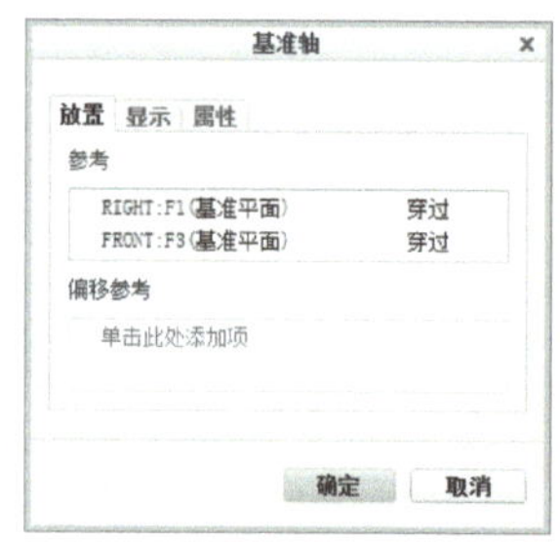

图 3-7 【基准轴】对话框（3）

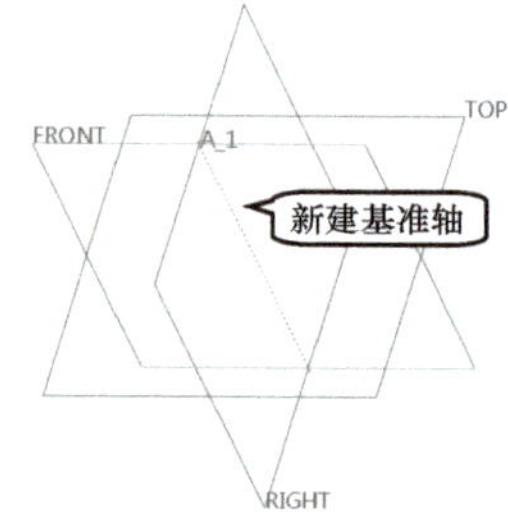

图 3-8 创建基准轴（3）

5. 创建基准曲线

基准曲线可用作曲面边界或扫描为轨迹线等，最常用的方法是草绘基准曲线。在【基准】工具组中单击（草绘）按钮，弹出【草绘】对话框，任意选取一个基准平面作为草绘平面，如图 3-9 所示，单击 草绘 按钮后进入草绘模式。

使用二维绘图工具在草绘平面上绘制曲线，即可创建基准曲线，如图 3-10 所示。

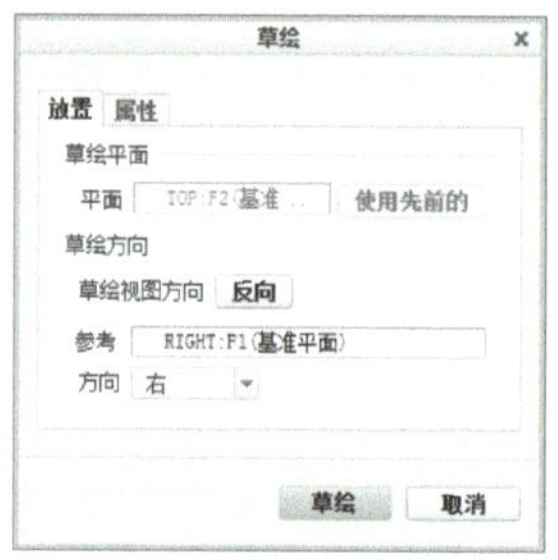

图 3-9 【草绘】对话框

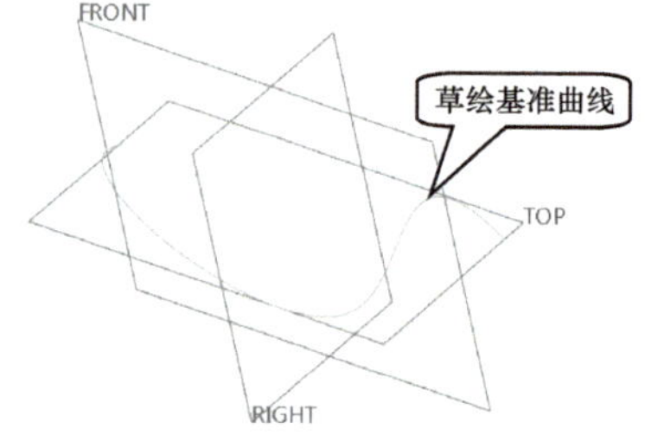

图 3-10 创建基准曲线

6. 创建基准点

基准点主要用于辅助创建基准轴、基准曲线等，还可以用来在三维设计中设定特定位置的参数。在【基准】工具组中单击按钮，即可打开【基准点】对话框。

选取基准曲线作为基准点的放置参照，并选用【比率】约束条件，设置基准点位于曲线长度比例为 0.5 的位置处，如图 3-11 所示，最后创建的基准点如图 3-12 所示。

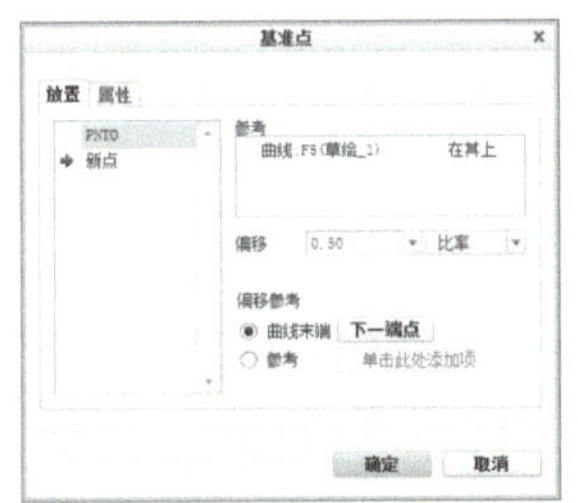

图 3-11 【基准点】对话框

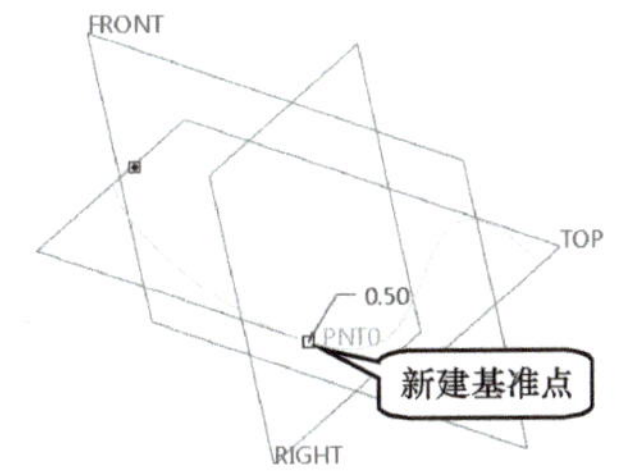

图 3-12 新建基准点

7. 创建坐标系

坐标系是设计中的公共基准，用来精确定位特征的位置，也是模型装配时的重要参照。在【基准】工具组中单击 坐标系 按钮，打开【坐标系】对话框，如图 3-13 所示。利用该对话框可以指定 3 个参照来创建放置于这 3 个参照交点处的坐标系（选取多个参照时按住 Ctrl 键），如图 3-14 所示。

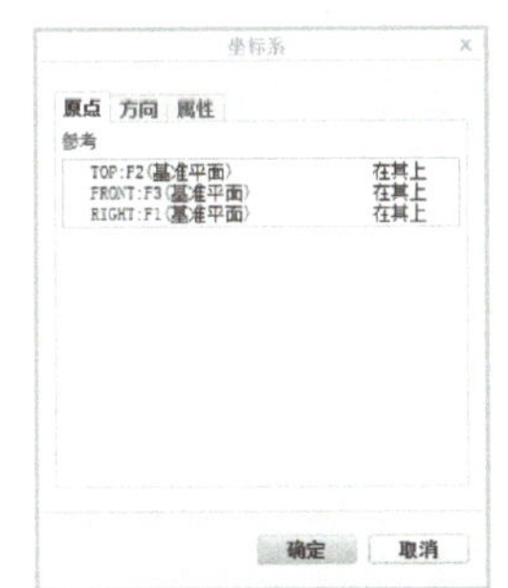

图 3-13 【坐标系】对话框

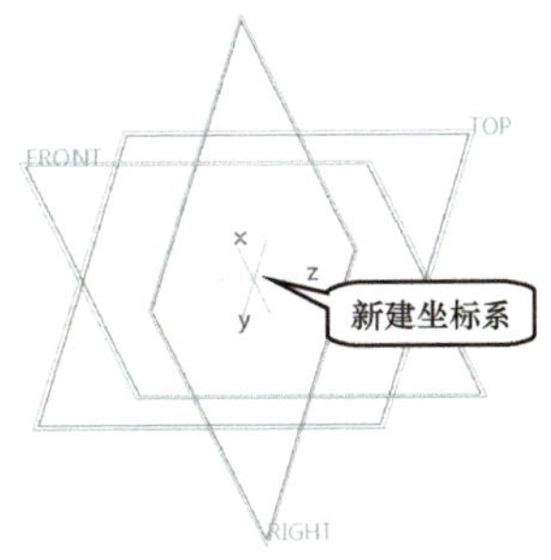

图 3-14 新建坐标系

基础训练——创建基准平面

【操作步骤】

1. 创建第1个基准平面

STEP01 打开素材文件“\素材\第 3 章\daturn.prt”，如图 3-15 所示。

STEP02 在【基准】工具组中单击 （平面）按钮，打开【基准平面】对话框。

STEP03 选取基准平面 RIGHT（见图 3-3），其名称会出现在【参考】列表框中，在底部文本框中设置平移数值为“200”，如图 3-16 所示。

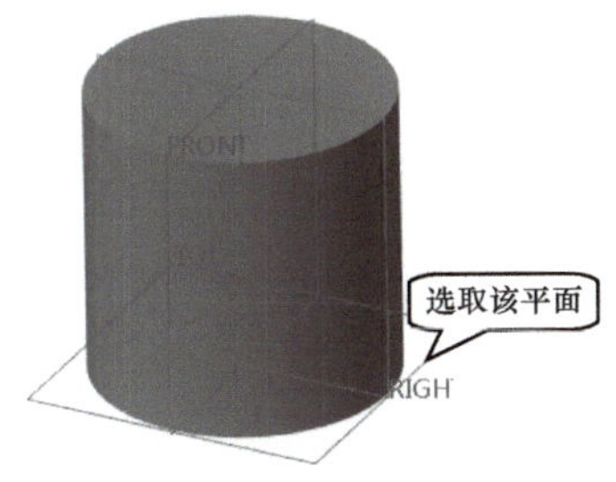

图 3-15 打开的模型

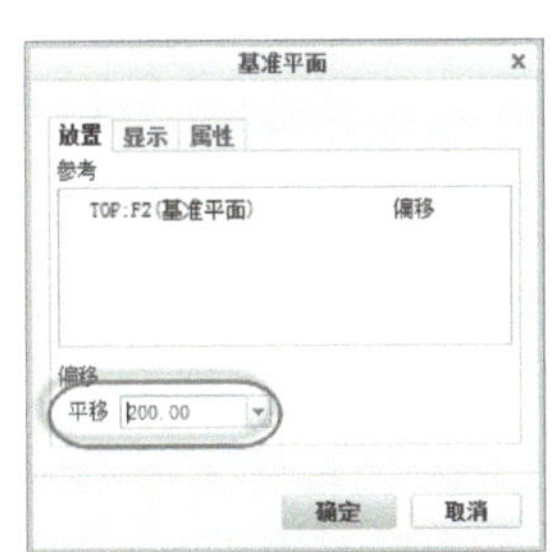

图 3-16 【基准平面】对话框（1）

STEP04 单击 确定 按钮，即可将选定的基准平面平移指定距离创建新的基准平面，如图3-17所示。

2. 创建第2个基准平面

STEP01 单击 （平面）按钮，打开【基准平面】对话框。

STEP02 在模型上选取轴线A-1，其名称会出现在【参考】列表框中，选中该选项，在其右侧的可用约束条件下拉列表中选取【穿过】选项，如图3-18所示。

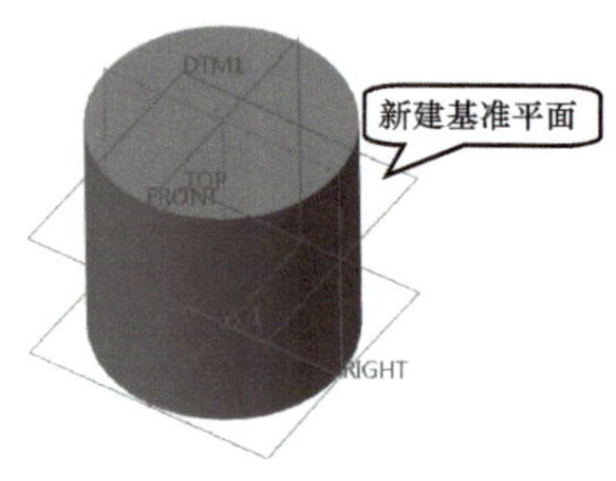

图3-17 新建的基准平面（1）

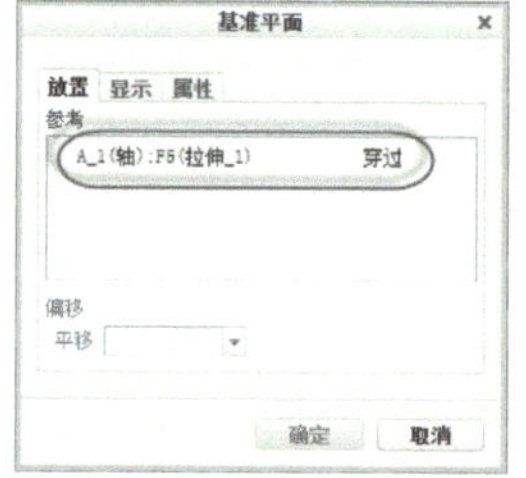

图3-18 【基准平面】对话框（2）

STEP03 按住Ctrl键选取基准平面FRONT将其添加到【参考】列表框中，在其右侧的约束下拉列表中选取【偏移】选项，在下部的【旋转】文本框中输入旋转角度“75”，如图3-19所示。

STEP04 单击 确定 按钮，即可创建经过选定基准轴并与选定基准平面成指定角度的基准平面，如图3-20所示。

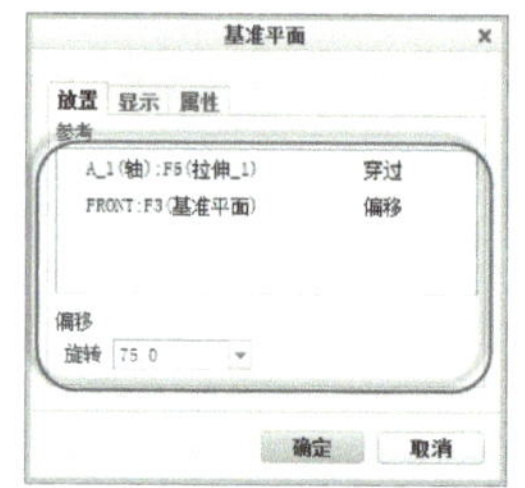

图3-19 【基准平面】对话框（3）

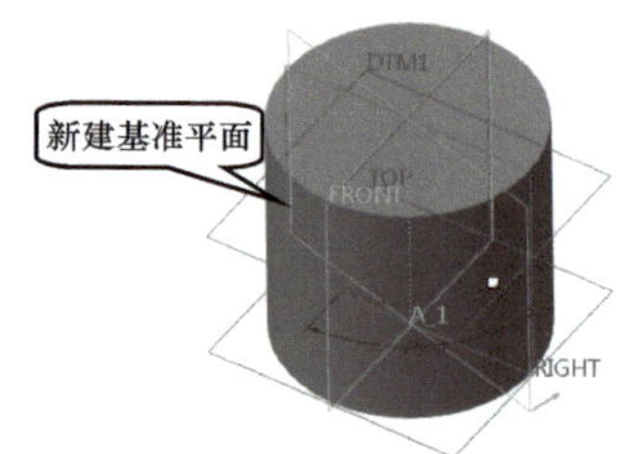

图3-20 新建的基准平面（2）

3.1.2 拉伸建模原理

拉伸建模是指将指定截面沿特定方向拉伸来创建特征的方法，其基本建模原理具有典型代表性，为其他各种建模方法提供了理论基础。

基础知识

1. 拉伸建模工具和原理

拉伸是指将由封闭截面围成的区域按照与该截面垂直的方向添加或去除材料，来创建实体特征的方法。拉伸原理同样适用于曲面的创建。

❶ 拉伸设计工具

在【形状】工具组中单击 （拉伸）按钮，启动拉伸设计工具面板，如图3-21所示。

图3-21 拉伸工具面板

拉伸设计工具面板中包括以下 4 个区域。

- 参数设置区：用于设置创建拉伸特征的主要参数。
- 预览工具区：使用这里的工具预览设计效果。
- 基准工具区：打开基准工具创建各类基准特征。
- 选项面板区：打开弹出式面板设置其他参数。

② 拉伸建模原理

拉伸建模是最简单直观的建模方法，用于将选定截面沿特定方向拉伸来创建出实体特征，设计方式灵活多样，其具体应用如表 3-2 所示。

表 3-2　拉伸设计的应用

1	增加材料	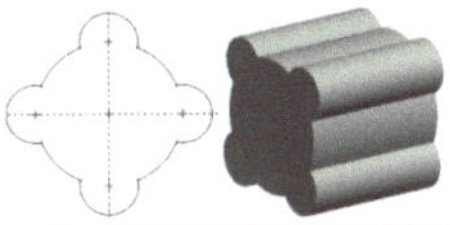	从零开始或者在已有实体基础上拉伸出新的实体
2	切减材料	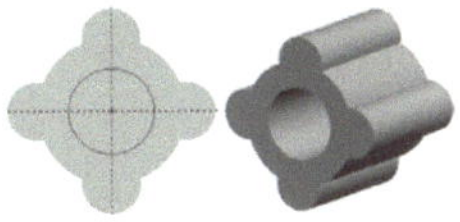	在已有实体基础上切去部分材料
3	加厚草绘	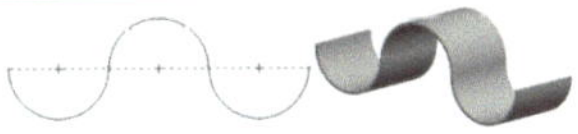	仅将草绘截面加厚一定尺寸创建实体特征
4	嵌套截面拉伸	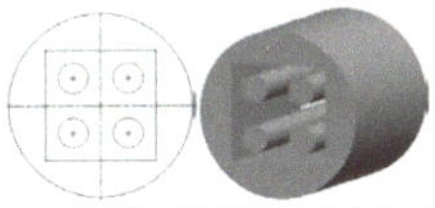	可以使用相互之间不交叉的嵌套截面创建拉伸实体

2. 选取草绘平面

草绘平面的主要任务是绘制二维图形，启动拉伸设计工具后，选项面板区中的【放置】面板被激活（显示为红色背景），提示用户先选择草绘平面。

① 草绘平面的种类

草绘平面是绘制并放置截面图的平面，在实际设计中可以选取基准平面 TOP、FRONT 和 RIGHT 之一作为草绘平面，也可以选取已有实体上的平面作为草绘平面，还可以新建基准平面作为草绘平面。表 3-3 列出了 3 种草绘平面的选择示例。

表 3-3　草绘平面的选取

1	选取基准平面 TOP、FRONT 或 RIGHT	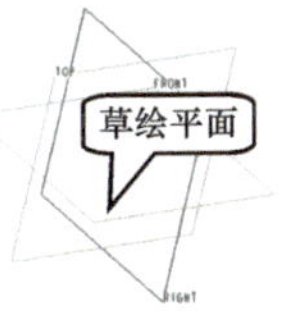	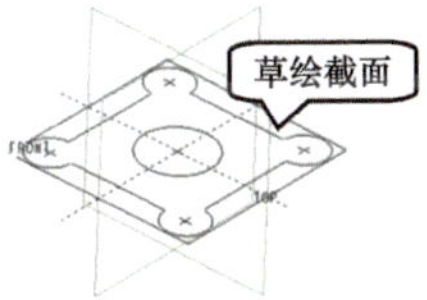	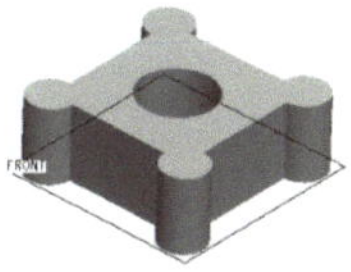
2	选取实体上的平面		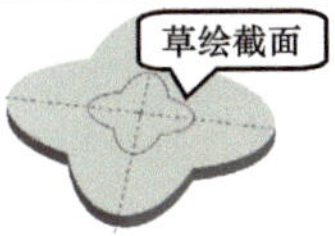	

续表

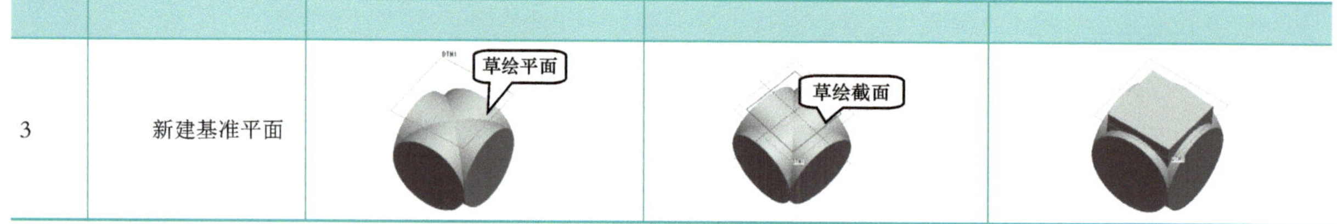

3	新建基准平面			

通常情况下，用户指定草绘平面后，系统会快速转入草绘界面（由两条正交的构造线定义的平面），此时可以使用基本绘图工具绘制草图，如图 3-22 所示。

在视图调整工具栏中单击【草绘视图】按钮，可以把草绘平面定向到与屏幕平行的位置，以方便用户精确作图，如图 3-23 所示。

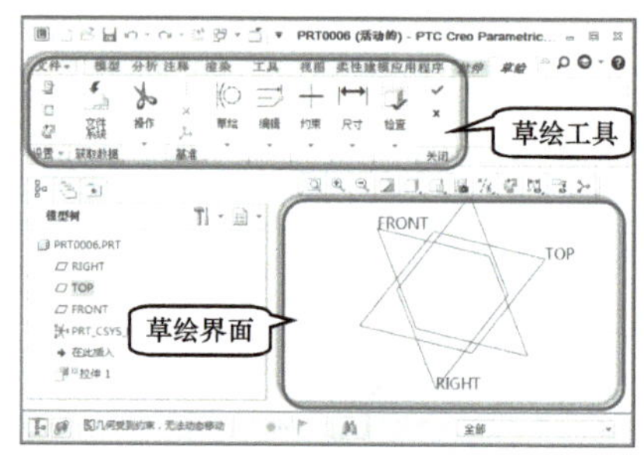

图 3-22　草绘界面

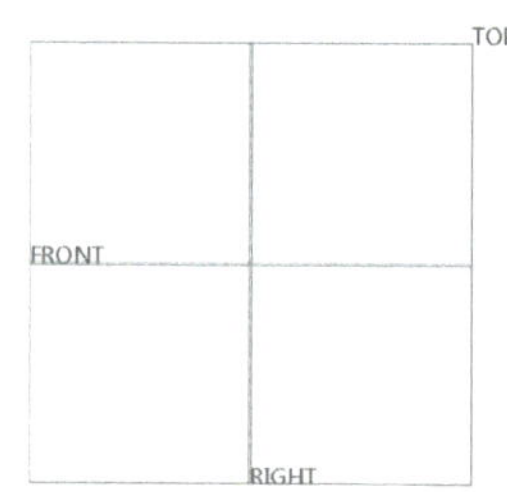

图 3-23　重定向后的草绘平面

❷ 详细定义草绘平面

如果要更加细致地定义草绘平面，可以在选项面板区中单击展开【放置】下拉面板，然后单击 定义... 按钮，打开【草绘】对话框，如图 3-24 所示。

此时【平面】选择框被激活，所选平面将作为草绘平面。如果选取了错误的草绘平面，可以在文本框上单击鼠标右键，然后选取【移除】命令，再重新选取，如图 3-25 所示。

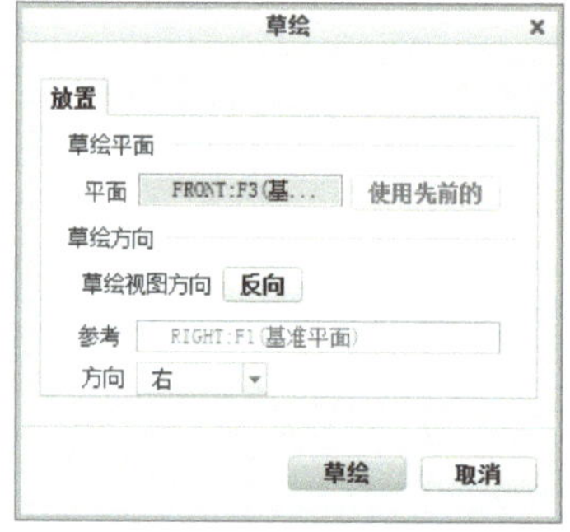

图 3-24 【草绘】对话框

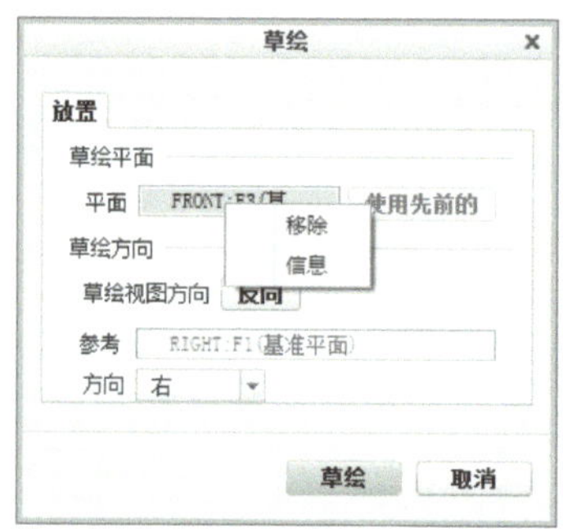

图 3-25　移除参照

直接单击 使用先前的 按钮，可以使用创建上一个特征时使用的草绘平面，简化了设计过程。

3. 设置草绘视图方向

在【草绘】对话框中指定草绘平面后，其边缘会出现一个用来确定草绘视图方向的彩色箭头，表示将草绘平面的哪一侧朝向设计者，即草绘视图方向，如图 3-26 所示。

图 3-27 所示的模型有正反两面，正面是平整的，背面有一条十字凹槽。

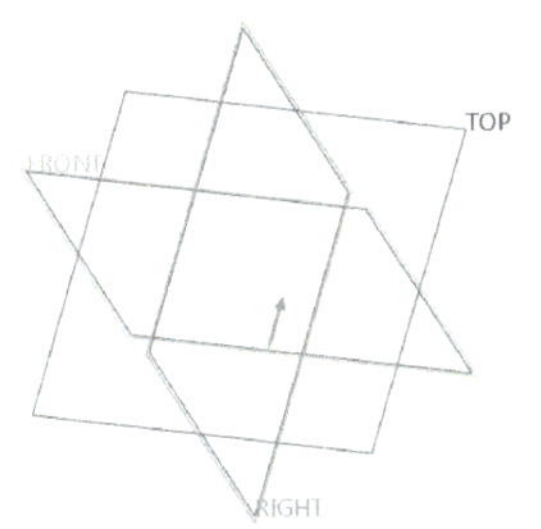

图 3-26 草绘视图方向箭头

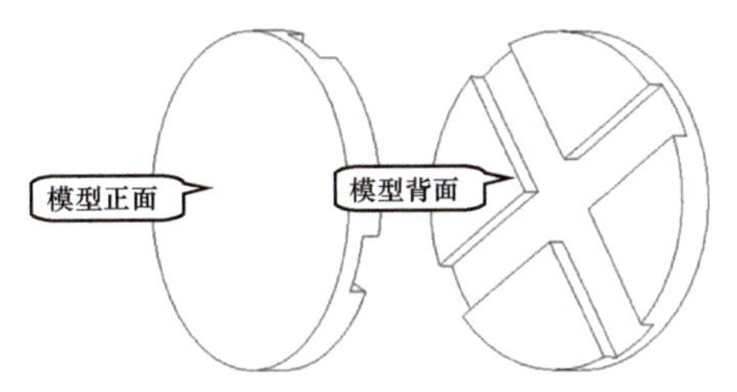

图 3-27 模型正反面

选取正面（平整表面）为草绘平面时，标示草绘视图方向的箭头指向模型背面，放置草绘平面后，将其正面朝向设计者，如图 3-28 所示。

在【草绘】对话框中单击 反向 按钮，标示草绘视图方向的箭头指向模型正面，放置草绘平面后，将其背面朝向设计者，如图 3-29 所示。

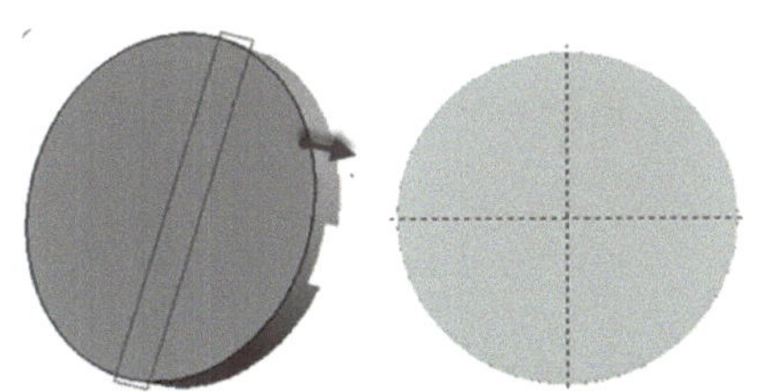
图 3-28 放置结果（1）

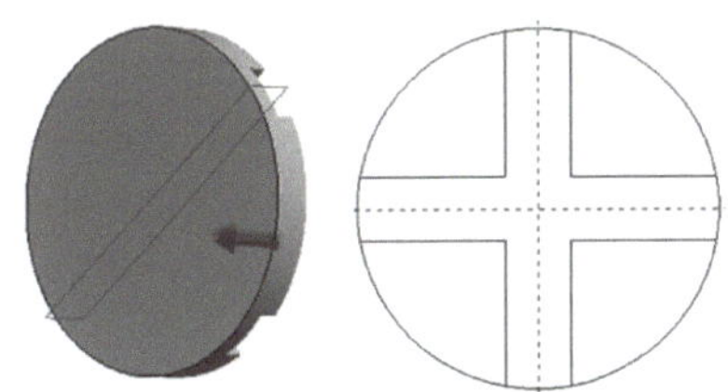
图 3-29 放置结果（2）

4. 设置放置参照

选取草绘平面并设定草绘视图方向后，草绘平面的放置位置并未唯一确定，还必须设置一个参考平面来准确放置草绘平面。通常选取与草绘平面垂直的平面作为参考平面。

在【草绘】对话框中单击激活【参考】文本框，然后选取符合要求的参考平面，再在【方向】下拉列表中选取一个方向参数来放置草绘平面。

参考平面相对于草绘平面的位置，有以下 4 个选项。

- 上：参考平面位于草绘平面的上方。
- 下：参考平面位于草绘平面的下方。
- 左：参考平面位于草绘平面的左侧。
- 右：参考平面位于草绘平面的右侧。

表 3-4 列出了在选取草绘平面和参考平面后，选取不同的方向参照后获得的不同放置效果。注意放置草绘平面后，参考平面已经积聚为一条直线。

表 3-4 草绘平面的放置形式

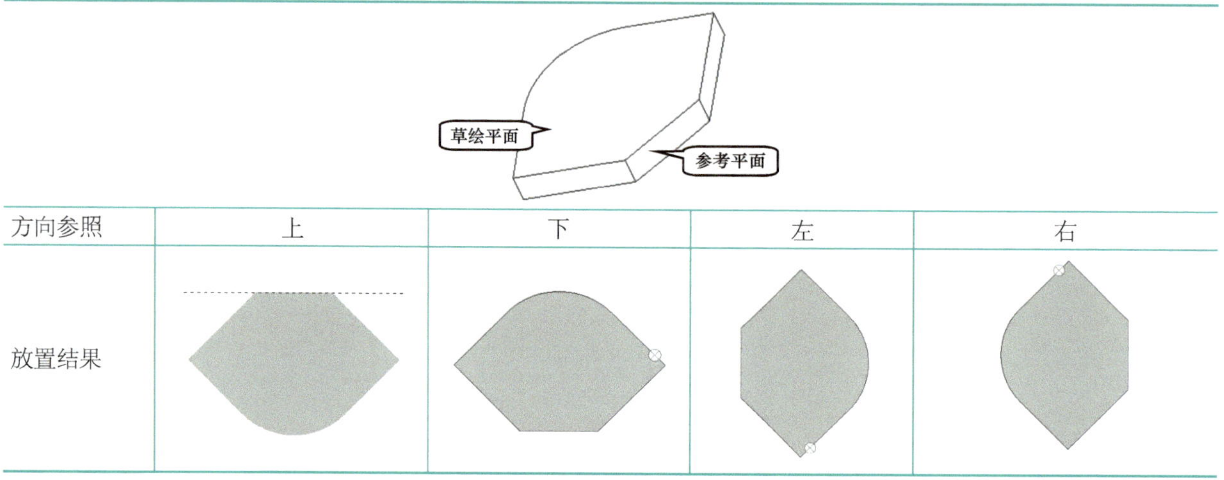

方向参照	上	下	左	右
放置结果				

5. 绘制草绘截面

放置好草绘平面后，转入二维草绘界面绘制截面图。

❶ 绘制闭合截面图

通常使用闭合截面来创建特征，组成截面的图元顺次相接，自行封闭，线条之间不能交叉，图 3-30 所示为不正确的截面图。

使用 分割 和 删除段 工具裁去多余线段，即可得到无交叉线的闭合截面，如图 3-31 所示。

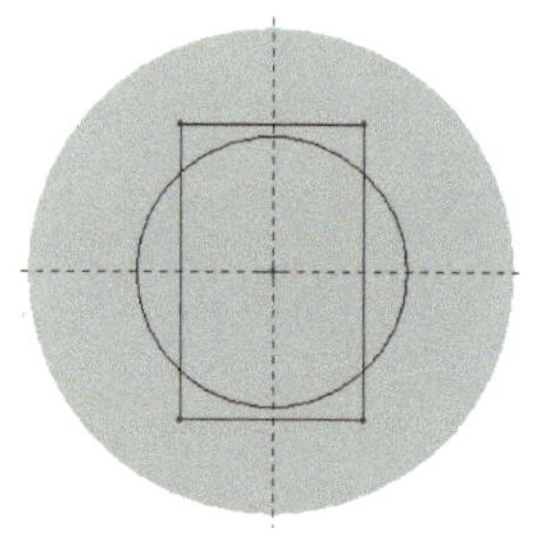

图 3-30 不正确的截面图（1）

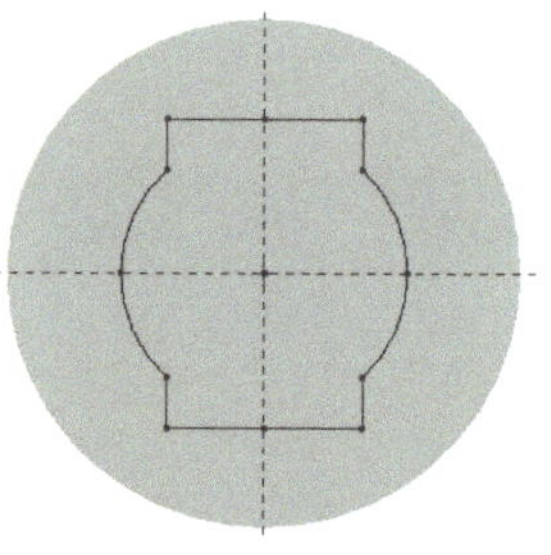

图 3-31 正确的截面图（1）

❷ 草绘曲线与实体边线围成闭合截面

也可以使用草绘曲线和实体边线共同围成闭合截面，此时，要求草绘曲线和实体边线对齐。图 3-32 中的草绘图元未与实体边线对齐，不是闭合截面，图 3-33 中的草绘图元与实体边线对齐，能够围成闭合截面。

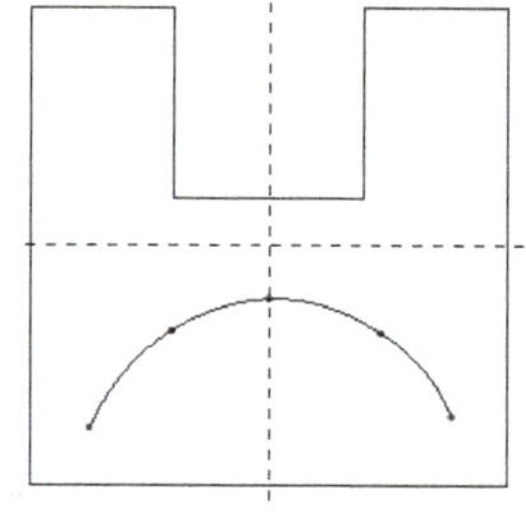

图 3-32 不正确的截面图（2）

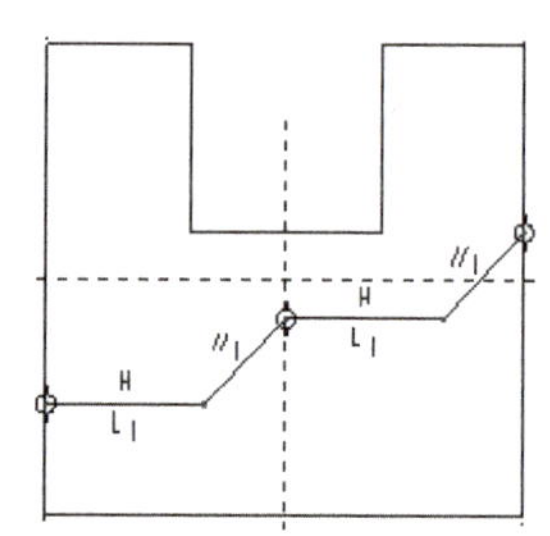

图 3-33 正确的截面图（2）

此时，草绘曲线可以明确将实体表面分为两个部分，并且用一个黄色箭头指示将哪个区域作为草绘截面。单击黄色箭头，可以将另一个区域作为草绘截面，如图 3-34 所示。

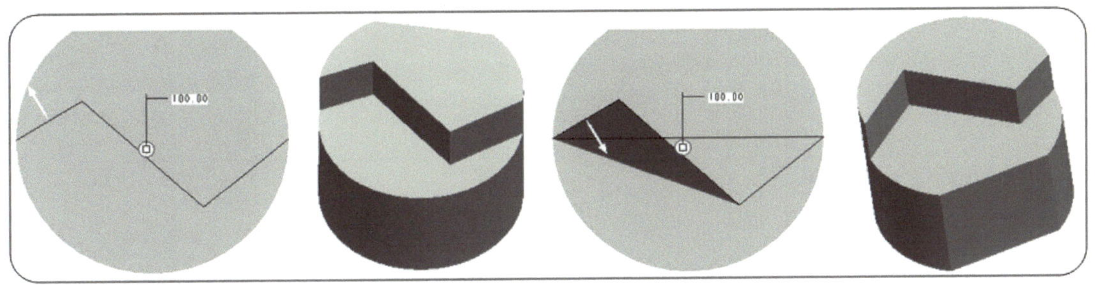

图 3-34 使用不同草绘截面创建模型

❸ 使用开放截面

如果创建的特征为加厚草绘特征，则对截面是否闭合没有明确要求，既可以使用开放截面创建特征，如图 3-35 所示，也可以使用闭合截面创建特征，如图 3-36 所示。

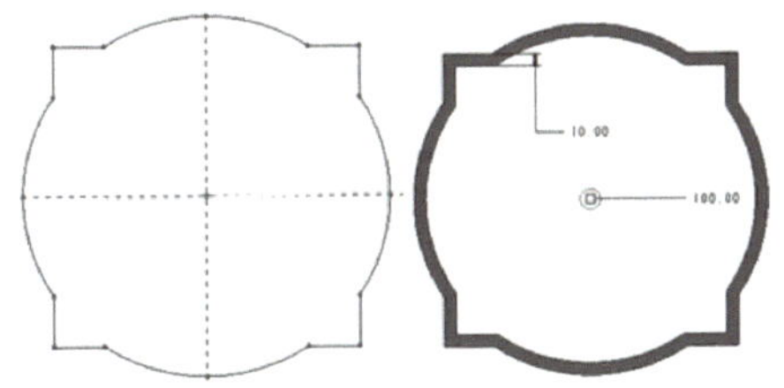

图 3-35 使用闭合截面创建加厚草绘特征

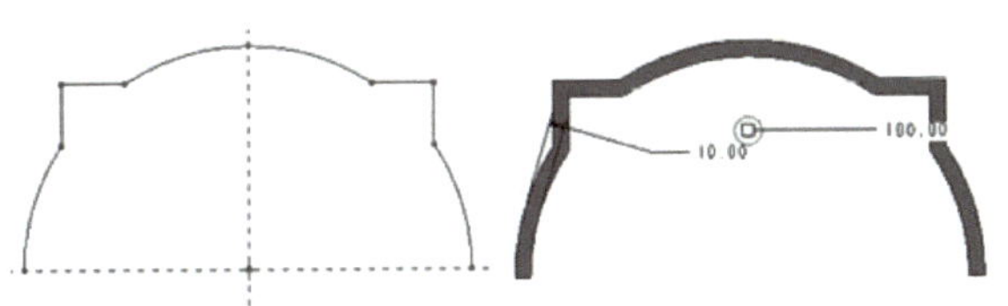

图 3-36 使用开放截面创建加厚草绘特征

6．确定特征生成方向

绘制草绘截面后，系统用一个彩色箭头表示当前特征的生成方向。创建加材料特征时，默认特征生成方向指向实体外部；创建减材料特征时，默认特征生成方向指向实体内部。

要改变特征生成方向，可以直接单击表示生成方向的箭头，如图 3-37 所示；也可以在参数面板中单击 按钮，如图 3-38 所示。

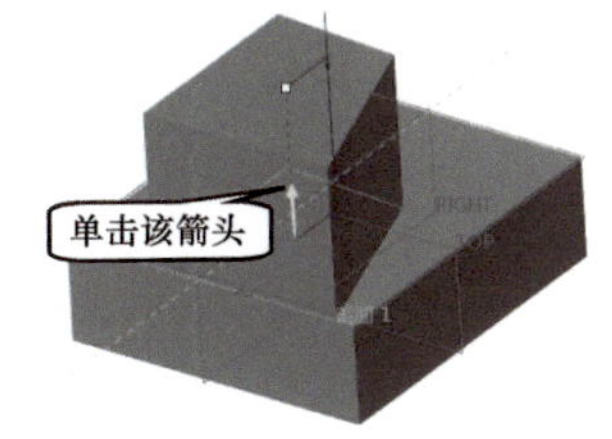

图 3-37 更改特生成征方向（1）

图 3-38 更改特生成征方向（2）

7．设置拉伸深度

设定特征的拉伸深度可以确定特征的大小。在参数面板中单击 按钮旁边的下拉按钮，打开深度设置工具，其用法如表 3-5 所示。

表 3-5　特征深度的设置

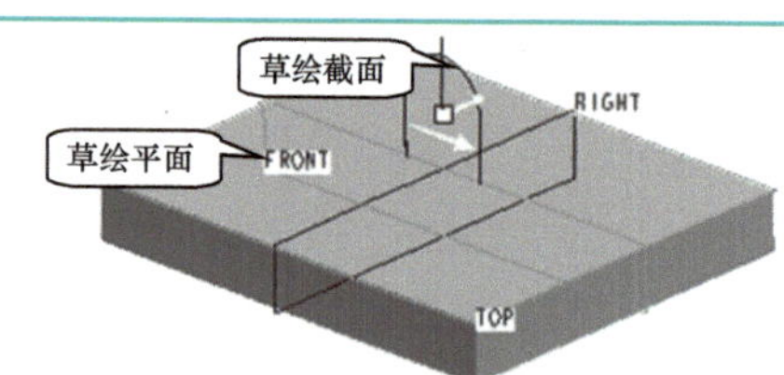

序号	图形按钮	含义	示例图	说明
1		直接输入数值确定特征深度		单击文本框右侧的下拉按钮，可以从最近设置的深度参数列表中选取数值
2		在草绘平面两侧产生拉伸特征		每侧拉伸深度为输入数值的一半
3		拉伸至特征生成方向上的下一个曲面为止		常用于将草绘平面拉伸至形状不规则的曲面
4		特征穿透模型		一般用于创建切减材料特征，切透所有材料
5		特征以指定曲面作为参照，拉伸到该曲面		通常选取平面和曲面作为参照
6		拉伸至选定的参照		可以选取点、线、平面或曲面作为参照

基础训练——创建基座模型

下面介绍创建如图 3-39 所示的基座模型的方法。

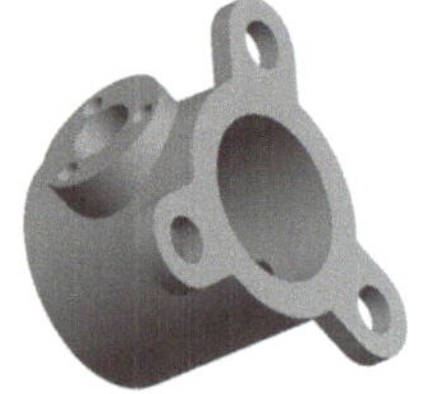

图 3-39　基座模型

【操作步骤】

创建基座模型

1. 新建文件

单击 按钮，新建名为 seat 的零件文件，进入三维建模环境。

2. 创建第1个拉伸实体特征

STEP01 启动拉伸设计工具，取基准平面 FRONT 作为草绘平面。

STEP02 在草绘平面绘制两个同心圆，然后双击直径尺寸，修改其值如图 3-40 所示。

STEP03 输入拉伸深度数值 450，创建图 3-41 所示的拉伸模型。

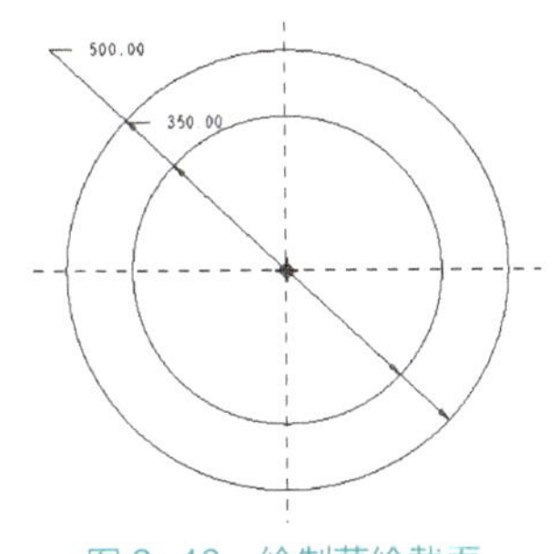

图 3-40 绘制草绘截面

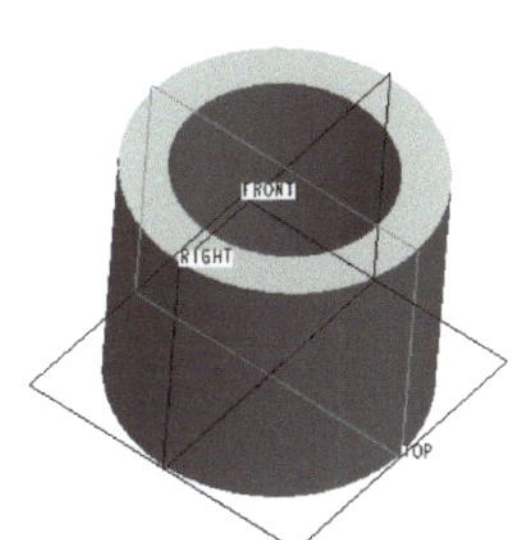

图 3-41 创建拉伸模型

3. 创建第2个拉伸实体特征

STEP01 启动拉伸设计工具，选取图 3-42 所示模型的上表面作为草绘平面，进入草绘模式。

STEP02 在草绘平面绘制图 3-43 所示的截面图，完成后退出草绘模式。

要点提示

该截面由 3 个完全相同的闭合图形组成。绘图时综合使用了各种绘图工具以及多种约束工具。具体绘图过程可以参考本书素材中的视频文件，把握绘图要领。完成后的截面图如图 3-44 所示。

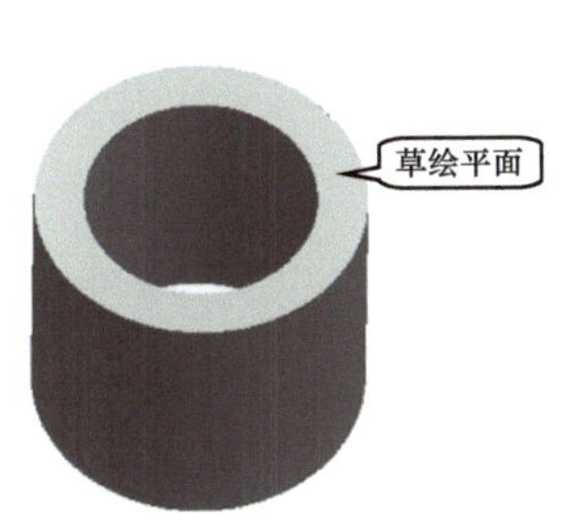

图 3-42 选取草绘平面

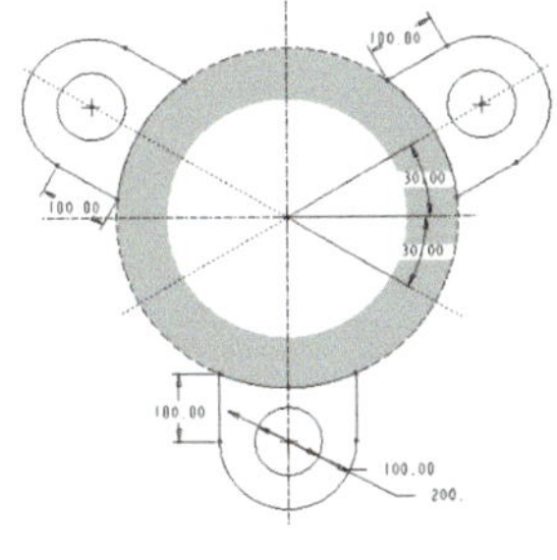

图 3-43 绘制草绘截面

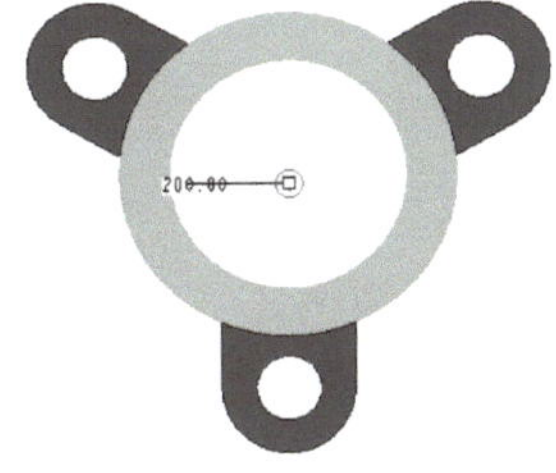

图 3-44 截面轮廓

STEP03 设置特征深度为 50.00。

STEP04 默认的调整特征生成方向指向实体外侧，如图 3-45 所示。

STEP05 调整特征生成方向，使之指向实体内侧，如图 3-46 所示。

STEP06 单击鼠标中键，创建实体特征，结果如图 3-47 所示。

图 3-45　默认特征方向

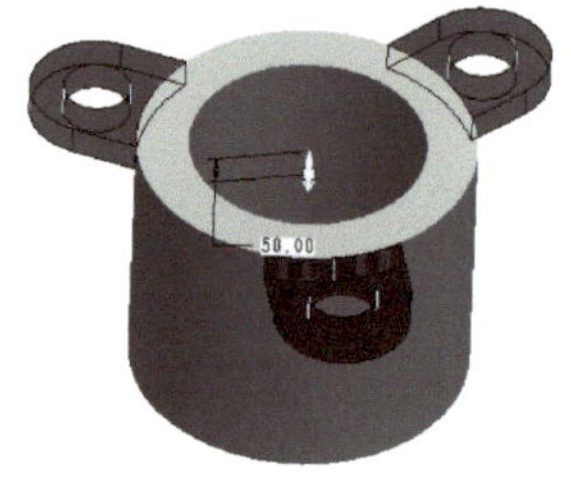

图 3-46　调整后的方向

图 3-47　创建结果

4. 创建基准平面

STEP01 在【基准】工具组单击 ▱（平面）按钮，打开【基准平面】对话框。

STEP02 选择基准平面 RIGHT 为参照，设置平移距离为 300.00，如图 3-48 所示。

STEP03 观察模型上代表移动方向的箭头，如果发现其指向右侧，则将【基准平面】对话框中的平移距离修改为 -300.00，以确保在 RIGHT 左侧创建基准平面。

STEP04 单击鼠标中键，最后创建的基准平面如图 3-49 所示。

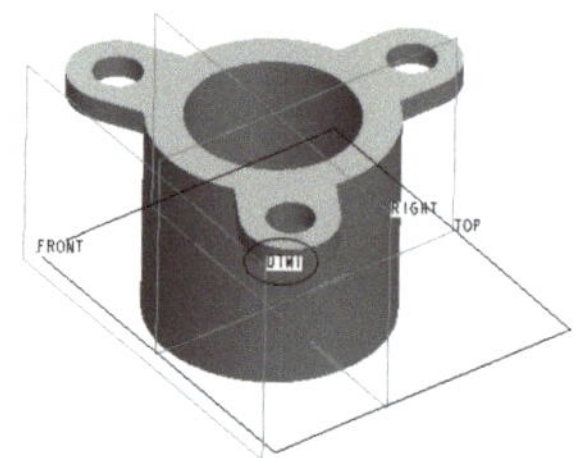

图 3-48　新建基准平面

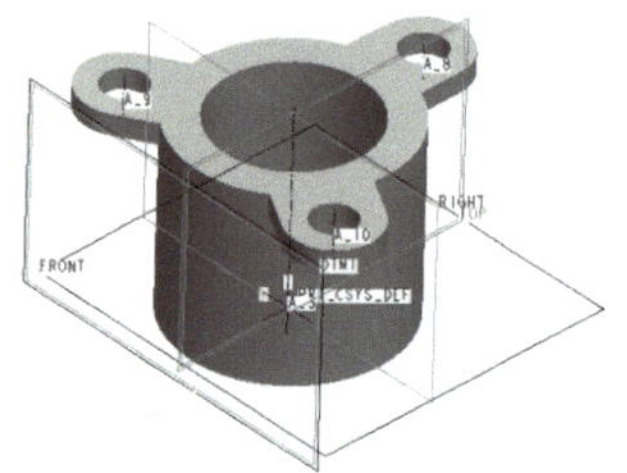

图 3-49　默认的特征生成方向

要点提示　由于目前模型上没有符合设计要求的平面可以选为草绘平面，所以临时创建一个与基准平面 RIGHT 平行的平面作为草绘平面。

5. 创建第3个拉伸实体特征

STEP01 启动拉伸设计工具。

STEP02 选取上一步创建的基准平面 DTM1 作为草绘平面，此时的草绘视图方向指向模型外侧，如图 3-50 中的箭头指向所示，单击该箭头，使之指向模型内侧。

STEP03 选取图 3-51 所示平面作为参考平面，在【方向】下拉列表中选取【上】选项，单击鼠标中键，进入草绘模式。

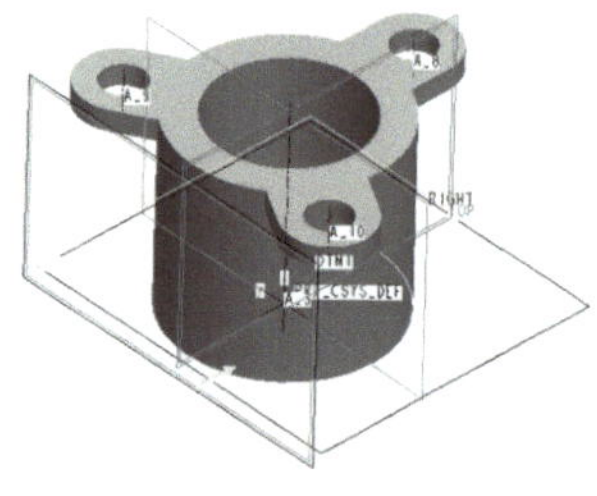

图 3-50　调整草绘视图方向

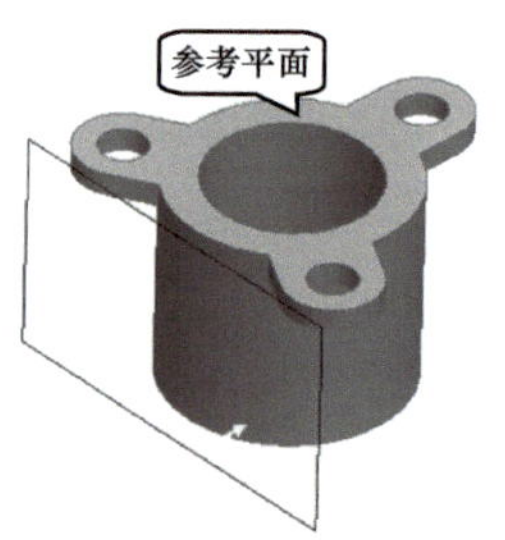

图 3-51　选择参考平面

通过本例的设置，请读者领会草绘视图方向的含义，并思考草绘视图方向与参考平面的选取和设置之间有什么关系。

STEP04 在草绘平面内绘制图 3-52 所示的截面图，完成后退出草绘模式。

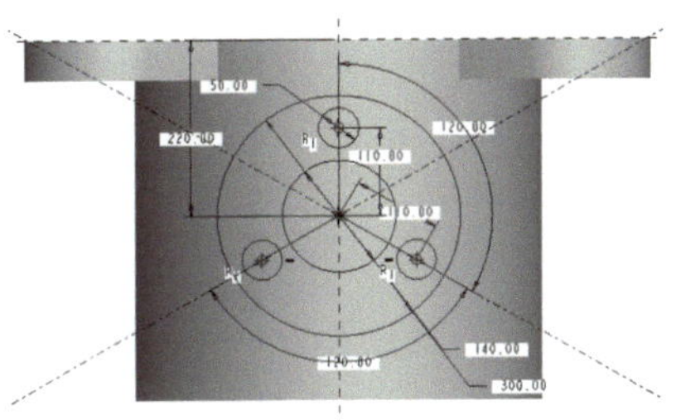

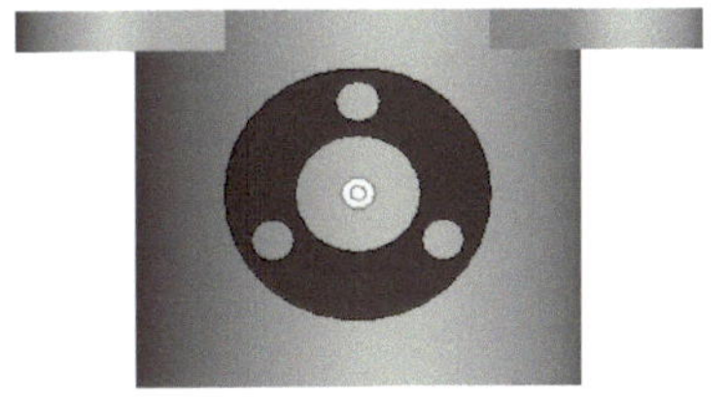

图 3-52 绘制截面图

STEP05 系统默认的特征生成方向指向模型外部，如图 3-53 所示，单击黄色箭头，使之指向模型内侧，如图 3-54 所示。

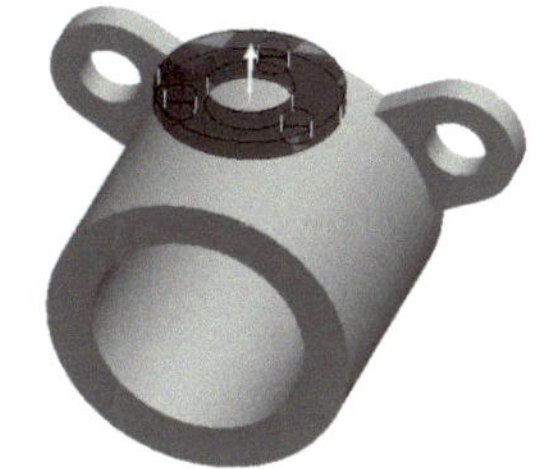

图 3-53 默认的特征生成方向

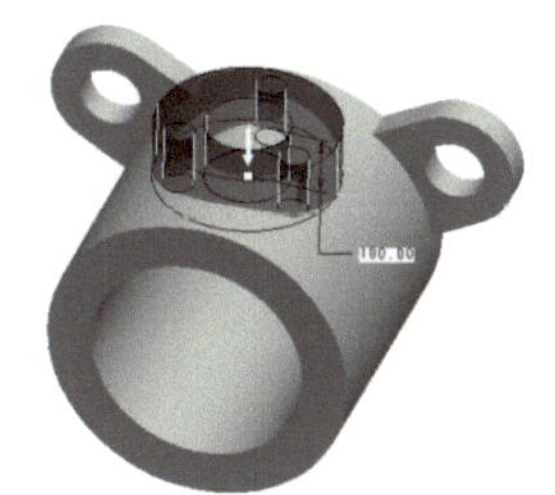

图 3-54 调整后的特征生成方向

STEP06 在参数设置区执行特征的生成方向为 ≐（拉伸至下一曲面），则特征自动延伸至圆柱外表面，结果如图 3-55 所示。

6. 创建第4个拉伸实体特征

STEP01 启动拉伸设计工具。

STEP02 选取图 3-56 所示的平面作为草绘平面，单击鼠标中键进入草绘模式。

图 3-55 创建的拉伸特征

图 3-56 调整后的特征生成方向

STEP03 单击【草绘】工具组中的 投影 按钮，选取图 3-57 所示的圆作为草绘截面，然后退出草绘模式。

该圆周分为上下两个部分，需要选择两次才能选中一个完整的圆周。选中后，圆周上有约束符号“~”。

STEP04 在参数设置区单击 按钮创建减材料特征。

STEP05 确保特征生成方向指向实体内侧，如图 3-58 所示。

注意此时模型上有两个方向箭头，指向上方的为特征生成方向箭头，指向模型前方的为材料侧箭头，将使用箭头指向的区域来创建切减材料的拉伸特征。

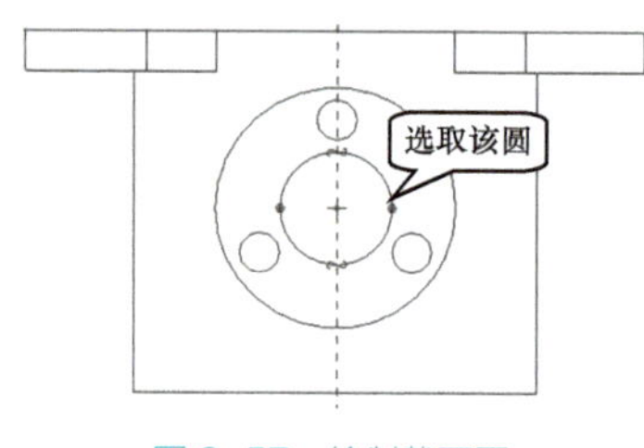

图 3-57 绘制截面图

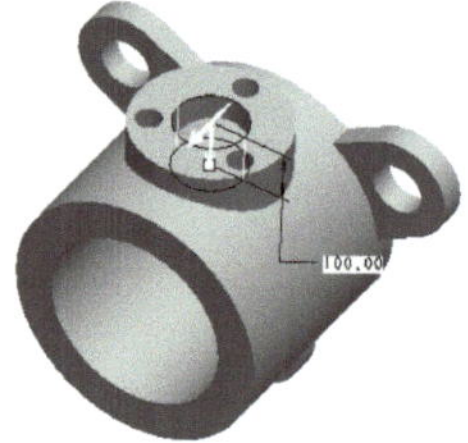

图 3-58 特征生成方向

STEP06 设置特征深度为 （穿透模型）。

STEP07 单击鼠标中键，完成实体模型的创建。

3.1.3 旋转建模原理

旋转建模用于创建回转体模型，这类模型通常具有一条中心轴线。

基础知识

1. 旋转建模原理

旋转是指将指定截面沿着公共轴线旋转后得到的三维模型，最后创建的模型为一个回转体，具有公共对称轴线。图 3-59 所示为使用闭合截面图创建旋转实体特征的示例。

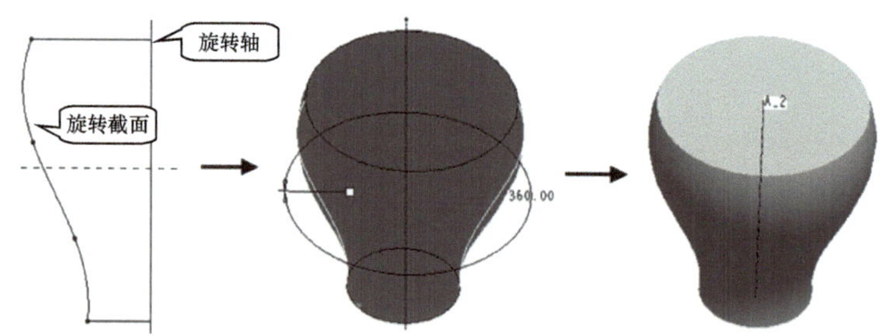

图 3-59 使用闭合截面图创建旋转实体特征

图 3-60 所示为使用开放截面图创建加厚草绘特征的示例。

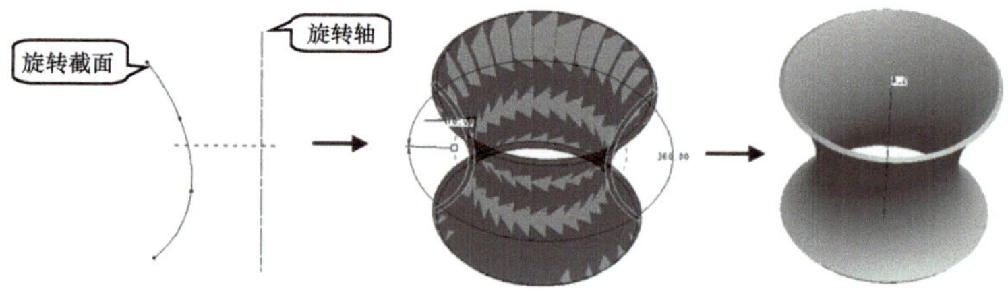

图 3-60 使用开放截面图创建加厚草绘特征

2. 旋转建模工具

在【形状】工具组中单击 旋转 按钮，打开旋转设计工具，如图 3-61 所示。

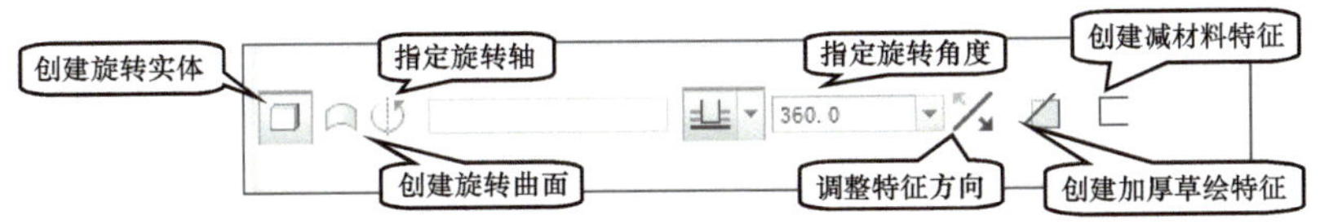

图 3-61 旋转设计工具

3. 设计步骤

旋转工具与拉伸设计工具的用法类似：设计时，首先设置草绘平面，然后绘制旋转截面图，接下来执行旋转轴线，设置旋转角度，根据设计需要还可以调整旋转方向。

① 设置草绘平面

这一步骤与创建拉伸实体特征基本相同，主要包括以下内容。

- 选取合适的平面作为草绘平面。
- 设置合适的草绘视图方向。
- 选取合适的平面作为参考平面准确放置草绘平面。

② 绘制旋转截面

正确设置草绘平面后，接下来进入二维草绘模式绘制截面图。与拉伸实体特征的草绘截面不同，在绘制旋转截面图时，通常需要同时绘制出旋转轴线，如图 3-62 所示。

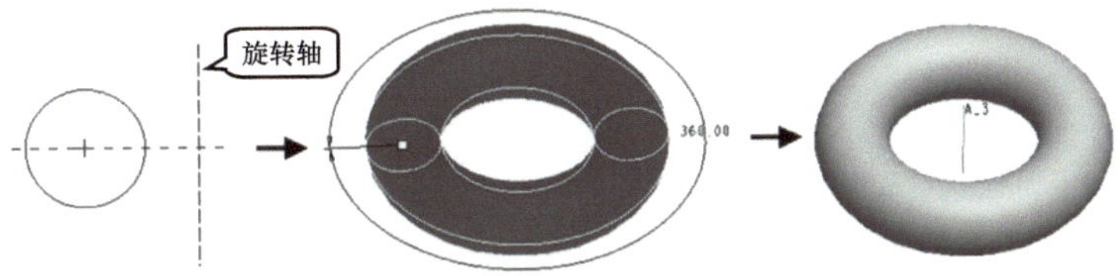

图 3-62 旋转特征示例（1）

如果截面图上有线段与轴线重合，不要忽略该线段，否则会导致截面不完整，如图 3-63 所示。

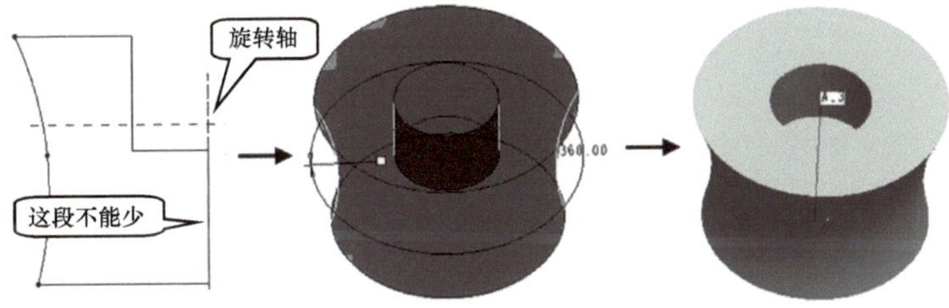

图 3-63 旋转特征示例（2）

使用开放截面创建加厚草绘特征时，可以使用开放截面，但是截面和旋转轴线不得有交叉，图 3-64 所示为错误的截面图，正确的结果如图 3-65 所示。

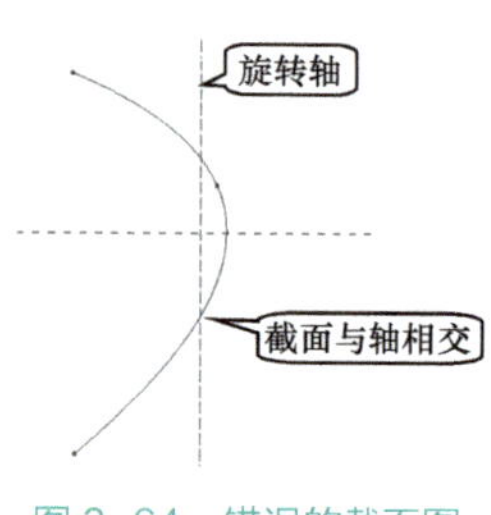

图 3-64　错误的截面图

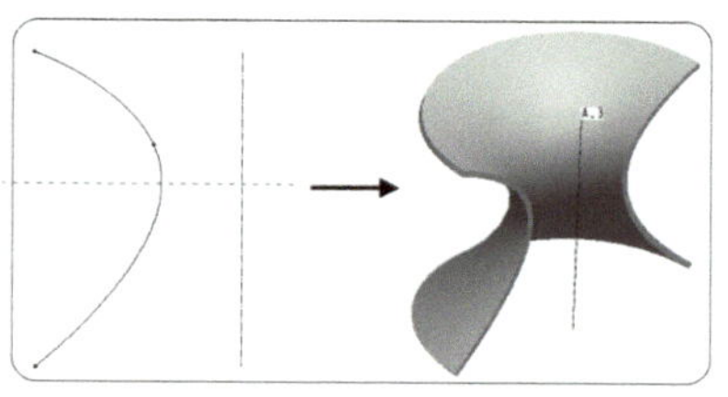
图 3-65　正确的结果

要点提示

③ 确定旋转轴线

如果在草绘截面图时同时绘制了旋转轴线，在退出草绘模式时系统会自动选取该轴线。在工具面板中展开【放置】下拉面板，在【轴】文本框中可以看到如图 3-66 所示的结果。

单击 内部 CL 按钮，可以选择实体边线等作为旋转轴，如图 3-67 所示。再次单击 内部 CL 按钮，又可以选择草绘截面中的旋转轴线。

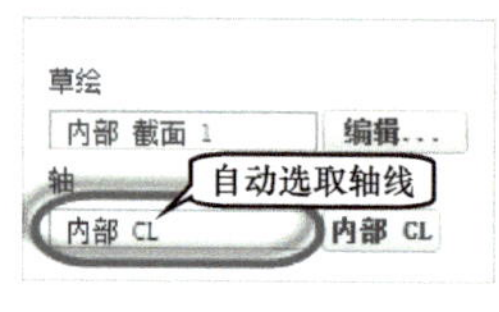

图 3-66　选取轴线（1）

图 3-67　选取轴线（2）

④ 设置旋转角度

指定旋转角度的方法和指定拉伸深度的方法相似，首先在工具面板上选取一种旋转角度的确定方式，有以下 3 种指定方法，具体用法如表 3-6 所示。

表 3-6　设置旋转角度

1		直接在按钮右侧的文本框中输入旋转角度	
2		在草绘平面的双侧产生旋转实体特征，每侧旋转角度为文本框中输入数值的一半	

续表

3	⊥⊥	特征以选定的点、线、平面或曲面作为参照，特征旋转到该参照为止	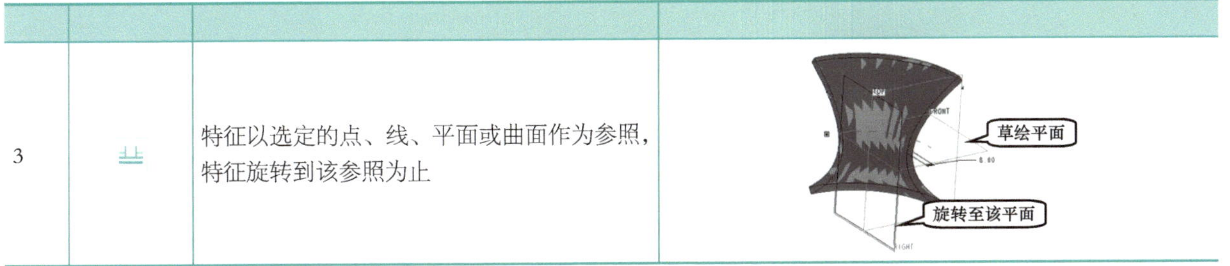

❺ 设置特征生成方向

系统默认的旋转方向为绕旋转轴逆时针方向，如图 3-68 所示。要调整旋转方向，可以单击图标板上从左至右第一个按钮⁄，将旋转方向调整为顺时针，如图 3-69 所示。

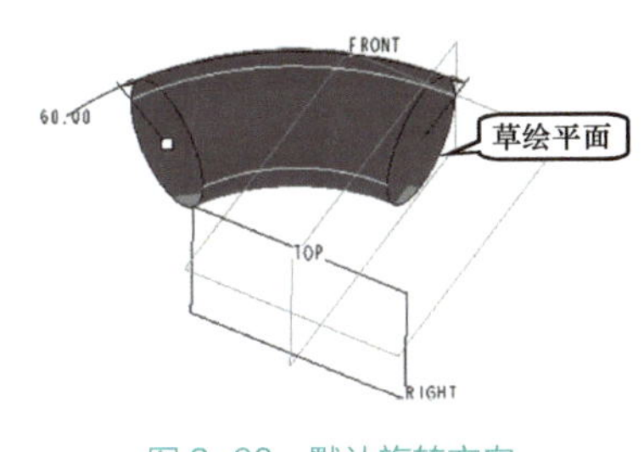

图 3-68　默认旋转方向

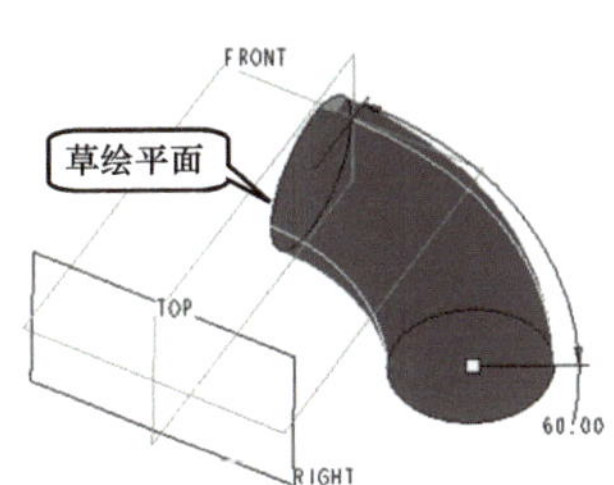

图 3-69　调整旋转方向

基础训练——创建阀体模型

本例主要练习旋转建模的基本设计方法，最后创建的阀体模型如图 3-70 所示。

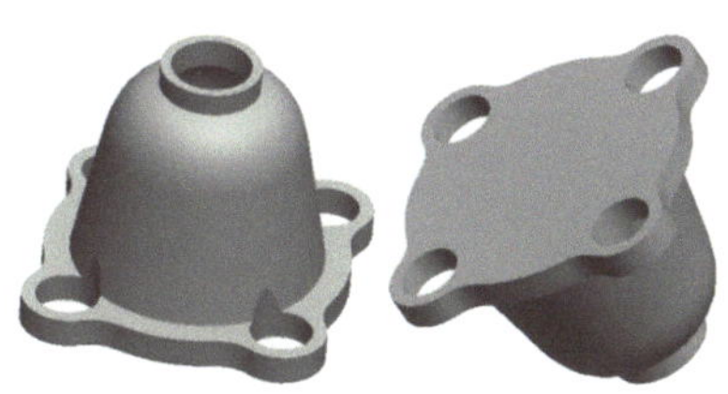
图 3-70　阀体模型

【操作步骤】

1. 新建文件

新建名为 valve 的零件文件，使用系统提供的默认模板进入三维建模环境。

2. 创建旋转加厚草绘特征

STEP01 在【形状】工具组中启动旋转工具。

STEP02 选取标准基准平面 FRONT 作为草绘平面，接受默认设置进入二维草绘模式。

STEP03 在草绘平面内绘制图 3-71 所示的截面图，完成后退出草绘模式。

STEP04 设置加厚厚度为 20.00，其余参数使用默认值，最后创建的旋转加厚草绘特征如图 3-72 所示。

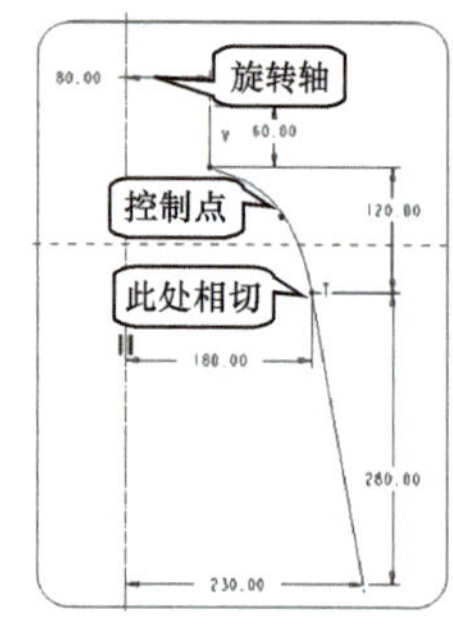

图 3-71 草绘截面

图 3-72 旋转加厚草绘特征

仔细观察图 3-73 所示的模型底平面，发现该表面并非平面，这样就不能选作草绘平面，这成为后续设计的障碍。下面使用一个减材料的拉伸方法切除模型上的多余材料。

3. 创建第1个拉伸实体特征

STEP01 在【形状】工具组中启动拉伸工具。

STEP02 选取基准平面 RIGHT 作为草绘平面，如图 3-74 所示，随后单击鼠标中键进入二维草绘模式。

图 3-73 表面非平面

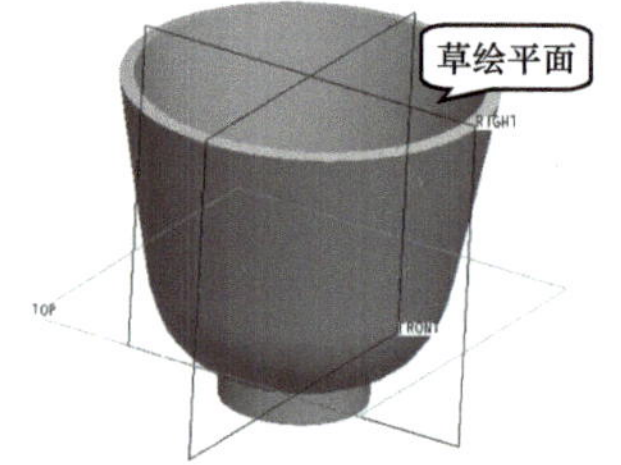

图 3-74 选取草绘平面

STEP03 在草绘平面内绘制截面图，如图 3-75 所示，完成后退出草绘模式。

这里的草绘截面为一条直线，但是直线的两个端点必须位于实体模型之外，直线的长度与设计结果没有必然的关系。

STEP04 在参数面板中单击 ◿ 按钮，创建切减材料特征。

STEP05 展开【选项】下拉面板，按照图 3-76 所示设置深度参数（均为穿透），去除草绘平面两侧的多余材料。

图 3-75 绘制草绘截面

图 3-76 设置深度参数

STEP06 单击鼠标中键，最后创建的拉伸实体特征如图 3-77 所示。

4. 创建第2个拉伸实体特征

STEP01 在【形状】工具组中启动拉伸工具。

STEP02 选取图 3-78 所示的平面作为草绘平面，随后单击鼠标中键进入二维绘图环境。

图 3-77 最后创建的特征

图 3-78 选取草绘平面

STEP03 在草绘平面内绘制图 3-79 所示的截面图，完成后退出草绘模式。该截面图的具体创建流程如图 3-80 所示。

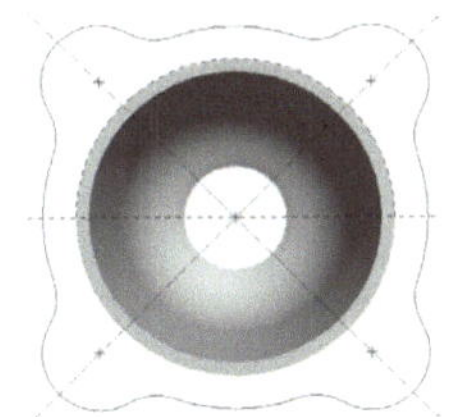

图 3-79 绘制草绘截面

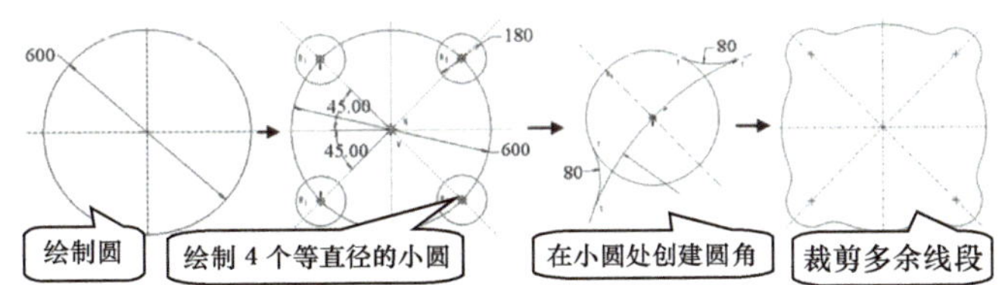

图 3-80 草绘截面的绘制过程

在裁剪图形上的多余线条时务必仔细，一定要将多余图线全部剪去，裁剪完毕后，可以沿着截面检查一遍，适当放大视图看看有无多余的线条。

STEP04 设置拉伸深度为 60.00，单击鼠标中键后创建的拉伸特征如图 3-81 所示。

5. 创建第3个拉伸实体特征

STEP01 在【形状】工具组中启动拉伸工具。

STEP02 选取图 3-82 所示的平面作为草绘平面，随后单击鼠标中键进入二维绘图环境。

图 3-81 创建拉伸特征

图 3-82 选取草绘平面

STEP03 在草绘平面内使用同心圆工具绘制图 3-83 所示的截面图，完成后退出草绘模式。

STEP04 在工具面板上单击按钮，调整特征生成方向指向实体内部。

STEP05 单击按钮，创建切减材料特征。

STEP06 设置特征深度为（穿透）。

STEP07 单击鼠标中键，完成实体的创建。

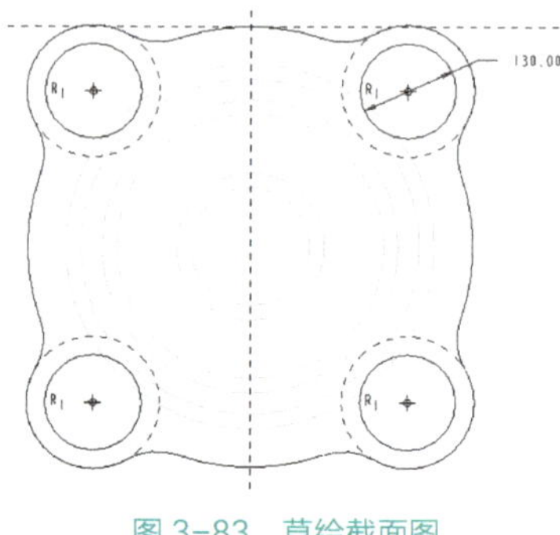

图 3-83 草绘截面图

3.1.4 扫描建模原理

扫描建模和混合建模的原理更具有普遍性，可以用来创建形状和结构更加复杂的实体模型以及曲面模型。将草绘截面沿任意路径（扫描轨迹线）扫描可以创建一种形式更加多样的实体特征，这就扫描实体特征。

基础知识

1. 扫描的应用

扫描轨迹线和扫描截面是扫描实体特征的两个基本要素，在最后创建的模型上，特征的横断面和扫描截面对应，特征的外轮廓线与扫描轨迹线对应，如图 3-84 所示。

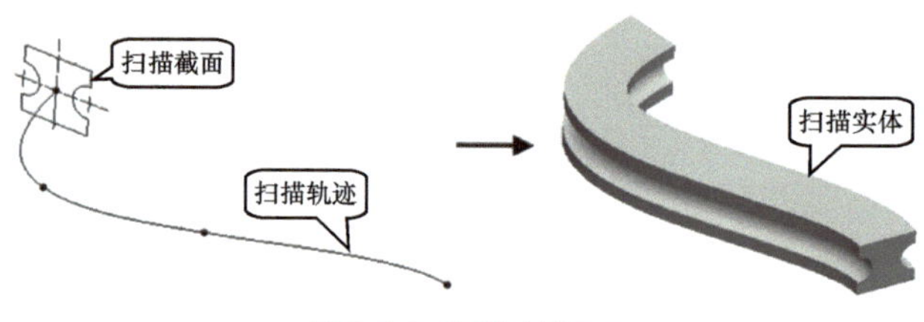

图 3-84 扫描建模原理

要点提示

从建模原理上说，拉伸实体特征和旋转实体特征都是扫描实体特征的特例，拉伸实体特征是将截面沿直线扫描，旋转实体特征是将截面沿圆周扫描。

2. 设计工具

在【形状】工具组中集成了两类扫描工具：扫描工具用于创建扫描实体（或曲面）特征，单击其右侧的下拉按钮，使用工具集中的螺旋扫描工具可以创建类似弹簧的具有螺旋结构的物体。启动扫描工具后，打开的设计面板如图 3-85 所示。

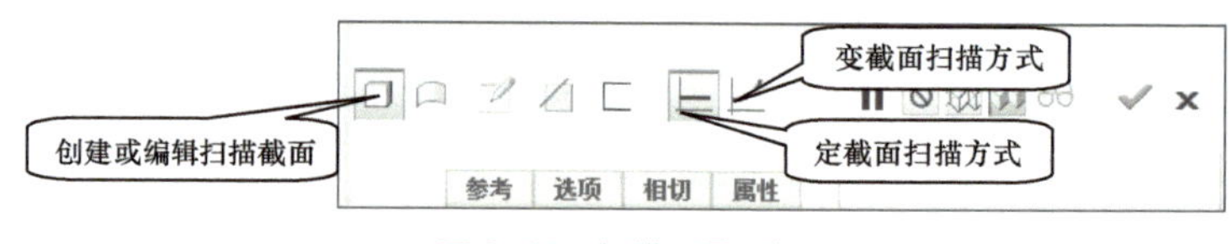

图 3-85 扫描工具面板

要点提示

定截面扫描是指在沿轨迹扫描的过程中，扫描截面的形状不变，仅截面所在框架的方向发生变化；而变截面扫描时，其扫描截面是可变的。

3. 确定扫描轨迹线

扫描轨迹线是创建扫描特征时使用的路径（或轨迹）。

- 草绘轨迹线：在二维草绘平面内绘制二维曲线作为扫描轨迹线。这种方法只能创建二维轨迹线。
- 选取轨迹：选取已有的二维或者三维曲线作为轨迹线，例如，可以选取实体特征的边线或基准曲线作为扫描轨迹线。这种方法可以创建空间三维轨迹线，如图 3-86 所示。

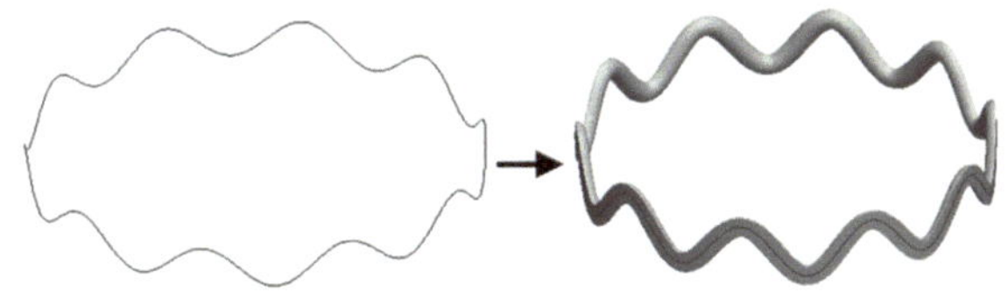

图 3-86　选取轨迹线创建扫描特征

4．绘制扫描截面图

完成扫描轨迹线设置后，在参数面板中单击 按钮，进入二维草绘模式绘制截面图。此时，草绘界面中会出现两条十字交叉线，以该交叉线交点为中心绘制截面图。

5．合并端参数

在参数面板的【选项】下拉面板中可以设置合并端参数，合并端参数用于确定扫描实体特征与其他特征的连接方式。

在一个已有的实体上创建扫描实体特征时，如果未选中【合并端】复选项，则新特征与已有特征相接后，互不融合，如图 3-87 所示；若选中【合并端】复选项，则新特征与已有特征自然融合，光滑连接，并去除重叠的材料，形成一个整体，如图 3-88 所示。

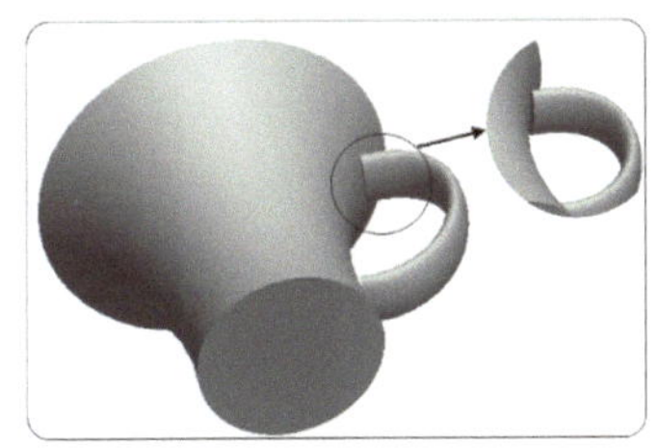

图 3-87　非合并端

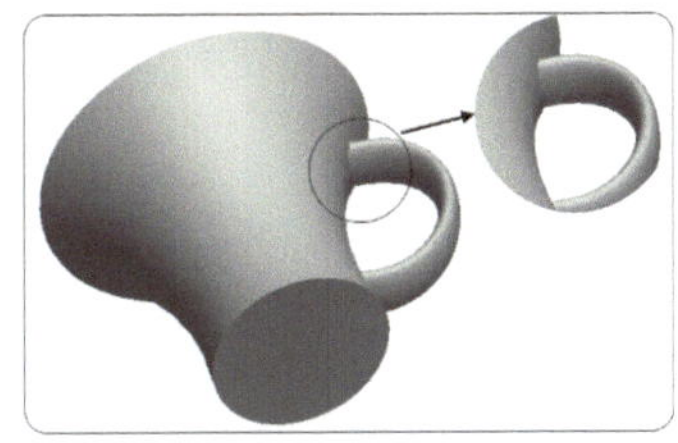

图 3-88　合并端

基础训练——创建书夹模型

下面介绍书夹的设计过程，在学习扫描实体特征创建的原理的同时，复习拉伸实体特征的设计要领，最后创建的模型如图 3-89 所示。

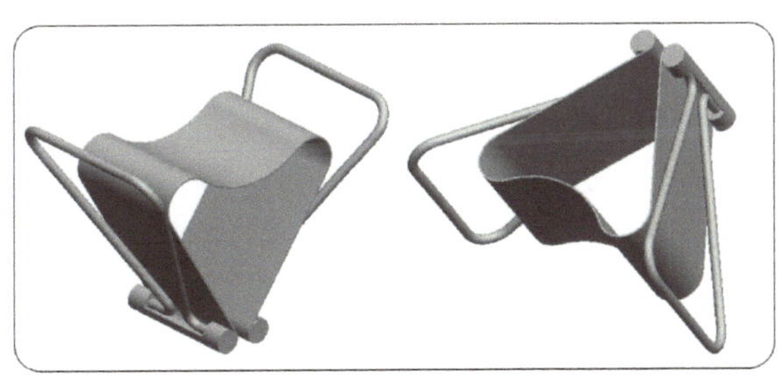

图 3-89　书夹模型

【操作步骤】

创建书夹模型

1. 新建零件文件

新建名为 clip 的零件文件，进入三维建模环境。

2. 创建加厚草绘拉伸实体特征

STEP01 启动拉伸设计工具，在设计界面空白处长按鼠标右键，在弹出的快捷菜单中选取【加厚草绘】命令。

STEP02 选取基准平面 FRONT 作为草绘平面，绘制图 3-90 所示的截面图，完成后退出草绘模式。

要点提示

该截面的绘图过程如图 3-91 所示。

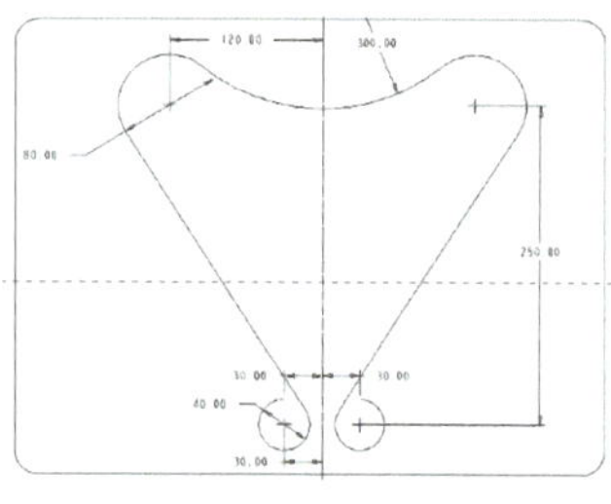

图 3-90 绘制截面图

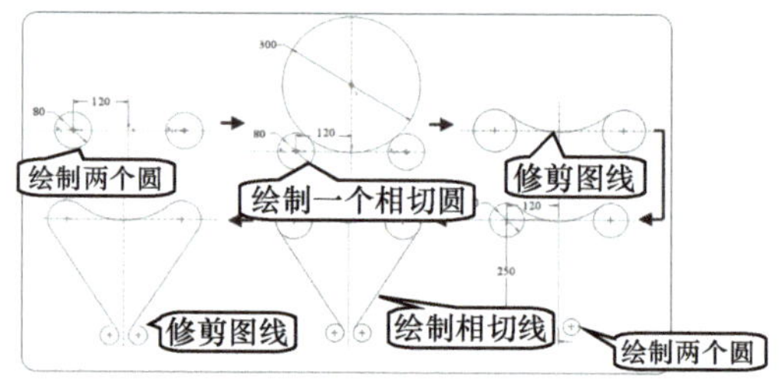

图 3-91 绘图步骤

STEP03 按照图 3-92 设置特征参数，拉伸深度为 200，加厚厚度为 3，创建加厚草绘特征，结果如图 3-93 所示。

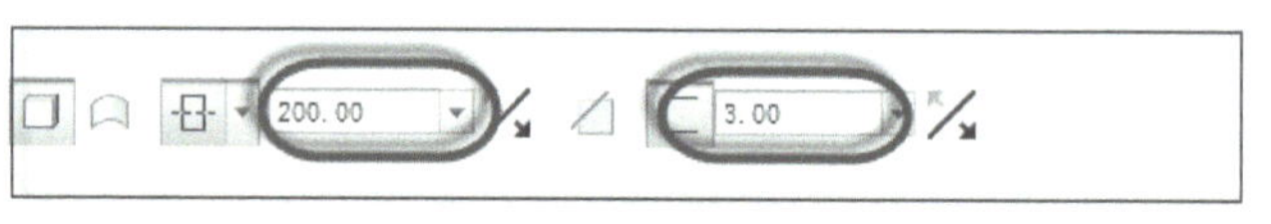

图 3-92 参数设置

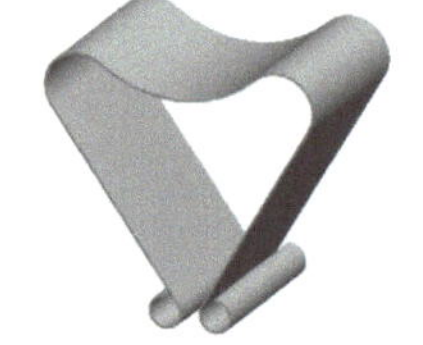

图 3-93 加厚草绘拉伸实体

3. 创建减材料拉伸实体特征

STEP01 打开拉伸设计工具。在设计界面空白处长按鼠标右键，在弹出的快捷菜单中选取【定义内部草绘】命令。

STEP02 在弹出的【草绘】对话框中单击 使用先前的 按钮，进入草绘模式。

STEP03 配合使用 投影、线、分割 和 删除段 工具绘制图 3-94 所示的截面图，完成后退出。

STEP04 按照图 3-95 设置特征参数，拉伸厚度为 130，创建减材料拉伸特征。

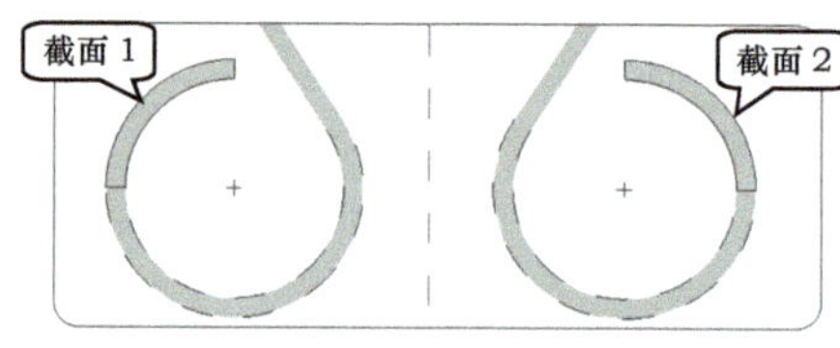

图 3-94 截面图

STEP05 单击鼠标中键，结果如图 3-96 所示。

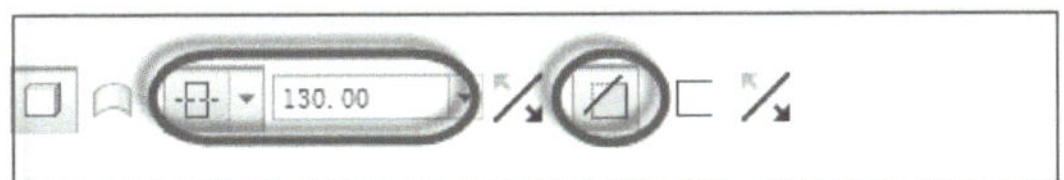

图 3-95 参数设置

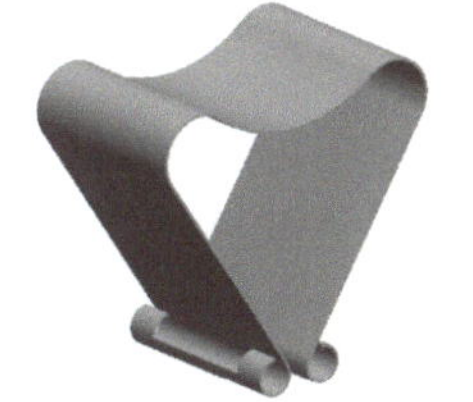

图 3-96 减材料拉伸实体

4. 创建基准轴

STEP01 单击 按钮，打开基准轴设计工具。

STEP02 按照图 3-97 所示选取曲面参照，创建基准轴 A_1，如图 3-98 所示。

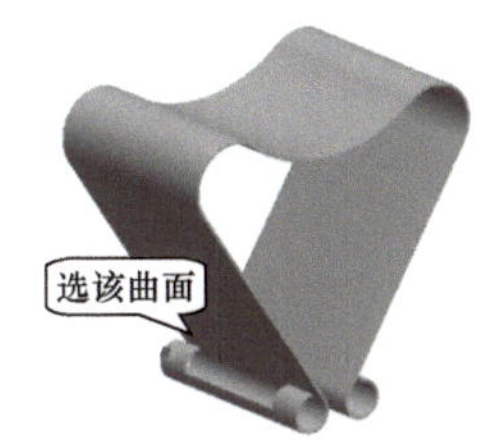

图 3-97 选择参照

图 3-98 创建的基准轴

5. 创建基准平面

STEP01 单击 按钮，打开基准平面工具。

STEP02 选取基准轴 A_1 作为参照，设置约束类型为穿过。

STEP03 按住 Ctrl 键选取图 3-99 所示的平面作为参照，设置约束类型为平行。

STEP04 单击鼠标中键，创建的基准平面如图 3-100 所示。

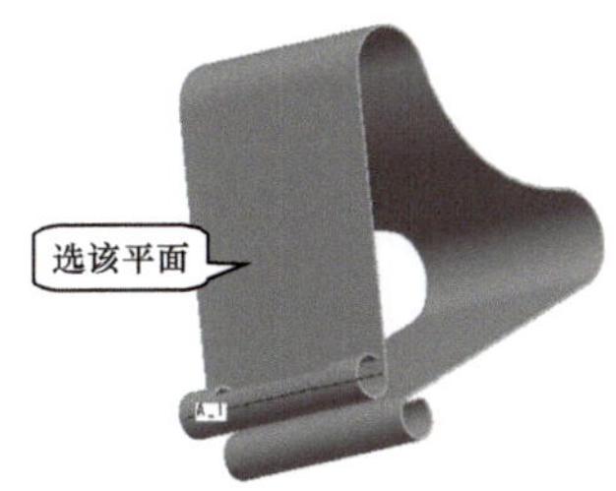

图 3-99 选择参照

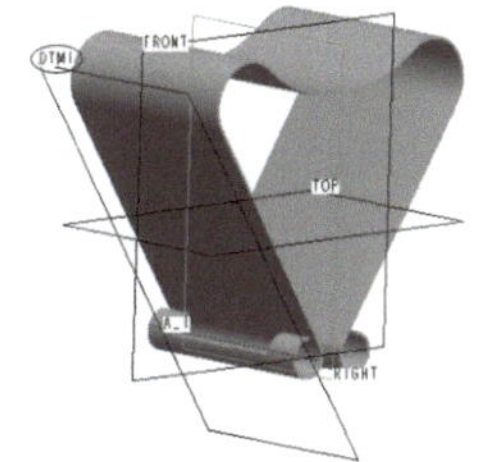

图 3-100 创建的基准平面

6. 创建扫描特征

STEP01 在【形状】工具组中单击 按钮，打开扫描设计工具。

STEP02 在设计面板最右侧的基准工具下拉列表中单击 按钮，创建草绘基准曲线，选择新建基准平面 DTM1 为草绘平面。

STEP03 在草绘平面内绘制图 3-101 所示的轨迹线，完成后退出。

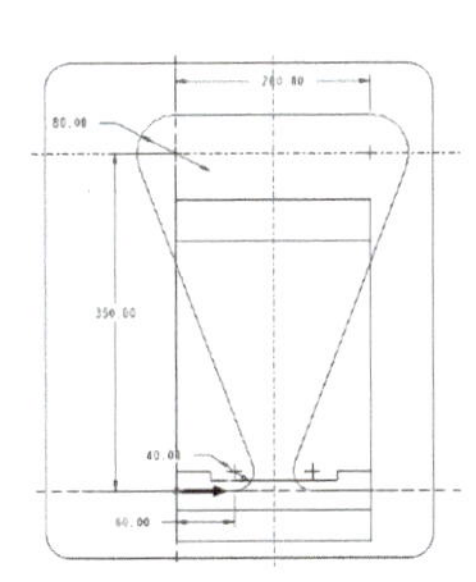

图 3-101 绘制轨迹线

该截面图的绘图过程如图 3-102 所示。

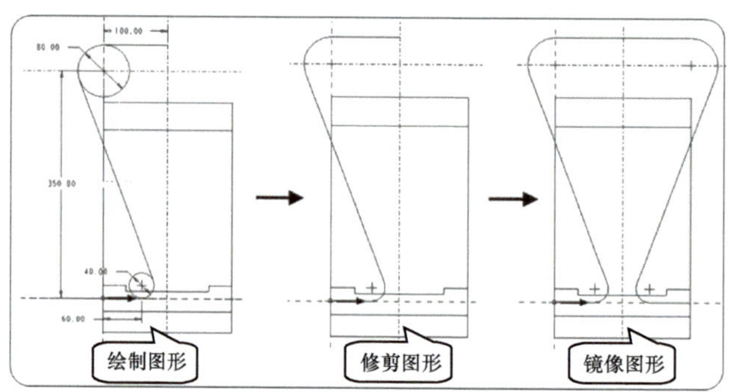

图 3-102 绘图步骤

STEP04 在【扫描】面板中单击 按钮，在草绘平面内绘制图 3-103 所示的圆形扫描截面图，完成后退出。

STEP05 单击鼠标中键，最后创建的扫描特征如图 3-104 所示。

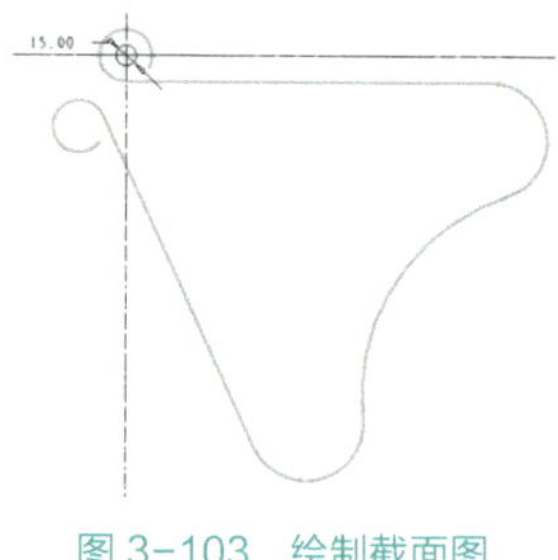

图 3-103 绘制截面图

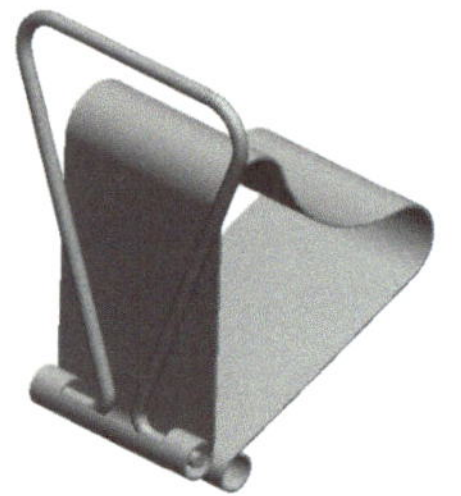

图 3-104 扫描特征

7. 创建拉伸实体特征

STEP01 打开拉伸设计工具。在设计界面空白处长按鼠标右键，在弹出的快捷菜单中选取【定义内部草绘】命令。

STEP02 选取图 3-105 所示的平面作为草绘平面。

STEP03 使用 同心 和 投影 工具绘制图 3-106 所示的截面图，完成后退出。

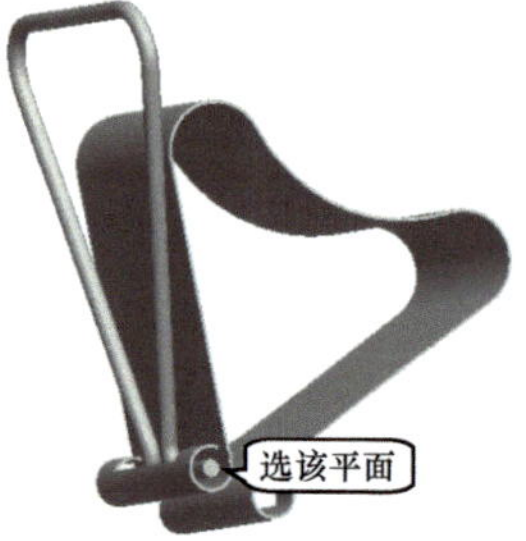

图 3-105 选取草绘平面

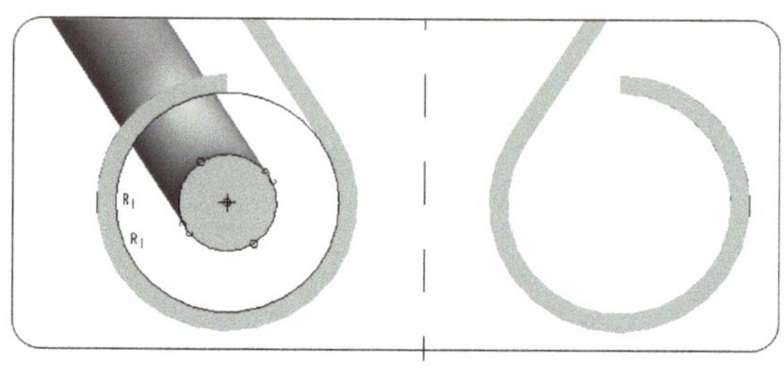

图 3-106 绘制截面图

STEP04 单击代表特征生成方向的箭头，使之指向实体内部，如图 3-107 所示。

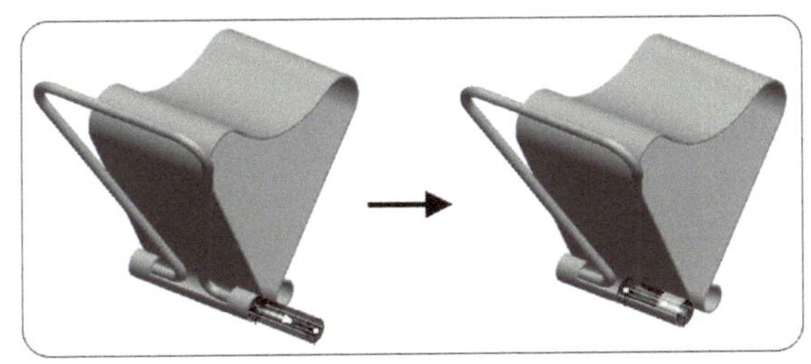
图 3-107 调整特征方向

STEP05 设置特征深度为 30.00。

STEP06 单击鼠标中键，创建的拉伸实体特征如图 3-108 所示。

8. 第1次镜像复制特征

STEP01 选取步骤 7 创建的拉伸特征为镜像对象。

STEP02 单击 镜像 按钮，打开镜像复制工具。

STEP03 选取基准平面 FRONT 为镜像参照，镜像结果如图 3-109 所示。

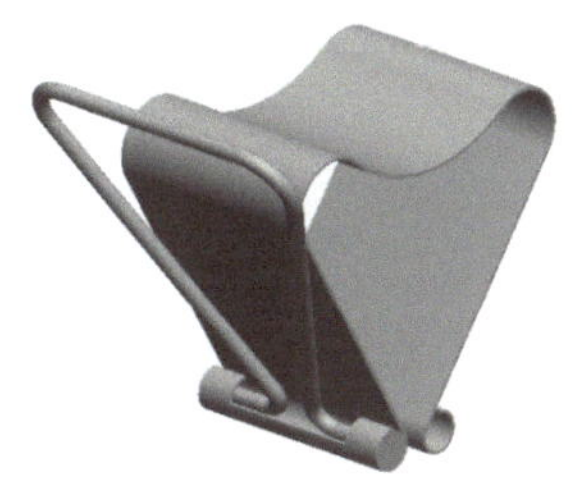
图 3-108 创建的拉伸特征

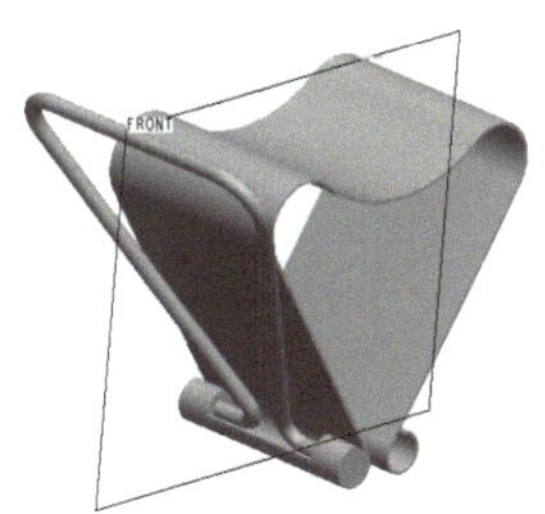

图 3-109 镜像结果

9. 第2次镜像复制特征

STEP01 选取步骤 6~ 步骤 8 创建的扫描特征以及两个拉伸特征为镜像对象。

STEP02 单击 镜像 按钮，打开镜像复制工具。

STEP03 选取基准平面 RIGHT 为镜像参照，完成最终的设计。

3.1.5 混合建模原理

拉伸、旋转和扫描建模都是由草绘截面沿一定轨迹运动来生成特征。拉伸特征由草绘截面沿直线拉伸生成，旋转特征由草绘截面绕固定轴线旋转生成，扫描实体特征由草绘截面沿任意曲线扫描生成。

基础知识

1. 混合原理

拉伸、旋转和扫描实体特征有一个共同的特点：具有公共截面。

但是在实际生活中，还有很多物体结构更加复杂，不能满足上述要求。要创建这种实体特征可以通过下面的混合实体特征来实现。

任意一个物体总可以看成由不同形状和大小的截面按照一定顺序连接而成的，这个过程在 Creo 中称为混合。混合实体特征的创建方法丰富多样、灵活多变，是设计非规则形状物体的有效工具。

混合实体特征即由多个截面按照一定规范的顺序相连构成，图 3-110 所示实体模型由多个截面依次连接生成。如果将各个截面光滑过渡，最后生成的结果如图 3-111 所示。

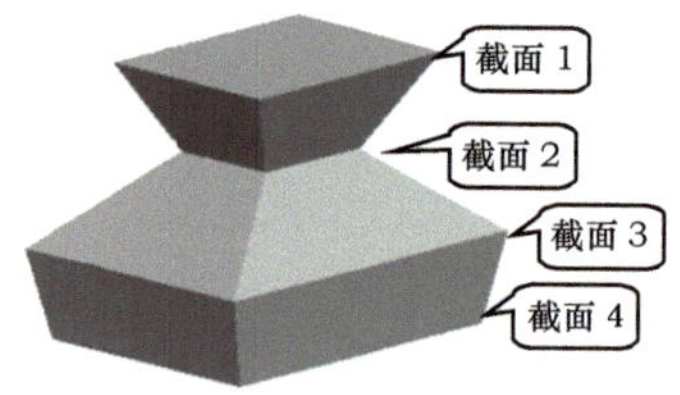

图 3-110 混合特征（1）

图 3-111 混合特征（2）

2. 混合特征对截面的要求

混合实体特征由多个截面相互连接生成，但是，并非使用任意一组截面都可以创建混合实体特征，其中基本要求之一就是各截面必须有相同的顶点数。

图 3-112 所示的 3 个截面，尽管其形状差异很大，但是由于都由 5 条边线（5 个顶点）组成，所以，可以用来生成混合实体特征，这是所有混合实体特征对截面的共同要求。

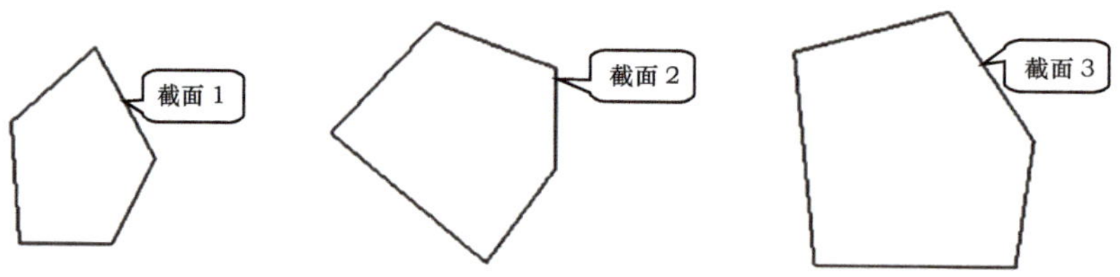

图 3-112 混合特征对截面的要求

3. 起始点

起始点是两个截面混合时的参照。两截面的起始点直接相连，其余各点再顺次相连。系统将把绘制截面时的第一个顶点设置为起始点，起始点处有一个箭头标记。

截面上的起始点在位置上要尽量对齐或靠近，否则最后创建的模型将发生扭曲变形，如图 3-113 所示。

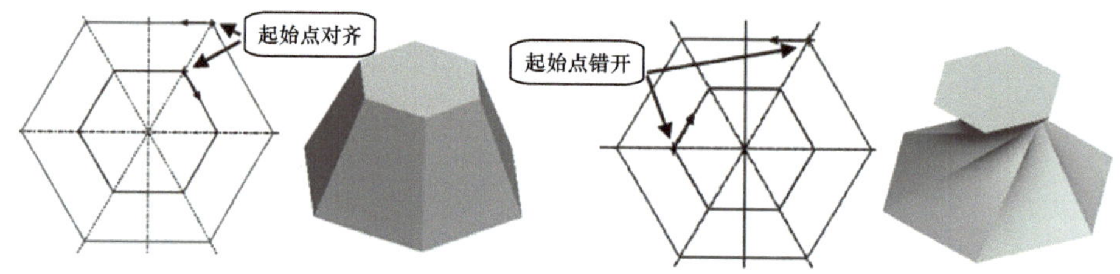

图 3-113 起始点设置示例

混合截面被激活（被选中）后，可以看到其上代表起始点的箭头，如图 3-114 所示，拖动该箭头可以调整起始点的位置，如图 3-115 所示。单击该箭头可以改变起始点的指向。

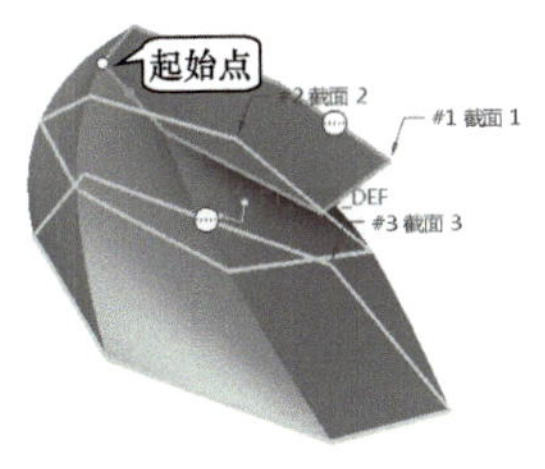

图 3-114　调整起始点（1）

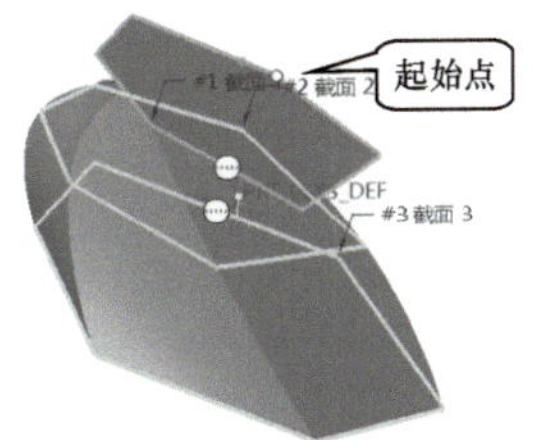

图 3-115　调整起始点（2）

4. 混合顶点

当某一截面的顶点数比其他截面少时，要能正确生成混合实体特征，必须使用混合顶点。这样，该顶点就可以当两个顶点来使用，同时和其他截面上的两个顶点相连。

要点提示

起始点不允许设置为混合顶点。

图 3-116 所示是使用混合顶点创建平行混合实体特征的示例。

5. 在截面上加入截断点

圆形截面没有明显的顶点，如果需要与其他截面混合生成实体特征，必须在其上加入与其他截面相同数量的截断点。使用【编辑】工具组中的 分割 工具在圆上插入截断点。图 3-117 中使用圆形截面和正六边形截面创建混合实体特征，在圆形截面上加入了 6 个截断点。

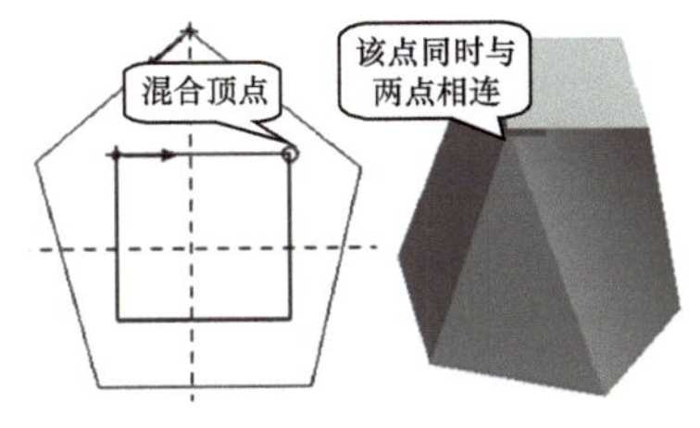

图 3-116　使用混合顶点

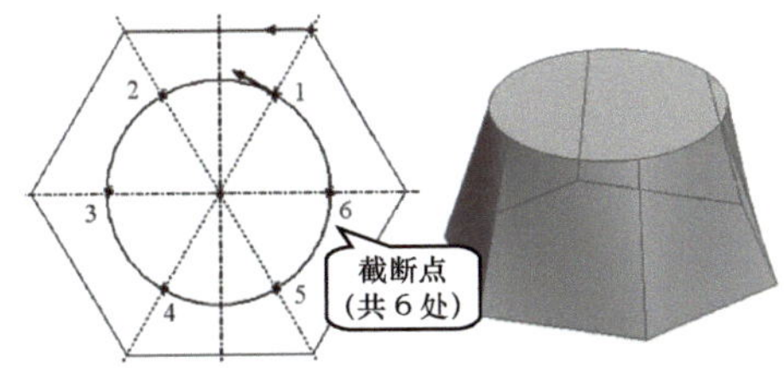

图 3-117　使用截断点

要点提示

圆周上插入的第一个截断点将作为混合时的起始点。

6. 混合实体特征的属性

为特征设置不同的属性可以获得不同的设计结果。在创建混和特征时，在设计面板中的【选项】下拉面板中可以设置以下 3 项属性。

- 直：各截面之间采用直线连接，截面间的过渡存在明显的转折。在这种混合实体特征中可以比较清晰地看到不同截面之间的转接。
- 平滑：各截面之间采用样条曲线连接，截面之间平滑过渡。在这种混合实体特征上看不到截面之间明显的转接。
- 封闭端：顺次连接各截面，形成旋转混合实体特征，同时，实体起始截面和终止截面相连组成封闭实体特征。

图 3-118 所示是不同属性的混合实体特征的对比。

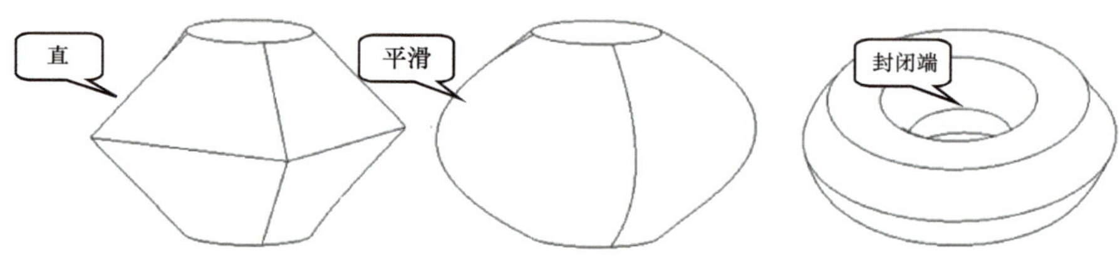

图 3-118　不同属性的特征示例

7. 混合建模工具

启动混合建模工具后，打开如图 3-119 所示的设计面板。

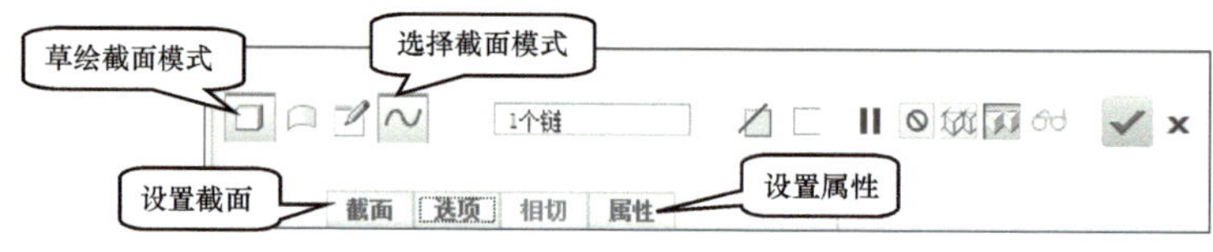

图 3-119　混合设计面板

创建混合特征的关键在于设置混合截面，主要有以下两种方式。

❶ 草绘混合截面

草绘混合截面创建混合特征的一般步骤如下。

a. 确保在工具面板中单击 按钮，进入草绘截面模式。

b. 进入草绘模式绘制第 1 个截面图，完成后退出草绘模式。

c. 设置第 1 个截面到第 2 个截面之间的距离。

d. 进入草绘模式绘制第 2 个截面图，完成后退出草绘模式。

e. 设置第 2 个截面到第 3 个截面之间的距离。

f. 进入草绘模式绘制第 3 个截面图，完成后退出草绘模式。

g. 使用类似方法继续创建其他截面，直至完成特征创建。

❷ 选择混合截面

如果事先已经创建好了混合截面，可以按照以下步骤创建混合特征。

a. 选取第 1 个截面。

b. 选取第 2 个截面。

c. 选取第 3 个截面。

d. 使用类似方法继续选取其他截面，直至完成特征创建。

扩展知识——扫描混合原理

扫描混合建模原理兼有扫描和混合两个建模方法的特点。扫描时，截面沿着轨迹线运动形成特征；混合时，将多个截面顺次相连。而扫描混合时，在一条扫描轨迹线上安排多个截面，这些截面沿着扫描线平滑过渡。

扫描混合的建模原理如图 3-120 所示。

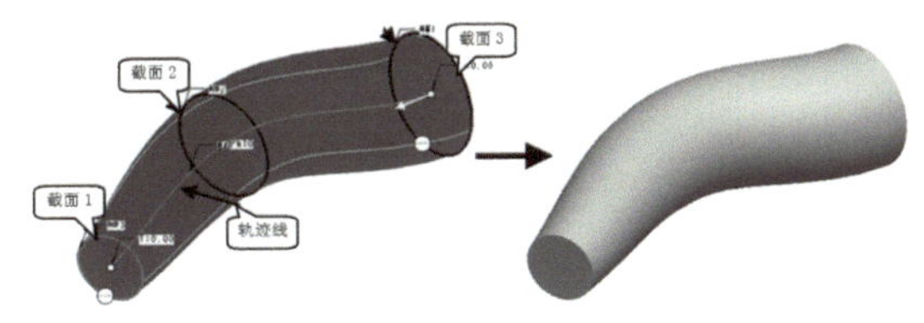

图 3-120 扫描混合原理

1. 选取轨迹线

在创建扫描混合特征之前，首先需要确定轨迹线，可以选取已经创建的基准曲线或者实体模型的边线作为轨迹线。至少要选取一条“原点”轨迹，其余的轨迹线可以作为“次要的”轨迹线。

2. 绘制混合截面

选取轨迹线后，接下来依次创建截面图。首先，在轨迹线上选取一个参照点，在工具面板中展开【截面】下拉面板，单击 草绘 按钮，进入草绘模式，绘制第 1 个截面图，然后指定下一个参照点，单击 插入 按钮，插入新的截面，再单击 草绘 按钮，绘制下一个截面图。

重复该步骤直到完成全部截面图的创建。在轨迹线上，曲线的始末端点以及其上创建的基准点等都可以作为绘制草绘截面的参考点。

基础训练——创建混合实体模型

本例将使用混合方法创建一个实体模型，如图 3-121 所示。

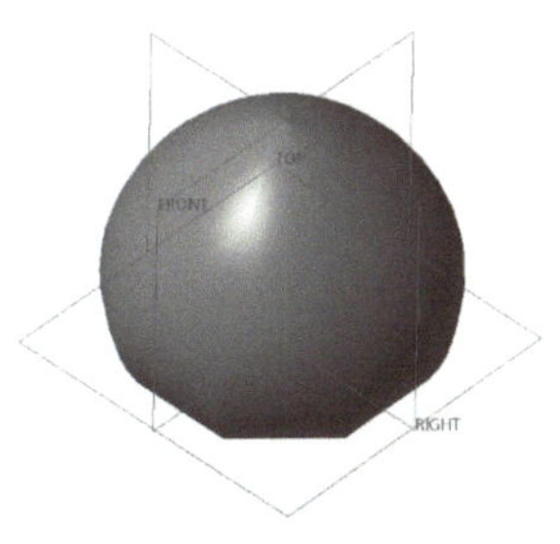

图 3-121 穹顶模型

【操作步骤】

1. 新建文件

创建混合实体模型

新建名为“mixed_ model”的零件文件，随后进入三维设计环境。

2. 创建第1个截面

STEP01 在【形状】工具组中单击 混合 按钮（单击 形状 按钮，从下拉面板中选取），打开混合设计工具面板。

STEP02 展开【截面】下拉面板，单击其右侧的 定义... 按钮，打开【草绘】对话框，选取基准平面 TOP 作为草绘平面，接受默认参照进入草绘模式。

要点提示

单击 混合 按钮启动混合设计工具后，也可以在设计界面空白处长按鼠标右键，在弹出的快捷菜单中选取【定义内部草绘】命令，打开【草绘】对话框，这样更加便捷。

STEP03 使用（选项板）工具绘制如图 3-122 所示的边长为 100.00 的正八边形截面，完成后退出草绘模式。

STEP04 在工具面板上设置该截面到下一截面的距离为 100.00，如图 3-123 所示。

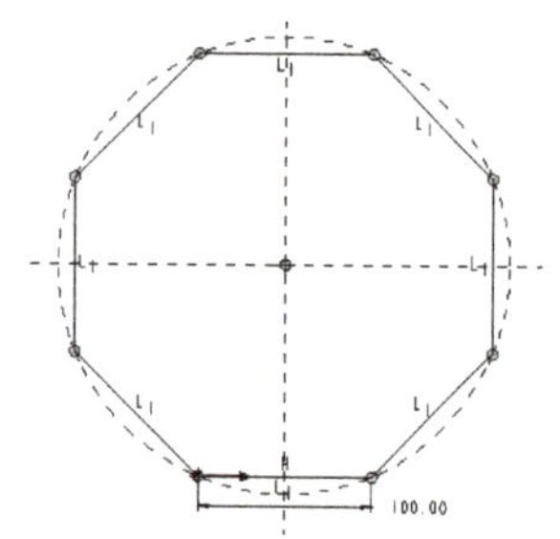

图 3-122 绘制正八边形截面

图 3-123 设置距离

3. 创建第2个截面图

STEP01 展开【截面】下拉面板，单击右侧的 定义... 按钮，进入草绘模式。

STEP02 绘制第 2 个截面图。使用圆工具绘制一个圆，修改其直径尺寸到 300.00，如图 3-124 所示。

STEP03 继续使用中心线工具绘制 4 条中心线，如图 3-125 所示。

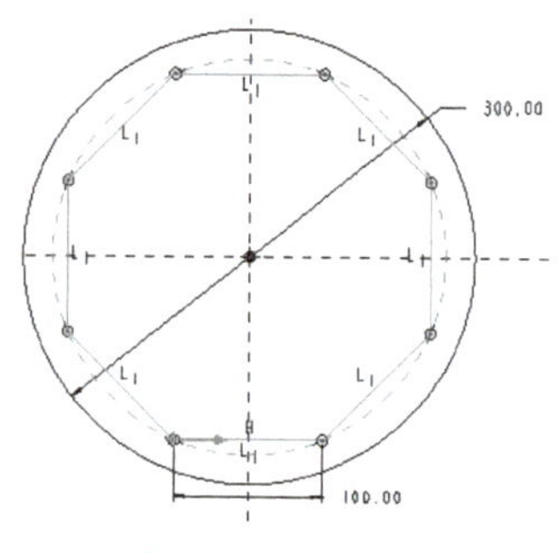

图 3-124 绘制圆

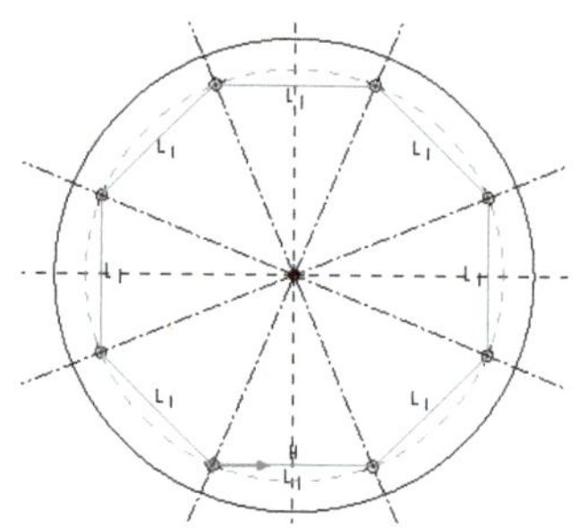

图 3-125 绘制中心线

STEP04 使用 分割 工具在中心线和圆的交点处插入分割点。注意，第一个点要与正八边形上的起始点位置相对应，否则，最后创建的模型将发生扭曲变形，如图 3-126 所示。

4. 创建第3个截面

STEP01 展开【截面】下拉面板，在左侧的截面列表中单击鼠标右键，在弹出的快捷菜单中选取【新建截面】命令，如图 3-127 所示。

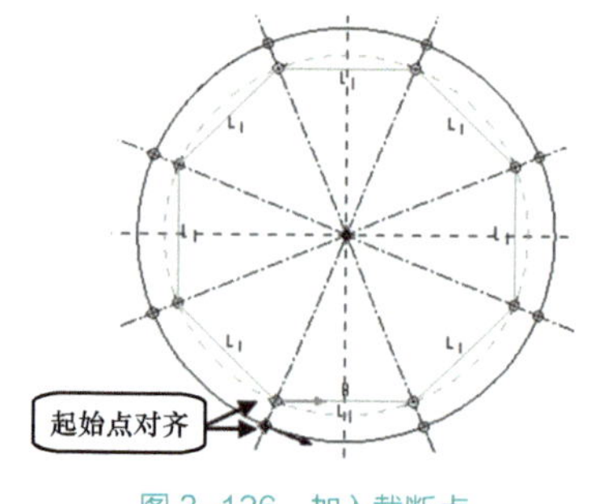

图 3-126 加入截断点

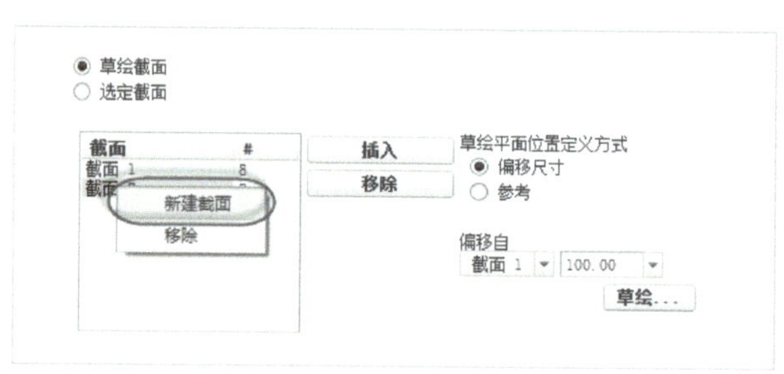

图 3-127 设置距离

STEP02 在工具面板上设置该截面到下一截面的距离为 100.00，如图 3-128 所示。

STEP03 单击右侧的 草绘... 按钮，进入草绘模式。

STEP04 绘制第 3 个截面图。使用圆工具绘制一个圆，修改其直径尺寸到 180.00，如图 3-129 所示。

图 3-128 新建截面

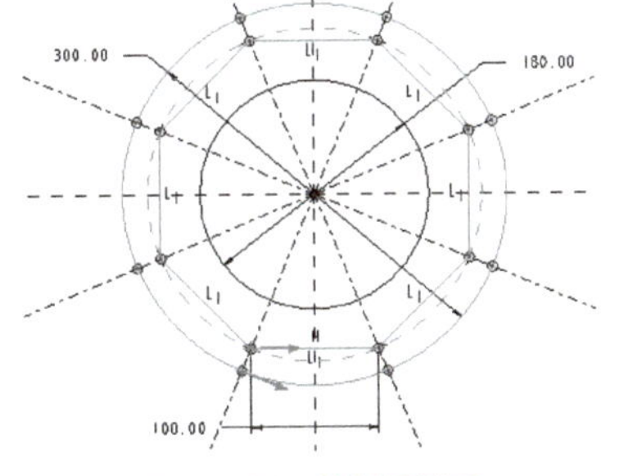

图 3-129 绘制圆截面

STEP05 用与步骤 3（4）相同的方法在圆上插入 8 个分割点，注意起始点的设置，如图 3-130 所示。

5. 创建第4个截面

STEP01 展开【截面】下拉面板，在左侧的截面列表中单击鼠标右键，在弹出的快捷菜单中选取【新建截面】命令。

STEP02 在工具面板上设置该截面到下一截面的距离为 50.00，如图 3-131 所示。

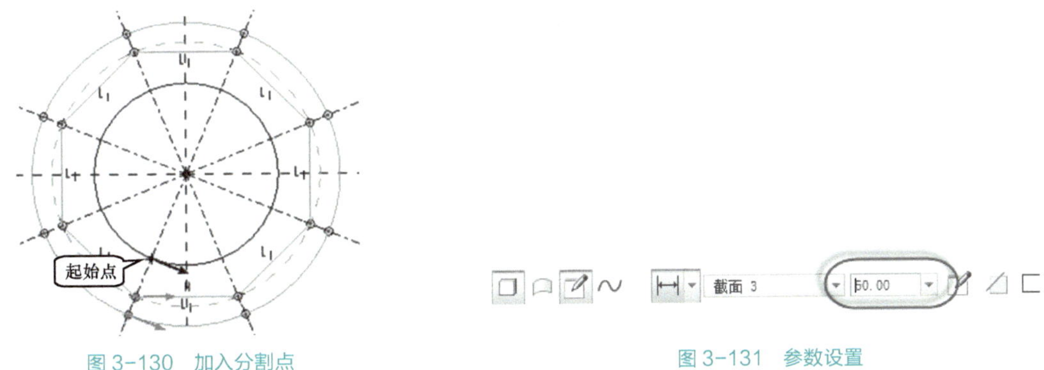

图 3-130 加入分割点

图 3-131 参数设置

STEP03 使用 点 工具在圆心处绘制一个点，如图 3-132 所示，完成后退出草绘模式。

STEP04 在混合面板中单击 ✔ 按钮，完成最终的实体特征。

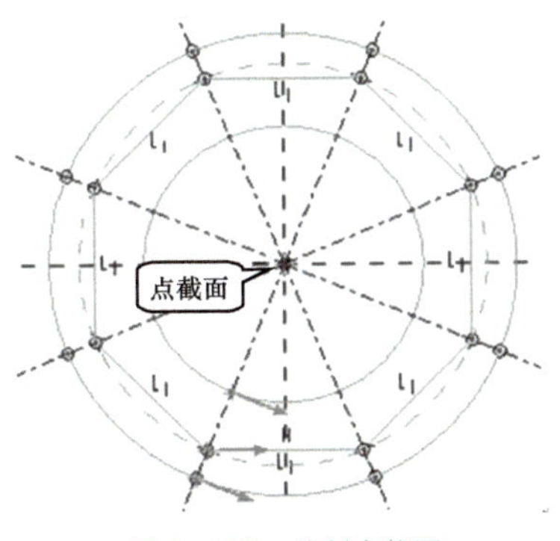

图 3-132 绘制点截面

创建混合实体特征时，系统将按照各截面绘制的先后顺序将其连接生成实体特征。因此，在绘制截面图时，应该从模型一端的截面开始依次绘制各截面，直到另一端面所在的截面。另外，每一截面绘制完成后都必须进行尺寸标注，以确定截面的大小。

3.2 典型实例

本节将介绍一组典型实体模型的创建过程，以帮助读者进一步熟悉各种基础实体特征的创建方法，巩固练习基本实体建模设计工具的使用。

传动轴设计

3.2.1 范例解析 1——传动轴设计

本例将主要使用基础实体特征的创建方法创建传动轴模型，设计结果如图 3-133 所示。

图 3-133 传动轴

【操作步骤】

1. 新建零件文件

新建名称为 Shaft 的零件文件，使用默认设计模板进入三维建模环境。

2. 创建旋转特征

STEP01 单击 旋转 按钮，启动旋转设计工具。

STEP02 在设计界面空白处长按鼠标右键，选择弹出菜单中的【定义内部草绘】选项。

STEP03 选取 TOP 作为草绘平面，单击鼠标中键。

STEP04 绘制图 3-134 所示的草绘截面，随后退出草绘环境。

STEP05 单击鼠标中键创建旋转特征，结果如图 3-135 所示。

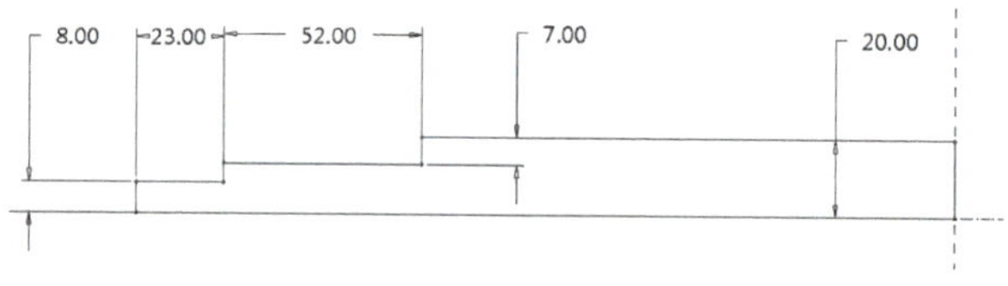

图 3-134 二维图形

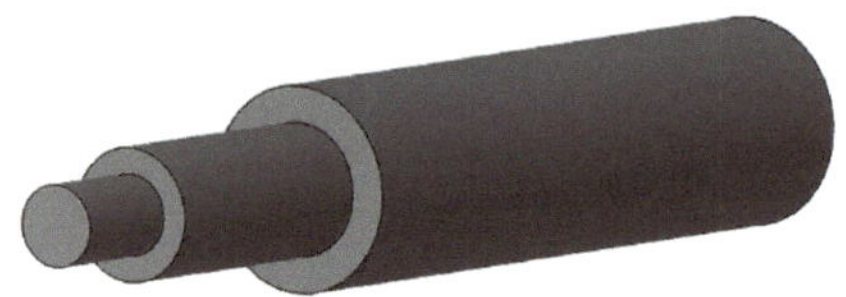
图 3-135 三维实体模型

3. 创建旋转剪切特征（1）

STEP01 单击 旋转 按钮，启动旋转设计工具。

STEP02 选取 TOP 作为草绘平面，单击鼠标中键。

STEP03 绘制图 3-136 所示的草绘截面，随后退出草绘环境。

STEP04 单击鼠标中键创建旋转特征，结果如图 3-137 所示。

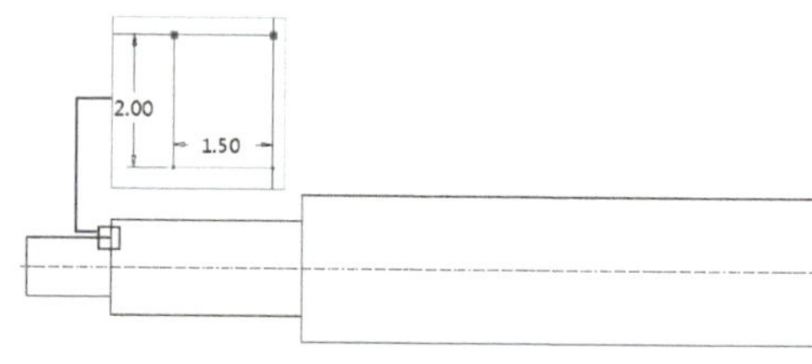

图 3-136 绘制截面图

图 3-137　三维实体模型

4. 创建旋转剪切特征（2）

STEP01 单击 旋转 按钮启动旋转设计工具。

STEP02 选取 TOP 作为草绘平面，单击鼠标中键。

STEP03 绘制图 3-138 所示的草绘截面，随后退出草绘环境。

STEP04 单击鼠标中键创建旋转特征，结果如图 3-139 所示。

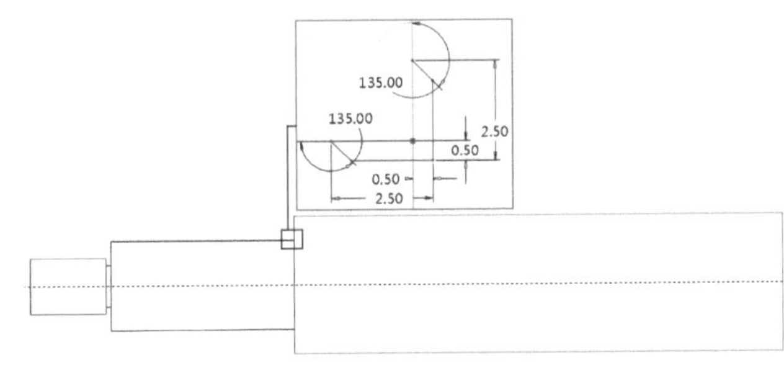

图 3-138　绘制截面图

图 3-139　三维实体模型

5. 创建基准平面（1）

STEP01 单击 按钮，启动基准平面设计工具。

STEP02 将基准平面 FRONT 平移距离 9.00 后创建基准平面 DTM1，结果如图 3-140 所示。

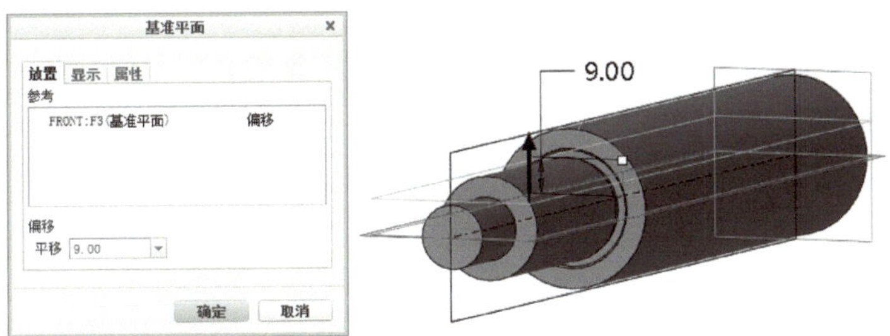

图 3-140　新建基准平面

6. 创建拉伸剪切特征

STEP01 单击 按钮，启动拉伸设计工具。

STEP02 选取 DTM1 作为草绘平面，单击鼠标中键。

STEP03 绘制图 3-141 所示的草绘截面，随后退出草绘环境。

STEP04 输入拉伸切除深度为 50。单击 按钮调整特征生成方向。

STEP05 单击鼠标中键创建拉伸特征，结果如图 3-142 所示。

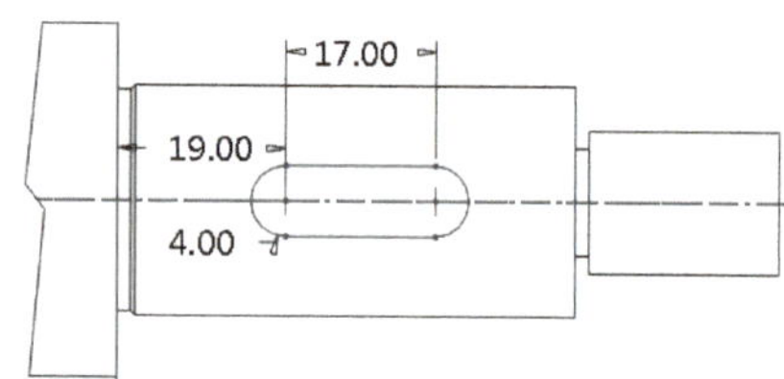

图 3-141 绘制截面图

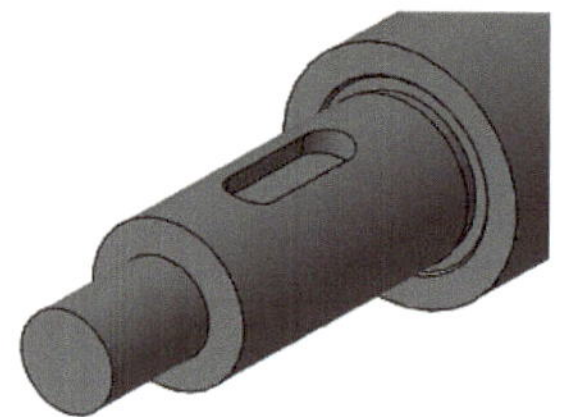
图 3-142 三维实体模型

7. 创建旋转剪切特征（3）

STEP01 单击 旋转 按钮，启动旋转设计工具。

STEP02 选取 FRONT 作为草绘平面，单击鼠标中键。

STEP03 绘制图 3-143 所示的草绘截面，随后退出草绘环境。

STEP04 单击鼠标中键创建旋转特征，切换模型以线框显示，结果如图 3-144 所示。

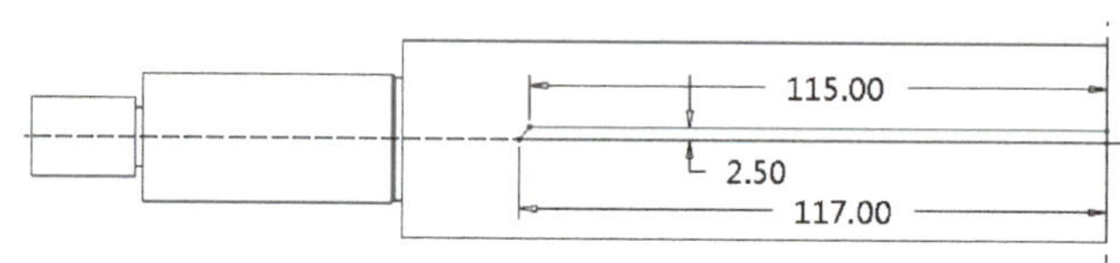

图 3-143 绘制截面图

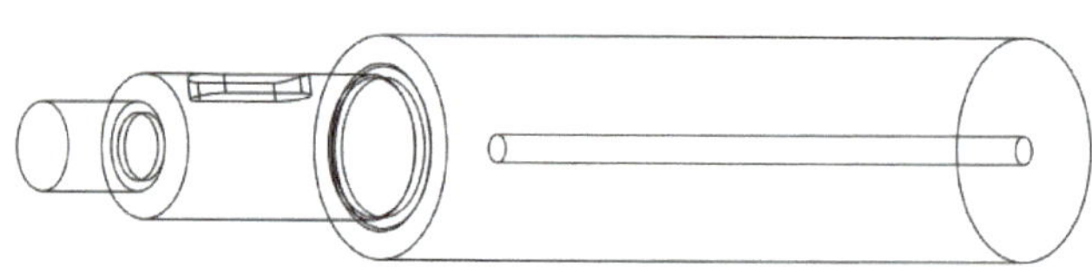
图 3-144 三维实体模型

8. 创建孔特征（1）

STEP01 单击 孔 按钮，启动孔设计工具。

STEP02 在操作面板中单击 放置 按钮，按照图 3-145 所示选取参照 1（轴心线）和参照 2 创建同轴孔。

STEP03 设置孔的直径为 16，深度为 40。

STEP04 单击鼠标中键创建孔特征，结果如图 3-146 所示。

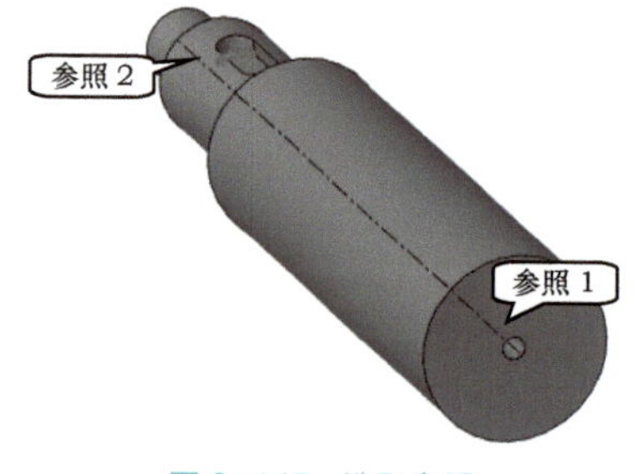

图 3-145 选取参照

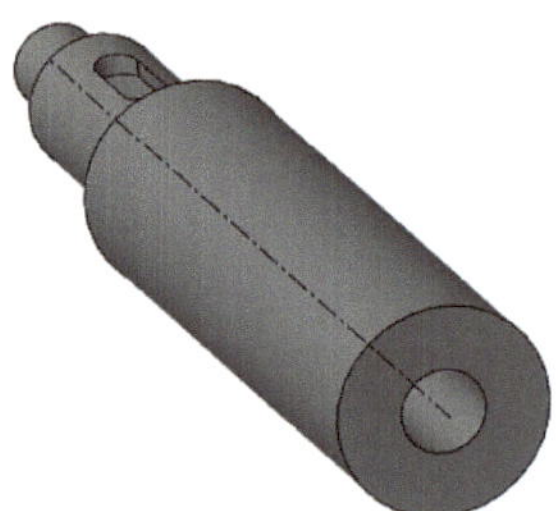
图 3-146 创建孔

要点提示

孔特征特征属于工程特征，用于在实体模型上创建孔，本例中先选取轴线参照（作为孔的中心线），然后设置孔的直径和深度即可。其具体设计方法将在下一章详细介绍。

9. 创建旋转剪切特征（4）

STEP01 单击 按钮，启动旋转设计工具。

STEP02 选取 FRONT 作为草绘平面，单击鼠标中键。

STEP03 绘制如图 3-147 所示的草绘截面，随后退出草绘环境。

STEP04 单击鼠标中键创建旋转特征，切换模型以线框显示，结果如图 3-148 所示。

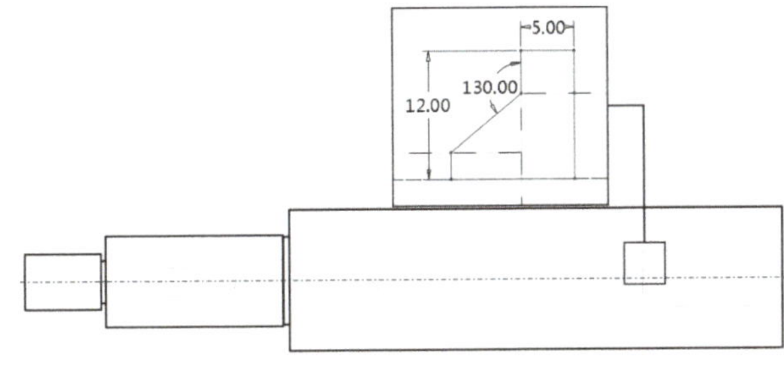

图 3-147　绘制截面图

要点提示

想一想，这里绘制的截面图有什么特点？

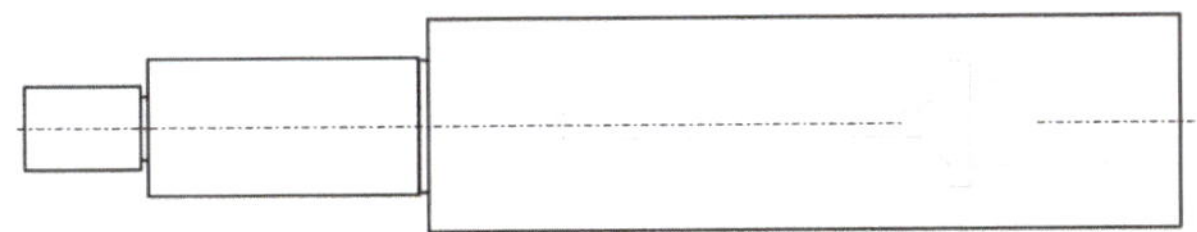

图 3-148　三维实体模型

10. 创建基准平面（2）

STEP01 单击按钮，启动基准平面设计工具。

STEP02 将图 3-149 所示的平面平移 125，创建基准平面 DTM2。

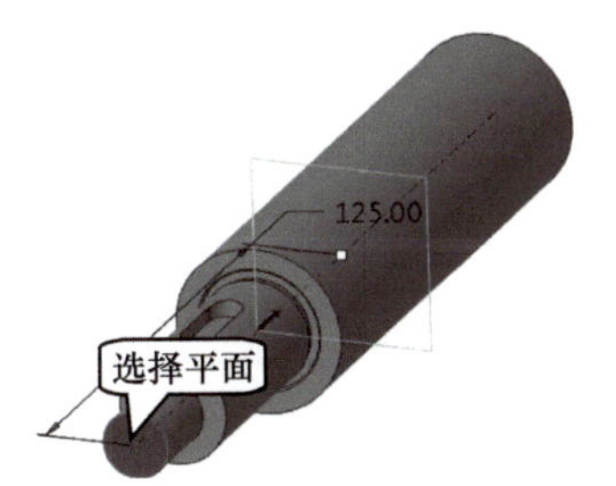

图 3-149　新建基准平面

11. 创建基准轴

STEP01 单击 按钮，启动基准轴设计工具。

STEP02 按住Ctrl键，选择 DTM2 和 FRONT 为参考平面。

STEP03 单击鼠标中键创建基准轴，结果如图 3-150 所示。

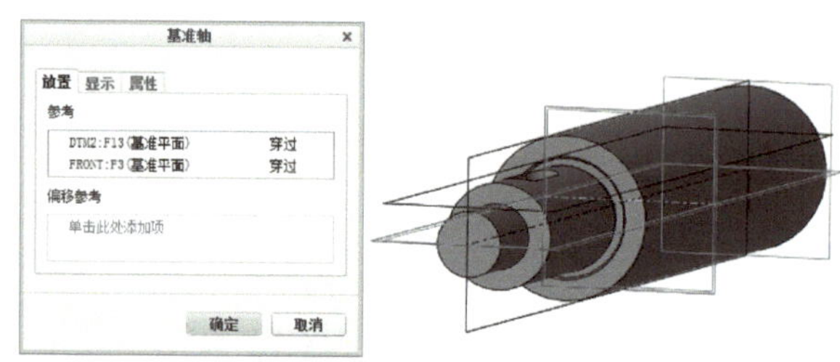

图 3-150 新建基准轴

12. 创建孔特征（2）

STEP01 单击 按钮，启动孔特征设计工具。

STEP02 按Ctrl键，选取 TOP 面和上一步创建的基准轴作为参照。

STEP03 设置孔的直径为 5，深度为 。

STEP04 单击鼠标中键创建孔特征，结果如图 3-151 所示。

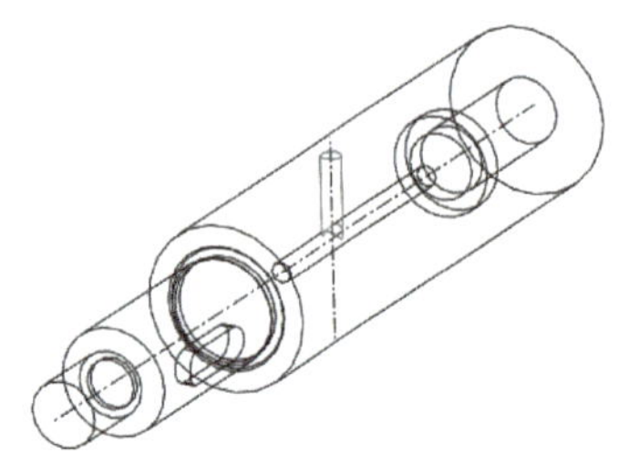

图 3-151 创建孔

图 3-152 选取参照（1）

13. 创建倒角特征

STEP01 单击倒角按钮，启动倒角设计工具。

STEP02 选取图 3-152 所示的边，创建倒角集 1，设置倒角参数值为 1。

STEP03 在操作面板中单击 集 按钮，在弹出的面板中单击*新建集命令。选取图 3-153 所示的边，创建倒角集 2，设置倒角参数值为 2。

STEP04 再次在弹出的面板中单击【新组】命令，选取图 3-154 所示的边，创建倒角集 3，设置倒角参数值为 3。

图 3-153 选取参照（2）

图 3-154 选取参照（3）

STEP05 单击鼠标中键，完成创建。

要点提示

倒角特征特征属于工程特征，用于在实体模型上创建斜角，以便于零件装配，本例中先选取倒角参照（如实体边线），然后设置斜角大小即可。其具体设计方法将在下一章详细介绍。

3.2.2 范例解析 2——创建储物盒

本例将继续使用多种特征建模方法创建一个储物盒，设计结果如图 3-155 所示。

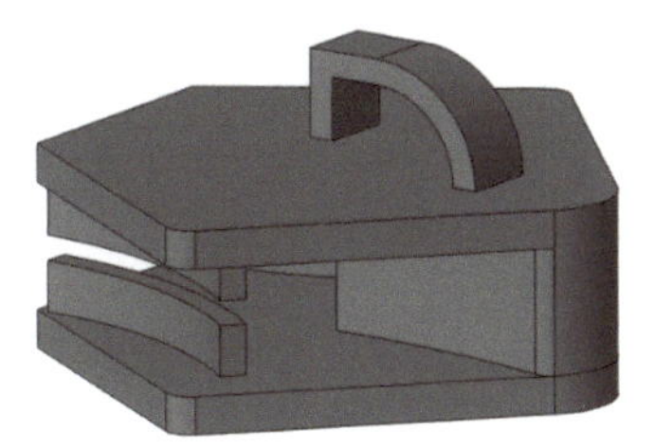

图 3-155 储物盒

【操作步骤】

1. 新建文件

单击按钮，新建一个名为 Box 的零件文件。

2. 创建拉伸实体特征

STEP01 在【形状】工具组中单击按钮，打开【拉伸】操控面板，选取 FRONT 基准平面作为草绘平面。

STEP02 按照以下步骤绘制草图。

- 如图 3-156 所示，使用矩形（中心矩形）工具绘制一个矩形。
- 如图 3-157 所示，使用弧和样条工具绘制图形。注意，两条样条曲线的尺寸要一致，可以使用镜像工具来创建。

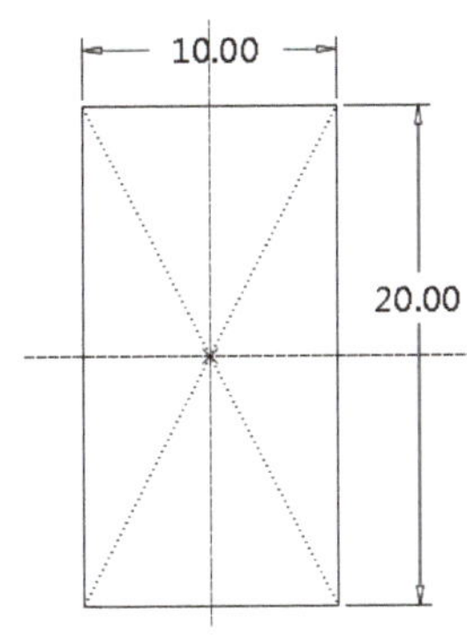

图 3-156 绘制矩形

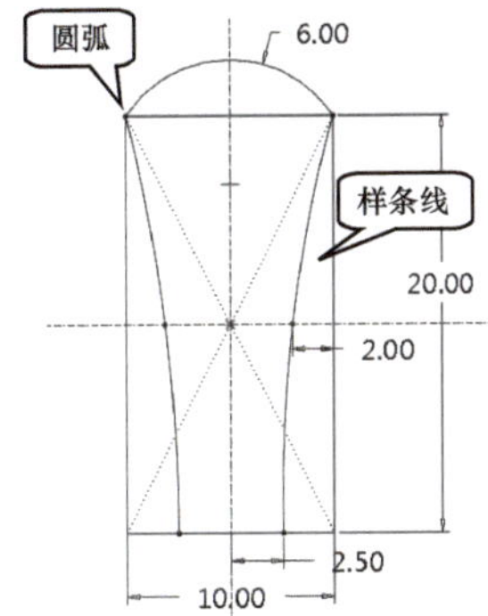

图 3-157 绘制圆弧和样条线

- 使用删除段工具裁减多余线条，最后得到的草图如图 3-158 所示。
- 如图 3-159 所示，使用圆角工具创建圆角。完成后退出草绘模式。

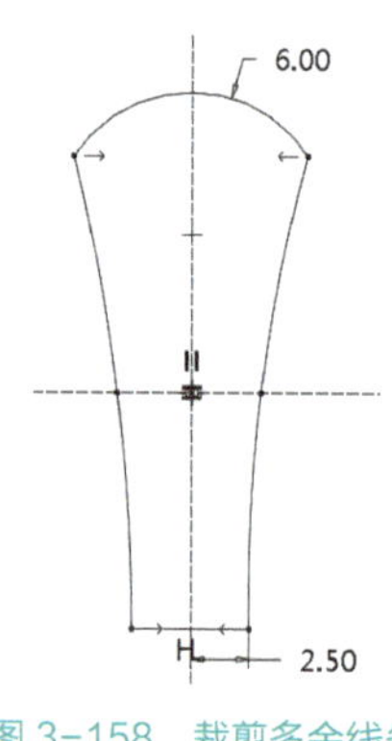

图 3-158　裁剪多余线条

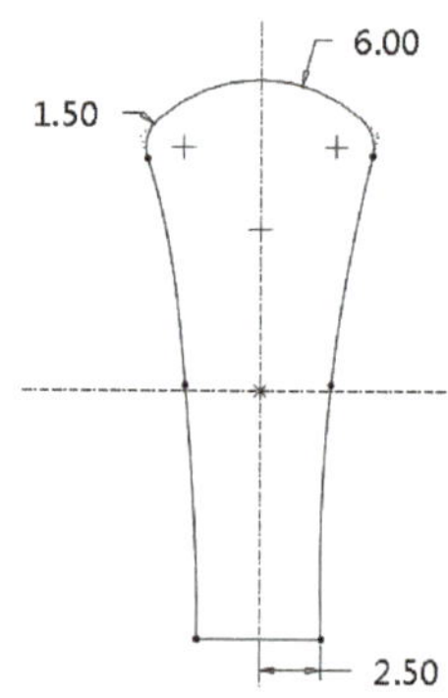

图 3-159　绘制圆角

STEP03 按照如图 3-160 所示设置特征参数，最后创建的拉伸实体模型如图 3-161 所示。

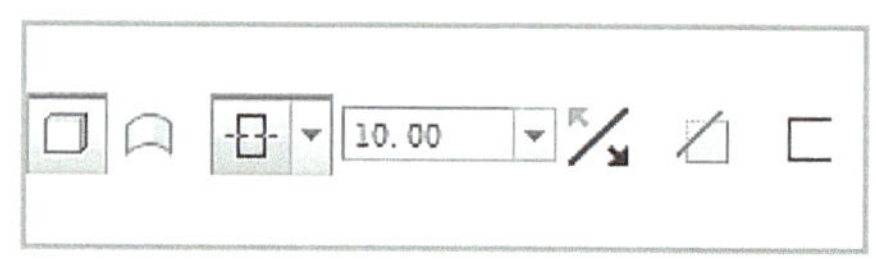

图 3-160　设置特征参数

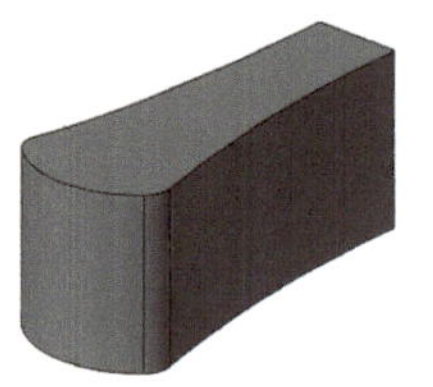
图 3-161　创建拉伸实体特征

3. 创建第二个拉伸实体特征

STEP01 启动拉伸工具，选取如图 3-162 所示的模型上表面作为草绘平面。

STEP02 在草绘平面内绘制如图 3-163 所示的草图，完成后退出草绘模式。

图 3-162　选取草绘平面

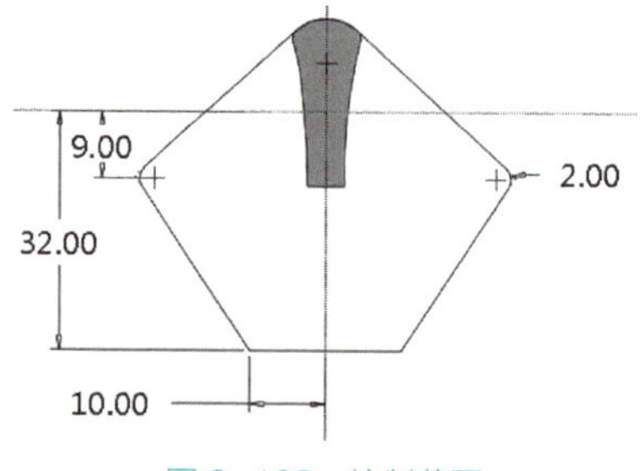

图 3-163　绘制草图

STEP03 按照如图 3-164 所示设置特征参数，最后创建的拉伸实体模型如图 3-165 所示。

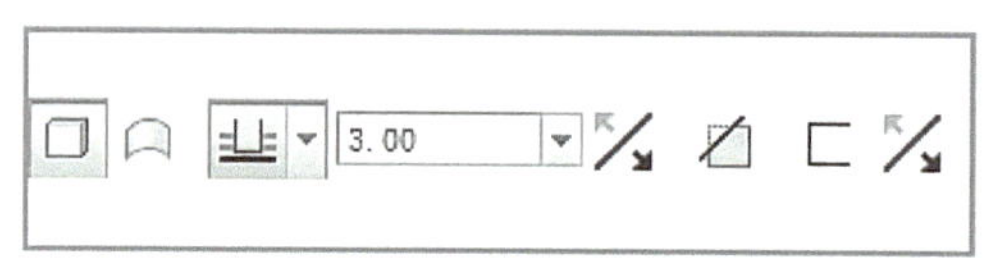

图 3-164　设置拉伸参数

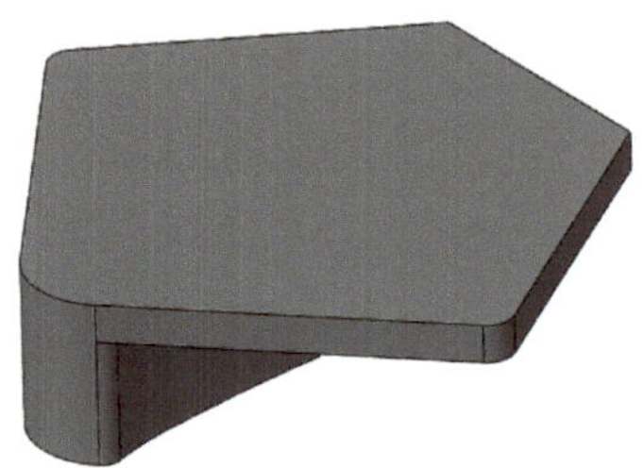
图 3-165　最后创建的设计结果

4. 创建镜像实体特征

STEP01 选中第二个拉伸实体特征作为镜像复制对象，然后在右工具箱上单击镜像按钮，打开镜像设计图标板。

STEP02 选取基准平面 FRONT 作为镜像平面，如图 3-166 所示，镜像结果如图 3-167 所示。

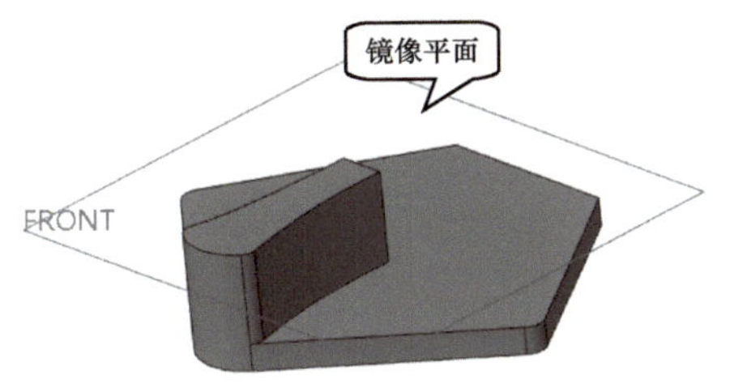

图 3-166　选取镜像平面

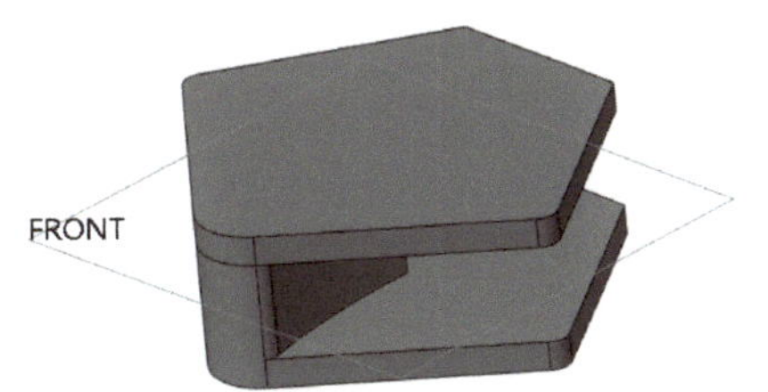

图 3-167　镜像实体特征

5. 创建扫描轨迹线

STEP01 在右工具箱上单击按钮，打开【草绘】对话框，选取如图 3-168 所示的平面作为草绘平面，设置参考方向向右，其他放置参照接受系统默认选项，如图 3-169 所示。然后在【草绘】对话框中单击 草绘 按钮，进入二维草绘模式。

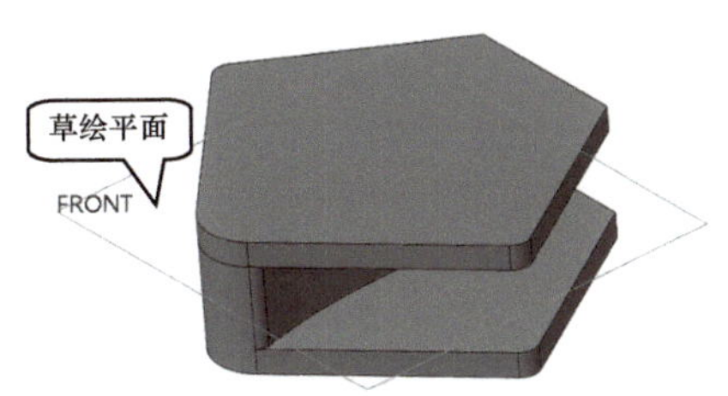

图 3-168　选取草绘平面

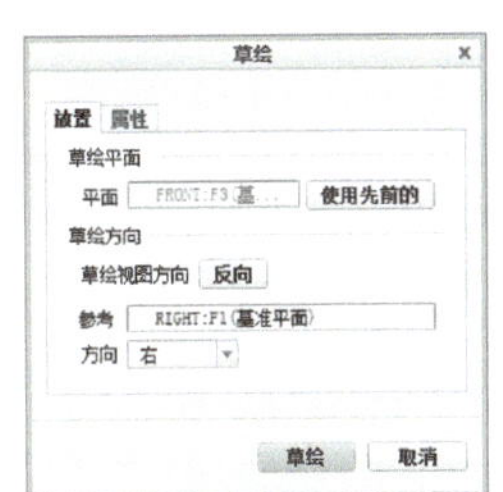

图 3-169 【草绘】对话框

STEP02 使用样条工具绘制如图 3-170 所示的曲线，完成后退出草绘模式，最后创建的轨迹曲线如图 3-171 所示。

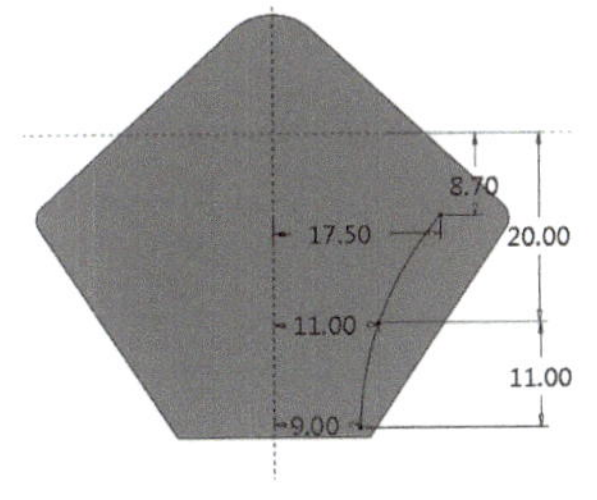

图 3-170　绘制扫描轨迹

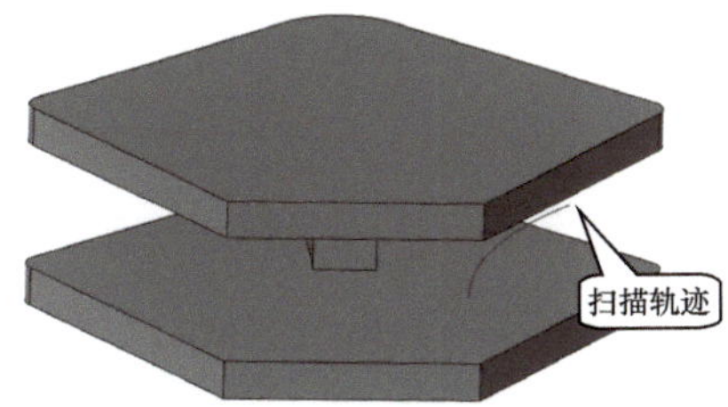

图 3-171　创建扫描轨迹

6. 创建扫描实体特征

STEP01 在【形状】工具组中单击扫描按钮，打开【扫描】操控面板。

STEP02 在【扫描】操控面板中单击 参考 打开【扫描轨迹】对话框，在轨迹栏中激活"选择项"选项，选取上一步创建的草绘曲线作为轨迹线，如图 3-172 所示。默认系统的扫描方向如图 3-173 所示。

图 3-172　扫描轨迹对话框

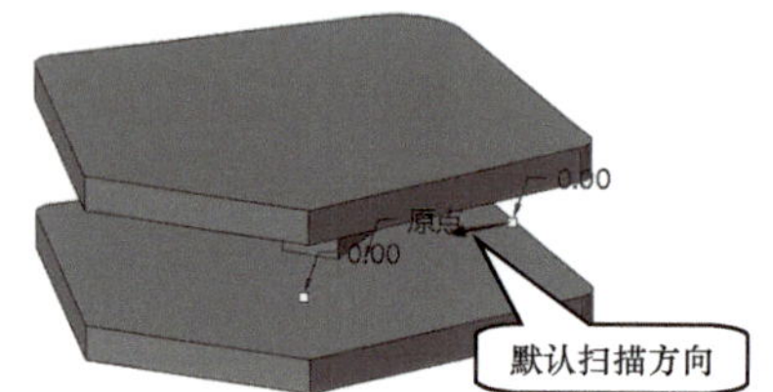

图 3-173　扫描轨迹

STEP03 在扫描操控面板中单击 按钮，进入二维草绘模式，绘制如图 3-174 所示的草图，完成后单击【确定】按钮退出草绘模式。

STEP04 在模型对话框中单击 按钮，创建扫描实体特征，结果如图 3-175 所示。

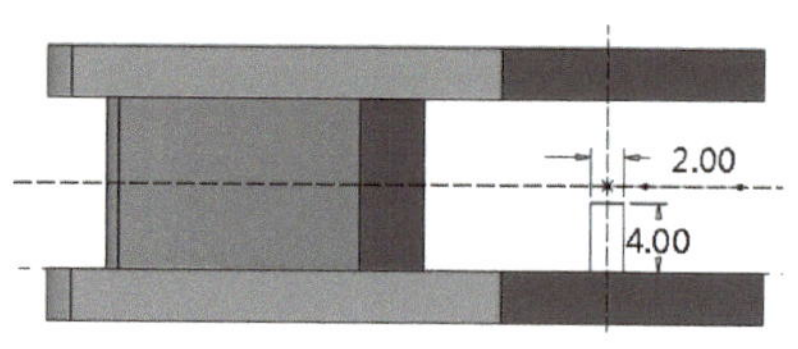

图 3-174　绘制扫描截面

图 3-175　扫描伸出项

7. 镜像复制特征

STEP01 选中前面创建的扫描特征作为镜像复制对象，然后在右工具箱上单击 镜像 按钮，打开镜像设计图标板。

STEP02 选取基准平面 FRONT 作为镜像平面，如图 3-176 所示，镜像结果如图 3-177 所示。

图 3-176　选取镜像参照

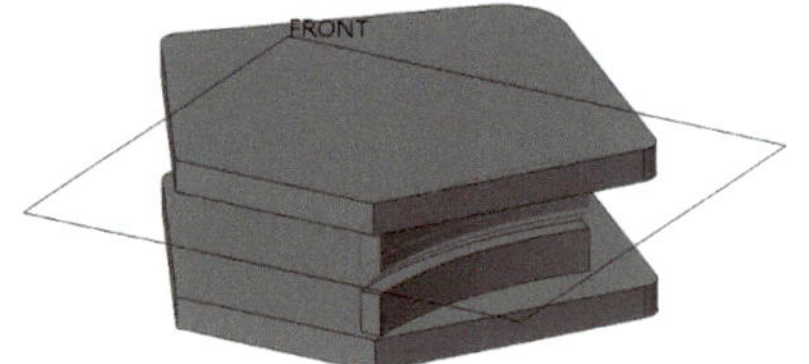

图 3-177　镜像结果

STEP03 按住 Ctrl 键，选取前面已经创建的两个扫描特征作为镜像复制对象，选取基准平面 RIGHT 作为镜像平面，如图 3-178 所示，镜像结果如图 3-179 所示。

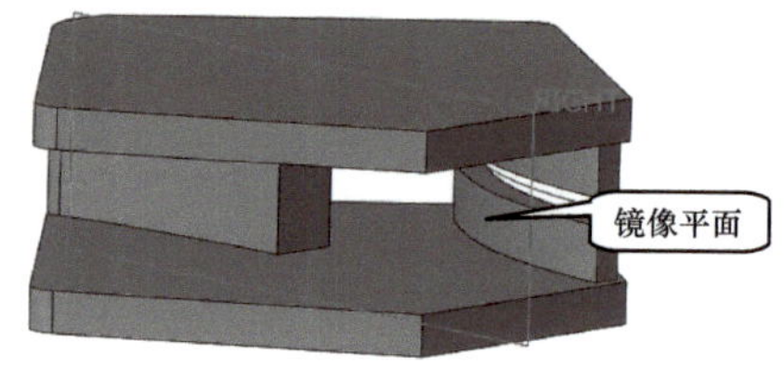

图 3-178　选取镜像参照

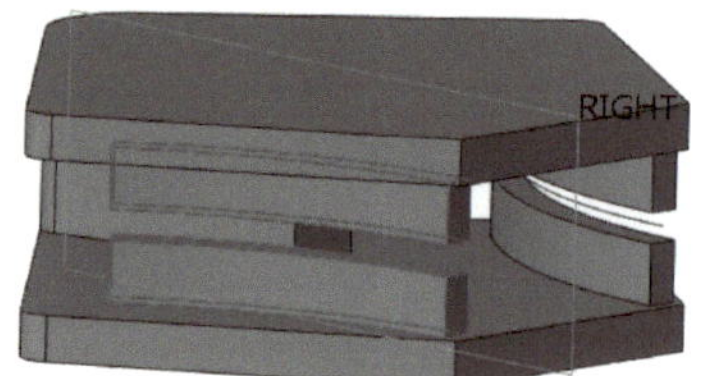

图 3-179　镜像结果

8. 创建拉伸实体特征

STEP01 启动拉伸工具，选取 RIGHT 基准平面作为草绘平面。

STEP02 在草绘平面内绘制如图 3-180 所示的草图，完成后退出草绘模式。

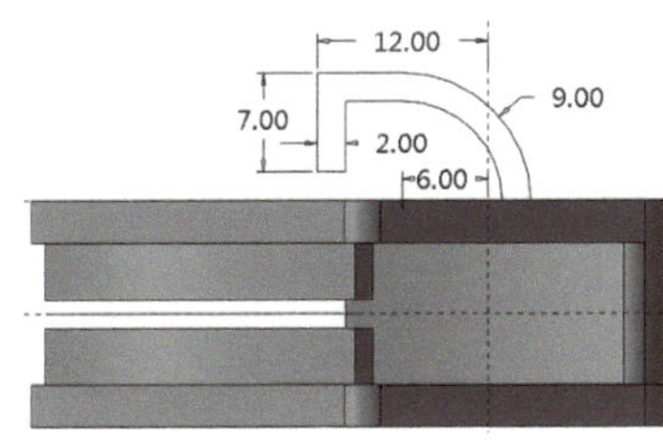

图 3-180 绘制草图

STEP03 按照如图 3-181 所示设置拉伸参数，最后创建的模型如图 3-182 所示。

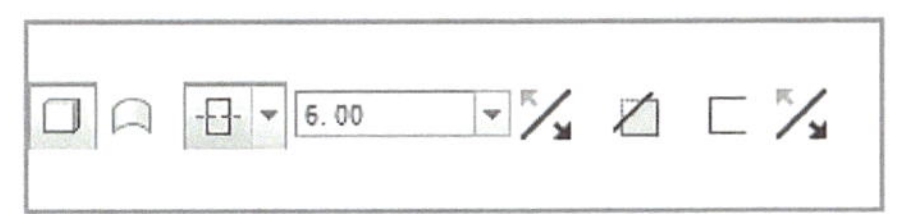

图 3-181 设置拉伸参数

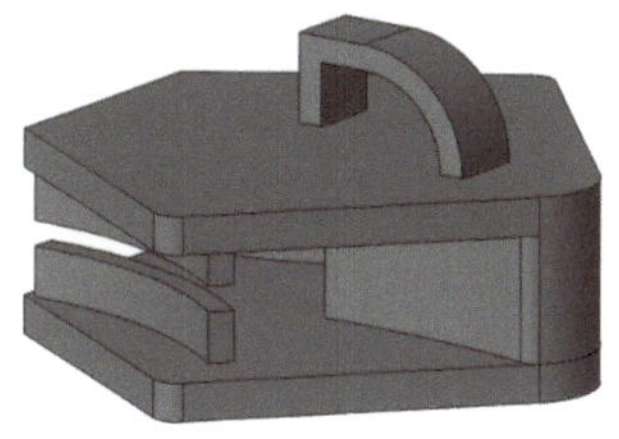

图 3-182 最后创建的设计结果

3.2.3 范例解析 3——创建支架零件

本例将通过创建支架零件来介绍如何选取特殊平面作为草绘平面，以及在不同设计条件下确定特征深度的方法，设计结果如图 3-183 所示。

创建支架零件

图 3-183 支架零件

【操作步骤】

1. 新建零件文件

单击 按钮，新建一个名为 bracket 的零件文件。

2. 创建拉伸实体1

STEP01 在【形状】工具组中单击 按钮，打开【拉伸】参数面板，选取 TOP 基准平面作为草绘平面。

STEP02 绘制图 3-184 所示的截面图，完成后退出草绘模式。

STEP03 设置拉伸深度为 300，最后创建的拉伸特征如图 3-185 所示。

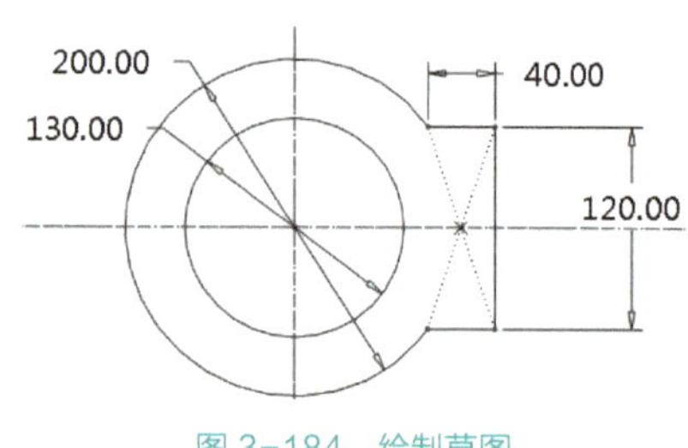

图 3-184　绘制草图

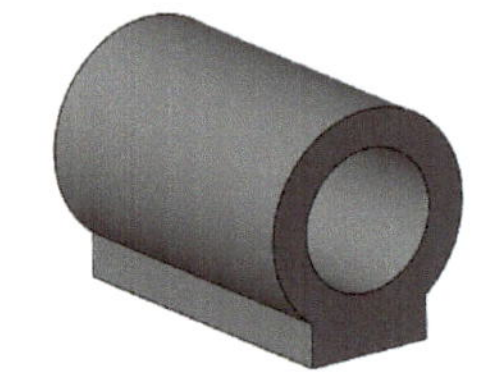
图 3-185　拉伸实体特征（1）

3. 创建DTM1基准平面

STEP01 在【基准】工具组中单击 （平面）按钮，打开【基准平面】对话框。

STEP02 在模型上选取轴线 A_1，再按住Ctrl键选取基准平面 FRONT，在基准平面下部的【旋转】文本框中输入旋转角度为 150，如图 3-186 所示。

STEP03 预览无误后，单击 确定 按钮完成 DTM1 的创建，如图 3-187 所示。

图 3-186　选取参照

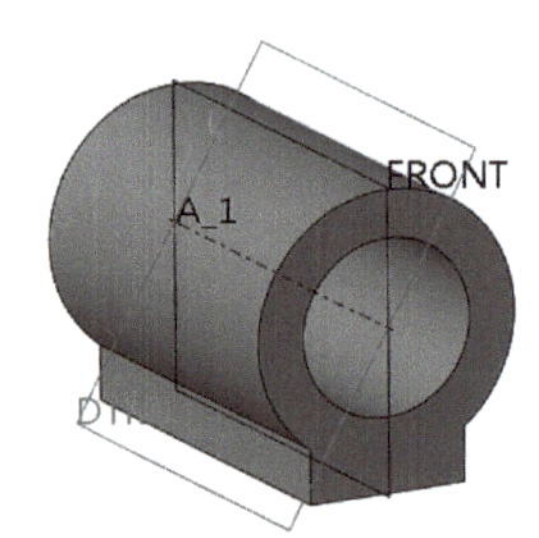

图 3-187　DTM1 基准平面

4. 创建DTM2基准平面

STEP01 在【基准】工具组中单击 （平面）按钮，打开【基准平面】对话框。

STEP02 选取第 3 步创建的基准平面 DTM1（见图 3-187），在底部文本框中设置平移数值为 500，如图 3-188 所示。

STEP03 单击 确定 按钮，即可将选定基准平面平移指定距离，创建新的基准平面，如图 3-189 所示。

图 3-188　设置基准平面参数

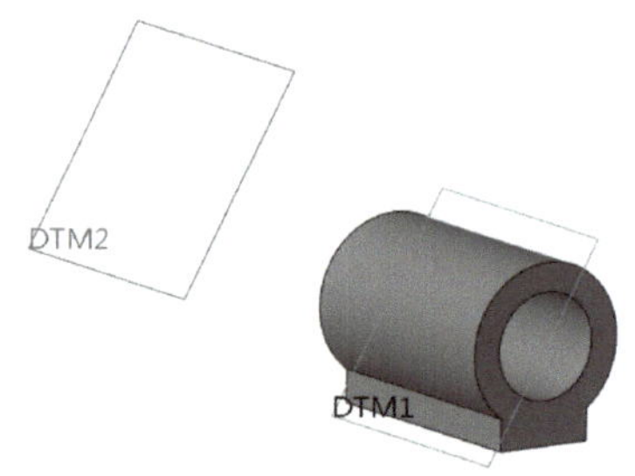

图 3-189　DTM2 基准平面

5. 创建拉伸实体（2）

STEP01 启动拉伸工具，选取基准平面 DTM2 作为草绘平面。

STEP02 绘制图 3-190 所示的截面图，完成后退出草绘模式。

STEP03 系统默认的特征生成方向指向模型外部，如图 3-191 所示，单击黄色箭头或单击按钮，使之指向模型内侧。

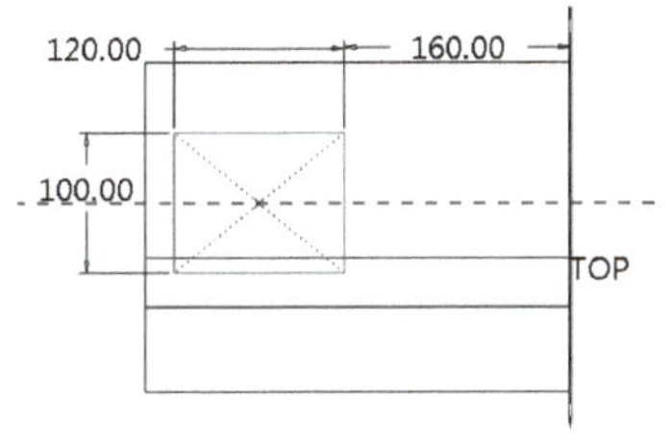

图 3-190 草绘剖面图

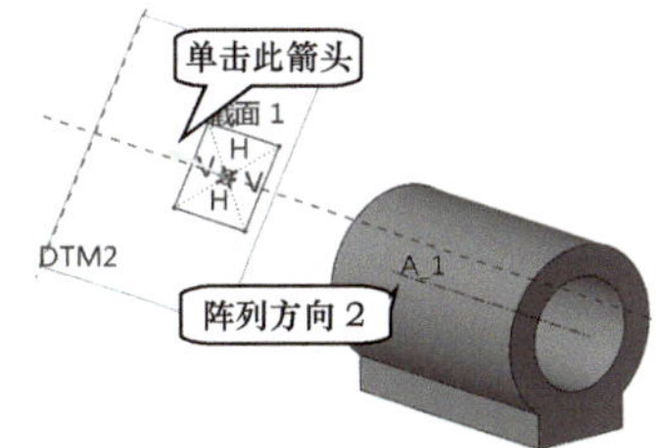

图 3-191 设置特征生成方向

STEP04 在图标板上设置特征的生成方向为（拉伸至下一曲面），则特征自动延伸至圆柱外表面，结果如图 3-192 所示。

STEP05 单击 确定 按钮，完成拉伸实体 1 的创建，如图 3-193 所示。

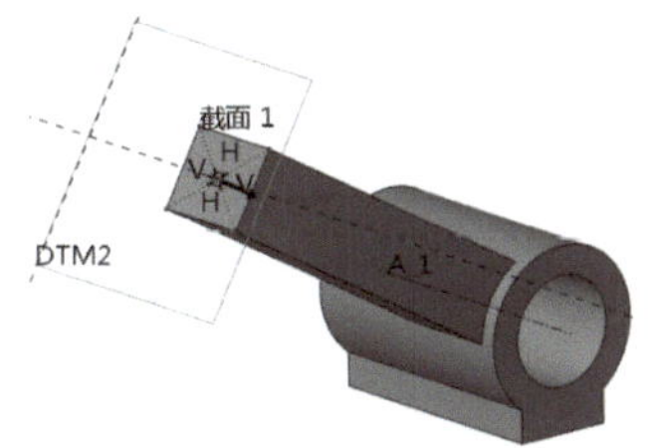

图 3-192 草绘剖面图

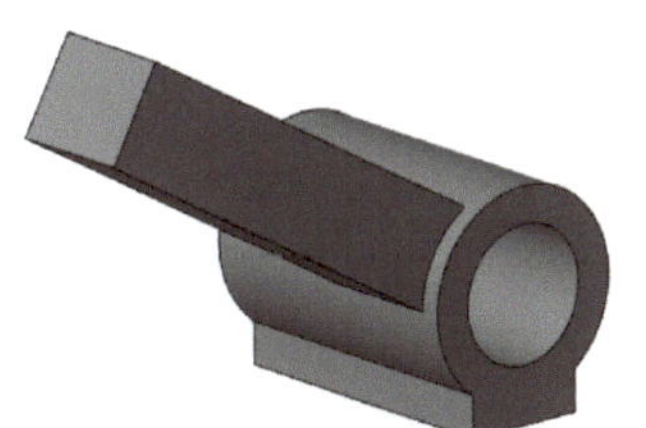
图 3-193 拉伸实体特征（2）

6. 创建DTM3基准平面

STEP01 在【基准】工具组中单击（平面）按钮，打开【基准平面】对话框。

STEP02 选取两实体特征的交线，按住Ctrl键选取拉伸实体 2 上的平面，设置旋转角度为 0，如图 3-194 所示。

STEP03 单击 确定 按钮，完成 DTM3 基准平面的创建，如图 3-195 所示。

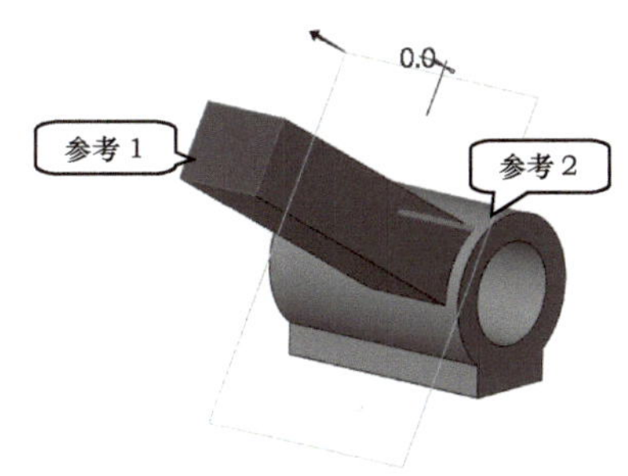

图 3-194 选取参考基准

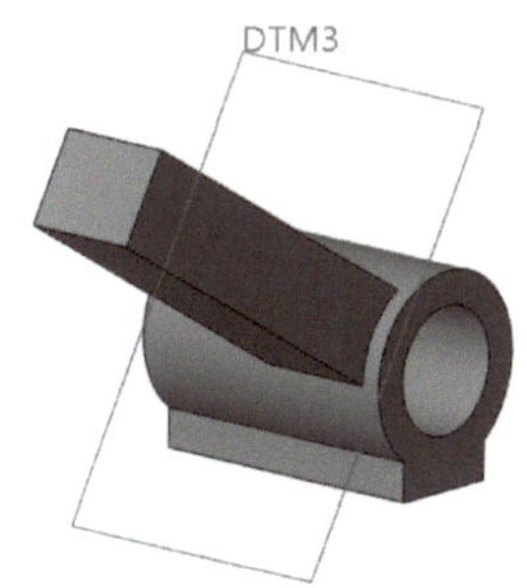

图 3-195 DTM3 基准平面

7. 创建拔模特征

STEP01 单击【工程】工具组中的 拔模 按钮打开【拔模】参数面板。在图标板上单击 参考 按钮，打开参数面板，如图 3-196 所示。

STEP02 在参数面板中激活【拔模曲面】列表框，然后选取拉伸实体 2 上的曲面，作为拔模面（选取多个平面时按住Ctrl键），在参数面板中激活【拔模枢轴】列表框，然后选取新建基准平面 DTM3 作为拔模枢轴，接受系统默认拖拉方向，如图 3-197 所示。

图 3-196　选取拔模曲面与枢轴

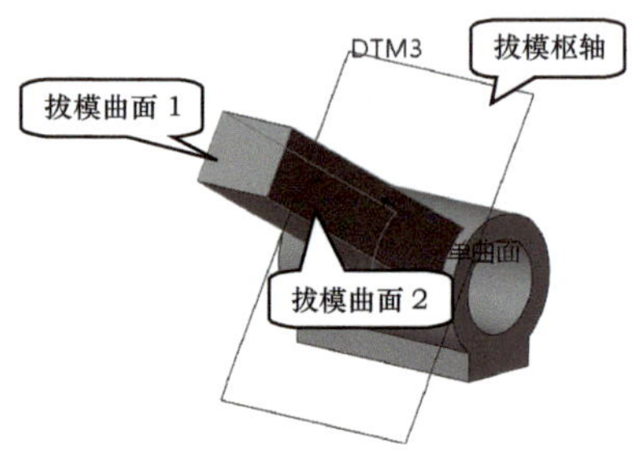

图 3-197　拔模参数面板

STEP03　在参数面板中设置拔模角度为 -3.00，结果如图 3-198 所示。

STEP04　预览设计结果确认无误后，单击✓按钮，最后生成的结果如图 3-199 所示。

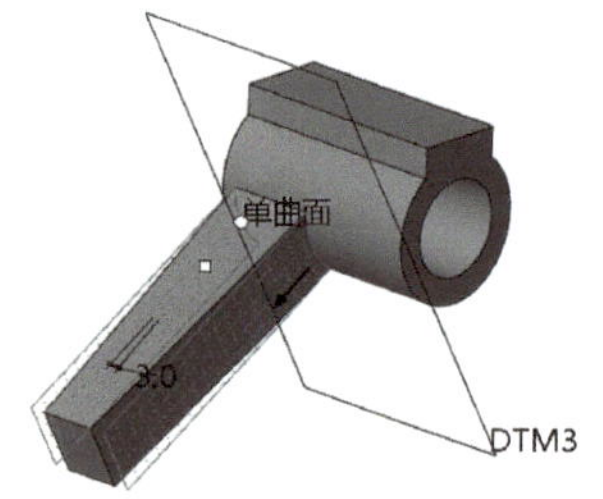

图 3-198　设置拔模参数

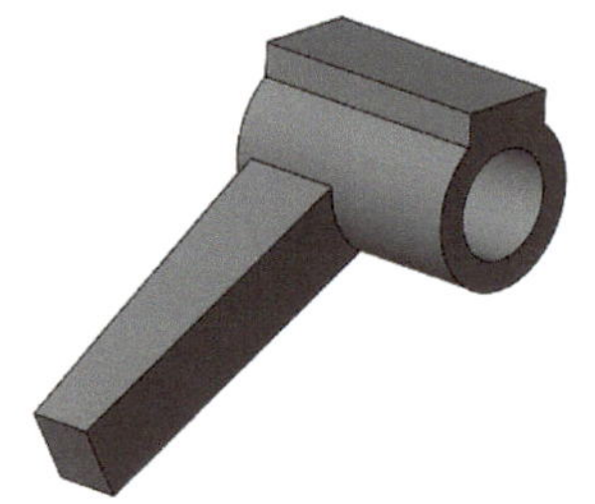

图 3-199　拔模结果

要点提示

拔模特征属于工程特征，用于在实体模型上选定表面创建斜面结构，首先选取需要创建斜度的表面（拔模曲面），然后指定设置该表面倾斜度的参照（拔模枢轴），最后设置拔模角度即可。其具体设计方法将在下一章详细介绍。

8. 创建拉伸切除特征（1）

STEP01　启动拉伸工具，选取拉伸实体 2 上的平面作为草绘平面。

STEP02　按照如图 3-200 所示绘制草图，完成后退出草图。

STEP03　在拉伸参数面板中，单击◿按钮转换为切除材料特征，在拉伸深度的下拉列表中单击⫶⫶（穿过所有）按钮，检查无误后，单击✓按钮完成拉伸实体切除特征的创建，结果如图 3-201 所示。

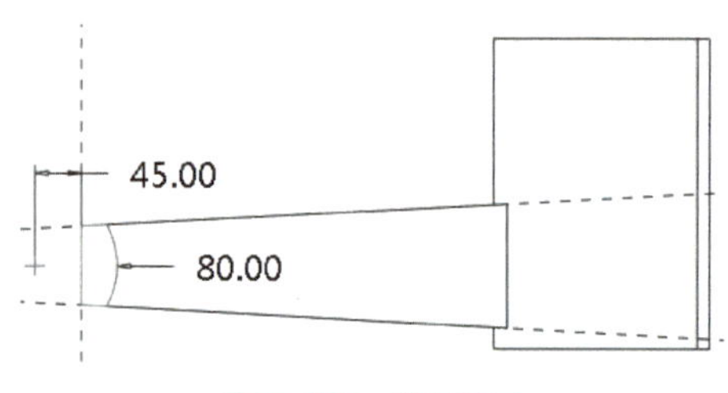

图 3-200　绘制草图

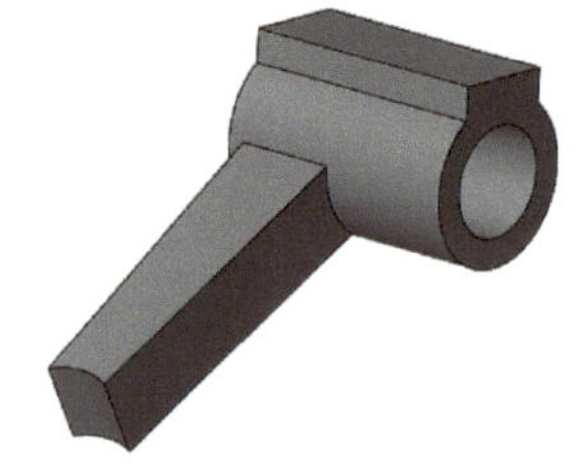

图 3-201　拉伸实体切除特征（1）

9. 创建拉伸实体特征

STEP01 启动拉伸工具，选择拉伸实体 2 上的平面作为草绘平面。

STEP02 绘制图 3-202 所示的截面图，完成后退出草绘模，设置特征参数如图 3-203 所示，在 [侧 1] 下拉列表中选择盲孔选项，在文本框中输入拉伸深度为 20，在 [侧 2] 下拉列表中选择盲孔选项，在文本框中输入拉伸深度为 120。预览效果如图 3-204 所示。

STEP03 单击 ✓ 按钮完成拉伸实体特征的创建，结果如图 3-205 所示。

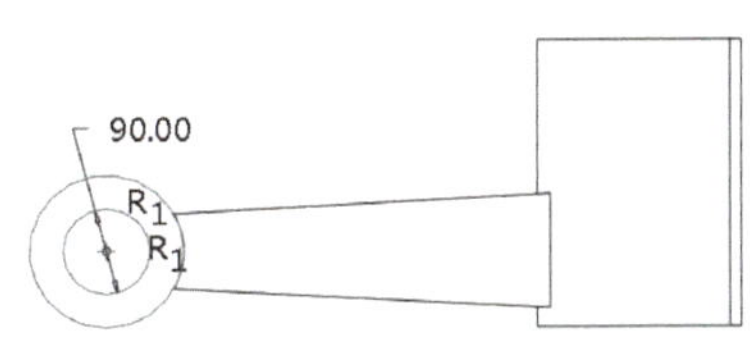

图 3-202　绘制草图

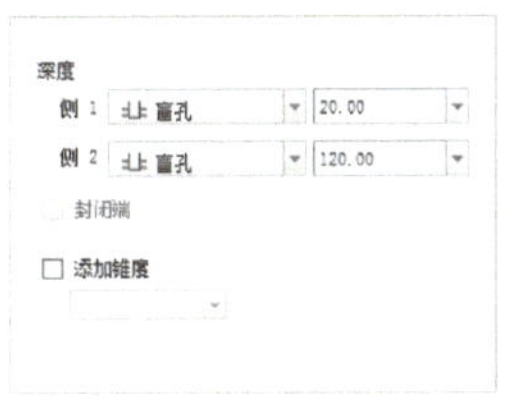

图 3-203　设置特征参数

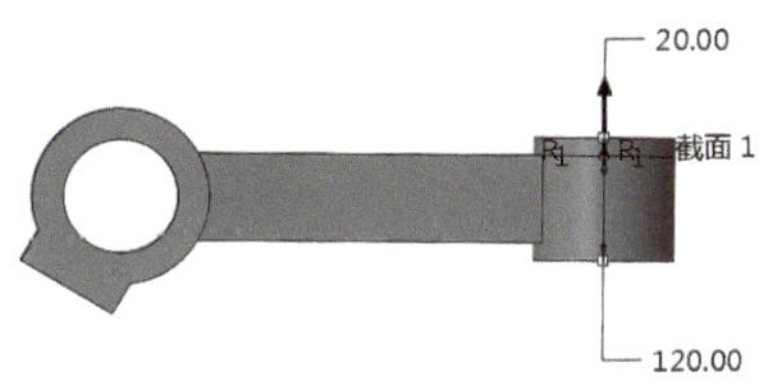

图 3-204　创建拉伸实体

图 3-205　拉伸实体特征（3）

10. 创建切槽特征

STEP01 启动拉伸工具，选择拉伸实体特征 2 上的平面作为草绘平面。

STEP02 绘制图 3-206 所示的截面图，完成后退出草绘模式。

STEP03 在拉伸参数面板中，单击 ⊿ 按钮转换为切除材料特征，设置拉伸深度为 50。

STEP04 单击 ✓ 按钮完成拉伸实体特征的创建，结果如图 3-207 所示。

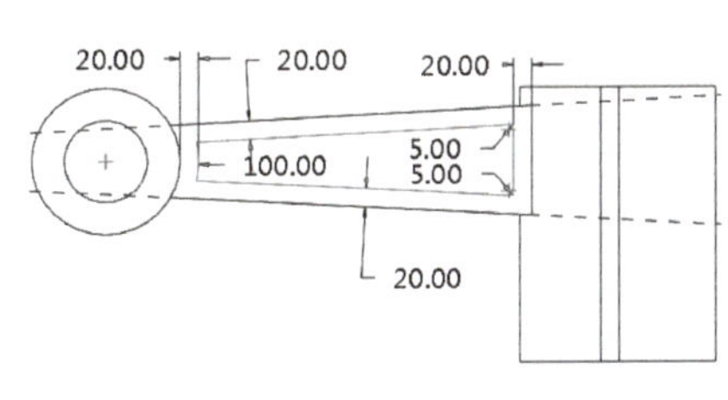

图 3-206　绘制草图

图 3-207　创建切槽特征

11. 创建DTM4基准平面

STEP01 在【基准】工具组中单击 ▱（平面）按钮，打开【基准平面】对话框。

STEP02 选取 FRONT 平面作为参照平面，在底部文本框中设置平移数值为 300，如图 3-208 所示。

STEP03 单击 确定 按钮，完成 DTM4 基准平面的创建，如图 3-209 所示。

图 3-208 设置基准平面参数

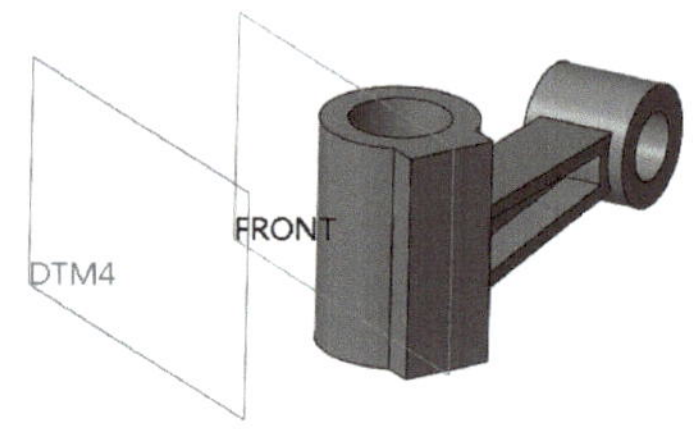

图 3-209 DTM4 基准平面

12. 创建拉伸实体特征（4）

STEP01 启动拉伸工具，选取 DTM4 基准平面作为草绘平面。

STEP02 按照如图 3-210 所示绘制草图，完成后退出草图。

STEP03 与步骤 5 类似，在拉伸参数面板中，设置特征的生成方向为 ≕（拉伸至下一曲面），特征自动延伸至圆柱外表面。

STEP04 单击 ✓ 按钮完成拉伸实体特征的创建，结果如图 3-211 所示。

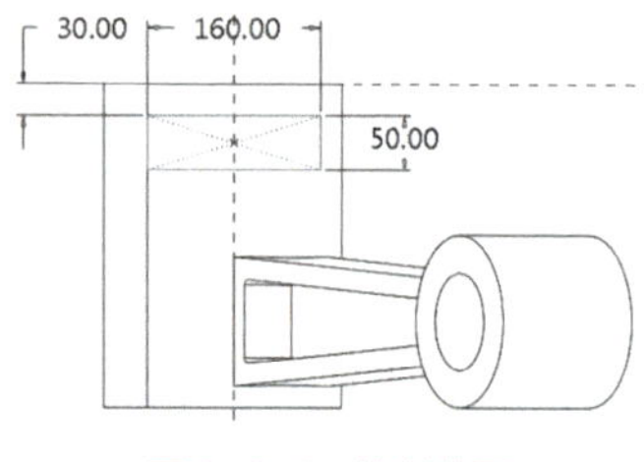

图 3-210 绘制草图

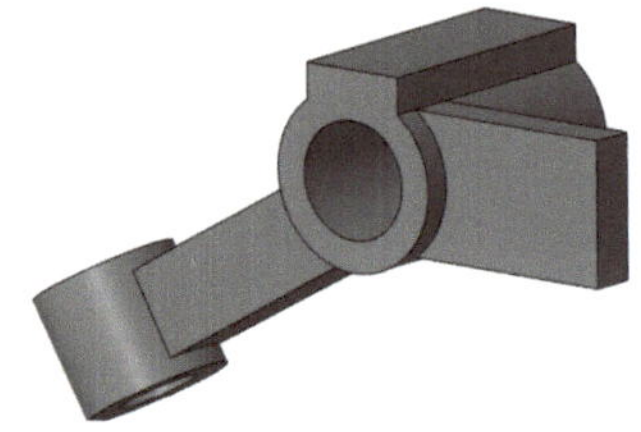

图 3-211 拉伸实体特征（4）

13. 创建拉伸切除特征（1）

STEP01 启动拉伸工具，选取拉伸实体特征 4 上的平面作为草绘平面。

STEP02 按照图 3-212 绘制草图，完成后退出草图。

STEP03 在拉伸参数面板中，单击 ◿ 按钮，转换为切除材料特征，在拉伸深度的下拉列表中单击 ⫼（穿过所有）按钮，对材料进行切除。

STEP04 检查无误后，单击 ✓ 按钮，完成拉伸实体切除特征的创建，结果如图 3-213 所示。

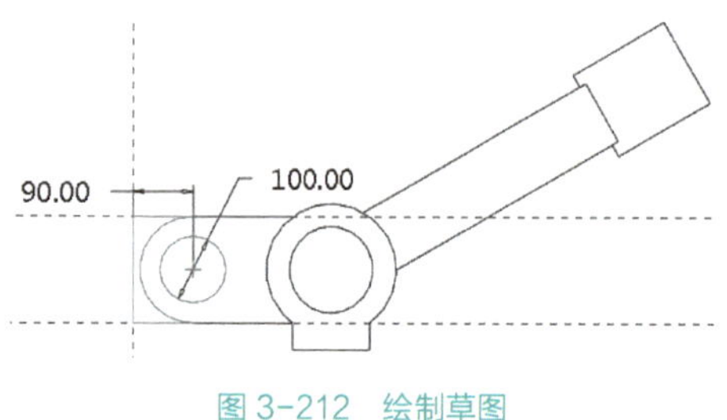

图 3-212 绘制草图

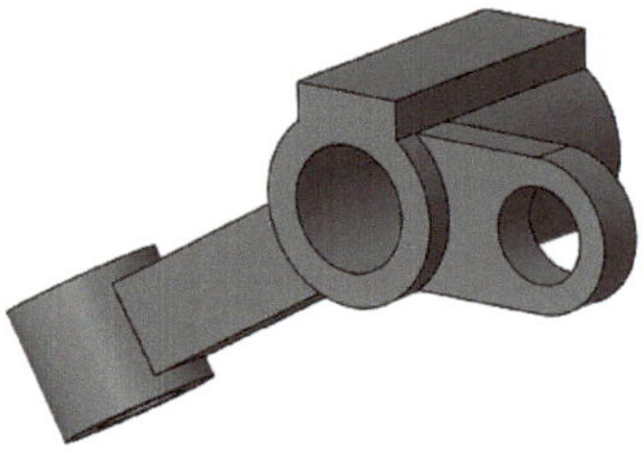

图 3-213 拉伸实体切除特征（1）

14. 创建拉伸切除特征（2）

STEP01 启动拉伸工具，选取拉伸实体特征 1 上的平面作为草绘平面。

STEP02 按照如图 3-214 所示绘制草图，完成后退出草图。

STEP03 在拉伸参数面板中，单击 按钮转换为切除材料特征，在拉伸深度的下拉列表中单击 （拉伸到下一曲面）按钮，对材料进行切除。

STEP04 检查无误后，单击 按钮完成拉伸实体切除特征的创建，结果如图 3-215 所示。

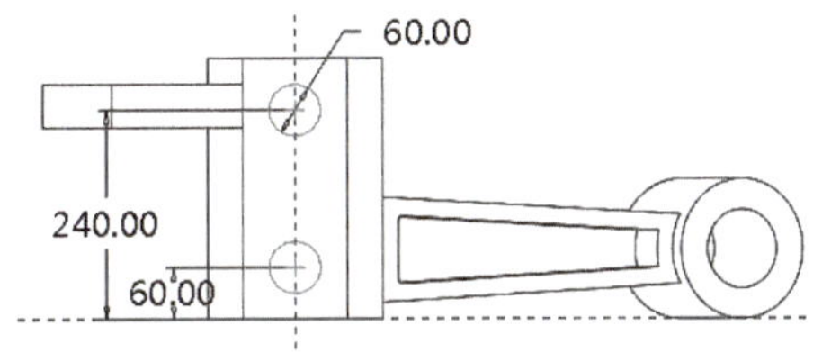

图 3-214 草绘剖面图

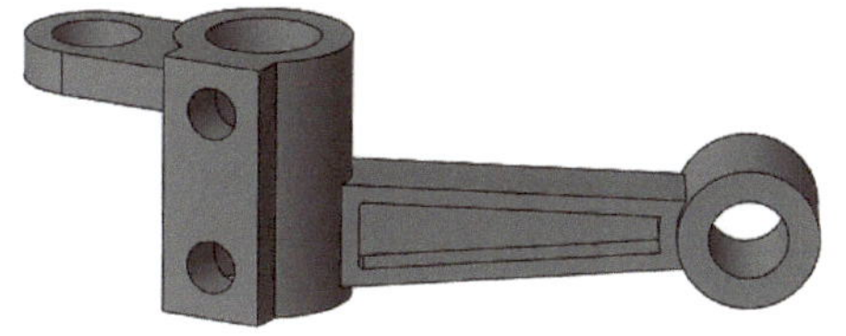
图 3-215 拉伸实体切除特征（3）

15. 创建圆角特征（1）

STEP01 在【工程】工具组中选取圆角工具 倒圆角 按钮，打开【圆角】操控面板。

STEP02 设置圆角半径为“4.00”，按住 Ctrl 键选取图 3-216 所示的边线。

STEP03 单击鼠标中键，创建第一个圆角特征，结果如图 3-217 所示。

图 3-216 选取边线

图 3-217 圆角特征（1）

16. 创建圆角特征（2）

STEP01 在【工程】工具组中选取圆角 倒圆角 工具按钮，打开【圆角】参数面板。

STEP02 设置圆角半径为“10.00”，按住 Ctrl 键选取图 3-218 所示的边线（共 4 处）。

STEP03 单击鼠标中键，创建第二个圆角特征，结果如图 3-219 所示。

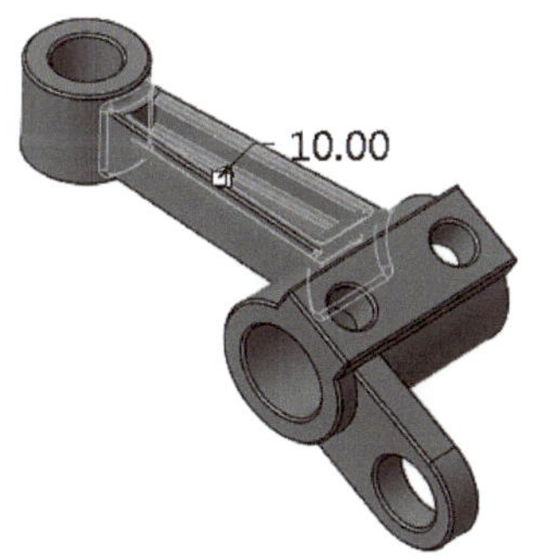

图 3-218 选取边线

图 3-219 圆角特征（2）

倒圆角特征也属于工程特征，用于在实体模型上选定边线处创建平滑的过渡，首先选取需要创建圆角的参照（如边线），然后设置圆角大小即可。其具体设计方法将在下一章详细介绍。

3.3 小结

实体模型相对于线框模型和表面模型而言，是一种具有实心结构、质量、重心以及惯性矩等物理属性的模型形式。在实体模型上可以方便地进行材料切割、穿孔等操作，它是现代三维造型设计中的主要模型形式，用于工业生产的各个领域，如 NC 加工、静力学和动力学分析、机械仿真以及构建虚拟现实系统等。在 Creo 中，一般首先创建基础实体特征，然后在其上创建圆角、壳、孔以及筋等工程特征。

基础实体特征按照创建原理的不同通常划分为拉伸、旋转、扫描和混合等 4 种类型。前三种特征的建模原理具有一定的相似性。一定形状和大小的草绘剖面沿直线轨迹拉伸，即可生成拉伸实体特征；一定形状和大小的草绘剖面沿曲线轨迹扫描，即可生成扫描实体特征；一定形状和大小的草绘剖面绕中心轴线旋转，即可生成旋转实体特征。混合实体特征的创建原理略有不同，将不同形状和大小的多个截面按照一定顺序依次相连，即可创建混合实体特征。

扫描混合建模综合了扫描和混合两种建模方法的优点，具有更大的设计灵活性。除此之外，还有可变剖面扫描以及螺旋扫描等设计方法，由于实体特征的建模原理和曲面特征相似，这些方法将在第 6 章中讲述，读者可以参考相关内容学习。

3.4 习题

1. 简要说明拉伸、旋转、扫描以及混合建模方法的基本原理。
2. 在三维建模时，什么情况下使用闭合剖面，什么情况下可以使用开放剖面？
3. 在创建扫描实体特征时，为什么有时需要两次进入二维草绘模式绘制草图？
4. 扫描混合建模方法与扫描和混合建模方法分别有什么联系？
5. 综合运用拉伸、旋转、扫描和混合等方法，参考你身边的事物，创建一个三维实体模型。

第 4 章

【学习目标】

•
•
•
•
•

4.1 知识解析

工程特征是一种形状和用途比较确定的特征，它是使用同一种设计工具创建的一组特征，在外形上是相似的。大多数工程特征并不能够单独存在，必须附着在其他的特征之上，这也是工程特征和基础实体特征的典型区别。

4.1.1 创建孔特征

基础知识

1. 工程特征概述

创建一个工程特征，就是根据指定的位置，在另一个特征上准确放置该特征的过程。要准确生成一个工程特征，需要确定以下两类参数。

❶ 定形参数

定形参数是确定特征形状和大小的参数，如长、宽、高及直径等参数。定形参数不准确，将影响特征的形状精度。

❷ 定位参数

定位参数是确定特征在基础特征上放置位置的参数。确定定位参数时，通常选取恰当的点、线和面等几何图元作为参照，然后，使用相对于这些参照的一组线性或角度尺寸来确定特征的放置位置。若定位参数不准确，则特征将偏离正确的放置位置。

图 4-1 所示是确定一个孔特征的所有参数示例。

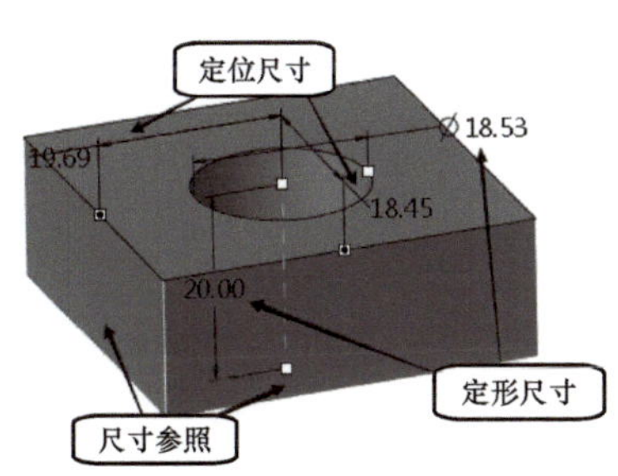

图 4-1　孔特征的所有参数示例

2. 孔的种类

使用 Creo 提供的孔特征专用设计工具，可以快速、准确地创建各类孔，如果再配合使用复制、阵列等多种特征编辑工具，可以进一步提高设计效率。

根据孔的形状、结构和用途的不同，以及是否标准化等条件，Creo 将孔特征划分为以下 3 种类型。

❶ **简单孔**

简单孔也称直孔，它具有单一直径参数，结构较为简单，设计时只需指定孔的直径和深度，并指定孔轴线在基础实体特征上的放置位置即可。

❷ **草绘孔**

草绘孔具有相对更加复杂的剖面结构。首先，通过草绘方法绘制出孔的剖面来确定孔的形状和尺寸，然后选取恰当的定位参照来正确放置孔特征。

❸ **标准孔**

标准孔用于创建螺纹孔等生产中广泛应用的标准孔特征。根据行业标准指定相应参数来确定孔的大小和形状后，再指定参照来放置孔特征。

图 4-2 所示是 3 种孔特征的示例。

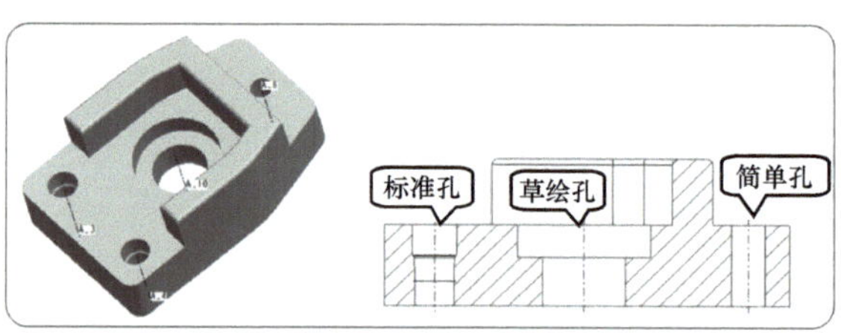

图 4-2　孔的类型

创建基础实体特征之后，在【工程】工具组中单击 按钮可以打开孔设计工具。默认情况下，系统自动按下 按钮用于设计简单孔或草绘孔，如图 4-3 所示。

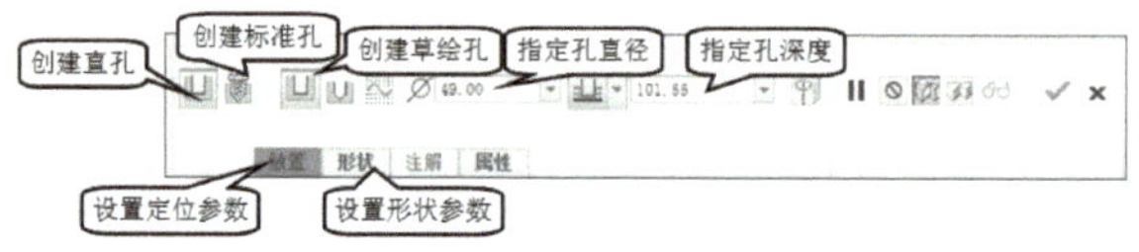

图 4-3　孔设计面板

3. 孔的定形参数

确定定形参数也就是确定孔的形状和大小，主要有以下 3 个参数。

❶ **设置孔的直径**

用户可以在图 4-3 中的直径文本框中输入直径，也可以从下拉列表中选取最近使用过的直径数值。

❷ **设置孔的深度**

如图 4-3 所示，设置孔的深度也可以采用两种方式：一是直接输入深度数值，二是采用参照来确定孔的深度，孔延伸到指定参照为止，相应图标按钮的用途如下。

- ：直接输入孔的深度数值。
- ：设置双侧深度，孔特征将在放置平面的两侧各延伸指定深度值的一半。只有当孔在放置平面两侧都有实体材料时，该按钮才可用。
- ：孔延伸至特征生成方向上的下一个曲面。
- ：创建通孔，孔特征穿透实体模型。
- ：孔特征延伸至特征生成方向上的指定曲面。
- ：孔特征延伸至指定的参照点、参照平面或参照曲面处。

3 设置孔的轮廓形状

设计面板上的以下两个按钮，可以用来确定孔的轮廓形状。

- （矩形轮廓）：孔的剖面为矩形，尾部平直，如图 4-4 所示。
- （标准轮廓）：孔的剖面为标准轮廓形状，尾部为三角形，如图 4-5 所示。

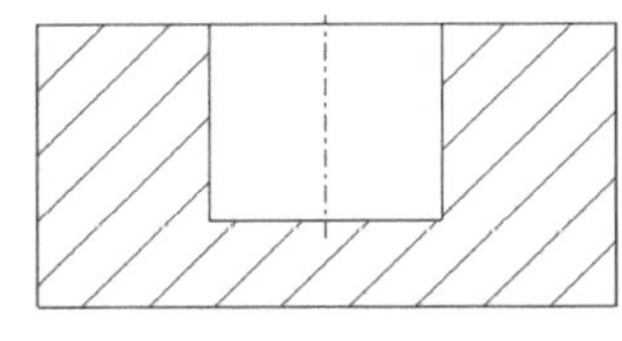

图 4-4　矩形轮廓

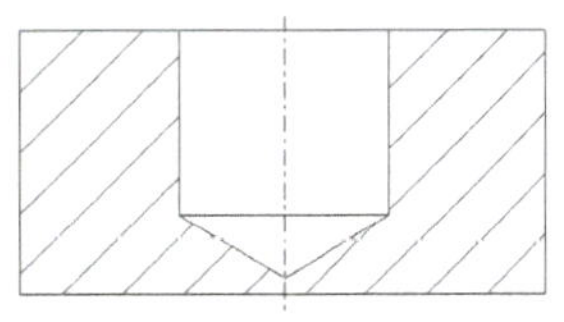

图 4-5　标准轮廓

4. 设置孔的定位参数

定位参数用于确定孔特征在基础实体特征上的放置位置。在设计面板下方展开【放置】下拉面板，如图 4-6 所示。

1 确定放置参照

通常选取模型上的平面或者回转体的轴线作为孔的主参照。选取平面时，孔的轴线与该平面垂直；选取轴线时，孔的轴线和该轴线平行。

在图 4-6 中的【放置】文本框被激活的情况下（彩色背景），在基础实体特征上或模型树窗口中选取孔的主参照。

2 孔的生成方向

由于孔是一种减材料特征，选定放置参照后，系统一般会选取指向实体内部的方向作为孔特征的默认生成方向，并在基础实体特征上使用几何线框显示孔的放置位置。要改变孔的生成方向，可以在设计面板中单击 反向 按钮，如图 4-7 所示。

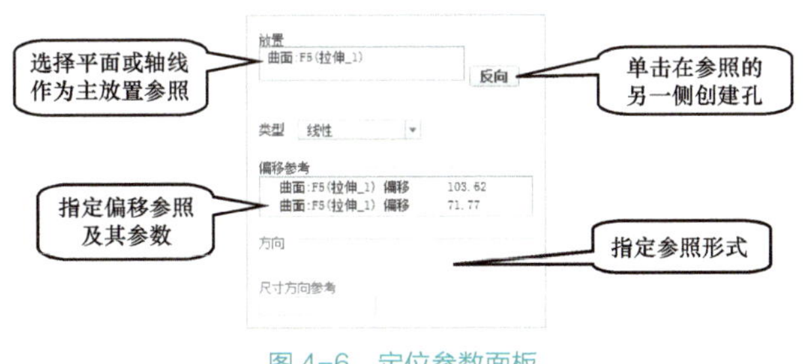

图 4-6　定位参数面板

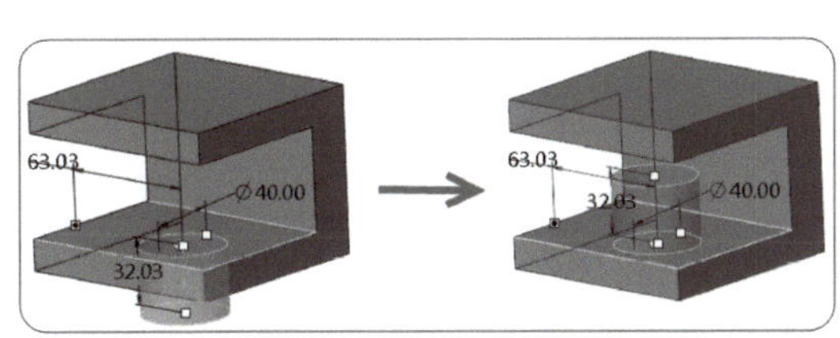

图 4-7　确定孔的生成方向

5. 孔的详细设计

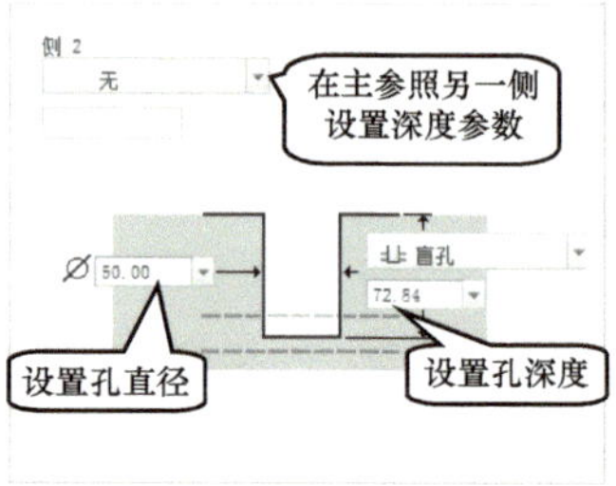

在确定孔的定形参数和定位参数后，在设计面板左上角单击 形状 按钮，可以打开图 4-8 所示的定形设计面板全面设置孔的尺寸参数。

在创建孔特征时，也可以在放置参照平面的两侧分别使用不同的方式来设置孔的深度。此时，可以在定形设计面板顶部的【侧 2】处设置另一侧的参数。

图 4-8 孔的定形参数面板

6. 创建草绘孔

使用创建草绘孔的方法可以创建形状更加复杂的非标准孔。在设计面板上单击 按钮，启动草绘孔工具。由于草绘孔的所有定形尺寸都在草绘截面中确定，因此，设计面板上不需要设置孔径和孔深等参数。

① 草绘孔截面

在设计面板中单击 按钮进入二维草绘界面后，可以使用草绘工具绘制孔的截面图。绘制孔剖面时要注意以下要点。

- 首先绘制回转轴线，放置孔特征时，如果主参照为平面，则该回转轴线与主参照垂直；如果主参照为轴线，则孔的旋转轴线与主参照平行。
- 草绘截面必须闭合、无交叉，且全部位于轴线一侧，如图 4-9 所示。
- 孔剖面中至少有一条线段垂直于回转轴线，图 4-10 中没有垂直于轴线的线段，是不正确的截面。若剖面中仅有一条线段与回转轴线垂直，则系统自动将该线段对齐到参照平面上；如果有多条线段垂直于回转轴线，则将最上端的线段对齐到参照平面，如图 4-11 所示。

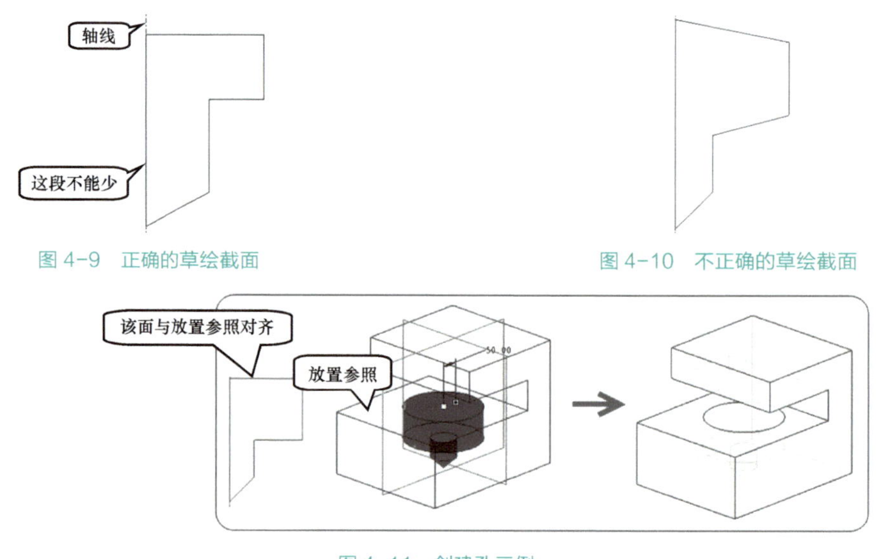

图 4-9 正确的草绘截面

图 4-10 不正确的草绘截面

图 4-11 创建孔示例

要点提示

② 使用已有草绘剖面

如果在创建草绘孔之前，已有绘制完毕并保存好的草绘孔截面，可以直接调用该文件来创建草绘孔。此时，单击设计面板上的 按钮，使用浏览方式找到符合要求的剖面，将其导入设计环境即可使用该剖面创建草绘孔。

3 设置放置参照

草绘孔的形状和大小在草绘时已经决定，因此，只需设置定位参数来放置该剖面即可创建孔特征。在基础实体特征上设置放置参照，放置草绘孔的方法和创建直孔时类似，这里不再赘述。

7. 创建标准孔

标准孔是具有标准结构、形状和尺寸的孔，如螺纹孔等。在设计面板上单击 按钮后，打开的面板如图 4-12 所示。

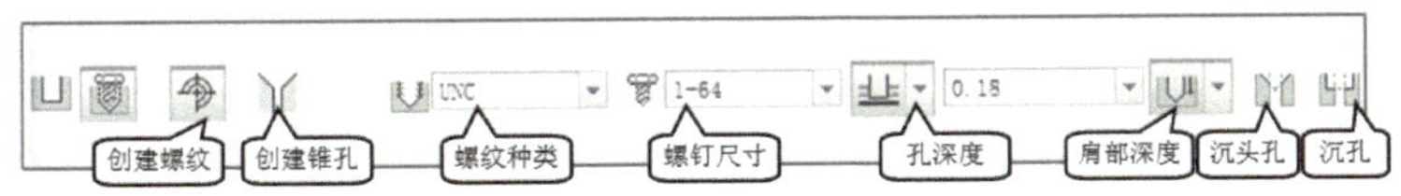

图 4-12 标准孔设计工具

1 标准孔的螺纹类型

在设计面板的第 1 个下拉列表中，可以设置不同的螺纹类型。

- ISO：标准螺纹，我国通用的标准螺纹。
- UNC：粗牙螺纹，用于要求快速装拆或容易产生腐蚀和轻微损伤的部位。
- UNF：细牙螺纹，用于外螺纹和相配的内螺纹的脱扣强度高于外螺纹零件的抗拉承载能力或短旋合长度、小螺旋升角以及壁厚要求细牙螺距等的场合。

2 确定螺纹尺寸

在第 2 个列表框中选取或输入与螺纹孔配合的螺钉的大小。例如，M64×6 表示外径为 64mm、螺距为 6mm 的标准螺钉。

3 设置螺纹孔的深度

与创建简单孔相似，在右侧的【肩部深度】列表中选中 时，指定的深度仅为空间深度；选中 时，指定的深度为全孔深度。

4 创建装饰螺纹孔

在设计面板中有 3 个用于在螺纹孔上增加装饰特性的按钮，装饰特性的具体结构可以在设计面板上的【形状】下拉面板中设计，如图 4-13 所示。

- ：增加沉头孔。沉头孔的结构如图 4-14 所示。
- ：增加沉孔。沉孔的结构如图 4-15 所示。
- ：按下该按钮对标准孔攻丝，即在螺纹孔中显示内螺纹，如图 4-16 所示。

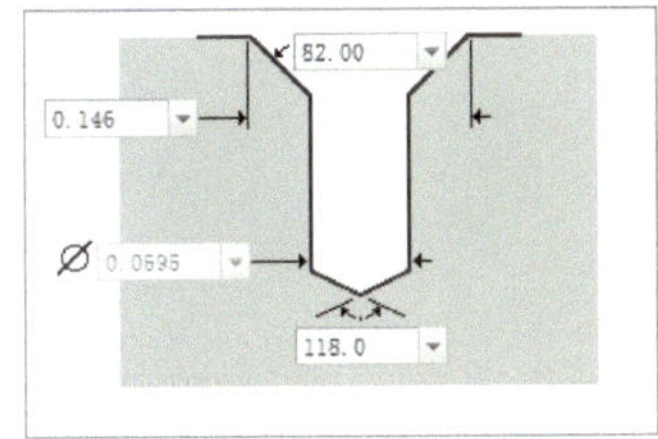

图 4-13 孔设计面板

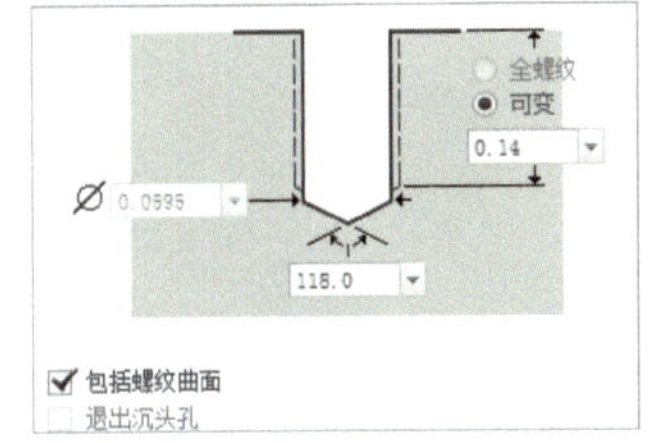

图 4-14 沉头孔

图 4-15 沉孔

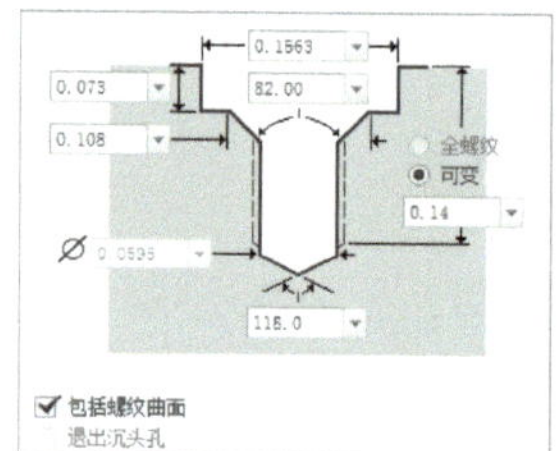

图 4-16 显示内螺纹

5 标准孔的注释

展开设计面板上的【注解】下拉面板，面板上显示该螺纹孔的注释，如图 4-17 所示。如果不希望在模型上显示注释，可以取消选中【添加注解】复选项。此外，只有在确保工具箱中的 按钮被按下的情况下，才会在模型上显示标准孔的注释。

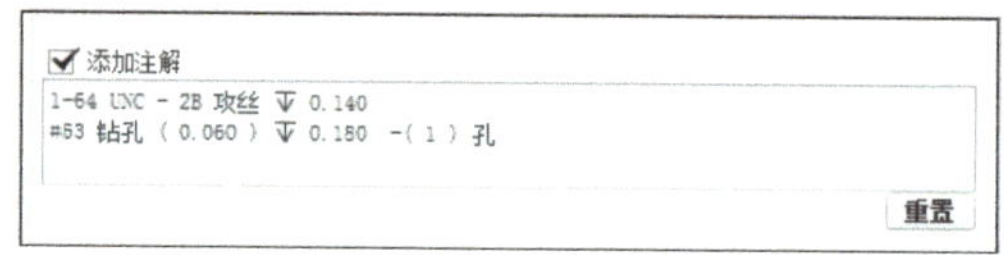

图 4-17 显示螺纹孔的注释

扩展知识

1. 指定孔的参照形式

仅有放置参照还不能唯一确定孔的放置位置，还必须进一步选取适当的其他参照。在图 4-6 的【类型】下拉列表中有以下 4 种参照形式。

1 【线性】参照形式

【线性】参照形式的用法如图 4-18 所示。首先选取实体的上表面作为放置参照，然后选取基准平面 FRONT 作为第 1 个次参照，按住 Ctrl 键再选取第 2 侧侧面作为第 2 个次参照。

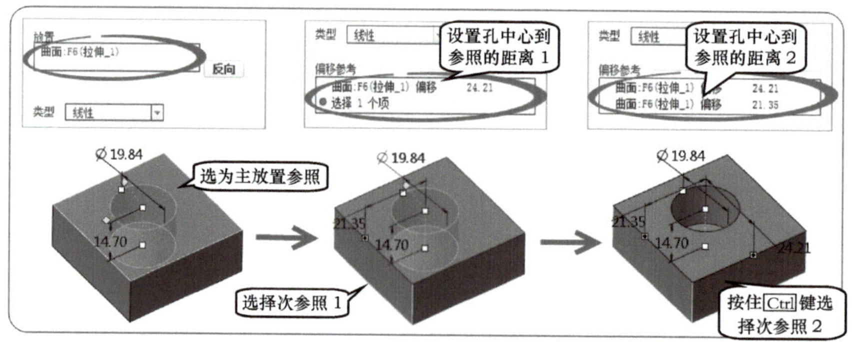

图 4-18 【线性】参照形式使用示例

选择次参照后，可以在参照右侧的约束下拉列表中指定一种约束方式。

- 对齐：使孔轴线与选定表面对齐。
- 偏移：指定孔轴线到指定表面的距离。

2【径向】参照形式

【径向】参照形式的用法如图 4-19 所示。首先选取实体的上表面作为放置参照，再选取孔轴线 A_1 作为第 1 个偏移参照，新建孔特征的轴线位于以该轴线为中心、指定半径的圆周上。按住Ctrl键选取基准平面作为第 2 个偏移参照，过第 1 个偏移参照轴线且平行于第 2 个参照平面创建一个辅助平面，该辅助平面绕第 1 个偏移参照轴线，顺时针转过指定角度后，与由第 1 个偏移参照确定的圆周的交点，即为新建孔特征轴线的位置。

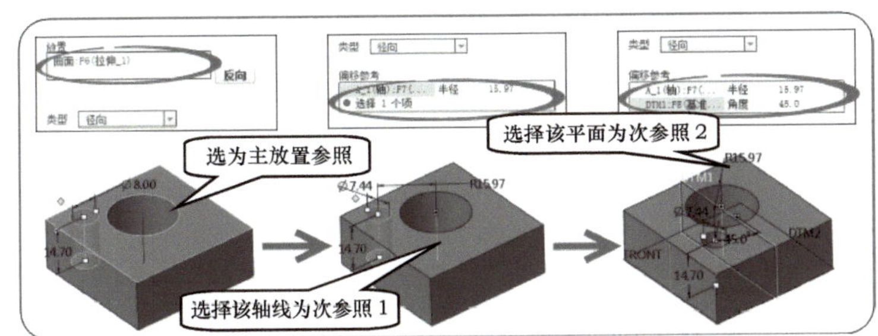

图 4-19 【径向】参照形式使用示例

3【直径】参照形式

【直径】放置类型的使用方法和【径向】类似，只是在确定第 1 个偏移参照时，使用直径数值，而非半径数值，如图 4-20 所示。

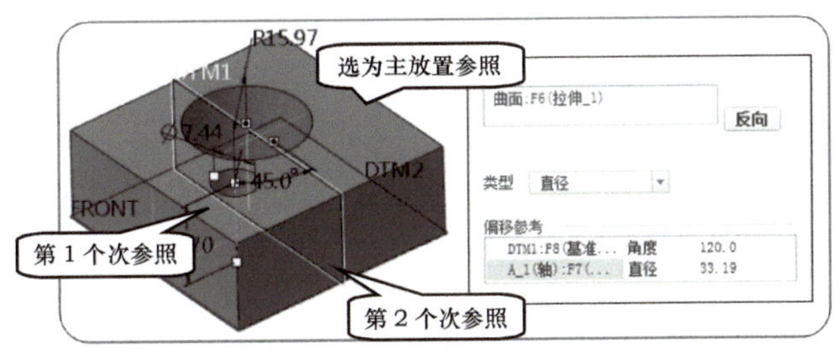

图 4-20 【直径】参照形式

4【同轴】参照形式

使用【同轴】参照形式，可以创建与选定孔或柱体同轴的孔特征。当选取轴线作为放置参照时，系统自动启用【同轴】参照方式，按住Ctrl键再选取一个与选定轴线垂直的平面，即可准确定位该孔，此时不需要指定偏移参照。

2. 创建螺纹孔时单位的设置

可以通过以下两种方法在创建螺纹孔时设置单位。

1 在创建基础实体特征时设置单位

在新建基础实体特征时，在【新建】对话框中取消选择【使用默认模板】复选项，不使用默认模板，如图 4-21 所示。

单击【新建】对话框中的 确定 按钮后，在图 4-22 所示的【新文件选项】对话框中选取“mmns_part_solid”，采用“毫米牛顿秒”单位制，使用“毫米”作为长度单位，使用“牛顿”作为质量单位，使用“秒”作为时间单位。如果选取“inlbs_part_solid”，则采用“英寸磅秒”单位制。

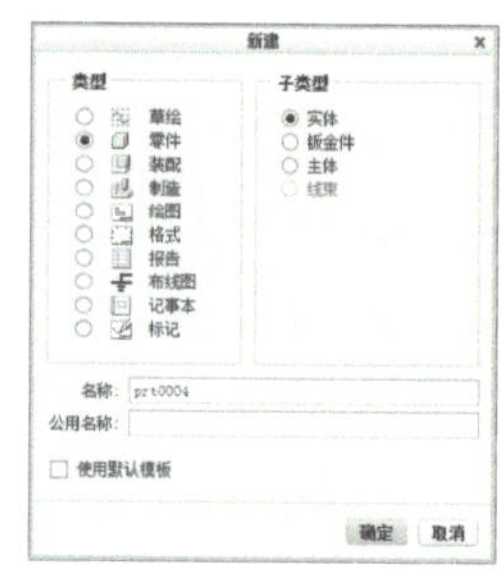

图 4-21 【新建】对话框

图 4-22 【新文件选项】对话框

❷ 对现有模型进行单位转换

如果已经使用其他单位制（如“英寸磅秒”单位制）创建完成基础实体特征，则在创建标准孔之前，还可以对模型进行单位转换。

选择菜单命令【文件】/【准备】/【模型属性】，打开【模型属性】对话框，在【单位】选项后单击 更改 按钮，打开【单位管理器】对话框，选中【毫米千克秒（mmKs）】，如图 4-23 所示，将当前的单位制设置为“毫米千克秒”，随后弹出【更改模型单位】对话框，如图 4-24 所示，对话框中两个选项的含义如下。

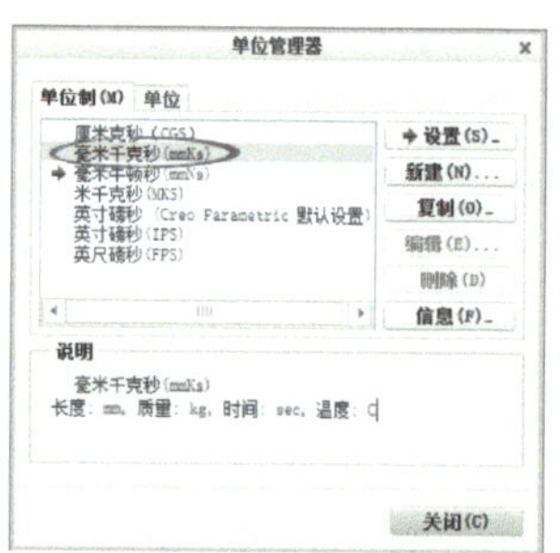

图 4-23 【单位管理器】对话框

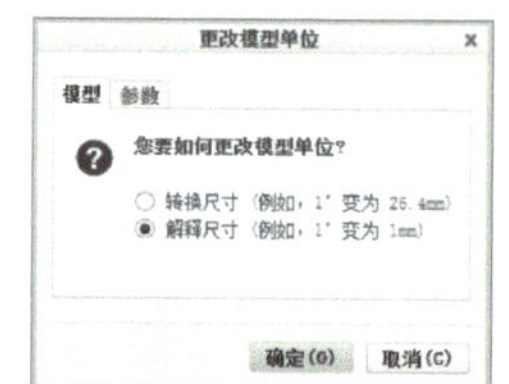

图 4-24 【更改模型单位】对话框

- 转换尺寸：将原尺寸值按照比例换算为现在单位对应的尺寸值。例如，1 英寸换算为 25.4 毫米。
- 解释尺寸：不进行单位换算，在保持尺寸值不变的条件下，直接将原单位修正为现在的单位，例如，将原来的 1 英寸修正为 1 毫米。

基础训练——创建孔特征

本例通过一个典型案例，介绍孔特征的创建方法，以帮助读者在明确设计工具用法的同时掌握其设计技巧。

【操作步骤】

1. 打开素材文件“\素材\第4章\hole.prt”，如图4-25所示

2. 创建草绘孔

STEP01 在【工程】工具组中单击 孔 按钮，打开孔设计面板，单击 按钮创建草绘孔，如图 4-26 所示。

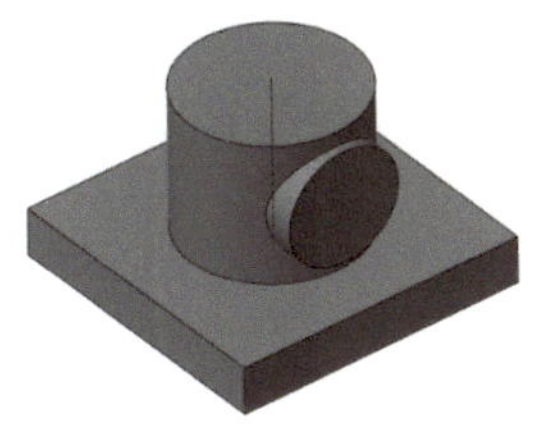

图 4-25　素材模型

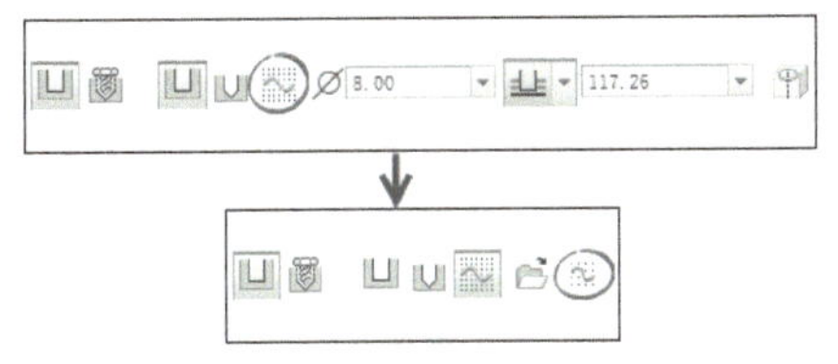

图 4-26　打开草绘工具

STEP02 单击 按钮进入草绘模式，先绘制一条竖直中心线，并在其上绘制如图 4-27 所示的截面图，完成后退出草绘模式。

STEP03 在设计面板中展开【放置】下拉面板，然后选取图 4-28 所示的模型顶面作为放置参照 1。

STEP04 按住 Ctrl 键继续选取图 4-28 所示的轴线作为放置参照 2，图 4-29 所示是设置完成后的设计面板，最后创建的草绘孔如图 4-30 所示。

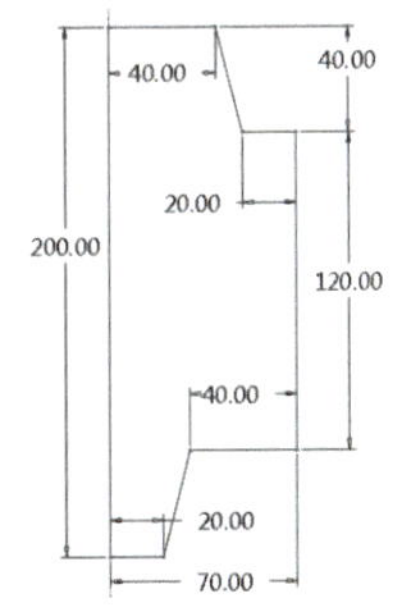

图 4-27　绘制截面图

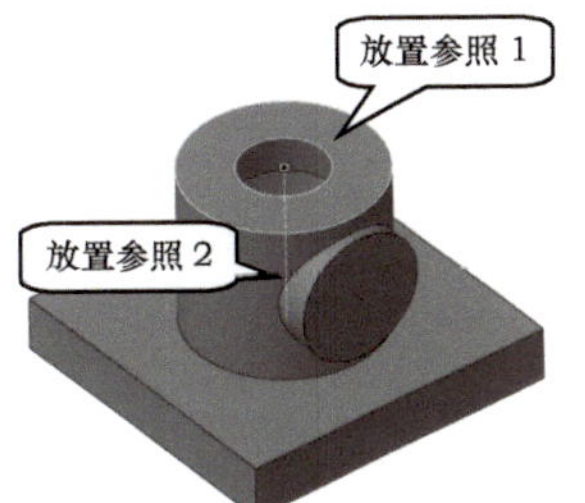

图 4-28　选取参照

图 4-29　参数面板（1）

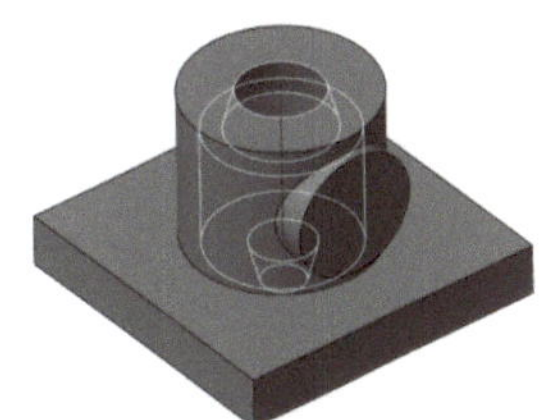

图 4-30　创建的孔特征

3. 创建简单孔

STEP01 在【工程】工具组中单击 按钮，打开孔特征设计面板。

STEP02 在设计面板中展开【放置】下拉面板，选取图 4-31 所示的平面作为放置参照 1，按住 Ctrl 键选取图 4-31 所示的轴线作为放置参照 2，此时的【放置】面板如图 4-32 所示。

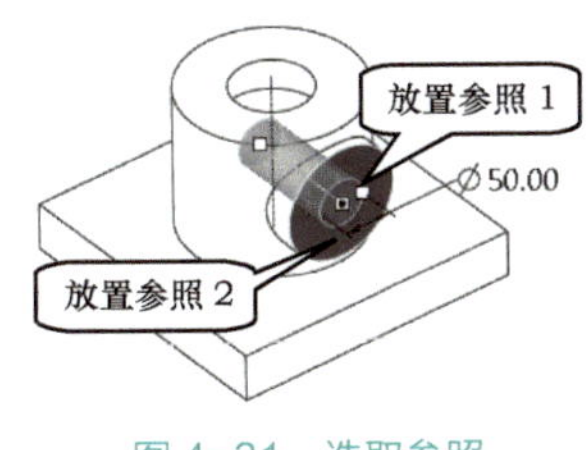

图 4-31　选取参照

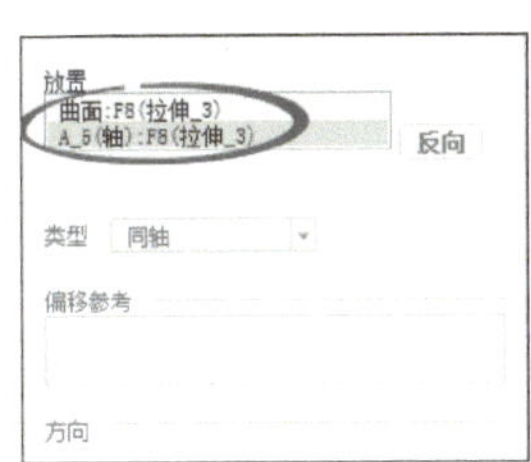

图 4-32　参数面板（2）

STEP03 在设计面板上设置孔的直径为 50.00。

STEP04 指定深度方式为（到指定曲面），如图 4-33 所示，然后选取模型的内表面作为参照，如图 4-34 所示，最后创建的简单孔如图 4-35 所示。

4. 创建标准孔

STEP01 在【工程】工具组中单击孔按钮，打开孔特征设计面板，按下按钮，创建标准孔。

STEP02 在设计面板中展开【放置】下拉面板，选取图 4-36 所示的平面作为放置参照，在【类型】下拉列表中选取【径向】选项。

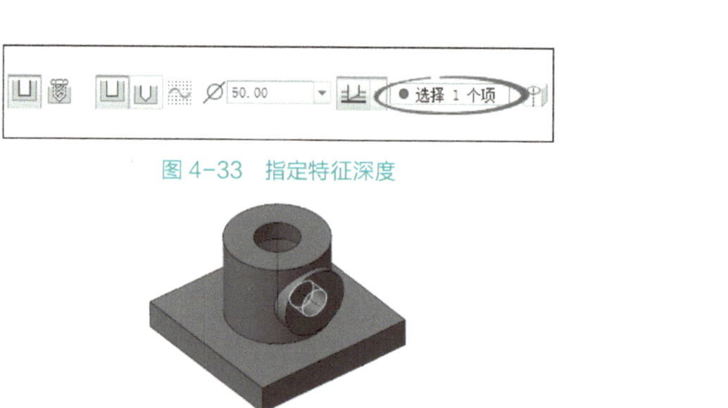

图 4-33　指定特征深度

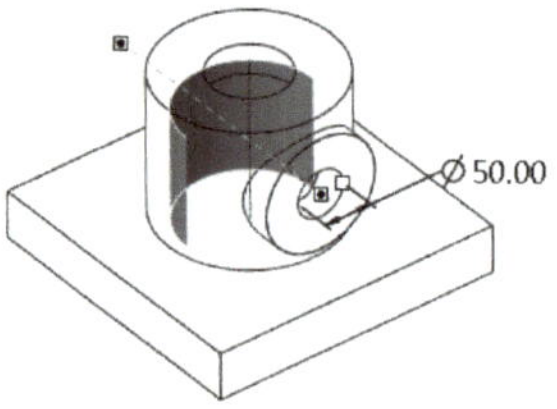

图 4-34　选取特征参照

图 4-35　创建的简单孔

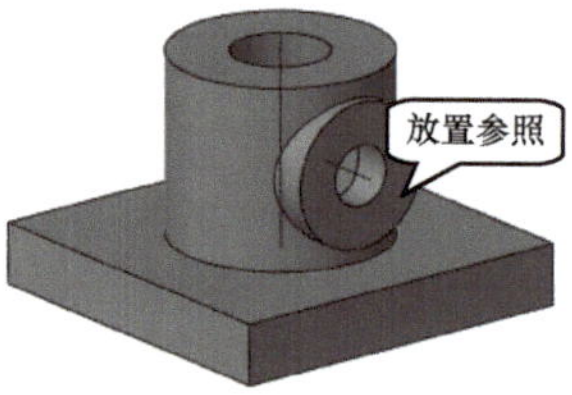

图 4-36　选择放置参照

STEP03 单击激活【偏移参考】列表框，按照图 4-37 所示选取轴线作为第 1 个偏移参照，然后按照图 4-38 设置其他参数，【半径】为 45。按住Ctrl键，按照图 4-39 选取平面作为第 2 个偏移参照，然后按照图 4-40 设置其他参数，【角度】为 120。

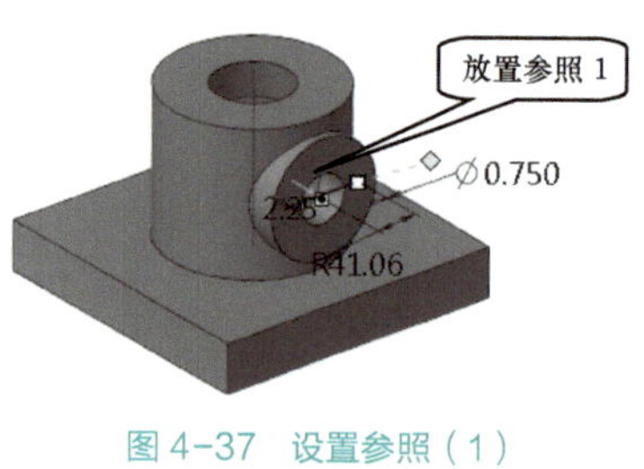

图 4-37　设置参照（1）

图 4-38　参数面板（3）

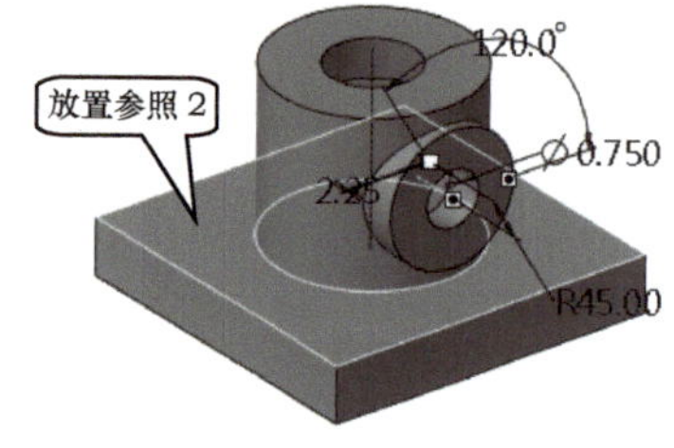

图 4-39　设置参照（2）

图 4-40　参数面板（4）

STEP04 在设计面板上设置螺钉尺寸为【M12×1】，设置螺钉长度为 40.00。

STEP05 设置完毕后的参数如图 4-41 所示，最后创建的标准孔如图 4-42 所示。

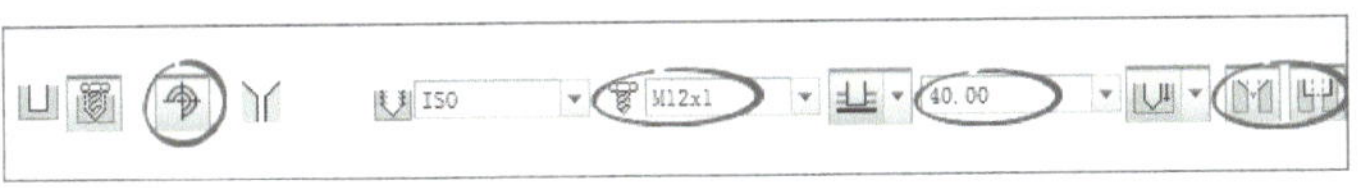

图 4-41 参数面板（5）

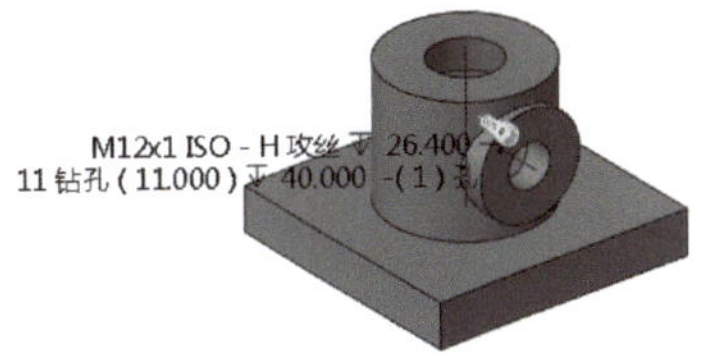

图 4-42 创建的标准孔

5. 创建简单孔

STEP01 在【工程】工具组中单击 孔 按钮，打开孔设计面板。

STEP02 在设计面板中展开【放置】下拉面板，选取图 4-43 所示的平面作为放置参照，设置【线性】参照模式。

STEP03 激活偏移参照文本框，按照图 4-44 所示选取第 1 个偏移参照，按照图 4-45 所示设置偏移参数，偏移距离为 40。

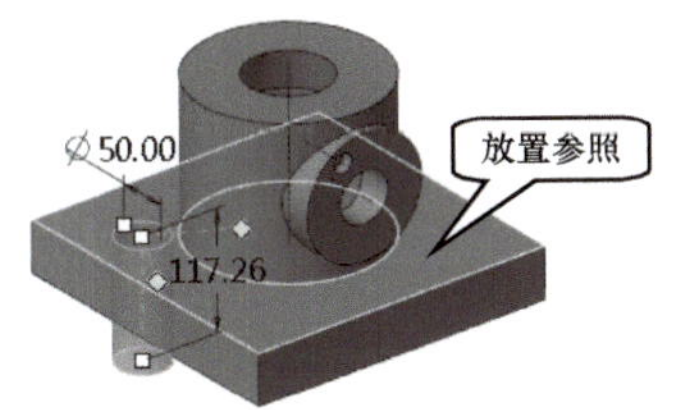

图 4-43 选取孔参照

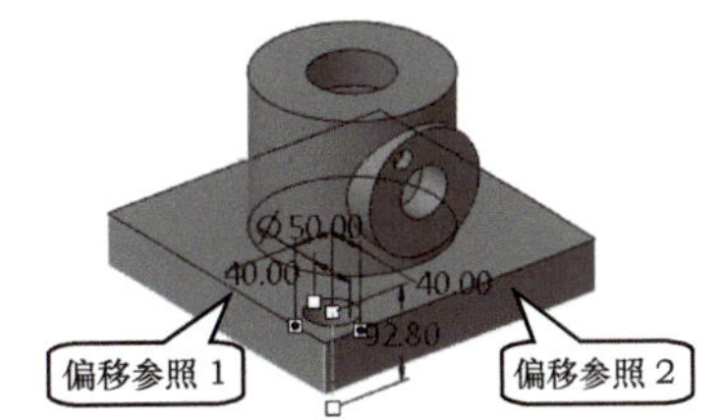

图 4-44 选取孔参照

STEP04 按住Ctrl键，按照图 4-44 所示选取第 2 个偏移参照，按照图 4-46 设置偏移参数，偏移距离为 40。

图 4-45 设置偏移参数（1）

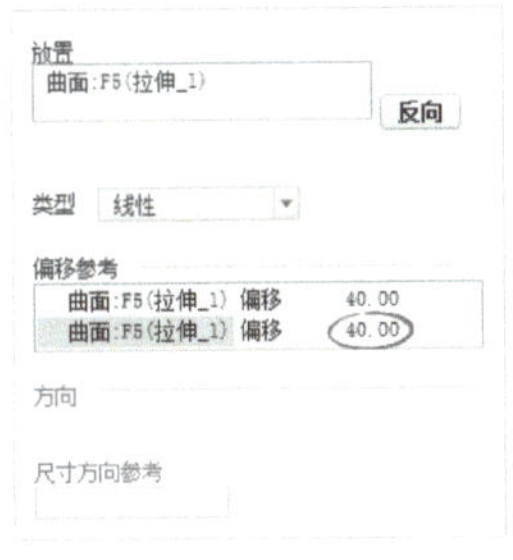

图 4-46 设置偏移参数（2）

STEP05 按照图 4-47 设置其他参数：孔直径为 40，最终创建的结果如图 4-48 所示。

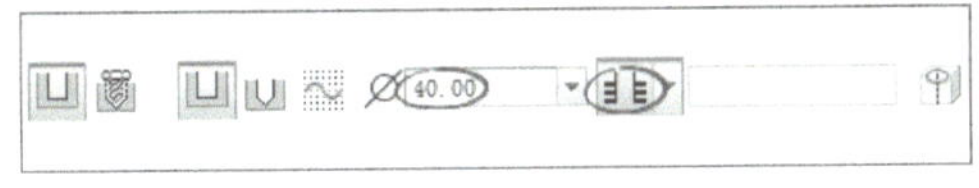

图 4-47 设置其他参数

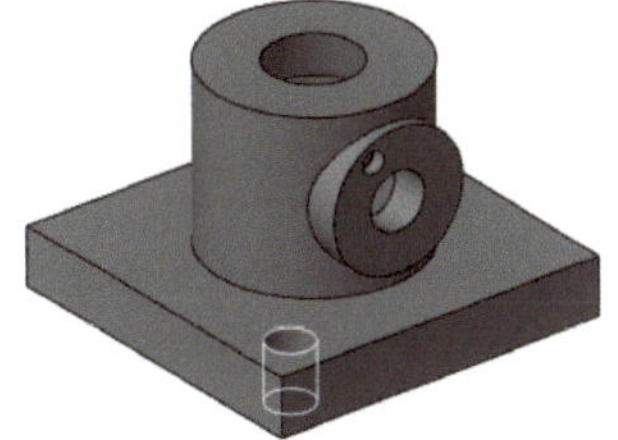

图 4-48 最终创建结果

4.1.2 创建倒圆角特征

使用圆角代替零件上的棱边，可以使模型表面的过渡更加光滑、自然，增加产品造型的美感。在模型上创建圆角结构，可以通过创建倒圆角特征来实现。

基础知识

倒圆角特征是一种边处理特征，选取模型上的一条或多条边、边链或指定一组曲面作为特征的放置参照后，再指定半径参数即可创建倒圆角特征。

1. 设计工具

创建基础实体特征后，在【工程】工具组中单击 倒圆角 按钮即可启动倒圆角工具，如图4-49所示。

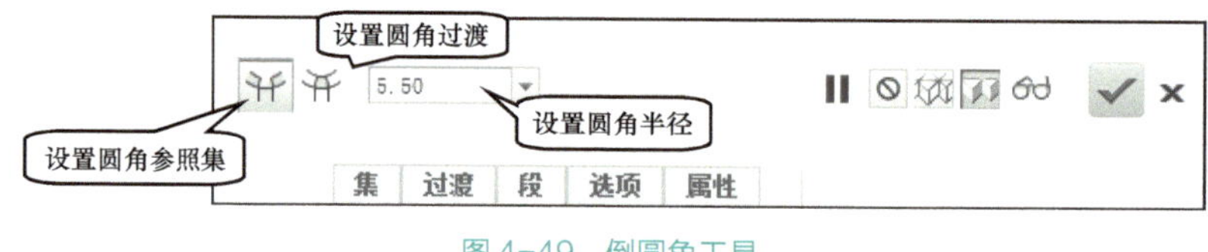

图4-49 倒圆角工具

2. 基本概念

1 倒圆角集

倒圆角集是倒圆角特征的结构单位，是在一次定义中创建的圆角总和。一个倒圆角特征包含一个或多个倒圆角集，一个圆角集包含一个或多个圆角段。

2 倒圆角段

倒圆角段是由唯一性、单一几何参照（如一条边线、一条边链等）以及一个或多个半径参数指定的一段圆角结构，如图4-50所示。

在图4-51中创建了一个倒圆角集，分别在模型上选取了图示的3条边线作为倒圆角特征的放置参照，该圆角集由3个圆角段组成。

图4-50 倒圆角特征

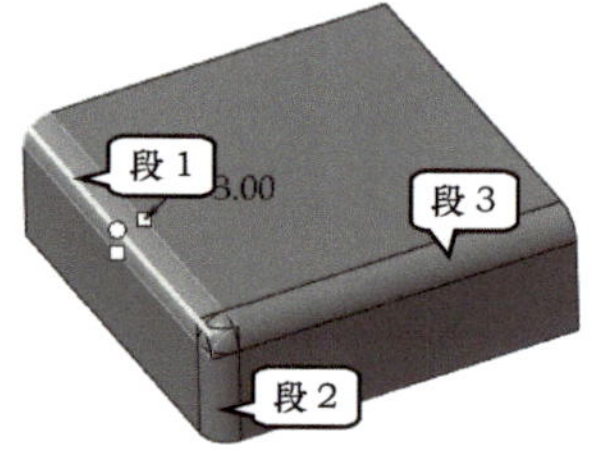

图4-51 倒圆角段

3 圆角过渡

为了增强圆角特征的视觉效果，在两段或多段圆角交汇处，以及圆角的终止处，使用特殊方式所进行的几何填充，就是圆角过渡。通常情况下，指定圆角放置参照后，系统将使用默认属性、默认半径值以及最适合该参照的默认过渡形式创建倒圆角特征，如图4-52所示。

在设计面板上单击 按钮后，可以编辑圆角过渡的类型，以获得不同的过渡效果，此时的圆角过渡会加亮显示，如图4-53所示。

选中需要修改类型的圆角过渡，然后在设计面板上的过渡列表中选取合适的过渡类型，为图 4-53 中的过渡 2 设置不同过渡类型后的效果如图 4-54 所示。

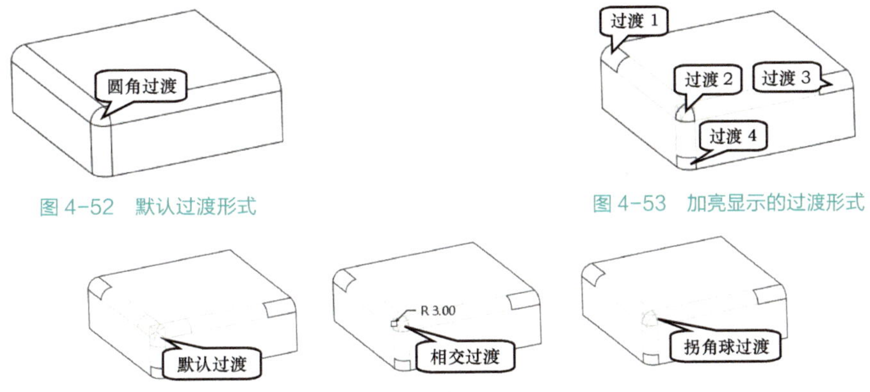

图 4-52　默认过渡形式

图 4-53　加亮显示的过渡形式

图 4-54　不同的过渡形式

3. 倒圆角特征的参照类型

在创建倒圆角特征时，可以使用下列参照类型。

❶ 边和边链

通过选取一条或多条边，或者使用一个边链来放置倒圆角，这是倒圆角特征的主要参照类型。倒圆角特征如果遇到相切的邻边（这叫做相切链）将继续传播，直至在切线中遇到断点。

❷ 曲面到边

通过先选取曲面，然后选取边来放置倒圆角。该倒圆角与曲面保持相切，边参照用于配合曲面，以准确确定圆角的位置。

❸ 曲面到曲面

通过选取两个曲面来放置倒圆角，倒圆角的边与参照曲面仍保持相切。

以上参照的具体使用方法将在稍后介绍。

4. 创建恒定圆角

恒定圆角是指圆角半径为恒定值的圆角。在设计面板中展开【集】下拉面板，如图 4-55 所示，在这里详细设计倒圆角特征的基本参数。

❶ 创建倒圆角集

一个倒圆角特征由一个或多个倒圆角集组成。图 4-55 左上角为倒圆角集列表，单击【新建集】选项可以创建新的倒圆角集。在圆角集上单击鼠标右键，在弹出的快捷菜单中选取【添加】命令，也可以创建新的倒圆角集，选取【删除】命令可以删除该倒圆角集。

❷ 设定圆角截面

如图 4-56 所示，在右侧的下拉列表中选取圆角形状，其中常用的截面形状有以下几种。

a. 圆形。

圆形是最常见的圆角截面形状，截面为标准圆形。

b. 圆锥。

圆角截面为圆锥曲线，可以设置控制圆锥锐度的圆锥参数来调整圆角的形状。其范围为 0.05~0.95，其值越小，曲线越平缓。圆锥参数在右侧第 2 个下拉列表中设置。

c. D1 × D2 圆锥。

通过指定参数 D1 和 D2 来创建非对称形状的锥形圆角，同时也可以通过圆锥参数来调整曲线的弯曲程度。

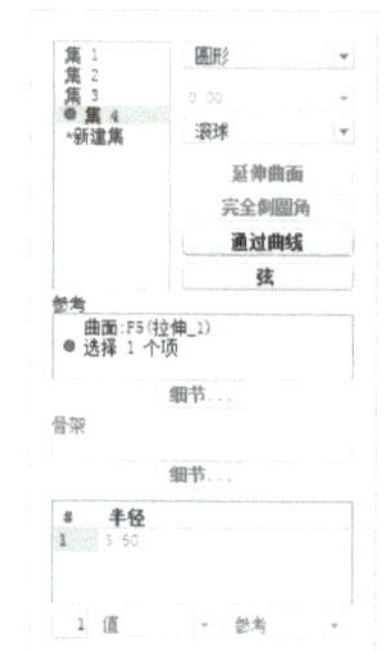

图 4-55 【集】下拉面板

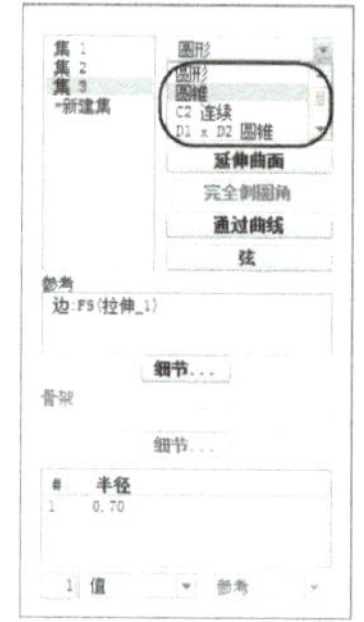

图 4-56 圆角截面形状

图 4-57 所示是 3 种截面形状的圆角示例。

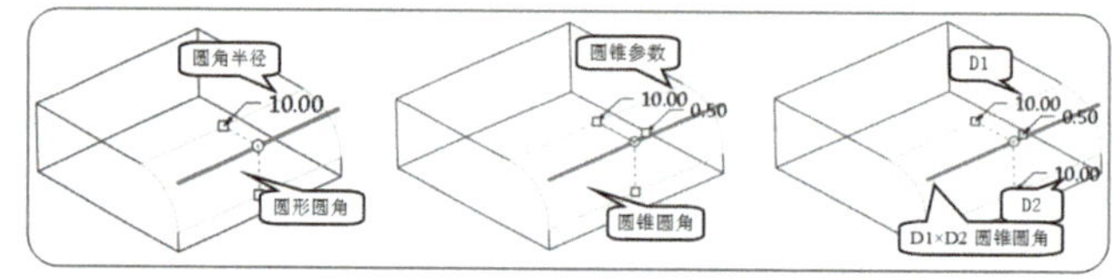

图 4-57 3 种截面形状的圆角示例

❸ 指定轨迹生成方式

在参数面板顶部的第 3 个下拉列表中，指定圆角轨迹的生成方式。

a. 滚球。

滚球是以指定半径的球体在放置圆角的边上滚过的方式生成圆角。

b. 垂直于骨架。

垂直于骨架是以垂直于骨架线的圆弧或圆锥剖面，沿圆角的放置参照扫描的方式生成圆角。

❹ 指定圆角放置参照

设置圆角形状参数后，接下来在模型上选取边线或指定曲面、曲线作为圆角特征的放置参照。这里首先介绍选取边线作为圆角放置参照的方法。

a. 为每一条边线创建一个倒圆角集。

在选取实体上的边线时，如果每次选取一条边线，系统会为每一条边线创建一个倒圆角集，如图 4-58 所示。

b. 选取多条边线创建一个倒圆角集。

如果在选取边线的同时按住Ctrl键，则将选取的所有边线作为一个圆角集的放置参照，并为这些边线处的圆角设置相同的圆角参数，如图 4-59 所示。

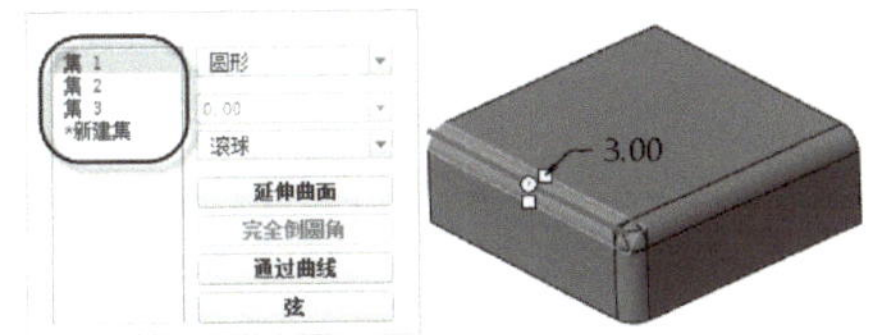

图 4-58 为每一条边线创建一个倒圆角集

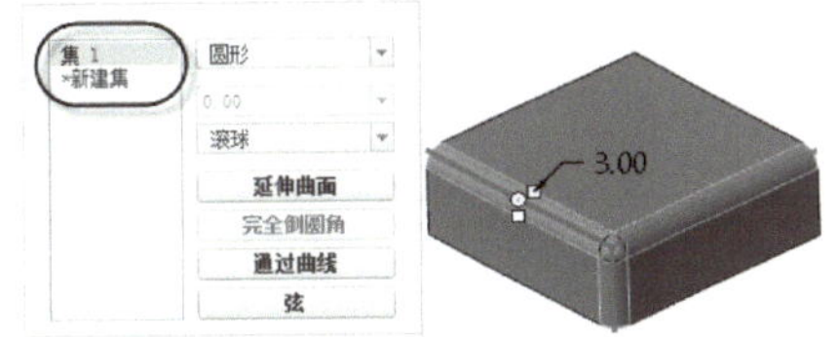

图 4-59 选取多条边线创建一个倒圆角集

c. 使用边链创建倒圆角集。

如果要使用一组闭合的边线创建倒圆角集，可以使用边链来完成。首先选取一条边线，按住Shift键再选取该边线所在的面，系统会将这两边线所在的整个闭合边链选中作为圆角的放置参照，如图 4-60 所示。

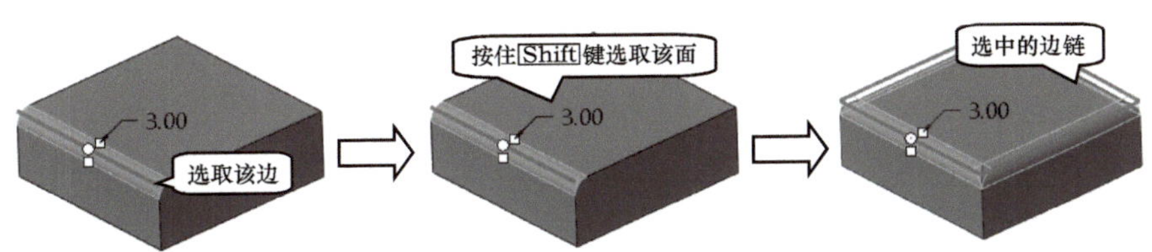

图 4-60 使用边链创建倒圆角集

d. 使用相切链创建倒圆角集。

如果模型上存在各边线首尾顺序相切的边链，还可以一次选中整个边链作为圆角的放置参照。任意选取相切链的一条边线，即可选中整个边链来放置圆角特征，如图 4-61 所示。

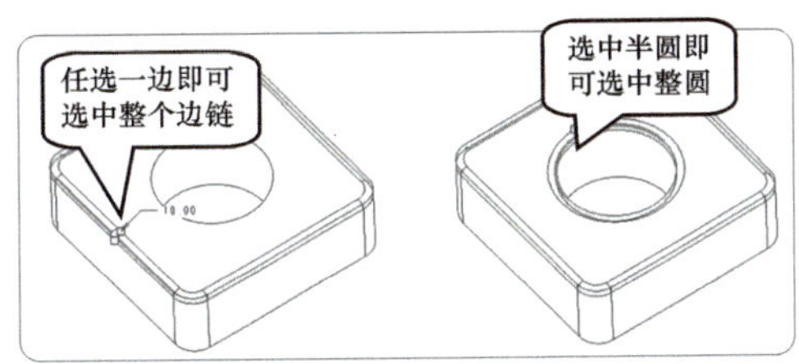

图 4-61 使用相切链创建倒圆角集

❺ 编辑圆角参照

指定圆角参照后，还可以根据需要进一步编辑这些参照，下面分别介绍编辑圆角参照的方法。

a. 向某一圆角集继续补充参照。

在设计过程中，可以随时向已经创建的倒圆角集中补充新的参照，步骤如下。

- 在倒圆角集列表中选中需要补充参照的圆角集。
- 按住Ctrl键，继续选取新的参照，这些参照将自动添加到选定的圆角集中。

b. 删除某一圆角集中的参照。

如果在某一圆角集中选取了不合适的圆角参照，可以按照以下两种方法之一将其删除。

- 在【集】面板的【参考】列表框中的参照上单击鼠标右键，在弹出的快捷菜单中选取【移除】命令将其删除，选取【全部移除】命令可删除全部参照，如图 4-62 所示。
- 按住Ctrl键，在模型上单击选中需要删除的参照，即可将其排除在参照列表之外，这种方法操作简便，更加实用。

6 定义圆角半径

在确定圆角类型和圆角参照后，接下来确定圆角的半径参数。

a. 确定指定的圆角半径。

设计面板底部为圆角半径参数栏，在参数栏底部的下拉列表中选取圆角半径的指定方式。可用以下两种方式指定圆角半径。

- 值：激活半径参数栏的【半径】文本框，可以直接输入半径参数，也可以从其下拉列表中选取曾经使用过的半径参数。
- 参考：使用参照来指定圆角大小，例如，指定实体顶点或指定基准点来确定圆角大小，如图 4-63 所示。

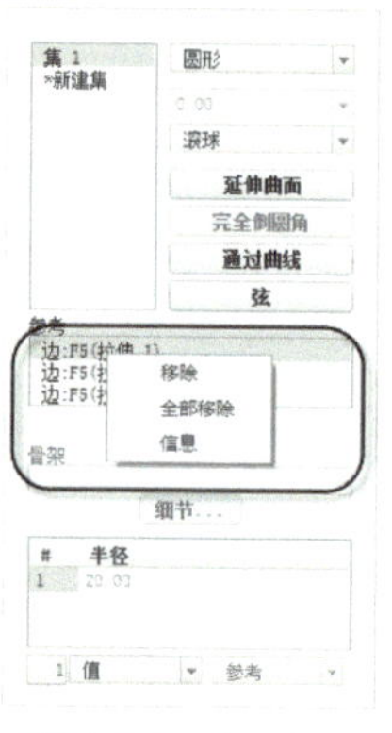

图 4-62 移除参照

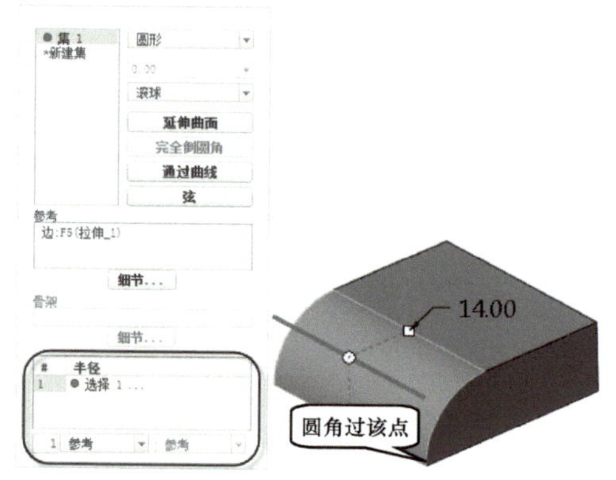

图 4-63 圆角经过参照

b. 动态调整圆角半径。

在定义圆角参数时，除了在文本框中输入数值外，还可以直接在模型上拖动参数图柄动态来调节圆角大小。在图 4-64 所示的圆锥圆角段中有 3 个参数图柄，拖动这些图柄可以分别动态调节 D1、D2 和圆角参数的大小。

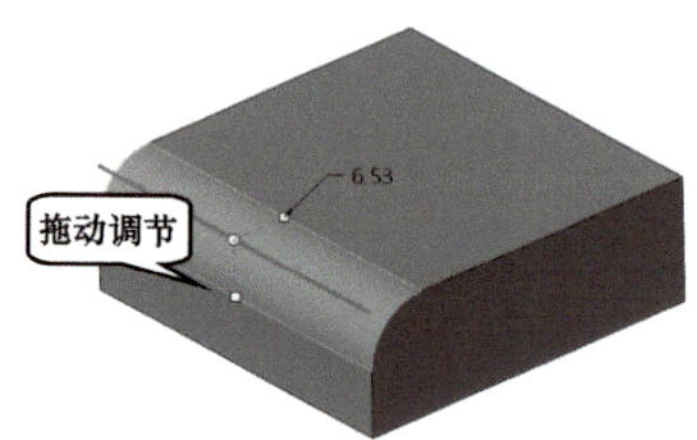

图 4-64 动态调整圆角半径

扩展知识

1. 创建可变圆角

可变圆角是指圆角的截面尺寸沿某一方向渐变的倒圆角特征。如图 4-65 所示，在圆角半径参数栏中单击鼠标右键，在弹出的快捷菜单中选取【添加半径】命令，在参照边线上按照长度比例选取参照点，依次设置各处圆角半径后，即可创建可变圆角，如图 4-66 所示。

在圆角半径参数栏中单击鼠标右键，打开快捷菜单，选取【成为常数】命令即可将可变圆角改为恒定圆角。

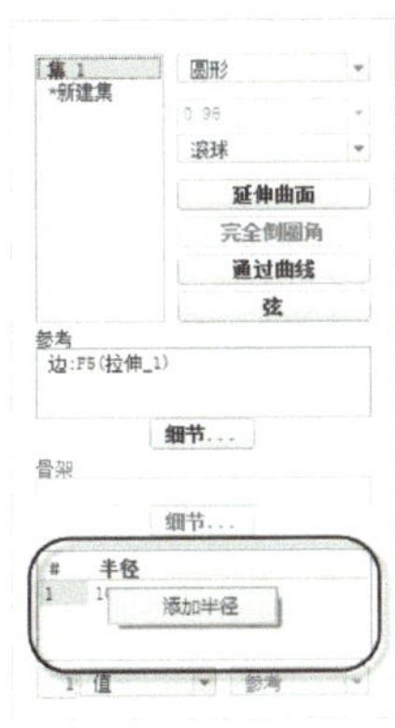

图 4-65 添加半径

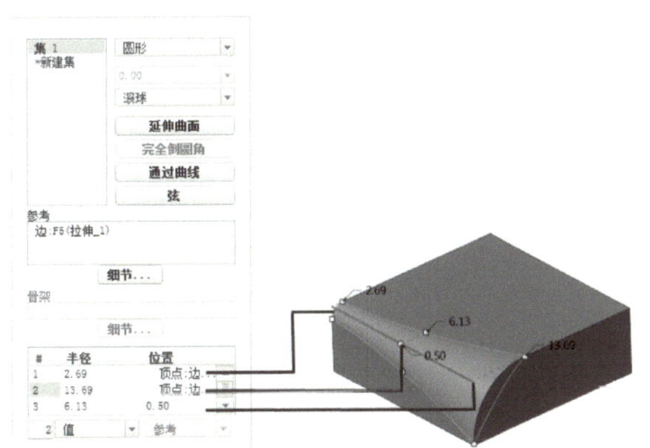

图 4-66 可变圆角示例

2. 使用其他参照创建倒圆角特征

除了使用边线或边链作为倒圆角特征的放置参照外，还可以使用曲线以及曲面等作为参照创建倒圆角特征，下面简要介绍其相关知识。

❶ 选取曲面作为参照创建圆角

实体上的曲面是另一种放置圆角特征的重要参照，选取一个曲面后，按住 Ctrl 键再选取另一个曲面，即可在两个曲面的交线处创建指定半径的倒圆角特征，如图 4-67 所示。

❷ 使用边和曲面创建倒圆角特征

首先选取一个曲面作为倒圆角特征的放置参照，然后按住 Ctrl 键再选取一条边线，可以在曲面和边线之间创建倒圆角特征，如图 4-68 所示。

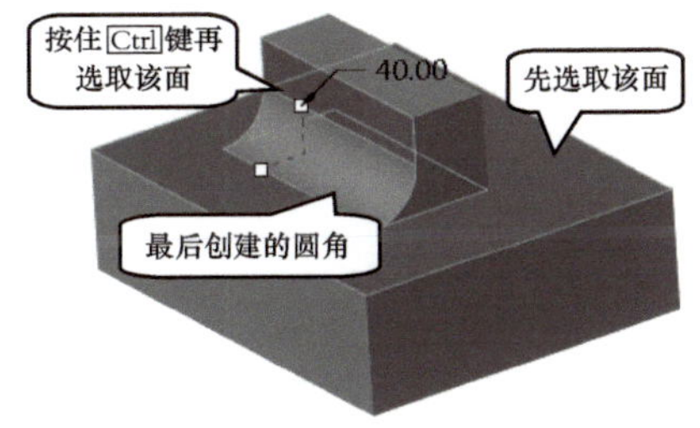

图 4-67 选取曲面作为参照创建圆角

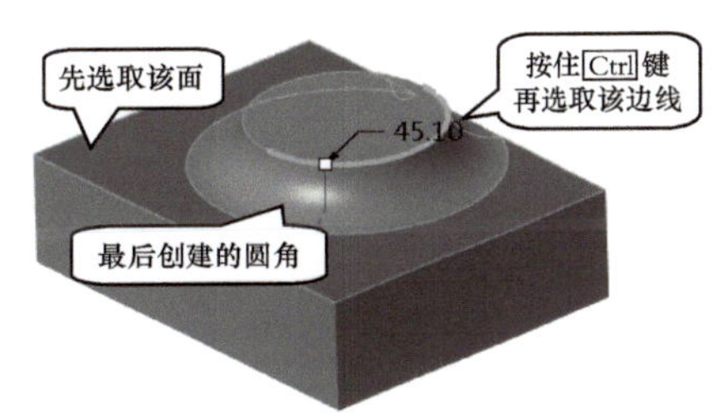

图 4-68 使用边和曲面创建倒圆角特征

3. 创建完全倒圆角

完全倒圆角是一种根据设计条件自动确定圆角参数的倒圆角特征。

❶ 使用边线创建完全倒圆角

如果使用边参照来创建完全倒圆角，则这些边参照必须位于同一个公共曲面上，设计完成后，将该公共曲面用倒圆角特征代替，设计过程如图 4-69 所示。

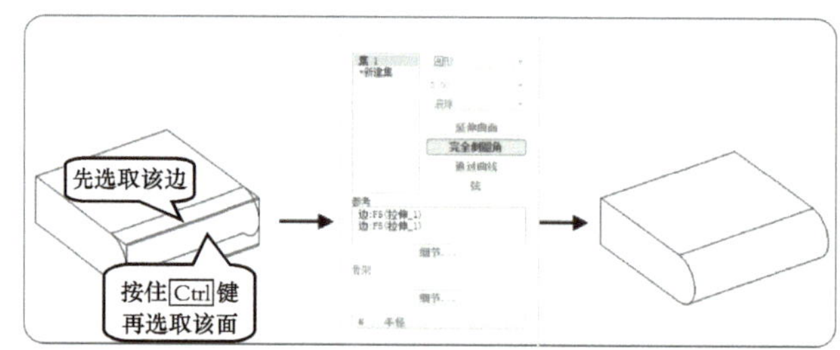

图 4-69　使用边线创建完全倒圆角

❷ 使用曲面创建完全倒圆角

使用曲面创建完全倒圆角特征时，首先选取两个曲面，倒圆角特征将与该曲面相切，然后指定一个曲面作为驱动曲面，圆角曲面的顶部将与该曲面相切，驱动曲面用于决定倒圆角的位置和圆角大小，如图 4-70 所示。

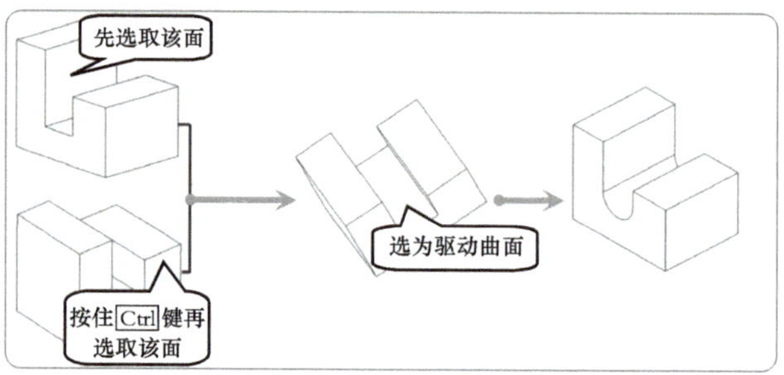

图 4-70　使用曲面创建完全倒圆角

4. 使用曲线作为参照创建圆角

要创建特殊形状的圆角特征，仅仅使用边线和曲面作为放置参照还不够，这时，可以使用曲线作为圆角的放置参照。将基准曲线和其他参照相结合，可以创建出形状和基准曲线相拟合的圆角特征，如图 4-71 所示。

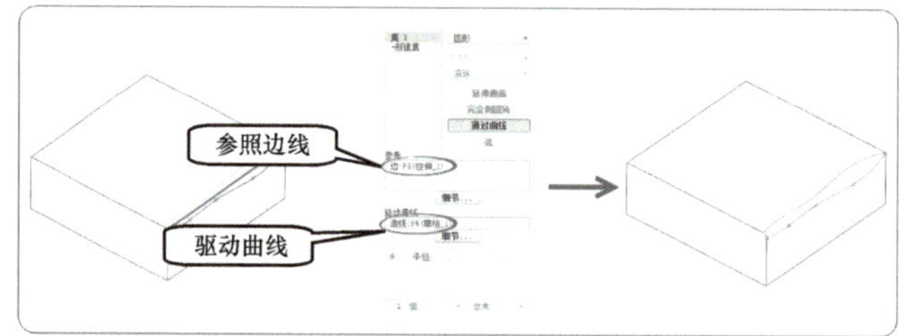

图 4-71　使用曲线作为参照创建圆角

基础训练——创建倒圆角特征

本例将通过一个典型案例来介绍倒圆角特征的创建方法，帮助读者明确设计工具用法的同时，掌握其设计技巧。

【操作步骤】

创建倒圆角特征

1. 打开素材

打开文件“\ 素材 \ 第 4 章 \round.prt”，如图 4-72 所示。

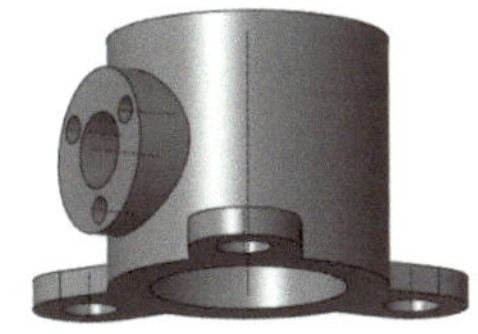

图 4-72 打开的模型

2. 创建第1个圆角特征

STEP01 在【工程】工具组中单击 倒圆角 按钮，打开圆角设计面板。

STEP02 设置圆角半径为 40.00，按住 Ctrl 键选取图 4-73 所示的边线（共 6 处）。

STEP03 单击鼠标中键，创建第 1 个圆角特征，结果如图 4-74 所示。

图 4-73 选取参照（1）

图 4-74 创建倒圆角（1）

3. 创建第2个倒圆角特征

STEP01 在【工程】工具组中单击 倒圆角 按钮，打开圆角设计面板。

STEP02 设置圆角半径为 20.00，按住 Ctrl 键选取图 4-75 所示的边线（共 3 处）。

STEP03 展开【集】下拉面板，单击【新建集】，创建集 2。

STEP04 按照图 4-76 所示选取该相切链，设置圆角半径为“15.00”。

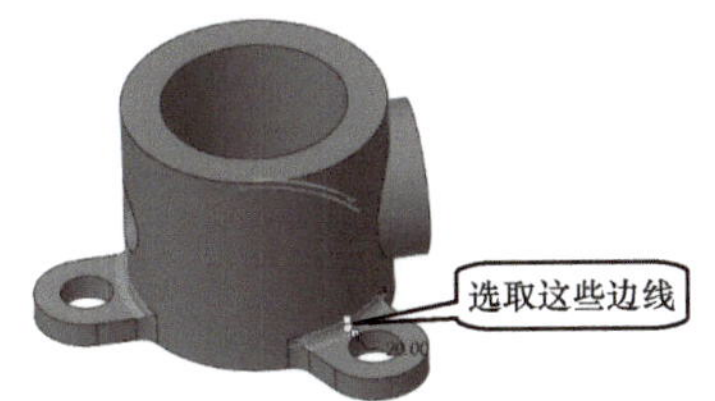

图 4-75 选取参照（2）

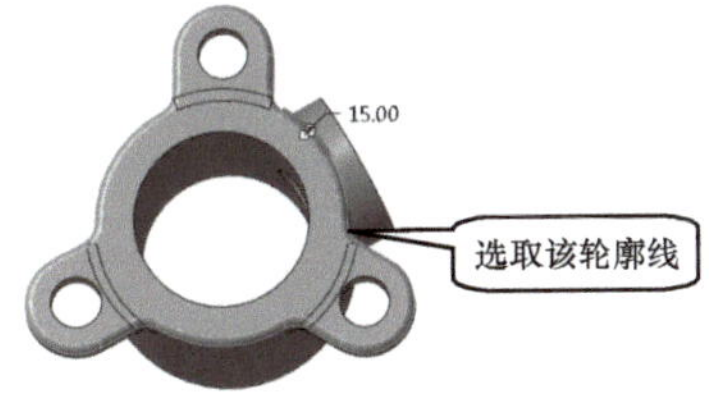

图 4-76 选取参照（3）

STEP05 单击【新建集】，创建集 3，按照图 4-77 所示选取该相切链，设置圆角半径为 5.00。

STEP06 单击鼠标中键，结果如图 4-78 所示。

图 4-77 选取参照（4）

图 4-78 创建倒圆角（2）

4. 创建第3个倒圆角特征

STEP01 在【工程】工具组中单击 倒圆角 按钮，打开圆角设计面板。

STEP02 设置圆角半径为 30.00，按住 Ctrl 键选取图 4-79 所示的两个曲面。

STEP03 展开【集】下拉面板，单击【新建集】，创建集 2。

STEP04 选取图 4-80 所示的边线作为参照，设置圆角半径为 10.00。

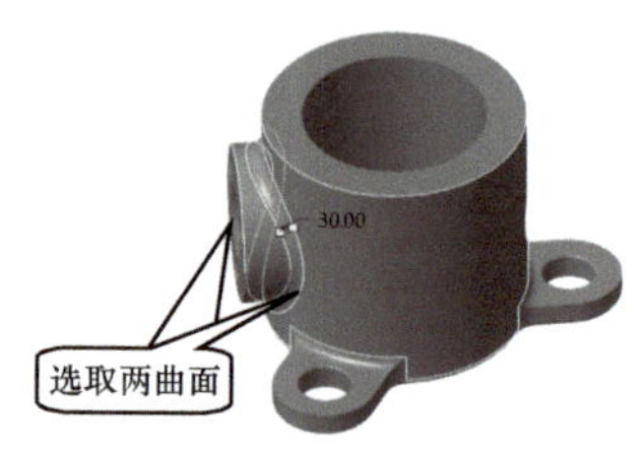

图 4-79 选取参照（5）

图 4-80 选取参照（6）

STEP05 单击【新建集】，创建集 3，选取图 4-81 所示的边线作为参照，设置圆角半径为 5.00。

STEP06 单击【新建集】，创建集 4，选取图 4-82 所示的边线作为参照，设置圆角半径为 3.00。

图 4-81 选取参照（7）

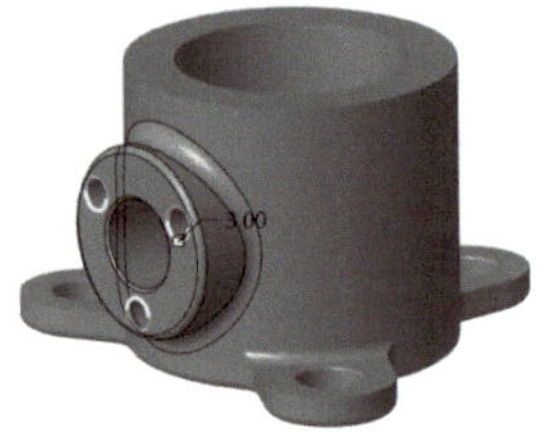

图 4-82 选取参照（8）

STEP07 单击【新建集】，创建集 5，将图 4-83 所示的边线作为参照，设置圆角半径为 12.00。

STEP08 单击【新建集】，创建集 6，将图 4-84 所示的边线作为参照，设置圆角半径为 6.00。

图 4-83 选取参照（9）

图 4-84 选取参照（10）

STEP09 单击鼠标中键，最后创建的倒圆角特征如图 4-85 所示，全部参数设置如图 4-86 所示。

图 4-85 创建倒圆角（3）

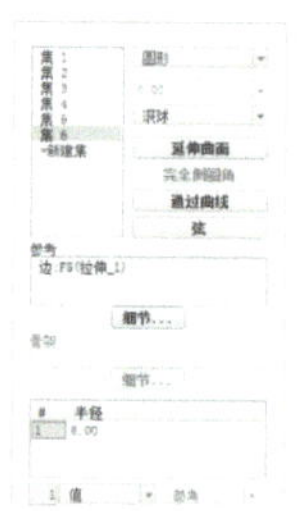

图 4-86 全部参数设置

4.1.3 创建拔模特征

拔模特征是一种在模型表面上引入的结构斜度，用于将实体模型上的圆柱面或平面转换为斜面，这类似于在铸件上为方便起模而添加拔模斜度后的表面，如图 4-87 所示。

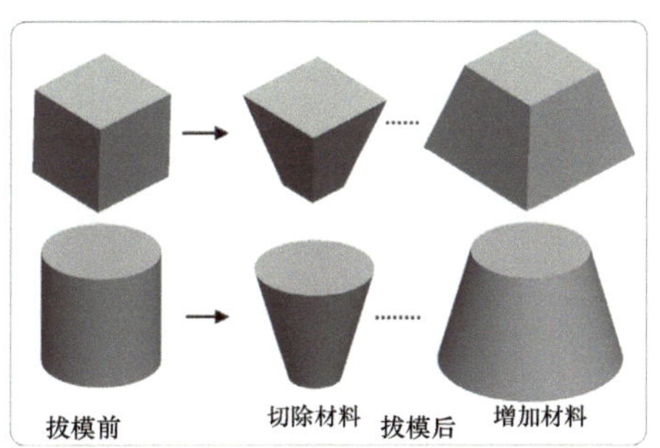

图 4-87 拔模特征应用示例

基础知识

在创建基础实体特征以后，在【工程】工具组中单击 拔模 按钮，打开图 4-88 所示的拔模设计面板，利用该面板设置参数创建拔模特征。

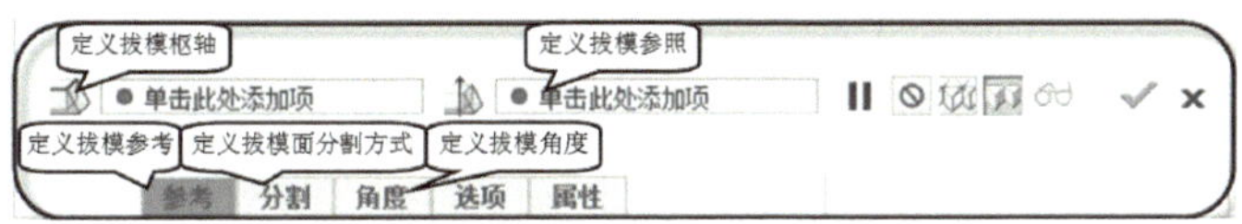

图 4-88 拔模工具面板

1. 创建拔模特征的基本要素

创建拔模特征时通常需要设置以下 4 个基本要素。

❶ **拔模曲面**

在模型上要加入拔模特征的曲面上创建结构斜度，简称拔模面。

❷ **拔模枢轴**

拔模枢轴用来指定拔模曲面上的中性直线或曲线，拔模曲面绕该直线或曲线旋转生成拔模特征。

❸ **拔模角度**

拔模角度是拔模曲面绕由拔模枢轴所确定的直线或曲线转过的角度，该角度决定了拔模特征中结构斜度的大小。拔模角度的取值范围为 $-30°$ ~ $30°$ ，并且该角度的方向可调。调整角度的方向，可以决定在创建拔模特征时是在模型上添加材料还是去除材料。

❹ **拖动方向**

拖动方向用来指定测量拔模角度所用的方向参照。选取平面为拔模枢轴时，拖动方向将垂直于该平面。系统使用箭头标示拖动方向的正向，设计时可以根据需要调整。可以选取平面、实体边、基准轴或者坐标系作为决定拖动方向的参照。

要点提示

图 4-89 所示为拔模原理示意图。启动拔模工具后，在设计面板下方展开【参考】下拉面板，如图 4-90 所示，在这里设置 3 个参数确定拔模参照。

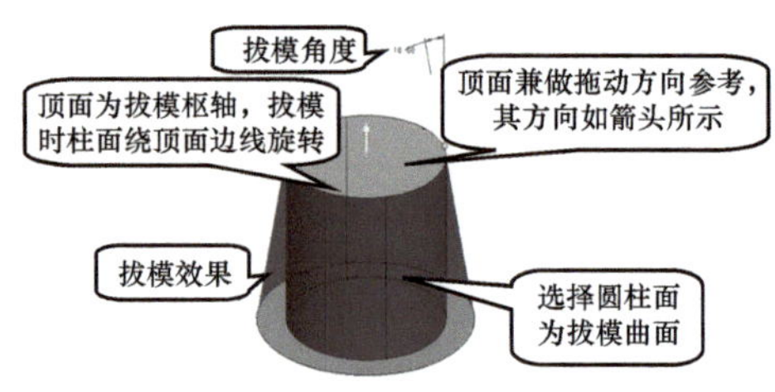

图 4-89　拔模原理示意图

图 4-90　参数面板

2. 选择拔模曲面

创建拔模特征的第 1 步是选取拔模曲面。在图 4-90 中激活拔模【曲面】列表框，选取拔模曲面，如果需要同时在多个曲面上创建拔模特征，可以按住 Ctrl 键并依次选取其他拔模曲面，如图 4-91 所示。

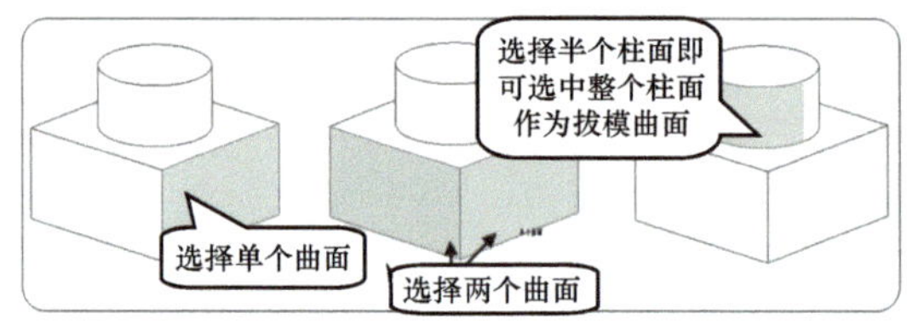

图 4-91　选择拔模曲面

❶ 依次选取拔模曲面

在图 4-90 中单击【拔模曲面】列表框右侧的 细节... 按钮，打开【曲面集】对话框，如图 4-92 所示，此时，可以依次选取单个曲面构成曲面集来指定拔模曲面。

❷ 使用“环曲面”方式选取拔模曲面

使用单个曲面创建曲面集的效率不高，单击【曲面集】对话框上的 添加(A) 按钮，增加新的曲面集，并激活【锚点】列表框，选取一个曲面作为锚点曲面（参照曲面），然后选取锚点曲面上的一条边线来决定由哪些曲面构成曲面集，最后，使用由与锚点曲面具有相邻边的所有曲面组成的曲面集（环曲面）作为拔模曲面，如图 4-93 所示。

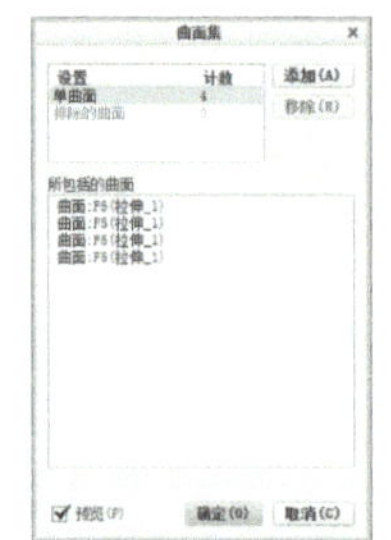

图 4-92 【曲面集】对话框

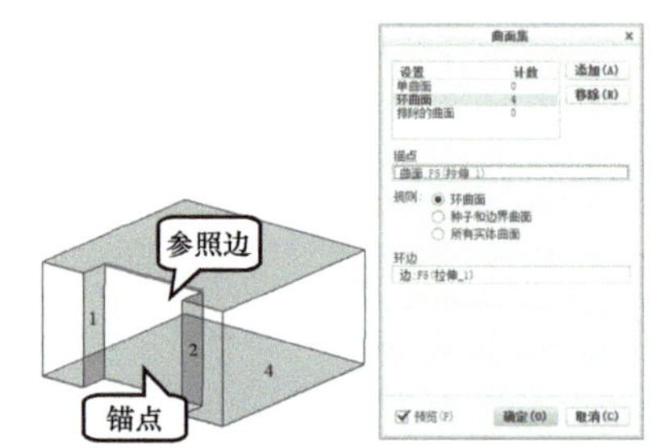

图 4-93　使用“环曲面”方式选取拔模曲面

在【曲面集】对话框中单击要排除的曲面可以排除多余的曲面，如图 4-94 所示。

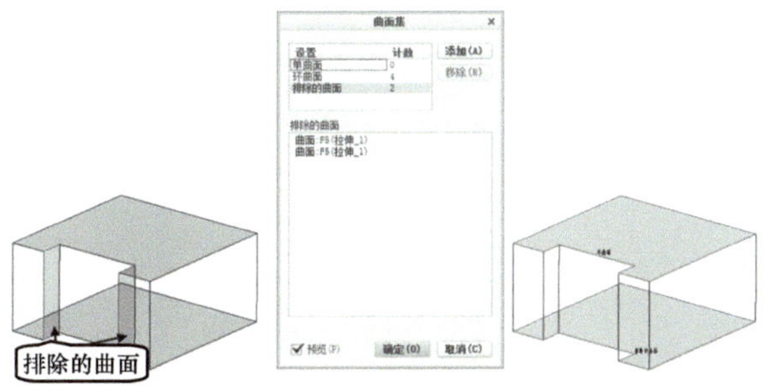

图 4-94 排除曲面

❸ 使用“种子及边界曲面”方式选取拔模曲面

单击【曲面集】对话框中的 添加(A) 按钮，添加新的曲面集，选取一个曲面作为锚点曲面（种子曲面），选中【种子和边界曲面】和【单曲面】单选项，然后选取一个或多个曲面（按住 Ctrl 键）作为边界曲面，则从种子曲面到边界曲面（不包括曲面）之间的曲面都将被加入曲面集，如图 4-95 所示。

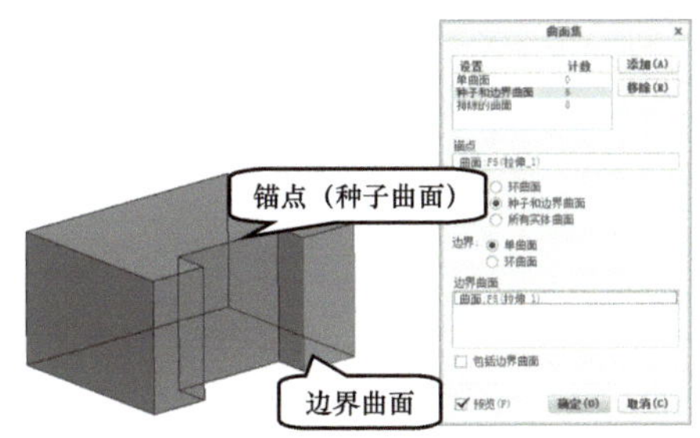

图 4-95 使用［种子和边界曲面］方式选取拔模曲面

要点提示

选取种子曲面后，如果选中【种子和边界曲面】和【环曲面】单选项，然后选取一个曲面作为边界曲面，再选取曲面上的一条边，则所有与边界曲面相邻的曲面都将被排除在选择集之外，如图 4-96 所示。

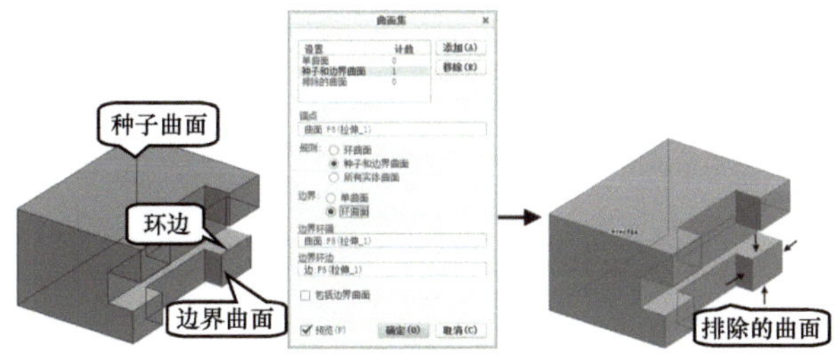

图 4-96 使用环曲面

❹ 选取实体上的所有表面作为拔模曲面

如果希望将模型上的所有表面作为拔模曲面，只需要在【曲面集】对话框中选中【所有实体曲面】单选项即可。在实际设计中，当要求选取模型上的大多数曲面作为拔模曲面时，可以先选中所有曲面，然后使用排除法将少数不需要的曲面排除后，构成拔模曲面集。

如果实体上具有相互相切的曲面链，任意选取其中一个曲面作为拔模曲面，最后创建的拔模特征将自动延伸到零件的整个相切曲面链上，如图 4-97 所示。

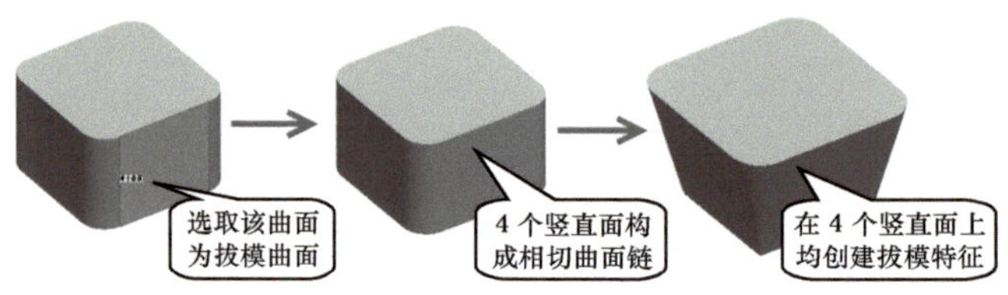

图 4-97　选取相切链

3. 确定拔模枢轴

选取拔模曲面后，在图 4-90 所示的参照面板中激活【拔模枢轴】列表框来选取拔模枢轴，拔模枢轴可以是实体边线或平面。

拔模枢轴用来确定拔模时拔模曲面转动的轴线。如果选取平面作为拔模枢轴，该平面（或平面延展后）与拔模曲面的交线即是拔模曲面转动的轴线，如图 4-98 和图 4-99 所示。

除了使用平面作为拔模枢轴外，也可以直接选取曲线或实体边线作为拔模枢轴，拔模曲面将绕该边线旋转创建拔模特征。

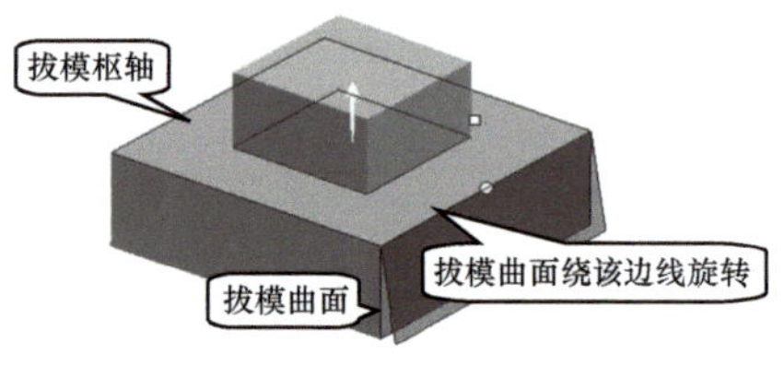

图 4-98　拔模枢轴应用示例（1）

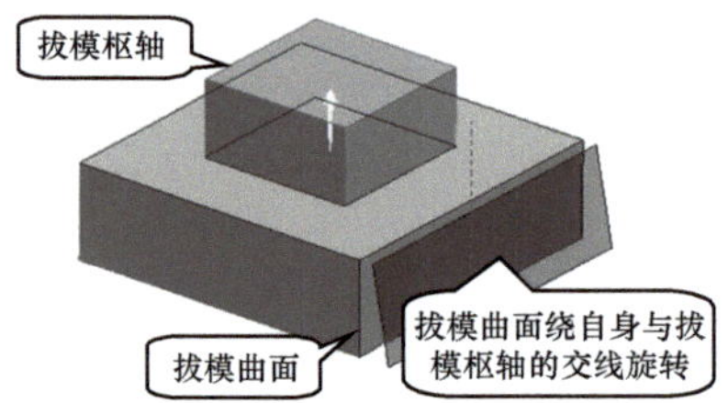

图 4-99　拔模枢轴应用示例（2）

4. 确定拖动方向

激活图 4-90 所示参照面板的【拖拉方向】列表框，选取适当的平面、边线或轴线参照来确定拖动方向，单击列表框右侧的 反向 按钮，可以调整拖动方向的指向。

能够充当拖动方向参照的对象主要有以下内容。

a. 平面。

平面的法线方向为拖动方向。如果选取平面作为拔模枢轴，系统将自动使用该平面来确定拖动方向，并使用一个黄色箭头指示拖动方向的正向。

b. 边线或轴线。

轴线或边线的方向即为拖动方向。

c. 指定的坐标轴。

拖动方向沿着坐标轴的指向。

使用边线或轴线确定拖动方向的示例如图 4-100 和图 4-101 所示。

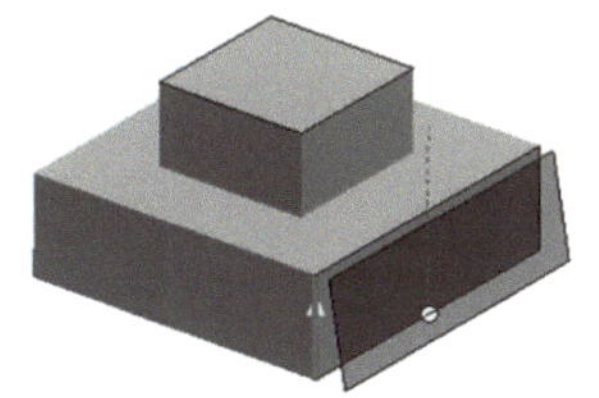

图 4-100　使用实体边线确定拖动方向

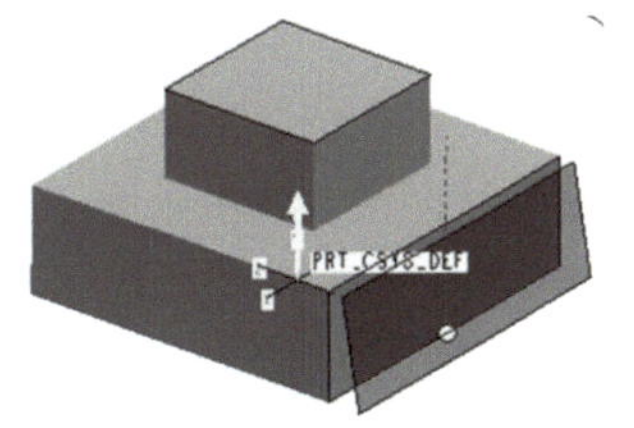

图 4-101　使用坐标系确定拖动方向

要点提示

反向

5. 设置拔模角度

正确设置拔模参照后，在设计面板以及模型上都将出现拔模角度的相关图示，可以直接在设计面板上设置拔模角度。如果创建可变拔模特征，需要利用设计面板中的【角度】下拉面板来详细编辑拔模角度。

要点提示

6. 指定分割类型

通过分割拔模曲面，可以在同一拔模曲面上创建多种不同形式的拔模特征。在设计面板中展开【分割】下拉面板，下面对其进行介绍。

❶ 分割拔模曲面的方法

【分割】设计面板提供了分割拔模曲面的 3 种方法。

- 不分割：不分割拔模面，在拔模面上创建单一参数的拔模特征。
- 根据拔模枢轴分割：使用拔模枢轴来分割拔模面，然后在拔模面的两个分割区域内分别指定参数创建拔模特征。
- 根据分割对象分割：使用基准平面或曲线等来分割拔模面，然后在拔模面的两个分割区域内分别指定参数创建拔模特征。

❷ 分割工具

选取【根据分割对象分割】选项，在设计面板中部将激活【分割对象】列表框，可以直接选取已经存在的基准曲线作为分割对象，也可以单击右侧的 定义... 按钮，使用草绘的方法临时创建分割对象，如创建适当的草绘曲线。

❸ 分割属性

如果选取了分割拔模面的方式来创建拔模特征，就可以在设计面板底部的【侧选项】下拉列表中，分别为分割后的拔模面两侧选取适当的处理方法。

- 独立拔模侧面：为拔模曲面的每一侧指定独立的拔模角度。此时在设计面板上将添加确定第 2 侧拔模角度和方向的文本框和操作按钮，可以单独修正任一侧的拔模角度和角度正向。

- 从属拔模侧面：为第 1 侧指定一个拔模角度后，在第 2 侧以相同的角度、相反的方向创建拔模结构，此选项仅在拔模曲面以拔模枢轴分割或使用两个拔模枢轴分割拔模面时可用。
- 只拔模第一侧：仅在拔模曲面的第 1 侧（由拖动方向指向的一侧）创建拔模特征，第 2 侧面保持中性位置。
- 只拔模第二侧：仅在拔模曲面的第 2 侧（拖动方向的反侧）创建拔模特征，第 1 侧面保持中性位置。

选取基准平面 FRONT 作为拔模枢轴，然后选取【根据拔模枢轴分割】方式分割拔模曲面，图 4-102 显示了 4 种拔模结果的对比。

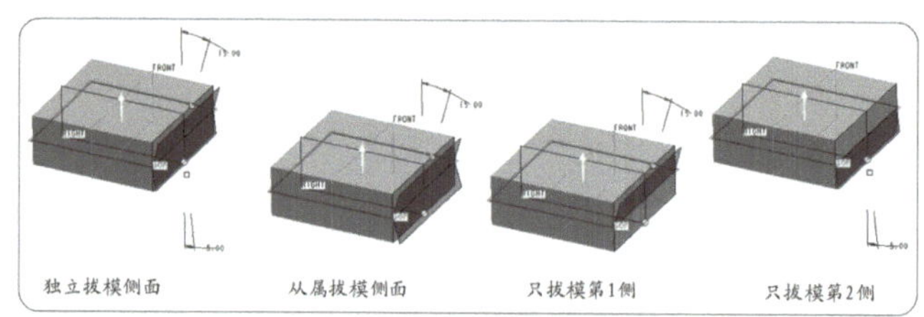

图 4-102　设置分割属性

④ 使用对象分割拔模曲面

除了采用拔模枢轴分割拔模面外，还可以在拔模面上草绘曲线来分割拔模面。如图 4-103 所示，在拔模曲面上创建了草绘曲线对其进行分割，设置分割属性为【独立拔模侧面】，分别在分割后的拔模面两侧指定不同的拔模参数。

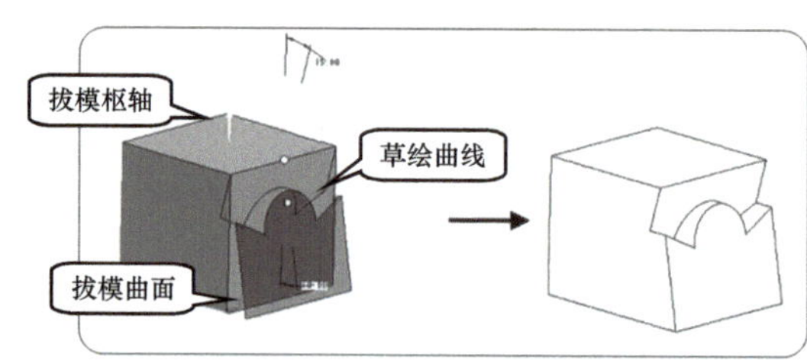

图 4-103　使用对象分割拔模曲面

基础训练——创建拔模特征

本例将通过一个典型案例介绍拔模特征的创建方法，在帮助读者明确设计工具用法的同时，掌握其设计技巧。

【操作步骤】

1. 打开素材

打开文件“\ 素材 \ 第 4 章 \draft.prt”，如图 4-104 所示。

图 4-104　基础实体特征

2. 在模型底座的环曲面上创建可变拔模特征

STEP01 在【工程】工具组单击 拔模 按钮，打开拔模设计面板，展开【参考】下拉面板。

STEP02 激活【拔模曲面】列表框，然后选取模型底座上由 4 段曲面组成的环曲面作为拔模面（选取多个曲面时按住 Ctrl 键），如图 4-105 所示。

STEP03 激活【拔模枢轴】列表框，然后选取图 4-105 所示的实体表面作为拔模枢轴，在【拖拉方向】列表框中接受系统默认设置，如图 4-106 所示。

STEP04 展开【角度】下拉面板，在角度编号上单击鼠标右键，在弹出的快捷菜单中选取【添加角度】命令，连续添加两个角度，如图 4-107 所示。

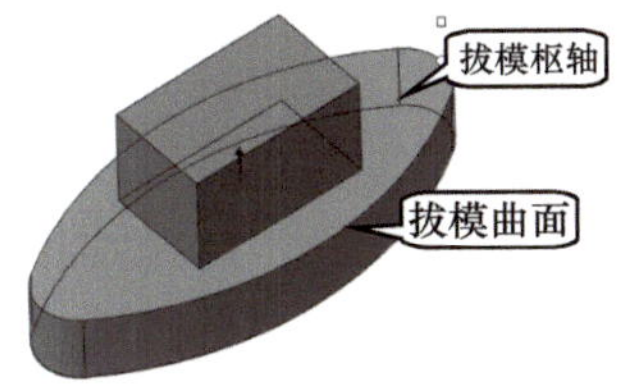

图 4-105 设置拔模参数

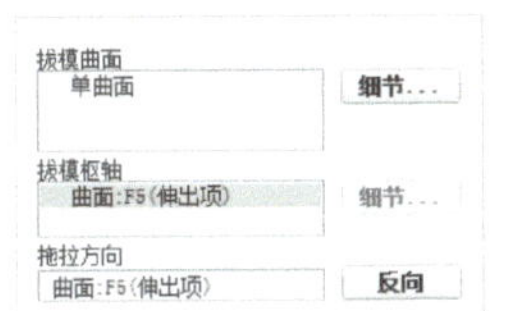

图 4-106 设置完参数后的面板

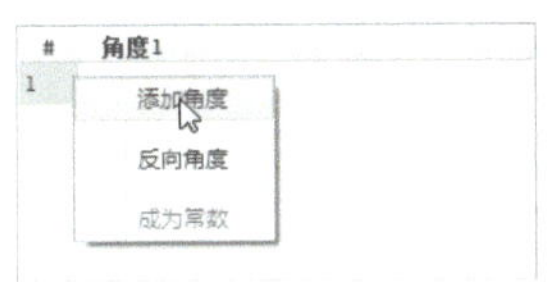

图 4-107 添加角度

STEP05 选取图 4-108 所示的实体边线为参照添加 1 个参考点，该点位于边线中央，在该处输入拔模角度 25.00，选取参照时，首先在参数面板中激活角度参数的【参考】列。

STEP06 在图 4-108 所示的边线上添加两个参照点，设置边线端点处的拔模角度为 20.00，边线中央的拔模角度为 10.00。图 4-109 是设置完成后的参数面板。

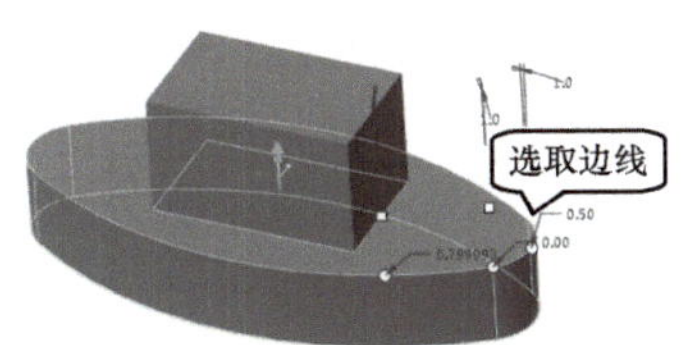

图 4-108 选取参照

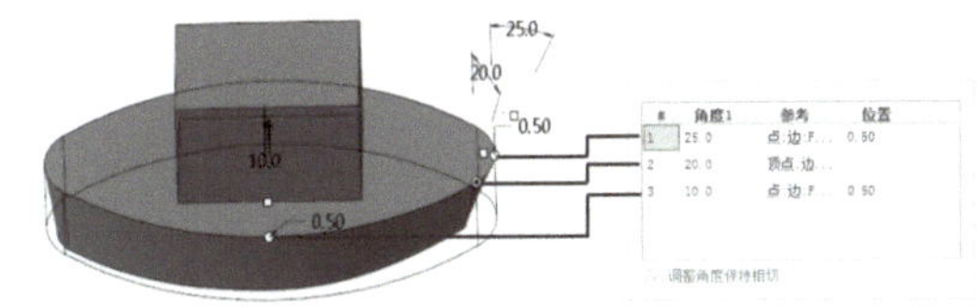
图 4-109 设置拔模参数（1）

STEP07 使用同样的方法在图 4-109 所示两边线对称位置的边线处放置参照点，参数设置同图 4-109，最终插入 8 个参照点，结果如图 4-110 所示。

STEP08 预览设计结果确认无误后，单击 ✓ 按钮，最后生成的拔模结果如图 4-111 所示。

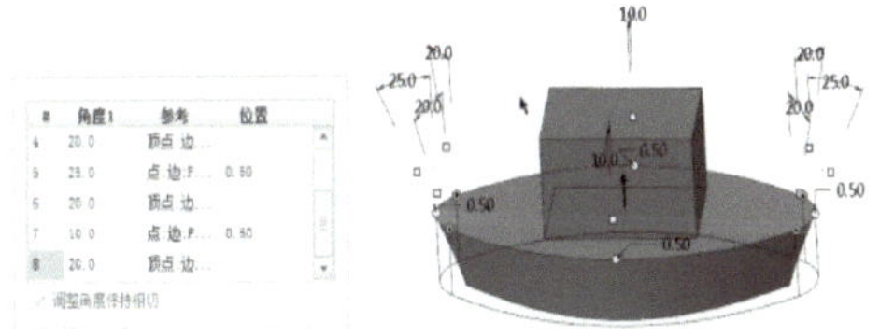
图 4-110 设置拔模参数（2）

图 4-111 拔模结果（1）

3. 在模型上部立方体的4个竖直表面上创建拔模特征

STEP01 单击【工程】工具组中的 拔模 按钮，打开拔模设计面板，展开【参考】下拉面板。

STEP02 激活【拔模曲面】列表框，然后选取模型上部立方体上的 4 个竖直平面作为拔模面（选取多个平面时按住 Ctrl 键），如图 4-112 所示。

STEP03 在【基准】工具组中启动【基准平面】工具，选取基准平面 TOP 作为参照，使用偏距值 325.00 创建与 TOP 平行的基准平面 DTM1，如图 4-113 所示。

图 4-112　选取拔模曲面

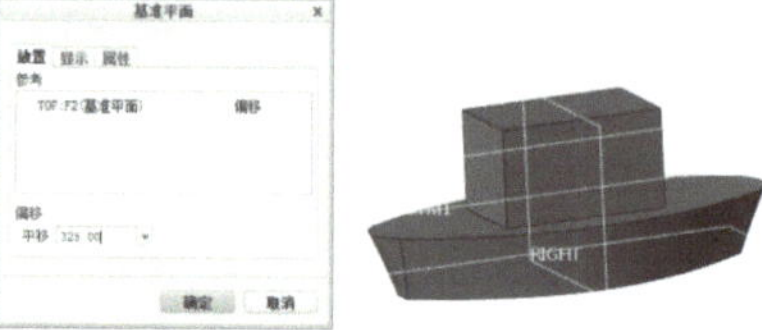

图 4-113　新建基准平面

STEP04 在【参考】面板中激活【拔模枢轴】列表框，然后选取新建基准平面 DTM1 作为拔模枢轴，接受系统默认拖动方向。

STEP05 展开【分割】下拉面板，在【分割选项】下拉列表中选取【根据拔模枢轴分割】，在【侧选项】下拉列表中选取【独立拔模侧面】选项，设置拔模枢轴上侧的拔模角度为 10.00，单击文本框右侧的 按钮，调整拔模特征为切减材料性质。

STEP06 在拔模枢轴另一侧设置拔模角度为 20.00，同样，调整该侧的拔模特征为切减材料性质，如图 4-114 所示。

STEP07 预览设计结果确认无误后单击 按钮，最后生成的拔模结果如图 4-115 所示。

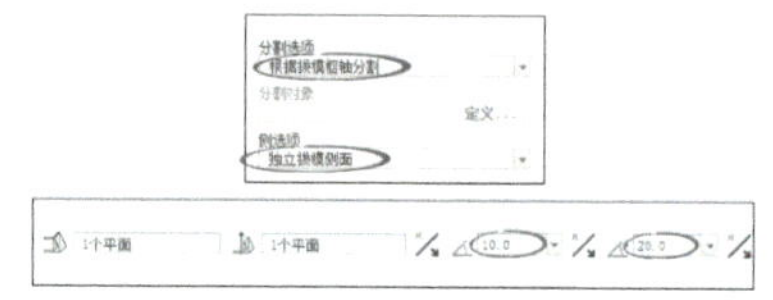
图 4-114　设置拔模参数

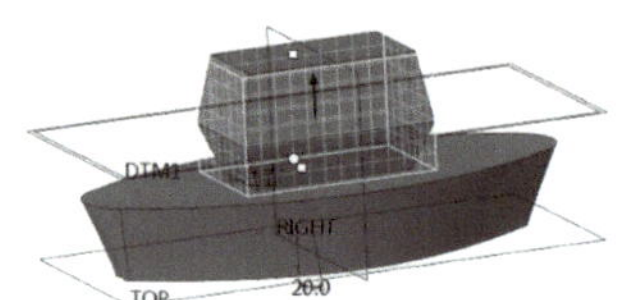

图 4-115　拔模结果（2）

4. 在模型的顶部平面创建拔模特征

STEP01 单击【工程】工具组中的 按钮，打开拔模设计面板，展开【参考】下拉面板。

STEP02 激活【拔模曲面】列表框，选取图 4-116 所示的模型上表面作为拔模曲面，激活【拔模枢轴】列表框，选取基准平面 FRONT 作为拔模枢轴，接受系统默认拖动方向，结果如图 4-117 所示。

图 4-116　最后生成的结果

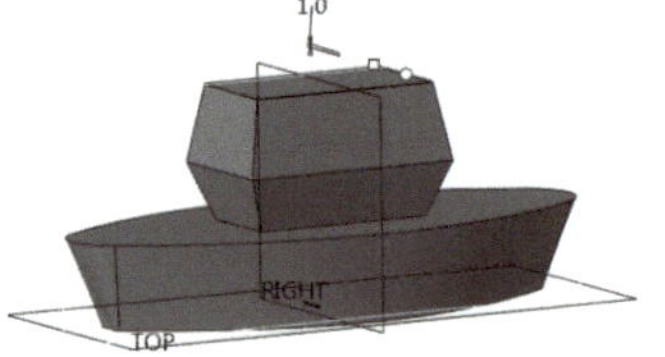

图 4-117　选取拔模曲面

STEP03 展开【分割】下拉面板，在【分割选项】下拉列表中选取【根据分割对象分割】，然后单击【分割对象】列表框右边的 定义... 按钮，选取拔模曲面作为草绘平面，接受系统所有默认参照放置草绘平面后，绘制图 4-118 所示的草绘分割曲线，然后退出草绘模式。

STEP04 在【侧选项】下拉列表中选取【独立拔模侧面】选项，然后设置分割曲线两侧的拔模角度均为 15.00，单击第一个角度文本框右侧的 按钮，调整该侧拔模角的方向。预览设计结果确认无误后，单击 按钮，最终的拔模结果如图 4-119 所示。

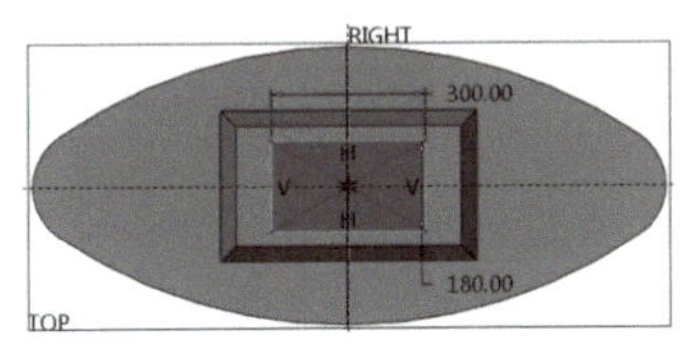

图 4-118 草绘分割曲线

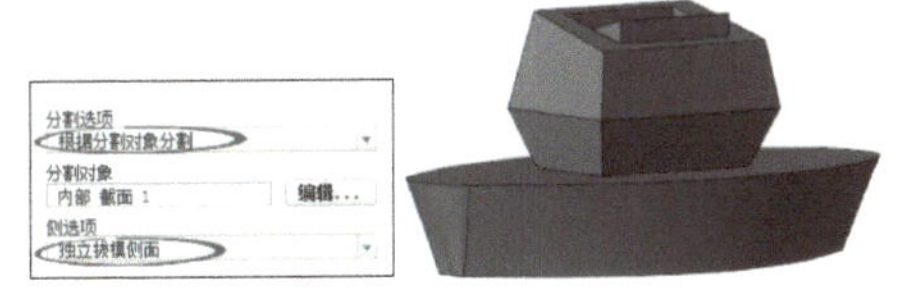

图 4-119 最终拔模结果

4.1.4 创建壳特征

壳特征是通过挖去实体特征的内部材料来获得均匀的薄壁结构。由壳特征创建的模型具有较少的材料消耗和较轻的重量，常用于创建各种薄壳结构和各种壳体容器等。

基础知识

在创建基础实体特征之后，在【工程】工具组中单击 壳 按钮，即可启动壳设计工具，打开图 4-120 所示的设计面板。

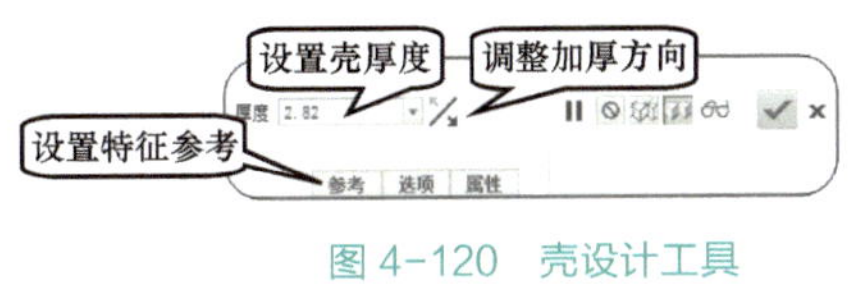

图 4-120 壳设计工具

1. 设置壳体参照

在设计面板上展开【参考】下拉面板，如图 4-121 所示，其中包含两项参数集。

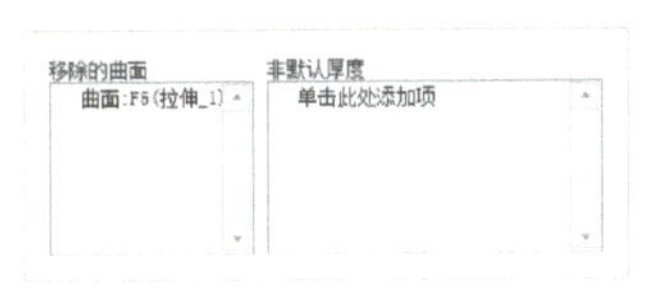

图 4-121 【参考】面板

1 设置移除的曲面

用来选取创建壳特征时在实体上删除的曲面。如果未选取任何曲面，则会将零件的内部掏空，创建一个封闭壳，且空心部分没有入口。激活该列表框后，可以在实体表面选取一个或多个移除曲面，如果需要选取多个实体表面作为移除表面，则应该按住 Ctrl 键。

图 4-122 所示是各种移除曲面的示例。

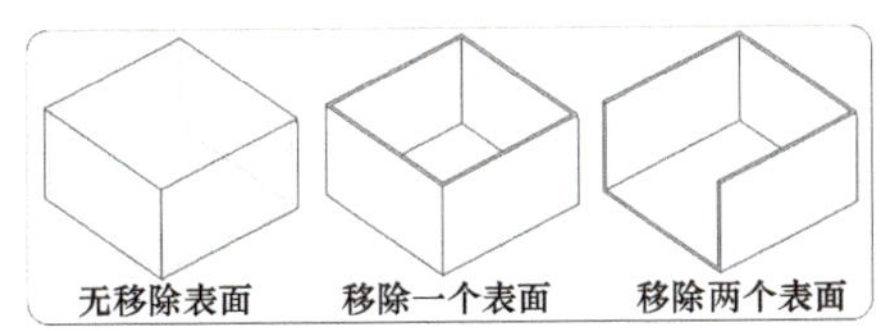

图 4-122 移除曲面的示例

2 设置非默认厚度

用于选取要为其指定不同厚度的曲面，然后分别为这些曲面单独指定厚度值，如图 4-123 所示。其余曲面将统一使用默认厚度，默认厚度值在设计面板上的厚度文本框中设定。

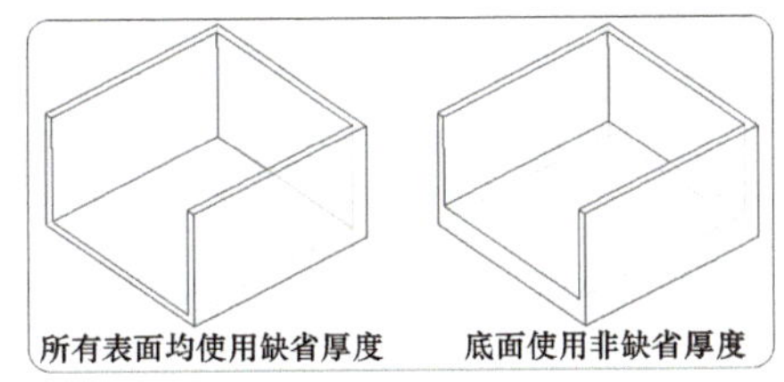

图 4-123 设置非默认厚度

在图 4-121 所示的面板中激活【非默认厚度】列表框后，选取需要设置非默认厚度的表面，并依次为其设置厚度即可。选择多个曲面时，需要按住 Ctrl 键。

2. 设定壳体默认厚度

在设计面板上的【厚度】文本框中为壳特征输入默认厚度值。

单击文本框旁边的按钮，可以调整厚度方向。默认情况下，将在模型上保留指定厚度的材料，然后将其余材料掏空，单击按钮后，将把整个模型对应的实体材料掏空，然后在外围添加指定厚度的材料，如图4-124所示。

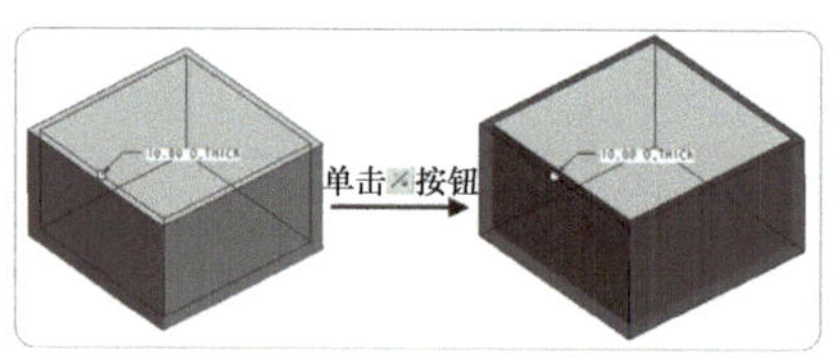

图 4-124　调整加厚方向

3. 特征创建顺序对设计的影响

至此，已经介绍了孔特征、倒圆角特征、拔模特征以及壳特征等多种放置实体特征，在三维建模时，必须注意在基础实体特征上添加这些特征的顺序。即使在同一个模型上添加同一组放置实体特征，特征添加的先后顺序不同，最后的生成结果也不尽相同。

图 4-125 所示是“先孔后壳”和“先壳后孔”的设计结果对比。

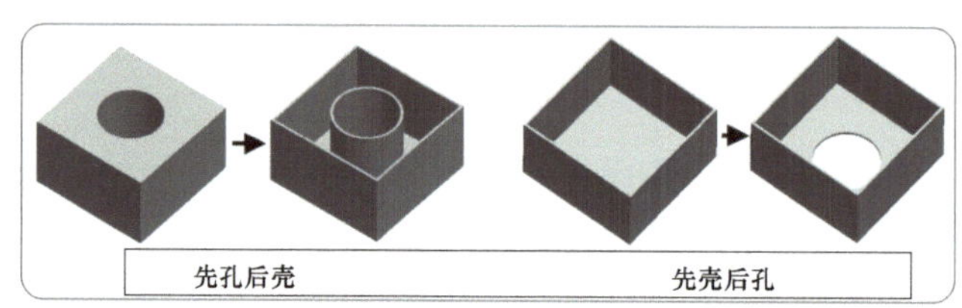

图 4-125　“先孔后壳”和“先壳后孔”的设计结果对比

此外，不同的特征创建顺序，对模型的最终质量也有较大影响，不合理的特征创建顺序，可能会在最终模型上留下潜在的设计缺陷。一般来说，壳体特征应该安排在倒圆角特征和拔模特征等之后创建，否则，容易在模型上产生壳体壁厚不均的缺陷。请对比图 4-126 中，不同特征创建顺序对设计结果的影响。

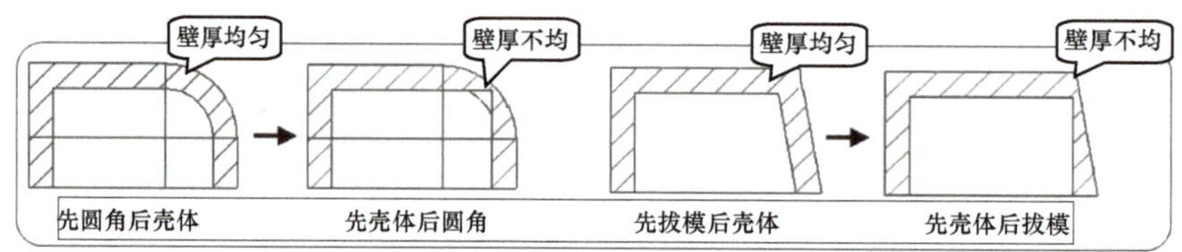

图 4-126　不同特征创建顺序对设计结果的影响

基础训练——创建壳特征

本例将通过一个典型案例介绍壳特征的创建方法，并进一步巩固拔模特征的创建方法。

【操作步骤】

1. 新建零件文件

新建名为 vase 的零件文件，随后进入三维设计环境。

2. 创建拉伸实体特征

STEP01 在【工程】工具组中单击（拉伸）按钮，打开拉伸设计工具。

STEP02 选取基准平面 TOP 作为草绘平面，并在草绘平面绘制截面图，如图 4-127 所示，完成后退出草绘模式。

STEP03 在设计面板中展开【选项】下拉面板，按照图 4-128 所示在草绘平面两侧设置不同的拉伸深度：【侧 1】为 100，【侧 2】为 40，最后生成的拉伸实体特征如图 4-129 所示。

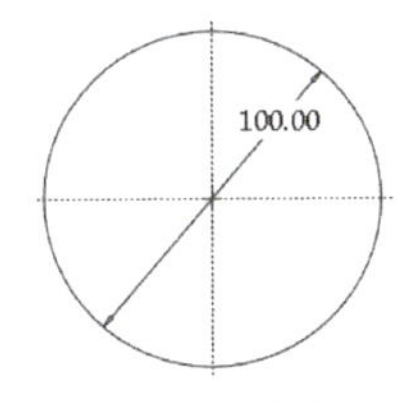

图 4-127 绘制截面图

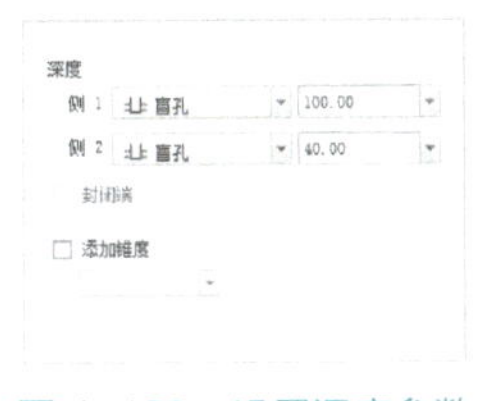

图 4-128 设置深度参数

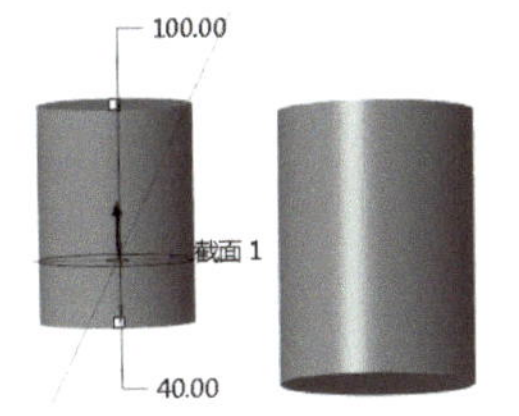

图 4-129 创建的拉伸实体特征

3. 创建第1个拔模特征

STEP01 在【工程】工具组中单击拔模按钮，打开拔模设计面板，展开【参考】下拉面板。

STEP02 选取圆柱面作为拔模曲面（选择半个柱面即可）。

STEP03 选取基准平面 TOP 作为拔模枢轴并确定拖动方向，如图 4-130 所示。

STEP04 在设计面板中展开【分割】下拉面板，按照图 4-131 所示设置分割参数。

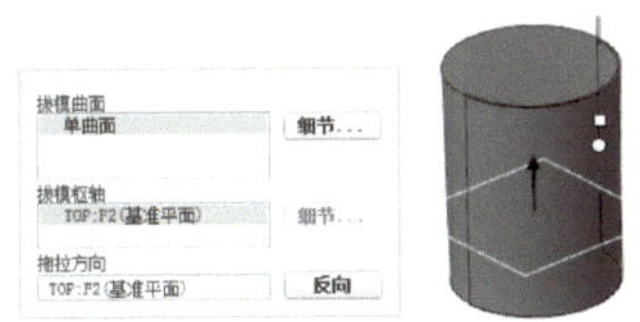

图 4-130 设置拔模参数（1）

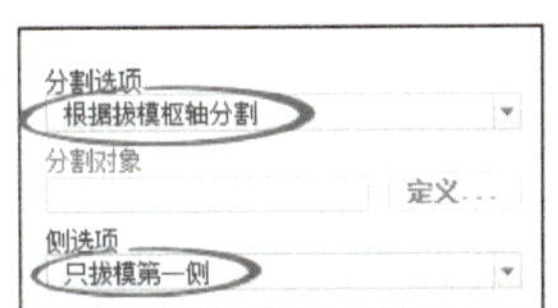

图 4-131 设置拔模参数（2）

STEP05 在设计面板上设置拔模角度为 20.00，单击拔模角度文本框右侧的按钮，使最后创建的拔模特征为加材料属性，如图 4-132 所示。

STEP06 在设计面板上单击按钮，最后生成的拔模特征如图 4-133 所示。

图 4-132 设置拔模参数（3）

图 4-133 创建的拔模特征

4. 创建第2个拔模特征

STEP01 打开拔模工具。

STEP02 选取圆柱面作为拔模曲面（此时，需要按住 Ctrl 键选中左右两半柱面）。

STEP03 选取基准平面 TOP 作为拔模枢轴并确定拖动方向参照，单击 反向 按钮创建加材料的拔模特征。

STEP04 在设计面板中展开【角度】下拉面板，准备创建可变拔模特征，首先为图 4-134 所示左半圆弧的 5 个参照点设置拔模角度，按照图 4-134 所示在右半圆弧上选取 3 个参照点设置拔模角度。各参照点的基本参数如表 4-1 所示。

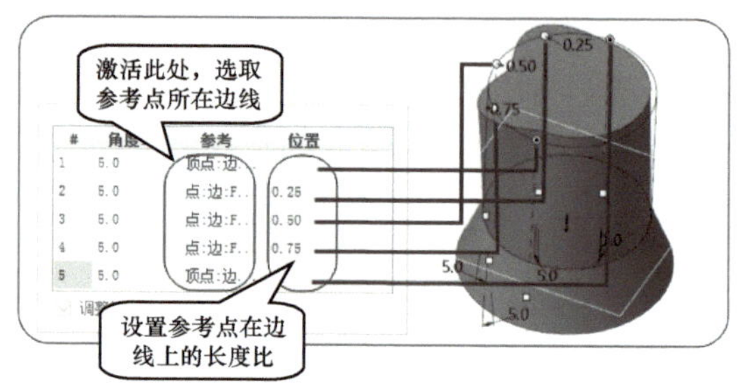

图 4-134 设置拔模参数

表 4-1 各参照点处的拔模角度参数

编号	角度	点在曲线上的位置比例	
1	5.00		
2	−5.00	0.25	
3	5.00	0.5	左半圆弧
4	−5.00	0.75	
5	5.00		
6	−5.00	0.25	
7	5.00	0.5	右半圆弧
8	−5.00	0.75	

STEP05 在设计面板上单击✓按钮，最后生成的可变拔模特征如图 4-135 所示。

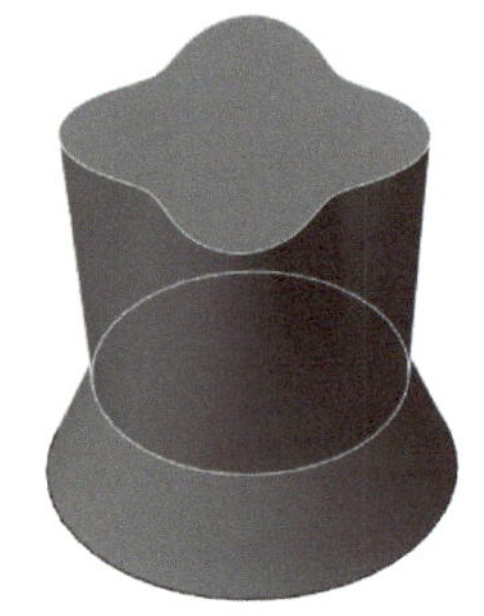

图 4-135 创建的可变拔模特征

5. 创建倒圆角特征

STEP01 在【工程】工具组中单击 倒圆角 按钮，打开倒圆角设计面板。

STEP02 按照图 4-136 分别选取两条边线创建两个倒圆角集，并为倒圆角集 1 设置圆角半径 150.00，为倒圆角集 2 设置圆角半径 5.00。

STEP03 在设计面板上单击✓按钮，最后生成的圆角特征如图 4-137 所示。

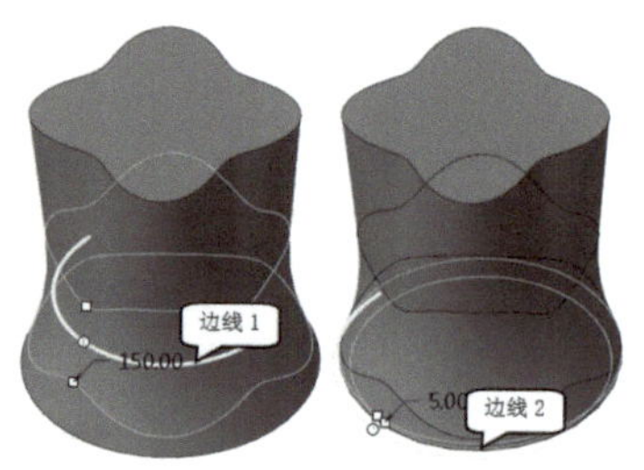

图 4-136 选取圆角参照

图 4-137 做好创建的圆角特征

6. 创建壳特征

STEP01 在【工程】工具组中单击 壳 按钮，打开壳特征设计面板。

STEP02 选取图 4-138 所示的平面作为移除的曲面。

STEP03 在设计面板的【厚度】文本框中设置厚度值为 5.00。

STEP04 单击设计面板上的✓按钮，最后生成的壳特征如图 4-139 所示。

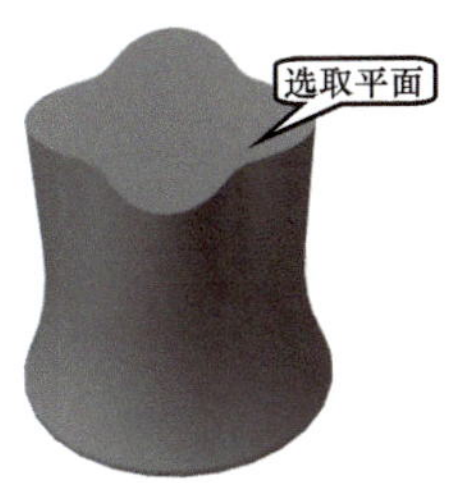

图 4-138 选取壳参照

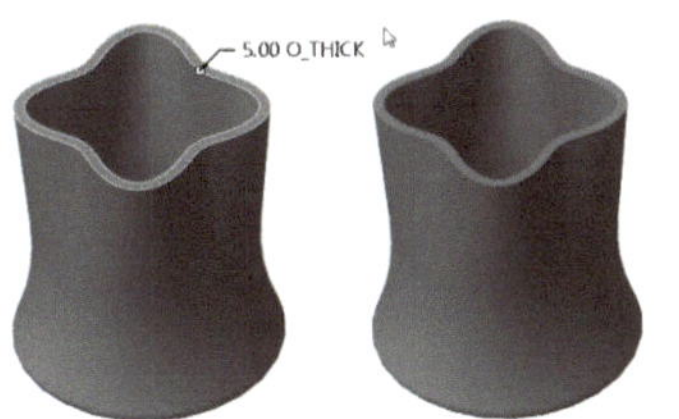

图 4-139 创建的壳特征

7. 创建倒圆角特征

在【工程】工具组中单击 倒圆角 按钮，如图 4-140 所示，按住Ctrl键选中图示边线，输入圆角半径为 2，创建倒圆角特征，最终的设计结果如图 4-141 所示。

图 4-140 选取圆角参照

图 4-141 最终设计结果

4.1.5 创建倒角特征

倒角特征可以对模型的实体边或拐角进行斜切削加工。例如，在机械零件设计中，为了方便装配零件，在图 4-142 所示轴和孔的端面进行倒角加工。

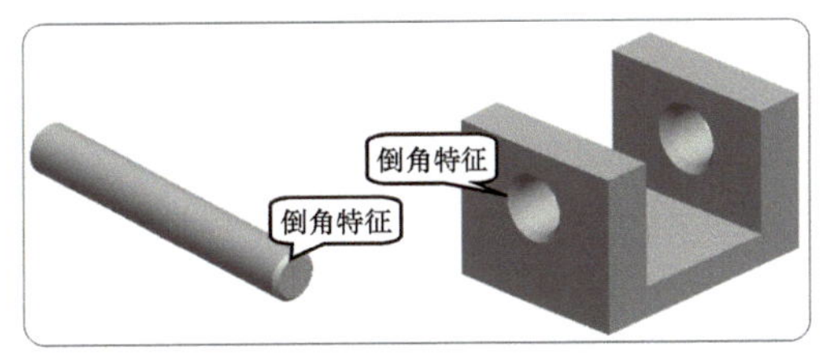

图 4-142 倒角特征的应用

基础知识

1. 创建边倒角特征

创建基础实体特征之后，在【工程】工具组中单击 倒角 按钮，即可启动边倒角设计工具。边倒角的创建原理和倒圆角相似，选取参照边线来创建倒角集。

❶ 边倒角特征的参照类型

选取放置倒角的参照边后，将在与该边相邻的两曲面间创建倒角特征。设计面板上的第 1 个下拉列表中提供了 4 种边倒角的创建方法。

- D×D：在两曲面上距参照边距离为 D 处创建倒角特征，是系统的默认选项。
- D1×D2：在一个曲面上距参照边距离为 D1，在另一个曲面上距参照边距离为 D2 处创建倒角特征。

- 角度 ×D：在一个曲面上距参照边距离为 D，同时与另一曲面成指定角度创建倒角特征。
- 45×D：与两个曲面均成 45° 角且在两曲面上与参照边距离为 D 处创建倒角特征。

图 4-143 所示是 4 种倒角样式的示例。

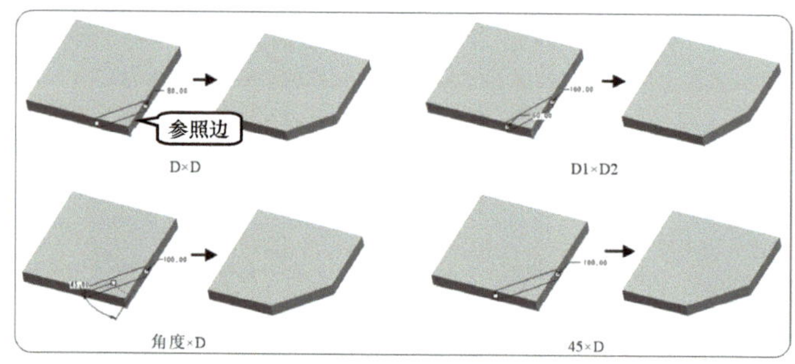

图 4-143　4 种倒角样式示例

② 倒角集的使用

在设计面板中展开【集】下拉面板，如果要在模型上创建多组不同参数的倒角，可以分别为其设置不同的倒角集，然后在一个特征创建过程中生成，简单快捷。

与创建倒圆角特征相似，设计面板上列出了当前已经创建的倒角集，每个倒角集包含一组特定倒角参照和特定几何参数。在设计时，可以选中某一倒角集并重新编辑其参数。

2. 创建拐角倒角

在【工程】工具组中单击 倒角 按钮右侧的下拉按钮，利用 拐角倒角 工具可以创建拐角倒角特征，拐角倒角使用实体顶点作为倒角的放置参照。

选取顶点后，依次设置与该顶点相邻的 3 条边线上的倒角距离即可创建倒角特征，如图 4-144 和图 4-145 所示。

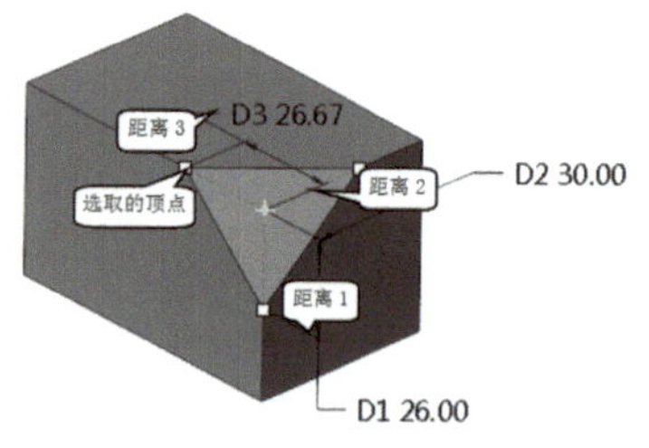

图 4-144　设置倒角参数

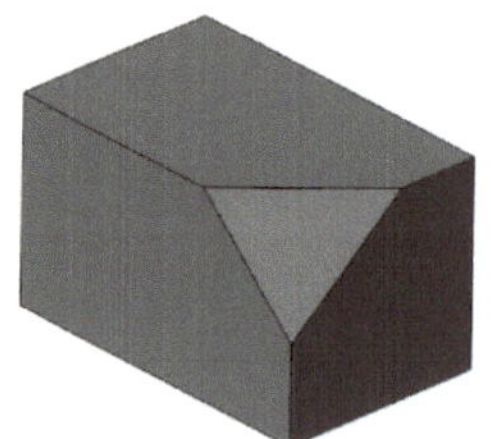

图 4-145　创建拐角倒角

基础训练——创建倒角特征

本例将通过一个典型案例介绍倒角特征的创建方法，在帮助读者明确设计工具用法的同时，掌握其设计技巧。

创建倒角特征

【操作步骤】

1. 创建旋转实体特征

STEP01 新建名为“Cross_pipe”的零件文件。

STEP02 打开旋转设计工具，选择基准平面 TOP 作为草绘平面，接受其他默认参照进入二维草绘模式。

STEP03 绘制图 4-146 所示的截面图，完成后退出二维草绘模式。

STEP04 在设计面板中接受默认参数集，创建图 4-147 所示的旋转实体特征。

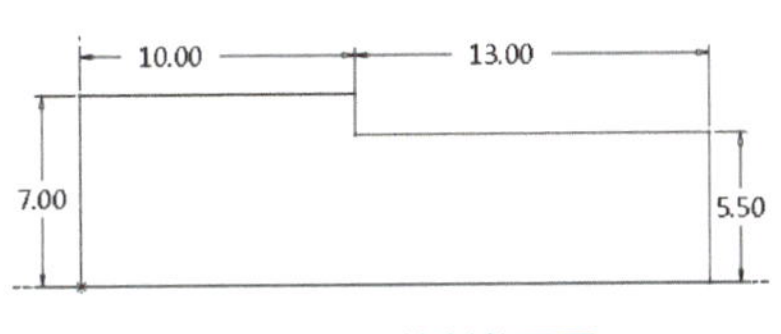

图 4-146 绘制截面图

2. 创建拉伸特征

STEP01 在【工程】工具组中启动拉伸设计工具。

STEP02 选择基准平面 FRONT 作为草绘平面，接受其他默认参照进入二维草绘模式。

STEP03 在草绘平面内绘制图 4-148 所示的截面图形，完成后退出二维草绘模式。

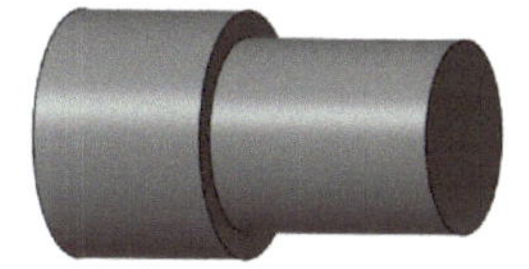
图 4-147 创建的旋转实体特征

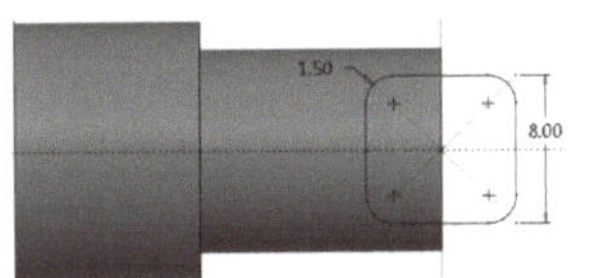

图 4-148 绘制截面图

STEP04 按照图 4-149 设置特征参数：拉伸深度为 12，最后创建的拉伸实体特征如图 4-150 所示。

图 4-149 设置特征参数

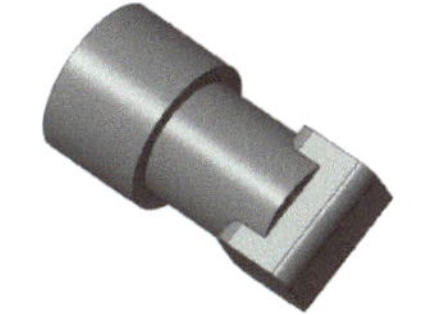
图 4-150 创建的拉伸实体特征

3. 旋转复制操作1

STEP01 在快速访问工具栏中单击按钮，弹出【菜单管理器】，在【特征】菜单中选取【复制】选项，在【复制特征】菜单中选取【移动】、【选择】、【独立】和【完成】选项。

要点提示

如果特征操作的命令无法在功能区中找到，则需要在【功能区】中单击鼠标右键，在弹出的快捷菜单中选择【自定义快速访问工具栏】，打开【PTC Creo Parametric】对话框，在【从下列位置选取命令（C）:】复选框中选取【不在功能区中的命令】，找到【继承】命令，单击【添加】按钮，完成后单击【确定】按钮。此时在【快速访问工具栏】中就会显示该命令图标。

STEP02 在【选择特征】菜单中选取【选择】选项，选取前面已经创建的旋转实体特征，在【选择特征】菜单中选取【完成】选项。

STEP03 在【移动特征】菜单中选取【旋转】选项，在【一般选择方向】菜单中选取【曲线 / 边 / 轴】选项，在视图模型中选取拉伸特征的轴线作为旋转参照，如图 4-151 所示。

STEP04 在弹出的【方向】菜单中选取【确定】选项。

STEP05 在【输入旋转角度】文本框中输入旋转角度 90.00。

STEP06 在【移动特征】菜单中选取【完成移动】选项，在【组可变尺寸】菜单中选取【完成】选项。

STEP07 单击【组元素】对话框中的 按钮，旋转复制结果如图 4-152 所示。

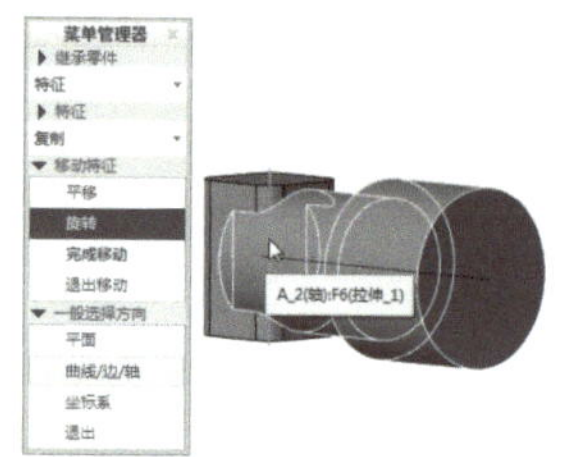

图 4-151 选取参照

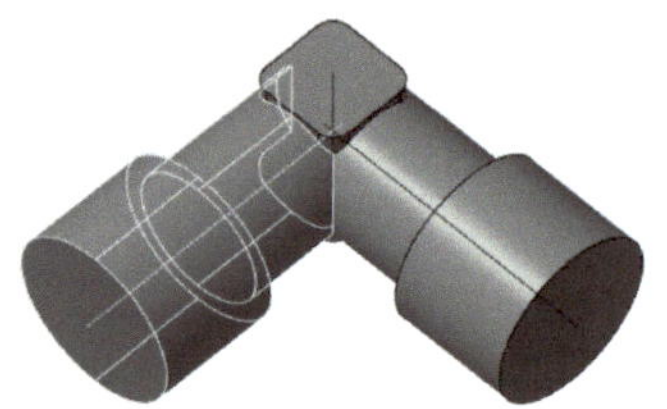

图 4-152 旋转复制结果（1）

4. 旋转复制操作2

STEP01 在【特征】菜单中选取【复制】选项，在【复制特征】菜单中分别选择【移动】、【选取】、【独立】和【完成】选项。

STEP02 在【选择特征】菜单中选择【选择】选项，按住 Ctrl 键选取旋转实体特征和步骤 3 复制的特征，然后选取【完成】选项。

STEP03 在【移动特征】菜单中选取【旋转】选项，在弹出的【一般选择方向】菜单中选取【曲线 / 边 / 轴】选项，随后在视图模型中选取拉伸特征的轴线为旋转参照。

STEP04 在弹出的【方向】菜单中选取【确定】选项，在【输入旋转角度】文本框中输入旋转角度 180.00。

STEP05 在【移动特征】菜单中选取【完成移动】选项，在【组可变尺寸】菜单中选取【完成】选项。

STEP06 单击【组元素】对话框中的 按钮，结果如图 4-153 所示，在【特征】菜单中选取【完成】选项。

图 4-153 旋转复制结果（2）

要点提示

在这里，也可以采用特征阵列以及镜像复制等方法来创建模型上的对称结构，请读者根据所学知识练习使用这种方法进行设计。

5. 创建孔特征

STEP01 在【工程】工具组中单击 按钮，打开孔设计面板。

STEP02 在设计面板中展开【放置】下拉面板，按住 Ctrl 键选取图 4-154 所示的轴线和平面作为孔的放置参照，其他参数设置（孔直径为 4）如图 4-155 所示，创建的结果如图 4-156 所示。

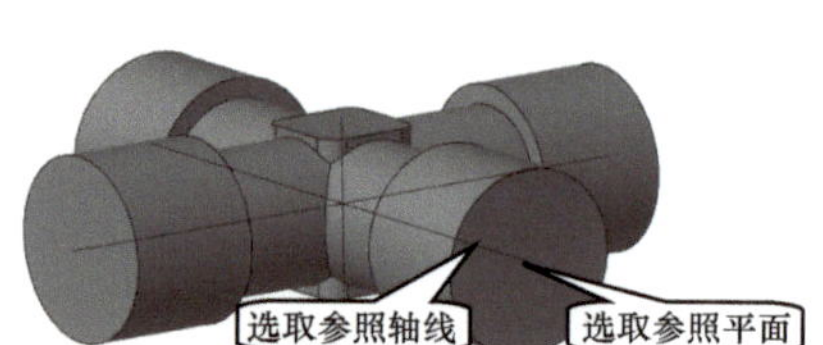

图 4-154 选择放置参照

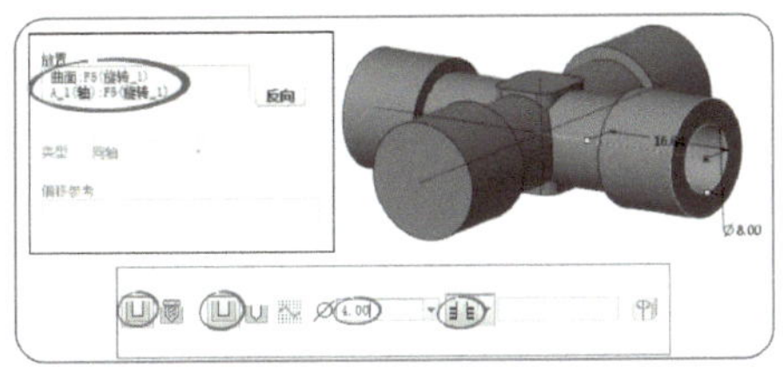

图 4-155　设置孔参数

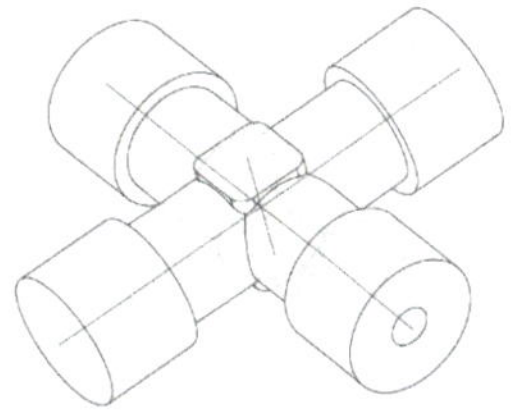

图 4-156　创建的孔结果

STEP03 使用同样的方法选取图 4-157 所示的参照创建孔特征，参数设置同图 4-155，设计结果如图 4-158 所示。

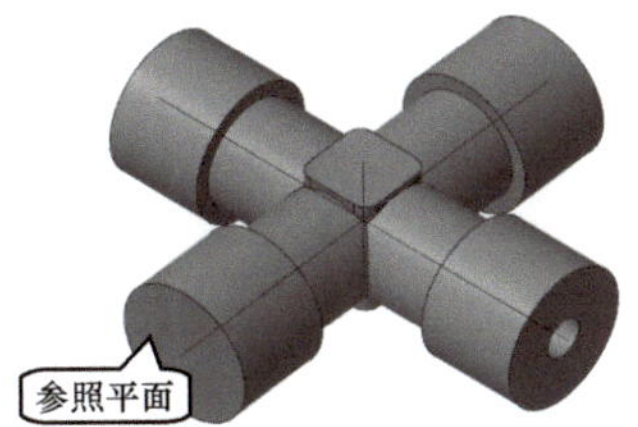

图 4-157　选取参照

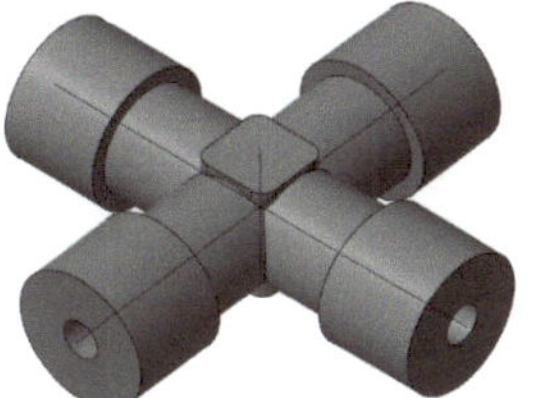

图 4-158　创建的孔特征

6. 创建倒角特征

STEP01 在【工程】工具组中单击 倒角 按钮，打开倒角设计面板，选择倒角样式为【角度 ×D】。

STEP02 选取图 4-159 所示的边线 1 作为倒角边（按住 Ctrl 键的同时选中对称位置的其余 3 条边线），按照图 4-160 所示设置倒角参数：【角度】为 60，【D】为 3，最后创建的倒角特征如图 4-161 所示。

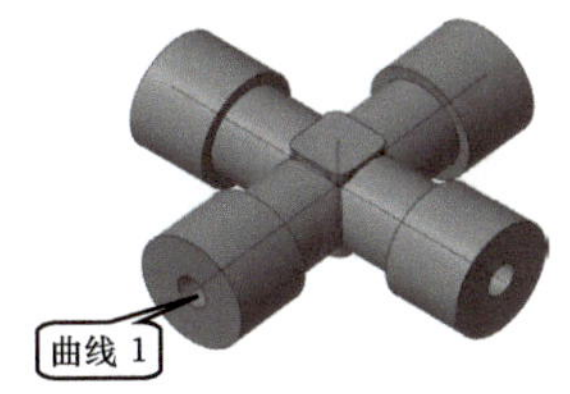

图 4-159　选取倒角参照

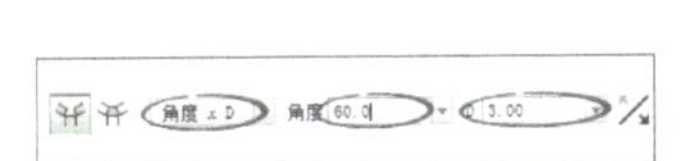

图 4-160　设置倒角参数

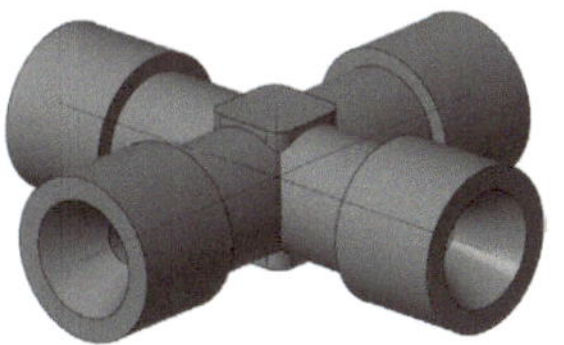

图 4-161　倒角结果（1）

STEP03 使用类似的方法创建第 2 个倒角特征。选择倒角样式为【45×D】，选取图 4-162 所示的曲线 2 和曲线 3 为倒角边（按住 Ctrl 键，同时选中对称位置的其余 6 条边线），设置倒角 D 的尺寸为 1.50，最后生成的倒角特征如图 4-163 所示。

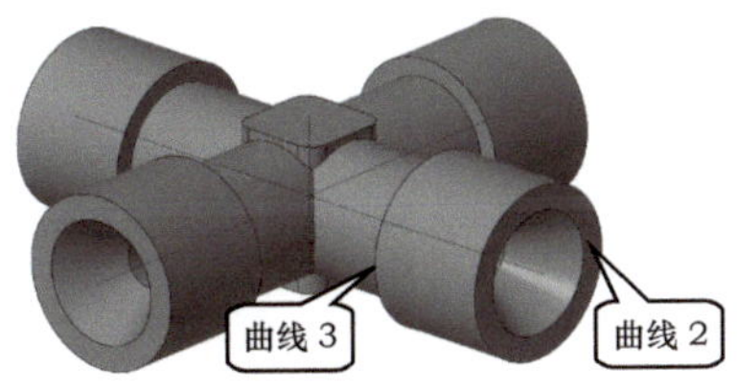

图 4-162　选取倒角参照

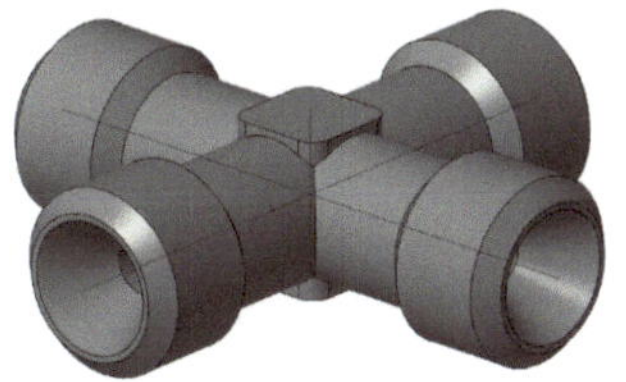

图 4-163　倒角结果（2）

7. 创建倒圆角特征

STEP01 在【工程】工具组中单击 倒圆角 按钮，打开倒圆角设计面板。

STEP02 按住Ctrl键选取图 4-164 所示的 4 条曲线作为倒圆角特征的放置参照，设置倒圆角半径为 2.0，最终的设计结果如图 4-165 所示。

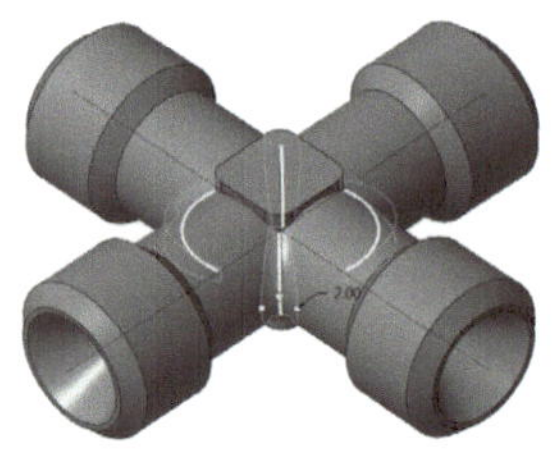

图 4-164　选取圆角参照

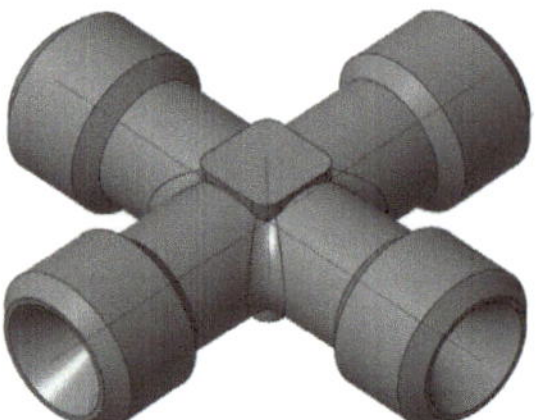

图 4-165　最终创建的模型

4.2　典型实例

本节将介绍一组典型实体模型的创建过程，以帮助读者进一步熟悉三维实体模型的创建方法，巩固练习基础实体特征和工程特征的设计要领。

4.2.1　范例解析 1——箱体零件设计

箱体零件是一种比较典型的三维模型，模型上包含了圆孔特征、倒圆角特征和筋特征等典型的放置实体特征，以及凸缘、轴承座等典型结构设计，需要综合运用多种特征创建方法。设计完成的箱体零件如图 4-166 所示。

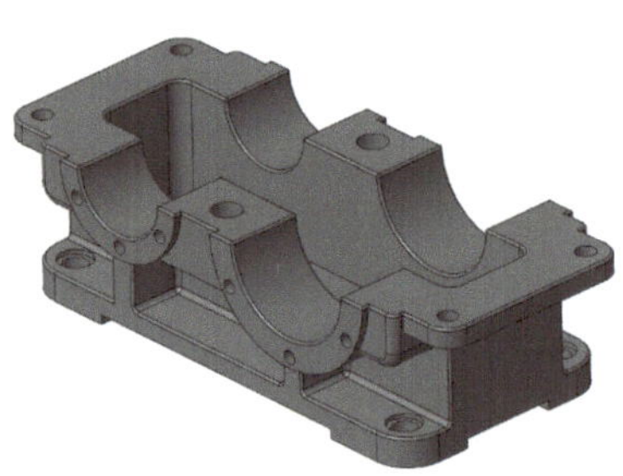

图 4-166　创建的拉伸实体特征

【操作步骤】

箱体零件设计 1

1. 新建文件

STEP01 新建一个名为 box-model 的模型文件，在打开的【新建】对话框中取消勾选 使用默认模板 选项，单击 确定 按钮进入下一步，如图 4-167 所示。

STEP02 在【模板】中滑动鼠标滑轮，选取 mmns_asm_design 公制模板，如图 4-168 所示，单击 确定 按钮完成创建。

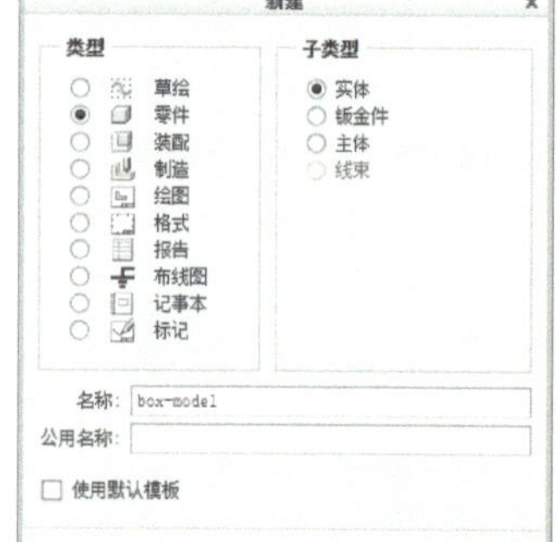

图 4-167 【新建】对话框

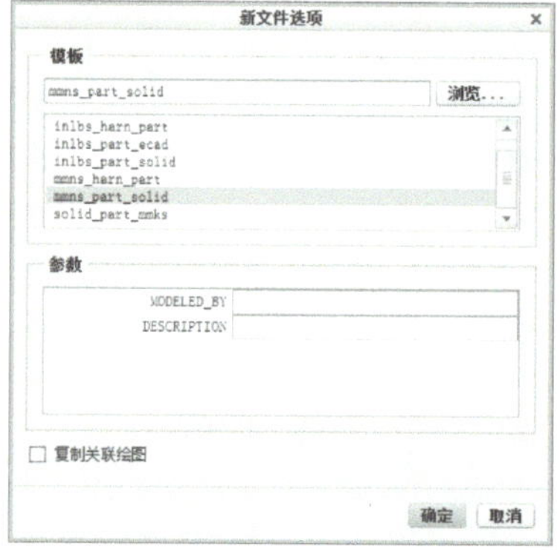

图 4-168　新建文件选项

2. 创建基础实体特征

STEP01 在【模型】功能区的【基准】工具组中单击 按钮，打开【草绘】对话框。在【模型树】中选取基准平面 TOP 作为草绘平面，如图 4-169 所示，单击 草绘 按钮进入草绘环境。

STEP02 绘制如图 4-170 所示的草绘剖面图，完成后单击✓按钮退出草绘模式。

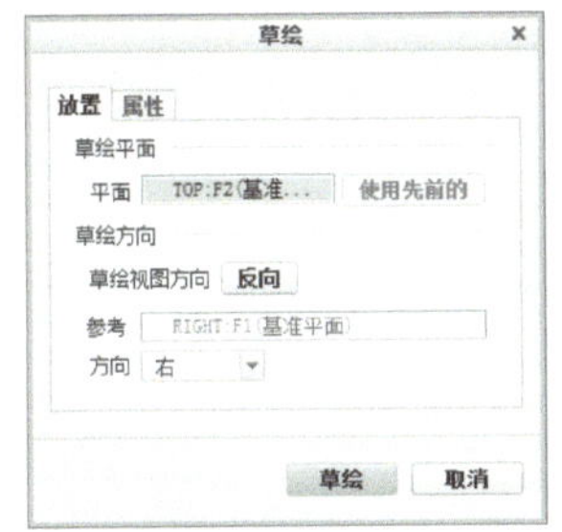

图 4-169 【草绘】对话框

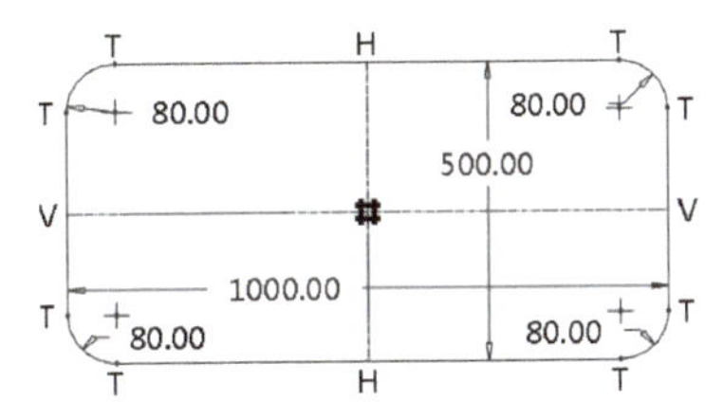

图 4-170 绘制草图

STEP03 在【基准】工具组中单击按钮，启动【拉伸】工具。选取上一步绘制的草图，如图 4-171 所示，生成拉伸预览。

STEP04 在操作面板中输入拉伸深度值为 60，单击✓按钮完成创建，结果如图 4-172 所示。

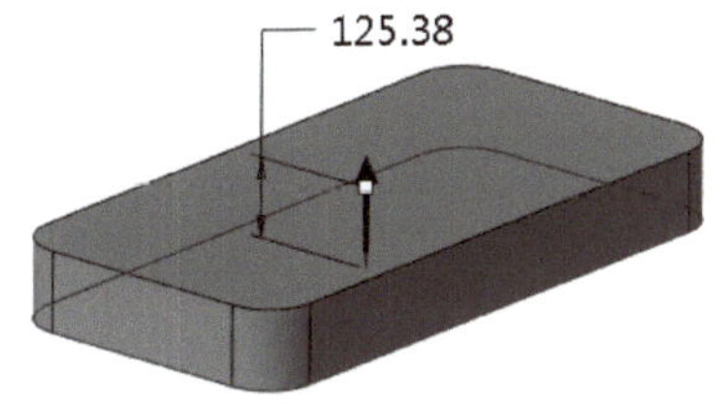

图 4-171 拉伸预览

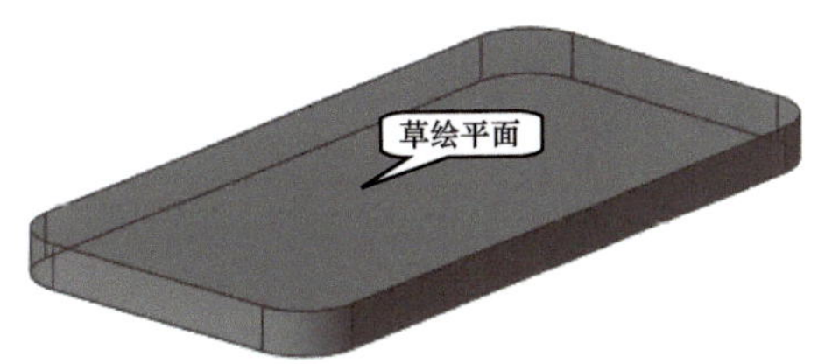

图 4-172 拉伸设计结果

STEP05 单击按钮，选取 4-172 所示的参考面为草绘平面，绘制如图 4-173 所示的草图，单击✓按钮退出草绘模式，输入拉伸深度值为 250，单击✓按钮完成创建，结果如图 4-174 所示。

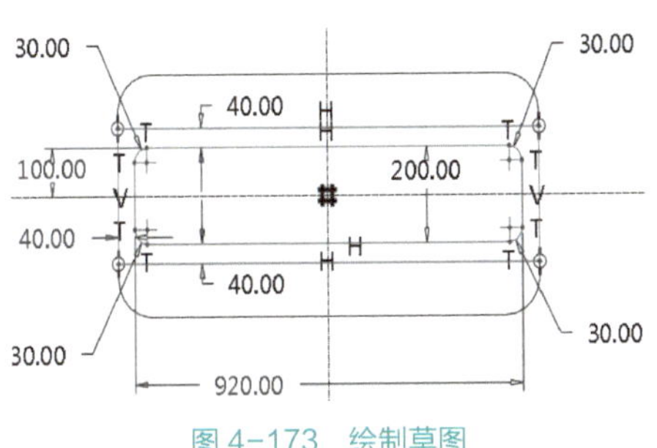

图 4-173 绘制草图

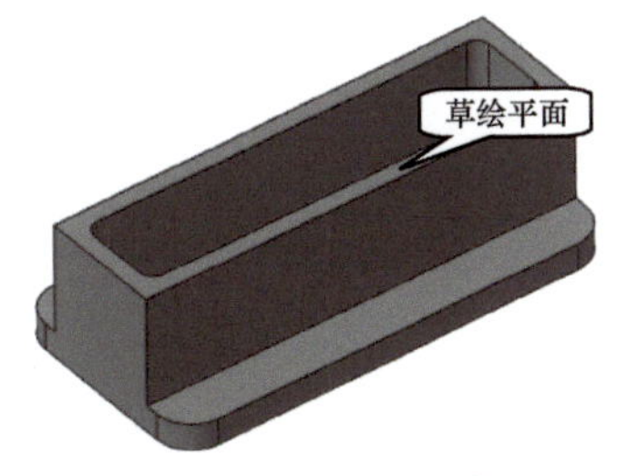

图 4-174 拉伸设计结果

STEP06 再次启动【拉伸】工具，选取图 4-174 所示的参考面为草绘平面，绘制如图 4-175 所示的阴影部分草图，退出草绘模式，输入拉伸深度值为 40，并单击按钮设置为反向拉伸。单击✓按钮完成创建，结果如图 4-176 所示。

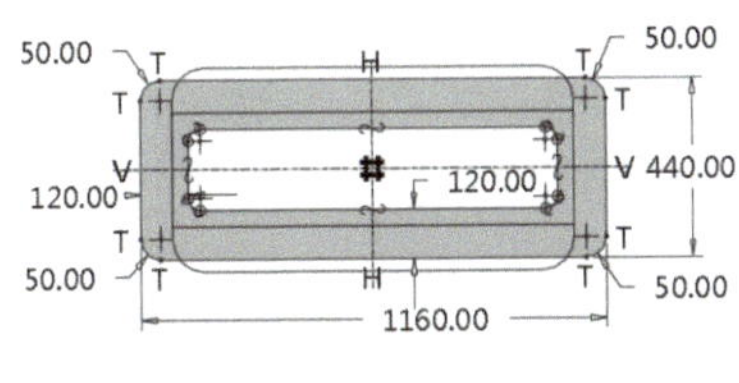

图 4-175 绘制草图

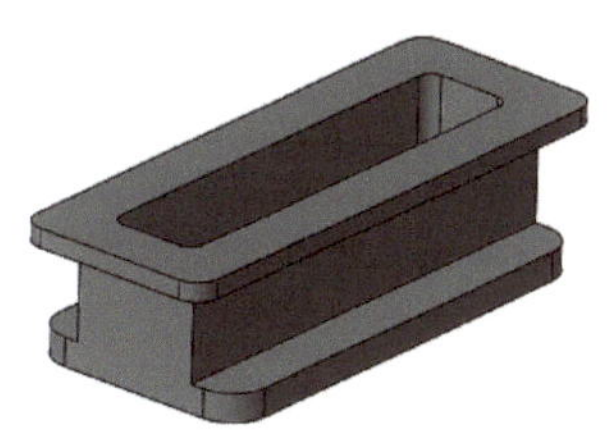
图 4-176 拉伸结果

3. 创建轴承座

STEP01 单击按钮，启动【拉伸】工具，选取图 4-177 所示的平面为草绘平面，绘制如图 4-178 所示的草图，退出草绘环境，输入拉伸深度值为 120，单击按钮完成创建，结果如图 4-179 所示。

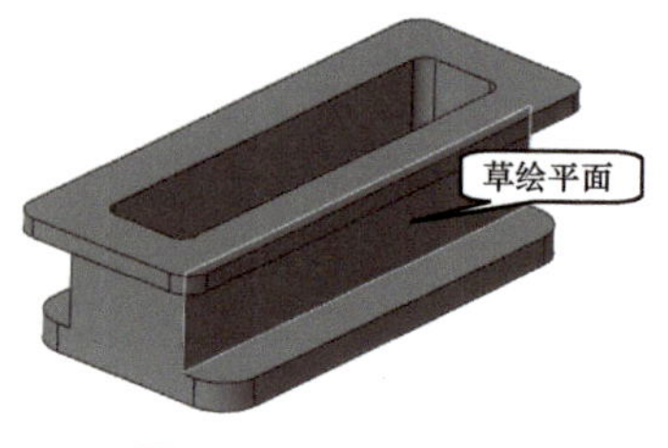

图 4-177 选取参考面

图 4-178 绘制草图

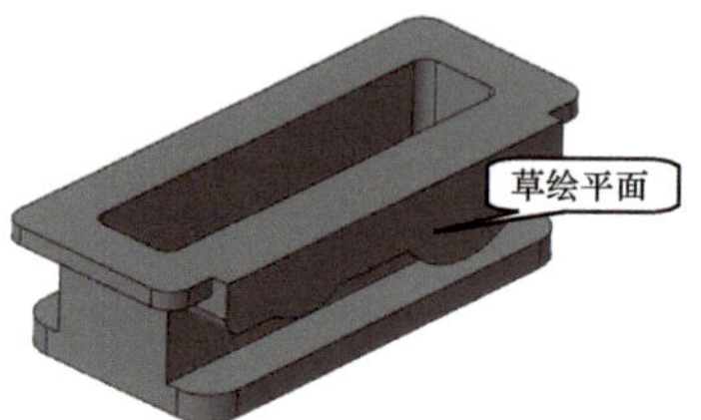

图 4-179 设计结果

STEP02 再次使用【拉伸】工具，选取图 4-179 所示的平面为草绘平面，绘制如图 4-180 所示的草图，退出草绘环境。

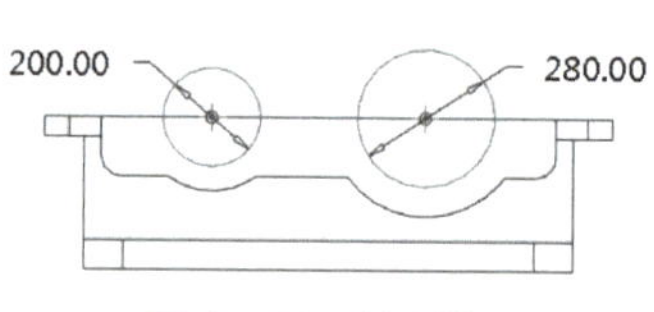

图 4-180 绘制草图

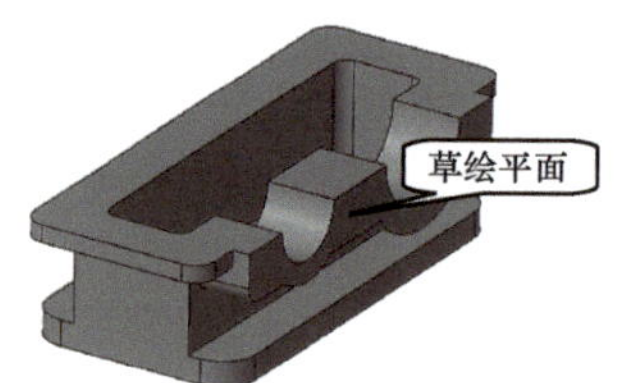

图 4-181 拉伸结果

STEP03 输入拉伸深度值为 170，单击按钮设置反向拉伸，单击按钮设置切除材料，单击按钮完成创建，结果如图 4-181 所示。

STEP04 使用同样的方法选择图 4-181 所示的表面为草绘平面，投影绘制 4-182 所示的草图，创建切减材料拉伸实体特征。拉伸实体特征的深度为 15。结果如图 4-183 所示。

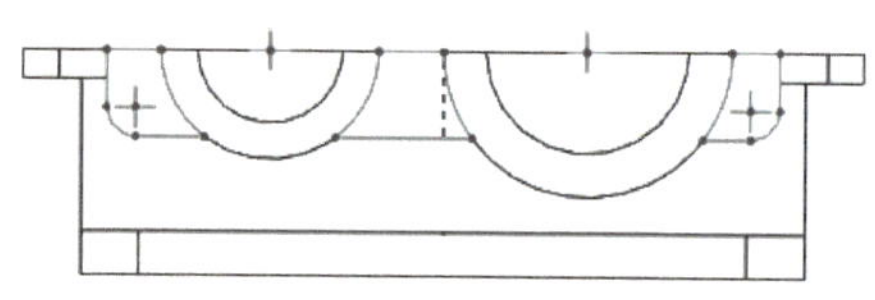

图 4-182 投影绘制草图

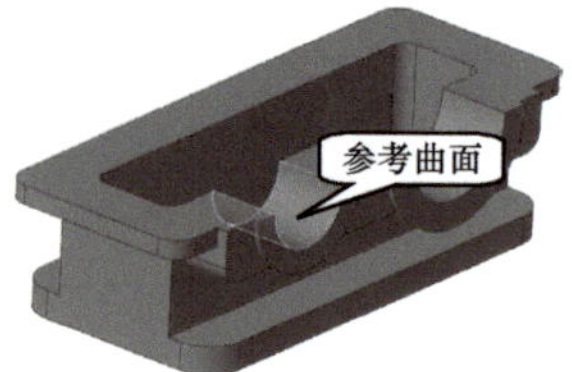

图 4-183 设计结果

4. 创建筋特征

STEP01 在【基准】工具组中单击轴按钮，打开【基准轴】对话框，选择 4-183 所示的参考面，单击确定按钮，参数设置如图 4-184 所示。使用类似方法创建右侧的基准轴，结果如图 4-185 所示。

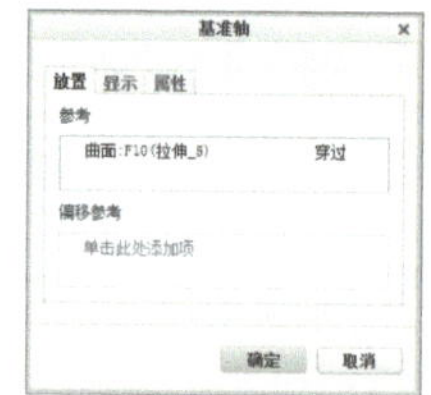

图 4-184 【基准轴】对话框

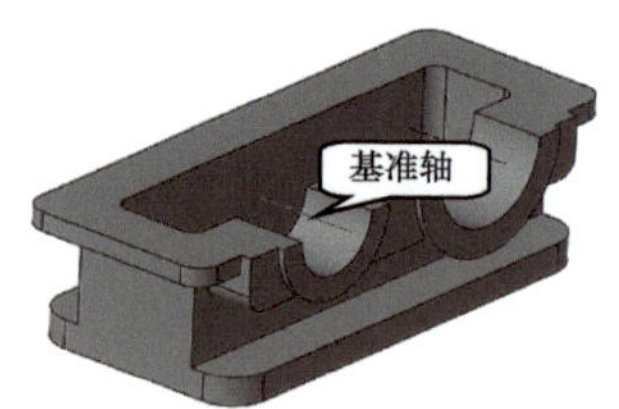

图 4-185 设计结果

STEP02 选中4-185所示的基准轴，单击【基准】工具组中的按钮，打开【基准平面】对话框。按住Ctrl键选择图4-186所示的平面，在【旋转】文本框中输入0，参数设置如图4-187所示。创建经过选定轴线并平行于选定平面的基准平面DTM1，结果如图4-188所示。

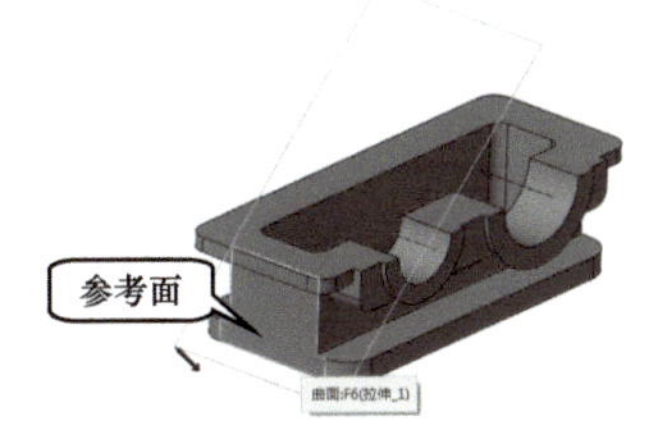

图4-186 选取参照

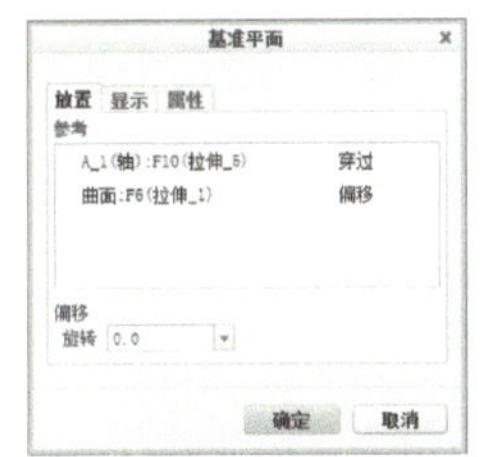

图4-187 【基准平面】对话框

STEP03 使用类似的方法过右侧基准轴线创建一个与DTM1平行的基准平面DTM2，结果如图4-189所示。

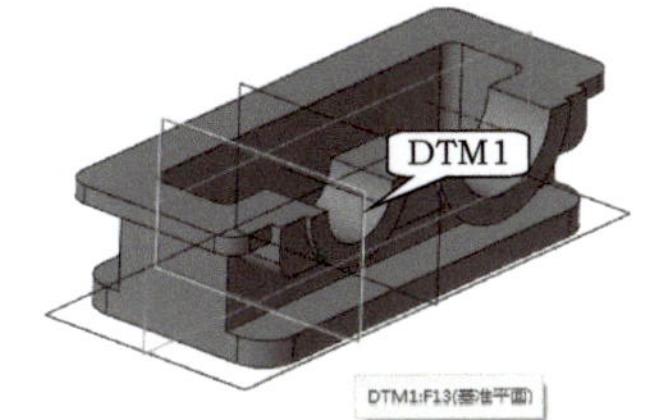

图4-188 新建基准平面（1）

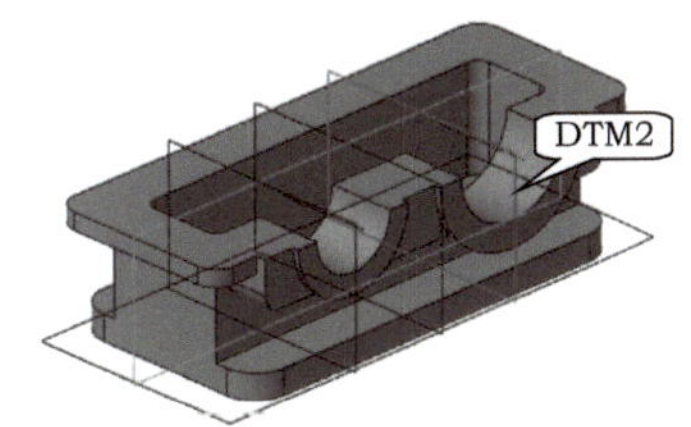

图4-189 新建基准平面（2）

STEP04 在【工程】工具组中单击按钮，打开【轮廓筋】参数面板，选择DTM1作为草绘平面，绘制如图4-190所示的曲线，单击按钮退出草绘环境，输入筋的厚度为50，设置筋特征的正确生成方向，单击按钮完成轮廓筋的创建，如图4-191所示。

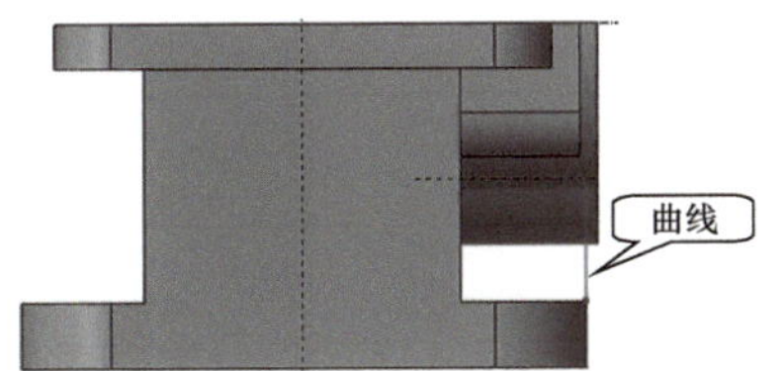

图4-190 绘制曲线

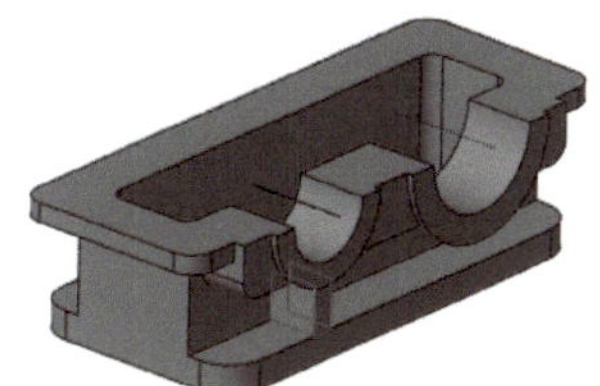

图4-191 设计结果

STEP05 使用同样的方法在右侧轴承座下部创建筋特征。绘制如图4-192所示的曲线，输入筋的宽度数值：50.00，最后生成的筋特征如图4-193所示。

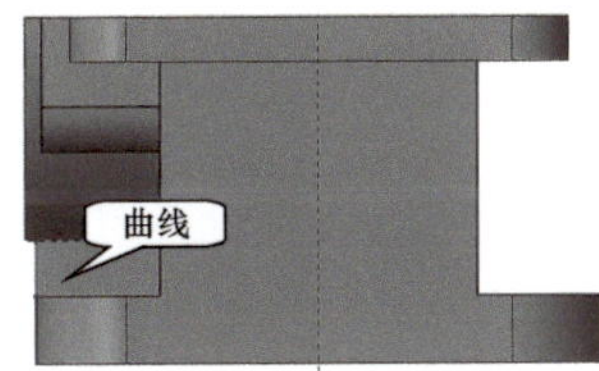

图4-192 绘制曲线

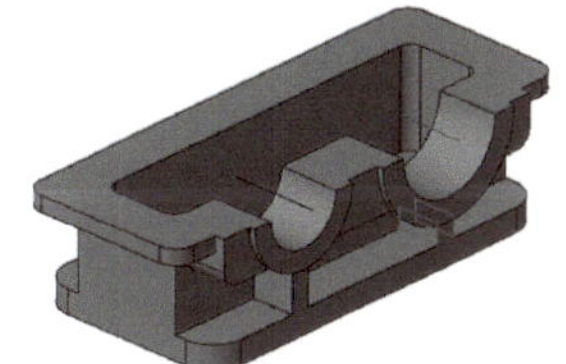

图4-193 设计结果

5. 创建孔特征

STEP01 在【工程】工具组中单击按钮，打开【孔】参数面板。单击面板中的创建简单孔。选择图4-194所示的表面为放置平面。

STEP02 单击 放置 按钮打开下拉菜单，激活【偏移参考】选框，选择图 4-194 所示的“线段 1”为第一方向参考，输入距离值为 50。按住 Ctrl 键继续选择“线段 2”为第二方向参考，输入距离值“50”，参数设置如图 4-195 所示。

STEP03 在参数面板中输入直径数值 40.00，钻孔深度为 60。单击 ✓ 按钮完成简单孔的创建，结果如图 4-196 所示。

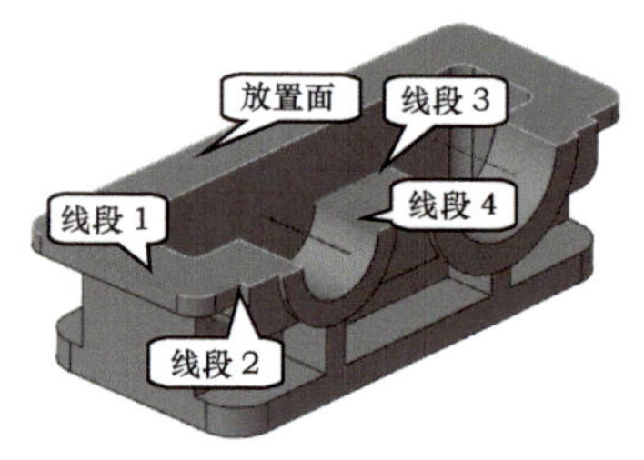

图 4-194 选取参考

图 4-195 参数设置

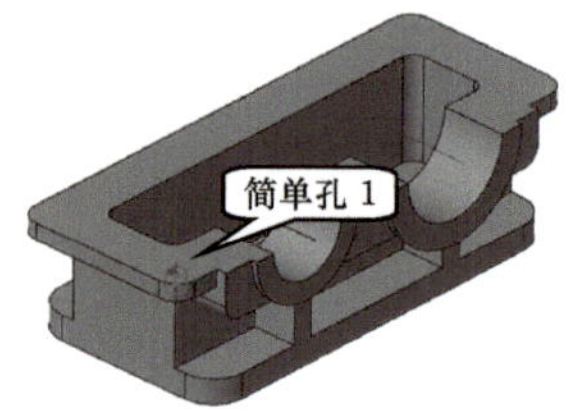

图 4-196 简单孔（1）

STEP04 使用同样的方法，选择图 4-194 所示的“线段 3”和“线段 4”为参考，设置第一方向距离为 80，第二方向距离为“100”，创建一个直径为 60、深度为 80 的简单孔。结果如图 4-197 所示。

STEP05 选取图 4-196 所示的“简单孔 1”作为镜像复制对象，单击【编辑】功能区中的 镜像 按钮，选取图 4-198 所示的基准平面 RIGHT 作为镜像参考，单击 ✓ 按钮完成孔特征的镜像复制，结果如图 4-199 所示。

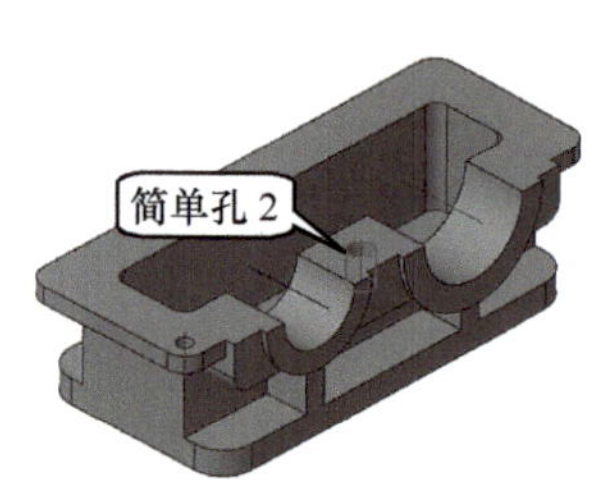

图 4-197 简单孔（2）

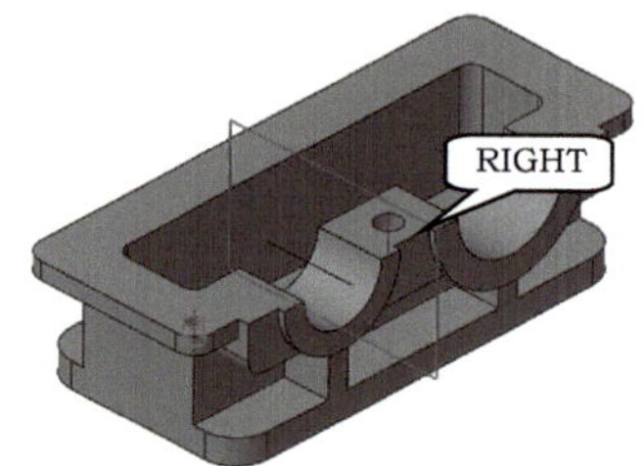

图 4-198 选取基准平面

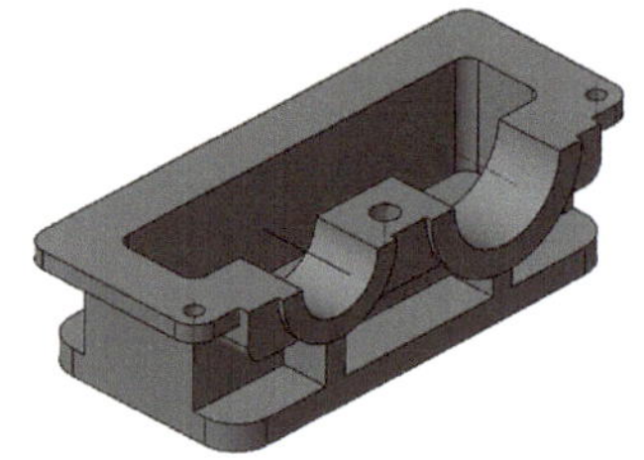

图 4-199 镜像结果

STEP06 再次启动【孔】工具，在控制面板中单击 按钮，再单击 按钮打开草绘设计面板。绘制如图 4-200 所示的草图，单击 ✓ 按钮退出草绘环境。

STEP07 选择图 4-201 所示的参考面为孔放置平面，选择“平面 1”为第一方向参考，输入距离为 70，按住 Ctrl 键选择“平面 2”为第二方向参考，距离为 60。单击 ✓ 按钮完成孔的创建，结果如图 4-202 所示。

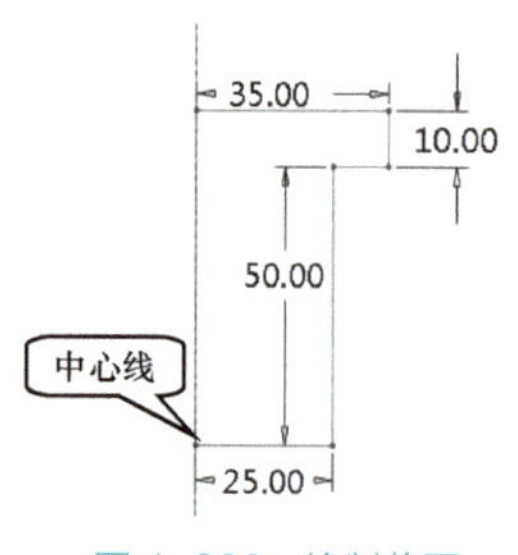

图 4-200 绘制草图

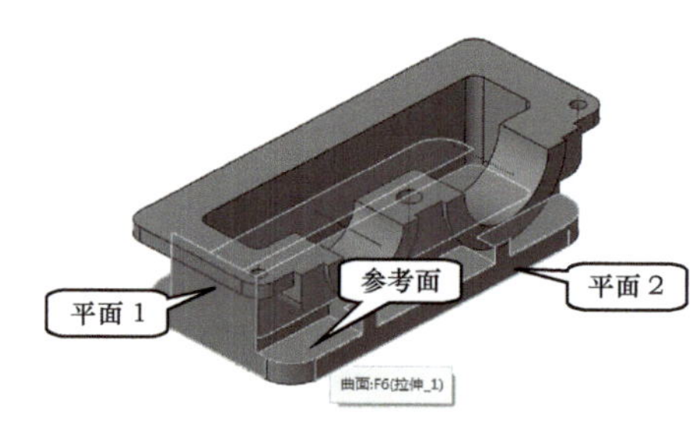

图 4-201 设计结果

STEP08 使用同样的方法和参数创建另一边的孔特征，创建结果如图 4-203 所示。

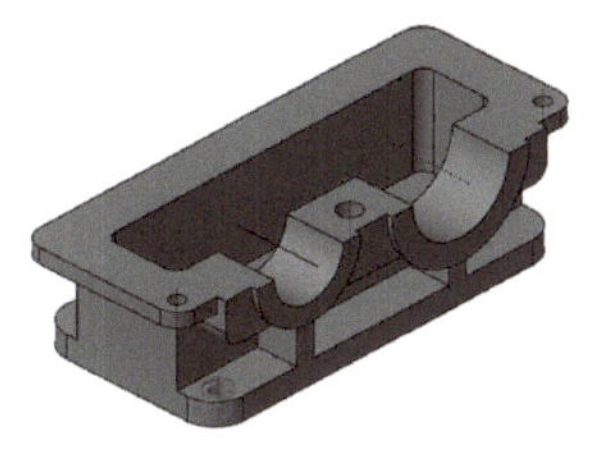

图 4-202 设计结果

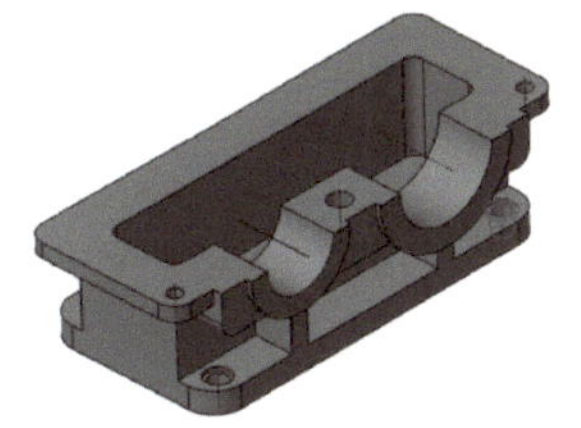

图 4-203 设计结果

6. 创建螺纹孔

STEP01 单击 孔 按钮打开【孔】参数面板，单击 按钮，设置为【创建标准孔】。在 选项中设置 为【ISO】标准，在 选项中设置螺钉大小为【M30×2】，选取图 4-204 所示的参考面 1 作为圆孔的放置平面。

STEP02 单击 放置 按钮打开下拉菜单，设置【类型】为【径向】，激活【偏移参考】选项，选取图 4-204 所示的轴线作为孔的第 1 个放置参照，输入距离为 125。

STEP03 按住 Ctrl 键，继续选取参考面 2 作为第 2 个放置参照，输入角度为 0。最后单击 按钮，完成标准孔的创建，结果如图 4-205 所示。

STEP04 选择步骤（3）创建的孔，单击【操作】工具组中的 复制 按钮，再单击 粘贴 旁边的 选择 选择性粘贴 选项，弹出如图 4-206 所示的【选择性粘贴】对话框。勾选【对副本应用移动 / 旋转变换】选项，单击 确定 按钮。

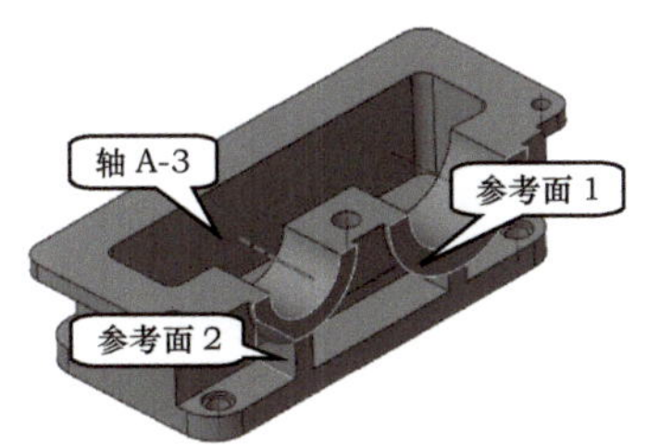

图 4-204 选取参照

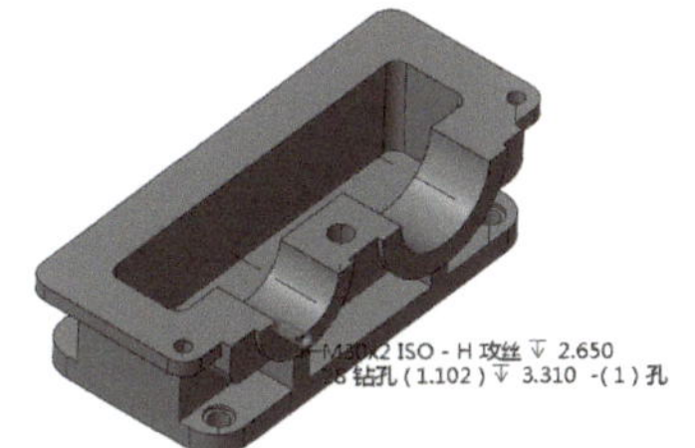

图 4-205 设计结果

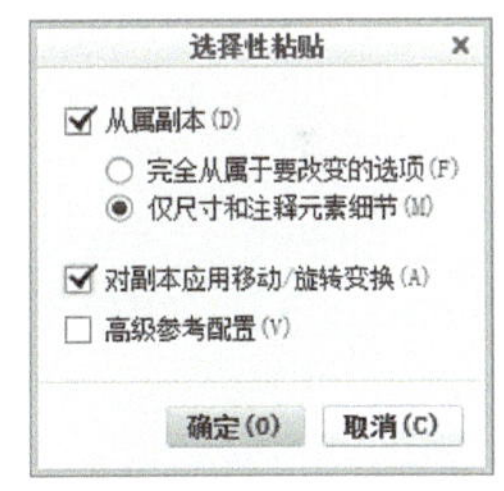

图 4-206 【选择性粘贴】对话框

STEP05 在【移动 /（复制）】面板中单击 按钮，选择 4-204 所示的轴线 A-3 作为旋转中心，输入【角度】为 60，单击 按钮完成复制，结果如图 4-207 所示。

STEP06 使用步骤（5）复制孔的方法，继续复制出第 3 个孔，结果如图 4-208 所示。

STEP07 使用步骤 6 中步骤 1~ 步骤 3 的方法，创建右边的螺纹孔。输入第 1 个放置参照的距离为 175。输入第 2 个放置参照的角度为 0。完成第 1 个孔的创建后，继续复制出另外两个孔，最后创建结果如图 4-209 所示。

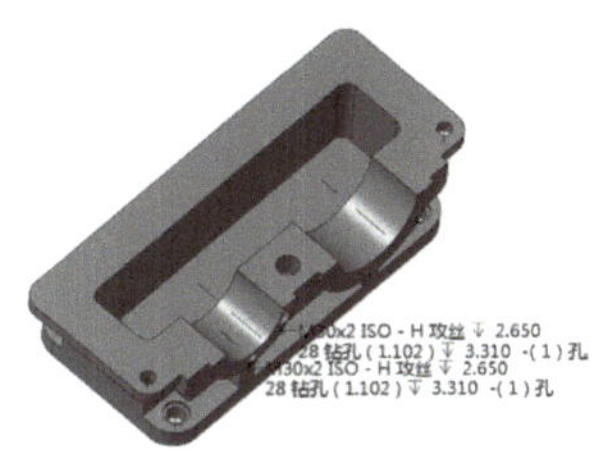

图 4-207 设计结果

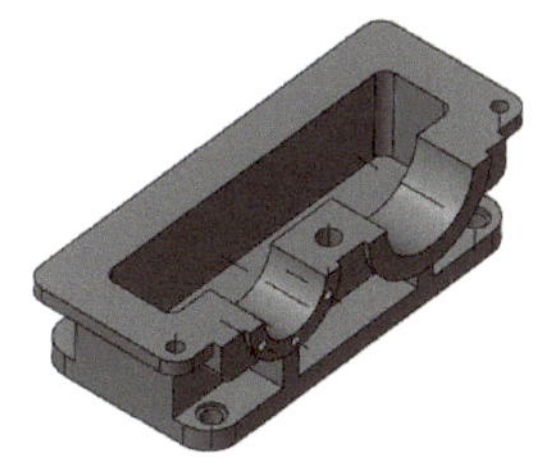

图 4-208 设计结果

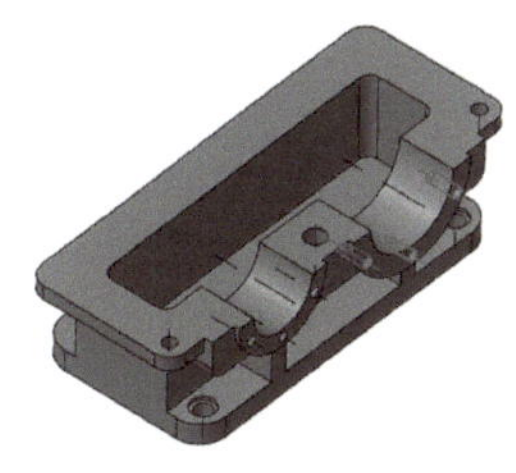

图 4-209 设计结果

7. 镜像复制轴承座结构

在【模型树】中选择如图 4-210 所示的特征，单击【编辑】工具组中的镜像按钮，打开【镜像】参数面板。选择平面 FRONT 作为镜像基准，单击✓按钮完成镜像，结果如图 4-211 所示。

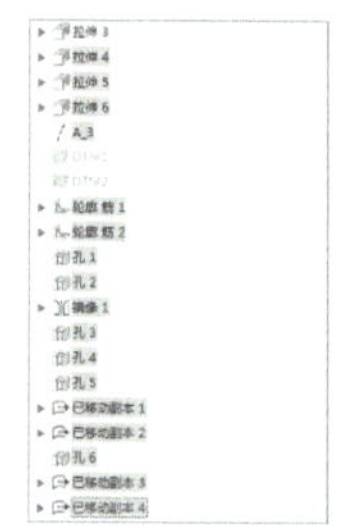

图 4-210 选取特征

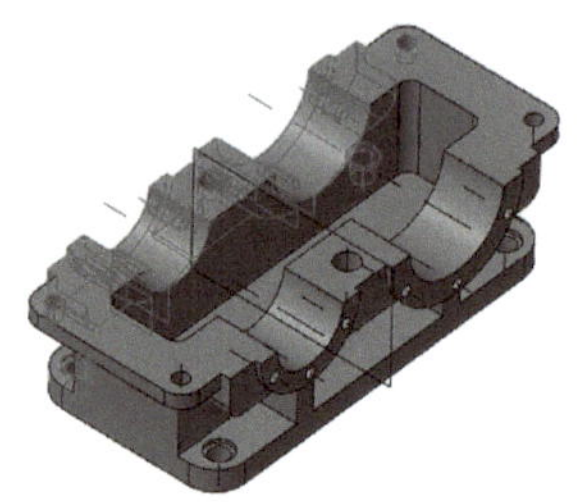

图 4-211 设计结果

要点提示

在选取这些特征时，可以在模型上用鼠标依次点选，不过，最好的方法还是按住 Ctrl 键在模型树中依次选取。选中模型树中的某个特征时，模型中的该特征将被加亮显示。

8. 切除多余材料

STEP01 选取如图 4-212 所示的底座底面为参考面，启动【拉伸】工具，绘制如图 4-213 所示的草图。

STEP02 单击✓按钮退出草绘环境，输入切除深度为 20，切除多余材料，最后结果如图 4-214 所示。

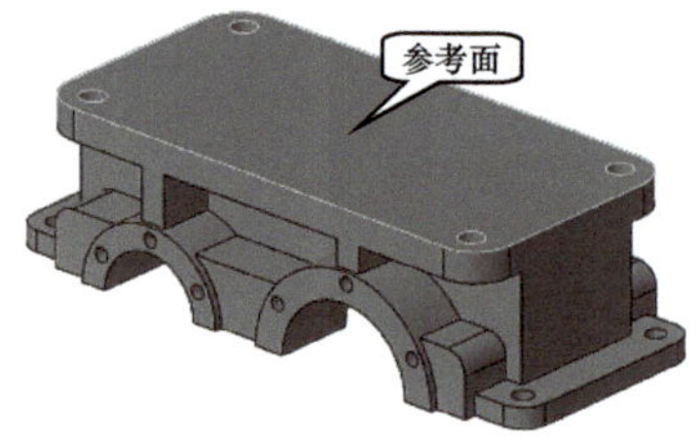

图 4-212 选取参照

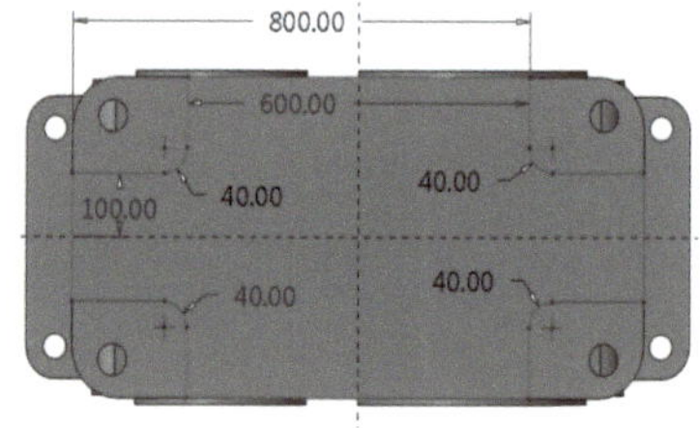

图 4-213 绘制草图

9. 创建圆角特征

STEP01 在【工程】工具组中单击倒圆角按钮，打开【倒圆角】参数面板，设置圆角半径 R=20，创建如图 4-215 所示的圆角特征。

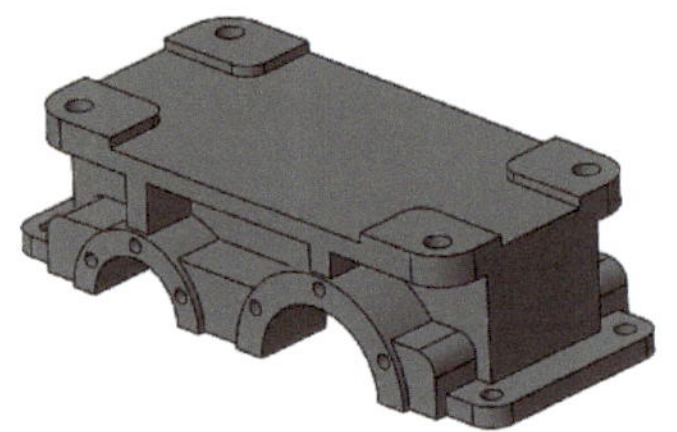

图 4-214 除料结果

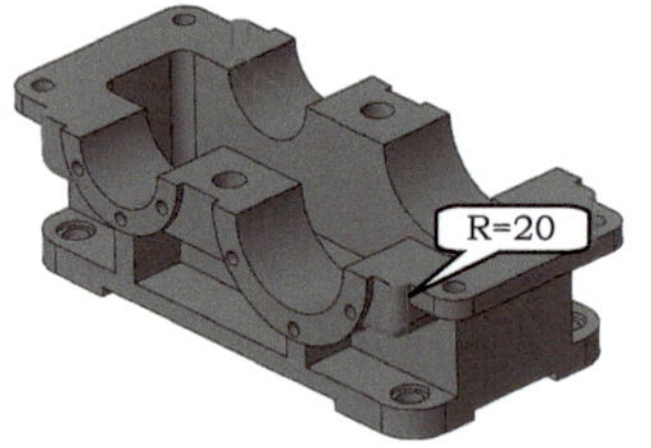

图 4-215 创建圆角特征

STEP02 继续启用【倒圆角】工具，设置 R=10，创建如图 4-216 所示的圆角特征。

STEP03 再次使用【倒圆角】工具，设置 R=5，创建倒圆角特征，结果如图 4-217 所示。

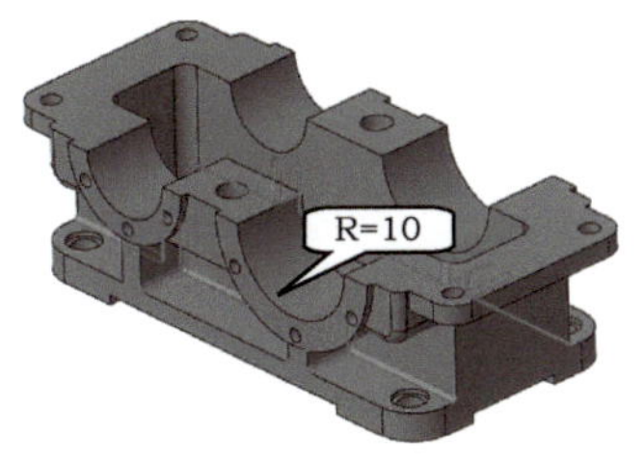

图 4-216 倒圆角位置

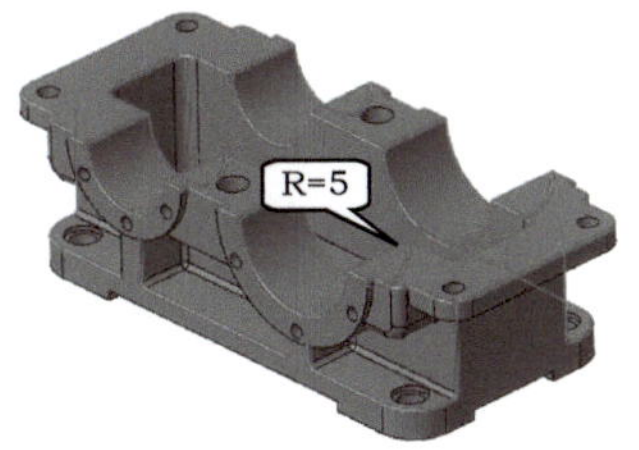

图 4-217 倒圆角结果

4.2.2 范例解析 2——创建茶壶模型

接下来介绍一个茶壶模型的设计过程，使读者在熟悉扫描混合特征创建原理的基础上，加深对三维实体建模的基本方法和技巧的理解，最后完成的模型如图 4-218 所示。

图 4-218 茶壶造型

【操作步骤】

1. 新建零件文件

新建名为“Tea_Port”的零件文件，使用系统提供的默认模板进入三维建模环境。

创建茶壶模型

2. 创建第一个旋转实体特征

STEP01 在【形状】工具组中单击 旋转 按钮打开【旋转】操控面板，选取基准平面 FRONT 作为草绘平面，进入二维草绘模式。

STEP02 在草绘平面内结合 样条、圆角 和 线 工具，绘制图 4-219 所示的截面图形，完成后退出草绘模式。

STEP03 默认系统设置的特征参数，生成的旋转实体特征如图 4-220 所示。

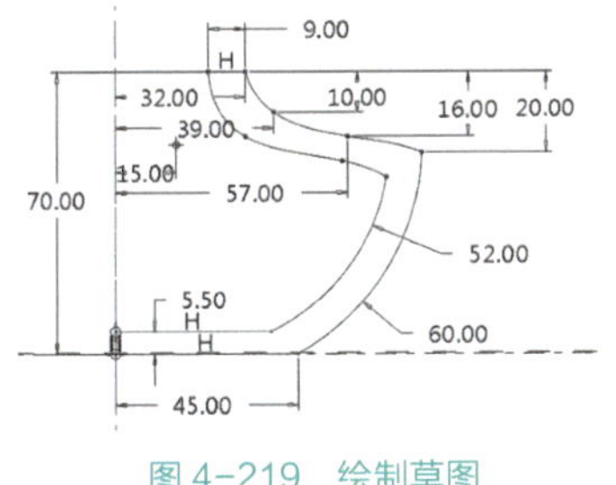

图 4-219 绘制草图

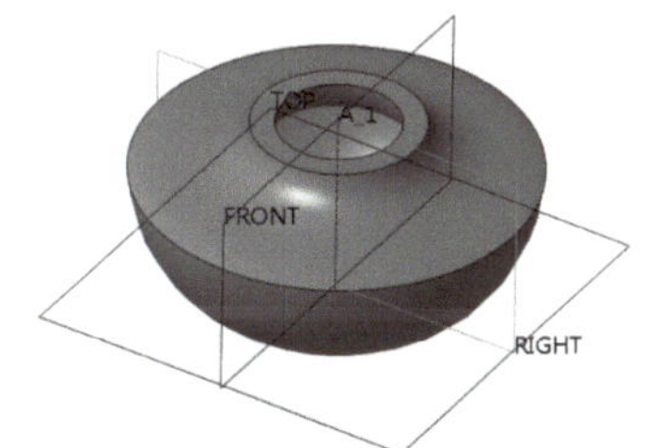

图 4-220 创建的旋转实体特征

3. 创建拉伸剪切特征

STEP01 在【形状】工具组中单击 按钮，打开【拉伸】操控面板，选择茶壶底面作为草绘平面，如图 4-221 所示。

STEP02 在草绘平面内绘制图 4-222 所示的截面图形，完成后退出草绘模式。

STEP03 按照图 4-223 所示设置特征参数，注意，拉伸方向向内，生成的拉伸实体特征如图 4-224 所示。

图 4-221　选取草绘平面

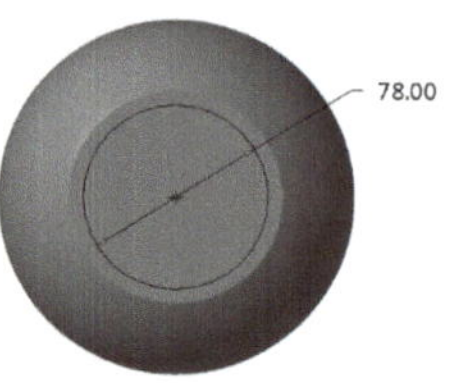

图 4-222　绘制草图

图 4-223　设置拉伸剪切特征参数

图 4-224　创建的拉伸剪切特征

4. 创建基准曲线

STEP01 在【基准】工具组中单击 按钮，打开【草绘】对话框。

STEP02 选取基准平面 RIGHT 面作为草绘平面，使用默认参照放置草绘平面后进入草绘模式。

STEP03 在草绘平面内绘制图 4-225 所示的曲线，完成后退出草绘模式。最后创建图 4-226 所示的基准曲线。

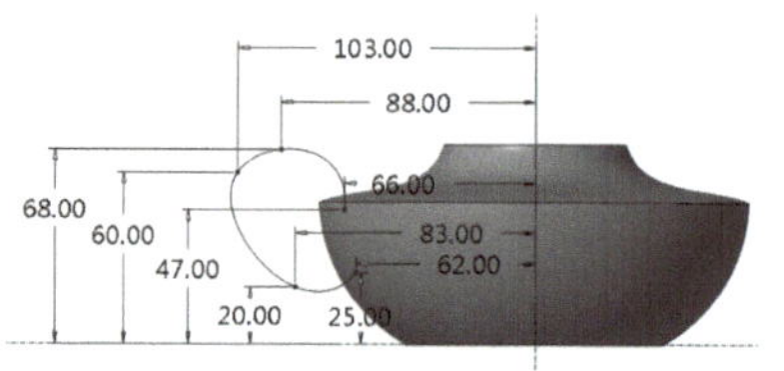

图 4-225　绘制草图

该草绘曲线使用样条曲线绘制，曲线形状可以自行设计，注意，在曲线上设置一定数量的控制点，以便方便调节曲线形状。

5. 创建扫描混合特征

STEP01 在【形状】工具组中单击 扫描混合 按钮，打开【扫描混合】操控面板。

STEP02 选取步骤 5 创建的基准曲线作为扫描轨迹线，将其高亮显示，如图 4-227 所示。

STEP03 在图标板上单击 截面 按钮，打开下拉参数面板，如图 4-228 所示。

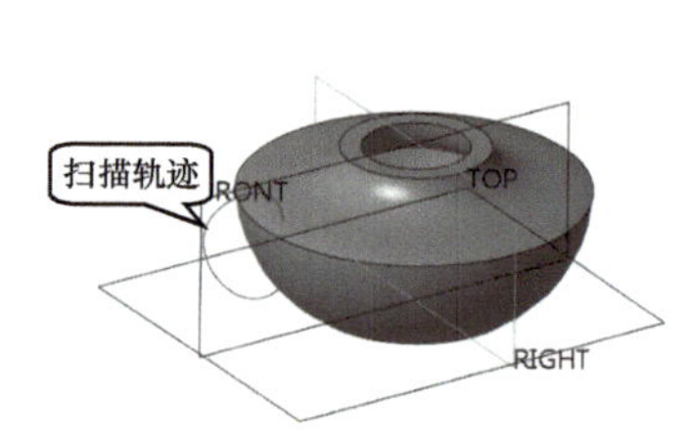

图 4-226　创建的扫描轨迹

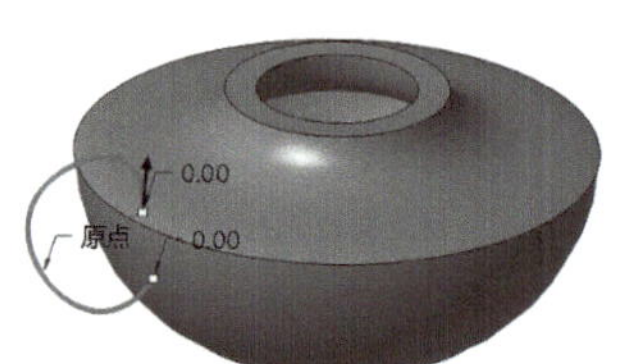

图 4-227　选取扫描轨迹

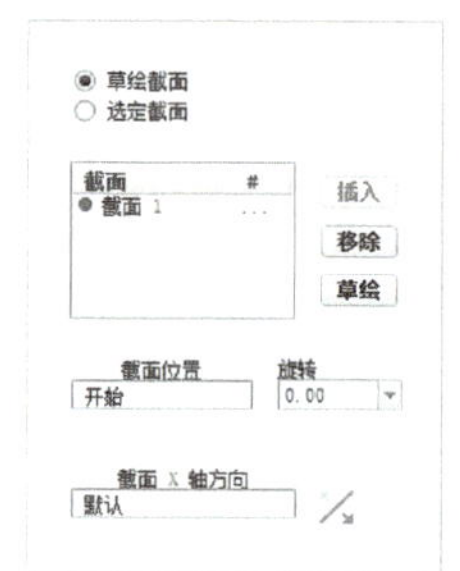

图 4-228　截面参数面板

STEP04 选取图 4-12 所示的点作为截面 1 的控制点，如图 4-229 所示。

STEP05 在下拉参数面板中单击 草绘 按钮，进入草绘模式，绘制截面 1，如图 4-230 所示。完成后退出草绘模式。

STEP06 在下拉参数面板中单击 插入 按钮，添加截面 2。选择图 4-231 所示的点作为截面 2 的控制点。

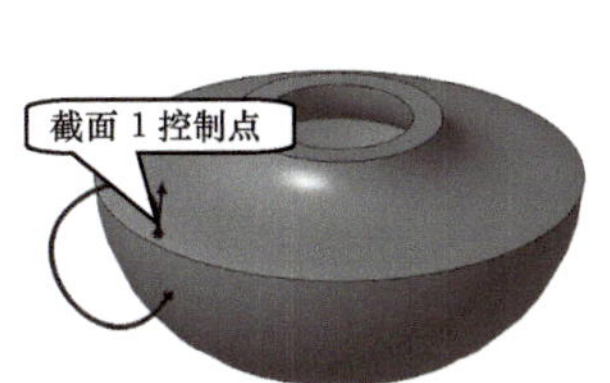

图 4-229 选取截面 1 控制点

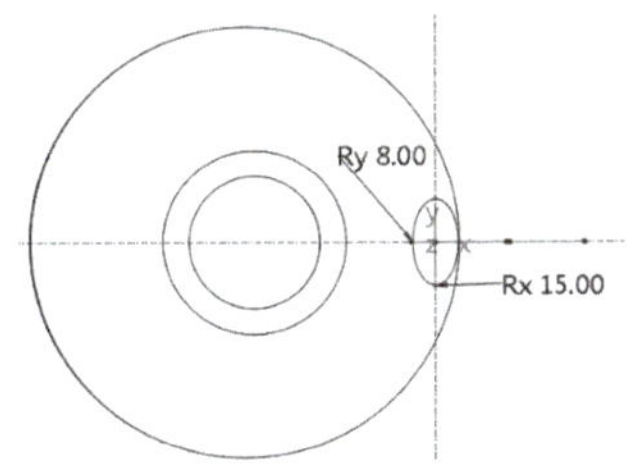

图 4-230 绘制截面 1 草图

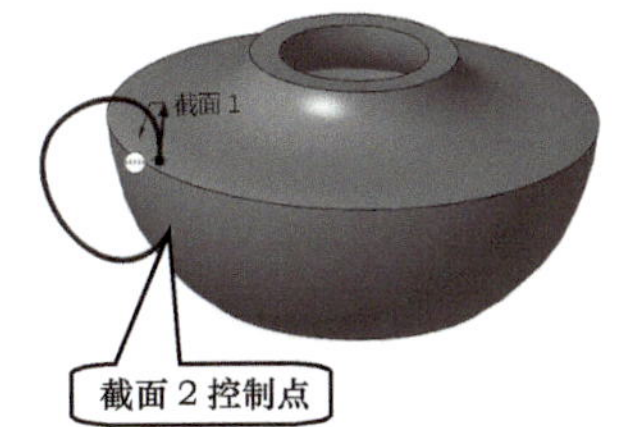

图 4-231 选取截面 2 控制点

STEP07 在下拉参数面板中单击 草绘 按钮，进入草绘模式绘制截面 2 的草图，如图 4-232 所示。完成后退出草绘模式。

STEP08 在图标板上单击✓按钮，最后创建的扫描混合特征如图 4-233 所示。

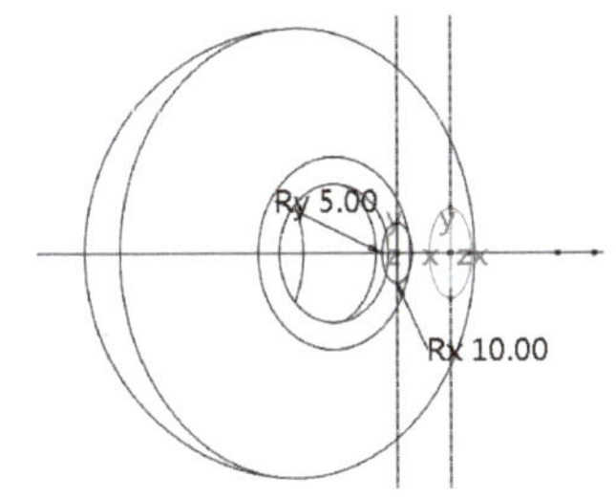

图 4-232 绘制截面 2 草图

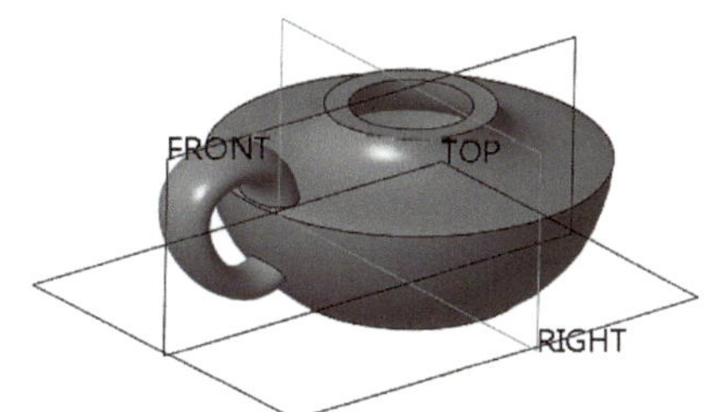

图 4-233 创建的扫描混合特征

6. 创建倒圆角特

STEP01 在【工程】工具组中单击 倒圆角 按钮，打开【倒圆角】操控面板。

STEP02 选取图 4-234 所示的边线作为倒圆角放置参照，设置圆角半径为 6.00，创建集 1。

STEP03 在图标板左上角单击 集 按钮，打开下拉参数面板，单击左侧列表框中的【新建集】选项，选取如图 4-235 所示的边线创建集 2，对应的圆角半径为 5.00。最后创建的倒圆角特征如图 4-236 所示。

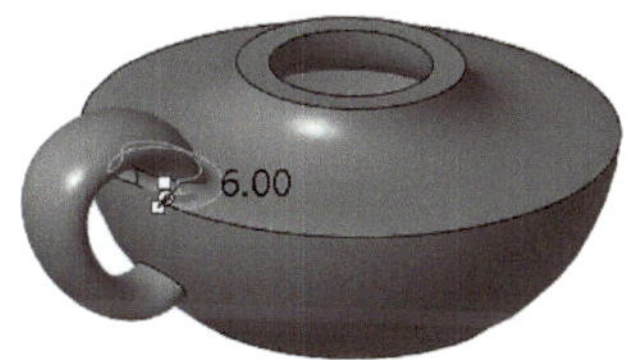

图 4-234 设置集 1 的圆角半径

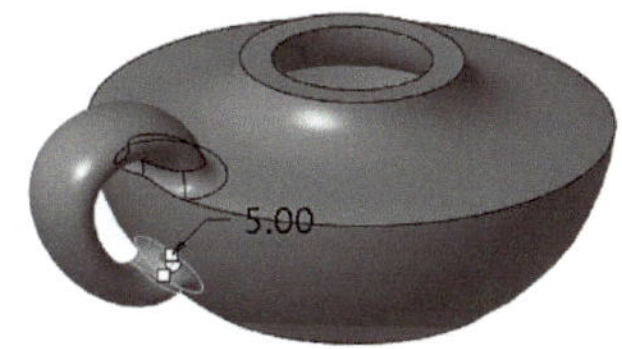

图 4-235 设置集 2 的圆角半径

图 4-236 创建的圆角特征

7. 创建基准曲线

STEP01 在【基准】工具组中单击 按钮，打开【草绘】对话框。

STEP02 选取基准平面 TOP 面作为草绘平面，使用默认参照放置草绘平面后进入草绘模式。

STEP03 在草绘平面内绘制图 4-237 所示的曲线，完成后退出草绘模式。最后创建图 4-238 所示的基准曲线。

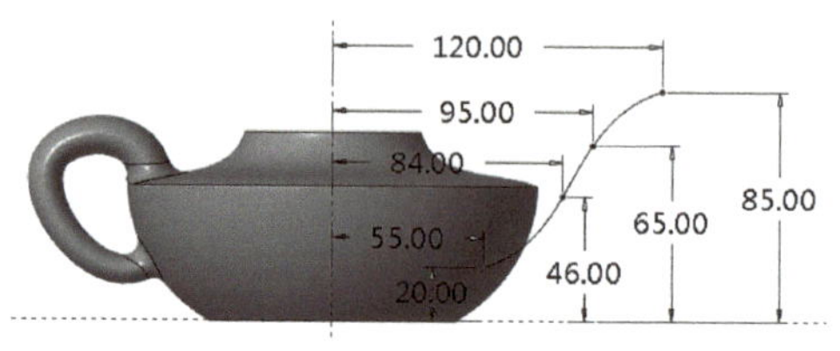

图 4-237　绘制草图

要点提示　该曲线的轮廓由样条线绘制而成，绘图时注意在图上添加适当数量的控制点，一方面，便于调整曲线的形状，另一方面，便于后续创建扫描混合实体特征。

8. 创建扫描混合特征

STEP01 单击 扫描混合 按钮，打开【扫描混合】操控面板。

STEP02 选取步骤 7 所建的基准曲线作为扫描轨迹线，将其高亮显示，如图 4-239 所示。

STEP03 选取图 4-240 所示的点作为第 1 个截面控制点，然后单击 草绘 按钮进入草绘模式，绘制图 4-241 所示的截面 1 后退出草绘环境。

图 4-238　创建的扫描轨迹

图 4-239　选取扫描轨迹

图 4-240　选取截面 1 控制点

STEP04 在下拉参数面板中，单击 插入 按钮，添加截面 2。选择图 4-242 所示的点作为截面 2 的控制点。单击下拉面板中的 草绘 按钮，切换至草绘模式，绘制图 4-243 所示的截面 2 后退出草绘环境。最后创建的扫描混合特征如图 4-244 所示。

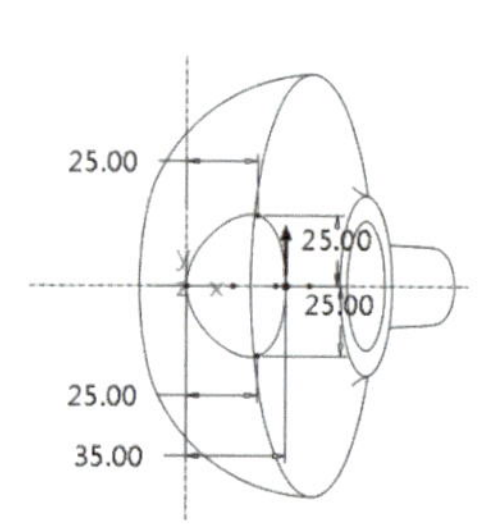

图 4-241　绘制截面 1 草图

图 4-242　选取截面 2 控制点

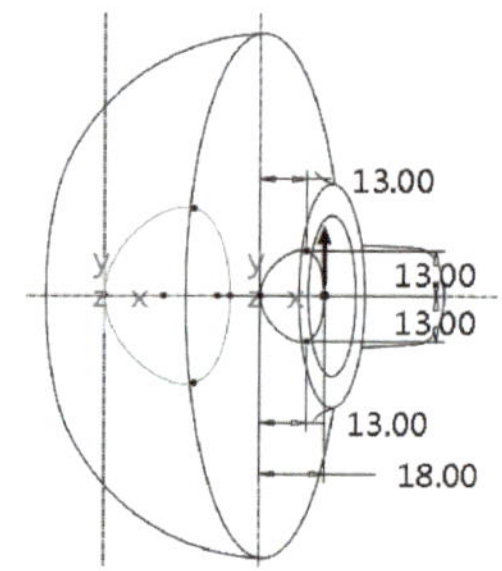

图 4-243　绘制截面 2 草图

9. 创建倒圆角特征

STEP01 单击 倒圆角 按钮，打开【倒圆角】操控面板。

STEP02 选取图 4-245 所示的边线作为倒圆角放置参照，设置圆角半径为 5.00，创建集 1。在图标板左上角单击 集 按钮，打开下拉参数面板，单击左侧列表框中的【新建集】选项，选取如图 4-245 所示的边线创建集 2，对应的圆角半径为 4.00。最后创建的倒圆角特征如图 4-246 所示。

图 4-244 创建的扫描混合特征

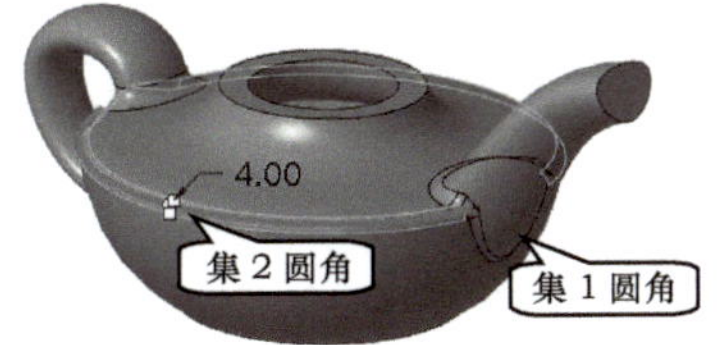

图 4-245 设置圆角

图 4-246 创建的圆角特征

10. 创建扫描混合剪切特征

STEP01 单击扫描混合按钮，打开【扫描混合】操控面板。

STEP02 选取步骤 9 所建的基准曲线作为扫描轨迹线，将其高亮显示，如图 4-247 所示。

STEP03 选取图 4-248 所示的点作为第 1 个截面控制点，然后单击草绘按钮进入草绘模式，绘制图 4-249 所示的截面 1 后退出草绘环境。

图 4-247 选取扫描轨迹

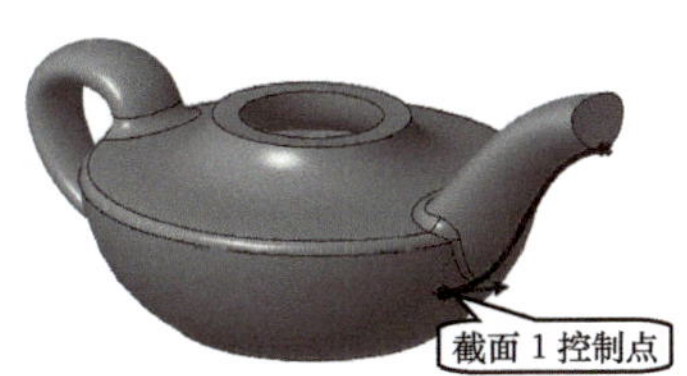

图 4-248 选取截面 1 控制点

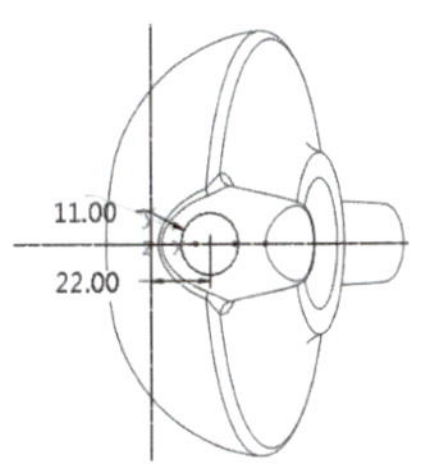

图 4-249 绘制截面草图

STEP04 选取图 4-250 所示的点作为第 2 个截面控制点，然后单击草绘按钮进入草绘模式，绘制图 4-251 所示的截面 2 后退出草绘环境，最后创建的扫描混合特征如图 4-252 所示。

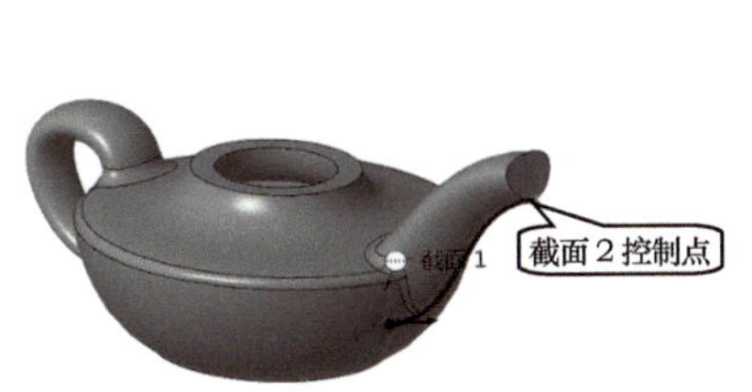

图 4-250 选取截面 2 控制点

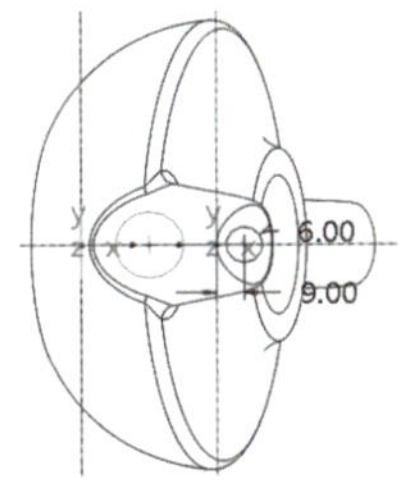

图 4-251 绘制截面 2 草图

图 4-252 创建的扫描混合特征

11. 创建基准面DTM1

STEP01 在【基准】工具组中单击按钮，打开【基准平面】对话框。

STEP02 按照图 4-253，设置参数平移基准平面 TOP 新建基准平面 DTM1，如图 4-254 所示。

图 4-253 基准平面对话框

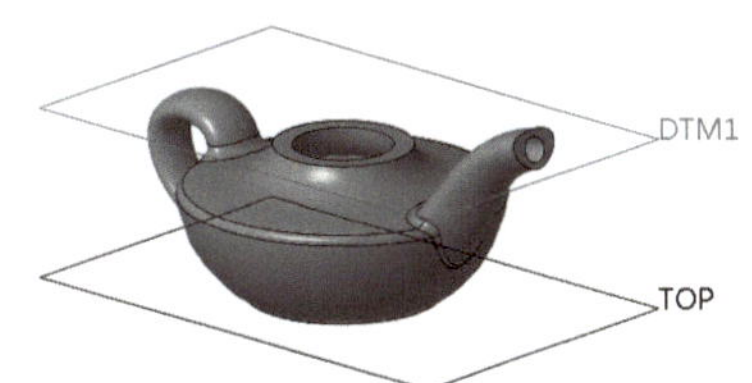

图 4-254 创建的 DTM1 平面

12. 创建拉伸切除特征

STEP01 单击按钮，打开【拉伸】操控面板，选取基准平面 DTM1 作为草绘平面，使用默认参照放置草绘平面后，单击鼠标中键进入二维草绘模式。

STEP02 在草绘平面内绘制图 4-255 所示的截面图形，完成后退出草绘模式。

STEP03 按照图 4-256 设置特征参数，调整特征生成方向如图 4-257 所示，最后生成的剪切特征如图 4-258 所示。

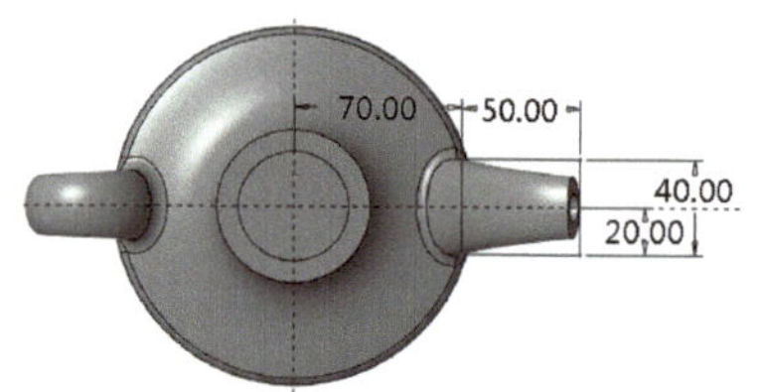

图 4-255　绘制草图

图 4-256　设置特征参数

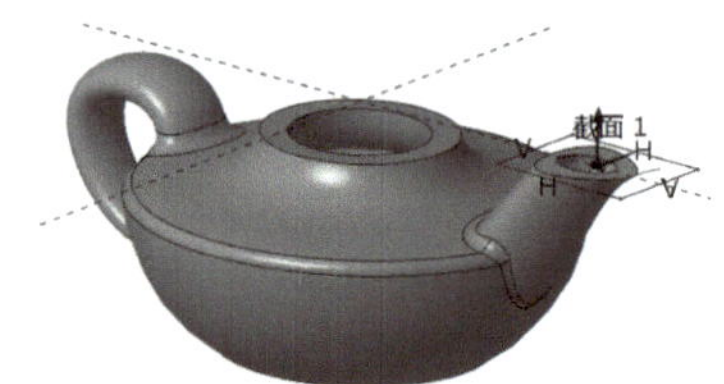

图 4-257　选择拉伸方向

图 4-258　创建的拉伸剪切特征

13. 创建倒角特征

STEP01 在【工程】工具组中单击按钮，打开【倒角】操控面板。

STEP02 选取图 4-259 所示的边线作为倒角放置参照，设置圆角半径为 5.00，创建集 1。

STEP03 在图标板左上角单击按钮，打开下拉参数面板，单击左侧列表框中的【新建集】选项，选取如图 4-260 所示的边线创建集 2，对应的圆角半径为 1.00，选取如图 4-261 所示的边线创建集 3，对应的圆角半径参数设置如图 4-262 所示。最后创建的倒圆角特征如图 4-263 所示。

图 4-259　设置集 1 圆角特征

图 4-260　设置集 2 圆角特征

图 4-261　设置集 3 圆角特征

图 4-262　设置集 3 圆角参数

图 4-263　创建的倒角特征

14. 创建倒圆角特征

STEP01 单击 倒圆角 按钮，打开【倒圆角】操控面板。

STEP02 选取图 4-264 所示的边线作为倒圆角放置参照，设置圆角半径为 1.00，创建集 1。在图标板左上角单击 集 按钮，打开下拉参数面板，单击左侧列表框中的【新建集】选项，选取如图 4-265 所示的边线创建集 2，对应的圆角半径为 2.00。最后创建的倒圆角特征如图 4-266 所示。

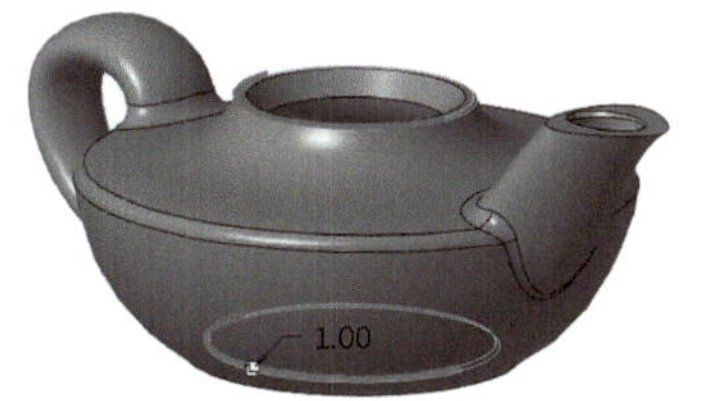

图 4-264 创建集 1 圆角特征

图 4-265 创建集 2 圆角特征

图 4-266 创建的圆角特征

4.3 小结

根据 Creo 的建模规律，在创建基础实体特征之后，继续在模型上添加各种具有实际意义的工程特征。本章详细介绍了各种常用工程特征的设计方法，这些工程特征包括孔特征、倒圆角特征、拔模特征、壳特征和倒角特征等。

工程特征必须以基础实体特征作为载体。在创建工程特征时，除了确定描述特征其自身形状和大小的定形参数外，更为重要的是还必须指定定位参数来确定其在基础实体特征上准确的放置位置。这些定位参数可通过一系列参照来设定，能够充当放置参照的对象很多，各类基准特征以及实体上的点、线和面等都是理想的定位参照。

孔特征是常用的工程特征之一。Creo 提供了直孔、草绘孔和标准孔 3 种孔类型，在设计时可以根据需要选取。在放置孔特征时，用户要掌握系统提供的 4 种放置孔特征的方法及各自的应用特点，其中【线性】、【径向】和【同轴】都比较常用。

倒圆角用于消除模型上的棱角，实现模型表面间的光滑过渡。新版软件对倒圆角特征的设计做了较大的改进，设计方法得到了进一步优化，创建不同的圆角集，可以在一个倒圆角特征中的不同边线处，放置不同参数的圆角，这在提高设计效率的同时减少了特征的数量。

倒角特征与倒圆角特征有较大的相似之处，其创建方法也有诸多共同点。除了可以在边线处放置倒角特征外，还可以选取顶点作为参照创建倒角特征。

拔模特征用于在模型上加入斜度结构，必须深刻理解拔模特征的 4 个基本设计要素的含义与设计方法。此外，还应该掌握获得加材料和减材料拔模特征的方法。

壳特征用来创建中空的薄壁结构。特别注意壳特征通常安排在拔模特征、倒圆角以及倒角特征之后进行。

4.4 习题

1. 在创建工程特征时必须指定哪两类参数？
2. 在创建一组孔特征时，怎样保证它们满足同轴的要求？
3. 使用壳特征和薄板特征都可以创建薄壁结构，两者有何区别？
4. 孔特征、壳特征、倒圆角特征和倒角特征一定是切减材料特征吗？拔模特征是加材料特征，还是切减材料特征？
5. 在一个倒圆角特征中，是否可以包含半径大小不同的几种圆角？

第 5 章
模型的变更和参数化设计

在 Creo 3.0 中，特征是模型的基本组成单位，一个三维模型由为数众多的特征，按照设计顺序以搭积木的方式“拼装”而成，这样创建的实体模型具有清晰的结构。同时，特征又是模型操作的基本单位，在模型上选取特定特征后，可以使用阵列、复制等方法为其创建副本，还可以使用修改、重定义等操作来修改和完善设计中的缺陷。

【学习目标】

- 掌握特征阵列的基本方法。
- 掌握特征复制的基本方法。
- 熟悉特征的常用编辑和操作。
- 掌握创建参数化模型的方法与技巧。

5.1　知识解析

特征阵列是指将一组对象规则有序地排列，常用于快速、准确地创建数量较多、排列规则且形状相近的一组结构，如电话上整齐排列的按键、风扇上整齐排列的叶片等。

5.1.1　特征阵列

在进行阵列之前，首先创建一个阵列对象，称之为原始特征，然后根据原始特征创建一组副本特征，也就是原始特征的一组实例特征。

基础知识

1. 阵列的特点

归纳起来，阵列操作具有以下特点。

- 特征阵列使用特征复制的方法来创建新特征，操作简便。
- 特征阵列受阵列参数控制，通过改变阵列参数（如实例总数、实例之间的间距以及原始特征的尺寸等）可方便地修改阵列结果。
- 特征阵列间包含了严格的约束关系，修改原始特征后，系统自动更新整个阵列。
- 阵列特征及其实例，通常被作为一个整体进行操作，对包含在一个阵列中的多个特征同时执行操作，比单独操作特征更为方便和高效。例如，可方便地隐含阵列或将其添加到图层中。

每次只能对一个特征进行操作阵列。如果要同时阵列多个特征，可以先使用这些特征创建一个“局部组”，然后阵列这个组。

2. 阵列综述

❶ 设计面板

选中阵列对象后，在【编辑】工具组中单击▦按钮，可打开图 5-1 所示的阵列设计面板。

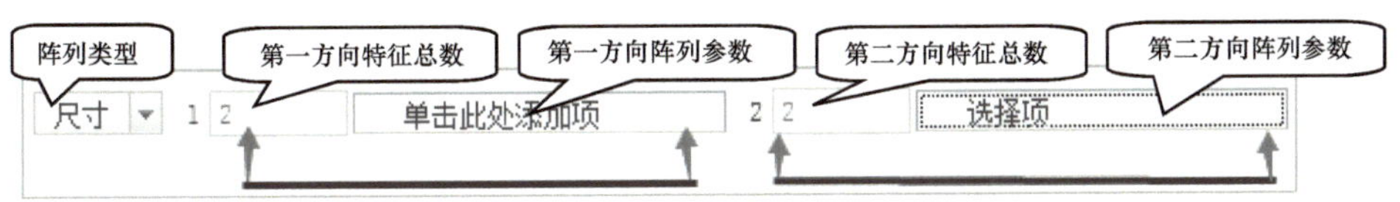

图 5-1 特征阵列工具

❷ 阵列方法

阵列方法形式多样，根据设计参照以及操作过程的不同，系统提供了尺寸阵列、方向阵列、轴阵列、表阵列、参照阵列和填充阵列等 8 种类型，简介如下。

- 【尺寸】阵列：使用驱动尺寸并指定阵列尺寸增量来创建特征阵列。用户可以根据需要创建一维特征阵列和二维特征阵列，尺寸阵列可以是单向阵列（孔的线性阵列），也可以是双向阵列（孔的矩形阵列），是最常用的特征阵列方式。
- 【方向】阵列：通过指定方向参照来创建线性阵列。
- 【轴】阵列：通过指定轴参照来创建旋转阵列或螺旋阵列。
- 【表】阵列：编辑阵列表，在阵列表中为每一阵列实例指定尺寸值来创建阵列。
- 【参照】阵列：参照一个已有的阵列来阵列选定的特征。
- 【填充】阵列：用实例特征使用特定格式填充选定区域来创建阵列。
- 【曲线】阵列：按照选定的曲线排列阵列特征。
- 【点】阵列：通过将阵列成员放置在点或坐标系上来创建的一个阵列。

❸ 基本概念

为了方便叙述并帮助读者理解各种阵列设计方法，先简要介绍几个相关的术语。

- 原始特征：选定用于阵列的特征，是阵列时的父本特征。
- 实例特征：根据原始特征创建的一组副本特征。
- 一维阵列：仅仅在一个方向上创建阵列实例的阵列方式。
- 多维阵列：在多个方向上同时创建阵列实例的阵列方式。
- 线性阵列：使用线性尺寸创建阵列，阵列后的特征成直线排列。
- 旋转阵列：使用角度尺寸创建阵列，阵列后的特征以指定中心成环状排列。

图 5-2 所示为一维线性阵列的示例；图 5-3 所示为二维线性阵列的示例；图 5-4 所示为一维旋转阵列的示例；图 5-5 所示为二维旋转阵列的示例。

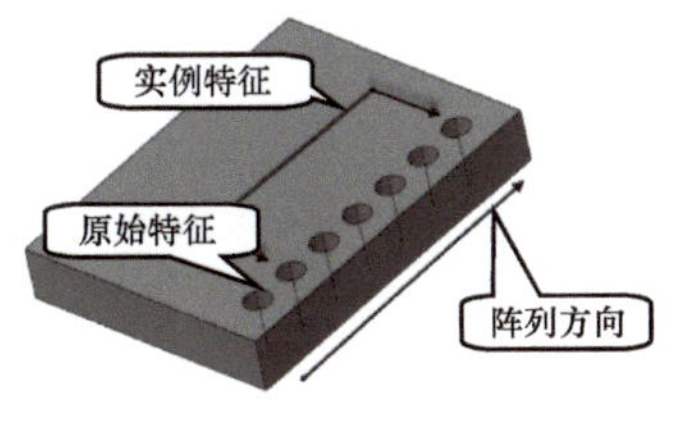

图 5-2 一维线性阵列

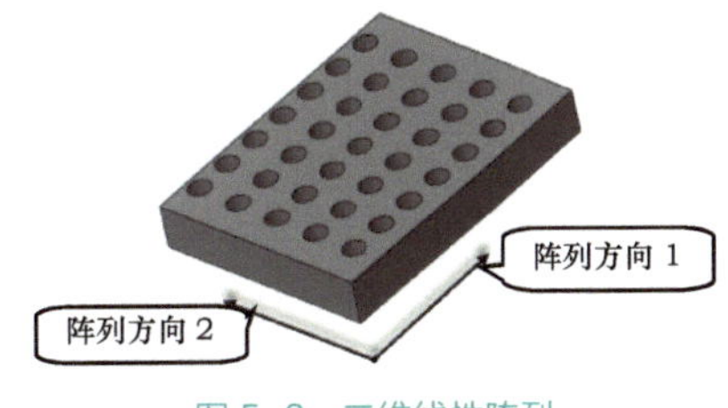

图 5-3 二维线性阵列

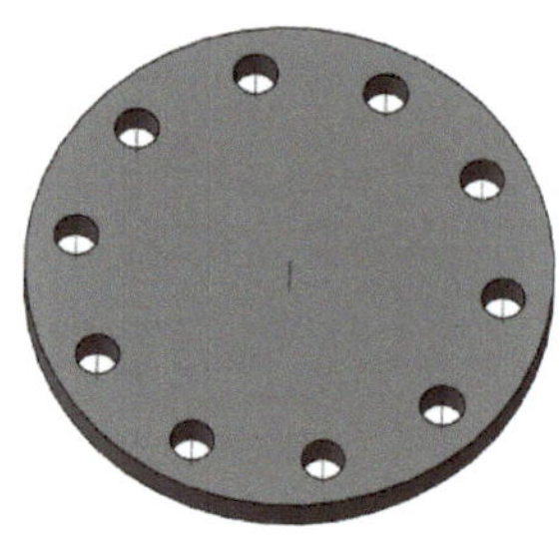

图 5-4　一维旋转阵列

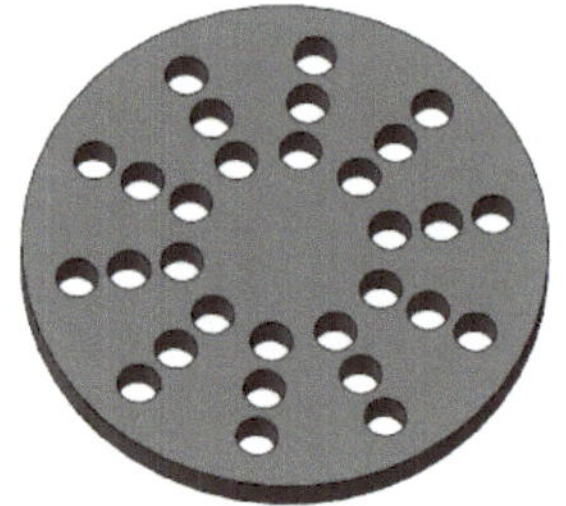

图 5-5　二维旋转阵列

3. 创建尺寸阵列

尺寸阵列主要选取特征上的尺寸作为阵列设计的基本参数。在创建尺寸特征之前，首先需要创建基础实体特征以及原始特征。

❶ 尺寸阵列的形式

在图 5-1 左侧的下拉列表中选择【尺寸】选项，在设计面板中展开【选项】下拉面板，其中提供了 3 种尺寸阵列的形式，其对比如表 5-1 所示。

表 5-1　尺寸阵列方法的对比

实例特征再生速度	最快	一般	最慢
实例特征大小可否变化	否	可以	可以
实例特征可否与放置平面的边缘相交	否	可以	可以
特征之间可否交错重叠	否	否	可以
可否在原始特征的放置平面以外生成实例特征	否	可以	可以
示例图			

要点提示

❷ 确定驱动尺寸

从原始特征上选取一个或多个定形或定位尺寸作为驱动尺寸，来确定实例特征的生成方向，将以该尺寸的标注参照为基准，沿尺寸标注的方向创建实例特征，如图 5-6 所示。

选取驱动尺寸后，要注意根据驱动尺寸的标注参照来确定实例特征生成方向。阵列实例特征的生成方向，总是从标注参照开始沿着尺寸标注的方向，如图 5-7 所示。

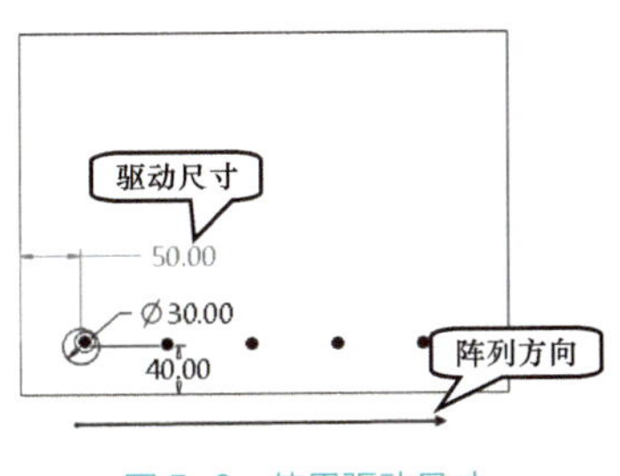

图 5-6 使用驱动尺寸

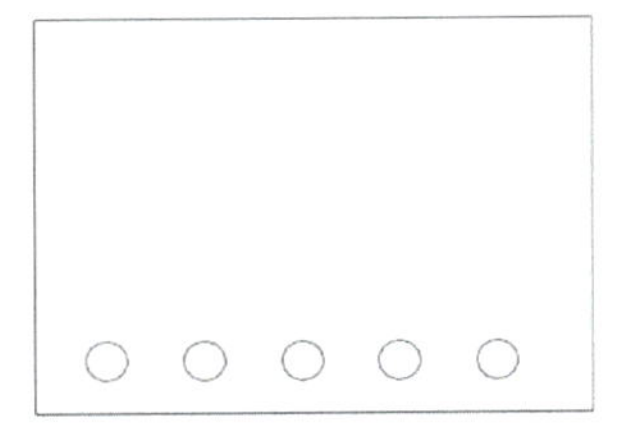
图 5-7 阵列实例

③ 确定尺寸增量

选取阵列驱动尺寸后，接下来，需要在此基础上进一步确定阵列尺寸增量，根据驱动尺寸类型的不同，尺寸增量主要有以下两种用途。

- 如果选取原始特征上的定位尺寸作为驱动尺寸，可以通过尺寸增量指明在该尺寸方向上，各实例特征之间的间距。
- 如果选取原始特征上的定形尺寸作为驱动尺寸，可以通过尺寸增量指明，在阵列方向上的各实例特征对应尺寸依次增加（或减小）量的大小。

在图 5-8 中，选取孔的定位尺寸 50.00 作为驱动尺寸，并为其设置尺寸增量 90.00，则生成的实例特征相互之间的中心距为 90.00；继续选取定形尺寸 50.00 作为另一个驱动尺寸，并为其设置尺寸增量 10.00，则生成的各实例特征的直径将依次增加 10.00。

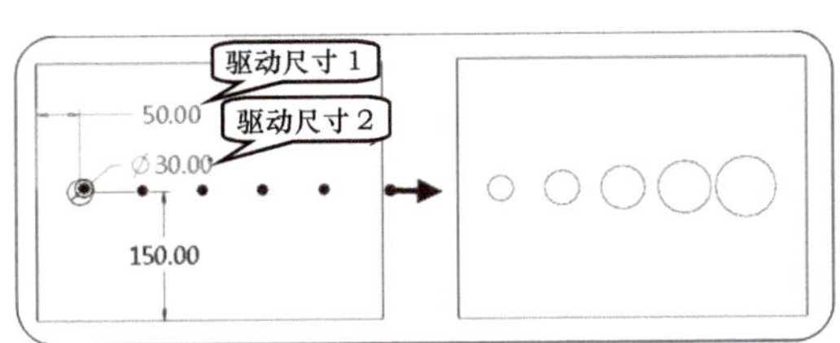

图 5-8 尺寸增量应用示例

④ 确定阵列特征总数

最后确定在每一个阵列方向上需要创建的特征总数。这里需要注意的是，阵列特征总数包含原始特征在内。

扩展知识

1. 使用关系式创建尺寸阵列

为了使特征阵列的形式富于变化并且具有可编辑的特点，可使用关系来驱动阵列增量。当选取原始特征的一个尺寸作为驱动尺寸后，在为其指定尺寸增量时，可以使用关系式，这时，每一个阵列实例的增量值由关系确定，不再是一个固定数值。

在编辑阵列关系中，可以使用下列系统认可的参数。

- LEAD_V：导引值（也就是驱动尺寸）的参数符号。
- MEMB_V：确定每一个实例特征尺寸或位置时使用的参数符号。该参数相对于原始特征来定位每一个实例特征。
- MEMB_I：确定每一个实例特征尺寸或位置时使用的参数符号，不过，该参数是相对于前一实例来定位每一个实例特征。

- IDX1：第 1 方向的阵列实例索引值，每计算完一个阵列实例后，这些值自动递增 1。
- IDX2：第 2 方向的阵列实例索引值。

要点提示

2. 创建其他阵列

尺寸阵列虽然通用性很强，但是，在设计操作时并不简便。在实际应用中，通常根据特征的具体情况选用以下阵列方法来设计，设计效率更高。

❶ 创建方向阵列

方向阵列用于创建线性阵列，设计时使用方向参照来确定阵列方向。可以作为方向参照的元素有以下内容。

- 实体上的平直边线：阵列方向与边线的延伸方向一致。
- 平面或平整曲面：阵列方向与该平面（曲面）垂直。
- 坐标系：阵列方向与该坐标系中指定坐标轴的指向一致。
- 基准轴：阵列方向与该轴线的指向一致。

❷ 创建轴阵列

轴阵列主要用于创建旋转阵列。设计中，首先选取一个旋转轴线作为参照，然后围绕该旋转轴线创建特征阵列，既可以创建一维旋转阵列，也可以创建二维旋转阵列。

❸ 创建参照阵列

在创建一个特征阵列之后，如果在原始特征上继续添加新特征，并希望在各实例特征上也添加相同的特征，可以使用参照阵列。

❹ 创建表阵列

表阵列是一种相对比较自由的阵列方式，常用于创建布置不太规则的特征阵列。在创建表阵列之前，首先收集特征的尺寸参数创建阵列表，然后使用文本编辑的方式编辑阵列表，为每个阵列实例特征确定尺寸参数，最后使用这些参数创建阵列特征。

❺ 创建填充阵列

填充阵列是一种操作更加简便，实现方式更加多样化的特征阵列方法。在创建填充阵列时，首先划定阵列的布置范围，然后指定特征阵列的排列格式并微调有关参数，系统将按照设定的格式在指定区域内创建阵列特征。

❻ 创建曲线阵列

曲线阵列是一种更加灵活的阵列方法，可以沿着曲线布置实例特征。

基础训练——特征阵列的应用

下面通过一组练习来学习阵列操作的基本技巧。

【操作步骤】

1. 创建尺寸阵列

STEP01 打开素材文件“\ 素材 \ 第 5 章 \array1.prt”。

STEP02 选中模型上的孔，在【编辑】工具组中单击按钮，打开阵列工具，此时显示模型上的所有尺寸参数，如图 5-9 所示。

STEP03 在设计面板中展开【尺寸】下拉面板，激活【方向 1】列表框，选取尺寸 50.00 作为驱动尺寸，设置阵列尺寸增量为 75.00，表示在该尺寸方向上每两个实例特征中心的距离为 75.00。

STEP04 按住 Ctrl 键继续选取直径尺寸 30.00 作为第 2 个驱动尺寸，设置尺寸增量为 5.00，则在该阵列方向上各实例特征的直径依次增加 5.00，如图 5-10 所示。

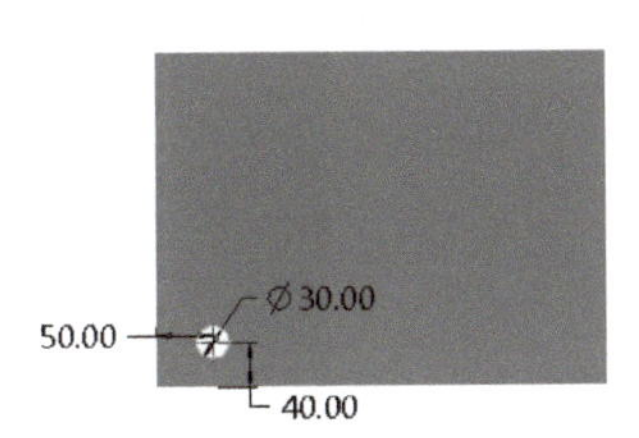

图 5-9　显示特征参数

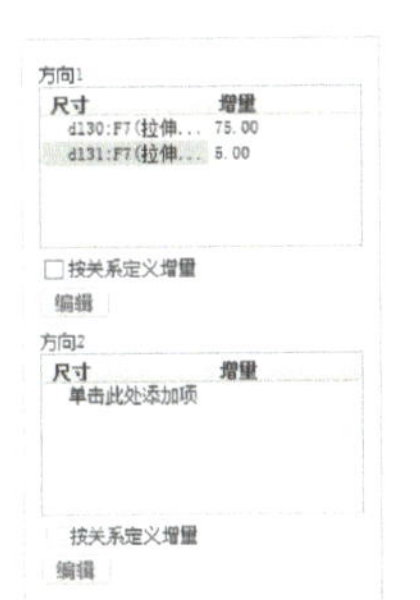

图 5-10　阵列参数设置（1）

STEP05 激活【方向 2】列表框，选取尺寸 40.00 作为驱动尺寸，设置阵列尺寸增量为 55.00。

STEP06 按住 Ctrl 键继续选取直径尺寸 30.00 作为第 2 个驱动尺寸，设置尺寸增量为 -5.00，则在该阵列方向上各实例特征的直径依次减小 5.00，如图 5-11 所示。

STEP07 设置第 1 方向和第 2 方向上的特征总数均为 5，随后系统显示阵列效果预览，每个黑点代表一个阵列实例特征，如图 5-12 所示。设置完成的阵列面板如图 5-13 所示。

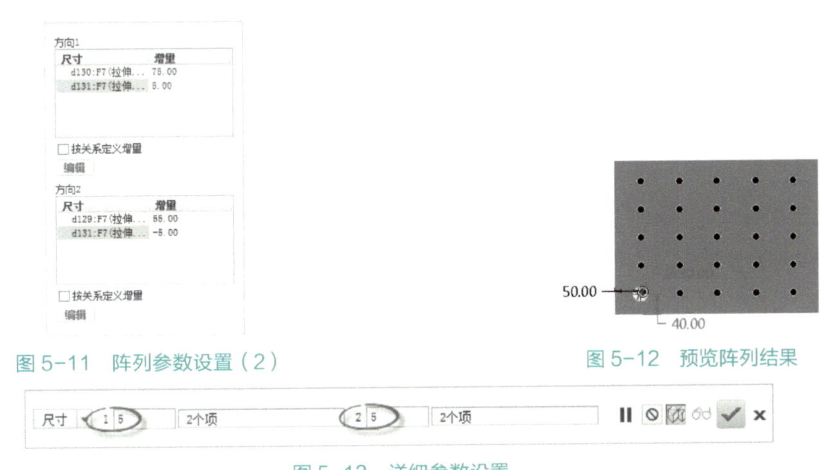

图 5-11　阵列参数设置（2）

图 5-12　预览阵列结果

图 5-13　详细参数设置

STEP08 单击鼠标中键，最后创建的阵列结果如图 5-14 所示。

图 5-14　阵列结果

要点提示

在图 5-12 中，每个小黑点代表一个实例特征，单击某个小黑点使之变成空心点，对应的实例特征将被删除，再次单击空心点又可以变成小黑点，重新显示该实例特征，如图 5-15 所示。

STEP09 在模型对话框中单击阵列特征左侧的三角符号，展开阵列特征标记，其中第 1 个为原始特征，其余为实例特征，如图 5-16 所示。

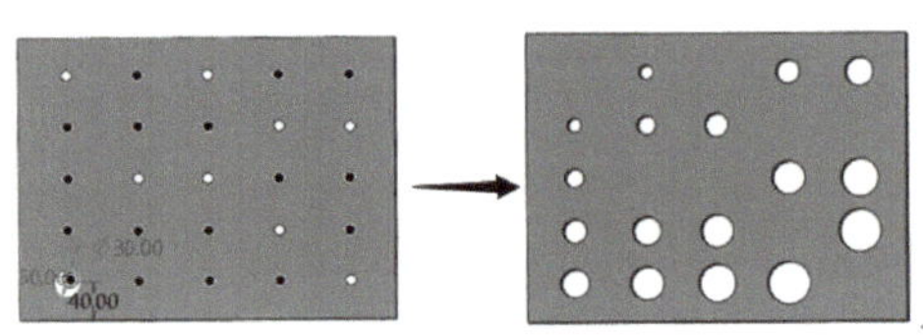

图 5-15 删除部分示实例特征的结果

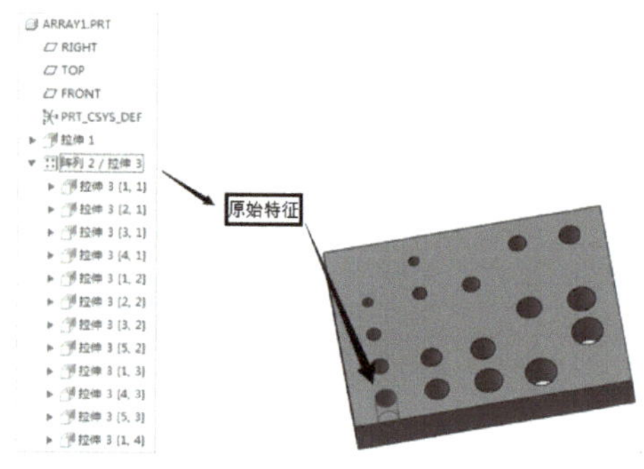

图 5-16 模型树中的显示结果

STEP10 在模型树中的阵列特征上单击鼠标右键，在弹出的快捷菜单中选取【删除阵列】命令，将删除阵列实例特征。

STEP11 选取适当路径保存文件副本，然后关闭当前文件。

要点提示

如果在弹出的快捷菜单中选取【删除】命令，将删除原始特征和所有阵列实例特征。

2. 创建方向阵列

创建方向阵列

STEP01 打开素材文件“\素材\第 5 章\array1.prt”。

STEP02 选中模型上的孔，在【工程】工具组中单击按钮，打开阵列设计工具。在面板左侧的下拉列表中选取【方向】选项，创建方向阵列。

STEP03 选取图 5-17 所示的边线作为方向参照，然后按照图 5-18，输入特征总数 6 和驱动尺寸 55。

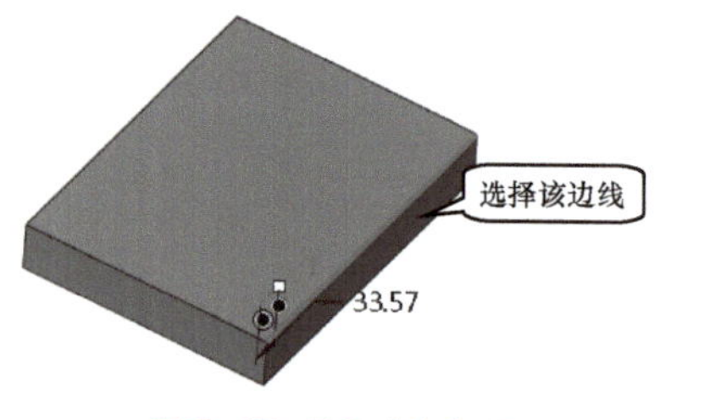

图 5-17 选取方向参照

图 5-18 设置阵列参数（1）

STEP04 在参数面板中展开【尺寸】下拉面板，激活【尺寸 1】列表框，选取尺寸 40.00 作为第 1 个驱动尺寸，设置尺寸增量为 40.00；按住 Ctrl 键选取直径尺寸 30.00 作为第 2 个驱动尺寸，设置尺寸增量为 6.00，如图 5-19 所示。

STEP05 单击鼠标中键，最后创建的阵列结果如图 5-20 所示。

图 5-19 设置阵列参数（2）

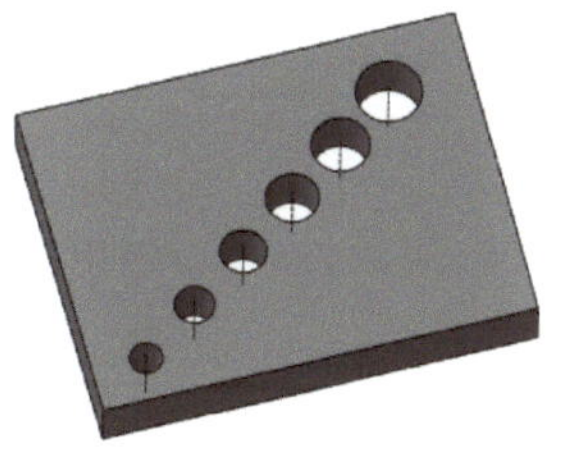

图 5-20 阵列结果

3. 创建螺旋阵列

STEP01 打开素材文件“\ 素材 \ 第 5 章 \array2.prt”。

STEP02 选中模型上的孔，在【编辑】工具组中单击按钮，打开阵列设计工具。在参数面板左侧的下拉列表中选取【轴】选项，创建轴阵列。

STEP03 选取图 5-21 所示的轴线作为阵列参照，结果如图 5-22 所示。

STEP04 展开【尺寸】下拉面板，激活【尺寸 1】列表框，选取尺寸 200.00 作为第 1 个驱动尺寸，设置尺寸增量为 -8.00；按住Ctrl键选取直径尺寸 50.00 作为第 2 个驱动尺寸，设置尺寸增量为 -2.00，如图 5-23 所示。

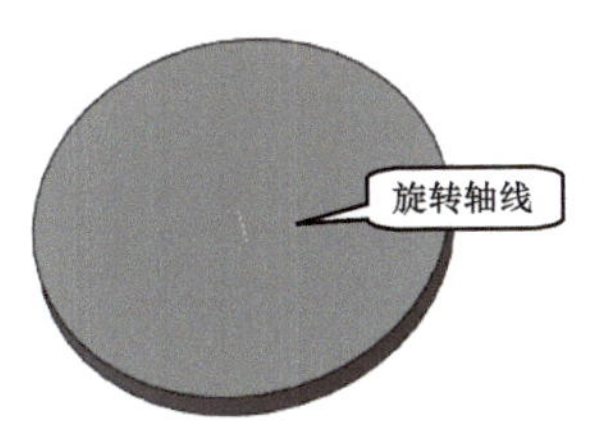

图 5-21 选取阵列轴线

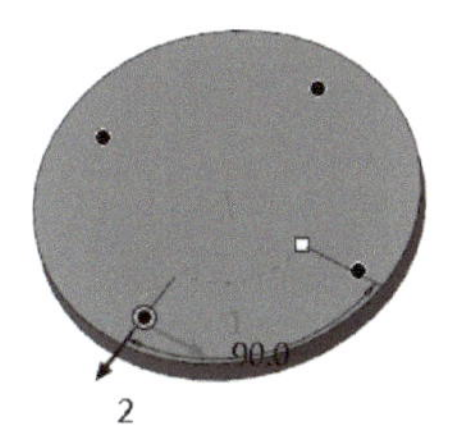

图 5-22 阵列预览效果

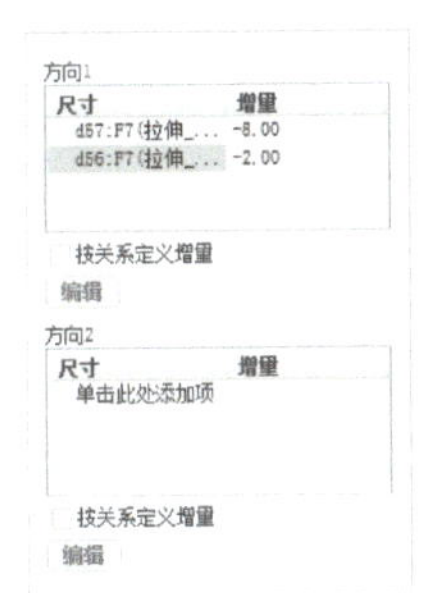

图 5-23 设置阵列参数（1）

STEP05 按照图 5-24 所示设置特征总数 24 和特征间的角度增量 30，单击鼠标中键后创建的实例特征逐渐逼近参照轴线，并且其直径逐渐减小，结果如图 5-25 所示。

图 5-24 设置阵列参数（2）

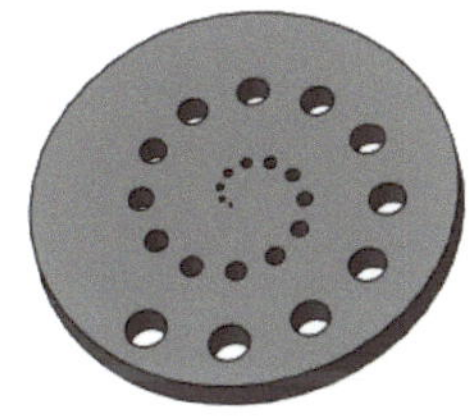

图 5-25 阵列结果

4. 创建参照阵列

STEP01 打开素材文件“\ 素材 \ 第 5 章 \array3.prt”。

STEP02 在模型树中展开阵列特征，选择原始特征，如图 5-26 所示。

STEP03 在【工程】工具组中单击 倒圆角 按钮，打开倒圆角工具，在原始特征上创建半径为“5.00”的倒圆角，结果如图 5-27 所示。

STEP04 选中新建的倒圆角特征，单击按钮，打开阵列工具，目前仅有参照阵列可以使用。

STEP05 单击最内层的小黑点，使之显示为空心点，这些实例特征上将不创建倒圆角，而其余实例特征上将创建与原始特征参数相同的倒圆角，如图 5-28 所示。

STEP06 单击鼠标中键，结果如图 5-29 所示。

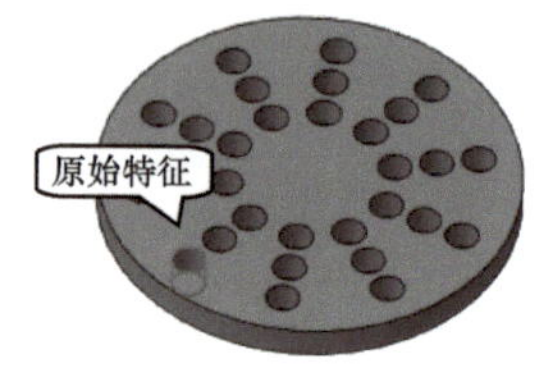

图 5-26 选取原始特征

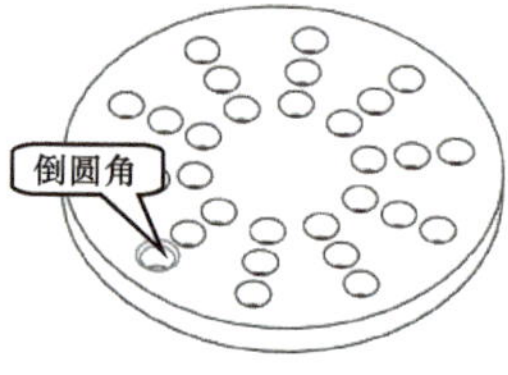

图 5-27 创建倒圆角

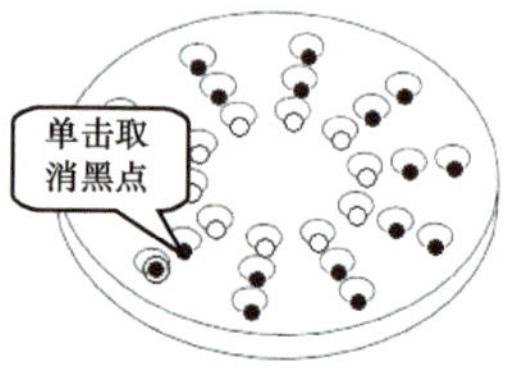

图 5-28 取消部分示例

图 5-29 阵列结果

要点提示 如果原始特征上新建的特征具有多种可能的阵列结果，则用户可以根据需要选取适当的阵列方法。如果希望使用参照阵列，可以从阵列面板左侧的下拉列表中选取【参考】选项。

5. 创建表阵列

创建表阵列

STEP01 打开素材文件“\素材\第 5 章\array1.prt”。

STEP02 选中模型上的孔，单击按钮，打开阵列设计工具。在面板左侧的下拉列表中选取【表】选项，创建表阵列。此时，模型上显示该孔的所有尺寸参数，如图 5-30 所示。

STEP03 展开【表尺寸】下拉面板，按住 Ctrl 键将孔的 3 个尺寸填写到尺寸列表中，如图 5-31 所示。

STEP04 在阵列面板上单击 编辑 按钮，打开文本编辑器，按照图 5-32 所示编辑阵列表，创建 4 个实例特征，注意表中每个特征参数的对应关系。

STEP05 在文本编辑器中选取菜单命令【文件】/【保存】，保存修改后的阵列表，然后选取菜单命令【文件】/【退出】，退出文本编辑器。

图 5-30 显示孔尺寸

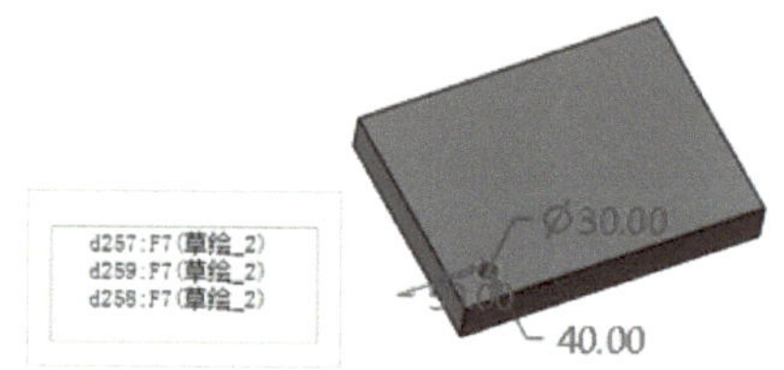

图 5-31 添加表尺寸

要点提示 阵列表中的“*”代表该参数与原始特征对应的参数相同。

STEP06 单击设计面板上的✓按钮，结果如图 5-33 所示。

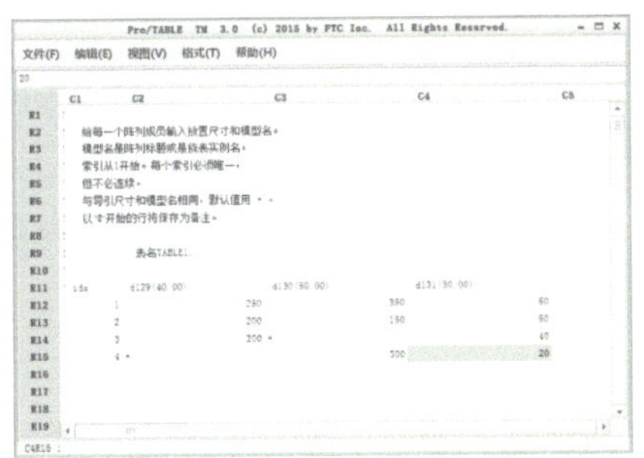

图 5-32　编辑阵列表

图 5-33　阵列结果

6. 创建填充阵列

创建填充阵列

STEP01 打开素材文件“\ 素材 \ 第 5 章 \array4.prt”。

STEP02 选中模型上的孔，单击 按钮，打开阵列设计工具，在设计面板左侧的下拉列表中选取【填充】选项。

STEP03 在设计界面空白处长按鼠标右键，在弹出的快捷菜单中选取【定义内部草绘】命令，然后选取图 5-34 所示的平面作为草绘平面，单击鼠标中键，进入草绘模式。

STEP04 使用 投影 工具选取实体模型的边线作为填充区域，如图 5-35 所示，完成后退出草绘模式。

图 5-34　选取草绘平面

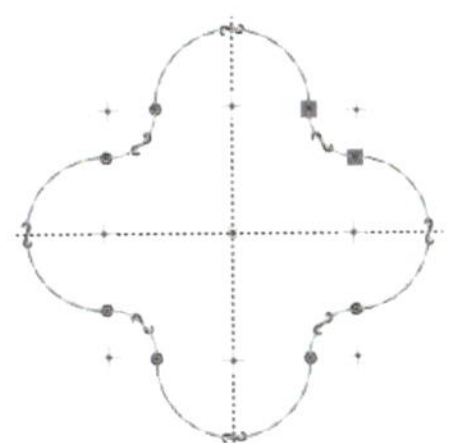

图 5-35　绘制草绘区域

STEP05 从面板左侧的第 2 个下拉列表中选取实例特征的排列阵型，主要有【正方形】、【菱形】、【三角形】、【圆】、【曲线】和【螺旋】等，这里选取【菱形】。

STEP06 在文本框 中输入实例特征之间的距离 40.00。

STEP07 在文本框 中输入实例特征到草绘边界的距离 20.00。

STEP08 在文本框 中输入实例阵列关于中心原点转过的角度 45.00。此时，预览阵列效果如图 5-36 所示，图中标出了各参数的含义。

STEP09 单击取消图 5-37 所示的实例特征，然后单击鼠标中键，结果如图 5-38 所示。

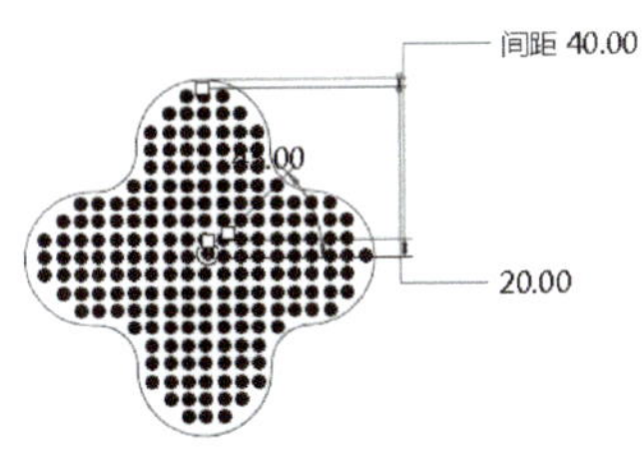

图 5-36　预览阵列效果

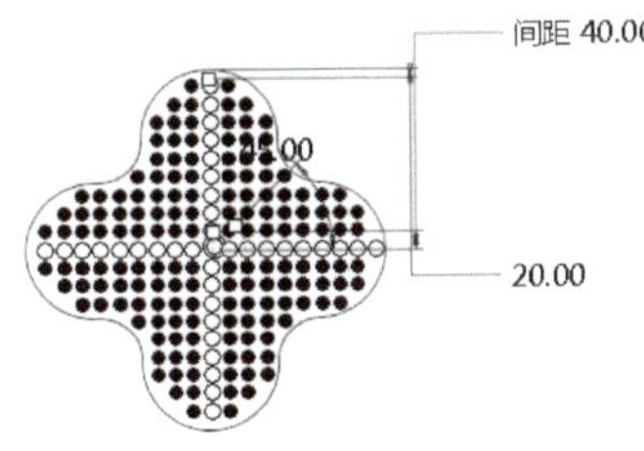

图 5-37　删除实例特征

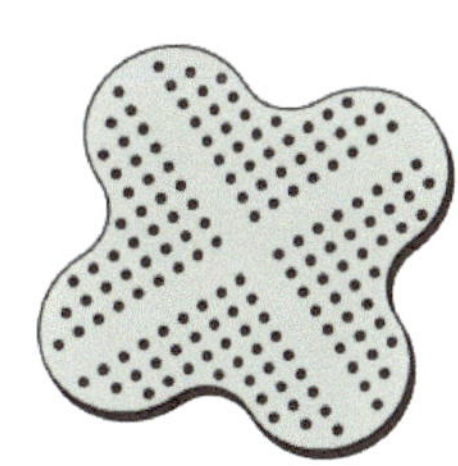

图 5-38　阵列结果

7. 创建曲线阵列

创建曲线阵列

STEP01 打开素材文件“\ 素材 \ 第 5 章 \array5.prt”。

STEP02 选中模型上的菱形孔，打开阵列设计工具，在面板左侧的下拉列表中选取【曲线】选项，创建曲线阵列。

STEP03 在设计界面空白处长按鼠标右键，在弹出的快捷菜单中选取【定义内部草绘】命令，然后选取图 5-39 所示的平面作为草绘平面，单击鼠标中键，进入草绘模式。

STEP04 在【草绘】工具组中单击 偏移 按钮，在【类型】对话框中选取【环】单选项，然后任意选取一条模型边线从而选中整个模型边线链，如图 5-40 所示。

STEP05 在【于箭头方向输入偏移】文本框中输入偏距数值 -30.00，然后回车，在【草绘】面板中单击 ✓ 按钮，创建的草绘曲线如图 5-41 所示。

图 5-39 选取草绘平面

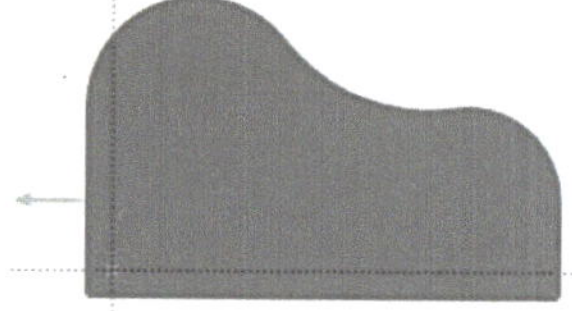
图 5-40 选取边链

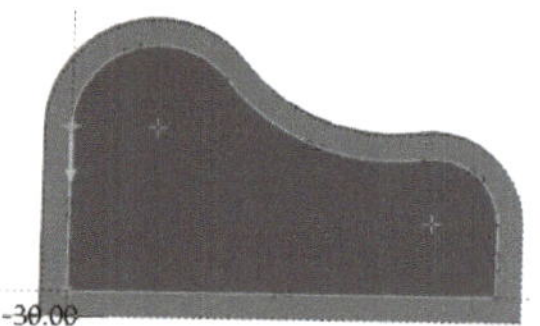

图 5-41 创建草绘曲线

STEP06 选中图 5-42 所示的参照点，在其上单击鼠标右键，在弹出的快捷菜单中选取【起点】命令，将其设为起始点，如图 5-43 所示，完成后退出草绘模式。

通常将曲线上的起始点设置在距离原始特征最近的位置处，否则最后创建的阵列结果与参照曲线间的偏距太大。

STEP07 面板上的 工具用于设置实例特征之间的距离，本例中单击右侧的 按钮，输入特征总数 40。

STEP08 单击鼠标中键，结果如图 5-44 所示。

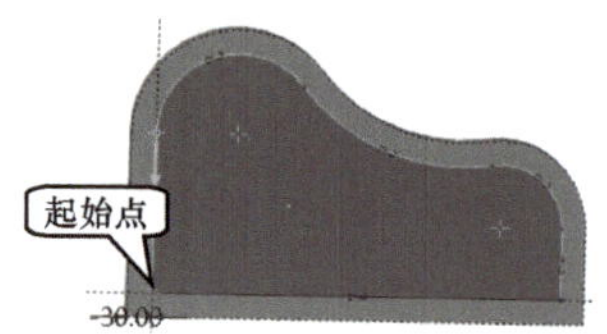

图 5-42 选取起始点

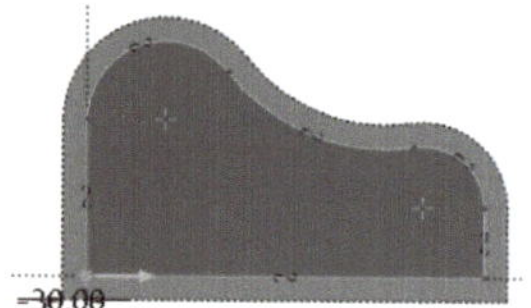

图 5-43 设置起始点

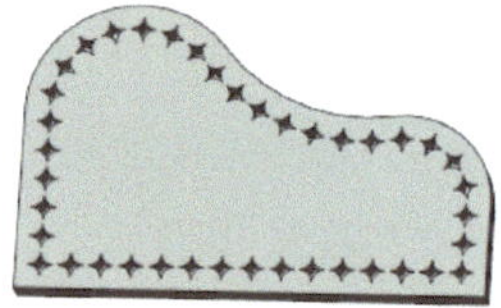
图 5-44 阵列结果

8. 使用关系创建阵列特征

STEP01 使用拉伸方法创建一个长方体模型，其长、宽和高分别为 800.00、300.00 和 50.00。

STEP02 使用拉伸方法在模型上切出一个圆孔。在绘制特征的草绘剖面时，注意按照图 5-45 选取尺寸参照标注尺寸，结果如图 5-46 所示。

图 5-45 绘制草绘截面

图 5-46 创建的圆孔

STEP03 选中孔特征，单击按钮，打开阵列设计面板，此时模型上显示原始特征的 3 个尺寸参数，如图 5-47 所示。

STEP04 展开【尺寸】下拉面板，选取定位尺寸 40.00 作为第 1 个驱动尺寸，暂时接受默认尺寸增量参数，注意，此时系统显示该尺寸的代号为 d10，如图 5-48 所示。

图 5-47 显示特征参数

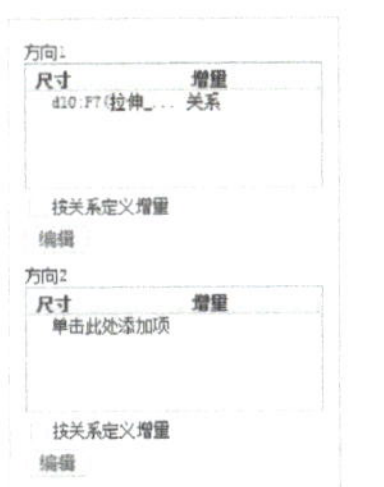

图 5-48 选取驱动尺寸（1）

STEP05 选中该驱动尺寸后，选中下方的【按关系定义增量】复选项，最后单击 编辑 按钮，打开【关系】对话框，输入图 5-49 所示的关系，完成后关闭对话框。

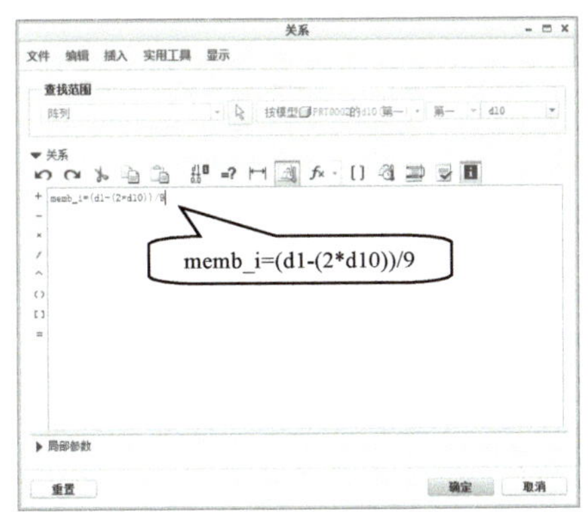

图 5-49 输入关系（1）

为了便于读者理解关系式“memb_i=(d1−(2*d10))/9”的含义，特做以下说明。

- memb_i 代表每一个阵列实例相对于前一个阵列实例在该阵列方向上的尺寸增量，在本例中也就是两个阵列实例之间的距离。
- d1 代表基础实体特征的长度（也就是尺寸 800.00 的符号尺寸）。
- d10 为驱动尺寸。
- 本例中阵列特征总数为 10，10 个特征之间具有 9 个相等的间距。此处的特征总数为一个暂定值，稍后还可以修改。
- 该关系式的含义是在整个基础实体特征的长度方向上均匀排列所有的阵列实体特征。
- 在 Creo 3.0 中，模型尺寸有两种表示方法：一种是数值，另一种是使用字母和数字组成的符号，如本例的 d1 和 d10。

在模型树窗口的某一特征上单击鼠标右键，在弹出的快捷菜单中选取【编辑】命令，此时显示特征上的所有尺寸，不过是数值形式，继续在【工具】功能区的【模型意图】工具组中单击 d= 关系 按钮就可以查看到符号尺寸了，如图 5-50 所示。

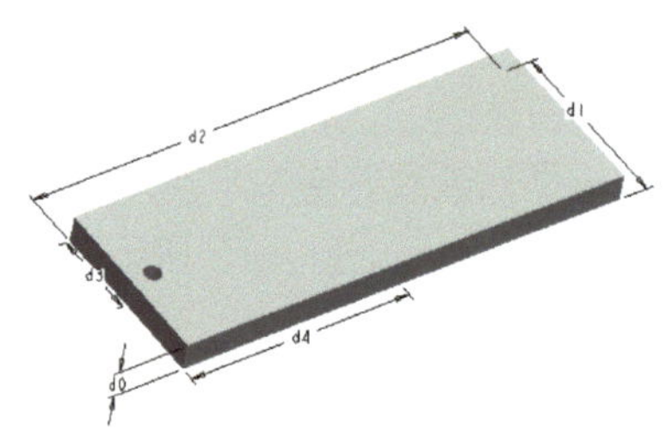

图 5-50　查看符号

STEP06 按住Ctrl键继续选取竖直方向上的尺寸 150.00 作为第 2 个驱动尺寸，如图 5-51 所示。

STEP07 用与步骤（4）、步骤（5）相同的方法打开【关系】对话框，为该驱动尺寸的尺寸增量增加关系式，如图 5-52 所示，完成后关闭对话框。

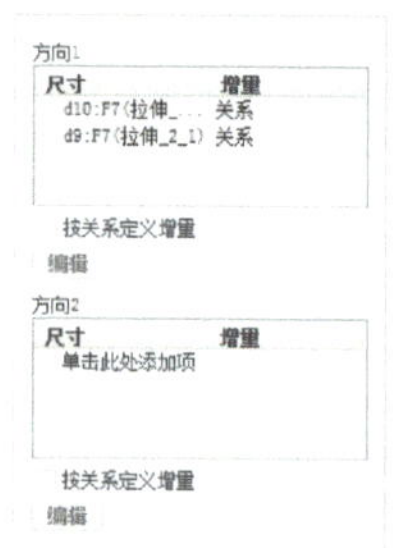

图 5-51　选取驱动尺寸（2）

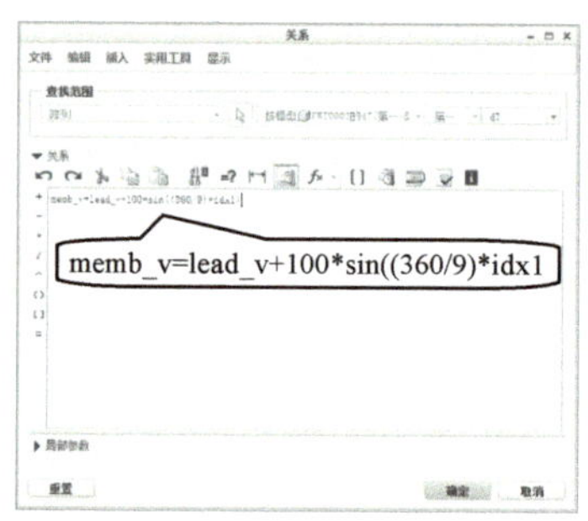

图 5-52　输入关系（2）

下面简要说明关系式“memb_v=lead_v+100*sin((360/9)*idx1)”的含义。

- memb_v 代表每一个阵列实例在竖直方向上的位置，也可以理解为相对于原始特征的距离。
- lead_v 此处可以理解为驱动尺寸值。
- 100*sin((360/9))*idx1 为每一个实例特征相对于原始特征的位移增量。本例中，将沿一条正弦曲线阵列特征，360 代表一个圆周对应的 360°，9 为阵列特征总数减 1，idx1 为阵列实例索引，初值为 1，每创建一个实例后，其值增加 1。
- 该关系式的含义是在竖直方向上，各实例特征的位置在原始特征的基础上按照正弦规律变化。

STEP08 按住Ctrl键，继续选取孔的直径尺寸 30.00 作为第 3 个驱动尺寸，如图 5-53 所示。

STEP09 打开【关系】对话框，编辑关系式，如图 5-54 所示，该关系式的含义是使孔的直径大小在原始特征基础上按照正弦规律变化。完成后关闭对话框。

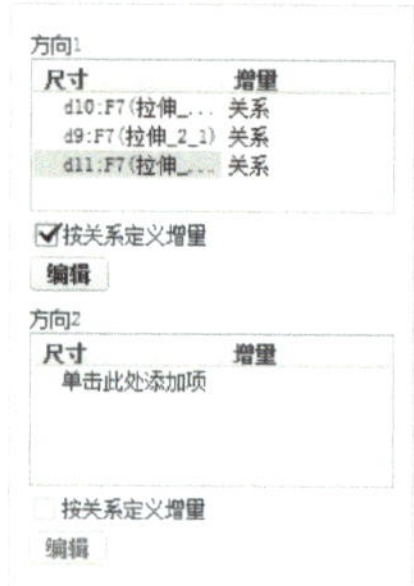

图 5-53　选取驱动尺寸（3）

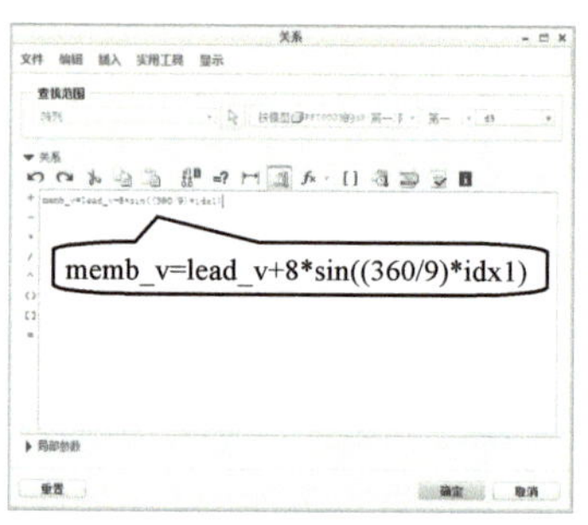

图 5-54　输入关系（3）

STEP10 在图 5-55 所示的参数面板中设置特征总数为 10，确认后生成的阵列结果如图 5-56 所示。

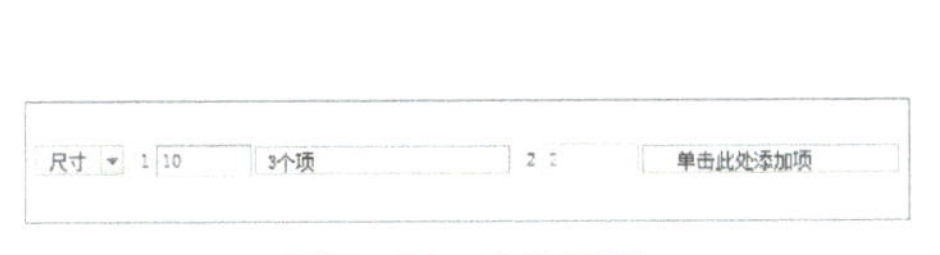

图 5-55　参数面板

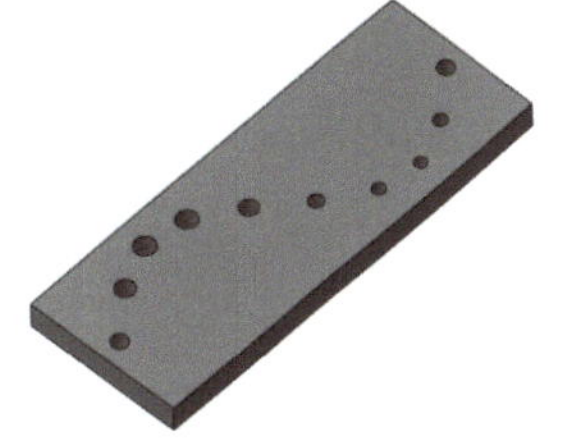

图 5-56　阵列结果

要点提示

在原始特征上选取驱动尺寸后，通过关系式为其指定尺寸增量。在设计完成后，如果修改基础实体特征，阵列结果也将自动更新，修改阵列特征总数后，阵列结果也将在关系式的驱动下自动更新。

5.1.2　特征复制

通过复制特征的方法可以复制模型上的现有特征（称之为原始特征），并将其放置在零件的一个新位置上，以快速“克隆”已有对象，避免重复设计，提高设计效率。

基础知识

1. 复制的应用

特征复制主要有指定参照复制、镜像复制和移动复制 3 种基本方法。在【模型】功能区中单击 复制 按钮，即可启动特征复制工具。

2. 指定参照复制

指定参照复制是将选定的特征按照指定的参照在另一处创建副本特征，复制时可以使用与原始特征相同的参照，也可重新选取新参照，并可以更改实例特征的尺寸。

3. 镜像复制

镜像复制操作主要用于创建关于选定平面对称的结构，本节将重点说明从属属性在特征复制中的应用。

4. 移动复制

移动复制可以对选定的特征进行移动和旋转来重新设置特征的放置位置，使用更加灵活多样，应用更广泛。

基础训练——特征复制的应用

特征复制的应用

下面结合操作实例来介绍特征复制的常用方法。

【操作步骤】

1. 使用【新参照】复制特征

STEP01 打开素材文件“\素材\第 5 章\copy1.prt”。

STEP02 使用【新参考】复制特征。在快速访问工具栏中单击 按钮，打开【菜单管理器】，选取【特征】选项，打开【复制】菜单，选取默认的【新参考】、【选择】、【独立】和【完成】选项，选取模型上的孔特征作为复制对象，如图 5-57 所示，然后在【选择特征】菜单中选取【完成】选项。

要点提示

在【复制特征】菜单中选择【独立】选项时，复制后的特征与原始特征之间不会建立关联关系，这样修改原始特征时，对复制后的实例特征没有影响。如果选取【从属】选项，则在两者之间建立起了关联关系，修改原始特征时，复制特征也会随之改变。

STEP03 此时，模型上会显示该特征的所有尺寸参数，同时弹出【组可变尺寸】菜单，选中需要在复制特征时变更的尺寸。这里选中了 4 个尺寸，分别是孔的两个定位尺寸和深度方向上的两个定形尺寸，如图 5-58 所示，然后选取【完成】选项。

要点提示

将鼠标光标指向【组可变尺寸】菜单中的尺寸项目时，模型上相应的尺寸变为红色，这样即可将【组可变尺寸】菜单中的符号尺寸与模型上的尺寸关联起来。

STEP04 为尺寸 Dim1 输入新值 80.00，然后回车；为尺寸 Dim2 输入新值 150.00，然后回车；为尺寸 Dim4 输入新值 30.00，然后回车；为尺寸 Dim6 输入新值 50.00，然后回车。

STEP05 系统提示为孔选取放置参照，并提示原始特征的参照，单击【参考】菜单中的【替代】选项，按照图 5-59 选取替换的平面。

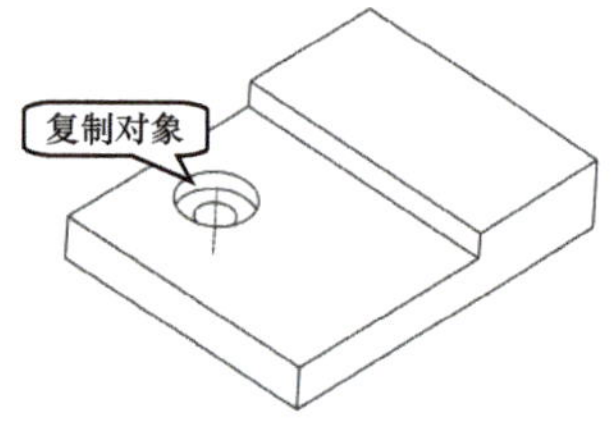

图 5-57 选取复制对象

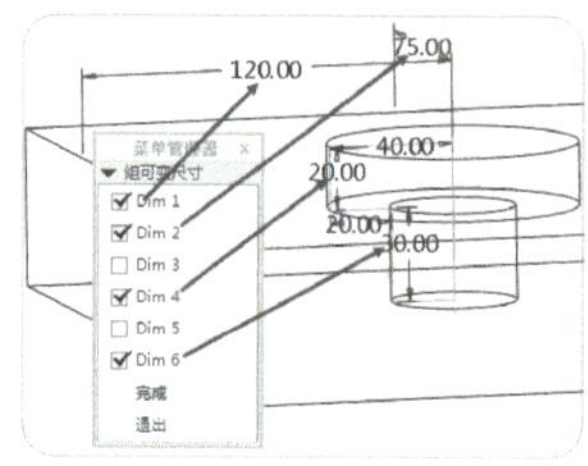

图 5-58 选取参数

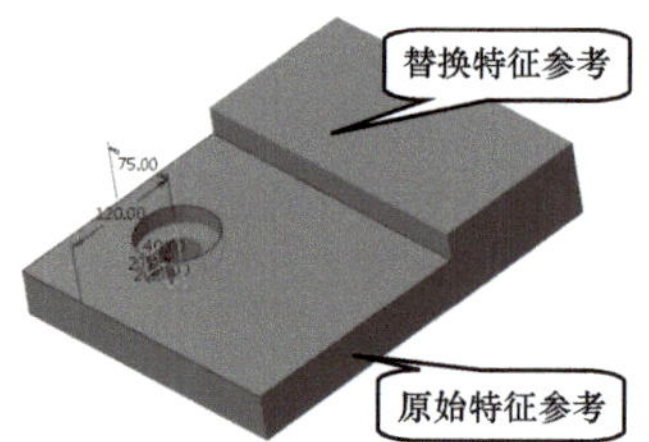

图 5-59 选取参考（1）

STEP06 使用图 5-60 所示的平面替换原始特征的第 1 个偏移参照，继续使用图 5-61 所示的平面作为原始特征的第 2 个参考。

STEP07 在【组放置】菜单中选取【完成】选项，结束特征复制操作。这里使用新参照复制了特征，在确保特征形状相似的情况下，更改了特征尺寸，复制结果如图 5-62 所示。

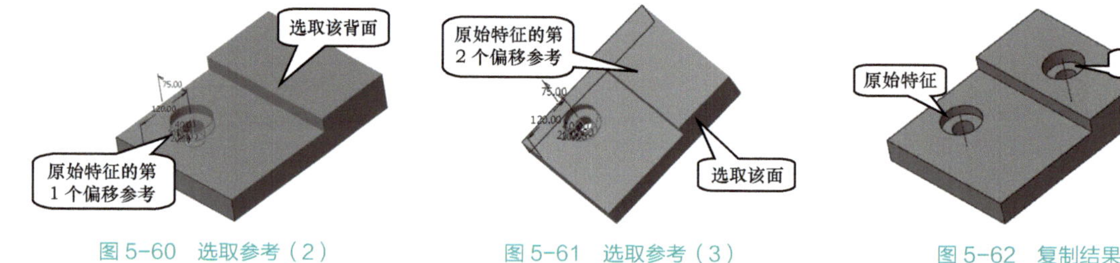

图 5-60 选取参考（2）　图 5-61 选取参考（3）　图 5-62 复制结果

2. 使用【相同参考】复制对象

STEP01 在快速访问工具栏中单击 按钮，打开【菜单管理器】，选取【特征】选项，打开【复制】菜单，选取【相同参考】、【选择】、【独立】和【完成】选项。

STEP02 选取图 5-57 所示的孔特征为复制对象，然后在【选择特征】菜单中选取【完成】选项。

STEP03 由于原始特征和实例特征使用相同的定位参照，因此，这里只需要修改模型的尺寸参数即可，按照图 5-63 选取要修改的尺寸，然后在【组可变尺寸】菜单中选取【完成】选项。

STEP04 为尺寸 Dim2 输入新值 225.00，然后回车；为尺寸 Dim3 输入新值 60.00，然后回车；为尺寸 Dim5 输入新值 30.00，然后按回车键。

STEP05 在【组元素】对话框中单击 确定 按钮，复制结果如图 5-64 所示。

STEP06 选取适当路径保存文件副本，然后关闭当前文件。

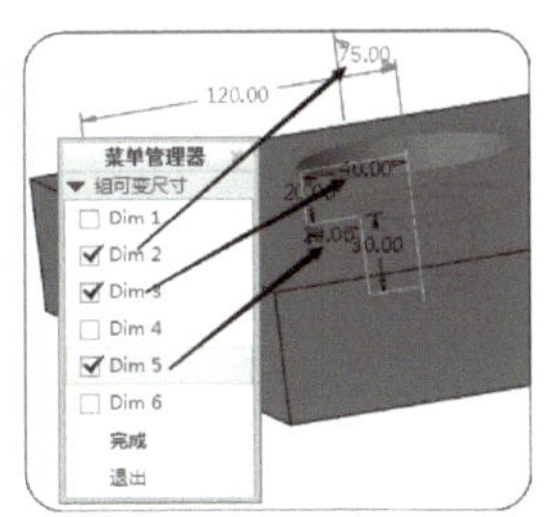

图 5-63　选取尺寸

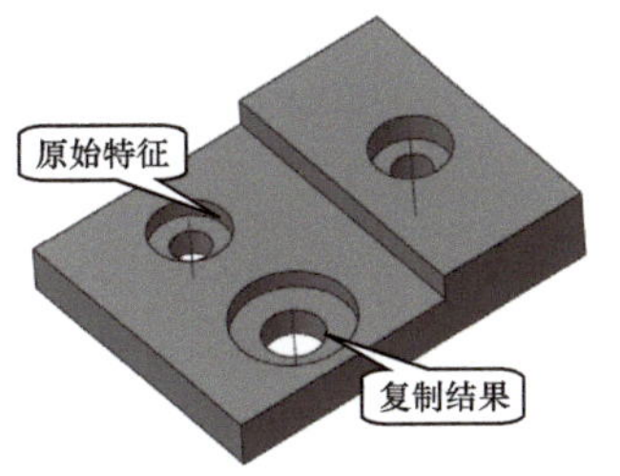

图 5-64　复制结果

3. 镜像复制特征

镜像复制特征

STEP01 打开素材文件“\素材\第 5 章\copy1.prt”。

STEP02 选中模型树窗口中的“孔 1”，单击【编辑】工具组中的 镜像 按钮。系统提示选取镜像参照，选取基准面 TOP 后创建镜像结果，如图 5-65 所示。

STEP03 在模型树窗口中的“孔 1”标识上单击鼠标右键，在弹出的快捷菜单中单击 按钮，将孔尺寸 40.00 修改为 60.00，如图 5-66 所示。

STEP04 在完成修改的特征中，可以看到原始特征和实例特征同时发生改变，如图 5-67 所示，这是因为在复制特征时设置了【从属】属性。

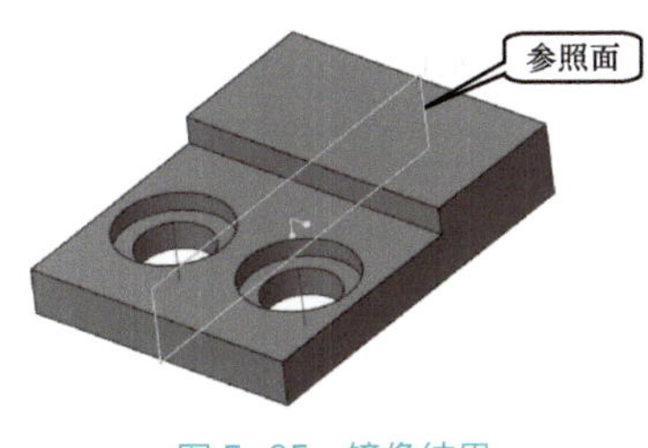

图 5-65　镜像结果

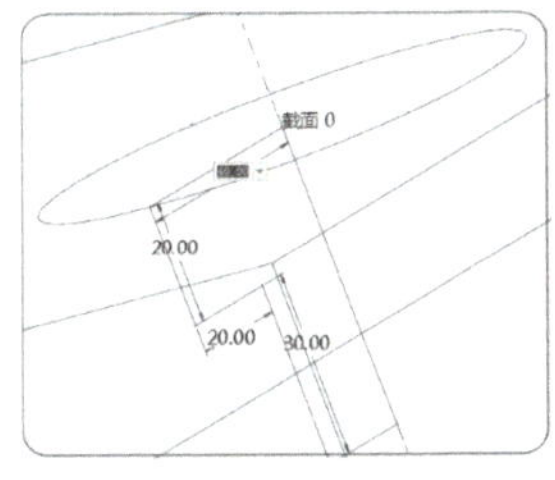

图 5-66　修改尺寸

图 5-67　修改尺寸后的结果

STEP05 在模型树窗口中单击顶部的特征标识，如图 5-68 所示，然后在【编辑】工具组中单击 镜像 按钮，打开镜像工具面板，按照图 5-69 选取镜像参照，单击鼠标中键，将模型整体镜像后的结果如图 5-70 所示。

图 5-68　选取对象

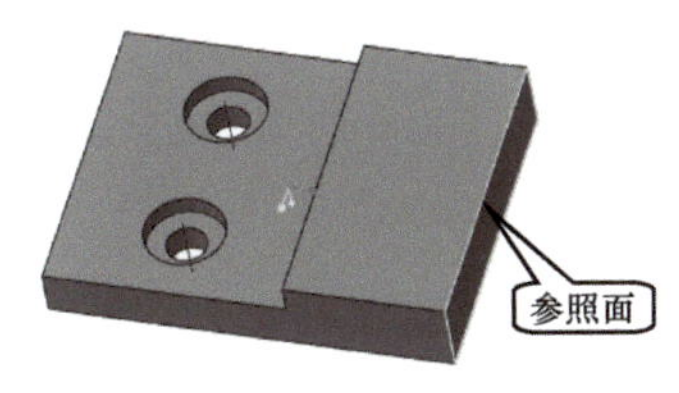

图 5-69　选取镜像参照

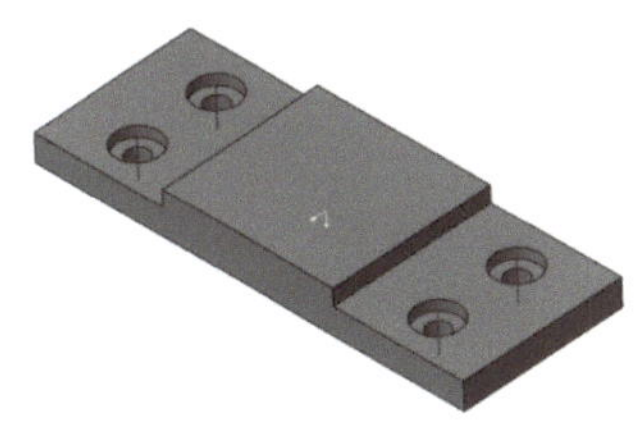
图 5-70　整体镜像结果

5.1.3 特征操作

使用 Creo 3.0 创建三维模型的过程，实际上是一个不断修正设计结果的过程。特征创建完成后，根据设计需要还将对其进行各种操作，熟练掌握这些操作工具能全面提高设计效率。

基础知识

1. 删除特征

在设计过程中，用户可以根据设计需要从模型上删除某一个或某几个特征。

① 删除方法

可以使用以下两种方法选中特征删除工具。

- 在模型树窗口的特征标识上单击鼠标右键，在弹出的快捷菜单中选取【删除】命令，如图 5-71 所示。
- 选中准备删除的特征后，按 Delete 键。

② 注意事项

对指定特征进行删除操作之前，必须注意以下基本问题。

a. 删除操作的基本单位是特征：包括使用各种方法创建的基础实体特征、工程特征及基准特征等。

b. 对于具有主从关系（以其为基准参照建立了别的特征）的特征，在删除主特征时，必须为其从属特征选取一种适当的处理方法。

c. 一般来说特征删除后不能简单恢复。若要恢复，可使用系统提供的轨迹文件（trail.txt 文件）。

③ 删除操作

在特征删除操作中，如果选取了具有主从关系的特征作为删除对象，系统会弹出图 5-72 所示的【删除】对话框，询问是否确定执行删除操作。

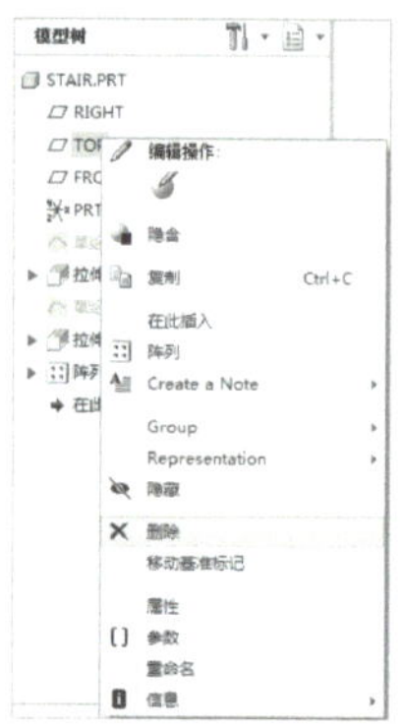

图 5-71 删除特征

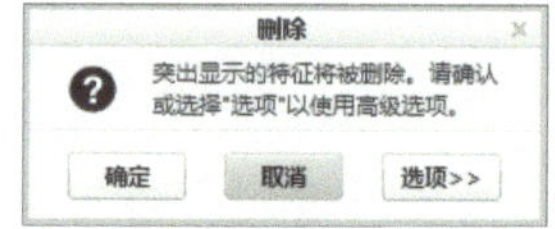

图 5-72 【删除】对话框

【删除】对话框中提供了 3 种操作。

- 确定：确认删除操作，该操作将删除选定的特征及其从属特征，该特征的所有从属特征将在模型树窗口中加亮显示，如图 5-73 所示。

- 取消：放弃删除操作。
- 选项>>：单击此按钮后，打开图 5-74 所示的【子项处理】对话框，在【状况】下拉列表中有两种处理子项的方法：选取【删除】选项，将删除该从属特征；选取【挂起】选项后，该从属特征将被暂时保留，在再生模型时再重新指定参照。

图 5-73 加量的子特征

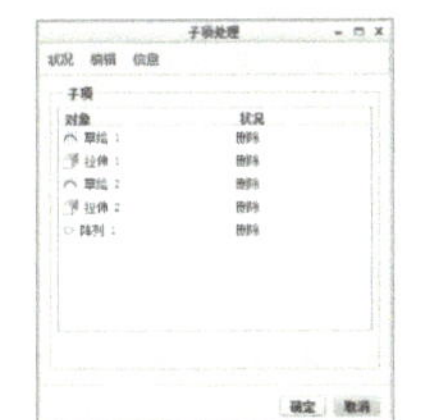

图 5-74 【子项处理】对话框

2. 编辑特征

如果对创建的模型不满意，可用修改工具修改模型中的特征。在使用 Creo 3.0 进行建模的过程中，设计者需要熟练使用设计修改工具反复修改设计内容，直至满意为止。

首先，在模树窗口中选取需要修改的特征，然后，在其上单击鼠标右键，在弹出的快捷菜单中单击（编辑）按钮，如图 5-75 所示。此时，系统将显示该特征的所有尺寸参数。双击需要修改的尺寸参数后，输入新的尺寸即可，如图 5-76 所示。

图 5-75 快捷菜单

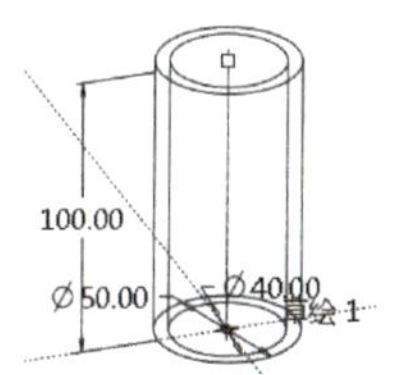

图 5-76 编辑尺寸

特征编辑完毕后，在【操作】工具组中单击（重新生成）按钮，再生模型。

再生模型时，系统会根据特征创建的先后顺序依次再生每一个特征。如果使用了不合理的设计参数，就可能导致特征再生失败。

3. 编辑定义特征

使用编辑特征的方法来修改设计意图，操作简单、直观，但这种方法功能比较单一，它主要用于修改特征的尺寸参数。如果需要全面修改特征创建过程中的设计内容，包括草绘平面的选取、参照的选取以及草绘剖面的尺寸等，则应使用编辑定义特征的方法。

首先在模型树窗口中选取需要编辑定义的特征，然后在其上单击鼠标右键，在弹出的快捷菜单中单击（编辑定义）按钮，打开创建该特征的设计面板，重新设定需要修改的参数即可。

4. 插入特征

使用 Creo 3.0 进行特征建模时，系统根据特征创建的先后顺序搭建模型。如果希望在已经创建完成的两个特征之间加入新特征，可以使用插入特征的方法。这样能够方便设计者在一项规模很大的设计基本完成之后，根据需要添加某些细节特征，以进一步完善设计内容。

5. 重排特征顺序

根据 Creo 3.0 的建模思想，特征是以按照一定的先后顺序以“搭积木”的方式依次创建的，从而构成严整的特征构成。但是，这并不意味着这种特征结构是不能改变的，在一定的条件下，可以调整特征中模型的设计顺序，这时，可以使用重排特征顺序的操作来实现。

可以重排一个模型中特征的创建顺序，但并不意味着可以随便更改任意两个特征的设计顺序，在操作时，必须注意以下两个基本原则。

- 重排特征顺序时，不能违背特征之间的主从关系，也就是说不能把从属特征调整到主特征的前面。通常的情况是，调整顺序的几个特征之间相互独立，没有主从关系。
- 在重排特征顺序时，应该首先了解模型的特征构成，做到心中有数。对于比较复杂的模型，应先查看模型的特征构成。

6. 控制模型的可见性

模型创建完毕后，数量繁多的各类特征会使整个视图显得很杂乱，这时，可以根据需要隐藏部分特征（如基准特征），如图 5-77 所示。

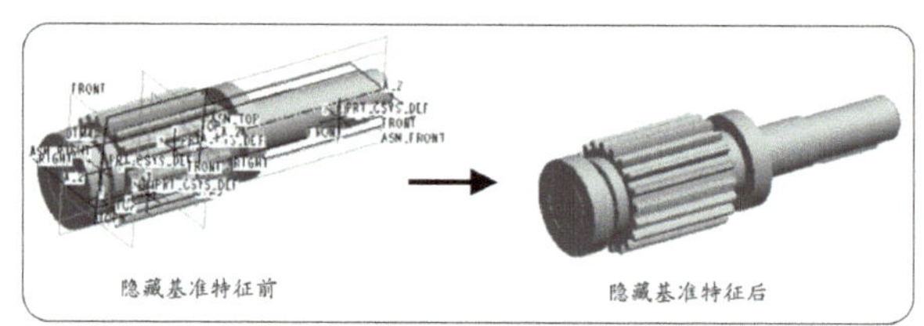

图 5-77　隐藏基准特征

还可以隐藏某些元件，以便观察被其遮挡的其他元件。图 5-78 所示是一根装配好了的轴，在齿轮和轴之间采用键联接，为了方便观察轴和键的联接情况，可以把齿轮隐藏起来。

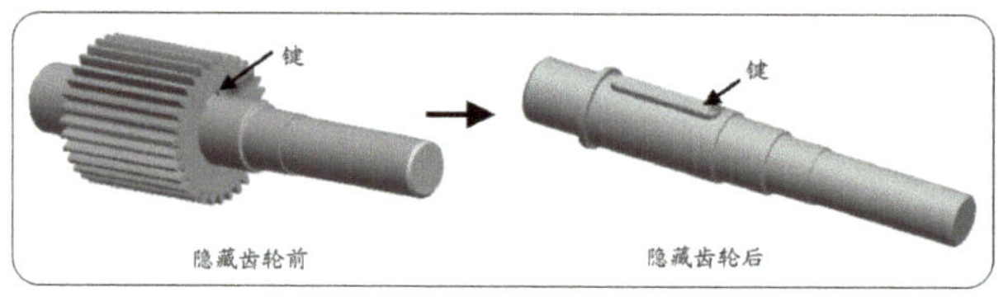

图 5-78　隐藏齿轮

❶ 控制特征可见性的方法

可以使用以下两种方法来控制模型的可见性。

- 隐藏：隐藏选定的对象，使其不可见，但是该对象依然存在模型中，系统再生模型仍然会再生该对象。
- 隐含：将选定的对象暂时排除在模型之外，系统再生模型时，不会再生该对象。

❷ 隐藏对象

隐藏对象的方法主要用于在零件模式下暂时隐藏基准点、基准平面以及基准曲线等基准特征，在组件模式下暂时隐藏指定的元件。

在模型树窗口中的选定对象上单击鼠标右键，在弹出的快捷菜单中选取【隐藏】命令，被隐藏对象的信息依然在模型树窗口中，只不过其标识图标上将显示黑色底纹，如图 5-79 所示。

可以隐藏的对象包括基准平面、基准轴、基准点、坐标系、基准曲线、曲面或面组以及组件中的元件等。在模型树窗口中的隐藏对象上单击鼠标右键，在弹出的快捷菜单中选取【取消隐藏】命令，即可取消对象的隐藏。

❸ 隐含对象

在模型树窗口中的选定对象上单击鼠标右键，在弹出的快捷菜单中选取【隐含】命令可以隐含该对象。隐含操作要暂时将该对象排除在模型之外，因此，该对象不但不可见，而且其相关信息也不会显示在模型树窗口中。

同删除操作相似，如果被隐含的对象具有从属特征，系统也会弹出图 5-80 所示的对话框，提示对从属特征进行必要的处理，相关的处理方法与删除特征类似。

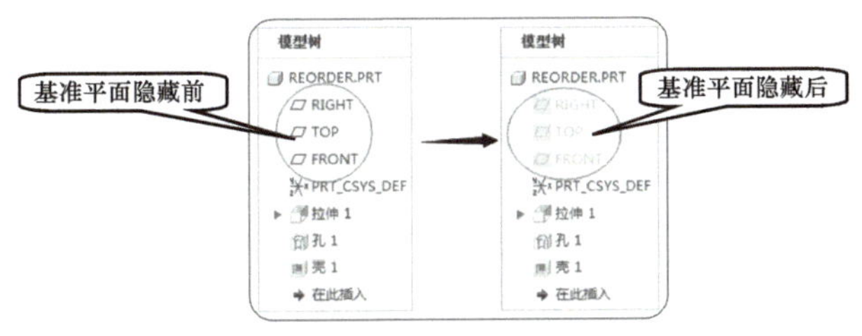

图 5-79 隐藏对象

图 5-80 隐含对象

要点提示

基础训练——特征的常用操作

下面结合范例讲解特征的常用操作方法。

【操作步骤】

1. 重定义特征草绘截面

STEP01 打开素材文件“\素材\第 5 章\redefine1.prt”，如图 5-81 所示。

STEP02 在模型上选中上部的孔，系统在模型树窗口中加亮该特征，在其上单击鼠标右键，在弹出的快捷菜单中单击 （编辑定义）按钮，如图 5-82 所示。

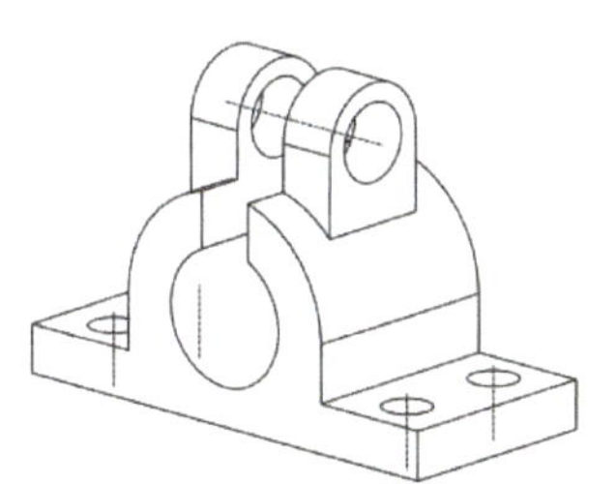

图 5-81 打开的模型

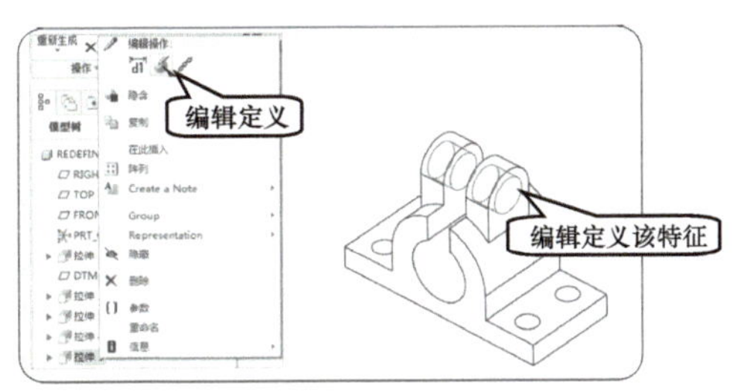

图 5-82 启动编辑定义工具

STEP03 系统打开创建该特征时的拉伸设计面板，如图 5-83 所示。

图 5-83 拉伸设计面板

STEP04 在设计界面空白处长按鼠标右键，在弹出的快捷菜单中选取【编辑内部草绘】命令，进入二维草绘模式。

STEP05 删除原来的圆形剖面，重新绘制方形剖面，如图 5-84 所示，完成后退出草绘模式。

STEP06 单击鼠标中键，系统根据新的设计参数再生模型，结果如图 5-85 所示。

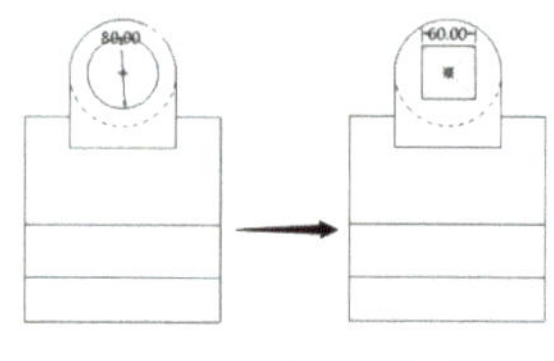

图 5-84 修改截面图

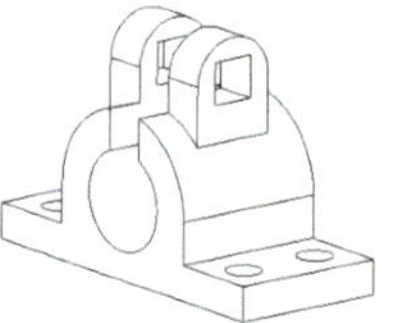

图 5-85 再生结果

要点提示

除了可以编辑定义特征剖面之外，还可以在面板上编辑定义特征的其他参数，如特征深度、特征生成方向以及特征的加减材料属性等。

2. 插入特征

STEP01 打开素材文件“\ 素材 \ 第 5 章 \insert.prt”，如图 5-86 所示，该模型包括 1 个加材料的拉伸特征和 1 个壳特征。

插入特征

STEP02 在模型树窗口底部有一个“在此插入”标记，如图 5-87 所示。

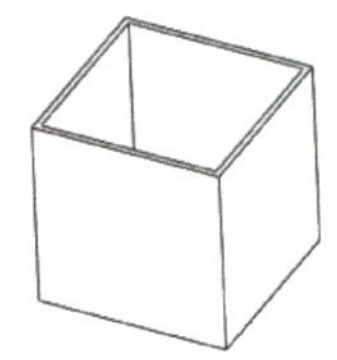

图 5-86 打开的模型

图 5-87 “在此插入”标记

STEP03 拖动“在此插入”标记，将其移动到“拉伸 1”特征下，在该特征后插入新特征。该标记下的特征将被隐藏，被隐藏的特征标识的左上角处有一个黑色隐藏标记，同时，窗口中显示“插入模式”字样，如图 5-88 所示。

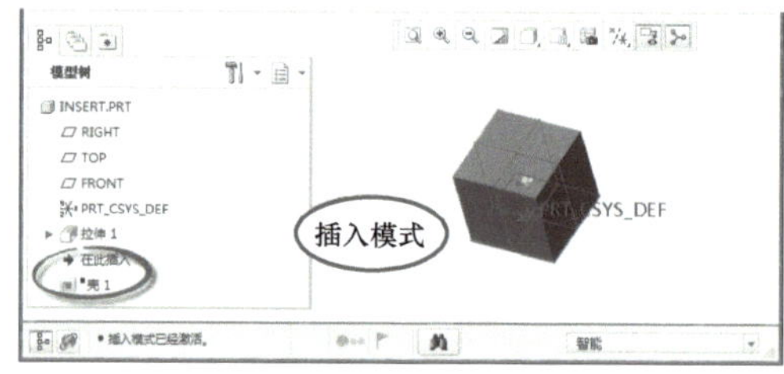

图 5-88 设计环境

STEP04 在【工程】工具组中单击 倒圆角 按钮，打开倒圆角设计面板。按照图 5-89 选取 8 条边线作为圆角放置参照，设置圆角半径为 40.00，最后单击鼠标中键，创建倒圆角特征，结果如图 5-90 所示。

STEP05 在模型树窗口中将“在此插入”标记拖回窗口底部，再生模型，结果如图 5-91 所示。可以看出，通过插入方法创建的倒圆角特征的效果和按照自然顺序创建的倒圆角特征完全相同。

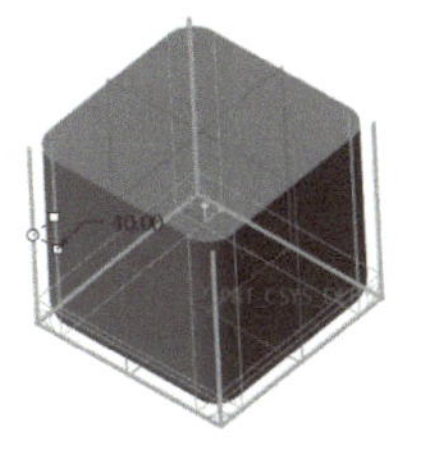
图 5-89 选择倒圆角参照

图 5-90 倒圆角结果

图 5-91 再生结果

3. 重排特征顺序

STEP01 打开素材文件“\ 素材 \ 第 5 章 \reorder.prt”，如图 5-92 所示，该模型包括 1 个拉伸实体特征、1 个壳特征和 1 个孔特征，由于壳特征和孔特征之间没有主从关系，因此，可以重排两者的顺序。

STEP02 查看重排序前的模型构成。从模型树窗口可以看到，重排序之间先创建壳特征后创建孔特征，如图 5-93 所示。

STEP03 在模型树窗口中选中壳特征的标识，按住鼠标左键将其拖到孔特征的标识下，拖动时会出现黑色标志杆，如图 5-94 所示。

STEP04 系统自动再生模型，结果如图 5-95 所示。

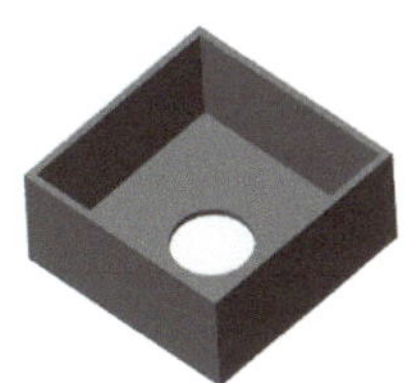
图 5-92 打开的模型

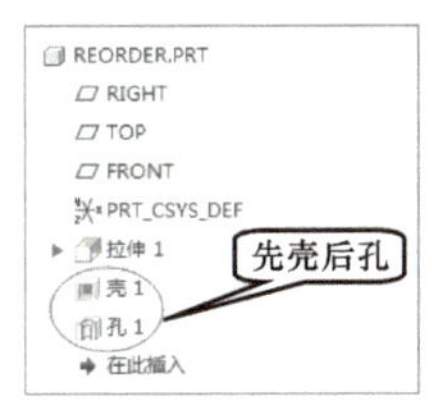

图 5-93 模型树窗口

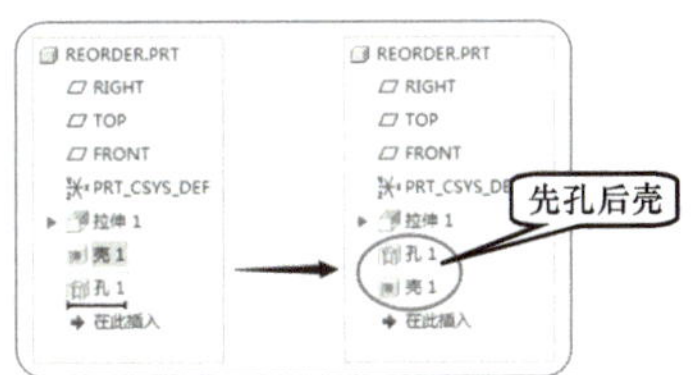

图 5-94 调整特征顺序

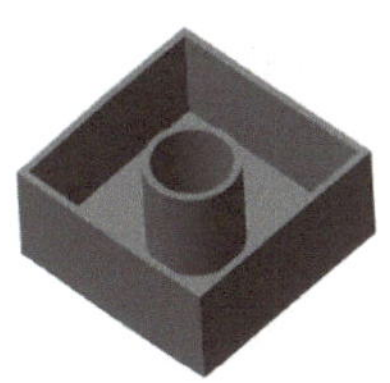
图 5-95 再生结果

5.1.4 模型的参数化设计

关系式是参数化设计中的另外一项重要内容，它体现了参数之间相互制约的主从关系。

基础知识

1. 参数

参数是模型中可以变更的设计对象，是参数化设计的要素之一。参数与模型一起存储，可以标明不同模型的属性。

❶ 参数概述

有时候需要创建一组产品，它们在结构特点和建模方法上都具有极大的相似之处，如一组不同齿数的齿轮、一组不同直径的螺钉等。如果能够对一个已经设计完成的模型做最简单的修改，就可以获得另外一种设计结果（例如，将一个具有 30 个轮齿的齿轮，改变为具有 40 个轮齿的齿轮），大大节约设计时间，增加模型的利用率。

要完全确定一个长方形的形状和大小，需要给出其长、宽和高 3 个尺寸即可。在 Creo 中，可以将其长、宽和高等 3 个数据设置为参数，将这些参数与图形中的尺寸建立关联关系后，只要变更参数的具体数值，就可以轻松改变模型的形状和大小。

❷ 参数的设置

新建零件文件后，在【工具】功能区的【模型意图】工具组中单击 ⁽⁾参数 按钮，打开图 5-96 所示的【参数】对话框，利用该对话框创建或编辑用户定义的参数。

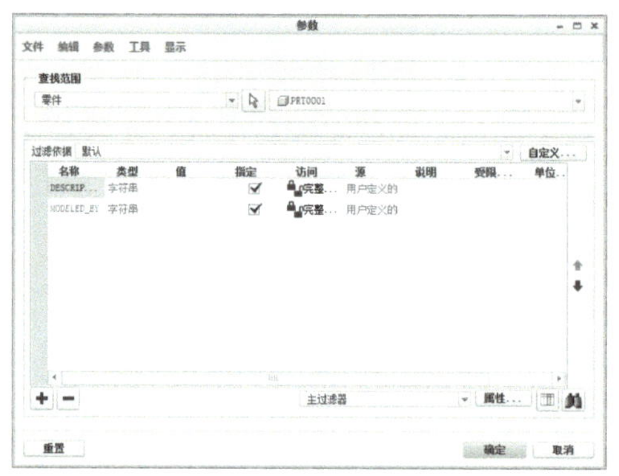

图 5-96 【参数】对话框

单击【参数】对话框左下角的 + 按钮，在中部列表框中将新增一行内容，依次为参数设置以下属性项目。

a.【名称】。

参数的名称和标识用于区分不同参数。Creo 中的参数不区分大小写，例如，参数 D 和参数 d 是同一个参数。参数名不能包含非字母数字字符，如“!、”、@、#”等。

b. 类型。

【类型】用于为参数指定类型。可以选用的类型如下。

- 整数：整型数据，如齿轮的齿数等。
- 实数：实数数据，如长度、半径等。
- 字符串：符号型数据，如标识等。
- 是否：二值型数据，如条件是否满足等。

c. 值。

【值】用于为参数设置一个初始值，该值可以在随后的设计中修改，从而变更设计结果。

d.【指定】。

选中列表中的复选项，可以使参数在 PDM（product data management，产品数据管理）系统中可见。

e. 访问。

【访问】用于为参数设置访问权限。可以选用的访问权限如下。

- 完整：无限制的访问权限，用户可以随意访问参数。
- 限制的：具有限制权限的参数。

- 锁定：锁定的参数，这些参数不能随意更改，通常由关系决定其值。

f. 源。

【源】用于指明参数的来源，常用的来源如下。

- 用户定义的：用户定义的参数，其值可以自由修改。
- 关系：由关系驱动的参数，其值不能自由修改，只能由关系来确定。

要点提示

g. 说明。

【说明】是关于参数含义和用途的注释文字。

h. 受限制的。

受限制的用于创建其值受限制的参数。参数值在限制定义文件中定义，创建受限制值参数后，它们的定义存在于模型中而与参数文件无关。

i. 单位。

【单位】用于为参数指定单位，其值可以从其下的下拉列表中选取。

③ 增删参数的属性项目

前面介绍的参数包含了上述属性项目，设计者在使用时，可以根据个人爱好，去除以上 9 项中除【名称】之外的其他属性项目，具体操作步骤如下。

a. 单击图 5-97 中的 按钮，打开【参数表列】对话框。

b. 在【参数表列】对话框中单击 << 按钮，选取不显示的项目，如图 5-98 所示。

④ 编辑属性参数项目

增加新的参数后，用户可以在参数列表中直接编辑该参数，为各个属性项目设置不同的值。也可以在【参数】对话框的右下角单击 属性... 按钮，打开图 5-99 所示的【参数属性】对话框进行编辑。

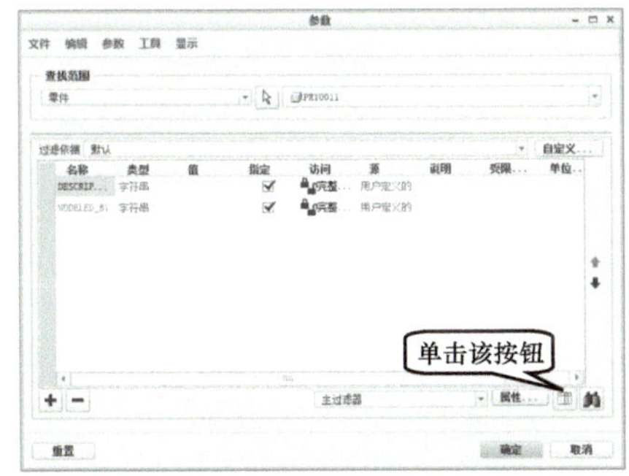

图 5-97 【参数】对话框

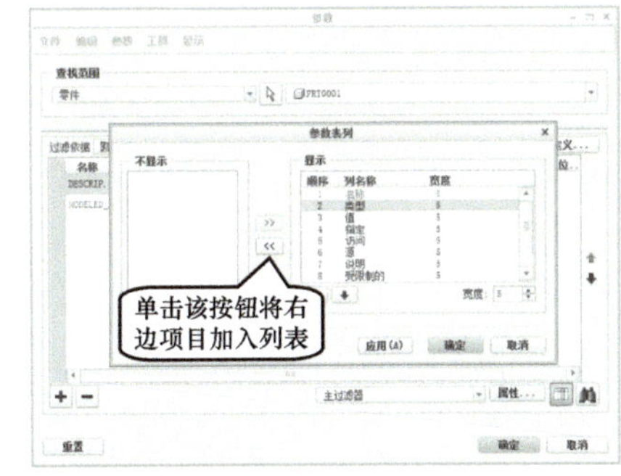

图 5-98 【参数表列】对话框

⑤ 向特定对象中添加参数

在【参数】对话框的【查找范围】下拉列表中，选择想要对其添加参数的对象类型。这些对象类型如下。

- 零件：在零件中设置参数。
- 特征：在特征中设置参数。
- 继承：在继承关系中设置参数。

- 面组：在面组中设置参数
- 曲面：在曲面中设置参数。
- 边：在边中设置参数。
- 曲线：在曲线中设置参数。
- 复合曲线：在复合曲线中设置参数。
- 注释元素：存取为注释特征元素定义的参数。
- 材料：在材料中设置参数。

如果在特征上创建参数，可以在模型树窗口中的选定特征上单击鼠标右键，在弹出的快捷菜单中选取【参数】命令，如图 5-100 所示，也将打开【参数】对话框进行参数设置。如果选取多个对象，则可以编辑所有选取对象中的公用参数。

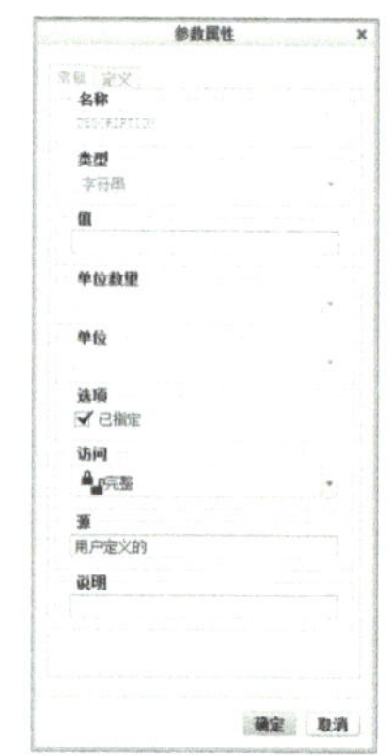

图 5-99 【参数属性】对话框

图 5-100 菜单操作

6 删除参数

如果要删除某一个参数，可以首先在【参数】对话框的参数列表中选中该参数，然后在对话框底部单击 − 按钮，删除该参数。但是，不能删除由关系驱动的或在关系中使用的用户参数。对于这些参数，必须先删除其中使用参数的关系，然后再删除参数。

7 应用示例

下面为一个长方体模型定 3 个参数。

- L：长。
- W：宽。
- H：高。

完成定义后的【参数】对话框如图 5-101 所示。

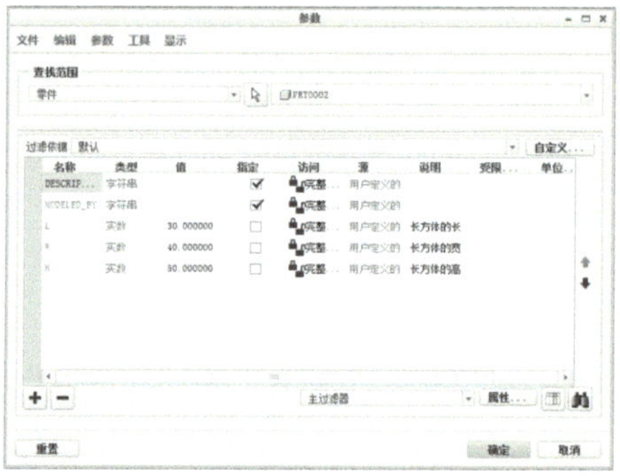

图 5-101 【参数】对话框

2. 关系

关系是参数化设计的另一个重要要素，通过关系可以在参数和对应模型之间引入特定的主从关系。当参数值变更后，通过这些关系来规范模型再生后的形状和大小。

1 【关系】对话框

在【工具】功能区的【模型意图】工具组中，单击 d= 关系 按钮，打开图 5-102 所示的【关系】对话框。展开对话框底部的【局部参数】面板，该面板用于显示模型上已经创建的参数，如图 5-103 所示。

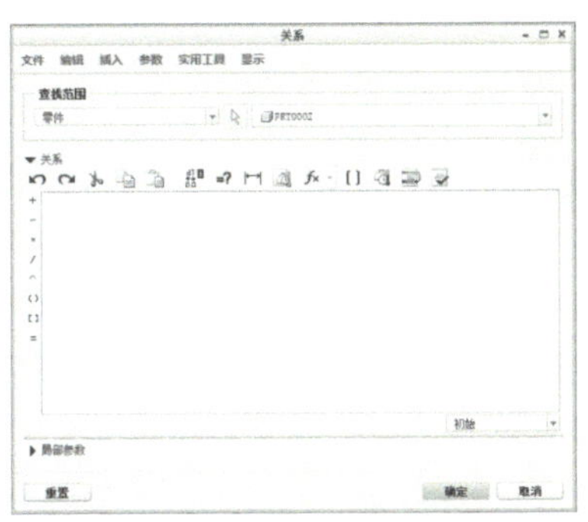

图 5-102 【关系】对话框

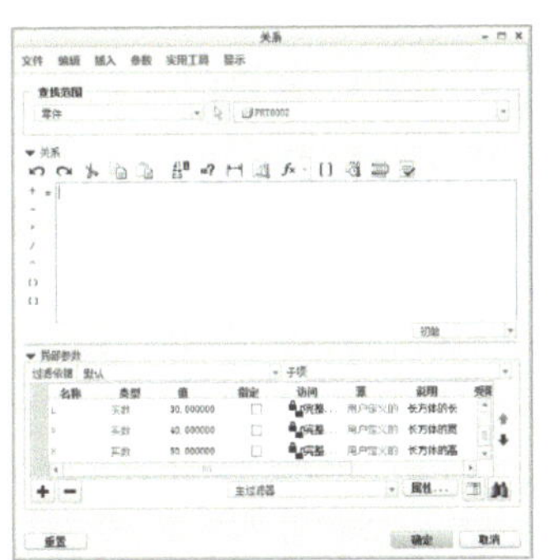

图 5-103 【局部参数】面板

❷ 将参数与模型尺寸相关联

在参数化设计中，通常需要将参数和模型上的尺寸相关联，这主要是通过在【参数】对话框中编辑关系式来实现的。下面介绍基本设计步骤。

a. 创建模型。

按照前面的介绍，为长方体模型创建 L、W 和 H 这 3 个参数后，再使用拉伸的方法创建图 5-104 所示的模型。

b. 显示模型尺寸。

要在参数和模型上的尺寸之间建立关系，首先必须显示模型尺寸。比较简单快捷的显示模型尺寸的方法是，在模型树窗口的相应特征上单击鼠标右键，在弹出的快捷菜单中单击 按钮，如图 5-105 所示。图 5-106 所示是显示模型尺寸后的结果。

图 5-104 长方体模型

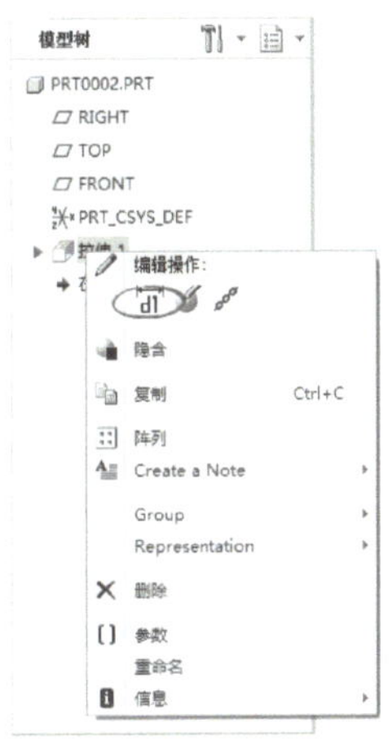

图 5-105 快捷菜单

c. 编辑关系式。

打开【关系】对话框，模型上的尺寸将以代号形式显示，如图 5-107 所示。用户可以直接输入关系，也可以单击模型上的尺寸代号、并配合【关系】对话框左侧的运算符号按钮来编辑关系。按照图 5-108 所示，为长、宽、高 3 个尺寸与 L、W 和 H 等 3 个参数之间建立关系，编辑完后，单击对话框中的 确定 按钮保存关系。

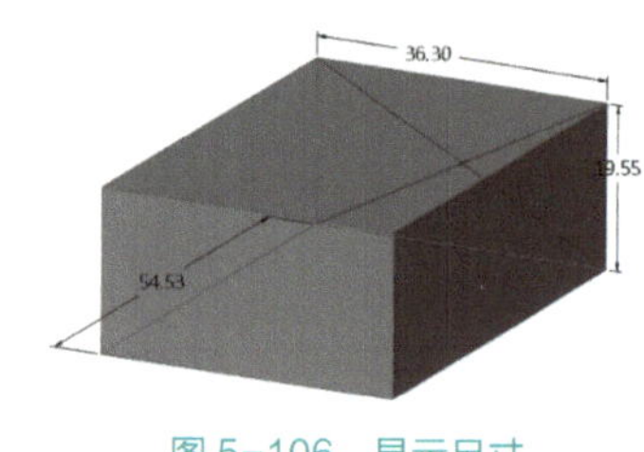

图 5-106　显示尺寸

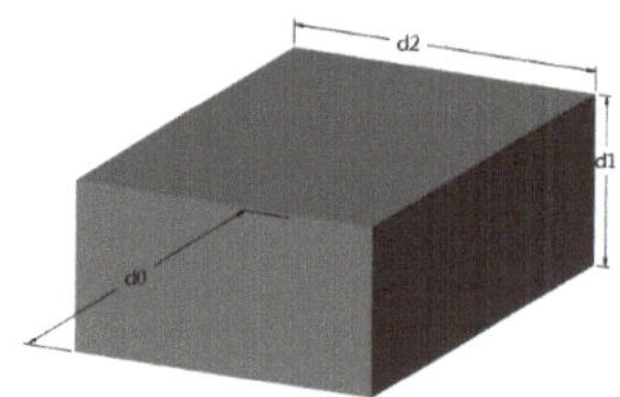

图 5-107　显示代号尺寸

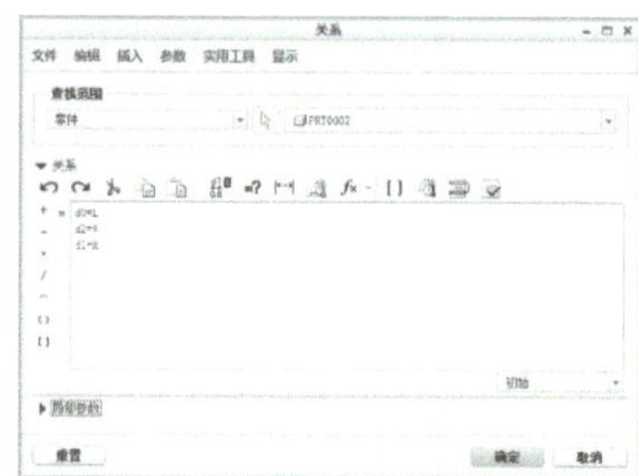
图 5-108 【关系】对话框

d. 再生模型。

在【模型】面板的【操作】工具组中单击 按钮，再生模型。系统将使用新的参数值（L = 30、W = 40 和 H = 50）更新模型，结果如图 5-109 所示。

e. 增加关系。

如果希望将该长方体模型改为正方体模型，则再次打开【关系】对话框，继续添加图 5-110 所示的关系即可。图 5-111 所示是再生后的模型。

图 5-109　再生结果（1）

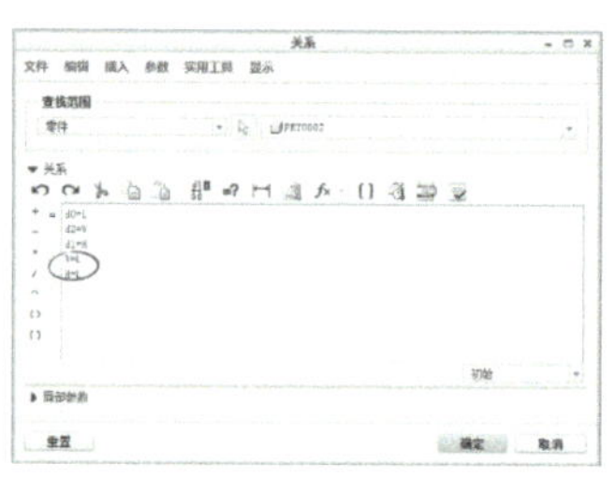
图 5-110　增加关系式

图 5-111　再生结果（2）

注意关系 W = L 与 L = W 的区别，前者用参数 L 的值更新参数 W 的值，建立该关系后，参数 W 的值被锁定，只能随参数 L 的改变而改变，如图 5-112 所示。后者的情况刚好相反。

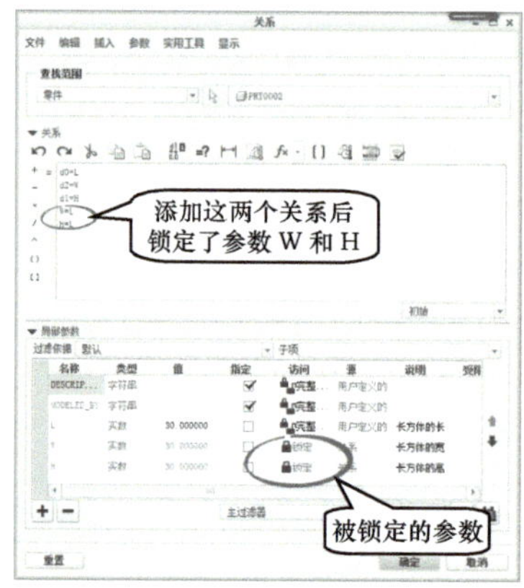

图 5-112 【关系】对话框

基础训练——创建旋转楼梯

下面将通过典型实例进一步介绍特征的常用操作方法。

【操作步骤】

1. 新建文件

新建名为 stair 的零件文件，使用默认模板进入三维建模环境。

2. 创建第1个拉伸实体特征

STEP01 启动拉伸工具，选取基准平面 FRONT 作为草绘平面。

STEP02 绘制图 5-113 所示的截面图，完成后退出草绘模式。

STEP03 按照图 5-114 所示设置特征参数，最后创建的拉伸特征如图 5-115 所示。

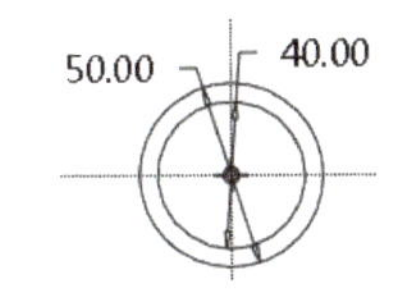

图 5-113 绘制草绘截面

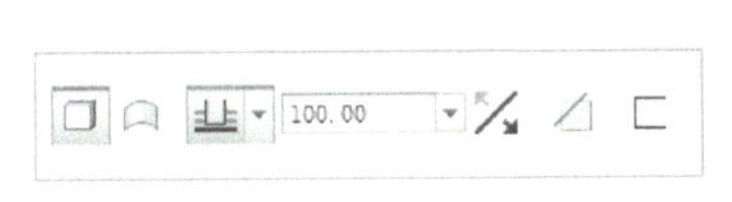

图 5-114 设置拉伸参数

图 5-115 创建的拉伸特征

3. 创建第2个拉伸实体特征

STEP01 启动拉伸工具。选取基准平面 FRONT 作为草绘平面，此时系统默认的草绘视图方向如图 5-116 所示箭头方向，在【草绘】对话框中单击 反向 按钮改变其指向，如图 5-117 所示，接受系统其他默认参照放置草绘平面后，进入二维草绘模式。

STEP02 在草绘平面内按照以下步骤绘制拉伸剖面。

用 投影 工具绘制图 5-118 所示的一段圆弧。

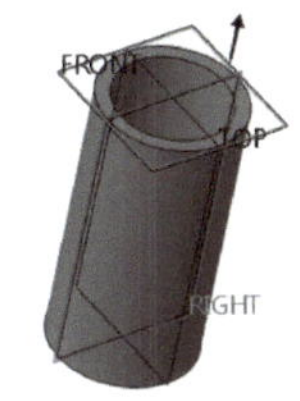

图 5-116 草绘视图方向

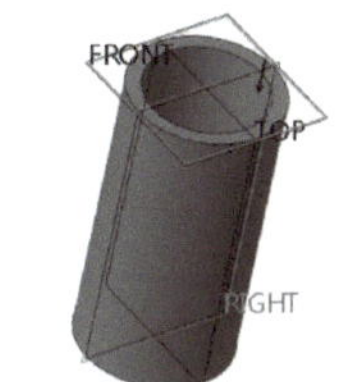

图 5-117 改变草绘视图方向

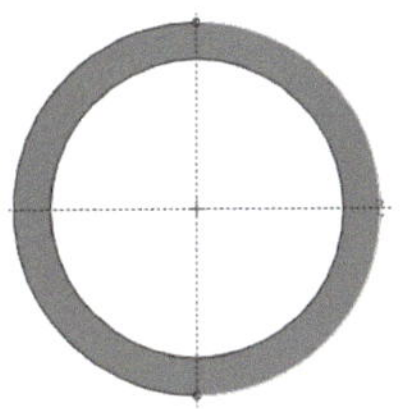
图 5-118 绘制圆弧

用 线 工具绘制图 5-119 所示的两条线段。

用 弧 工具绘制图 5-120 所示的一段同心圆弧。

裁去图形上的多余线条，保留图 5-121 所示的剖面图，完成后退出草绘模式。

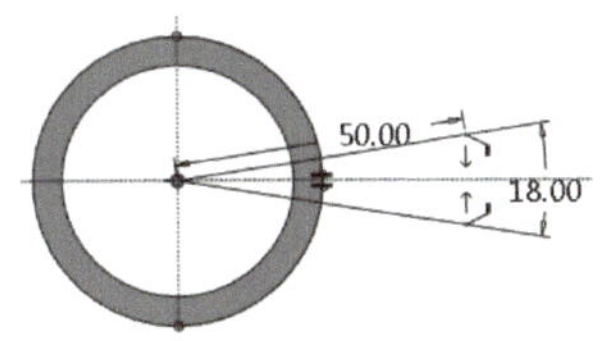

图 5-119 绘制线段

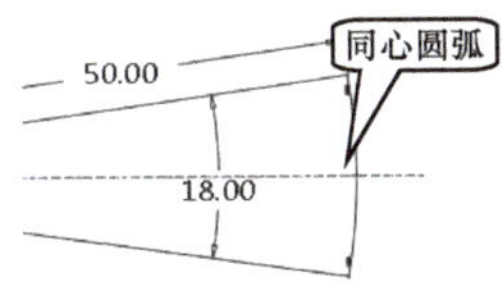

图 5-120 绘制圆弧

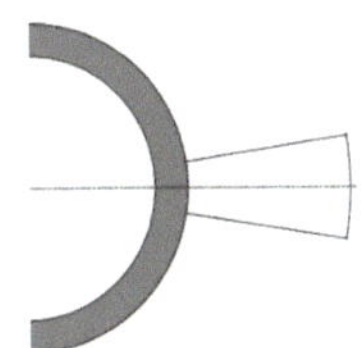
图 5-121 修剪图形

STEP03 按照图 5-122 所示设置拉伸参数：拉伸深度为 5，确保拉伸方向如图 5-123 中的箭头指向所示。

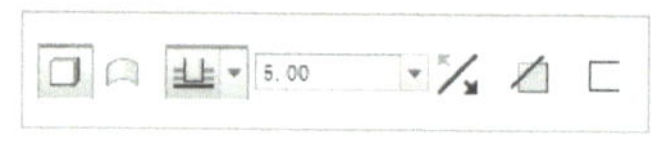
图 5-122　设置拉伸参数

图 5-123　特征生成方向

STEP04 在面板上确认设计参数后，最后创建的拉伸特征如图 5-124 所示。

4. 复制拉伸实体特征

STEP01 选中步骤 3 创建的拉伸特征，在【操作】工具组中单击 复制 按钮，再单击 粘贴 按钮右侧的下拉按钮，选取【选择性粘贴】选项，打开【选择性粘贴】对话框，如图 5-125 所示，选择【对副本应用移动 / 旋转变换】复选项，然后单击 确定(0) 按钮，打开【移动(复制)】面板。

STEP02 在【移动(复制)】面板中展开【变换】下拉面板，在【设置】下拉列表中选取【旋转】选项，在【方向参考】列表框中选取轴线作为旋转参照，如图 5-126 所示，设置旋转角度为 15，结果如图 5-127 所示。

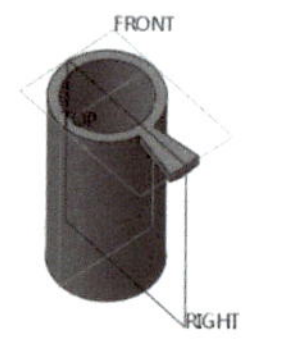

图 5-124　创建的拉伸特征

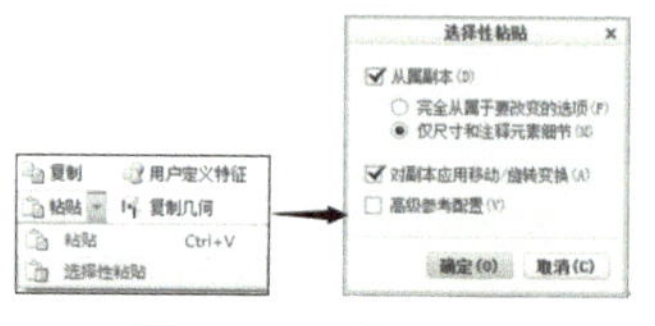

图 5-125　菜单操作

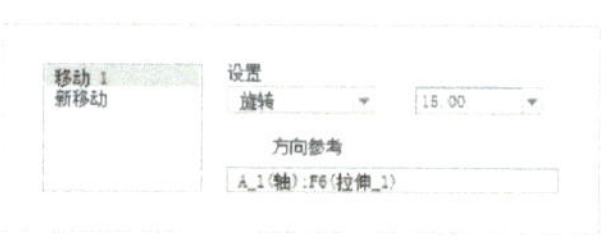

图 5-126　参数设置

STEP03 选择【新移动】添加条件，默认【设置】为【移动】，选取图 5-127 所示的平面为参考，输入移动距离 5，此时的参数面板如图 5-128 所示，单击 ✓ 按钮完成操作，结果如图 5-129 所示。

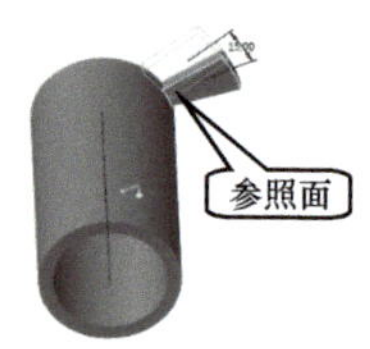

图 5-127　旋转结果

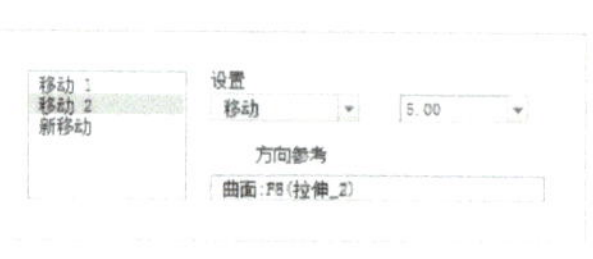

图 5-128　参数设置

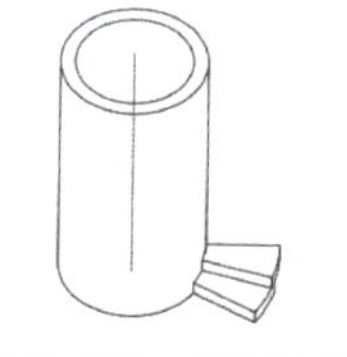
图 5-129　复制结果

5. 创建阵列特征

STEP01 选中步骤 4 创建的复制特征，然后在【编辑】工具组中单击 按钮，打开阵列设计面板。

STEP02 展开【尺寸】下拉面板，首先选中步骤 4（3）复制特征时的平移距离尺寸 5，然后按住 Ctrl 键再选取旋转尺寸 15 作为驱动尺寸，如图 5-130 所示，按照图 5-131 设置尺寸增量。

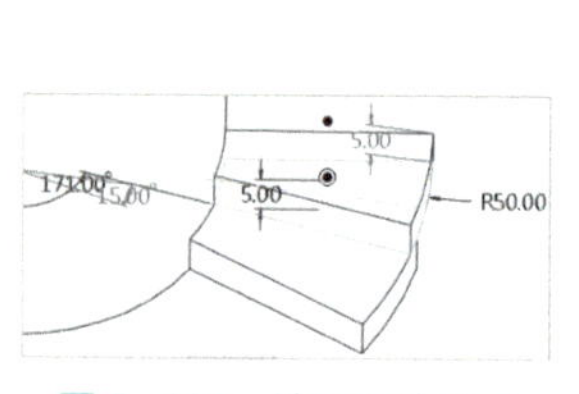

图 5-130　选取驱动尺寸

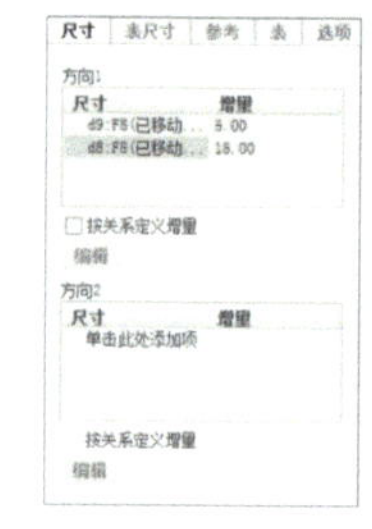

图 5-131　设置阵列参数

图 5-132　设置阵列参数

STEP03 按照图 5-132 设置其他阵列参数：尺寸 1 为 19，尺寸 2 为 2，预览阵列效果如图 5-133 所示，最终创建的阵列结果如图 5-134 所示。

图 5-133 预览阵列结果

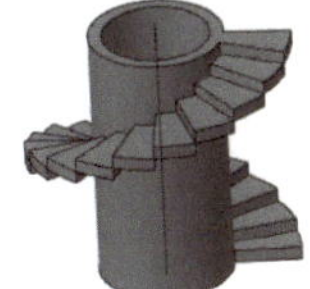
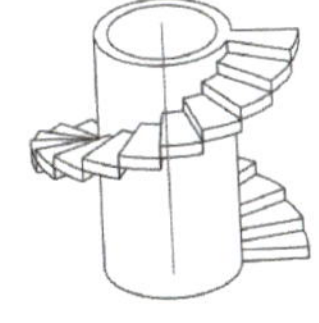

图 5-134 最终阵列结果

5.2 典型实例

本节将介绍一组典型实体模型的创建过程，以帮助读者进一步熟悉三维实体模型的创建方法，进一步理解参数化设计的基本原理。

5.2.1 范例解析 1——机盖设计

本例通过一个机盖模型的设计过程进一步巩固实体建模的基本方法，帮助读者进一步掌握实体建模的基本设计技巧。本例最后创建的模型如图 5-135 所示。

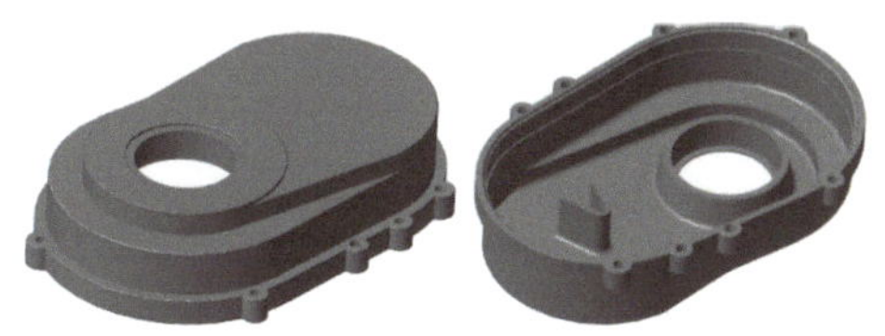

图 5-135 机盖模型

【操作步骤】

1. 新建零件文件

单击按钮，新建一个名为 Engine casing 的零件文件，使用默认设计模板进入三维建模环境。

2. 创建拉伸特征（1）

STEP01 在【形状】工具组中单击按钮，打开【拉伸】操控面板，选取 TOP 基准平面作为草绘平面。

STEP02 绘制图 5-136 所示的草绘截面，随后退出草绘环境。

STEP03 在【拉伸】操控面板中，设置拉伸深度值为 27。

STEP04 单击鼠标中键创建拉伸特征，结果如图 5-137 所示。

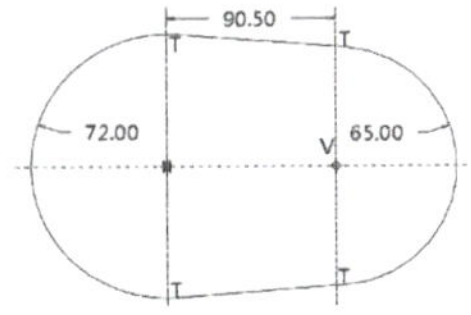

图 5-136 绘制草图

图 5-137 创建的拉伸特征（1）

3. 创建拉伸特征（2）

STEP01 单击按钮，启动拉伸工具，选取图 5-138 所示的曲面作为草绘平面。

STEP02 绘制图 5-139 所示的草绘截面，随后退出草绘环境。

STEP03 设置拉伸深度值为 12。

STEP04 单击鼠标中键创建拉伸特征，结果如图 5-140 所示。

图 5-138 选取草绘平面

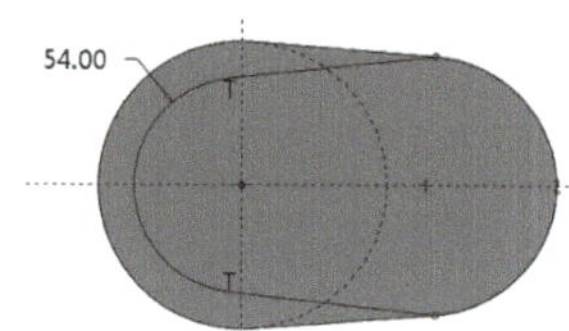

图 5-139 绘制草图

图 5-140 创建的拉伸特征（2）

4. 创建壳特征

STEP01 在【工程】工具组中单击 壳 按钮，启动壳设计工具。

STEP02 选取图 5-141 所示的曲面为抽壳面。

STEP03 设置壳的厚度为 1。

STEP04 单击鼠标中键创建壳特征，结果如图 5-142 所示。

图 5-141 选取抽壳面

图 5-142 创建的壳特征

5. 创建拉伸特征（3）

STEP01 单击 按钮，启动拉伸工具，选取图 5-143 所示的平面作为草绘平面。

STEP02 绘制图 5-144 所示的草绘截面，随后退出草绘环境。

STEP03 设置拉伸深度值为 15。

STEP04 单击鼠标中键创建拉伸特征，结果如图 5-145 所示。

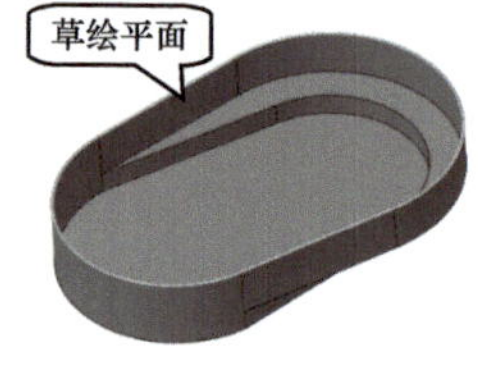

图 5-143 选取草绘平面

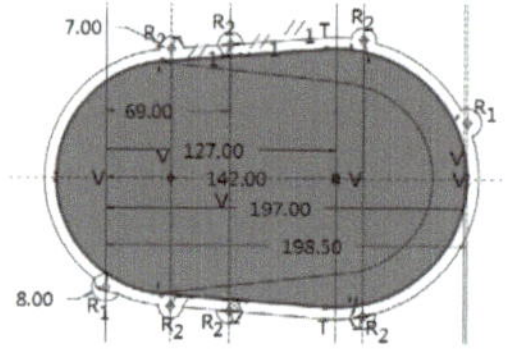

图 5-144 绘制草图

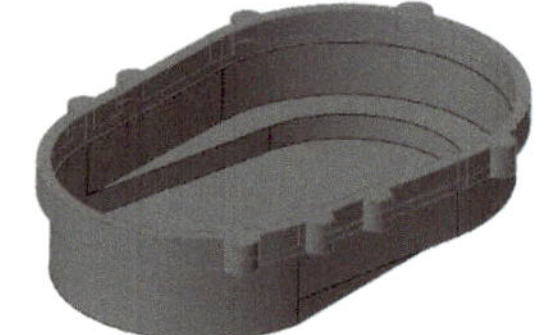
图 5-145 创建的拉伸特征（3）

6. 创建拉伸特征（4）

STEP01 单击 按钮，启动拉伸工具，选取图 5-146 所示的曲面作为草绘平面。

STEP02 绘制图 5-147 所示的草绘截面，随后退出草绘环境。

STEP03 设置拉伸深度值为 20。

STEP04 单击鼠标中键创建拉伸特征，结果如图 5-148 所示。

图 5-146　选取草绘平面

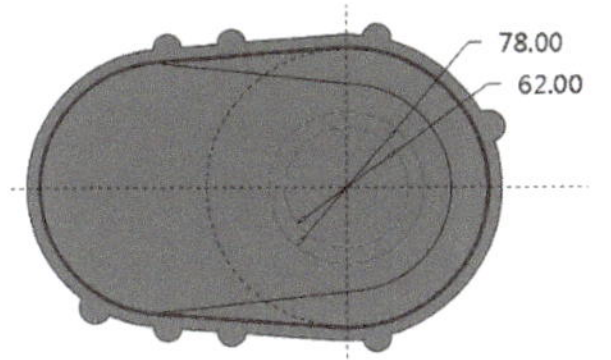

图 5-147　绘制草图

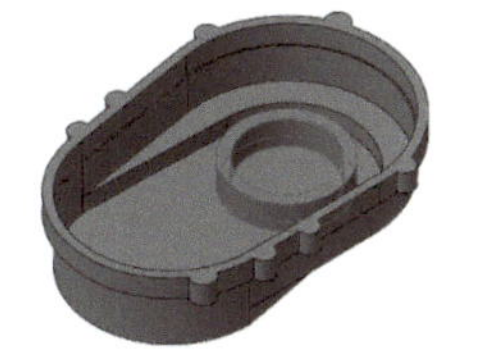
图 5-148　创建的拉伸特征（4）

7. 创建拉伸特征（5）

STEP01 单击按钮，启动拉伸工具，选取图 5-149 所示的曲面作为草绘平面。

STEP02 绘制图 5-150 所示的草绘截面，随后退出草绘环境。

STEP03 设置拉伸深度值为 30。

STEP04 单击鼠标中键创建拉伸特征，结果如图 5-151 所示。

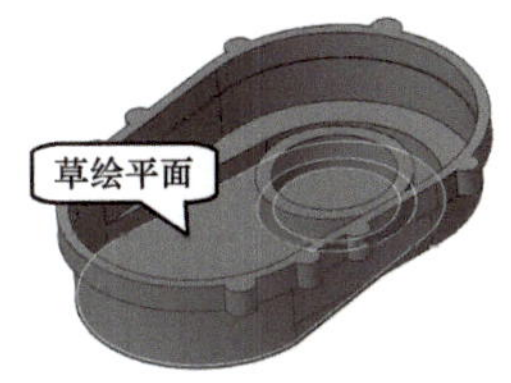

图 5-149　选取草绘平面

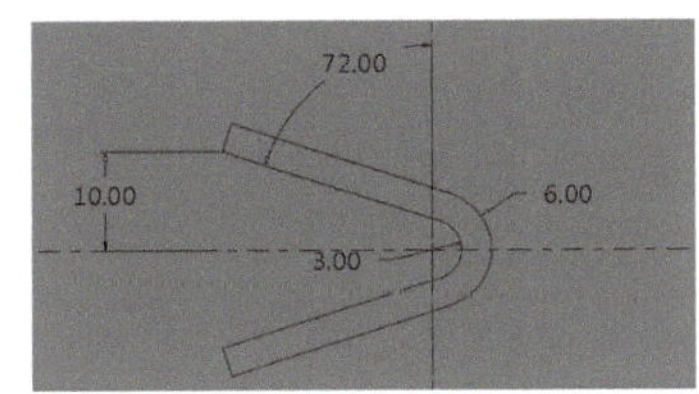

图 5-150　绘制草图

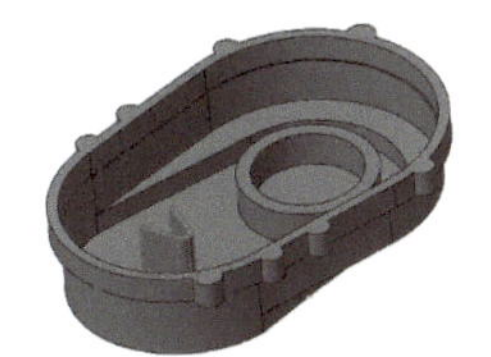
图 5-151　创建的拉伸特征（5）

8. 创建斜度特征

STEP01 在【工程】工具组中单击拔模按钮，启动斜度设计工具。

STEP02 单击参考按钮，系统弹出如图 5-152 所示的对话框，激活拔模曲面列表，按住Ctrl键依次选取半个圆柱面，如图 5-153 所示。

STEP03 激活拔模枢轴选取图 5-154 所示的面为拔模枢轴。

STEP04 设置拔模角度为 10。

STEP05 如果拔模方向向上，则单击按钮调节拔模方向，结果如图 5-155 所示。

STEP06 单击鼠标中键创建拔模特征，结果如图 5-156 所示。

选取拔模面时，只有按住Ctrl键依次选取半个圆柱面，才能出现图 5-153 所示的情况。

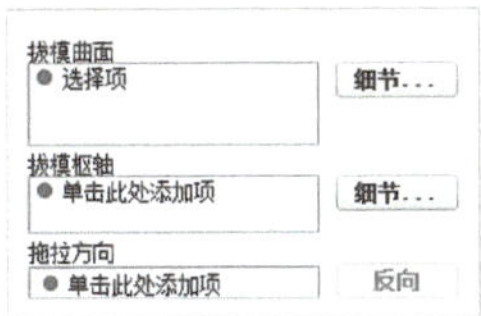

图 5-152　拔模参考列表

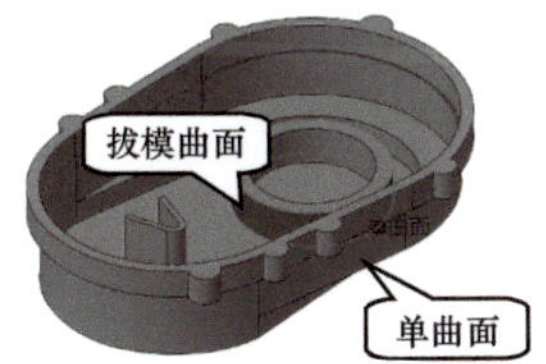

图 5-153　选取拔模曲面

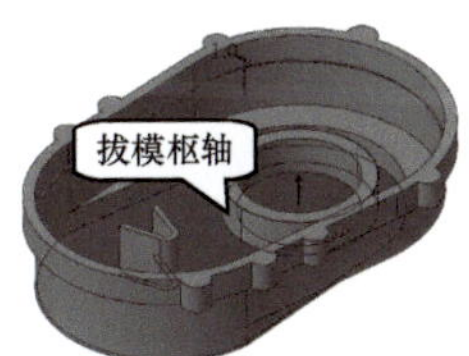

图 5-154　选取拔模枢轴

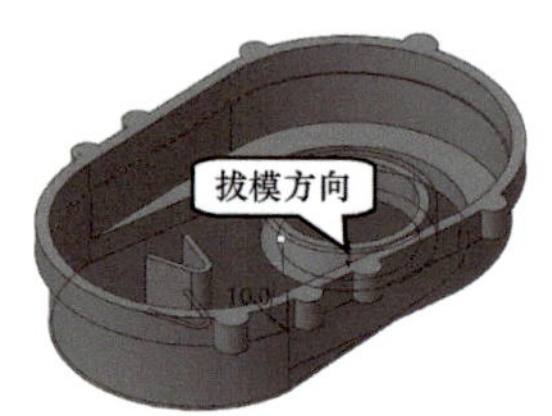

图 5-155　调整拔模方向与角度

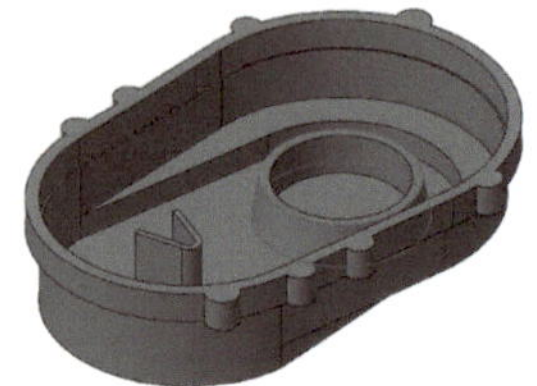

图 5-156　创建的拔模特征

9. 创建拉伸特征（6）

STEP01 单击按钮，启动拉伸工具，选取图 5-157 所示的曲面作为草绘平面。

STEP02 绘制图 5-158 所示的草绘截面，随后退出草绘环境。

STEP03 设置拉伸深度值为 2。

STEP04 单击✓按钮完成对创建拉伸特征的创建，结果如图 5-159 所示。

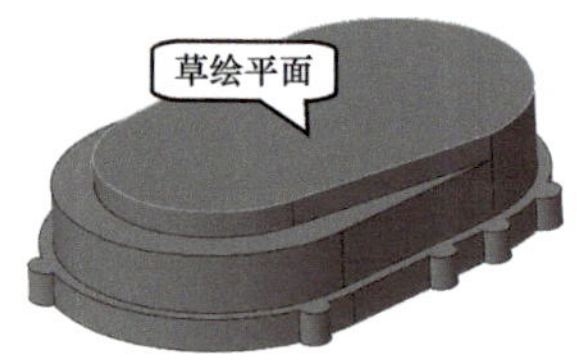

图 5-157　选取草绘平面

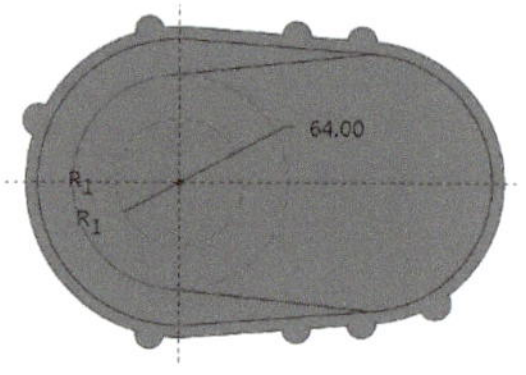

图 5-158　绘制草图

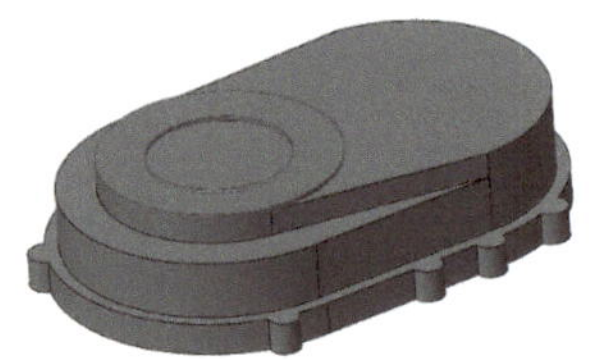

图 5-159　创建的拉伸特征（6）

10. 创建拉伸剪切特征（1）

STEP01 单击按钮，启动拉伸工具，选取图 5-160 所示的曲面作为草绘平面。

STEP02 绘制图 5-161 所示的草绘截面，随后退出草绘环境。

STEP03 单击按钮，转换为移除材料模式，调整拉伸方向指向模型内部，在拉伸方式中单击（拉伸到下一曲面）按钮。

STEP04 单击✓按钮完成对创建拉伸特征的创建，结果如图 5-162 所示。

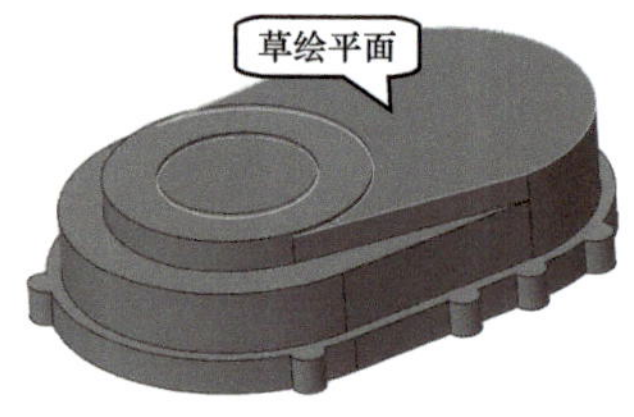

图 5-160　选取草绘平面

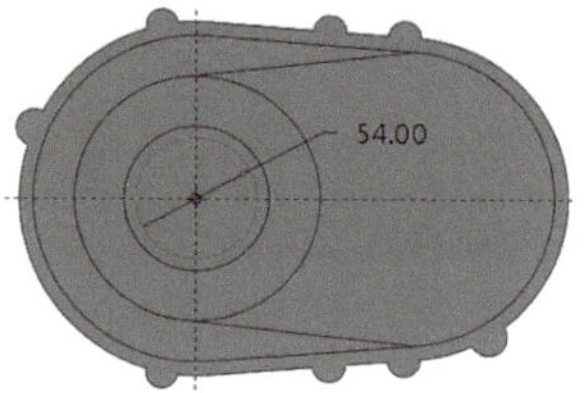

图 5-161　绘制草图

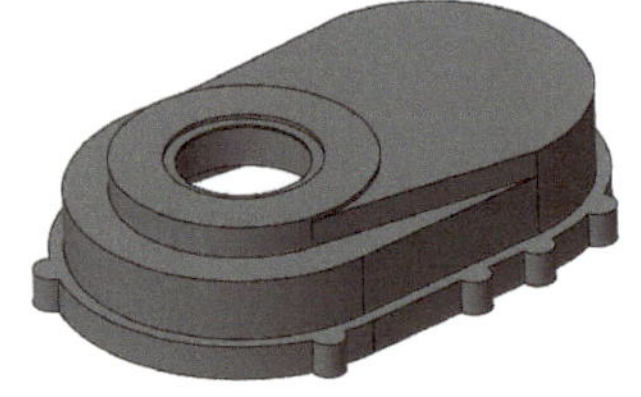

图 5-162　创建拉伸剪切特征（1）

11. 创建拉伸剪切特征（2）

STEP01 单击按钮，启动拉伸工具，选取图 5-163 所示的曲面作为草绘平面。

STEP02 绘制图 5-164 所示的草绘截面，随后退出草绘环境。

STEP03 单击按钮，转换为移除材料模式，调整拉伸方向指向模型内部，在拉伸方式中单击（拉伸到下一曲面）按钮。

STEP04 单击✓按钮完成对创建拉伸特征的创建，结果如图 5-165 所示。

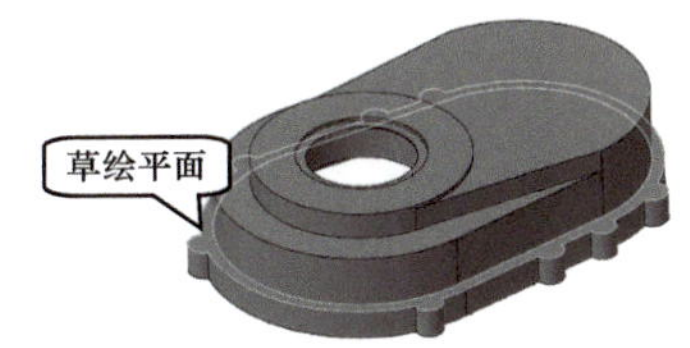

图 5-163　选取草绘平面

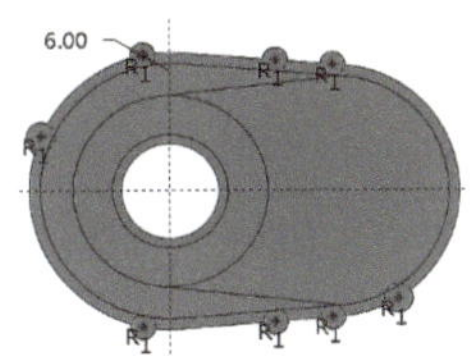

图 5-164　绘制草图

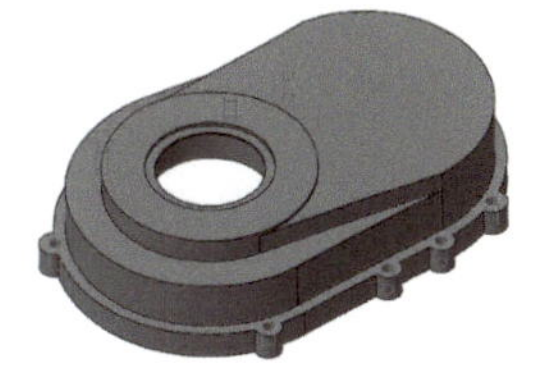
图 5-165　创建的拉伸剪切特征（2）

问题思考

是否可以将步骤 11 创建的拉伸剪切特征（2）合并到步骤 5 中完成?

12. 创建扫描特征

STEP01 在【形状】工具组中单击扫描按钮，打开【扫描】操控面板。

STEP02 在操控面板的右上角单击基准按钮，在弹出的基准选择框中单击按钮，选取图 5-166 所示的曲面作为草绘平面，进入二维绘图界面。

STEP03 使用投影工具投影模型的边线，绘制扫描轨迹，如图 5-167 所示，完成后退出草绘模式。

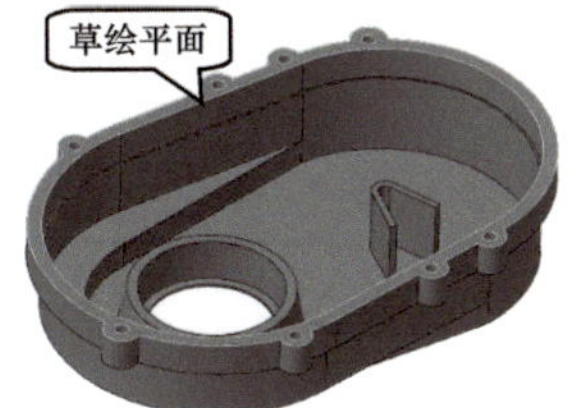

图 5-166　选取草绘平面

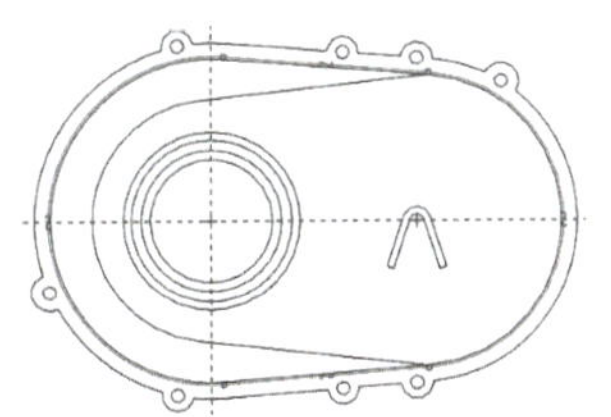
图 5-167　绘制草图

STEP04 选取上一步绘制的扫描轨迹使其高亮显示，如图 5-168 所示。

STEP05 单击按钮，绘制扫描截面，如图 5-169 所示，随后退出草绘环境。

STEP06 单击按钮完成扫描特征的创建，结果如图 5-170 所示。

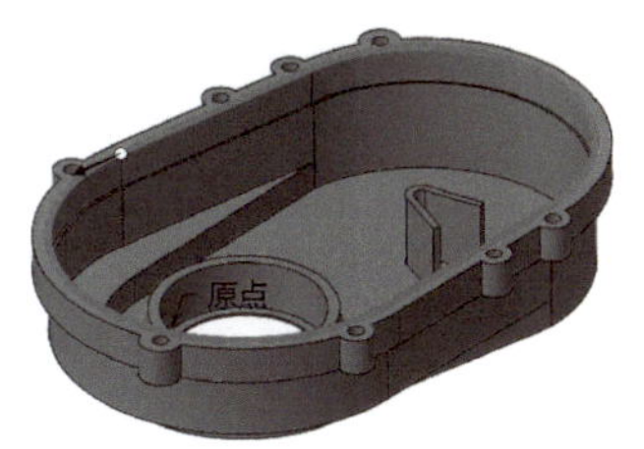

图 5-168　选取扫描轨迹

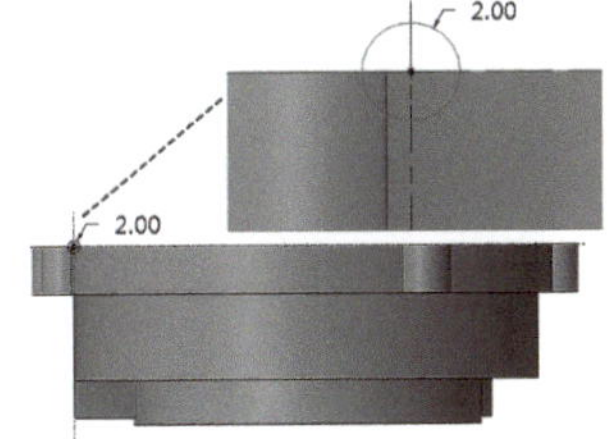

图 5-169　绘制扫描截面

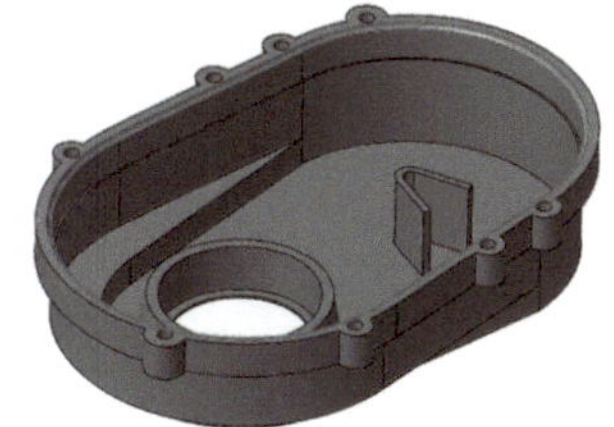
图 5-170　创建的扫描特征

13. 创建倒圆角特征（1）

STEP01 在【工程】工具组中单击倒圆角按钮，打开【倒圆角】操控面板。

STEP02 按住Ctrl键依次选取图 5-171 所示的边。

STEP03 设置倒圆角特征参数为 1。

STEP04 单击按钮完成对倒圆角特征的创建，结果如图 5-172 所示。

14. 创建倒圆角特征（2）

STEP01 单击 倒圆角 按钮，启动倒圆角设计工具。

STEP02 按住 Ctrl 键依次选取图 5-173 所示的边。

STEP03 设置倒圆角特征参数为 0.5。

STEP04 单击 ✓ 按钮完成对倒圆角特征的创建，结果如图 5-174 所示。

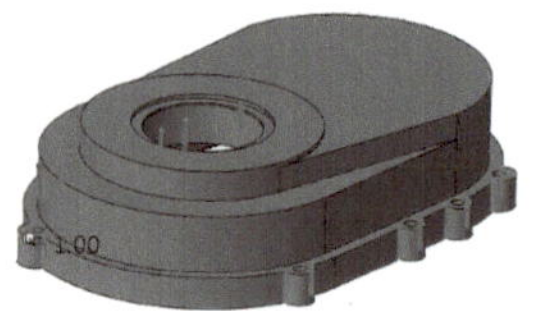

图 5-171　选取到圆角边

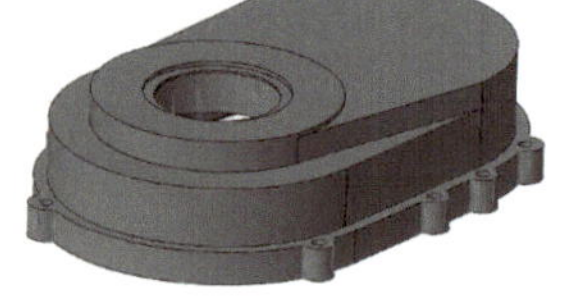

图 5-172　创建的圆角特征

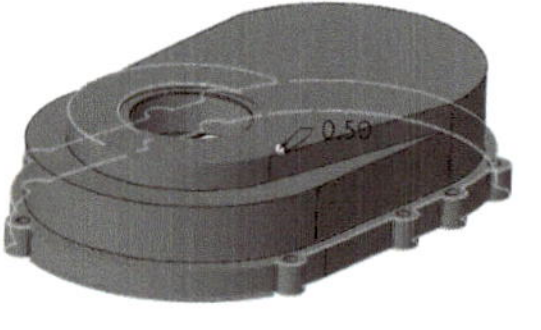

图 5-173　选取倒圆角边

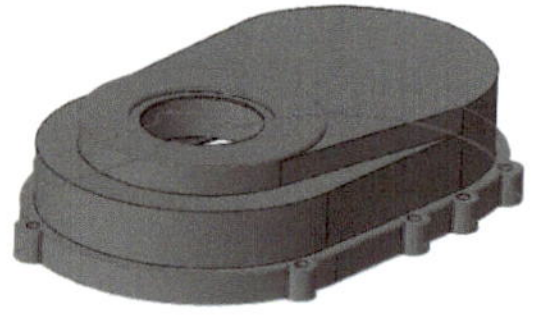

图 5-174　创建的倒圆角特征

15. 创建倒圆角特征（3）

STEP01 单击 倒圆角 按钮，启动倒圆角设计工具。

STEP02 按住 Ctrl 键依次选取图 5-175 所示的边。

STEP03 设置倒圆角特征参数为 1。

STEP04 单击 ✓ 按钮完成对倒圆角特征的创建，结果如图 5-176 所示。

16. 创建倒圆角特征（4）

STEP01 单击 倒圆角 按钮，启动倒圆角设计工具。

STEP02 按 Ctrl 键选取图 5-177 所示的边。

STEP03 设置倒圆角特征参数为 3。

STEP04 单击 ✓ 按钮完成对倒圆角特征的创建，结果如图 5-178 所示。

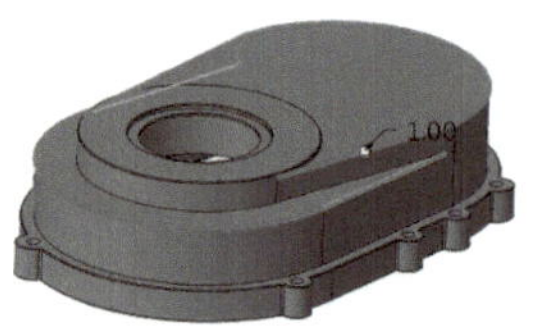

图 5-175　选取倒圆角边

图 5-176　创建的倒圆角特征

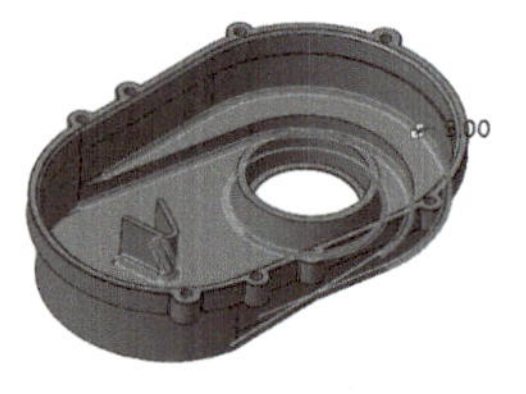

图 5-177　选取倒圆角边

图 5-178　创建的圆角特征

5.2.2　范例解析 2——参数化齿轮设计

参数化设计是 Creo 重点强调的设计理念。参数是参数化设计的核心概念，在一个模型中，参数是通过“尺寸”的形式来体现的。参数化设计的突出优点在于可以通过变更参数的方法来修改设计图，从而修改设计意图。创建参数化的齿轮模型时，先创建参数，再创建组成齿轮的基本曲线，最后创建齿轮模型，通过在参数间引入关系的方法使模型具有参数化的特点，如图 5-179 所示。

图 5-179　齿轮模型

【操作步骤】

1. 新建零件文件

STEP01 单击按钮，打开【新建】对话框，在【类型】分组框中选择【零件】单选项，在【子类型】分组框中选择【实体】单选项，在【名称】文本框中输入 gear，如图 5-180 所示。

STEP02 取消选中【使用默认模板】复选项。单击 确定 按钮，打开【新文件选项】对话框，选中【mmns_part_solid】选项，设置为公制模板，如图 5-181 所示。单击 确定 按钮进入三维环境。

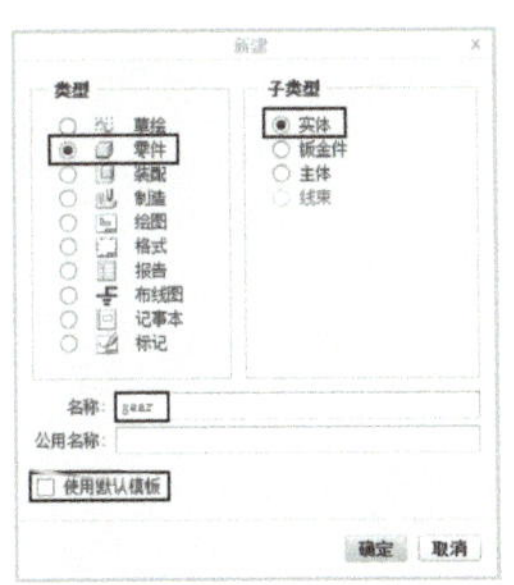

图 5-180 【新建】对话框

图 5-181 新建文件选项

2. 设置齿轮参数

STEP01 在【工具】功能区的【模型意图】工具组中单击 参数 按钮，打开【参数】对话框，如图 5-182 所示。

STEP02 单击【参数】对话框中的 + 按钮，依次将如表 5-2 所示齿轮的各参数添加到参数列表框中。完成后的【参数】对话框如图 5-183 所示，单击 确定 按钮后关闭对话框，保存参数设置。

表 5-2 增加的参数

序号	名称	类型	数值	说明
1	M	实数	2	模数
2	Z	整数	25	齿数
3	Alpha	实数	20	压力角
4	Hax	实数	1	齿顶高系数
5	Cx	实数	0.25	顶隙系数
6	B	实数	20	齿宽
7	Ha	实数	—	齿顶高
8	Hf	实数	—	齿根高
9	X	实数	—	变位系数
10	Da	实数	—	齿顶圆直径
11	Db	实数	—	基圆直径
12	Df	实数	—	齿根圆直径
13	D	实数	—	分度圆直径

要点提示

在设计标准齿轮时，只需确定齿轮的模数 M 和齿数 Z 这两个参数，分度圆上的压力角 Alpha 为标准值 20，国家标准明确规定齿顶高系数 Hax 和顶隙系数 Cx 分别为 1 和 0.25，而齿根圆直径 Df、基圆直径 Db、分度圆直径 D 以及齿顶圆直径 Da 可以根据关系式计算得到。

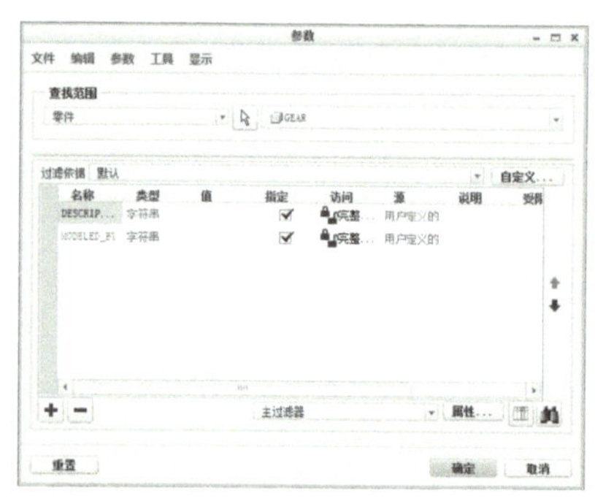

图 5-182 【参数】对话框

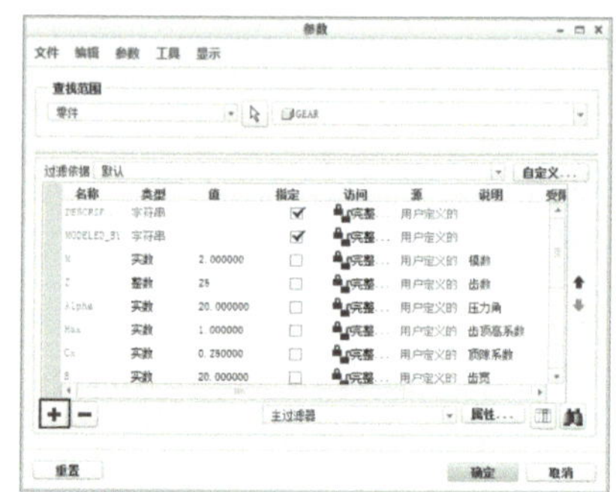

图 5-183 【参数】对话框

3. 绘制齿轮基本圆

STEP01 在【模型】功能区的【基准】工具组中单击 按钮，启动草绘工具，弹出【草绘】对话框。

STEP02 在【模型树】中选取基准平面 FRONT 作为草绘平面，接受其他参照设置，如图 5-184 所示，单击 确定 按钮进入二维草绘界面。

STEP03 在【草绘】工具组中单击 圆 按钮，启动【圆】工具，在草绘平面内绘制如图 5-185 所示任意尺寸的 4 个同心圆，暂时不退出草绘环境。

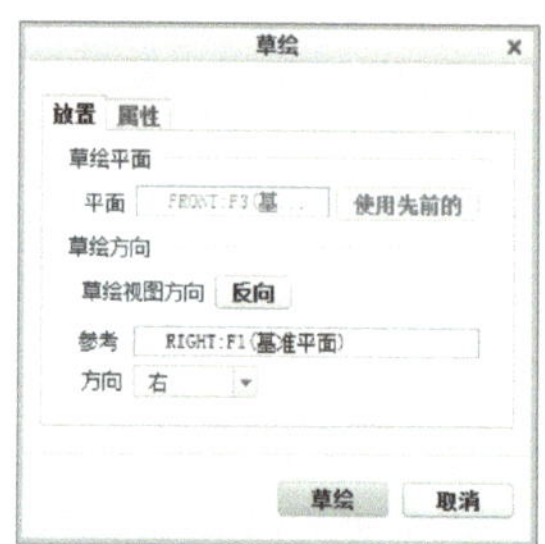

图 5-184 【草绘】对话框

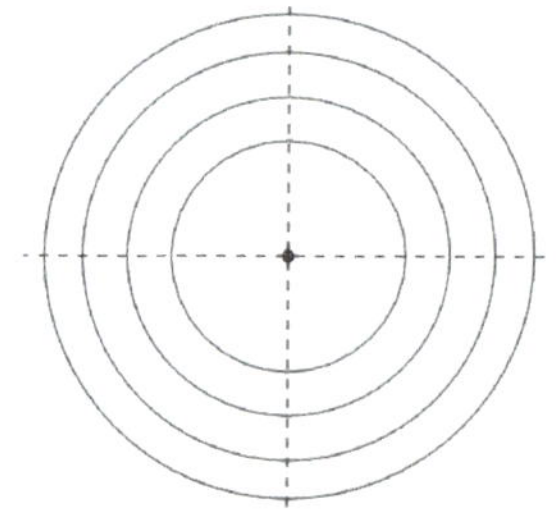

图 5-185 绘制同心圆

4. 创建齿轮关系式，确定齿轮尺寸

STEP01 在【工具】功能区的【模型意图】工具组中单击 d= 关系 按钮，打开如图 5-186 所示的【关系】对话框，此时，图形上的尺寸将以代号的形式显示，如图 5-187 所示。

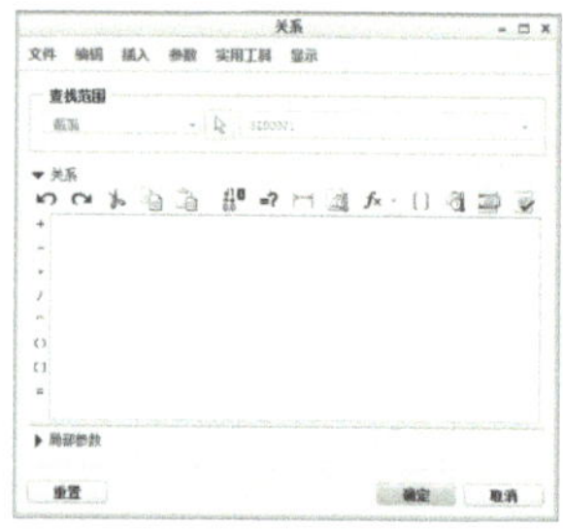

图 5-186 【关系】对话框

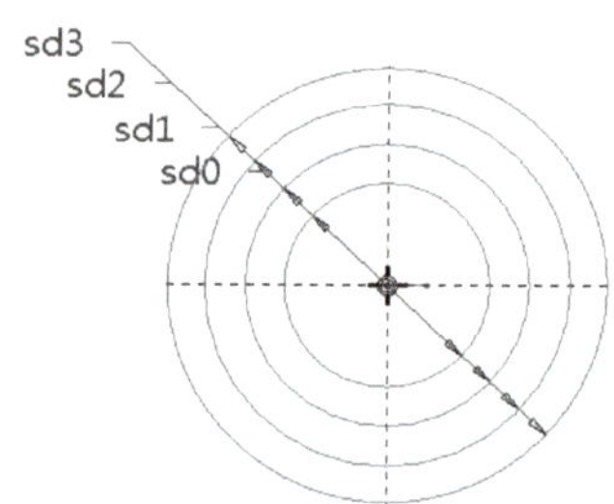

图 5-187 绘制同心圆

STEP02 将后面列出参数依次输入【关系】对话框中，分别对齿轮的分度圆直径、基圆直径、齿根圆直径以及齿顶圆直径添加关系式，通过这些关系式和已知的参数，来确定上述参数的数值。输入完毕的【关系】对话框如图 5-188 所示。

STEP03 将参数与图形上的尺寸相关联。单击如图 5-187 所示的 sd0 尺寸代号，其代号将自动添加到【关系】对话框中，如图 5-189 所示，再进行编辑。

STEP04 需添加关系的尺寸依次为 sd0、sd1、sd2 和 sd3，4 个圆分别指定基圆、齿根圆、分度圆和齿顶圆的关系。添加完毕后的【关系】对话框如图 5-190 所示。

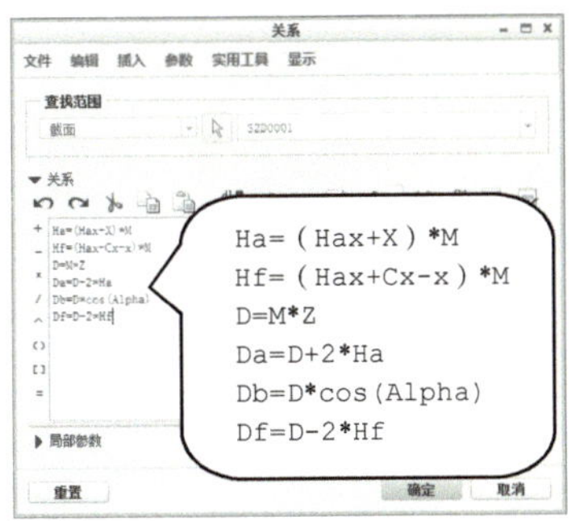

图 5-188 添加关系式

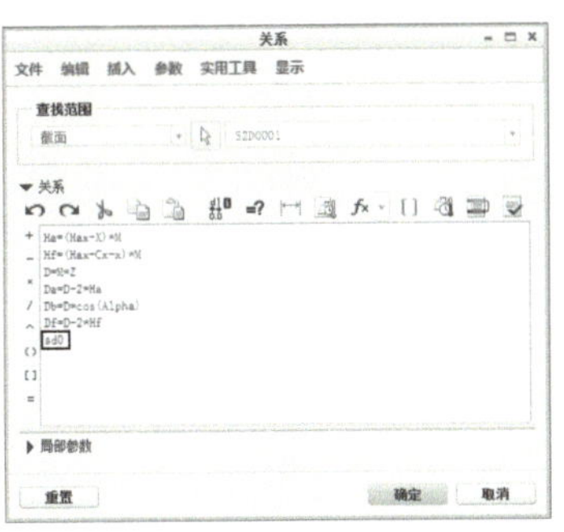
图 5-189 【关系】对话框

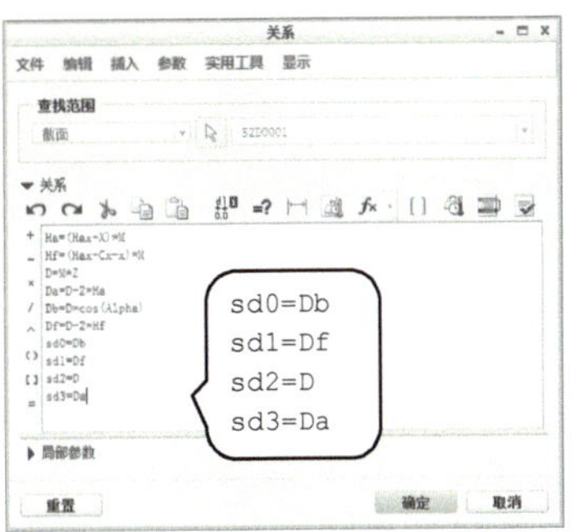

图 5-190 【关系】对话框

STEP05 在对话框中单击 ✓ 按钮，校验关系式中有无语法错误。

要点提示

当单击【关系】对话框中的 ✓ 按钮时，校验关系式中出现了语法错误，弹出如图 5-191 所示的错误提示框，此时，需单击 确定 按钮，继续编辑检查错误。在保证关系式正确的情况下，常见错误出现的原因为多余的空格符号或者大小写输入不正确，返回修改即可。单击 ✓ 按钮后出现如图 5-192 所示的提示框，表示语法校验正确，即可进行下一步操作。

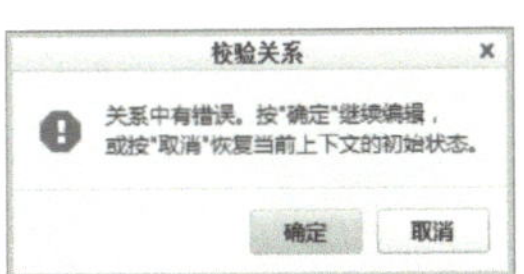

图 5-191 校验提示框

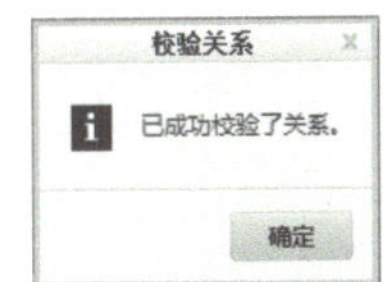

图 5-192 【检验关系】对话框

STEP06 在【关系】对话框中单击 确定 按钮后，系统自动根据设定的参数和关系式再生模型并生成新的基本尺寸，生成如图 5-193 所示的标准齿轮基本圆。在【草绘】面板中单击 ✓ 按钮退出草绘环境，最后创建的基准曲线如图 5-194 所示。

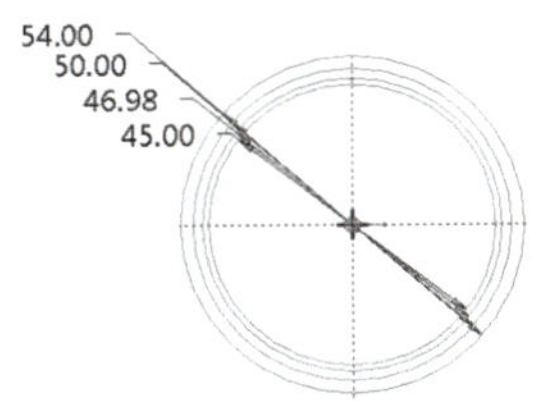

图 5-193 再生图形

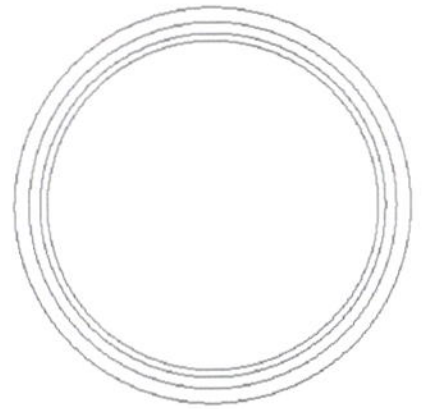
图 5-194 基准曲线

5. 创建齿轮轮廓线

STEP01 单击【基准】工具组中的 基准 按钮，选取【曲线】/【来自方程的曲线】按钮 来自方程的曲线，打开【曲线：从方程】面板，如图 5-195 所示。

STEP02 在模型树窗口中选择当前默认的坐标系，然后在如图 5-196 所示面板左侧的第一个下拉列表中选择【笛卡尔】选项，单击 方程... 按钮，弹出【方程】对话框，如图 5-197 所示。

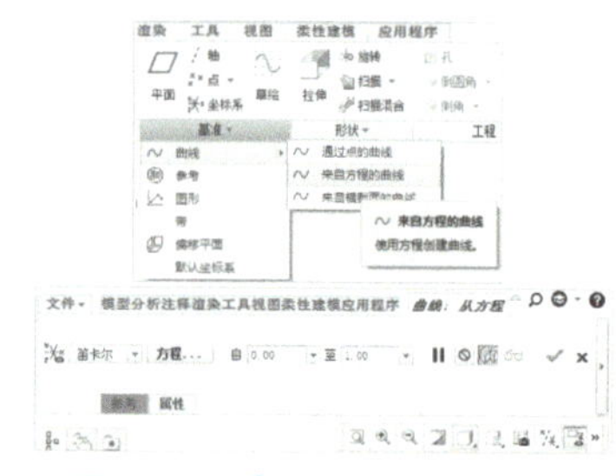

图 5-195 【曲线：从方程】面板

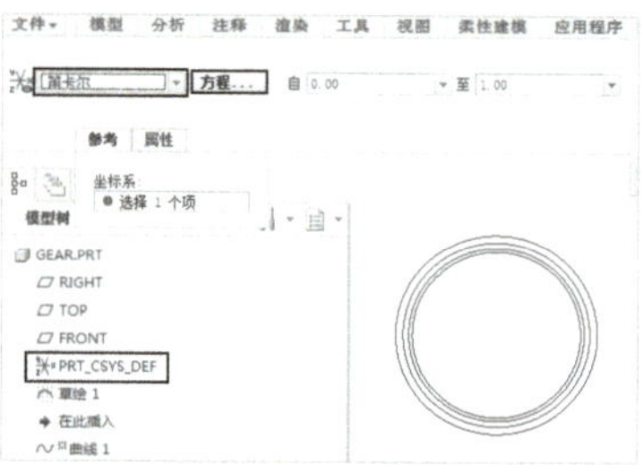

图 5-196 生成的齿廓渐开线

STEP03 在该对话框中添加以下渐开线方程式，完成后单击 确定 按钮保存参数设置。

若选择其他类型的坐标系生成渐开线，则此方程不再适用。

STEP04 在【曲线：从方程】面板中单击✓按钮，最后生成如图 5-198 所示的齿廓渐开线。

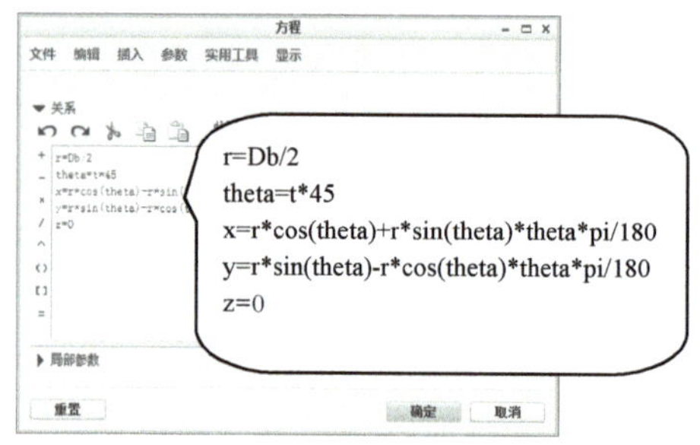

图 5-197 【方程】对话框

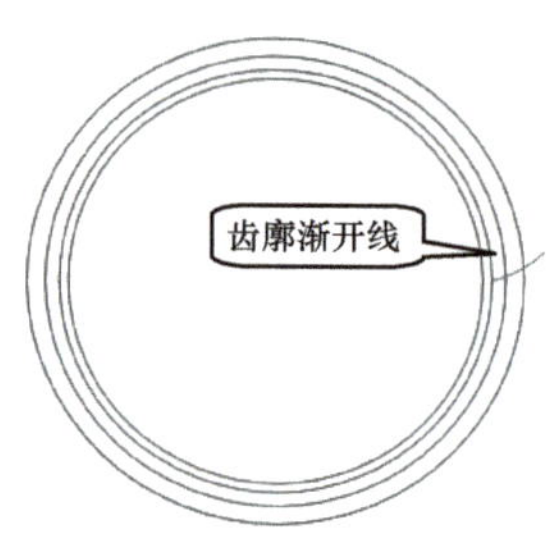

图 5-198 生成的齿廓渐开线

6. 创建拉伸曲面

参数化齿轮设计 2

STEP01 在【形状】工具组中单击按钮，打开拉伸设计工具，按下按钮创建曲面特征，选择基准平面 FRONT 作为草绘平面，接受默认参照进入草绘模式。

STEP02 使用 投影 工具选择上一步创建的渐开线，如图 5-199 所示。曲面深度可以先给任意值，最后得到的拉伸曲面如图 5-200 所示。

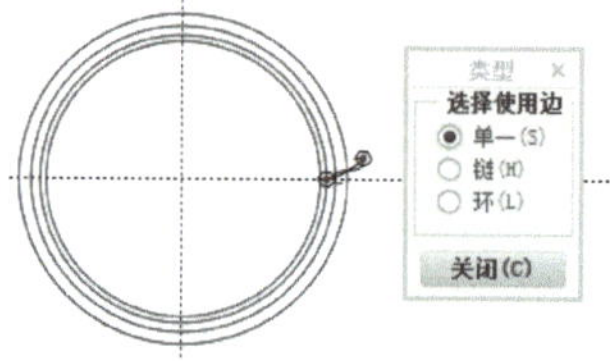

图 5-199 选取拉伸对象

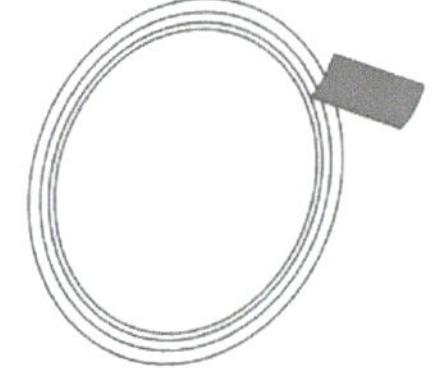

图 5-200 拉伸结果

STEP03 在【工具】功能区的【模型意图】工具组中单击 d= 关系 按钮，弹出【关系】对话框。移动鼠标单击图中的拉伸曲面，即可显示该曲面的尺寸代号 d4，如图 5-201 所示。单击该代号，在对话框中添加关系 d4=B，使曲面深度和齿宽相等，如图 5-202 所示。

STEP04 设置完成后单击 确定 按钮，再单击【模型】功能区【操作】工具组中的【重新生成】 按钮，生成更新参数后的模型。

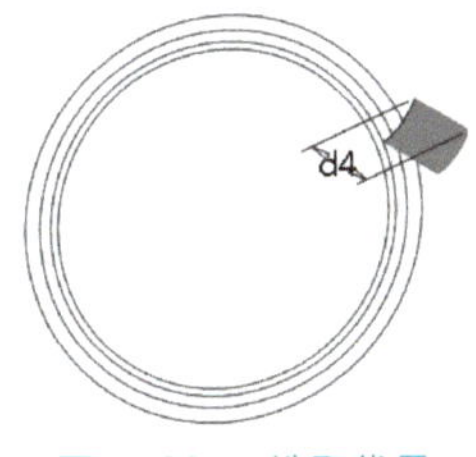

图 5-201 选取代号

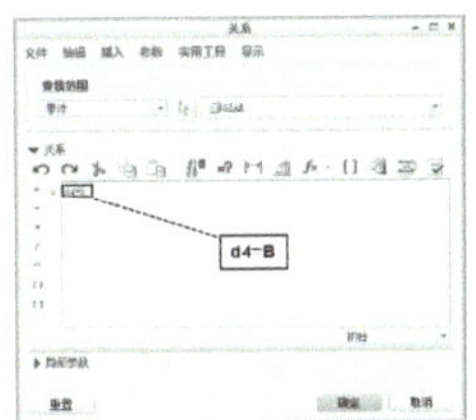

图 5-202 添加关系

7. 延伸曲面

STEP01 选取图 5-203 所示的曲面边，在【编辑】工具组中单击 延伸 按钮，打开延伸设计工具，展开【选项】下拉面板，选取延伸方式为【相切】，如图 5-204 所示。任意设置延伸距离，最后得到的延伸曲面如图 5-205 所示。

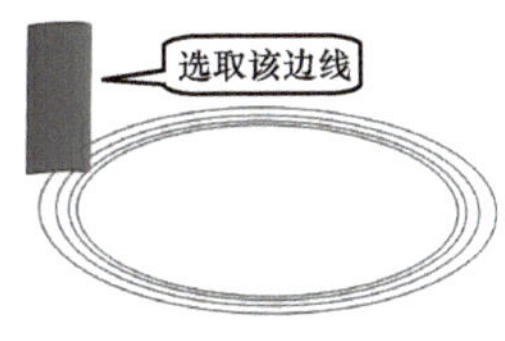

图 5-203 选取边线

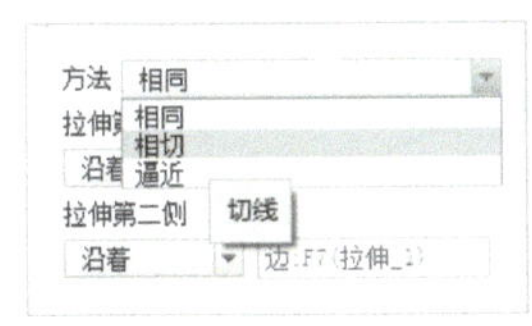

图 5-204 选取延伸方式

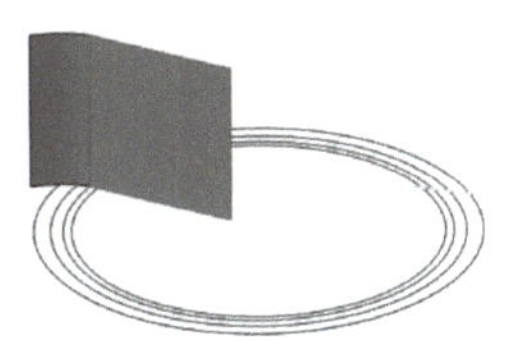

图 5-205 延伸曲面

STEP02 仿照步骤 6（3）创建关系的方法，选取图 5-206 所示的代号，为曲面延伸距离创建关系“d7=df/2”，使曲面延伸距离和齿根圆的半径相等，如图 5-207 所示。

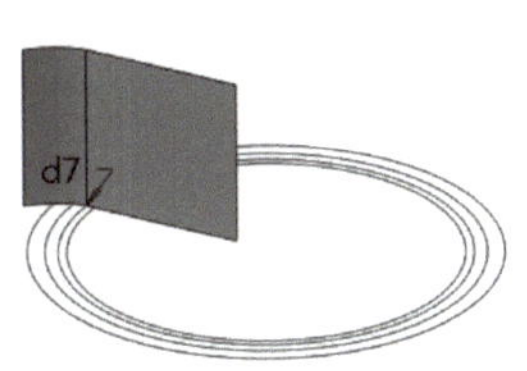

图 5-206 选取代号

图 5-207 添加关系

STEP03 单击 按钮，再生模型。

8. 创建基准特征

STEP01 创建基准轴。在【基准】工具组中单击 轴 按钮，打开【基准轴】对话框，按住 Ctrl 键选取如图 5-208 所示的基准平面 TOP 和基准平面 RIGHT 作为参照，在过两平面的交线处创建基准轴 A-1，如图 5-209 所示。

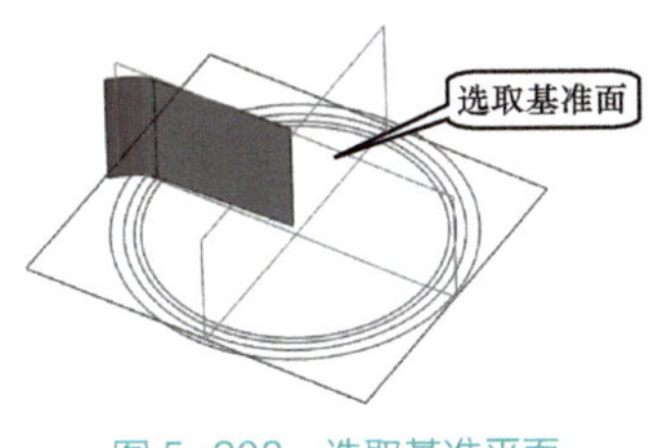

图 5-208 选取基准平面

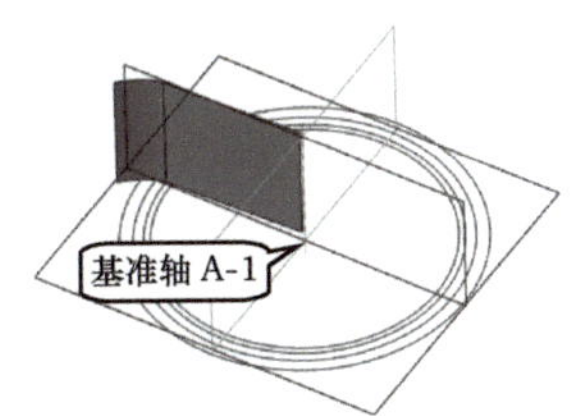

图 5-209 新建基准轴

STEP02 创建基准点。在【基准】工具组中单击 点 按钮，打开【基准点】对话框，选取曲线 d2（分度圆，从外至内的第 2 个圆）和渐开线作为参照，在两者的交点处创建基准点 PNT0，如图 5-210 所示。

STEP03 创建基准平面 1。单击 按钮，打开【基准平面】对话框，按住 Ctrl 键选取基准轴 A-1 和基准点 PNT0 作为参照，创建如图 5-211 所示的基准平面 DTM1。

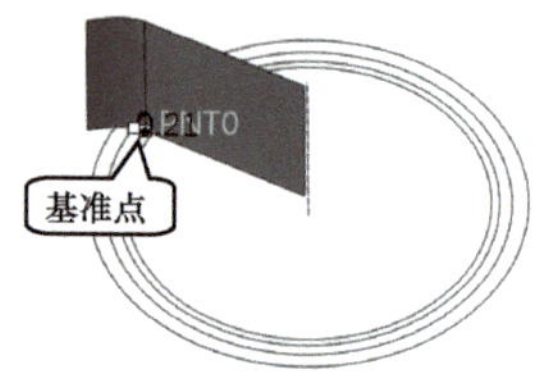

图 5-210　新建基准点

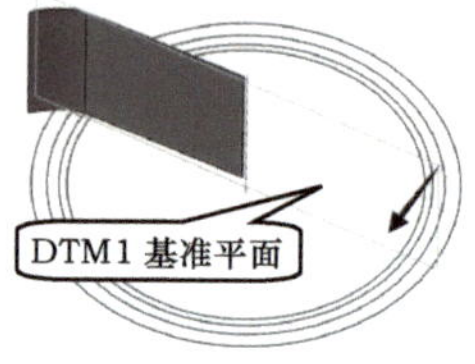

图 5-211　新建基准平面 1

STEP04 创建基准平面 2。将基准平面 DTM1 绕轴 A-1 转过一定角度后，创建图 5-212 所示的基准平面 DTM2。转过的角度任意设置，此处角度值为 45°。

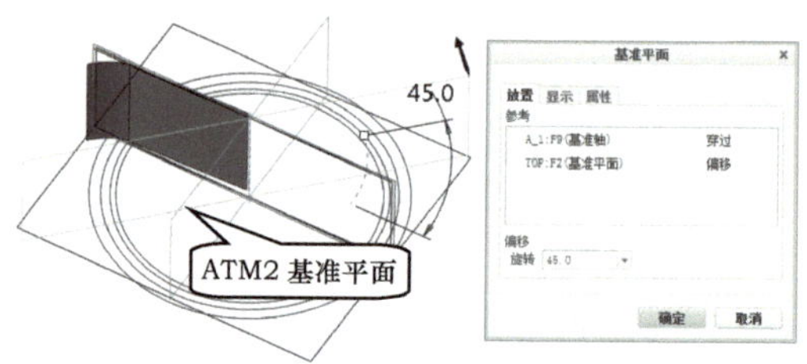

图 5-212　新建基准平面 2

STEP05 仿照步骤 6（3）创建关系的方法，为创建基准平面 DTM2 的旋转角度输入创建关系“d10=90/Z”（这里尺寸代号为 d10），结果如图 5-213 所示。

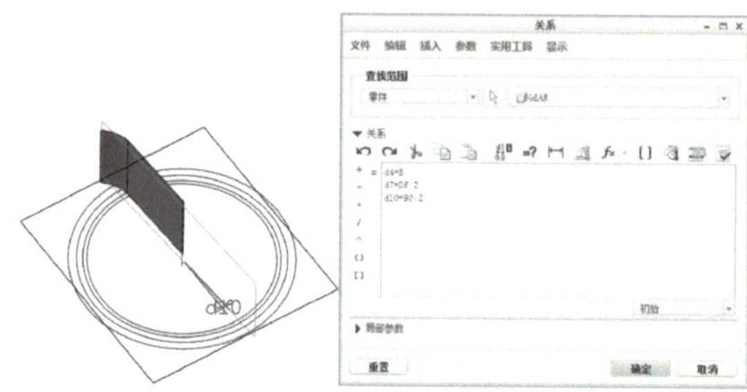

图 5-213　编辑关系

STEP06 单击 按钮，完成平面 DTM2 的创建。

当打开【关系】对话框后，单击目标点时，在这里出现的代号并不是绝对的顺序排列。有时或因为步骤错误撤销返回，再编辑时，代号数字会变化。读者只需根据实际出现的代号进行编辑即可。

9. 镜像曲面

STEP01 选取步骤 6、步骤 7 创建的曲面作为复制对象，然后在【编辑】工具组中单击 镜像 按钮，打开镜像复制工具。

STEP02 选取如图 5-214 所示的 DTM2 作为镜像平面，单击 ✓ 按钮完成镜像设置，结果如图 5-215 所示。

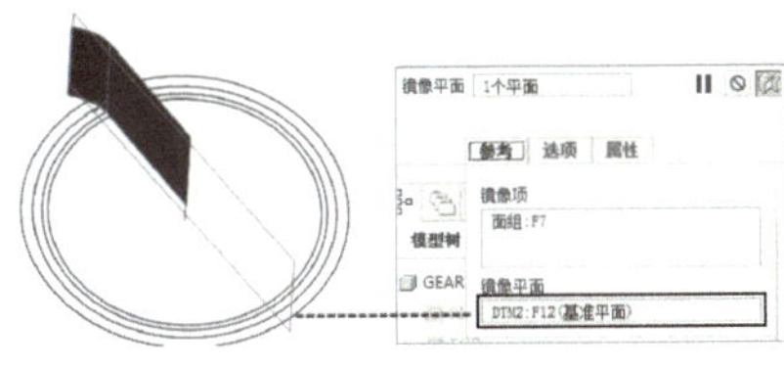

图 5-214　选取平面

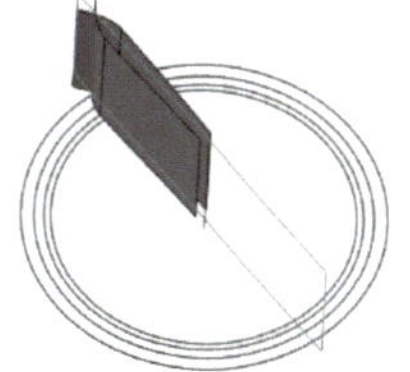
图 5-215　镜像结果

要点提示

被复制曲面由拉伸曲面和延伸曲面两个曲面组成，为了一次选中这两个曲面，应该在设计界面右下角的过滤器下拉列表中选取【面组】选项，把这两个曲面作为面组使用。后面的合并和阵列操作中也要进行类似操作。

10. 合并曲面

选取镜像复制的前后两个拉伸曲面为合并对象，在【编辑】工具组中单击 合并 按钮，打开曲面合并工具，确定保留面组侧后，创建图 5-216 所示的合并结果。

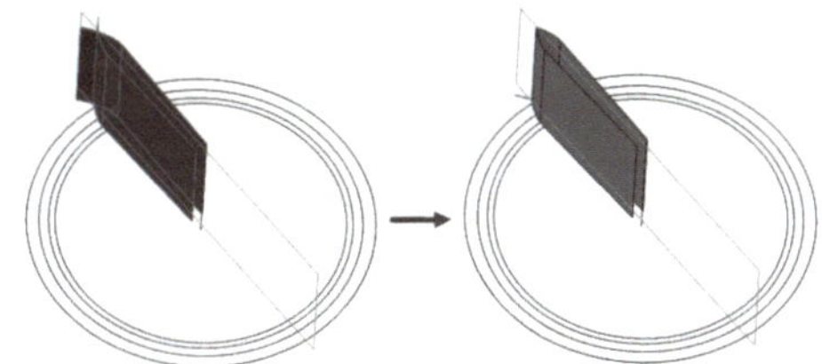
图 5-216　合并曲面

参数化齿轮设计 3

11. 创建拉伸曲面

STEP01 在【形状】工具组中单击 按钮，打开拉伸设计工具，按下 按钮创建曲面特征。

STEP02 选取基准平面 FRONT 作为草绘平面，接受默认参照进入草绘模式。

STEP03 使用 投影 工具的【环】方式选取齿根线 df（最内侧的曲线）作为草绘截面，如图 5-217 所示，完成后退出。曲面高度可以先任意取值。最后得到的拉伸曲面如图 5-218 所示。

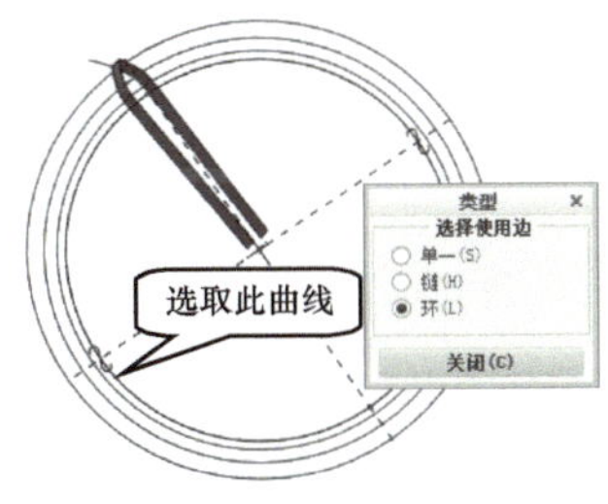

图 5-217　选取曲线

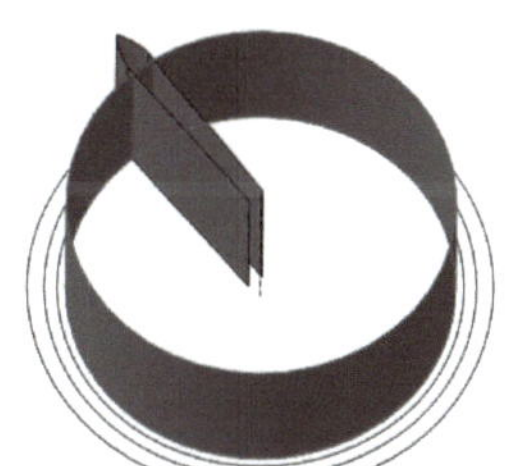
图 5-218　创建的拉伸曲面

STEP04 仿照步骤 6（3）创建关系的方法，选取图 5-219 所示的代号，为曲面高度创建关系“d11=B”，如图 5-220 所示，单击 按钮，再生模型。

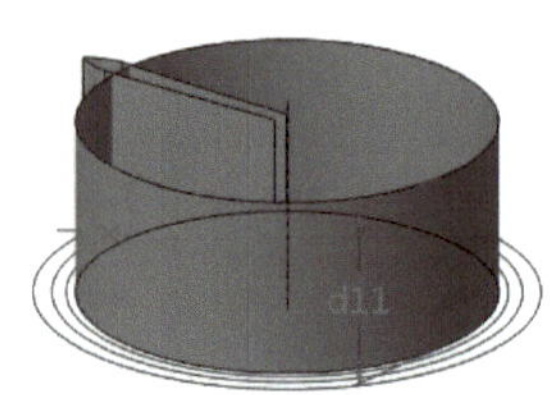

图 5-219　选取代号

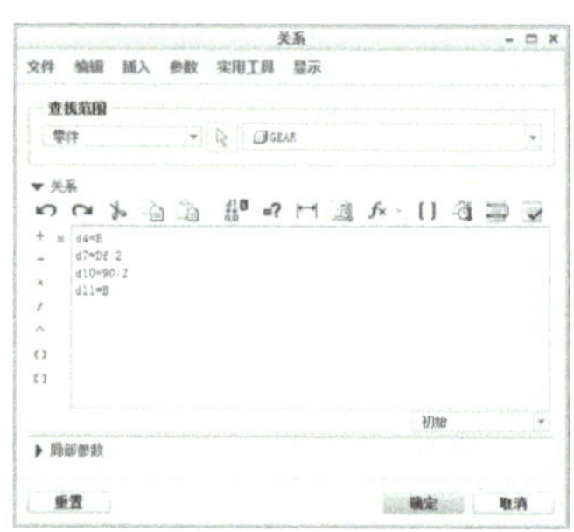

图 5-220　编辑关系式

12. 复制面组

STEP01 选中合并后的面组，在【模型】工具组中单击复制按钮，如图 5-221 所示，单击粘贴按钮旁边的按钮，选择【选择性粘贴】选项，打开【移动（复制）】面板。

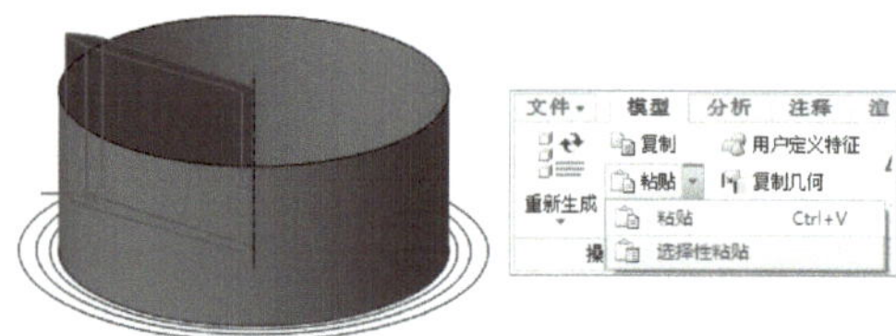

图 5-221　复制粘贴

STEP02 单击按钮，选取基准轴 A_1 作为方向参照，旋转角度输入任意值，如图 5-222 所示，在设计中展开【选项】下拉面板，取消选择【隐藏原始几何】复选项，最后创建的面组结果如图 5-223 所示。

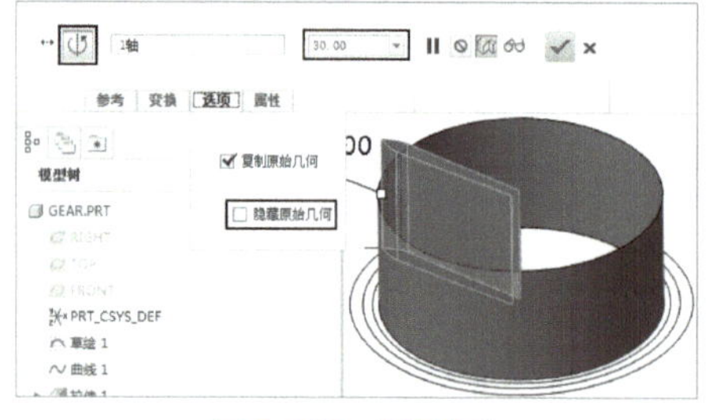

图 5-222　设置参数

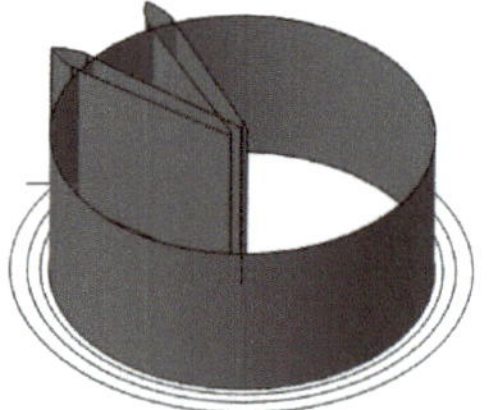

图 5-223　复制结果

STEP03 仿照步骤 6（3）创建关系的方法，为复制时的旋转角度创建关系“d14=360/Z”，如图 5-224 所示。单击按钮，再生后的模型如图 5-225 所示。

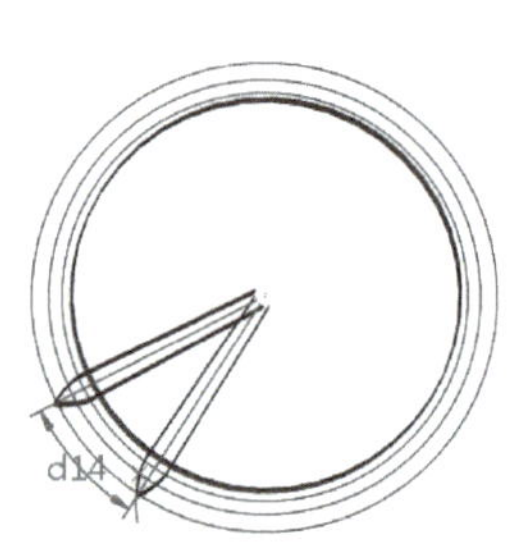

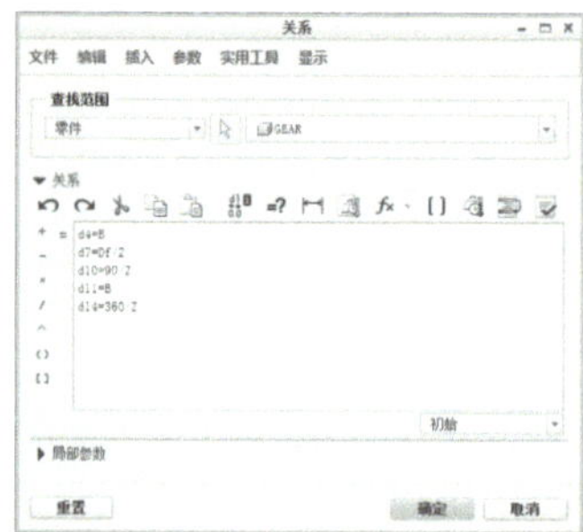

图 5-224　创建关系

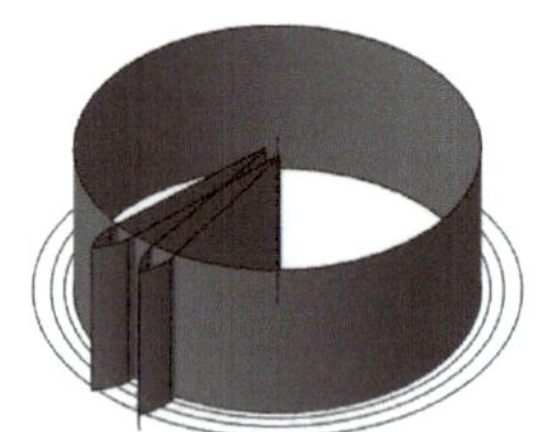

图 5-225　再生模型

13. 阵列面组

STEP01 在模型树窗口中选中步骤 12 创建的旋转复制面组，然后在【编辑】工具组中单击按钮，打开阵列设计工具。

STEP02 选取【尺寸】为阵列方式，并选择如图 5-226 所示的角度尺寸 14.4° 作为驱动尺寸。角度尺寸增量和特征总数取任意值，最后创建的阵列特征如图 5-227 所示。

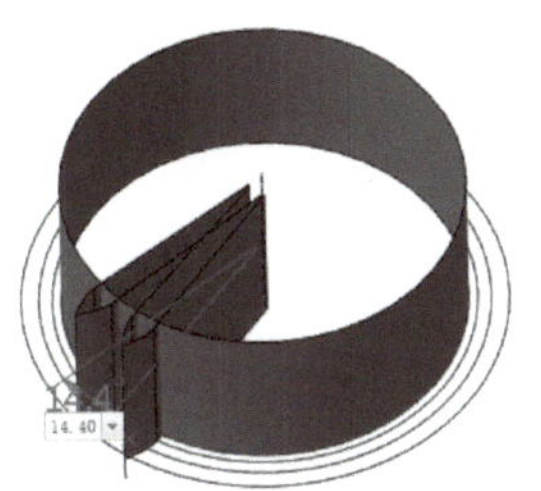

图 5-226 选取阵列参数

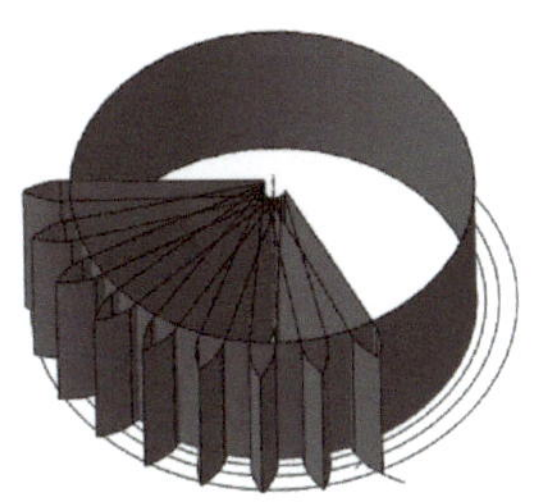

图 5-227 阵列结果

STEP03 仿照步骤 6（3）创建关系的方法，为阵列时的旋转角度创建关系“d16=360/Z”。

STEP04 为阵列特征总数创建关系“p17=Z-1”，如图 5-228 和图 5-229 所示，然后，单击按钮，再生模型，结果如图 5-230 所示。

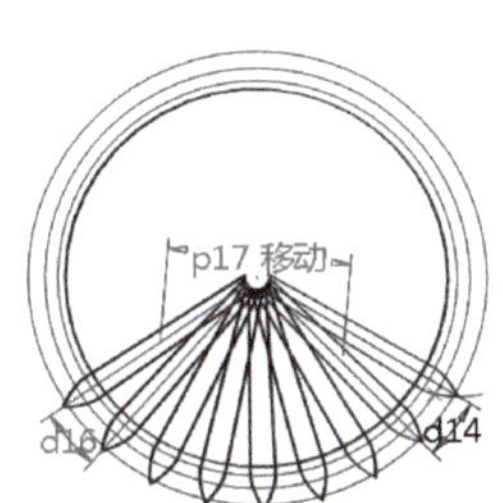

图 5-228 选取代号

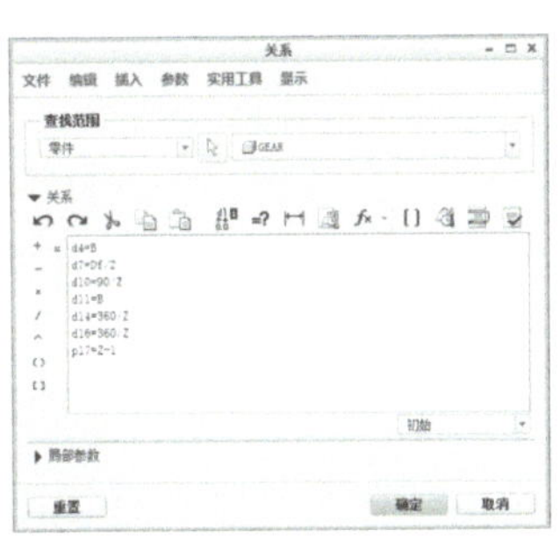

图 5-229 【关系】对话框

14. 合并面组

STEP01 选中图 5-231 所示的两面组（步骤 10 和步骤 11 创建的合并面组和拉伸曲面），在【编辑】工具组中单击合并按钮，打开合并工具，确定保留面组侧如图 5-232 所示，合并结果如图 5-233 所示。

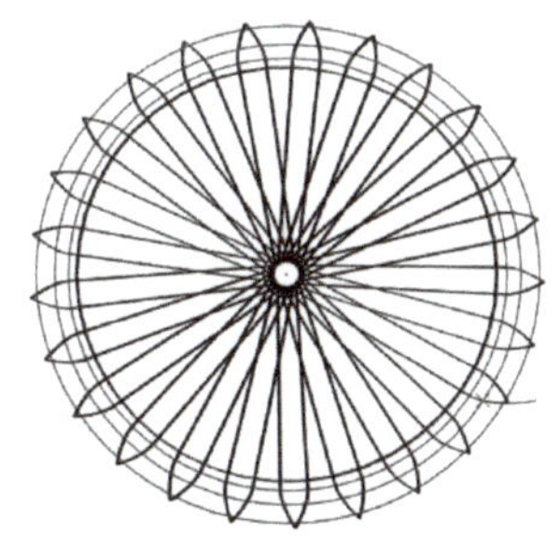

图 5-230 再生结果

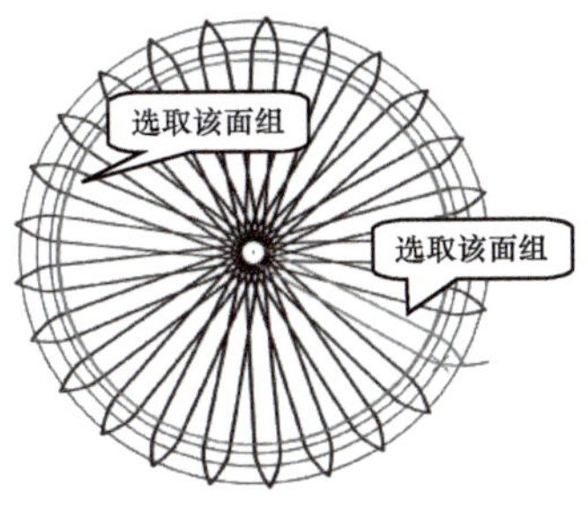

图 5-231 选取面组

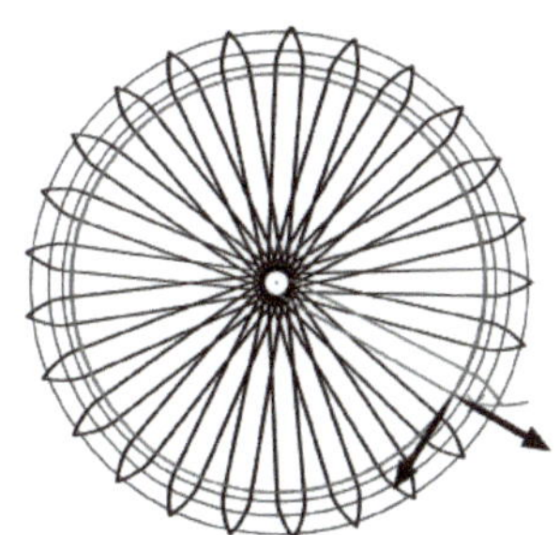

图 5-232 确定保留侧

STEP02 在模型树窗口中展开阵列特征，选中第 1 个特征标识，按住Ctrl键再选中拉伸曲面为合并对象，然后打开合并工具，如图 5-234 所示。确定曲面保留侧，合并结果如图 5-235 所示。

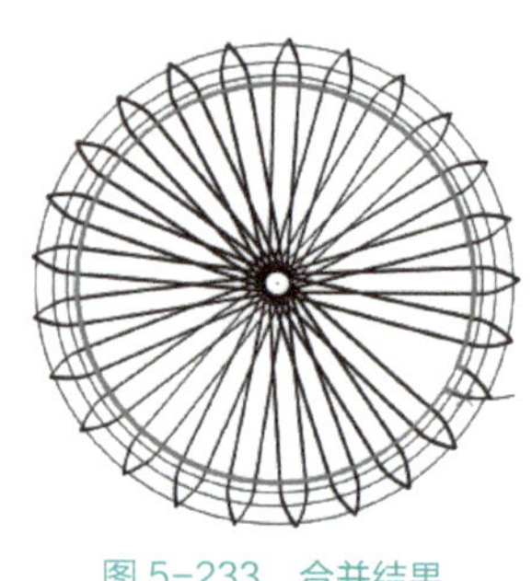

图 5-233　合并结果

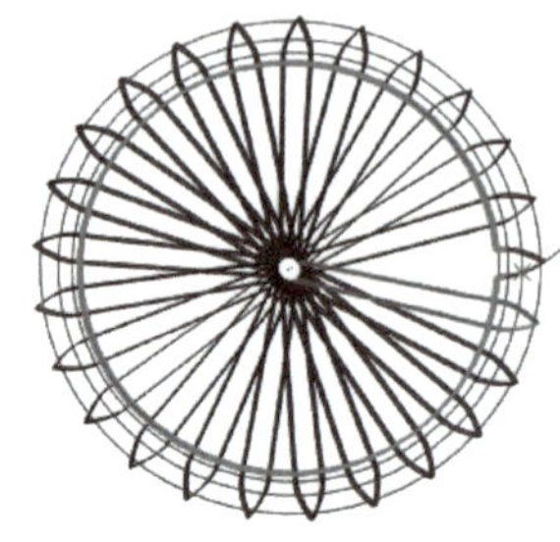

图 5-234　确定保留侧

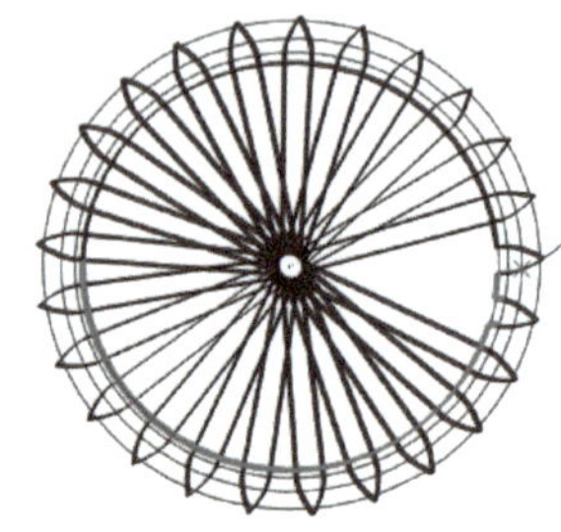

图 5-235　合并结果

15. 阵列合并面组

STEP01 在模型树窗口的“合并 3”特征上单击鼠标右键，然后选取【阵列】命令，如图 5-236 所示。

STEP02 单击鼠标中键，阵列结果如图 5-237 所示。

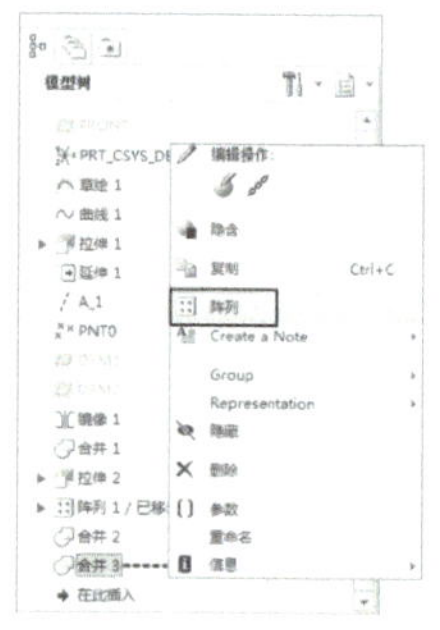

图 5-236　选取合并 3

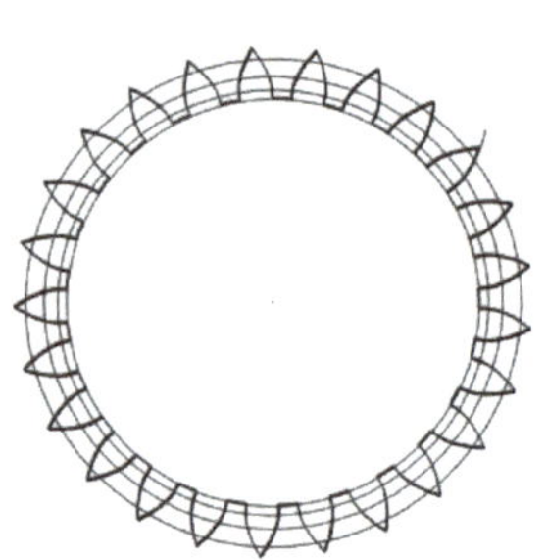

图 5-237　阵列结果

16. 创建拉伸曲面

STEP01 单击按钮，打开拉伸设计工具，按下按钮创建曲面特征。

STEP02 选取基准平面 FRONT 为草绘平面，接受默认参照进入二维模式。

STEP03 使用投影工具以【环】方式选取曲线 d_a（齿顶圆所在的曲线）作为截面，如图 5-238 所示，然后退出草绘模式。

STEP04 展开【选项】下拉面板，选中【封闭端】复选框，如图 5-239 所示。

STEP05 任意设置拉伸高度创建拉伸曲面，拉伸结果如图 5-240 所示。

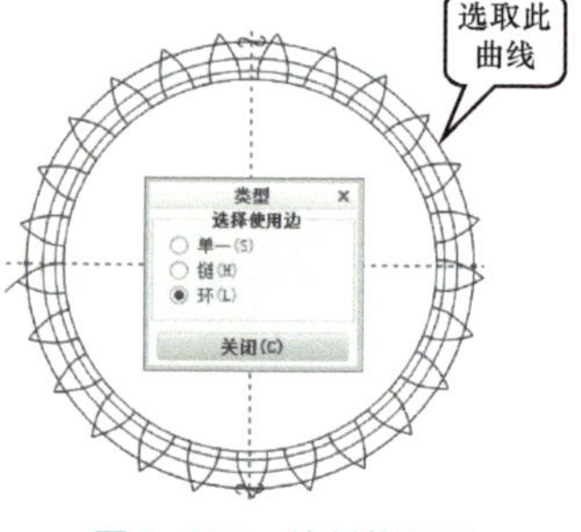

图 5-238　绘制截面图

图 5-239　创建拉伸曲面

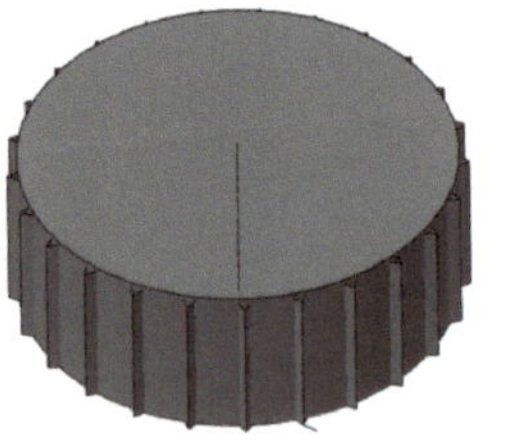

图 5-240　齿轮模型

STEP06 仿照步骤 6（3）创建关系的方法，为曲面高度创建关系“d65=B”，如图 5-241 和图 5-242 所示。单击按钮，再生模型。

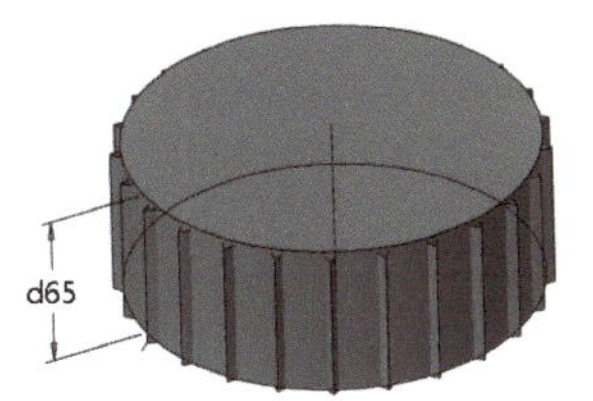

图 5-241　选取代号

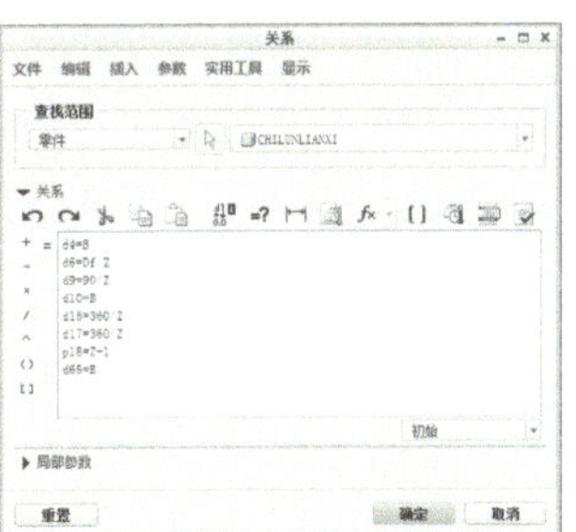

图 5-242 【关系】对话框

17. 合并曲面

STEP01 选取步骤 15 创建的“合并 2”和步骤 16 创建的“拉伸 3”为合并对象，如图 5-243 所示，然后单击 合并 按钮，打开合并工具。

STEP02 确定保留面组侧如图 5-244 所示，合并结果如图 5-245 所示。

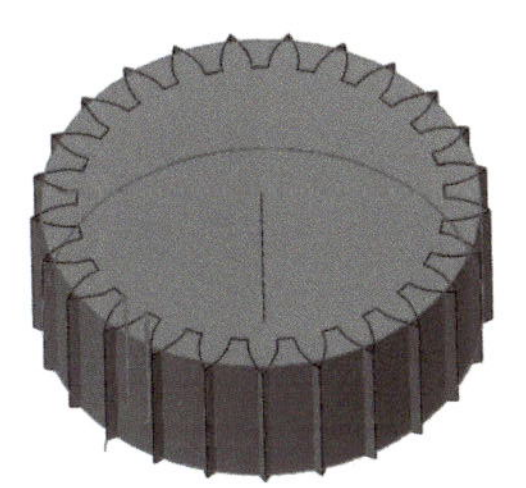

图 5-243　选取合并对象

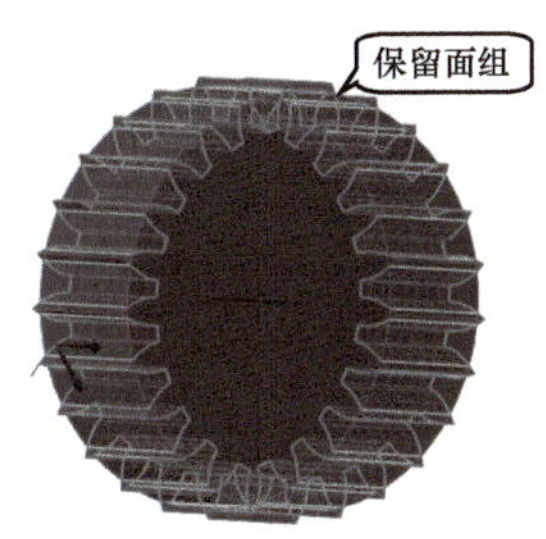

图 5-244　确定保留曲面侧

18. 实体化曲面

STEP01 选中步骤 17 的合并面组，在【编辑】工具组中单击 实体化 按钮，打开实体化工具。

STEP02 单击鼠标中键后创建的实体模型如图 5-246 所示。

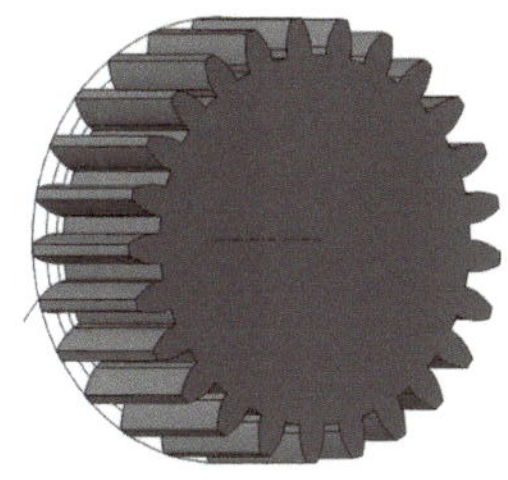

图 5-245　合并结果

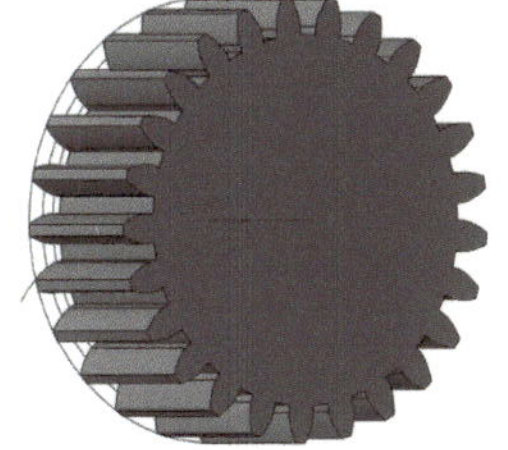

图 5-246　实体化后的模型

要点提示

至此，已经完成了参数化标准直齿圆柱齿轮的建立。读者可以看出，在创建这个齿轮的过程中，首先设置了齿轮的相关参数，然后在建模的过程中使用了大量的关系式，目的就是达到参数化的效果，这样便于更改，也有利于在以后的工作中使用类似的齿轮。

19. 修改齿轮参数方法（1）

STEP01 在【工具】功能区的【模型意图】工具组中单击 参数 按钮，打开【参数】对话框，将齿轮模数修改为 1.5，齿数修改为 40，齿宽修改为 5，如图 5-247 所示。

STEP02 单击 按钮，便可得到更新后的齿轮，如图 5-248 所示。

STEP03 在模型树窗口顶部单击 按钮，选择【层树】，打开图层管理窗口，在项目【03__PRT_ALL_CURVES】上单击鼠标右键，在弹出的快捷菜单中选取【隐藏】命令，隐藏基准曲线，结果如图 5-249 所示。

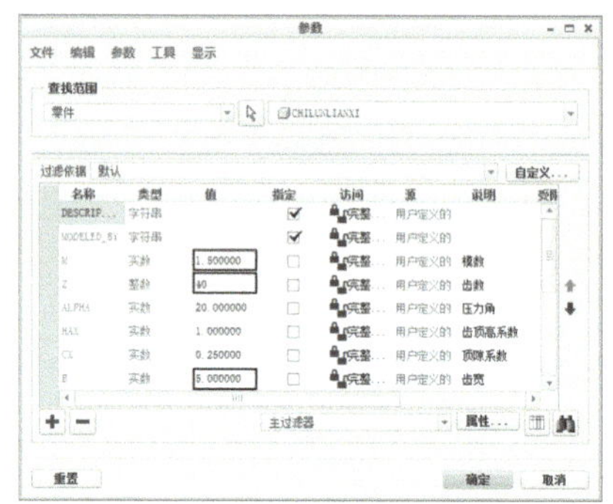

图 5-247 更改尺寸参数

图 5-248 更新后的模型

图 5-249 隐藏基准后的模型

要点提示 用这种方法虽然可以控制零件参数设计新齿轮零件，但是，显然还做得不够，特别是定义的参数很多时，有的参数其实并不需要额外更新，这时，就需要在原有基础上更进一步，通过 PROGRAM 命令来更方便地处理，提高效率。

20. 修改齿轮参数方法（2）

STEP01 在【工具】功能区的【模型意图】工具组下拉面板中选取【程序】选项，打开【菜单管理器】，如图 5-250 所示，选择【编辑设计】选项。在程序编辑中 INPUT 和 END INPUT 两个关键词中间插入下面的内容，如图 5-251 所示。

```
INPUT
M  NUMBER
“输入 M 的新值：”
Z  NUMBER
“输入 Z 的新值：”
B  NUMBER
“输入 B 的新值：”
END INPUT
```

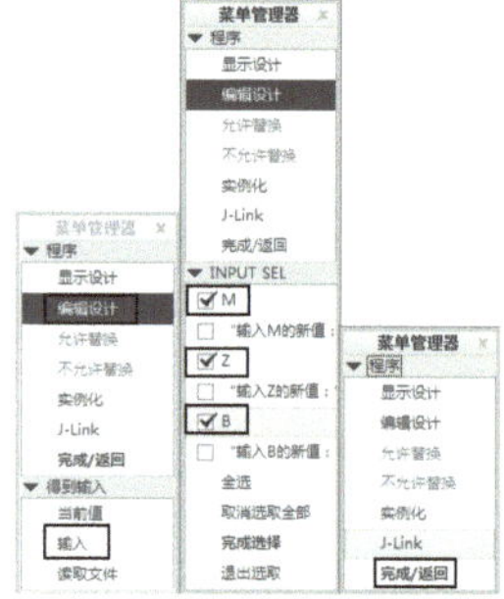

图 5-250 菜单管理器

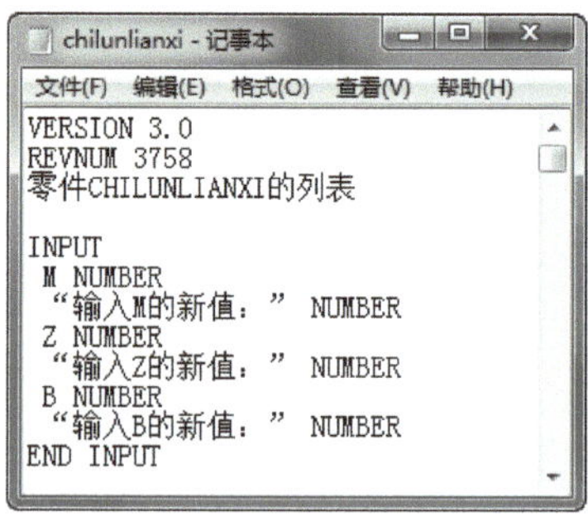

图 5-251 记事本

要点提示

这里输入大小写字母的效果相同，其中 M 代表建立的参数，NUMBER 代表变量的类型为数值，双引号中的内容用来提示输入内容，Creo 中文版支持此处的中文显示。在上面的编辑中，没有引入 ALPHA 这个压力角参数，由于标准齿轮的压力角都是 20，因此，把此变量当成固定值处理。

STEP02 在记事本的【文件】菜单中依次选取【保存】和【退出】命令。

STEP03 编辑完成后，选择 M、Z、B 这 3 个参数后选择【完成选取】。

STEP04 依次在文本框中输入新的数值 2、40、5，如图 5-252 所示。完成后零件自动更新，结果如图 5-253 所示。

图 5-252 输入新值

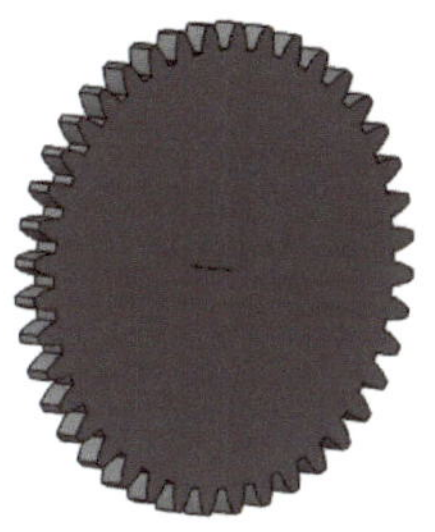
图 5-253 更新结果

要点提示

这里只介绍齿轮轮齿部分的参数化设计方法，请读者在其上添加其他结构设计，并完成参数化建模工作，然后修改设计参数，以获得不同的设计效果，如图 5-135 所示。

21. 创建凹槽特征

STEP01 在【基准】工具组中单击按钮，选择 FRONT 作为草绘平面，如图 5-254 所示，单击确定按钮进入二维草绘模式。

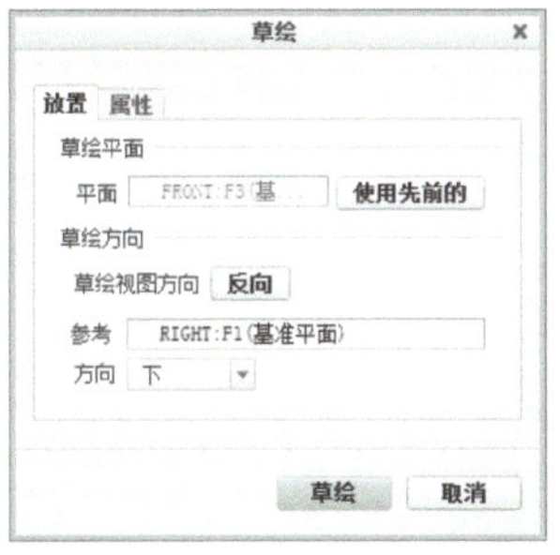

图 5-254 【草绘】对话框

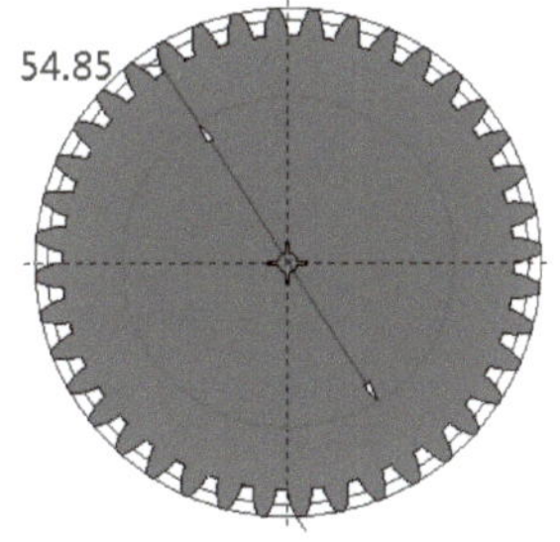

图 5-255 绘制圆

STEP02 绘制如图 5-255 所示的一个直径任意的圆，单击按钮退出草绘模式。在【工具】功能区中单击d= 关系按钮，打开【关系】对话框，将圆直径的尺寸代号添加到关系式，关系式为“d67=0.85*Df”，如图 5-256 所示，单击确定按钮完成草图的绘制。

STEP03 单击按钮，弹出【菜单管理器】，单击【当前值】选项便可得到更新后的尺寸，如图 5-257 所示。

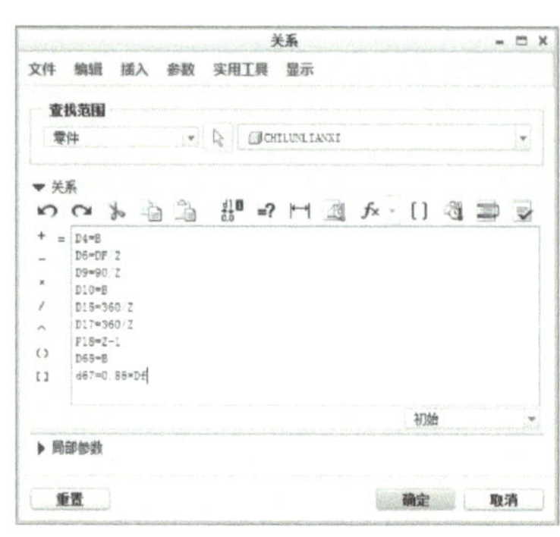

图 5-256 添加关系式

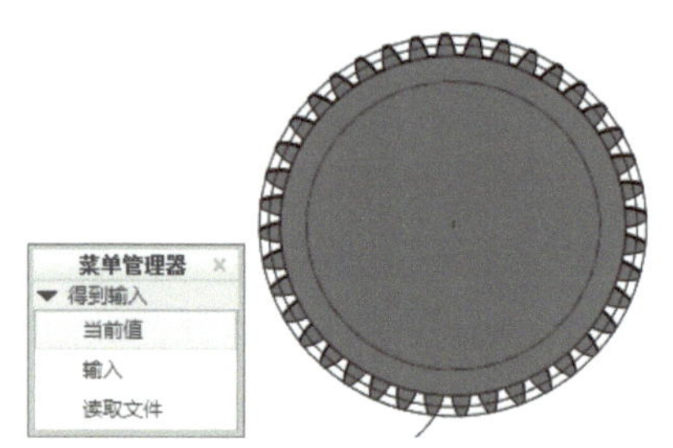

图 5-257 菜单管理器和圆

STEP04 在【形状】工具组中单击 按钮，打开拉伸设计工具，按下 按钮和 按钮创建实体去除材料特征。在拉伸深度文本框内输入拉伸深度值为“0.1*B”，弹出如图 5-258 所示的提示框，单击 是(Y) 按钮完成凹槽特征的创建。结果如图 5-259 所示。

STEP05 创建基准平面。在【基准】工具组中单击 按钮，弹出【基准平面】对话框，如图 5-260 所示。在【模型树】中选取 FRONT 面作为参考平面，在【平移】文本框内输入偏距为“B/2”，回车后系统弹出如图 5-261 所示的是否添加关系式提示框，单击 是(Y) 按钮，再单击 确定 按钮，完成基准平面 DTM2 的创建。

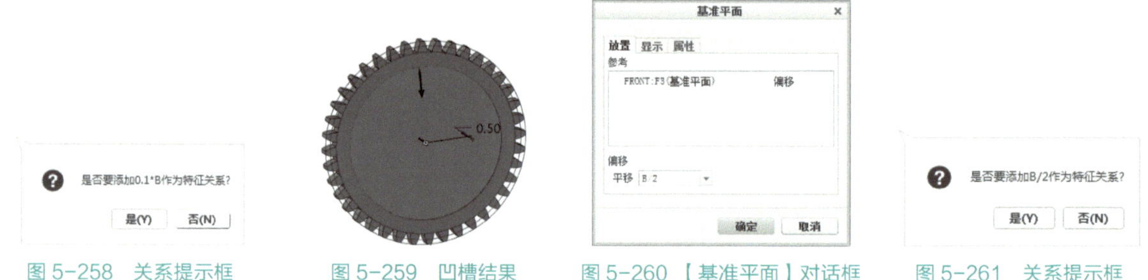

图 5-258 关系提示框　图 5-259 凹槽结果　图 5-260 【基准平面】对话框　图 5-261 关系提示框

STEP06 在【模型树】中选择“拉伸 4”，单击【编辑】工具组中的 镜像 按钮，打开【镜像】操控面板。选取上一步创建的 DTM3 作为镜像平面，单击 按钮，完成镜像特征的创建。结果如图 5-262 所示。

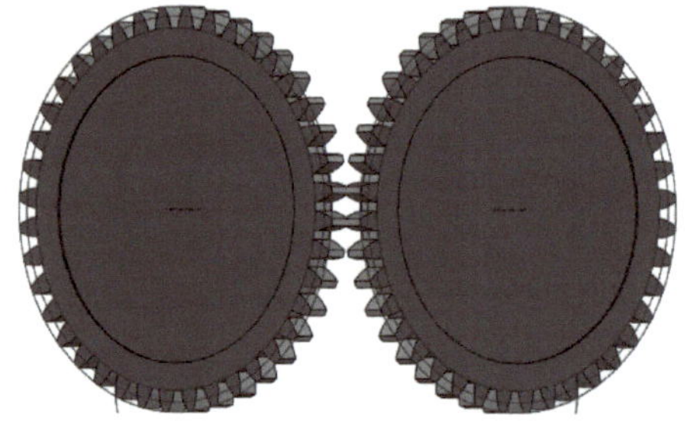
图 5-262 隐藏基准后的模型

22. 创建轴孔和键槽特征

STEP01 在【基准】工具组中单击 按钮，选择 FRONT 作为草绘平面，进入二维草绘模式。

STEP02 绘制一个直径任意的圆，如图 5-263 所示，单击 按钮退出草绘模式。单击 d= 关系 按钮，打开【关系】对话框，添加代号关系式为“d75=31/2”，如图 5-264 所示，单击 确定 按钮完成草图的绘制。

STEP03 单击 按钮，弹出【菜单管理器】，单击【当前值】选项便可得到更新后的尺寸。

STEP04 在【形状】工具组中单击 按钮，启动拉伸工具，设置拉伸方式为实体去除材料特征。选择【模型树】中的“草绘 3”为切除对象，设置拉伸深度为“拉伸至下一曲面”即 按钮，结果如图 5-265 所示。

图 5-263　绘制圆

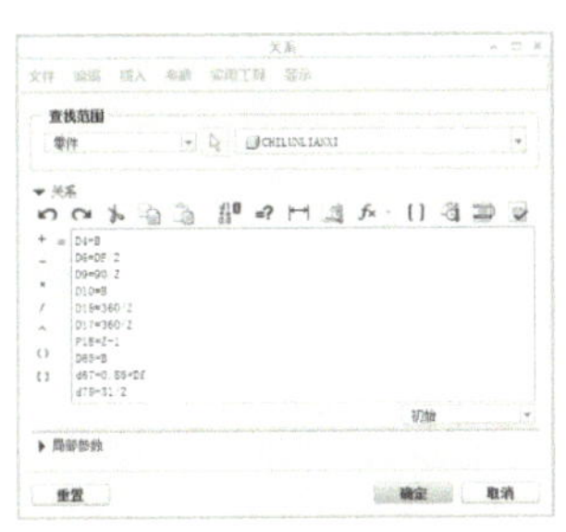

图 5-264　添加关系式

图 5-265　拉伸切除

STEP05 在【基准】工具组中单击 按钮，选择 FRONT 作为草绘平面，进入二维草绘模式。

STEP06 绘制一个尺寸任意的草图，如图 5-266 所示，单击 按钮退出草绘模式。在【工具】功能区中单击 d= 关系 按钮，打开【关系】对话框，添加代号关系式为“d81=5/2，d82=9/2”，如图 5-267 所示。单击 确定 按钮完成草图的绘制，单击 按钮重新生成图形。

STEP07 在【形状】工具组中单击 按钮，启动拉伸工具，设置拉伸方式为实体去除材料特征。选择【模型树】中的“草绘 4”为切除对象，设置拉伸深度为“拉伸至下一曲面”，结果如图 5-268 所示。

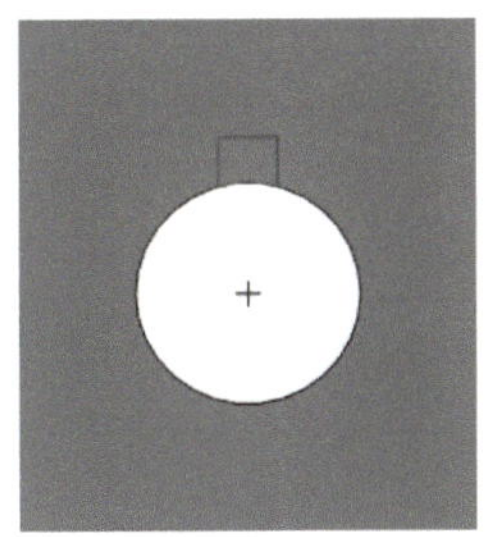

图 5-266　绘制草图

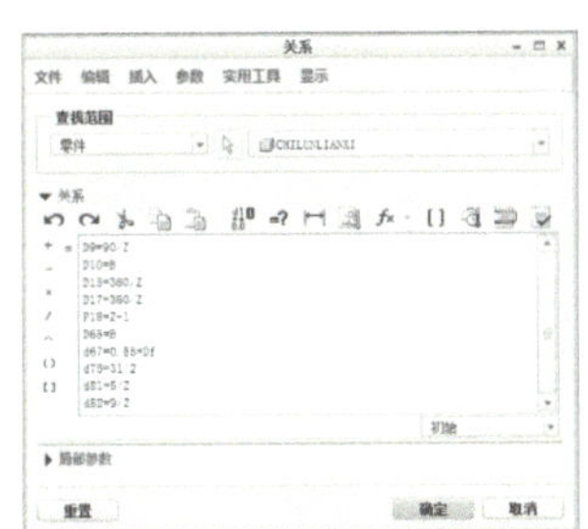

图 5-267　添加关系式

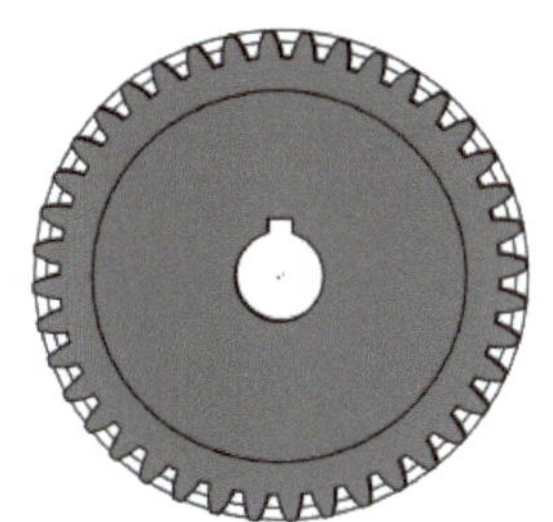

图 5-268　拉伸切除

23. 创建小孔

STEP01 在【基准】工具组中单击 按钮，选择 FRONT 作为草绘平面，进入二维草绘模式。

STEP02 绘制一个任意直径的圆，如图 5-269 所示，单击 按钮退出草绘模式。单击 d= 关系 按钮，打开【关系】对话框，添加代号关系式为“d89=24.12/3，d90=19.7”，如图 5-270 所示。单击 确定 按钮完成草图的绘制，单击 按钮重新生成图形。

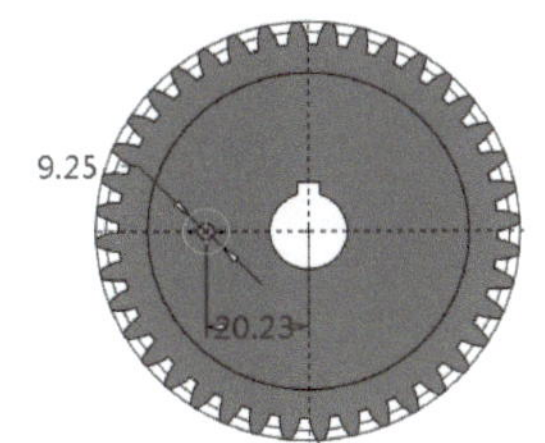

图 5-269　绘制草图

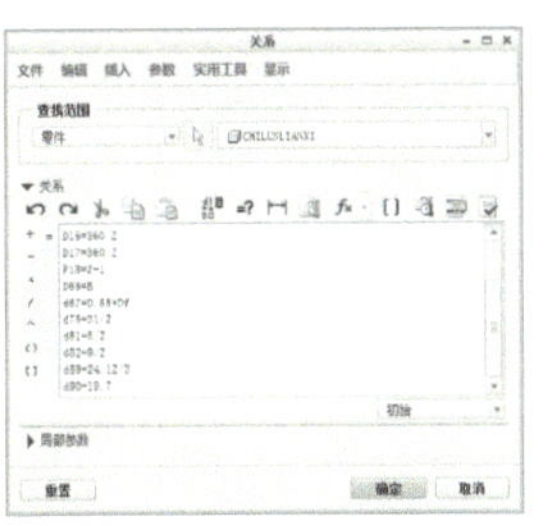

图 5-270　隐藏基准后的模型

STEP03 在【形状】工具组中单击按钮，启动拉伸工具，设置拉伸方式为实体去除材料特征。选择【模型树】中的“草绘 5”为切除对象，设置拉伸深度为“拉伸至下一曲面”，结果如图 5-271 所示。

STEP04 选取步骤（3）创建的小孔特征。在【编辑】工具组中单击按钮，打开“阵列”定义操控面板，设置阵列方式为【轴】，选取轴 A-1 作为阵列的参照，输入阵列个数为 4，偏移角度为 90 度。单击按钮完成阵列，结果如图 5-272 所示。

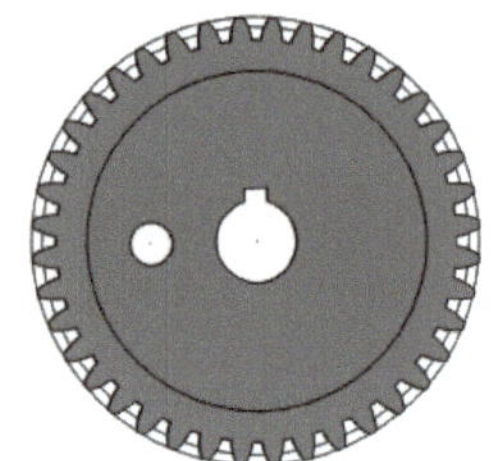
图 5-271　创建小孔

图 5-272　阵列结果

24. 创建倒角特征

STEP01 在【过程】工具组中单击倒圆角按钮，启动【倒圆角】工具。选取如图 5-273 所示的两条边线作为倒角边，单击按钮，完成倒角特征的创建。

STEP02 用相同的方法，为所有圆孔创建倒角值为 0.5 的边倒角特征，单击按钮重新生成图形，结果如图 5-274 所示。至此，用参数化方法来设计的直齿圆柱齿轮创建完成。

图 5-273　倒圆角

图 5-274　最终结果

5.3　小结

本章主要介绍了特征的各种操作方法。即便是最优秀的产品设计师，也不能保证自己可以“一帆风顺”地获得满意的设计结果，因此，一个训练有素的设计人员，在熟练掌握各种造型方法的同时，还要熟练掌握各种特征操作工具的用法，以便能够随时解决设计中出现的问题，并尽可能地获得高的设计效率。

特征阵列是一项非常有效的设计工作，特别适合于创建规则排列的一组特征。在 7 种阵列方法中，尺寸阵列应用最具有一般性，它既可以用于创建线性阵列，也可以用于创建旋转阵列；既可以创建一维阵列，也可以创建多维阵列。在学习尺寸阵列时，应该重点理解驱动尺寸的含义和用途。

应用最为广泛的特征复制方法是镜像复制和移动复制。镜像复制需要指定镜像参照，一般指定基准平面或实体上的平面作为参照。移动复制分为平移和旋转两种类型，设计时，也需要指定必要的设计参照，可以使用顶点、基准轴线、坐标系和基准平面等作为参照。另外，注意复制特征时属性的设置，重点理解“从属”和“独立”属性的差别。

特征的编辑和编辑定义是两个有效的设计工具。在建模过程中，要善于使用这两个工具来修改和完善模型设计。一项完美的设计，都是在反复使用这两种工具不断改进设计方案的基础上最终获得的。使用插入工具，可以在已经创建完成的两个特征之间插入特征。使用编辑参照的方法，可以在删除主特征时，重新为从属特征设定参照。使用调整特征顺序的方法，可以交换不具有主从关系的一组特征的设计顺序，以此来改变设计结果。

参数化设计是 Creo 的核心思想之一。在参数化模型中，参数控制了模型“动”的一面，通过修改参数，可以轻松地使设计“变脸”。而“关系”控制了模型“静”的一面，保证了模型“万变不离其宗”。参数为模型的修改提供了入口。在设计参数时，首先要注意为参数命名时的注意事项，此外，还要注意为参数赋值的方法，可以修改自由参数的值，而由关系控制的参数无法更改其值。

5.4 习题

1. 使用尺寸阵列方法创建旋转阵列时，是否一定需要角度尺寸作为驱动尺寸？使用轴阵列方法创建旋转阵列时呢？
2. 调整特征顺序时必须满足什么条件？
3. 特征隐藏操作和隐含操作在使用上有何区别？
4. 是否可以随意删除一个模型上的参数？
5. 自己动手创建一个参数化模型。

第 6 章
曲面及其应用

曲面是三维实体建模的一种理想设计材料。在现代复杂产品的造型设计中，参数曲面是有效的设计工具。曲面特征虽然在物理属性上和实体模型有很大的差异，没有质量，没有厚度，但是其创建方法和原理与实体特征极其类似。本章将介绍曲面特征的各种创建方法、操作方法，以及由曲面特征构建实体特征的方法。

【学习目标】

- 掌握创建基本曲面特征的方法。
- 掌握创建边界混合曲面特征的方法。
- 掌握创建变截面扫描曲面特征的方法。
- 掌握创建自由曲面的方法。
- 掌握修剪、合并以及实体化等常用曲面操作。

6.1 知识解析

在现代复杂产品设计中，曲面应用广泛，如汽车、飞机等，具有漂亮外观和优良物理性能的表面结构，通常使用参数曲面来构建。本章将介绍曲面特征的各种创建方法和编辑方法。

6.1.1 创建基本曲面特征

曲面特征没有质量和厚度等物理属性。从创建原理来讲，曲面特征和实体特征具有相似性。基本曲面特征是指使用拉伸、旋转、扫描和混合等常用三维建模方法创建的曲面特征。

基础知识

1. 创建拉伸曲面特征

在【形状】工具组中单击 按钮，打开拉伸设计面板，按下 按钮，创建曲面特征，如图 6-1 所示。依次选取草绘平面，绘制截面图，指定曲面深度后，即可创建拉伸曲面特征。

图 6-1 拉伸工具面板

对曲面特征的截面要求，不像对实体特征那样严格，用户既可以使用开放截面来创建曲面特征，也可以使用闭合截面，如图 6-2 所示。

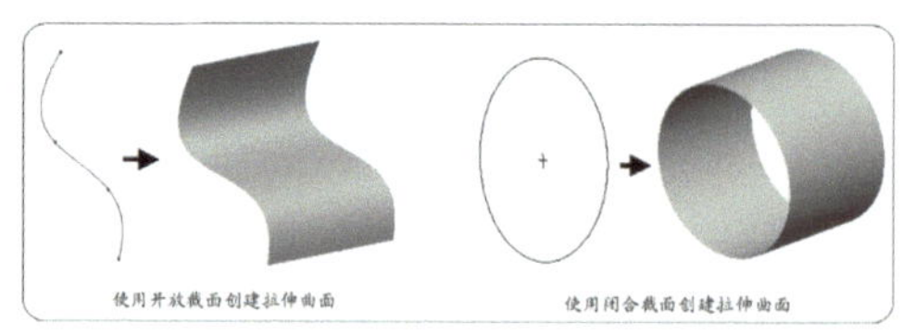

图 6-2 使用截面创建曲面示例

采用闭合截面创建曲面特征时，还可以指定是否创建两端封闭的曲面特征，方法是在设计面板中展开【选项】下拉面板，选取【封闭端】复选项，如图 6-3 所示。

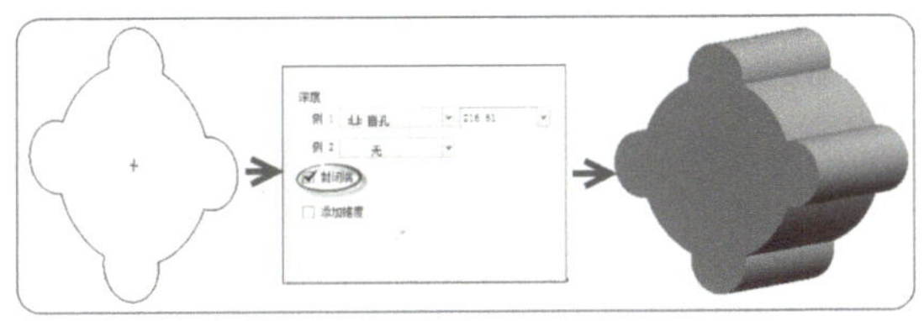

图 6-3　创建封闭曲面

2. 创建旋转曲面特征

在【形状】工具组中单击 旋转 按钮，打开旋转设计工具，按下 按钮，创建曲面特征，正确放置草绘平面后，可以绘制开放截面或闭合截面来创建曲面特征。在绘制截面图时，注意绘制旋转中心轴线，如图 6-4 所示。

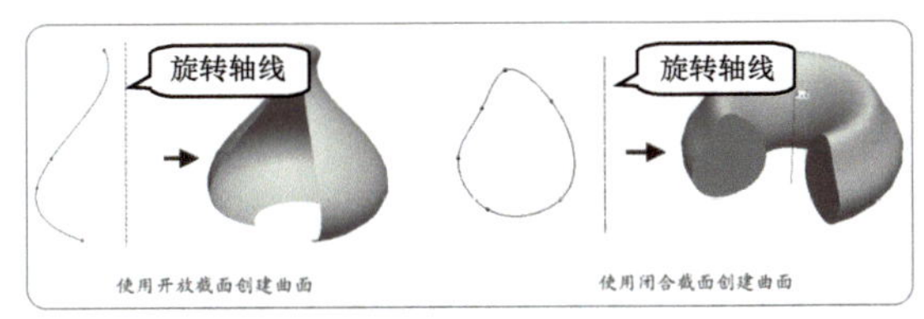

图 6-4　创建旋转曲面特征

3. 创建扫描曲面特征

在【形状】工具组中单击 扫描 按钮，打开扫描设计工具，按下 按钮，创建曲面特征，设计过程主要包括设置扫描轨迹线以及草绘截面图两个基本步骤。展开【选项】下拉面板，在其上选取【封闭端】复选项，即可创建闭合曲面，如图 6-5 所示。

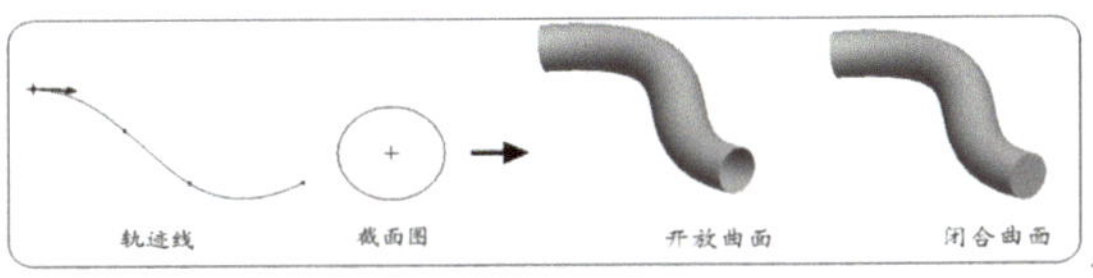

图 6-5　创建扫描曲面

4. 创建混合曲面特征

在【形状】工具组中单击 混合 按钮，打开混合设计工具，按下 按钮，创建曲面特征。混合曲面特征的创建原理也是将多个不同形状和大小的截面按照一定顺序相连，因此，各截面之间也必须满足顶点数相同的条件。混合曲面特征也有【直】和【平滑】两种属性，主要用于设置各截面之间是否光滑过渡，如图 6-6 所示。

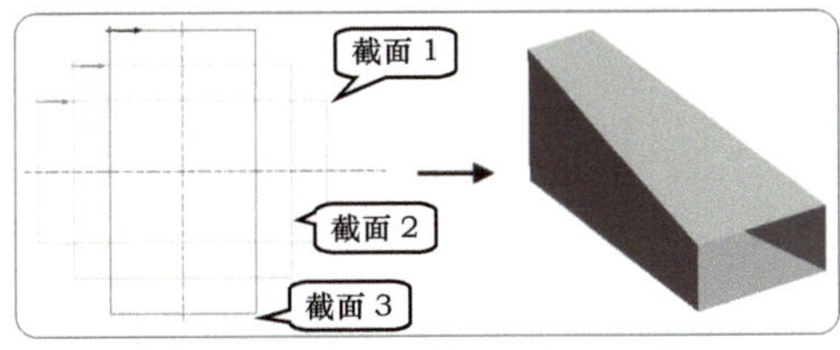

图 6-6　创建混合曲面

基础训练——创建帽形曲面

本例将综合应用基本曲面创建方法创建图 6-7 所示的帽形曲面。

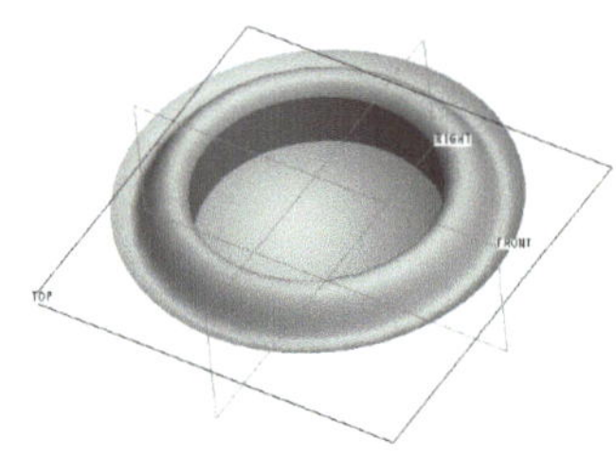

图 6-7　帽形曲面

【操作步骤】

1. 创建旋转曲面特征

创建帽形曲面

STEP01 单击按钮，新建一个名为“basic_surface”的零件文件。

STEP02 在【形状】工具组中单击旋转按钮，打开旋转设计面板，按下按钮，创建曲面特征。

STEP03 选取基准平面 FRONT 作为草绘平面，随后进入二维草绘模式。

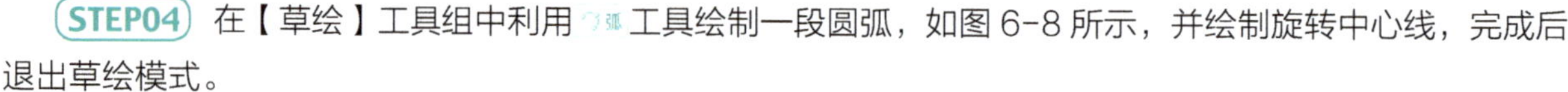

STEP04 在【草绘】工具组中利用弧工具绘制一段圆弧，如图 6-8 所示，并绘制旋转中心线，完成后退出草绘模式。

STEP05 按照图 6-9 设置旋转曲面的其他参数，最后的旋转结果如图 6-10 所示。

图 6-8　旋转截面　　图 6-9　设置旋转参数　　图 6-10　创建的旋转曲面

2. 创建拉伸曲面特征

STEP01 在【形状】工具组中单击按钮，打开拉伸设计面板，按下按钮，创建曲面特征。

STEP02 选取基准平面 TOP 作为草绘平面，随后进入二维草绘模式。

STEP03 在【草绘】工具组中单击投影按钮，使用边工具选取步骤 1 创建的旋转曲面的边线，围成拉伸截面，如图 6-11 所示，按住 Ctrl 键分两次选中整个圆弧边界，投影结果如图 6-12 所示。

STEP04 按照图 6-13 设置曲面的其他参数：拉伸深度为 60，最后的拉伸结果如图 6-14 所示。

图 6-11　选取边线

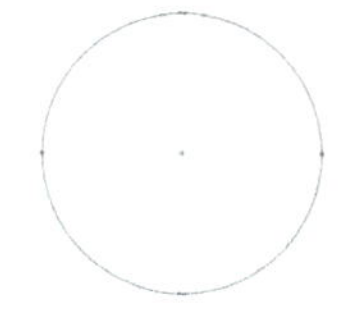

图 6-12　绘制截面图

图 6-13　设置拉伸参数

图 6-14　创建的拉伸曲面

3. 创建扫描曲面特征

STEP01 在【形状】工具组中单击 扫描 按钮，打开扫描设计面板，按下 按钮，创建曲面特征。

STEP02 展开面板左下角的【参考】下拉面板，单击 细节... 按钮，弹出【链】对话框。

STEP03 选取步骤 2 创建的拉伸曲面的边线作为扫描轨迹线（按住Ctrl键分两次选中），如图 6-15 所示，然后单击 确定(O) 按钮，完成轨迹线的定义。

STEP04 在【扫描】面板中单击 按钮，进入二维草绘模式，使用 样条 工具绘制图 6-16 所示的扫描截面，完成后退出草绘模式。

图 6-15 选取轨迹线

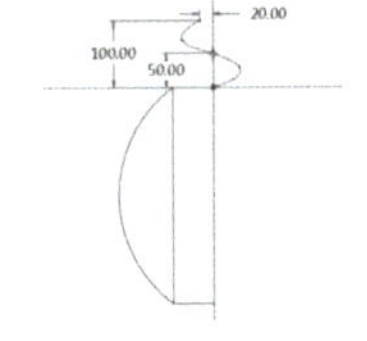

图 6-16 绘制截面图

STEP05 单击 按钮退出扫描模式，完成最终的设计。

6.1.2 创建边界混合曲面特征

边界混合曲面的创建原理具有典型代表性。首先构建由曲线围成曲面边界，然后填充曲线边界构建曲面。

基础知识

设计时，可以在一个方向上指定边界曲线，也可以在两个方向上指定。此外，为了获得理想的曲面特征，还可以指定控制曲线来调节曲面的形状。

1. 设计工具

在【曲面】工具组中单击 （边界混合）按钮，打开图 6-17 所示的设计工具，即可创建边界混合曲面。

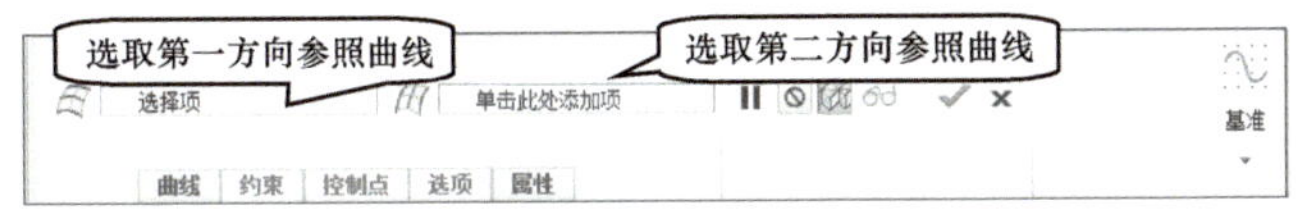

图 6-17 边界混合曲面设计工具

2. 使用一个方向上的曲线创建边界混合曲面

在图 6-17 中单击激活【第一方向】列表框（第 1 个列表框）后，按住Ctrl键依次选取图 6-18 所示的曲线 1、曲线 2 和曲线 3 作为边界曲线，创建边界混合曲面。如果选中【闭合混合】复选项，则将第 1 条曲线和第 3 条曲线混合，生成封闭曲面。

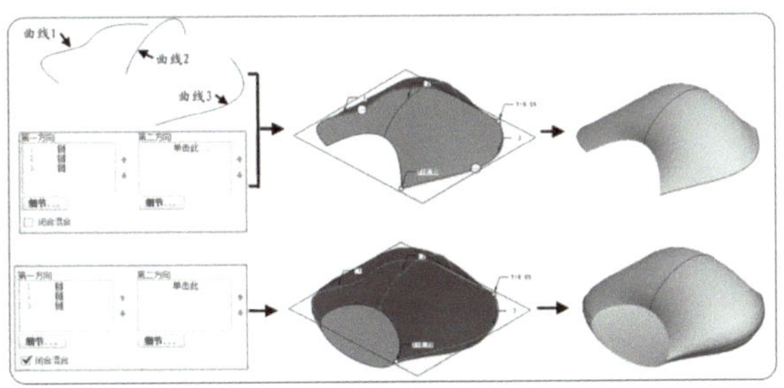

图 6-18 使用一个方向上的曲线创建边界混合曲面示例 1

不同的曲线选取顺序会生成不同的曲面，如图 6-19 所示。选中曲线后，单击参数面板右侧的 ↑ 或 ↓ 按钮，可使曲线向上或向下移动，从而调节混合连线的选取顺序。

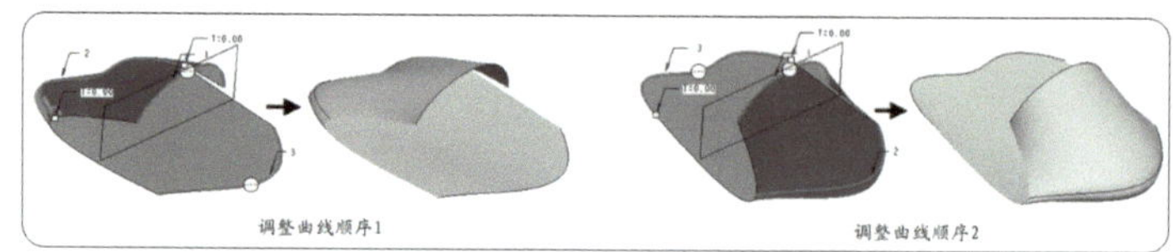

图 6-19　使用一个方向上的曲线创建边界混合曲面示例 2

3. 使用影响曲线来创建边界混合曲面特征

影响曲线用来调节曲面形状，当一条曲线被选作影响曲线后，曲面不一定完全经过该曲线，而是根据设定的平滑度值的大小逼近该曲线。展开【选项】下拉面板，在其中设置以下参数。

- 选取影响曲线：激活【影响曲线】文本框，选取曲线作为影响曲线。
- 设置平滑度因子：该因子是一个 0 ~ 1 的实数。数值越小，边界混合曲面愈逼近选定的拟合曲线。
- 设置方向一和方向二的曲面片数：控制边界混合曲面沿两个方向的曲面片数。曲面片数越多，曲面愈逼近拟合曲线。若使用一种曲面片数构建曲面失败，则可以修改曲面片数量重新构建曲面。曲面片数范围是 1~29。

选取曲线 1 和曲线 3 作为第一方向上的边界曲线后，激活【影响曲线】列表框，选取曲线 2 作为影响曲线，设置平滑度为 0.3，u 方向和 v 方向的曲面片数为 20，最后创建的边界混合曲面特征如图 6-20 所示。

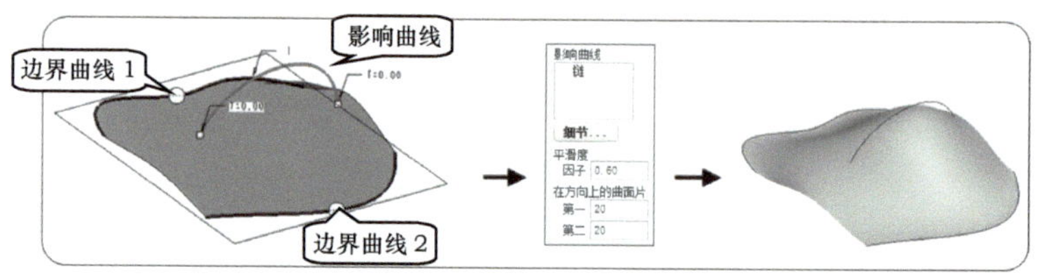

图 6-20　使用影响曲线

4. 创建双方向上的边界混合曲面

创建两个方向上的边界混合曲面时，除了指定第 1 个方向的边界曲线外，还必须指定第 2 个方向上的边界曲线。如图 6-21 所示，按住 Ctrl 键选取曲线 1 和曲线 3 作为第 1 个方向上的边界曲线，在设计面板上单击激活第 2 个文本框，选取曲线 2 和曲线 4 作为第 2 方向的边界曲线，即可创建边界混合曲面特征。

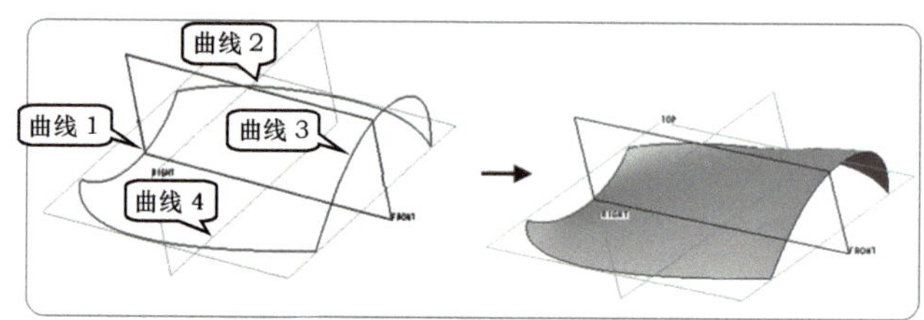

图 6-21　创建双方向上的边界混合曲面

5. 设置边界条件

在创建边界混合曲面时，如果新建曲面与已知曲面在边线处相连，则可以通过设置边界条件的方法设置两曲面在连接处的过渡形式，以得到不同的连接效果。

展开设计面板左下角的【约束】下拉面板，可以在新建曲面的选定边线处设置边界条件，可以选用的边界条件有以下 4 种。

❶ **自由**

新建曲面和相邻曲面间没有任何约束，完全为自由状态，在曲面交接处有明显的边界。

❷ **切线**

新建曲面在边线处与选定的参照（基准平面或曲面）相切。此时，在曲面交接处通常没有明显的边界，为光滑过渡状态。

❸ **曲率**

新建曲面在边线处与选定的曲面曲率协调，在交接处没有明显的边界，为光滑过渡。

❹ **垂直**

新建曲面在边线处与选定的参照（基准平面或曲面）垂直。

图 6-22 所示是各种不同边界条件的示例。

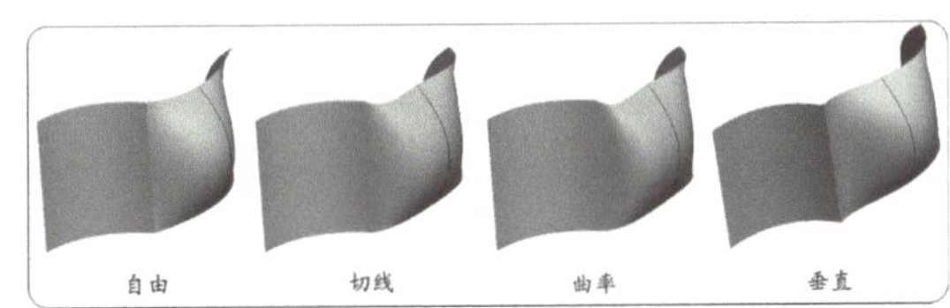

图 6-22 不同边界条件的示例

基础训练——创建伞状曲面

本例将使用边界混合曲面创建图 6-23 所示的伞状曲面。

图 6-23 创建的伞状曲面

【操作步骤】

1. 新建零件文件

单击按钮，新建一个名为 umbrella 的零件文件。

2. 创建草绘曲线

STEP01 在【基准】工具组中单击（草绘）按钮。

STEP02 选择基准平面 FRONT 作为草绘平面，单击确定按钮进入草绘模式。

STEP03 在【草绘】工具组中利用弧工具绘制弧，如图 6-24 所示，最后创建的曲线如图 6-25 所示。

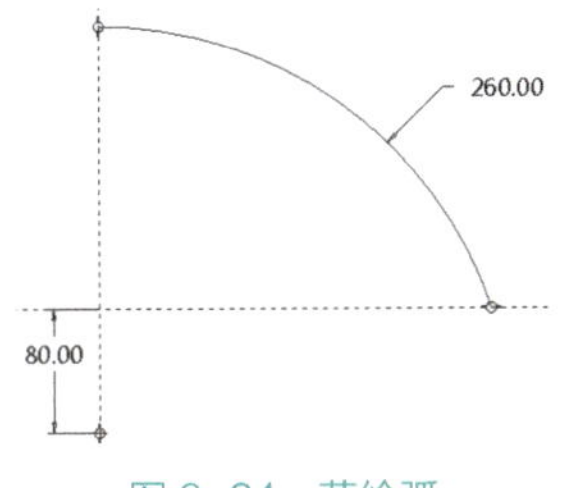

图 6-24 草绘弧

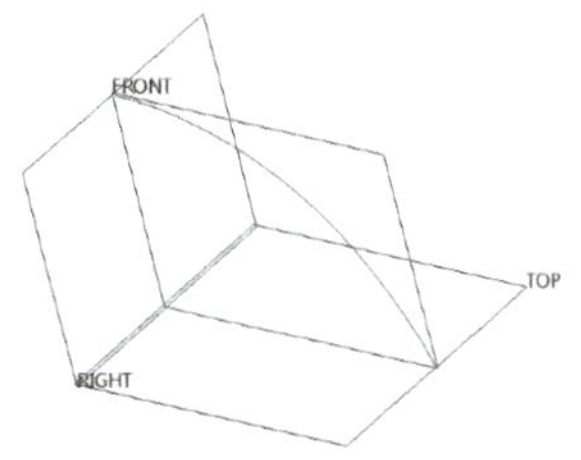

图 6-25 创建的草绘曲线

3. 创建基准轴

STEP01 在【基准】工具组中单击 轴 按钮，启动基准轴工具。

STEP02 先选择基准平面 TOP，再按Ctrl键选取图 6-26 所示的曲线终点。

STEP03 单击 确定 按钮，创建基准轴，结果如图 6-27 所示。

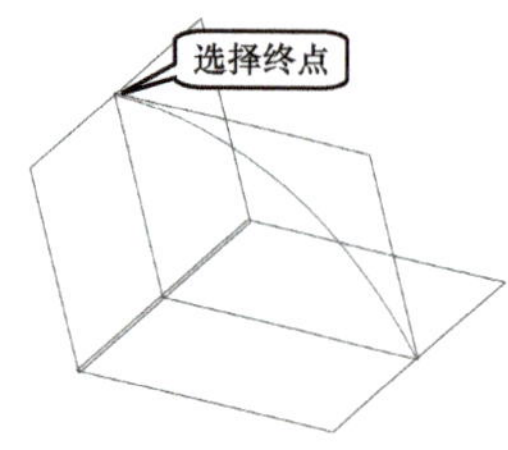

图 6-26 选择弧终点

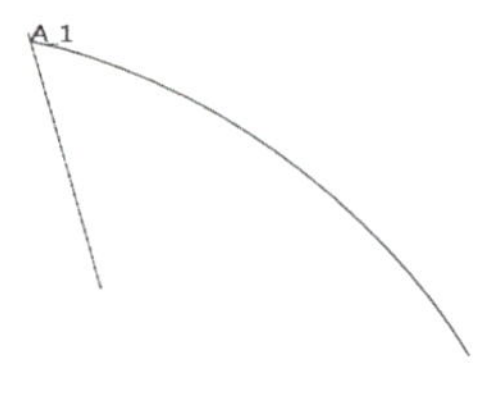

图 6-27 创建基准轴 A-1

4. 复制曲线

STEP01 选中草绘曲线，单击【操作】工具组中的 复制 按钮复制特征。

STEP02 单击 粘贴 按钮右边的 按钮打开下拉菜单，选择【选择性粘贴】选项，设置如图 6-28 所示的参数，然后单击 确定(O) 按钮。

STEP03 选择基准轴 A-1 为方向参照，设置【旋转】角度为 60，然后单击 按钮，结果如图 6-29 所示。

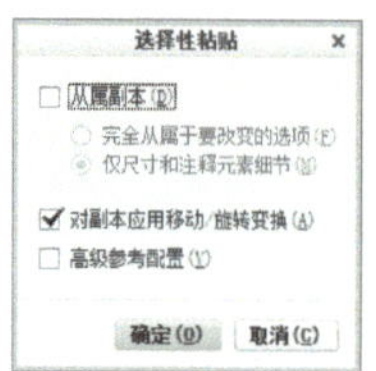

图 6-28 【选择性粘贴】对话框

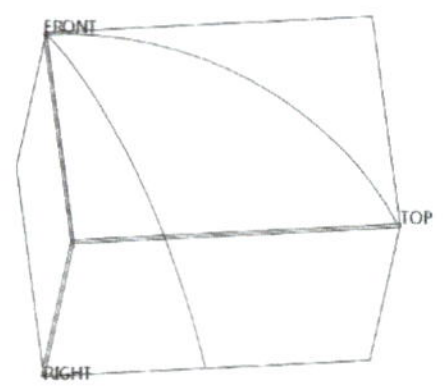

图 6-29 复制曲线

5. 草绘曲线

STEP01 在【基准】工具组中单击 （草绘）按钮，启动草绘工具。

STEP02 选择基准平面 TOP 作为草绘平面，单击 确定 按钮进入草绘模式。

STEP03 单击【设置】工具组中的 参考 按钮，打开【参考】对话框，如图 6-30 所示，捕捉到两曲线的端点后单击鼠标左键，添加点（参考），然后单击 关闭(C) 按钮创建参考，如图 6-31 所示。

图 6-30 【参考】对话框

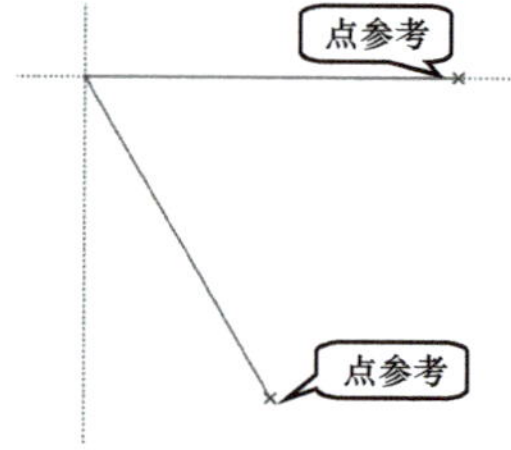

图 6-31 创建参考点

STEP04 绘制图 6-32 所示的草绘截面，结果如图 6-33 所示。

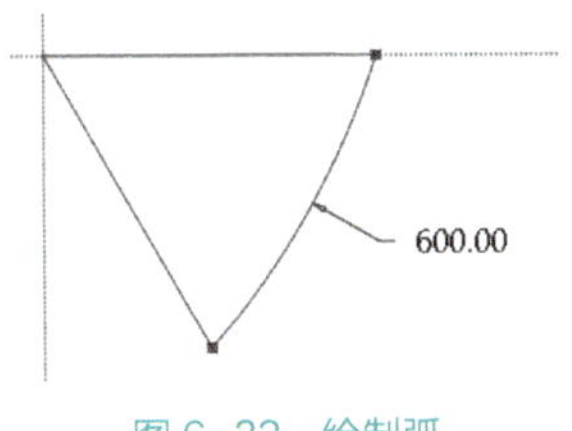

图 6-32　绘制弧

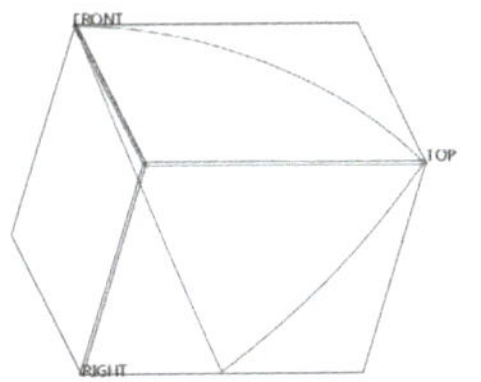

图 6-33　最后生成的特征

6. 创建边界混合特征

STEP01 单击 （边界混合）按钮，启动创建边界混合工具。

STEP02 选择第 1 方向曲线，按住 Ctrl 键依次选择曲线 1 和曲线 2，如图 6-34 所示。

STEP03 选择第 2 方向的曲线。激活第 2 方向曲线收集器，选择基准曲线 3，如图 6-35 所示。

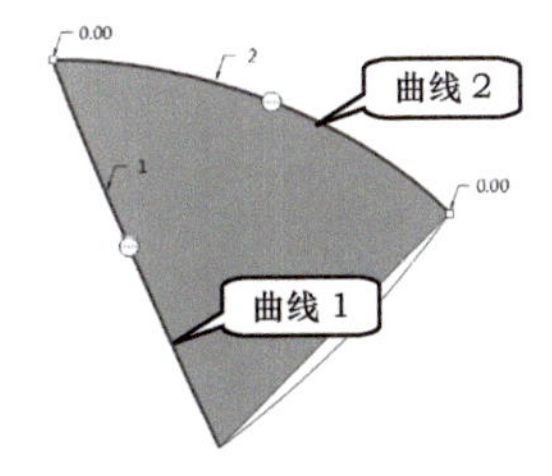

图 6-34　选择曲线 1、曲线 2

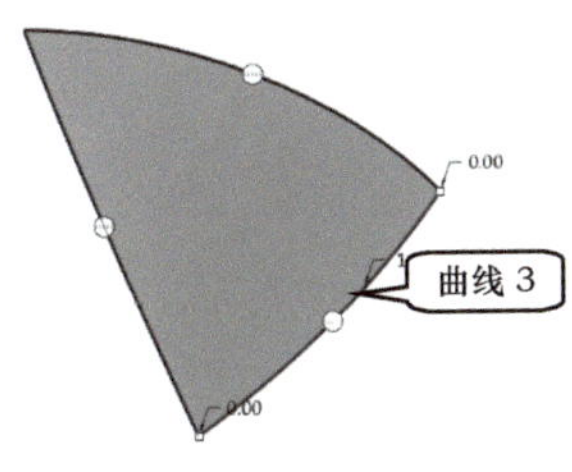

图 6-35　选择曲线 3

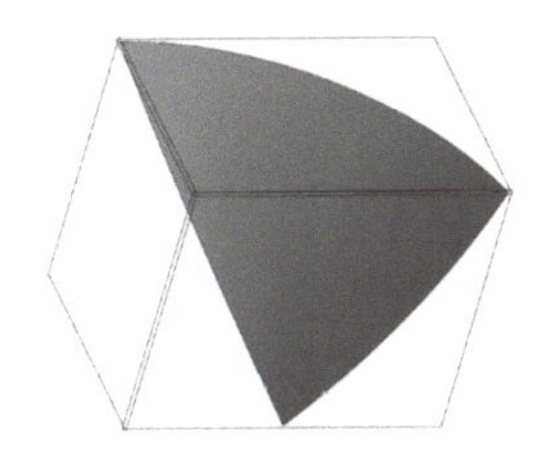

图 6-36　创建边界混合特征曲面

STEP04 单击 按钮，创建边界混合特征曲面，结果如图 6-36 所示。

7. 创建阵列特征

STEP01 选中步骤 7 创建的曲面，单击 （阵列）按钮，启动阵列工具。

STEP02 在设计面板左侧的第 1 个下拉列表中选择【轴】选项，选择 A-1 轴作为旋转轴。

STEP03 其他参数设置如图 6-37 所示。

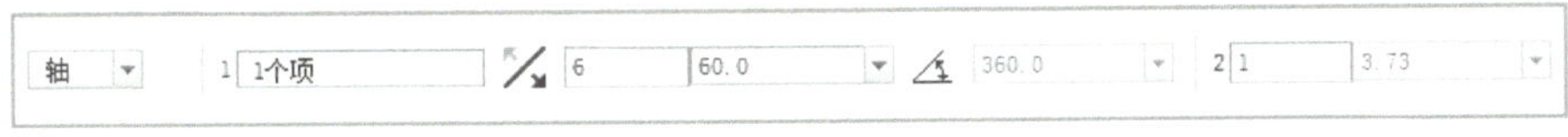

图 6-37 【阵列】参数面板

STEP04 单击 按钮，创建阵列特征，完成伞状曲面的创建。

6.1.3 创建变截面扫描曲面特征

变截面扫描使用可以变化的截面创建扫描特征，能够创建出形状变化更为丰富的特征。

基础知识

基本扫描建模时，将扫描截面沿一定的轨迹线扫描后生成曲面特征，虽然轨迹线的形式多样，但由于扫描截面固定不变，所以最后创建的曲面相对比较单一。

1. 变截面的含义

变截面扫描的核心是截面“可变”，截面的变化主要包括以下几个方面。

- 方向：可以使用不同的参照确定截面扫描运动时的方向。
- 旋转：扫描时可以绕指定轴线适当旋转截面。
- 几何参数：扫描时可以改变截面的尺寸参数。

2. 基本概念

在变截面扫描中，通过综合控制多个参数，可以获得不同的设计效果。在创建变截面扫描时，可以使用以下两种截面形式，其建模原理有一定的差别。

① 恒定截面

在沿轨迹扫描的过程中，草绘截面的形状不发生改变，而唯一发生变化的是截面所在框架的方向。

② 变截面

通过在草绘截面图元与其扫描轨迹之间添加约束，或使用由参数控制的截面关系式，使草绘截面在扫描运动过程中可变。

③ 关系式

关系式是一种抽象出来的截面尺寸变化规律，此处的关系式比较特殊，主要由参数 trajpar 控制，相关用法后续将详细介绍。

④ 框架

框架实质上是一个坐标系，该坐标系能带动其上的扫描截面沿着扫描原始轨迹滑动。坐标系的轴由辅助轨迹和其他参照定义，如图 6-38 所示。

要点提示

3. 变截面扫描的一般步骤

变截面扫描的一般步骤如下。

a. 创建并选取原始轨迹。

b. 打开【扫描】工具。

c. 根据需要添加其他轨迹。

d. 指定截面控制以及水平 / 垂直方向的控制参照。

e. 草绘截面。

f. 预览几何并完成特征。

4. 选取轨迹

在【形状】工具组中单击 扫描 按钮，打开扫描设计工具，展开【参考】下拉面板，如图 6-39 所示。首先向面板顶部的轨迹列表中添加扫描轨迹，在添加轨迹时，如果同时按住&键，可以添加任意多个轨迹。

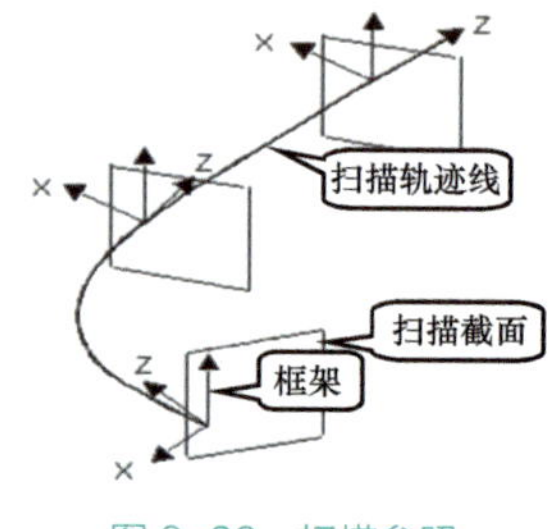

图 6-38 扫描参照

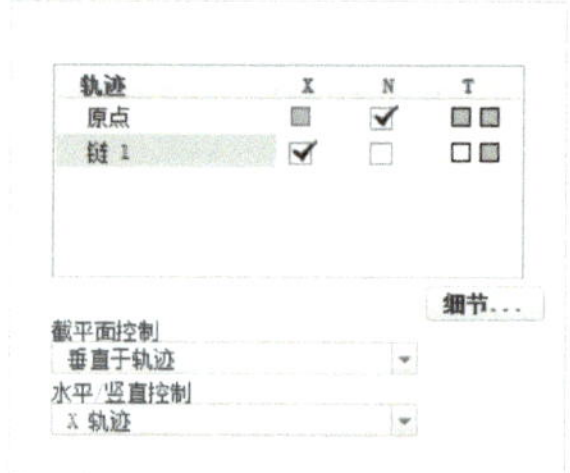

图 6-39 【参考】面板

变截面扫描时可以使用以下几种轨迹类型。

- 原始轨迹：在打开设计工具之前选取的轨迹，即基础轨迹线，具备引导截面扫描移动与控制截面外形变化的作用，同时确定截面中心的位置。
- 法向轨迹：在扫描过程中，扫描截面始终保持与法向轨迹垂直。
- X轨迹：沿x坐标方向的轨迹线。

图6-40和图6-41所示是扫描轨迹选取示例。

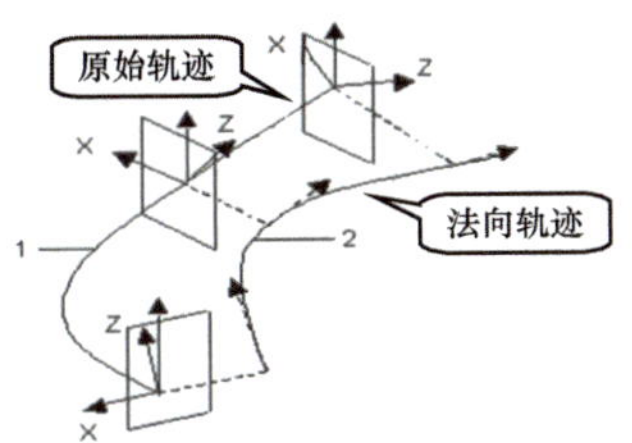

图6-40 扫描轨迹选取示例1

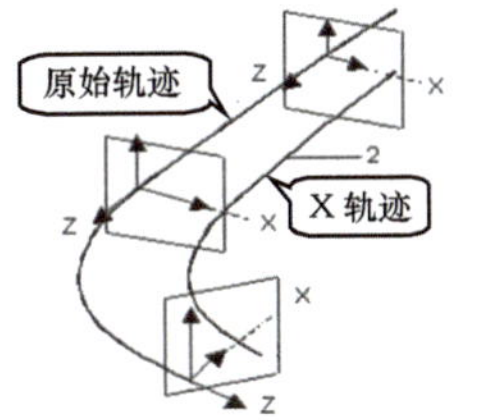

图6-41 扫描轨迹选取示例2

在图6-39中，选中轨迹列表中的【X】复选项，使该轨迹成为X轨迹，但是第1个选取的轨迹不能作为X轨迹；选中【N】复选项，可使该轨迹成为法向轨迹；如果轨迹存在一个或多个相切曲面，则选中【T】复选项。通常情况下，将原始轨迹始终设置为法向轨迹。

5. 控制截平面方向

在图6-39所示参数面板的【截平面控制】下拉列表中，为扫描截面选择定向方法，控制截面方向。其中3个选项的用法如下。

- 垂直于轨迹：移动框架总是垂直于指定的法向轨迹。
- 垂直于投影：移动框架的y轴平行于指定方向，z轴沿指定方向与原始轨迹的投影相切。
- 恒定法向：移动框架的z轴平行于指定方向。

6. 控制截面旋转

在图6-39所示参数面板的【水平/竖直控制】下拉列表中，设置如何控制框架绕草绘平面法向旋转运动，主要有以下两项。

- 自动：截面的旋转控制由xy方向自动定向。由于系统能计算x向量的方向，这种方法能够最大程度地降低扫描几何的扭曲。对于没有参照任何曲面的原始轨迹，该选项为默认值。
- X轨迹：截面的x轴过指定的x轨迹和沿扫描截面的交点。

7. 绘制截面图

设置完成参照后，在参数面板中单击按钮绘制截面图。如果仅仅选择了原始轨迹线，绘制完草绘截面后，如果马上退出草绘器，则此时创建的曲面为普通扫描曲面，显然没有达到预期的变截面的效果，如图6-42所示。

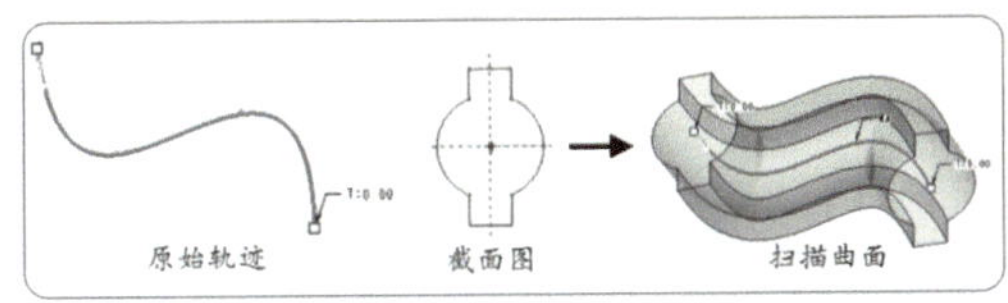

图6-42 创建扫描曲面

❶ 添加关系式

可以使用关系式来获得变截面。在【工具】功能区的【模型意图】工具组中单击 d= 关系 按钮，打开【关系】对话框，然后在模型上拾取需要添加关系的尺寸代号，如 sd6，然后为此尺寸添加关系式：

```
sd6=40+10*cos(10*360*trajpar)
```

通过关系控制该尺寸在扫描过程中按照余弦关系变化，最后创建的变截面扫描曲面如图 6-43 所示。

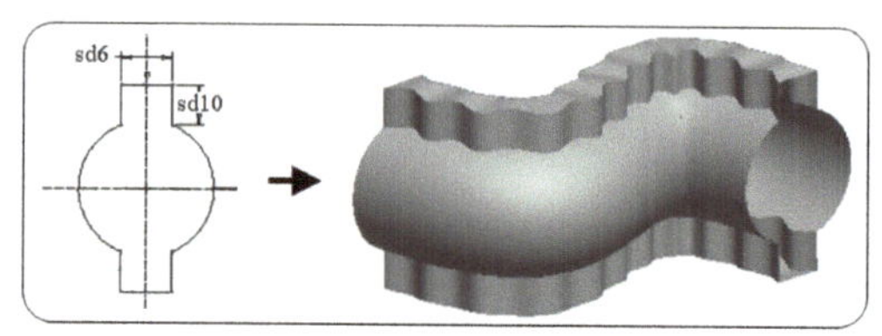

图 6-43　使用关系控制截面变化

❷ 参数 trajpar 的应用

trajpar 是一个轨迹参数，该参数为一个 0 ~ 1 的变量，在生成特征的过程中，此变量呈线性变化，表示扫描特征的长度百分比。在开始扫描时，trajpar 的值是 0，完成扫描时，该值为 1。

例如，有关系式“sd1=40+20*trajpar”，尺寸 sd1 受到关系“40+20*trajpar”控制。开始扫描时，trajpar 的值为 0，sd1 的值为 40，结束扫描时，trajpar 的值为 1，sd1 的值为 60。

基础训练——创建把手曲面

本例将综合使用变截面扫描和边界混合曲面等工具，创建图 6-44 所示的把手曲面。

图 6-44　把手曲面

【操作步骤】

1. 创建基准曲线1

STEP01 在【基准】工具组中单击 按钮，打开草绘设计界面。

STEP02 选取基准平面 FRONT 作为草绘平面，单击 确定 按钮进入草绘模式。

STEP03 在草绘平面内绘制图 6-45 所示的曲线，结果如图 6-46 所示。

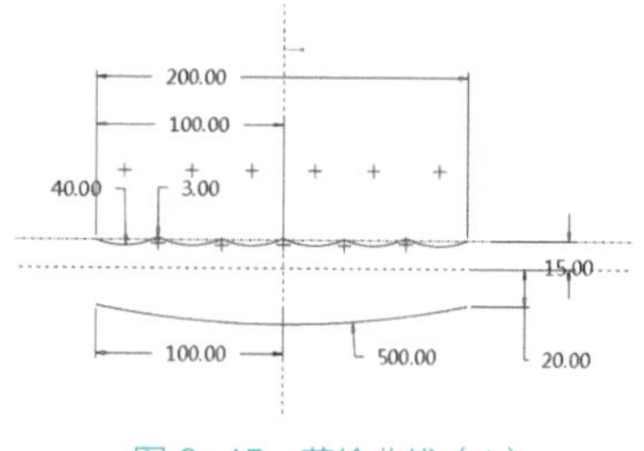

图 6-45　草绘曲线（1）

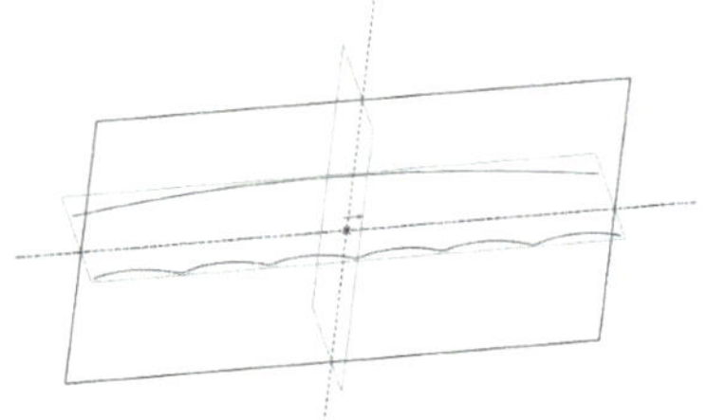

图 6-46　生成的基准曲线 1

2. 创建基准曲线2

STEP01 在【基准】工具组中单击 按钮，打开草绘设计界面。

STEP02 选取基准平面 TOP 作为草绘平面，单击 确定 按钮进入草绘模式。

STEP03 在草绘平面内绘制图 6-47 所示的曲线，结果如图 6-48 所示。

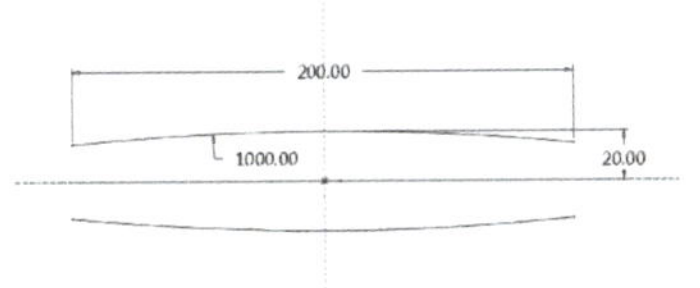

图 6-47　草绘曲线（2）

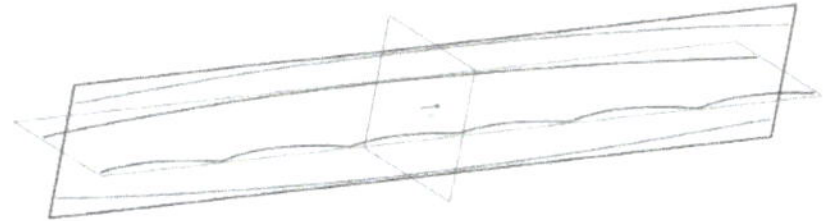
图 6-48　生成的基准曲线 2

3. 创建变截面扫面曲面1

STEP01　在【形状】工具组中单击 扫描 按钮，打开扫描设计界面。

STEP02　首先选取图 6-49 所示的曲线（波浪线上方的曲线）作为原始轨迹（其上有“原点”字样），然后按住 Ctrl 键选取其余 3 条曲线作为辅助轨迹，如图 6-50 所示。

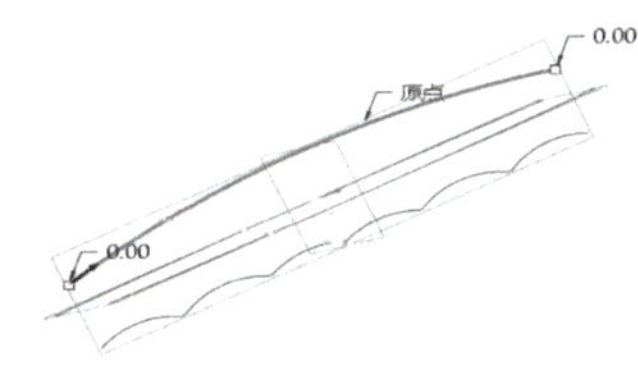

图 6-49　选取原始轨迹

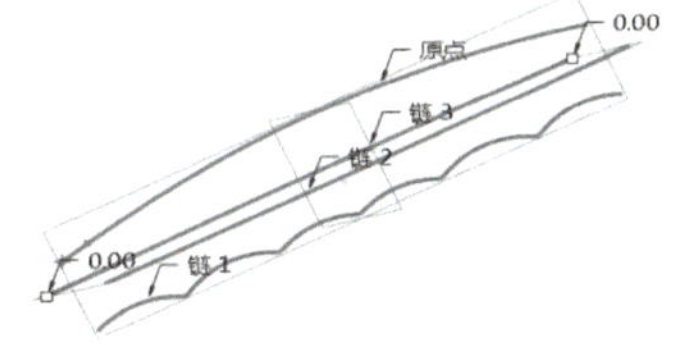

图 6-50　选取辅助轨迹

STEP03　单击 按钮进入二维模式绘制截面图，如图 6-51 所示，完成后退出草绘模式。

STEP04　单击 ✓ 按钮，创建的变截面扫描曲面如图 6-52 所示。

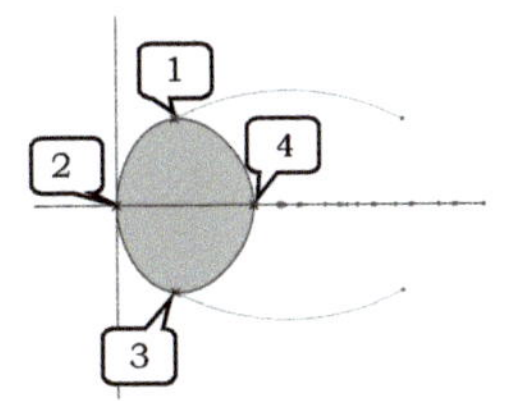

图 6-51　绘制截面图

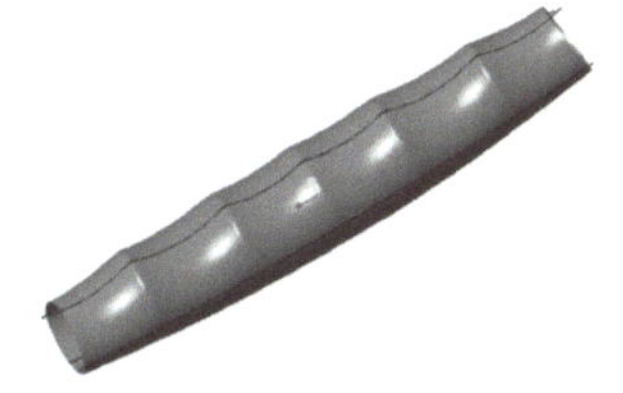
图 6-52　创建的扫描截面

要点提示

此处绘制的是一个椭圆剖面，绘图时需要使用 重合 约束工具将 4 条曲线的端点（图 6-51 中的点 1、2、3 和 4）对齐到椭圆上。

4. 创建基准曲线3

STEP01　在【基准】工具组中单击 按钮，进入二维草绘设计界面。

STEP02　选取基准平面 FRONT 作为草绘平面，单击 确定 按钮进入草绘模式。

STEP03　在草绘平面内绘制图 6-53 所示的曲线，结果如图 6-54 所示。

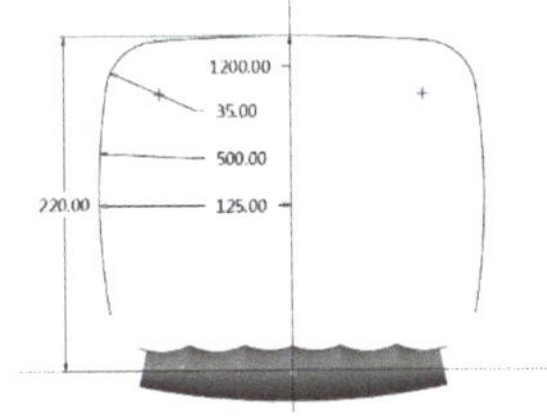

图 6-53　绘制曲线

图 6-54　创建的曲线 3

5. 创建基准曲线4

STEP01 在【基准】工具组中单击 按钮，进入二维草绘设计界面。

STEP02 选取基准平面 FRONT 作为草绘平面，单击 确定 按钮进入草绘模式。

STEP03 在草绘平面内绘制图 6-55 所示的曲线，结果如图 6-56 所示。

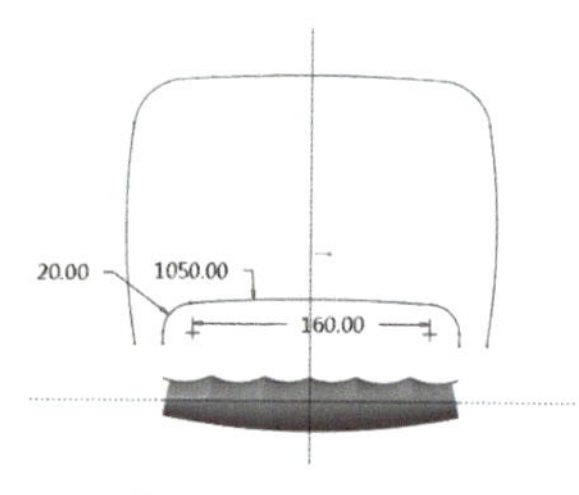

图 6-55 绘制曲线

图 6-56 创建的曲线 4

此处曲线3和曲线4的形状读者可以自行设计，不必拘泥于图6-53和图6-55上的尺寸标注。

6. 创建变截面扫面曲面2

STEP01 在【形状】工具组中单击 扫描 按钮，打开扫描设计工具。

STEP02 选取图 6-57 所示的曲线作为原始轨迹（有“原点”字样），按住 Ctrl 键选取另一条曲线作为辅助轨迹。

STEP03 单击 按钮进入二维模式，绘制图 6-58 所示的截面图，完成后退出草绘模式。注意椭圆剖面必须经过曲线的两个端点。

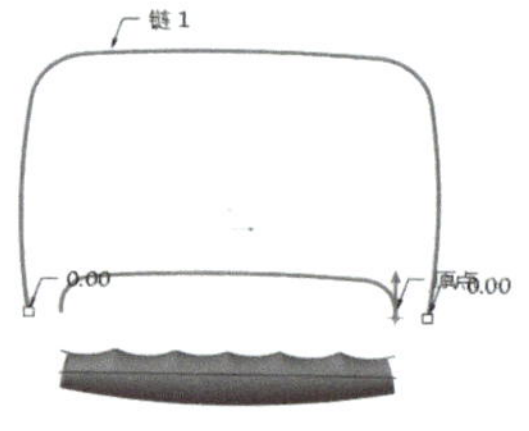

图 6-57 选取轨迹线

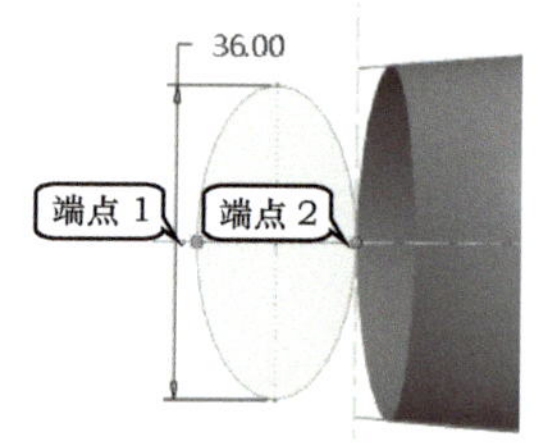

图 6-58 绘制截面图

STEP04 单击 ✓ 按钮后，创建的变截面扫描曲面如图 6-59 所示。

7. 创建基准曲线5

STEP01 单击【基准】工具组，在弹出的下拉菜单中，选择【曲线】/【通过点的曲线】选项。

STEP02 依次选取图 6-60 所示的点 1 和点 2。

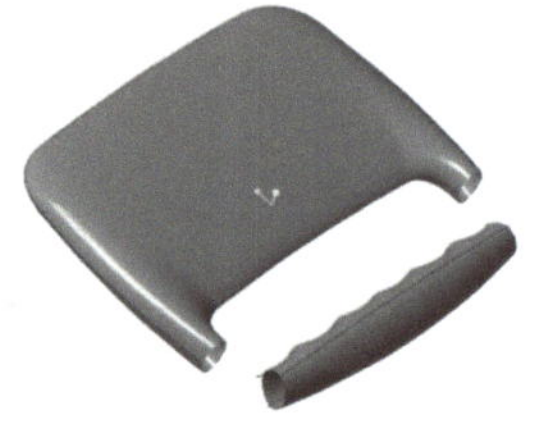
图 6-59 创建的变截面曲面

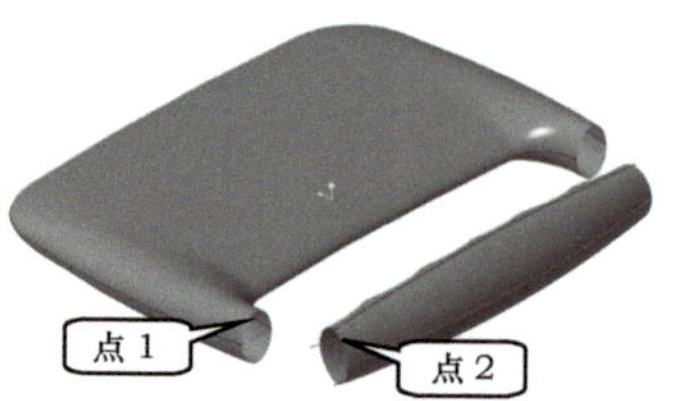

图 6-60 选取参考点

STEP03 在【末端条件】下拉面板中，依次将【起点】和【终点】选项分别定义为【相切】和【曲率连续】，如图 6-61 和图 6-62 所示。

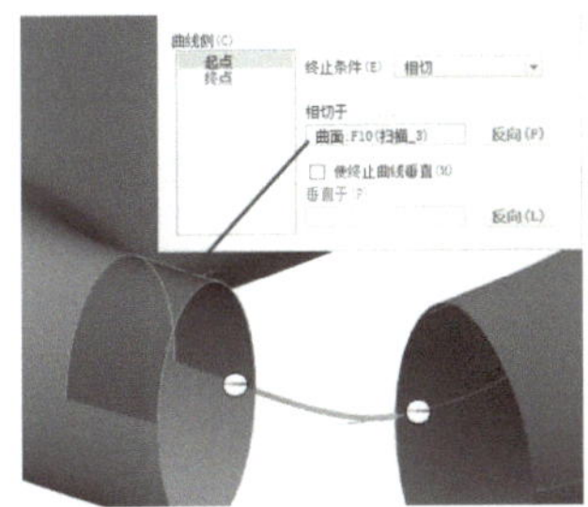
图 6-61 【末端条件】下拉面板

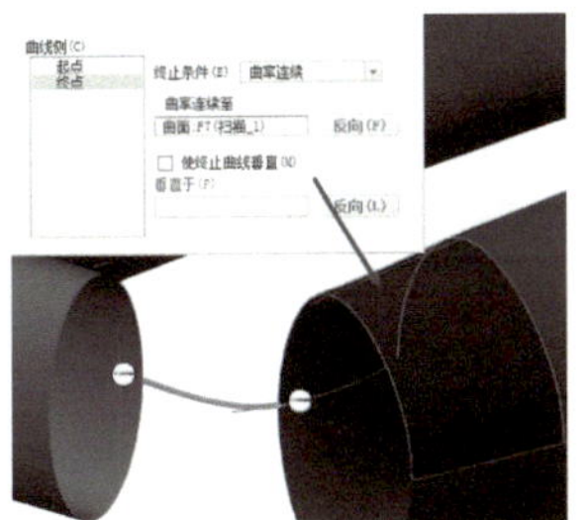
图 6-62 【末端条件】下拉面板

STEP04 完成设置后单击✓按钮，最后创建的曲线如图 6-63 所示。

8. 创建基准曲线6、曲线7和曲线8

STEP01 采用创建曲线 1 类似的方法创建曲线 6，该曲线经过图 6-64 所示的点 3 和点 4，在始末两端分别与曲面 1 和曲面 2 相切。

图 6-63 创建的曲线

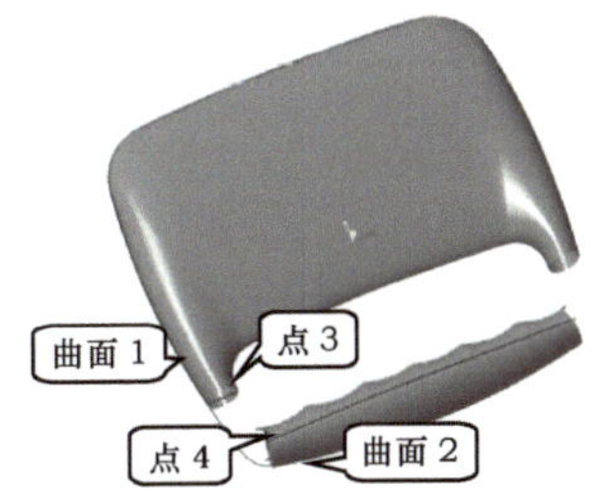

图 6-64 选取参考点

STEP02 使用类似的方法在另一侧创建曲线 7 和曲线 8，结果如图 6-65 所示。

9. 创建边界混合曲面

STEP01 单击按钮，启动创建边界混合工具。

STEP02 按住Ctrl键选择图 6-66 所示的曲线 1 和曲线 2 作为第 1 方向边界曲线，如图 6-67 所示。

图 6-65 最后创建的曲线

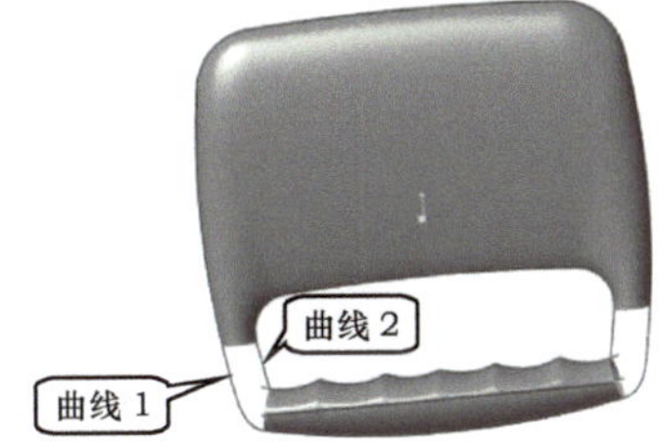

图 6-66 选取曲线参照 1

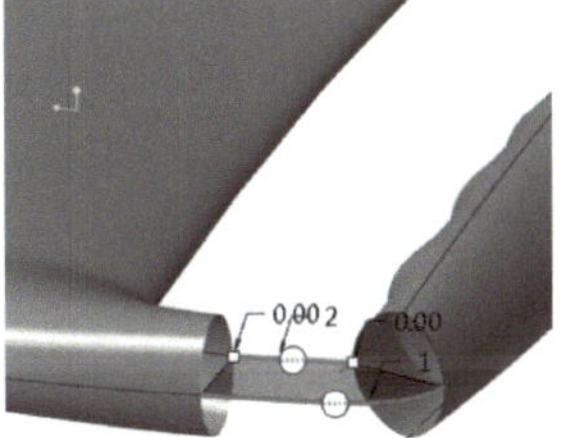
图 6-67 选取曲线参照 1

STEP03 激活第二方向曲线收集器，按住Ctrl键选择图 6-68 所示的两条曲线作为参照曲线，最后创建的边界混合曲面如图 6-69 所示。

STEP04 选中刚才创建的曲面，使用镜像的方法创建下部的边界混合曲面，结果如图 6-70 所示。

STEP05 使用类似的方法在另一侧创建边界混合曲面，完成最终的设计效果。

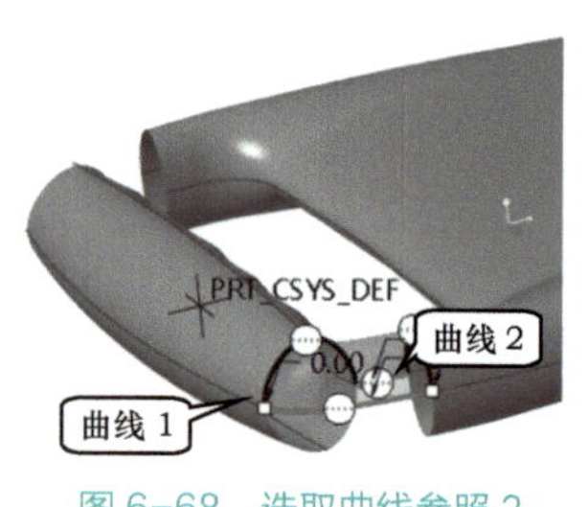

图 6-68　选取曲线参照 2

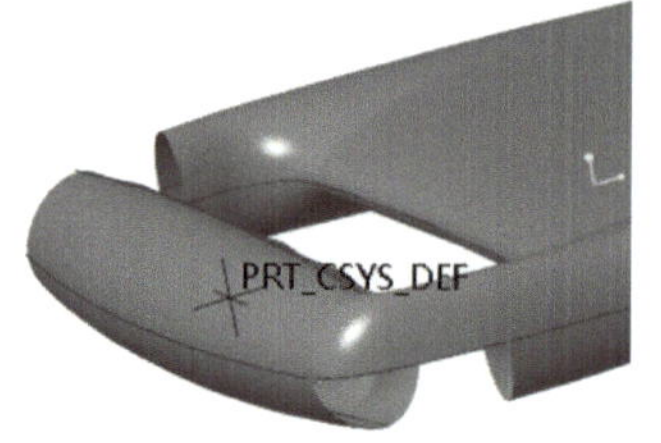

图 6-69　最后创建的曲面

图 6-70　镜像复制曲面

6.1.4　创建自由曲面

自由曲面工具功能强大、用法灵活，适合于在形状复杂的模型表面上进行设计，可以方便快速地创建自由曲线和自由曲面。

基础知识

在三维建模环境的【曲面】工具组中单击（样式）按钮，进入自由曲面设计环境。

1. 设计工具

自由曲面可以在单视口模式中工作，窗口面积较大，如图 6-71 所示。

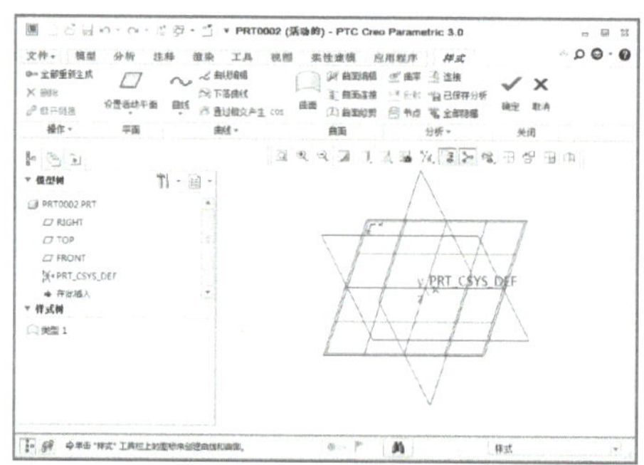

图 6-71　自由曲面设计环境

在【视图】工具栏中单击按钮，将打开多视口模式，可以通过俯视图、主视图、右视图以及轴测图等视角显示模型，如图 6-72 所示。

四视图布局模式具有很多设计优越性，它支持直接的三维建模和编辑功能，在一个视图中的设计和编辑结果会即时显示在其他视图中，激活任意一个视图后，即可在其中创建和编辑图形。

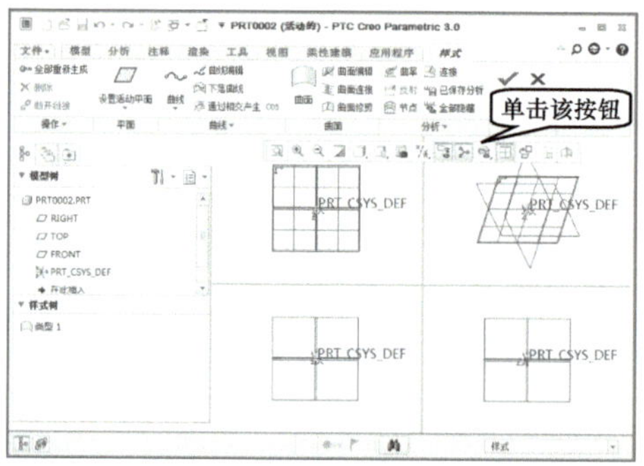

图 6-72　四视口模式

2. 基本操作

在创建自由曲面时，主要有以下基本操作。

① 启用捕捉功能

在创建曲线或曲面时，常常需要选择曲线上的基准点、模型顶点以及实体边线等作为曲线或曲面经过的参照，使用捕捉功能可以简单方便地选中这些参照。

在选取对象时，按住 Shift 键可启用捕捉功能。当鼠标指针指向被捕捉对象时，显示出一个十字光标，这样可以捕捉到离其最近的有效几何图元，被捕捉到的对象将会加亮显示。

② 设置活动平面

活动平面是造型设计中的一种重要设计参照，在图形中用网格显示，如图 6-73 所示。

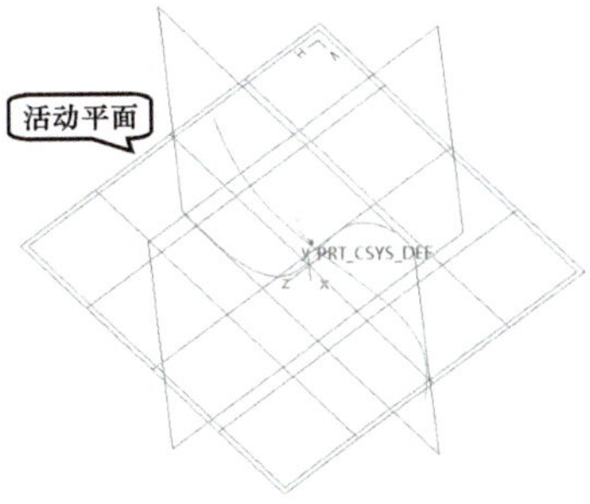

图 6-73 设置活动平面

- 所有不受限制的点都将放置在活动平面上。
- 活动平面的定义比较灵活，可以在设计过程中重新设置。
- 在进行造型设计之前，首先必须确保已经明确了哪个平面是当前使用的活动平面。

在【平面】工具组中单击 ▱ 按钮，然后选取一个基准平面，将其设置为活动平面。在设计界面中长按鼠标右键，在弹出的快捷菜单中选取【活动平面方向】命令后，活动平面将平行于屏幕，可以直观地显示其上的图形元素，如图 6-74 所示。

要点提示

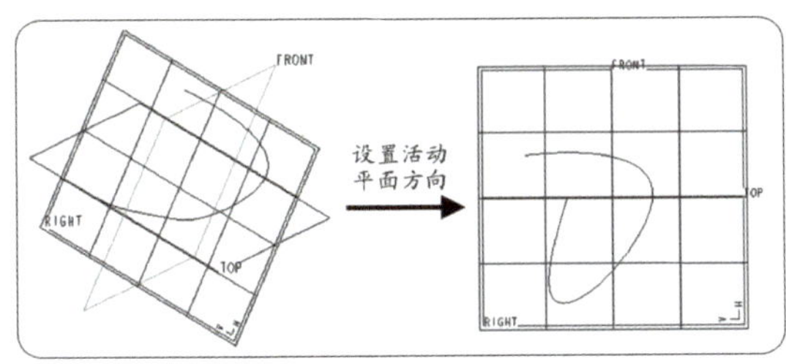

图 6-74 设置活动平面方向

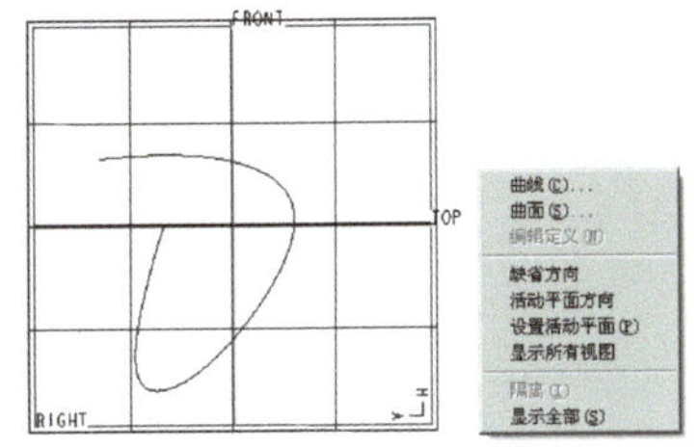

图 6-75 使用右键快捷菜单

3. 创建自由曲线

在自由曲面设计中，曲面是由曲线定义的，创建高质量的曲线是获得高质量曲面的基础。创建曲线的基本方法是依次定义曲线经过的两个以上的参考点，然后将这些点光滑地连接起来。组成曲线的参考点主要有内部插值点和曲线的端点两种，如图 6-76 所示。

① 点的基本要素

曲线上的每一个点都具有位置、切线和曲率 3 个要素，修改这些参数可以改变曲线的形状。

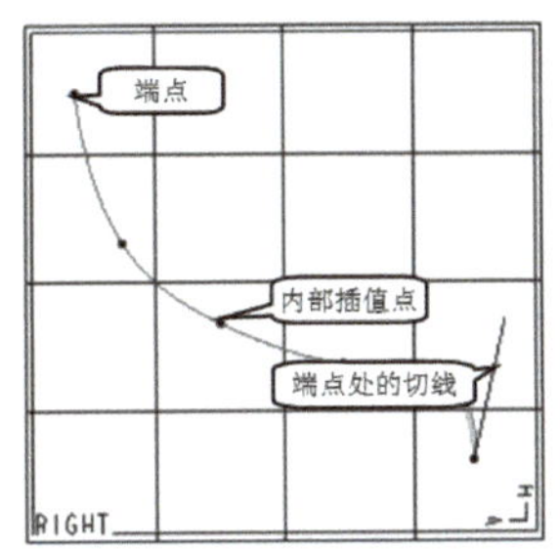

图 6-76 曲线上的点

- 位置：点在空间的具体位置，如位于曲面、曲线上或者具有确定的坐标。
- 切线：该点处切线沿着曲线的方向，调整点的切线可以间接调整曲线形状。
- 曲率：在该点处曲线的弯曲程度，圆上各点处的曲率为固定值（半径的倒数），直线的曲率为 0。

要点提示

② 点的类型

曲线上的点具有以下两种类型。

- 自由点：不受约束的点，在图形中以紫色小圆点的形式显示，如图 6-77 所示。自由点在默认情况下被放置在活动平面上。
- 约束点：受到某种形式约束的点。根据具体的约束形式的不同，又可分为固定点和软点两种类型。固定点是完全被约束的点，不能移动，如图 6-78 中放置在两边界曲线交点处的点；软点受到部分约束，可以在其所在的曲线、曲面以及边线上移动，如图 6-79 中放置在边界曲线上的点。

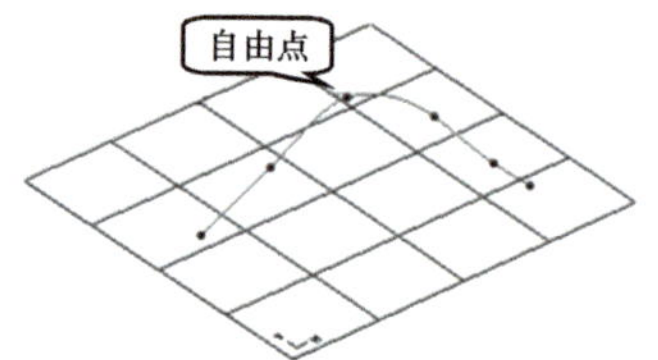

图 6-77　自由点示例

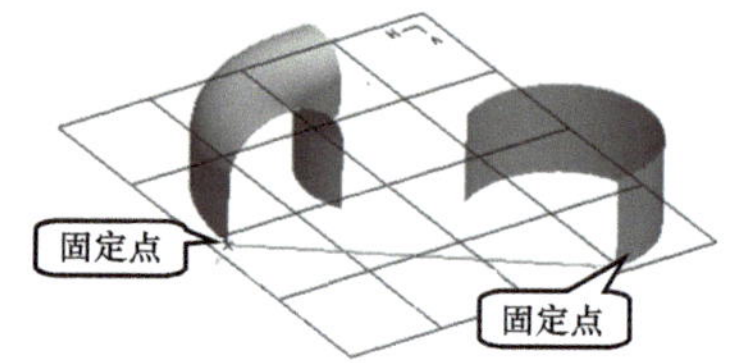

图 6-78　固定点示例

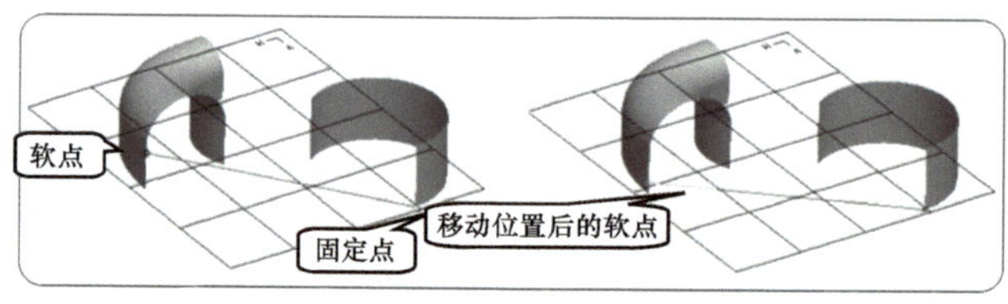

图 6-79　软点应用示例

要点提示

③ 自由曲线的种类

在造型设计中，可以使用以下 3 种方法来创建曲线。

- 自由曲线：位于三维自由空间中的曲线。
- 平面曲线：位于指定平面上的曲线。
- 曲面上的曲线（curve on surface，COS）：位于指定曲面上的曲线。

④ 创建自由曲线

自由曲线上的各点分布在三维空间中，其创建步骤如下。

a. 在【平面】工具组中单击 ▱ 按钮，再选取一个平面作为活动平面，输入的第 1 个点将位于该平面上。

b. 在【曲线】工具组中单击~按钮，打开曲线设计面板，再单击~按钮创建自由曲线。

c. 在活动平面上定义曲线上的点。

d. 按住鼠标中键旋转视图后，视图上也将出现一条垂直于活动平面的深度线，在该线上单击一点来指定点到活动平面的距离，如图 6-80 所示。

e. 单击鼠标中键可以完成一条曲线的创建，然后创建下一条曲线，最后单击右工具箱中的✓按钮，完成造型特征的创建。

5 创建平面曲线

平面曲线上所有的点都位于同一个平面之内，且不允许在编辑过程中将其移出到平面之外，创建平面曲线的基本步骤如下。

a. 在【平面】工具组中单击 按钮，再选取一个平面作为活动平面。

b. 在【曲线】工具组中单击~按钮，打开曲线设计面板，再单击 按钮创建平面曲线。

c. 在活动平面上定义曲线上的点。

d. 单击鼠标中键，可以完成一条曲线的创建，然后创建下一条曲线，最后单击右工具箱中的✓按钮，完成造型特征的创建。

6 创建曲面上的曲线（COS）

COS 上的所有点都被约束在曲面上，因此曲线也位于曲面上。可以依次在曲面上选择曲线要通过的点来创建曲线，也可以将已有曲线投影到曲面上来创建。

可以使用以下 3 种方法创建 COS。

- 设置活动平面，在【曲线】工具组中单击~按钮，打开曲线设计面板，再单击 按钮，在选定的曲面上选取点来创建 COS 即可。
- 在【曲线】工具组中单击 下落曲线 按钮，选取需要投影到的曲面，再选取被投影曲线，最后选取基准平面作为投影方向参照（投影方向垂直于该平面），即可将选定的曲线沿着指定的方向投影到指定的曲面上，如图 6-81 所示。
- 在【曲线】工具组中单击 通过相交产生 COS 按钮，然后选取两个相交曲面，即可在两者交线处创建 COS。

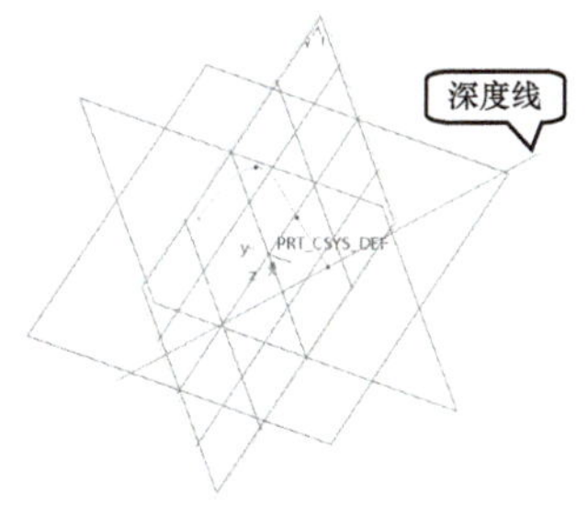

图 6-80　显示深度线

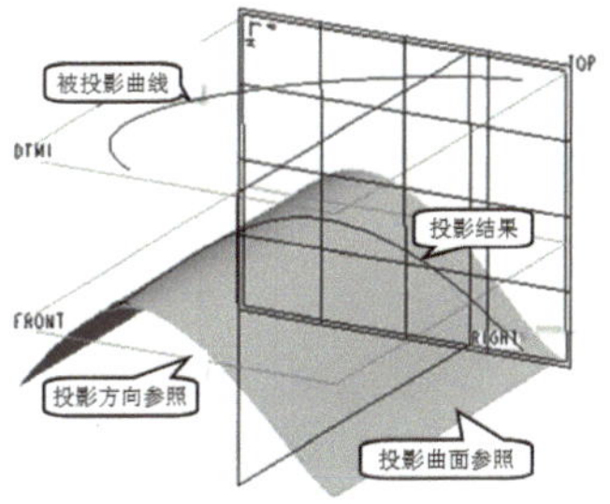

图 6-81　使用投影法创建 COS

7 调整点的位置

使用曲线编辑工具可以修改曲线上点的位置、约束条件以及曲线的切线和方向等，从而改变曲线的形状。创建曲线后，在【曲线】工具组中单击 曲线编辑 按钮，打开曲线编辑面板。

可以使用以下几种方法来调整点的位置，从而改变曲线的形状。

- 沿着曲线、边线或曲面拖动软点改变点的位置，从而调整曲线形状。

- 沿着任意方向拖动自由点，使自由点在平行于活动平面的平面内移动，如图 6-82 所示。

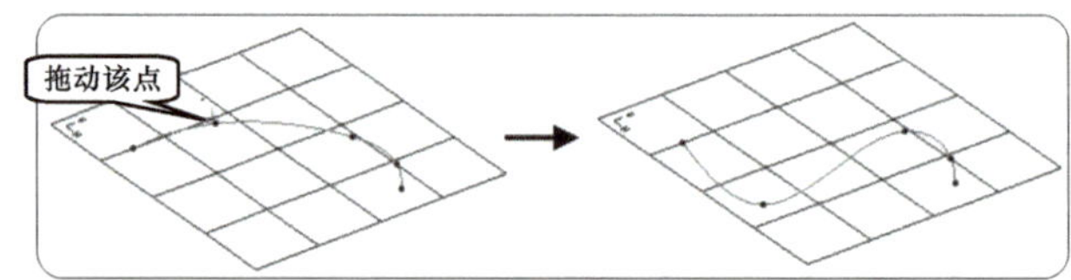

图 6-82 调整自由点

- 按住Alt键，可以垂直于活动平面拖动点，如图 6-83 所示。
- 按住Ctrl+Alt组合键，可以相对于视图垂直或水平移动自由点。

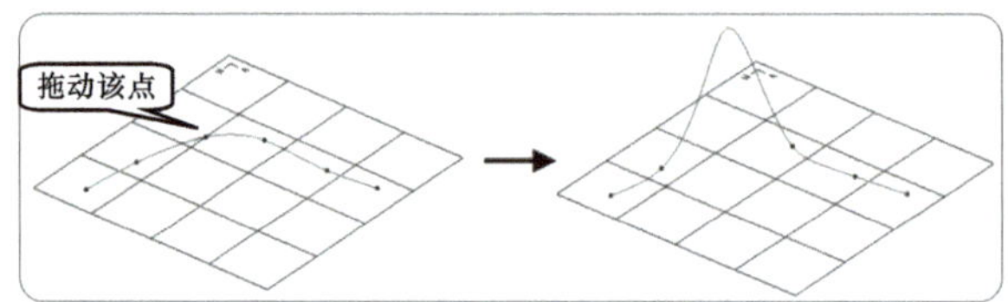

图 6-83 垂直于活动平面拖动点

8 在曲线上增加或删除插值点

在编辑曲线的过程中，经常需要在曲线上添加新的插值点或删除已有插值点，相关的操作步骤如下。

a. 在【曲线】工具组中单击 曲线编辑 按钮，打开曲线编辑面板。

b. 选中需要编辑的曲线。

c. 在曲线上拟增减插值点的地方单击鼠标右键，打开快捷菜单，选取【添加点】命令，可以在单击的位置增加插值点；选取【添加中点】命令，可以在单击位置左右两侧的两个插值点之间的曲线中点处增加插值点。

d. 如果在已有的插值点上单击鼠标右键，在打开的快捷菜单中选取【删除】命令，可以删除选定的插值点，选取【分割】命令，可以在该点处将曲线分开。

9 按照比例更新曲线

在设计面板上选中【按比例更新】复选项，在移动曲线上的软点时，可以使曲线上的自由点跟随软点按照一定比例移动，从而使曲线保持相对固定的形状。取消选中【按照比例更新】复选项时，如果移动曲线上的软点，则其他位置上的自由点并不移动，曲线的形状变化较大。只有曲线上有两个以上的软点，才能使用按比例更新功能，如图 6-84 所示。

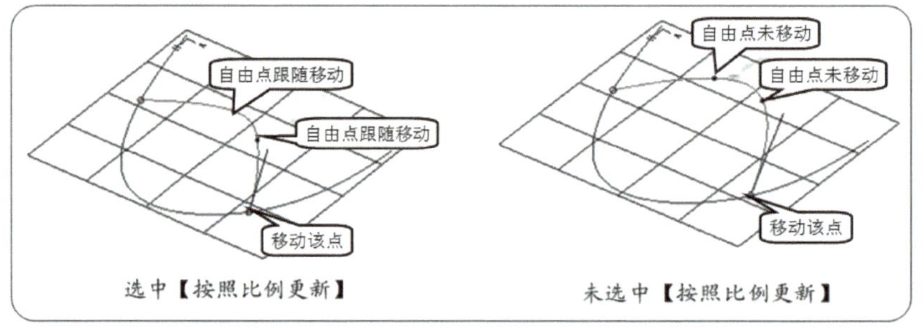

图 6-84 按照比例更新曲线

10 编辑曲线切线

编辑曲线的切线可以改变曲线的形状，并实现与另一曲线的连接和过渡。单击曲线的端点，系统将显示带有插值点的曲线切向量。单击并拖动切向量可以改变其大小（长度）和角度。在切向量上长按鼠标右键，打开图 6-85 所示的快捷菜单，其主要命令介绍如下。

- 自然：使用符合数学规律的自然切线。
- 自由：由用户指定切线。此时，可以使用鼠标拖动切线，调整切线的长度和角度。
- 固定角度：保持切线的方向不变，拖动鼠标指针只能改变切线的长度。
- 水平：切线方向与活动平面的水平网格线平行，拖动鼠标指针只能改变切线的长度，如图 6-86 所示。

图 6-85　右键菜单

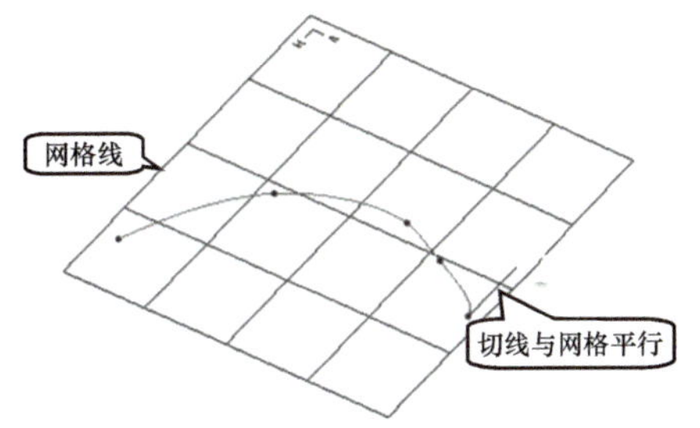

图 6-86　设置水平切线

- 竖直：切线方向与活动平面的竖直网格线平行，拖动鼠标指针只能改变切线的长度。
- 法向：切线垂直于特定的基准平面，此时需要指定基准平面。
- 对齐：将切线与另一曲线上的参照位置对齐。

4. 创建自由曲面

自由曲面沿袭了边界混合曲面的设计思路，使用两个方向上的边界曲线以及内部控制曲线来构造曲面，前者围成曲面的边界，后者决定曲面的内部形状。

❶ 自由曲面对边界曲线的基本要求

自由曲面对边界曲线的要求不如边界混合曲面那样严格，选取曲线时不用考虑顺序性，只要边界曲线封闭，就可以构建自由曲面。边界曲线通常需要满足以下条件。

- 同一方向的边界曲线不能相交。
- 相邻不同向的边界曲线必须相交，不允许相切。

各种边界曲线的示例如图 6-87 所示。

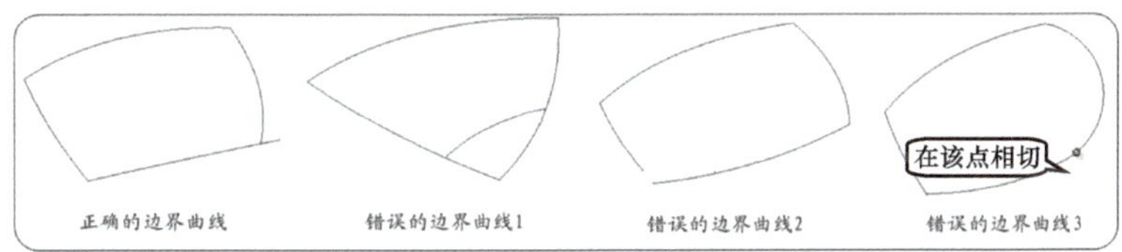

图 6-87　边界曲线示例

❷ 自由曲面对内部控制曲线的基本要求

内部控制曲线用于控制自由曲面的形状，常用于构建比较复杂的曲面，在选用内部控制曲线时，要注意以下基本问题。

- 不能使用 COS 作为内部曲线。
- 内部曲线与边界曲线以及其他内部曲线相交后，在交点处具有软点，但是内部曲线不能与相邻边界曲线相交。

- 穿过相同边界曲线的两条内部曲线，不能在曲面内相交。
- 内部曲线必须与边界曲线相交，但与边界曲线的交点不能多于两点。

各种内部曲线的应用示例如图 6-88 所示。

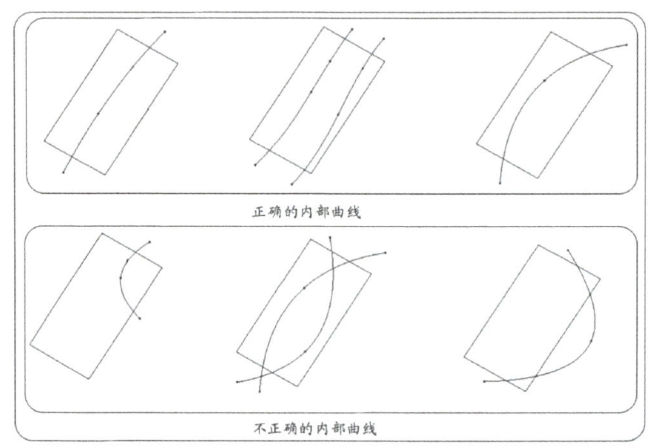

图 6-88　内部曲线的应用示例

❸ 创建自由曲面的方法

在创建一定数量的边界曲线和内部曲线后，就可以使用这些曲线来创建自由曲面，具体的操作步骤如下。

a. 在右工具箱中单击 （样式）按钮，打开自由曲面设计工具。

b. 选取第 1 条边界曲线，然后按住 Ctrl 键选取其他边界曲线。

c. 如果需要，可以继续选取一条或多条内部曲线。

d. 使用选取的曲线围成边界和骨架创建自由曲面。

基础训练——创建花洒模型

本例将通过创建一个花洒模型来介绍自由曲面的设计技巧，设计结果如图 6-89 所示。

图 6-89　花洒模型

【操作步骤】

1. 新建零件文件

新建名为 spray 的零件文件，进入三维建模环境。

2. 创建旋转曲面特征

STEP01 在【形状】工具组中单击 旋转 按钮，按下 按钮创建曲面特征。

STEP02 选取基准平面 FRONT 作为草绘平面，单击 草绘 按钮进入二维草绘模式。

STEP03 在草绘平面内绘制图 6-90 所示的草图截面，完成后退出草绘模式。

STEP04 接受默认设计参数，最后创建的旋转曲面特征如图 6-91 所示。

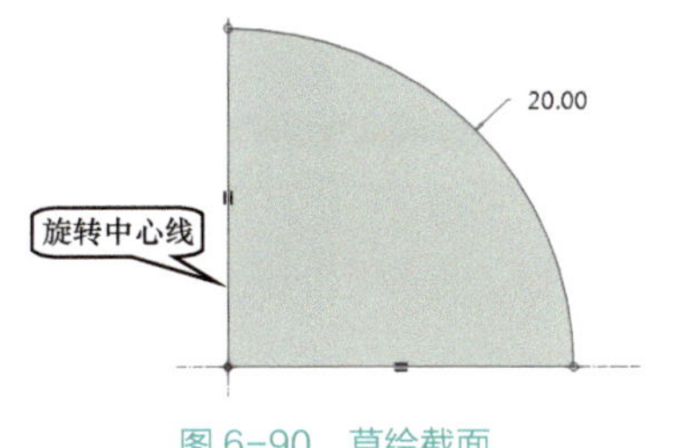

图 6-90 草绘截面

图 6-91 旋转曲面特征

3. 创建倒圆角特征

STEP01 在【工程】工具组中单击 倒圆角 按钮，选取如图 6-92 所示的边线作为倒圆角放置参照。

STEP02 设置圆角半径为 3，得到的倒圆角特征如图 6-93 所示。

图 6-92 选取圆角参照

图 6-93 创建的倒圆角特征

4. 创建曲面实体化特征

STEP01 选取曲面特征后，单击【编辑】工具组中的 加厚 按钮，打开加厚设计工具。

STEP02 设置加厚方向朝内，厚度为 2，如图 6-94 所示，退出后得到图 6-95 所示的加厚特征。

图 6-94 确定加厚方向

图 6-95 加厚结果

5. 创建拉伸特征

STEP01 单击 按钮，打开拉伸设计工具，按下 按钮创建减材料特征。

STEP02 选取图 6-96 所示的平面作为草绘平面，单击 草绘 按钮进入二维草绘模式。

STEP03 在草绘平面内绘制图 6-97 所示的截面图，完成后退出草绘模式。

图 6-96 选取草绘平面

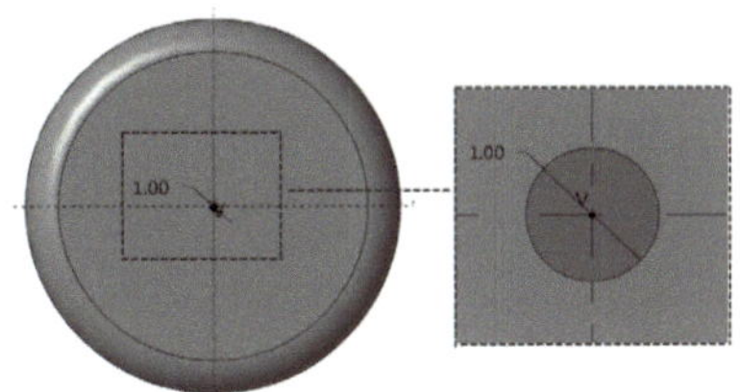

图 6-97 绘制截面图

STEP04 设置拉伸终止条件为≐（拉伸至下一曲面），退出后得到图 6-98 所示的拉伸结果。

6. 创建阵列特征

STEP01 在左边的模树型窗口中，选取步骤 5 创建的小孔，单击鼠标右键，在弹出的快捷菜单中选取【阵列】命令，进入阵列操作界面。

STEP02 选取阵列方式为【填充】，在设计工作区中长按鼠标右键，在弹出的快捷菜单中选取【定义内部草绘】命令。

STEP03 选取图 6-96 所示的模型底面作为草绘平面，单击 草绘 按钮进入草绘模式。

STEP04 在草绘平面内绘制图 6-99 所示的截面图，完成后退出草绘模式。

图 6-98　创建拉伸特征

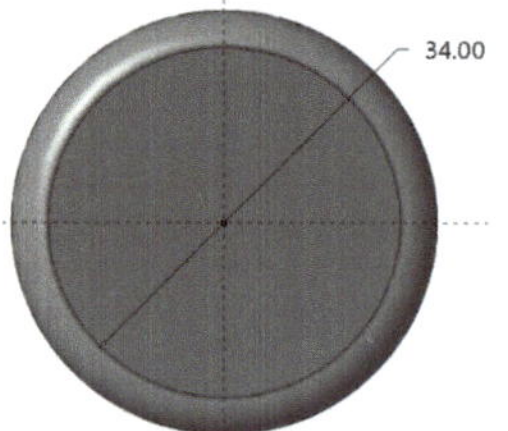

图 6-99　绘制草图

STEP05 按照图 6-100 设置其余阵列参数，单击鼠标中键后得到图 6-101 所示的阵列结果。

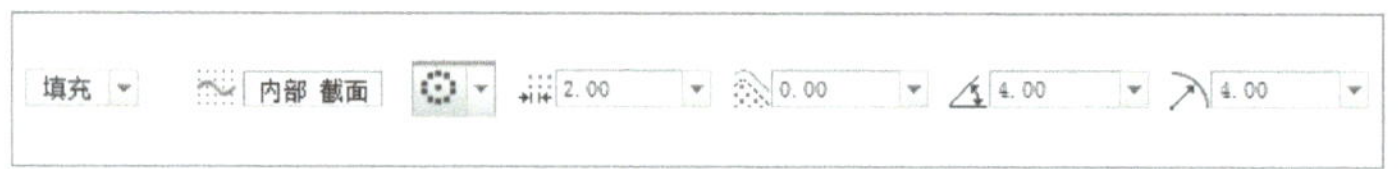

图 6-100　设置特征参数

图 6-101　阵列结果

7. 创建基准平面特征

STEP01 启动基准平面工具，打开【基准平面】对话框。

STEP02 按照图 6-102 将基准平面平移指定距离，创建基准平面 DTM1，如图 6-103 所示。

图 6-102　设置参数

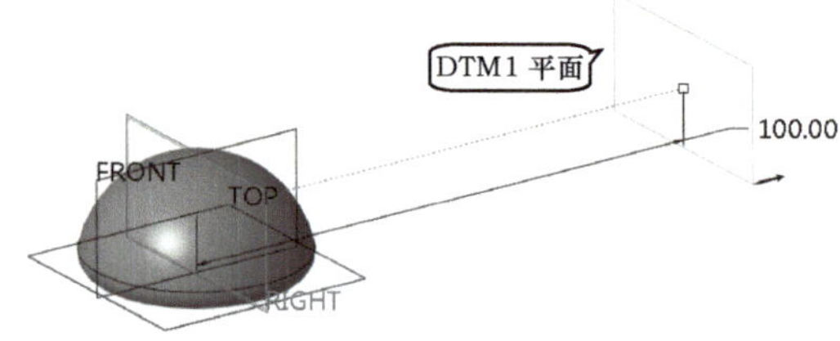

图 6-103　创建基准平面

8. 创建拉伸曲面特征

STEP01 在【形状】工具组中单击 按钮，按下 按钮创建曲面特征。

STEP02 选取基准平面 DTM1 作为草绘平面，单击 草绘 按钮进入二维草绘模式。

STEP03 在草绘平面内绘制图 6-104 所示的截面图，完成后退出草绘模式。

STEP04 设置拉伸深度为 15，退出后得到图 6-105 所示的拉伸曲面。

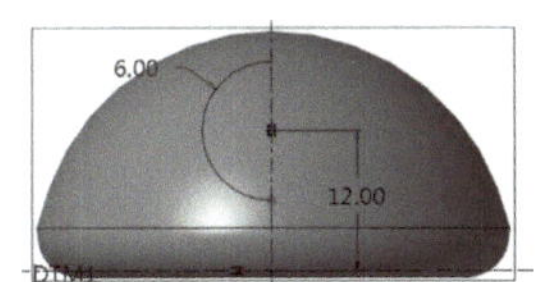

图 6-104 绘制截面图

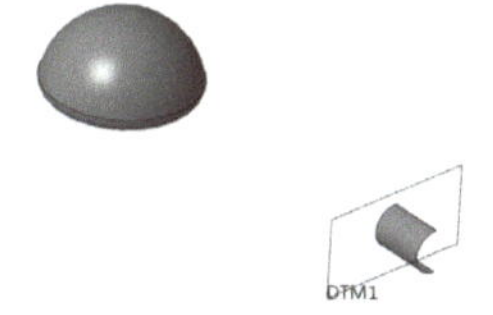

图 6-105 创建的拉伸曲面

9. 创建自由曲线（1）

STEP01 在【曲面】工具组中单击样式按钮，进入自由设计模式。

STEP02 在【平面】工具组中单击按钮设置活动平面，选取基准平面 FRONT 作为参照，稍后绘制的曲线将位于该活动平面上。

STEP03 单击【曲线】工具组中的～按钮，打开自由平面工具，再单击按钮创建平面曲线。

STEP04 在按住Shift键的同时，把鼠标光标靠近旋转曲面的上表面，可以看到出现一个十字形状的图标，选取沐浴喷头头部的表面，如图 6-106 所示。

STEP05 在曲线中间加入控制点，再次按住Shift键，把鼠标光标靠近拉伸曲面特征的表面，捕捉到曲面的一个顶点作为参照，结果如图 6-106 所示。

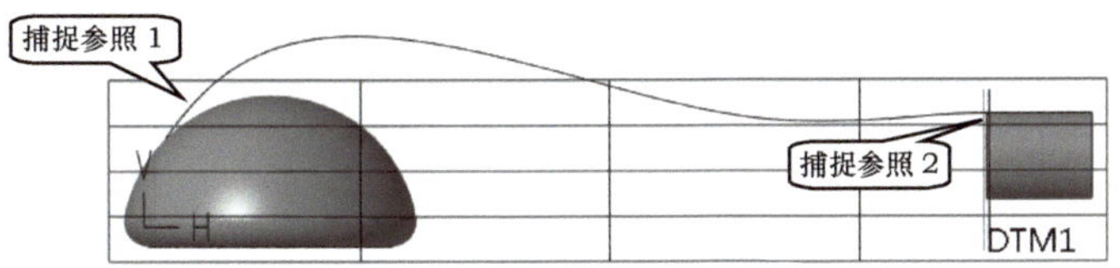

图 6-106 创建平面曲线 1

STEP06 在【曲线】工具组中单击曲线编辑按钮，在设计面板中展开相切选项，设置【约束】属性为【曲面相切】，结果如图 6-107 所示，使用同样的方法使自由曲线与另一个曲面相切，如图 6-108 所示。

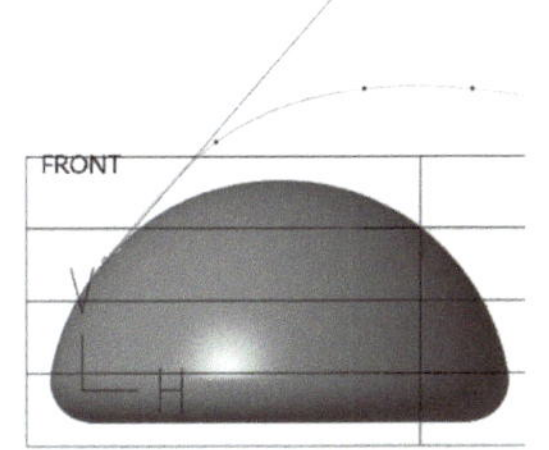

图 6-107 设置端点属性 1

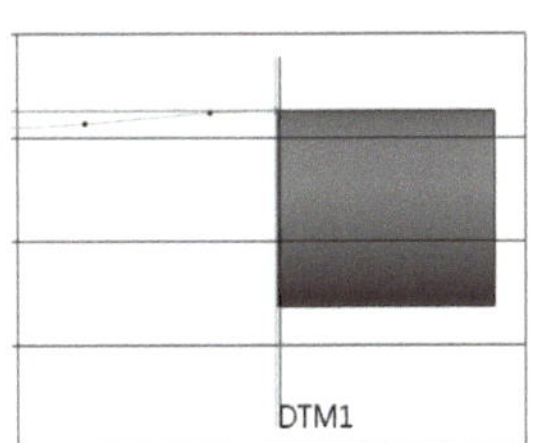

图 6-108 设置端点属性 2

STEP07 在设计工作区中长按鼠标右键，在弹出的快捷菜单中选取【活动平面方向】命令，使活动平面与屏幕平行，拖动自由曲线的控制点，编辑自由曲线，结果如图 6-109 所示。

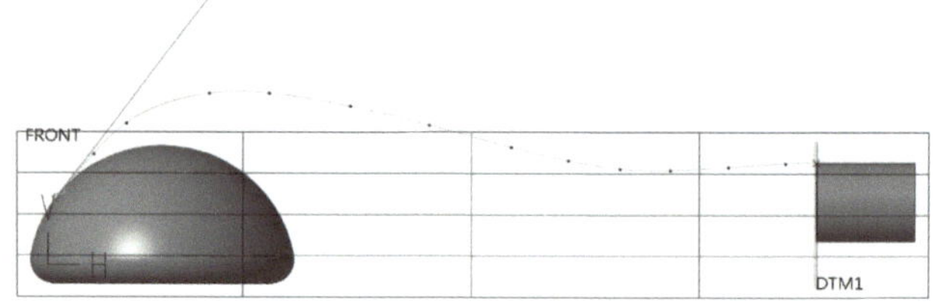

图 6-109　编辑自由曲线

10. 创建自由曲线（2）

STEP01 仿照步骤 9 的方法绘制第 2 条平面曲线，按住Shift键捕捉旋转特征的上表面作为参照，如图 6-110 所示。

STEP02 在曲线中间插入控制点，然后按住Shift键捕捉另一侧的曲面作为参照。

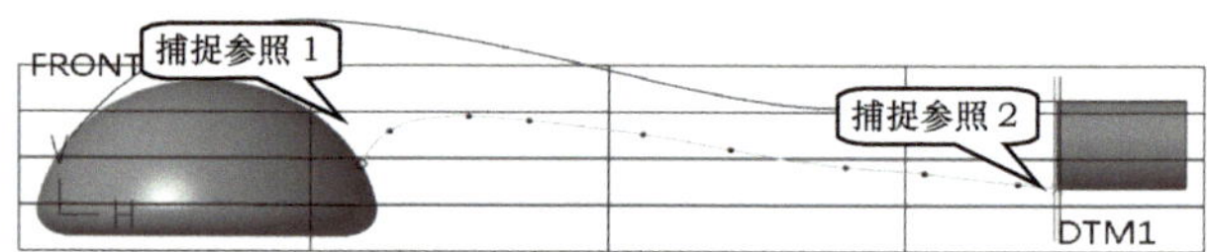

图 6-110　创建平面曲线 2

STEP03 在【曲线】工具组中单击 曲线编辑 按钮，对刚才生成的自由曲线进行编辑操作，为曲线的两端分别添加【相切于曲面】约束，结果如图 6-111 所示。

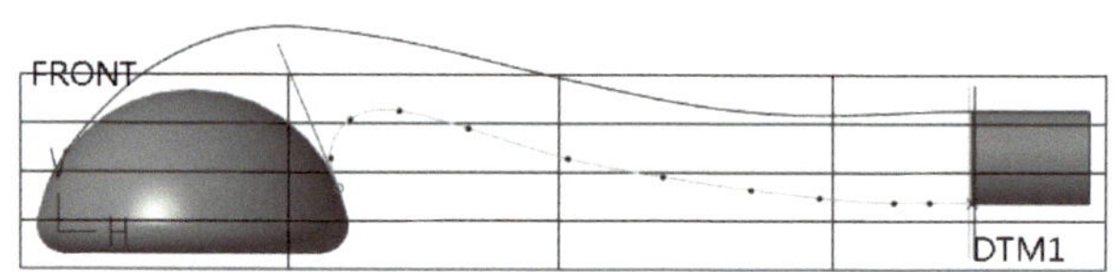

图 6-111　编辑自由曲线

11. 创建自由曲线（3）

STEP01 在【曲线】工具组中单击 按钮创建自由曲线，单击 按钮设置曲线类型为曲面上的曲线。

STEP02 按住Shift键分别捕捉到前两条曲线的端点，创建图 6-112 所示的曲线。

STEP03 在【曲线】工具组中单击 曲线编辑 按钮，对刚才绘制的曲线进行编辑，并为两点添加竖直约束，如图 6-113 所示。

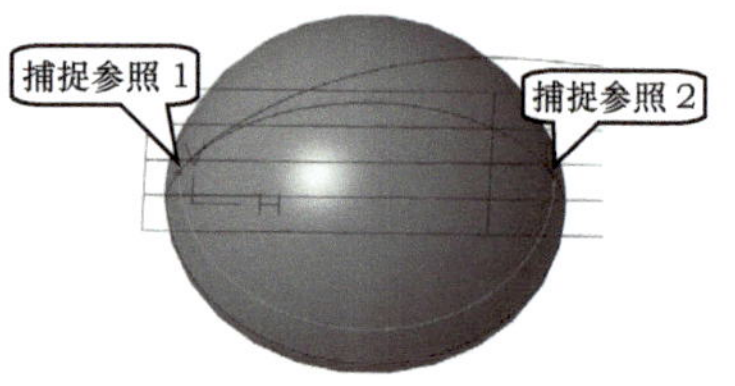

图 6-112　创建的自由曲线 3

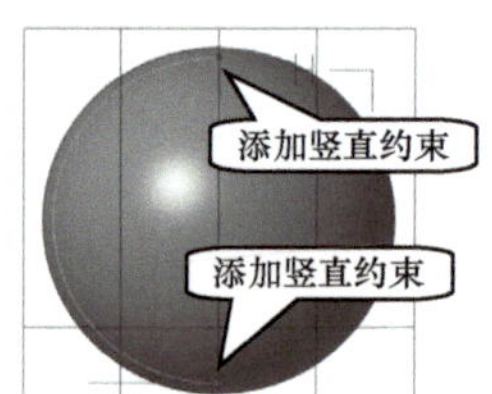

图 6-113　调整曲线

12. 创建自由曲线（4）

STEP01 在【基准】工具组中启动【基准平面】工具，将基准平面 RIGHT 平移 20 创建基准平面 DTM2，如图 6-114 所示。

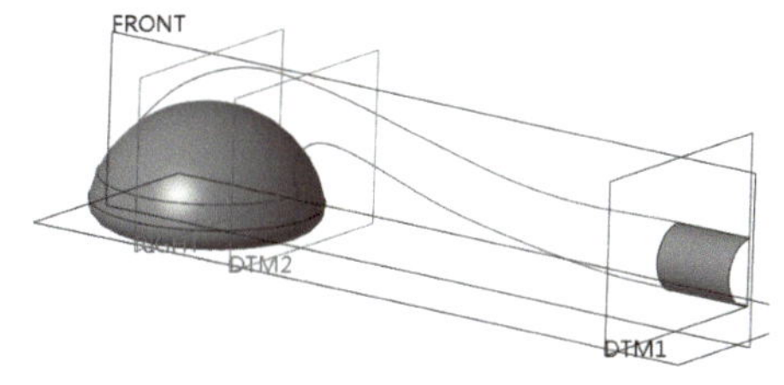

图 6-114 新建基准平面

STEP02 在【平面】工具组中单击 按钮设置活动平面，选取基准平面 DTM2 作为活动平面，单击【曲线】工具组中的 按钮打开自由平面工具，再单击 按钮创建平面曲线。

STEP03 按住 Shift 键分别捕捉到第 1 条、第 2 条曲线创建曲线，结果如图 6-115 所示。

STEP04 在【曲线】工具组中单击 曲线编辑 按钮，对刚才生成的自由曲线进行编辑，设置曲线的两端垂直于基准平面 FRONT，在相切约束中选择竖直约束，结果如图 6-116 所示。

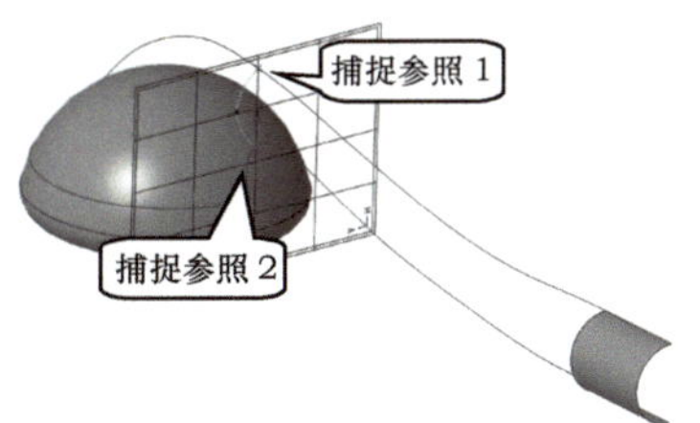

图 6-115 创建自由平面曲线 4

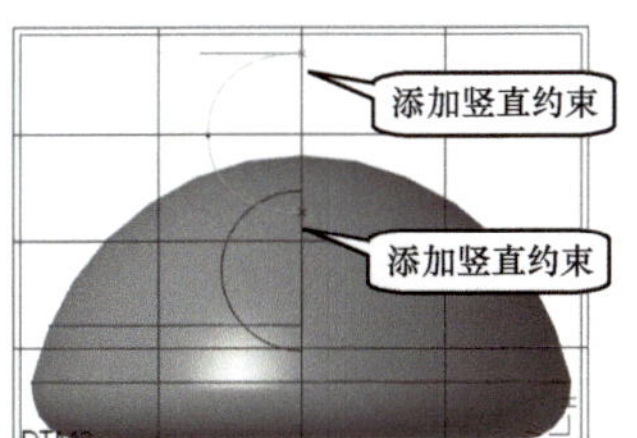

图 6-116 设置曲线属性

13. 创建自由曲线（5）

STEP01 启动【基准平面】工具，按照图 6-117 所示设置参数，将基准平面 DTM2 平移 25 创建基准平面 DTM3。

STEP02 在【平面】工具组中单击 按钮设置活动平面，选取基准平面 DTM3 作为参照，使用类似方法创建图 6-118 所示的第 5 条曲线。

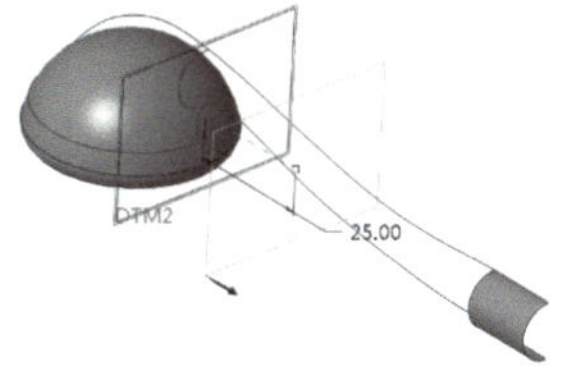

图 6-117 新建平面

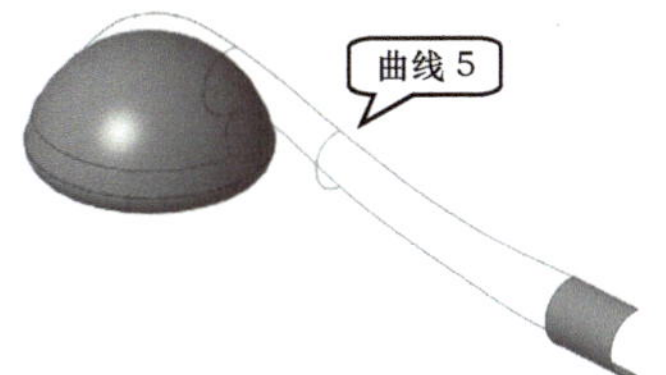

图 6-118 创建自由平面曲线 5

14. 创建自由曲面

STEP01 在【曲面】工具组中单击 按钮创建自由曲面，在【造型：曲面】面板中激活 图标后的选框，选取图 6-119 所示的曲线 1 和曲线 2 作为边界参照，再激活 后面的选框，选择图 6-120 所示的曲线 1、曲线 2、曲线 3、曲线 4 作为内部曲线。

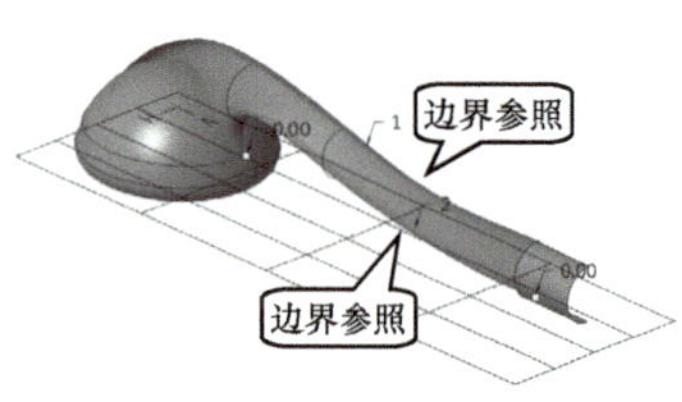

图 6-119　选取边界参照

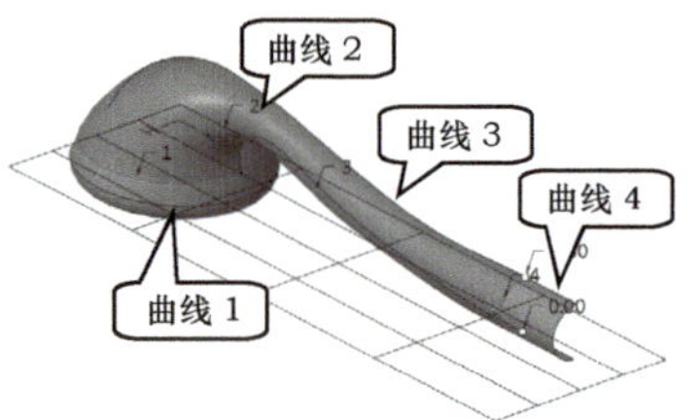

图 6-120　选取内部曲线

STEP02　单击鼠标中键退出，得到图 6-121 所示的自由曲面，完成后退出自由曲面模式。

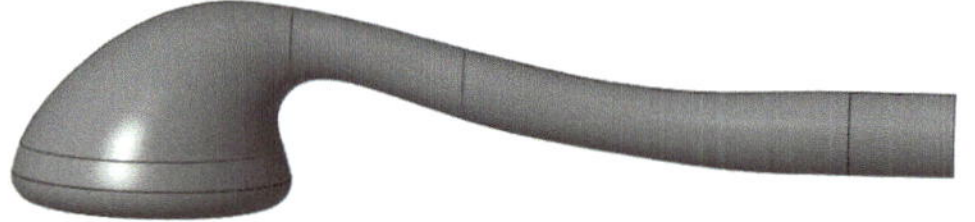

图 6-121　创建自由曲面

15. 创建合并特征

STEP01　按住 Ctrl 键选取自由曲面和拉伸曲面作为合并对象。

STEP02　在【编辑】工具组中单击 合并 按钮进行合并操作，结果如图 6-122 所示。

16. 创建镜像特征

STEP01　选取合并后的面组作为参照，在【编辑】工具组中单击 镜像 按钮。

STEP02　选取基准平面 FRONT 作为参照，镜像结果如图 6-123 所示。

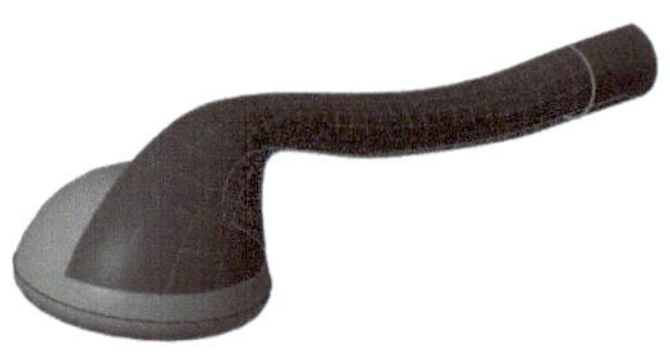

图 6-122　合并曲面

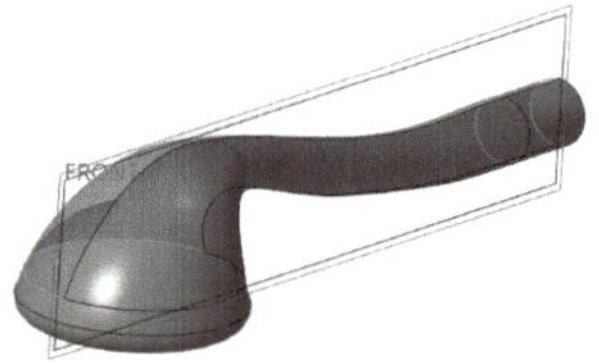

图 6-123　镜像曲面

STEP03　按住 Ctrl 键选取步骤 15、步骤 16 创建的合并曲面和镜像曲面，在【编辑】工具组中单击 合并 按钮进行合并操作，结果如图 6-124 所示。

17. 加厚曲面

STEP01　选取合并后的曲面作为加厚对象，单击【编辑】工具组中的 加厚 按钮，打开加厚设计面板。

STEP02　设计加厚厚度为 2，方向朝内，如图 6-125 所示，完成最终的设计。

图 6-124　合并曲面

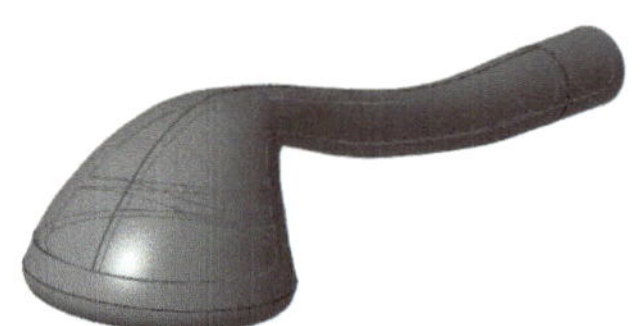

图 6-125　加厚曲面

6.1.5 编辑曲面特征

使用各种方法创建的曲面特征并不一定正好满足设计要求，这时可以采用多种操作方法来编辑曲面。

基础知识

就像裁剪布料制作服装一样，可以将多个不同曲面特征编辑后拼装为一个曲面，最后由该曲面创建实体特征。

1. 修剪曲面特征

修剪曲面可以裁去曲面上多余的部分，既可以使用已有基准平面、基准曲线或曲面来修剪，也可以使用拉伸、旋转等三维建模方法来修剪。首先选取需要修剪的曲面特征，在【编辑】工具组中单击 修剪 按钮，即可启动曲面修剪工具。

1 设置参照

在设计面板中展开【参考】下拉面板，在该面板中需要指定以下两个对象。

- 修剪的面组：在这里指定被修剪的曲面特征。
- 修剪对象：在这里指定作为修剪工具的对象，如基准平面、基准曲线以及曲面特征等面。需要注意的是，该修剪参照应完全贯穿要修剪的曲面。

2 使用基准平面作为修剪工具

如图 6-126 所示，选取被修剪的曲面特征，选取基准平面 FRONT 作为修剪对象，随后，系统使用一个黄色箭头指示修剪后保留的曲面侧，另一侧将会被裁去，单击设计面板上的 按钮可以调整箭头的指向，以改变保留的曲面侧。

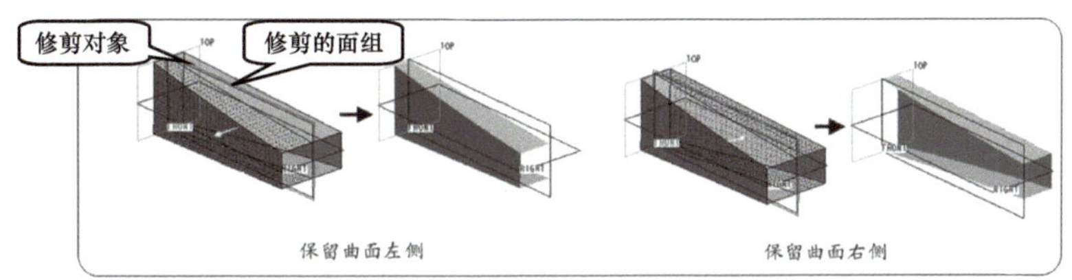

图 6-126 使用基准平面作为修剪工具

3 使用一个曲面修剪另一个曲面

可以使用一个曲面修剪另一个曲面，这时，要求被修剪曲面能够被修剪曲面严格分割开，如图 6-127 所示。修剪曲面时，可以单击设计面板上的 按钮调整保留曲面侧，以获得不同的结果。

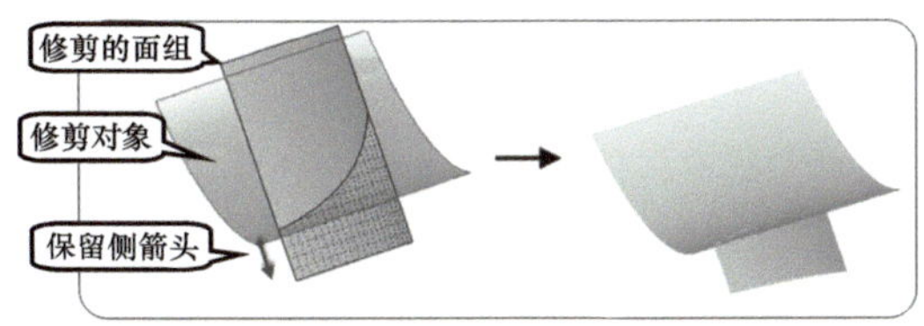

图 6-127 使用一个曲面修剪另一个曲面

4 使用拉伸、旋转等方法修剪曲面特征

使用拉伸、旋转、扫描和混合等三维建模方法都可以修剪曲面特征，其基本原理是，首先使用创建这些特征的方法创建一个不可见的三维模型，然后使用该模型作为修剪工具来修剪指定曲面。

2. 合并曲面特征

使用曲面合并的方法可以把多个曲面合并生成单一曲面特征，这是曲面设计中的一个重要操作。当模型上具有多个独立曲面特征时，首先选取参与合并的两个曲面特征（在模型树窗口或者模型上选取一个曲面后，按住Ctrl键再选取另一个曲面），然后在【编辑】工具组中单击合并按钮，打开曲面合并设计面板。

在设计面板上有两个按钮，分别用来确定合并曲面时每一曲面上保留的曲面侧。

在图 6–128 中，选取合并的两个相交曲面后，分别单击两个按钮调整保留的曲面侧，系统用黄色箭头指示要保留的曲面侧，可以获得 4 种设计结果。

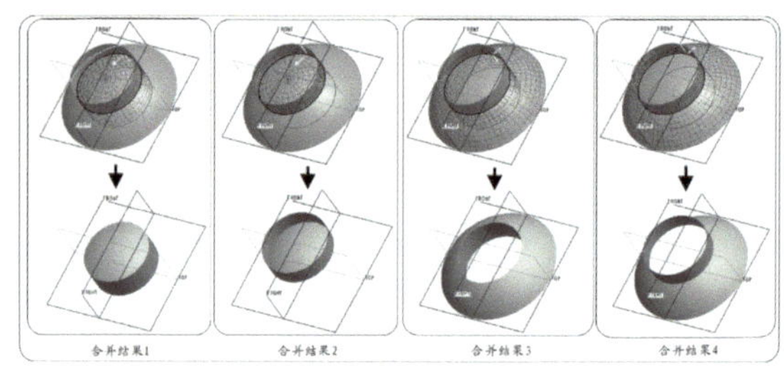

图 6–128　合并曲面

3. 曲面倒圆角

与创建实体特征类似，也可以在曲面过渡处的边线上创建倒圆角，从而使曲面之间的连接更为顺畅，过渡更为平滑。曲面倒圆角的设计工具和用法与实体倒圆角类似，首先在【工程】工具组中单击倒圆角按钮，然后选取放置圆角的边线，接下来设置圆角半径参数，即可创建曲面倒圆角，如图 6–129 所示。

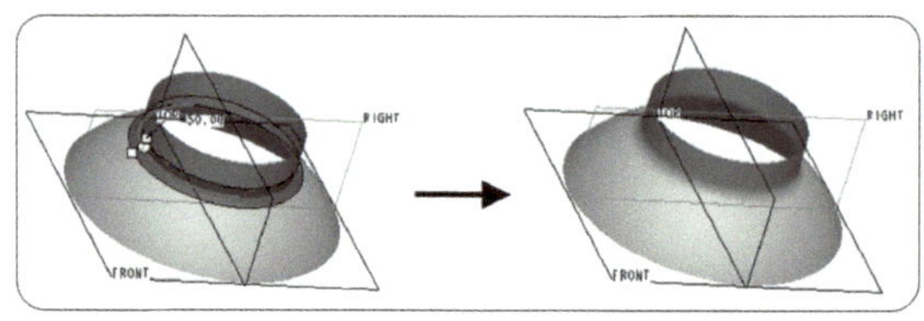

图 6–129　曲面倒圆角

4. 曲面的实体化

曲面特征的重要用途之一就是由曲面围成实体特征的表面，然后将曲面实体化，这也是现代设计中，对复杂外观结构的产品进行造型设计的重要手段。在将曲面特征实体化时，既可以创建实体特征，也可以创建薄板特征。

❶ 使用曲面特征构建实体特征

图 6–130 所示的曲面特征是由 6 个独立的曲面特征，经过 5 次合并后围成的闭合曲面。选取该曲面后，在【编辑】工具组中单击实体化按钮，打开图 6–131 所示的实体化设计面板。

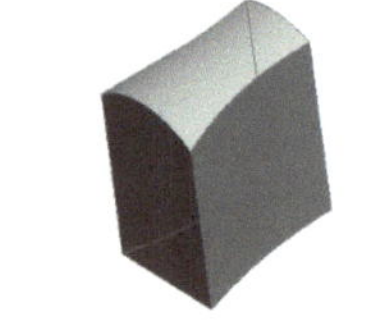

图 6–130　合并后的曲面特征

图 6–131　实体化设计面板

通常情况下，系统选取默认的实体填充按钮，用实体填充曲面内部。由于将该曲面实体化生成的结果唯一，因此，可以直接单击设计面板上的按钮生成最终的结果。

对于实体模型外部的曲面，如果曲面边界全部位于实体特征外表面或内部，可以在曲面内填充实体材料构建实体特征，如图 6-132 所示。

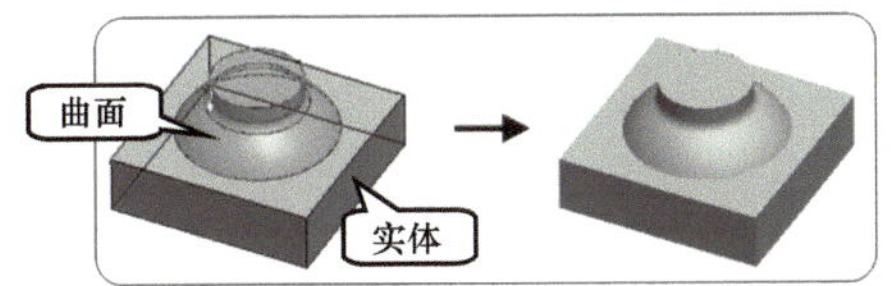

图 6-132 使用曲面特征构建实体特征 1

对于实体模型内部的曲面，如果曲面边界全部位于实体特征外表面或外部，可以切除曲面对应部分的实体材料，如图 6-133 所示。

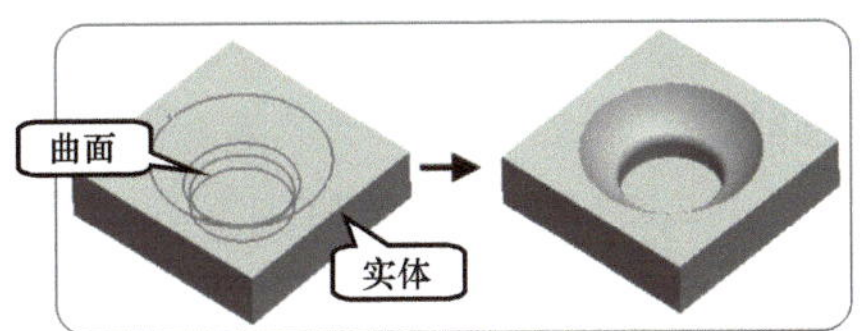

图 6-133 使用曲面特征构建实体特征 2

2 曲面的加厚操作

除了使用曲面构建实体特征外，还可以使用曲面构建薄板特征。任意曲面特征都可以构建薄板特征，当然对于特定曲面来说，不合理的薄板厚度也可能导致构建薄板特征失败。

选取曲面特征后，在【编辑】工具组中单击加厚按钮，打开加厚设计面板。使用设计面板上默认的工具，可以加厚任意曲面特征，此时，在设计面板的文本框中输入加厚厚度，系统使用黄色箭头指示加厚方向，单击按钮可以调整加厚方向，如图 6-134 所示。

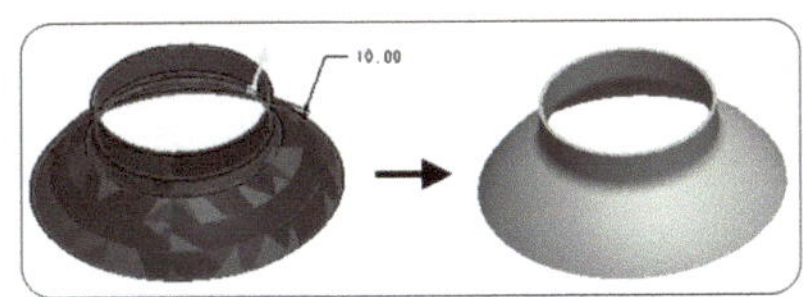

图 6-134 加厚曲面示例 1

在设计面板上单击按钮，可以在实体内部修剪薄板。箭头指示薄板修剪的方向，单击按钮可以改变该方向，设置修剪厚度后，即可获得修剪结果，如图 6-135 所示。

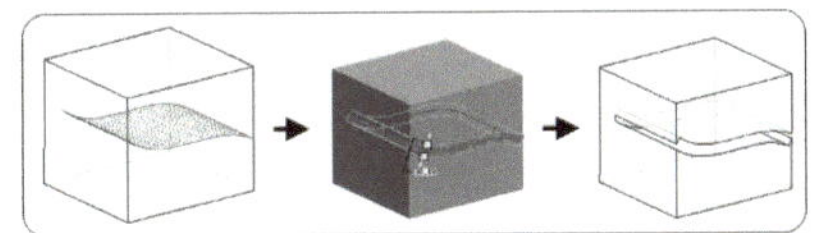

图 6-135 加厚曲面示例 2

基础训练——曲面的编辑

曲面的编辑

【操作步骤】

1. 新建文件

单击按钮，新建一个名为surface的零件文件，使用默认设计模板进入三维建模环境。

2. 创建扫描轨迹

STEP01 在【基准】工具组中单击按钮，打开【草绘】对话框。选取基准平面RIGHT为草绘平面，使用默认参照放置草绘平面后，进入二维草绘模式。

STEP02 在草绘平面内绘制如图6-136所示的曲线，最后创建的基准曲线如图6-137所示。

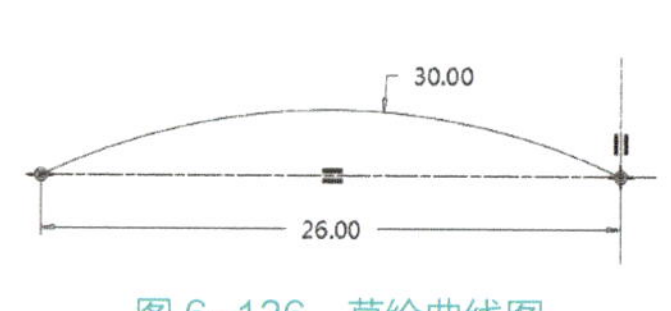

图6-136 草绘曲线图

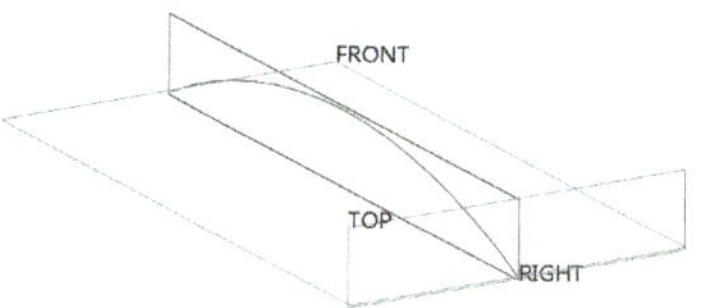

图6-137 创建基准曲线

3. 创建一个变截面扫描特征

STEP01 在【形状】工具组中单击扫描按钮，打开【扫描】操控面板。

STEP02 选取步骤2绘制的基准曲线作为扫描轨迹线，结果如图6-138所示，其中箭头方向为扫描方向。

STEP03 在图标板上单击按钮，进入草绘模式，绘制如图6-139所示的扫描剖面。

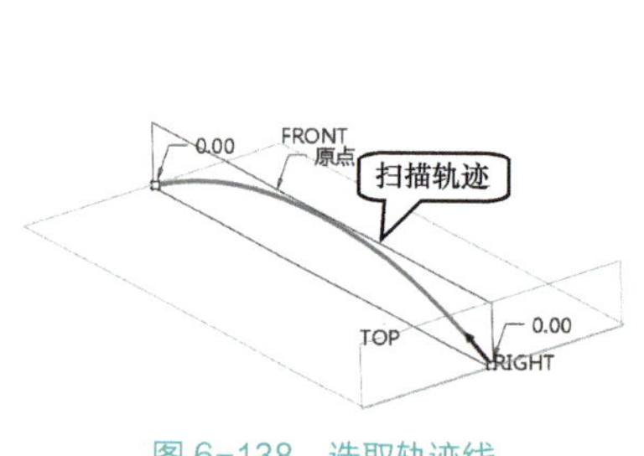

图6-138 选取轨迹线

0.50
1.00
7.00
40.00

图6-139 绘制扫描剖面

STEP04 在【工具】功能区中单击d= 关系按钮，打开【关系】对话框，此时，图形中的尺寸以符号形式显示出来，如图6-140所示。在【关系】对话框中为尺寸sd22输入如图6-141所示的关系式“sd22=7+5*sin(trajpar*180)”，完成后关闭对话框，退出草绘模式。

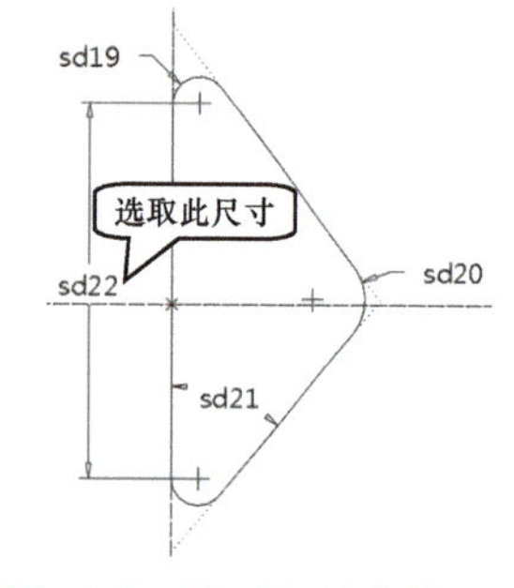

图6-140 显示图形上的符号尺寸

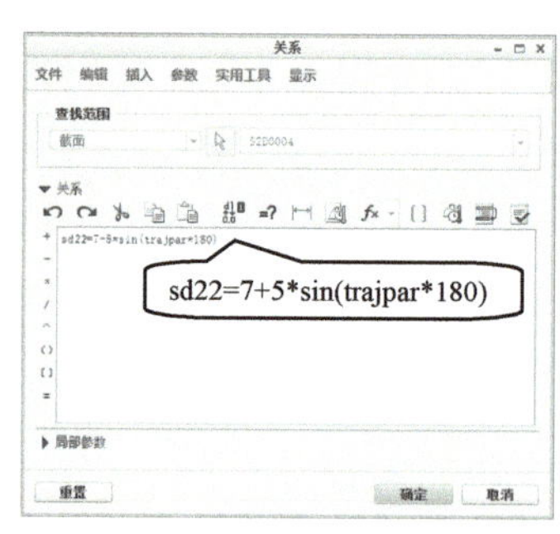

图6-141 【关系】对话框

STEP05 设置相应参数如图 6-142 所示（注意，此处需激活 按钮才能创建变截面扫描），在图标板上单击 按钮，完成可变剖面扫描曲面的创建，结果如图 6-143 所示。

图 6-142 设置扫描参数

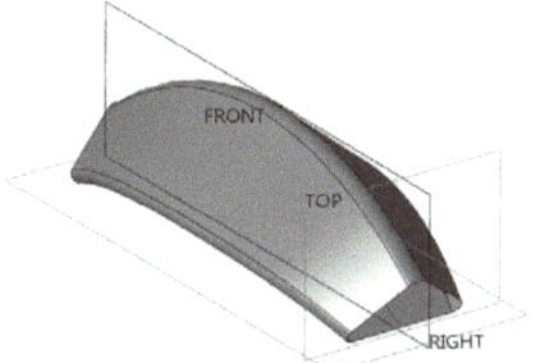

图 6-143 最后创建的变截面扫描特征

4. 创建第一个拉伸曲面

STEP01 在【形状】工具组中单击 按钮，打开【拉伸】操控面板，按下 按钮，创建曲面特征，选取 RIGHT 基准平面作为草绘平面。

STEP02 在草绘平面内使用 工具绘制如图 6-144 所示的线段，完成后退出草绘模式。

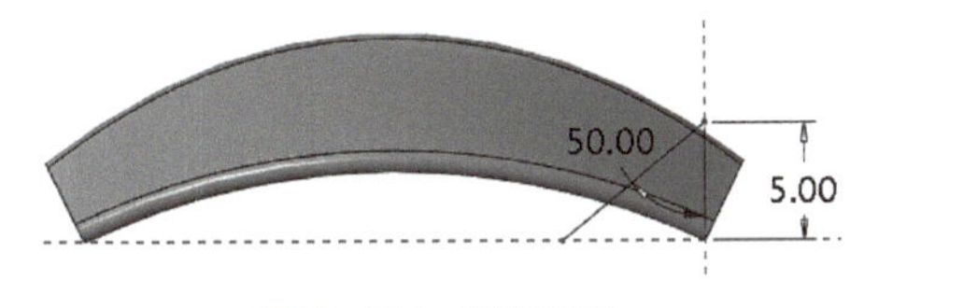

图 6-144 绘制草图

图 6-145 设置拉伸曲面参数

STEP03 按照图 6-145 设置特征参数，最后创建的曲面特征如图 6-146 所示。

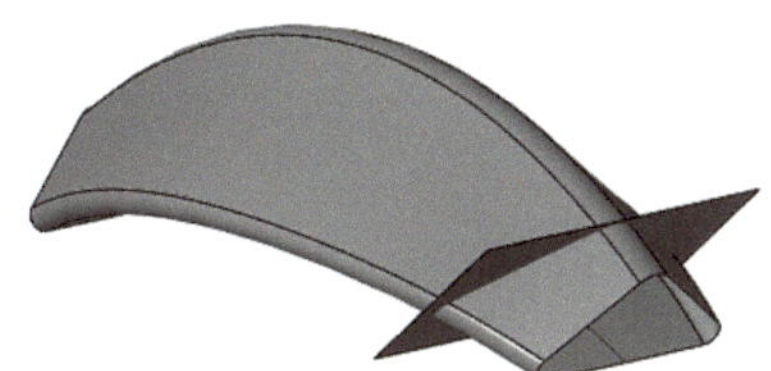
图 6-146 创建拉伸曲面特征

5. 创建第二个拉伸曲面

STEP01 单击 按钮，打开【拉伸】操控面板，按下 按钮，创建曲面特征，选取 FRONT 基准平面作为草绘平面。

STEP02 在草绘平面内绘制如图 6-147 所示的截面后，退出草绘模式。

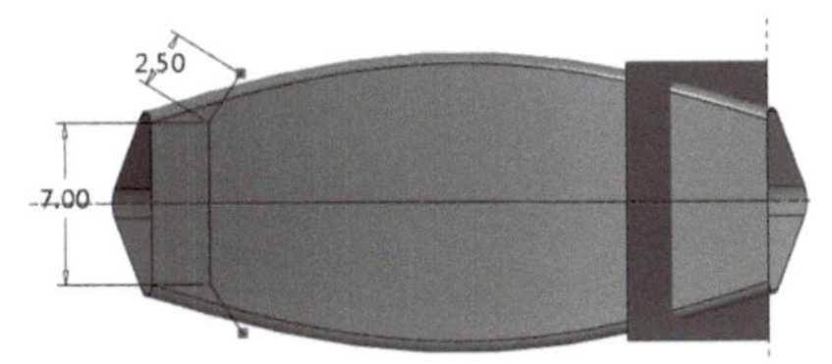

图 6-147 绘制拉伸曲面草图

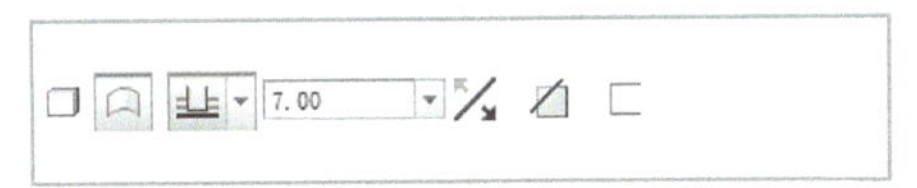

图 6-148 设置拉伸曲面参数

STEP03 按照图 6-148 设置特征参数，最后创建的曲面特征如图 6-149 所示。

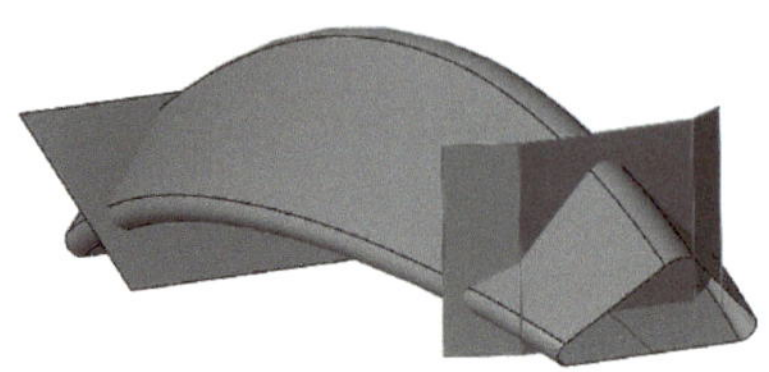

图 6-149 创建的拉伸曲面特征

6. 合并曲面

STEP01 按住 Ctrl 键，选取第二个拉伸曲面和扫描曲面作为合并对象，然后在【编辑】工具组中单击合并按钮，激活曲面合并工具。

STEP02 在图标板上单击两个按钮以确定曲面保留侧，如图 6-150 所示（图中打网格的部分为保留的曲面），合并结果如图 6-151 所示。

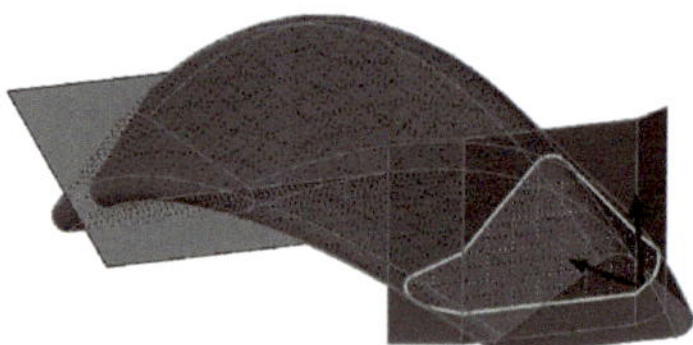

图 6-150 选取曲面保留侧

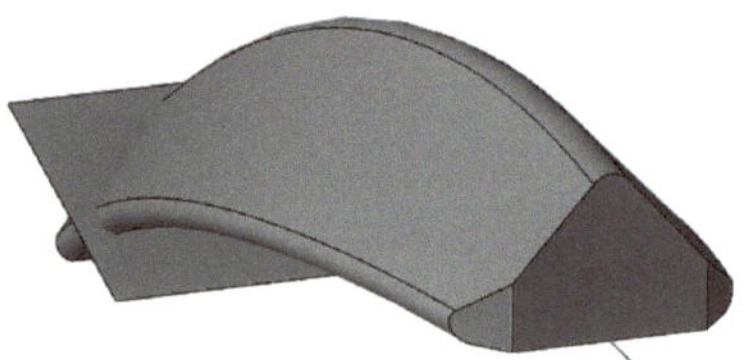

图 6-151 创建的合并曲面特征

STEP03 继续选取已经合并的曲面特征和第一个拉伸曲面为合并对象，然后打开曲面合并工具，按照图 6-152 确定合并曲面的保留部分，合并结果如图 6-153 所示。

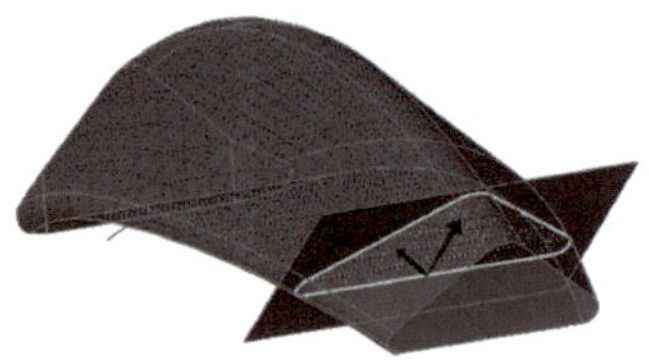

图 6-152 选取曲面保留侧

图 6-153 创建的合并曲面特征

7. 加厚曲面特征

STEP01 选中合并后的曲面特征（可以在模型树窗口中选中合并 2），然后在【编辑】工具组中单击加厚按钮，打开曲面加厚工具。

STEP02 设置曲面加厚厚度为 0.2，加厚方向如图 6-154 所示，加厚结果如图 6-155 所示。

图 6-154 选取加厚方向

图 6-155 加厚结果

8. 创建拉伸实体特征

STEP01 单击按钮，打开【拉伸】操控面板，选取如图 6-156 所示的平面作为草绘平面。

STEP02 在草绘平面内绘制如图 6-157 所示的截面后，退出草绘模式。

图 6-156　选取草绘平面

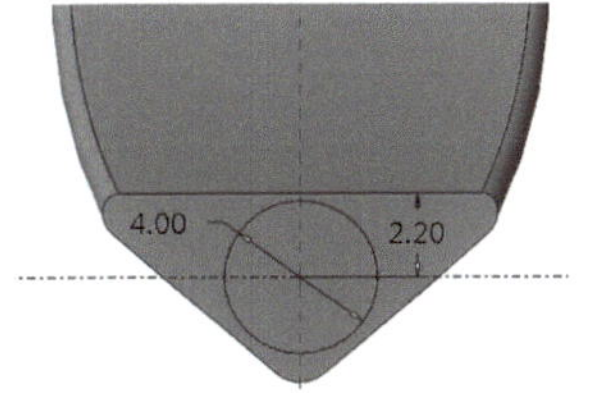

图 6-157　绘制剖面

STEP03 按照图 6-158 设置特征参数，最后创建的曲面特征如图 6-159 所示。

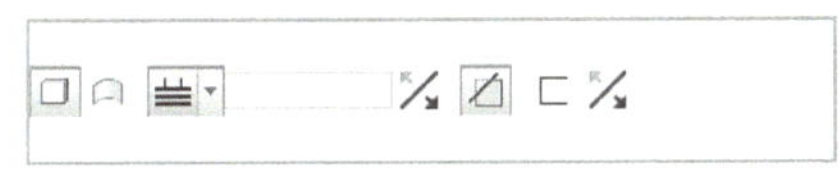
图 6-158　设置特征参数

图 6-159　最后创建的拉伸切除特征

9. 创建基准曲线

STEP01 在【基准】工具组中单击按钮，打开【草绘】对话框。选取基准平面 FRONT 为草绘平面，使用默认参照放置草绘平面后，进入二维草绘模式。

STEP02 在草绘平面内绘制如图 6-160 所示的曲线，最后创建的基准曲线如图 6-161 所示。

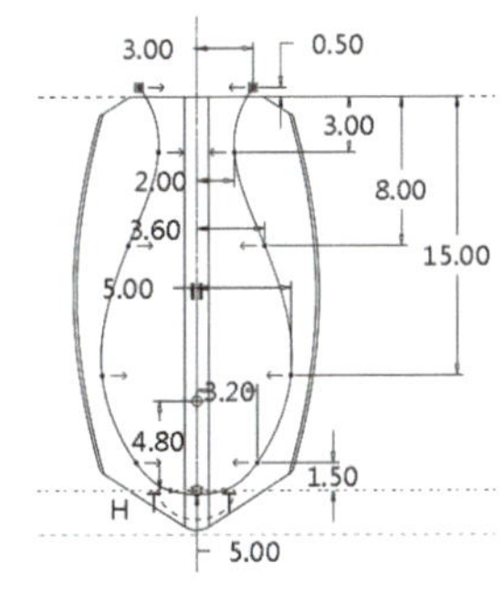

图 6-160　草绘曲线

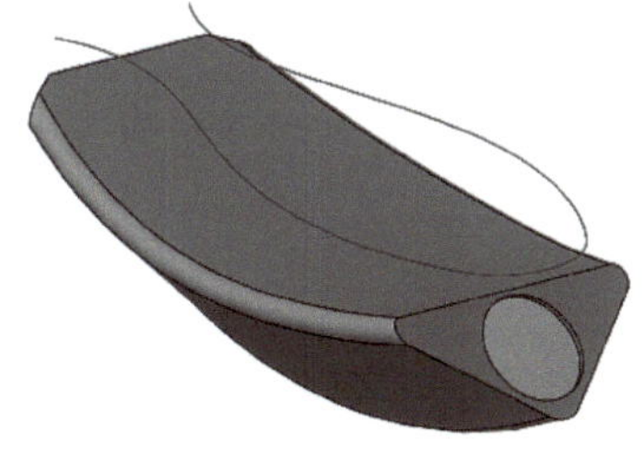
图 6-161　最后创建的基准曲线

要点提示

该图由圆弧和样条曲线组成，设计时，先创建圆弧，再创建同一侧的样条曲线，最后通过镜像方法创建另一侧的样条曲线。

10. 创建投影曲线

STEP01 选中创建的基准曲线，在【编辑】工具组中单击 投影 按钮，打开【投影】参数面板。单击 参考 命令打开【参考】下拉菜单，如图 6-162 所示。

STEP02 激活【链】列表框，选取如图 6-163 所示的曲面作为投影到的曲面。

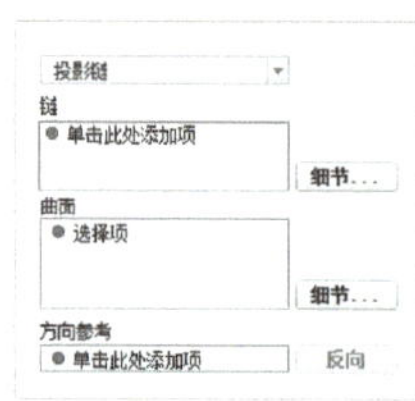

图 6-162　参考对话框

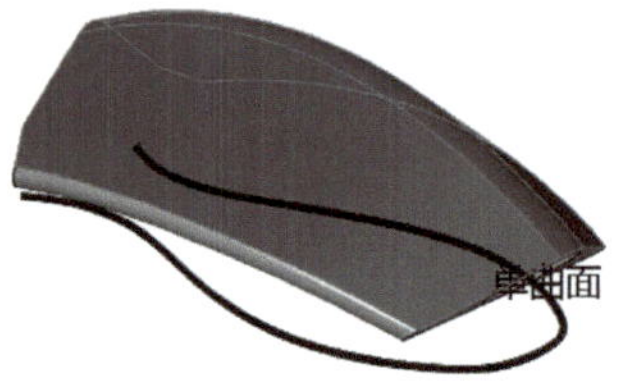

图 6-163　选取投影曲面

要点提示

选取曲面时，按住Ctrl键选取如图 6-163 所示的 3 个曲面。

STEP03 激活【方向参照】列表框，然后选取基准平面 FRONT 作为投影参照，单击 反向 按钮，调整投影方向如图 6-164 中的箭头方向所示。

STEP04 预览投影结果后，单击图标板上的✓按钮，最后的设计结果如图 6-165 所示。

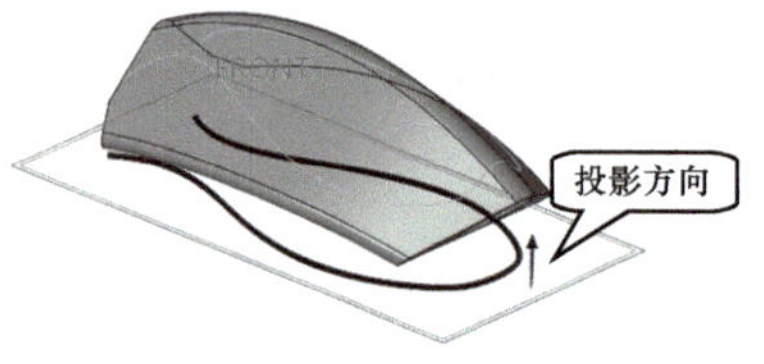

图 6-164　调整投影方向

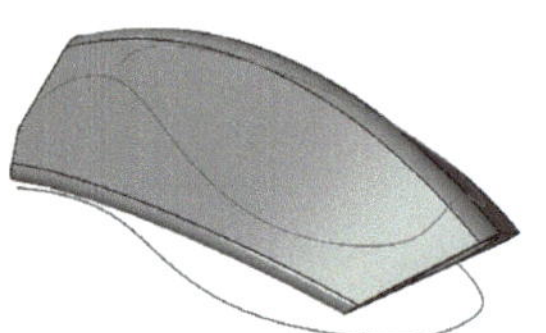

图 6-165　创建的投影曲线

11. 创建扫描特征

STEP01 单击 扫描 按钮，打开【扫描】操控面板，选取步骤 10 创建的投影曲线作为扫描轨迹线，如图 6-166 所示。

STEP02 单击图标板上的 按钮，进入如图 6-167 所示的草绘模式，绘制如图 6-168 所示的截面图。

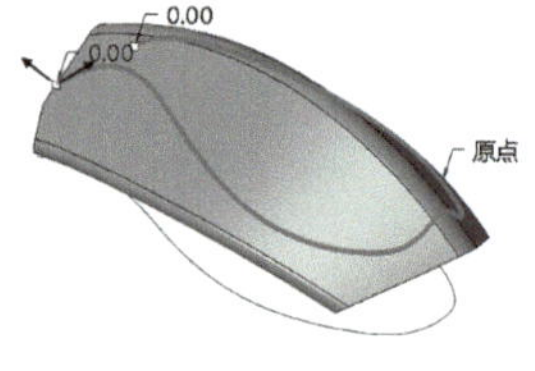

图 6-166　选取轨迹线

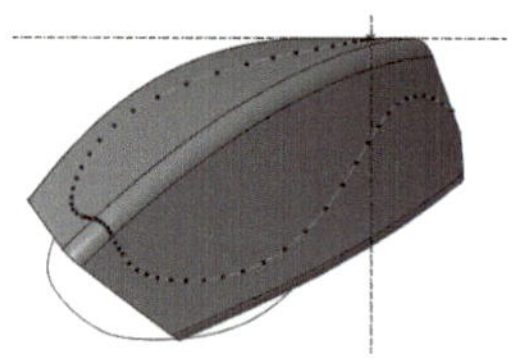

图 6-167　绘制扫描截面

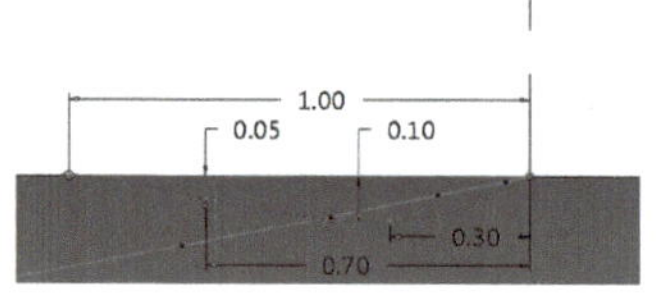

图 6-168　绘制扫描截面图

STEP03 按照图 6-169 设置特征参数，创建的扫描特征如图 6-170 所示。

STEP04 隐藏基准曲线后，最后创建的设计结果如图 6-171 所示。

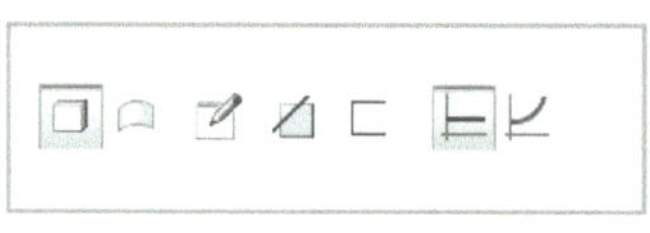

图 6-169　设置扫描参数

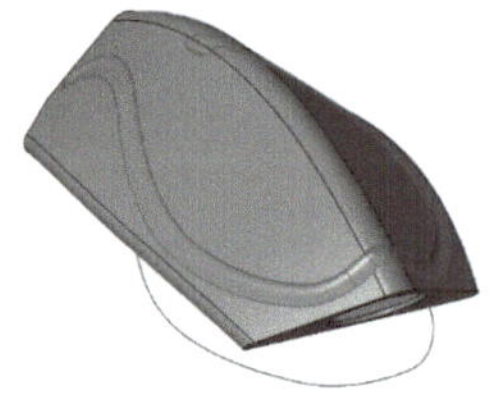

图 6-170　创建的扫描特征

图 6-171　设计结果

6.2 典型实例

本节将介绍一组典型三维模型实例，帮助读者进一步熟悉综合使用实体建模方法和曲面建模方法创建三维模型的过程与技巧。

6.2.1 范例解析 1——瓶体设计

本例将通过设计瓶体，来学习复杂曲面与实体建模的综合方法，最后创建的模型如图 6-172 所示。

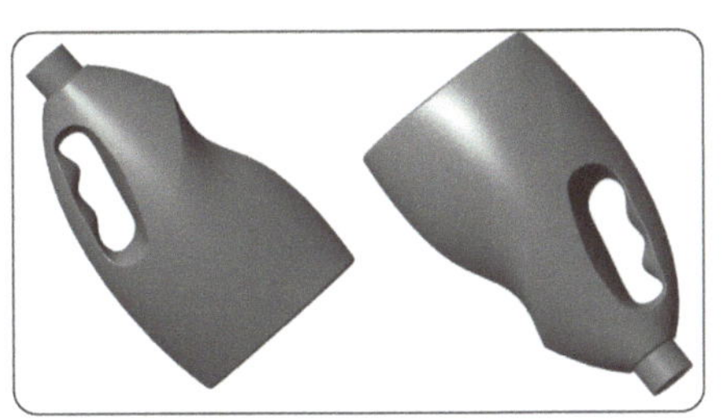

图 6-172 瓶体设计结果

【操作步骤】

瓶体设计 1

1. 新建零件文件

新建名称为 bottle 的零件文件，使用默认设计模板，进入三维建模环境。

2. 创建旋转曲面特征

STEP01 在【形状】工具组中单击 旋转 按钮启动旋转工具，按下 按钮。

STEP02 选择基准平面 FRONT 作为草绘平面，其他保持默认，单击鼠标中键。

STEP03 绘制图 6-173 所示的草绘截面，单击 按钮退出草绘环境。

STEP04 单击鼠标中键，创建旋转特征，如图 6-174 所示。

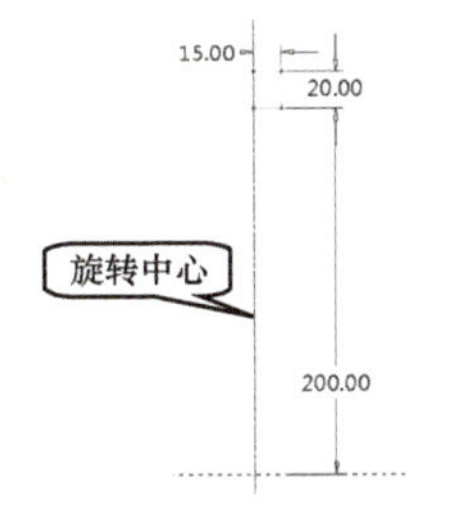

图 6-173 绘制草绘曲线

图 6-174 创建的旋转曲面

3. 草绘基准曲线

STEP01 单击 按钮，启动草绘曲线工具。

STEP02 选择图 6-174 所示的下底面为草绘平面，单击鼠标中键。

STEP03 绘制图 6-175 所示的草绘截面，随后退出草绘环境。单击鼠标中键，创建基准曲线 1，结果如图 6-176 所示。

STEP04 创建基准曲线 2。选择基准平面 FRONT 作为草绘平面，绘制图 6-177 所示的草绘截面，结果如图 6-178 所示。

STEP05 创建基准曲线 3。选择基准平面 RIGHT 作为草绘平面，绘制图 6-179 所示的草绘截面，结果如图 6-180 所示。

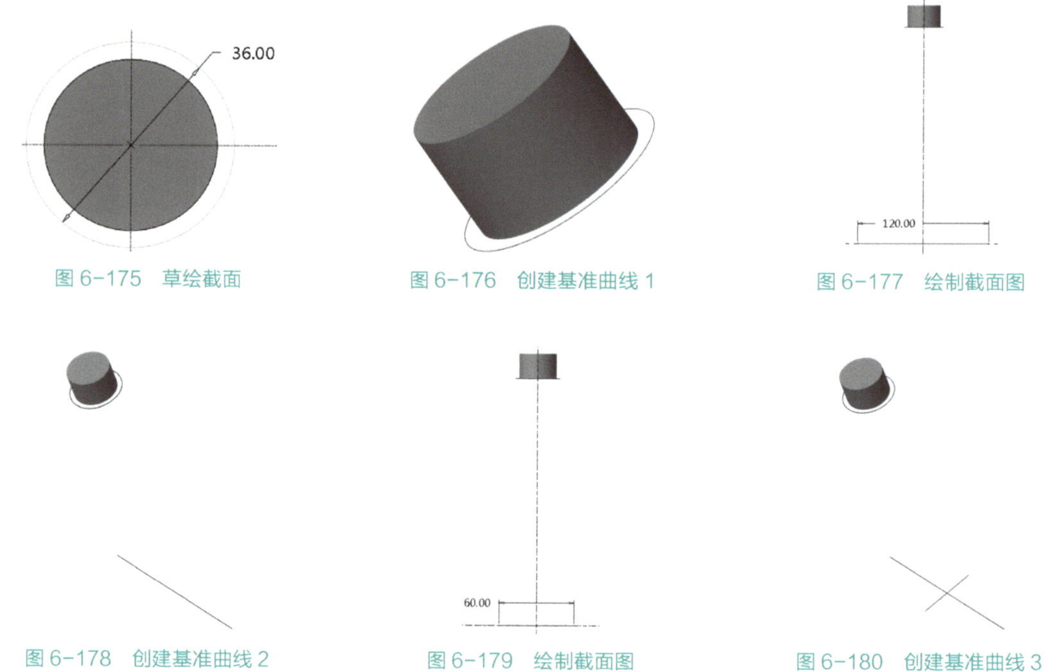

图 6-175　草绘截面　　图 6-176　创建基准曲线 1　　图 6-177　绘制截面图

图 6-178　创建基准曲线 2　　图 6-179　绘制截面图　　图 6-180　创建基准曲线 3

4. 绘制自由曲线组（1）

STEP01 在【曲面】工具组中单击 样式 按钮，启动自由曲面工具。

STEP02 在【平面】工具组中单击 按钮，选取基准平面 FRONT 作为活动平面。在【曲线】工具组中单击按钮，打开【曲线：造型】面板，单击按钮激活绘制平面曲线，绘制图 6-181 所示的两条曲线。

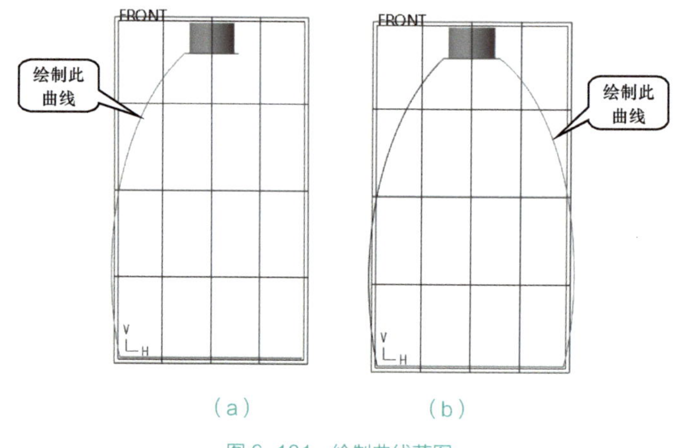

（a）　　（b）

图 6-181　绘制曲线草图

要点提示

两基准曲线需与前面创建的草绘曲线相接，可在单击 曲线编辑 按钮后，对曲线进行调整时按住 Shift 键进行捕捉。

STEP03 单击✓按钮，创建自由曲线，结果如图 6-182 所示。

STEP04 使用类似的方法，分别在基准平面 RIGHT 内绘制图 6-183 所示的曲线 a，在基准平面 TOP 内绘制图 6-183 所示的曲线 b，结果如图 6-184 所示。

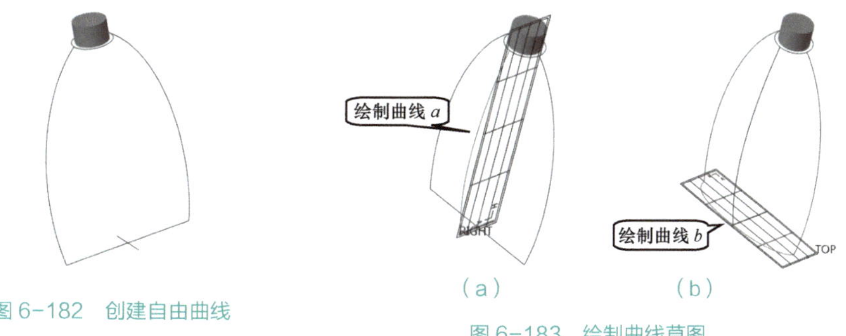

图 6-182 创建自由曲线

（a） （b）

图 6-183 绘制曲线草图

5. 绘制自由曲线组（2）

STEP01 在【基准】工具组中单击按钮，启动创建基准平面工具。选取基准平面 TOP 作为参照平面，设置偏移值为 120，单击鼠标中键创建基准平面 DTM1，结果如图 6-185 所示。

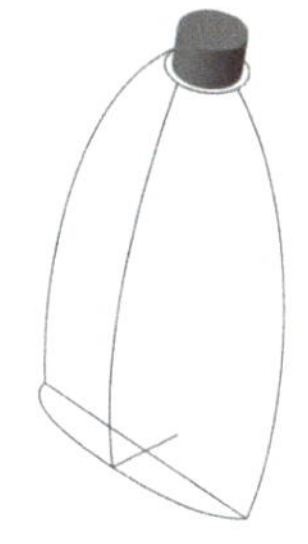

图 6-184 创建自由曲线

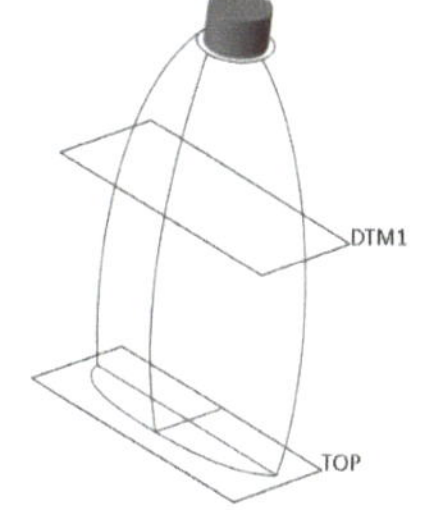

图 6-185 创建基准平面

STEP02 按照步骤 4（1）~（3）绘制基准曲线的方法，在基准平面 DTM1 中绘制图 6-186 所示的曲线。

STEP03 在基准平面 FRONT 中绘制图 6-187 所示的曲线，结果如图 6-188 所示。

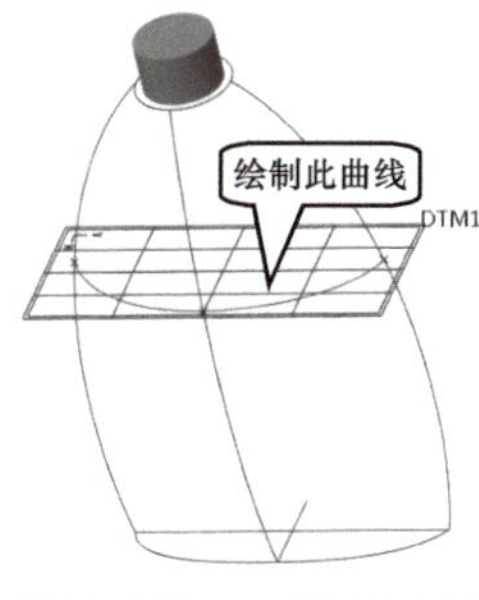

图 6-186 绘制曲线（1）

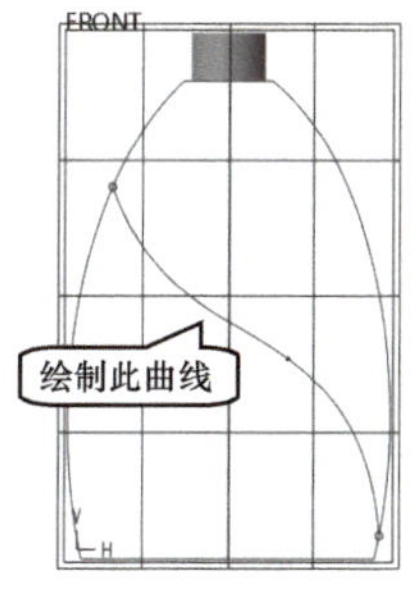

图 6-187 绘制曲线（2）

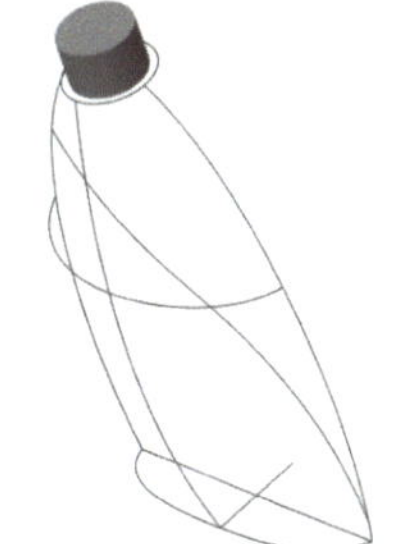

图 6-188 创建的自由曲线

6. 创建自由曲面

STEP01 在【曲面】工具组中单击样式按钮，打开【样式】功能区，在【曲面】工具组中单击按钮，启动【创建曲面】工具。

STEP02 单击图 6-189 所示的①处，再按住 Ctrl 键按顺序选择图 6-190 所示的 4 条曲线。

图 6-189 设计面板

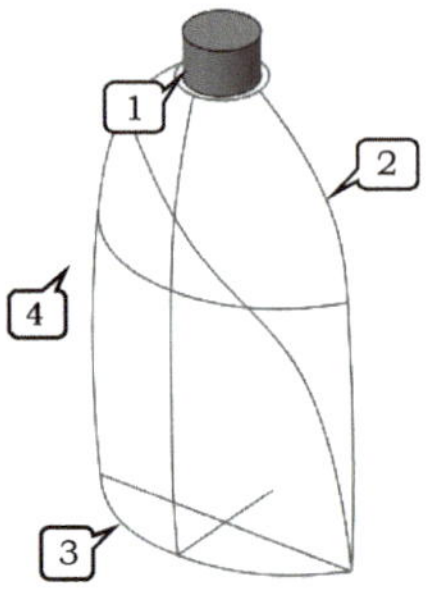

图 6-190 选取曲线

STEP03 单击图 6-189 所示的②处，再按住Ctrl键选取图 6-191 所示的两条曲线。

STEP04 单击鼠标中键，创建曲面特征，结果如图 6-192 所示。

STEP05 按照创建基准曲线的方法，在基准平面 FRONT 中绘制图 6-193 所示的曲线。

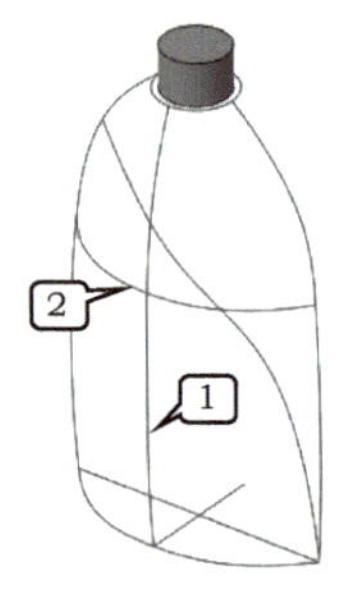

图 6-191 选取曲线

图 6-192 创建曲面

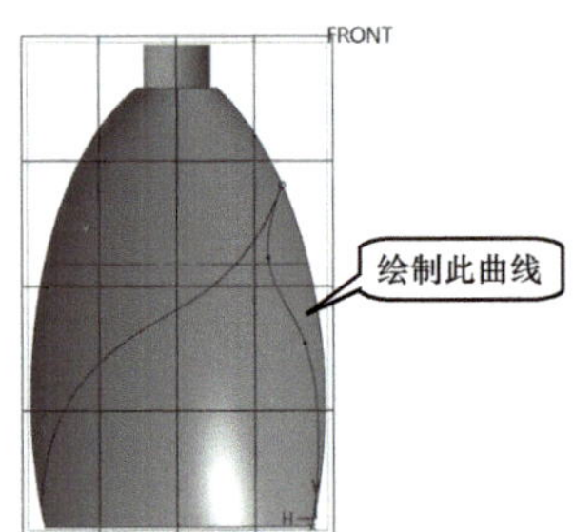

图 6-193 创建基准曲线

7. 创建投影曲线

STEP01 单击 下落曲线 按钮，启动投影曲线工具。

STEP02 单击图 6-194 所示的①处，再选择图 6-195 所示的曲线。

STEP03 单击图 6-194 所示的②处，再选择图 6-196 所示的曲面。

STEP04 单击图 6-194 所示的③处，再选择基准平面 FRONT。

图 6-194 投影曲线工具

STEP05 单击鼠标中键，创建投影曲线，结果如图 6-197 所示。

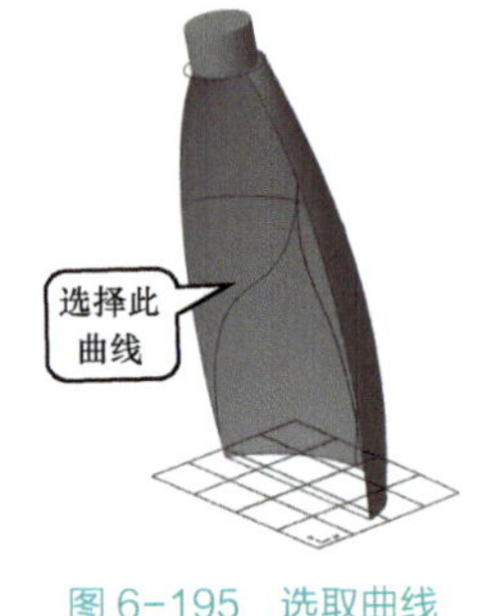

图 6-195 选取曲线

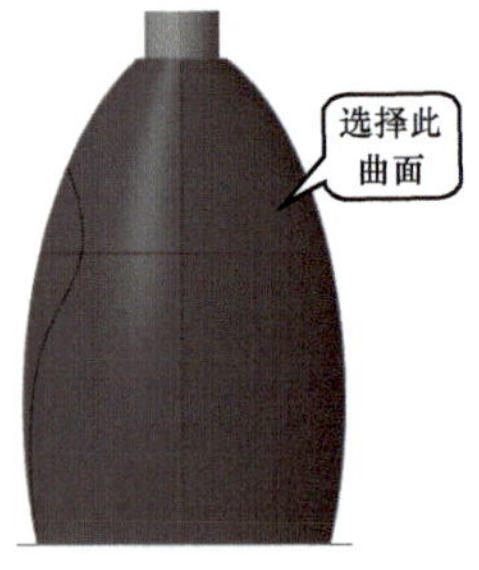

图 6-196 选取曲面

图 6-197 选取曲面

8. 修剪曲面

STEP01 单击 曲面修剪 按钮，启动修剪曲面工具。

STEP02 单击图 6-198 所示的①处，再选择图 6-199 所示的曲面。

STEP03 单击图 6-198 所示的②处，再选择图 6-200 所示的曲线。

图 6-198 创建投影曲线

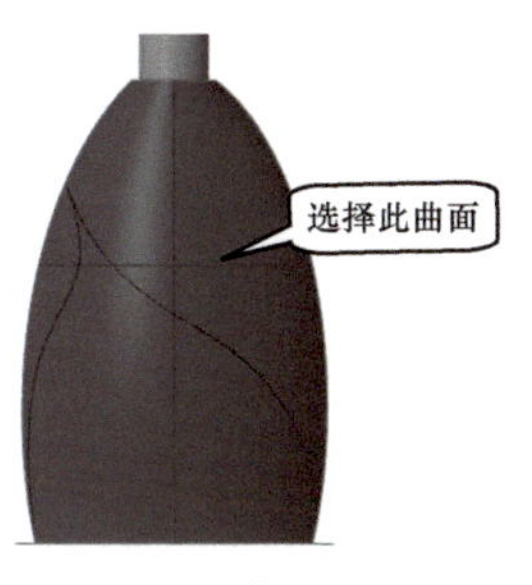

图 6-199 曲面修剪工具

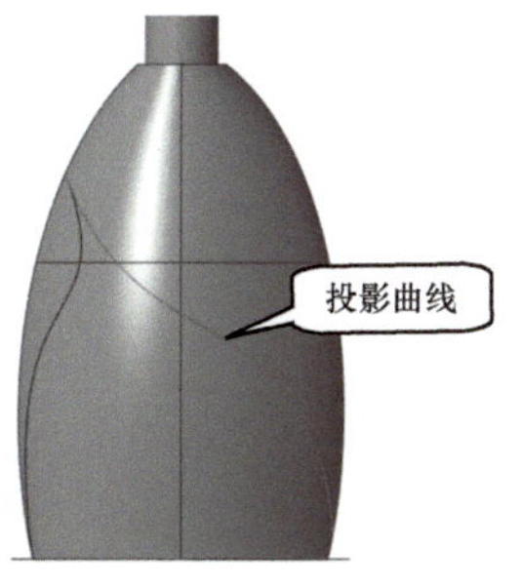

图 6-200 选取曲面

STEP04 单击图 6-198 所示的③处，再选择图 6-201 所示的曲面。

STEP05 单击鼠标中键，如图 6-202 所示创建修剪曲面。单击 按钮，结果如图 6-203 所示。

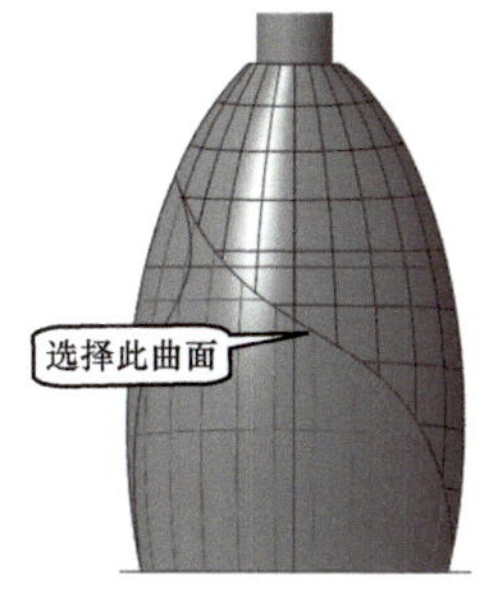

图 6-201 选取曲线

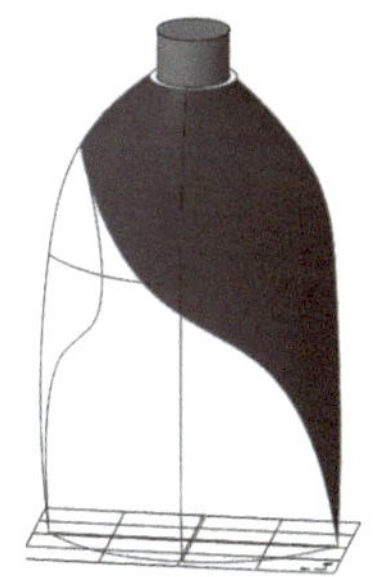
图 6-202 选取曲面

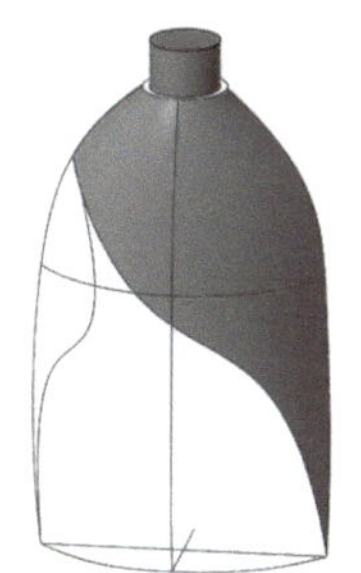
图 6-203 修剪结果

9. 创建自由曲面

STEP01 单击 按钮，打开【边界混合】操控面板，在第 1 个列表框中按住 Ctrl 键按顺序选择图 6-204 所示的两条曲线，在第 2 个列表框中按住 Ctrl 键选择图 6-205 所示的两条曲线。

STEP02 单击 按钮完成曲面特征的创建，结果如图 6-206 所示。

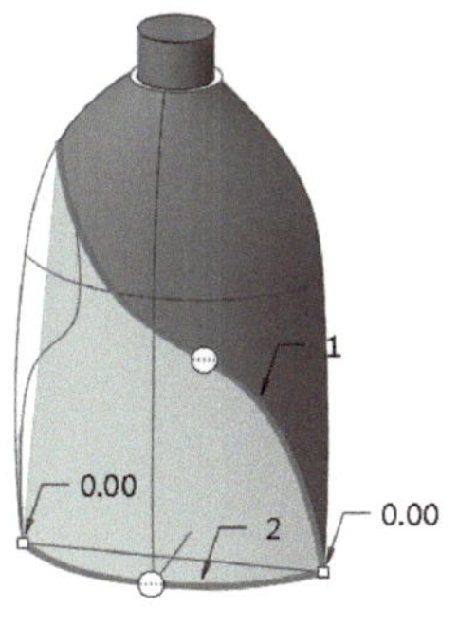

图 6-204 选取曲线

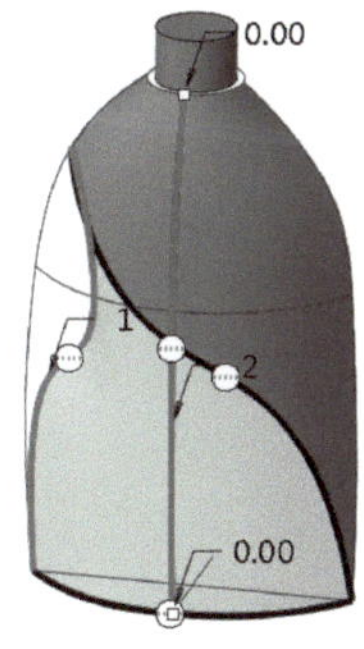

图 6-205 选取曲线

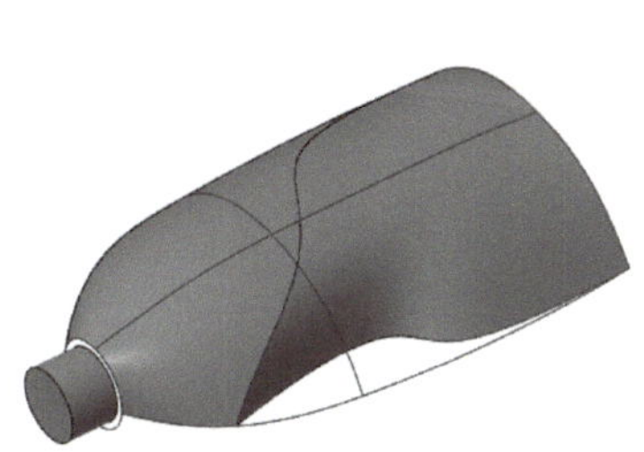
图 6-206 创建的自由曲面

10. 创建镜像特征

STEP01 选取图 6-207 所示的曲面特征，在【编辑】工具组中单击 镜像 按钮，启动镜像工具。

STEP02 选择基准平面 FRONT 为镜像平面。

STEP03 单击鼠标中键，创建镜像特征，结果如图 6-208 所示。

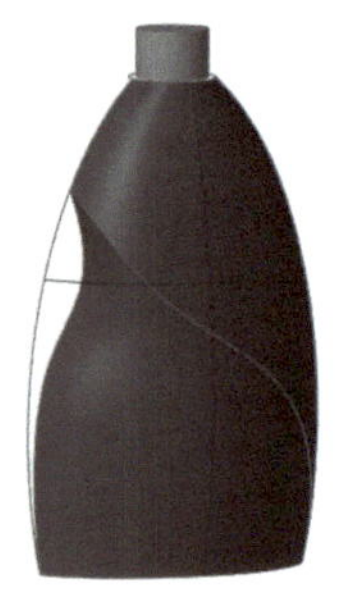

图 6-207 选取曲面

图 6-208 镜像结果

11. 创建草绘曲线

瓶体设计 3

STEP01 在【基准】工具中单击 按钮，启动草绘曲线工具。选择基准平面 FRONT 作为草绘平面，绘制图 6-209 所示的草绘截面，随后退出草绘环境，创建的曲线 1 如图 6-210 所示。

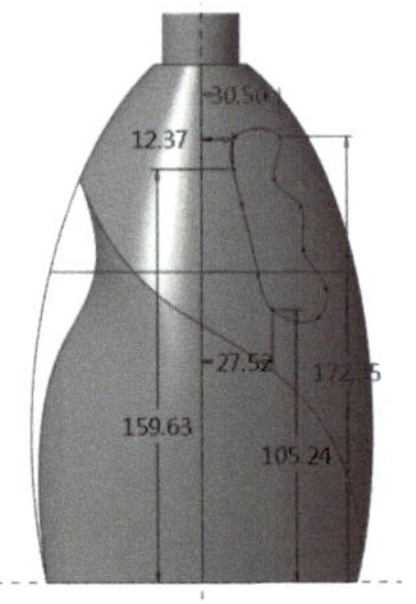

图 6-209 草绘截面

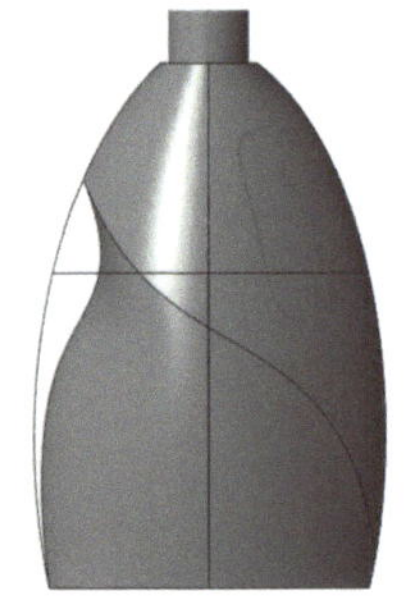

图 6-210 创建的草绘曲线 1

STEP02 继续创建草绘曲线。选择 FRONT 面为草绘平面，以线框显示模型，绘制如图 6-211 所示的草绘截面，最后创建的曲线 2 如图 6-212 所示。

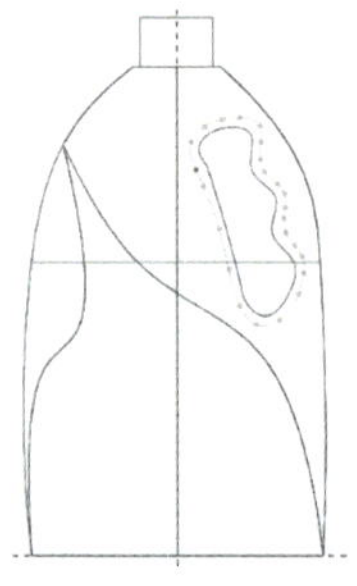

图 6-211 草绘截面

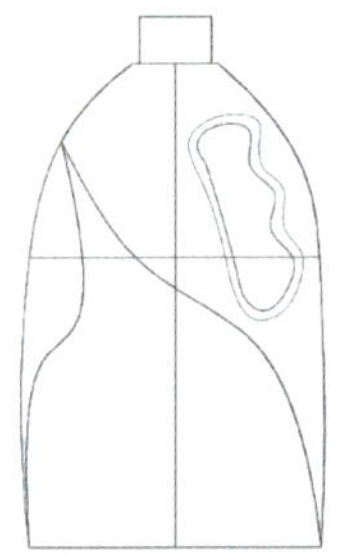

图 6-212 创建的草绘曲线 2

要点提示

此处创建的曲线 2 没有固定的尺寸数据，只需围绕曲线 1 周围绘制出轮廓即可，读者可自由把握。

12. 创建投影曲线

STEP01 选择步骤 11 创建的曲线 2。

STEP02 在【编辑】工具组中单击 投影 按钮，打开【投影曲线】操控面板。

STEP03 单击曲面收集器，选择图 6-213 所示的曲面，方向设置为【沿方向】，选取 FRONT 面为方向参照，参数如图 6-214 所示。

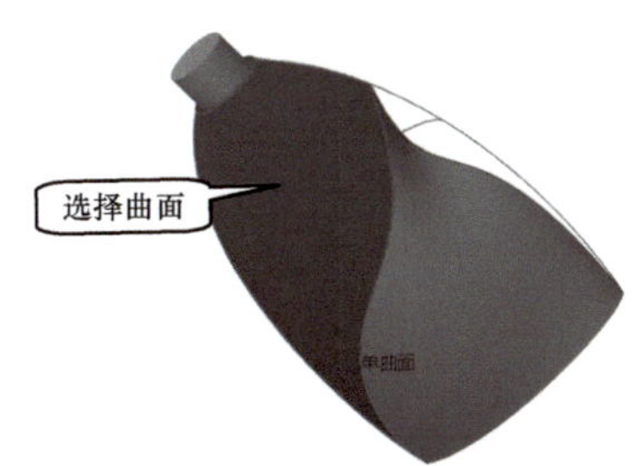

图 6-213 选取曲面

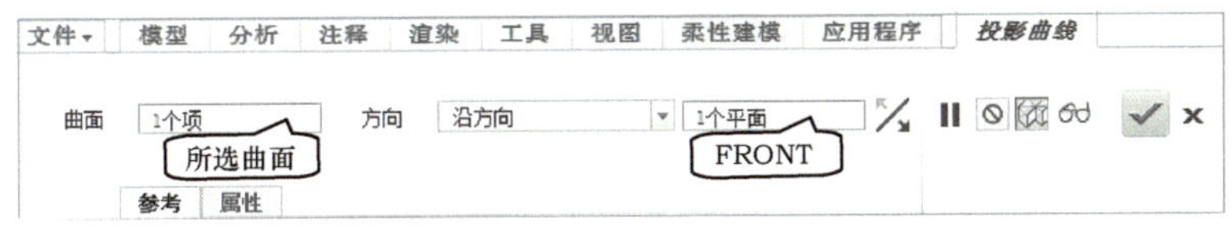

图 6-214 创建的自由曲面

STEP04 单击【参考】打开如图 6-215 所示的下拉菜单，设置类型为【投影链】，选择步骤 11 创建的曲线 2，如图 6-216 所示。

STEP05 单击鼠标中键，创建投影曲线，结果如图 6-217 所示。

图 6-215 【参考】下拉菜单

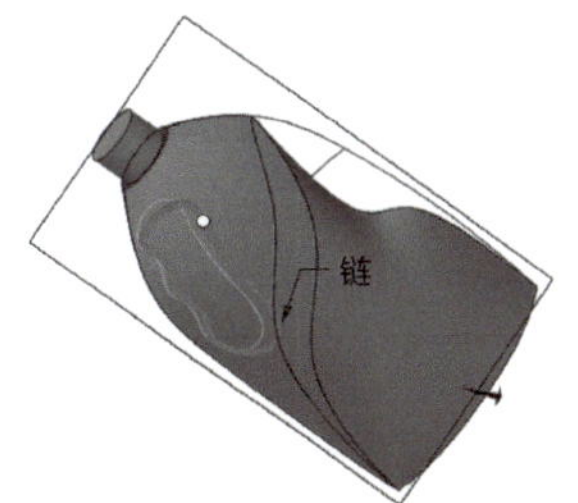

图 6-216 选择曲线

图 6-217 创建的投影曲线

13. 创建镜像特征

STEP01 选取步骤 12 创建的投影曲线，在【编辑】工具组中单击 镜像 按钮启动镜像工具。

STEP02 选择基准平面 FRONT 作为镜像平面。

STEP03 单击鼠标中键，创建镜像特征，结果如图 6-218 所示。

14. 创建拉伸曲面特征

STEP01 在【形状】工具组中单击 按钮，启动拉伸工具，并按下 按钮。

STEP02 选择基准平面 FRONT 作为草绘平面，单击鼠标中键。

STEP03 绘制图 6-219 所示的草绘截面，随后退出草绘环境。

STEP04 在拉伸设计面板中设置参数，如图 6-220 所示。

图 6-218　镜像结果

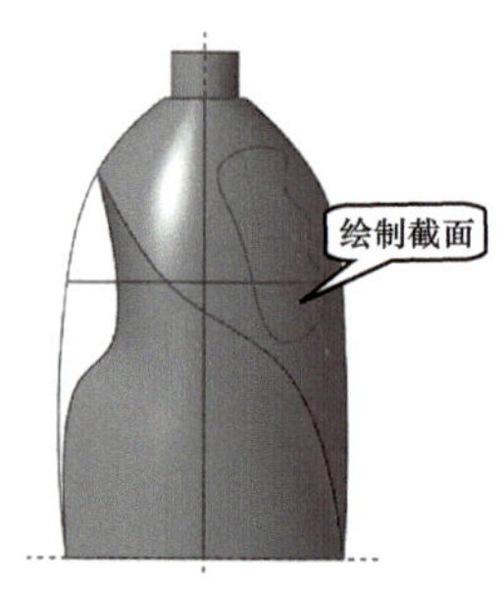

图 6-219　绘制截面

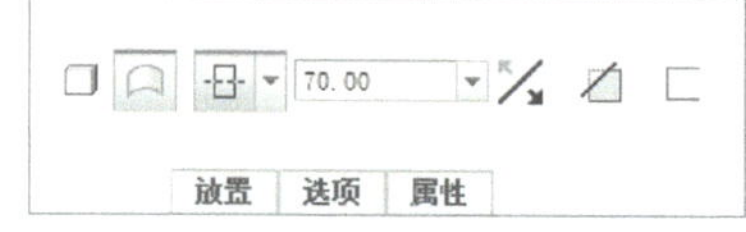

图 6-220　设置拉伸参数

STEP05 单击鼠标中键，创建拉伸特征，结果如图 6-211 所示。

15. 创建基准曲面

STEP01 在【基准】工具组中单击 按钮，启动基准平面工具。

STEP02 选择 TOP 面为平移基准面，设置偏移值为 115。

STEP03 单击鼠标中键，创建基准面 DTM2，结果如图 6-186 所示。

STEP04 按上述方法创建另一基准面 DTM3。选择基准面 DTM2 为参照面，设置偏移值为 30，结果如图 6-222 所示。

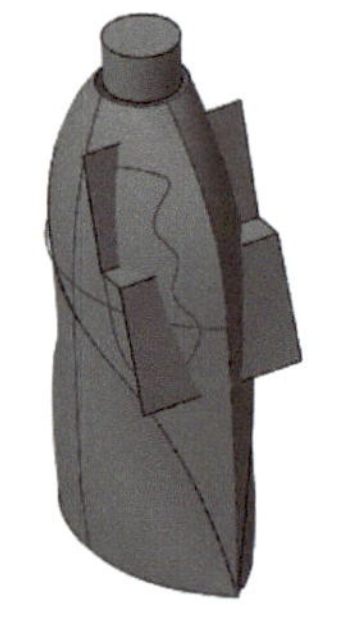
图 6-221　拉伸结果

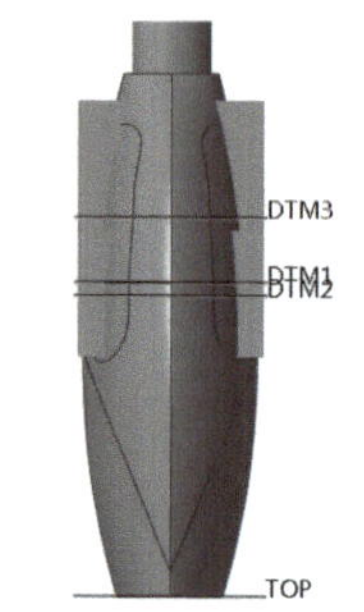

图 6-222　创建的基准平面

16. 创建自由曲线

STEP01 在【曲面】工具组中单击 样式 按钮，启动自由曲面工具。

STEP02 在【平面】工具组中单击 按钮，再选择图 6-223 所示的曲面作为活动平面。

STEP03 单击 按钮绘制草图，单击 曲线编辑 按钮调整绘制的曲线，结果如图 6-224 所示。

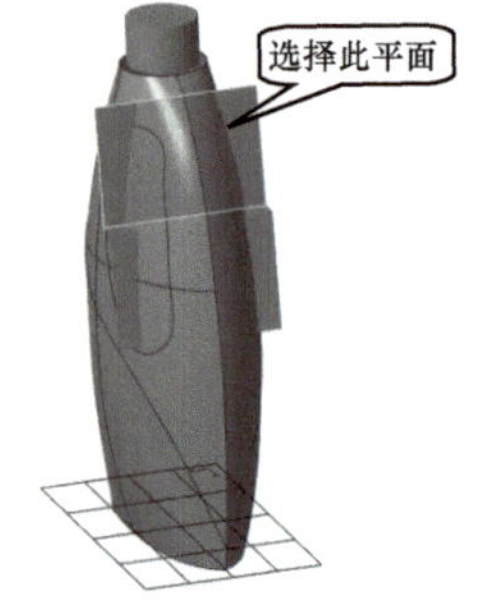

图 6-223　选取活动平面

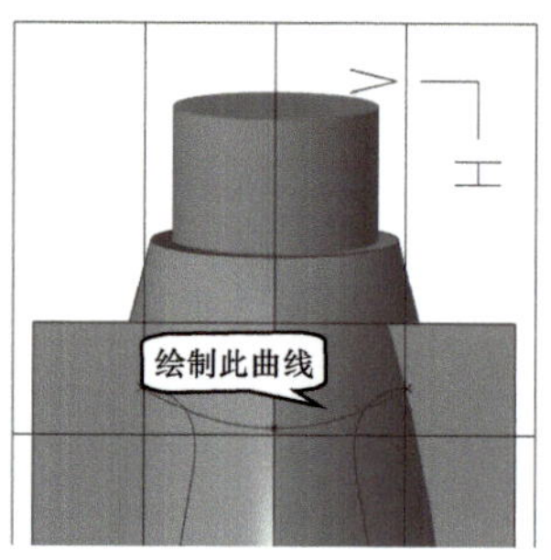

图 6-224　绘制并调整曲线

STEP04 单击鼠标中键，创建基准曲线，结果如图 6-225 所示。

STEP05 按上述方法选取图 6-226 所示的活动平面，绘制图 6-227 所示的曲线。

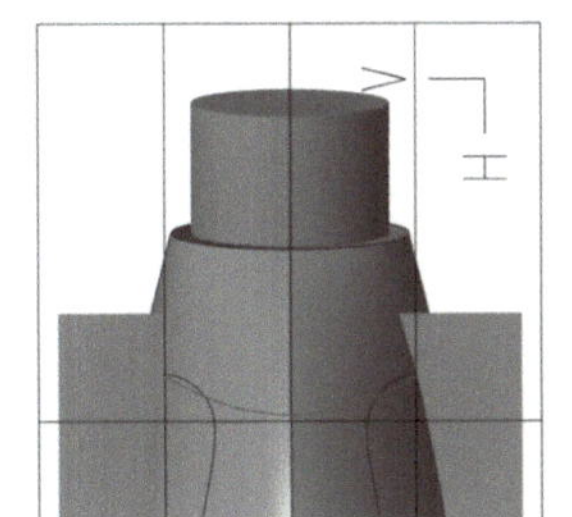
图 6-225　绘制的自由曲线（1）

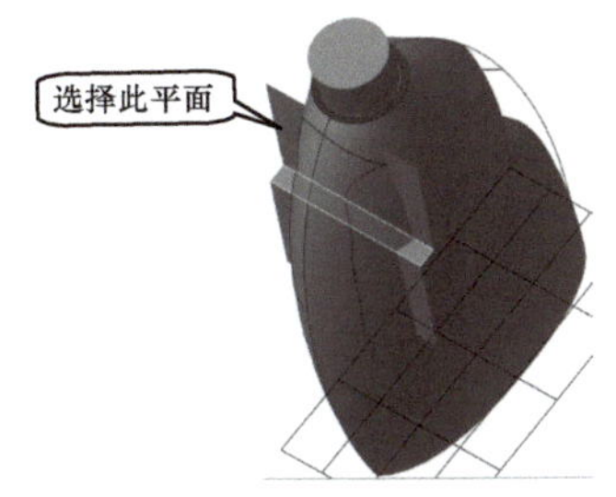

图 6-226　选取活动平面

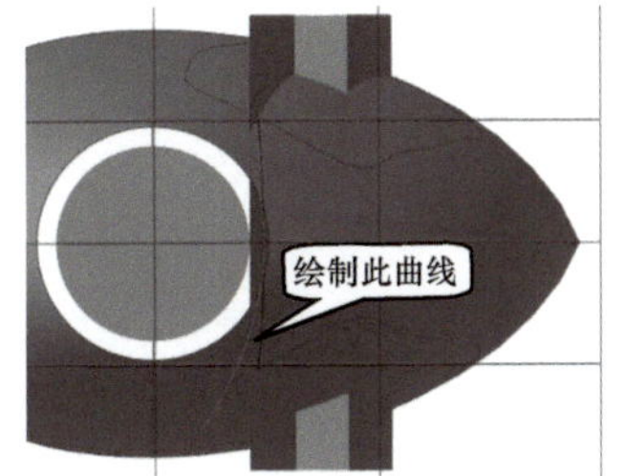

图 6-227　绘制自由曲线

要点提示 在绘制自由曲线时，要注意将曲线与接下来要创建的边界混合的线相交，在绘制曲线时，可以打开线框显示模式，必须确保曲线如图 6-228 和图 6-229 所示，否则将影响曲面合并操作的顺利进行，需谨慎小心。

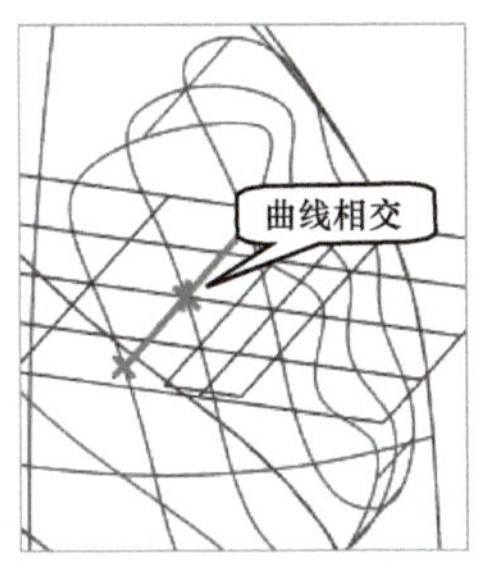

图 6-228　曲线相交

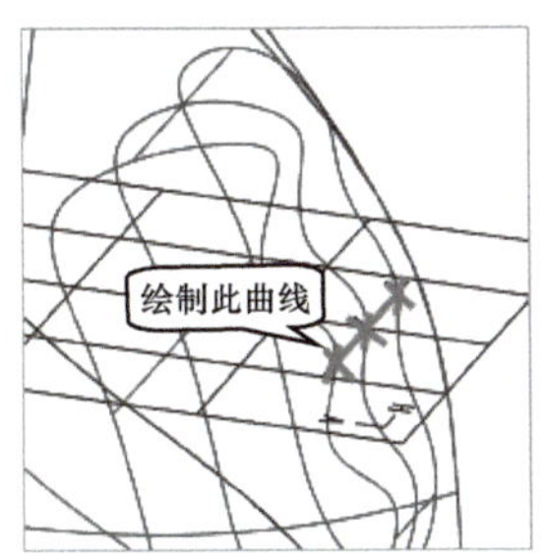

图 6-229　曲线相交

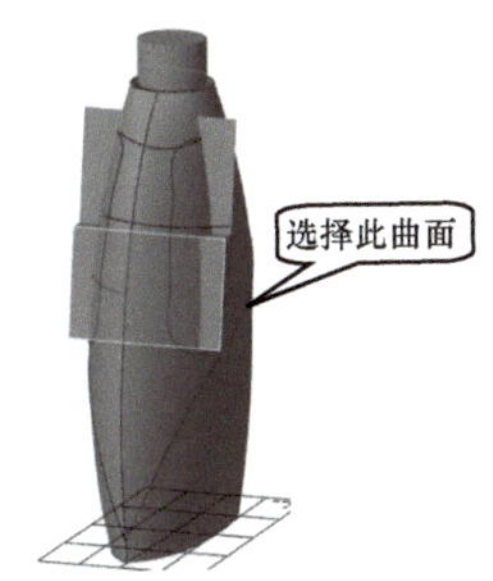

图 6-230　选取活动平面

STEP06 选取图 6-230 所示的活动平面，绘制图 6-231 所示的曲线。

STEP07 选取 DTM2 为活动平面，绘制图 6-232 所示的曲线。

STEP08 选取 DTM3 为活动平面，绘制图 6-233 所示的曲线。

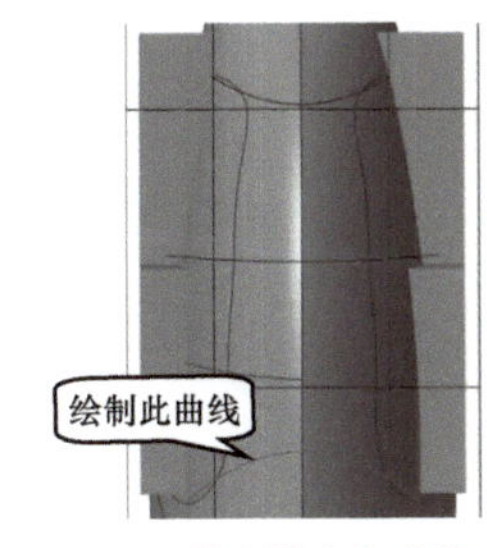

图 6-231　绘制的自由曲线（2）

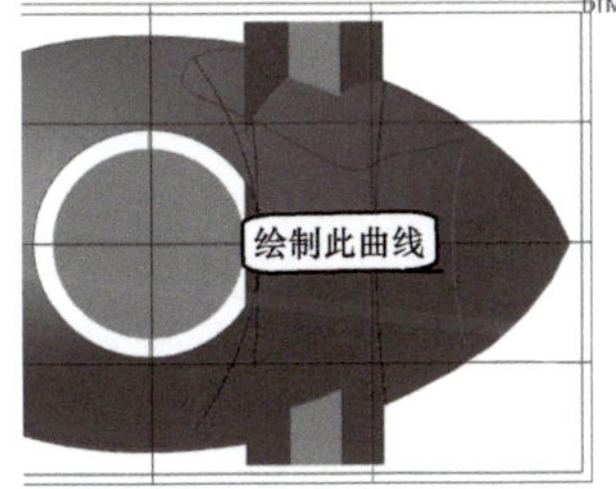

图 6-232　绘制的自由曲线（3）

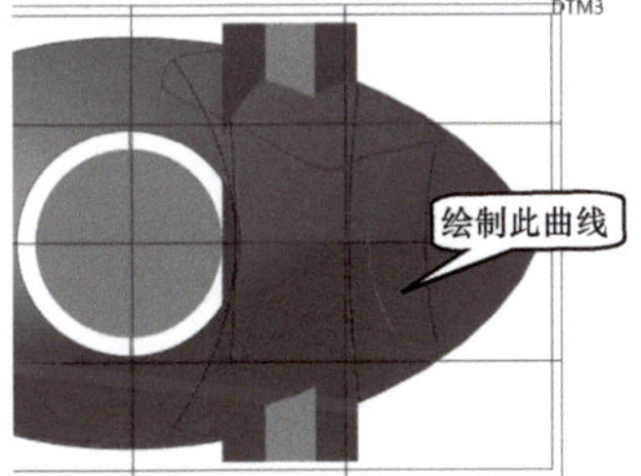

图 6-233　绘制的自由曲线（4）

STEP09 单击 ✓ 按钮创建自由曲线，结果如图 6-234 所示。

17. 创建边界混合特征

STEP01 单击 按钮，启动边界混合工具。

STEP02 在第一方向列表框中，按住 Ctrl 键选择图 6-235 所示的 3 条曲线。

瓶体设计 4

STEP03 在第二方向列表框中，按住Ctrl键选择步骤 16 创建的 5 条曲线。

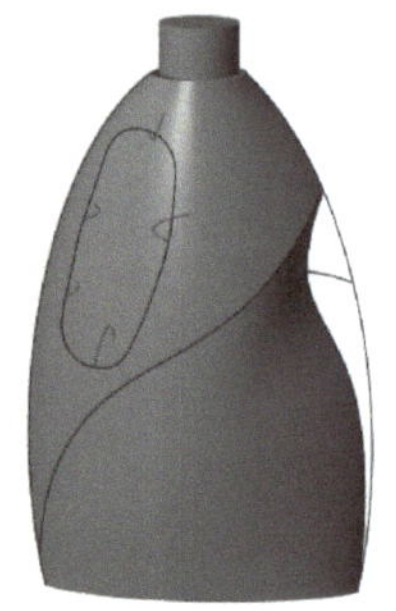
图 6-234 最后创建的曲线

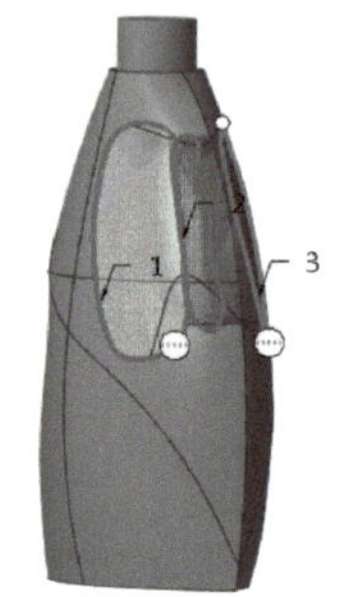

图 6-235 选取曲线

要点提示

由于部分曲线在实体内部，故在选择时有一定的难度，可以将模型以线框的形式显示出来，这样再选择就简单很多，为便于观察，可以将前面创建的拉伸特征隐藏。

STEP04 单击鼠标中键，创建边界混合特征，结果如图 6-236 所示。

18. 合并曲面特征

STEP01 按住Ctrl键选择步骤 17 创建的边界混合特征和图 6-237 所示的曲面。

STEP02 在【编辑】工具组中单击合并按钮。

STEP03 单击鼠标中键，创建合并特征，结果如图 6-238 所示。

STEP04 在瓶身的另一曲面创建合并特征，结果如图 6-239 所示。

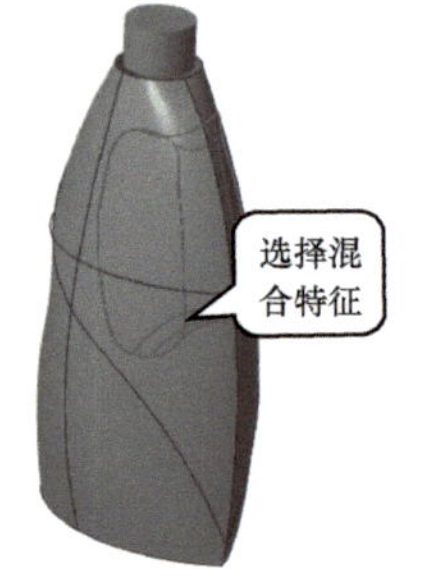

图 6-236 创建混合曲面

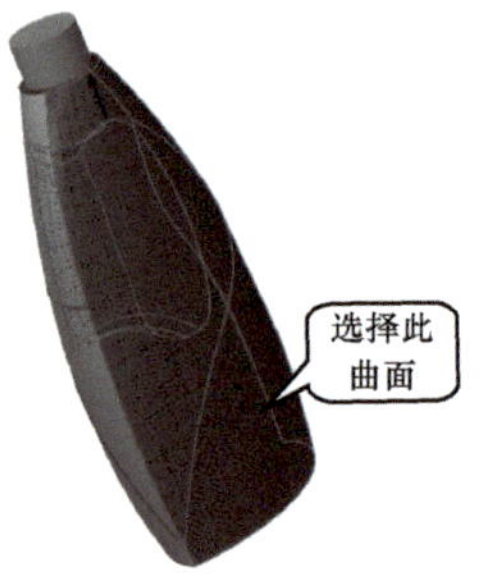

图 6-237 选择曲面

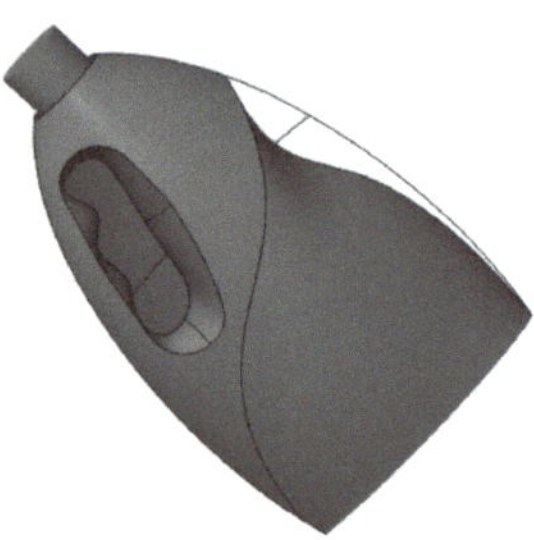
图 6-238 合并曲面（1）

图 6-239 合并曲面（2）

19. 创建填充曲面特征并合并曲面

STEP01 在【曲面】工具组中单击填充按钮，选择基准平面 TOP 作为草绘面，以基准平面 RIGHT 为左参考。

STEP02 绘制图 6-240 所示的草绘截面，随后退出草绘环境。单击鼠标中键，创建填充特征，结果如图 6-241 所示。

要点提示

此曲线实质就是瓶底轮廓线，可用投影工具绘制。如果零件特征较多，可以隐藏一些暂时不需要的特征，这样零件更简洁，以便于后面的操作。

STEP03 合并瓶身和瓶底，结果如图 6-242 所示。

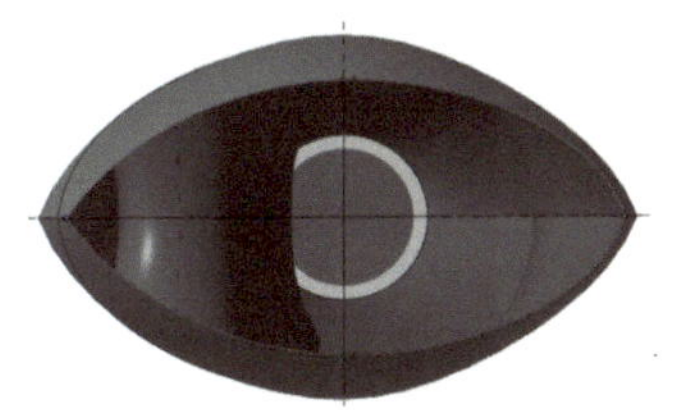
图 6-240　绘制草绘曲线

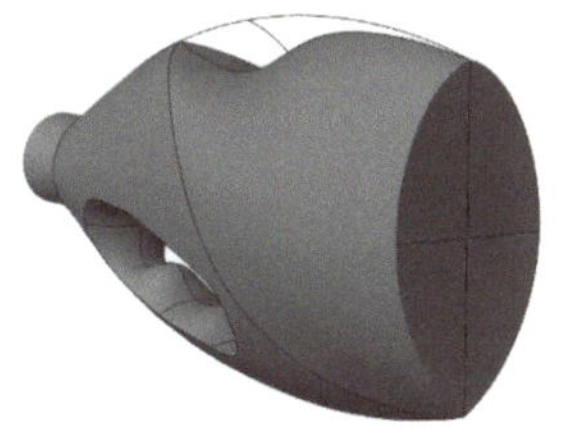
图 6-241　创建填充曲面

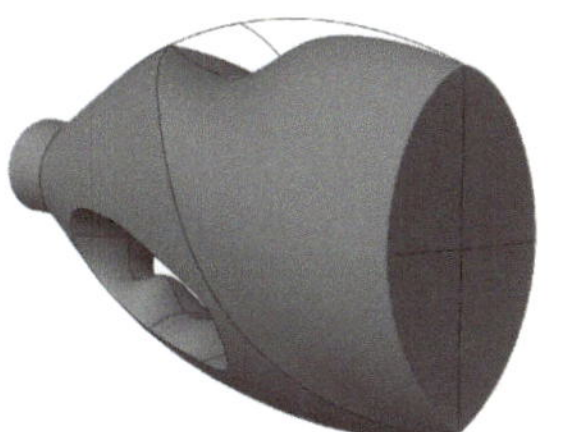
图 6-242　合并曲面特征

20. 创建填充特征并合并曲面

STEP01 对瓶颈进行填充。选择步骤 2 创建的旋转曲面特征的下表面为草绘平面，以 RIGHT 面为顶参考，草绘如图 6-243 所示的截面，填充结果如图 6-244 所示。

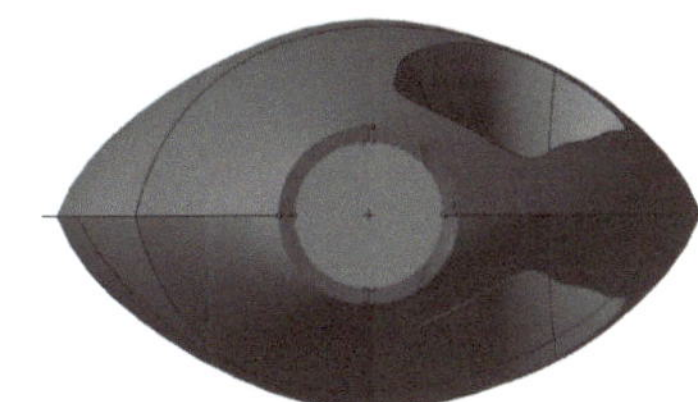
图 6-243　草绘截面

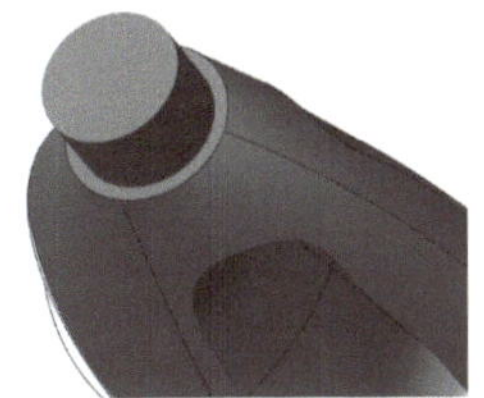
图 6-244　填充曲面

STEP02 创建合并特征。将步骤（1）创建的填充特征与瓶身合并，结果如图 6-245 所示。

STEP03 按住 Ctrl 键选中步骤 1 创建的旋转特征和步骤（2）创建的合并特征，将其合并。

STEP04 继续将瓶体底部、下部、上部以及瓶颈全部合并为一体，直到最终用鼠标单击瓶身任意一处，就能全部选中瓶身。结果如图 6-246 所示。

图 6-245　合并曲面

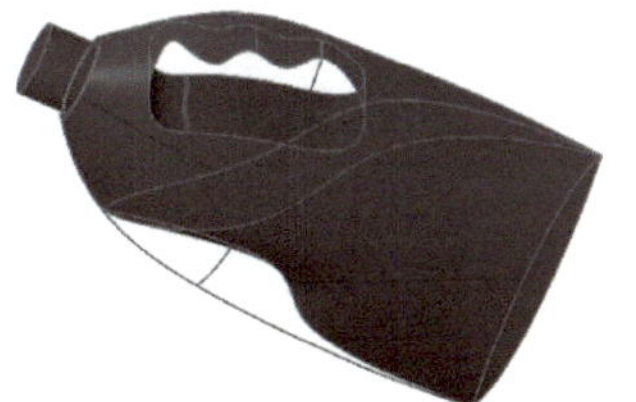
图 6-246　合并曲面

21. 创建实体化特征

STEP01 选中最后创建的合并特征，在【编辑】工具组中单击 实体化 按钮。

STEP02 单击鼠标中键，创建实体化特征，结果如图 6-248 所示。

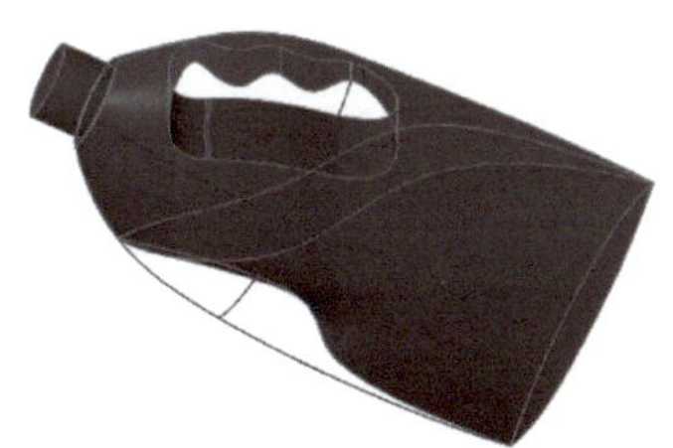
图 6-247　合并曲面

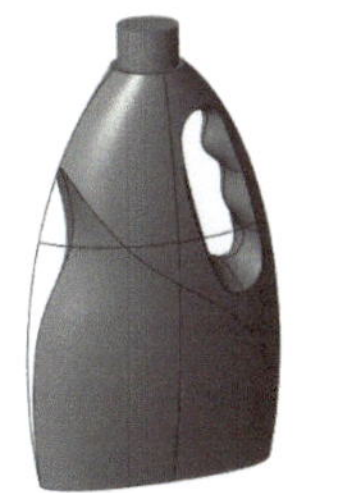
图 6-248　实体化结果

22. 创建倒圆角特征

STEP01 在【工程】工具组中单击 倒圆角 按钮，启动倒圆角工具。

STEP02 选择图 6-249 所示的两边，设置倒圆角半径值为 1，单击鼠标中键，创建倒圆角特征，结果如图 6-250 所示。

STEP03 对图 6-251 所示的两边倒圆角，设置半径为 1，结果如图 6-252 所示。

STEP04 对图 6-253 所示的边倒圆角，设置半径值为 3，结果如图 6-254 所示。

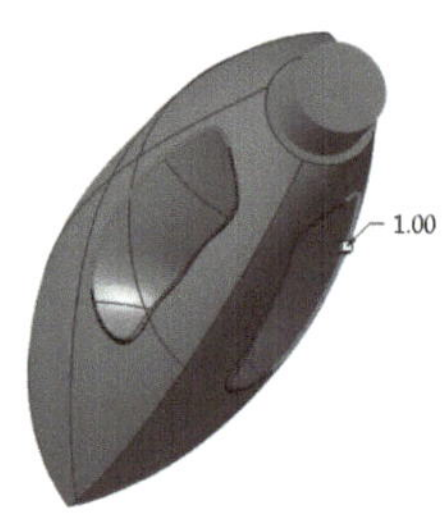

图 6-249 选取参照

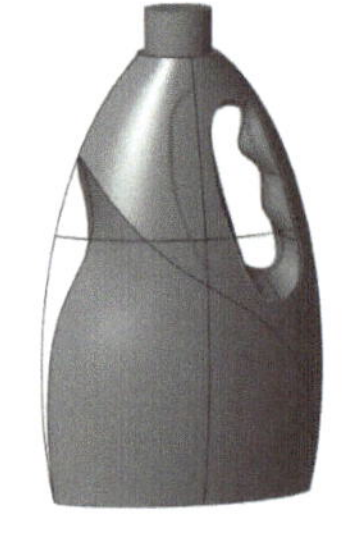

图 6-250 创建圆角（1）

图 6-251 选取参照

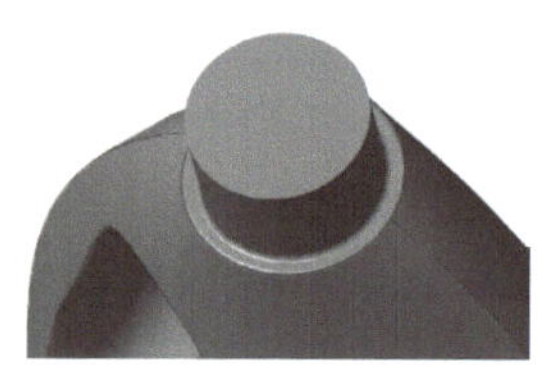

图 6-252 创建圆角（2）

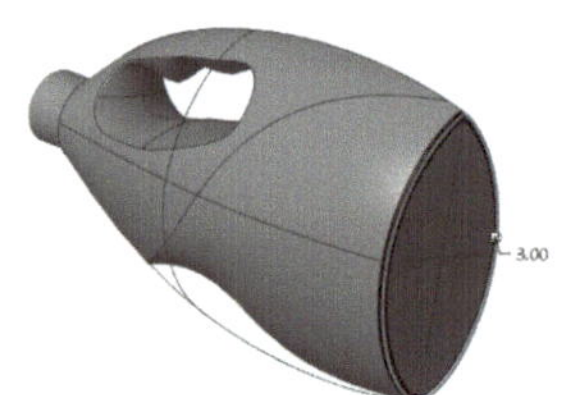

图 6-253 选取参照

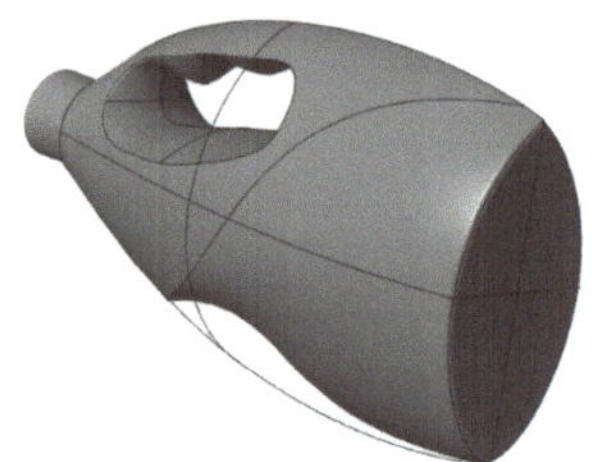

图 6-254 创建圆角（3）

STEP05 将不需要显示的线条隐藏，至此，本实例操作完成。

6.2.2 范例解析 2——艺术笔筒设计

本例将使用多种曲面模型工具创建一个艺术笔筒模型，设计结果如图 6-225 所示。

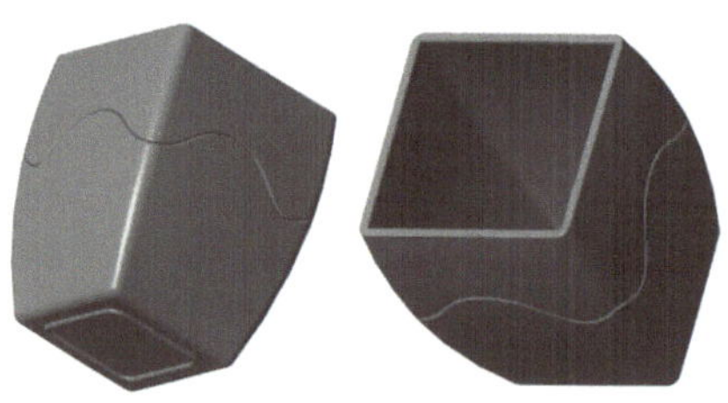

图 6-255 艺术笔筒

【操作步骤】

1. 新建零件文件

新建名为“PEN_BOX”的零件文件，使用默认设计模板，进入三维建模环境。

艺术笔筒设计

2. 创建草绘曲线

STEP01 单击 按钮，启动草绘工具。

STEP02 选择 FRONT 面为草绘平面，以 RIGHT 面作为右参考，单击鼠标中键，进入草绘环境。

STEP03 绘制如图 6-256 所示的草绘截面，单击✓按钮退出草绘环境。完成草绘曲线，结果如图 6-257 所示。

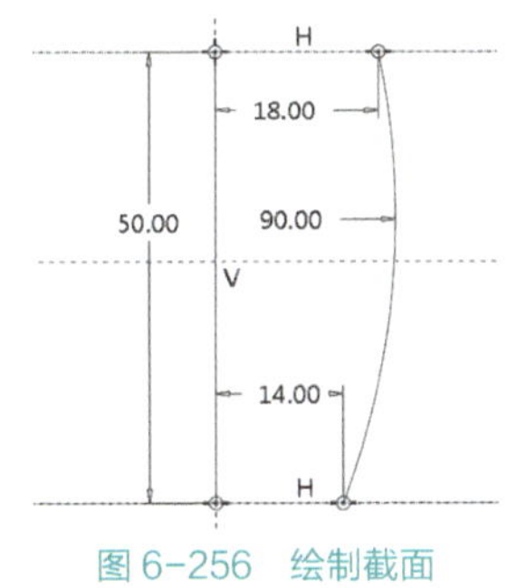

图 6-256 绘制截面

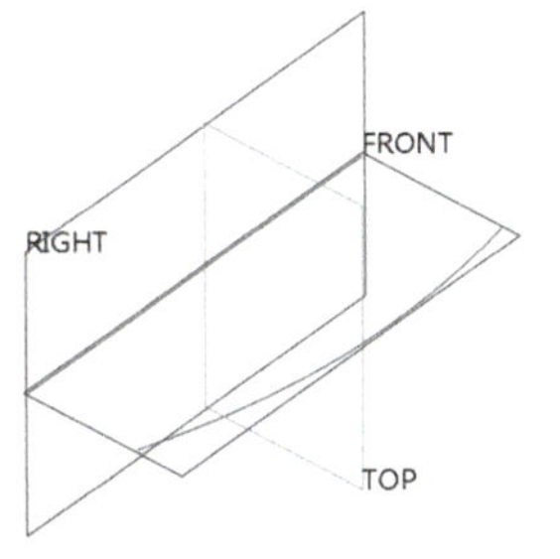

图 6-257 创建草绘曲线

3. 创建镜像特征

STEP01 选择如图 6-258 所示的曲线，单击镜像按钮，启动镜像工具。

STEP02 选择 RIGHT 面作为镜像平面，单击鼠标中键完成镜像操作，结果如图 6-259 所示。

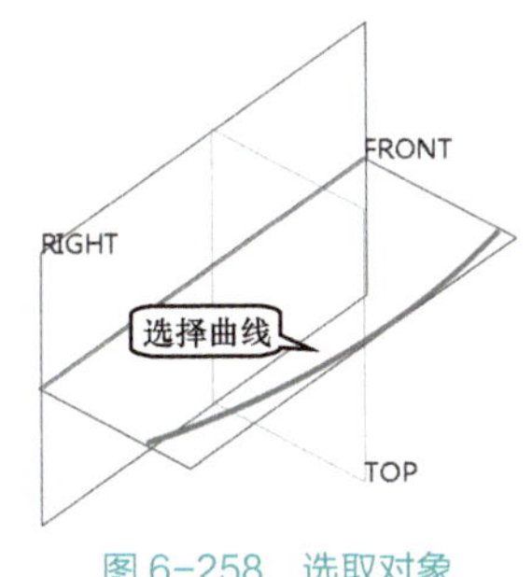

图 6-258 选取对象

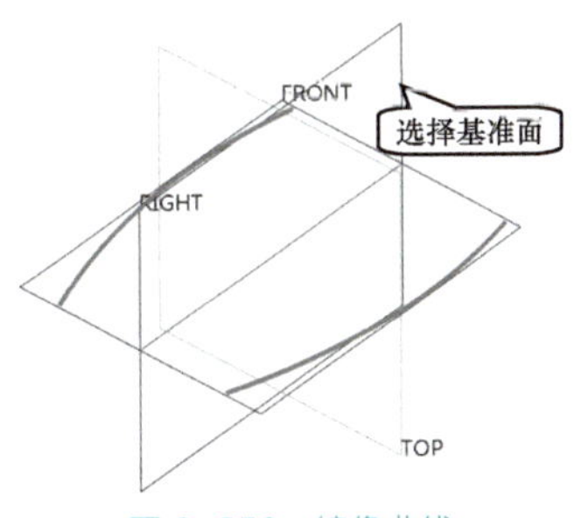

图 6-259 镜像曲线

4. 创建另一方向的曲线

STEP01 单击按钮，启动草绘工具。

STEP02 选择 RIGHT 面为草绘平面，以 TOP 面作为顶参考，单击鼠标中键，进入草绘环境。

STEP03 绘制如图 6-260 所示的草绘截面，单击✓按钮退出草绘环境。完成草绘曲线，结果如图 6-261 所示。

STEP04 按照上述的镜像方法，选择 FRONT 面为镜像平面，将绘制的曲线进行镜像操作。结果如图 6-262 所示。

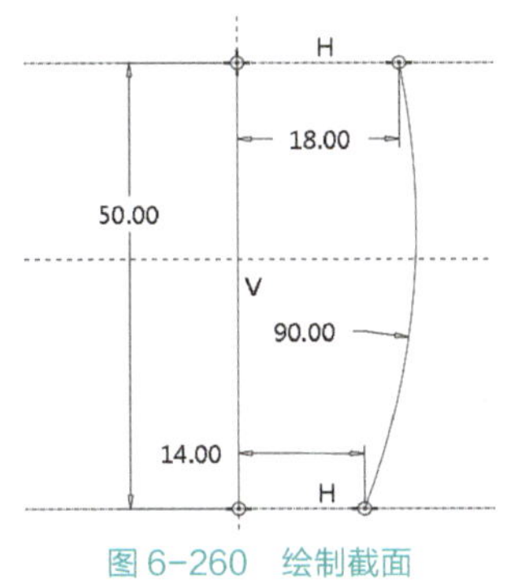

图 6-260 绘制截面

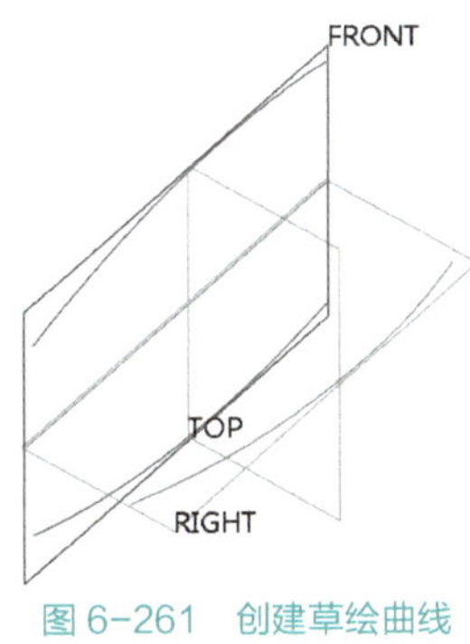

图 6-261 创建草绘曲线

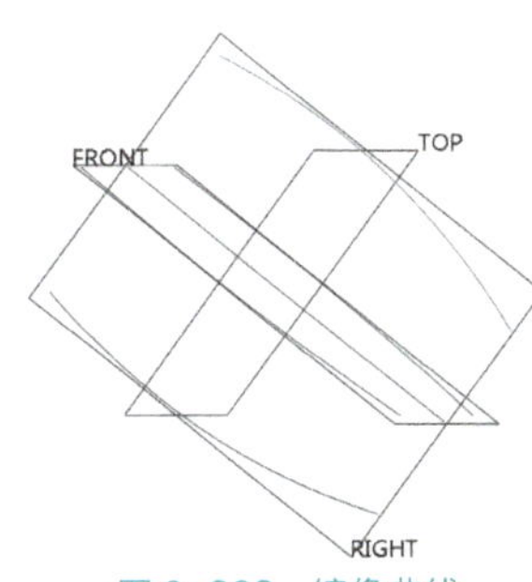

图 6-262 镜像曲线

5. 创建草绘曲线

STEP01 单击按钮，启动草绘工具。

STEP02 单击按钮，然后按住Ctrl键，依次选取如图 6-263 所示的 3 个点，然后单击鼠标中键，创建基准平面 DTM1。

STEP03 选择 DTM1 为草绘平面，以 RIGHT 面作为顶参考，单击鼠标中键，进入草绘环境。

STEP04 绘制如图 6-264 所示的草绘截面，退出草绘环境。完成草绘曲线的创建，结果如图 6-265 所示。

要点提示

在绘制草绘时，首先选取默认坐标系作为参照，然后选择如图 6-264 所示的点作为参照点绘制草绘，这里绘制的图形为一个正方形，请读者注意。

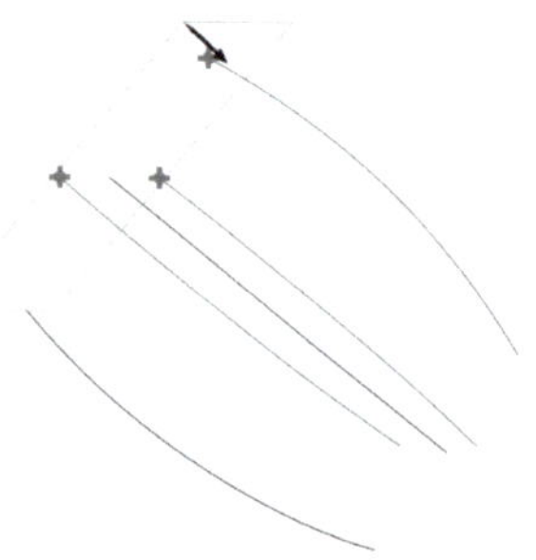

图 6-263 创建基准平面

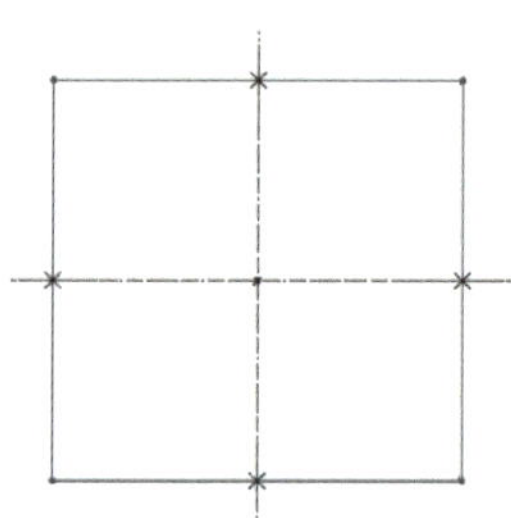

图 6-264 绘制截面

STEP05 再次单击按钮，启动草绘工具。

STEP06 单击按钮，然后按住Ctrl键依次选取如图 6-266 所示的 3 个点，然后单击鼠标中键，创建基准平面 DTM2。

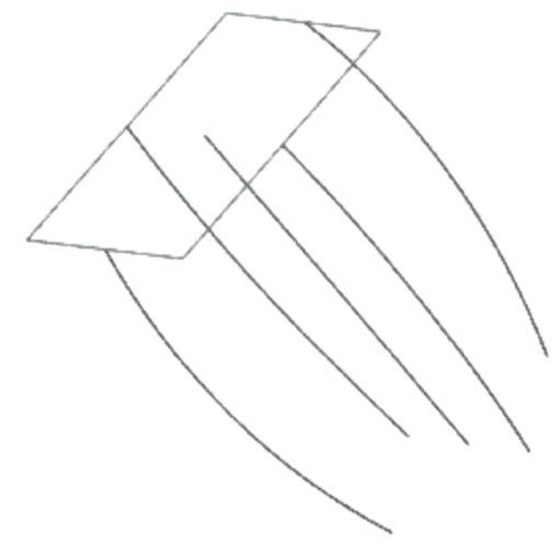

图 6-265 创建草绘曲线

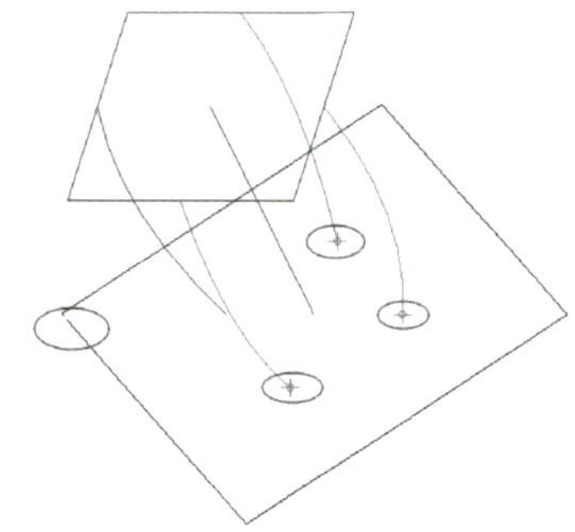

图 6-266 创建基准平面

STEP07 选择 DTM2 为草绘平面，以 RIGHT 面作为底参考，单击鼠标中键，进入草绘环境。

STEP08 绘制如图 6-267 所示的草绘截面，退出草绘环境。完成草绘曲线的创建，结果如图 6-268 所示。

要点提示

这里绘制草绘的方法和上面的一样，但注意，选择点的参照和上面的不一样，这里选择的参照点是内侧的点。

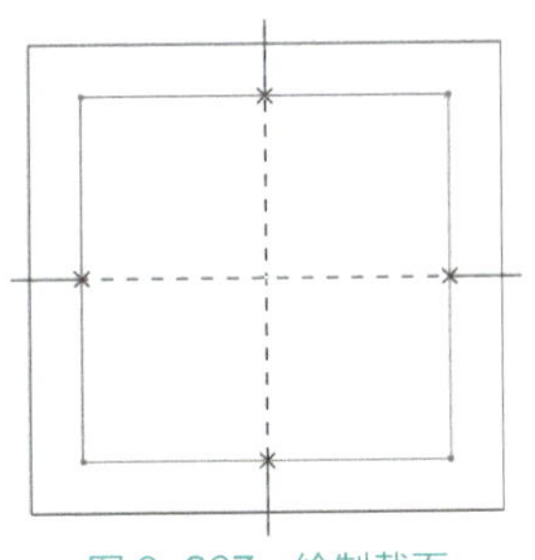

图 6-267　绘制截面

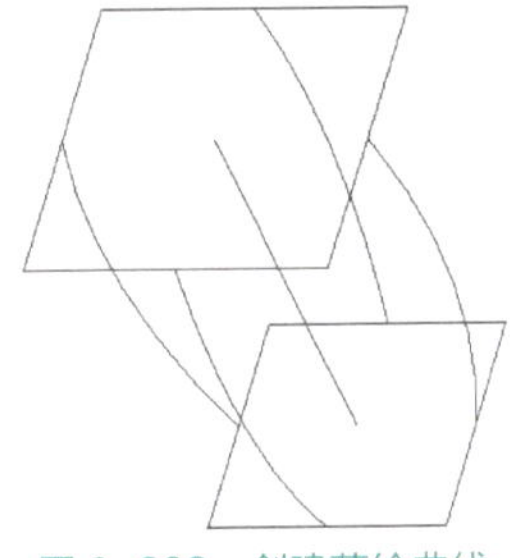

图 6-268　创建草绘曲线

6. 创建边界混合特征

STEP01 单击按钮，启动边界混合工具。

STEP02 在设计图标板上激活第一方向链，按住 Ctrl 键选择如图 6-269 所示的两条链。

STEP03 在设计图标板上激活第二方向链，按住 Ctrl 键选择如图 6-270 所示的 4 条链。

STEP04 单击鼠标中键创建边界混合特征，结果如图 6-271 所示。

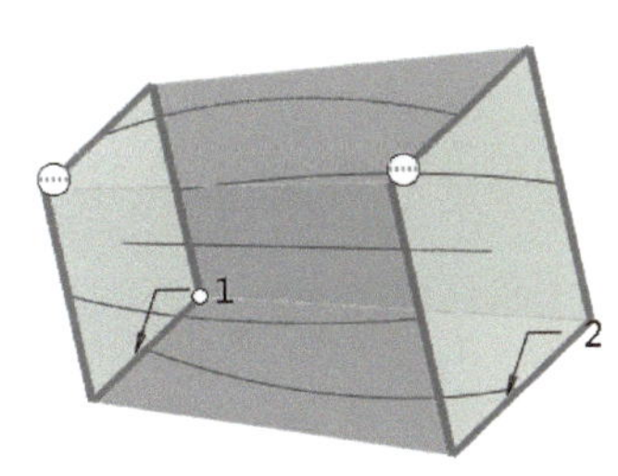

图 6-269　选取参照 1

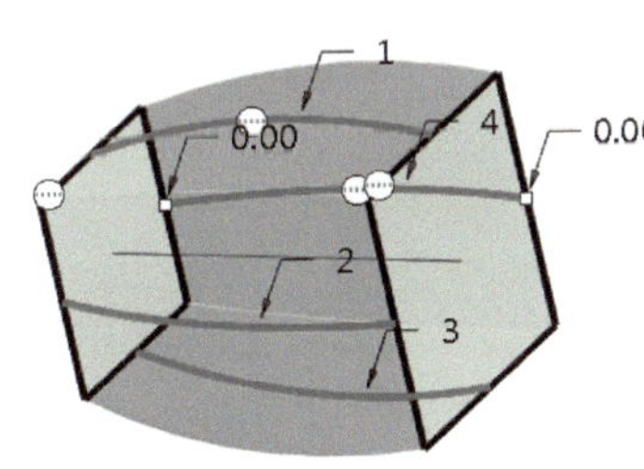

图 6-270　选取参照 2

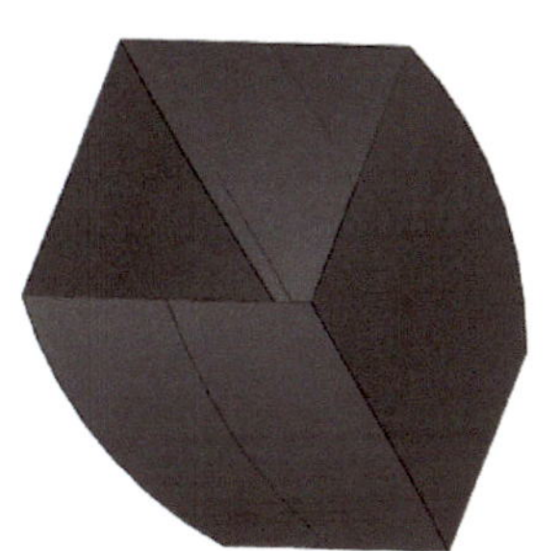

图 6-271　创建曲面

7. 创建倒圆角特征

STEP01 单击 倒圆角 按钮，启动倒圆角工具。

STEP02 在图标板上单击 集 按钮，打开下拉参数面板，如图 6-272 所示。

STEP03 在【集】参数面板中激活【参考】/【选择项】框，然后单击如图 6-273 所示的边。

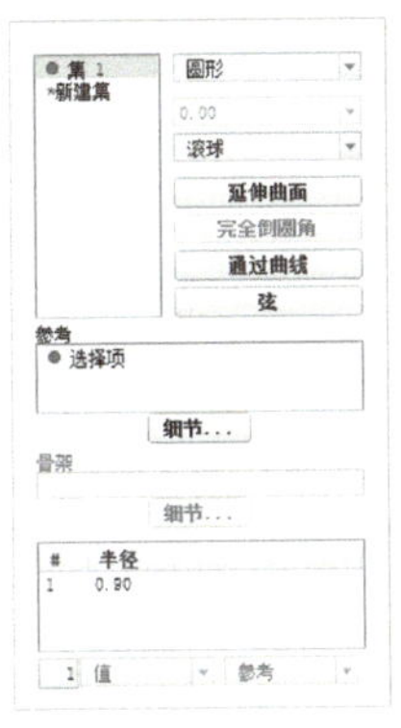

图 6-272　参数面板

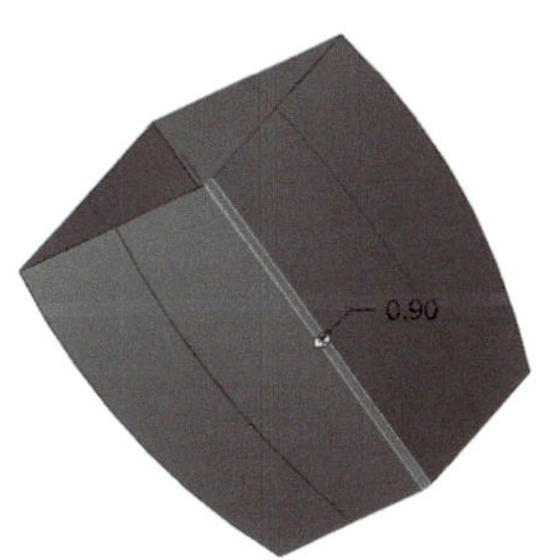

图 6-273　选取参照

STEP04 单击如图 6-274 所示的【半径】栏，在序号 1 后面单击鼠标右键添加新的半径，然后设置倒圆角参数。结果如图 6-275 所示。

STEP05 重复步骤（3）、步骤（4），为剩下的 3 条曲线设置倒圆角，参数设置一样。

STEP06 操作完成后，单击鼠标中键创建倒圆角特征，结果如图 6-276 所示。

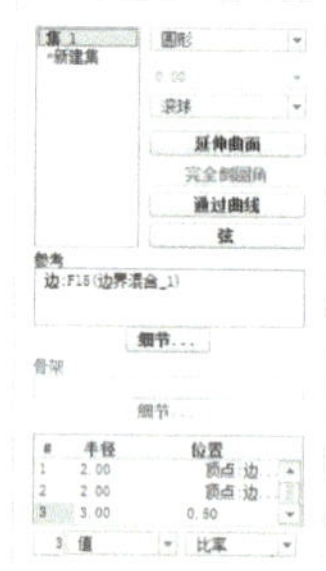

图 6-274 设置参数

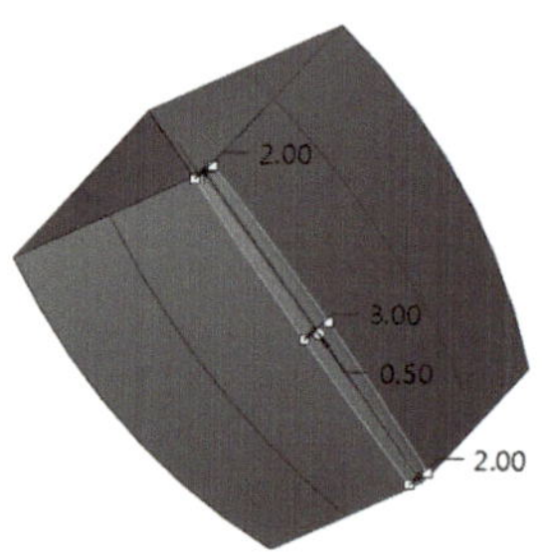

图 6-275 设置圆角大小

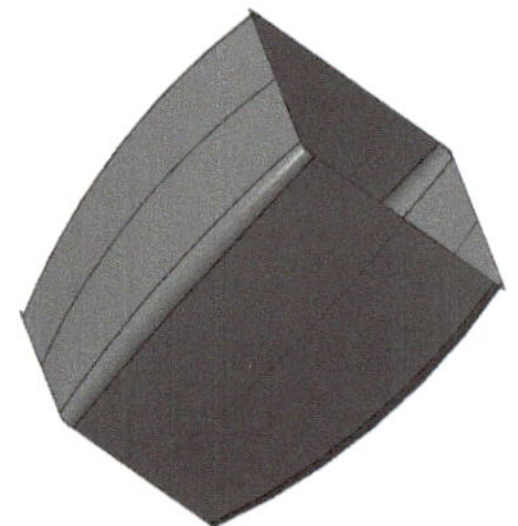

图 6-276 设计结果

在选择其他曲线时，一定要按住 Ctrl 键选择。

能不能先将 4 条曲线选中后然后设置参数，如果能，怎么设置？

8. 创建扫描曲面特征

STEP01 在【形状】工具组中单击 扫描 按钮，启动【扫描】命令。

STEP02 在面板中单击 参考 打开下拉菜单，激活【轨迹】选框，然后按住 Ctrl 键依次选择如图 6-277 所示的轨迹，单击面板中的按钮，进入草绘环境。

STEP03 绘制如图 6-278 所示的草绘截面，单击按钮退出草绘环境。

绘制方法为：从上到下绘制一条高为 1.5 的线段。

STEP04 单击按钮完成扫描特征的创建，结果如图 6-279 所示。

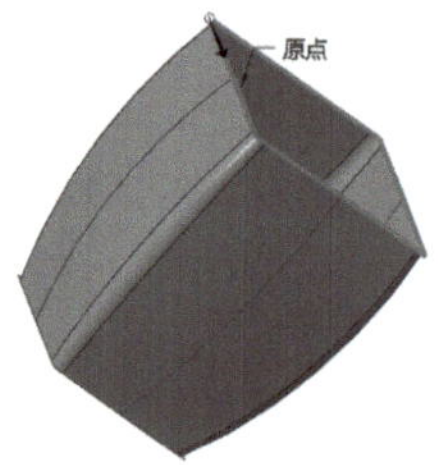

图 6-277 选取轨迹线

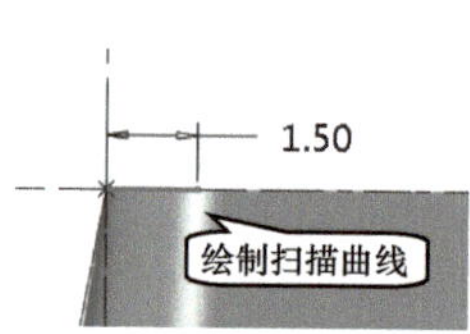

图 6-278 绘制扫描截面

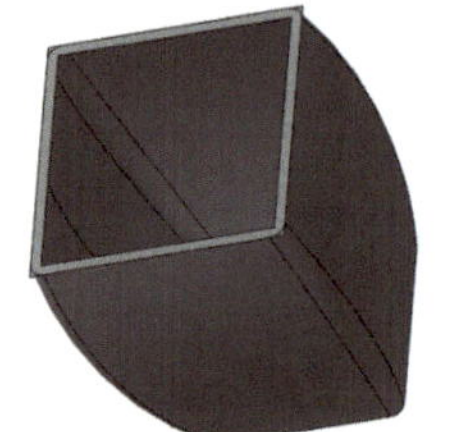

图 6-279 创建扫描特征

9. 创建填充曲面特征

STEP01 在【曲面】工具组中单击 填充 按钮，启动【填充】命令。

STEP02 在图标板上单击 参考 按钮，打开【参考】下拉菜单，单击 定义... 按钮，弹出【草绘】对话框，再单击按钮创建基准平面。

STEP03 选择 TOP 平面，然后按住Ctrl键，选择如图 6-280 所示下底面的参照边。

STEP04 单击鼠标中键完成基准平面 DTM3 的创建。

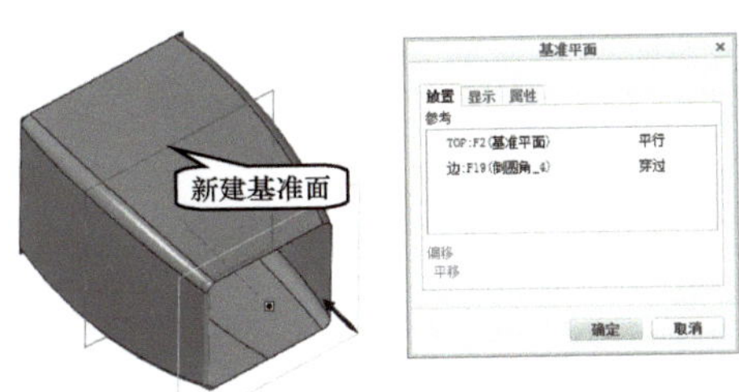

图 6-280 创建基准平面

STEP05 选择 DMT3 为草绘平面，以 RIGHT 平面作为参考，单击 草绘 按钮，进入草绘环境。

STEP06 使用 投影 工具，绘制如图 6-281 所示的草绘截面，随后退出草绘环境。

STEP07 单击 按钮完成填充特征的创建，结果如图 6-282 所示。

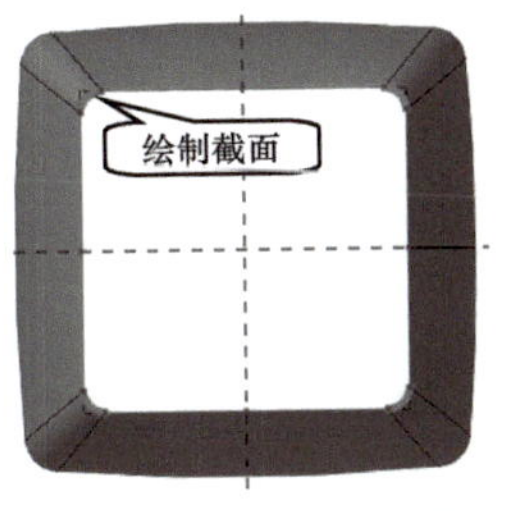

图 6-281 绘制截面图

图 6-282 创建填充曲面

10. 合并曲面特征

STEP01 按住Ctrl键选择【模型树】中的“倒圆角 1”和“曲面”标识。

STEP02 在【编辑】工具组中单击 合并 按钮启动【合并】命令，单击鼠标中键创建合并特征。

STEP03 按住Ctrl键选择模型树中“填充 1”和“合并 1”标识，按上述方法进行合并操作。

STEP04 单击鼠标中键创建合并特征。

11. 创建倒圆角特征

STEP01 单击 倒圆角 按钮，启动倒圆角工具，选择如图 6-283 所示的边。

STEP02 设置倒圆角半径为 2，单击鼠标中键创建倒圆角特征，如图 6-284 所示。

图 6-283 选取参照

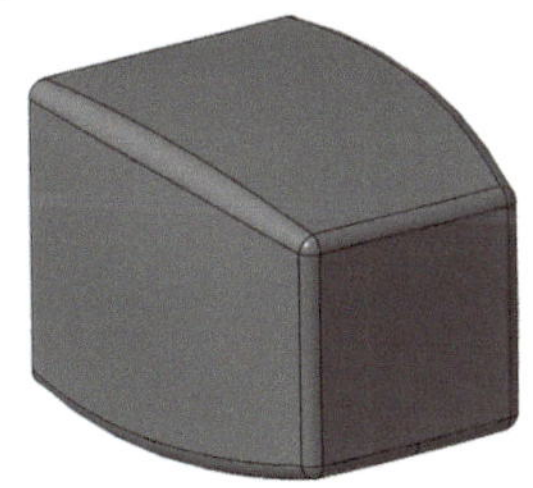

图 6-284 创建倒圆角

12. 创建基准轴

STEP01 单击 轴 按钮，启动基准轴工具。

STEP02 选择模型内部的参照边，再按住Ctrl键选择终点，如图 6-285 所示。

STEP03 单击鼠标中键创建基准轴 A_1 特征，结果如图 6-286 所示。

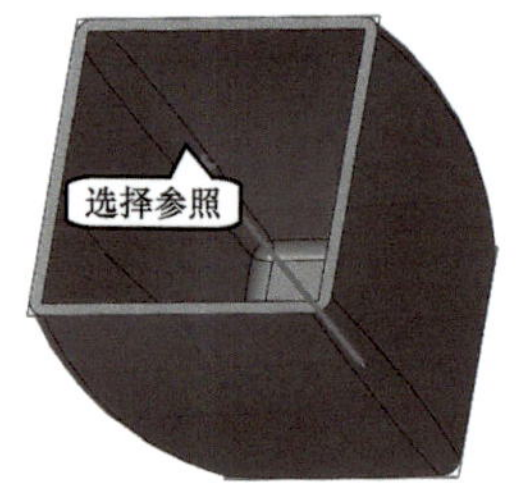

图 6-285 选取参照

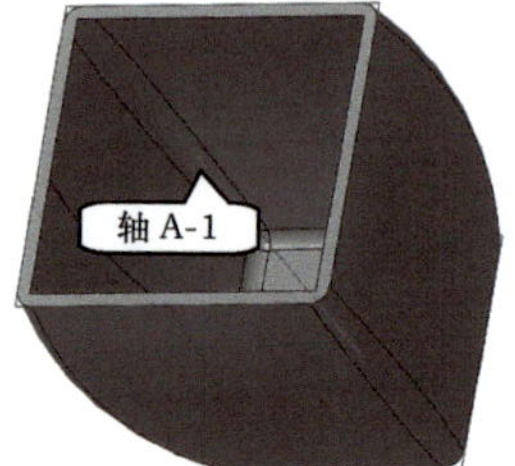

图 6-286 创建基准轴

13. 创建基准平面

STEP01 单击按钮，启动创建基准平面工具。

STEP02 选择 A_1 为基准轴，并按住Ctrl键选择 RIGHT 面，设置旋转值为 45。

STEP03 单击鼠标中键创建基准平面 DMT4，结果如图 6-287 所示。

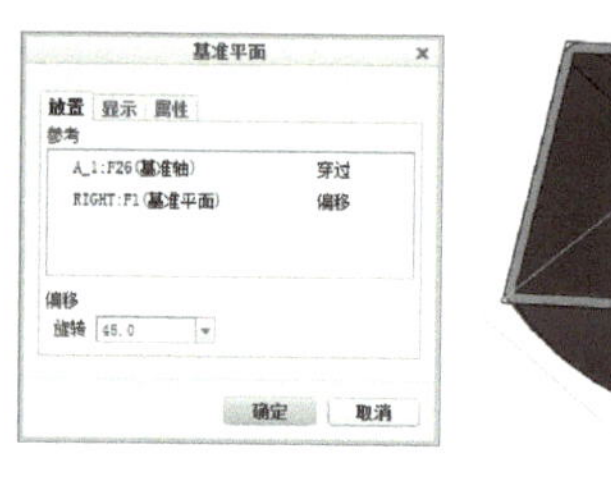

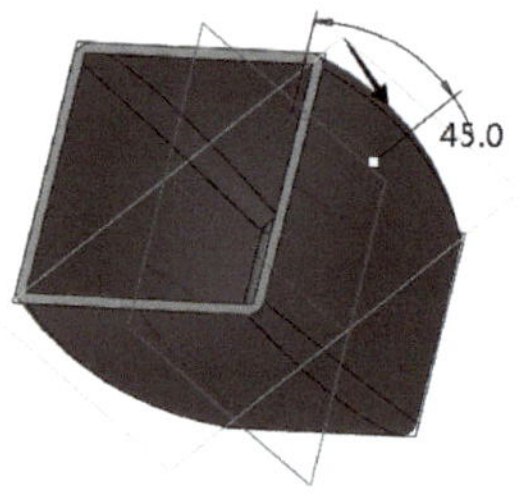

图 6-287 创建基准平面

14. 创建投影曲线

STEP01 执行 投影 命令。

STEP02 在操控面板上单击 参考 按钮打开【参考】下拉菜单，选择【投影草绘】选项，如图 6-288 所示。

STEP03 单击 定义... 按钮，选择 DMT4 为草绘平面，以 TOP 平面作为顶参考。

STEP04 绘制如图 6-289 所示的草绘截面，随后退出草绘环境。

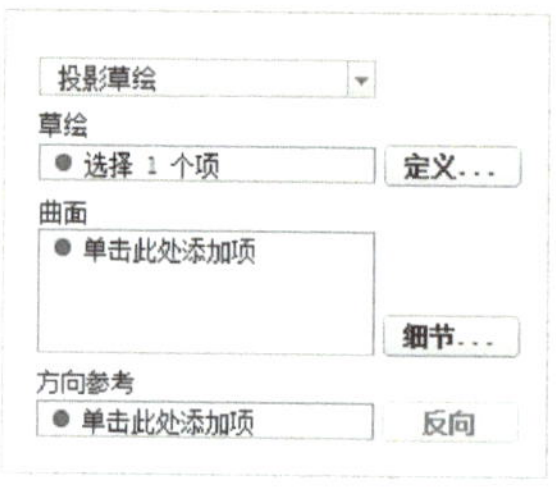

图 6-288 参数面板

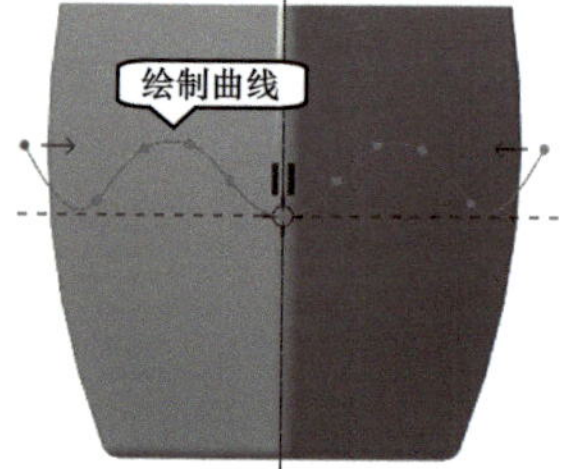

图 6-289 绘制草绘曲线

这一步的草绘图很关键，读者在草绘时，一定要注意草绘图形的形状，不然会导致后面的倒圆角特征创建失败，以及后面实体化模型出现线交叉的错误，这里的尺寸不做严格要求。素材中提供了草绘的数据文件，可以进行导入操作。

STEP05 在操控板的【曲面】选框中单击选择模型外表面为投影曲面，如图 6-290 所示。

STEP06 单击【方向参考】处，选取一个平面来指定投影方向，这里选择 DMT4 面。

STEP07 单击✓按钮创建投影曲线，结果如图 6-291 所示。

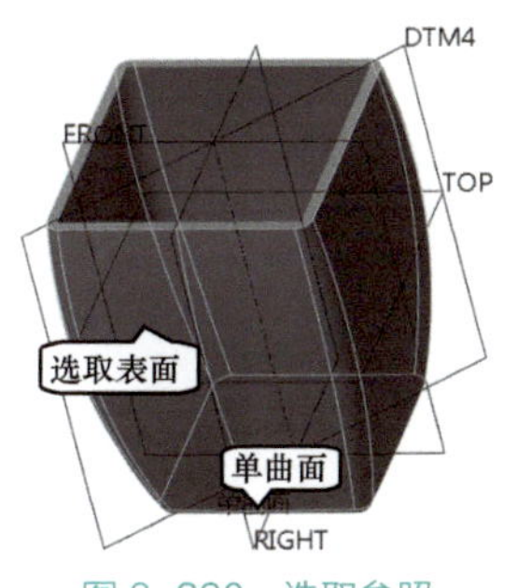

图 6-290 选取参照

图 6-291 创建曲线

15. 创建扫描特征

STEP01 单击扫描按钮，启动【扫描】命令。

STEP02 在【参考】下拉菜单中选择【轨迹】选项，然后选择如图 6-292 所示的轨迹。

STEP03 单击按钮，进入草绘环境。绘制如图 6-293 所示的草绘截面，随后退出草绘环境。

STEP04 单击✓按钮完成扫描特征的创建，结果如图 6-294 所示。

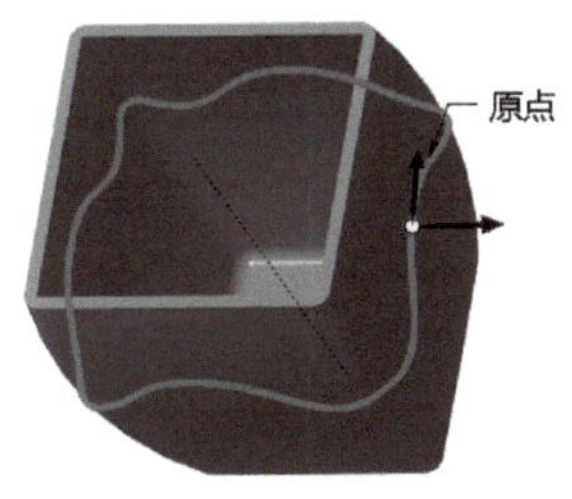

图 6-292 选取轨迹线

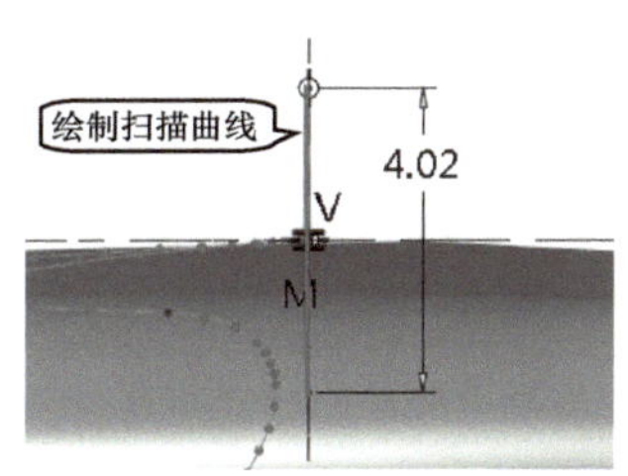

图 6-293 绘制截面

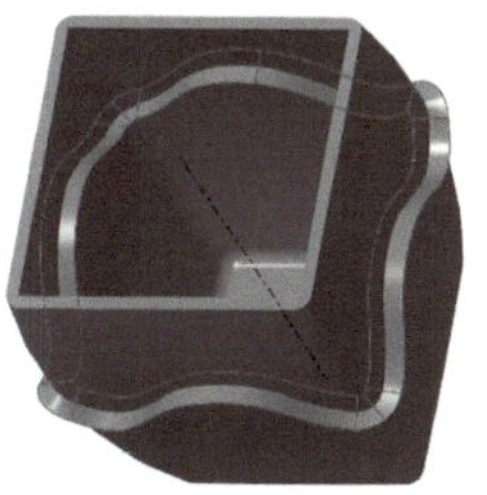

图 6-294 创建扫描特征

16. 创建偏距特征

STEP01 选择模型的表面。

STEP02 在【编辑】工具组中单击偏移按钮，启动【偏移】命令。

STEP03 设置偏移值为 1，注意方向指向模型内部，如图 6-295 所示。

STEP04 在操控面板的【选项】下拉菜单中，勾选【创建侧曲面】选项。如图 6-296 所示。

STEP05 单击✓按钮创建偏距特征，结果如图 6-297 所示。

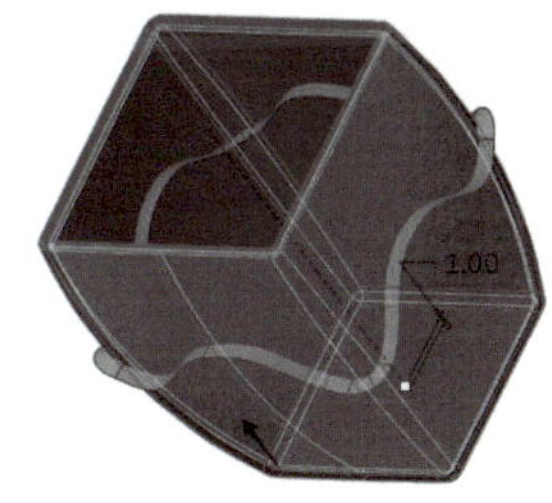

图 6-295 特征方向

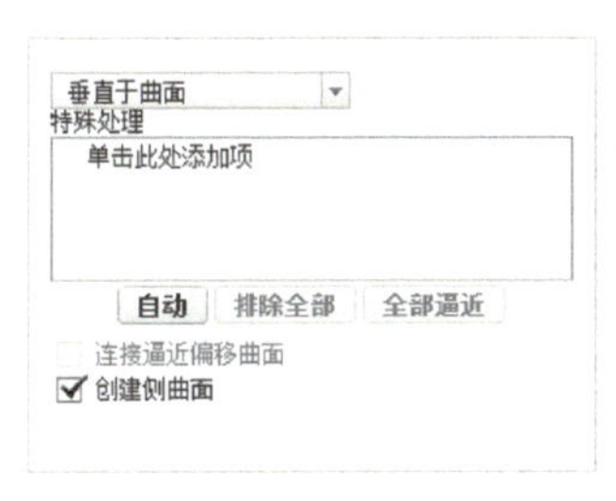

图 6-296 参数面板

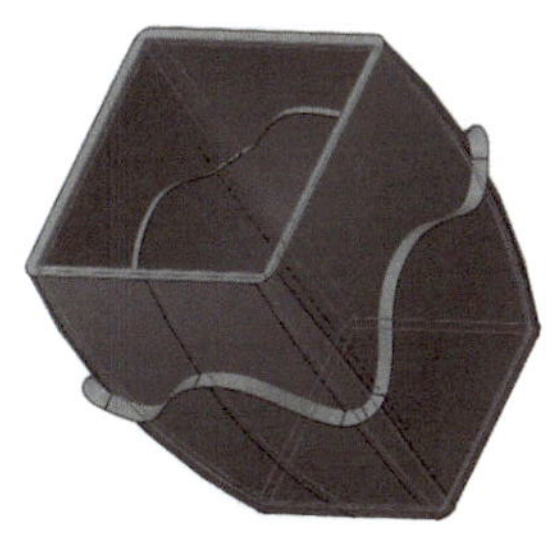

图 6-297 创建偏距特征

17. 创建修剪特征

STEP01 选择模型的内表面，如图 6-298 所示。

STEP02 在【编辑】工具组中单击 修剪 按钮，启动【修剪】命令。

STEP03 选择步骤 16 中创建的偏距曲面为修剪参照，调整箭头方向如图 6-299 所示。

图 6-298

图 6-299 调整方向

STEP04 单击鼠标中键创建修剪特征，结果如图 6-300 所示。

> **要点提示** 因为单击鼠标中键后，创建结果与图 6-300 不符，曲面在上端如图 6-301 所示，此时模型修剪不正确，导致后面无法继续完成操作。应当返回修剪环境中，单击【参考】打开下拉菜单，如图 6-302 所示，单击 交换 按钮，交换箭头方向，再单击鼠标中键即可，此时曲线结果和图 6-300 一致。在后面的操作步骤中都会遇到此类问题，读者需仔细观察。

图 6-300 修剪结果 1

图 6-301 修剪结果 2

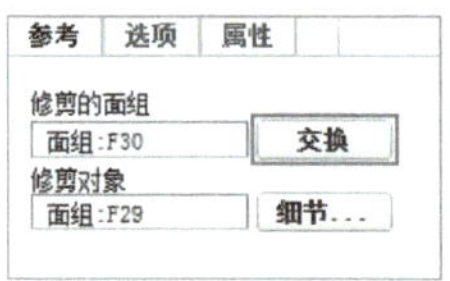

图 6-302 参数面板

STEP05 继续创建修剪特征，选择模型外表面，如图 6-303 所示。

STEP06 执行 修剪 命令。

STEP07 选择投影线为修剪参照，注意调整箭头方向，如图 6-304 所示。

STEP08 单击鼠标中键创建修剪特征，结果如图 6-305 所示，注意曲面位置。

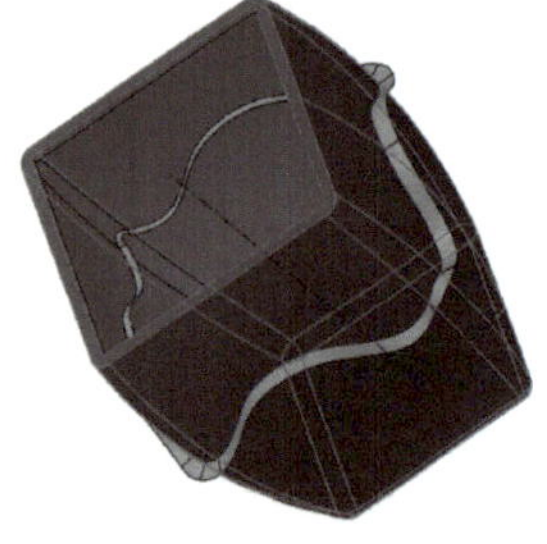

图 6-303 选取曲面

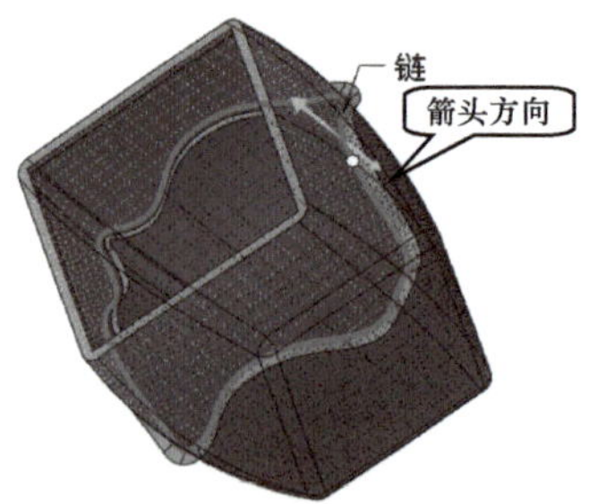

图 6-304 调整方向

图 6-305 修剪结果

18. 复制曲面

STEP01 选择如图 6-306 所示的面。

STEP02 执行【操作】工具组中的 复制 命令。

STEP03 执行 粘贴 命令完成复制特征的创建。

19. 合并曲面

STEP01 在模型树中选择“修剪 2”与“复制 1”标识。

STEP02 执行 合并 命令。注意箭头的方向向内，如图 6-307 所示。单击鼠标中键完成合并操作。

STEP03 继续合并曲面，选择如图 6-308 所示的曲面。

图 6-306 选取曲面

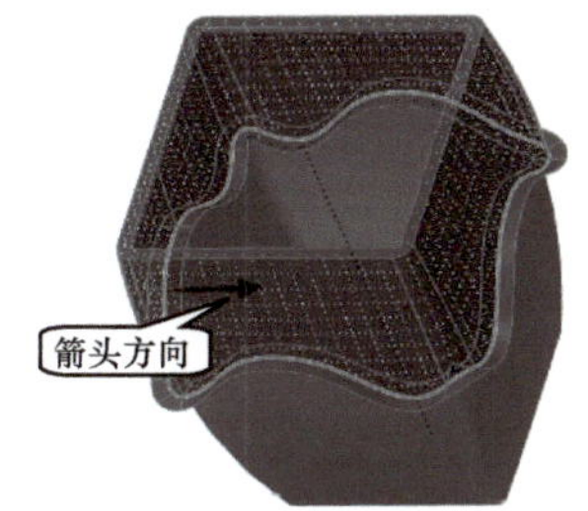

图 6-307 合并曲面

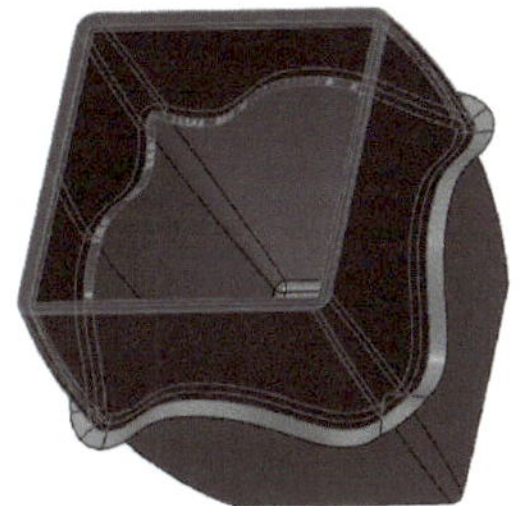

图 6-308 选取曲面

STEP04 执行 合并 命令。注意箭头的方向向外，如图 6-309 所示。

STEP05 单击鼠标中键完成合并操作。

STEP06 继续合并曲面，选择模型下外表面和中部的曲面。

STEP07 执行 合并 命令，注意，箭头的方向向内，如图 6-310 所示。

STEP08 单击鼠标中键完成合并操作。

STEP09 继续合并曲面，在模型树中选择“修剪 1”与“合并 5”标识。

STEP10 执行 合并 命令。如图 6-311 所示，注意箭头的方向向外。

STEP11 单击鼠标中键完成合并操作。

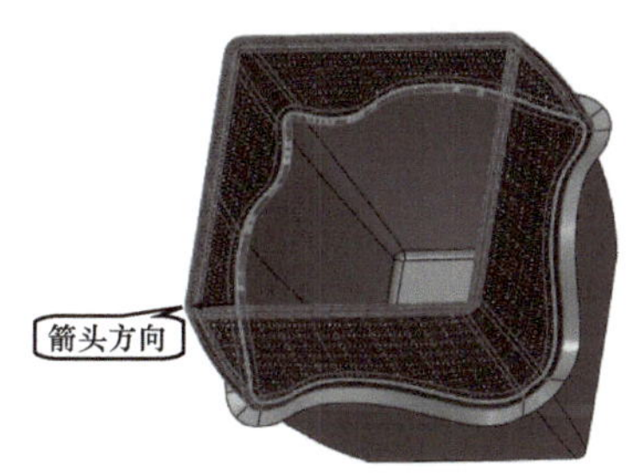

图 6-309 合并曲面

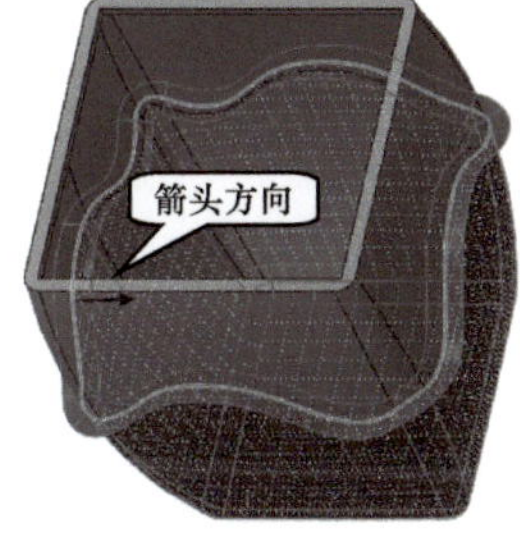

图 6-310 合并曲面

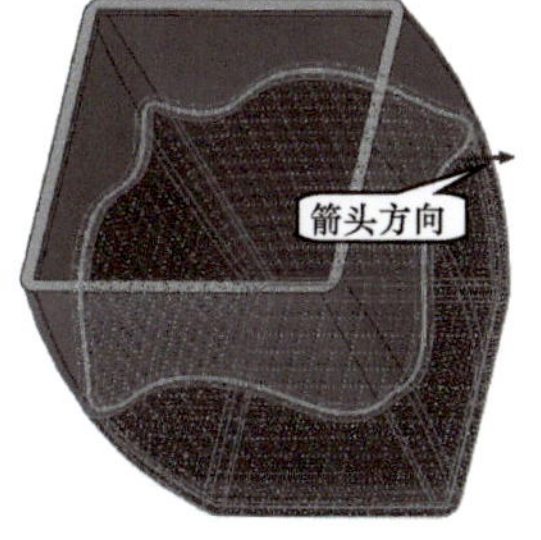

图 6-311 合并曲面

20. 创建倒圆角特征

STEP01 单击 倒圆角 按钮启动倒圆角工具。

STEP02 选择外表面的边，如图 6-312 所示。

STEP03 设置倒圆角半径为 0.5。

STEP04 单击鼠标中键创建倒圆角特征，结果如图 6-313 所示。

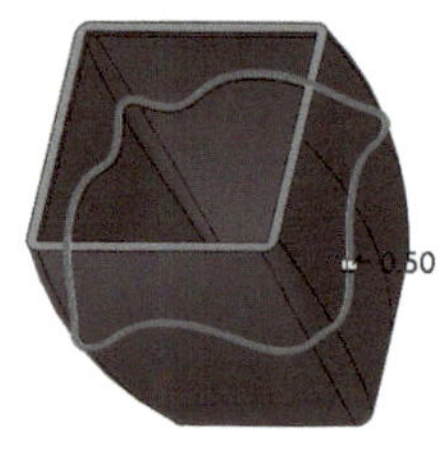

图 6-312　选取参照

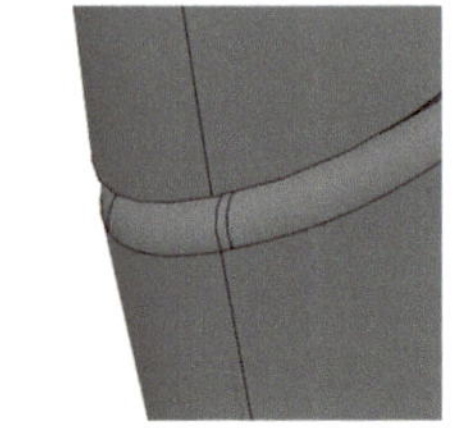
图 6-313　创建倒圆角

STEP05　再次单击 倒圆角 按钮，启动倒圆角工具。

STEP06　选择上表面的边，如图 6-314 所示。

STEP07　设置倒圆角半径为 0.5。

STEP08　单击鼠标中键创建倒圆角特征，结果如图 6-315 所示。

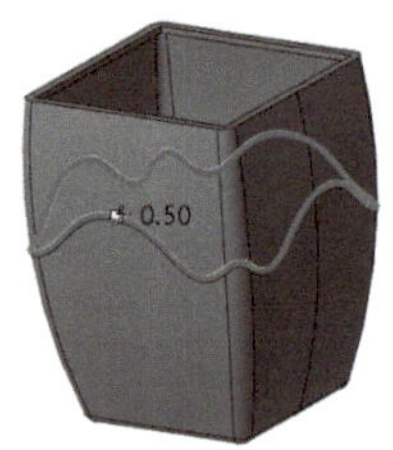

图 6-314　选取参照

图 6-315　创建倒圆角

21. 创建扫描曲面

STEP01　单击 扫描 按钮，启动【扫描】命令。

STEP02　在【参考】下拉菜单中选择【轨迹】选项。

STEP03　选择笔筒下底面为草绘平面，如图 6-316 所示，单击右上角的 按钮，进入草绘环境。

STEP04　绘制如图 6-317 所示的轨迹线，退出草绘环境。

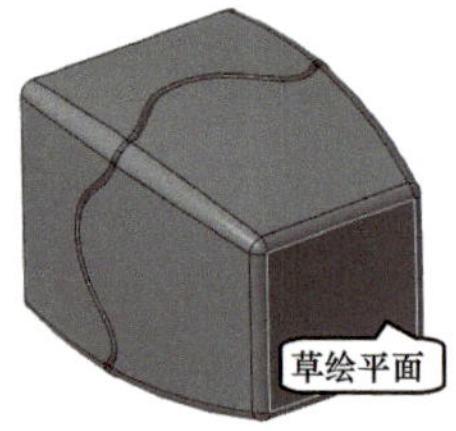

图 6-316　选取草绘平面

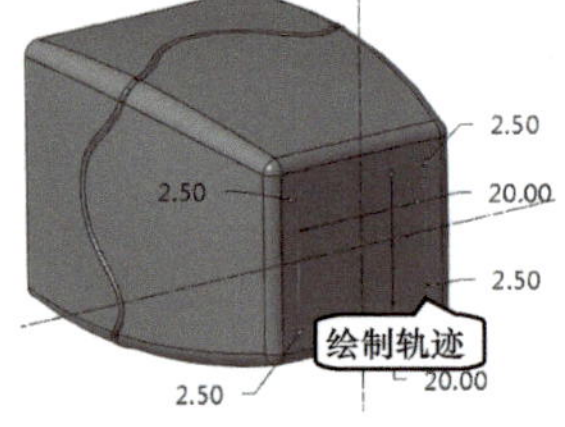

图 6-317　绘制轨迹线

STEP05　单击面板中的 按钮，进入草绘环境。

STEP06　绘制如图 6-318 所示的草绘截面，随后退出草绘环境。

STEP07　单击鼠标中键完成扫描特征的创建，结果如图 6-319 所示。

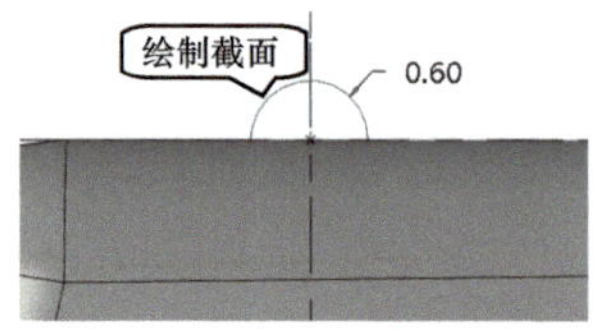

图 6-318　绘制截面图

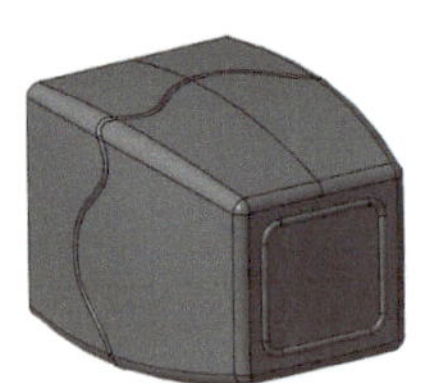
图 6-319　创建曲面

22. 合并曲面特征

STEP01 在模型树中选择步骤 21 创建的扫描曲面特征和“合并 6”标识。

STEP02 执行 合并 命令。如图 6-320 所示，注意，箭头的方向向内。

STEP03 单击鼠标中键，完成合并操作。

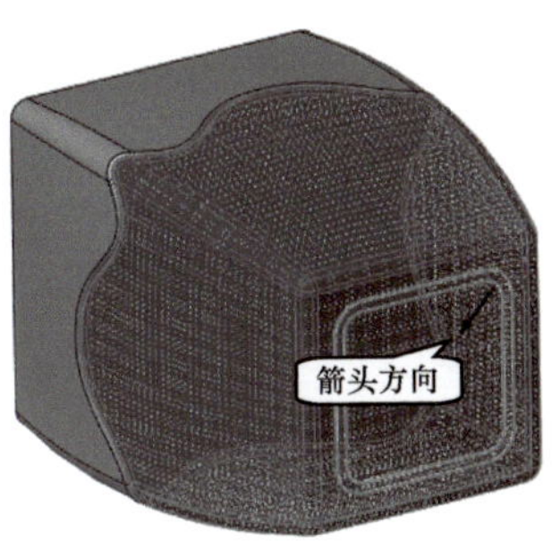

图 6-320 合并曲面

23. 合并曲面特征

STEP01 选择如图 6-321 所示的曲面。

要点提示 这里选择的外侧面是模型上部的外侧面，内侧面是前面“偏距 1”创建的侧曲面，在图中标注不明显。请读者认真操作。

STEP02 执行 合并 命令，如图 6-322 所示，单击鼠标中键，完成合并操作。

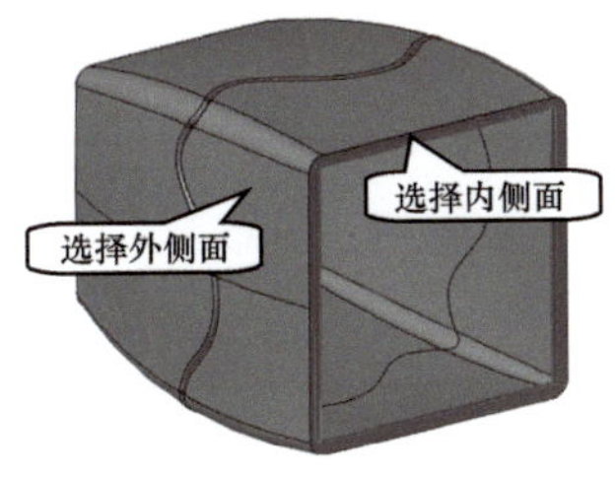

图 6-321 选取曲面

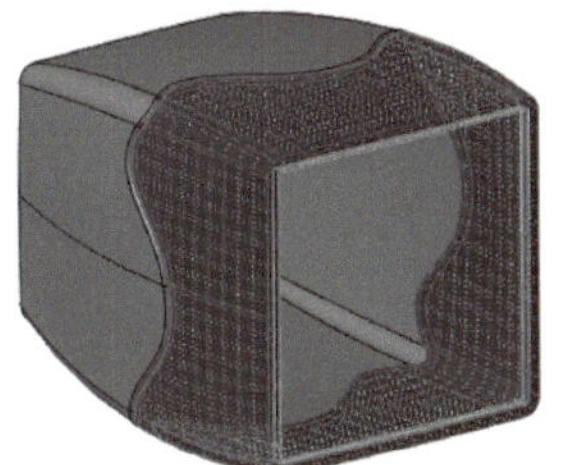

图 6-322 合并曲面

24. 创建实体化特征

STEP01 在模型树中选择“合并 8”标识。

STEP02 执行【编辑】工具组中的 实体化 命令。

STEP03 单击鼠标中键完成实体化操作，结果如图 6-323 所示。

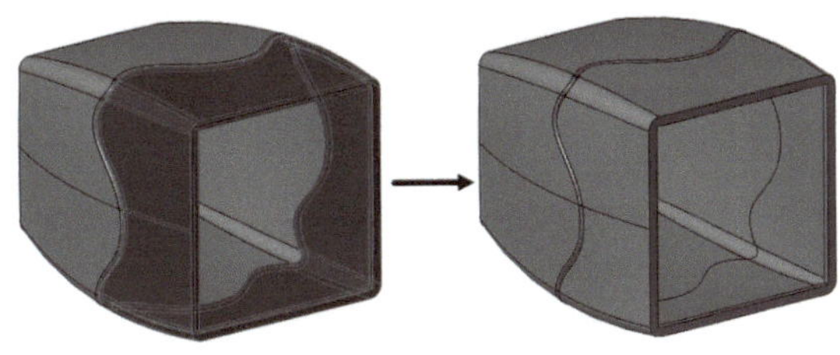

图 6-323 曲面实体化

25. 曲面实体化特征

STEP01 在模型树中选择“合并 7”标识。

STEP02 执行【编辑】工具组中的 实体化 命令。

STEP03 单击鼠标中键，完成实体化操作，结果如图 6-324 所示。

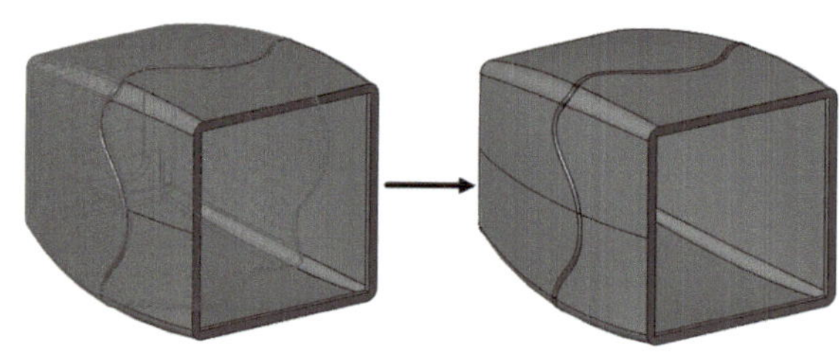

图 6-324 曲面实体化

26. 创建倒圆角特征

STEP01 单击 倒圆角 按钮启动倒圆角工具。

STEP02 选择笔筒口径的下边，如图 6-325 所示。

STEP03 设置倒圆角半径为 0.4，单击鼠标中键创建倒圆角特征。

STEP04 再次单击 倒圆角 按钮，启动倒圆角工具。

STEP05 选择笔筒口径内侧的下部边线，如图 6-326 所示。

STEP06 设置倒圆角半径为 0.4，单击鼠标中键，创建倒圆角特征。

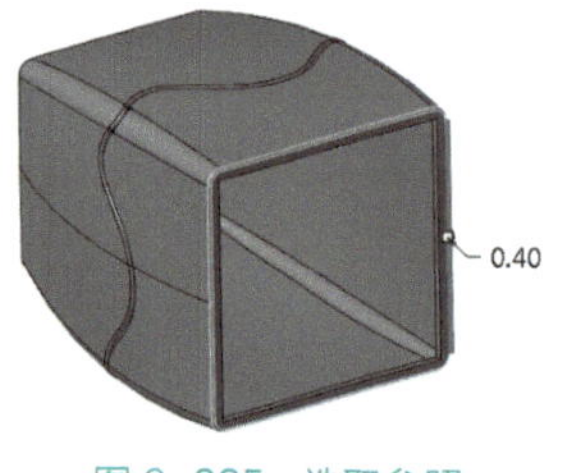

图 6-325 选取参照

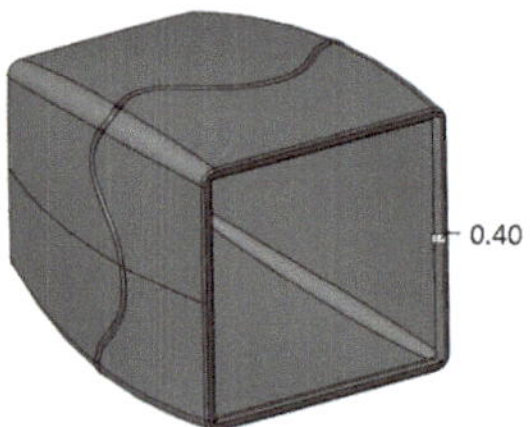

图 6-326 创建倒圆角

至此，本实例操作完成，最后效果如图 6-327 所示。

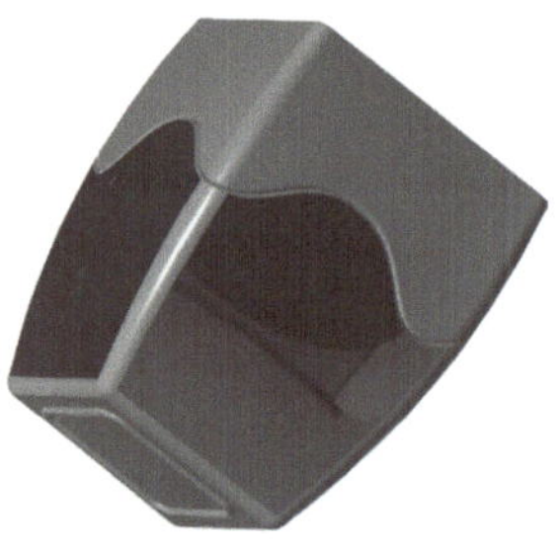

图 6-327 最终结果

6.3 小结

在曲面特征和实体特征之间并没有不可逾越的鸿沟，使用系统提供的方法，曲面特征可以很方便地转换为实体特征。

从生成方法来看，创建实体特征的所有方法都适合于创建曲面特征，而且原理相似。在创建曲面特征时，对截面的要求更加宽松，用户可以使用任意开放截面来构建曲面特征。曲面特征的创建方法比实体特征更丰富。

使用曲面进行设计是一项精巧而细致的工作。再优秀的设计师也不大可能仅使用一种方法就构建出理想的复杂曲面，必须将已有曲面特征加以适当修剪、复制以及合并等操作后，才能获得最后的结果。还要注意，在实体建模中介绍过的圆角、倒角等设计方法同时也适合于曲面特征。

一般来说，使用一定方法将曲面特征实体化是曲面设计的最终归宿，这项操作包括曲面实体化和曲面薄板化两项基本内容。曲面实体化时对曲面的要求非常严格，曲面必须自行封闭或者与实体特征无缝结合。曲面与实体特征无缝结合时，可以使用曲面来创建加材料或切减材料实体特征，也可以使用曲面替换指定的实体表面来构建实体特征。曲面的薄板化对曲面要求很宽松，可以使用任意曲面创建指定厚度的薄板实体。

6.4 习题

1. 曲面特征的草绘截面和实体特征的草绘截面有何异同?
2. 可否在实体特征上直接构建曲面特征?
3. 在模型树窗口中删除合并曲面特征的标识后有什么结果?
4. 曲面合并时，为什么需要调整必要的方向参数?
5. 曲面实体化的基本要求是什么?

第 7 章

【学习目标】

-
-
-
-
-

7.1 知识解析

现代产品设计借助于先进的 CAD 软件，可以在不使用真实材料的情况下，进行虚拟产品开发。前面已经介绍了使用 Creo 创建各种零件三维模型的基本方法，但这只是虚拟产品开发过程中的一个基本环节，在实际的虚拟产品设计中，这些零件只有装配在一起之后，才能达到预期的设计效果。

7.1.1 装配的基本原理

基础知识

Creo 建立在单一的数据库基础之上，零件与装配体相互关联，因此，可以方便地修改装配体中的零件模型或整个装配体的结构，系统会把用户对设计的修改，直观地反映在成品中。通过装配设计可以检查零件之间是否存在干涉，以及装配体的运动情况是否合乎设计要求，从而为产品的修改和优化提供理论依据。

1. 基本术语

在装配中常用到以下概念和术语。

1 组件

组件是由零部件按照一定的约束关系组合而成的零件装配集合。一个组件往往包括若干子组件，子组件通常称为部件。

2 元件

元件是组成组件的基本单位，每个独立的零件在装配环境下通常作为一个元件来看待。

3 约束和约束集

约束是指在两个元件之间或元件与组件之间添加的限制条件，用于限定两者之间的相对运动。由于两个物体在空间具有多个运动自由度，因此，需要添加多种约束才能限制全部运动，这时就需要创建多个约束集。

❹ 装配模型树

在装配环境下，模型树区的结构图包括组件、零件等装配体的组成部分以及它们之间的关系，如图 7-1 所示。

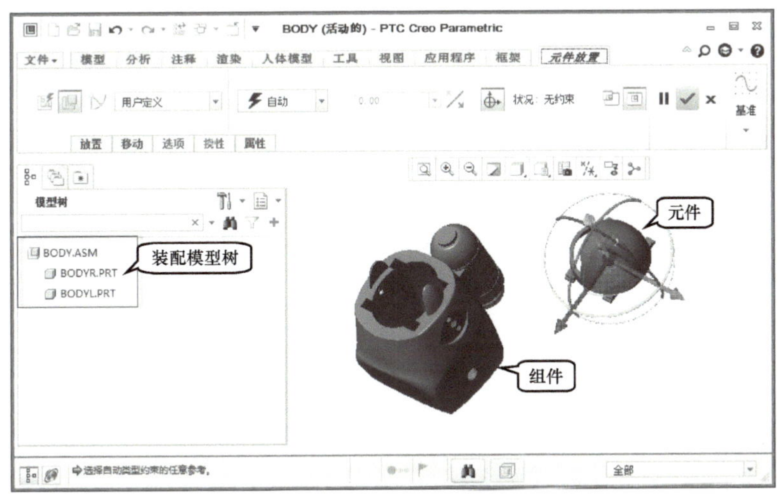

图 7-1　装配设计环境

❺ 装配分解图

装配分解图是装配体的分解视图，就是把元件分开来的视图。通过装配分解图可以更好地分析产品和指导生产。一般的产品说明书中都会附带有产品的分解图，用以说明各部件的作用和使用方法。图 7-2 所示为一个装配体的分解图。

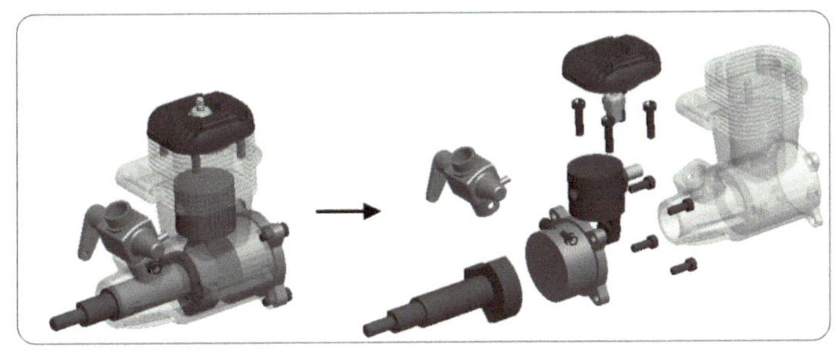

图 7-2　模型的装配示意图

2. 两种装配约束形式

在 Creo 中，零件的装配是通过定义参与装配的各个零件之间的约束来实现的。由底向上装配的原理比较简单，重点是约束的选择和使用。下面首先介绍有关概念和设计中的基本工具。

约束是装配设计中的一个重要概念，是施加在各个零件间的一种空间位置的限制关系，从而保证参与装配的各个零件之间具有确定的位置关系。在 Creo 中，根据装配约束形式的不同，可以将装配划分为以下两大类。

❶ 使用无连接接口的约束的装配

无连接接口的约束主要用于一般的装配中，使用这种装配方法装配上去的零件不具有自由度，零件之间不能做任何相对运动，装配后的产品成为具有层次结构且可以拆卸的整体，但是产品不具有“活动”零件。这种装配连接称为约束连接。

2 使用有连接接口的约束的装配

如果要在风扇骨架上安装叶片，那么，风扇的叶片在加上适当的动力后应该能够转动。为了解决机构之间的相对运动问题，在装配模块中引入了有连接接口的约束。这种装配连接称为机构连接。有连接接口可以轻松地解决机构的相对运动问题，同时，有连接接口的装配方法也是用户以后使用 Creo 进行仿真设计的关键。

3. 装配工具

单击 按钮，打开【新建】对话框，在【类型】分组框中选取【装配】单选项，在【子类型】分组框中选取【设计】选项，创建组件文件，如图 7-3 所示，单击 **确定** 按钮后，系统打开装配设计界面。

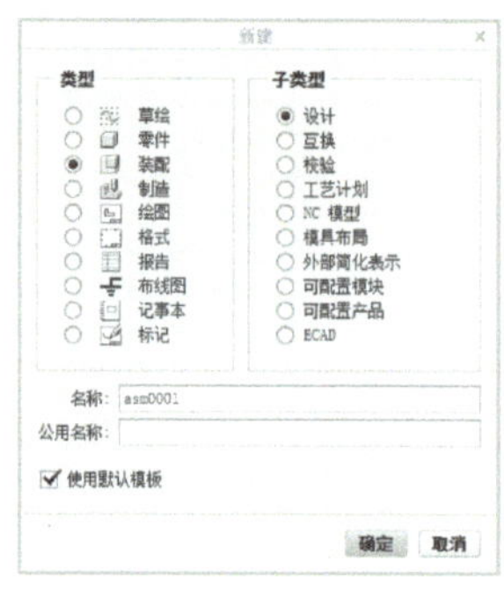

图 7-3 【新建】对话框

1 导入元件

在【元件】工具组中单击 （组装）按钮，打开【打开】对话框，从该对话框中选取零件作为装配元件进行装配设计。单击下方的 预览 按钮，可以打开预览窗口预览模型，方便选取零件，如图 7-4 所示。

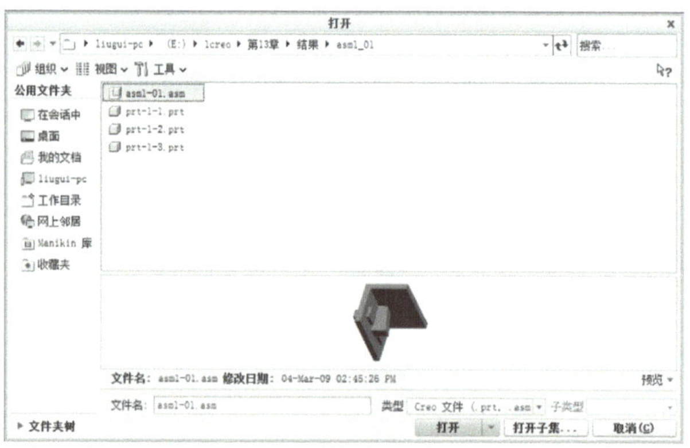

图 7-4 【打开】对话框

2 工具面板

在【元件】工具组中单击 （组装）按钮导入元件后，打开如图 7-5 所示的【元件放置】设计面板，在这里可以创建约束连接或者机构连接。机构连接用来创建可以产生相对运动的连接（如转动和移动），主要用于机械运动仿真设计。本章仅介绍约束连接。

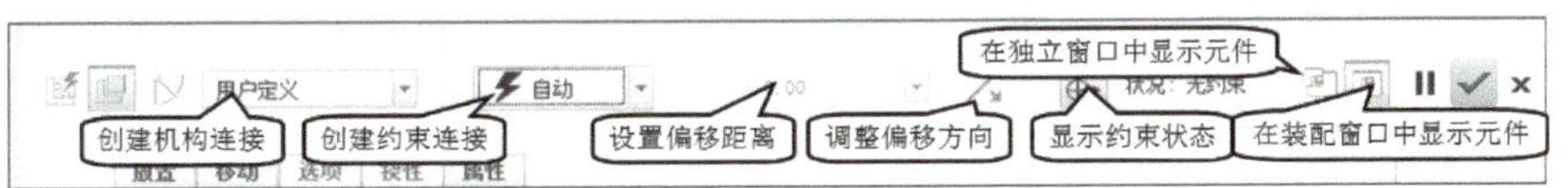

图 7-5 设计面板

❸【放置】参数

展开设计面板左下角的【放置】下拉面板，在这里可以详细地为新装配元件指定约束类型和约束参照以实现装配过程，如图 7-6 所示。

设计时，首先在【元件放置】设计面板的第 1 个下拉列表中，为组件和新元件选取约束类型，然后为其指定约束参照，指定结果会显示在左侧的参数收集器中。完成一组约束设置后，在图标板上会提示当前的约束状态，如果模型尚未达到需要的约束状态，可以继续添加新的约束和参照。

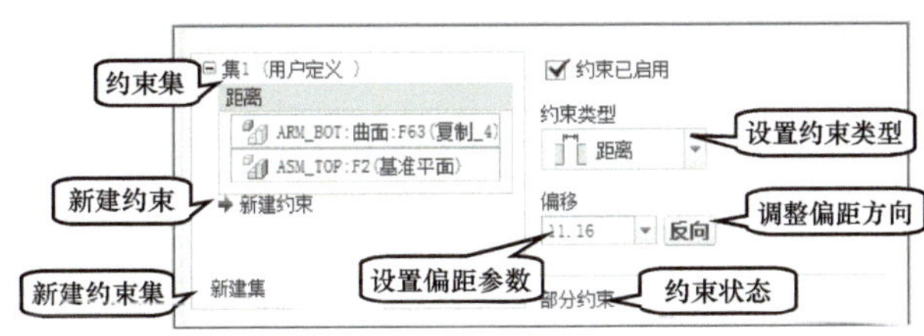

图 7-6 【放置】参数

❹【移动】参数

在装配过程中，为了在模型上选取确定的约束参照，有时需要适当对模型进行移动或旋转操作，这时可以展开【元件放置】设计面板左下角的【移动】下拉面板，如图 7-7 所示，设置参数后，即可重新放置选定的模型。

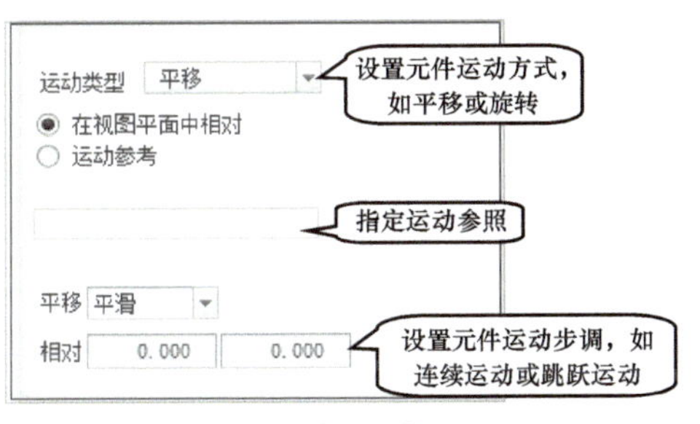

图 7-7 【移动】参数

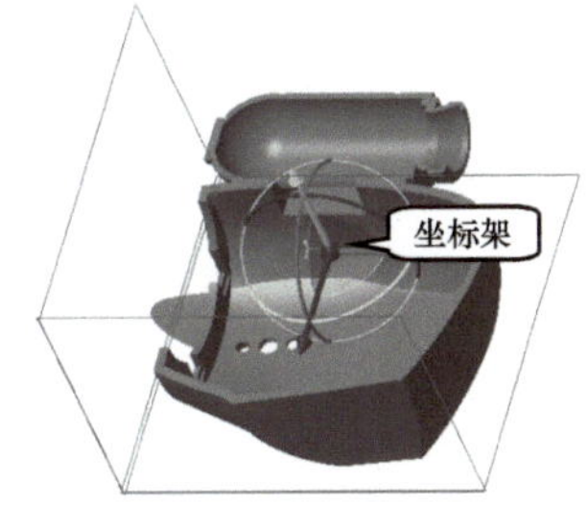

图 7-8 显示坐标架

4. 装配约束类型

为了在参与装配的两个元件之间创建准确的连接，需要依次指定一组约束来准确定位这两个元件，这些可用的约束类型共 11 种。

❶ 重合

重合就是两平面相贴合，其法线方向相反，如图 7-9 所示。

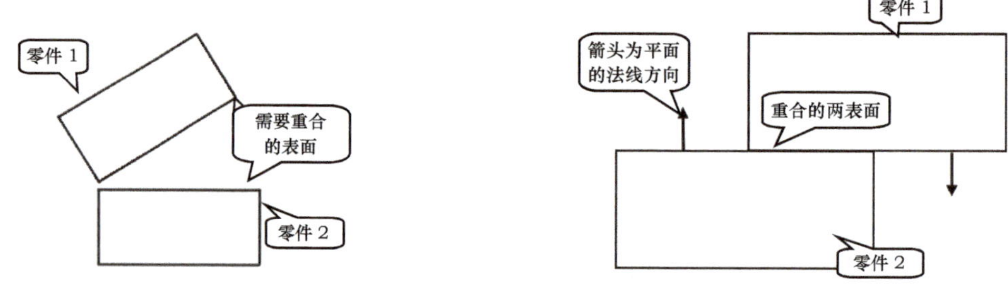

图 7-9 重合约束

② 距离

两个平面法线方向相反，互相平行，通过输入间距值控制平面之间的距离，如图 7-10 所示。

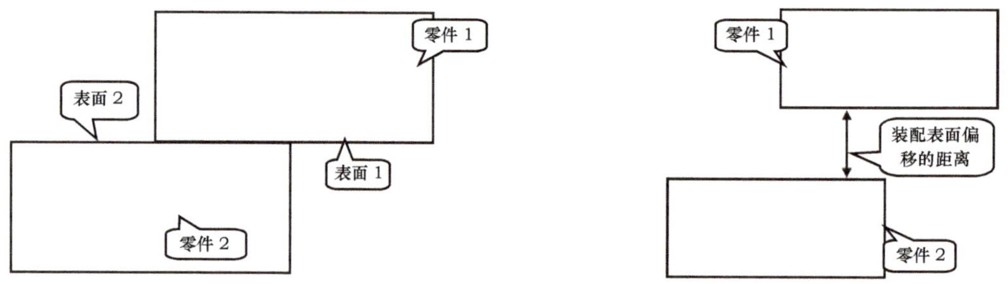

图 7-10 距离约束

③ 角度偏移

将选定的元件以某一角度定位到选定的装配参考，如图 7-11 所示。

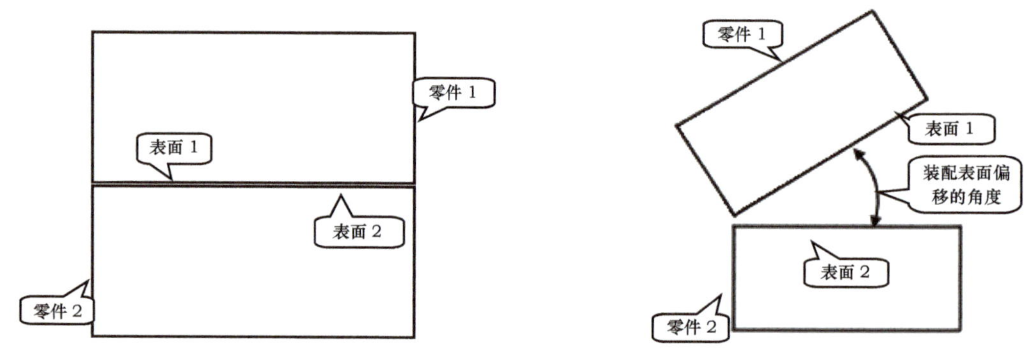

图 7-11 角度偏移

④ 平行

两个平面的法线方向相反且互相平行，忽略二者之间的距离，如图 7-12 所示。

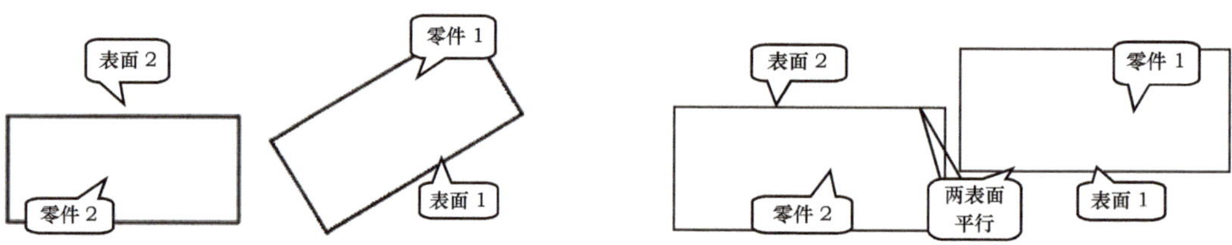

图 7-12 平行约束

❺ 法向

“法向”约束用于将元件参考定位与装配参考垂直，如图 7-13 所示。

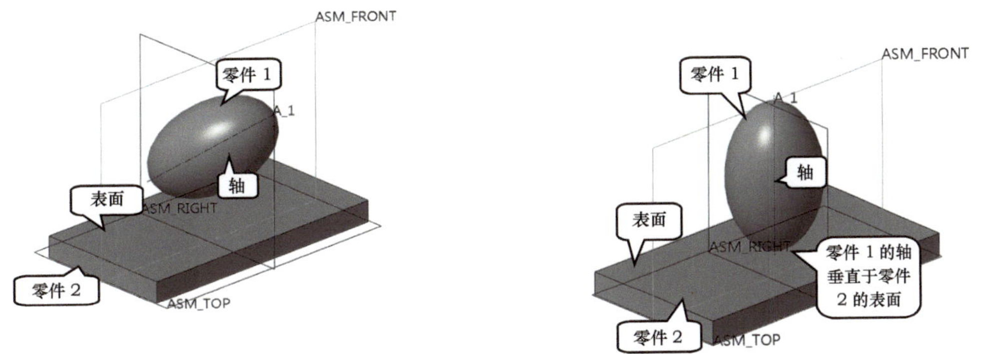

图 7-13 法向约束

❻ 共面

“共面”约束主要用于将元件边、轴、目的基准轴或曲面定位为与装配参考共面，如图 7-14 所示。

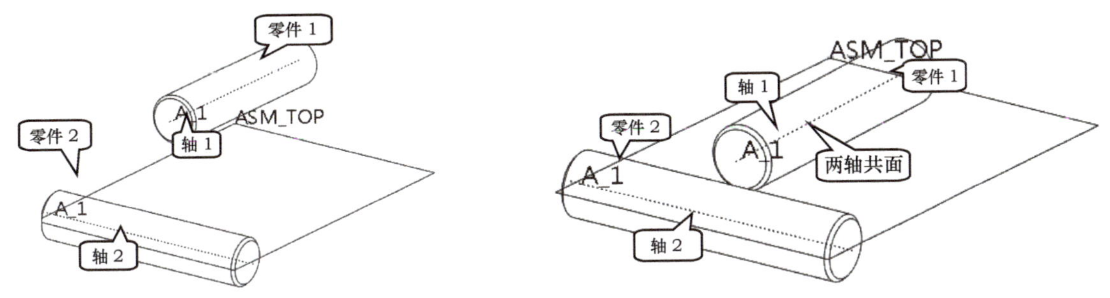

图 7-14 共面约束

❼ 居中

“居中”约束可用来使元件中的坐标系或目标坐标系的中心，与装配中的坐标系或目的坐标系的中心对齐，即一个坐标系中的 x 轴、y 轴、z 轴与另一个坐标系中的 x 轴、y 轴、z 轴分别对齐，如图 7-15 所示。

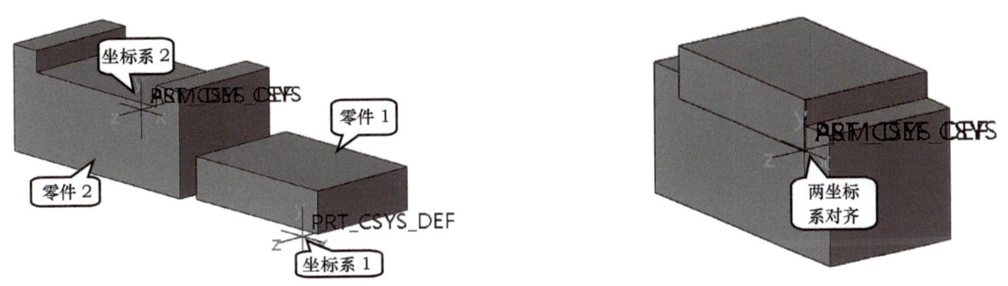

图 7-15 相切约束

❽ 相切

零件上的指定曲面以“相切”的方式进行装配，设计时只需要分别在两个零件上指定参照曲面即可，如图 7-16 所示。

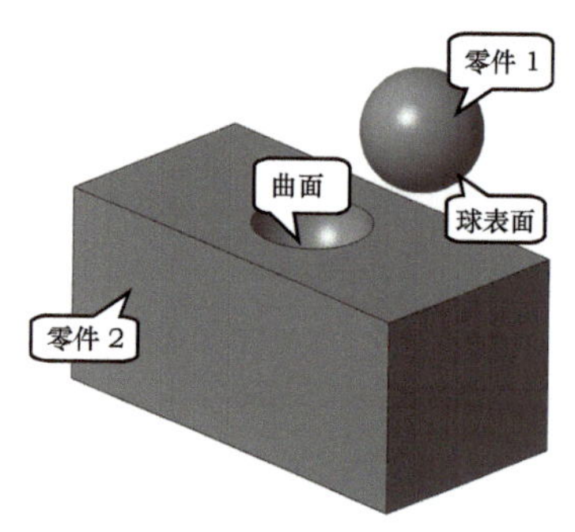

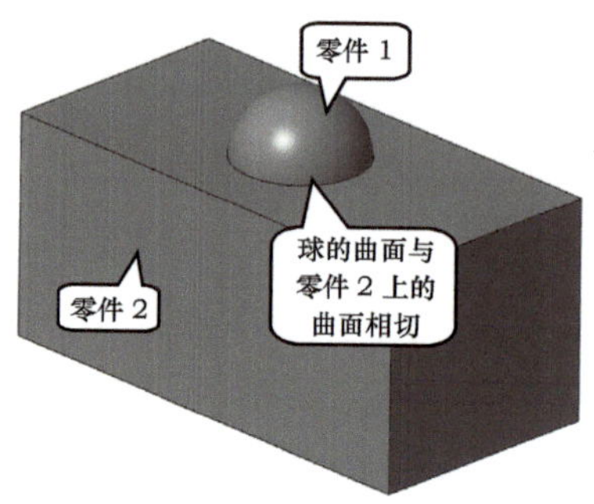

图 7-16　相切约束

9 自动

用户直接在元组件上选取装配的参考几何，由系统自动判断约束的类型和间距来装配元组件。这是一种比较快速的装配方法，通常只用于简单装配。

10 固定

将新元件在当前位置固定，这时可以先打开【放置】参数面板，使用移动或者旋转工具，移动或旋转元件，使之相对于组件具有相对正确的位置后再将其固定。

11 默认

使用默认装配坐标系作为参照，将元件的坐标系和组件系统的重合放置，从而将新元件固定在默认位置。在装配第一个元件时，通常采用“默认”方式快速装配元件。

5. 两种装配模式

元件主要有以下两种装配模式。

1 自底向上装配

先设计虚拟产品中最底层的部分——单个零件模型，再根据产品的装配关系进行装配，这是一种比较简单、低级的方法，设计思路比较清晰，设计原理也容易被广大用户接受。但是，其设计理念还不够先进，设计方法也不够灵活，还不能完全适应现代设计的要求。主要用于一些已经比较成熟的产品的设计过程，可以获得比较高的设计效率。

自底向上装配的主要操作步骤如下。

a. 在【元件】工具组中单击 （组装）按钮，导入第 1 个元件。

b. 为元件指定约束方式和约束参照，使其相对于参照坐标系或装配体具有正确的放置位置。

c. 继续导入元件，为其指定约束和参照，直到全部元件装配完毕。

2 自顶向下装配

由顶向下的装配设计与由底向上的设计方法正好相反。设计时，首先从整体上勾画出产品的整体结构关系或创建装配体的二维零件布局关系图，然后再根据这些关系或布局逐一设计出产品的零件模型。

自顶向下装配时，还可以利用已有的装配环境作为参照，根据已有元件的尺寸和空间位置关系“量身定做”地设计新元件。这种设计方法通常称为在装配环境下创建元件，其主要操作步骤如下。

a. 在【元件】工具组中单击 （组装）按钮，进入元件创建模式。

b. 依次确定元件的类型、子类型和创建方法等参数。

c. 使用已有元件作为参照（此时，这些元件为半透明状态），使用各种建模工具创建元件。

6. 零件的约束状态

在两个装配零件之间加入一个或多个约束条件以后，零件之间的相对位置就基本确定了。根据约束的类型和数量的不同，两个装配零件之间相对位置关系的确定度也不完全相同，主要有以下几种情况。

1 无约束

两个零件之间尚未加入约束条件，每个零件处于自由状态，这是零件装配前的状态。

2 部分约束

在两个零件之间每加入一种约束条件，就会限制一个方向上的相对运动，因此，该方向上两零件的相对位置确定。但是，要使两个零件的空间位置全部确定，根据装配工艺原理，必须限制零件在 x、y 和 z 这 3 个方向上的相对移动和转动。如果两零件还有某方向上的运动尚未被限定，这种零件约束状态就称为部分约束状态。

3 完全约束

当两个零件 3 个方向上的相对移动和转动全部被限制后，其空间位置关系就完全确定了，这种零件约束状态称为完全约束状态。

图 7-17　未完全约束的显示状态

基础训练——装配减速器箱体和箱盖

下面将通过一个简单实例介绍组件装配的方法和步骤。

【操作步骤】

1. 新建组件文件

单击 按钮，新建一个名为 reduce 的装配文件。

2. 导入下箱体

STEP01 单击【元件】工具组中的（组装）按钮，导入素材文件“\素材\第7章\jiansuqi\bottom.prt”，该零件为减速器下箱体。

STEP02 使用移动旋转坐标架（见图 7-18）把下箱体放置在合适位置，然后单击【元件放置】面板上的 按钮，如图 7-19 所示。

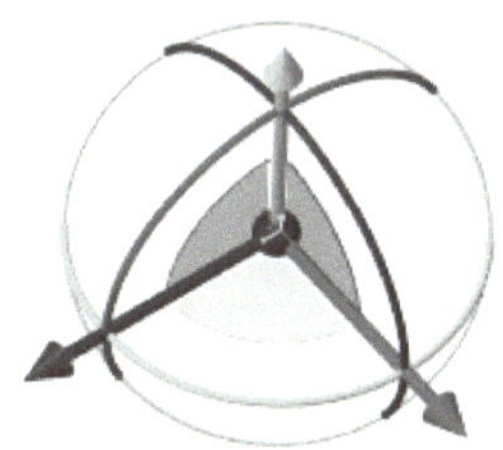

图 7-18　移动旋转工具

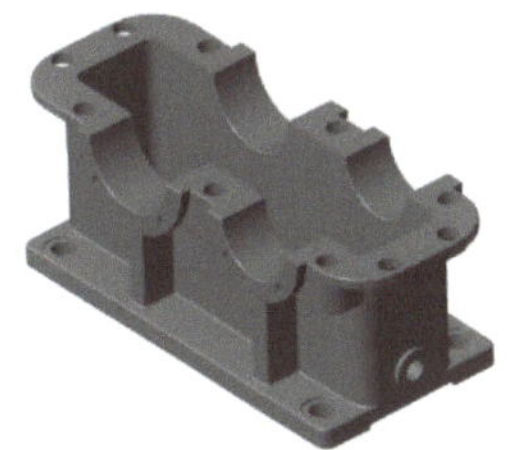

图 7-19　导入下箱体

3. 导入上箱盖

STEP01 单击按钮，导入素材文件“\ 素材 \ 第 7 章 \jiansuqi\top.prt”，该零件为减速器上箱盖。

STEP02 为了便于选取参照，单击【元件放置】面板中的（单独显示元件）按钮，将其在独立窗口中显示，如图 7-20 所示。

图 7-20　单独显示模型

STEP03 展开【移动】下拉面板，调整元件的位置，使需要约束的两个面正面相对，以便于系统识别，如图 7-21 所示。

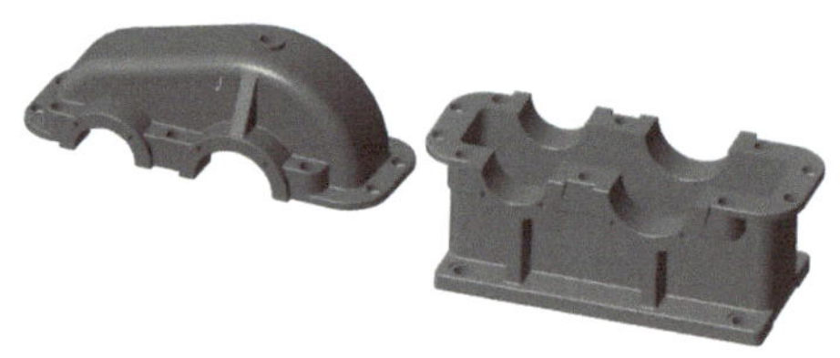

图 7-21　移动元件

4. 添加装配约束

STEP01 在【元件放置】面板中设置装配约束类型为【自动】，选取图 7-22 所示的两个面，系统会自动添加重合约束，结果如图 7-23 所示。

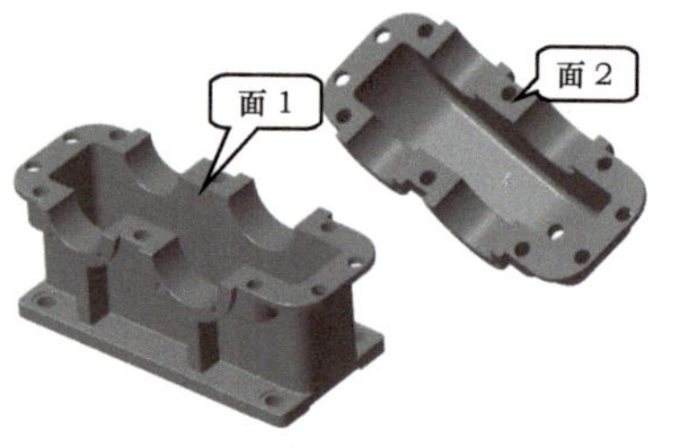

图 7-22　选取参照

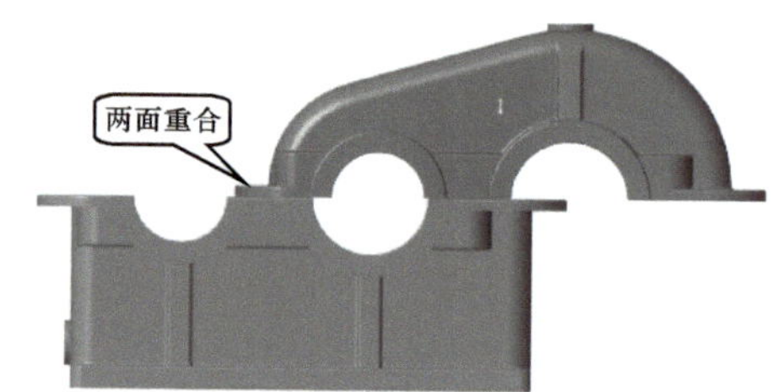

图 7-23　装配结果

STEP02 展开【放置】下拉面板，单击【新建约束】，在该面板右侧的【约束类型】下拉列表中选择【重合】约束，如图 7-24 所示，然后选取两个孔的内表面，如图 7-25 所示，装配结果如图 7-26 所示。

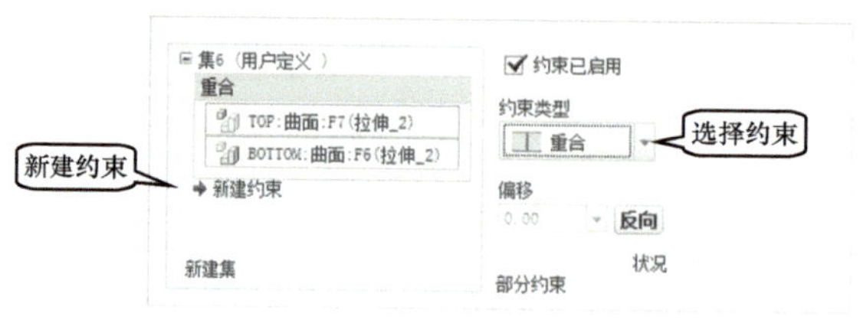

图 7-24　参数设置

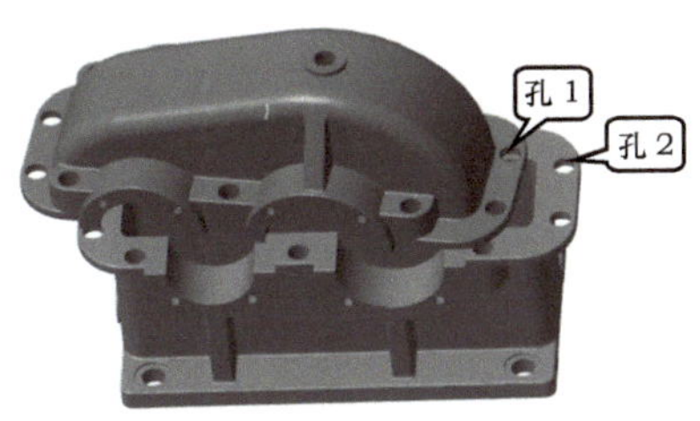

图 7-25　选取参照

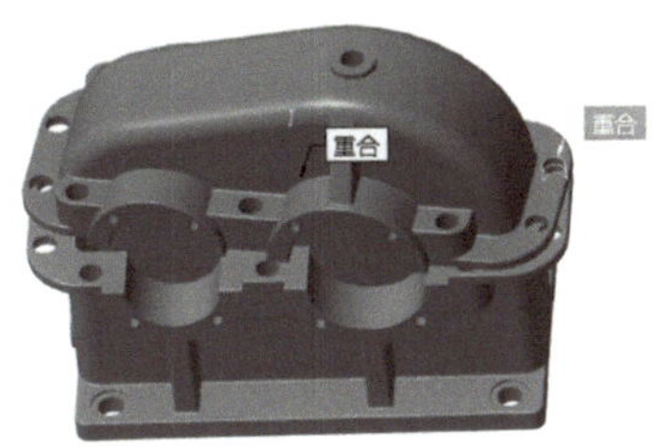

图 7-26　装配结果

STEP03 新建一个距离约束，选取两个轴并设置距离为 0，如图 7-27 所示，装配完成后的结果如图 7-28 所示。

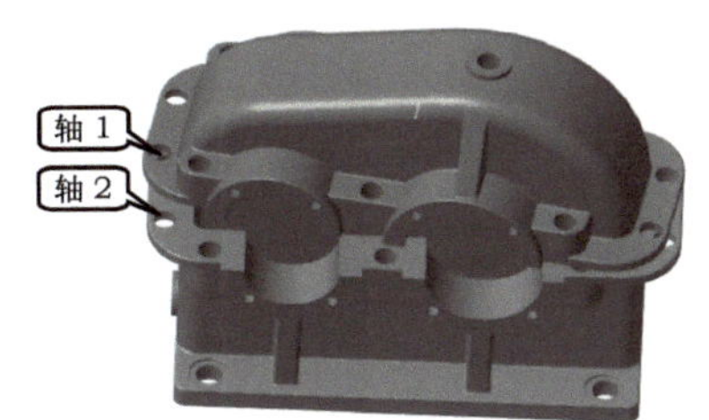

图 7-27　选取参照

图 7-28　最终装配结果

7.1.2　装配方法与技巧

为了实现特殊的装配功能和提高设计效率，软件还提供了阵列装配，主要用于装配相同元件。

基础知识

1. 阵列装配

使用阵列方式可以快速装配多个相同的元件。选取要阵列的元件后，在【修饰符】工具组中单击（阵列）按钮，打开阵列面板，面板中各选项的使用方法与基础建模中的阵列操作相同，在设计中，常用参照阵列来快速装配元件。

2. 元件的替换

在设计过程中，有时需要替换组件中的某个元件，此时，可以直接使用【替换】选项，而不必将先前的元件删除后再添加新的元件。

当某个组件元件被另一个元件替换后，系统会将新元件置于模型树中的相同位置。如果替换模型与原始模型具有相同的约束和参照，则会自动执行放置。如果参照丢失，系统会进入装配界面，要求用户重定义约束条件。

❶ 设计工具

在模型树窗口中选择需要替换的元件，在其上单击鼠标右键，在弹出的快捷菜单中单击（替换）按钮，此时模型树窗口中出现替换界面，并打开如图 7-29 所示的【替换】对话框。

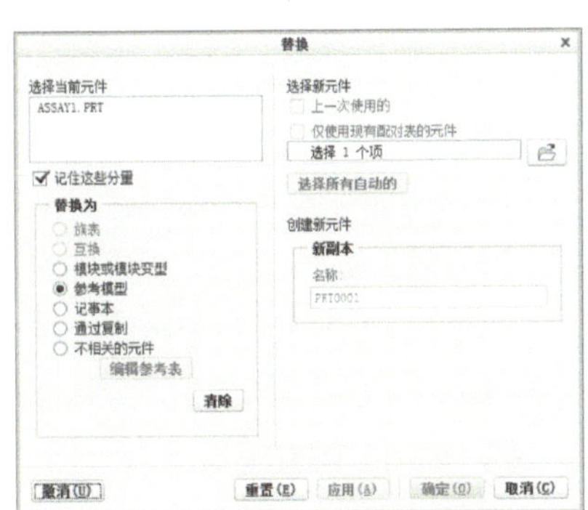

图 7-29 【替换】对话框

在【替换】对话框的【选择当前元件】列表框中列出了当前被替换的元件，在【替换为】分组框中列出了 7 种替换方案。

- 族表：新元件按照族表关系放置在组件中，不需要重新定义装配约束条件。
- 互换：替换时，新元件与旧元件互换，不需要重新定义装配约束条件。
- 模块或模块变型：使用模块或模块的变型形式替换旧元件。
- 参考模型：用包含元件模型外部参照的模型来替换旧元件。
- 记事本：用通过记事本关联的模型替换元件模型。
- 通过复制：用新创建模型的副本来替换元件。
- 不相关的元件：重新指定新元件的放置参照来替换该元件。这种方法需要重新定义新元件的装配约束条件。

2 元件替换失败的处理

在元件替换时常常会出现替换失败的情况，主要有以下原因。

- 选择了错误的替换类型。

元件的替换有 7 种方案，如果选择了错误的替换方案，将可能导致替换失败。例如，选择【参考模型】选项时，如果新元件和被替换的元件之间没有关联，则此时应该选择其他替换方法。

- 零件替换后放置位置错误。

元件替换后，如果放置方式不对，还需要对其进行修改，才可以重新定义装配条件。

替换完成后，单击【元件放置】面板中的✓按钮结束装配。

装配体是由多个元件组装而成的整体，在设计中需要对其进行编辑、删除、修改以及替换等操作，有时根据设计需要，还要在装配环境下新建零件。

3. 在装配环境下新建零件

在装配模式下，可以依据已有元件的尺寸以及空间相对位置来创建新零件，其设计效率更高，还可以尽可能减少模型的修改次数。

4. 装配体的分解

分解装配体后可以创建分解图，以便查看模型的结构和装配关系。组件装配完成后，在【模型显示】功能区中单击 分解图 按钮，可以启动组件分解工具。

1 创建默认分解图

在【模型显示】功能区中单击 分解图 按钮，可以启动组件分解工具，不过该结果往往并不能让设计者满意，需要进一步编辑。

2 编辑分解图

单击 编辑位置 按钮，可以对元件进一步编辑。

3 编辑位置

选该功能可以重新编辑定义各个元件的空间位置。

4 偏距线

偏距线用来表示各个元件的对齐位置，一般由 3 条线组成，两端分别为两个元件的特征曲线。中线为在装配视图中添加的中间线，编辑偏距线可以重新定位元件。

5 取消分解视图

取消对模型的分解，恢复到分解前的模型状态。

5. 基本元件操作

在装配环境下，元件的激活和打开是进行零件操作的基础，只有激活或打开元件后，才可以编辑元件。在装配环境下，元件和顶级装配体的当前状态可以切换。

❶ 激活元件

在图 7-30 中，顶级装配体处于激活状态，此时，各元件上没有激活标志。当顶级装配体处于激活状态时，可以装配新元件以及在装配环境下新建元件。

在模型树窗口中选择顶级装配体，在其上单击鼠标右键，从弹出的快捷菜单中选取【激活】命令，将其激活。此时，被激活的元件前有一个激活标志，同时，模型上的其他实体元件处于透明状态，如图 7-31 所示。

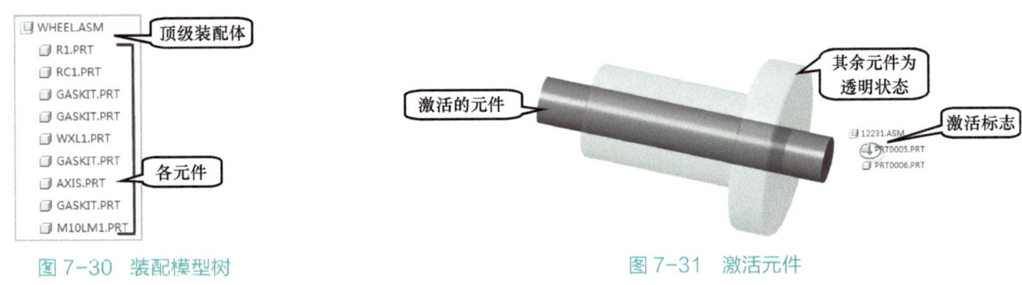

图 7-30 装配模型树　　图 7-31 激活元件

要点提示

❷ 打开元件

在组件模式下也可以回到零件的设计窗口，编辑和变更零件的特征，这时首先需要打开零件。

在模型树窗口中选择需要编辑的元件，在其上单击鼠标右键，在弹出的菜单中选取【打开】命令，打开独立的设计窗口，在这里可以对零件进行各种设计变更操作，其基本操作方法与在零件设计模式下完全相同。

❸ 包装元件

在组件设计中，有时候需要把两个或者多个元件的装配组合为一个整体进行操作。把这样的由两个或者多个元件组合的整体叫作组，而建立组的操作称为零件的包装。

在模型树中选取需要包装的元件，在其上单击鼠标右键，在弹出的快捷菜单中选取【Group】/【组】命令，新建一个组，展开组后可以看到其中包含的元件，如图 7-32 所示。

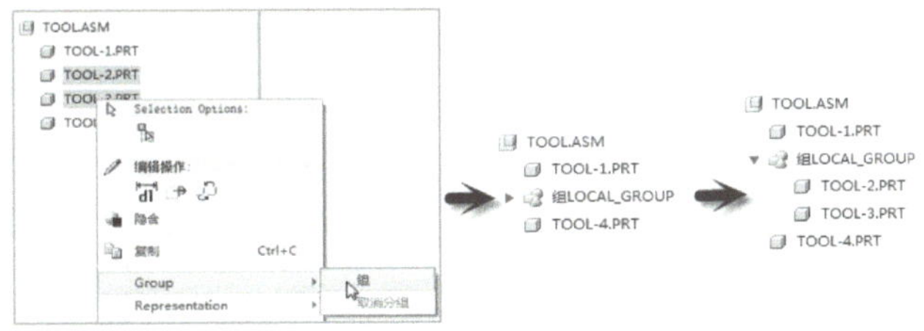

图 7-32 包装元件

❹ 删除元件

在模型树窗口中选择需要删除的元件，此时，工作界面上的元件显示为红色。在其上单击鼠标右键，在弹出的快捷菜单中选择【删除】命令，系统弹出确认对话框，确认后即可将元件删除。

要点提示

❺ 修改元件

在装配环境下，对元件的修改包括对元件特征的修改和对元件装配条件的修改。修改元件特征的方法有两种。

- 打开零件。进入单独的零件设计界面，此时，可以很方便地设计和修改零件。
- 激活零件。在该模式下，可以很好地利用其他的元件作为参照，方便地修改零件。

❻ 修改装配条件

在模型树窗口中需要修改装配条件的元件上单击鼠标右键，在弹出的快捷菜单中单击按钮，打开设计图标板，重新定义或者更正装配条件。

❼ 隐藏元件

在装配体中，各个元件在装配空间中相互重叠，一个元件遮住了其他元件，为了更为全面地观察元件的空间位置关系，可以隐藏或隐含选定的元件。

在模型树窗口中的选定元件上单击鼠标右键（或直接在模型上长按鼠标右键），在弹出的快捷菜单中选择【隐藏】命令，可以将该元件暂时隐藏起来，以便更好地观察被遮盖元件，如图 7-33 所示。如果需要重新显示该元件，在快捷菜单中选择【取消隐藏】命令即可。

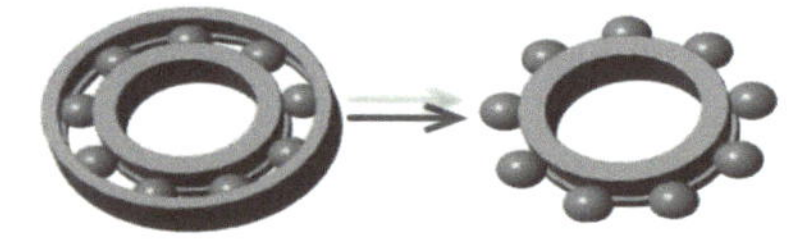

图 7-33 隐藏元件

❽ 隐含元件

隐含元件是将元件暂时从装配体中排除，从实际效果来看，它与删除操作相似。但是，删除后的元件通常不可恢复，单击【显示导航器】中的（设置）按钮，选择【树过滤器】，打开【模型树项】对话框，选择【隐含的对象】复选项，如图 7-34 所示，可以将隐含的文件显示出来。

图 7-34 【模型树项】对话框

基础训练——常用装配方法的应用

下面将结合实例介绍阵列装配和元件替换的用法。

【操作步骤】

1. 阵列装配

STEP01 单击按钮，新建一个装配文件。

STEP02 使用默认方式装配下箱体。单击【元件】工具组中的（组装）按钮，导入素材文件“\素材\第 7 章\zhenlie\assay1.prt”。在参数面板上为该零件设置约束方式为【自动】，然后单击按钮完成零件的装配，如图 7-35 所示。

STEP03 装配第 1 个元件。单击【元件】工具组中的（组装）按钮，导入素材文件“\素材\第 7 章\zhenlie\assay2.prt”。在参数面板上设置约束为【重合】，选取两个轴为其添加一个重合约束，约束参照如图 7-36 所示。

STEP04 新建一个约束，设置约束类型为【重合】，然后选取图 7-37 所示的平面作为参照，装配结果如图 7-38 所示。

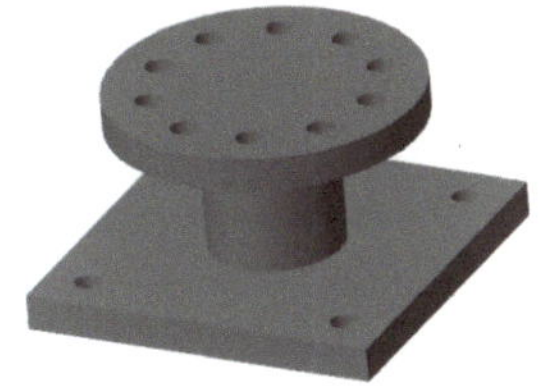

图 7-35　自动装配元件

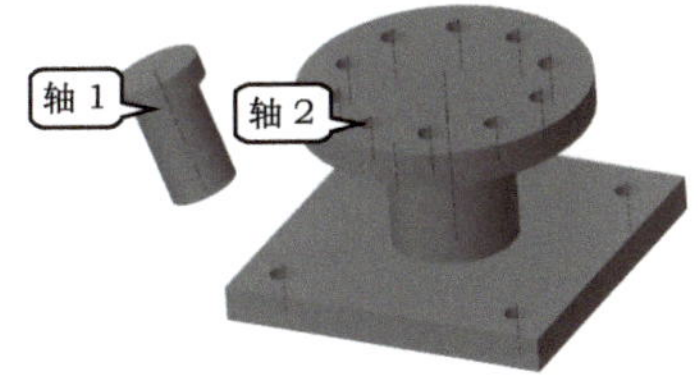

图 7-36　选取参照（1）

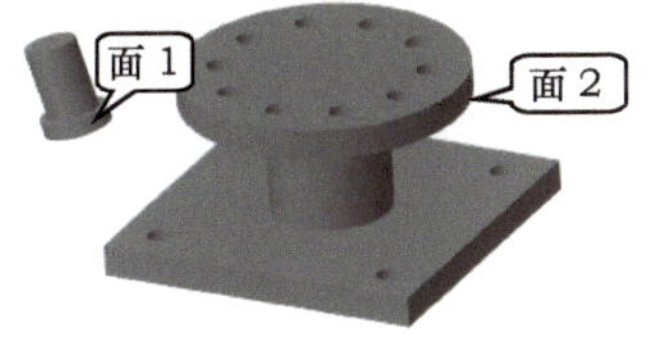

图 7-37　选取参照（2）

STEP05 阵列装配元件。如图 7-39 所示，选中刚装配完成的元件 assay2，然后在【修饰符】工具组中单击 （阵列）按钮打开阵列工具。单击 按钮完成阵列操作，结果如图 7-40 所示。设置参数如图 7-41 所示，阵列装配时通常不需要设置太多参数。

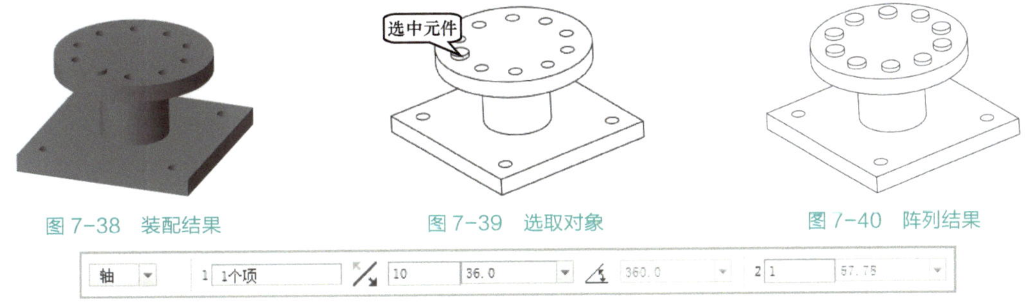

图 7-38　装配结果　　图 7-39　选取对象　　图 7-40　阵列结果

图 7-41　参数设置

> **要点提示**　在阵列装配时，最好在两个件之一上已经通过阵列方法创建了特征，例如，本例的孔组就是采用轴阵列创建完成的，这样可以直接使用参照阵列来装配其余元件，设计效率更高。

2. 元件的替换

元件的替换

STEP01 使用浏览方式打开素材文件“\素材\第 7 章 \tihuan\tool.asm”。

STEP02 在模型树窗口中选择元件“TOOL-4.prt”，在其上单击鼠标右键，在弹出的快捷菜单中单击 （替换）按钮，打开【替换】对话框。元件 TOOL-4.prt 为当前被替换元件。选择替换方式为【不相关的元件】，在替换时需要重新设定元件的装配条件，如图 7-42 所示。

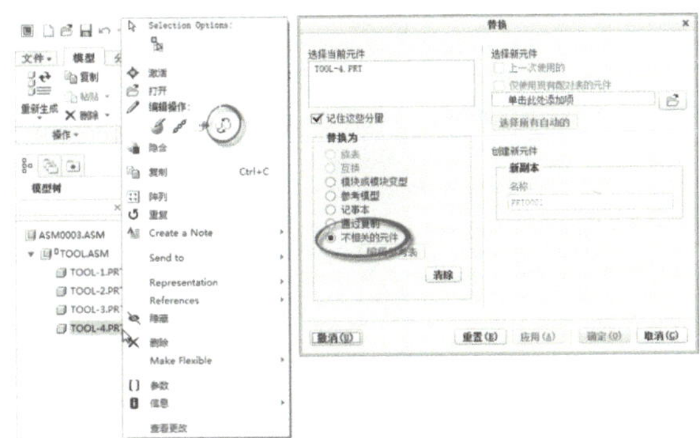
图 7-42　元件替换操作

STEP03 在【替换】对话框中单击 按钮导入素材文件“\素材\第 7 章\tihuan\replace.prt”，然后单击 应用(A) 按钮，在模型树窗口中，可以看到元件 replace.prt 位于右侧的独立窗口中，单击 确定(O) 按钮完成零件的替换，替换后的模型树窗口如图 7-43 所示。

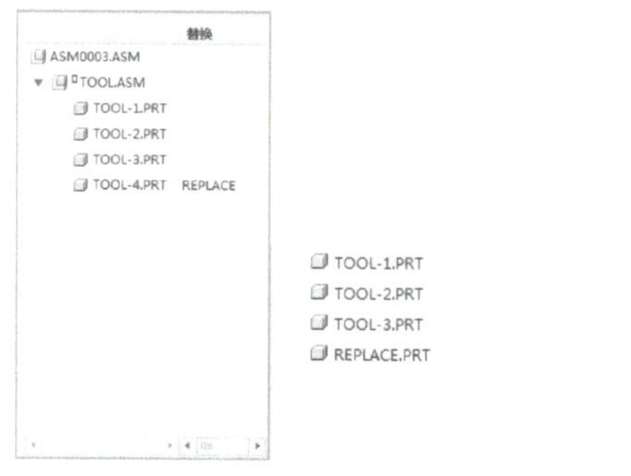

图 7-43 替换前后的模型树窗口

STEP04 调整元件。替换后的元件 replace.prt 放置的位置不正确，如图 7-44 所示，需要修改元件的放置位置。

STEP05 删除约束。在替换的特征上单击鼠标右键，单击 按钮，展开【放置】下拉面板，选中约束，单击鼠标右键，删除所有约束，如图 7-45 所示。

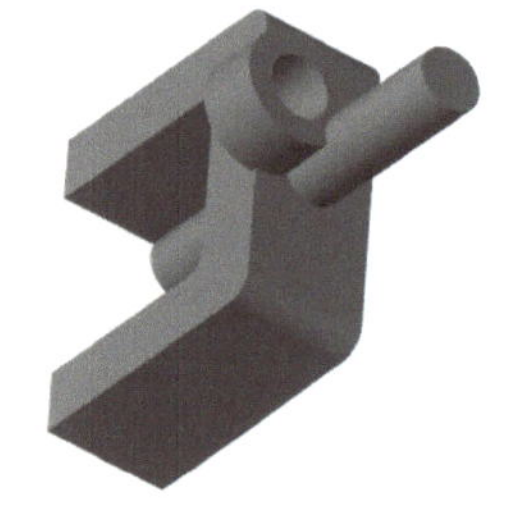

图 7-44 替换后的元件

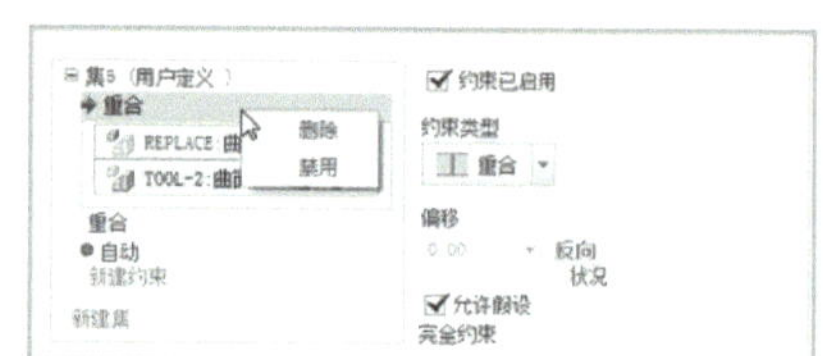

图 7-45 删除约束

STEP06 新建约束。展开【放置】下拉面板，新建重合约束，将两个面重合，如图 7-46 所示；新建重合约束，将两个轴重合，如图 7-47 所示，最终结果如图 7-48 所示。

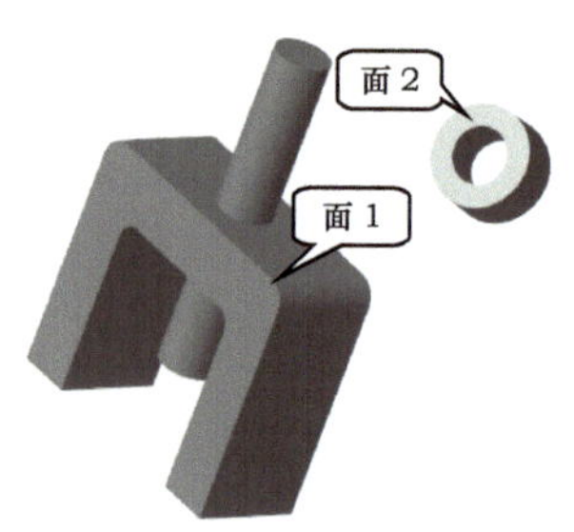

图 7-46 选取参照（1）

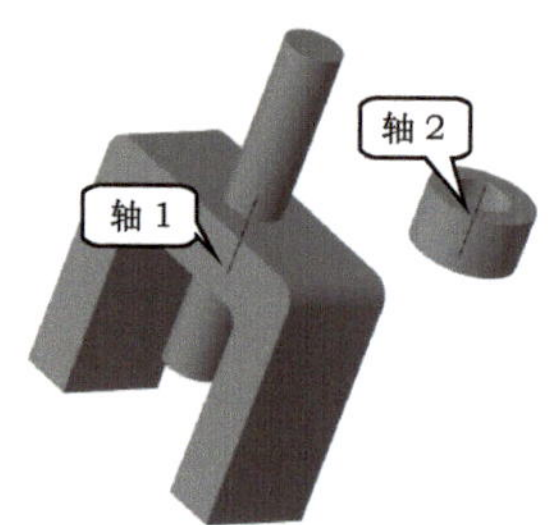

图 7-47 选取参照（2）

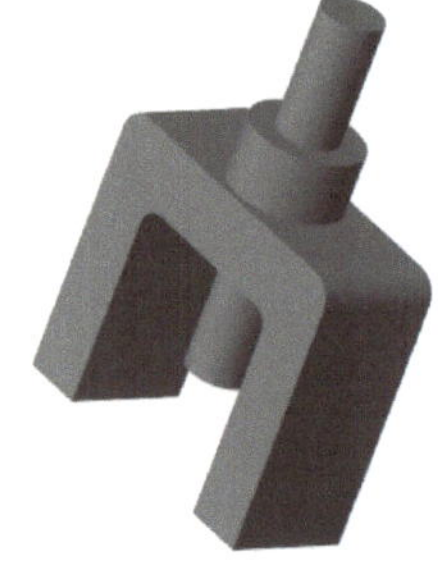

图 7-48 装配结果

3. 创建X-截面视图

STEP01 选取菜单命令【文件】/【打开】，打开素材文件“\素材\第 7 章\mold\asm1-01.asm”，如图 7-49 所示。

创建 X-截面视图

STEP02 在【视图】功能区的【模型显示】工具组中单击 下拉按钮，选择【X方向】，或在【模型显示】工具组中，单击 按钮打开【视图管理器】窗口，单击 按钮，新建一个 x 方向的截面，如图 7-50 所示。

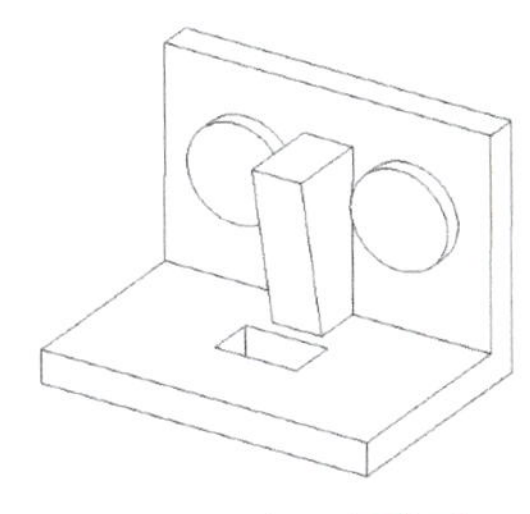
图 7-49　打开的模型

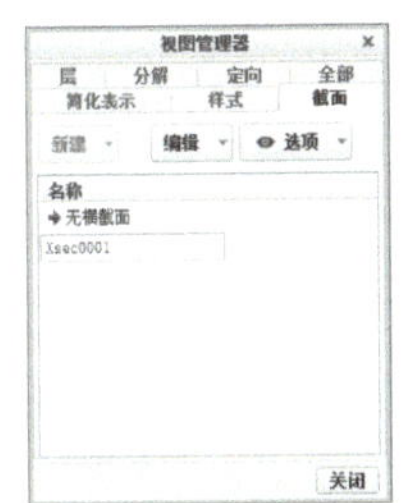

图 7-50 【视图管理器】对话框

STEP03 在【截面】参数面板中重新设置【参考】，选取图 7-51 所示的平面作为剖截面，最后创建的 X 截面如图 7-52 所示。

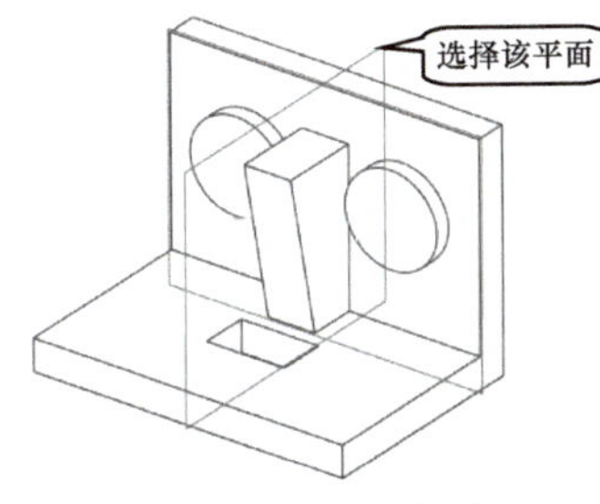

图 7-51　选取剖截面

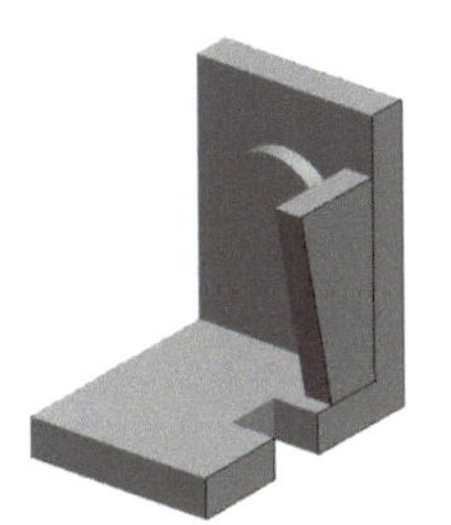
图 7-52　创建的 X 截面

4. 创建零件的简化表示

STEP01 打开素材文件“\素材\第 7 章 \mold\asm1-01.asm”。

STEP02 在【模型显示】工具组中单击 按钮，打开【视图管理器】对话框，选中【简化表示】选项卡，如图 7-53 所示。

STEP03 单击 按钮，接受默认的剖面名称 Rep0001 后单击鼠标中键。

STEP04 打开图 7-54 所示的【编辑】对话框，选取视图不需要显示的零件。本例选择零件 PRT-1-3，然后单击 按钮，此时视图上不再显示零件 PRT-1-3 了，如图 7-55 所示。

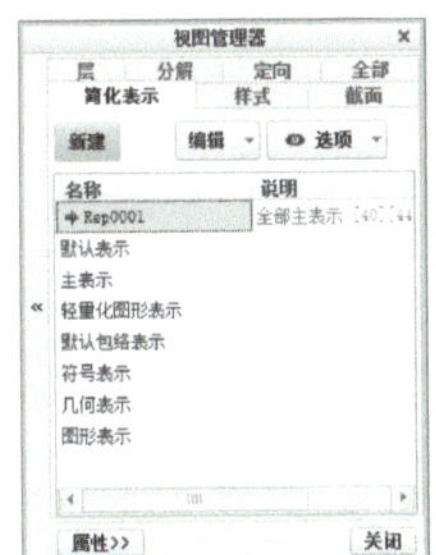

图 7-53 【视图管理器】对话框

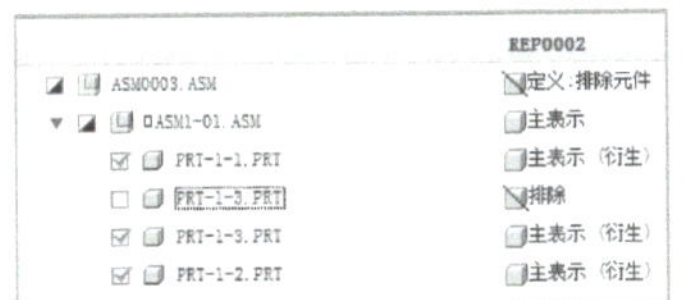

图 7-54 【编辑】对话框

图 7-55　简化表示结果

5. 在装配环境下新建零件

STEP01 单击 按钮，新建一个装配文件。

STEP02 利用【复制现有】的方法新建第 1 个元件。在【元件】工具组中单击 创建 按钮，打开【创建元件】对话框，具体设置如图 7-56 所示，然后单击 确定(O) 按钮，打开【创建选项】对话框，接受默认选项【从现有项复制】，如图 7-57 所示。

在装配环境下新建零件

STEP03 单击 浏览... 按钮，导入素材文件“\素材\第 7 章\xinjian\mold.prt”，单击 确定(O) 按钮。在【元件放置】面板上指定约束类型为【默认】，如图 7-58 所示，然后单击 ✓ 按钮。此时，新元件通过复制现有创建成功，如图 7-59 所示。

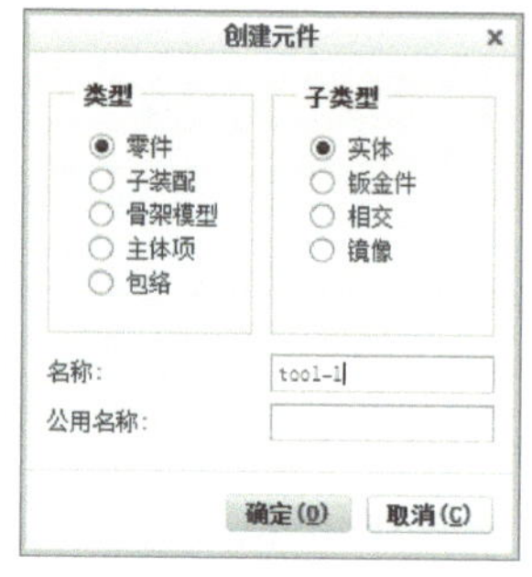

图 7-56 【创建元件】对话框

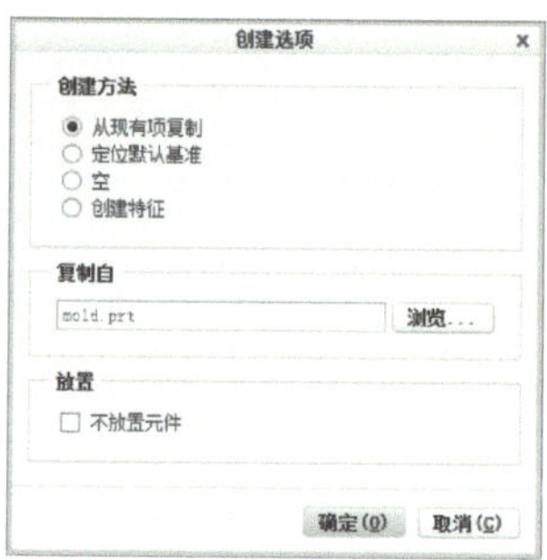

图 7-57 【创建选项】对话框

图 7-58 参数设置

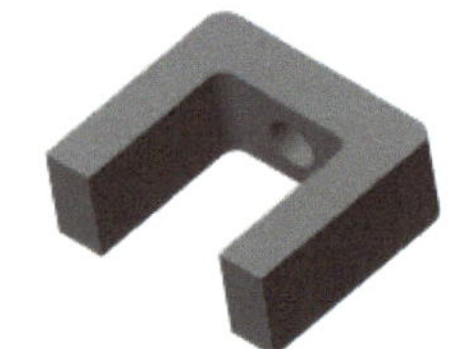

图 7-59 设计结果

STEP04 利用【定位默认基准】方法新建元件。在【元件】工具组中单击 创建 按钮，打开【创建元件】对话框，具体设置如图 7-60 所示，然后单击 确定(O) 按钮，打开【创建选项】对话框，按照图 7-61 设置参数。

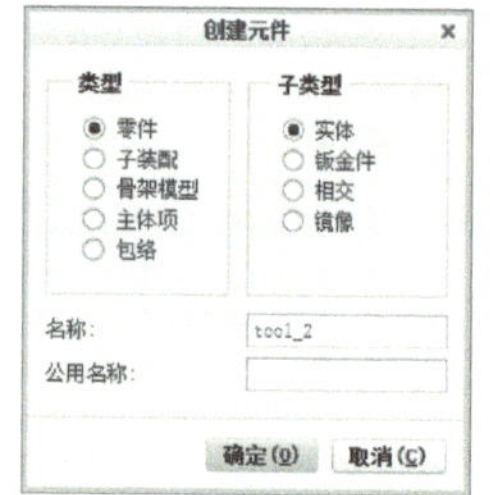

图 7-60 【创建元件】对话框

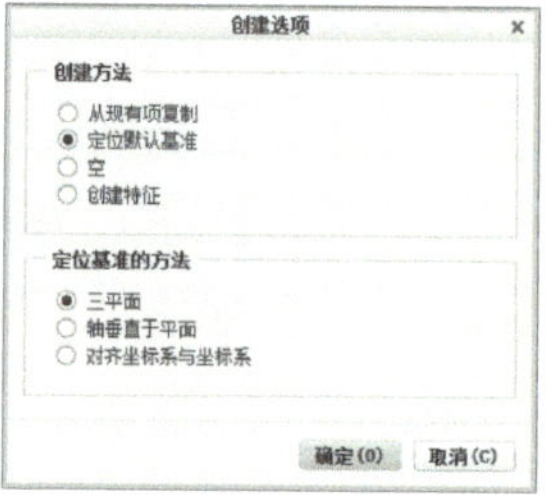

图 7-61 【创建选项】对话框

STEP05 系统提示“选择将同时用作草绘平面的第一平面”时，选择 ASM-TOP 平面；系统提示“选择水平平面（当草绘时将作为‘顶部’参考）”时，选择 ASM-FRONT 平面；系统提示“选择用于放置的竖直平面”时，选择 ASM-RIGHT 平面。

要点提示

图 7-62 所示为操作完成后的模型树，可以看到元件 TOOL-2.prt 已经创建成功，并且处于激活状态。此时，主界面上的 TOOL-1.prt 元件处于半透明状态，它可以作为新元件 tool-2.prt 的设计基准。

STEP06 在【基准】工具组中单击 按钮，打开草绘工具。选择 ASM-TOP 平面为草绘平面，接受默认参照进入草绘模式。选择孔曲面作为标注参照，如图 7-63 所示。在【草绘】工具组中单击 投影 按钮，选取孔边线为草绘截面，如图 7-64 所示，完成后退出。

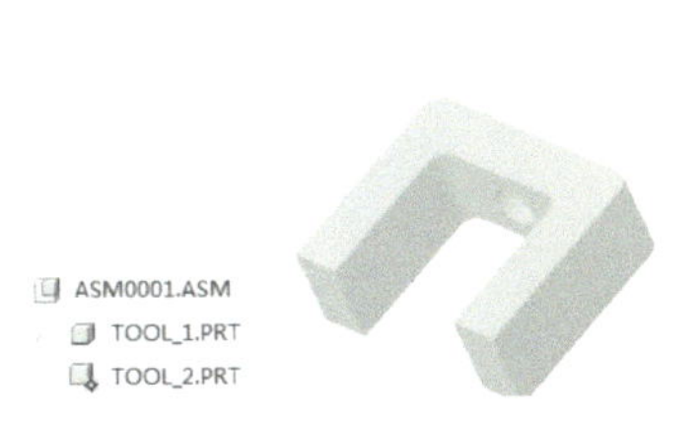

图 7-62 模型树窗口

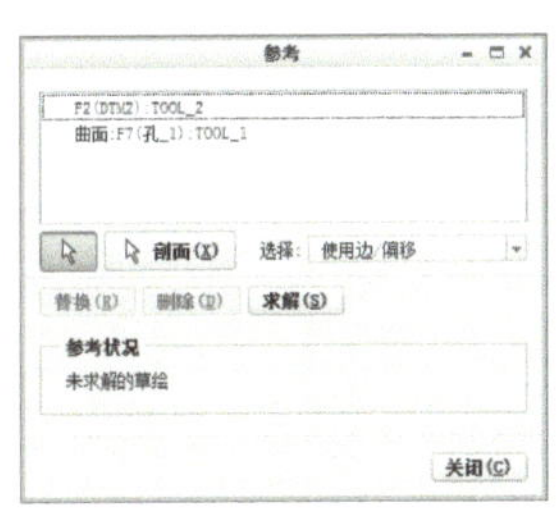

图 7-63 选取标注参照

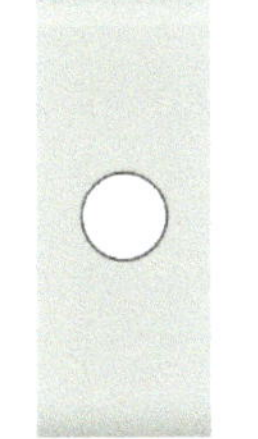
图 7-64 绘制截面图

STEP07 在【形状】工具组中单击 （拉伸）按钮，启动拉伸设计工具，设置拉伸方式为双侧拉伸 ，拉伸深度为 6.00，最后创建的拉伸模型如图 7-65 所示。至此，新元件 tool-2.prt 创建完成，并与元件 tool-1.prt 装配完成。

STEP08 利用【空】方法新建元件。在模型树窗口中的 ASM0001.ASM 上单击鼠标右键，在弹出的快捷菜单中选择【激活】命令，将顶级装配体设置为当前状态，以便创建新元件。

STEP09 在【元件】工具组中单击 创建 按钮，打开【创建元件】对话框，具体设置如图 7-66 所示，单击 确定(O) 按钮，打开【创建选项】对话框，按照图 7-67 设置参数。

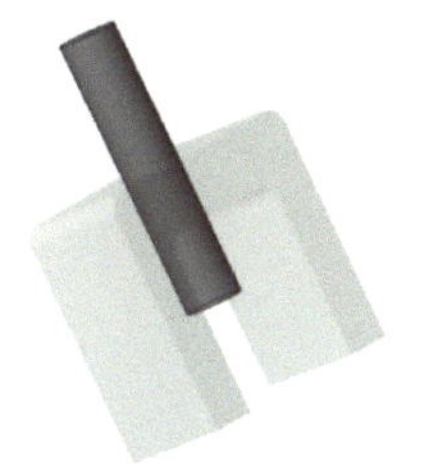
图 7-65 创建的拉伸模型

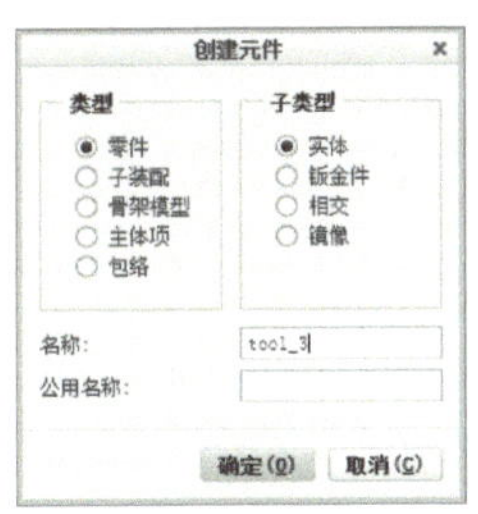

图 7-66 【创建元件】对话框

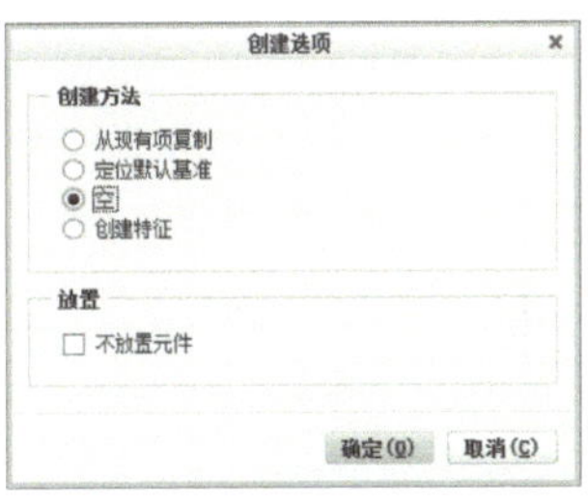

图 7-67 【创建选项】对话框

此时，可以看到图 7-68 所示的模型树中多了一个 TOOL-3.prt 标识，只是主设计界面没有对应的元件，也就是说这里创建了一个空元件。用户可以选择用“激活”或者“打开”的方法来完善该元件的设计。

STEP10 利用【创建特征】方法新建元件。在【元件】工具组中单击 创建 按钮，打开【创建元件】对话框，具体设置如图 7-69 所示，然后单击 确定(O) 按钮，打开【创建选项】对话框，按照图 7-70 设置参数。

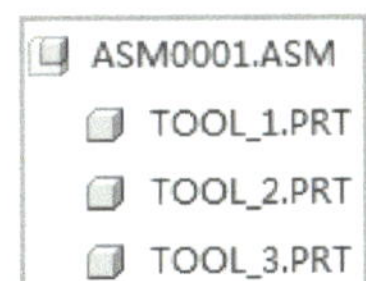

图 7-68 模型树窗口

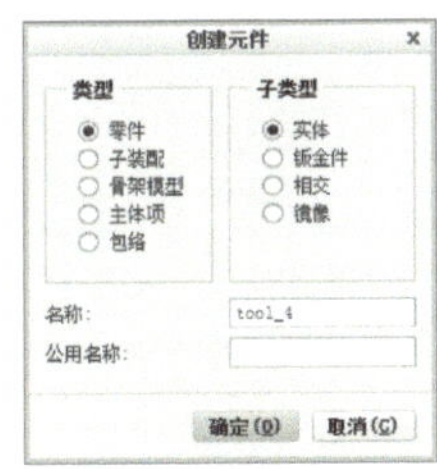

图 7-69 【创建元件】对话框

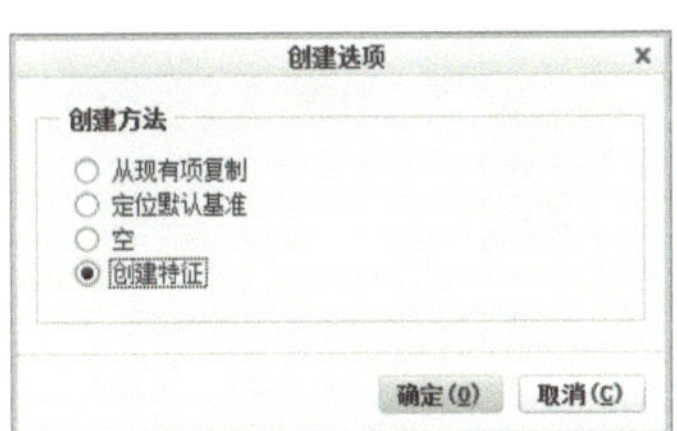

图 7-70 【创建选项】对话框

STEP11 在设计界面中，其他的元件均为半透明状态。新建元件 TOOL-4.prt 为激活状态，如图 7-71 所示。

STEP12 在【基准】工具组中单击 按钮，打开草绘工具，选择 ASM-TOP 平面为草绘平面，接受默认参照进入草绘模式。按照图 7-72 选取标注参照。

STEP13 在草绘平面中配合 矩形 和 投影 工具绘制图 7-73 所示的截面图，完成后退出草绘模式。

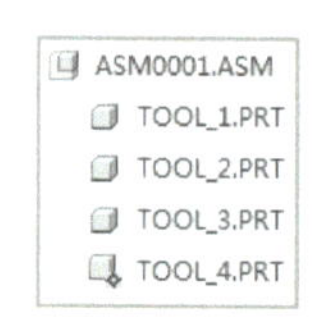

图 7-71 模型树窗口

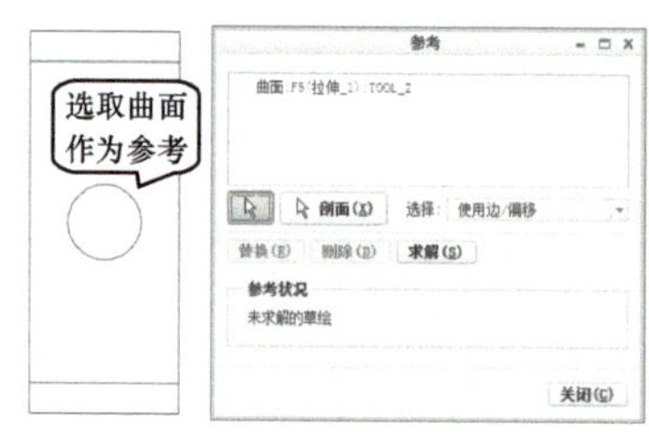

图 7-72 选取参照

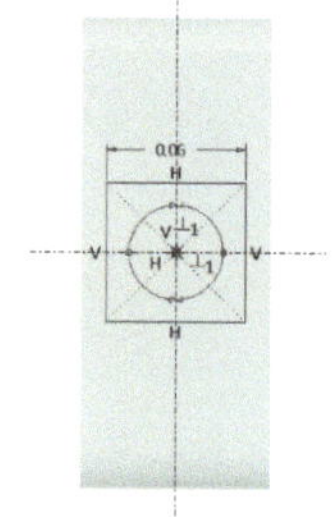

图 7-73 绘制截面图

STEP14 在【形状】工具组中单击 （拉伸）按钮，启动拉伸设计工具，设置拉伸深度为 0.03，完成新元件 TOOL-4.prt 的创建和装配，如图 7-74 所示。激活顶级装配体，结果如图 7-75 所示。

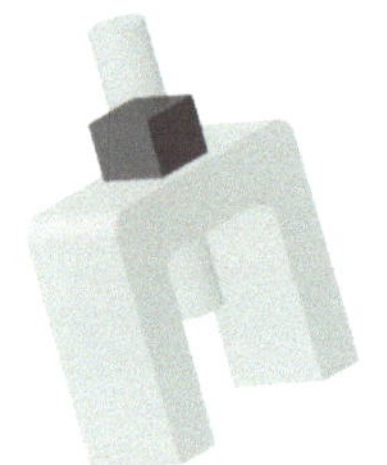

图 7-74 创建模型

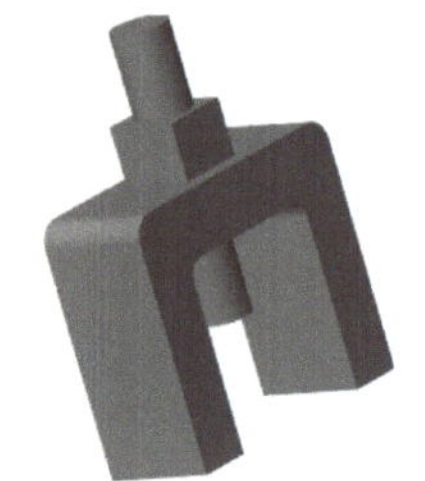

图 7-75 显示全部模型

6. 创建分解图

STEP01 使用浏览方式打开素材文件“\素材\第 7 章 \tool\tool.asm”。

STEP02 创建分解图。在【模型显示】功能区中单击 分解图 按钮，将组件分解，对比分解前后的效果如图 7-76 所示。

STEP03 编辑分解位置。在【模型显示】工具组中单击 编辑位置 按钮，展开【选项】下拉面板，单击 复制位置 按钮，打开【复制位置】对话框，如图 7-77 所示，然后依次选取元件 tool_4 和 tool_2。按照元件 tool_2 的位置放置元件 tool_4，如图 7-78 所示。

创建分解图

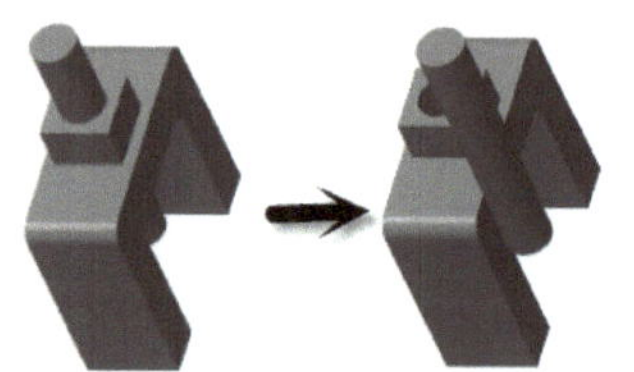

图 7-76 创建分解图

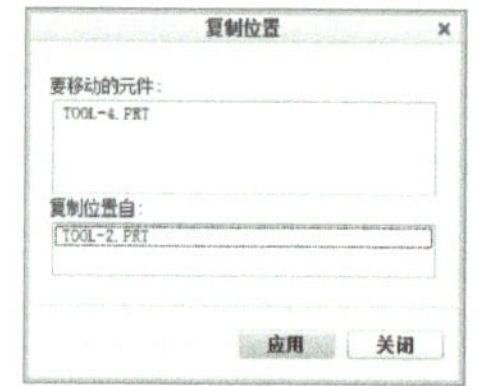

图 7-77 【复制位置】对话框

图 7-78 选取参照

STEP04 展开【参考】下拉面板，如图 7-79 所示，选取轴 A-2 作为移动参照，如图 7-80 所示。选取元件 TOOL_1 为移动对象，拖动 z 轴手柄将该元件向下平移，再次选取元件 TOOL_2，拖动 z 轴手柄将其向上平移，分解结果如图 7-81 所示。

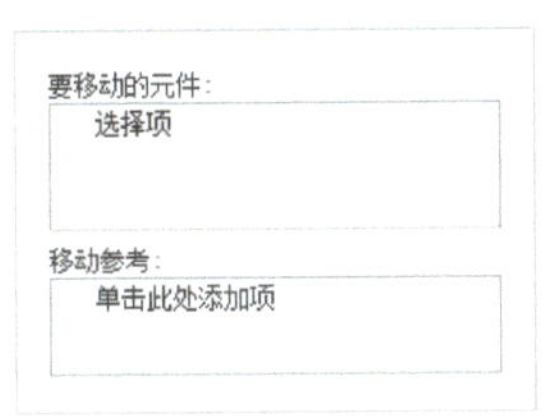

图 7-79　参考面板

图 7-80　选取参照

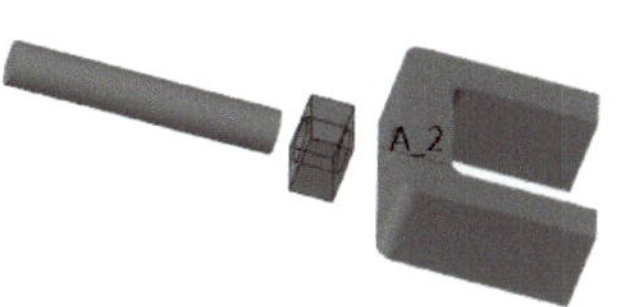

图 7-81　创建分解结果

STEP05 创建分解线。单击【分解工具】参数面板上的 （创建偏移线）按钮，选取轴线 A_2 为参考 1，如图 7-82 所示。选取元件 TOOL_2 的外圆面为参考 2，选中【垂直于曲面】选项，如图 7-83 所示，创建第 1 条分解线，如图 7-84 所示。再次选取轴线 A_2 后，选取元件 TOOL_4 的一个侧面，如图 7-85 所示，创建第 2 条分解线，结果如图 7-86 所示。

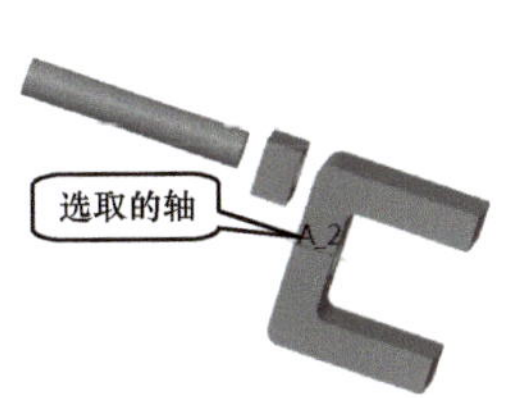

图 7-82　选取参照（1）

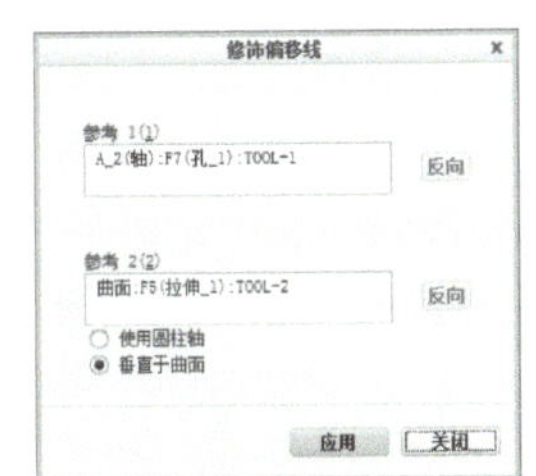

图 7-83 【修饰偏移线】对话框

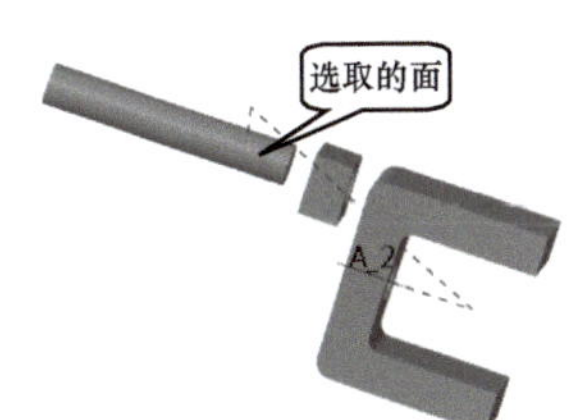

图 7-84　选取参照（2）

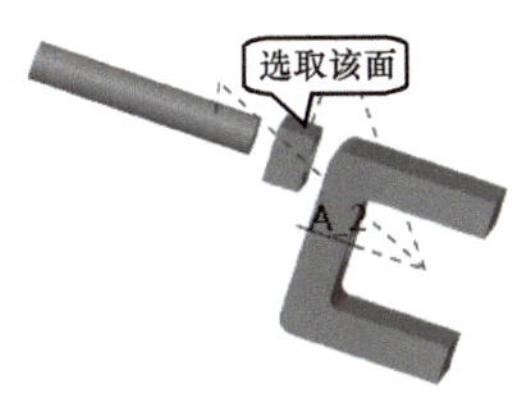

图 7-85　选取参照（3）

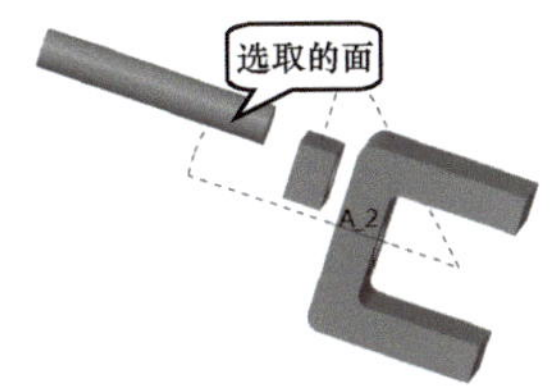

图 7-86　创建分解线

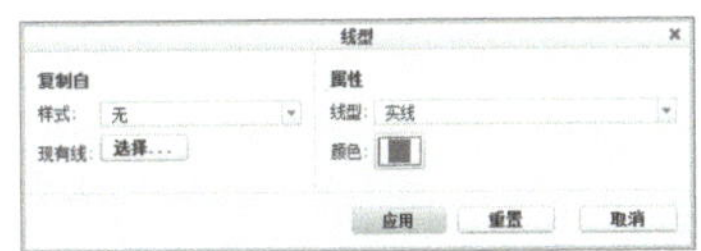

图 7-87　修改颜色

STEP06 修改分解线。选取第 2 条偏距线为修改对象。在【分解工具】面板中展开【分解线】下拉面板，单击 编辑线型 按钮，打开【线型】对话框，按照图 7-87 修改线型和颜色，结果如图 7-88 所示。

STEP07 删除分解线。选取第 2 条分解线为修改对象。在【分解线】面板中单击 （删除分解线）按钮，第 2 条分解线被删除，结果如图 7-89 所示。

STEP08 取消分解视图。在【模型显示】功能区中再次单击 分解图 按钮，撤销分解视图，回到分解前的状态，如图 7-90 所示。

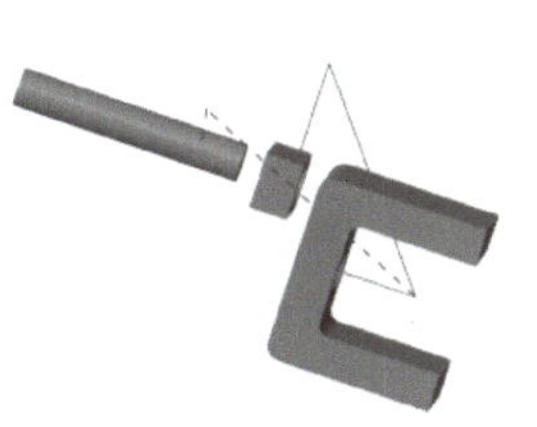
图 7-88　修改结果

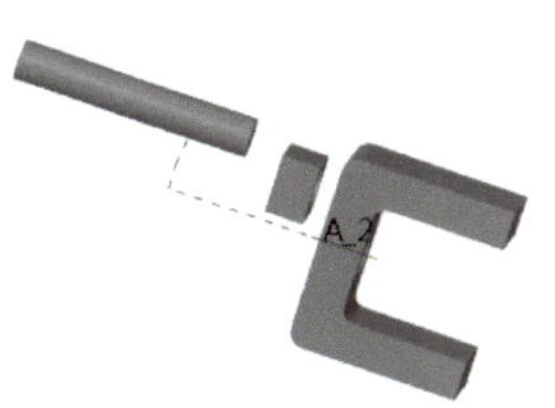

图 7-89　删除分解线

图 7-90　取消分解视图

7.1.3 由顶向下的装配设计

在现代设计中，通常先设计出整个产品的结构和功能，再逐步细化到单个零件的设计，这种设计方法具有参数化设计的优点，可以方便地修改设计结果，还可以很容易地把对某一元件的修改反映到整个产品设计中。

基础知识

1. 使用主控零件进行产品设计

主控零件就是在同一模型设计过程中，能够衍生出其他零件的母本零件，该零件掌控着整个设计结果，并在一定程度上起到参数化设计的作用。由于现代设计的内容越来越丰富，产品的设计不可能一步成形。使用主控零件进行设计时，设计完成后，如果需要变更设计细节，只需适当修改主控零件的相关部分，然后再生整个组件即可。其具体设计方法参看稍后的综合实例。

2. 使用布局进行装配设计

在产品设计初期，通常需要先绘制出产品的装配图。装配图的作用就是告诉装配人员，此产品各个零部件之间的装配关系，那么，能不能根据装配图来实现产品自动装配呢？答案是肯定的。在 Creo 3.0 中可以使用“布局”进行装配，布局图（软件使用记事本格式）是一种与装配图类似，反映零件装配关系的图形，布局只要能反映出产品的装配关系即可，不必像装配图那样完整和严格。

布局是 Creo 3.0 的一个基本设计模块。单击工具箱中的 按钮，打开【新建】对话框，在【新建】对话框上可以看到代表该功能的“记事本”选项，如图 7-91 所示。布局的使用大致可分为三个步骤：布局设计、零件设计和零件自动装配。下面先分别简要介绍，随后再通过实例讲解。

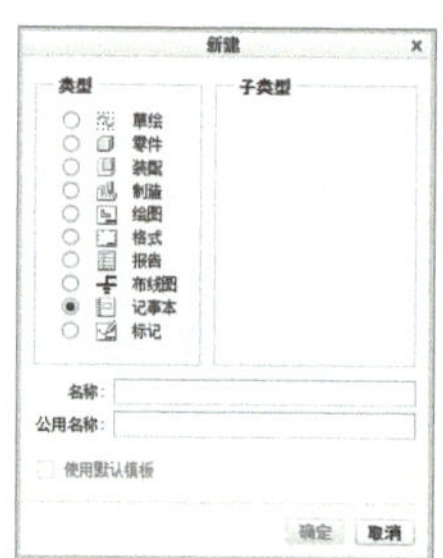

图 7-91 记事本模块

❶ 布局设计

图 7-92 为一个简单的布局图，其绘制过程如下。

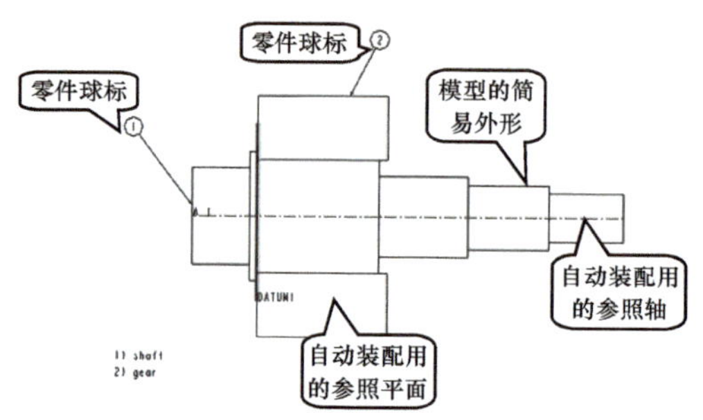

图 7-92 布局图

a. 利用草绘工具绘制如图 7-92 示所示模型的基本外形轮廓，草绘工具组如图 7-93 所示。

b. 如图 7-94 所示，使用【注释】主菜单中的【球标注解】命令，向布局图中加入零件球标。

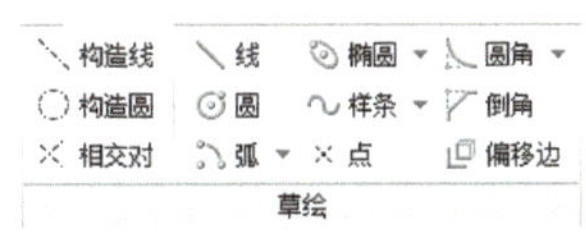

图 7-93 【草绘】工具组

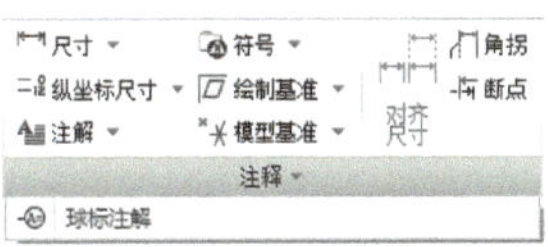

图 7-94 【注释】主菜单

2 零件设计

使用布局实现自动装配的零件在进行各个零件的局部设计时，需要利用【文件】主菜单下【管理文件】中的【声明】命令来声明零件参考到哪个布局图中，【声明】菜单如图 7-95 所示。

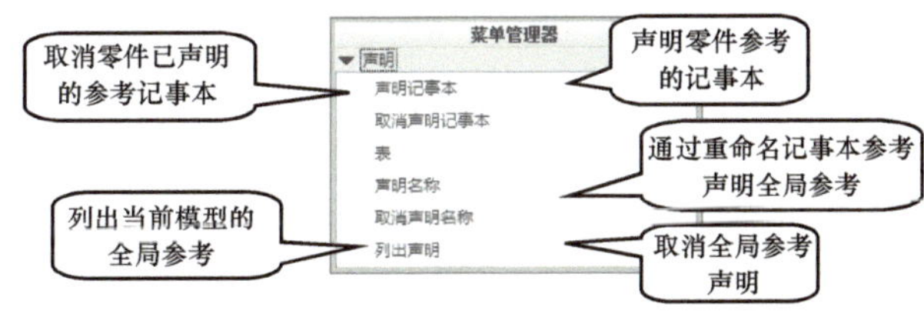

图 7-95 【声明】菜单

3 零件自动装配

当零件被声明放置到某一布局图中时，就可以在零件的基准平面和轴线与布局图所绘制的草图平面和草图轴线之间建立一种对应关系。利用它们之间的这种关系可以实现元组件之间的自动化装配。其设计可分为两步，分别在零件模块和组件模块中完成。其设计过程如下。

a. 在零件模块中，使用【声明】菜单中的【声明名称】命令，在零件上的基准轴、基准平面和布局图中绘制的基准轴和基准平面之间建立对应的装配关系，如图 7-96 所示。布局图中绘制的基准平面和基准轴线，有时也叫作整体基准平面和整体基准轴线。

b. 在组件模块中，读取元组件，元组件即可自动装配在一起，装配结果如图 7-97 所示。

图 7-96 布局声明

图 7-97 装配设计结果

基础应用——齿轮和轴的布局装配

下面结合实例介绍使用布局装配零件的基本过程。本范例的设计根据前面的叙述，将分为三个主要步骤进行。

【操作步骤】

1. 新建布局图文档

STEP01 单击工具箱中的 按钮，打开【新建】对话框，在【类型】分组框中选中【记事本】选项，输入记事本名称 layout，完成后的【新建】对话框如图 7-98 所示，最后单击 确定 按钮。

STEP02 在打开的【新记事本】对话框中的【指定模板】分组框中选取【空】选项；在【方向】分组框中选取【横向】选项；在【大小】分组框中选取【A3】图纸，完成后的【新记事本】对话框如图 7-99 所示。最后单击 确定 按钮，进入布局设计环境。

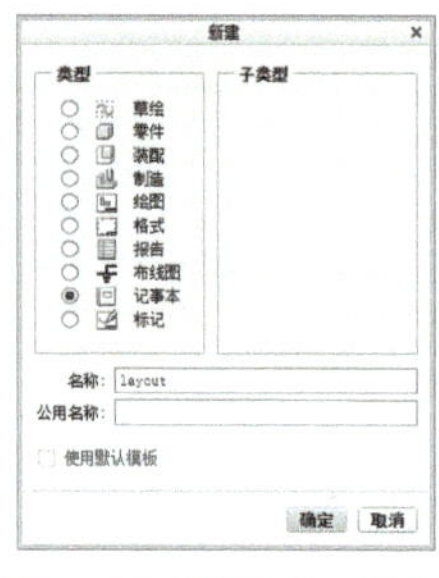

图 7-98 【新建】对话框

图 7-99 【新记事本】对话框

2. 绘制布局图

STEP01 在功能区中单击 草绘 选项卡，打开【草绘】功能面板，在【草绘】工具组中单击 线 按钮，然后绘制如图 7-100 所示的组件布局外形图。绘制此图时，可先绘制上半部分，然后使用 镜像 工具进行镜像。

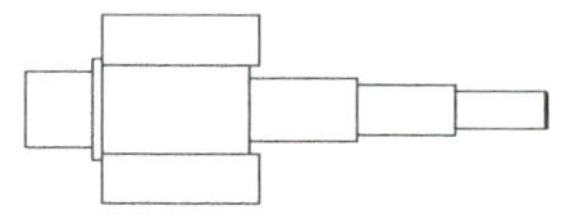

图 7-100 布局外形图

要点提示

在绘制图 7-100 时，可在【设置】工具组中单击 草绘器首选项 按钮，打开【草绘首选项】对话框，激活【捕捉】列表中的 水平 / 竖直捕捉工具，再在【草绘工具】列表中勾选【链草绘】复选框，然后再绘图，如图 7-101 所示。在绘图过程中可在弹出的【捕捉参考】对话框中选取捕捉参考，如图 7-102 所示。

图 7-101 【草绘首选项】对话框

图 7-102 【捕捉参考】对话框

STEP02 在布局图中加入球标。在功能区中单击 表 选项卡，打开【表】功能面板，在【球标】工具组中单击球标注解按钮。

STEP03 如图 7-103 所示，在打开的【注解类型】对话框中，选取【带引线】选项，其他选项接受系统默认，然后选取【进行注释】选项。

STEP04 系统打开【引线类型】菜单，选取【箭头】选项，这时，系统提示选取参考，在要标注的零件上（这里标注轴）任意选取一点，作为球标箭头的放置位置。完成以上操作后，单击鼠标中键完成参考的选择。

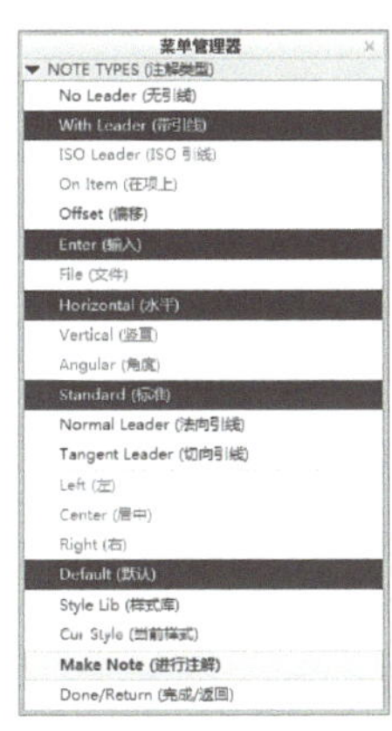

图 7-103　菜单管理器

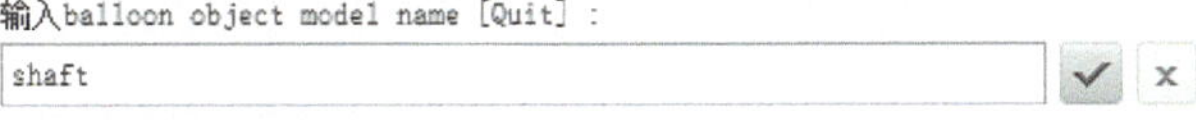

图 7-104　设置球标名称

STEP05 根据系统提示，输入球标指向的零件的名称 shaft。完成后单击按钮，完成球标的加入，如图 7-104 所示。

STEP06 使用同样的方法给齿轮零件进行球标注释，输入零件名称 gear。最后注释的结果如图 7-105 所示。

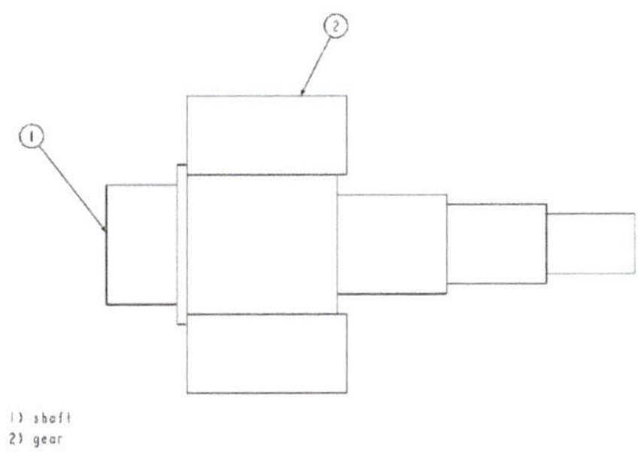

图 7-105　最后的注释结果

STEP07 在布局中绘制基准轴和基准平面。在功能区中单击 注释 选项卡，打开【注释】功能面板，在【注释】工具组中单击 绘制基准 按钮右边的按钮，在弹出的下拉列表中选择【绘制基准平面】选项。

STEP08 系统打开【选择点】对话框，在对话框中单击按钮（激活此按钮后可在绘制的图像上选取点）。在绘制的图像上选取完第一点后，单击【选择点】对话框中的 确定 按钮，完成第一点的选取，然后再在图像上选取第二点，并单击 确定 按钮，如图 7-16 所示，根据系统提示输入基准平面名称：DATUM1，完成后单击 ✓ 按钮。

STEP09 在功能区中单击 注释 选项卡打开【注释】功能面板，在【注释】工具组中单击 绘制基准 按钮右边的 按钮，在弹出的下拉列表中选择【绘制基准轴】选项，按照创建基准平面类似的方法创建基准轴 A_1。

STEP10 最后创建的布局图如图 7-106 所示。保存设计结果，关闭设计窗口。

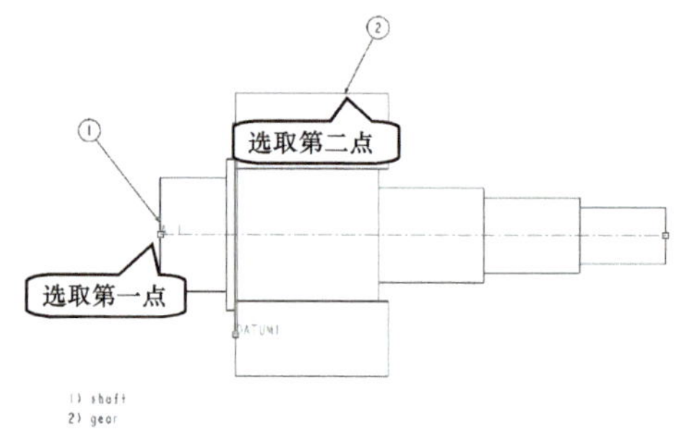

图 7-106　布局图

3. 零件声明

STEP01 零件 shaft 的声明。单击工具箱中的 按钮，打开素材文件“\素材\第 7 章 \layout\shaft.prt”。

STEP02 从功能区的【文件】选项卡中，选择【管理文件】/【声明】命令，从菜单管理器中选择【声明记事本】选项，在下方出现的记事本列表中选取记事本 layout 作为零件放置参考。

STEP03 选择【声明名称】选项，接着选取图 7-107 所示的模型曲面作为参考，在【方向】列表中单击【反向】选项调整基准平面方向，单击【确定】选项，在弹出的文本框中输入平面的全局名称 DATUM1，单击 ✓ 按钮，按照类似方法创建声明名称为 A_1 的轴线，如图 7-108 所示。声明后的零件模型如图 7-109 所示。保存设计结果，关闭设计窗口。

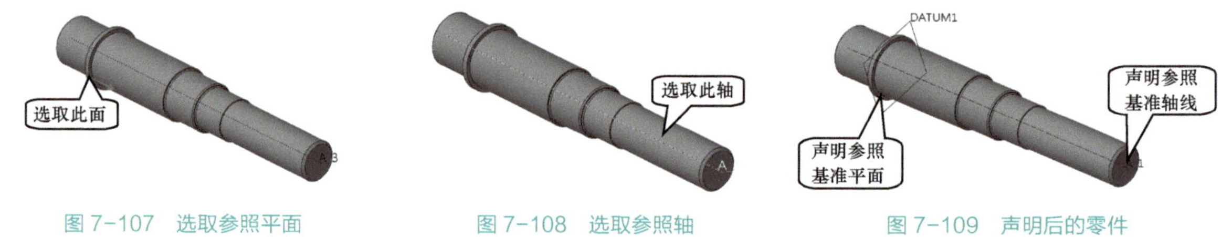

图 7-107　选取参照平面　　图 7-108　选取参照轴　　图 7-109　声明后的零件

STEP04 零件 gear 的声明。单击工具箱中的 按钮，打开素材文件“\素材\第 7 章 \layout\gear.prt”。

STEP05 从功能区的【文件】选项卡中选择【管理文件】/【声明】命令，从菜单管理器中选择【声明记事本】选项，在下方出现的记事本列表中选取记事本 layout 作为零件放置参考。

STEP06 选择【声明名称】选项，接着选取图 7-110 所示的模型曲面作为参考，在【方向】列表中单击【反向】选项调整基准平面方向，单击【确定】选项，在弹出的文本框中输入平面的全局名称 DATUM1，单击 ✓ 按钮，按照类似方法创建声明名称为 A_1 的轴线，如图 7-111 所示。声明后的零件模型如图 7-112

所示。保存设计结果，关闭设计窗口。

图 7-110　选取参照平面

图 7-111　选取参照轴

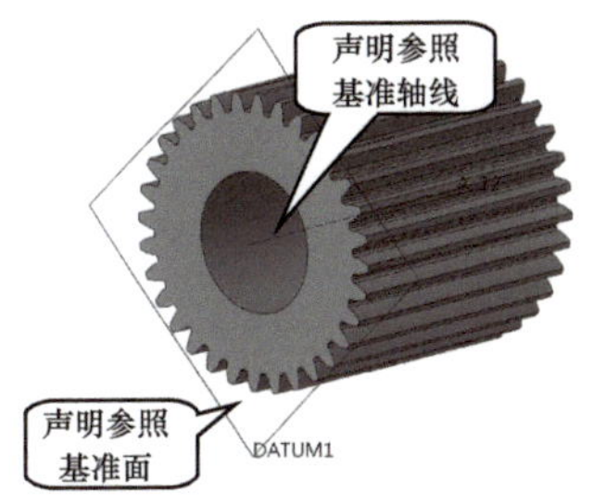

图 7-112　声明后的零件模型

4. 自动装配

STEP01 创建组件文档。单击 按钮，弹出【新建】对话框，在【类型】选项组中选择【装配】单选按钮，在【子类型】选项组中选择【设计】单选按钮，输入装配名称 layout，取消勾选【使用默认模板】复选框，单击 确定(O) 按钮，弹出【新文件选项】对话框。

STEP02 在【新文件选项】对话框中选择“mmns_asm_design”，单击 确定(O) 按钮，进入装配设计环境。

STEP03 自动装配零件。在功能区【模型】选项卡的【元件】组中单击 按钮，选取 shaft 零件，单击 打开 按钮，出现【元件放置】选项卡。

STEP04 选择【默认】选项，单击 按钮完成放置，以默认的方式组装第一个零件。

STEP05 在【元件】组中单击 按钮，选取 gear，单击【打开】按钮，弹出菜单管理器。

STEP06 在菜单管理器的【自动 / 手工】菜单中选择【自动】选项，系统自动组装该零件，结果如图 4-113 所示。

图 7-113　最终的装配结果

7.2　典型实例

通过装配模块可以将生成的零件通过相互之间的定位关系装配在一起，并检查零件之间是否有干涉，以及装配体的运动情况是否合乎设计要求。在生成装配体过程中，还可以根据需要创建新的零件和特征。

7.2.1　范例解析 1——装配车轮模型

下面将通过一个综合实例介绍组件装配设计的一般过程。

【操作步骤】

1. 打开素材

打开文件“\素材\第 7 章 \wheel\wheel.asm”，如图 7-114 所示。

图 7-114　打开的模型

装配车轮模型 1

2. 创建垫圈元件

STEP01 在【元件】工具组中单击 创建 按钮，打开【创建元件】对话框，按照图 7-115 设置参数，完成后单击 确定(O) 按钮。

STEP02 在【创建选项】对话框中选取【创建特征】单选项，如图 7-116 所示，然后单击 确定(O) 按钮。

此时原有的元件为半透明状态，可以作为新元件的设计参照。

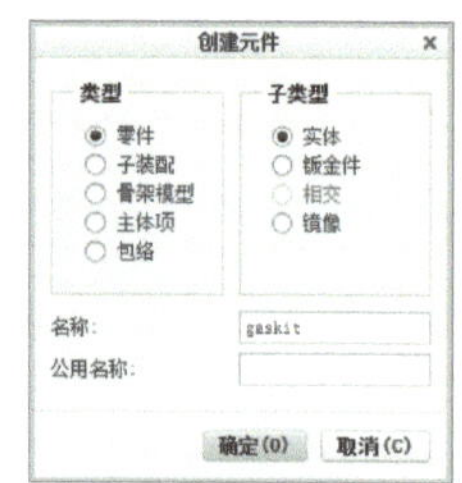

图 7-115 【创建元件】对话框

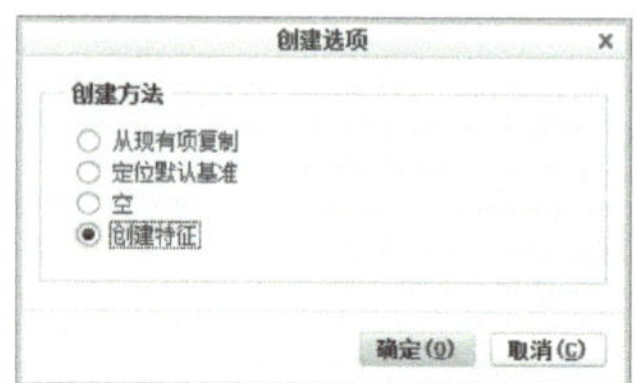

图 7-116 【创建选项】对话框

STEP03 在【基准】工具组中单击 按钮，启动草绘曲线工具，选取元件 R1 中心孔的外侧面为草绘平面，如图 7-117 所示。使用默认参照放置草绘平面后进入草绘模式。

STEP04 补充模型的中心轴线和外边线为标注参照，如图 7-118 所示。

图 7-117 选取草绘平面

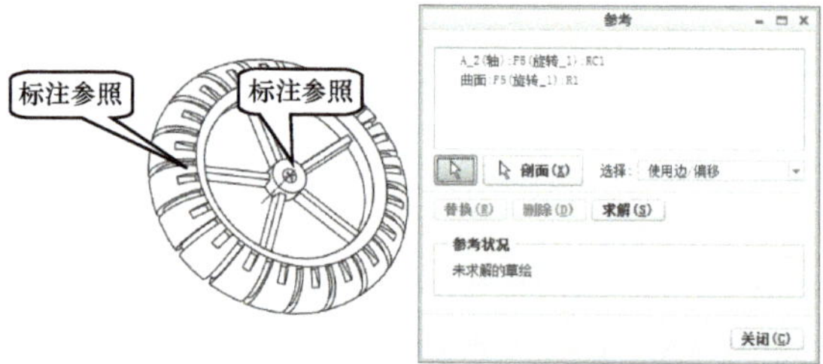

图 7-118 增加标注参照

STEP05 在草绘界面上绘制图 7-119 所示的两个圆截面（小圆选取孔边线组成，大圆直径为 20），完成后退出草绘界面。

STEP06 在【形状】工具栏中单击 按钮，打开拉伸设计工具，设置拉伸深度为 3，最后创建的拉伸结果如图 7-120 所示。

STEP07 在模型树窗口中选择顶级装配体，在其上单击鼠标右键，从弹出的快捷菜单中选择【激活】命令，完成元件 gaskit 的设计，结果如图 7-121 所示，保存文件。

STEP08 在模型树窗口中可以看到，新元件 gaskit 创建并装配完成，如图 7-122 所示。

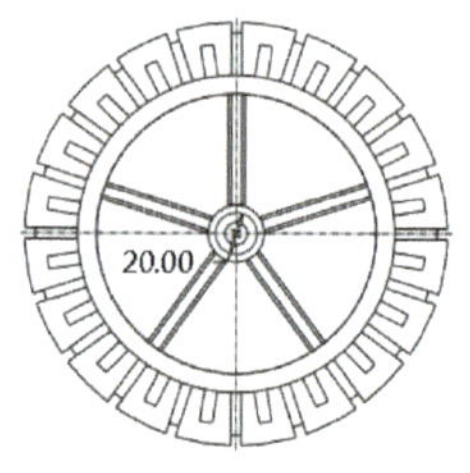

图 7-119 绘制截面图

图 7-120 拉伸结果

图 7-121 激活组件

图 7-122 模型树窗口

3. 继续装配元件gaskit.prt

STEP01 单击【元件】工具组中的 （组装）按钮，双击导入前面创建的元件 gaskit.prt。

STEP02 展开【放置】下拉面板，新建重合约束，将两个面重合，如图 7-123 所示；新建重合约束，将两个轴重合，如图 7-124 所示，最终结果如图 7-125 所示。

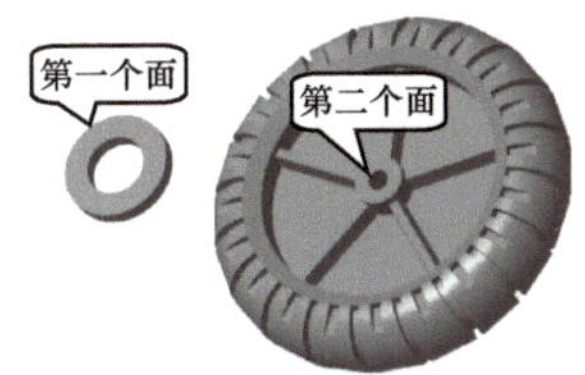

图 7-123 选取参照（1）

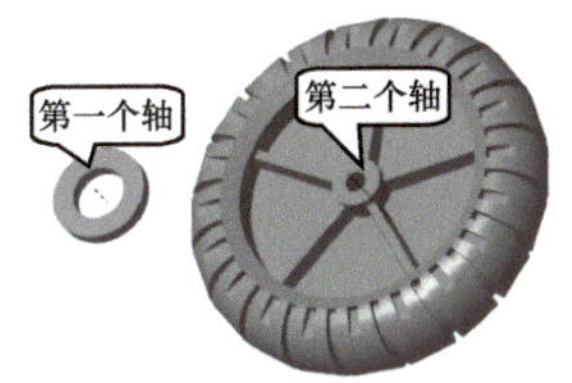

图 7-124 选取参照（2）

4. 装配第3个元件

STEP01 单击【元件】工具组中的（组装）按钮，双击导入素材元件“\素材\第 7 章 \wheel\wxl1.prt”，如图 7-126 所示。

图 7-125 装配结果（1）

图 7-126 打开的组件

STEP02 在【元件放置】面板中展开【放置】下拉面板，新建重合约束，将两个面重合，如图 7-127 所示；新建重合约束，将两个轴重合，如图 7-128 所示，装配结果如图 7-129 所示。

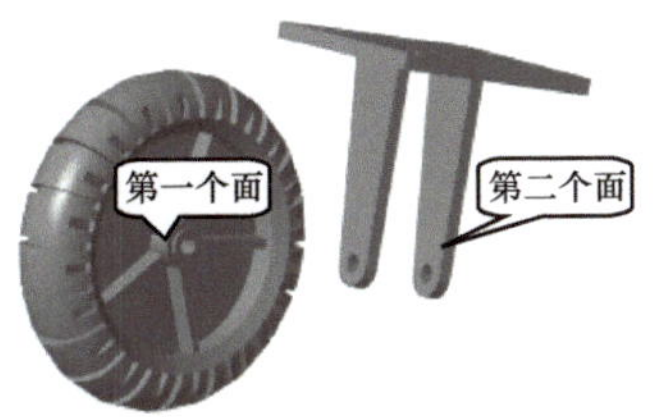

图 7-127 选取参照（3）

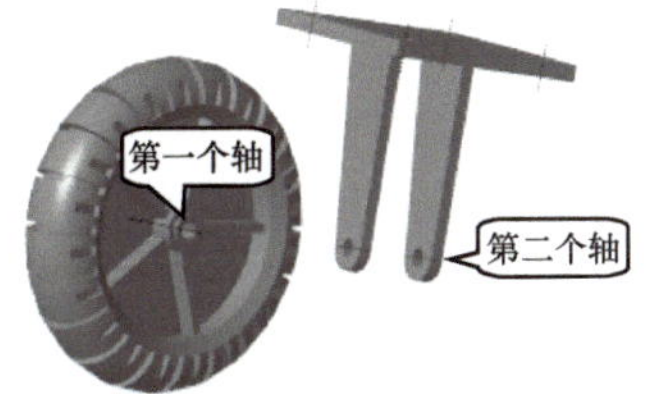

图 7-128 选取参照（4）

5. 再次装配垫圈

使用前面装配垫圈的方法在支架外侧装配垫圈，结果如图 7-130 所示。

图 7-129 装配结果（2）

图 7-130 装配结果（3）

装配车轮模型 2

6. 新建元件

STEP01 在【元件】工具组中单击 创建 按钮，打开【创建元件】对话框，按照图 7-131 设置参数，完成后单击 确定(O) 按钮。

STEP02 在【创建选项】对话框中选取【从现有项复制】单选项，单击 预览 按钮，打开素材元件“\素材\第7章\wheel\m10s1.prt”，将其加入装配环境，如图7-132所示，然后单击 确定(O) 按钮。

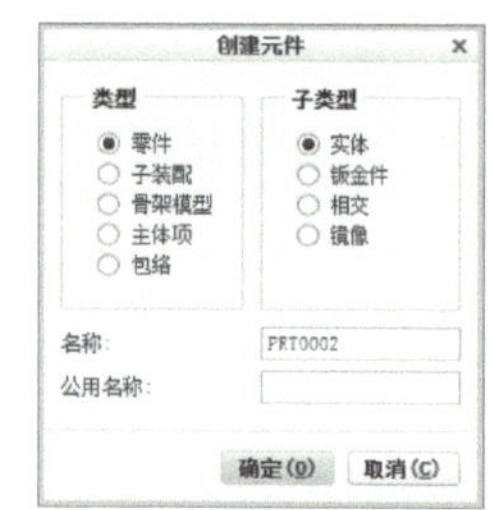

图7-131 【创建元件】对话框

图7-132 【创建选项】对话框

STEP03 在【元件放置】面板中展开【放置】下拉面板，新建重合约束，将两个面重合，如图7-133所示；新建重合约束，将两个轴重合，如图7-134所示，装配结果如图7-135所示。

图7-133 选取参照（5）

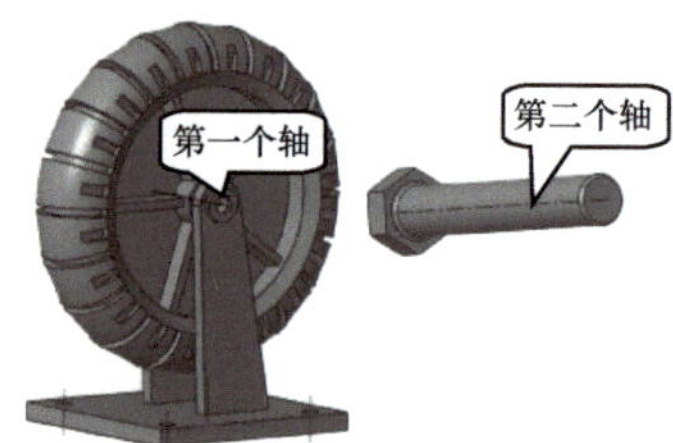

图7-134 选取参照（6）

要点提示

复制零件装配时，如果原始零件被修改，则装配结果并不改变。直接调用该零件装配时，对元件的修改结果会反映到装配结果中。

7. 再次装配垫圈

使用与前面装配垫圈的方法在支架外侧装配垫圈，装配结果如图7-136所示。

图7-135 装配结果（4）

图7-136 装配结果（5）

8. 装配螺母

STEP01 单击【元件】工具组中的 （组装）按钮，双击导入素材文件“\素材\第7章\wheel\m10lm1.prt”。

STEP02 在【元件放置】面板中展开【放置】下拉面板，新建重合约束，将两个面重合，如图7-137所示；新建重合约束，将两个轴重合，如图7-138所示，装配结果如图7-139所示。

图 7-137　选取参照（7）

图 7-138　选取参照（8）

图 7-139　装配结果（6）

9. 编辑模型

STEP01 在模型树窗口中选择元件 m10s1.prt，在其上单击鼠标右键，从弹出的快捷菜单中选择【打开】命令，打开该元件的建模环境，如图 7-140 所示。

STEP02 在元件上使用 倒圆角 工具创建倒圆角特征（圆角半径自行设置），结果如图 7-141 所示。

图 7-140　打开模型

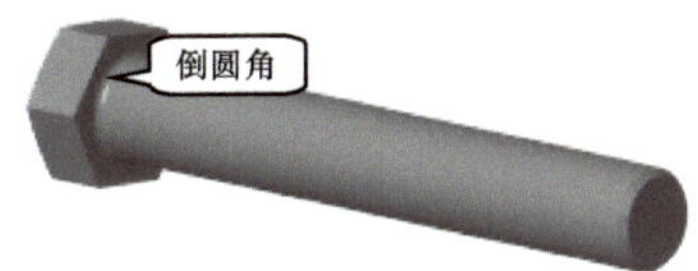

图 7-141　创建倒圆角特征

STEP03 单击（保存）按钮，保存设计结果。

STEP04 单击（关闭）按钮关闭窗口，完善后的装配结果如图 7-142 所示。

10. 创建分解图

STEP01 在【模型】功能区中单击【模型显示】工具栏中的 分解图 按钮，得到装配体的分解图，如图 7-143 所示。

图 7-142　装配结果（7）

图 7-143　创建分解体

STEP02 在【模型显示】工具组中单击 编辑位置 按钮，打开编辑工具。

STEP03 在参数面板中按下（平移）按钮，在模型树中选取要移动的元件，选取中心轴作为移动参考，拖动箭头移动元件，如图 7-144 所示。适当调整元件的布局顺序和位置，分解结果如图 7-145 所示。

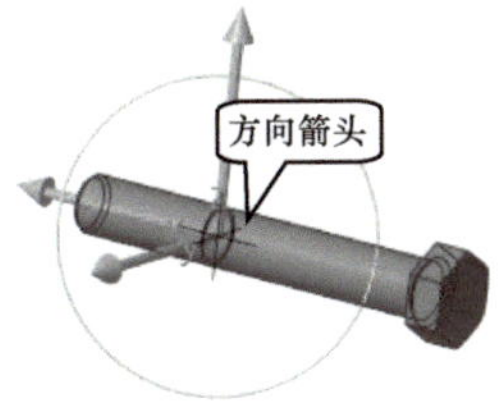

图 7-144　方向参照

图 7-145　分解结果

7.2.2 范例解析 2——使用主控零件设计遥控器

要设计一款遥控器，先由设计师拿出遥控器外观的概念图，再勾画遥控器的外形轮廓，然后结合遥控器内部芯片的结构和尺寸的配合关系细化零件设计，这也就是使用主控零件进行设计的方法，该方法在一定程度上具有参数化设计的优点，能够方便地修改设计结果，还能够很容易地把对某一元件的修改反映到整个产品设计中。

为了帮助读者深刻理解由顶向下装配设计的特点以及主控零件的用法，下面以遥控器面板的装配设计为例进行全面介绍。

【操作步骤】

1. 创建拉伸特征

STEP01 新建名为“mobile_master”的零件文件，选用公制模板“mmns_part_solid”，进入零件设计环境。

STEP02 单击按钮，启动拉伸工具，选取基准平面 TOP 作为草绘平面，绘制如图 7-146 所示的草图，退出草绘环境。

STEP03 设置特征拉伸深度为 16，最后生成如图 7-147 所示的拉伸实体特征。

图 7-146 绘制草图

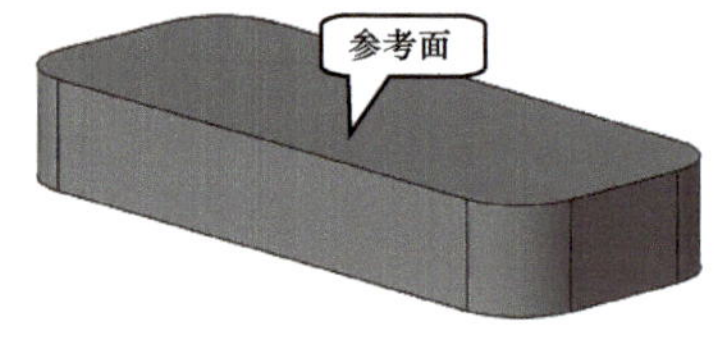

图 7-147 设计结果

2. 创建剪切特征

STEP01 创建第 1 个减切特征。单击按钮，启动拉伸工具，选取基准平面 TOP 作为草绘平面，绘制如图 7-148 所示的草图，退出草绘环境。

STEP02 输入拉伸深度为 4，单击按钮，使用按钮调整特征生成方向。结果如图 7-149 所示。

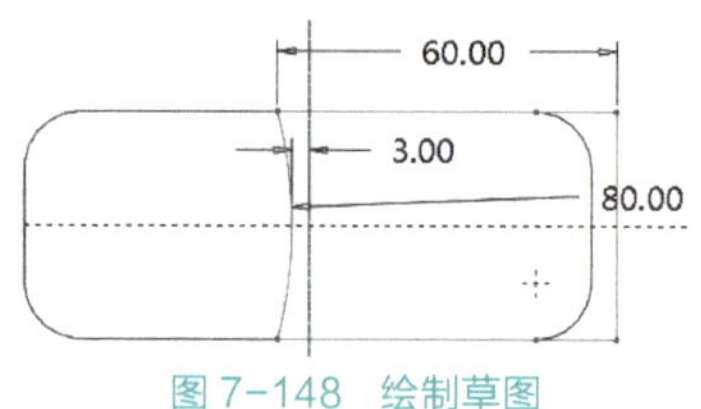

图 7-148 绘制草图

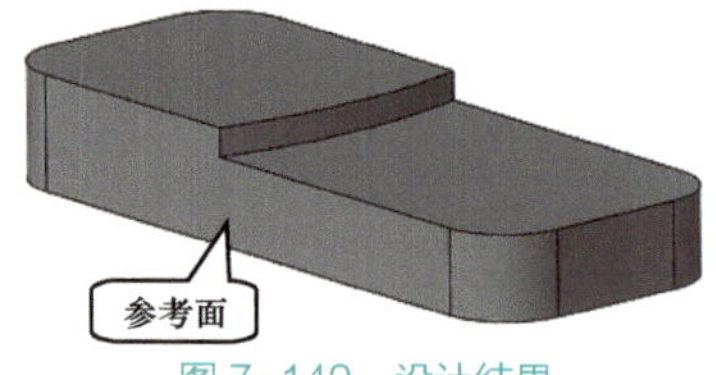

图 7-149 设计结果

STEP03 创建第 2 个减材料特征。单击按钮，启动拉伸工具，选取如图 7-149 所示的平面为草绘平面，绘制如图 7-150 所示的草图，退出草绘环境。

STEP04 设置特征深度为，使用按钮调整特征生成方向，结果如图 7-151 所示。

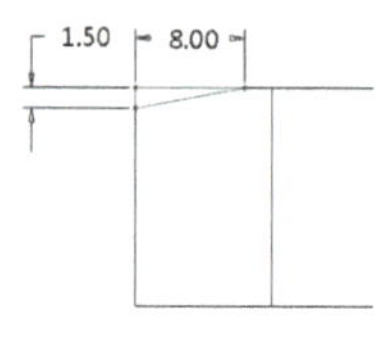

图 7-150 绘制草图

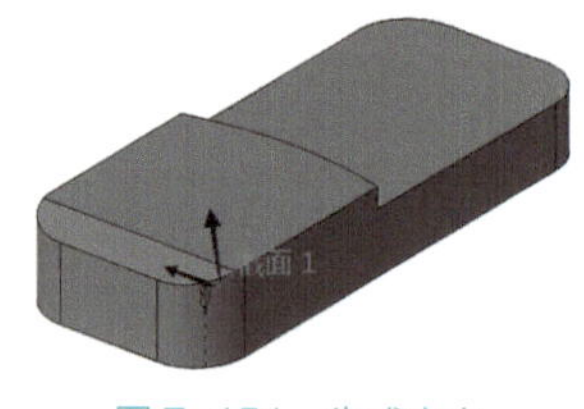

图 7-151 生成方向

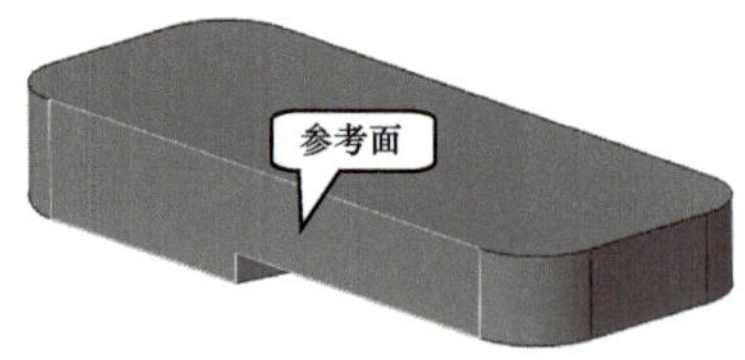

图 7-152 设计结果

STEP05 创建第 3 个减材料特征。单击按钮，启动拉伸工具，选取如图 7-152 所示的平面为草绘平面，然后绘制如图 7-153 所示的草图，退出草绘环境。

STEP06 在图标板中单击按钮，按照如图 7-154 设置特征方向参数，设置特征深度为，最后生成如图 7-155 所示的实体特征。

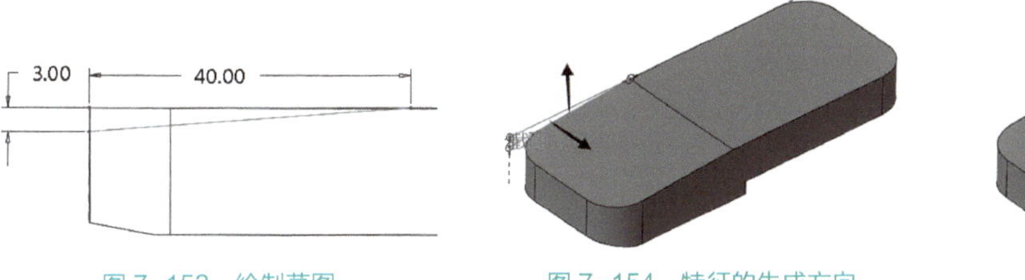

图 7-153　绘制草图

图 7-154　特征的生成方向

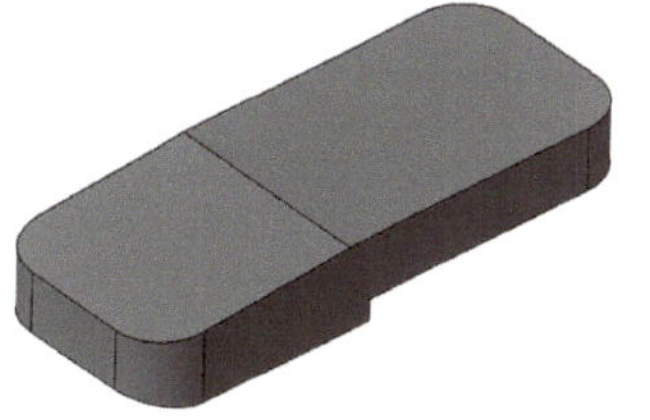

图 7-155　剪切材料特征

3. 创建倒圆角特征

STEP01 单击倒圆角按钮，启动倒圆角工具，选取如图 7-156 所示的边 1 和边 2 为参照。输入边 1 圆角半径 15，边 2 为 10。再选取边 3 作为参照，半径为 40，结果如图 7-157 所示。

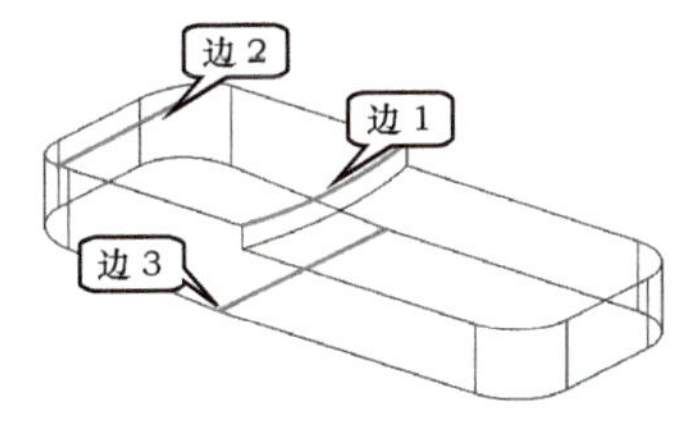

图 7-156　选取倒圆角参照

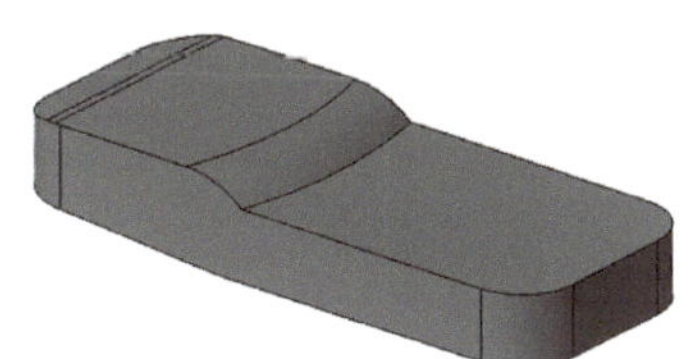

图 7-157　最后生成的倒圆角特征 1

STEP02 继续在如图 7-158 所示的边 4 创建半径为 15，边 5 和边 6 为 2，结果如图 7-159 所示。

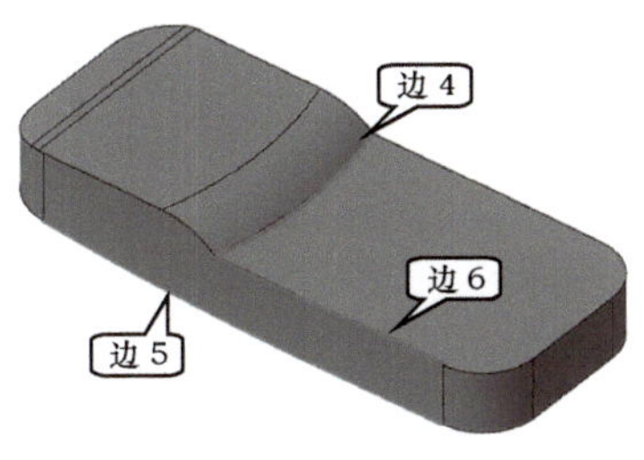

图 7-158　选取倒圆角参照

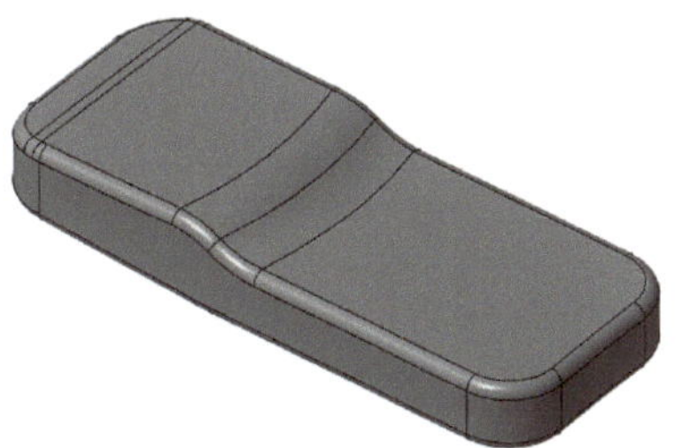

图 7-159　最后生成的倒圆角特征 2

4. 绘制基准曲线

STEP01 单击按钮，启动草图工具，选取如图 7-160 所示的平面为草绘平面，进入草绘环境。

STEP02 绘制如图 7-161 所示的草图，退出草绘环境，结果如图 7-162 所示。

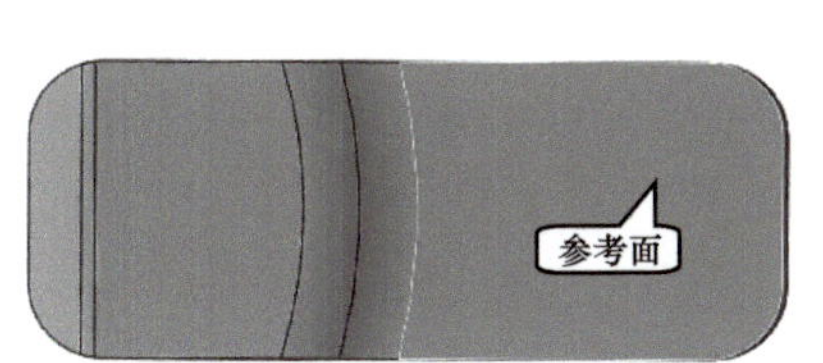

图 7-160　选取倒圆角特征参照

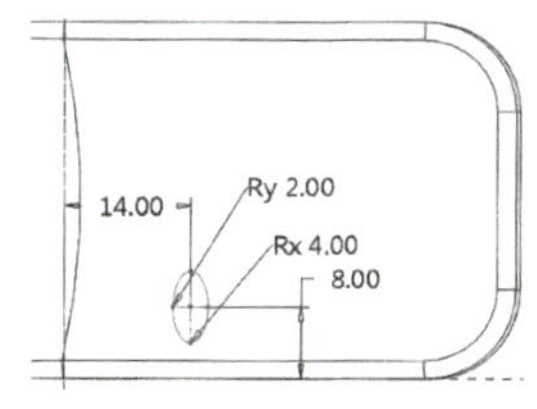

图 7-161　最后生成的倒圆角特征 3

图 7-162　草绘结果

STEP03 单击 按钮，启动草图工具，单击使用先前的按钮设置草绘平面，绘制如图 7-163 所示的草图，最后生成的基准曲线如图 7-164 所示。

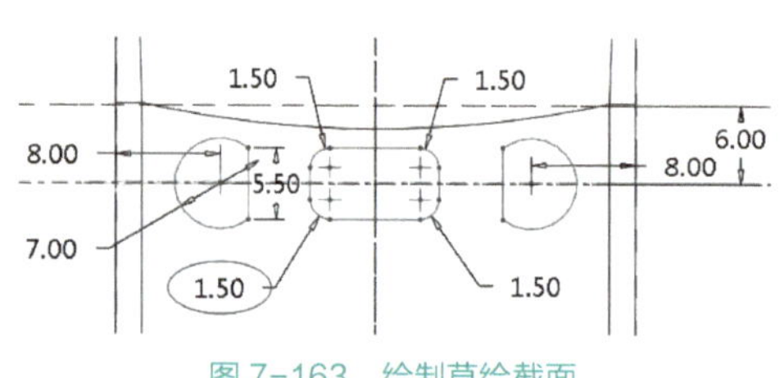

图 7-163　绘制草绘截面

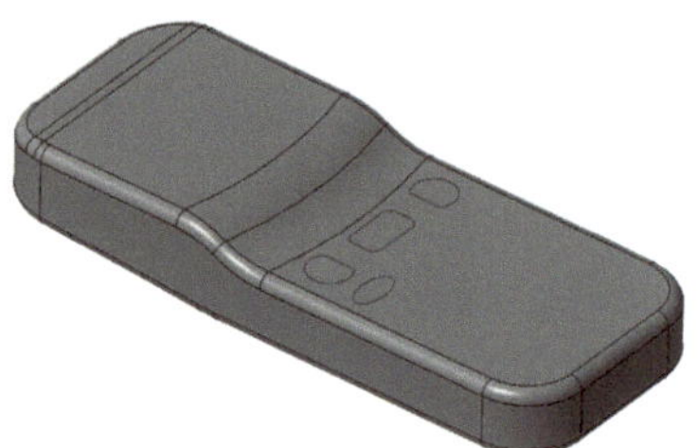
图 7-164　草绘结果

STEP04 继续草绘基准曲线。选取如图 7-165 所示的平面作为草绘平面，绘制如图 7-166 所示的草图，最后生成的基准曲线如图 7-167 所示。

图 7-165　选取参考面

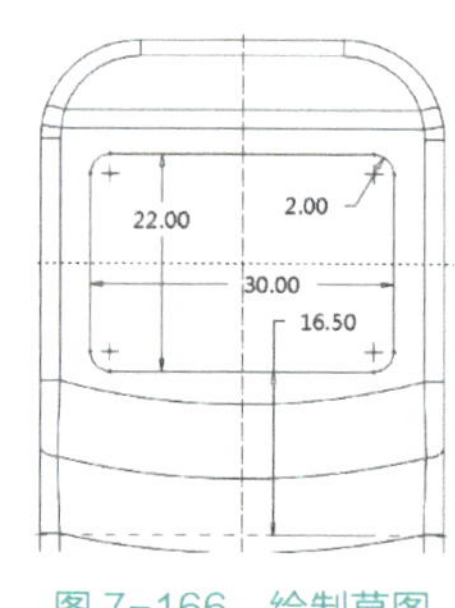

图 7-166　绘制草图

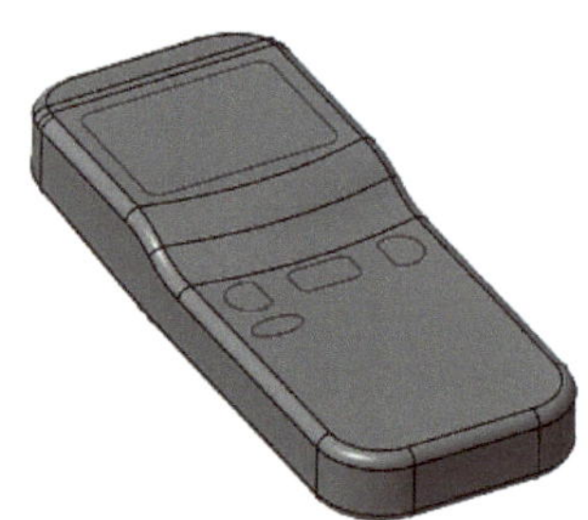
图 7-167　最后生成的基准曲线

5. 阵列基准曲线

STEP01 选中如图 7-168 所示的基准曲线，单击【编辑】工具组中的 按钮，打开阵列操控面板。

STEP02 设置阵列方式为尺寸按钮，选中如图 7-169 所示的长度尺寸 14 为方向 1 上的阵列参照，输入尺寸增量为 9。

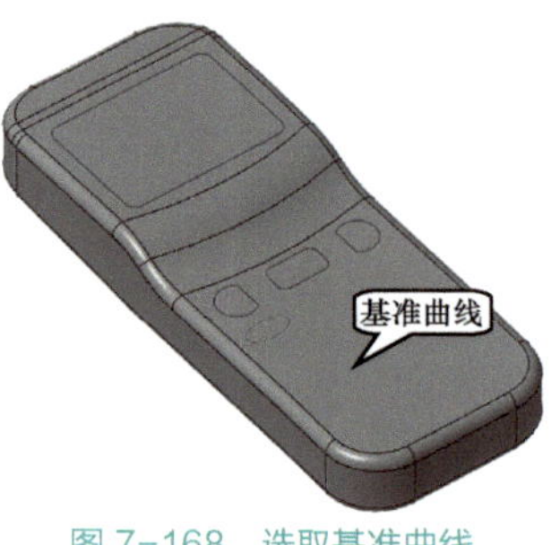

图 7-168　选取基准曲线

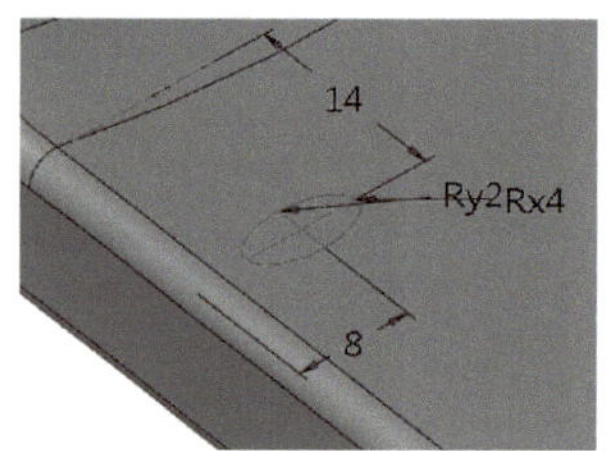

图 7-169　选取尺寸参照

STEP03 激活尺寸列表方向 2，选取如图 7-169 所示的长度尺寸 8 作为方向 2 上的阵列参照，输入尺寸增量为 12。尺寸列表参数设置如图 7-170 所示。

STEP04 在阵列图标板中输入方向 1 的阵列个数为 4，方向 2 的阵列个数为 3，最后的阵列结果如图 7-171 所示。

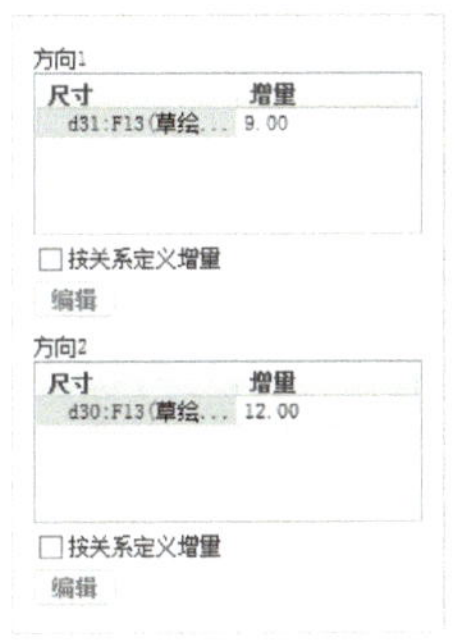
方向1

尺寸	增量
d31:F13(草绘...	9.00

□按关系定义增量
编辑
方向2

尺寸	增量
d30:F13(草绘...	12.00

□按关系定义增量
编辑

图 7-170　完成后的尺寸列表

图 7-171　阵列后的设计结果

6. 创建基准平面

STEP01　单击 按钮，打开【基准平面】对话框。选取如图 7-172 所示的平面作为参照，输入偏移距离 5，最后生成如图 7-173 所示的基准平面。

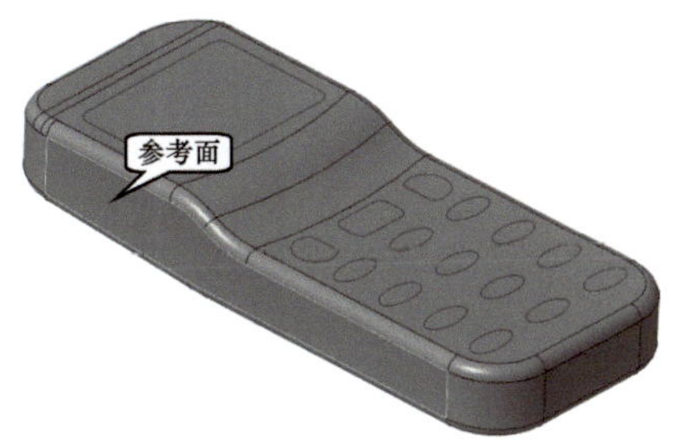

图 7-172　完成后的尺寸列表

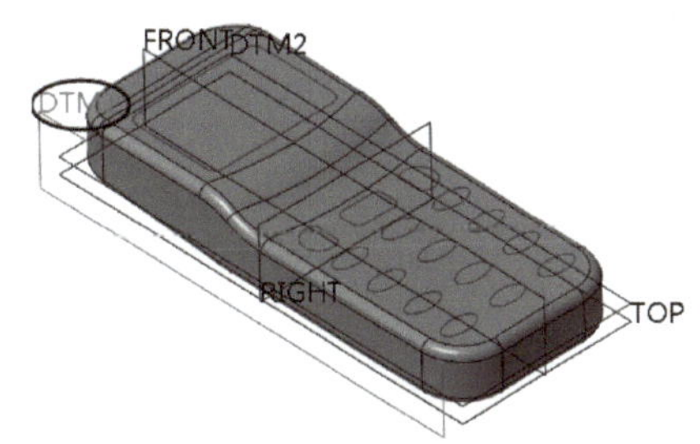

图 7-173　创建基准平面

STEP02　使用同样的方法选取如图 7-174 所示的基准平面作为参照，输入偏移距离 4。最后生成如图 7-175 所示的基准平面。

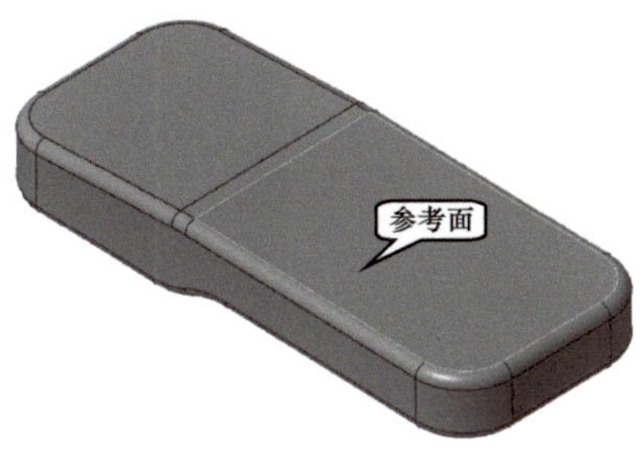

图 7-174　选取参照

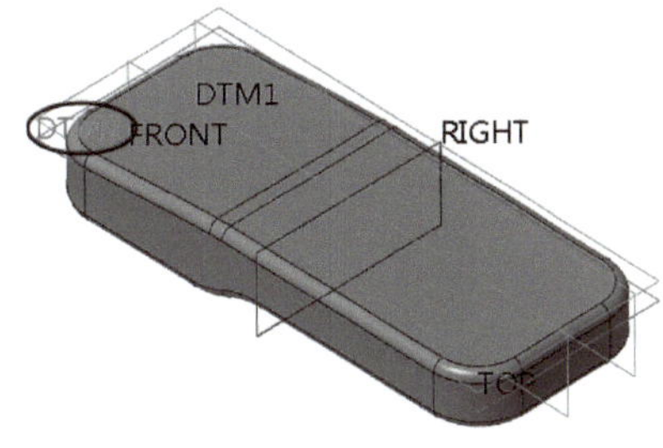

图 7-175　创建基准平面

7. 创建遥控器上盖与遥控器下盖分模面

STEP01　单击 按钮，启动拉伸工具，在控制面板中单击 按钮创建曲面特征。

STEP02　选取基准平面 DTM1 作为草绘平面，绘制如图 7-176 所示的剖面图，退出草绘平面。输入拉伸深度为 50。最后生成如图 7-177 所示的分模面。

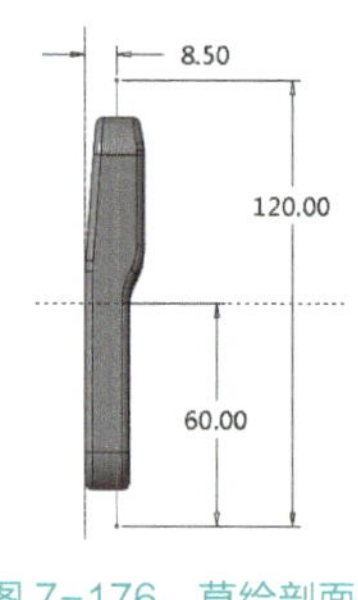

图 7-176　草绘剖面图

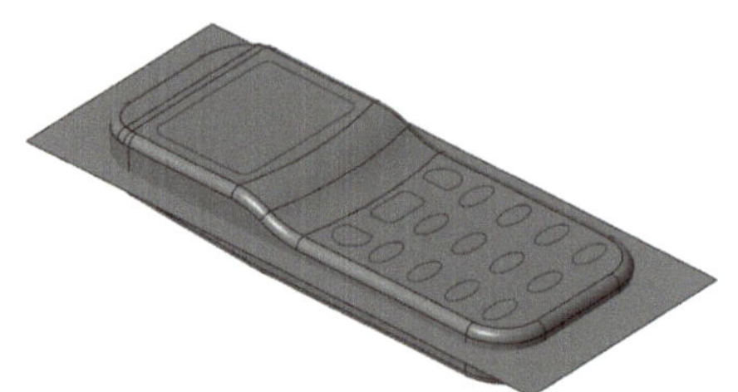

图 7-177　最后生成的特征

8. 创建遥控器上盖原始零件

STEP01 新建名为“top_cover”的零件文件，选用公制模板“mmns_part_solid”，进入零件设计环境。

STEP02 完成后保存遥控器上盖零件文档，关闭设计窗口。

要点提示　读者可能会感到奇怪，这里为什么要建立一个空文档呢？前面讲过，Creo 是基于单一数据库的设计软件，这里之所以建立空文档，主要是因为下面将把主控零件合并到此文档中时，此文档不会改变主控零件的特性，即主控零件的主控地位不会被改变。

9. 装配遥控器上盖零件文档和主控零件

设计遥控器 2

STEP01 新建名为 mobile 的装配文件，取消勾选【使用默认模板】，如图 7-178 所示。单击 确定 按钮进入【新文件选项】对话框。在【模板】列表中选取“空”，如图 7-179 所示，完成后进入装配设计环境。

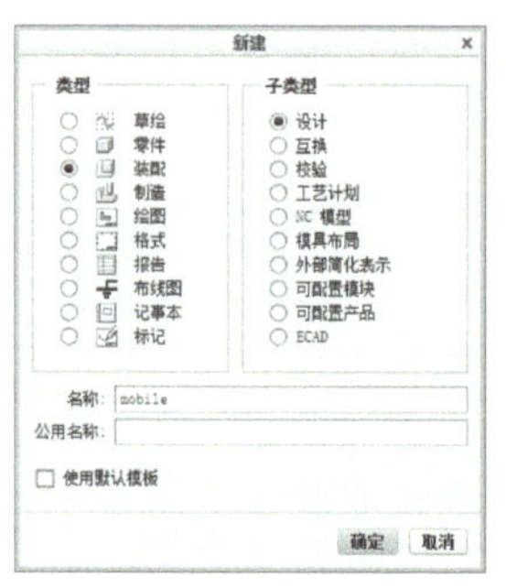

图 7-178 【新建】对话框

图 7-179 【新文件选项】对话框

STEP02 单击【元件】工具组中的 （组装）按钮，打开【打开】对话框，使用浏览方式打开前面保存的“top_cover”零件，如图 7-180 所示。再打开主控零件“mobile_master”。

STEP03 在系统打开的【元件放置】对话框上单击 默认 按钮，如图 7-181 所示，完成主控零件的装配。

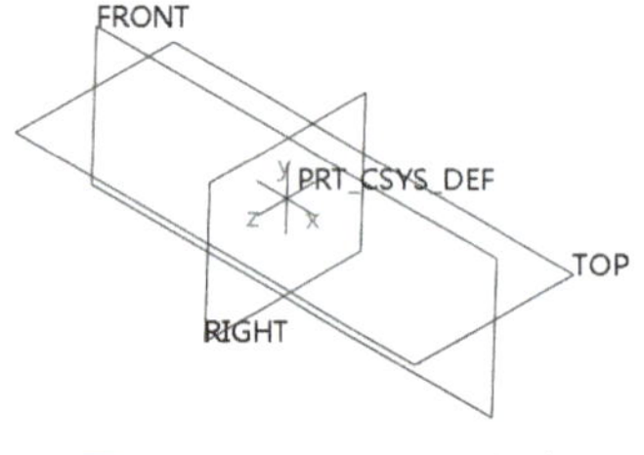

图 7-180　top_cover 基准

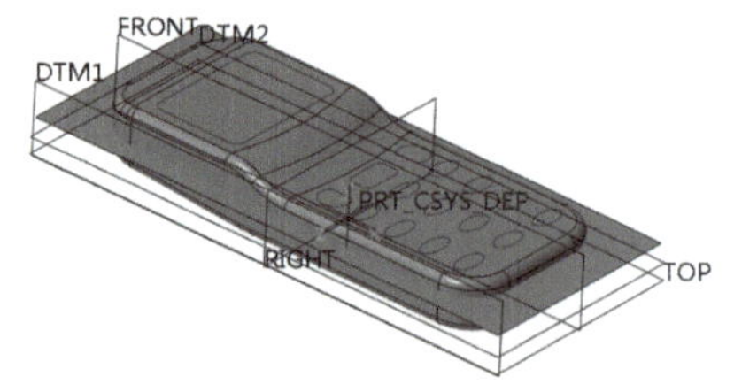

图 7-181　遥控器主控零件装配

10. 将主控零件合并到遥控器上盖上

STEP01 单击【元件】工具组中 元件▾ 的▾按钮，选取 元件操作 选项，弹出【元件】菜单管理器，选择【合并】选项打开【选择】对话框，如图 7-182 所示。

STEP02 在模型树窗口中选取“Top_cover”零件为被合并的元件，单击【选择】对话框中的 确定 按钮。

STEP03 再选取“mobile_master”零件文件作为参与合并的元件，单击【选择】对话框中的 确定 按钮，系统打开【选项】菜单管理器，如图 7-183 所示。

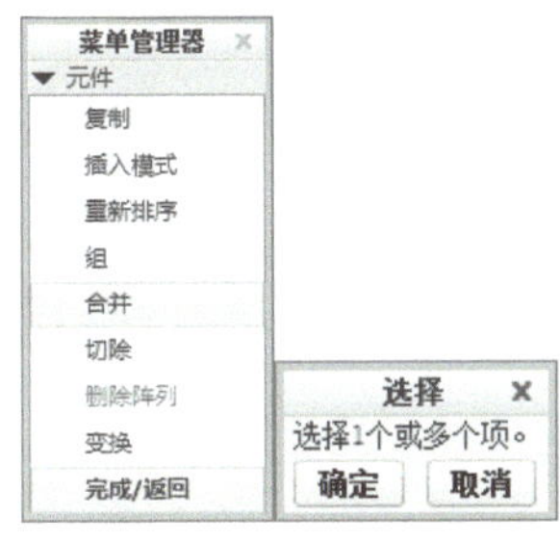

图 7-182 【元件】菜单管理器

图 7-183 【选项】菜单管理器

STEP04 接受菜单中默认的【参考】和【无基准】选项，然后单击【完成】选项，系统弹出图 7-184 所示的【是否支持特征的关联放置】提示框，单击 是(Y) 按钮，弹出如图 7-185 所示的【是否从装配中分离参考零件 MOBILE_MASTER】提示框，单击 是(Y) 按钮。元件合并前后模型树窗口中的变化如图 7-186 所示。

STEP05 完成后保存文件，关闭设计窗口。

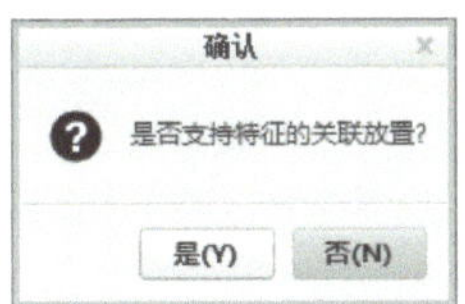

图 7-184 提示框

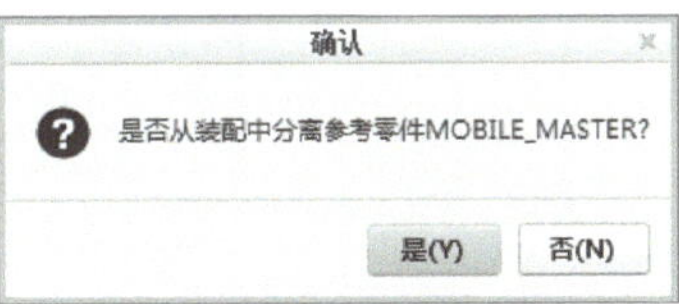

图 7-185 提示框

11. 将所有曲线和分模面放入层中

STEP01 单击工具箱中的 按钮，使用浏览方式打开遥控器上盖“mobile_master.prt”零件文件。

STEP02 在【模型树】右上角单击 ▾右边的▾按钮，如图 7-187 所示的选择【层树】选项，在系统打开的层树窗口上方单击 ▾按钮，在其下拉菜单中选取【新建层】选项，如图 7-188 所示。

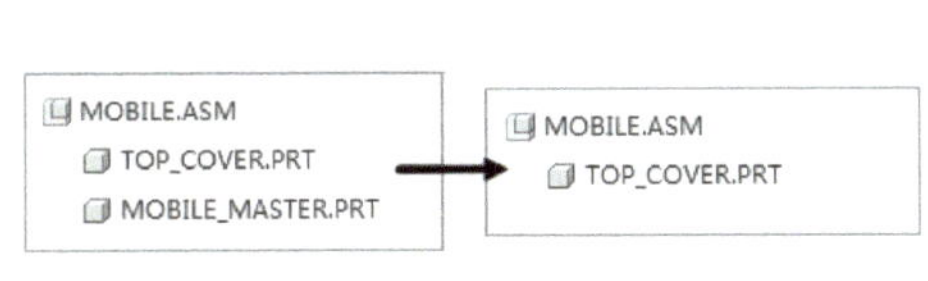

图 7-186 合并元件结果

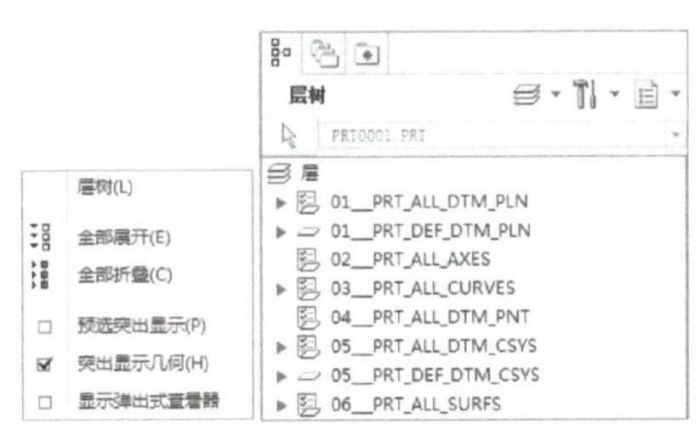

图 7-187 打开层树界面

STEP03 在系统打开的【层属性】对话框中输入层名 Master，在【模型树】中单击选取“Top_cover”零件上的所有曲线和曲面，将其放置到图层 Master 中，最后完成的【层属性】对话框如图 7-189 所示。至此，完成遥控器上盖原始零件的设计，结果如图 7-190 所示。

图 7-188　新建层

图 7-189 【层属性】对话框

12. 复制遥控器上盖零件

使用【保存副本】命令，把遥控器上盖零件以“bottom_cover”为文件名保存 1 个副本。

13. 设计遥控器上盖

STEP01 在工作区中选中如图 7-191 所示的曲面，在【编辑】主菜单上选取【实体化】选项。

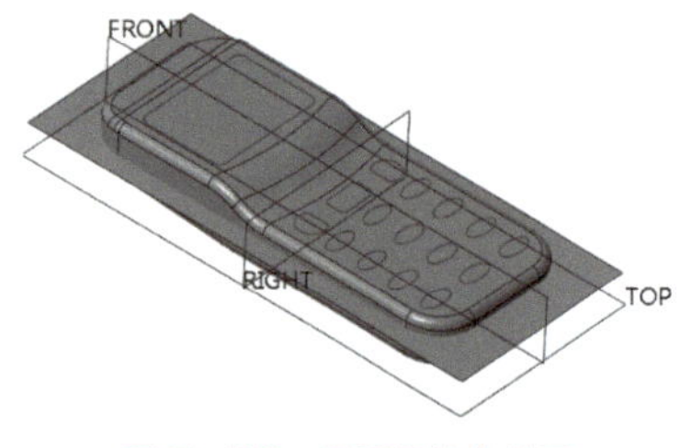

图 7-190　最后设计的结果

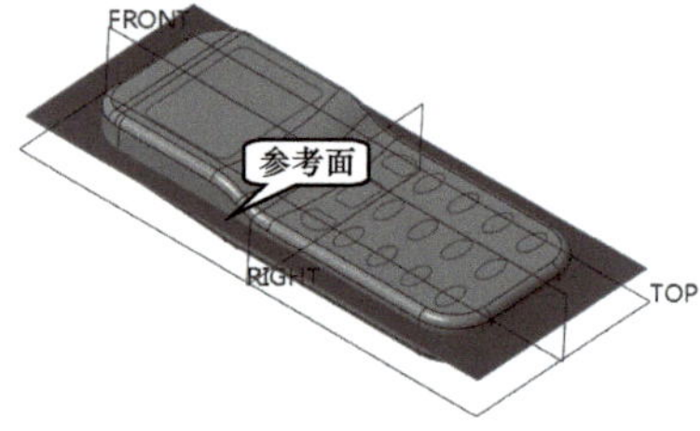

图 7-191　选取参考面

STEP02 在打开的图标板上单击按钮，使用按钮调节切除的材料侧方向，如图 7-192 所示。然后在图标板上单击按钮，最后生成如图 7-193 所示的特征。

图 7-192　调节切除方向

图 7-193　最后生成的特征

14. 创建壳特征

STEP01 单击【工程】工具组中的 壳 按钮，打开壳设计图标板。

STEP02 在图标板上单击 参考 按钮，打开壳设计参照面板，选取如图 7-194 所示的平面作为要移除的曲面，输入壳体的厚度为 1.2。完成后单击✓按钮，最后生成如图 7-195 所示的特征。

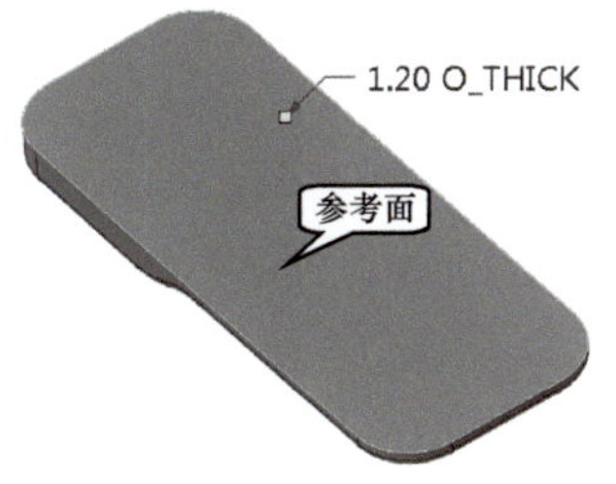

图 7-194　选取参考面

图 7-195　最后生成的特征

15. 创建减材料特征

STEP01 单击【形状】工具组中的按钮，打开设计图标板。

STEP02 选取如图 7-196 所示的平面作为草绘平面，使用系统默认参照设置草绘平面后，单击【草绘】工具箱中的□投影按钮，绘制如图 7-197 所示的剖面图。

STEP03 在图标板中单击按钮，调节特征生成方向如图 7-198 所示，设置特征深度为，最后生成如图 7-199 所示的结果。

图 7-196　选取参考面

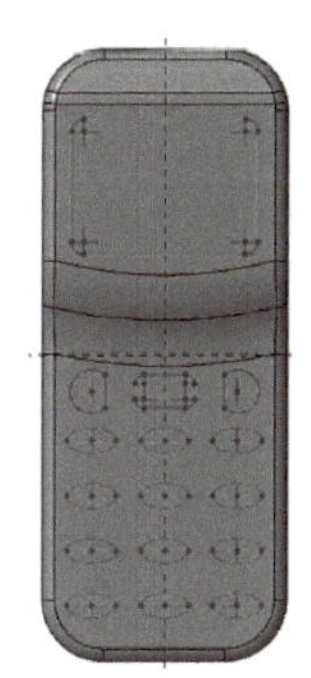

图 7-197　草绘剖面图

图 7-198　切减生成方向

图 7-199　最后生成的实体特征

16. 隐藏master图层

STEP01 在【模型树】右上角单击按钮打开层树窗口。在层树窗口中选中图层 master，然后在其上单击鼠标右键，在弹出的快捷菜单中选取【隐藏】选项，如图 7-200 所示。

STEP02 在层树窗口中单击鼠标右键，在弹出的快捷菜单中选取【保存状况】选项，保存修改后的图层状态，在工具箱中单击按钮刷新视图，最后的设计结果如图 7-201 所示。保存设计结果，关闭设计窗口。

图 7-200　隐藏 master

图 7-201　最后生成的特征

17. 设计遥控器下盖

STEP01 单击工具箱中的按钮，使用浏览方式打开前面保存过的遥控器下盖零件文件“bottom_cover”。

STEP02 在工作区中选取如图 7-202 所示的曲面，然后在【编辑】主菜单上选取【实体化】选项。

STEP03 在打开的图标板上单击按钮，使用按钮调节切除材料侧方向如图 7-203 所示。然后在图标板上单击按钮，最后生成如图 7-204 所示的结果。

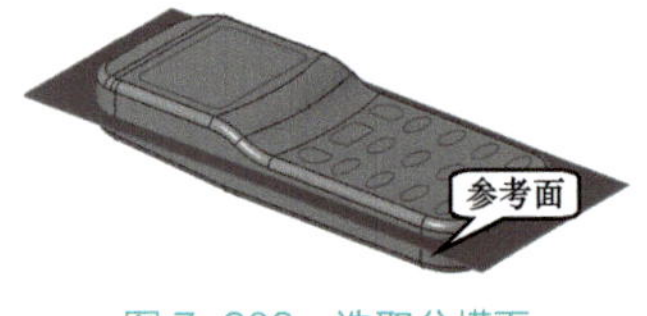

图 7-202　选取分模面

图 7-203　调节切除保留方向

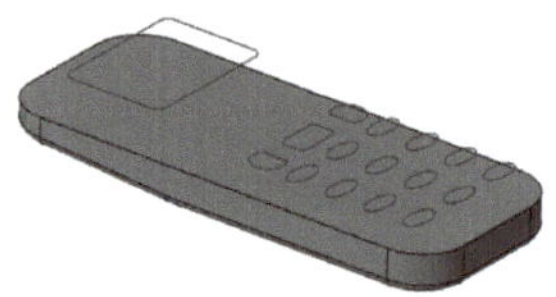

图 7-204　最后生成的特征

18. 创建壳特征

STEP01 单击【工程】工具组中的 壳 按钮，打开壳设计图标板。

STEP02 在图标板上单击 参考 按钮，打开壳设计参照面板，选取如图 7-205 所示的平面作为要移除的曲面，然后输入壳体的厚度 1.2。

STEP03 完成后单击按钮，最后生成如图 7-206 所示的特征。

图 7-205　选取移除平面

图 7-206　最后生成的特征

19. 隐藏master图层

STEP01 按照前述方法隐藏 master 图层，并保存图层状态。

STEP02 保存设计结果，关闭设计窗口。

20. 装配遥控器零件

STEP01 新建名为“mobile_phone”的装配文件，取消勾选【使用默认模板】，单击 确定 按钮进入【新文件选项】对话框。在【模板】列表中选取“mmns_asm_design”，完成后进入装配设计环境。

STEP02 单击【工件】工具组中的（组装）按钮，打开遥控器上盖零件文件“top_cover”，在【元件放置】对话框单击默认按钮，将遥控器上盖装配在默认位置，如图 7-207 所示。

STEP03 单击【工件】工具组中的（组装）按钮，打开遥控器下盖零件文件“bottom_cover”，在【元件放置】对话框单击默认按钮，将遥控器下盖装配在默认位置。

STEP04 完成以上操作后，最后生成如图 7-208 所示的特征。保存设计结果，关闭设计窗口。

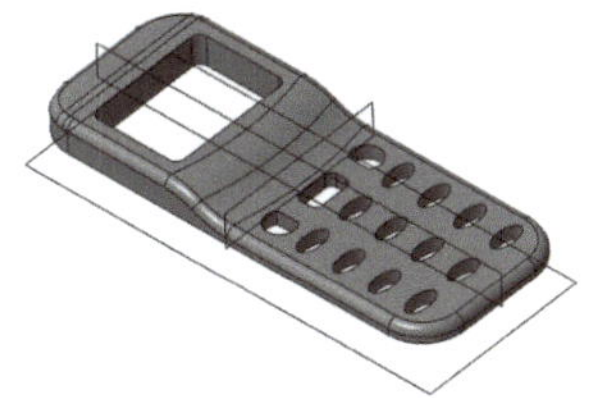

图 7-207 装配 top_cover

图 7-208 最后生成的特征

21. 变更设计遥控器

STEP01 单击工具箱中的按钮，使用浏览方式打开遥控器主控零件文件。

STEP02 在模型树窗口中选中遥控器面板分模线所在的曲线特征，然后在其上单击鼠标右键，在快捷菜单中选取按钮，进入草绘模式对其进行编辑定义，其操作过程如图 7-209 所示。

STEP03 在草绘模式中使用矩形和圆角草绘工具绘制如图 7-210 的遥控器面板分模线。

图 7-209 编辑定义

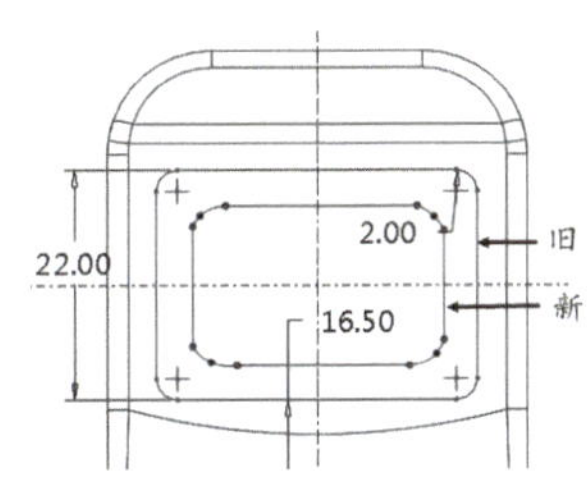

图 7-210 绘制新草图

STEP04 在【操作】工具组中选取【替换】选项，选取图 7-211 所示的旧图元，再次选取其对应的新图元，此时系统弹出对话框询问是否删除旧图元，这里单击是(Y)按钮，如图 7-211 所示。

STEP05 重复步骤（4）的操作替换其他 7 条曲线（在【编辑】主菜单中选取【替换】选项，每替换一次都要进行一次此操作），替换完成后原有的曲线全部消失，如图 7-212 所示。

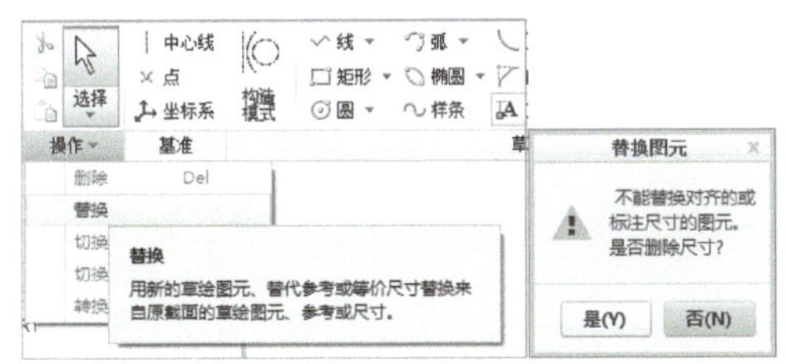

图 7-211 替换操作

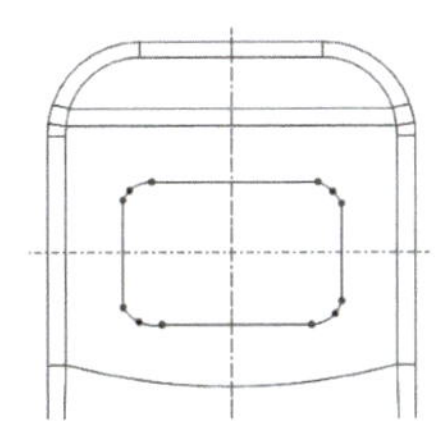

图 7-212 替换后的结果

这步操作的含义是以新图元替换旧图元，此处万不可直接删除原有的线条并重新绘制新的线条。其原因是这样做，后面设计中的切减操作将找不到其分模线，切减特征将会出现【编辑定义】失败。

STEP06 完成以上操作后，退出草绘模式，保存设计结果，关闭设计窗口。

STEP07 单击工具箱中的按钮，打开如图 7-213 所示的遥控器装配结果组件文件。

STEP08 在工具箱中单击按钮，再生遥控器，最后的设计结果如图 7-214 所示。

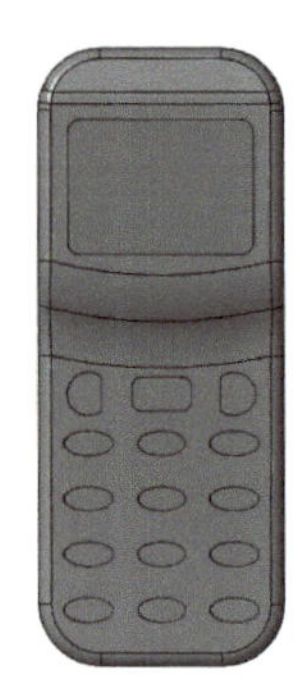

图 7-213 替换前的设计结果

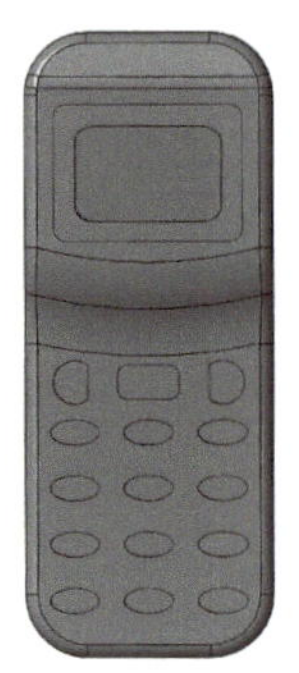

图 7-214 替换后的设计结果

要点提示 这种修改遥控器外壳形状的方法，适用于修改遥控器外壳上的任何零部件，这里只以修改面板来讲述其修改方法。读者可以根据自己的审美观来修改这部遥控器，直到达到满意的形状为止。

7.3 小结

组件装配是将使用各种方法创建的单一零件组装为大型模型的重要设计方法。在组件中，每一个零件作为组件的一个元件。

在装配组件之前，首先必须深刻理解装配约束的含义和用途，并熟悉系统提供的多种约束方法的适用场合，还应该掌握约束参照的用途和设定方法。

在组件装配时，首先根据零件的结构特征和装配要求，选取合适的装配约束类型，然后分别在两个零件上选取相应的约束参照来限制零件之间的相对运动。两个零件的放置状态有“无约束”“部分约束”和“完全约束”3 种类型，要使两零件之间为完全约束状态，一般需要在零件上同时施加多个约束条件。另外，注意装配中“允许假设”的使用。

由于 Creo 3.0 使用全相关的单一数据库，因此，在组件装配中，可以分别在零件模块和组件模块中反复修改设计结果，直至满意为止。当然，这样操作还不算十分简便，还可以直接在组件模块中设计新的零件并将其加入组件中。

在组件环境下创建新零件时，可以使用已有零件布局作为参照，这不但可以获得较高的设计效率，还能获得准确的设计结果，是目前广泛应用的一种设计方法。

7.4 习题

1. 对齐约束和匹配约束都可以用来限定两平面的相对位置，两者有何区别？
2. 简要说明装配的基本工具有哪些，各有什么作用。
3. 在一个装配组件中，参与装配的两零件必须为完全约束状态吗？
4. 如果在零件模块中修改了组件中某一元件的设计内容，在组件模块中该元件是否一定会更新设计？
5. 何为阵列装配？在什么条件下可以使用阵列装配？

第 8 章 工程图

表达复杂零件最常用的方法是使用空间三维模型，它简单而且直观。但是，在工程中，有时需要使用一组二维图形来表达一个复杂零件或装配组件，也就是使用工程图。例如，在机械生产第一线，常用工程图来指导生产过程。

【学习目标】

- 掌握工程图的基本组成。
- 明确创建一般视图的方法。
- 明确创建投影视图、剖视图等的方法。
- 掌握在视图中标注各种图素的方法和技巧。

8.1 知识解析

Creo 3.0 具有强大的工程图设计功能，在完成零件的三维建模后，使用工程图模块可以快速方便地创建工程图。

8.1.1 创建视图

基础知识

在快速访问工具栏中单击 按钮，在打开的【新建】对话框中选取【绘图】单选项，如图 8-1 所示。输入文件名称后单击 **确定** 按钮，系统随后弹出图8-2所示的【新建绘图】对话框，选取参照模型和图纸格式后，单击 **确定** 按钮，即可创建一个工程图文件。

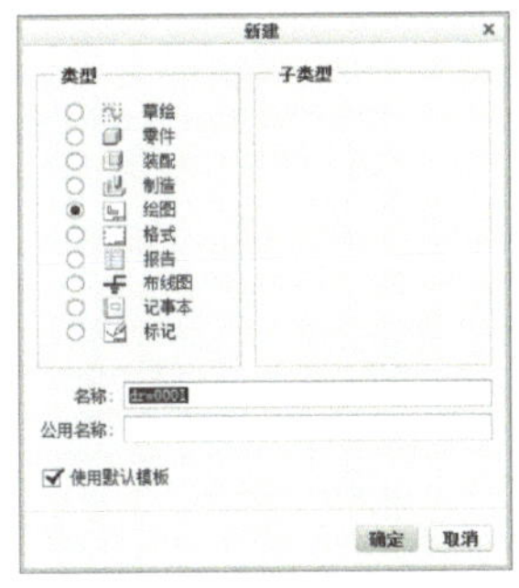

图 8-1 【新建】对话框

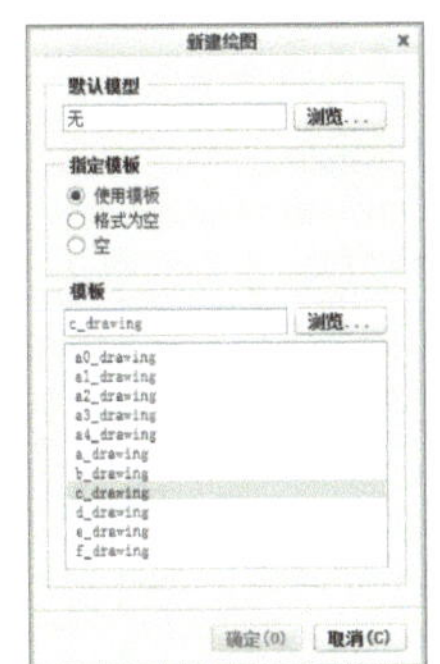

图 8-2 【新建绘图】对话框

1. 使用模板设置图纸

设置图纸格式的内容包括图纸的大小、图纸的摆放方向、有无边框以及有无标题栏等。模板是系统经过格式优化后的设计样板，新建一个绘图文件时，用户可以从系统提供的模板列表中选取某一模板进行设计。图纸的设置在【新建绘图】对话框中完成。

❶【默认模型】分组框

在创建工程图时，必须指定一个三维零件或组件作为设计原型。单击该分组框中的 浏览... 按钮，打开【打开】对话框，找到欲创建工程图的模型文件后双击，将其导入系统。

❷【指定模板】分组框

在这里选取采用什么样的模板创建工程图，其中包含以下 3 个单选项。

- 使用模板：使用系统提供的模板创建工程图。
- 格式为空：使用系统自带的或用户自己创建的图纸格式创建工程图，如图 8-3 所示，单击【格式】分组框中的 浏览... 按钮，打开【打开】对话框，导入需要的格式文件（.frm 文件），如图 8-4 和图 8-5 所示。

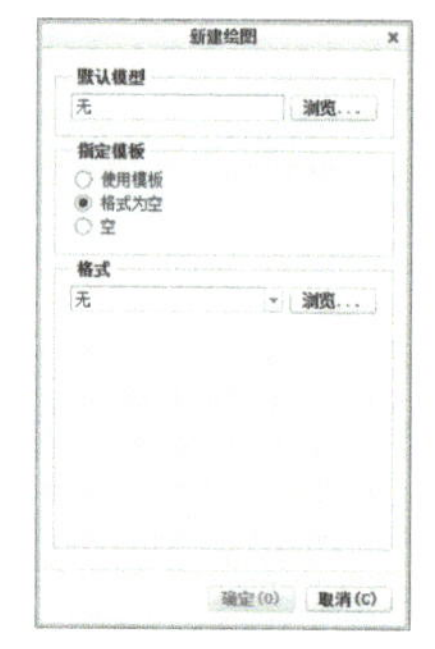

图 8-3 【新建绘图】对话框

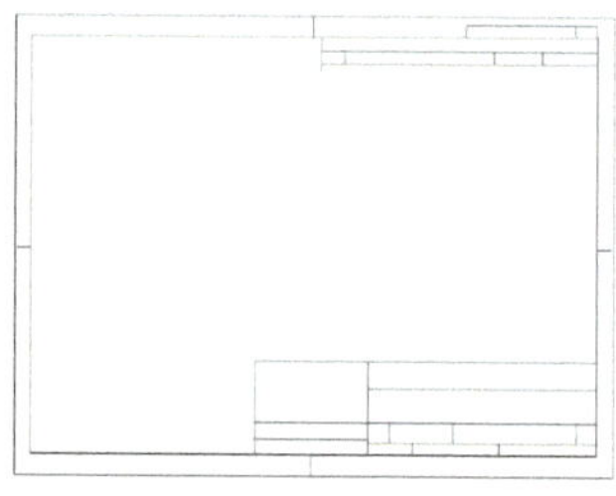

图 8-4 图纸格式示例 1

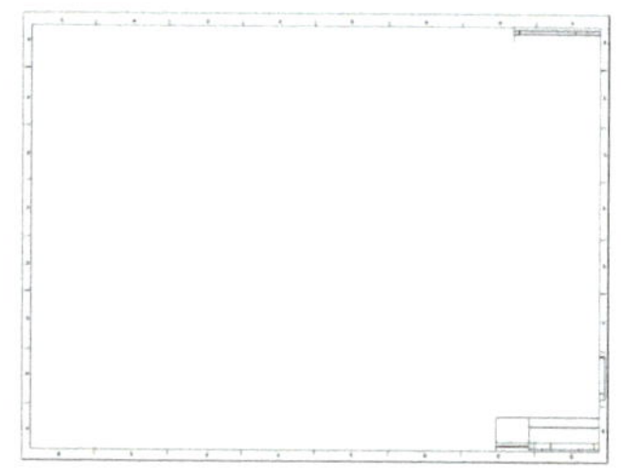

图 8-5 图纸格式示例 2

- 空：如图 8-6 所示，图纸不含任何格式，设置好图纸的摆放方向和图纸大小后，即可创建一个空的工程图文件。单击（可变）按钮时，可以根据实际情况自定义图纸的大小，如图 8-7 所示。

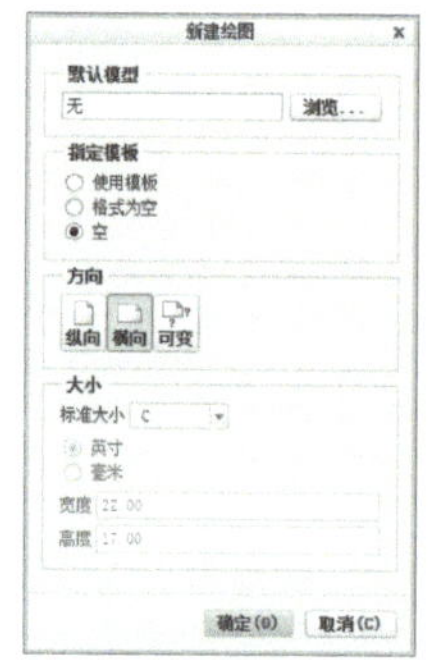

图 8-6 【新建绘图】对话框

图 8-7 【新建绘图】对话框

❸【模板】分组框

【模板】分组框以列表的形式显示默认模板名称，在其中选取适当的模板即可。单击右侧的 浏览... 按钮还可以导入自己的模板文件来创建工程图。

要点提示

2. 工程图的组成

一张完整的工程图应该包括以下内容。

- 一组适当数量的视图：用来表达零件的结构和形状。
- 必要的尺寸：对于单个零件，必须标出主要的定形尺寸。对于装配组件，必须标出必要的定位尺寸和装配尺寸。
- 必要的文字标注：视图上剖面的标注、元件的标识及装配的技术要求等。
- 元件明细表：对于装配组件，还应该使用明细表列出组件上各元件的详细情况。

3. 视图的类型

工程图使用一组二维平面图形来表达一个三维模型，每一个平面图形称为一个视图。在确保零件表达清楚的条件下，又要尽可能减少视图数量，因此，视图类型的选择是关键。

Creo3.0 中的视图类型丰富，根据视图使用目的和创建原理的不同，可以分以下几类。

❶ 一般视图

一般视图是系统默认的视图类型，是为零件创建的第 1 个视图，是按照一定投影关系创建的一个独立正交视图，如图 8-8 所示。通常将创建的第 1 个一般视图作为主视图，并将其作为创建其他视图的基础和根据。

要点提示

❷ 投影视图

在创建一般视图后，用户还可以在正交坐标系中从其余角度观察模型，从而获得和一般视图符合投影关系的视图，这些视图被称为投影视图。图 8-9 所示是在一般视图上添加投影视图的结果，这里添加了 4 个投影视图，但在实际设计中，仅添加设计需要的投影视图即可。

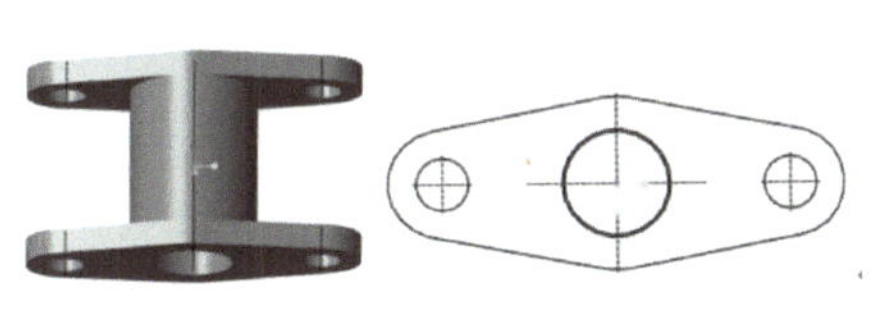

图 8-8 一般视图

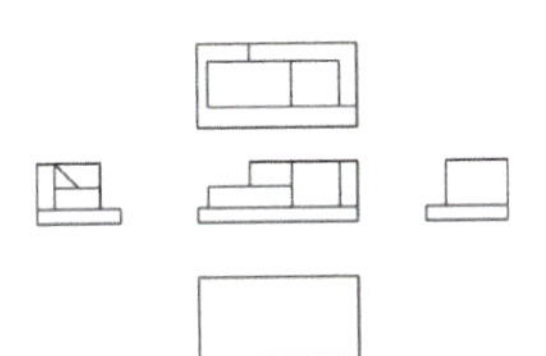

图 8-9 投影视图

❸ 辅助视图

辅助视图是对某一视图进行补充说明的视图，通常用于表达零件上的特殊结构。如图 8-10 所示，为了看清主视图在箭头指示方向上的结构，使用该辅助视图。

4 详细视图

详细视图使用细节放大的方式表达零件上的重要结构。图 8-11 使用详细视图表达齿轮齿廓的形状。

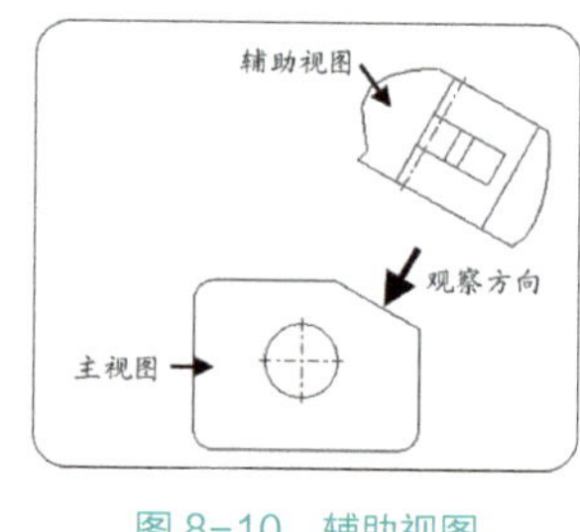

图 8-10　辅助视图

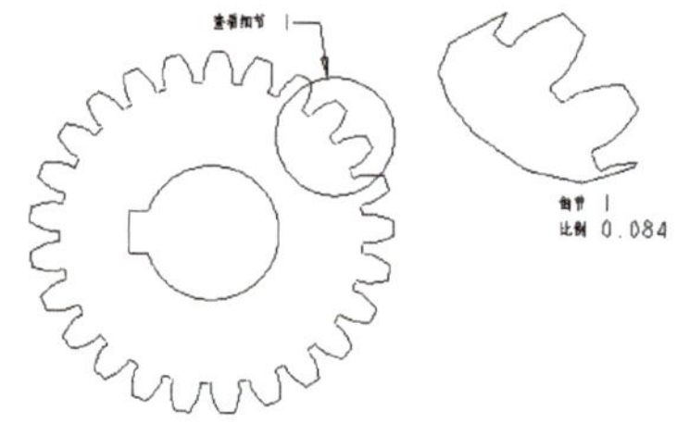

图 8-11　详细视图

5 全视图和部分视图

根据零件表达细节的方式和范围不同，视图还可以进行以下分类。

- 全视图。

全视图以整个零件为表达对象，视图范围包括整个零件的轮廓。例如，图 8-12 所示的模型，使用全视图表达的结果如图 8-13 所示。

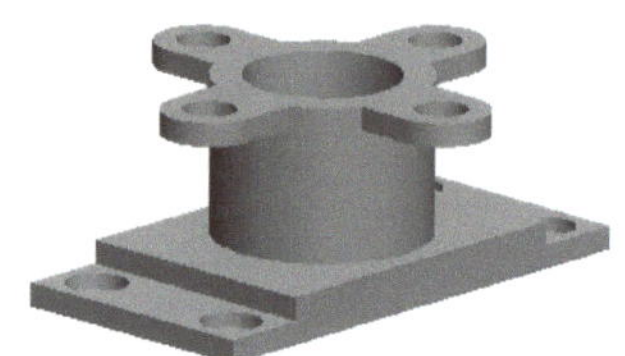

图 8-12　三维模型

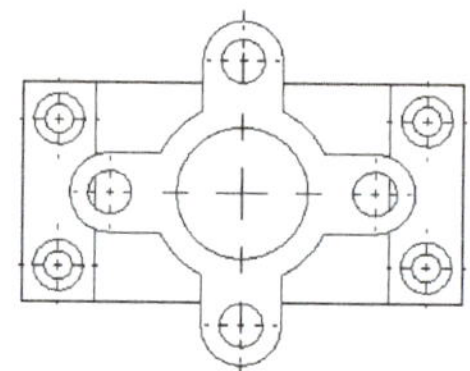

图 8-13　全视图

- 半视图。

关于对称中心完全对称的模型，只需要使用半视图表达模型的一半即可，这样可以简化视图的结构。使用半视图表达图 8-12 所示模型的结果如图 8-14 所示。

- 局部视图。

如果需要表达一个模型的局部结构，可以为该结构专门创建局部视图。图 8-15 所示为模型上部突台结构的局部视图。

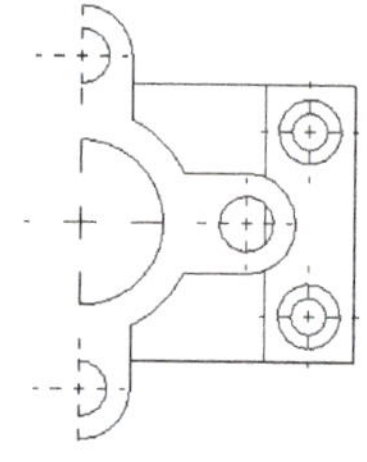

图 8-14　半视图

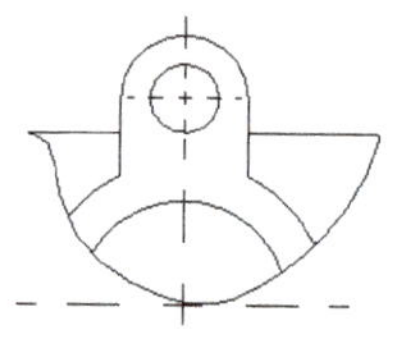

图 8-15　局部视图

- 破断视图。

结构单一且尺寸较长的零件，可以根据设计需要使用水平线或竖直线将零件剖断，舍弃部分雷同的结构以简化视图，这种视图就是破断视图。将图 8-16 所示的长轴零件从中部剖断，创建破断视图。

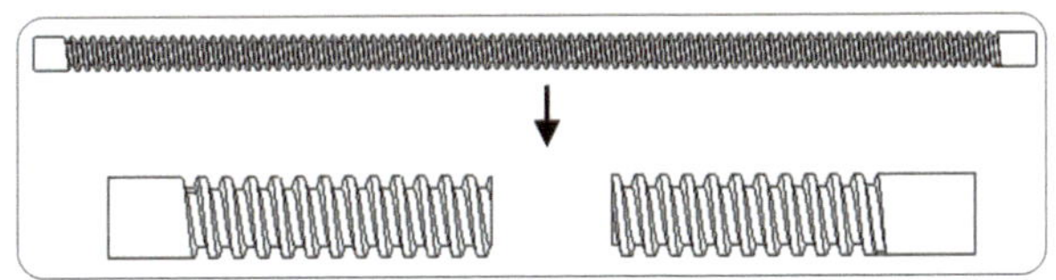

图 8-16 破断视图

6 剖视图和断面图

剖视图和断面图用于表达零件内部结构和断面形状。

- 剖视图。

创建剖视图时，首先沿指定剖截面将模型剖开，然后创建剖开后模型的投影视图，在剖面上用阴影线显示实体材料部分。剖视图又分为全剖视图、半剖视图和局部剖视图等类型。

在实际设计中，常常结合不同的视图类型来创建视图。例如，将全视图和全剖视图结合的结果如图 8-17 所示，将全视图和半剖视图结合的结果如图 8-18 所示，将全视图和局部剖视图结合的结果如图 8-19 所示。

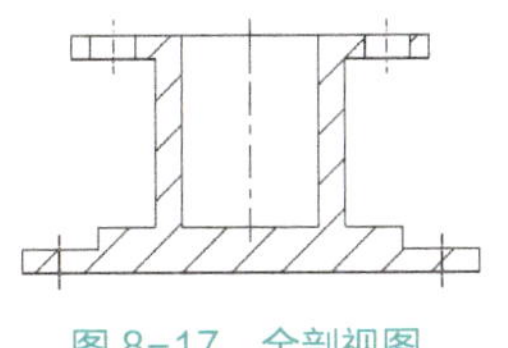

图 8-17 全剖视图

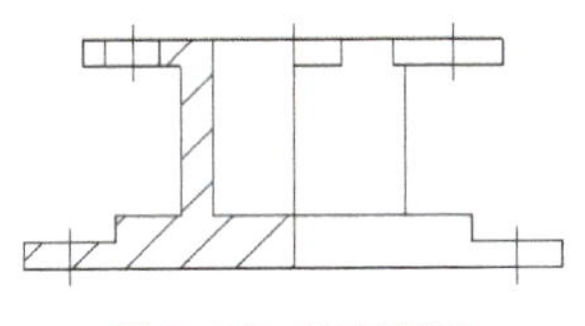

图 8-18 半剖视图

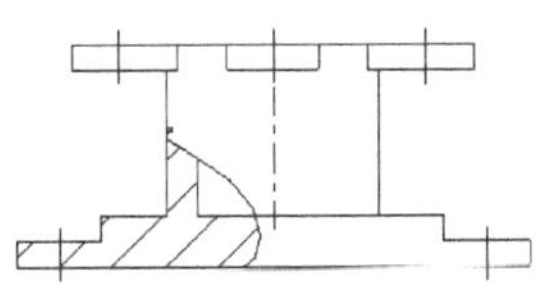

图 8-19 局部剖视图

- 断面图。

断面图用于表达零件的截面形状。例如，图 8-20 所示的轴类零件用断面图来重点表达键槽的截面形状。

要点提示

- 三视图。

三视图用于从 3 个不同方向来表达模型的形状，如图 8-21 所示。

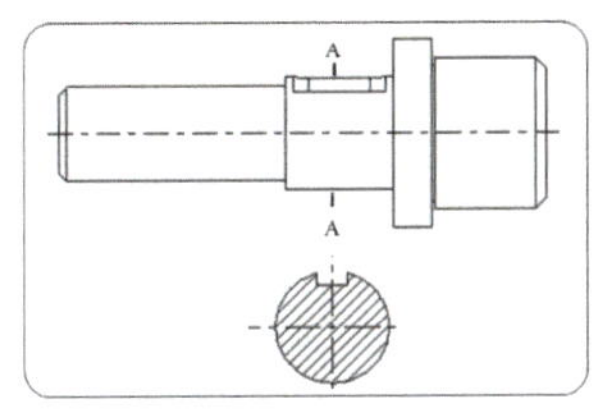

图 8-20 断面图

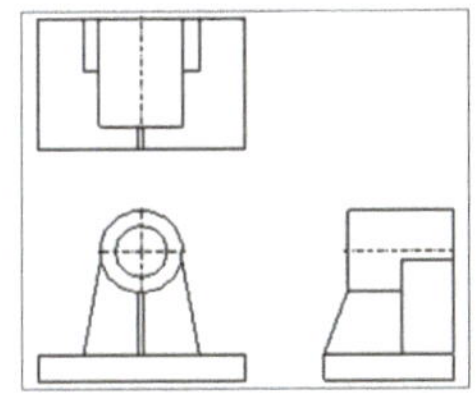

图 8-21 一般视图

4. 创建一般视图

一般视图是工程图上的第一个视图。如果在【新建绘图】对话框的【指定模板】分组框中选取【格式为空】或【空】单选项，系统不会自动创建任何视图。这时需要用户自己创建第一个视图，而第一个视图就从一般视图开始。

1 设计工具

在【布局】功能区中的【模型视图】工具组中单击 （常规视图）按钮，在设计界面上选取一点，打开

图 8-22 所示的【绘图视图】对话框，在这里依次设置参数创建工程图。

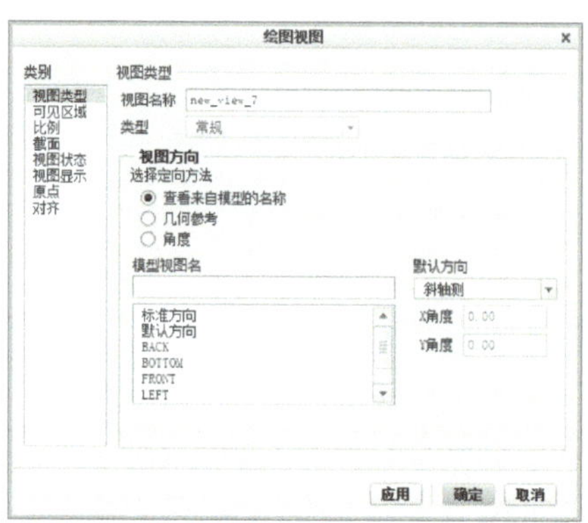

图 8-22 【绘图视图】对话框

在【绘图视图】对话框左侧的【类别】列表框中可以设置以下参数。

- 视图类型。

在【类别】列表中选取【视图类型】选项，可以设置视图名称、视图方向、辅助视图以及详细视图等类型，然后指定参照正确放置视图。

- 可见区域。

在【类别】列表中选取【可见区域】选项，可以选择创建全视图、半视图、局部视图或破断视图等。

- 比例。

在【类别】列表中选取【比例】选项，可以设置实物模型的缩放比例，如果实物模型尺寸较大，为了在图纸幅面内容纳下绘图内容，应该设置小于 1 的绘图比例来绘图。

- 截面。

在【类别】列表中选取【截面】选项，可以选取或临时创建截面，剖截模型创建全剖、半剖以及局部剖等各种剖视图以及断面图。

- 视图状态。

在【类别】列表中选取【视图状态】选项，可以设置【组合状态】、【分解视图】和【简化表示】3 项参数。

- 视图显示。

在【类别】列表中选取【视图显示】选项，可以设置视图上边线、骨架以及剖面线的显示方式和线型。

- 原点。

在【类别】列表中选取【原点】选项，可以设置视图的默认原点，从而控制视图在图纸中的放置位置。

- 对齐。

在【类别】列表中选取【对齐】选项，可以设置参照对齐选定的视图。

2 设计步骤

新建绘图文件时，如果在【新建绘图】对话框的【指定模板】分组框中选取【格式为空】或【空】单选项，系统将打开一幅空白图纸。

按照以下步骤创建视图。

a. 在图纸上选取一点来定位视图。

这个位置点不必特别准确，随后介绍的移动视图工具可以用来移动选定的视图。

b. 确定模型的投影方向，创建视图。

为视图选取放置参照和定位方向，以便准确确定视图的视角。

c. 设置【可见区域】参数。

如有必要，可以将视图设置为全视图、半视图和局部视图等类型。

d. 创建剖视图。

如有必要，在模型上创建各类剖视图。

e. 设置其他参数。

设置模型比例、显示状态以及原点等参数。

3 移动视图

在图纸上放置视图后，有时需要移动视图以获得最佳的视觉效果。

通常情况下，为了防止误操作，系统锁定了视图移动功能。如果要移动视图，在选定的视图上单击鼠标右键，在弹出的快捷菜单中取消选中【锁定视图移动】选项，就可以拖动视图进行移动操作了。

5. 创建其他视图

创建一般视图后，即可在此基础上创建其他视图。

1 创建投影视图

投影视图和主视图之间符合严格的投影关系。创建投影视图的方法比较简单，在主视图周围的适当位置选取一点后，系统将在该位置自动创建与主视图符合投影关系的投影视图。

2 创建辅助视图

辅助视图也是一种投影视图，用于表达模型在其他视图上尚未表达清楚的结构。设计时需要选定一个视图作为辅助视图的父视图，然后在父视图上选取一个垂直于屏幕的曲面或平行于屏幕的轴线作为参照进行投影。

在图 8-23 中采用了辅助视图来表达支架模型的结构。在创建辅助视图时，可以创建全视图，也可以创建局部视图表达零件的部分结构，如图 8-24 所示。

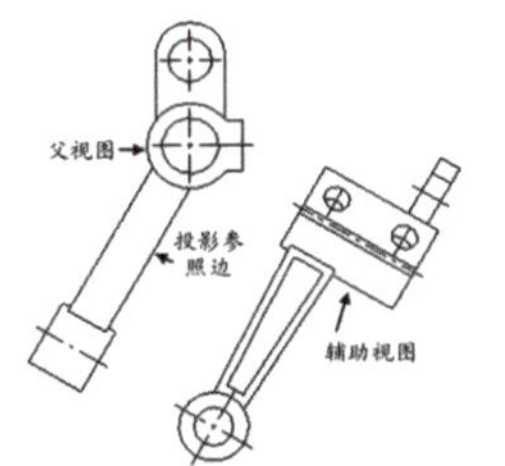

图 8-23 创建辅助视图（1）

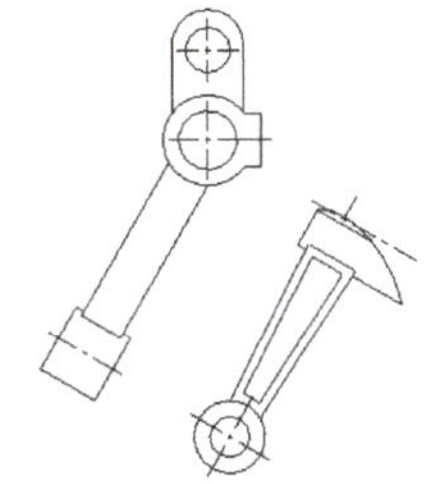
图 8-24 创建辅助视图（2）

创建辅助视图的基本步骤如下。

a. 在父视图周围选取一点作为辅助视图的放置中心。

b. 在父视图上选取一个垂直于屏幕的曲面或平行于屏幕的轴线作为参照，系统将以垂直于该平面或平行于该轴线的投影方向创建辅助视图。

c. 如果选取了半视图、局部视图或剖视图等其他视图类型，则用户可以根据系统提示选取相应的参照继续创建视图。

d. 使用移动工具适当调整各视图的布置位置，使之整齐有序。

3 创建详细视图

详细视图也叫局部放大视图，用于以适当比例放大模型上的某一细节结构，以便看清该结构的构成以及完成尺寸标注。为了清楚表达图 8-25 所示的轴类零件上的砂轮越程槽结构，使用了详细视图。

创建详细视图的基本步骤如下。

a. 在父视图周围选取一点作为详细视图的中心点。

b. 在父视图上指定放大部位的中心，然后使用鼠标草绘的方式在该中心处绘制一个放大区域，完成后单击鼠标中键确认。

c. 在界面适当位置单击鼠标左键以放置视图。

d. 双击生成的详细视图，在打开的【绘图视图】对话框中根据具体情况修改视图的相应参数，一般情况下接受默认设置。

4 创建断面图

创建断面图时，可以选取三维模型中的已有剖截面作为剖切平面，也可以在放置视图时临时创建一个切割平面。例如，使用断面图来表达图 8-26 所示的支架零件的截面形状。

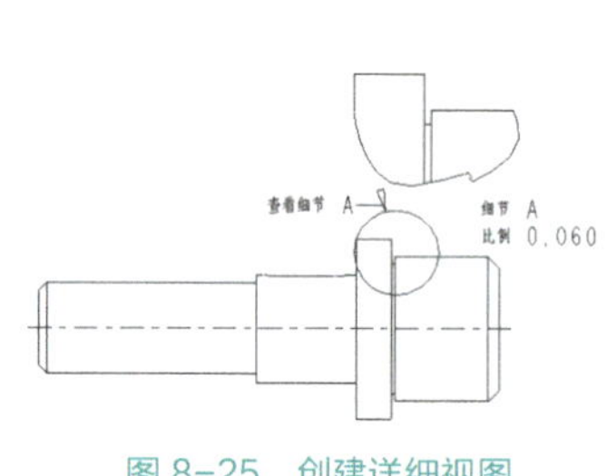

图 8-25　创建详细视图

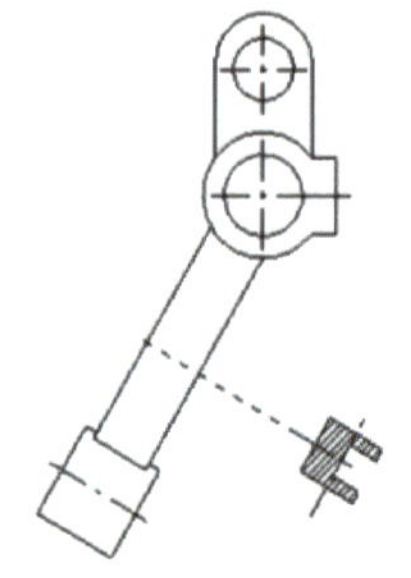
图 8-26　创建旋转视图

创建断面图的基本步骤如下。

a. 为断面图选取父视图。

b. 在父视图上选取一点作为断面图的中心点。

c. 选取或创建剖截面，在【绘图视图】对话框中设置剖截面的参数。如果先前创建了剖截面，则单击选项框右侧的按钮，选取相应剖面作为参照创建断面图。

d. 如果选取【创建新】选项，则打开【剖截面创建】菜单用于创建新的剖截面。其中，【平面】选项用于指定模型上的基准平面作为切割平面创建剖面，【偏距】选项可以创建临时基准平面作为切割平面创建剖面。

e. 指定断面图的中心轴线位置。

f. 使用移动工具适当调整各视图的布置位置，使之整齐有序。

5 创建半视图

半视图常用于表达结构对称的零件。与创建全视图不同的是，必须指定一个平面来确定半视图的分割位置，然后还需要指定一个视图创建方向。

创建半视图的基本步骤如下。

a. 指定视图放置中心，如果创建的半视图为主视图，首先按照一般视图的创建方法放置视图。如果创建的是投影视图，系统按照投影关系在该放置中心创建视图。

b. 在视图上选取一个参照平面为半视图的分割平面，一般来说，该平面必须经过模型的对称中心。

c. 系统用箭头指示半视图的创建方向，在【方向】菜单中设置该方向，图 8-27 和图 8-28 中采用基准平面 RIGHT 作为分割参照。

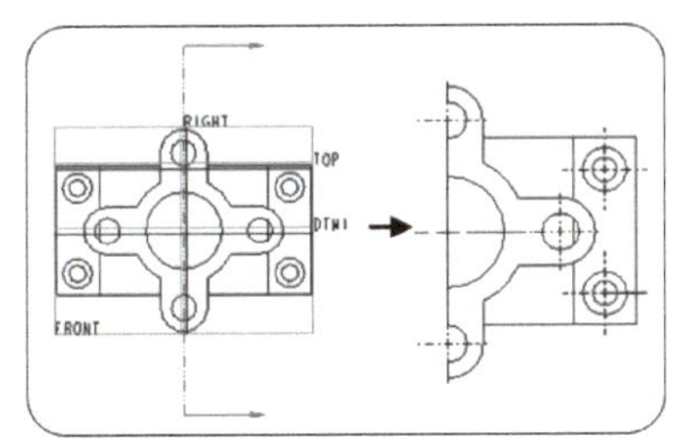

图 8-27　创建半视图（1）

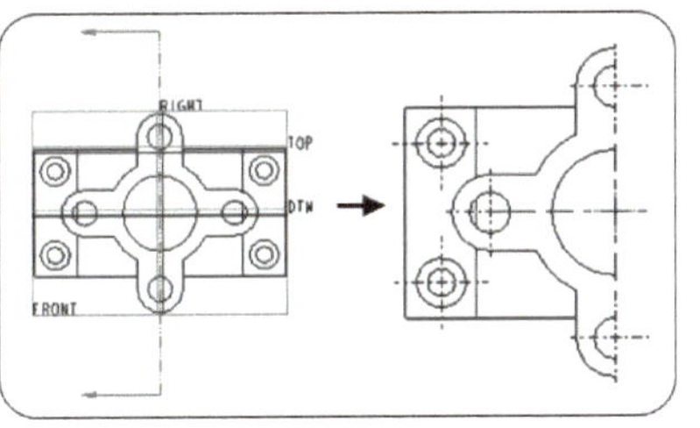

图 8-28　创建半视图（2）

⑥ 创建局部视图

局部视图用于表达零件上的局部结构。

创建局部视图的基本步骤如下。

a. 在图纸上选取适当的位置放置视图。

b. 选取零件上需要局部表达部分的中心，系统将在该位置显示一个“×”号。

c. 使用草绘样条曲线的方法确定局部表达的范围后，创建局部视图，如图 8-29 所示。

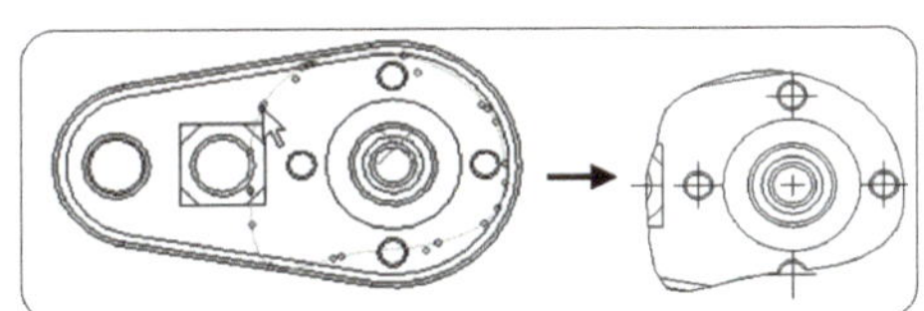

图 8-29　创建局部视图

⑦ 创建剖视图

剖视图是一种重要的视图类型，常用于表达模型内部的孔以及内腔结构。剖视图的类型众多，表达方式灵活多样。在创建剖视图时，首先在【绘图视图】对话框中选取【剖面】选项，然后进一步设定剖截面的详细内容。

基础训练——创建视图

下面通过一个综合实例介绍创建视图的一般方法。

【操作步骤】

1. 创建一般视图

STEP01 单击 按钮，选择 绘图 选项，输入文件名 draw1，单击 确定(O) 按钮。

STEP02 在打开的【新建绘图】对话框中，单击【默认模型】分组框中的 浏览... 按钮，打开素材文件“\素材\第 8 章\draw1.prt”，如图 8-30 所示。

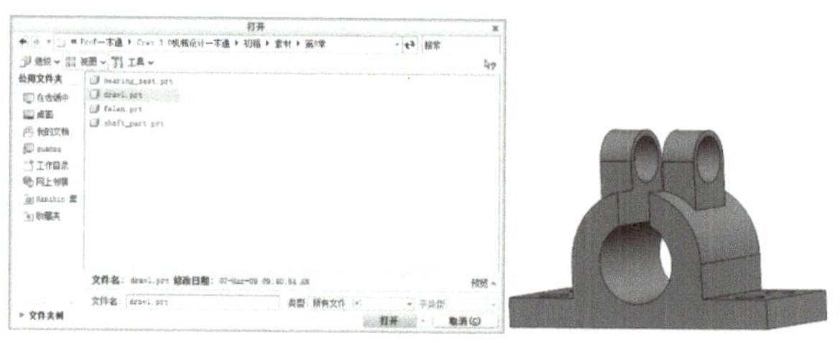

图 8-30　打开的模型

STEP03　在【指定模板】分组框中选取【空】单选项，其余参数设置如图 8-31 所示，单击 确定(O) 按钮，弹出【选择组合状态】对话框，单击 确定(O) 按钮进入图 8-32 所示的绘图环境。

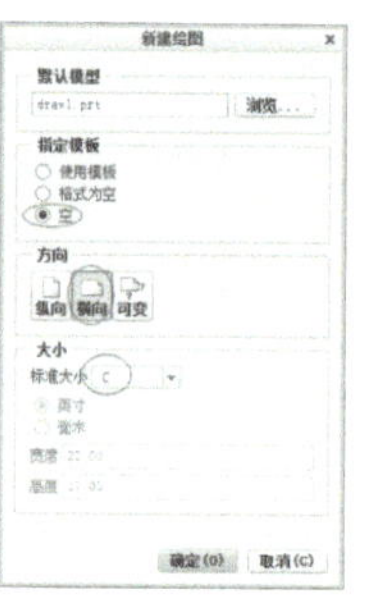

图 8-31　【新建绘图】对话框

图 8-32　设计模板

STEP04　在【布局】功能区中的【模型视图】工具组中单击（常规视图）按钮，在设计界面上选取一点，打开【绘图视图】对话框，依次设置以下参数。

- 在左侧的【类别】列表框中选取【视图类型】选项，此时，视图类型默认为常规，已经创建一般视图。
- 在【视图方向】分组框中选取零件定位方法为【几何参考】。
- 在【参考 1】下拉列表中选取【前】，然后选取图 8-33 所示的平面作为参照。
- 在【参考 2】下拉列表中选取【右】，然后选取图 8-34 所示的平面作为参照。

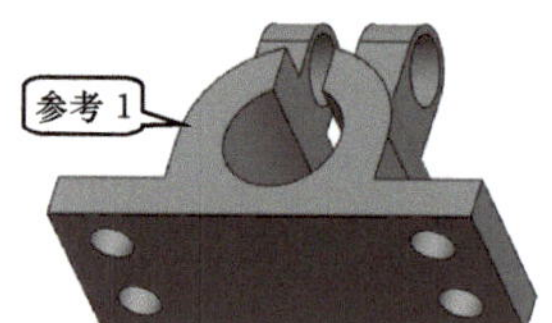

图 8-33　选取参考 1

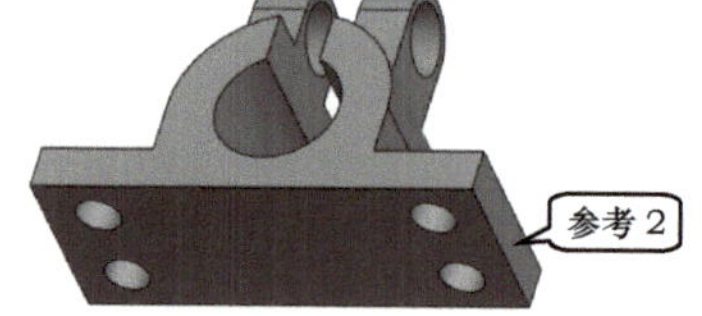

图 8-34　选取参考 2

- 完成参数设置的【绘图视图】对话框如图 8-35 所示，创建的一般视图如图 8-36 所示。

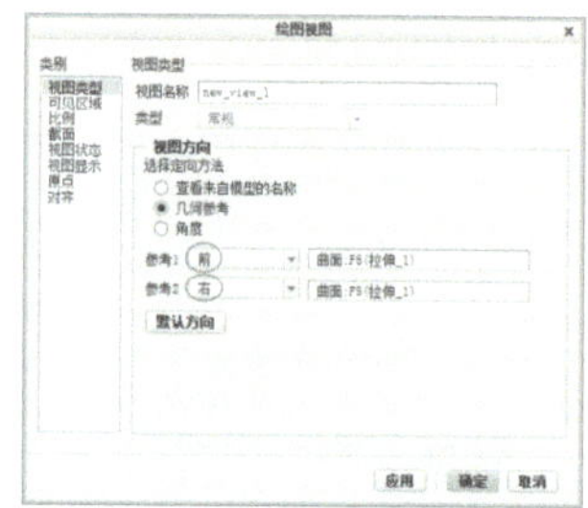

图 8-35　参数设置

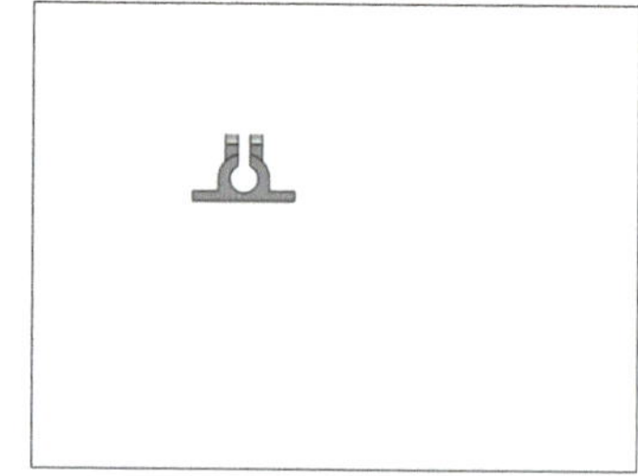

图 8-36　创建一般视图

要点提示

确定参照前，出现在图纸上的默认视图是一个平面图形，并非三维模型，用户只能移动和缩放视图，不能旋转视图。

STEP05 设置比例。

- 在【绘图视图】对话框的【类别】列表框中，选取【比例】选项。
- 在【比例和透视图选项】分组框中选取【自定义比例】选项，设置比例为 0.014，如图 8-37 所示，单击 应用 按钮，放大一般视图。
- 在新建的视图上长按鼠标右键，在弹出的快捷菜单中选取【锁定视图移动】命令，取消对视图的锁定，然后适当移动视图，结果如图 8-38 所示。

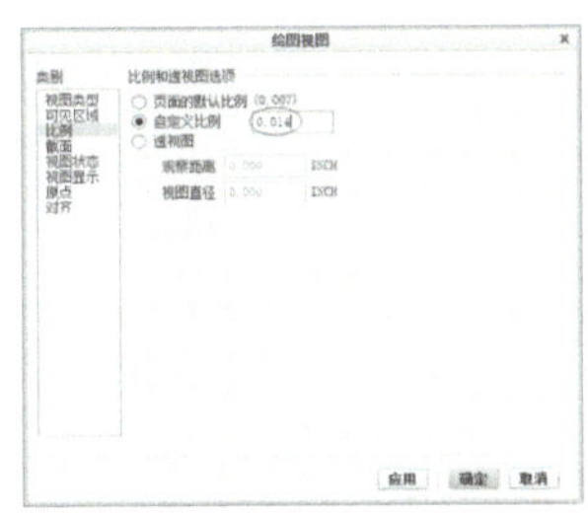
图 8-37 比例参数设置

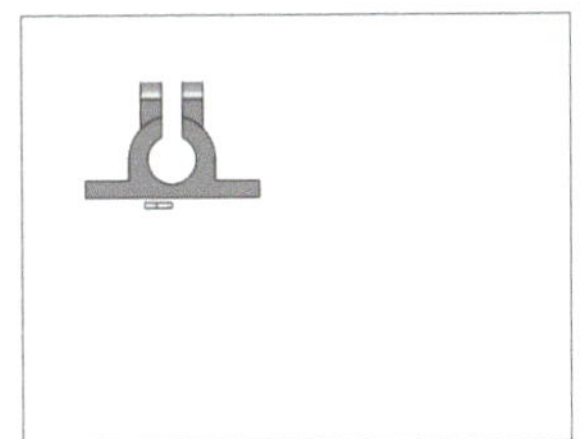
图 8-38 移动视图

STEP06 设置视图显示方式。

- 在【绘图视图】对话框的【类别】列表框中，选取【视图显示】选项。
- 在【显示样式】下拉列表中选取【消隐】选项。
- 在【相切边显示样式】下拉列表中选取【无】选项，如图 8-39 所示。

STEP07 设置原点。

- 在【绘图视图】对话框的【类别】列表框中选取【原点】选项。
- 按照图 8-40 设置坐标系原点为（6,12）。

其他按系统默认设置，单击 确定 按钮关闭对话框后得到的工程效果图如图 8-41 所示。

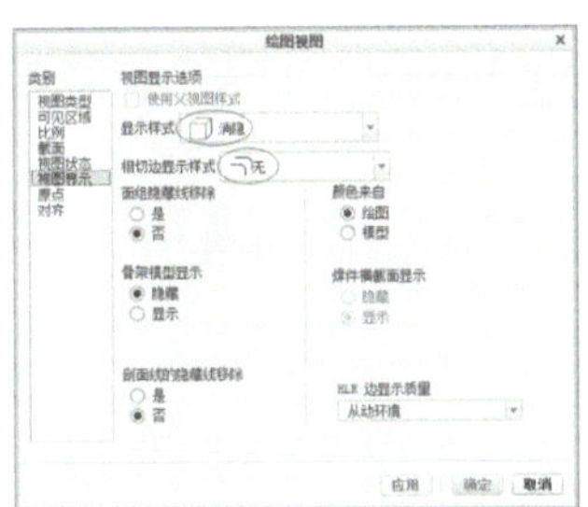
图 8-39 显示参数设置

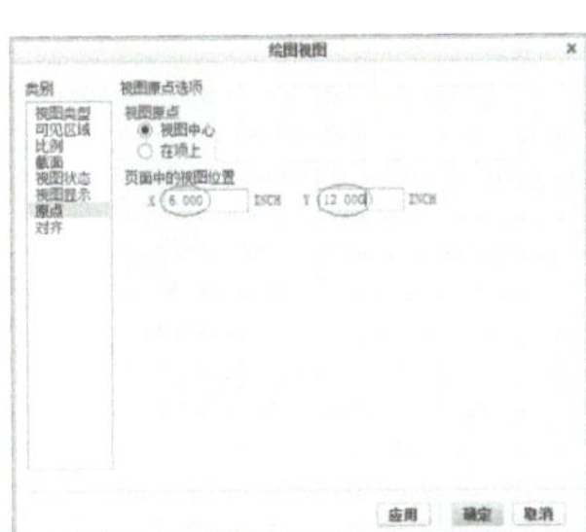
图 8-40 原点设置

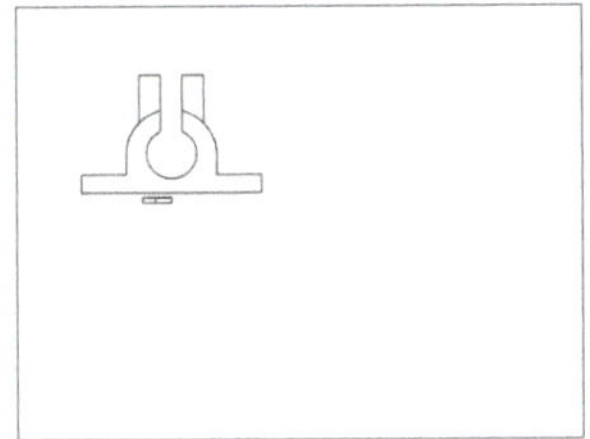
图 8-41 创建的视图

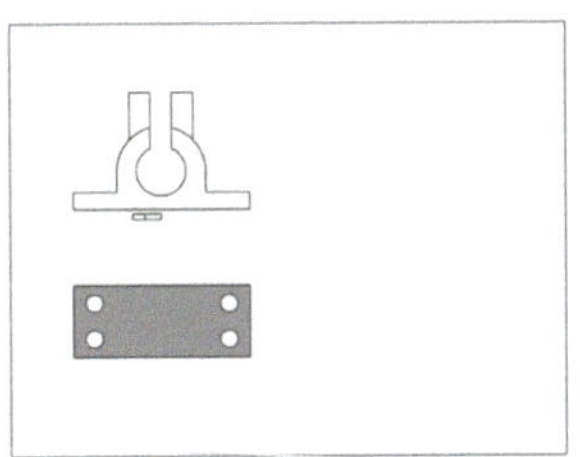
图 8-42 创建投影视图（1）

2. 创建投影视图

STEP01 在已经创建的主视图上长按鼠标右键，在弹出的快捷菜单中选取【投影视图】命令。

STEP02 移动鼠标指针在适当位置单击放置投影视图，如图 8-42 所示。

STEP03 在新建的投影视图上双击，打开【绘图视图】对话框，设置投影视图的相关参数，参考设计结果如图 8-43 所示。

STEP04 在投影视图上长按鼠标右键，在弹出的快捷菜单中选取【投影视图】命令，在其右侧适当位置单击，放置投影视图，然后设置视图参数，参考结果如图 8-44 所示。

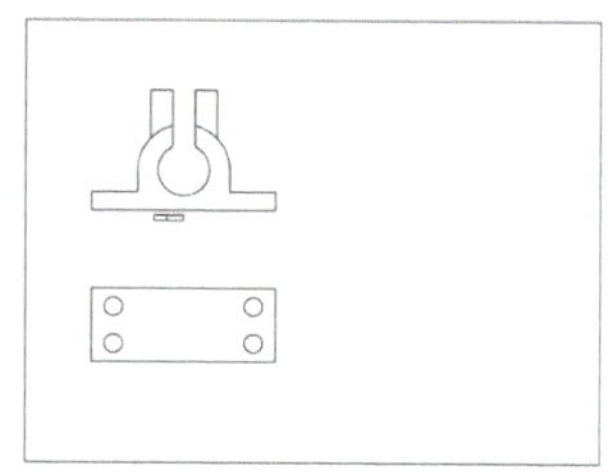

图 8-43　编辑投影视图

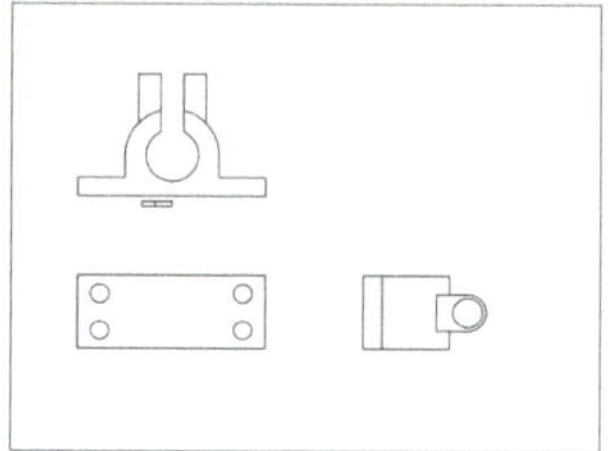

图 8-44　创建投影视图（2）

要点提示

投影视图中不能修改视图的比例。此外，本例创建视图时，采用国际上常用的第三角画法，而我国通用的机械图样通常采用第一角画法，即采用主视图、俯视图和左视图的配置方式。第一角画法的设置方法请参看稍后的实例。

3. 创建局部剖视图

STEP01 双击主视图，打开【绘图视图】对话框，在【类别】列表框中选取【截面】选项。

STEP02 在【截面选项】分组框中选取【2D 横截面】单选项。

STEP03 单击 + 按钮，在弹出的【菜单管理器】/【横截面创建】菜单中选取【完成】选项，如图 8-45 所示。

STEP04 在弹出的【编辑】文本框中输入截面名称 A，然后单击 ✓ 按钮。

STEP05 在【菜单管理器】中选取【平面】选项，在视图工具栏中单击 按钮，显示基准平面，然后在俯视图中选取基准平面 DTM2，如图 8-46 所示。

STEP06 在【剖切区域】下拉列表中选取【局部】选项，创建局部剖视图，如图 8-47 所示。

图 8-45　菜单操作

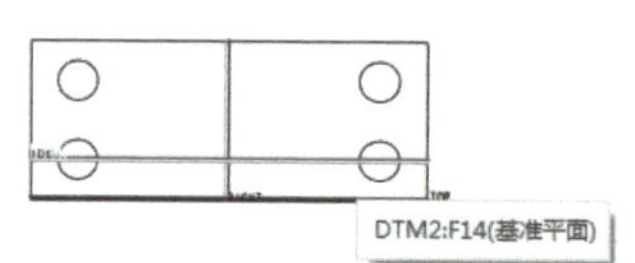

图 8-46　选取基准平面

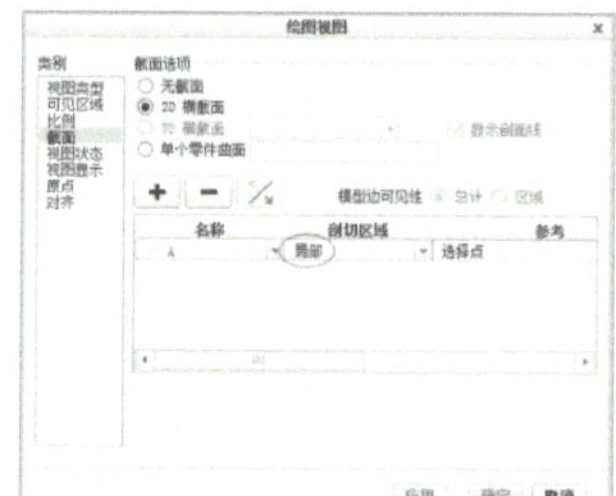

图 8-47 【绘制视图】对话框

STEP07 系统提示选取一点作为剖切中心，在主视图上图 8-48 所示的位置选取一点。

STEP08 围绕该点草绘封闭曲线作为局部剖视图范围，如图 8-49 所示。

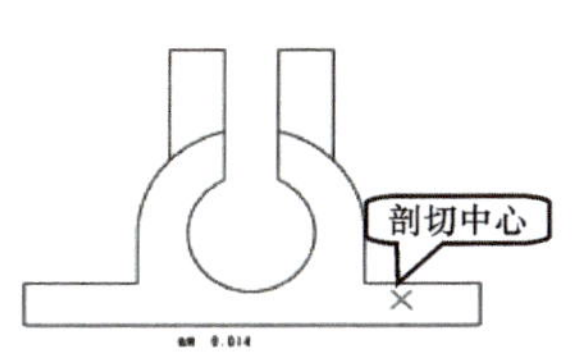

图 8-48　选取剖切中心

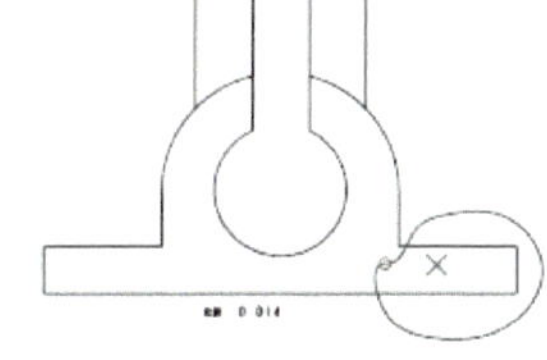

图 8-49　绘制剖切区域

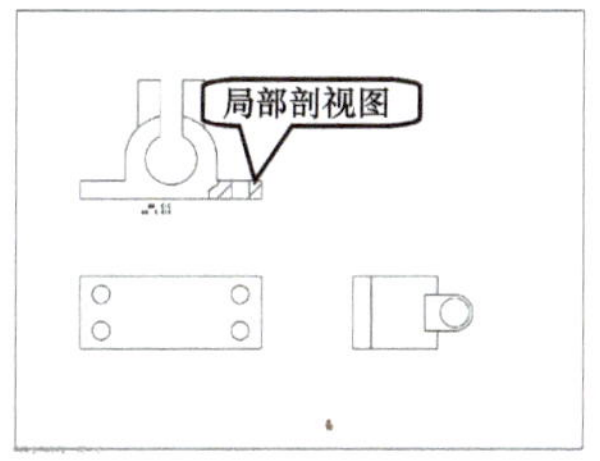

图 8-50　创建局部剖视图

STEP09 在【绘图视图】对话框中单击 确定 按钮后，最终创建的视图如图 8-50 所示。

8.1.2　视图的操作

基础知识

一项完整的工程图还应该包括各项视图标注，如必要的尺寸标注、必要的符号标注以及必要的文字标注等。另外，在创建视图后还需要进一步修改视图上的设计内容。

1. 标注尺寸

由于 Creo3.0 在创建工程图时，使用已经创建的三维零件作为信息原型，因此，在创建三维模型时的尺寸信息也将在工程图中被继承下来。在完成各向视图绘制后，可以重新显示需要的尺寸并隐藏不需要的尺寸。

❶ 显示尺寸

在【注释】功能区的【注释】工具组中单击 （显示模型注释）按钮，打开【显示模型注释】对话框，该对话框包括 6 个选项卡，如图 8-51 所示，分别对应模型尺寸、几何公差、模型注解、表面粗糙度、模型符号、模型基准等基本功能。

在【显示模型注释】对话框中可以选取不同类型的显示项目，设置模型的注释选项及其类型后，选择主视图，单击 按钮，则显示所有尺寸。

取消勾选不需要的尺寸标注，单击 应用 按钮，完成尺寸标注，如图 8-52 所示。

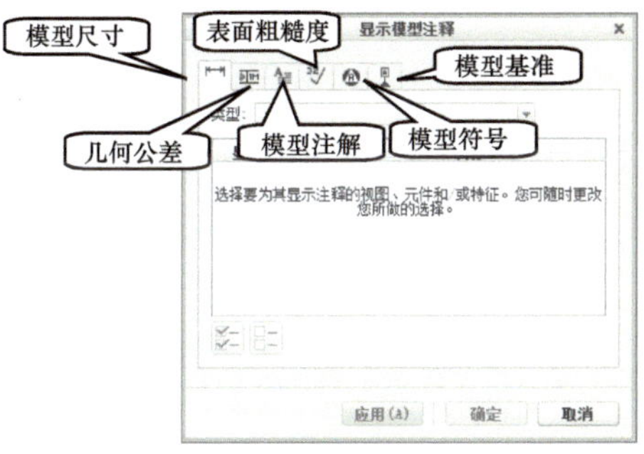

图 8-51　【显示模型注释】对话框

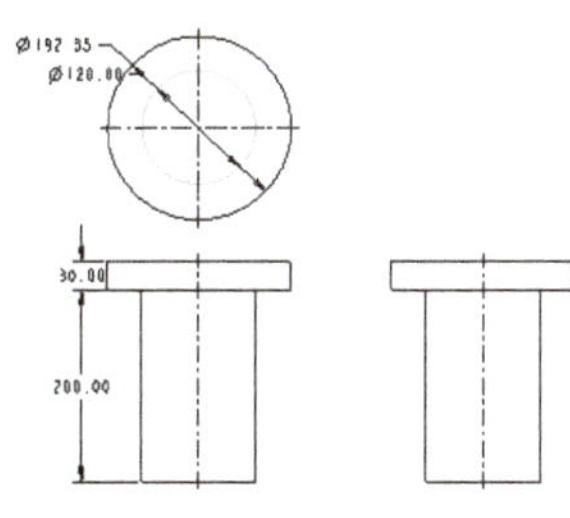

图 8-52　标注尺寸

选取视图中不规范和重复的尺寸，当其变成红色时，按Delete键将其删除。

❷ 调整尺寸标注

使用【显示模型注释】对话框创建的尺寸常常并不理想，这时，可以进一步调整指定的尺寸标注，这主要包括以下两种设计方法。

- 按住Ctrl键选取要对齐的多个尺寸，单击鼠标右键，在弹出的快捷菜单中选取【对齐尺寸】命令。
- 双击所要编辑的尺寸，系统弹出【尺寸属性】对话框，在【属性】选项卡中可以设置尺寸公差、尺寸文本的小数位数以及角度尺寸的标注方式。

❸ 增加新的尺寸标注

如果需要在视图上添加新的尺寸标注，可单击尺寸按钮标注新的尺寸。在工程图上标注尺寸的方法与在二维草图上标注尺寸类似，标注尺寸时，系统将弹出【选择参考】菜单。

在菜单中选取适当的选项来确定尺寸的参考方式。

- 选择图元：这是创建常规尺寸的方法，将该尺寸附着在图元的拾取点处。
- 选择圆弧或圆的切线：将尺寸附着到所选图元的圆弧或圆的切线上。
- 选择边或图元的中点：通过捕捉对象的中点来标注尺寸。
- 选择由两个对象定义的相交：通过捕捉两个图元的交点来标注尺寸。
- 在两点之间绘制虚线：创建引出线来附着尺寸。

2. 标注几何公差

在【注释】工具组中单击（几何公差）按钮，打开图 8-53 所示的【几何公差】对话框，在【模型参考】选项卡中设置公差标注的位置，在【基准参考】选项卡中设置公差标注的基准，在【公差值】选项卡中设置公差的数值，在【符号】选项卡中设置公差的符号。

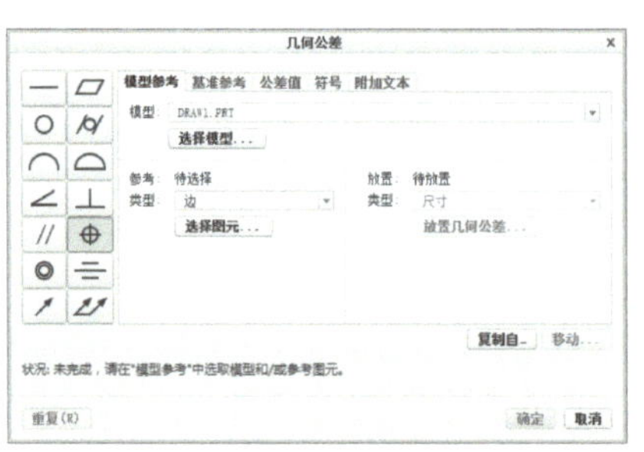

图 8-53 【几何公差】对话框

3. 标注注释

在【注释】工具组中单击注解按钮，打开图 8-54 所示的【选择点】对话框，选取相应注释项目后在视图上标注位置，即可通过系统的提示文本框输入注释内容，其间还可以通过图 8-55 所示的【文本符号】面板插入特殊的注释符号。

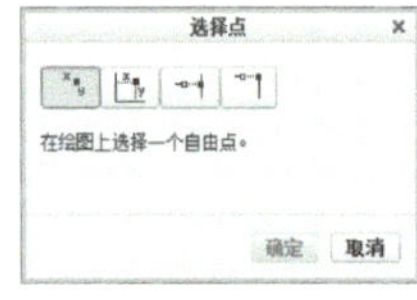

图 8-54 【选择点】对话框

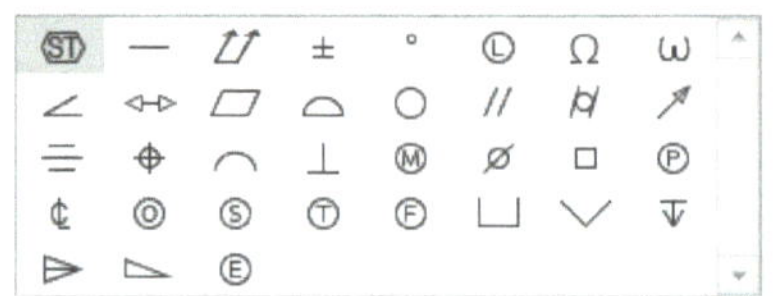

图 8-55 【文本符号】面板

4. 插入球标

球标是一种特殊的注释，是放在圆圈中的注释，通常用于在组件工程图中标示不同的零件。在【注释】下拉菜单中选择【球标注解】选项，后面的制作过程与制作注释相似，这里不再细述。图 8-56 所示是注释和球标的示例。

5. 插入表格

在【表】功能区的【表】工具组中单击 按钮，打开图 8-57 左图所示的下拉菜单。单击【插入表】项，弹出图 8-57 右图所示的【插入表】对话框。

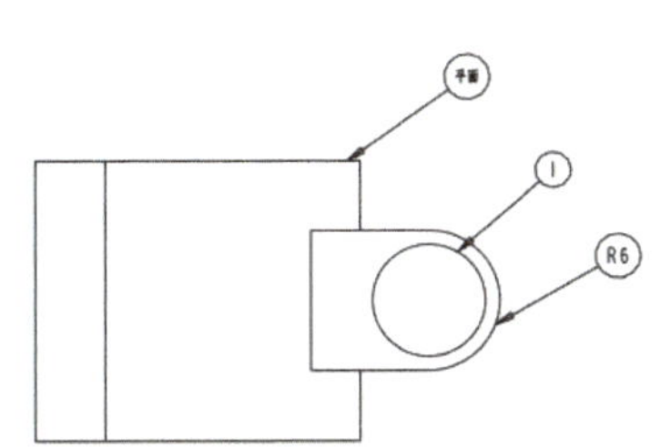

图 8-56　注释和球标的示例

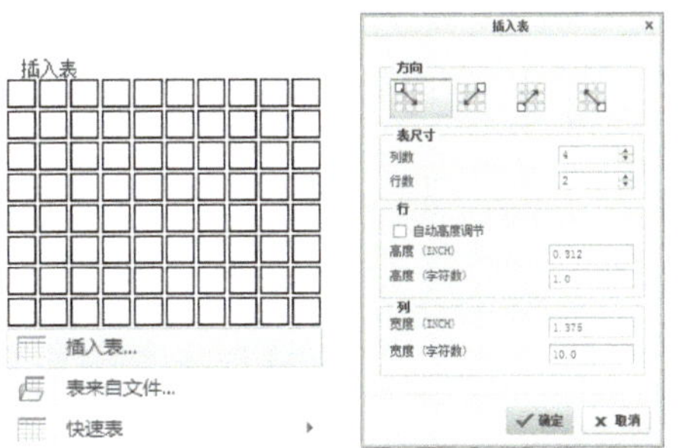

图 8-57　【插入表】对话框

❶【插入表】对话框

下面介绍对话框中各选项的功能。

【方向】栏用来设定表的增长方向。

- 【向右且向下】：从表的顶部开始向下创建表格。
- 【向左且向下】：从表的底部开始向上创建表格。
- 【向右且向上】：表格中各单元格右对齐。
- 【向左且向上】：表格中各单元格左对齐。

【表尺寸】栏用来设置插入表的列数和行数。

【行】、【列】栏可设置行、列的高度及其中字符的高度。

❷ 创建表格的步骤

创建表格的步骤如下。

a. 定义表格方向。在【插入表】对话框的【方向】区域中单击选择想要创建的表格方式。这里是选择 第一个按钮，使表格从左上至右下方生成。

b. 定义表格尺寸。在【表尺寸】区域中的【列数】文本框中输入列数为 5；在【行数】文本框中输入行数为 5。单击 确定 按钮创建表格，结果如图 8-58 所示。

c. 使用【表】功能区下的工具可以调整表的结构、合并单元格等。

d. 双击某一单元格，可以向单元格中输入文本。在【表】功能区中设置文本的格式。

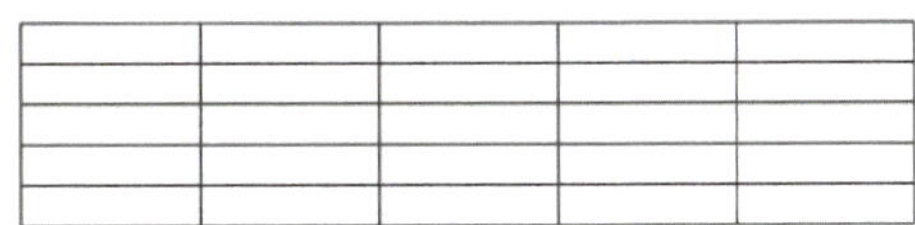

图 8-58　创建表格

6. 视图的修改

创建视图后，如果还需要进一步修改视图，可以在需要修改的视图上双击鼠标左键，在弹出的【绘图视图】对话框中定义视图上的各项内容。

如果要删除某一视图，选取该视图后，在【注释】功能区的【删除】工具组中单击 按钮即可。此外，如果在剖视图上双击鼠标左键，则可以在弹出的【修改剖面线】菜单中修改剖面线的基本内容，如剖面线的间距、倾角等。

基础训练——创建全剖视图

创建全剖视图

【操作步骤】

1. 创建法兰文件

创建法兰文件，如图 8-59 所示。

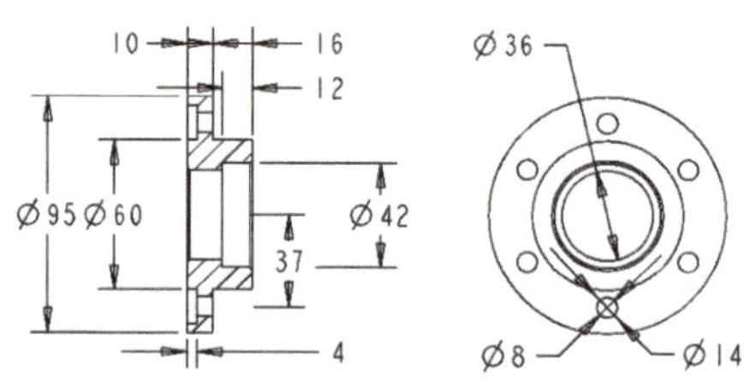

图 8-59 法兰盘尺寸

2. 新建一个绘图文件

STEP01 单击 按钮，打开【新建】对话框，如图 8-60 所示，选择【绘图】选项。

STEP02 输入名称 falan，单击 确定 按钮进入【新建绘图】界面。

STEP03 单击 浏览... 按钮，打开“\素材\第 8 章\falan.prt”文件，设置如图 8-61 所示的参数，单击 确定 按钮，进入如图 8-62 所示的绘图设计界面。

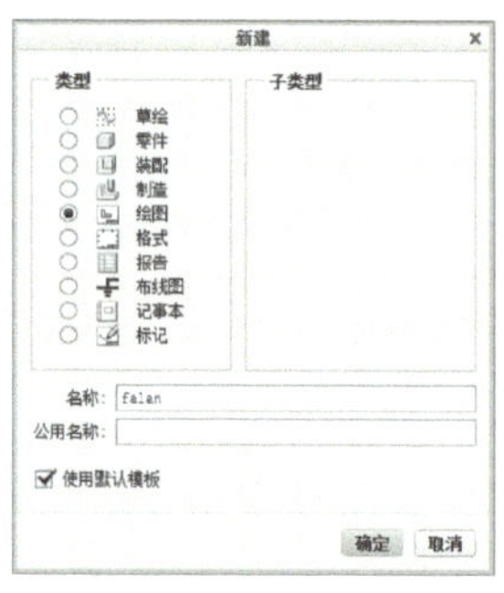

图 8-60 【新建】对话框

图 8-61 【新建绘图】设置

图 8-62 绘图设计界面

3. 布置视图

STEP01 在【模型视图】工具栏中单击 （常规视图）按钮，打开如图 8-63 所示的【选择组合状态】对话框。

STEP02 单击 确定 按钮，在图框内任选一点，弹出【绘图视图】对话框，如图 8-64 所示。

STEP03 在【类别】列表框中选择【视图类型】，在【视图方向】中选取【几何参考】选项。设置【参考一】为【前】，在左边模型树中选择 RIGHT 平面；设置【参考二】为【右】，选择 FRONT 平面，单击 应用 按钮，得到主视图。操作结果如图 8-65 所示。

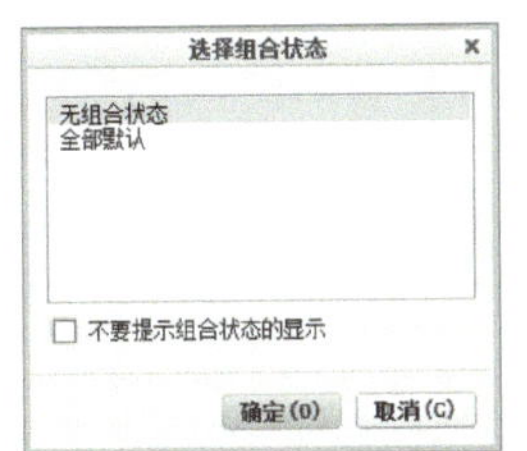
图 8-63 【选择组合状态】对话框

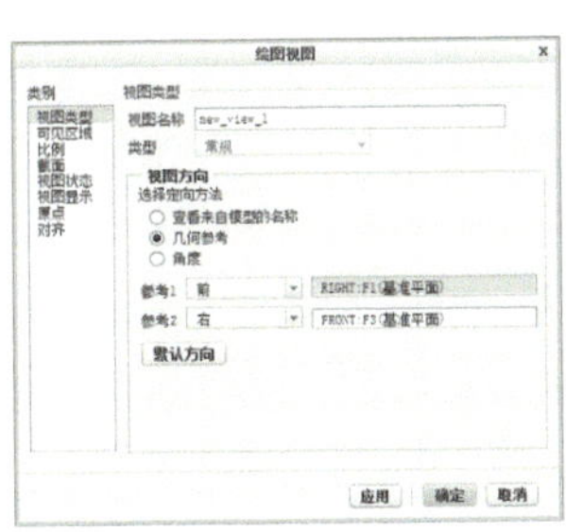
图 8-64 【绘图视图】对话框

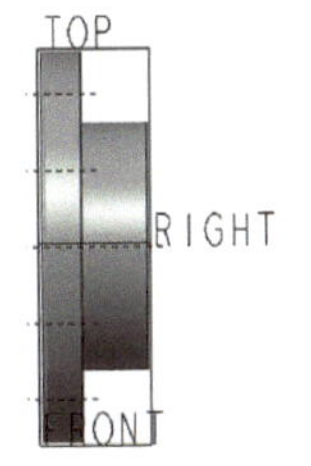

图 8-65 截面图

4. 创建截面

STEP01 在【类别】列表框中选择【截面】，在【剖面选项】区域中选择【2D 横截面】单选项并单击 + 按钮，弹出【横截面创建】菜单管理器，如图 8-66 所示。

STEP02 接受系统默认的【平面】和【单一】选项，单击【完成】按钮，弹出【输入横截面名】文本框，输入名称 A，单击 ✓ 按钮，弹出【设置平面】菜单管理器。如图 8-67 所示。

STEP03 接受默认的【平面】选项，在【模型树】中选择 RIGHT 平面，【设置平面】菜单管理器自动关闭，操作结果如图 8-68 所示。

图 8-66 菜单管理器

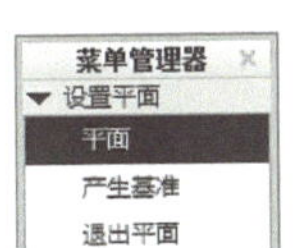

图 8-67 菜单管理

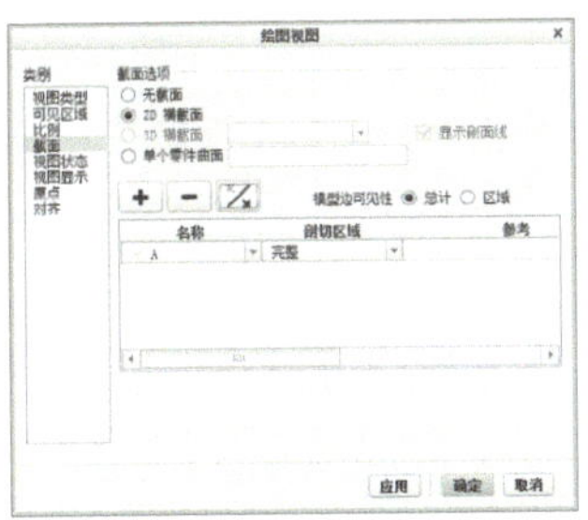
图 8-68 绘图视图设置

STEP04 单击 应用 按钮，得到的剖视图如图 8-69 所示。

要点提示

如果视图已经布置好，在窗口中选取视图并单击鼠标右键，弹出快捷菜单，选取【属性】选项，仍然可以得到【绘图视图】对话框，或者双击视图，两种方法通常用来修改视图。

STEP05 在【类别】列表框中选择【视图显示】，设置【显示样式】为【消隐】，如图 8-70 所示，【相切边显示样式】为【无】，单击 应用 按钮，得到的剖视图如图 8-71 所示。

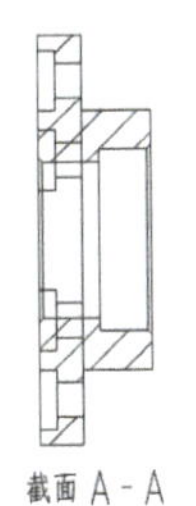

图 8-69 剖面图

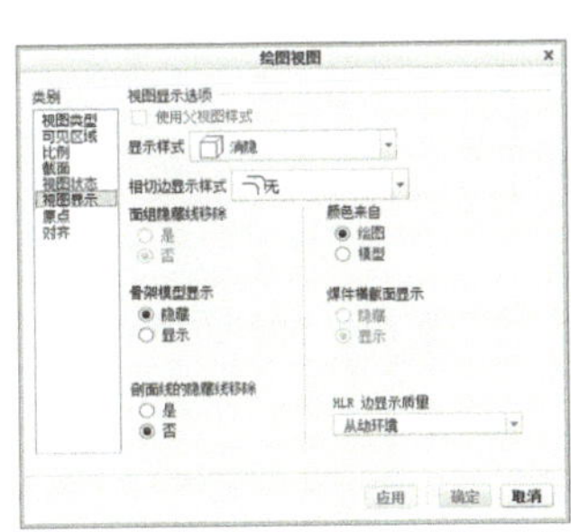
图 8-70 设置显示样式

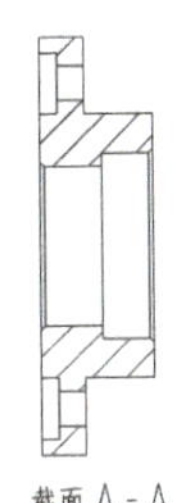

图 8-71 剖视图

要点提示

默认情况下，视图被锁定在当前位置。若要移动该视图，必须对其进行解锁。选取视图并长按鼠标右键，弹出如图 8-72 所示的快捷菜单，选择【锁定视图移动】选项，选定的视图将被解锁。

5. 创建投影视图

STEP01 在绘图区中选择布置好的视图，单击鼠标右键，选择如图 8-72 所示的【投影视图】命令。向右拖动鼠标至合适位置，单击鼠标左键放置视图。操作结果如图 8-73 所示。

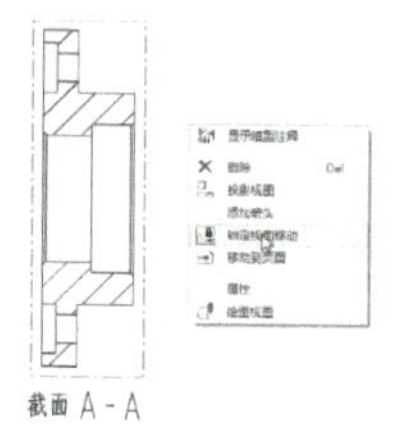

图 8-72 菜单操作

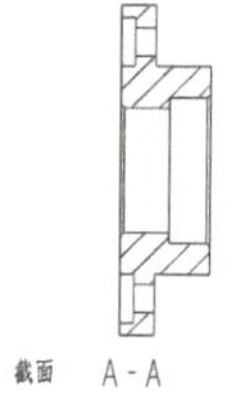

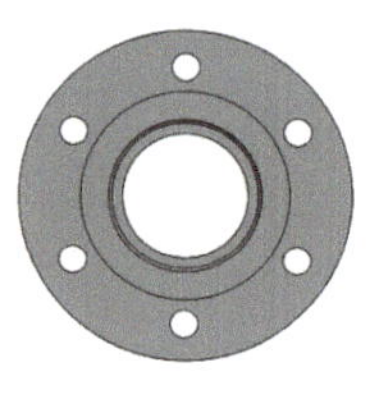

图 8-73 放置视图

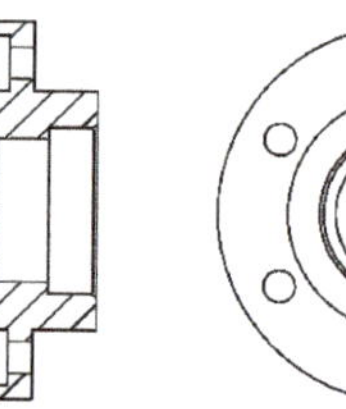

图 8-74 操作结果

STEP02 双击投影左视图，弹出【绘图视图】对话框，设置视图以消隐的线框显示模式。

STEP03 删除文字。选择“截面 A-A”（文字变红，光标变成✥形状，表示对象可以被编辑和移动），长按鼠标右键，在弹出的快捷菜单中选取【拭除】选项，最后结果如图 8-74 所示。

6. 自动标注尺寸

STEP01 选取主视图，在【注释】功能区的【注释】工具组中单击（显示模型注释）按钮，打开如图 8-75 所示的【显示模型注释】对话框。

STEP02 单击对话框中的（尺寸）按钮，在绘图区中选择视图，即可显示该视图的所有线性尺寸，如图 8-76 所示。

要点提示

自动标注的尺寸与零件在草绘视图中的尺寸布置有直接关系。若在草绘时尺寸布置合理，进入工程视图中自动标注的尺寸也相对合理，但多数情况下个别尺寸还需要手工调整。

STEP03 在尺寸前面的框格中勾选需要保留的尺寸，如图 8-77 所示，单击 确定 按钮完成设置。

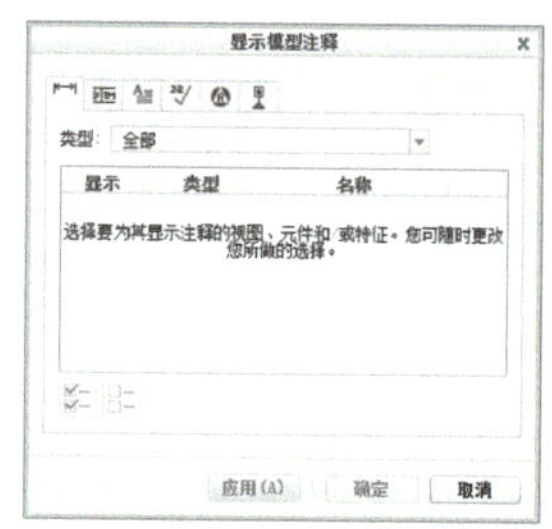

图 8-75 【显示模型注释】对话框

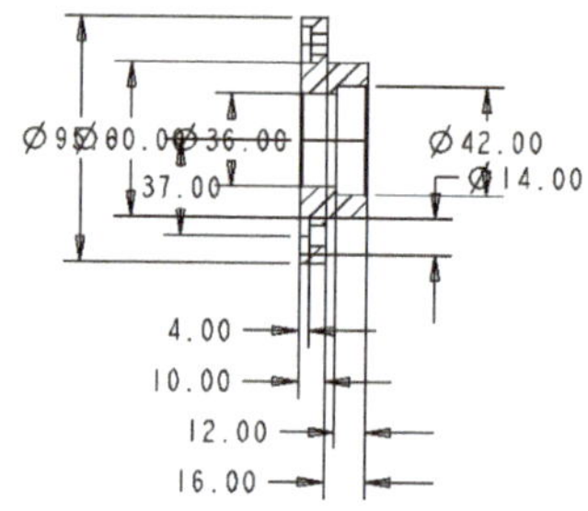

图 8-76 显示尺寸

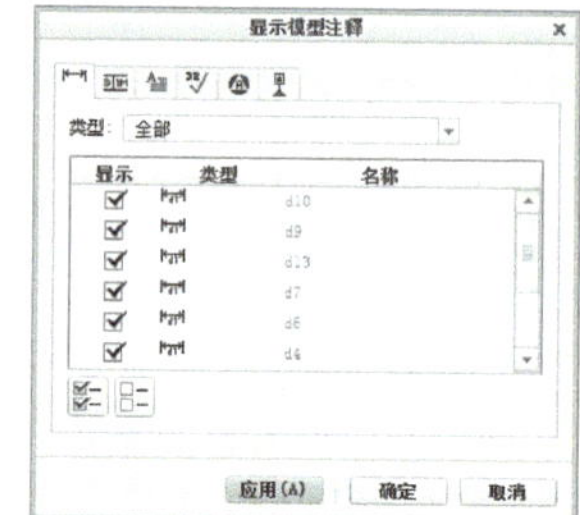

图 8-77 勾选需要保留的尺寸

STEP04 移动尺寸。选取尺寸，使之变为绿色，当鼠标光标变为✥形状后，将位置重叠的尺寸移开，结果如图 8-78 所示。

STEP05 删除不规范和重复标注的尺寸。选取视图中不规范和重复的尺寸，当其变成绿色时，按

Delete键将其删除。这里删除的是 37，结果如图 8-79 所示。

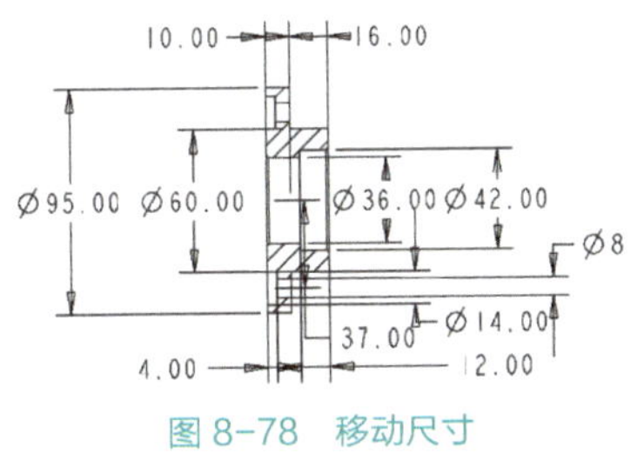

图 8-78　移动尺寸

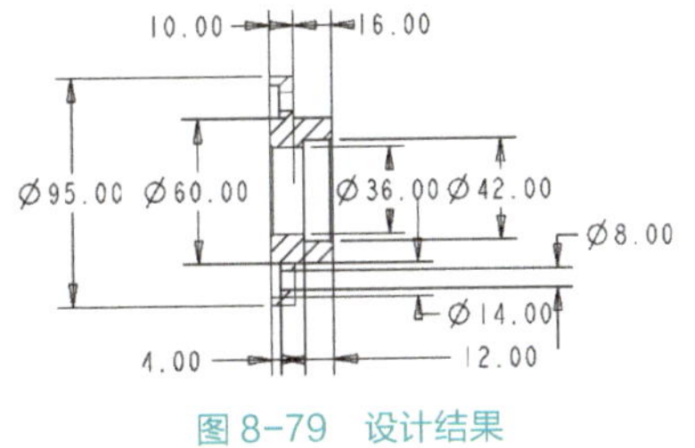

图 8-79　设计结果

要点提示

手工删除尺寸和轴时，也是先选取被删除对象，然后长按鼠标右键，在弹出的快捷菜单中选择【拭除】选项。

STEP06 手工调整尺寸。先将尺寸 ϕ36、ϕ14 和 ϕ8 切换到侧视图中。选中该尺寸，长按鼠标右键，选择快捷菜单中的【移动到视图】选项。

STEP07 选取侧视图位置，这 3 个尺寸就在侧视图中显示。调整尺寸至合适位置，结果如图 8-80 所示。

STEP08 检查视图并添加确实尺寸，调整两个视图的尺寸至适当位置。选中尺寸长按鼠标右键，在弹出的菜单中选择【属性】命令，将尺寸小数位数设置为 0，最后结果如图 8-81 所示。

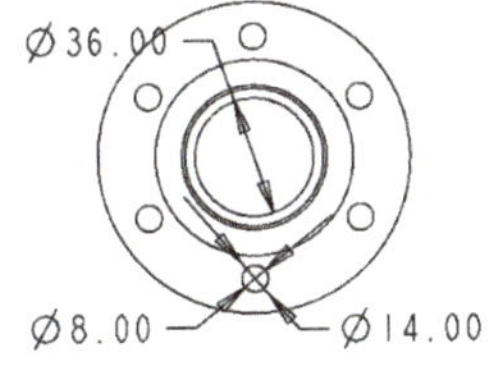

图 8-80　调整尺寸

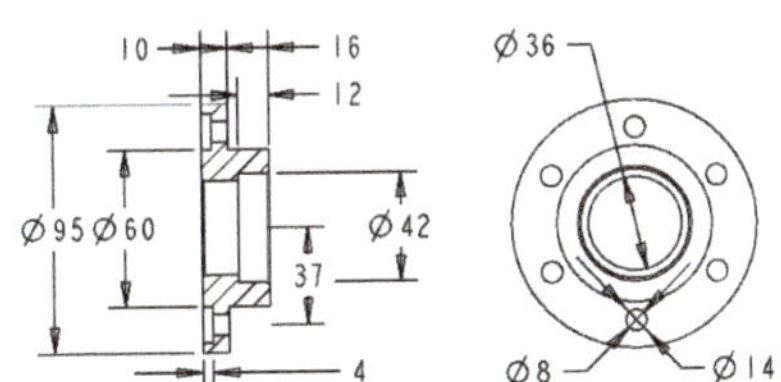

图 8-81　完善尺寸

要点提示

除了在尺寸【属性】中修改小数位数以外，还可以在【注释】功能区【格式】工具组的下拉工具中选择【小数位数】工具，输入小数位数，单击✓按钮弹出【选择】对话框。选择视图中的所有尺寸，单击 确定 按钮即可将小数位数全部修改。

8.2　典型实例

本节通过两个典型实例，介绍工程图的创建方法与技巧。

8.2.1　范例解析 1——创建泵轴零件的工程图

通过对前面基本内容的学习，读者对工程图模块中相关命令及其用法已经有了初步的了解。下面结合实例介绍创建工程图的一般过程。本例使用的泵轴零件如图 8-82 所示。

图 8-82　泵轴零件模型

【操作步骤】

1. 新建工程图文件

创建泵轴零件工程图

STEP01 单击 按钮打开【新建】对话框。在【类型】分组框中选取【绘图】选项，在【名称】输入框中输入工程图名称“shaft_draw”。

STEP02 取消选中【使用默认模板】选项，单击 确定 按钮打开【新建绘图】对话框。单击 浏览... 按钮打开素材文件“\素材\第 8 章 \shaft_part.prt”。

STEP03 在【指定模板】分组框中选取【格式为空】选项，再单击【格式】分组框中的 浏览... 按钮，打开图纸格式文件“\素材\第 8 章 \A4.frm”，如图 8-83 所示。

STEP04 单击 确定 按钮完成工程图模板设置，系统提示“输入想要使用格式的页面”，这里输入 1，操作结果如图 8-84 所示。

图 8-83 【新建绘图】对话框

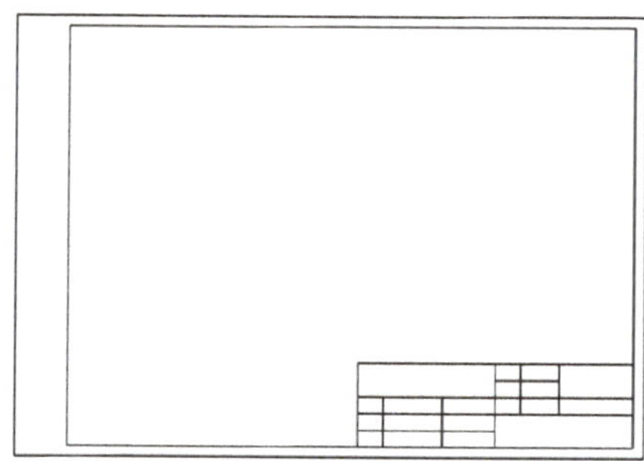
图 8-84 工程图设计环境

2. 创建主视图

STEP01 单击【模型视图】工具组中的 按钮，弹出【选择组合状态】对话框，单击 确定(O) 按钮。在图纸上选取一点作为绘制视图的中心点，同时系统打开【绘图视图】对话框。

STEP02 在【绘图视图】对话框的【视图方向】分组框上选取【几何参考】选项，在【参考 1】下拉列表框中选取【前】选项。在【模型树】中选取 TOP 基准平面作为参照。

STEP03 在【参考 2】下拉列表框中选取【右】选项，在【模型树】中选择 DTM3 基准平面作为参照，在【绘图视图】对话框中设置参数如图 8-85 所示，完成后单击 应用 按钮，最后生成如图 8-86 所示的主视图。

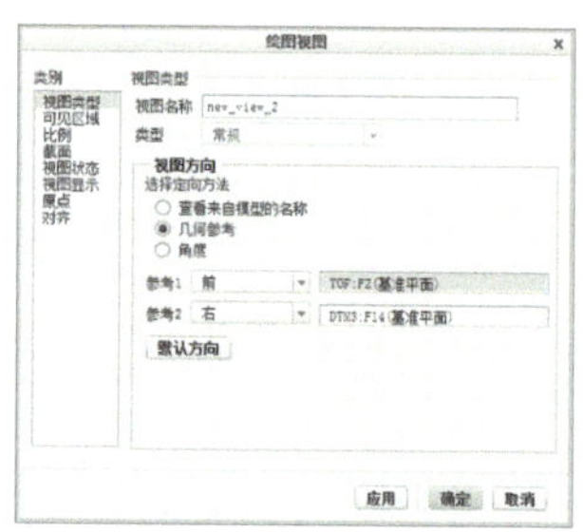

图 8-85 选取参照

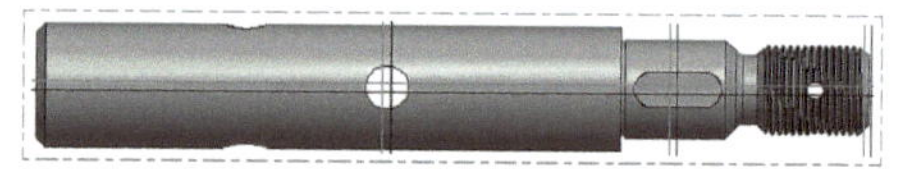
图 8-86 创建的主视图

STEP04 在如图 8-87 所示的【绘图视图】对话框的【类别】列表中选中【比例】选项，在对话框右侧选取【自定义比例】单选按钮，输入绘图比例为 2，完成后单击 应用 按钮。

STEP05 在如图 8-88 所示的【绘图视图】对话框的【类别】列表中选中【截面】选项。在对话框右侧选取【2D 横截面】选项，然后单击 + 按钮，向 2D 横截面属性列表中添加一条记录。

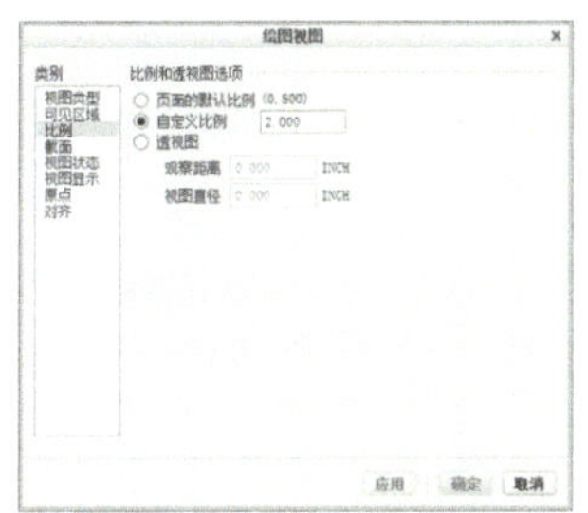

图 8-87 设置比例

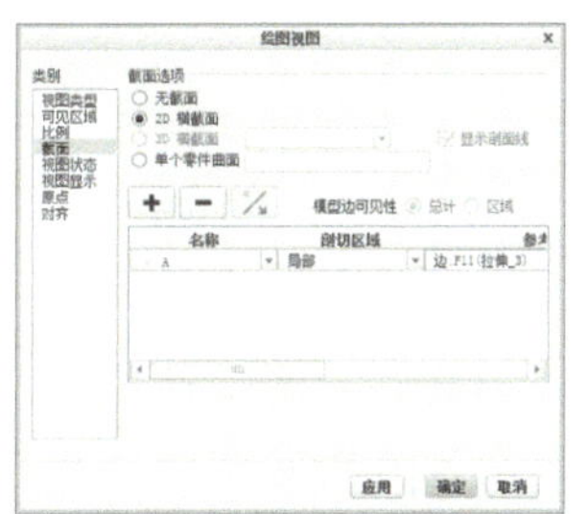

图 8-88 【绘图视图】对话框

STEP06 在 2D 横截面属性列表的【名称】栏下选取【新建…】选项，系统打开【横截面创建】菜单管理器，接受其中的默认选项，然后选取【完成】选项。根据系统提示输入新创建的剖截面名称 A，完成后回车。

STEP07 在【模型树】中选择 TOP 基准平面，选取该基准平面作为参照来创建横截面。在【剖切区域】栏下的下拉列表中选取【局部】选项，根据系统提示选取如图 8-89 所示的剖截面间断中心点，绘制如图 8-89 所示的封闭曲线作为剖面显示区域边界。

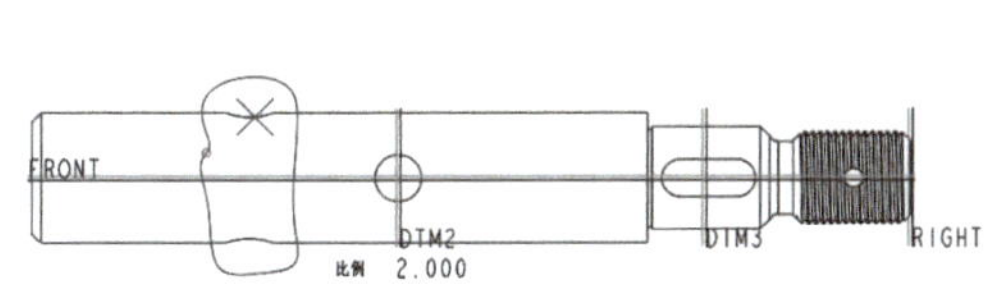

图 8-89 绘制剖面显示区域边界

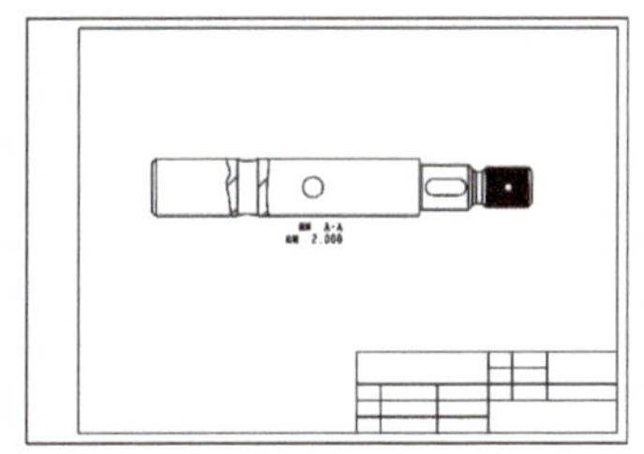

图 8-90 主视图创建结果

STEP08 完成以上操作后，在【绘图视图】对话框上单击 确定 按钮，完成主视图的创建，最后创建的主视图如图 8-90 所示。

3. 创建旋转视图

STEP01 在【模型视图】工具组中单击 旋转视图 按钮，在工作区中选取前面创建的主视图作为旋转界面的父视图，然后在工作区中选择合适的点作为旋转视图放置中心点。

STEP02 系统打开【绘图视图】对话框，在该对话框的【旋转视图属性】分组框的【截面】下拉列表中选取【新建…】选项。

STEP03 系统打开【横截面创建】菜单管理器，接受其中的默认选项，然后选取【完成】选项。根据系统提示输入新创建的横截面名称 B，然后回车。

STEP04 选取如图 8-91 所示的基准平面 DTM2 作为参照创建剖截面。然后选取 TOP 基准平面作为对齐参照。

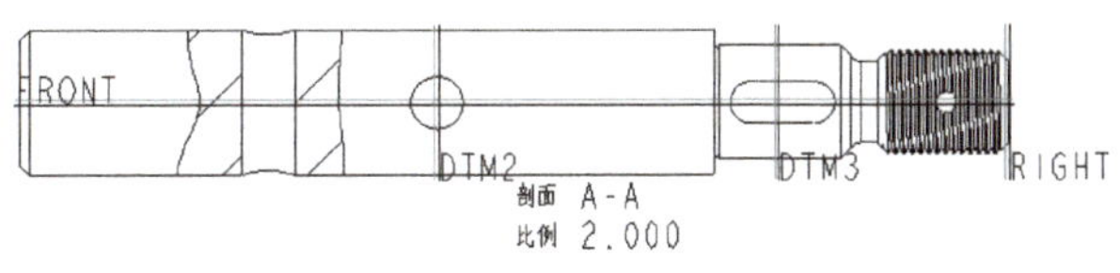

图 8-91 选取参照

STEP05 完成操作后，在【绘图视图】对话框上单击 确定 按钮，创建旋转视图。此时的【绘图视图】对话框如图 8-92 所示，最后创建的旋转视图如图 8-93 所示。

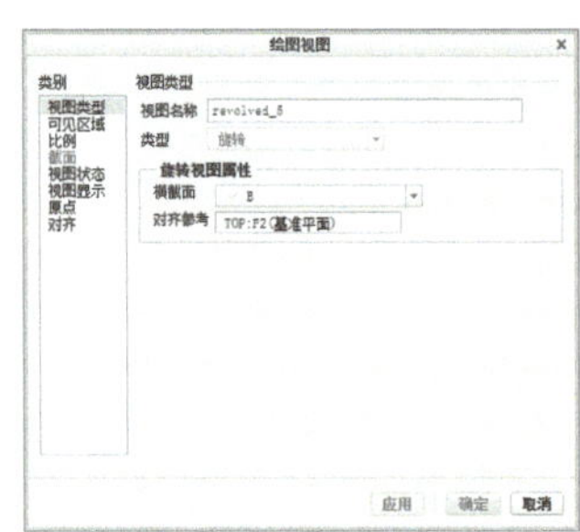

图 8-92 【绘图视图】对话框

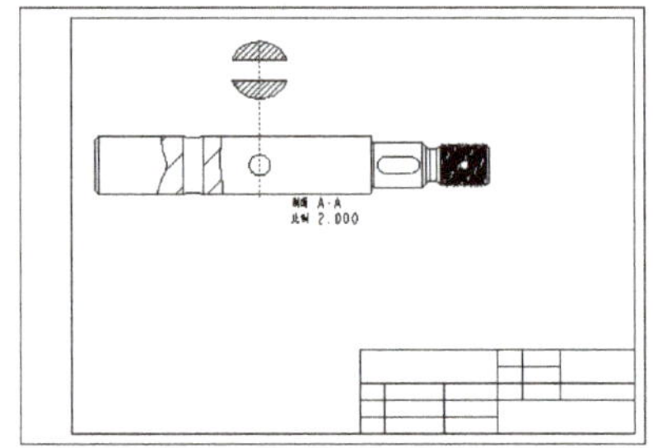

图 8-93 最后创建的旋转视图

4. 创建投影视图

STEP01 在【模型视图】工具组中单击 投影视图 按钮，选取【主视图】作为父视图，接着移动鼠标至合适点单击鼠标左键，绘制如图 8-94 所示的投影视图。

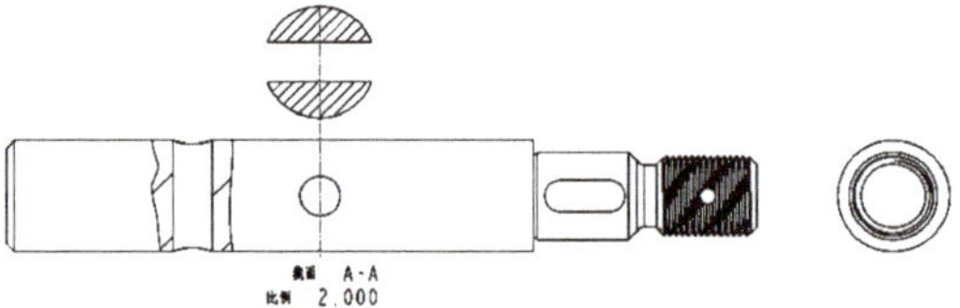

图 8-94 绘制投影视图

STEP02 双击步骤（1）绘制的投影视图，打开【绘图视图】对话框，在【类别】列表中选中【截面】选项，截面选项设置为【2D 横截面】。

STEP03 在【剖面选项】分组框上单击 + 按钮，向 2D 剖面属性列表中添加一条记录。在 2D 截面属性列表中的【名称】下拉列表中选取【新建…】选项，系统打开【横截面创建】菜单管理器。接受其中的默认选项，然后选取【完成】选项。输入新创建的剖截面名称 C。单击✓按钮，弹出如图 8-95 所示的菜单管理器。

STEP04 选取如图 8-91 所示的基准平面 DTM3 作为参照创建剖截面。在【剖面选项】分组框的【模型边可见性】栏中选中【区域】单选按钮。在 2D 截面属性列表中用鼠标激活【箭头显示】文本框，如图 8-96 所示。选取主视图作为显示箭头的视图。

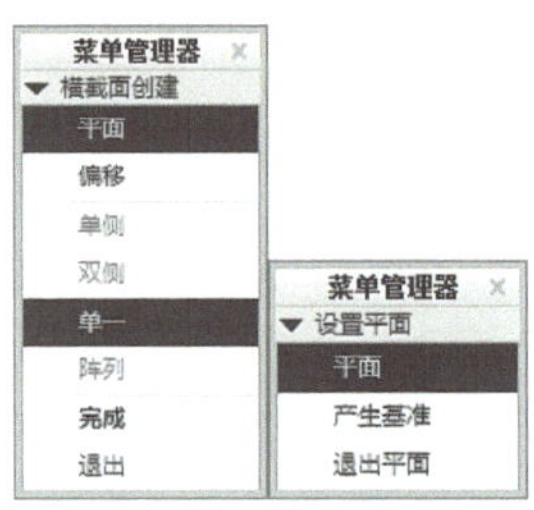

图 8-95 菜单管理器

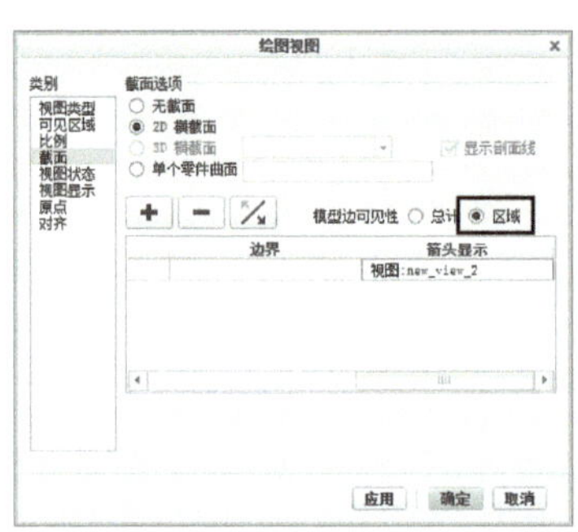

图 8-96 【绘图视图】对话框

STEP05 完成以上操作后，在【绘图视图】对话框上单击 确定 按钮，完成后的【绘图视图】对话框如图 8-97 所示，最后创建的投影视图如图 8-98 所示。

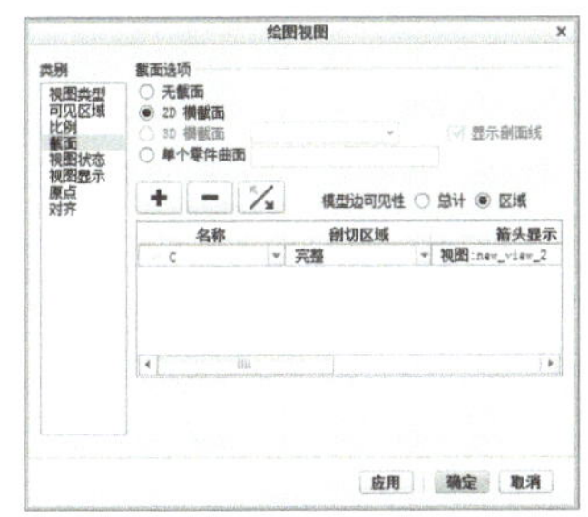

图 8-97 【绘图视图】对话框

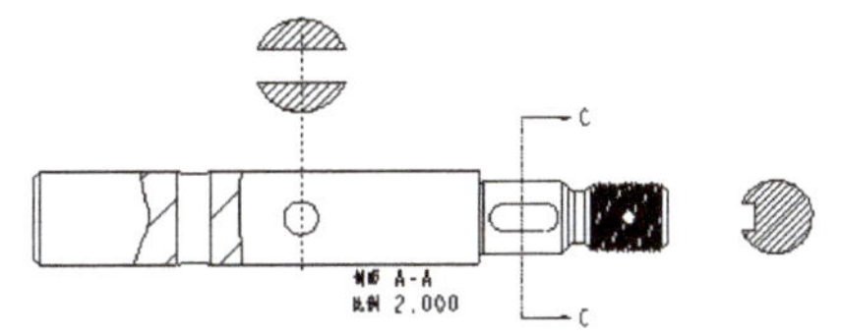

图 8-98 最后创建的投影视图

5. 创建详细视图

STEP01 在【模型视图】工具组中单击 详细视图 按钮，选取合适的点作为要查看细节的中心点，接着绘制封闭的样条曲线圈住要用详细视图显示的区域。

STEP02 完成封闭样条曲线的绘制后，移动鼠标选取详细视图的放置中心点，最后绘制的详细视图如图 8-99 所示。

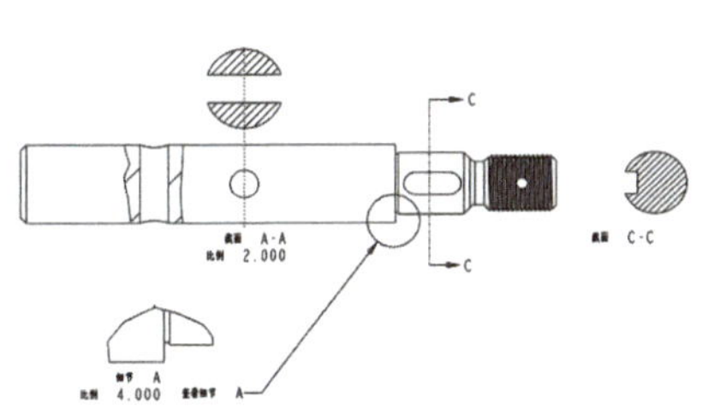

图 8-99 最后创建的投影视图

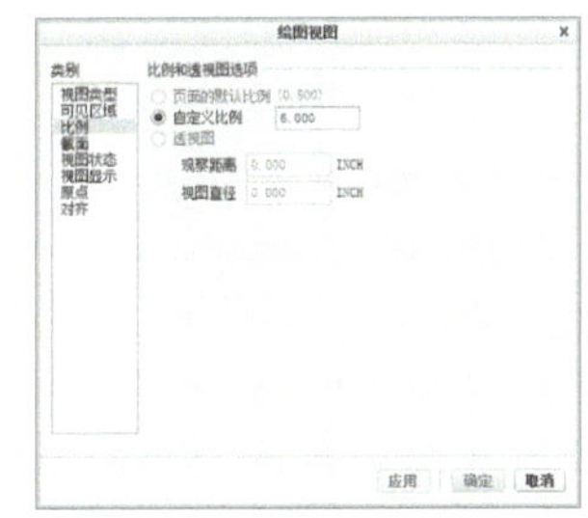

图 8-100 【绘图视图】对话框

STEP03 双击上一步绘制的详细视图打开【绘图视图】对话框，在【类别】列表中选取【比例】选项。选中【自定义比例】单选按钮后，设置绘图比例为 6，如图 8-100 所示。

STEP04 使用同样的方法绘制另一个详细视图并指定详细视图的比例为 6，最后的绘制结果如图 8-101 所示。

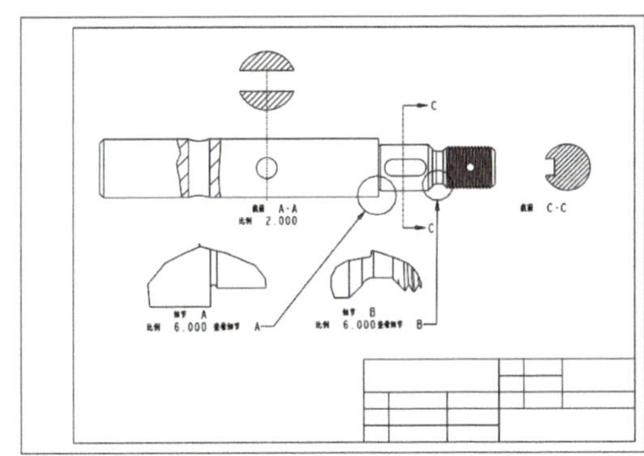

图 8-101 最后创建的工程图

6. 尺寸标注

在【注释】功能区【注释】工具组中单击尺寸按钮，打开如图 8-102 所示的【选择参考】对话框，在工作区中按住Ctrl键，选取如图 8-103 所示的两边作为尺寸依附边参照，完成后在空白处单击鼠标中键，完成尺寸标注，最后的标注结果如图 8-104 所示。

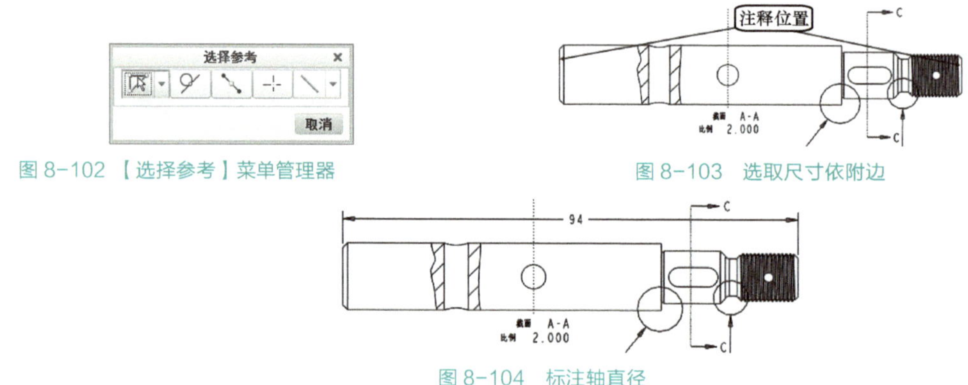

图 8-102 【选择参考】菜单管理器

图 8-103 选取尺寸依附边

图 8-104 标注轴直径

7. 标注公差

STEP01 单击尺寸按钮，在主视图上标注轴的直径尺寸，如图 8-105 所示，单击鼠标中键完成尺寸标注。

STEP02 在工作区选中刚刚标注的轴的直径尺寸，单击鼠标右键，在打开的快捷菜单中选取【属性】选项，系统打开【尺寸属性】对话框。

STEP03 在如图 8-106 所示的【尺寸属性】对话框中的【值和显示】分组框中设置小数位数为 3；在【公差】分组框中的【公差模式】下拉列表中选取【加 - 减】选项，输入【上公差】为 0，【下公差】为 0.011，完成后的尺寸如图 8-107 所示。

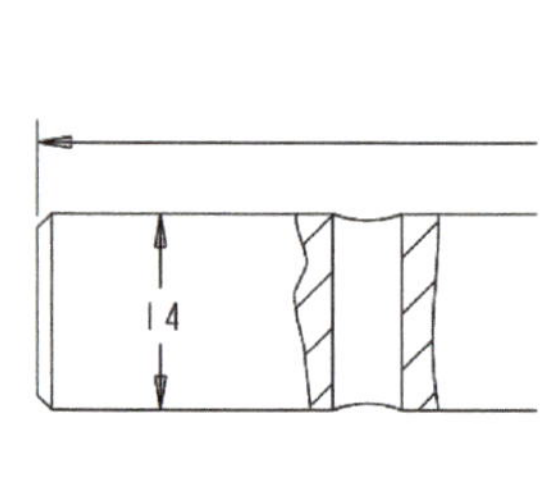

图 8-105 【绘图视图】对话框

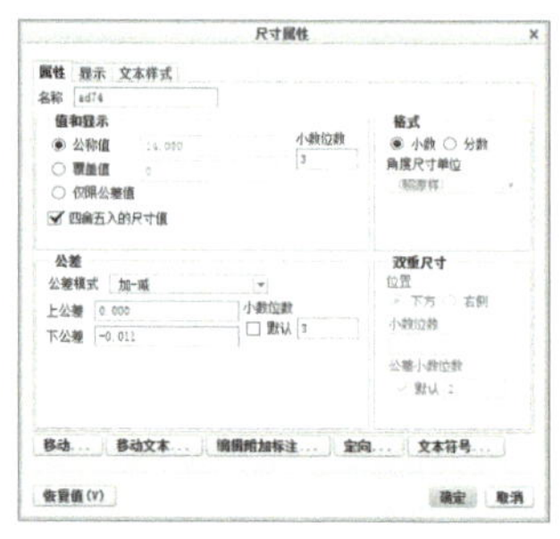

图 8-106 【尺寸属性】对话框

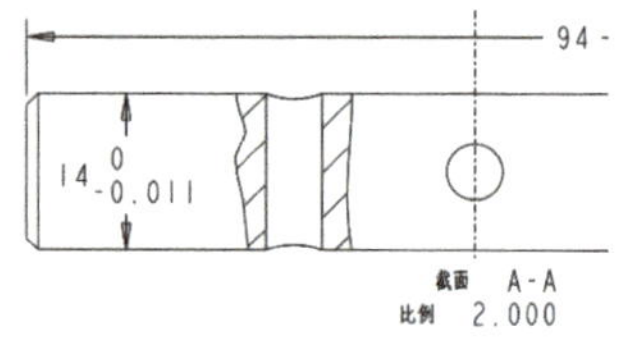

图 8-107 设计结果

STEP04 在【尺寸属性】对话框中切换到【显示】选项卡，选择【两者都不】选项，在【前缀】栏中单击鼠标左键，把输入光标放置到该栏中。在对话框底部单击文本符号...按钮，打开图 8-108 所示的【文本符号】窗口。选取⌀按钮输入直径符号，如图 8-109 所示。

STEP05 完成以上操作后，单击确定按钮关闭【尺寸属性】对话框。最后的标注结果如图 8-110 所示。

图 8-108 【文本符号】对话框

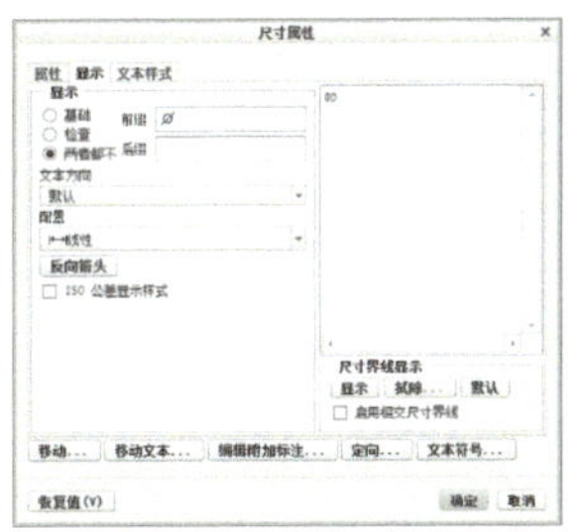

图 8-109 【尺寸属性】对话框

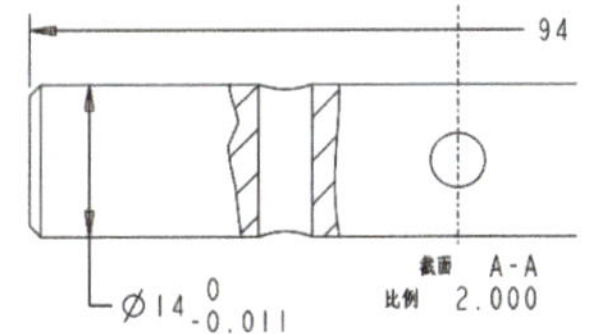

图 8-110 最后的标注结果

8. 标注表面质量参数

STEP01 单击【注释】工具组中的 表面粗糙度 按钮，打开【打开】对话框，选择 machined 文件夹下的 standard1.sym 文件，弹出如图 8-111 所示的【表面粗糙度】对话框。

STEP02 此时光标附带粗糙度图元。拖曳鼠标在图形上选取合适位置后，单击鼠标左键放置粗糙度符号，如图 8-112 所示。双击尺寸文本框并输入粗糙度值为 3.2，完成后回车。最后的标注结果如图 8-113 所示。

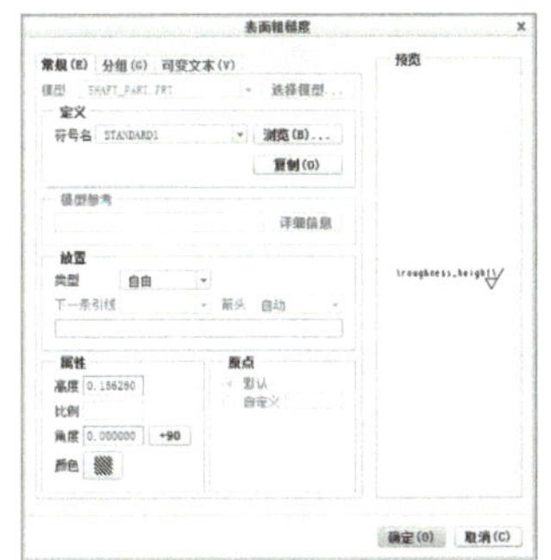

图 8-111 【表面粗糙度】对话框

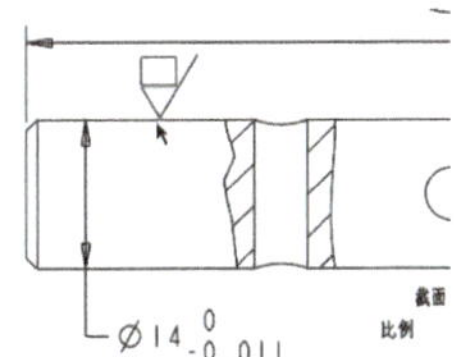

图 8-112 选取标准点

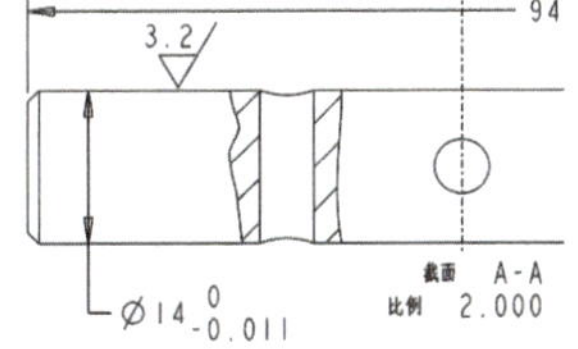

图 8-113 最后标注结果

STEP03 进一步完善图形上的各种标注并对标注进行必要的调整，最后标注的结果如图 8-114 所示。

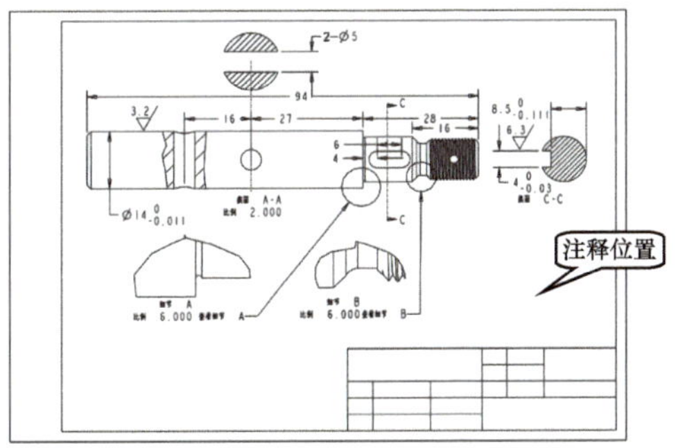

图 8-114 最后的尺寸标注结果

9. 编写技术要求

STEP01 在【注释】工具组中单击 注解 按钮，打开【选择点】对话框，如图 8-115 所示，接受其中的默认选项。

STEP02 选取合适的位置。输入技术要求，完成后回车。最后编写的技术要求如图 8-116 所示。

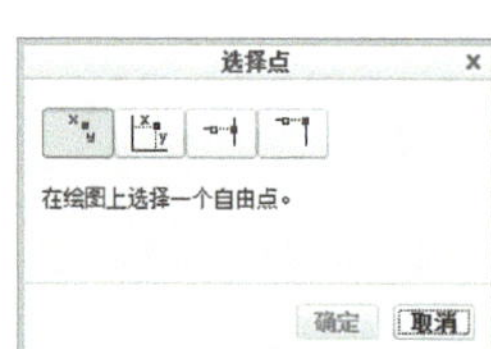

图 8-115 【选择点】对话框

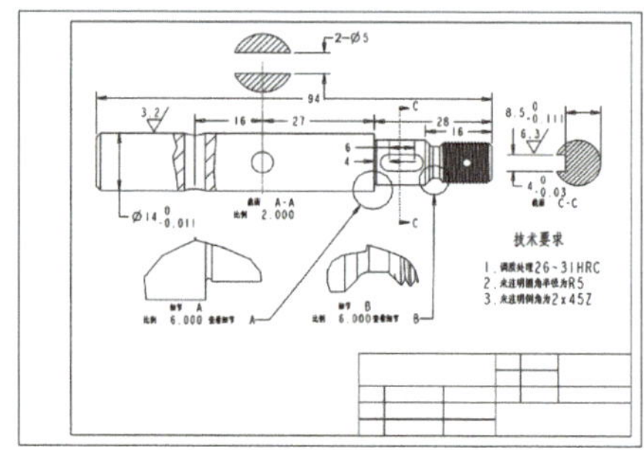

图 8-116 最后编写的技术要求

10. 完善标题栏

STEP01 在【注释】工具组中单击 按钮，打开【选择点】对话框，在标题栏中输入图号等信息。

STEP02 完成文字输入后，双击文字即可切换到【格式】功能区。输入文字高度、居中以及字体等参数。最终创建的泵轴零件图如图 8-117 所示。

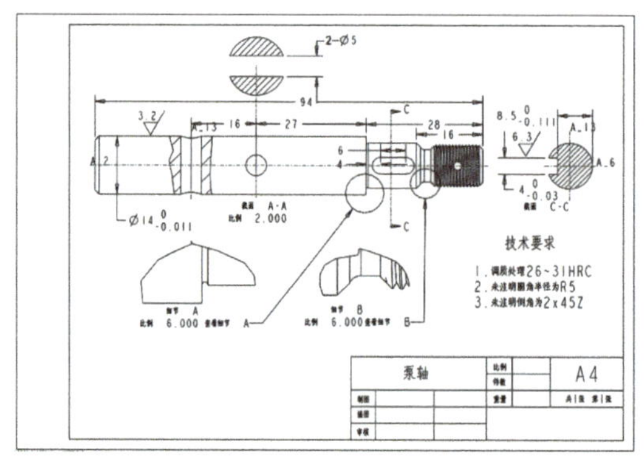

图 8-117 泵轴零件图

8.2.2 范例解析 2——创建阀座工程图

创建阀座工程图

下面通过一个综合实例来说明工程图的设计方法和技巧。

【操作步骤】

1. 新建绘图文件

STEP01 单击 按钮，新建名为 bearing_seat 的绘图文件。

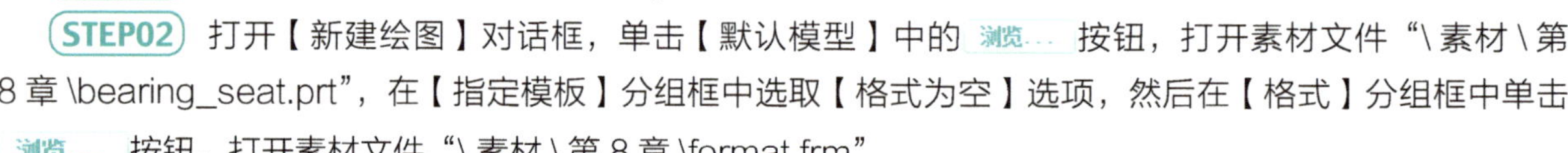

STEP02 打开【新建绘图】对话框，单击【默认模型】中的 浏览... 按钮，打开素材文件“\ 素材 \ 第 8 章 \bearing_seat.prt”，在【指定模板】分组框中选取【格式为空】选项，然后在【格式】分组框中单击 浏览... 按钮，打开素材文件“\ 素材 \ 第 8 章 \format.frm”。

STEP03 设置参数后的【新建绘图】对话框如图 8-118 所示，单击 确定(0) 按钮进入图 8-119 所示的绘图环境。

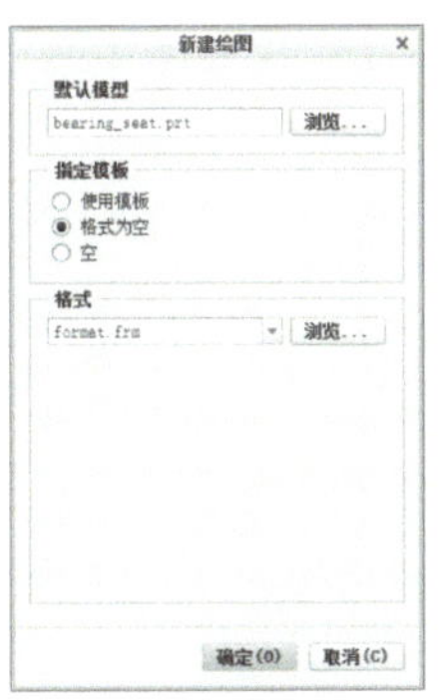

图 8-118 【新建绘图】对话框

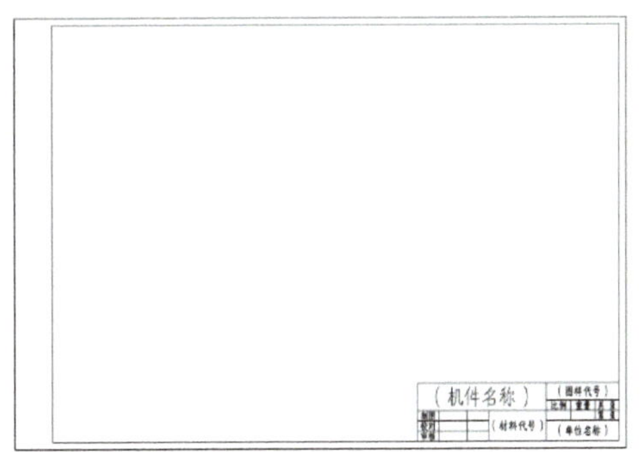

图 8-119 绘图环境

2. 设置第一角画法

STEP01 选取菜单命令【文件】/【准备】/【绘图属性】，打开【绘图属性】对话框，在【详细信息选项】下单击【更改】选项。

STEP02 在【选项】文本框中输入“projection_type”，在右侧文本框中设置该参数值为【first_angle】，然后单击 添加/更改 按钮，将第三角画法修改为我国通用的第一角画法，最后单击 确定(O) 按钮。

3. 创建一般视图

STEP01 在【布局】功能区的【模型视图】工具组中单击（常规视图）按钮，在绘图区中选择一点放置模型，并打开【绘图视图】对话框，在左侧的【类别】列表框中选取【视图类型】选项。

STEP02 视图类型默认为【常规】。在【视图方向】分组框中选取零件定位方法为【几何参考】，在【参考 1】右侧的下拉列表中选取【前】，然后选取图 8-120 所示的平面作为参照。

STEP03 在【参考 2】右侧的下拉列表中选取【右】，然后选取图 8-121 所示的平面作为参考。完成参数设置的【绘图视图】对话框如图 8-122 所示，创建的一般视图如图 8-123 所示。

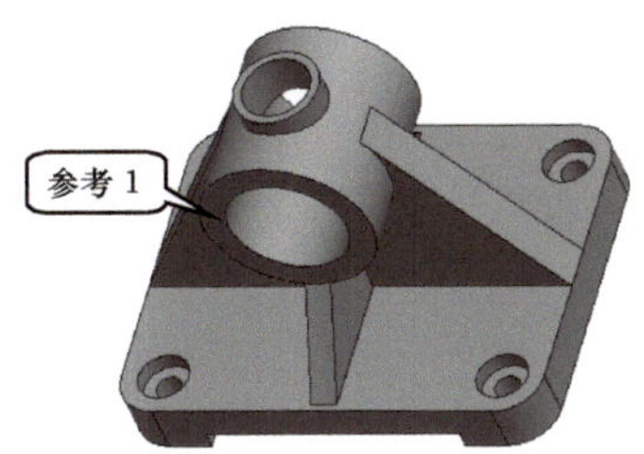

图 8-120 选取参照 1

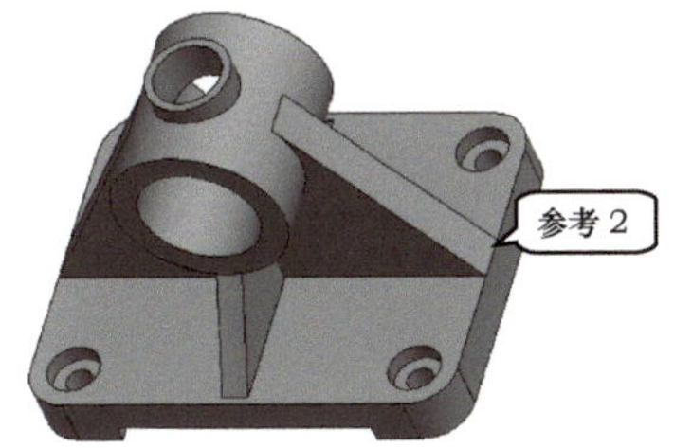

图 8-121 选取参照 2

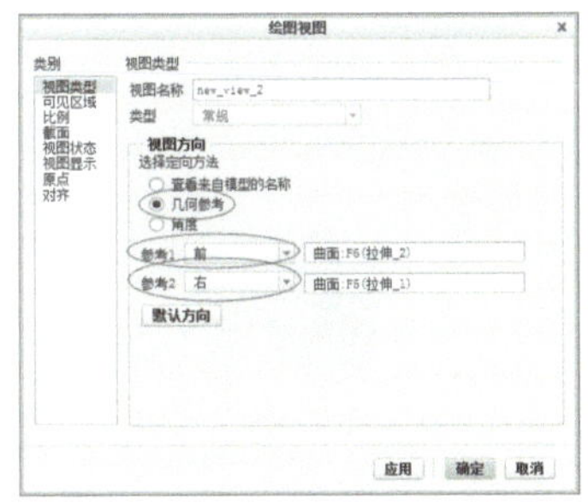

图 8-122 参数设置

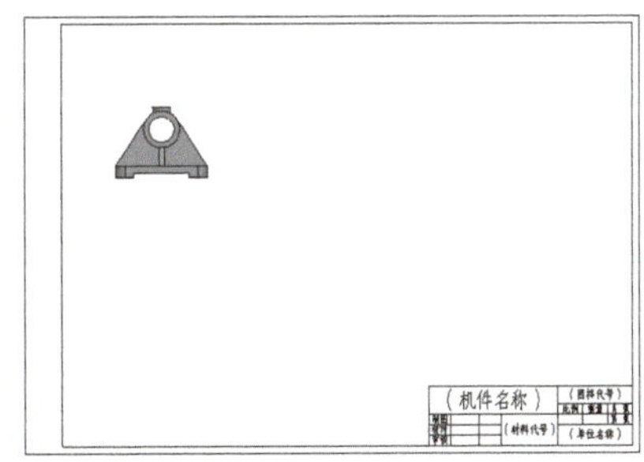

图 8-123 创建一般视图

STEP04 设置可见区域。在【绘图视图】对话框的【类别】列表框中选取【可见区域】选项，设置【视图可见性】为【全视图】，为一般视图创建全视图，如图 8-124 所示。

STEP05 设置比例。在【绘图视图】对话框的【类别】列表框中选取【比例】选项，在【比例和透视图】分组框中选取【自定义比例】单选项，设置比例为 0.014，如图 8-125 所示。

STEP06 设置视图显示方式。在【绘图视图】对话框的【类别】列表框中选取【视图显示】选项，在【显示样式】下拉列表中选取【消隐】选项，在【相切边显示样式】下拉列表中选取【无】选项，如图 8-126 所示。

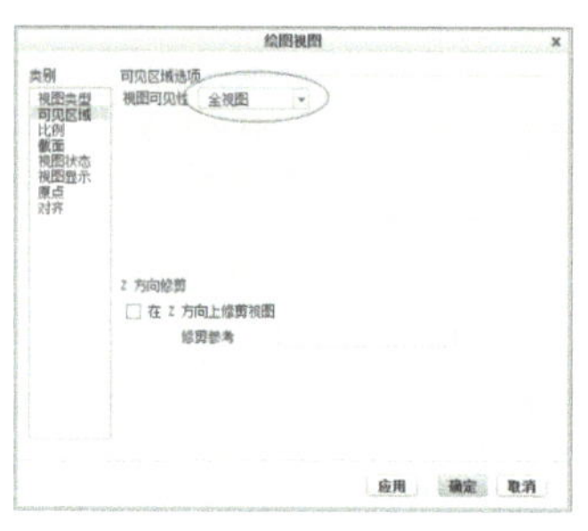

图 8-124 设置可见区域

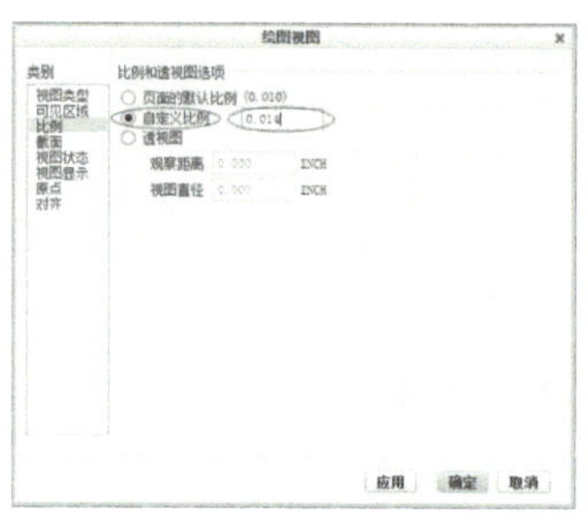

图 8-125 设置比例

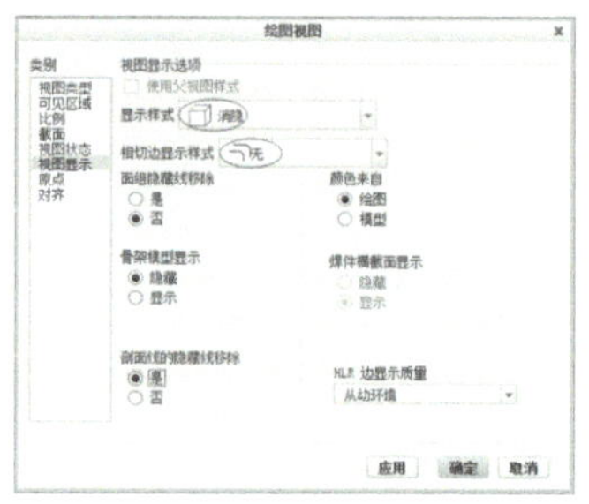

图 8-126 设置视图显示方式

STEP07 设置原点。在【绘图视图】对话框的【类别】列表框中选取【原点】选项，按照如图 8-127 设置坐标系原点（5,8.5），其他按系统默认设置，单击 确定(O) 按钮，关闭对话框后得到的工程效果图如图 8-128 所示。

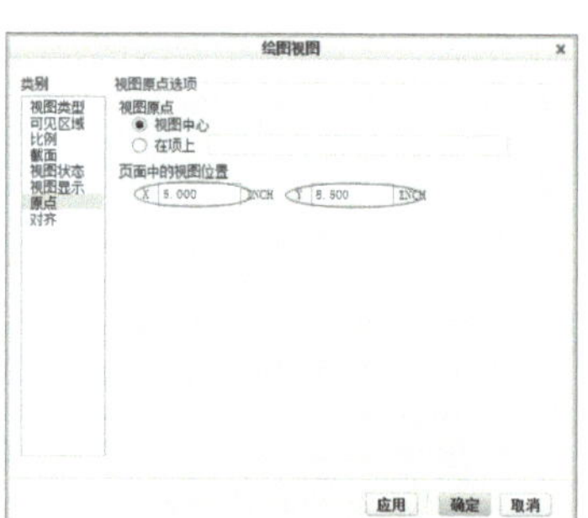

图 8-127 设置原点

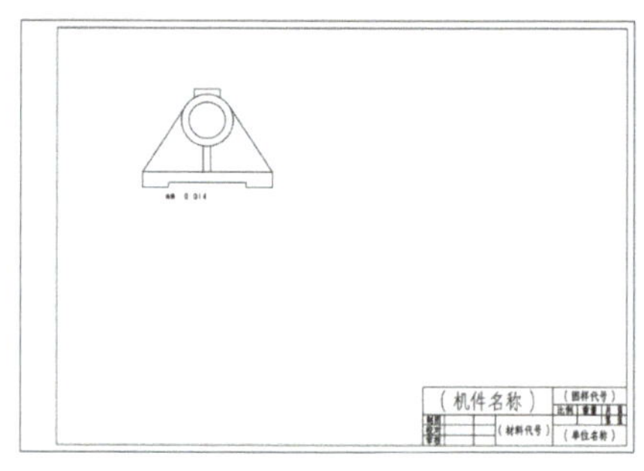

图 8-128 工程效果图

4. 创建俯视图

STEP01 插入投影视图。选取创建的主视图，待出现边框线时长按鼠标右键，在弹出的快捷菜单中选取【投影视图】命令，在一般视图下部的适当位置单击鼠标左键，放置俯视图，如图 8-129 所示。

STEP02 设置视图显示。双击刚才创建的俯视图，在【绘图视图】对话框的【类别】列表框中选取【视图显示】选项，在【显示样式】下拉列表中选取【消隐】选项，在【相切边显示样式】下拉列表中选取【无】选项。

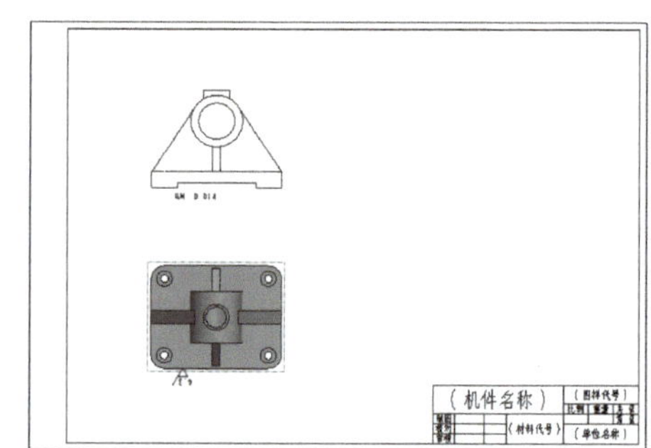

图 8-129 创建俯视图

STEP03 设置原点。在【绘图视图】对话框的【类别】列表框中选取【原点】选项，按照图 8-130 设置坐标系原点（5,3.5），最后得到的工程效果图如图 8-131 所示。

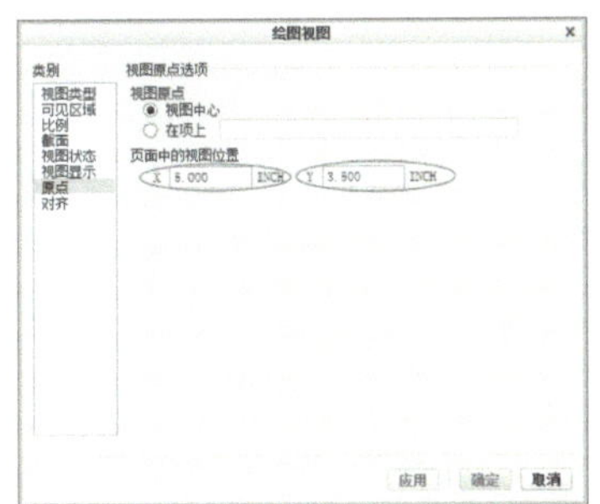
图 8-130　设置原点

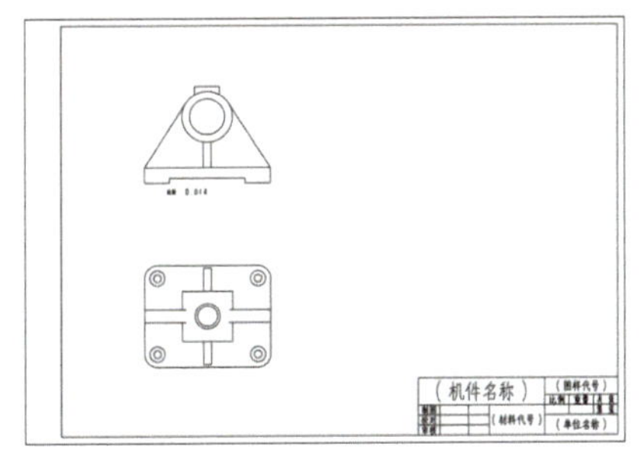
图 8-131　创建的投影视图

5. 创建阶梯剖视图

STEP01 插入投影视图。选取创建的主视图，待出现边框线时长按鼠标右键，在弹出的快捷菜单中选取【投影视图】命令，在一般视图右侧的适当位置单击鼠标左键，放置左视图，如图 8-132 所示。

STEP02 设置视图显示。双击刚才创建的左视图，在【绘图视图】对话框的【类别】列表框中选取【视图显示】选项，在【显示样式】下拉列表中选取【消隐】选项，在【相切边显示样式】下拉列表中选取【无】选项。

STEP03 设置截面。在【绘图视图】对话框的【类别】列表框中选取【截面】选项，在【截面选项】分组框中选择【2D 横截面】单选项。

STEP04 单击 + 按钮，在其下的【名称】下拉列表中选择截面名 A，拖动【绘图视图】对话框底部的滑动条，在【箭头显示】栏下激活选取文本框，如图 8-133 所示。选取俯视图为剖面箭头的放置视图后，其上将增加剖面箭头，如图 8-134 所示，然后单击 应用 按钮，此时创建的视图如图 8-135 所示。

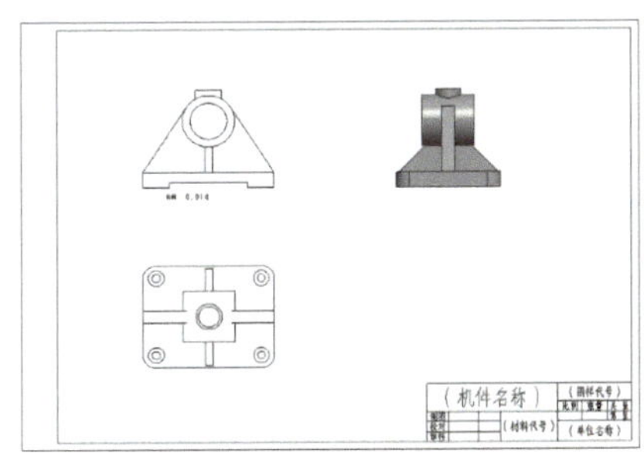
图 8-132　创建左视图

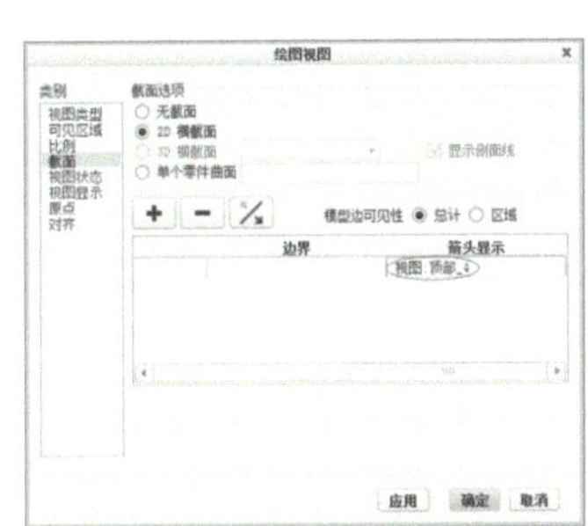
图 8-133　设置剖切参数

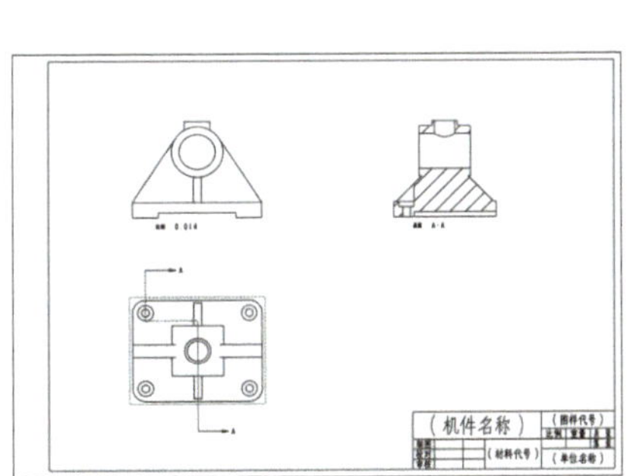
图 8-134　显示剖切符号

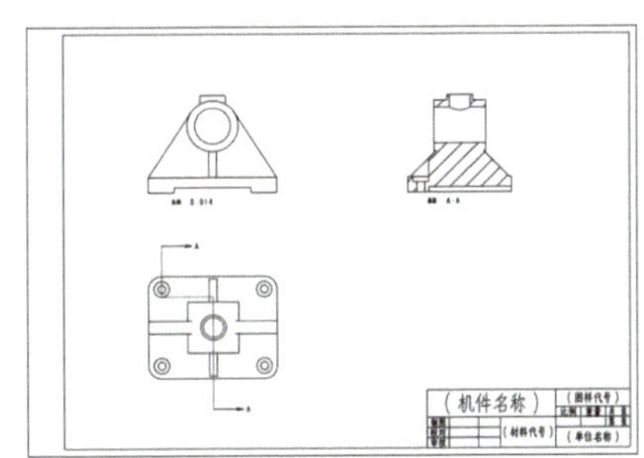
图 8-135　创建的剖视图

STEP05 设置原点。在【绘图视图】对话框的【类别】列表框中选取【原点】选项，按照图 8-136 设置坐标系原点（11,8.5），最后创建的左视图如图 8-137 所示。

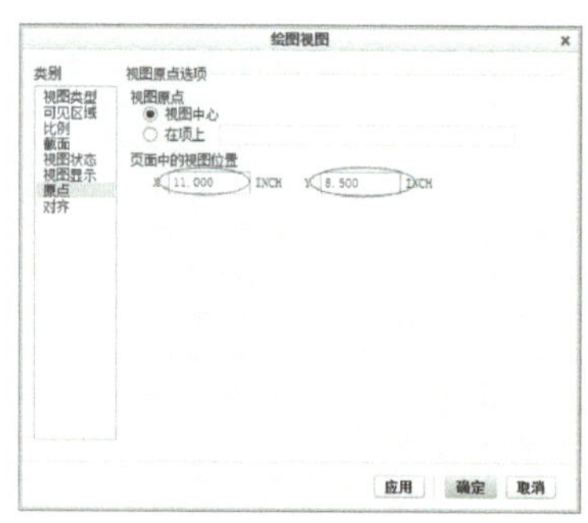

图 8-136　设置原点

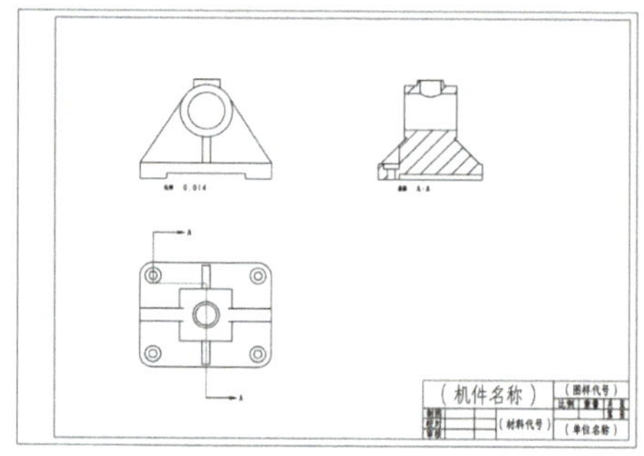

图 8-137　创建的左视图

6. 创建轴测图

STEP01 设置视图类型。在【布局】功能区的【模型视图】工具组中单击（常规视图）按钮，在绘图区中选择一点放置模型，并打开【绘图视图】对话框。

STEP02 设置比例。在【绘图视图】对话框的【类别】列表框中选取【比例】选项，在【比例和透视图】分组框中选取【自定义比例】选项，设置比例为 0.014。

STEP03 设置视图显示。在【绘图视图】对话框的【类别】列表框中选取【视图显示】选项，在【显示样式】下拉列表中选取【消隐】选项，在【相切边显示样式】下拉列表中选取【无】选项。

STEP04 设置原点。在【绘图视图】对话框的【类别】列表框中选取【原点】选项，按照图 8-138 设置坐标系原点为（11,4），最后创建的轴测图如图 8-139 所示。

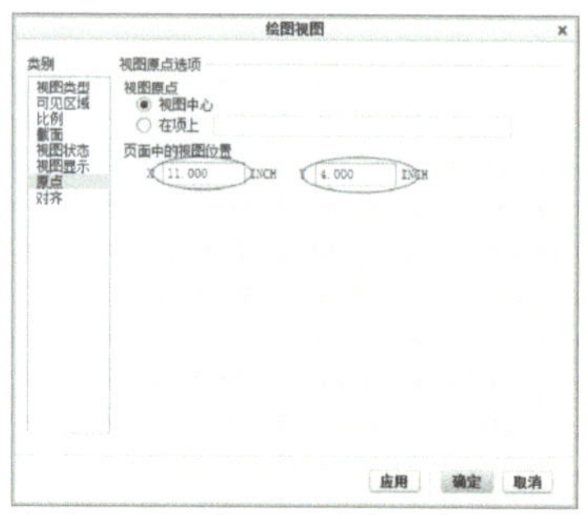

图 8-138　设置原点

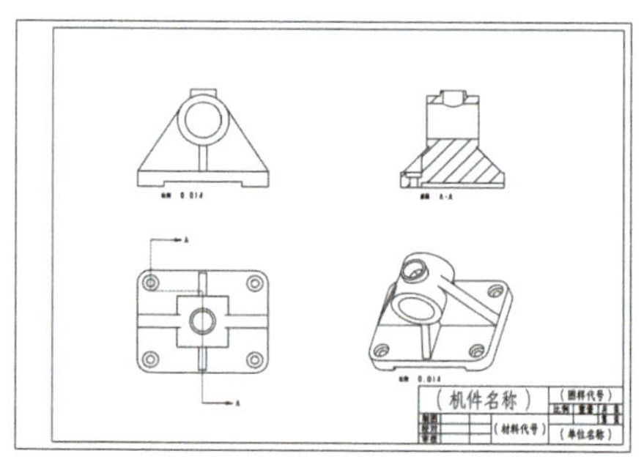

图 8-139　创建的轴测图

7. 标注和调整尺寸

STEP01 显示和移动尺寸。选取创建的主视图，待出现框线时，在【注释】功能区的【注释】工具组中单击（显示模型注释）按钮，打开【显示模型注释】对话框。

STEP02 单击对话框中的（尺寸）按钮，显示该视图的所有线性尺寸。在尺寸前面的框格中勾选需要保留的尺寸，单击 确定 按钮完成设置。依次单击另外两个视图重复以上操作，确认后得到的工程图如图 8-140 所示。

STEP03 移动尺寸。选取尺寸，使之变为绿色，当鼠标光标变为✥形状后，将位置重叠的尺寸移开，结果如图 8-141 所示。

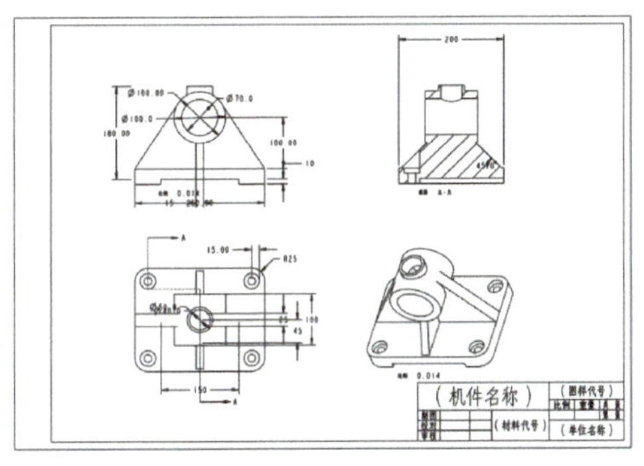

图 8-140　显示尺寸

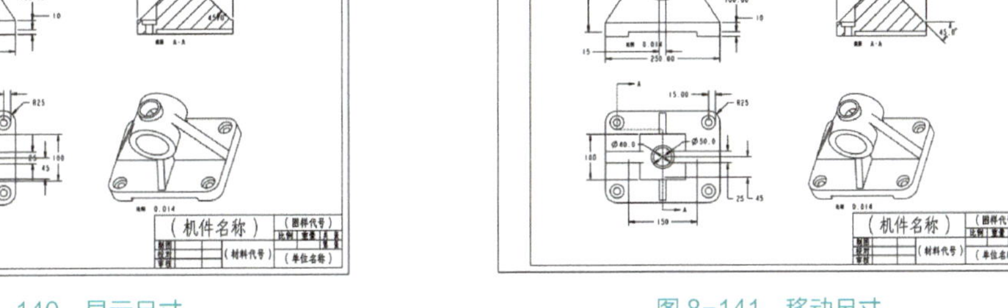

图 8-141　移动尺寸

STEP04 删除不规范和重复标注的尺寸。选取视图中不规范和重复的尺寸，当其变成绿色时，按 Delete 键将其删除。

STEP05 移动尺寸在视图上的位置。选中俯视图中的沉孔尺寸，在其上长按鼠标右键，在弹出的快捷菜单中选取【移动到视图】命令，如图 8-142 所示，选取左视图为放置尺寸的视图，移动结果如图 8-143 所示。

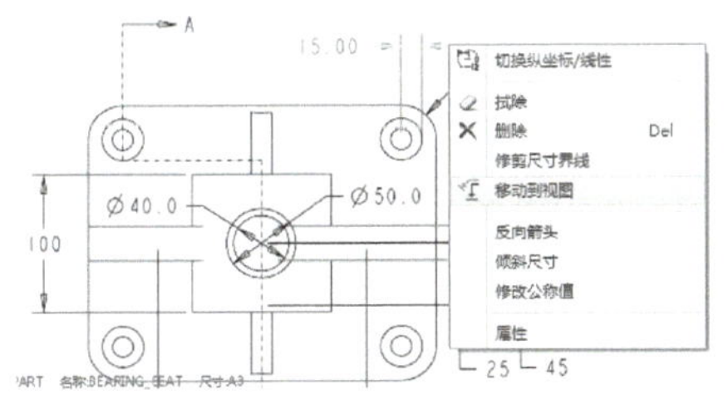

图 8-142　快捷菜单操作

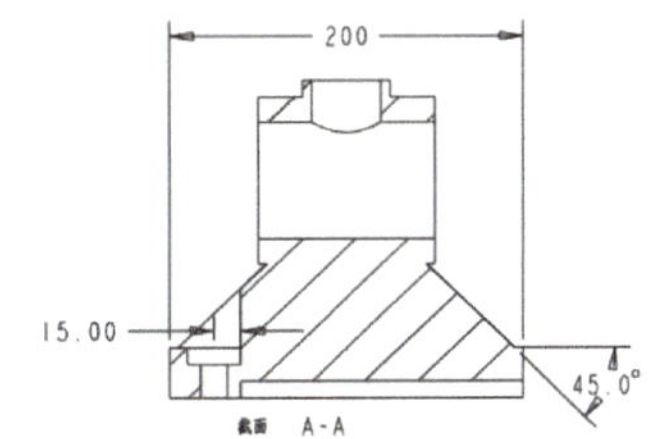

图 8-143　移动结果

STEP06 对齐尺寸。按住 Ctrl 键选取要对齐的多个尺寸，长按鼠标右键，在弹出的快捷菜单中选取【对齐尺寸】命令，结果如图 8-144 所示，对齐全部尺寸后的结果如图 8-145 所示。

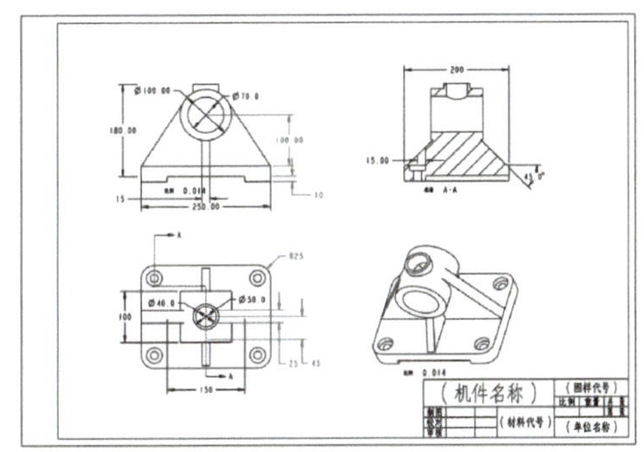

图 8-144　对齐尺寸结果（1）

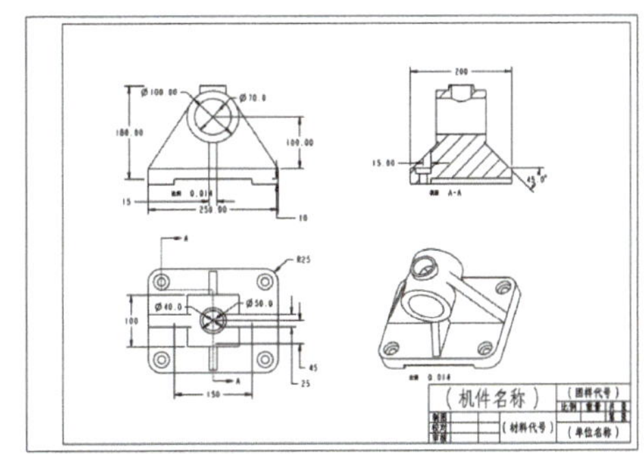

图 8-145　对齐尺寸结果（2）

8. 编辑尺寸

STEP01 选取菜单命令【文件】/【准备】/【绘图属性】，打开【绘图属性】对话框，在【详细信息选项】栏中选择【更改】，在【选项】文本框中输入“tol_display”，修改其【值】为 yes，显示尺寸公差，结果如图 8-146 所示。

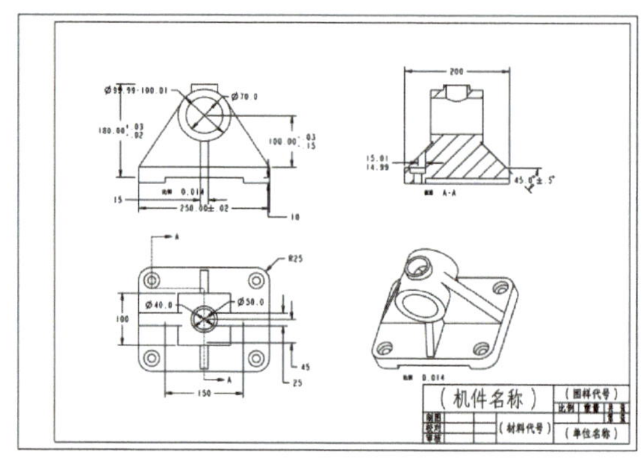

图 8-146　显示尺寸公差的结果

STEP02 编辑尺寸。双击要编辑的尺寸，如图 8-147 所示，系统弹出【尺寸属性】对话框，在【属性】选项卡中可以设置尺寸公差、尺寸文本的小数位数以及角度尺寸的标注方式。也可以单击【显示】分组框中的 反向箭头 按钮，调整尺寸的箭头方向，本尺寸的设置如图 8-148 所示。

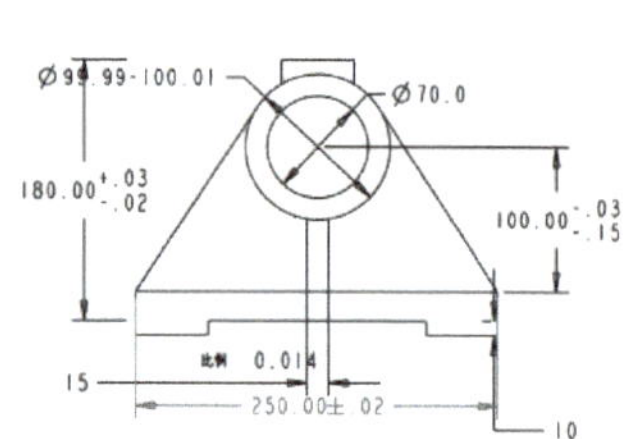

图 8-147　选取编辑对象

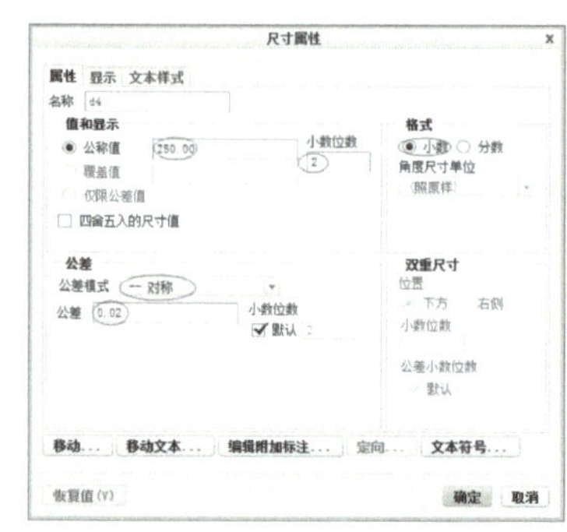

图 8-148　【尺寸属性】对话框

STEP03 使用类似的方法编辑其余尺寸，调整完全部公差后的视图如图 8-149 所示。

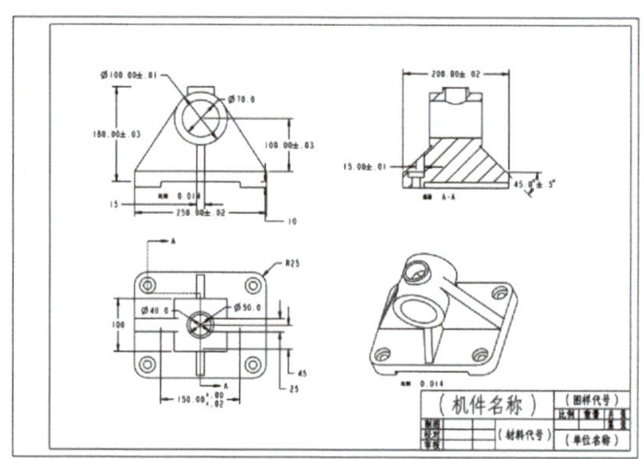

图 8-149　编辑公差后的结果

STEP04 单击【尺寸属性】对话框下侧的 移动... 按钮，此时修改的尺寸以红色高亮显示，并且随着鼠标光标的移动而移动。单击 移动文本... 按钮，此时修改的文本以红色高亮显示，并且随着鼠标光标的移动而移动，但尺寸界线并不随之移动。

STEP05 在【尺寸属性】对话框中可以修改尺寸符号值，【名称】文本框中的值为当前尺寸符号，用户也可以键入新文本以改变符号值。

STEP06 当需要向尺寸文本中添加一些特殊符号（如直径符号、角度符号等）时，单击【尺寸属性】对话框下侧的 文本符号... 按钮，系统弹出【文本符号】对话框，利用该对话框可以选择需要的符号。

STEP07 进入【尺寸属性】对话框中的【文本样式】选项卡，在这里可以设置尺寸文本的字体、大小，选择文本样式的名称，还可以设置尺寸文本在尺寸中的位置等属性。【注解 / 尺寸】分组框中的【水平】下拉列表中选取【中心】选项。尺寸编辑后得到的效果图如图 8-150 所示。

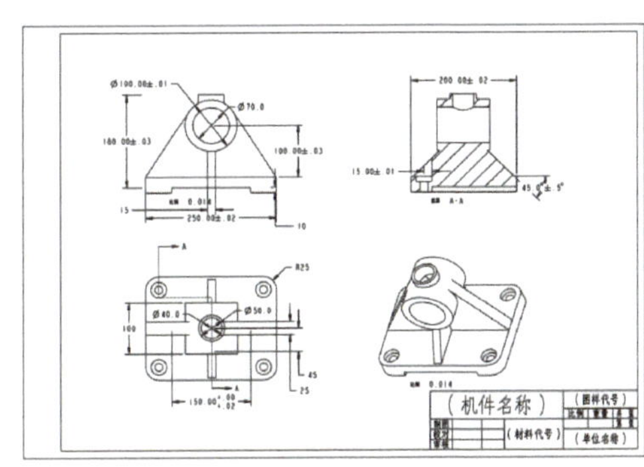

图 8-150 编辑尺寸后的结果

9. 编辑注释

STEP01 编辑文本内容。双击左视图下部的【截面 A-A】字样，删掉“截面”两字，如图 8-151 所示，结果如图 8-152 所示。

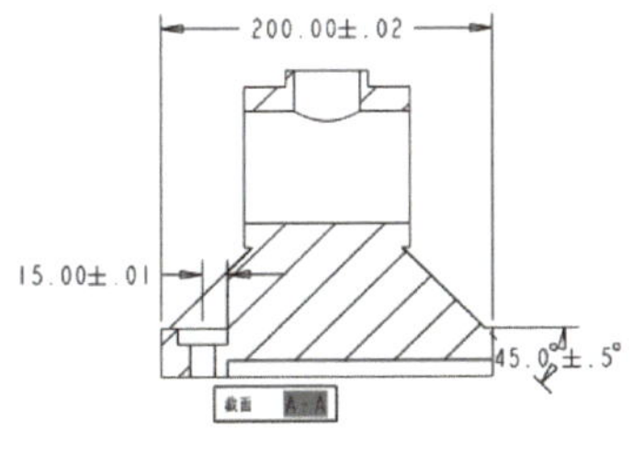

图 8-151 选取对象

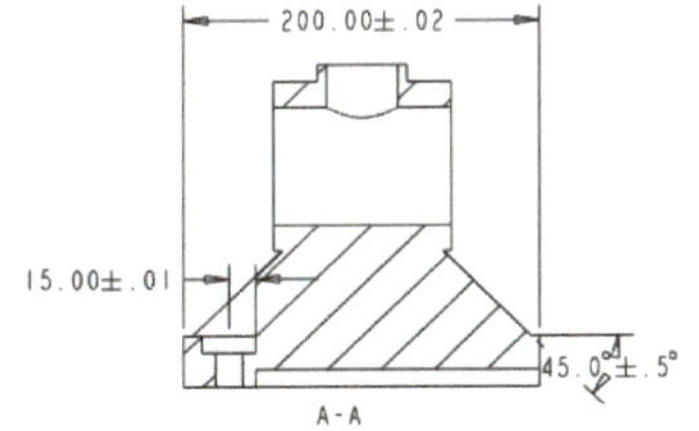

图 8-152 操作结果

STEP02 编辑文本样式。双击左视图下部的【A-A】字样，在顶部【格式】功能区的【样式】面板右边单击 按钮，进入【注释属性】对话框的【文本样式】选项卡，在【注释 / 尺寸】分组框的【水平】下拉列表中选取【中心】选项。

STEP03 保存尺寸。选取菜单命令【文件】/【准备】/【绘图属性】，打开【绘图属性】对话框，在【详细信息选项】栏中选择【更改】，打开【选项】对话框，在【选项】文本框中修改“create_drawing_dims_only”的特征值，这将决定尺寸是保存在相关的零件中还是保存在绘图中，请读者自己把握。

要点提示

将参数“create _ drawing _ dims _ only”设置为 no（默认）时，将把绘图中创建的所有新模型尺寸（非草绘尺寸）保存在相关零件或组件中，绘制尺寸依然保存到绘图中。设置为 yes 时，只在绘图中保存创建的新尺寸。

10. 标注形位公差

STEP01 设置基准。在【注释】工具组中单击（显示模型注释）按钮，打开【显示模型注释】对话框，单击选项卡，选取图 8-153 所示的左视图，系统自动创建轴基准。选择创建的基准，如图 8-154 所示，最后创建的基准如图 8-155 所示。

STEP02 设置对称度公差。在【注释】工具组中单击（几何公差）按钮，打开【几何公差】对话框，单击 //（对称度公差）按钮。

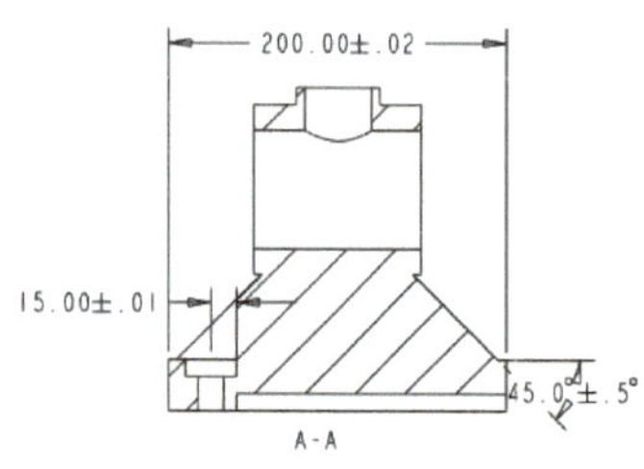

图 8-153 选取对象

图 8-154 设置参数

STEP03 在参考【类型】下拉列表中选取【轴】选项，单击 选择图元... 按钮，选取轴 A，选取放置【类型】为【带引线】，如图 8-156 所示。

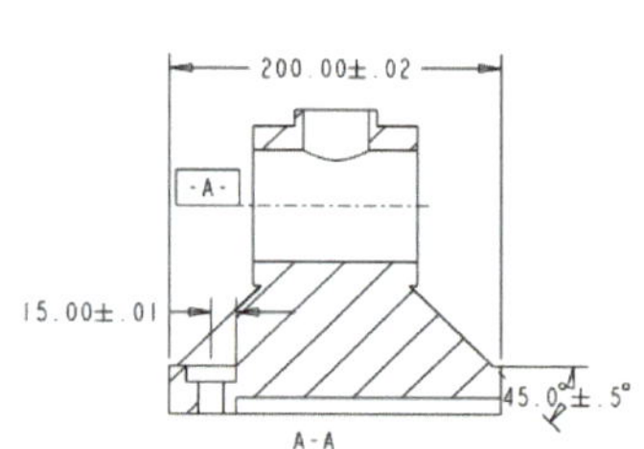

图 8-155 创建的基准轴

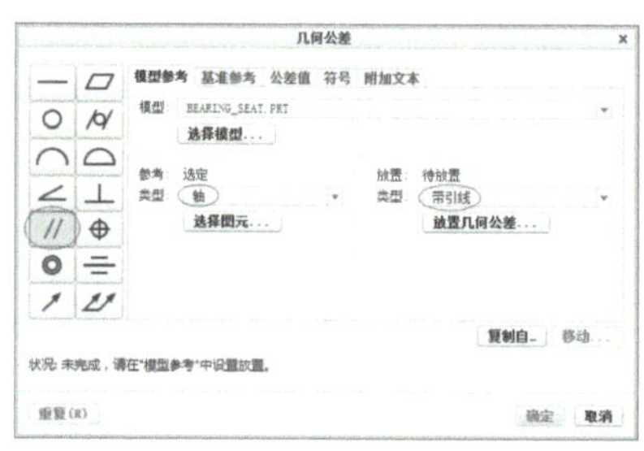

图 8-156 标注设置

STEP04 单击 放置几何公差... 按钮，选取图 8-157 所示的孔内表面，然后单击鼠标中键，最后创建的公差标注如图 8-158 所示。

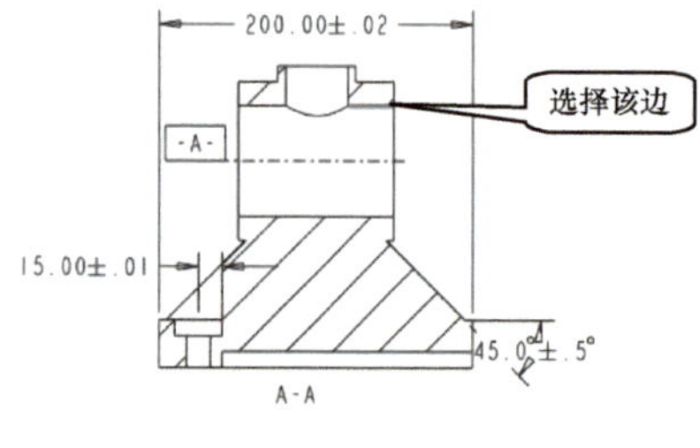

图 8-157 选取参照

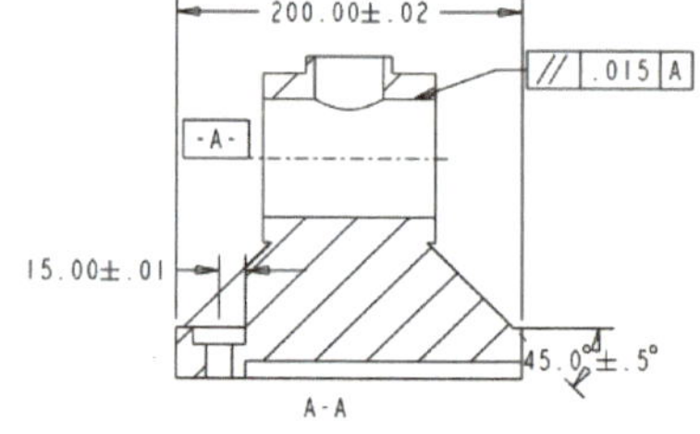

图 8-158 公差标注结果

STEP05 进入【几何公差】对话框的【基准参考】选项卡，设置参数如图 8-159 所示。

STEP06 进入【几何公差】对话框【公差值】选项卡，设置参数如图 8-160 所示。

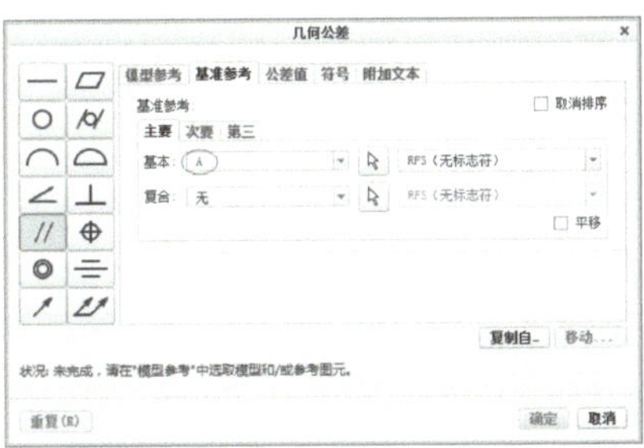

图 8-159　参数设置 1

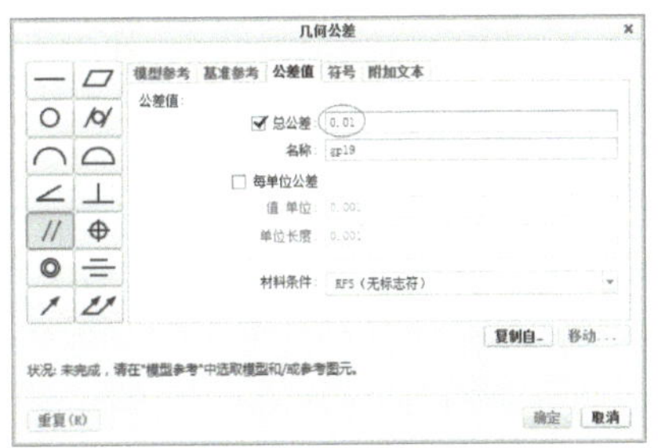

图 8-160　参数设置 2

STEP07 单击 移动... 按钮，将几何公差移动到适当位置，完成形位公差的设置，得到的效果图如图 8-161 所示。

STEP08 继续标注工程图的其他形位公差，结果如图 8-162 所示。

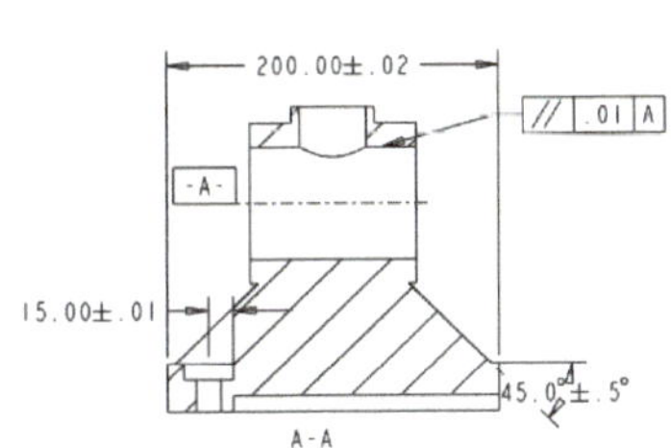

图 8-161　形位公差标注结果

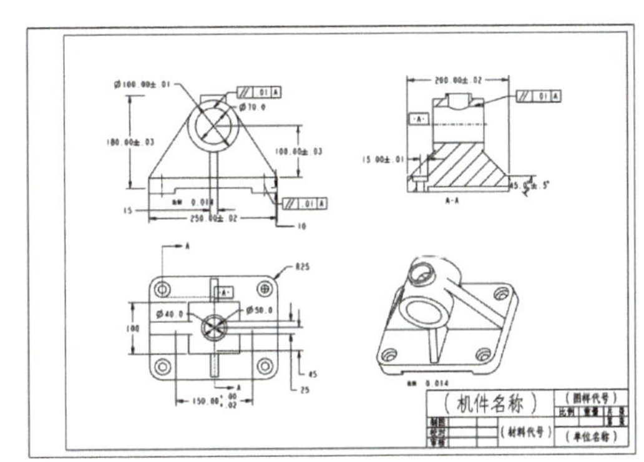

图 8-162　标注完成的工程图

11. 标注表面质量参数

STEP01 在【注释】工具组中单击 表面粗糙度 按钮，打开【打开】对话框，打开“machined”文件夹中的“standard1.sym”文件，打开【表面粗糙度】对话框。

STEP02 选取图 8-163 所示的面，并输入粗糙度值 3.2，完成表面粗糙度的标注，结果如图 8-164 所示。

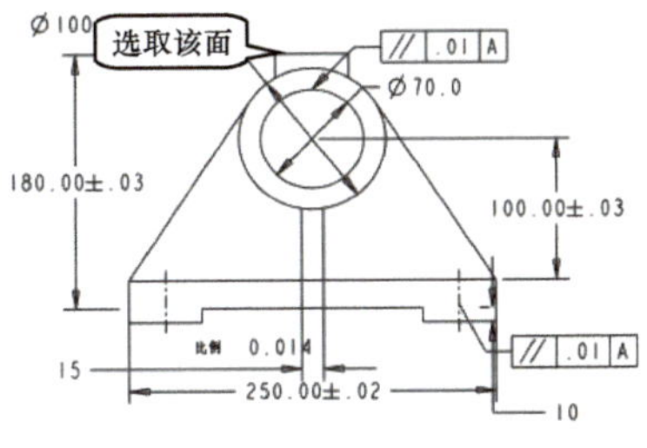

图 8-163　选取参照

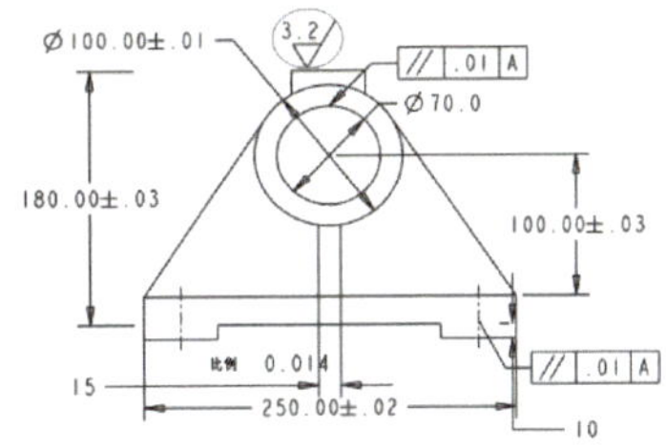

图 8-164　标注结果

STEP03 使用同样的方法标注其他地方的粗糙度，结果如图 8-165 所示。

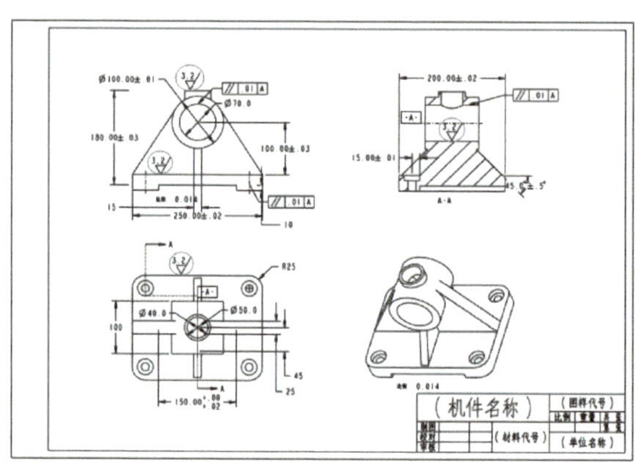

图 8-165　标注粗糙度后的工程图

12. 添加注释

STEP01 插入注释文本。在【注释】工具组中单击 注解 按钮，打开【选择点】对话框，移动鼠标指针在视图区中选取一点作为注释放置的位置，在文本框中输入文本“其余”，两次回车完成文本输入，在【格式】功能区中修改大小参数，将文字的高度设置为 0.5。

STEP02 插入粗糙度符号。在【注释】工具组中单击 表面粗糙度 按钮，弹出【表面粗糙度】对话框，在【定义】分组框的【符号名】下拉列表中选择【standard1】选项，在【其余】右侧单击鼠标左键，放置并输入粗糙度值 12.5，完成其他注释，最终效果图如图 8-166 所示。

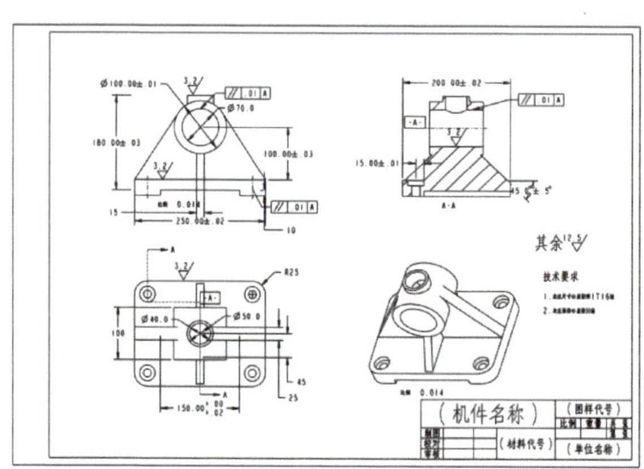

图 8-166　最终完成的工程图

8.3 小结

工程图是以投影方式创建一组二维平面图形来表达三维零件，它在机械加工的生产第一线用作指导生产的技术语言文件，具有重要的地位。

工程图包含一组不同类型的视图，这些视图分别从不同视角，以不同方式来表达模型特定方向上的结构。应该深刻理解各种视图类型的特点及其应用场合。在创建第一个视图时，一般视图是唯一的选择。一般来说，对于复杂的三维模型，仅仅使用一个一般视图表达零件是远远不够的，这时可以再添加投影视图，以便从不同角度来表达零件。

如果零件结构比较复杂且不对称，必须使用全视图。如果零件具有对称结构，可以使用半视图。如果只需要表达零件的一部分结构，则可以使用局部视图。如果需要表达零件上位置比较特殊的结构（如倾斜结构），可以使用辅助视图。如果需要表达结构复杂但尺寸相对较小的结构，可以使用详细视图。如果需要简化表达尺寸较大而结构单一的零件，可以采用破断视图。如果需要表达零件的断面形状，可以使用旋转视图。此外，为了表达零件的内腔结构和孔结构，可以使用剖视图。同样，根据这些结构是否对称、是否需要部分表达等情况，可以分别使用全剖视图、半剖视图和局部剖视图。

在创建工程图时，如果使用系统提供的模板进行设计，系统会自动使用第三角画法创建零件的 3 个正交视图。如果不使用模板进行设计，则必须自行使用参照依次创建需要的视图。

8.4 习题

1. 什么是一般视图？在工程图中有何重要作用？
2. 什么情况下需要使用剖视图表达零件？
3. 什么情况下需要使用局部视图表达零件？
4. 使用系统提供的模板创建工程图有何优越性？
5. 在工程图上通常需要标注哪些设计内容？

第 9 章 运动仿真与动画制作

Creo 中的机构运动仿真模块 Mechanism 可以进行装配模型的运动学分析和仿真，使得原来在二维图纸上难以表达和设计的运动变得非常直观和易于修改，并且能够大大简化机构的设计开发过程，缩短开发周期，减少开发费用，同时提高设计质量。运动仿真之后，便是如何制作精美逼真的动画效果，让别人能熟悉和明白你想表达的设计目的，简单实用，一目了然。

【学习目标】

- 掌握机械运动仿真的一般原理。
- 明确机械运动仿真设计的基本步骤。
- 了解制作机械运动动画的基本方法。

9.1 知识解析

Creo 运动仿真是基于组件进行的，在装配时使用机械约束来连接元件，然后进入机构模块即可分析运动仿真和基本运动。下面，简要介绍一个机构装置进行运动仿真时，需要设置哪些参数。

9.1.1 运动仿真的一般过程

基础知识

1. 机构连接与自由度

自由度是指一个主体（单个元件或多个元件）具有可独立运动方向的数目。对于空间中不受任何约束的主体，具有 6 个自由度，沿空间参考坐标系 x 轴、y 轴和 z 轴平移和旋转。而当主体在平面上运动时，具有 3 个自由度，沿平面参考坐标系 x 轴、y 轴和平面内旋转。

创建机构模型时，使用【连接】来装配元件，就是通过机械约束集来减少主体的自由度，使其可以按要求独立运动。Creo 提供了多种【连接】类型，各种连接类型允许不同的运动自由度，每种连接类型都与一组预定义的约束集相关联。使用【连接】来装配元件时，要注意每种连接提供的自由度，以及创建连接所需的约束集。

图 9-1 所示的【元件放置】操控板的连接列表中显示了可用的机械连接，每种连接的运动状况及自由度说明如下。

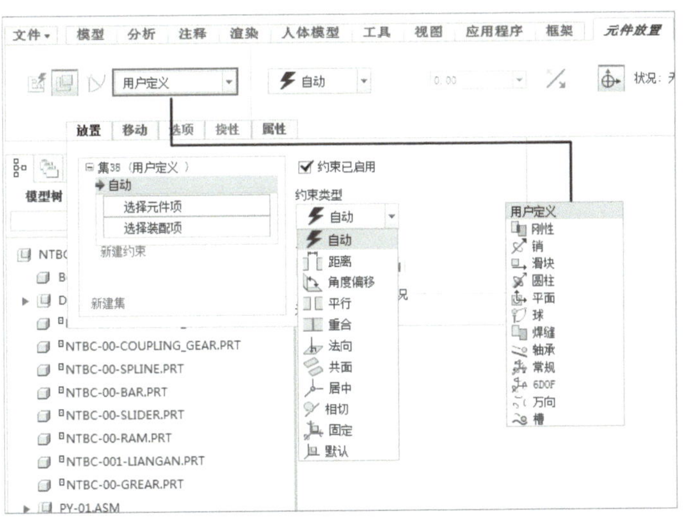

图 9-1 【元件放置】操控面板

- 刚性 刚性（Rigid）连接：两个元件固定在一起，自由度为 0。
- 销 销（Pin）连接：元件可以绕配合轴线旋转，旋转自由度为 1，平移自由度为 0。
- 滑块 滑块（Slider）连接：元件可以沿配合方向平移，旋转自由度为 0，平移自由度为 1。
- 圆柱 圆柱（Cylinder）连接：元件可以相对于配合轴线同时平移和旋转，旋转自由度为 1，平移自由度为 1。
- 平面 平面（Planar）连接：元件可以在配合平面内平移和绕平面法向的轴线旋转，旋转自由度为 1，平移自由度为 2。
- 球 球（Ball）连接：元件可以绕配合点进行空间旋转，旋转自由度为 3，平移自由度为 0。
- 焊缝 焊缝（Weld）连接：两个元件按指定坐标系固定在一起，自由度为 0。
- 轴承 轴承（Bearing）连接：元件可以绕配合点进行空间旋转，也可以沿指定方向平移，旋转自由度为 3，平移自由度为 1。
- 常规 常规（General）连接：元件连接时约束自行定义，自由度根据约束的结果来判断。
- 6DOF 6 自由度（6DOF）连接：元件可以在任何方向上平移及旋转，旋转自由度为 3，平移自由度为 3。
- 万向 万向（Gimbal）连接：元件可以绕配合坐标系的原点进行空间旋转，旋转自由度为 3，平移自由度为 0。
- 槽 槽（Solt）连接：元件上的某点沿曲线运动。

2. 定义齿轮副机构连接

单击【机构】功能选项卡【连接】区域中的（齿轮）按钮。

系统弹出图 9-2 所示的【齿轮副定义】对话框，在该对话框中进行下列操作。

a. 输入齿轮副名称。在该对话框的【名称】文本框中输入齿轮副名称，或采用系统的默认名。

b. 定义齿轮 1，在图 9-3 所示的模型上，选取运动轴 1。

c. 输入齿轮 1 节圆直径。在图 9-2 所示对话框的【节圆直径】文本框中输入数值 41.5。

单击【齿轮副定义】对话框中的齿轮 2 齿轮2 按钮，【齿轮副定义】对话框转换为图 9-4 所示的对话框，在该对话框中进行下列操作。

a. 定义齿轮 2，在图 9-3 所示的模型上，选取运动轴 2。

b. 输入齿轮 2 节圆直径。在图 9-4 所示对话框的【节圆直径】文本框中输入数值 41.5。

c. 完成齿轮副定义。单击【齿轮副定义】对话框中的 确定 按钮。

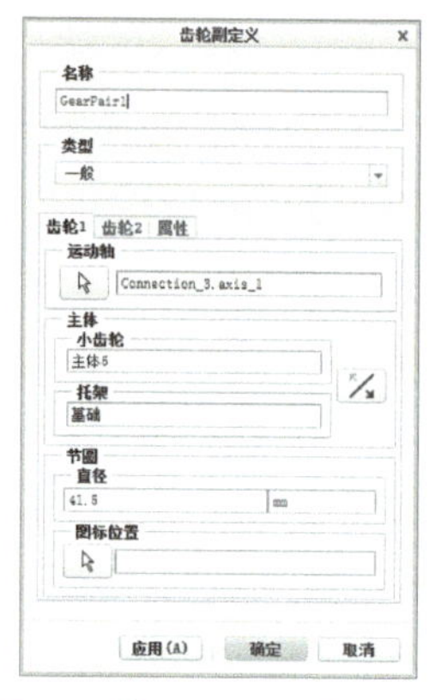

图 9-2 【齿轮副定义】对话框

图 9-3 运动轴选取

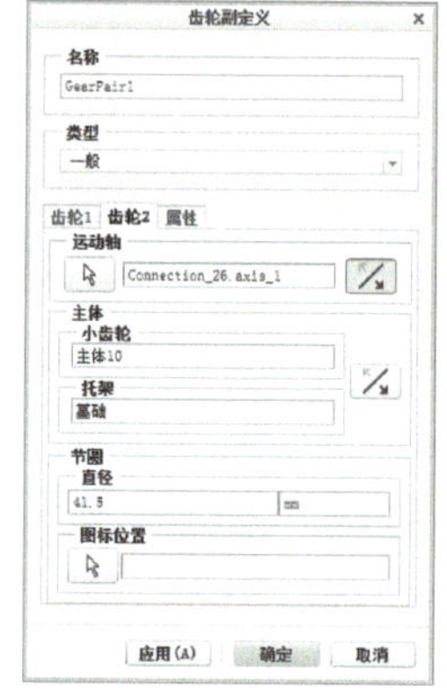

图 9-4 齿轮副定义

3. 定义凸轮机构连接

单击【应用程序】功能选项卡【运动】区域中的【机构】按钮，进入机构模块。

单击【机构】功能选项卡【连接】区域中的 凸轮 按钮，弹出图 9-5 所示的【凸轮从动机构连接定义】对话框，在该对话框中进行下列操作。

a. 输入名称。在该对话框的【名称】文本框中输入凸轮从动机构名称，或采用系统的默认名。

b. 选取凸轮曲面。在图 9-6 所示的模型上，选中曲面 1，单击【选择】对话框的 确定 按钮。

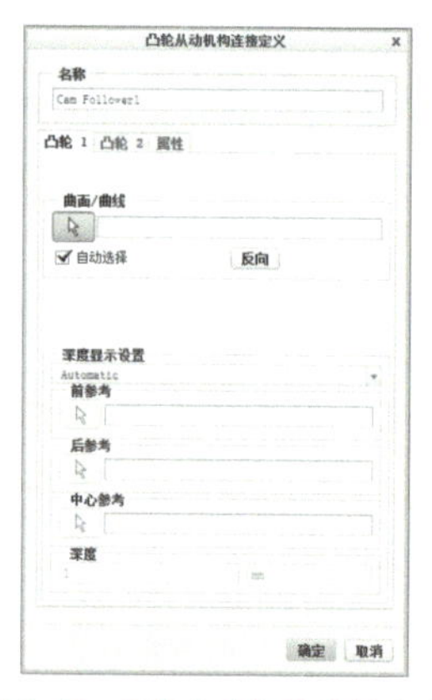

图 9-5 凸轮从动机构连接定义

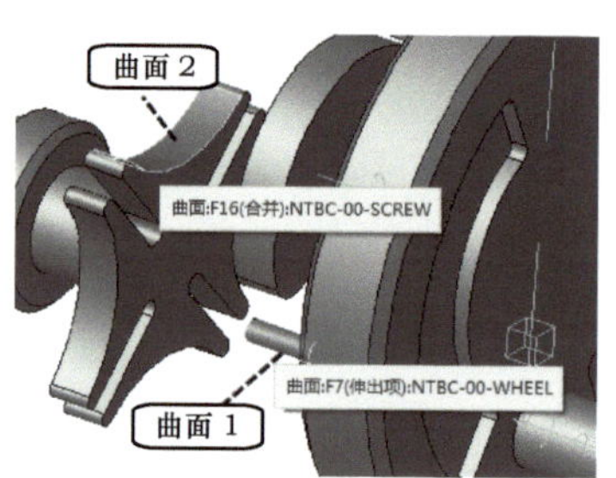

图 9-6 选取曲面

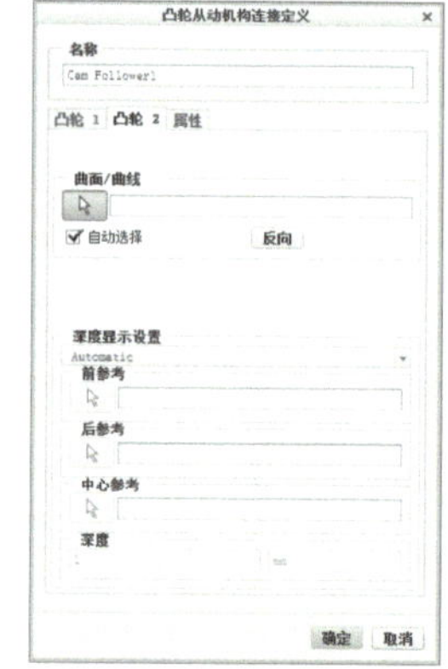

图 9-7 凸轮从动机构连接定义

选取滑滚圆周线。

a. 单击【凸轮从动机构连接定义】对话框中的 凸轮 2 选项卡，勾选【自动选择】，如图 9-7 所示。

b. 在图 9-6 所示的模型上，选取滑滚 WHEEL 的圆周曲线，单击【选择】对话框的 确定 按钮。

c. 完成凸轮从动机构连接定义。单击【凸轮从动机构连接定义】对话框中的 确定 按钮，如图 9-7 所示。

4. 定义带传动

进入机构模块。

a. 单击【机构】功能选项卡【连接】区域中的 带 按钮，弹出图 9-8 所示的【带】操控板。

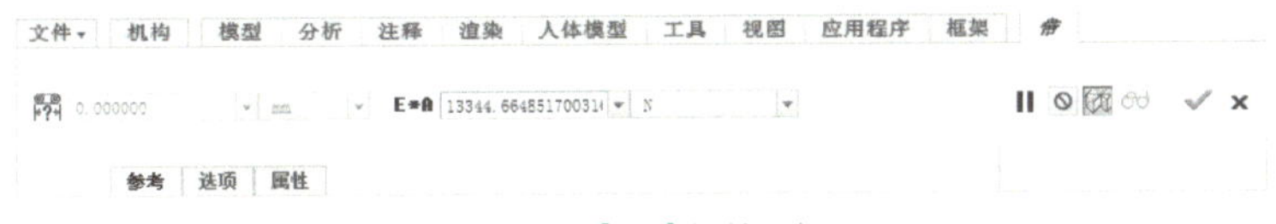

图 9-8 【带】操控面板

b. 选取图 9-9 中轮 1（WHEEL1）的曲面 1，按住 Ctrl 键，再选取图 9-9 中轮 2（WHEEL2）的曲面 2，完成后的参数面板如图 9-10 所示。

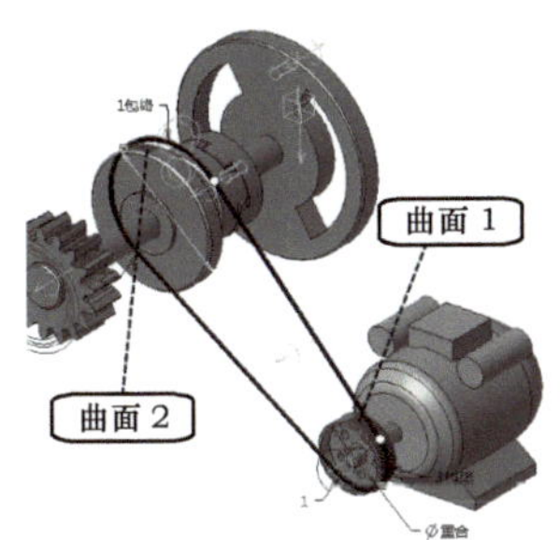

图 9-9 选择曲面

图 9-10 参数面板

c. 单击【带】操控板中的 ✓ 按钮。

5. 设置3D接触

利用 3D 接触的功能，可以模拟机构中两元件之间的接触不穿透以及碰撞，3D 接触还可以分析研究压力角、接触面积和滑动速度等参数。

a. 选择命令。单击【连接】区域中的 3D 接触 按钮，弹出图 9-11 所示的【3D 接触】操控板。

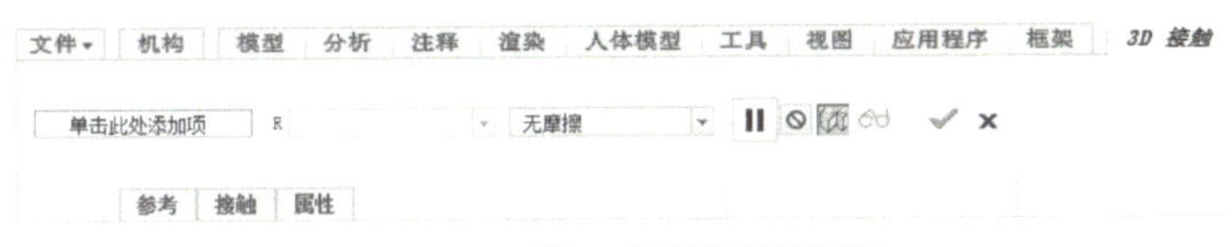

图 9-11 【3D 接触】操控面板

b. 选取定义对象。按住 Ctrl 键，在机构中选取图 9-12 所示的曲面 1 和曲面 2 为定义对象。

c. 单击操控板中的 ✓ 按钮，完成连接的创建，如图 9-13 所示。

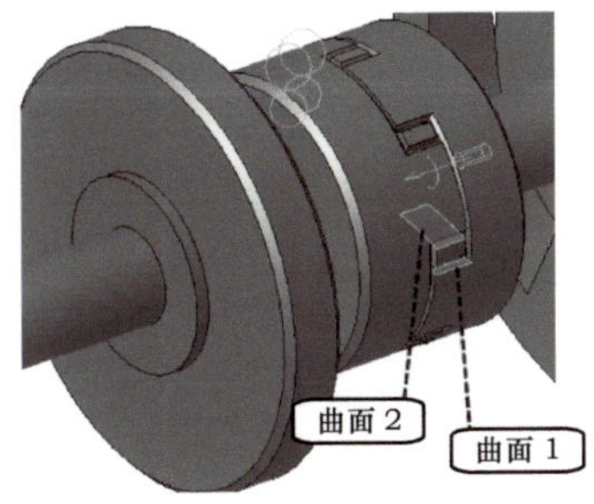

图 9-12 参数面板

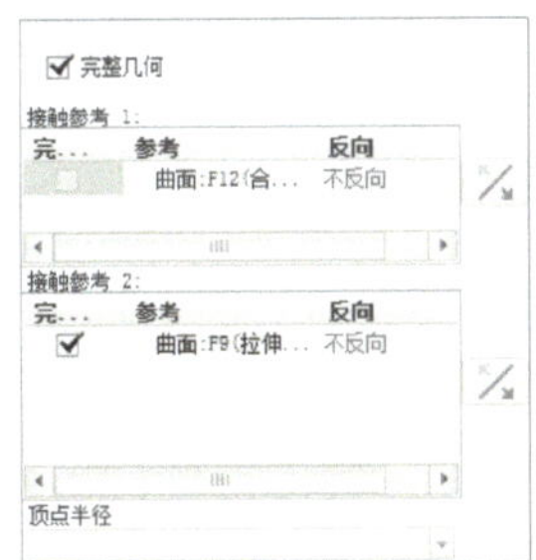

图 9-13 曲面选取

6. 定义电机

Creo 运动仿真中的电动机有两种：伺服电动机和执行电动机。

伺服电动机可以以单一自由度在两个主体之间强加某种运动（主要是旋转或平移运动）。定义伺服电动机时，可定义速度、位置或加速度与时间的函数关系，并且通过定义伺服电动机的运动函数，可以定义运动的轮廓曲线。

定义运动函数时，可以从系统提供的函数中选取，也可以自行定制函数。在【机构】功能选项卡中，单击【插入】区域中的（伺服电动机）按钮，弹出图 9-14 所示的【伺服电动机定义】对话框，在该对话框中可以定义伺服电动机。

执行电动机主要用于向机构中施加特定的负荷，在对机构进行运动分析时，添加合适的执行电动机，可以得到更接近机构实际运动状况的数据。在【机构】功能选项卡中，单击插入区域中的执行电动机按钮，弹出图 9-15 所示的【执行电动机定义】对话框，在该对话框中可以定义执行电动机的参数。

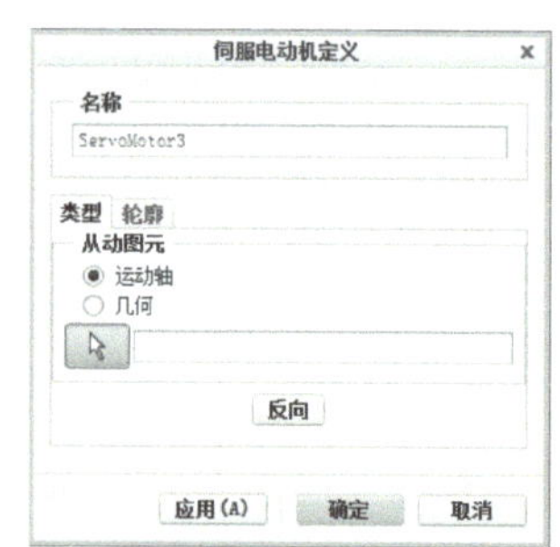

图 9-14 【伺服电动机定义】对话框

图 9-15 【执行电动机定义】对话框

伺服电动机和执行电动机的添加方法相似，本章主要介绍伺服电动机的添加方法。

❶ 设置初始位置

初始条件就是机构运动仿真的开始状态。当机构装配完成后，即可进入仿真模块进行运动仿真。在开始仿真之前，需要设置机构中主要部件的初始位置，这样可以使机构的每次仿真都从初始位置开始运行，保证运动仿真的一致性和分析的准确性，否则机构运动仿真将从当前位置或上一次仿真的结束位置开始运行。

本节主要介绍初始速度条件的定义方法。初始速度条件是根据机构的实际运行状况，在机构中的某个点或运动轴上设置一个初速度，速度类型可以是线速度、角速度和切向槽度。

❷ 定义机构分析

当机构模型创建完成并定义伺服电动机后，便可以对机构进行基本的位置分析。在 Creo 机构模块中，可以进行位置分析、运动分析、动态分析、静态分析和力平衡分析，不同的分析类型对机构运动环境的要求也不同。

使用位置分析模拟机构的运动，可以记录在机构中所有连接的约束下，各元件的位置数据，分析时可以不考虑重力、质量和摩擦等因素。因此，只要元件连接正确，并定义伺服电动机，便可以进行位置分析。

在机构模块中定义机构分析有下面两种操作方法。

- 在图 9-16 所示的【机构】功能选项卡中，单击【分析】区域中的（机构分析）按钮。
- 如图 9-17 所示，用鼠标右键单击机构树中的【分析】节点，选择【新建】命令。

进入机构模块。单击【分析】区域中的 (机构分析)按钮，系统弹出图 9-18 所示的【分析定义】对话框。

图 9-16 分析区域

图 9-17 机构树

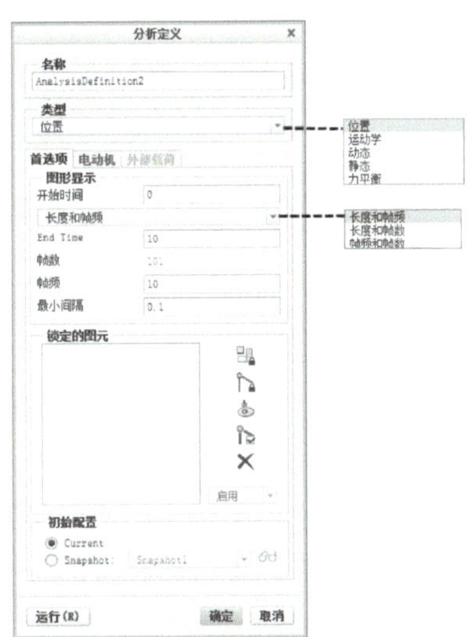

图 9-18 【分析定义】对话框

【分析定义】对话框【首选项】选项卡中的部分选项说明如下。

【类型】区域：定义机构的各种分析类型。

- 位置：分析机构中的移动、距离、自由度、约束冗长、时间和加速度等参数。
- 运动学：分析机构中的位移、速度、加速度、距离自由度和主体角加速度等。
- 动态：分析机构中除测力计以外的所有类型的力。
- 静态：主要分析机构达到平衡状态时的受力情况。
- 力平衡：力平衡分析师静态分析的逆向分析。

【图形显示】区域：用于设置运动的开始时间、终止时间和动画时域。

- 开始时间：设置机构开始运行的时间。
- 长度和帧数：使用【End Time】、【终止时间】和【帧频】设置动画时域。
- 帧频和帧数：使用【帧频】和【帧数】设置动画时域。
- End Time：设置机构终止的时间。
- 帧数：设置动画时域的总帧数，总帧数＝帧频 ×（终止时间—开始时间）+1。
- 帧频：设置动画时域的帧频，即动画运行时的每秒采样帧数，帧频越大，动画运行越慢。
- 最小间隔：动画运行时每帧之间的采样时间间隔，与帧频同步设置动画运行速度，最小间隔 =1/帧频。

【锁定图元】区域：设置机构运行时锁定的主体或连接。

- (创建主体锁定)：单击该按钮后，首先需要选取锁定主体的参考元件，然后可以选择其他主体与参考元件锁定在一起；如果单击该按钮，按鼠标中键后再选择主体，则可以将选择的主体锁定在基础(预先定义固定的主体)之上，在运动分析时，锁定的主体之间相对固定。
- (创建连接锁定)：单击该按妞，选择一个连接后按鼠标中键，则该连接在运动分析时固定在当前的配置，不发生运动。
- (启用/禁用凸轮升离)：单击该按钮，选择一个凸轮机构后按鼠标中键，则该凸轮机构在运动分析时禁用。

- （启用/禁用连接）：单击该按钮，选择一个连接后按鼠标中键，则该连接在运动分析时禁用。
- ×（删除图元）：删除选中的锁定项目。

【初始配置】区域：定义机构运动的初始位置。

- Current：应用于当前的屏幕配置。
- Snapshot：用于指定的快照位置为初始配置，然后单击按钮。

定义电动机设置。单击 电动机 选项卡，在图9-19所示的【分析定义】对话框中可以添加或移除仿真时运行的电动机，也可以设置电动机的开始和终止时间。在本例中，采用系统默认的设置。

图9-19 【分析定义】对话框

【分析定义】对话框【电动机】选项卡中的部分选项说明如下：

- 电动机：当机构中有多个电动机时，选择当前运行中的电动机。
- 【自】和【至】：单击下方的【开始】和【终止】字符，可以设置电动机的启动和结束时间。
- ：添加新的电动机设置行。
- ：移除选定的电动机设置行。
- ：添加所有电动机至当前仿真中。

运行运动分析。单击【分析定义】对话框中的 运行(R) 按钮，查看机构的运行状况。

基础训练——创建凸轮机构

【操作步骤】

1. 新建文件

新建一个装配文件，命名为“TLJG-00”，单击 确定 按钮完成创建。

2. 装配机构模型

STEP01 单击【模型】功能区【元件】区域中的（组装）按钮，导入素材文件“/素材/第9章/tulun/TLJG-00-JIJIA.prt”零件，使用 默认 约束完全约束该元件，模型位置和放置面板如图9-20所示。

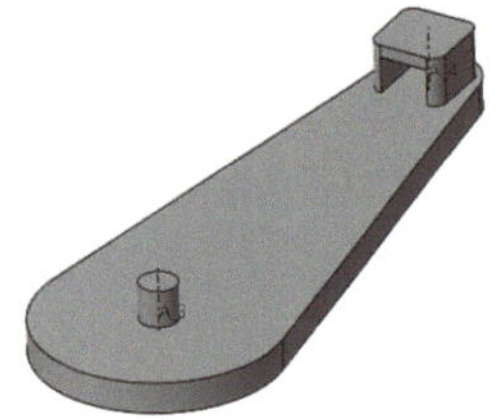

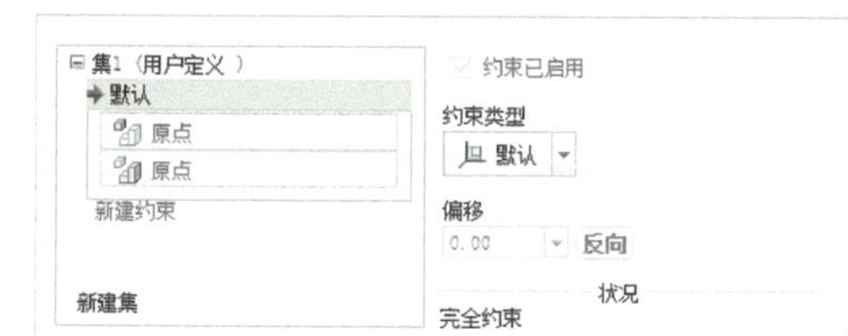

图9-20 固定机架

STEP02 继续导入素材文件“/素材/第9章/tulun/TLJG-00-TULUN.prt”零件，使用 销 约束安装凸轮，此时放置面的约束参数板如图9-21所示。

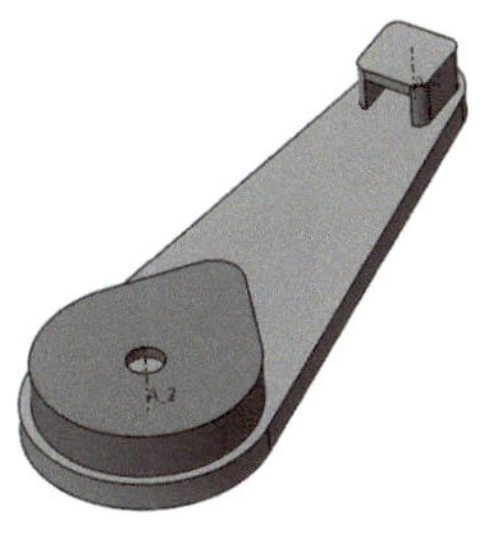

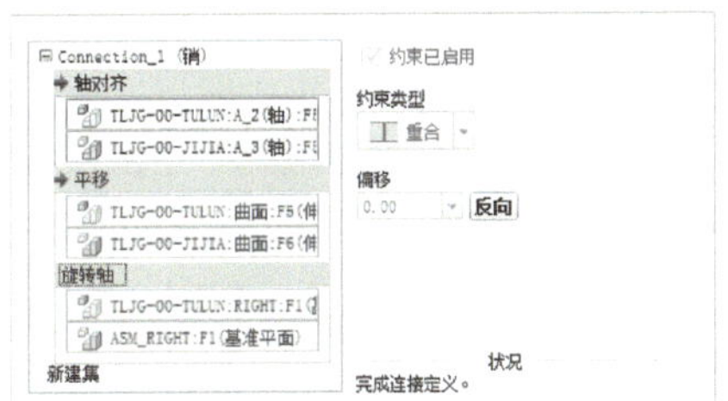

图 9-21 装配凸轮

STEP03 继续导入素材文件“/ 素材 / 第 9 章 /tulun/TLJG-00-liangan”零件，使用 滑块 约束安装连杆，此时模型位置和【放置】面板如图 9-22 所示。

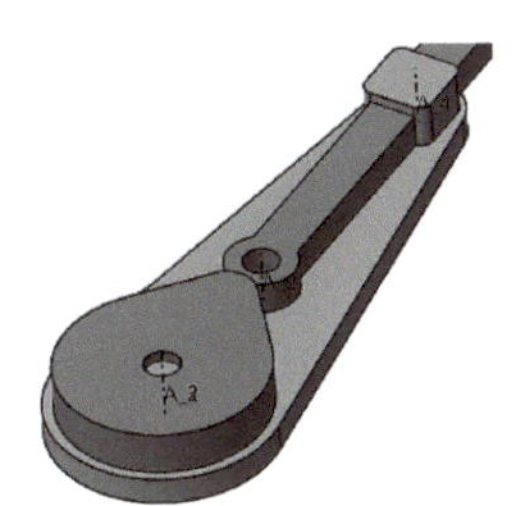

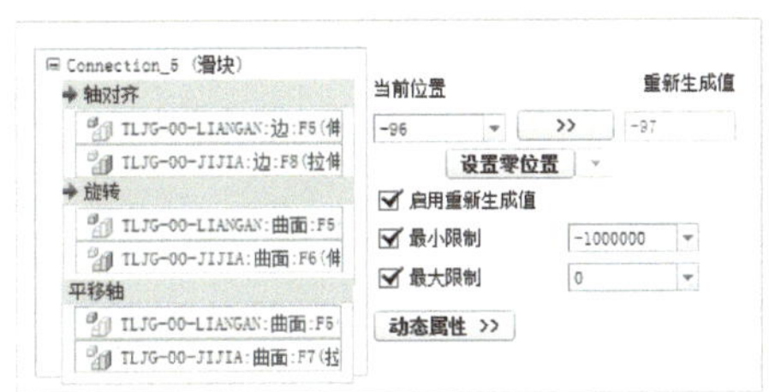

图 9-22 装配连杆

3. 定义伺服电动机

STEP01 单击【应用程序】功能选项卡【运动】工具组中的（机构）按钮，进入机构模块。

STEP02 单击【插入】工具组中的（伺服电动机）按钮，系统弹出如图 9-23 所示的【伺服电动机定义】对话框。

STEP03 选取参考对象。选取图 9-24 所示的参考轴为运动轴。

STEP04 设置轮廓参数。单击【伺服电动机定义】对话框中的【轮廓】选项卡，在【定义运动轴设置】按钮 右侧的下拉列表中选择【速度】选项，在【模】下拉列表中选择【常量】选项，设置 A 为 36。设置结果如图 9-25 所示。

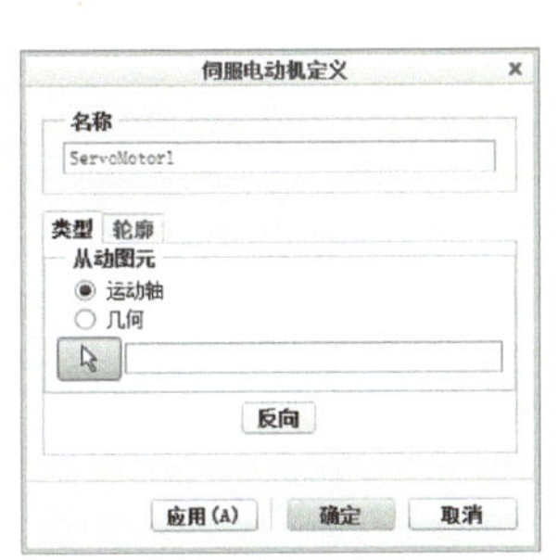

图 9-23 【伺服电机定义】对话框

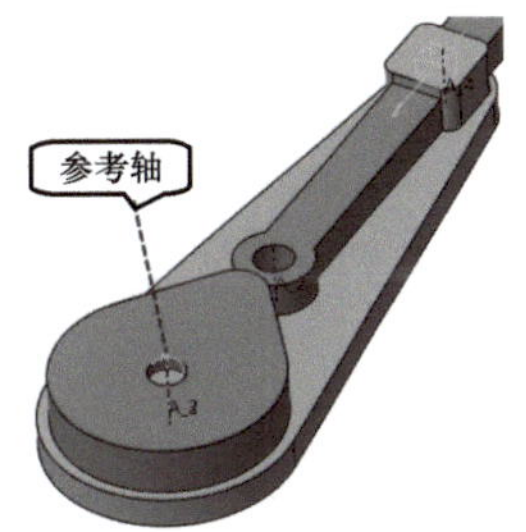

图 9-24 选取参考轴

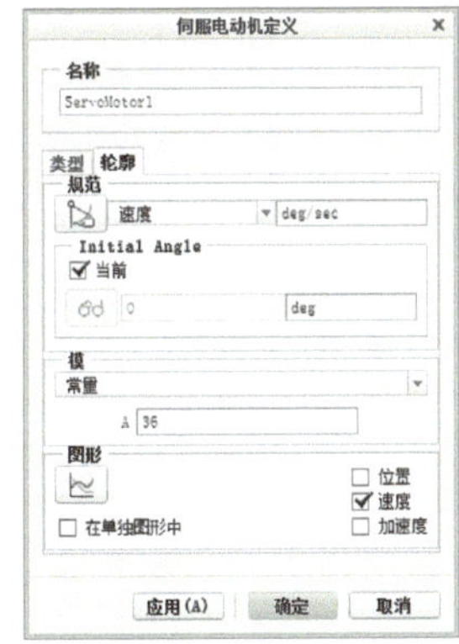

图 9-25 【伺服电机定义】对话框

STEP05 单击对话框中的 确定 按钮，完成伺服电动机的定义。

4. 定义凸轮连接

STEP01 单击【连接】工具组中的 凸轮 按钮，打开【凸轮从动机构连接定义】对话框，如图 9-26 所示。

STEP02 定义【凸轮 1】的参考。选中对话框中的【自动选择】复选框，选取图 9-27 所示的曲面 1 为【凸轮 1】的参考，单击【选择】对话框中的 确定 按钮，操作结果如图 9-26 所示。

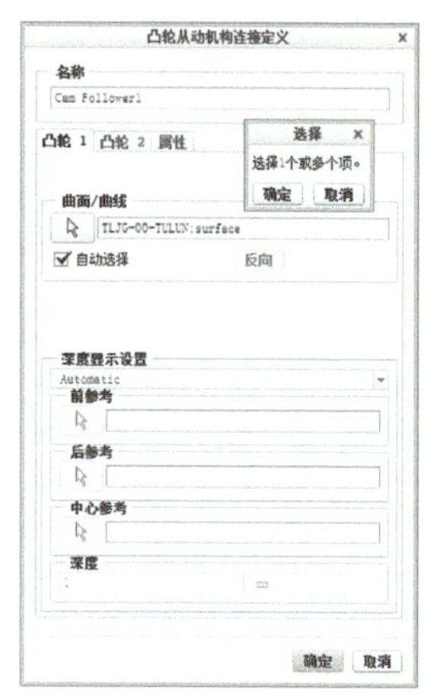

图 9-26 【凸轮从动机构连接定义】对话框

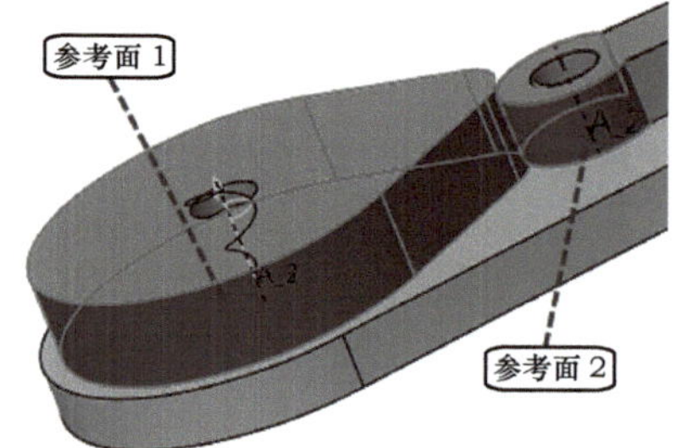

图 9-27 选取参考

STEP03 定义【凸轮 2】的参考。单击【凸轮从动机构连接定义】对话框中的 凸轮 2 选项卡，选取图 9-27 所示的曲面 2 为【凸轮 2】的参考，单击【选择】对话框中的 确定 按钮。

STEP04 单击【凸轮从动机构连接定义】对话框中的 确定 按钮，如图 9-28 所示。

5. 设置初始位置

STEP01 选择拖动命令。单击【运动】工具组中的 （拖动元件）按钮，系统弹出如图 9-29 所示的【拖动】对话框。

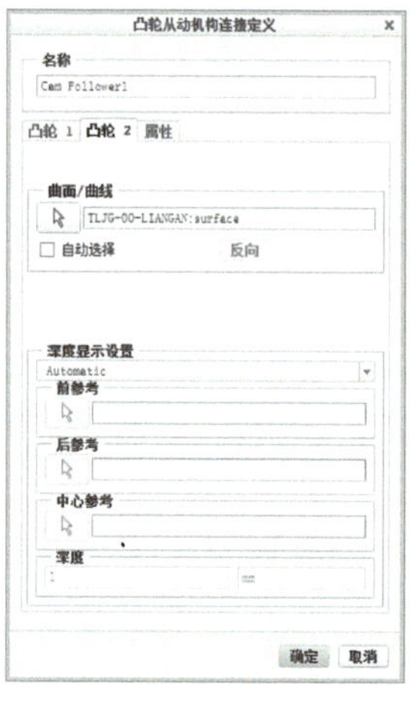

图 9-28 【凸轮从动机构连接定义】对话框

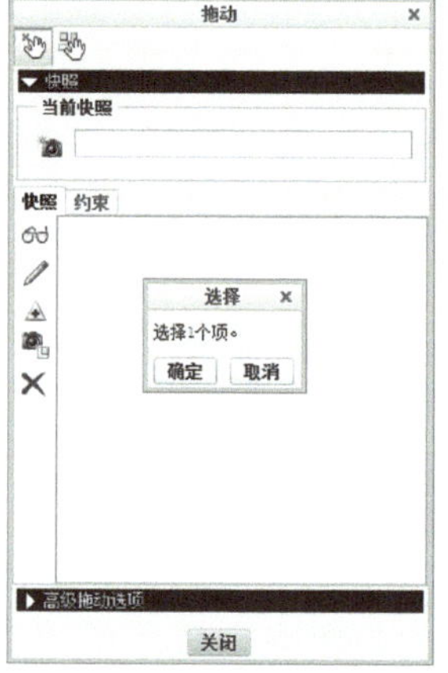

图 9-29 【拖动】对话框

STEP02 记录快照 1。拖动凸轮至图 9-30 所示的位置，单击对话框【当前快照】区域中的 按钮，即可记录当前位置为快照 1（Snapshot1）。

STEP03 单击 关闭 按钮，如图 9-31 所示，关闭【拖动】对话框。

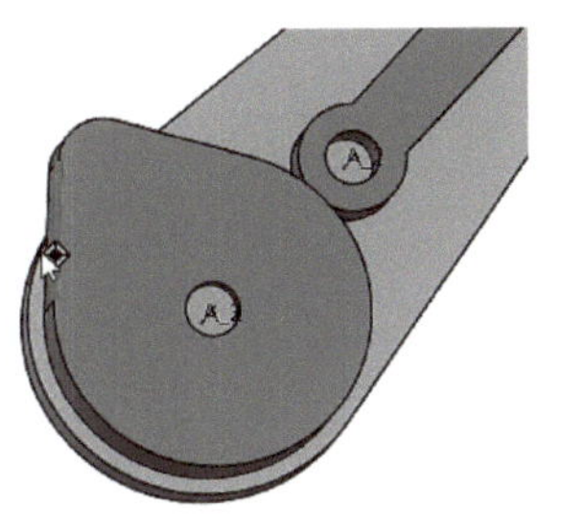
图 9-30　拖动凸轮

图 9-31　【拖动】对话框

6. 定义动态分析

STEP01 单击【分析】工具组中的 （机构分析）按钮，系统弹出图 9-32 所示的【分析定义】对话框。

STEP02 定义图形显示。在【首选项】选项卡的【End Time】（持续时间）文本框中输入值 50，在【帧频】文本框中输入值 10。

STEP03 定义初始配置。在【初始配置】区域中选择【Snapshot:】单选项，并在其后的下拉列表中选择快照【Snapshot1】，如图 9-33 所示。

STEP04 运行运动分析。单击【分析定义】对话框中的 运行(R) 按钮，查看机构的运行状况，如图 9-34 所示。

STEP05 完成运动分析，单击 确定 按钮完成运动分析。

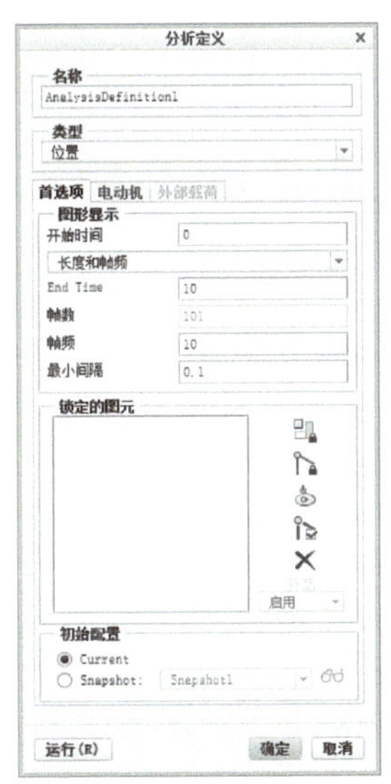

图 9-32 【分析定义】对话框

图 9-33　设置参数

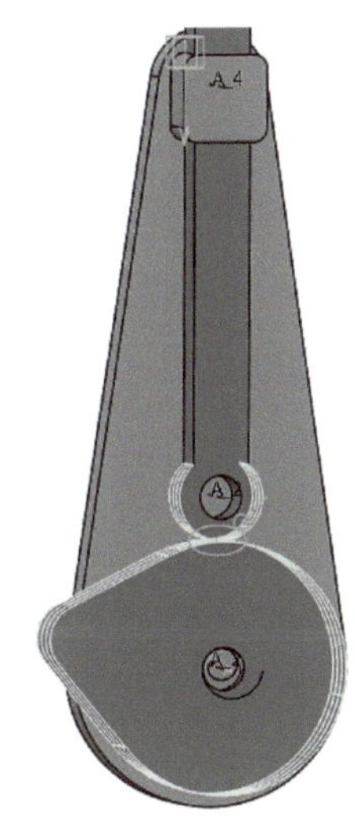
图 9-34　分析结果

9.1.2　动画制作

本节介绍如何创建一个动画所需的设置过程，然后结合范例说明定时视图、定时透明、定时显示的概念和应用，最后演示一个案例动画——机械手的创建过程。

基础知识

1. 动画制作概述

动画模块可以实现以下功能。

a. 将产品的运行用动画来表示，使其具有可视性。只需将主体拖动到不同的位置并拍下快照即可创建动画。

b. 可以用动画的方式形象地表示产品的装配和拆卸序列。

c. 可以创建维护产品步骤的简短动画，用以指导用户如何维修或建立产品。

【动画】功能选项卡如图 9-35 所示。

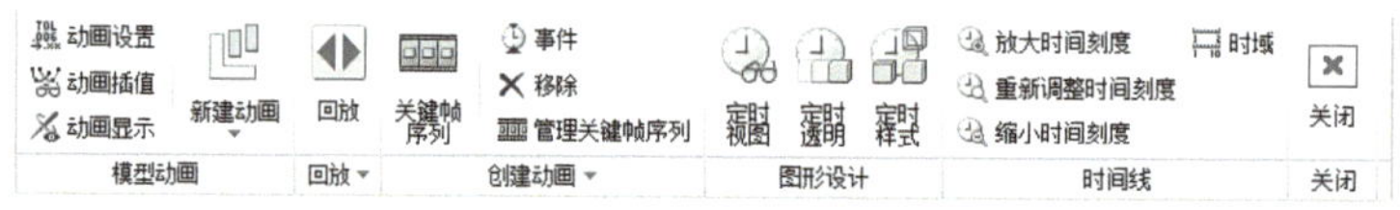

图 9-35 【动画】功能选项卡

2. 进入动画模块

单击【应用程序】功能选项卡【运动】区域的（动画）按钮，系统进入【动画】模块，界面如图 9-36 所示。

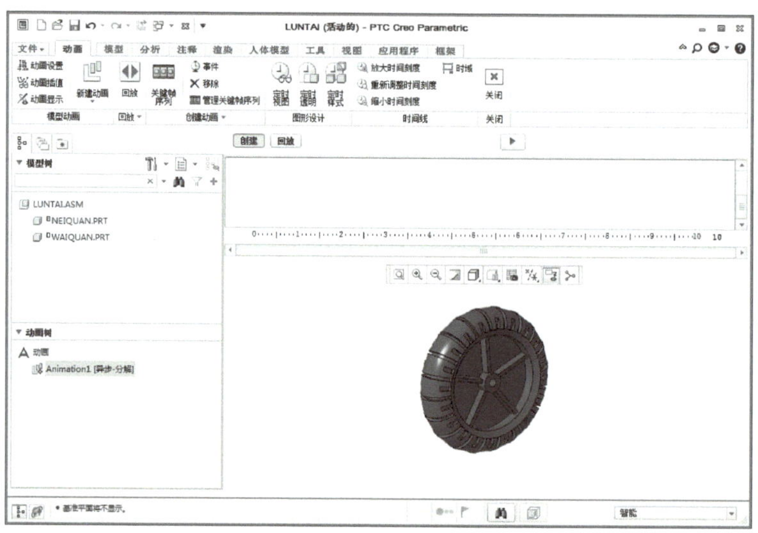

图 9-36 【动画】操控界面

3. 建立事件

【事件】用来定义时间线上各对象之间的特定相关性，某对象的时间发生变化时，与之相关联的对象也同步改变。

建立事件的一般过程如下。

a. 单击【动画】功能选项卡【创建动画】区域中的事件按钮，系统弹出图 9-37 所示的【事件定义】对话框。

图 9-37 【定义事件】对话框

b. 在【事件定义】对话框的【名称】文本框中输入事件的名称。

c. 在【事件定义】对话框的【时间】文本框中输入时间，并从【之后】列表中选取一个参考事件。

d. 新定义的事件在参考事件的给定时间后开始。相对于选取的事件，输入的时间可以为 0。但在动画开始时间之前不能发生。

e. 单击【事件定义】对话框中的 确定 按钮。

f. 事件定义完成后，一个带有新事件名称的事件符号便出现在动画时间线中。如果事件与时间线上的一个现有对象有关，一条虚线会从参考事件引向新事件。

例如，事件定义如图 9-38 所示，表示事件 Event2 在 kfs1.1:3Snapshot2 后 0.5 秒开始执行，在动画时间线中此事件则如图 9-39 所示。

图 9-38 【定义事件】对话框

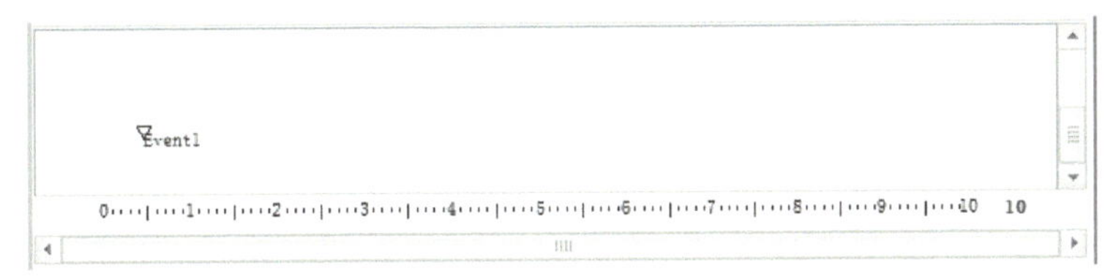

图 9-39 【元件放置】操控面板

4. 建立时间与视图间的关系

建立时间与视图间的关系，即定时视图功能，可以在特定时间处从特定的视图方向查看模型。此处的视图，可以预先使用视图管理器工具进行设置、保存。下面举例说明建立时间与视图关系的一般操作过程。

5. 建立时间与显示间的关系

建立时间与显示间的关系，即定时显示功能。可以控制组件元件在动画运行或回放过程中的显示样式，如一些元件不可见，或者显示为【线框】、【隐藏线】方式等。此处的显示样式可以预先使用视图管理器工具进行设置、保存。

基础训练——创建动画

创建动画

【操作步骤】

1. 定义一个主动画

STEP01 打开素材“/ 素材 / 第 9 章 /luntai/luntai.asm”文件。

STEP02 选择【动画】功能选项卡中的（新建动画）命令，在系统弹出的【定义动画】对话框中单击 确定 按钮，如图 9-40 所示。

STEP03 在对话框中输入动画名称 yundong，然后单击 确定 按钮，关闭对话框。

2. 定义基体和主体

STEP01 单击【动画】功能选项卡【机构设计】区域中的 主体定义 按钮，系统弹出图 9-41 所示的【主体】对话框。

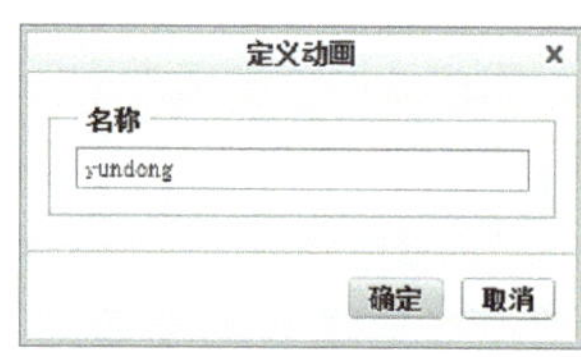

图 9-40 【定义动画】对话框

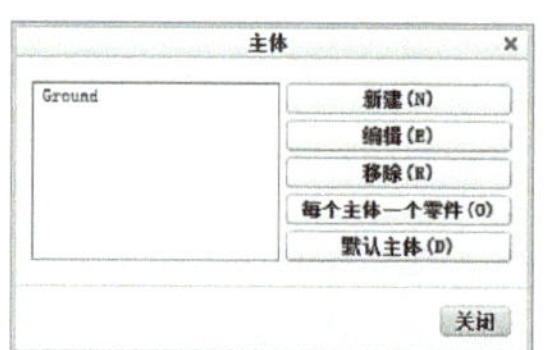

图 9-41 【主体】对话框

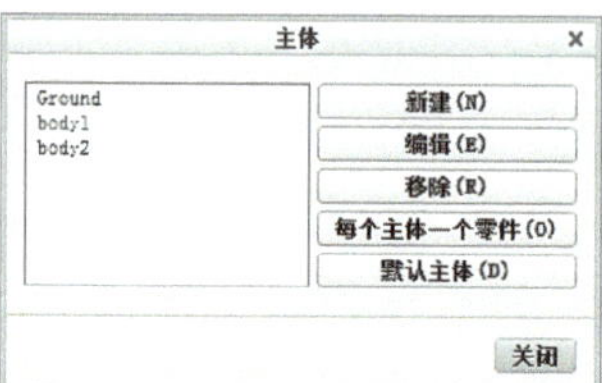

图 9-42 【主体】对话框

STEP02 单击对话框中的 每个主体一个零件(O) （每个主体一个零件）按钮。系统将所有零件作为主体加入主体列表中，如图 9-42 所示。

STEP03 选取图 9-42 所示的对话框中的 Ground，单击 编辑(E) （编辑）按钮，系统弹出【主体定义】对话框，如图 9-43 所示，及如图 9-44 所示的【选择】对话框。

3. 定义作为（基体）的零件

STEP01 在模型树中选取 NEIQUAN.PRT 作为主体，然后单击【选择】对话框中的 确定 按钮。再单击图 9-45 所示的【主体】对话框中的 确定 按钮。

STEP02 单击【主体】对话框中的 关闭 按钮。

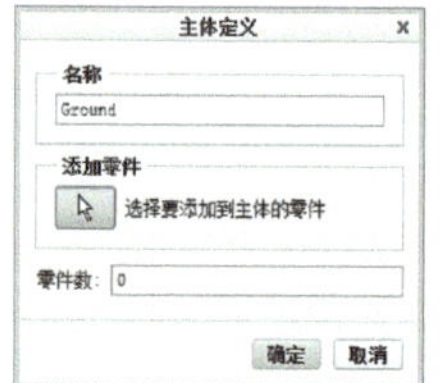

图 9-43 【主体定义】对话框

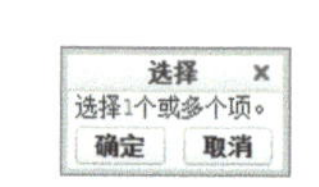

图 9-44 【选择】对话框

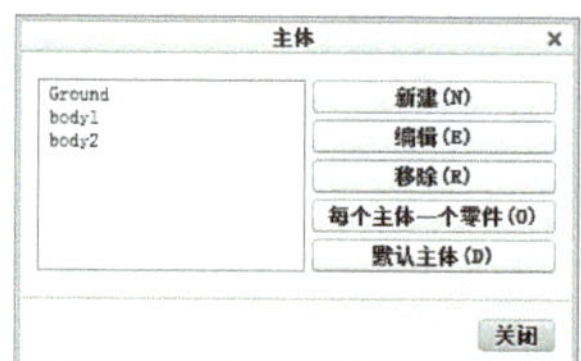

图 9-45 【主体】对话框

4. 创建快照

STEP01 单击【动画】功能选项卡【机构设计】区域中的（拖动元件）按钮，系统弹出图 9-46 所示的【拖动】对话框。该对话框中有两个选项卡【快照】和【约束】，在【快照】选项卡中可移动主体并拍取快照，在【约束】选项卡中可设置主体间的约束。

STEP02 创建第一个快照。在图 9-47 所示的状态创建第一个快照，方法是单击【拖动】对话框中的按钮，此时在图 9-48 所示的快照栏中便生成 Snapshot1 快照。

图 9-46 【拖动】对话框

图 9-47 创建第一个快照

图 9-48 【拖动】对话框

STEP03 在【拖动】对话框中单击【点拖动】按钮，然后单击选取图 9-49 所示的零件进行拖动。

拖动后单击按钮，生成 snapshot2 快照，按照类似方法拖动零件，创建如图 9-50、图 9-51 所示的快照（拖动位置不一定以图书上为准，可自行发挥）。最后完成的【拖动】对话框如图 9-52 所示。

图 9-49　创建第二个快照

图 9-50　创建第三个快照

图 9-51　创建第四个快照

STEP04 单击【动画】功能选项卡【创建动画】区域中的 管理关键帧序列（管理关键帧序列）按钮，系统弹出图 9-53 所示的【关键帧序列】对话框。

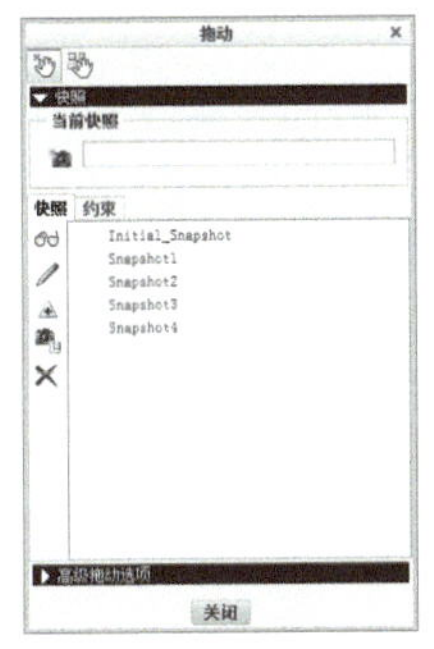

图 9-52 【拖动】对话框

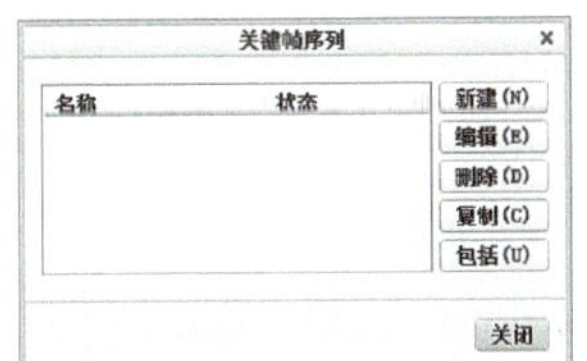

图 9-53 【关键帧序列】对话框

5. 添加关键帧

STEP01 单击【关键帧序列】对话框中的 新建(N) 按钮，系统弹出图 9-54 所示的【关键帧序列】对话框。在【关键帧序列】对话框中包含 序列 选项卡和 主体 选项卡，如图 9-55 所示。

STEP02 单击序列选项卡中的 + 按钮，添加第个一快照，如图 9-56 所示，单击 Snapshot1 上的按钮，在下拉列表中选取 Snapshot2，在【时间】文本框中输入第二个快照开始时间为 7，如图 9-57 所示。

图 9-54 【序列】选项卡

图 9-55 【主体】选项卡

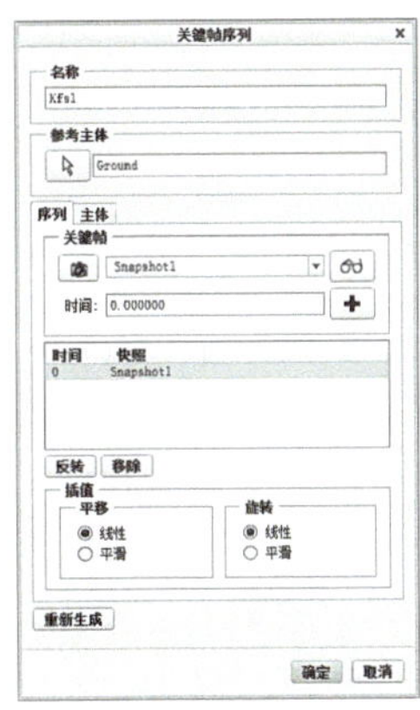

图 9-56　添加 Snapshot1

STEP03 按照类似方法添加 Snapshot3 快照和 Snapshot4 快照，如图 9-58、图 9-59 所示。快照添加完成后单击 确定 按钮关闭【关键帧序列】对话框。

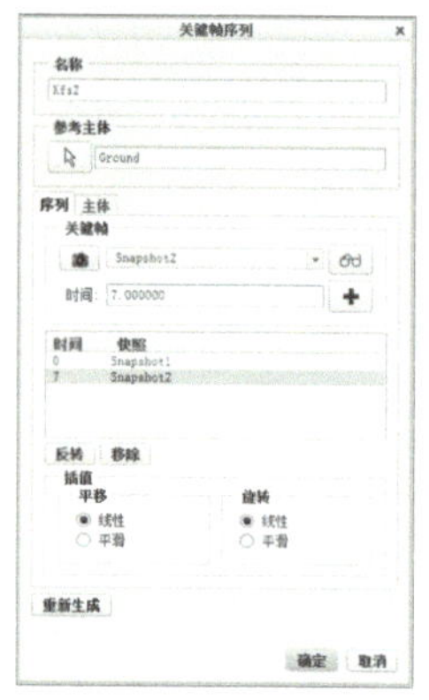
图 9-57　添加 Snapshot2

图 9-58　添加 Snapshot3

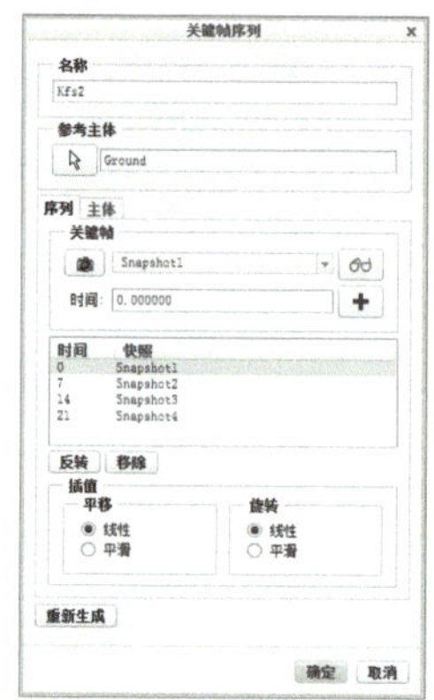
图 9-59　添加 Snapshot4

6. 调整时间线

STEP01 快照添加完成后的时间域如图 9-60 所示，此时发现时间域上创建的关键帧并没有完全显示出来，观察时间线上的终止时间，我们发现时间有 10 帧，而在添加快照时，创建的时间有 21 帧，所以需要调整时间线。

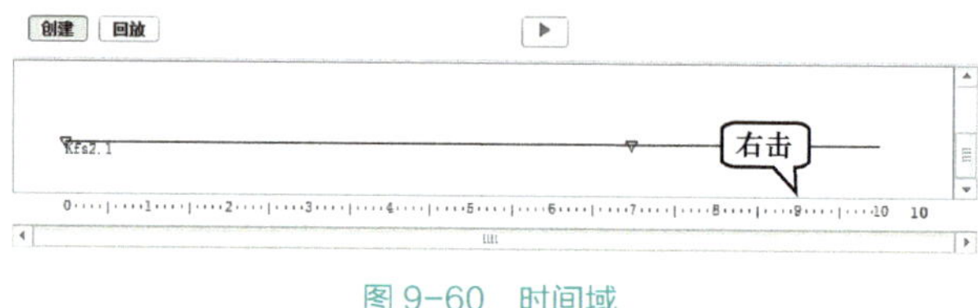

图 9-60　时间域

STEP02 在时间线上右击，在如图 9-61 所示的快捷菜单中单击【编辑时域】选项，弹出【动画时域】对话框，在【终止时间】文本框中输入终止时间为 30，如图 9-62 所示。编辑完成后单击 确定 按钮关闭对话框。

放大
缩小
重新调整
编辑时域

图 9-61　快捷菜单

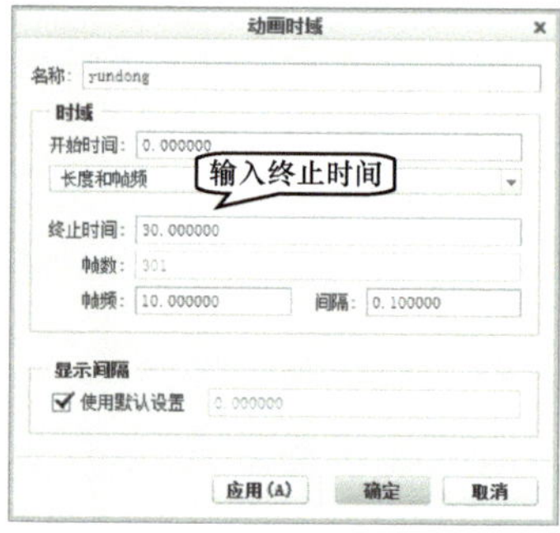

图 9-62　【动画时域】对话框

7. 预览和保存动画

STEP01 在界面中单击 ▶（生成并运行动画）按钮，可启动动画进行查看。

STEP02 单击 回放 按钮，退出动画创建模式，在时间域上方单击 按钮，在弹出的【捕获】对话框中设置保存动画的名称、文件类型和图像尺寸，如图 9-63 所示，单击 按钮，设置文件的保存路径如图 9-64 所示。

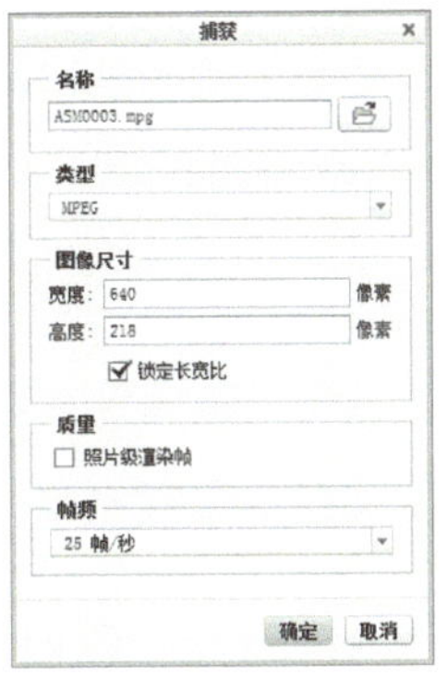

图 9-63 【捕获】对话框

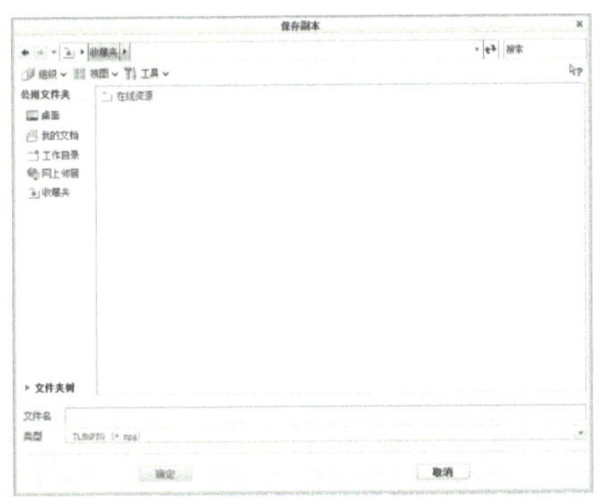

图 9-64 设置保存路径

9.2 典型实例

下面通过一组典型实例来介绍创建运动仿真以及制作动画的基本方法。

9.2.1 范例解析 1——牛头刨床机构运动仿真

本范例将介绍牛头刨床机构运动仿真的操作过程。该仿真实例综合运用了多种常见机构，有凸轮连接、蜗轮蜗杆机构、急回机构、带传动机构、间歇机构、摆动机构、齿轮机构和 3D 接触连接等，是一个较为全面的综合范例，在学习时应细心体会。机构模型如图 9-65 所示。

图 9-65 模型特征

创建电动机子组件

【操作步骤】

1. 新建文件

牛头刨床机构运动仿真 1

STEP01 将工作目录设置至“D:/”。

STEP02 新建一个装配文件，命名为“DDJ-01”，取消勾选【使用默认模板】选项，单击 确定 按钮进入下一步，如图 9-66 所示。

STEP03 在【模板】中滑动鼠标滑轮，选取 mmns_asm_design 公制模板，单击 确定 按钮完成创建，如图 9-67 所示。

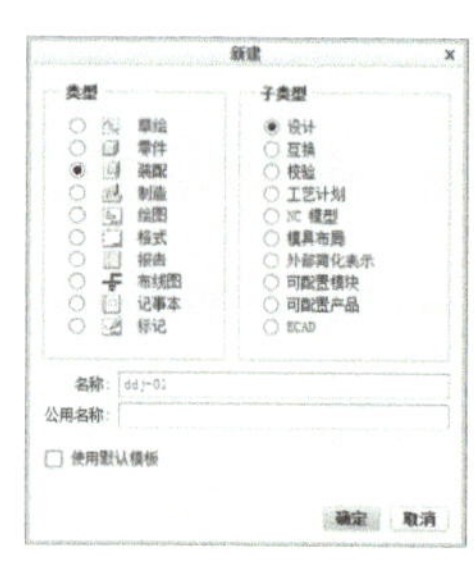

图 9-66　新建对话框

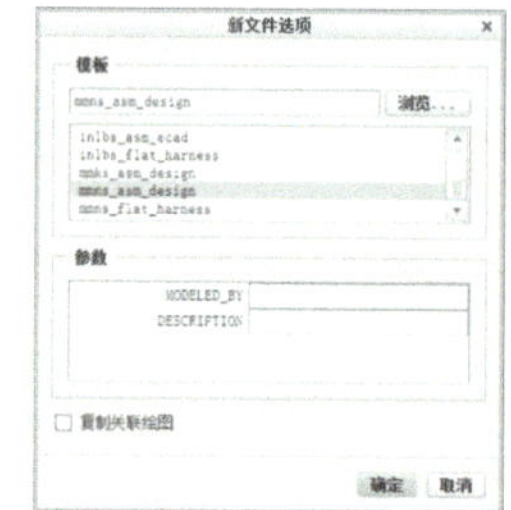

图 9-67　【新文件选项】对话框

2. 导入元件

STEP01 导入第 1 个元件：导入素材文件“/ 素材 / 第 9 章 /baochuang/DDJ-01-MOTOR_BODY.prt”，并使用 默认 约束完全约束该元件，如图 9-68 所示。

STEP02 导入第二个元件：导入素材文件“/ 素材 / 第 9 章 /baochuang/DDJ-01-MOTOR_WHEEL.prt”，并将其调整到图 9-69 所示的位置。

图 9-68　完全约束

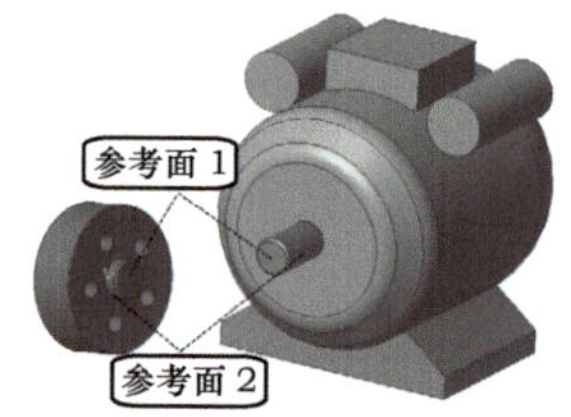

图 9-69　放置界面

3. 创建DDJ-01-MOTOR_WHEEL和DDJ-01-MOTOR_BODY之间的销连接

STEP01 在【元件放置】操控板的机械连接约束列表中选择 销 选项。

STEP02 定义【轴对齐】约束。单击操控板中的 放置 按钮，分别选取图 9-69 中的参考面 2 为【轴对齐】约束参考，操作结果如图 9-70 所示。

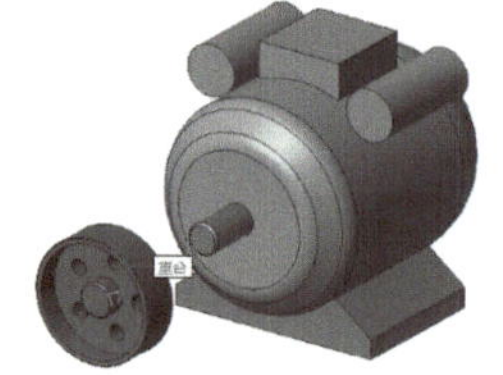

图 9-70　放置界面

STEP03 定义【平移】约束。选取图 9-69 中的参考面 1 为【平移】约束的参考，如图 9-71 所示。

STEP04 单击操控板中的 ✓ 按钮，完成连接的创建，如图 9-72 所示。

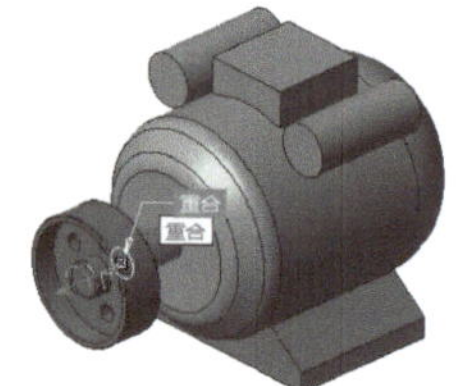

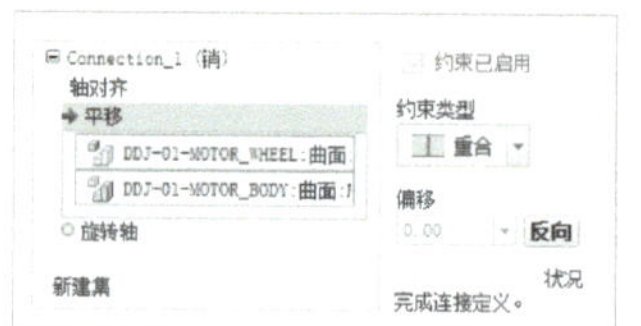

图 9-71　放置界面

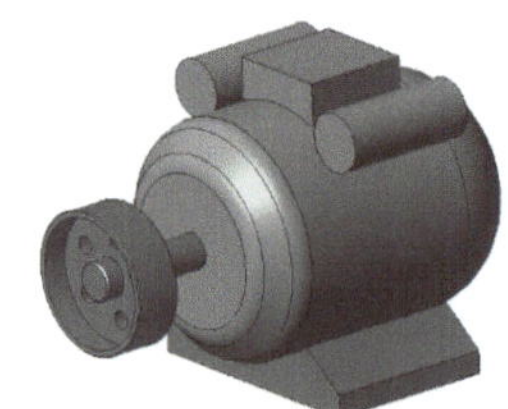

图 9-72　模型连接

4. 重新生成机构模型

单击【模型】选项卡中的 按钮，重新生成机构模型。

5. 保存

选取适当路径保存该子组件，供后续装配使用。

创建工作台子组件

【操作步骤】

1. 新建文件

STEP01 新建一个装配文件，命名为“GZT-01”，取消勾选【使用默认模板】选项，单击 确定 按钮进入下一步。

STEP02 在【模板】中滑动鼠标滑轮，选取 mmns_asm_design 公制模板，单击 确定 按钮完成创建。

2. 导入元件

STEP01 导入第一个元件：导入素材文件“/ 素材 / 第 9 章 /baochuang/GZT-01-TABLE_BODY.prt”，并使用 默认 约束完全约束该元件。如图 9-73 所示。

STEP02 导入第二个元件：导入素材文件“/ 素材 / 第 9 章 /baochuang/GZT-01-TABLE_GEAR.prt”，并将其调整到图 9-74 所示的位置。

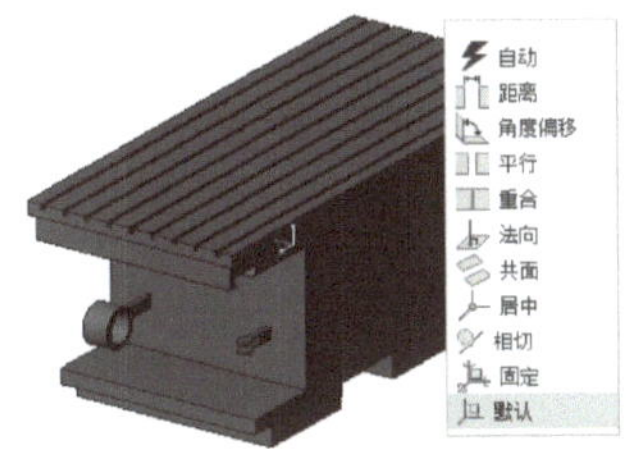

图 9-73 完全约束

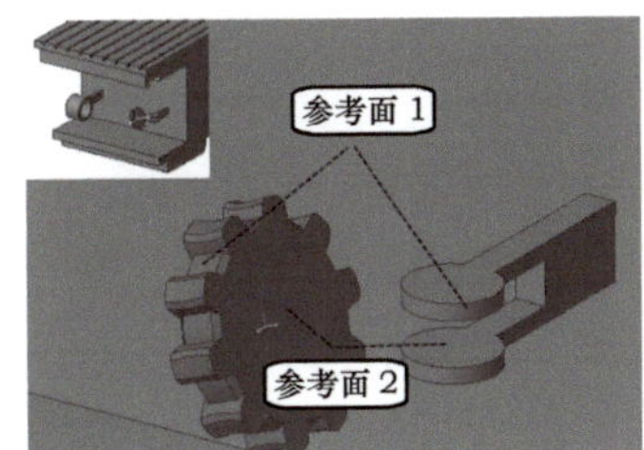

图 9-74 选择参考

3. 创建GZT-01-TABLE_GEAR和GZT-01-TABLE_BODY之间的销连接

STEP01 在【元件放置】操控板的机械连接约束列表中选择 销 选项。

STEP02 定义【轴对齐】约束。分别选取图 9-74 中的两个参考 1 面为【轴对齐】约束参考，结果如图 9-75 所示。

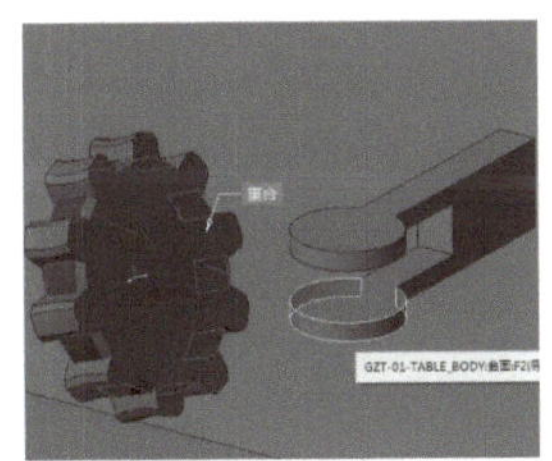

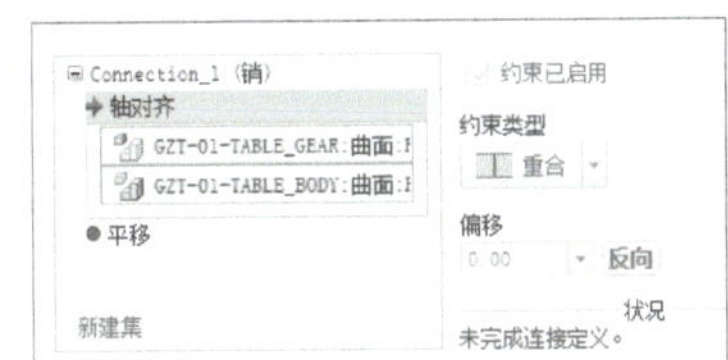

图 9-75 放置界面

STEP03 定义【平移】约束。分别选取图 9-74 中的两个参考面 2 为【平移】约束的参考，操作如图 9-76 所示。

STEP04 单击操控板中的 按钮，完成连接的创建，最终结果如图 9-77 所示。

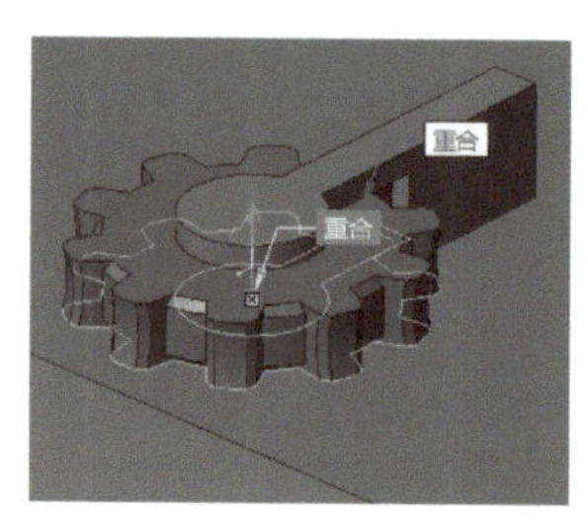

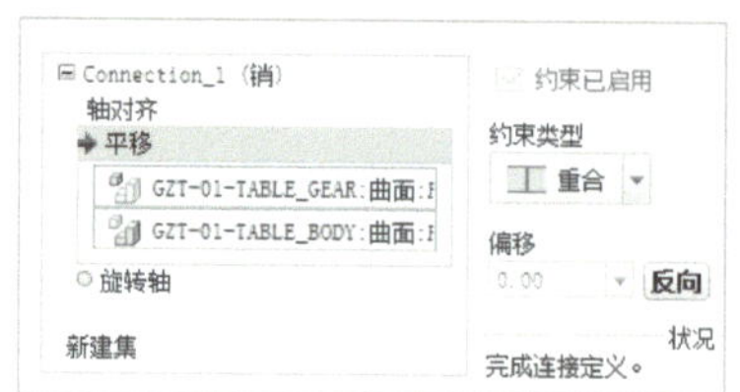

图 9-76　最终设计结果

图 9-77　模型位置

4. 重新生成机构模型

单击【模型】选项卡中的 按钮，重新生成机构模型。

5. 保存

选取适当路径保存该子组件，供后续装配使用。

创建平移机构子组件

【操作步骤】

1. 新建文件

新建一个装配文件，命名为“PY-01”。

2. 导入元件

STEP01 导入第一个元件：导入素材文件“/ 素材 / 第 9 章 /baochuang/PY-01-TRANSLATION_MECH_BASE.prt”，完全约束该元件。

STEP02 导入第二个元件：导入素材文件“/ 素材 / 第 9 章 /baochuang/PY-01-TRANSLATION_MECH_SLIDER.prt”，并将其调整到图 9-78 所示的位置。

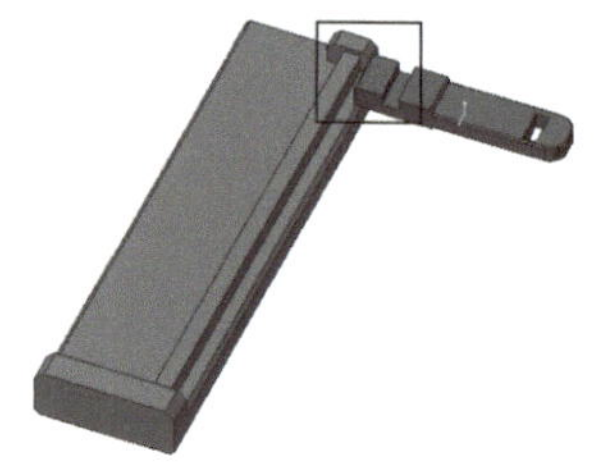

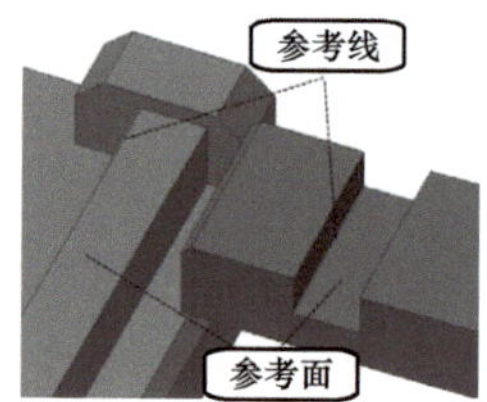

图 9-78　模型位置

3. 创建PY-01-TRANSLATION_MECH_SLIDER和PY-01-TRANSLATION_MECH_BASE之间的滑块连接

STEP01 在连接列表中选取 滑块 选项，系统弹出【元件放置】操控板，单击操控板菜单中的 放置 选项卡。

STEP02 定义【轴对齐】约束。分别选取图 9-78 所示的两条边线为【轴对齐】约束参考，此时模型装配 放置 界面如图 9-79 所示。

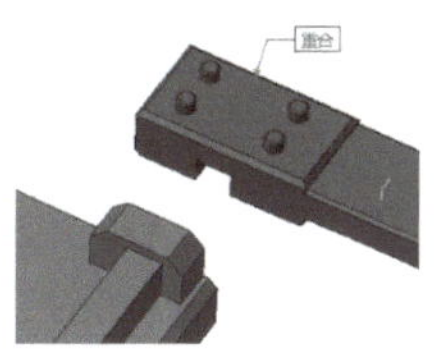

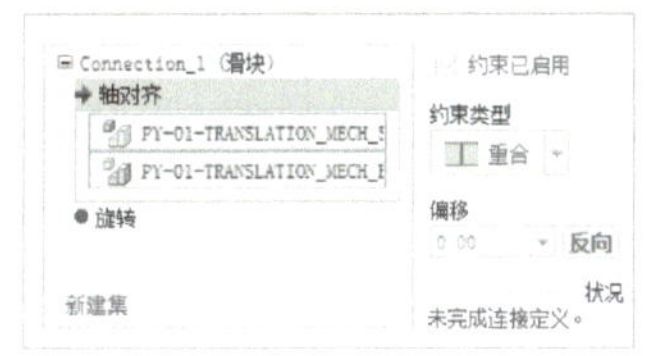

图 9-79　放置界面

STEP03 定义【旋转】约束。分别选取图 9-78 所示的两个平面为【旋转】约束参考，此时模型装配放置界面如图 9-80 所示。

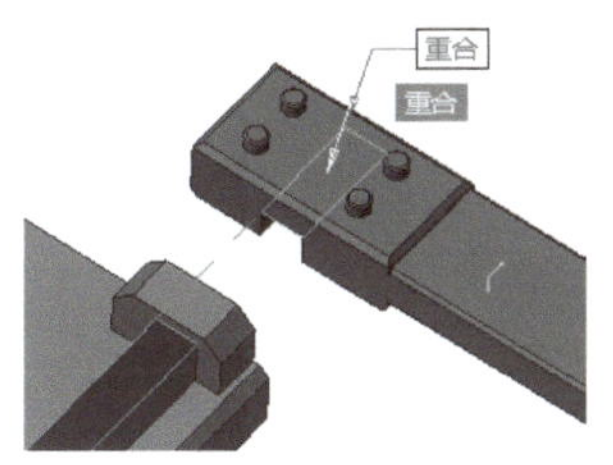

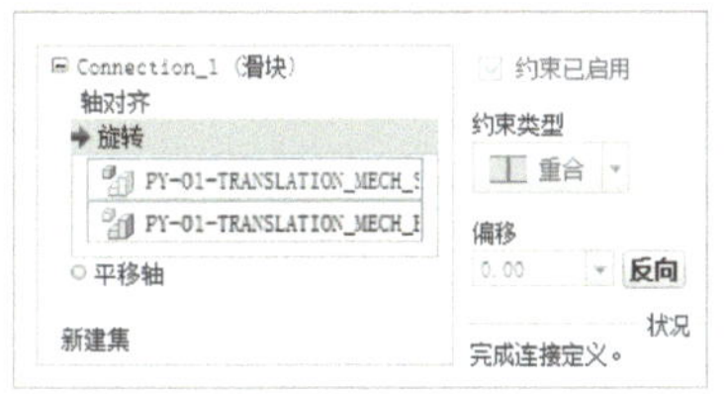

图 9-80　放置界面

STEP04 单击【模型】选项卡中的 按钮，将元件 PY-01-TRANSLATION_MECH_SLIDER 移动到图 9-81 所示的大致位置。单击操控板中的 ✔ 按钮，完成滑块连接的创建。

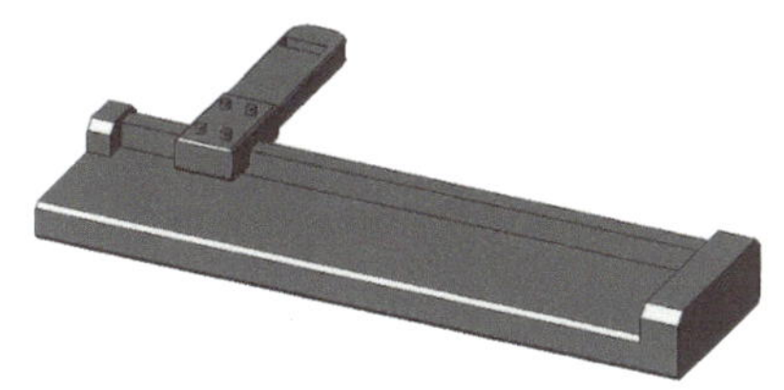

图 9-81　模型位置

4. 保存

再次生成机构模型，选取适当路径保存该子组件，供后续装配使用。

创建机构总装配

【操作步骤】

1. 新建文件

新建一个装配文件，命名为“NTBC-00”。

2. 导入元件

STEP01 导入第一个元件：导入素材文件“/ 素材 / 第 9 章 /baochuang/NTBC-00-BODY.prt”，完全约束该元件。

STEP02 导入前面创建的电动机子组件“/ 素材 / 第 9 章 /baochuang/DDJ-01.ASM”，并将其调整到图 9-82 所示的位置。

3. 创建DDJ-01-MOTOR_BODY和NTBC-00-BODY之间的刚性连接

STEP01 在连接列表中选取【刚性】选项。

STEP02 定义【重合】约束（一）。选取图 9-82 所示的两个参考面 1 面为【重合】约束（一）的参考，此时 放置 界面如图 9-83 所示。

STEP03 定义【重合】约束（二）。在 放置 界面中单击【新建约束】，在【约束类型】下拉列表中选择【重合】选项，选取图 9-82 中的两个参考面 2 为【重合】约束（二）的参考，此时 放置 界面如图 9-84 所示。

STEP04 定义【重合】约束（三）。参考步骤 (3) 选取图 9-82 中的两个平面为【重合】约束（三）的参考，此时 放置 界面如图 9-85 所示。

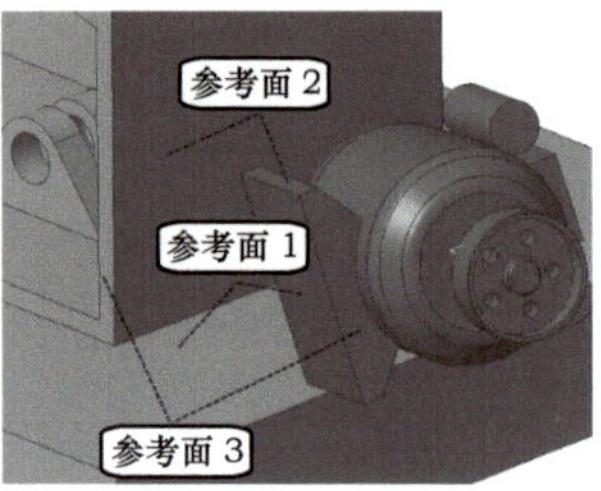

图 9-82 选择参考

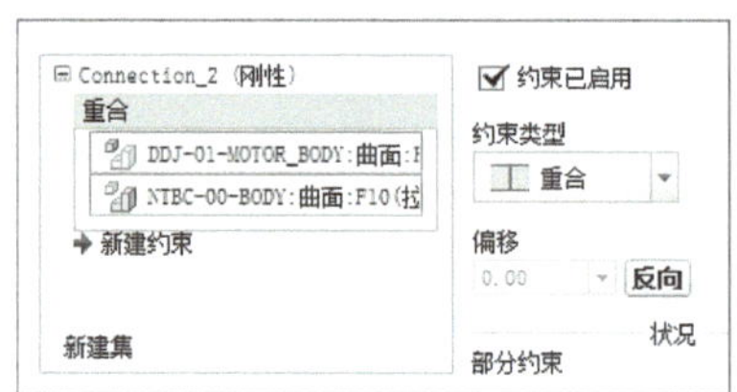

图 9-83 放置界面

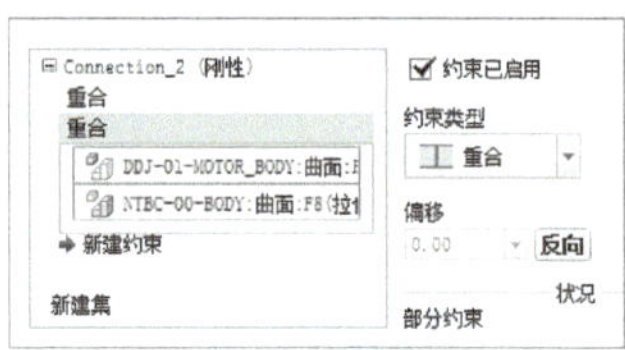

图 9-84 放置界面

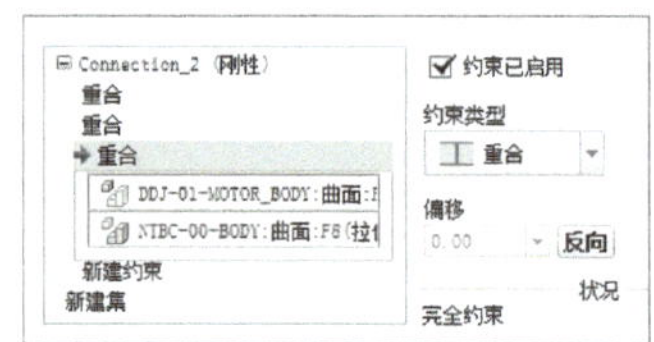

图 9-85 放置界面

STEP05 单击操控板中的 ✓ 按钮，完成刚性连接的创建，此时模型装配如图 9-86 所示。

4. 继续导入素材文件：“/素材/第9章/baochuang/NTBC-00-COUPLING_WHEEL.prt”，并将其调整到图9-87所示的位置

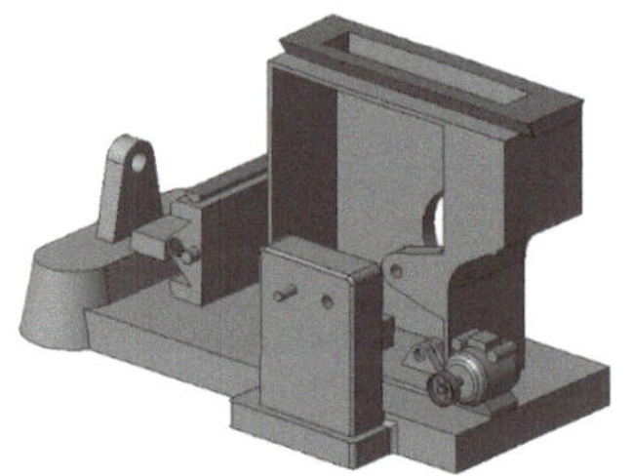
图 9-86 模型位置

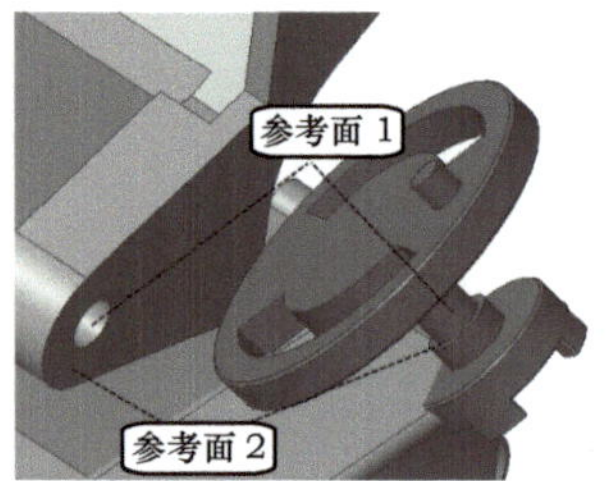

图 9-87 选择参考

5. 创建NTBC-00-COUPLING_WHEEL和NTBC-00-BODY之间的销连接

STEP01 在【元件放置】操控板的机械连接约束列表中选择 销 选项。

STEP02 定义【轴对齐】约束。分别选取图 9-87 中的两个参考面 1 为【轴对齐】约束参考，此时 放置 界面如图 9-88 所示。

STEP03 定义【平移】约束。分别选取图 9-87 所示的两个参考面 2 为【平移】约束参考，此时 放置 界面如图 9-89 所示。

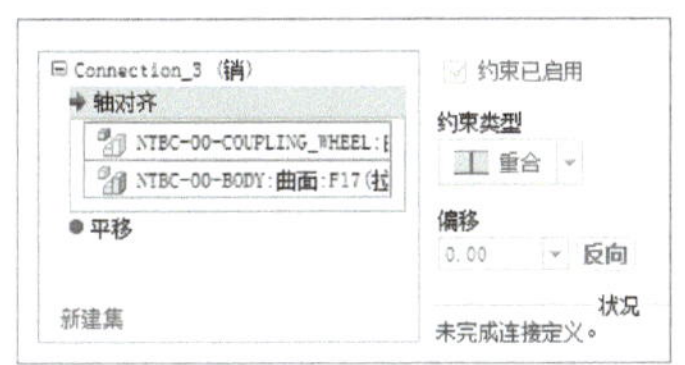

图 9-88　放置界面

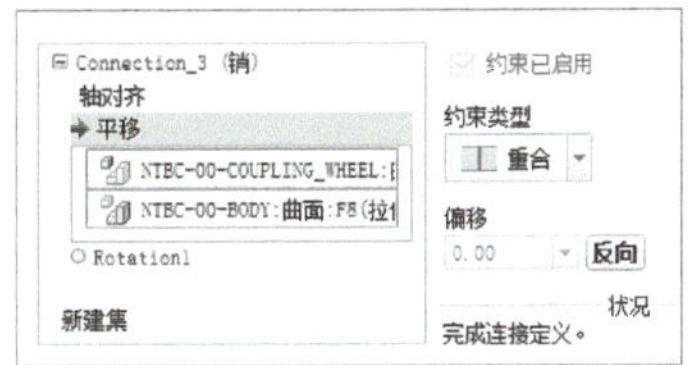

图 9-89　放置界面

STEP04 设置旋转轴参考。在 放置 界面中单击 Rotation1 选项，切换到如图 9-90 所示的新建旋转轴约束操作面板；单击【视图工具栏】中的 按钮弹出下拉框，如图 9-91 所示，勾选【平面显示】复选框；选取 NTBC-00-COUPLING_WHEEL 中的基准平面 DTM3 和 NTBC-00-BODY 中的基准平面 DTM2 为旋转轴参考，操作结果如图 9-92 所示。

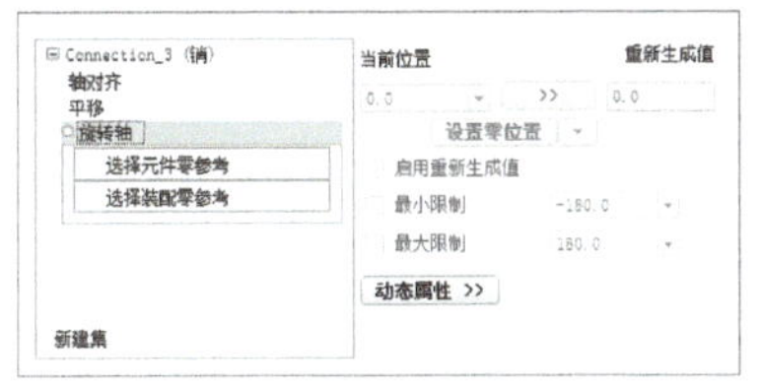

图 9-90　放置界面

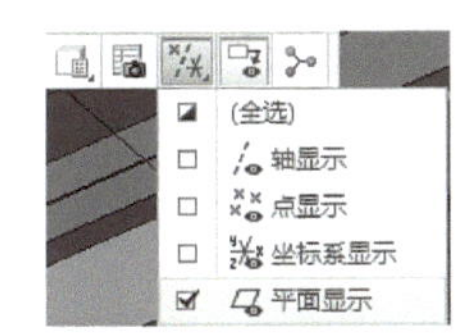

图 9-91　勾选【平面显示】

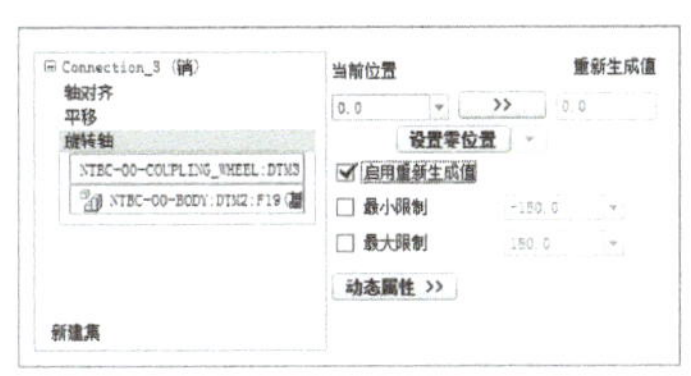

图 9-92　放置界面

STEP05 设置位置参数。在 放置 界面右侧【当前位置】区域下的文本框中输入值 0，按 Enter 键确认，然后单击 >> 按钮；选中【启用重新生成值】复选框。

STEP06 单击操控板中的 ✓ 按钮，完成连接的创建，此时模型位置如图 9-93 所示。

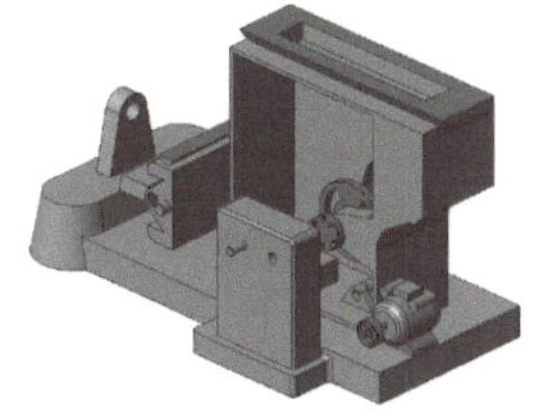

图 9-93　模型位置

6. 导入素材

继续导入素材文件："/ 素材 / 第 9 章 /baochuang/ NTBC-00-COUPLING_GEAR.prt"，并将其调整到图 9-94 所示的位置。

7. 创建NTBC-00-COUPLING_GEARL和NTBC-00-BODY之间的销连接

STEP01 在【元件放置】操控板的机械连接约束列表中选择 销 选项。

STEP02 定义【轴对齐】约束。单击操控板中的 放置 按钮，分别选取图 9-94 中的两个柱面为【轴对齐】约束参考，结果如图 9-95 所示。

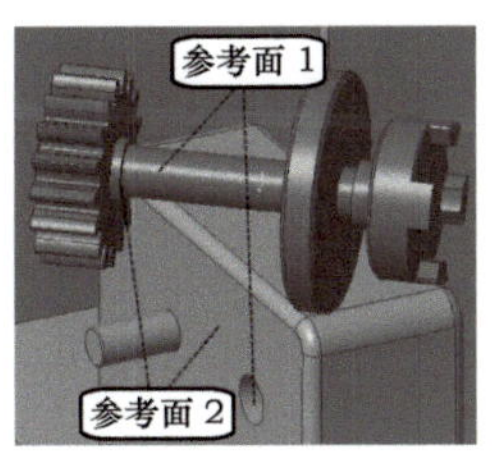

图 9-94　选择参考

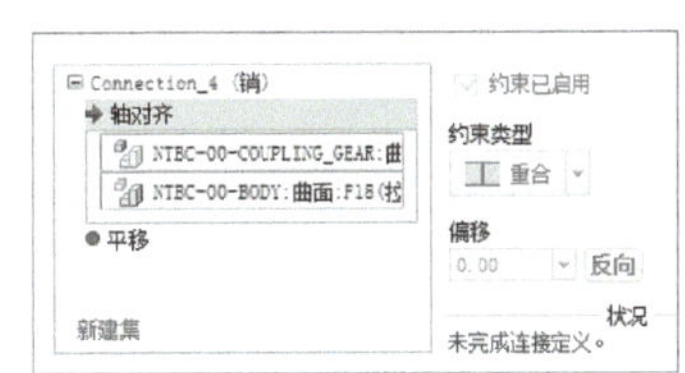

图 9-95　放置界面

STEP03 定义【平移】约束。分别选取图 9-94 所示的两个平面为【平移】约束参考，结果如图 9-96 所示。

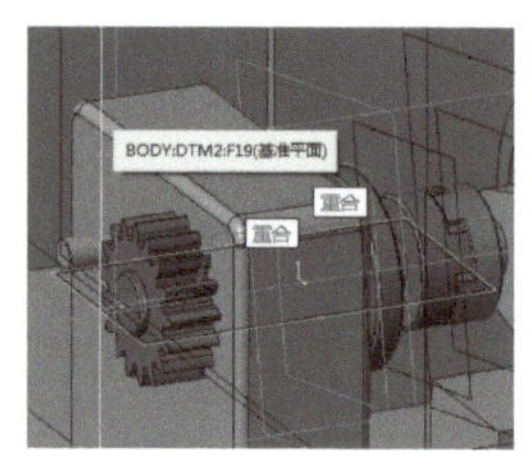

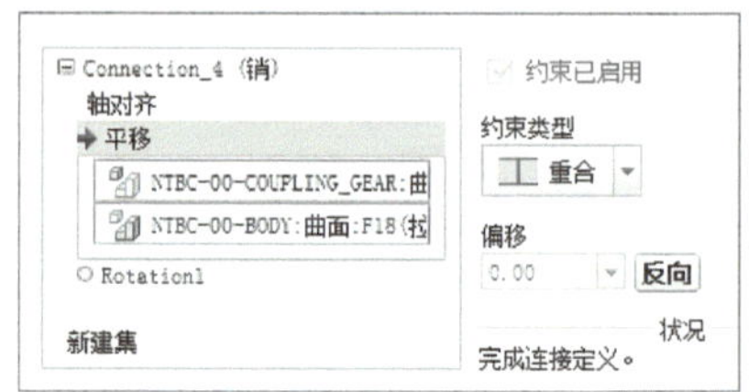

图 9-96　放置界面

STEP04 设置旋转轴参考。在 放置 界面中单击 Rotation1 选项，选取 NTBC-00-COUPLING_GEAR 中的基准平面 DTM4 和 NTBC-00-BODY 中的基准平面 DTM2 为旋转轴参考。

STEP05 设置位置参数。在 放置 界面右侧【当前位置】区域下的文本框中输入值 0，并按 Enter 键确认，然后单击 ›› 按钮；选中【启用重新生成值】复选框，操作结果如图 9-97 所示。

STEP06 单击操控板中的 ✓ 按钮，完成连接的创建，此时模型装配如图 9-98 所示。

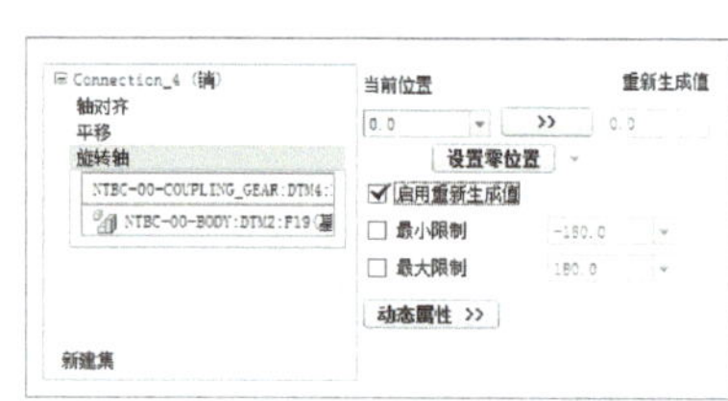

图 9-97　放置界面

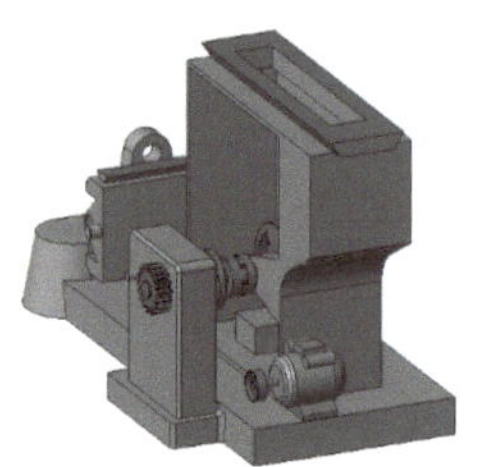

图 9-98　模型位置

8. 导入素材

继续导入素材文件：“/ 素材 / 第 9 章 /baochuang/NTBC-00-SPLINE.prt”，并将其调整到图 9-99 所示的位置。

9. 创建NTBC-00-SPLINE和NTBC-00-BODY之间的圆柱连接

STEP01 在连接列表中选取 圆柱 选项，弹出【元件放置】操控板，单击操控板菜单中的 放置 选项卡。

STEP02 定义【轴对齐】约束。分别选取图 9-99 所示参考面 1 的两个柱面为【轴对齐】约束参考，此时 放置 界面如图 9-100 所示。

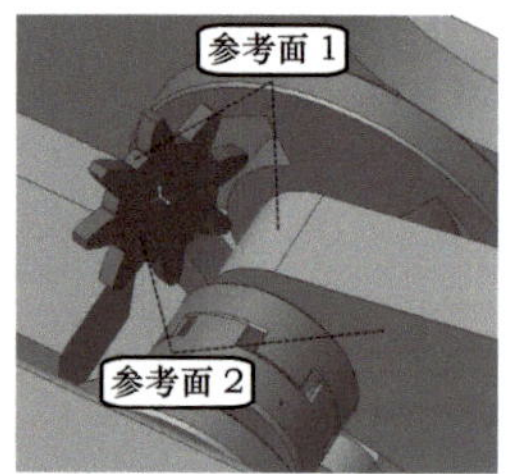

图 9-99　模型位置

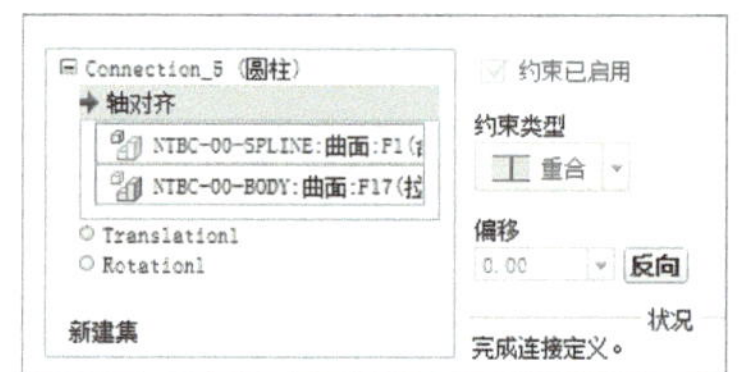

图 9-100　放置界面

STEP03 设置平移轴参考。在 放置 界面中单击 Rotation1 选项，选取图 9-99 所示参考面 2 的两个平面为平移轴参考。

STEP04 设置位置参数。在 放置 界面右侧【当前位置】区域下的文本框中输入值 63（如果方向相反则为负值），按 Enter 键确认，单击 ›› 按钮，选中【启用重新生成值】复选框，此时 放置 界面如图 9-101 所示。

STEP05 设置旋转轴参考。在 放置 界面中单击 旋转轴 选项，在模型树中选取 NTBC-00-SPLINE 中的基准平面 DTM1 和 NTBC-00-BODY 中的基准平面 DTM2 为旋转轴参考。

STEP06 设置位置参数。在 放置 界面右侧【当前位置】区域下的文本框中输入值 0，并按 Enter 键确认，然后单击 >> 按钮，选中【启用重新生成值】复选框，此时 放置 界面如图 9-102 所示。

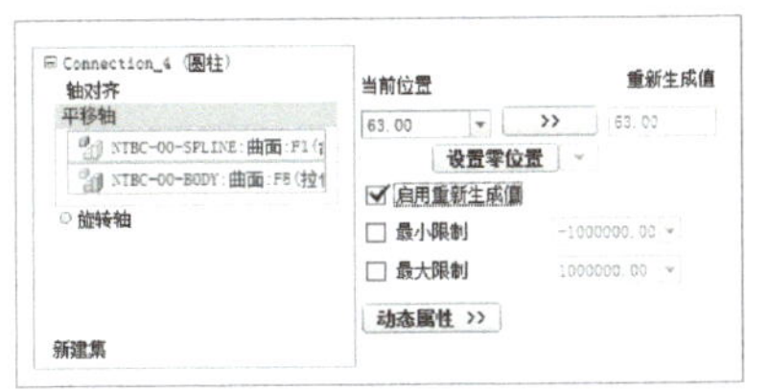

图 9-101 放置界面

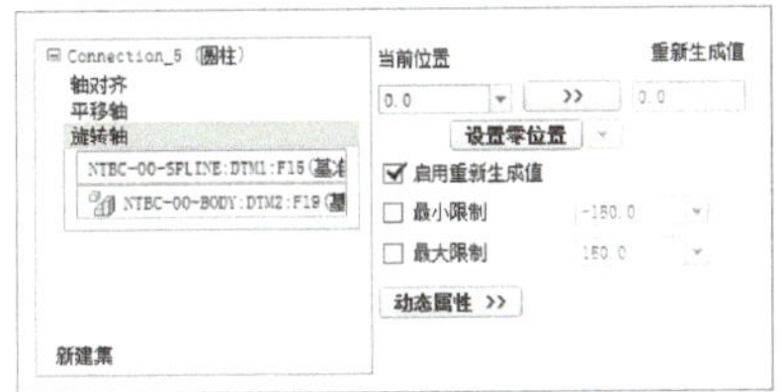

图 9-102 放置界面

STEP07 单击操控板中的 ✓ 按钮，完成连接的创建，此时，模型装配如图 9-103 所示。

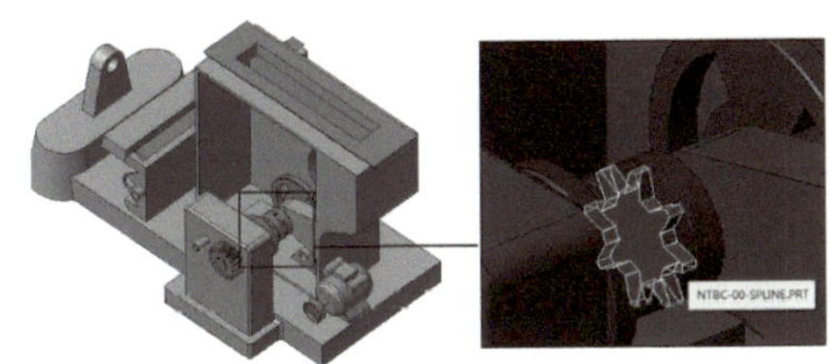

图 9-103 模型位置

10. 导入素材

继续导入素材文件：“/ 素材 / 第 9 章 /baochuang/NTBC-00-BAR.prt”，并将其调整到图 9-104 所示的位置（在模型树中隐藏元件 NTBC-00-SPLINE、NTBC-00-COUPLING_WHEEL 和 NTBC-00-COUPLING_GEAR）。

11. 创建NTBC-00-BAR和NTBC-00-BODY之间的销连接

STEP01 在【元件放置】操控板的机械连接约束列表中选择 销 选项。

STEP02 定义【轴对齐】约束。单击操控板中的 放置 按钮，分别选取图 9-104 中参考面 1 的两个柱面为【轴对齐】约束参考，如图 9-105 所示。

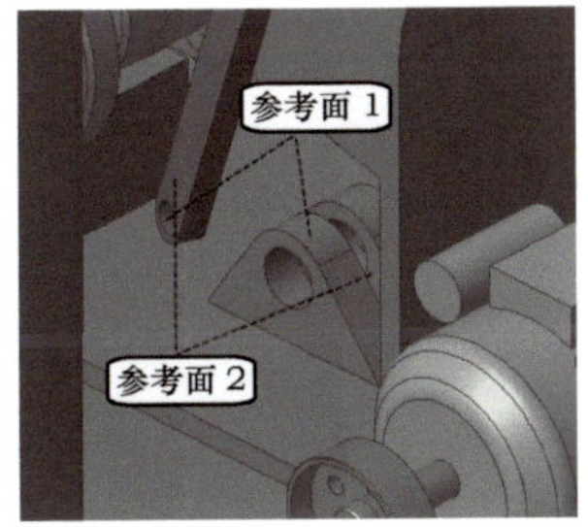

图 9-104 模型位置

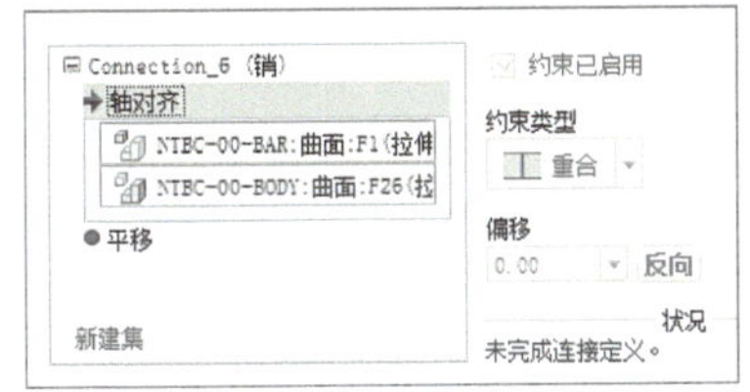

图 9-105 放置界面

STEP03 定义【平移】约束。分别选取图 9-104 所示参考面 2 的两个平面为【平移】约束参考，如图 9-106 所示。

STEP04 设置旋转轴参考。在 放置 界面中单击 旋转轴 选项，选取 NTBC-00-BAR 中的基准平面

DTM1 和 NTBC-00-BODY 中的基准平面 DTM2 为旋转轴参考。

STEP05 设置位置参数。在 放置 界面右侧【当前位置】区域下的文本框中输入值 0，按 Enter 键确认，单击 >> 按钮，选中【启用重新生成值】复选框，如图 9-107 所示。

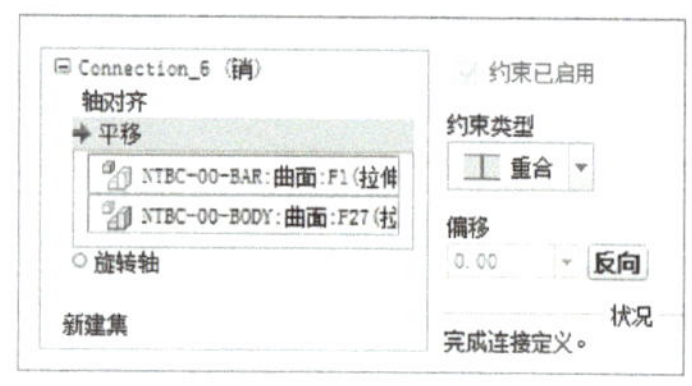

图 9-106 放置界面

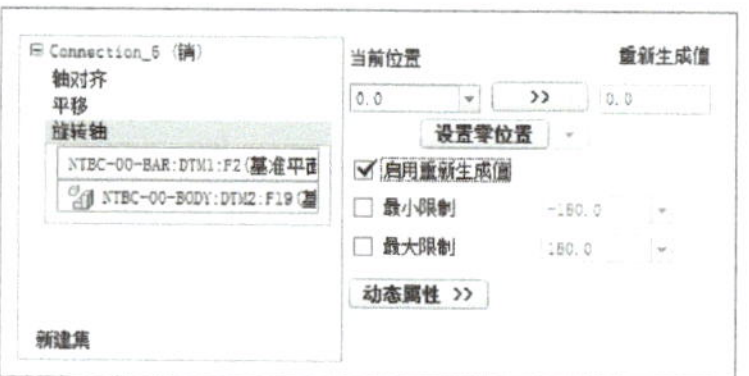

图 9-107 放置界面

STEP06 单击操控板中的 ✓ 按钮，完成连接的创建，如图 9-108 所示。

12. 导入素材

继续导入素材文件："/ 素材 / 第 9 章 /baochuang/NTBC-00-SLIDER.prt"，并将其调整到图 9-109 所示的位置（在模型树中隐藏元件 NTBC-00-BODY 和 DDJ-01.ASM，取消隐藏元件 NTBC-00-SPLINE、NTBC-00-COUPLING_WHEEL 和 NTBC-00-COUPLING_GEAR）。

图 9-108 模型位置

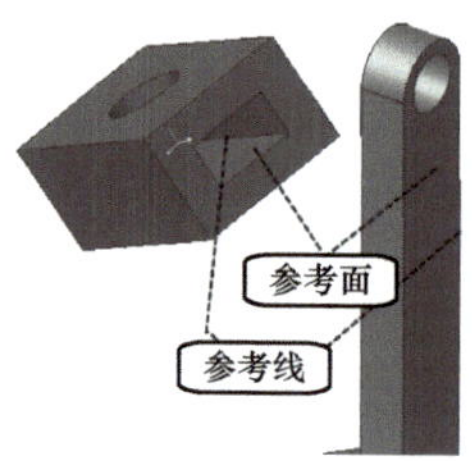

图 9-109 模型位置

13. 创建NTBC-00-SLIDER和NTBC-00-BAR之间的滑块连接

STEP01 在连接列表中选取 滑块 选项，弹出【元件放置】操控板，单击操控板菜单中的 放置 选项卡。

STEP02 定义【轴对齐】约束。分别选取图 9-109 所示的两条边线为【轴对齐】约束参考，此时 放置 界面如图 9-110 所示。

STEP03 定义【旋转】约束。分别选取图 9-109 所示的两个平面为【旋转】约束参考，此时 放置 界面如图 9-111 所示。

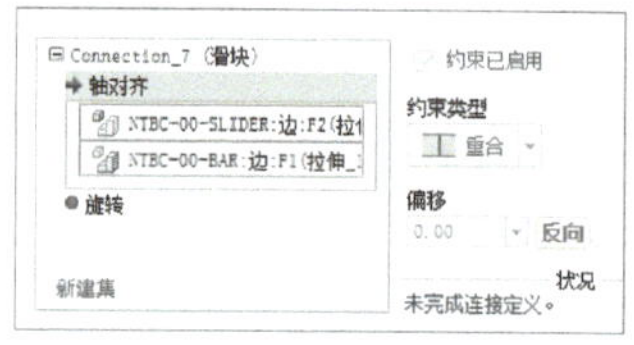

图 9-110 放置界面

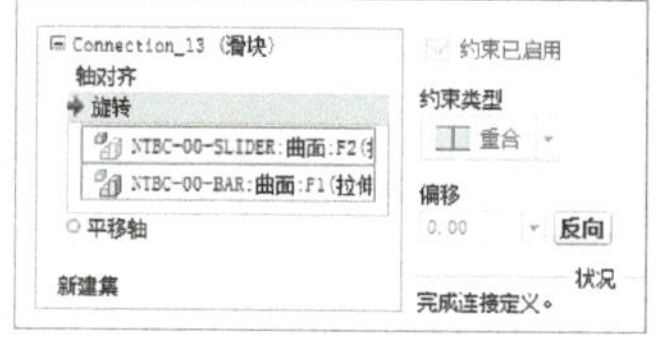

图 9-111 放置界面

14. 创建NTBC-00-SLIDER和NTBC-00-COUPLING_WHEEL之间的圆柱连接

STEP01 在 放置 界面下方单击【新建集】字符，在【元件放置】操控板的机械连接约束列表中选择 圆柱 选项。

STEP02 定义【轴对齐】约束。单击操控板中的 放置 按钮，分别选取图 9-112 所示的两个柱面为【轴对齐】约束参考，此时 放置 界面如图 9-113 所示。

图 9-112 模型位置

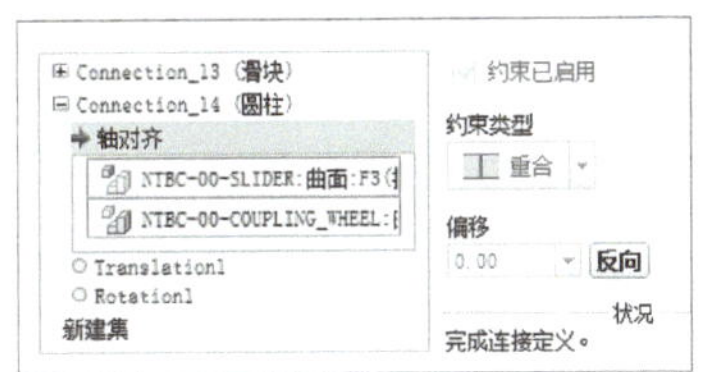

图 9-113 放置界面

STEP03 单击操控板中的✓按钮，完成连接的创建。结果如图 9-114 所示。

15. 导入素材

继续导入素材文件：“/ 素材 / 第 9 章 /baochuang/NTBC-00-RAM.prt”，并将其调整到图 9-115 所示的位置（在模型树中取消隐藏元件 NTBC-00-BODY）。

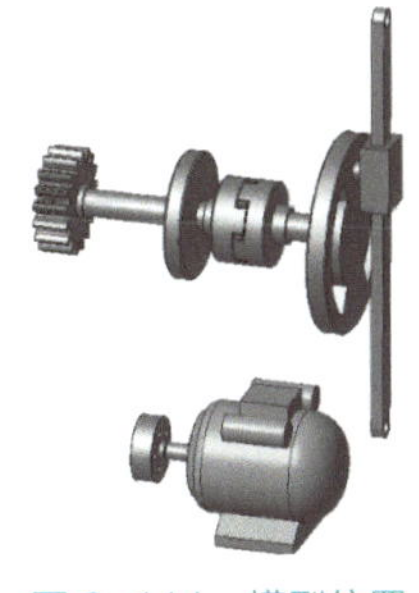

图 9-114 模型位置

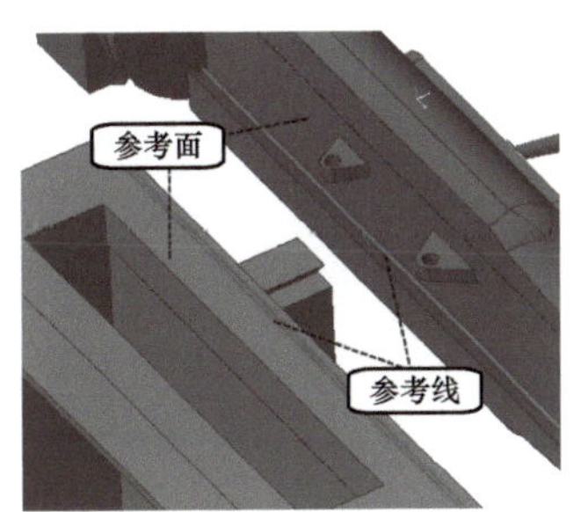

图 9-115 选择参考

16. 创建NTBC-00-BAR和NTBC-00-BODY之间的滑块连接

STEP01 在连接列表中选取 滑块 选项，弹出【元件放置】操控板，单击操控板菜单中的 放置 选项卡。

STEP02 定义【轴对齐】约束。分别选取图 9-115 所示的两条边线为【轴对齐】约束参考，此时 放置 界面如图 9-116 所示。

STEP03 定义【旋转】约束。分别选取图 9-115 所示的两个平面为【旋转】约束参考，此时 放置 界面如图 9-117 所示。

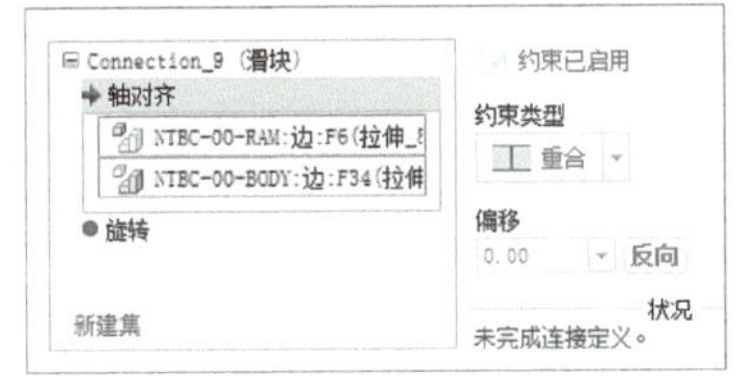

图 9-116 放置界面

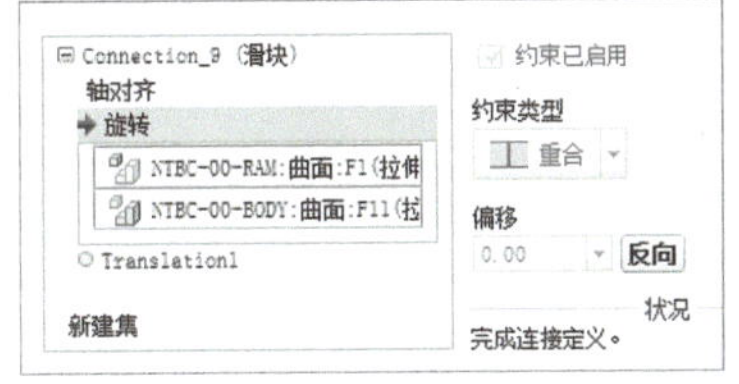

图 9-117 放置界面

STEP04 单击操控板中的✓按钮，完成连接的创建。结果如图 9-118 所示。

17. 导入素材

继续导入素材文件：“/ 素材 / 第 9 章 /baochuang/NTBC-00-LIANGAN.prt”，并将其调整到图 9-119 所示的位置。

牛头刨床机构运动仿真 2

图 9-118　模型位置

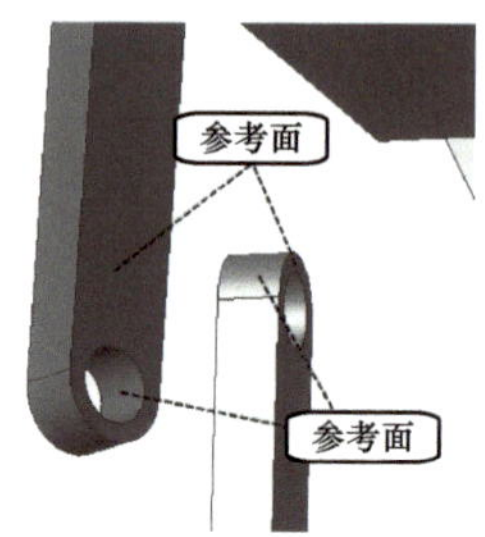

图 9-119　选择参考

18. 创建NTBC-00-LIANGAN和NTBC-00-BAR之间的销连接

STEP01 在【元件放置】操控板的机械连接约束列表中选择 销 选项。

STEP02 定义【轴对齐】约束。单击操控板中的 放置 按钮，分别选取图 9-119 中的两个柱面为【轴对齐】约束参考，如图 9-120 所示。

STEP03 定义【平移】约束。分别选取图 9-119 所示的两个平面为【平移】约束参考，如图 9-121 所示。

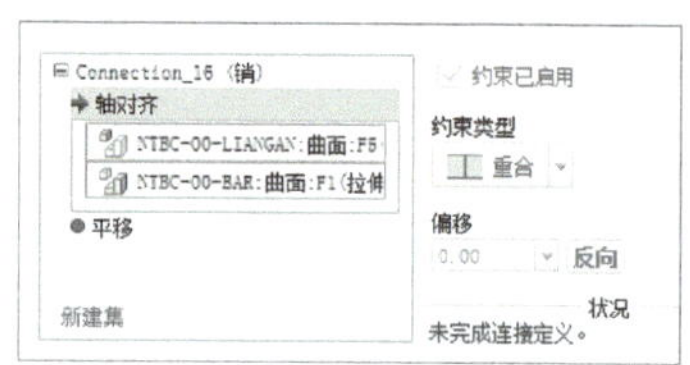

图 9-120　放置界面

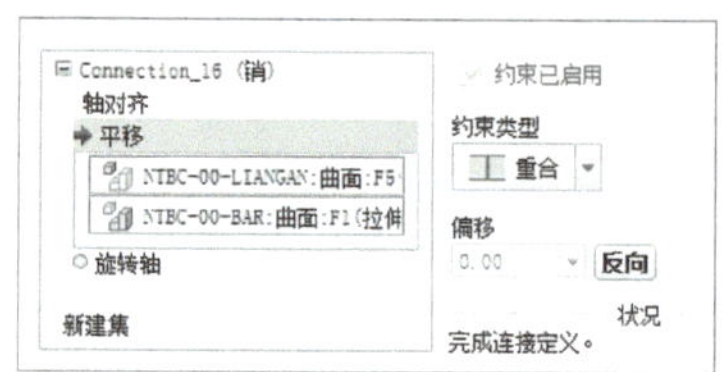

图 9-121　放置界面

19. 创建NTBC-00-LIANGAN和NTBC-00-RAM之间的圆柱连接

STEP01 在 放置 界面下方单击【新建集】字符，在【元件放置】操控板的机械连接约束列表中选择 圆柱 选项。

STEP02 定义【轴对齐】约束。单击操控板中的 放置 按钮，分别选取如图 9-122 所示的两个柱面为【轴对齐】约束参考，此时 放置 界面如图 9-123 所示。

STEP03 单击操控板中的✓按钮，完成连接的创建，如图 9-124 所示。

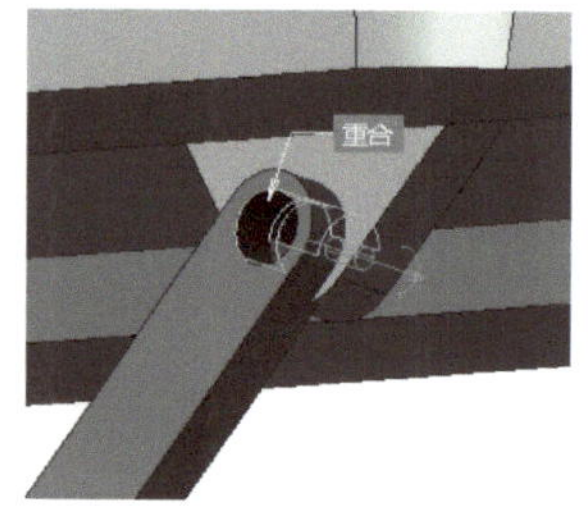

图 9-122　圆柱约束

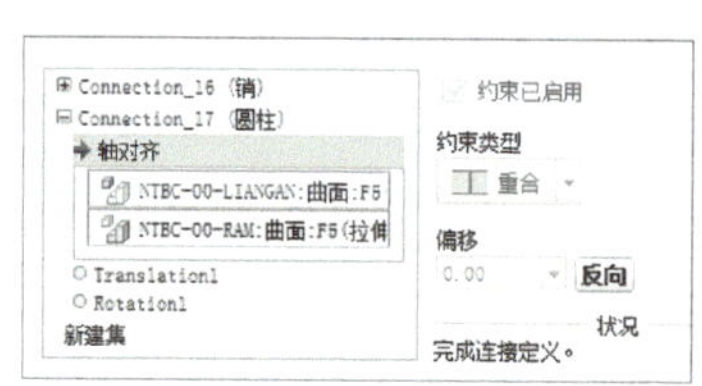

图 9-123　放置界面

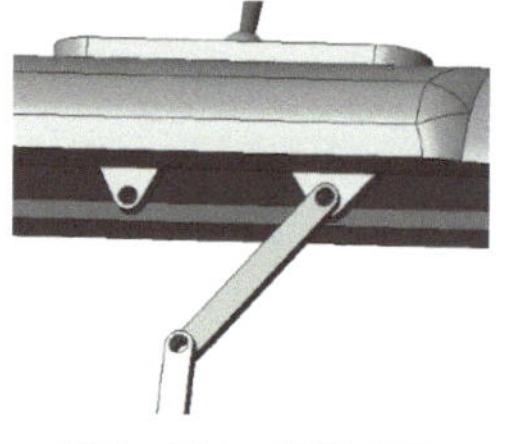

图 9-124　模型位置

20. 导入素材

继续导入素材文件："/ 素材 / 第 9 章 /baochuang/NTBC-00-grear.prt"，并将其调整到图 9-125 所示的位置。

21. 创建NTBC-00-GEAR和NTBC-00-BODY之间的销连接

STEP01 在【元件放置】操控板的机械连接约束列表中选择 销 选项。

STEP02 定义【轴对齐】约束。单击操控板中的 放置 按钮，分别选取图 9-125 中的两个柱面为【轴对齐】约束参考，如图 9-126 所示。

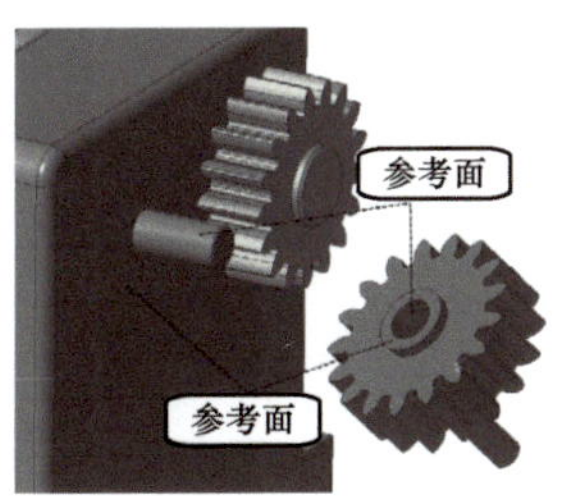

图 9-125 选择参考

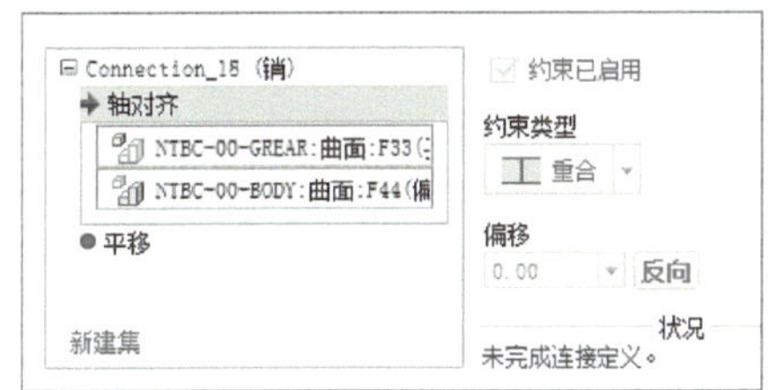

图 9-126 放置界面

STEP03 定义【平移】约束。分别选取图 9-125 所示的两个平面为【平移】约束参考，如图 9-127 所示。

STEP04 设置旋转轴参考。在 放置 界面中单击 旋转轴 选项，选取 NTBC-00-GREAR 中的基准平面 RIGHT 和 NTBC-00-BODY 中的基准平面 DTM2 为旋转轴参考，如图 9-128 所示。

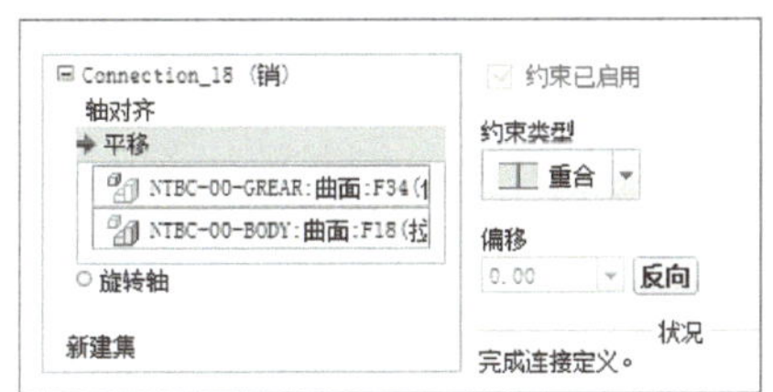

图 9-127 放置界面

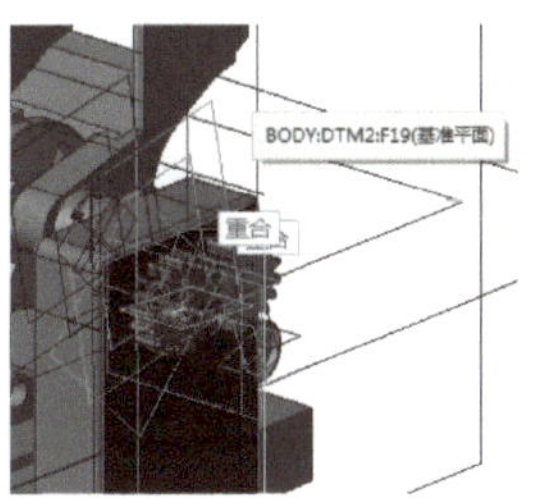

图 9-128 选择基准面

STEP05 设置位置参数。在 放置 界面右侧【当前位置】区域下的文本框中输入值 -5.3，按 Enter 键确认，单击 >> 按钮，选中【启用重新生成值】复选框，如图 9-129 所示。

STEP06 单击操控板中的 ✓ 按钮，完成连接的创建，如图 9-130 所示。

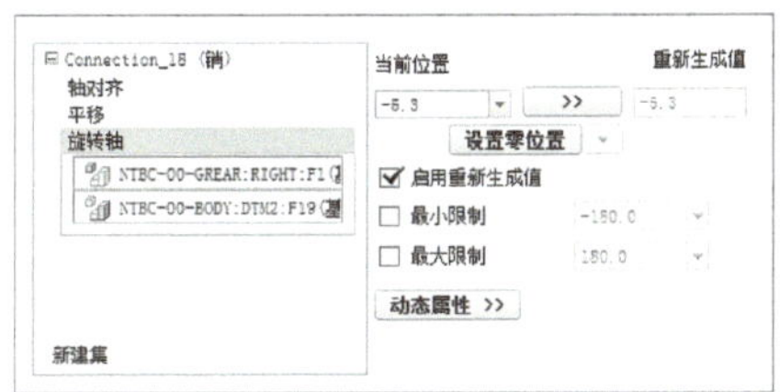

图 9-129 放置界面

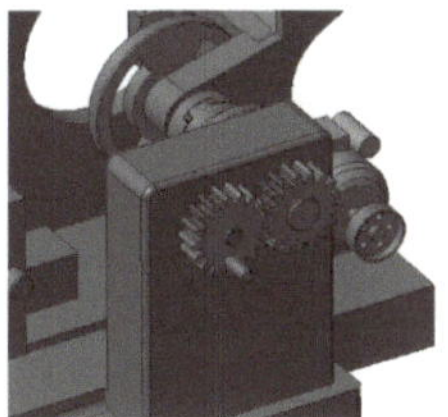
图 9-130 模型位置

22. 导入子组件

导入前面创建的平移机构子组件："/ 素材 / 第 9 章 /baochuang/PY-01.asm"，并将其调整到图 9-131 所示的位置。

23. 创建PY-01-TRANSLATION_ MECH_BASE和NTBC-00-BODY之间的刚性连接

STEP01 在连接列表中选取【刚性】选项，弹出【元件放置】操控板，单击操控板菜单中的 放置 选项卡。

STEP02 定义【重合】约束（一）。在【约束类型】下拉列表中选择【重合】选项，选取图 9-131 所示参考面 1 的两个平面为【重合】约束（一）的参考。结果如图 9-132 所示。

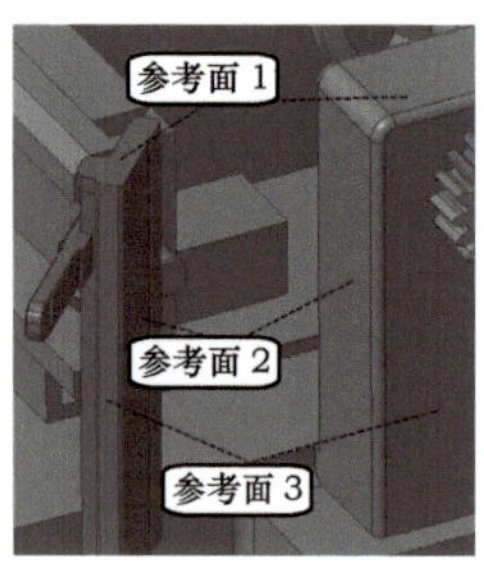

图 9-131 选择参考

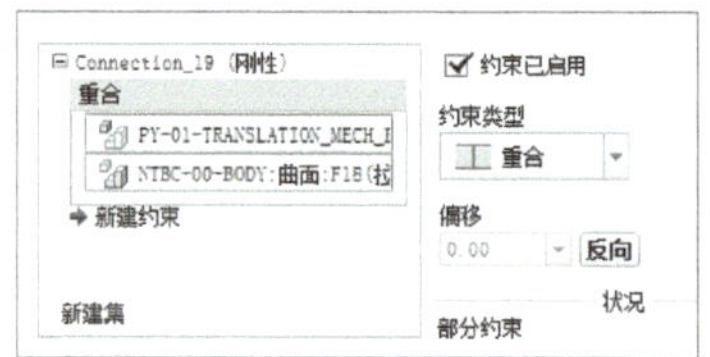

图 9-132 放置界面

STEP03 定义【重合】约束(二)。在 放置 界面中单击【新建约束】,在【约束类型】下拉列表中选择【重合】选项，选取图 9-131 中参考面 2 的两个平面为【重合】约束(二)的参考。结果如图 9-133 所示。

STEP04 定义【重合】约束(三)。参考步骤 (3) 选取图 9-134 中参考面 3 的两个平面为【重合】约束(三)的参考。结果如图 9-135 所示。

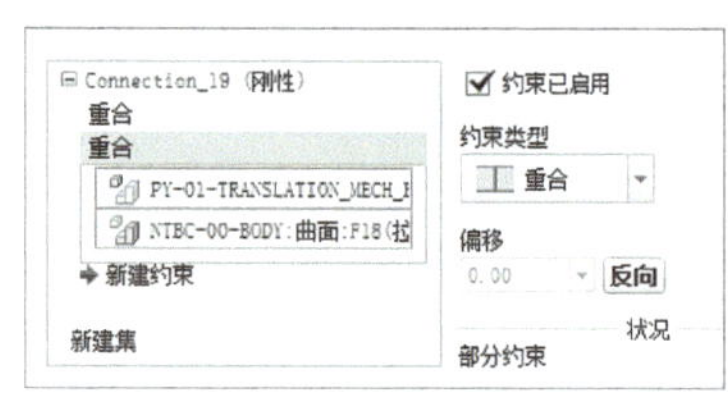

图 9-133 放置界面

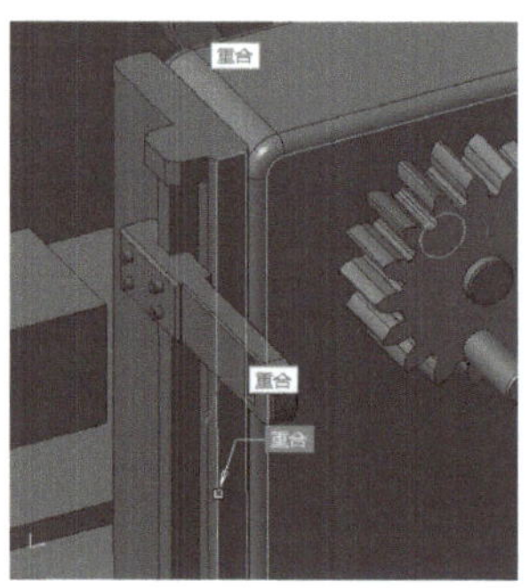

图 9-134 重合位置

STEP05 单击操控板中的 ✓ 按钮，完成刚性连接的创建，如图 9-136 所示。

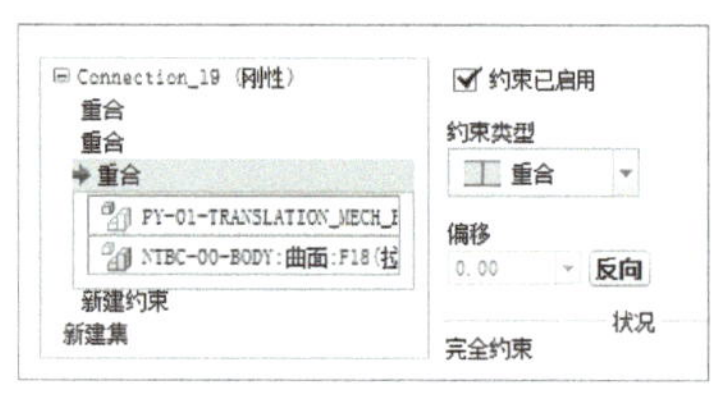

图 9-135 放置界面

图 9-136 模型位置

24. 导入素材

导入素材文件：“/ 素材 / 第 9 章 /baochuang/NTBC-00-ROD.prt”，并将其调整到图 9-137 所示的位置。

25. 创建NTBC-00-ROD和PY-01-TRANSLATION_MECH_SLIDER之间的滑块连接

STEP01 在连接列表中选取 滑块 选项，弹出【元件放置】操控板，单击操控板菜单中的 放置 选项卡。

STEP02 定义【轴对齐】约束。分别选取图 9-137 所示的两条边线为【轴对齐】约束参考，此时 放置 界面如图 9-138 所示。

STEP03 定义【旋转】约束。分别选取图 9-137 所示的两个平面为【旋转】约束参考，此时 放置 界面如图 9-139 所示。

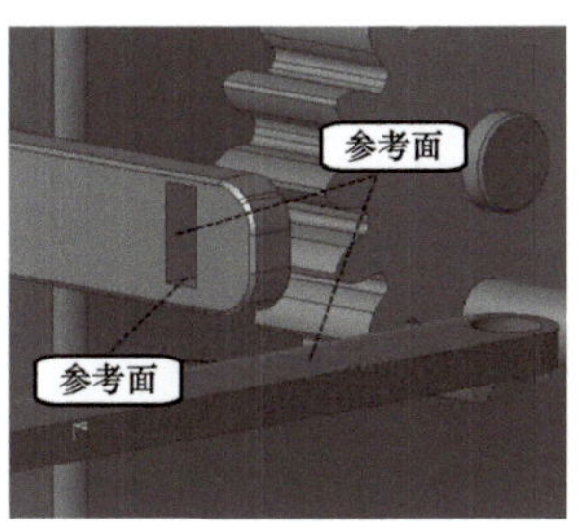

图 9-137　选择参考

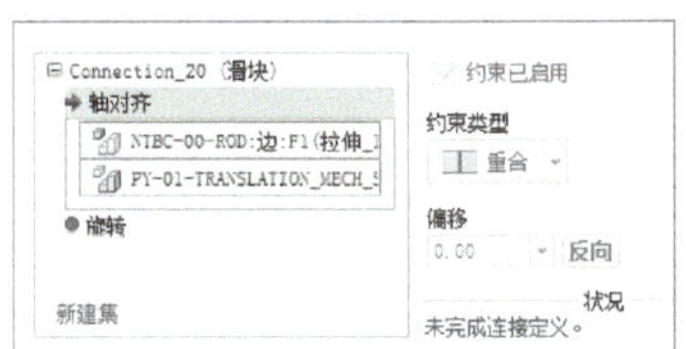

图 9-138　放置界面

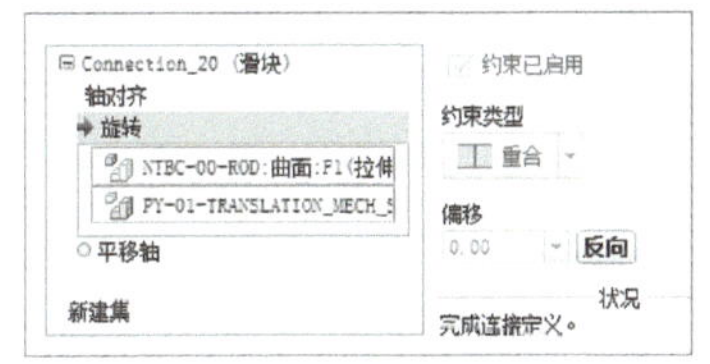

图 9-139　放置界面

26. 创建NTBC-00-ROD和NTBC-00-GREAR之间的圆柱连接

STEP01 在 放置 界面下方单击【新建集】字符，在【元件放置】操控板的机械连接约束列表中选择 圆柱 选项。

STEP02 定义【轴对齐】约束。单击操控板中的 放置 按钮，分别选取图 9-140 所示的两个柱面为【轴对齐】约束参考，此时 放置 界面如图 9-141 所示。

STEP03 单击操控板中的✓按钮，完成连接的创建。

27. 导入素材

导入素材文件：“/ 素材 / 第 9 章 /baochuang/NTBC-00-WHEEL.prt”，并将其调整到图 9-142 所示的位置。

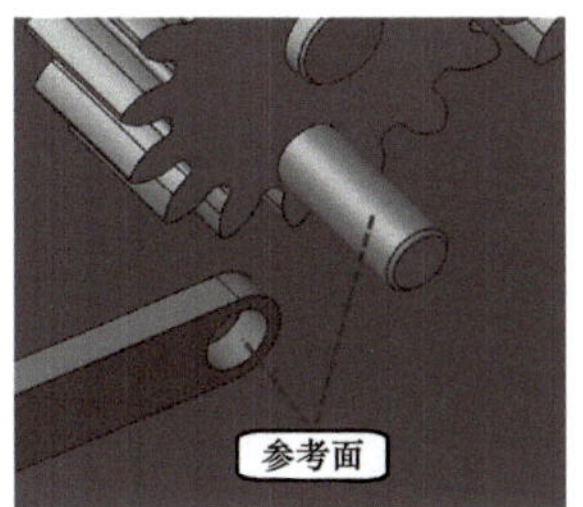

图 9-140　放置界面

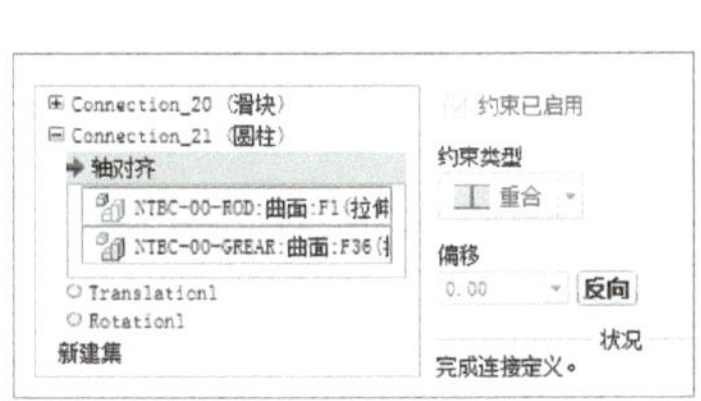

图 9-141　放置界面

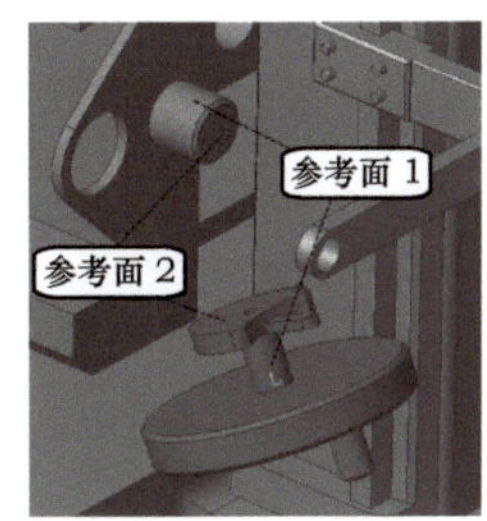

图 9-142　选取参考

28. 创建NTBC-00-wheel和NTBC-00-BODY之间的销连接

STEP01 在【元件放置】操控板的机械连接约束列表中选择 销 选项。

STEP02 定义【轴对齐】约束。单击操控板中的 放置 按钮，分别选取图 9-142 中参考面 1 的两个柱面为【轴对齐】约束参考，如图 9-143 所示。

STEP03 定义【平移】约束。分别选取图 9-142 所示参考面 2 的两个平面为【平移】约束参考，如图 9-144 所示。

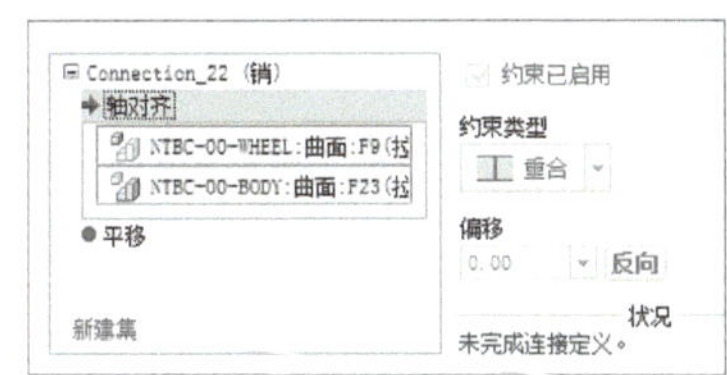

图 9-143　选择参考

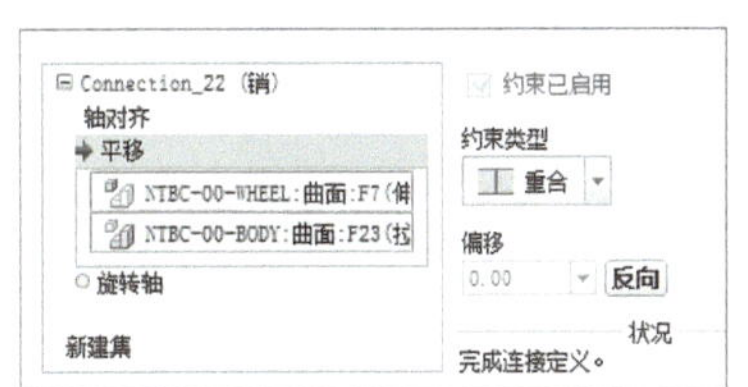

图 9-144　放置界面

29. 创建NTBC-00-wheel和NTBC-00-ROD之间的圆柱连接

STEP01 在 放置 界面下方单击【新建集】字符，在【元件放置】操控板的机械连接约束列表中选择 圆柱 选项。

STEP02 定义【轴对齐】约束。单击操控板中的 放置 按钮，分别选取图 9-145 所示的两个柱面为【轴对齐】约束参考，此时 放置 界面如图 9-146 所示。

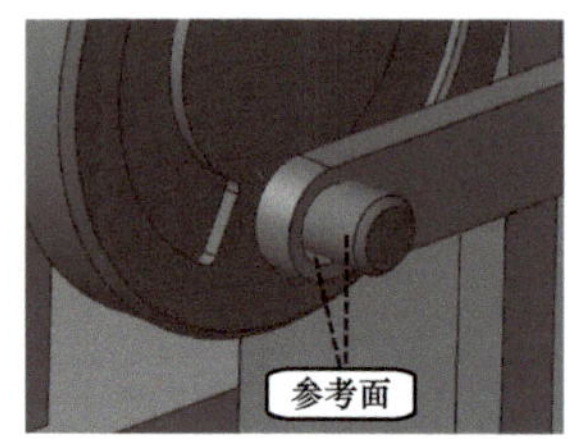

图 9-145　放置界面

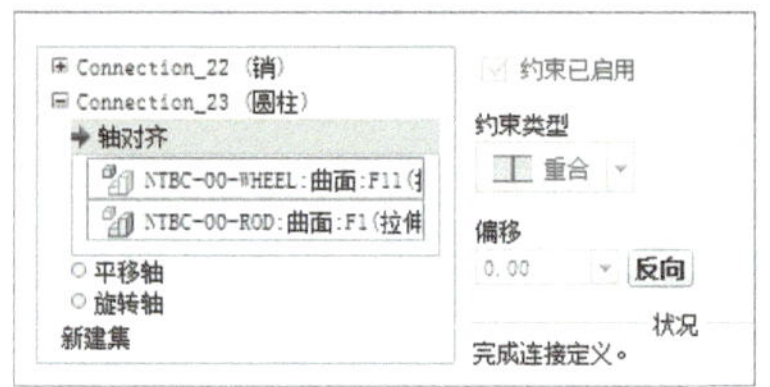

图 9-146　放置界面

STEP03 单击操控板中的 ✓ 按钮，完成连接的创建。

30. 导入素材

导入素材文件："/ 素材 / 第 9 章 /baochuang/NTBC-00-SCREW.prt"，并将其调整到图 9-147 所示的位置。

31. 创建NTBC-00-SCREW和NTBC-00-BODY之间的销连接

STEP01 在【元件放置】操控板的机械连接约束列表中选择 销 选项。

STEP02 定义【轴对齐】约束。单击操控板中的 放置 按钮，分别选取图 9-147 中参考面 1 的两个柱面为【轴对齐】约束参考，如图 9-148 所示。

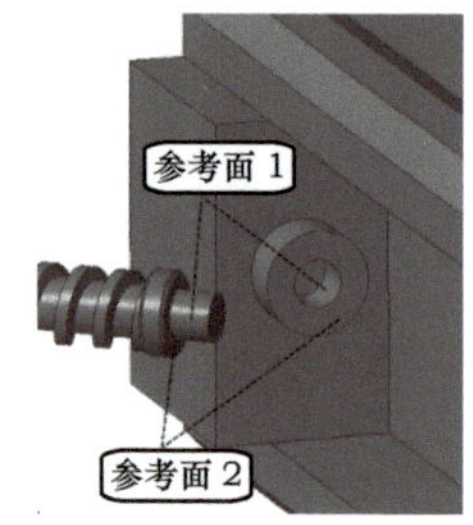

图 9-147　选择参考

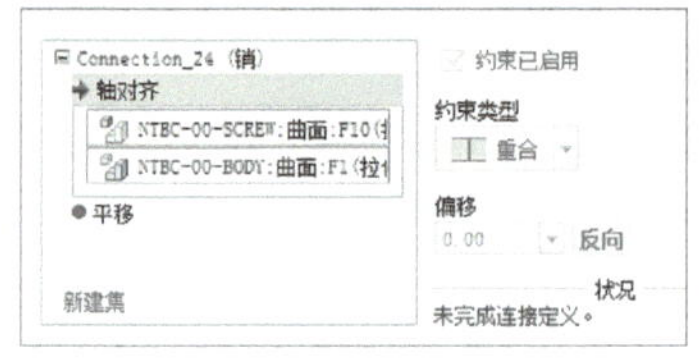

图 9-148　放置界面

STEP03 定义【平移】约束。分别选取图 9-147 所示参考面 2 的两个平面为【平移】约束参考，如图 9-149 所示。

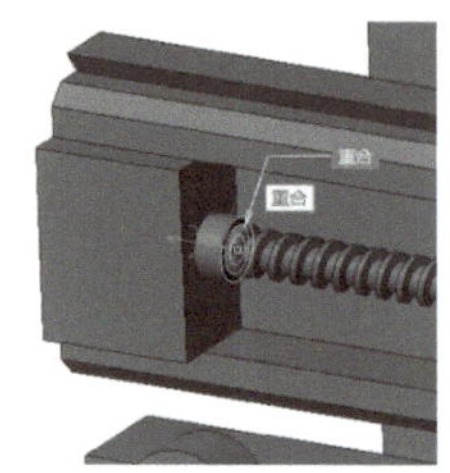

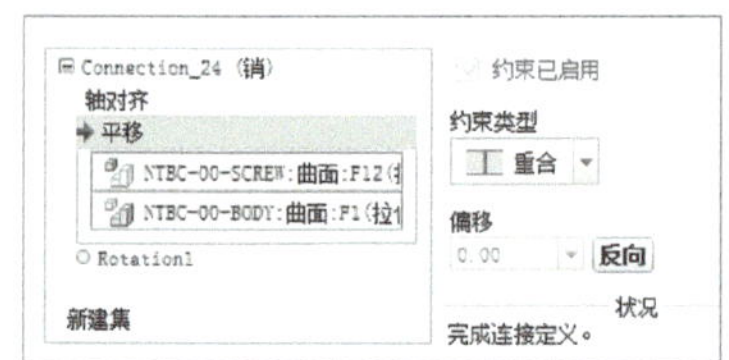

图 9-149　放置界面

STEP04 单击操控板中的 ✓ 按钮，完成连接的创建。

32. 导入工作台子组件或打开素材

导入前面创建的工作台子组件或打开素材："/ 素材 / 第 9 章 /baochuang/GZT-01.asm"，并将其调整到图 9-150 所示的位置。

33. 创建GZT-01-TABLE_BODY和NTBC-00-BODY之间的滑块连接

STEP01 在连接列表中选取 滑块 选项，弹出【元件放置】操控板，单击操控板菜单中的 放置 选项卡。

STEP02 定义【轴对齐】约束。分别选取图 9-150 所示的两条边线为【轴对齐】约束参考，此时 放置 界面如图 9-151 所示。

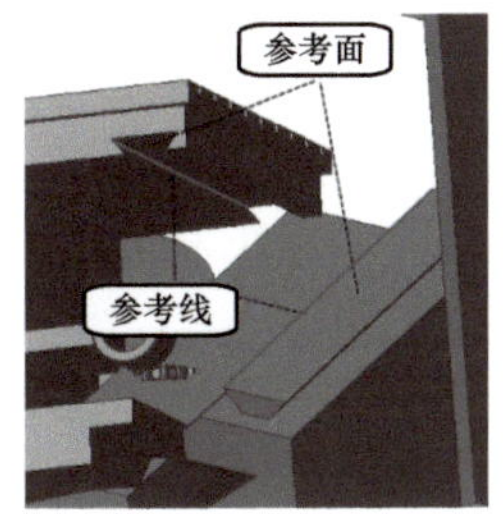

图 9-150 选择参考

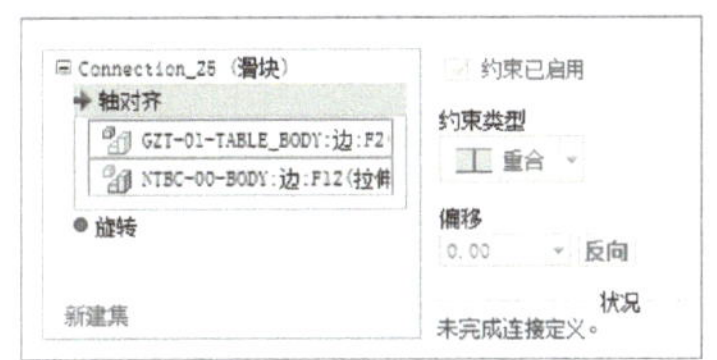

图 9-151 放置界面

STEP03 定义【旋转】约束。分别选取图 9-150 所示的两个平面为【旋转】约束参考，此时 放置 界面如图 9-152 所示。

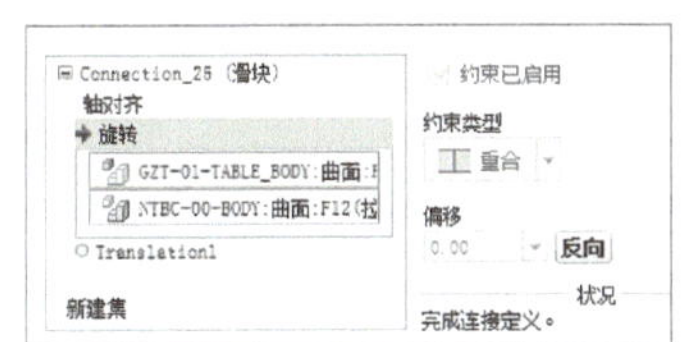

图 9-152 放置界面

STEP04 设置平移轴参考。在 放置 界面中单击 平移轴 选项，选取图 9-153 所示的两个平面为平移轴参考。

STEP05 设置位置参数。在 放置 界面右侧【当前位置】区域下的文本框中输入值 -167（如果方向相反则为负值），按Enter键确认，单击 >> 按钮，选中【启用重新生成值】复选框，如图 9-154 所示。

图 9-153 选择参考

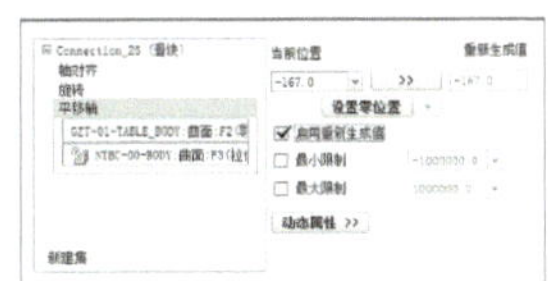

图 9-154 放置界面

STEP06 单击操控板中的✓按钮，完成滑块连接的创建。

34. 导入虎钳子组件

导入虎钳子组件："/ 素材 / 第 9 章 /huqian/HUQIAN/NBTC-00-HUQIAN.asm"，并将其调整到图 9-155 所示的位置。

虎钳组件已经提前装配完成，由于篇幅原因，这里不作过多装配讲解。读者如有兴趣，下来可以用随书附带的"虎钳"素材进行装配练习。

35. 创建NBTC-00-HUQIAN和GZT-01-TABLE_BODY之间的刚性连接

STEP01 在连接列表中选取【刚性】选项，弹出【元件放置】操控板，单击操控板菜单中的 放置 选项卡。

STEP02 定义【重合】约束（一）。在【约束类型】下拉列表中选择【重合】选项，选取图 9-155 所示参考面 1 的两个面为【重合】约束（一）的参考，此时 放置 界面如图 9-156 所示。

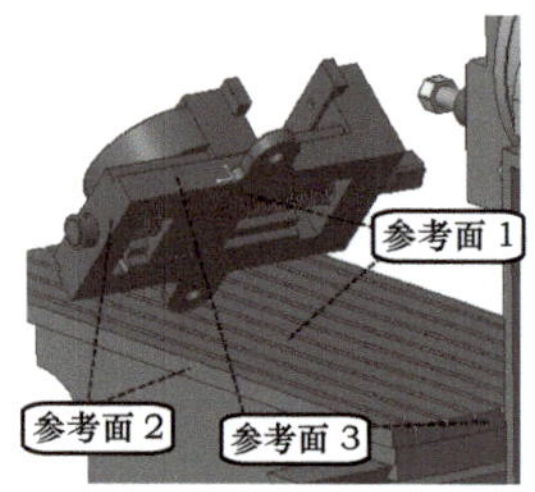

图 9-155 选择参考

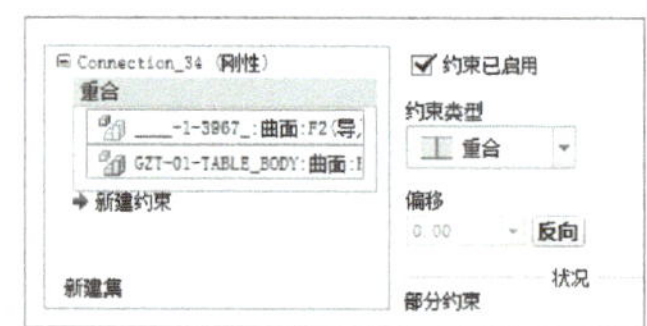

图 9-156 放置界面

STEP03 定义【重合】约束（二）。在 放置 界面中单击【新建约束】，在【约束类型】下拉列表中选择【重合】选项，选取图 9-155 中参考面 2 的两个面为【重合】约束（二）的参考，输入距离值为 0，此时 放置 界面如图 9-157 所示。

STEP04 定义【距离】约束（三）。参考步骤 (3) 选取图 9-155 中参考面 2 的两个面为【距离】约束（三）的参考，输入距离值为 4.5，此时 放置 界面如图 9-158 所示。

STEP05 单击操控板中的✓按钮，完成刚性连接的创建。

36. 导入工件元件

导入工件元件："/ 素材 / 第 9 章 /baochuang/GONGJIAN.prt"，使用【刚性】约束将其装配到【虎钳】上。最终装配模型如图 9-159 所示。

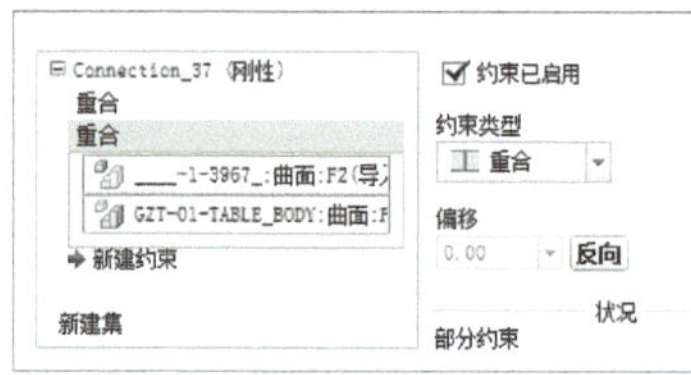

图 9-157 放置界面

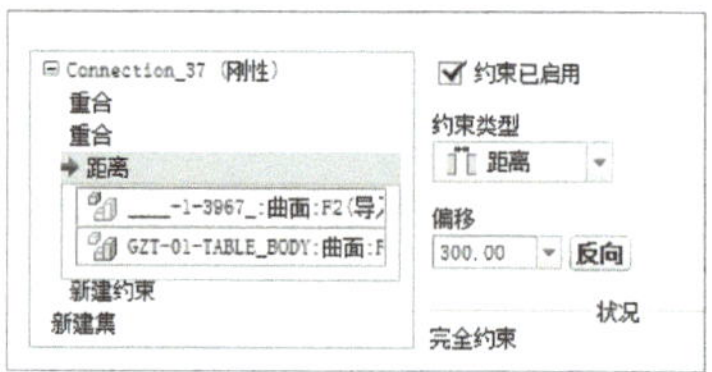

图 9-158 放置界面

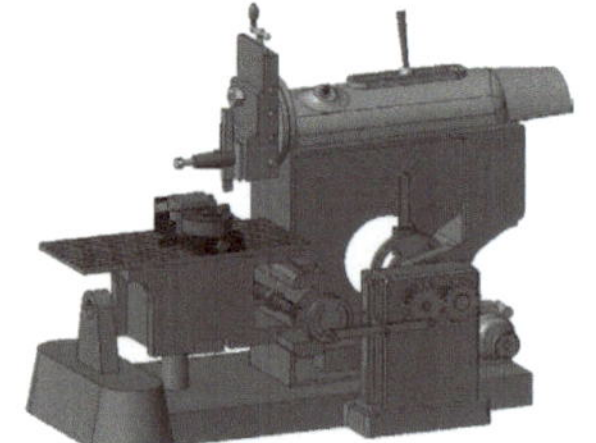

图 9-159 创建的拉伸实体特征

此处的"工件"元件不作具体装配讲解，装配参数也不要求，读者只需将模型安装在虎钳钳口内即可。

定义仿真与分析

【操作步骤】

1. 进入机构模块

单击 应用程序 功能选项卡【运动】工具组中的 （机构）按钮，进入机构模块。

2. 定义凸轮连接1

STEP01 调整元件 NTBC-00-SCREW 至图 9-160 所示的大致位置。

STEP02 单击【连接】工具组中的 凸轮 按钮，弹出如图 9-161 所示的【凸轮从动机构连接定义】和【选择】对话框。

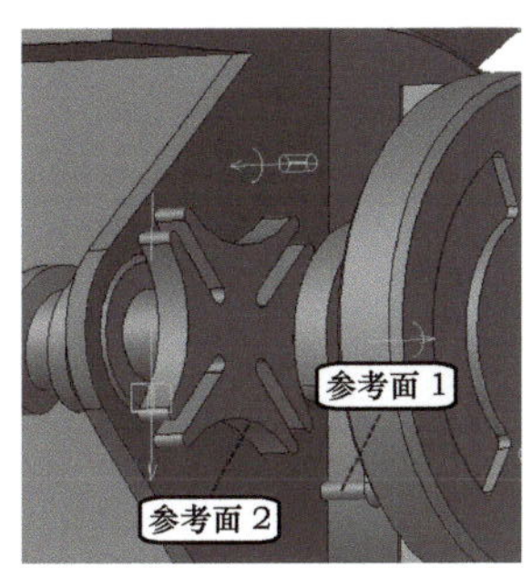

图 9-160 调整模型位置

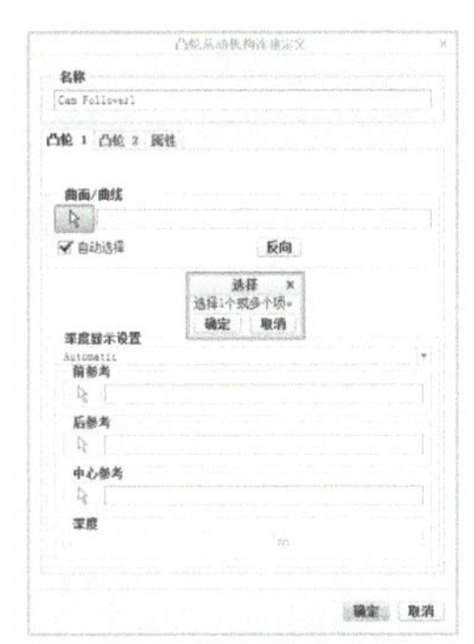

图 9-161 【凸轮从动机构连接定义】对话框

STEP03 定义【凸轮 1】的参考。选中对话框中的【自动选择】复选框，选取图 9-160 所示的参考面 1 为【凸轮 1】的参考，单击【选择】对话框中的 确定 按钮。

STEP04 定义【凸轮 2】的参考。单击【凸轮从动机构连接定义】对话框中的 凸轮 2 选项卡，选中【自动选择】复选框，选取图 9-160 所示的参考面 2 为【凸轮 2】的参考，单击【选择】对话框中的 确定 按钮。

STEP05 定义凸轮连接属性。单击【凸轮从动机构连接定义】对话框中的 属性 选项卡，勾选【启用升离】选项，设置图 9-162 所示的参数。

STEP06 单击【凸轮从动机构连接定义】对话框中的 确定 按钮。

3. 定义齿轮副

STEP01 选择命令。单击 机构 功能选项卡【连接】工具组中的 （齿轮）按钮，如图 9-163 所示的【齿轮副定义】和【选择】对话框。

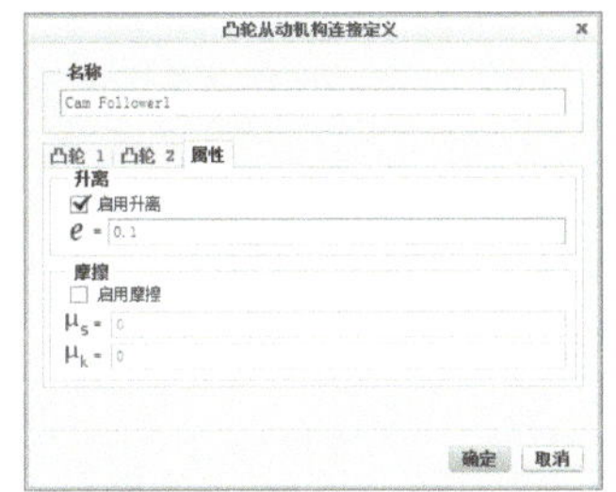

图 9-162 【凸轮从动机构连接定义】对话框

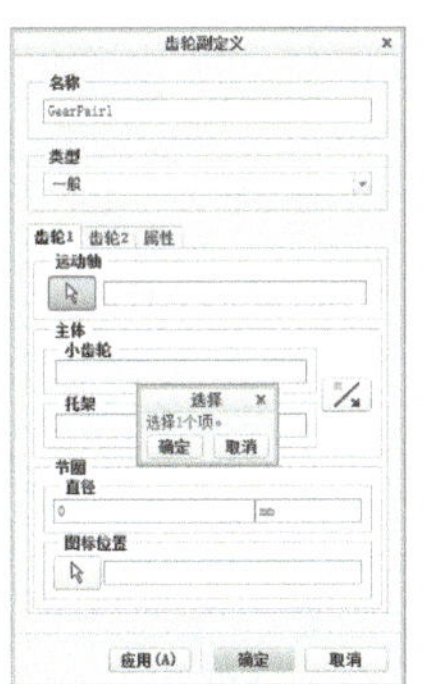

图 9-163 【齿轮副定义】对话框

STEP02 定义【齿轮 1】。在图 9-164 所示的模型上选取连接 1 为定义对象，输入齿轮 1 的节圆直径 41.5。

STEP03 定义【齿轮 2】。单击 齿轮2 选项卡，在图 9-164 所示的模型上选取连接 2 为定义对象，输入齿轮 2 的节圆直径 41.5。完成设置后如图 9-165 所示。

STEP04 完成齿轮副定义。单击【齿轮副定义】对话框中的 确定 按钮。

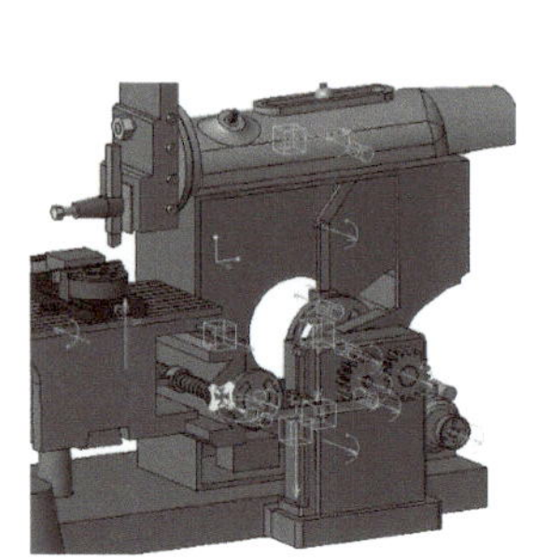

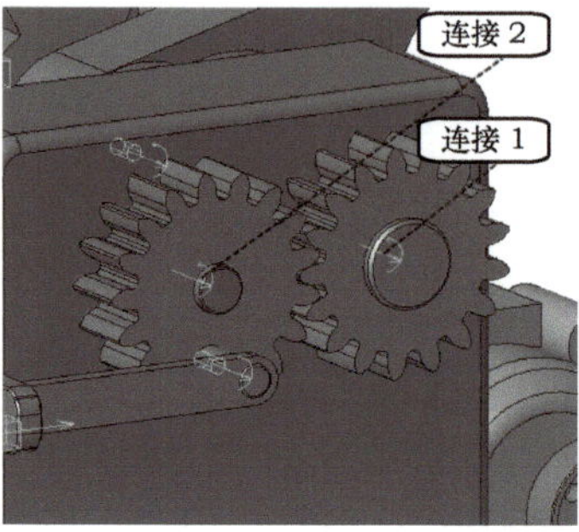

图 9-164　创建的拉伸实体特征

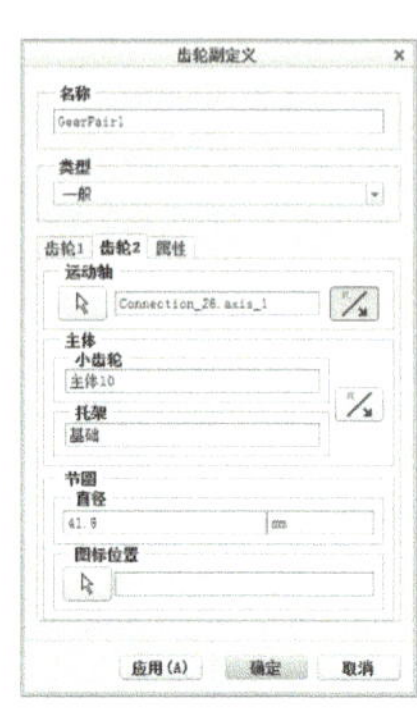

图 9-165　定义齿轮 2

4. 定义带传动

STEP01 选择命令。单击 机构 功能选项卡【连接】工具组中的 带 按钮，弹出如图 9-166 所示的【带】操控板。

STEP02 单击参考。选取图 9-167 所示的参考面 1，按住 Ctrl 键，再选取参考面 2 为参考。

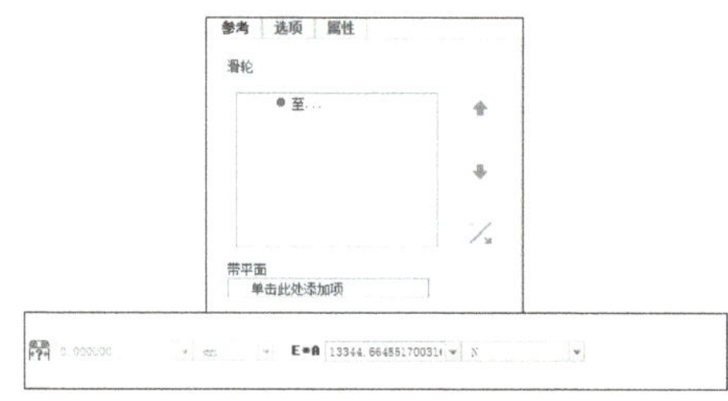

图 9-166 【带】操控板

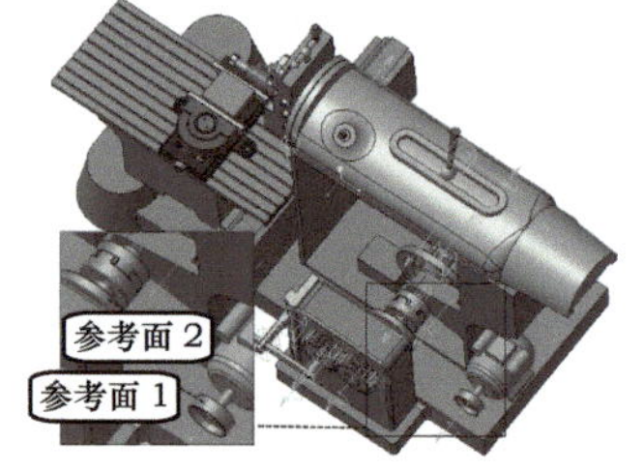

图 9-167　创建的拉伸实体特征（1）

STEP03 单击【带】操控板中的 ✓ 按钮。

5. 定义蜗轮蜗杆连接

STEP01 选择命令。单击 机构 功能选项卡 连接 区域中的【齿轮】按钮，系统弹出【齿轮副定义】对话框。

STEP02 选择定义类型。在 类型 下拉列表中选择 蜗轮 选项。

STEP03 定义【蜗轮】。在图 9-168 所示的模型上选取连接 1 为定义对象，输入蜗轮的节圆直径“60”。

STEP04 定义【齿轮 2】单击 Wheel 选项卡，在图 9-168 所示的模型上选取连接 2 为定义对象。

STEP05 完成蜗轮蜗杆副连接。单击【齿轮副定义】对话框中的 确定 按钮。

6. 定义3D接触（1）

STEP01 选择命令。单击 机构 功能选项卡 连接 区域中的【3D 接触】按钮 3D 接触，系统弹出【3D 接触】操控板。

STEP02 选取定义对象。在机构中选取图 9-169 所示的曲面 1 和曲面 2 为参考对象。

STEP03 单击操控板中的✓按钮，完成连接的创建后的面板如图 9-170 所示。

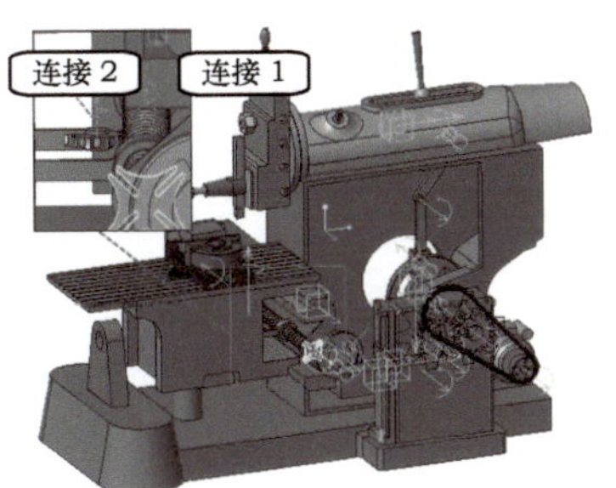

图 9-168 创建的拉伸实体特征 2

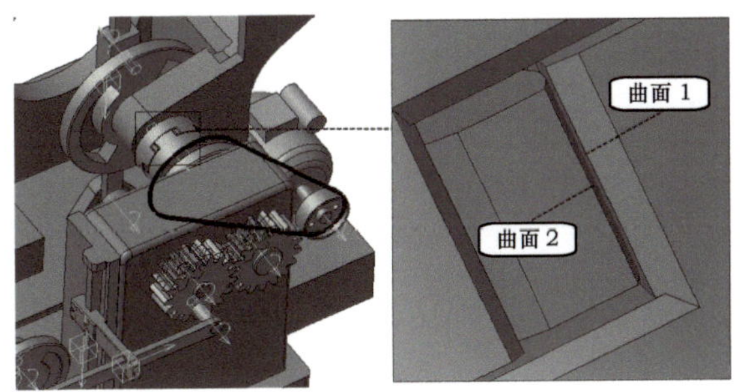

图 9-169 创建的拉伸实体特征

7. 定义3D接触（2）

参考 STEP06，依次选取图 9-171 所示的曲面 3 和曲面 4 为参考对象，单击操控板中的✓按钮，完成连接的创建。

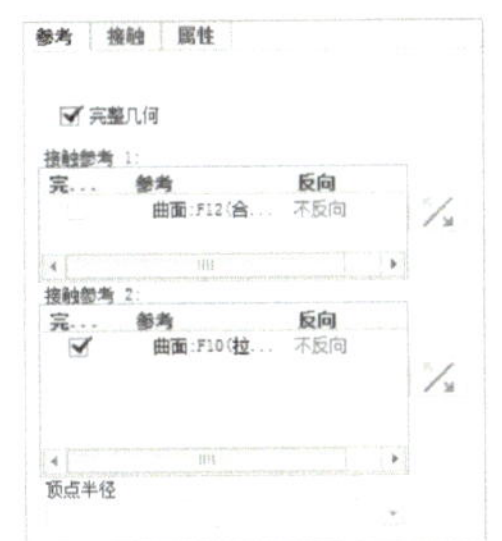

图 9-170 创建的拉伸实体特征

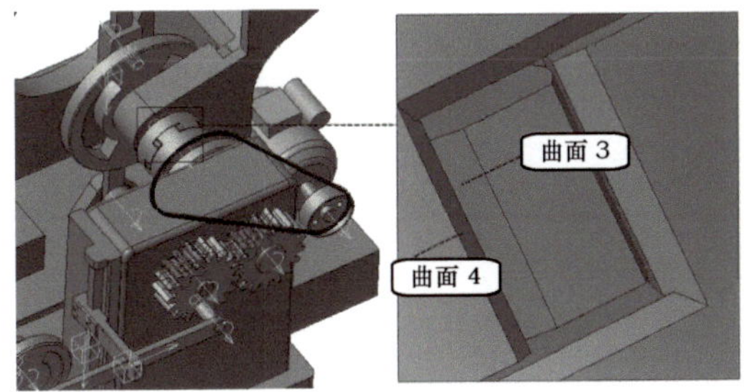

图 9-171 创建的拉伸实体特征

8. 定义伺服电动机

STEP01 选择命令。单击 插入 区域中的【伺服电动机】按钮，系统弹出如图 9-172 所示【伺服电动机定义】对话框。

STEP02 选取参考对象。选取图 9-173 所示的参考连接为参考对象。

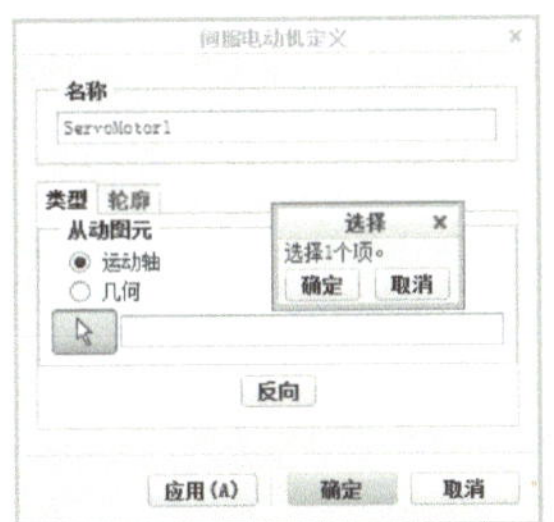

图 9-172 【伺服电动机定义】对话框

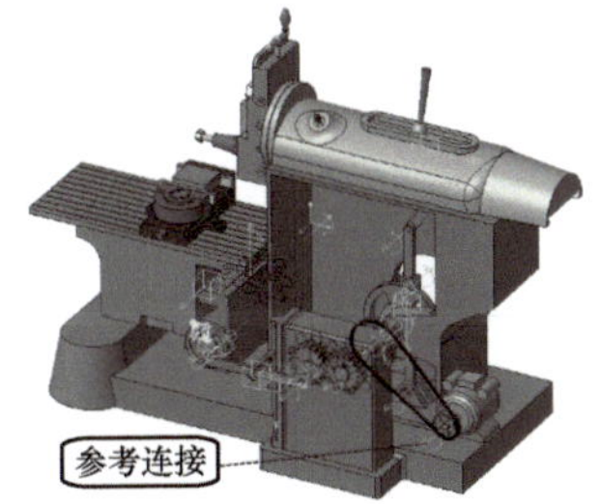

图 9-173 选择参照

STEP03 设置轮廓参数。单击【伺服电动机定义】对话框中的 轮廓 选项卡，在【定义运动轴设置】按钮右侧的下拉列表中选择【速度】选项，在【模】下拉列表中选择【常量】选项，设置 A 为 50。设置结果如图 9-174 所示。

STEP04 单击对话框中的 确定 按钮，完成伺服电动机的定义。

9. 再次生成机构模型

单击 模型 功能选项卡【操作】工具组中的 （重新生成）按钮，再次生成机构模型。

10. 设置初始位置

STEP01 选择拖动命令。单击【元件】工具组中的 （拖动元件）按钮，弹出如图 9-175 所示的【拖动】对话框。

图 9-174 创建的拉伸实体特征

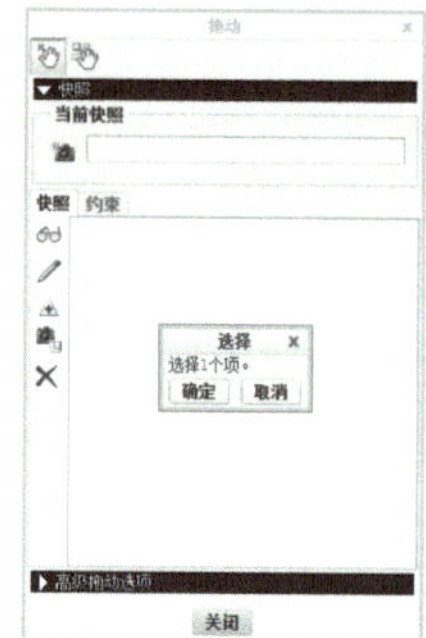

图 9-175 【拖动】对话框

STEP02 记录快照 1。单击对话框【当前快照】区域中的 按钮，即可记录当前位置为快照 1（Snapshot1）。

STEP03 单击 关闭 按钮，关闭【拖动】对话框。

11. 定义动态分析

STEP01 选择命令。单击 分析 区域中的【机构分析】按钮 ，系统弹出 9-176 所示的【分析定义】对话框。

STEP02 定义图形显示。在 首选项 选项卡的 End Time （持续时间）文本框中输入值“80”在 帧频 文本框中输入值“20”。

STEP03 定义初始配置。在 初始配置 区域中选择 Snapshot 单选项，并在其后的下拉列表中选择快照【Snapshot1】。

STEP04 运行运动分析。单击【分析定义】对话框中的 运行(R) 按钮，查看机构的运行状况。

STEP05 完成运动分析。单击 确定 按钮完成运动分析。

12. 保存回放结果

STEP01 单击 机构 功能选项卡【分析】工具组中的 （回放）按钮，弹出如图 9-177 所示的【回放】对话框。

STEP02 在【回放】对话框中单击 （保存）按钮，弹出【保存分析结果】对话框，采用默认的名称，单击 保存 按钮，保存仿真结果。

13. 输出视频

STEP01 单击【回放】对话框中的【播放当前结果集】按钮 ，弹出如图 9-178 所示的【动画】对话框。

图 9-176 【分析定义】对话框

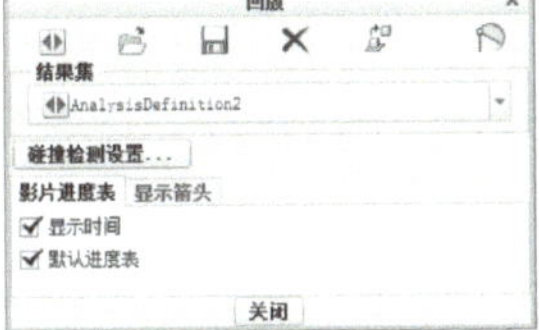

图 9-177 【回放】对话框

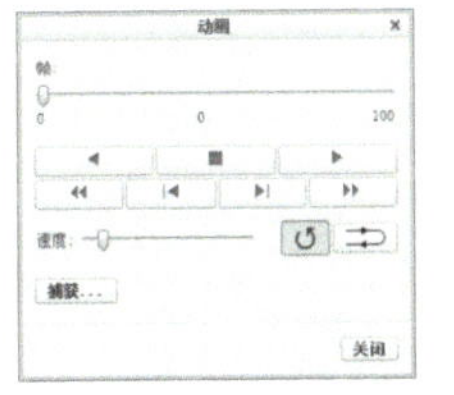

图 9-178 【动画】对话框

STEP02 单击【回放】对话框中的【录制动画为 MPEG 文件】按钮 捕获... ，弹出【捕获】对话框，单击 确定 按钮，机构开始以 MPEG 格式录制动画文件。

STEP03 在工作目录中播放视频文件【SHAPE_ARM.mpg】查看结果。

STEP04 单击【动画】对话框中的 关闭 按钮，返回【回放】对话框，单击 关闭 按钮关闭对话框。

9.2.2 范例解析 2——机械手仿真动画设计

下面将通过一个综合实例介绍动画设计的一般过程。

【操作步骤】

1. 打开素材

打开素材文件“/ 素材 / 第 9 章 /jixieshou/jixieshou.asm”，如图 9-179 所示。

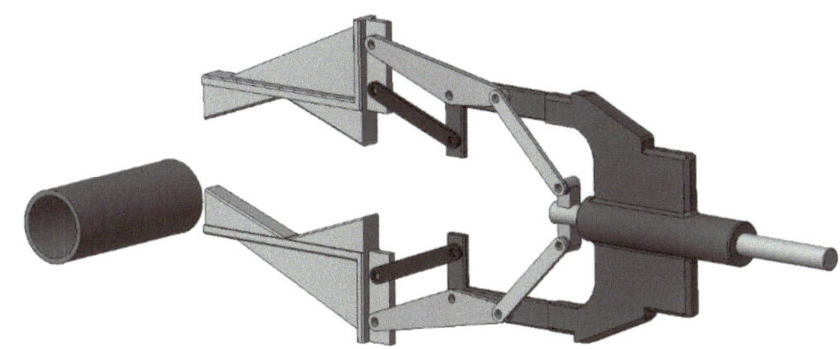

图 9-179 【元件放置】操控面板

2. 定义视图

STEP01 单击 模型 功能选项卡【模型显示】工具组中的 （管理视图）按钮，弹出图 9-180 所示的【视图管理器】对话框。

STEP02 在【视图管理器】对话框中选择 定向 选项卡，单击 新建 按钮，命名新建视图为“位置 1”，如图 9-181 所示，按 Enter 键确认。

图 9-180 【视图管理器】对话框

图 9-181 新建视图位置

STEP03 单击 编辑 菜单下的【重新定义】命令，如图 9-182 所示，弹出图 9-183 所示的【方向】对话框。

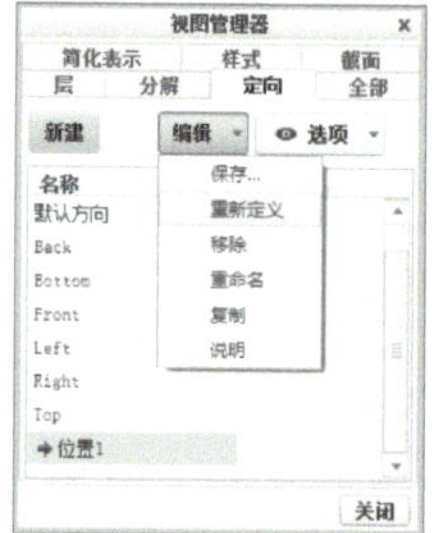

图 9-182 重新定义显示样式

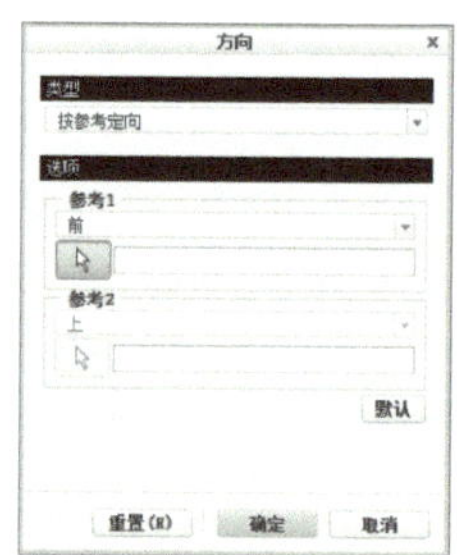

图 9-183 【方向】对话框

STEP04 定向组件模型。将模型调整到图 9-184 所示的位置及大小。

STEP05 单击【方向】对话框中的 确定 按钮。

STEP06 用同样的方法分别建立位置 2（见图 9-185）、位置 3（见图 9-186）、位置 4（见图 9-187）、位置 5（见图 9-188）。完成视图定义后，单击【视图管理器】对话框中的 关闭 按钮，开始进行下一步操作。

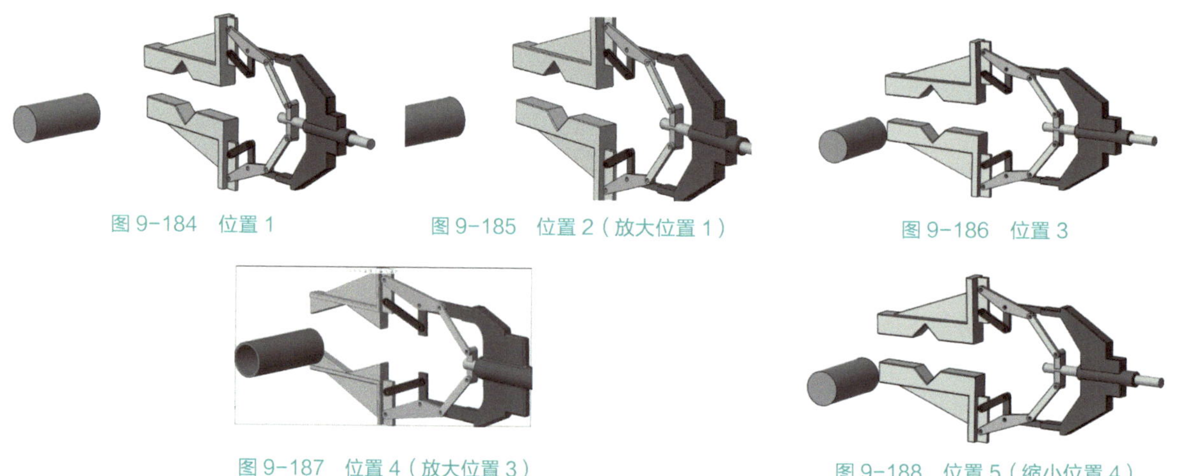

图 9-184 位置 1

图 9-185 位置 2（放大位置 1）

图 9-186 位置 3

图 9-187 位置 4（放大位置 3）

图 9-188 位置 5（缩小位置 4）

STEP07 单击 应用程序 功能选项卡【运动】工具组中的（动画）按钮，进入动画模块。

3. 定义主动画

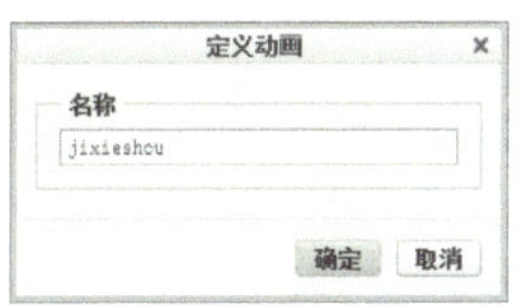

图 9-189 【定义动画】对话框

STEP01 选择 动画 功能选项卡中的【新建动画】下拉列表中的 快照 命令，弹出图 9-189 所示的【定义动画】对话框。

STEP02 在对话框中输入动画名称，然后单击 确定 按钮，关闭对话框。

4. 定义动画

STEP01 单击 动画 功能选项卡【机构设计】区域中的 （拖动元件）按钮，弹出【拖动】对话框。

STEP02 创建第一个快照。保持图 9-190 所示的状态，单击【拖动】对话框中的 按钮。此时在图 9-191 所示的快照栏中便生成了 Snapshot1 快照。

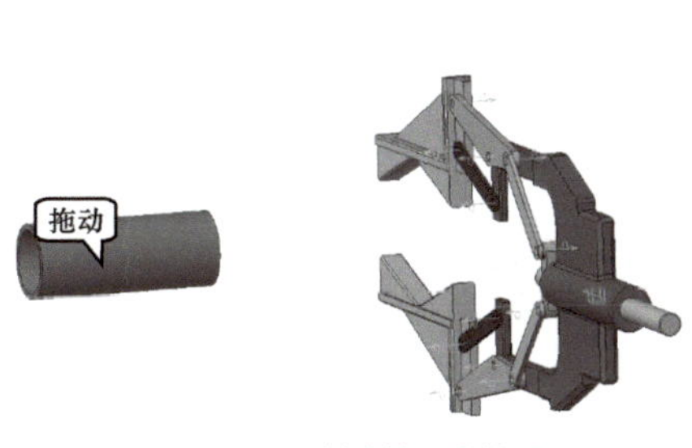

图 9-190 创建第一个快照

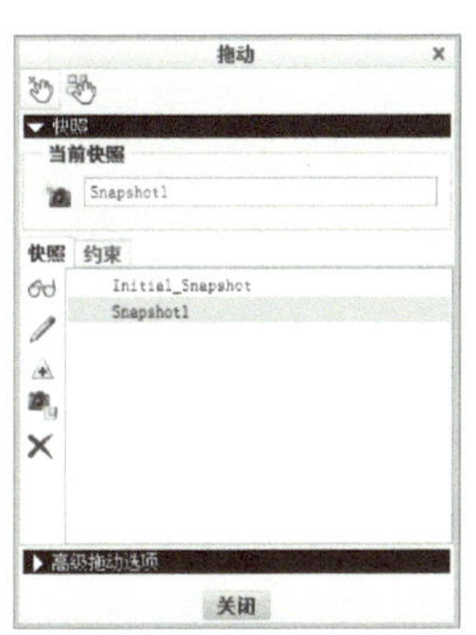

图 9-191 【拖动】对话框

STEP03 创建第二个快照。在【拖动】对话框中单击 （点拖动）按钮，选择管状体模型。将它拖动至图 9-192 所示的位置。单击【拖动】对话框中的 按钮，生成 Snapshot2 快照。

STEP04 创建第三个快照。采用步骤 (2) 中的方法拖动元件“gongjian.prt”，位置如图 9-193 所示。

STEP05 创建第四个快照。拖动元件“jixieshou-02.prt”，使机械手夹住工件，位置如图 9-194 所示，创建第四个快照。

图 9-192 创建第二个快照

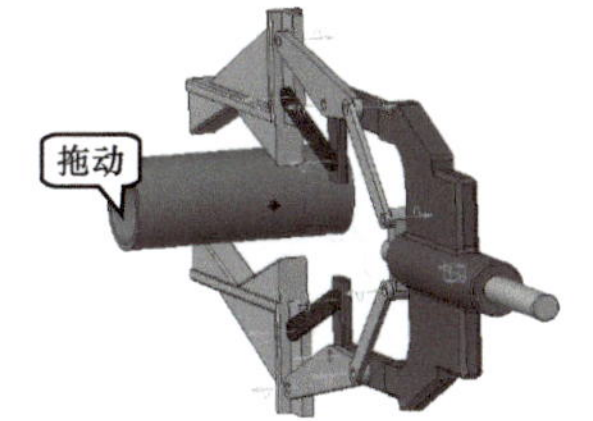

图 9-193 创建第三个快照

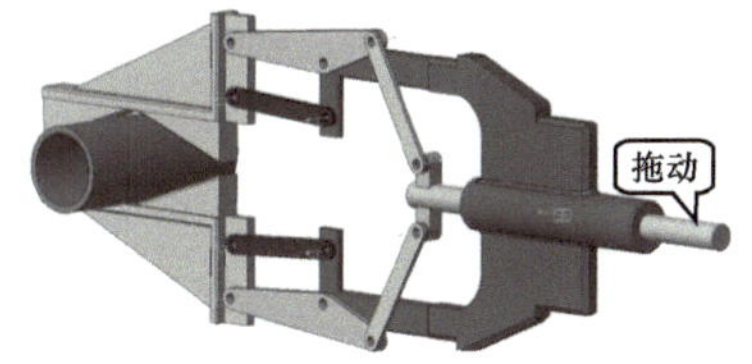

图 9-194 创建第四个快照

STEP06 单击【拖动】对话框中的 关闭 按钮。

5. 创建关键帧序列

STEP01 用鼠标右键单击时间线，在弹出的列表中单击 编辑时域 按钮，进入时间线编辑对话框，将【endtime】改为 20，如图 9-195 所示。

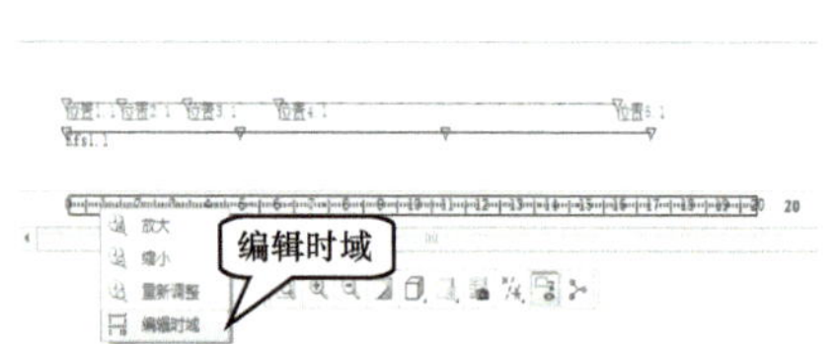

图 9-195　编辑时域

STEP02　单击 动画 功能 创建动画 选项卡区域中的 管理关键帧序列 按钮。

STEP03　单击【关键帧序列】对话框中的 新建(N) 按钮。

STEP04　在 序列 选项卡的【关键帧】列表中（如图 9-196 左）选取快照 Snapshotl. 输入时间为 0，单击按钮 ＋，从列表中选取快照 Snapshot2，输入时间为 5，单击 ＋ 按钮：从列表中选取快照 Snapshot3，输入时间为 11，单击 ＋ 按钮：从列表中选取快照 Snapshot4。输入时间为 17。单击 ＋ 按钮。设置完成后，【关键帧序列】对话框如图 9-196 右所示。

STEP05　单击【关键帧序列】对话框中的 确定 按钮。

STEP06　在返回的【关键帧序列】对话框中单击 关闭 按钮。

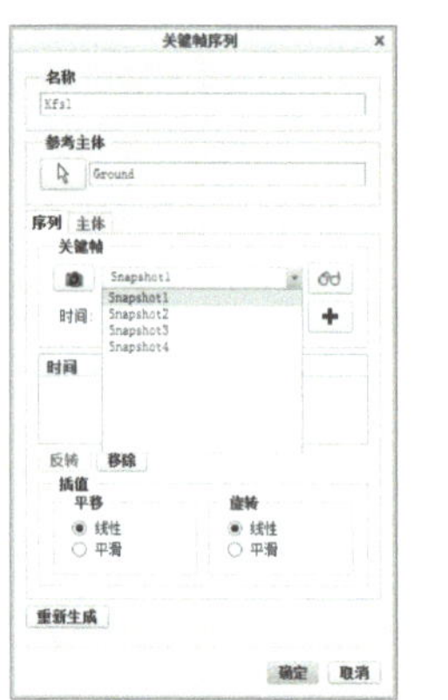

图 9-196 【关键帧序列】对话框

6. 建立时间与视图间的关系

STEP01　单击 动画 功能选项卡 图形设计 区域中的 （定时视图）按钮。系统弹出【定时视图】对话框。

STEP02　设定视图 1。在【定时视图】对话框的【名称】栏中选取“位置 1”，在【时间】输入时间值 0，并从【之后】列表中选取参考事件【开始】，如图 9-197 所示。单击 应用(A) 按钮。【定时视图】事件出现在时间线中。

STEP03　设定视图 2。在【定时视图】对话框的【名称】栏中选取“位置 2”，在【时间】输入时间值 1.6，并从【之后】列表中选取参考事件【开始】，如图 9-198 所示。单击 应用(A) 按钮。【定时视图】事件出现在时间线中。

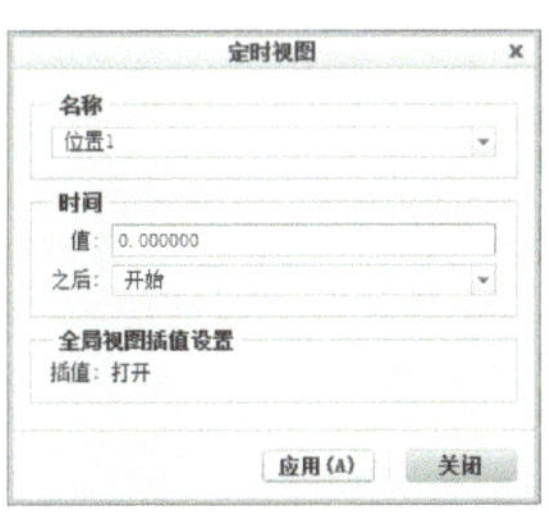

图 9-197　设定视图 1

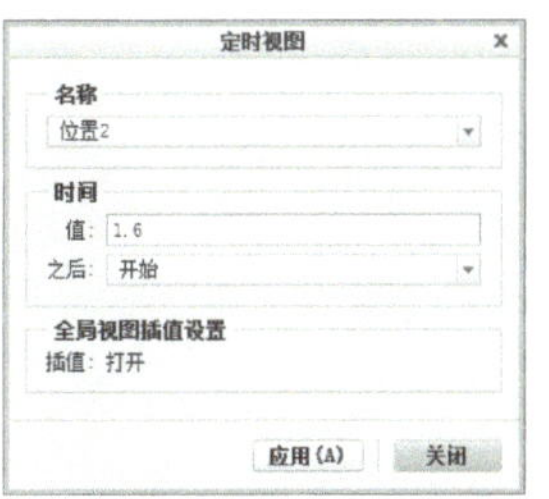

图 9-198　设定视图 2

STEP04 设定视图 3。在【定时视图】对话框的【名称】栏中选取“位置 3”，在【时间】输入时间值 3.5，并从【之后】列表中选取参考事件【开始】，如图 9-199 所示。单击 应用(A) 按钮。【定时视图】事件出现在时间线中。

STEP05 设定视图 4。在【定时视图】对话框的【名称】栏中选取“位置 4”，在【时间】输入时间值 6，并从【之后】列表中选取参考事件【开始】，如图 9-200 所示。单击 应用(A) 按钮。【定时视图】事件出现在时间线中。

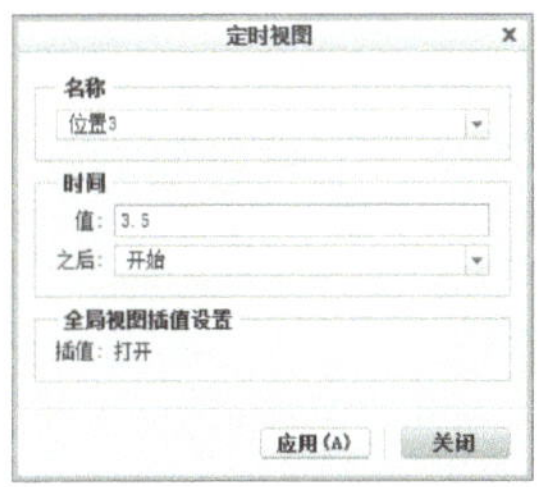

图 9-199　设定视图 3

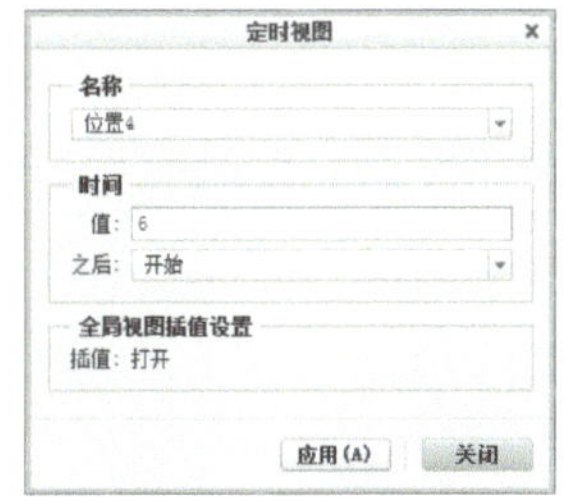

图 9-200　设定视图 4

STEP06 设定视图 5。在【定时视图】对话框的【名称】栏中选取“位置 5”，在【时间】输入时间值 10，并从【之后】列表中选取参考事件【开始】，如图 9-201 所示。单击 应用(A) 按钮，【定时视图】事件出现在时间线中，单击 关闭 按钮完成视图设置，至此动画定义完成，时间域如图 9-202 所示。

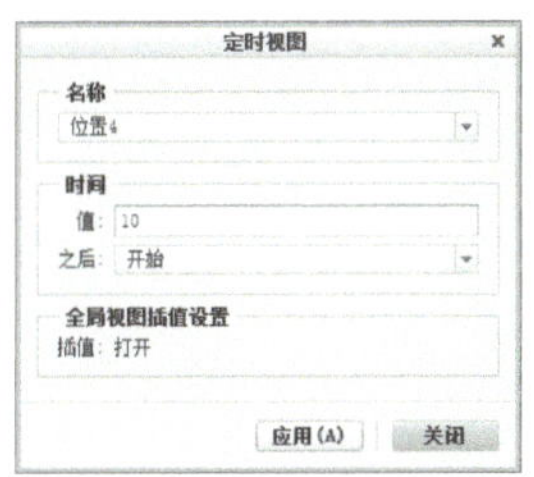

图 9-201　设定视图 5

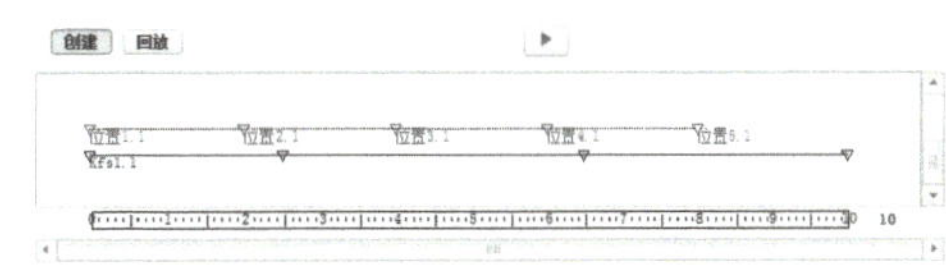

图 9-202　时间域

7. 查看与保存动画

STEP01 启动动画。在界面中单击【生成并运行动画】按钮 ，可启动动画进行查看。

STEP02 单击 回放 按钮，退出动画创建模式，在时间域上方单击 按钮，在弹出的【捕获】对话框中设置保存动画的名称，文件类型以及图像尺寸，如图 9-203 所示，单击 按钮，设置文件的保存路径如图 9-204 所示。

图 9-203 【捕获】对话框

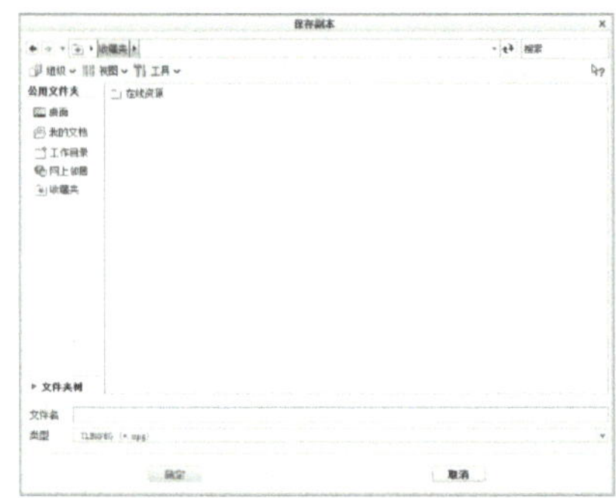

图 9-204 保存路径

9.3 小结

本章主要介绍基于 Creo 的机构运动仿真的工作流程，然后以装配设计及运动分析的基本知识为基拙，用基本和复杂机构实例详尽讲解 Creo Mechanism 模块的基本操作方法，涵盖了产品运动仿真与分析的过程、方法和技巧，内容包括 Creo 软件的基本设置、分析入门、机构连接与机构创建、定义电机、设置分析条件、定义机构分析、动画创建与制作等综合实际应用。

9.4 习题

1. 简要说明运动仿真的一般制作流程。
2. 分别阐述每一种约束类型的功能和作用是什么，并限制了几个自由度?
3. 定义机构分析包含哪些步骤?
4. 伺服电机和执行电机有什么区别?
5. 如何设置仿真运动的参数和如何保存动画?

www.ingramcontent.com/pod-product-compliance
Ingram Content Group UK Ltd.
Pitfield, Milton Keynes, MK11 3LW, UK
UKHW060106300726
14090UKWH00003B/385

* 9 7 8 7 1 1 5 4 6 1 4 9 0 *